献给刘绪老师

本书部分研究获国家社会科学基金青年项目

"夏商时期晋陕冀地区的生业与社会研究"（14CKG006）资助

北京大学震旦古代文明研究中心学术丛书之四十三

夏商時期古冀州的考古學研究 文化譜系篇

常怀颖 著

上册

上海古籍出版社

Aurora Centre for the Study of Ancient Civilizations, Peking University

Publication Series , No.43

Archaeological Research on the Ancient Jizhou Region during the Xia-Shang Periods （ Volume of Cultural Genealogy ）

Chang Huaiying

I

Shanghai Chinese Classics Publishing House

代　序

　　古冀州之域以今山西、河北和豫北地区为主，即所谓"两河之间"，这是一个特殊的地理单元。在夏商文化探讨中，涉及这一地区的问题最为复杂，虽有关论述也不少，但对整个地区做系统研究的论著还很欠缺。近年来，随着考古资料的增加，对该地区夏商时期考古学文化进行全面系统的研究成为可能。故本文选题把握了学术动向，意义重要。

　　论文对已经发表的资料进行了全面搜集，还搜集了部分未发表的资料。从资料掌握程度来说是最为丰富的。以此为基础，论文首先对冀州之域夏商时期考古学文化进行了分期编年，建立了年代谱系。然后按时代早晚，运用文化因素分析法，分析了本区域内以陶器群为基础的各考古学文化的性质，探讨了彼此之相互关系。在这一步步论述过程中，分别提出了自己的见解。

　　与以往研究各地区考古学文化性质不同的是，本文除重视对陶器的研究外，还特别重视对生产工具与铸铜业的研究。通过这方面的研究，对古冀州之地各区域的生业状况进行了尝试性的复原。这方面也是以往研究很少关注和重视不够的，论文的结论也将会引起学界重视。

　　论文涉及资料浩繁，搜集、分析与研究的工作量甚大。作者在这方面下了很大功夫。所用资料丰富，翔实可靠。论文结构合理，层次清楚，逻辑性强。行文顺畅，写作规范，比较理想地完成了预期目标，并有颇多创获，是一篇优秀的博士学位论文。

　　论文表述还需仔细加工，部分附图不够清晰。

刘绪

2010 年 6 月 7 日

目　　录

插 图 目 录

插 表 目 录

绪　　论

第一节　文献经验与考古反思

作为夏商王朝统治区域的北境,今天行政区划中的山西、河北中西部与豫北地区在夏商两代战略地位十分重要。这一范围在当时的自然地理范围中,大致与《尔雅·释地》所说的"两河间曰冀州"相近。《尔雅》的描述,是对《禹贡》冀州范围的清晰说明,所勾勒的是南流黄河以东与古黄河下游以西以北之间所包围的范围。在先秦地理划分体系中[①],冀州在《禹贡》体系中作为九州之首,地位之高令人瞩目[②]。清初顾炎武在《日知录》甚至明确说"古之天子常居冀州,后人因以冀州为中国之号",可见其历史地位之显赫。在既往研究中,邹衡先生曾用"冀州"一词来描述这一区域的龙山时期考古学文化[③]。在较难以简要的言辞对这一范围限定的情况下,不妨借用"冀州"这一名称,进行本书的梳理。

长期以来,在文献描述之外,对夏商时期这一范围内物质文化的面貌,缺少大空间尺度的细致观察。1978 年,邹衡先生在长达 20 年思考的基础上写成《关于夏商时期北方地区诸邻境文化的初步探讨》[④],对这一空间内夏商时期的考古学文化遗存和文献记载的国、族进行了梳理。

回顾学术史,邹衡先生此文意义有三:一方面,它从宏观角度对夏商两代核心区域北部的考古学文化与文献记载的族属进行了拟合研究;第二,是将原先古史研究中民族集团三分说细化为五分,指出了华夏集团与北方民族间的差异;第三,是从考古学的意义上对于古史传说的地域划分方式进行了渊源探讨,对于考古学物质文化与文献记载较零散的周边地区族属分布,甚至于意识形态层面的地域空间划分如何拟合研究,进行了有益的尝试,这在中国考古学的方法论中具有重要意义。但是,文章发表后,由于田野资料局限和

---

① 先秦的地理划分体系大致有"域分"和"国分"两类,前者以《尚书·禹贡》《周礼·职方氏》《逸周书·职方》等"九州"的划分方式为代表;后者则以《诗经》"十五国风"等按照民间文艺和风俗等地域差别进行划分。前一种划分方式侧重于各地的经济地理差异,而后者则侧重于民俗文化。前者的划分方式似乎略早于后者。

② 前贤对于冀州地位之高的原因,有不同的解释。一种说法认为《禹贡》各州的排序与大禹治水的先后有关,孔颖达《尚书正义》、苏东坡《东坡书传》等主此;一种说法则将其与五行次序相关联,托名郑樵《六经奥论》、洪迈《容斋随笔》等主此说。刘起釪在《〈禹贡〉冀州地理丛考》中则认为将这是由于冀州为尧舜禹等古帝王之居的原因。本文认为最后一种说法较符合逻辑。

③ 邹衡:《关于夏商时期北方地区诸邻境文化的初步探讨》,《夏商周考古学论文集》,第 269 页,文物出版社(北京),1980 年。

④ 邹衡:《关于夏商时期北方地区诸邻境文化的初步探讨》,《夏商周考古学论文集》,文物出版社(北京),1980 年。

当时学术条件的限制,上述研究并未被学术界给予足够重视。从大空间视野角度出发,全面详细探讨某一地域内考古学文化与历史、社会关系以及文献记载区域划分的文化渊源问题的研究成果在随后近40年中始终相对缺乏。

时至今日,伴随着田野资料逐步丰富,各地考古学文化编年与谱系基本确立。学术界也逐渐将研究的目光从中原核心文化区域内投向“周边地区”。近年来,周边区域的研究已逐渐成为先秦时期考古的重要领域。近二十年来,在中原以外的各个地区,考古发掘与研究都在蓬勃发展,对于中原与周边地区间的关系,也成为了先秦考古前沿问题之一。正如 Norman Yoffee 总结的“如果‘同侪政体’在更早之前还不存在,公元前2千纪中叶开始,政体间的敌对与合作关系似乎有可能产生了纵效(这点也许有争议),使都市人口膨胀,从而改造了乡间,创造出城市。这些城址,规模更大,人口更密集,也显然是政治与经济权力的所在地,但似乎不是单一商代领土国家持久而坚固的都城。吉德炜的妙言值得在此重复:作为一个国家,商朝像瑞士乳酪一样充满孔洞,而不是像豆腐一样致密……无论是在内地还是在海外的学者,现在必须重视某些特定政治权威象征的发展,以及与之相关的统治意识形态的演化。直接地说,让我们把传统上对城市、国家与朝代起源的关注搁在一边(但不要完全遗忘),重视对心态(就是法国人老说的 mentalities)研究,了解人们如何转变他们的宇宙观:应当有国王和服务国王的人,应当有富,也有贫,应当有中心,也有边缘”①。

在这一视野下,夏商王朝核心区域北部传说中“古帝王所居”的冀州之域,对于夏商两代王朝而言就有着非同寻常的意义。从政治地缘角度讲,文献传说中的夏王朝早期(假定夏王朝存在)政治核心区域有不少传说曾存在于冀州西南部;夏王朝晚期经略的政治核心区域在冀州以南;同一时期,商人兴起的区域在冀州东部;商建国后,冀州又一次成为王朝的北境,有巨大战略意义;二里冈上层时期,商人在北方大规模扩张,基本涵盖了冀州的全境②;中晚商时期,虽然商人逐渐向南收缩,但冀州南部却成为中晚商统治的核心区域。可以说,冀州之域,对于夏商政权与政权背后的人群共同体有着密切的关系,而北方其他的人群共同体在对夏商政权及其人群有巨大影响的同时③,其文化发展与实力消长,是在不断因应夏、商两代政权的背景下展开的。因此,双方的文化交流与互动也就深切地影响着夏商政治格局与演进。如果将观察视野放得更大,古冀州之域恰在早期中原与欧亚草原之间,两地间文化与人员的流动、影响,亦必当在古冀州之域内有所投射。

在我看来,对于任何一个人为划定的古代空间范围,大略当有五重认知的意义:一重是自然空间意义,可称为自然地理空间;第二重是经济意义,也就是经济文化区;第三重是政治区划的归属,可以称为政治区划;第四重则是生活在这一区域中的人群,可以称为人群分布区;而最后一重,则是从物质文化角度对其进行的认知,也就是考古学文化分布区域。

---

①　Norman Yoffee:《美索不达米亚与比较研究中的边缘与中心》,《“周边”与“中心”:殷墟时期安阳及安阳以外地区的考古发现与研究》,历史语言研究所(台北),2015年。

②　刘绪:《商文化在北方的进退》,《“周边”与“中心”:殷墟时期安阳及安阳以外地区的考古发现与研究》,历史语言研究所(台北),2015年。

③　蒋刚:《文化演进与互动:太行山两翼夏商西周时期青铜文化研究》,科学出版社(北京),2017年。

《禹贡》所勾勒的冀州区域。从自然空间讲,在古黄河的"两河"之间;从经济文化区而言,它"厥赋惟上上错,厥田惟中中",是各州贡赋的接纳方;从政治区划讲,它是建立在经济文化区基础之上的夏商以前的古帝王之居,是夏商王朝早期统治的北境与晚期中心;从人群分布区域讲,它既生活着夏商两代国族为核心的人群共同体,又有众多其他古族分布其间;从考古学文化角度看,这一区域广泛分布着多支考古学文化。

然而,在既定的自然地理空间内,虽然发现了数量众多的考古学物质文化遗存,但我们仍然很难将这些物质文化遗存与社会、经济、人群关系进行有效勾连。文献记载中的冀州地方管控与经略以及经济样态、贡赋关系等在传世文献中看似条理清晰、事实明确的问题,很难在考古学物质文化遗存中得到印证。考古学资料可以显现出夏商时期,冀州区域内有贵族和平民的区别,存在不同空间的物质文化地域差异和时间演变逻辑,但无法直接描述古冀州之域内下至衣食住行、上至经略管控的种种样态。由于工作的多少和细致程度不同,甚至于对冀州域内国都与城镇、不同城镇之间、城镇与乡村、不同乡村之间的差异,都很难有细致的比较,并借由比较构建一个哪怕是相对粗疏的国家政体层级模型出来。

考古学物质文化遗存的外在表现,必然以各类器物的形态差异、组合关系与数量比例得以反映。而其中,能够为考古调查发掘工作所获取的最大宗器类,无疑就是陶器。以陶器的形体、组合、数量差异,与传世古代文献中以外在的"饮食衣服"为基础的各类差异区分标准所构建的人群共同体划分相勾连,从而在一定的程度上搭建人群差异、区分与考古学物质文化资料间的"桥梁",是既往夏商周考古研究中的核心理论预设。这种理论预设的产生,和嗣后方法的实践,其根源,在于中国悠久的著史传统。

文献之凿凿,断不能亦不应视而不见。与史前考古不同,如何有效且尽量"科学"使用文献,是夏商周考古无法回避的问题。以物质文化遗存削足适履固是不当,将文献看作"非物质文化遗产"亦是过激。虽然在逻辑上存在先天的缺陷,但从"相异"这个限定来讲,观察不同空间、时间的人群共同体的物质文化使用偏好,区分其异同,仍是在经验世界看得见、摸得着且切实可行的操作方式。对区分的结果是否可以与文献相呼应,或者如何拟合,是逻辑推理过程的下一阶段。在观察、统计与区分的层面,对陶器及陶器群的研究,仍然应该是夏商周考古学时空关系的研究基础。

近年来,部分学者,尤其是青年学生,一方面要强调让考古学研究与操作回归"考古本位",提倡考古学的"纯洁性",而另一方面又觉得陶器的基础时空研究已了无新意,在学科发展过程中已属"落伍"或者"过气"的研究方式,更不能作为研究的前进方向来看待。但是,我想,假若考古学的学科任务或者定位是"复原古代历史社会",那对于一个复杂的社会而言,研究的对象是复杂的,研究的过程中,一切方法、手段都可据具体问题而使用,哪里来的什么"纯洁"?"纯洁性"之类的说法,本身就是个伪问题。陶器分析仍是研究的基础。

开放型的新史学,不可能不是跨学科的。作为史学问题存在的夏商文化与社会研究,目前主要依赖于考古学的分析,的确在未来还有更大的探索空间。诸如早期文字与权力、文明之间的互动关系;农业与动物驯化在早期国家中的支撑作用、产量、经营模式;早期贸易与赋税;技术与资源的控制、传播以及贵重物品的再分配;人群的流动与婚姻、家族形态;早期国家区域中心与周边聚落的控制关系、地方行政机构等问题都是当前夏商时期研究的薄弱环节,也需要多种学科的不同学者从不同角度进行探索。无论是何等的研究者,面对所有的上述希冀的研究,都清晰地知道,夏商时期的任何探索无法脱离考古材料。这不仅蕴含着对考古发现的憧憬,也必然充满了将既有考古发现的诠释,转化为历史记载话语系统的愿望。史料的扩充带来了学科范式的转移,但学科范式转移后不同史料与话语系统间的融合,却需要前期充分的研究,以及对研究成果的凝练和提升。作为最大宗的遗存,陶器的时空关系研究是否就已经真的已经有了充分的研究,不必再予以关注? 再继续讨论,就是重三叠四炒冷饭或者抱残守缺不思进取呢?

从这个角度来说,资料数量不少的冀州之域夏商时期陶器,存在两个比较突出的问题,制约着研究的深入:其一,不同时空内的陶器群,散乱而缺乏系统整理;其二,地区间资料丰富程度有差异。这两个问题,使不同的陶器群间缺乏有效系联,尚难判断不同陶器群间的相对关系,也制约了同一空间内陶器群演化与变异过程的描述。

在政治、经济与文化的外在物质表现形式看似分立的背后,夏商时期冀州之域的社会遗留给今日的,仍然是一个以陶器群为主要载体的物质遗存群体。也恰是由这些陶器群的联系,描摹出了夏商时期冀州社会的地缘区别,并且可以经由自然地理所构成的单元空间,对物质遗存的相似与相异的特征、表现形式,予以描述。这一略显复杂的表述,似乎可以简化为,夏商时期冀州区域的生活习俗、经济、文化与人群共同体的异同,及其形而上的审美、信仰认知、制度构建与约束的相似性,是后代构建"冀州"的各项标准,而这些标准存在的最重要的基础,是各地的陶器群。

可以说,夏商时期的冀州之域的考古学文化面貌,就是夏商王朝的地方生活方式、人群分野与统治经略模式的投射与缩影。对于冀州的观察,不但是理解夏商王朝政治中心转换过程中不同人群间关系变迁的线索,也是理解夏商地方社会演进的个案。时至今日,借助于渐次丰富的物质文化资料,可以对夏商时期的古冀州之域进行一番梳理,去寻找上述问题的答案线索。基于这一背景,本书将以陶器为观察中心,进行基础研究,讨论夏商时期古冀州之域各考古学文化的时空关系。

第二节　叙事场景:时空范围界定

将本书的年代上下限范围称为"夏商时期",是为方便表述而采用的表述方式,大体相当于二里头文化一期至殷墟文化四期,由于区域差异,部分地区的部分遗存单位年代可能略早于二里头文化一期。目前早期夏文化的年代与早期夏文化在中原核心区域的文化面貌、特征都尚处于探索阶段①,所以对于冀州而言,相当于夏代早期的遗存,本文不强求

① 常怀颖:《"早期夏文化学术研讨会"纪要》,《早期夏文化与先商文化研究论文集》,科学出版社(北京),2012年。

做解,仅对个别线索进行讨论。由于各地工作基础不同,本书讨论空间的绝大多数地区或遗址至今没有 ^{14} C测年数据,绝对年代难有精确界分,大略相当于公元前 20 世纪至公元前 11 世纪的一千年间。

冀州区域较大,不同区域的遗址分期在整合时,需采用相同的标尺进行比较,方有参照。为避免混乱,本文采用分期编年较为成熟的中原地区夏商时期考古学文化编年序列,作为对应年代序列分期框架。具体而言,对应年代序列分期框架为:夏代仅涉及二里头文化,需对应的分期体系采用邹衡先生四期说①。对于涉及的先商文化遗存,本文对应年代序列称为"相当于二里头文化某期",以此类推。商时期考古的分期虽然说法较多,学术界目前虽逐渐倾向于将其划分为早商、中商、晚商三个阶段②。但对于本文而言,由于各地考古学材料并不平衡,所以暂不采用这种三分法,而仍使用邹衡先生的早商期与晚商期两个大时段的划分方式。采用两分法,可以在材料尚不充分的条件下更清晰地看出大范围内考古学文化的变迁过程。在具体称呼和具体期段的划分中,本文略有差异。早商时期遗存包括二里冈文化和白家庄期遗存,本文二里冈文化分期体系采用邹衡先生早商文化分期③,但在对应年代序列称呼上不称为"某期某组",而称为"二里冈下层文化""二里冈下层文化二期""二里冈上层文化一期""二里冈上层文化二期"(白家庄期遗存)"洹北商城早期"(包括藁城台西年代偏早的遗存)"洹北商城晚期"(包括藁城台西年代偏晚的遗存和殷墟一期遗存)。商代晚期遗存分期体系采用邹衡先生分期方式④,指殷墟文化二至四期。

本文所讨论的空间范围是"古冀州之域"。《禹贡》中,冀州没有直接的疆界划分记载,而是通过与其相邻各州疆界的确定来限定冀州的范围。由于古黄河的西、南两侧流域相对确定,因此,对于冀州空间范围的描述争议就集中在对于冀州东、北境的确定上。在历代对于冀州范围的限定中,会因历史地理注疏者所处时代的政治军事因素影响,对冀州北界的理解产生偏差。《尚书孔传》说"此州帝都,不说境界,以余州所至则可知"。孔颖达《注疏》则明确说"明东河之西,西河之东,南河之北,是冀州之境也"。胡渭《禹贡锥指·卷二》以冀州疆界为"其北则逾塞直抵阴山下,西起东受降城之北,东讫于大辽水,皆古冀州域也……冀西距河……冀南亦距河……冀东亦以河与兖分界"⑤。按照刘起釪的梳理,《禹贡》的地理划分体系中冀州区域大致应该包括"相当于现在的山西省全省,略带河南省的北部,还有河北省的西边半部及内蒙古阴山以南,东及辽宁省的辽河以西的大部"⑥。

①　邹衡:《试论夏文化》,《夏商周考古学论文集》,文物出版社(北京),1980 年。
②　唐际根:《中商文化研究》,《考古学报》1999 年第 4 期;中国社会科学院考古研究所:《中国考古学·夏商卷》,中国社会科学出版社(北京),2004 年。
③　邹衡:《试论夏文化》,《夏商周考古学论文集》,文物出版社(北京),1980 年。
④　邹衡:《试论夏文化》,《夏商周考古学论文集》,文物出版社(北京),1980 年。
⑤　(清)胡渭:《禹贡锥指》,第一六至一七页,上海古籍出版社(上海),2006 年。
⑥　刘起釪:《〈禹贡〉冀州地理丛考》,《文史》第二十五辑,中华书局(北京),1985 年。

战国以前,黄河下游走向与今黄河不同,流经河北平原在天津塘沽入渤海。其流向大致从"潼关东折,经孟津(南),盂县(北),再经巩、汜水、荥泽诸县与温、武陟、获嘉诸县间,转向偏东北,流经原武、阳武、延津、胙城四县南与新乡、汲二县北部之间,穿越浚县(北)与滑县(南),经著名的大伓山(浚县东)西,由直隶大名府开州西南北折,再经河南彰德府,直隶广平、顺德二府,冀、深二州之地,出河间府,流经阜城、献县、交河之境,进入天津,由天津直沽口入海"①。谭其骧认为,春战以前黄河下游河道实际有两条不同的记载,一条是《禹贡》河,一条是《山经》河,两条河在宿胥口向北走《水经注》的"宿胥故渎",至内黄后会合洹水,之后向北走《汉书·河渠志》所记载的邺城东的"故大河",至曲周会合漳水,再向北走《水经》漳水至今天的深县南;至此以下,《禹贡》河走《水经》漳水,东北流经交河青县至天津东南入海;《山经》河向北流经《汉志》的滴水,经高阳、安新县折向东经霸县至天津东北入海②。史念海认为《山经》河实际上是战国后期才从束鹿县分出的③,战国中期以前,黄河由濮阳北流,实际上只是蜿蜒于今河南、河北两省,"经内黄县,而至河北省临漳、成安诸县,在肥乡、曲周两县间,会合由西流来的漳水,再北经平乡、巨鹿诸县旧大陆泽地区,又经南宫、新河、冀县和束鹿,在束鹿分成东流和北流两股:东流的一股,经衡水、武邑、深县、武强、阜城、交河、沧县、青县、大城等县至天津入海;北流的一股,经高阳、容城、安次等县,亦至天津市入海"④。

无论各家的黄河下游走向分歧如何,战国以前冀州所包括的区域大体相当于今山西、河南北部、河北西部与北部、京津地区以及辽西、内蒙古中南部是为各家所公认。就本文而言,由于材料的局限与相互间的关联,实际的写作范围与上述地理范围,略有调整。从已知的考古学文化分布来看,本文写作空间范围的南界框定在古黄河以南,南济水⑤以北的今黄河以北地区;本书的北界大体以燕山为界,西侧则因考古学文化面貌而会论及今陕北地区东部。以今日的行政区划来看,本文的写作空间范围大致相当于山西省全境;河北省、北京市和天津市运河以西与燕山以南地区;河南省今黄河以北的安阳、鹤壁、新乡、濮阳、焦作等地市。写作过程中会牵涉陕西省的延安、榆林市东部地区。

第三节　扩充史料:田野工作与考古发现

在本书所涉及的时空范围内,考古工作与研究开展较早,但各地区与研究工作进展并不平衡。实际上,一部冀州之域的夏商考古发掘与研究史就是中国考古学逐渐形成的历

① [日]桑原骘藏:《河南山东游记》,《考史游记》,第110页,中华书局(北京),2007年。
② 谭其骧:《西汉以前的黄河下游河道》,《历史地理》(创刊号),上海人民出版社(上海),1981年。
③ 史念海:《论两周时期黄河流域的地理特征》,《河山集》(二集),第315页,三联书店(北京),1981年。
④ 史念海:《论〈禹贡〉的导河和春秋战国时期的黄河》,《陕西师范大学学报》(哲学社会科学版)1978年第1期。
⑤ 史念海:《论济水和鸿沟》,《河山集》(三集),第303-356页,人民出版社(北京),1988年。

史。对于古冀州之域内的田野考古工作与研究大致可以分作以下六个时期。

一、1931 年以前

这一时期是中国早期田野考古学的肇始阶段。在这一阶段,由金石学家与古董收藏者对于文物的收集逐渐转变为有目的有针对性的田野调查与小规模挖掘①;学术界在思想上和学理上强化了学人对于考古学以及利用实物材料研究古史的重要性,考古学逐渐成为一个分支学科,并逐渐被确立。

1929 年以前,在本文涉及区域内的夏商时期专项考古工作甚少,实施考古田野调查与发掘的机构大致有北洋政府农商部地质调查所、古物研究会、历史博物馆、北京大学研究所国学门、清华大学国学院、中研院历史语言研究所考古组、各国外调查团等,另有一些学者的个人调查活动。

北洋政府农商部地质调查所田野工作开始最早②。1919 年夏,地质所安特生指导技师朱庭祜在今河北北部采集收购了大量磨制石器③。安特生的调查活动带来的直接影响便是 1921 年仰韶村和不召寨的发掘,但是在当时,学者们对仰韶村石器的年代就有较多争议,有学者认定这是商代的遗存。

"古物研究会"和地质调查所在同一时期合作收集了一部分古物。

1921 年,由教育部民国初年设立的历史博物馆曾在河北钜鹿县进行过一次发掘④。俞伟超认为这次发掘早于西阴村,应该是国人组织的第一次发掘⑤。1924 年至 1925 年,历史博物馆还在河南、河北、山西、绥远、察哈尔等地调查古迹古物,其中有的发现涉及本书所讨论的时间范围⑥。

1919 年前后,北大曾动议发掘殷墟,不过这一计划"因事终止"⑦。1920 年 7 月 8 日,北大决定设立国学门,至 1922 年 1 月正式成立。1927 年马衡又重提该计划,并积极筹备⑧。

在当时,因为北大的首席国立大学地位,日本便意欲借助其力量进入中国考古。1925 年,日本东京与京都两京帝国大学的考古学机构及教授,成立了东亚考古学会,并于 1926 年 6 月在北京与北京大学国学门组成了东方考古学协会,此后数年,中日双方象征性共同合作进行了数次考古调查与发掘。早在 1914 年,林泰辅就对殷墟进行了时间极短的实地

① 这一时期的挖掘活动从技术上还没有真正进入科学意义的"发掘",因之暂称为"挖掘"为宜。
② 按照查晓英的研究,地质调查所最早的有意识的田野考古调查工作可以上溯至 1919 年,参氏著:《从地质学到史学的现代考古学》,四川大学历史文化学院硕士学位论文,2003 年。而安特生自己也承认自己对于文化遗存产生兴趣是在 1919 年,见安特生著,袁复礼译:《奉天锦西沙锅屯洞穴层》,第 1 页,古生物学丁种第一号,1923 年。
③ 安特生著,袁复礼译:《奉天锦西沙锅屯洞穴层》,第 1 页,古生物学丁种第一号,1923 年。
④ 《钜鹿宋代故城发掘记略》《符九铭先生梦云室丛谈》,《国立历史博物馆丛刊》第一卷第一期,1926 年。
⑤ 俞伟超:《中国考古学的现实与理想》,《考古学是什么》,第 224 页,中国社会科学出版社(北京),1996 年。
⑥ 国立中研院文书处编:《国立中研院历史语言研究所十八年度报告》,《国立中研院十八年度总报告》,第 224－272 页,1929 年。
⑦ 傅振伦:《北大研究所考古学会在学术上之贡献》,《北大学生周刊》第一卷第二期,1930 年。
⑧ 傅振伦:《北大研究所考古学会在学术上之贡献》,《北大学生周刊》第一卷第二期,1930 年。

考察,这是日本学者对殷墟进行的首次实地考察①。1925 年 10 月,滨田耕作和原田淑人一起前往殷墟进行了一天的考察,这是日本考古学者第一次实地调查殷墟,而目的是欲与中方合作②。

1928 年 5 月日本第二次出兵侵占山东,造成"济南事变",中日双方局势急转,连带双方的学术关系也逐步恶化,北大因之中断了与日本的合作。同年,中研院史语所开始发掘殷墟,日本考古学界也逐渐失去了与北大合作的意向,开始试图寻找与史语所合作的机会,于是,北大与日本的合作彻底终止。在双方断绝联系后,北大考古因为缺乏专业人员指导和经费短缺,遂逐渐陷入困境。③ 但 1928 年冬,在河北冀县教育局长马紫波的邀请下,北大考古学会前往其地发掘④。次年 11 月,马衡为计划发掘燕下都,曾携傅振伦与常惠又曾前往易县进行调查。

这一阶段,对于田野考古工作贡献最大的中国学术团体是清华国学院。1925 年,李济与地质所袁复礼在清华校长曹云祥的帮助下,前往山西调查。由于两人都没有实际的田野调查经验,最初的学术目标并不清晰,但在调查开展后,他们的思路逐渐清晰,开始将主要目的放在对文献记载的古帝王之居和传说之地进行调查,袁复礼甚至和李济打赌说"如果能在这里找到新石器文化遗址的话,我决不相信"⑤。3 月 24 日,在寻访大禹陵的途中,他们偶然发现了西阴村⑥。这一发现迅速引起了北京学术界的高度重视,次年清华与弗利尔协商发掘西阴村。对于发掘的动机,李济明确说"这文化的来源以及它与中国历史期间中国文化的关系是我们最要知道"⑦。陈洪波指出,"搞清楚仰韶文化与历史时期中国文化,实际上这里主要指夏文化。而这一切的基础,就在'对于研究中国历史上的兴趣'。虽然李济是一个人类学派的古史学家,但根本上,他仍然是一个古史学家,考古学只是提供了一个进行历史重建的重要工具"⑧。张敏的看法更为明确,她指出"李济发掘西阴村的真正动机,便是想解决中国文化的原始问题,并以此否认当时占主流地位的'中国文化原始于西方'的假说……正是因为对中国文化原始问题的高度敏感性,李济才未将 1929 年殷墟第三次发掘中出土的唯一一块仰韶时期陶片遗漏"⑨。

然而,天未遂人愿,政治局势的迅速变化影响到了李济学术计划的继续开展。清华国

---

① ［日］林泰辅:《殷墟の遗物研究に就て》,转引自［日］吉开将人:《近代日本学者与殷墟考古》,《纪念殷墟发掘 80 周年学术研讨会论文集》,历史语言研究所(台北),2015 年;［日］水野清一:《东亚考古学の发达》,大八洲出版株式会社,1948 年。

② ［日］滨田耕作:《殷墟の白色土器》,1926 年。

③ 关于日本东方考古学协会的成立及其与北大国学门的合作,以及北大国学门考古发掘与研究的兴衰活动,桑兵先生有详细的讨论,详见氏著:《东方考古协会》,《晚清民国的国学研究》,上海古籍出版社(上海),2001 年。

④ 傅振伦:《记北京大学考古学会》,《傅振伦文录类选》,第 825 页,学苑出版社(北京),1994 年。

⑤ 李光谟编:《戴家祥致李光谟》,《李济与清华》,第 170 页,清华大学出版社(北京),1994 年。

⑥ 关于这次活动的学术史梳理,可参张敏:《夏商周考古学术史(1928~1949)》,北京大学博士学位论文,2014 年;孙庆伟:《有心还是无意——李济汾河流域调查与夏文化探索》,《追迹三代》,上海古籍出版社(上海),2015 年。

⑦ 李济:《西阴村史前的遗存》,《李济与清华》,第 29－32 页,清华大学出版社(北京),1994 年。

⑧ 陈洪波:《中国科学考古学的兴起:1928－1949 年历史语言研究所考古史》,广西师范大学出版社(桂林),2011 年。

⑨ 张敏:《夏商周考古学术史(1928~1949)》,第 25 页,北京大学博士学位论文,2014 年。

学院的考古活动也因为经费、人员、研究院内诸导师间的分歧以及京津政治局势的变化而中断,未能持续进行,国学院本身也因王国维自沉,梁启超辞职,赵元任、陈寅恪和李济先后转入史语所工作而在1928年冬衰落,至次年6月正式宣告结束。[①]

随着北大国学门和清华国学院的相继衰落,中研院历史语言研究所考古组逐渐开始担负起中国田野考古发掘的责任。1928年初,傅斯年筹建中研院史语所,至5月已经形成了一个承袭自清华国学院人员为基础的研究团队,其考古组的骨干就是以李济及清华国学院毕业生为主的[②]。在组织设立之初,傅斯年便明确了其史学取向,并明确了对局限于纸上的文字史料的不满意,主张要"上穷碧落下黄泉,动手动脚找东西"[③]。还在史语所考古组的筹备阶段,8月他便派出董作宾去殷墟调查,11月在一番复杂的政治交涉后,由董主持了殷墟的第一次发掘。但从工作一开始,作为"国家"代表的史语所与河南省的各方势力就因为"地方"与"国家"理念,以及地方军阀的盗掘经济利益链而纷争不断。

清王朝覆灭后,在国民政府未能有效控制全国,地方军阀割据的环境中,各地地方意识觉醒,重"乡"更甚于重"国",在当时的各种思想潮流和社会活动中都能看见国家与地方冲突和对抗的反映[④]。这种朴素的地方乡土意识,在地方文物的保护工作中,往往会上升为文化渊源、斯文根脉的认同与保护,在民国时期十分突出。各省古迹会的成立与地方文物工作的开始,即与之密切相关[⑤]。时至今日,这种意识仍然在文物考古工作中存在或大或小的影响。国家与地方学术机构、地方省立与地市县间的工作冲突、文物保存保管属地问题,实际也仍然并未消弭,甚至被视作正常。

1929年5月,蒋冯战起,安阳的发掘工作已开始受到影响。10月,由于担心发掘的文物标本安全问题,史语所在未通报地方时即将一半标本运往北平,因此开罪地方。河南省借助此舆论影响,形成民间与官方两方的抵制力量,与史语所发生了激烈冲突。由于此事的爆发,和河南省地方的合作关系破裂,双方已无信任可言,史语所考古组被赶出了安阳。殷墟的考古工作由当时河南博物馆馆长何日章主持,实际的工作则是由其警察学校毕业的妻舅执行的。这些人的学术水平远在李济、董作宾之下,"遇一墓葬,见头取头,见脚取脚,积而成之,不知谁为谁之头"[⑥]。直到1930年11月中原大战结束前,史语所考古组始

① 查晓英论文中对这一段历史有较为详尽的梳理,参其论文第67-78页。
② 杜正胜:《无中生有的志业》,《新学术之路:中研院历史语言研究所七十周年纪念文集》,第16页,中研院历史语言研究所(台北),1998年。
③ 傅斯年:《历史语言研究所工作之旨趣》,《傅斯年全集》(第三卷),第8-12页,湖南教育出版社(长沙),2003年。
④ 可参王东杰:《国家与学术的地方互动:四川大学国立化进程(1925~1939)》,三联书店(北京),2005年;《国中的异乡:近代四川的文化、社会和地方认同》,北京师范大学出版社(北京),2016年;《声入心通:国语运动与现代中国》,北京师范大学出版社(北京),2019年。
⑤ 对民国时期地方文物工作的梳理,以及地方与国家、地方与地方之间,在不同省份不同考古工作的纷争学术史梳理,目前研究较为缺乏。但从陕西考古会的建立,以及陕西发生的地方与北平研究院的纷争,对比安阳的情况看,这一现象在民国时期并非孤例。参罗宏才:《陕西考古会史》,陕西师范大学出版总社有限公司(西安),2014年。
⑥ 傅斯年:《历史语言研究所傅斯年来函》,《史学杂志》1931年第2卷第4期,第2页。

终无法回到河南工作，而只能转去国民政府能控制的山东工作。在城子崖的发掘中，史语所的发掘人员区分出了仰韶与龙山的差别，同时认识了夯土，为下一步殷墟工作的大突破，积累了宝贵经验。

　　1931 年以前，在学术团体的调查活动之外，部分学者也由个人出资进行了小规模的调查与征集活动。甲骨文问世之初，罗振玉就派其弟振常、内弟范兆昌前往调查出土的确切地点，并于小屯调查①。1915 年，他本人回乡祭祖，之后亲至殷墟访古②，并且因此感叹"古器物出土之地于考古至有关系，前人多忽之"③。

　　在辽西与内蒙赤峰、多伦淖尔地区以及张家口，鸟居龙藏与妻子鸟居君子进行了十分学术化的调查。对蒙古草原与辽南地区的金属器④和史前遗迹⑤进行了调查与研究，具有很高的学术价值。另有不少日本学者，亦采用单独调查的方式对华北及三北地区进行了调查⑥。

　　这一时期的田野发掘与调查，大致可以分作两类。一类是由国外学者主导，另一类则是由中国学者为主完成的。国外学者的调查发掘，的确是在文化侵略与殖民学术的背景下进行的，但是，也必须客观指出，由于这些学者大都经过了正规的近代科学训练，所以在调查与发掘的技术和报告整理、研究，代表了当时中国境内考古的最高水平，其目的性和学科意识也较中国学者先进。安志敏明确指出"日本于中国之考古事业，迄今已逾五十余年，且皆有正式之报告，虽为文化侵略，然对阐明中国古代文化之功绩亦不可没也"⑦，"对于日人研究之成果，也断不可弃置"⑧。而由中国学者为主甚或独立完成的工作，由于缺乏应有的规范训练和技术，其发掘工作还处于探索阶段，对于地层遗迹的发掘方法也还没有成熟⑨，对于遗迹现象也没有明确的理解，所以在发掘过程中丢失掉了大量的信息。就调查而言，大致都属于有目的调查，但调查的目的实际上仍然是传统史学意义甚至于金石学意义上的调查，而缺乏现代考古学学科意识；类似于鸟居龙藏等人的调查，则甚至有因陋就简、打一枪换一个地方的游击战性质，这固然与当时的政治军事安全环境有关，但也反映出缺乏明确的学科意识和学术目的的实际现状。总体来看，这一时期对于中国田野

　　①　罗振常：《洹洛访古游记》，河南人民出版社（郑州），1987 年。
　　②　罗振玉：《五十日梦痕录》，《罗雪堂先生全集》三编第二十册，第 8428 页，台北文华出版公司（台北），1970 年。
　　③　罗振玉：《五十日梦痕录》，《罗雪堂先生全集》三编第二十册，第 8432 页，台北文华出版公司（台北），1970 年。
　　④　R. Torii and K. Torii, "Populations primitves de la Mogolie Oriental", *Journal of Science*, Imperial University of Tokyo, 36/4, 1914. 转引自陈星灿：《中国史前考古学史研究（1895~1949）》，第 44 页，三联书店（北京），1997 年。
　　⑤　R. Torii, "Populations primitives prehistouques de Mondchourie Meridionale", *Journal of Science*, Imperial University of Tokyo, 36/8, 1915. 转引自陈星灿：《中国史前考古学史研究（1895~1949）》，第 44 页，三联书店（北京），1997 年。
　　⑥　［日］三宅俊成：《满洲考古学概说》，第 192 - 133 页，1944 年；［日］水野清一：《东亚考古学的发达》，第 6 - 7 页，大八洲出版株式会社，1948 年；［日］鸟居龙藏：《南满洲调查报告》，1914 年。
　　⑦　安志敏：《日人在华之考古事业》，《益世报·史地周刊》（天津），1946 年 8 月 3 日第 5 期。
　　⑧　安志敏：《东北史迹概说》，《益世报·史地周刊》（天津），1949 年 12 月 9 日第 71 期。
　　⑨　对当时发掘方法的细致复原和梳理，参张敏：《夏商周考古学术史（1928~1949）》，北京大学博士学位论文，2014 年。

考古学而言,仅仅是处在初创肇始或探索阶段。

二、1931－1955 年

　　这一时期对于中国田野考古学而言,极为重要。在这一阶段,中国学者完善了自身的田野工作方法,建立了一整套处理软遗址的发掘方式、记录方法乃至具体到文物包装、运输、保护工作流程和档案记录、管理原则,在工作中培养了第一批中国田野考古工作的从业人员,可以说这一时期是中国田野考古学的形成时期。

　　1931 年,梁思永加入了殷墟的考古工作,他的到来,对于中国田野考古学至关重要。正是由于他,才使得中国考古学的田野发掘走上了科学化的正轨。1930 年冬,中原大战结束,在国民政府的斡旋下,史语所重新获得了殷墟发掘的机会。这次殷墟发掘的最大收获是,郭宝钧在 B 区确认了夯土版筑的堆积特征,否定了原来的水成痕迹,由此推翻了殷墟毁于洪水的认识①。次年进行的第五次发掘,梁思永在后冈发现了著名的"三叠层"②,这是早期地层学方法在殷墟发掘中的成功运用,较之李济对殷墟地层堆积方式的简单理解,已经有飞跃式发展。同时,从纯技术角度而言,梁思永摒弃了李济采用的水平发掘方式,将地层包含的遗物按照地层堆积进行统计,已经注意到了堆积的层线。更重要的是,梁氏将不同的自然层次分别合并入大的地层中,即开始有了按包含物划分时段的意识。这样的做法从操作角度结束了水平发掘的方式,开辟了以文化层为单位的发掘方式。自此以后,中国的软遗址发掘就以此为基本工作理念。另外,梁思永在清理龙山房屋的白灰面时采用的清理方式和解剖观察方式,也基本确定了日后中国田野考古学在清理遗迹单位时采用的方法。

　　在随后的几年中,中研院史语所在殷墟取得了辉煌的发掘成就③,田野技术也不断成熟,基本上确立了中国田野考古学的操作技术与方法,对于绘图、照相、测量、探方布设与开掘方式④甚至于文物的包装、保存、移交、民工管理等方面也都有了较为成熟的处理方式。这些成就,为中国田野考古学走向成熟奠定了坚实的基础。

　　全面抗战爆发以前,除史语所考古组的发掘之外,华北地区较有影响的田野考古活动主要是由成立于 1932 年 2 月的河南古迹研究会进行的。但这一机构的成员几乎都是中研院的成员,实际上是中研院在河南的地方外围衍生机构。当时,浚县一带盗墓严重,在河南古迹研究会成立以前,郭宝钧就被中研院派往调查。按他自己的说法是"中研院闻知

　　① 郭宝钧:《B 区发掘记之一》,《安阳发掘报告》(第四期),第 569－596 页,中研院历史语言研究所,1933 年。
　　② 梁思永:《小屯、龙山与仰韶》,《庆祝蔡元培先生六十五岁论文集》,第 570 页,中研院历史语言研究所,1935 年。
　　③ 关于中研院史语所殷墟发掘的成就及具体工作,可以参看李济:《安阳》,河北教育出版社(石家庄),2002 年;中国社会科学院考古学研究所:《殷墟的发现与研究》,第 8－13 页,科学出版社(北京),1994 年;胡厚宣:《殷墟发掘》,学习生活出版社(上海),1955 年;杨锡璋:《七十年来殷墟发掘年表》,《考古学集刊》(15),文物出版社(北京),2004 年;石璋如:《殷墟发掘员工传》,历史语言研究所(台北),2017 年;唐际根主编:《九十年殷墟人和事(1928~2018)》,社会科学文献出版社(北京),2018 年;石璋如:《安阳发掘简史》,历史语言研究所(台北),2019 年。
　　④ 张海:《中国考古学的殷墟传统》,《古代文明》(四),文物出版社(北京),2006 年;张敏:《夏商周考古学术史(1928~1949)》,北京大学博士学位论文,2014 年。

此事,在民国二十年夏,嘱作者前往调查"[1]。辛村大墓发掘之余,郭宝钧与刘燿、马元材等人,对大赉店等地进行了连续的调查和发掘。郭宝钧等人的活动,标志着以史语所为代表的田野活动,已经由晚商考古为中心,开始在纵向的时间角度延伸。这为未来中国考古学年代学的建立与学科划分的时段选择奠定了基础。

全面抗战爆发以前,史语所外围组织河南古迹会甚至有目的性地根据文献记载线索,派李景聃、韩维周赴豫东调查先商遗存并发掘了造律台、黑孤堆、曹桥等遗址,试图寻找殷墟文化的来源[2]。可以说,这一课题的设置已经具有相当的前瞻性和学术目的了,已经完全脱离了金石学家的搜宝式调查,已经属于现代考古学意义下的学术活动。石璋如甚至对调查活动的方式进行了详细的经验与方法总结[3]。总体而言,在全面抗战之前,史语所指导下的田野考古已经逐步形成,恰如李济所说,这一阶段"田野考古工作……在中国,可以说已经超过了尝试的阶段了,这是一种真正的学术,有它必须的哲学的基础,历史的根据,科学的训练,实际的设备"[4],这一总结,实际上表示,田野考古学的基本工作方法已经基本形成。

就在一切科研工作走向正轨,蒸蒸日上之时,全面抗战爆发。接下来的 12 年,连续不断的战争,带给中华民族深重的灾难,带给刚刚成长起来的考古学的,是近乎毁灭性的打击。从这一时期开始,由中国学者进行的华北田野考古工作便陷入停滞,已基本建立的田野考古队伍也面临解体[5]。但即便是在这样的环境中,中国的考古学者也没有放弃自己对于学术的追求,在有限的条件下,仍然坚持工作。在华北地区,石璋如甚至在七七事变后仍然进行了晋绥内蒙调查,这是全面抗战初起之时史语所在华北少有的田野活动[6]。

当史语所为代表的中国学者辗转流亡于西南,在艰难的环境中不放弃一切机会在西南、西北进行考古活动的时候,日本学者在侵华日军的保护下,在华北地区进行了大量的考古活动。这些活动,沾满了侵略者的暴行,但从学术意义上讲,仍然有值得借鉴的成果。从现有材料来看,日本侵占我华北地区时期,日本学者在冀州范围内的考古活动涉及多个地点。

在殷墟,1938 年春,庆应义塾大学文学部北支学术调查团在大山柏的率领下,发掘了殷墟后岗与高楼庄[7]。按照胡厚宣的说法"同年秋,东方文化研究所水野清一、岩间德等人曾来安阳侯家庄考察发掘。1940 年至 1941 年,东京帝国大学考古学教室曾来安阳发掘。1942 年至 1943 年,驻河南的日本军队也曾利用奸匪大事盗掘,出土古物不少,都运到

① 郭宝钧:《浚县辛村古残墓之清理》,《田野考古报告》(第一期),第 168 页,中研院历史语言研究所,1936 年。
② 李景聃:《豫东商丘永城调查及造律台黑孤堆曹桥三处小发掘》,《中国考古学报》第二册,1947 年。
③ 石璋如:《考古年表》,第 105－108 页,中研院历史语言研究所,1952 年;陈存恭、陈仲玉、任育德:《石璋如先生访问记录》,近代史研究所(台北),2002 年。
④ 李济:《〈田野考古报告〉编辑大旨》,《田野考古报告》(第一期),中研院历史语言研究所,1936 年。
⑤ 李济:《前言》,《中国考古学报》(第二册),1947 年。
⑥ 石璋如:《晋绥纪行》,独立出版社(上海),1943 年。
⑦ [日]大给尹:《河南安阳郊外后岗高楼庄两遗迹发掘调查预报》,《史学》17 卷第 4 期,1939 年。

日本去了"①。但按照吉开将人的考证,1940 年东京帝国大学驹井和爱对殷墟并未发掘。依驹井给家人的信函显示,他在安阳的考察是在发掘邯郸之余的临时行为,时间只有三天(9 月 29-10 月 1 日),并未进行发掘,所得殷墟铜器也是在安阳古董店中购得的。②

在山西,1942 至 1944 年,和岛诚一对太原盆地及山西的河东平原、潞安盆地进行考察,以今日的学术认识看,其中有部分材料可能属于二里头时期的遗物。③ 1942 年,山西学术考察团小野胜年在代县峨口和临汾金城堡进行发掘。④ 从 1938 年到 1944 年间,长广敏雄与水野清一开始了长达 6 年的云冈调查与测绘,其间他们还考察了周围的遗迹,并且在云冈对面发现出土彩陶和黑陶的遗址⑤,这一时期他们的调查收集到不少铜器与陶器⑥。

全面抗战期间,除了占据北中国的日本学者在其军事保护下的调查发掘和史语所石璋如的零星工作外,在本文涉及的区域内,已经没有学者领导下的有规划有目的的田野考古工作。这一情况在抗战结束后也未改变,随即而来的解放战争使中国考古学的田野工作再一次延迟。

1949 年,华北地区终于迎来和平,田野考古工作在次年即重新开始。

新组建的中国科学院考古学研究所,第一次田野发掘所选取的地点,是回到中研院史语所工作较为充分的地方继续开展工作。石兴邦认为,考古所首次田野考古是在辉县境内的琉璃阁与固围村两地,时间是 1950 年 10 月至次年春,1952 年又相继发掘了琉璃阁和百泉、褚丘村。⑦ 但是在辉县发掘之前的 1950 年 4、5 月间,中国科学院就派遣郭宝钧前往殷墟,并在其主持下对洹北和洹南的多个地点进行了发掘。⑧ 由于中国科学院考古研究所是在北平研究院史学研究所和中研院历史语言研究所一部分的基础上发展起来的。1950 年 5 月开始筹备组建,同年 8 月 1 日正式成立,夏鼐本人在 1950 年 7 月 10 日自浙江至北京⑨。石兴邦本人随后抵京,参与发掘也是在考古所成立以后。

但是,无论发掘点是在殷墟还是在辉县,都是中研院曾经长期工作的地点,不但因为埋藏内涵丰富,不会发掘落空,更是因为有工作基础,且发掘人员对其地情况熟悉。从参

---

① 胡厚宣:《殷墟发掘》,第 117-118 页,学习生活出版社(上海),1955 年。
② [日]吉开将人:《近代日本学者与殷墟考古》,《纪念殷墟发掘 80 周年学术研讨会论文集》,史语言研究所(台北),2015 年。
③ [日]和岛诚一:《山西省河东平原和太原盆地北部史前考古调查概要》,《人类学杂志》1943 年第 58 卷 4 号。
④ [日]宫本敏行:《山西学术纪行》,1942 年;[日]小野胜年:《金城堡——山西临汾金城堡史前遗迹》,1945 年。
⑤ [日]水野清一:《东亚考古学的发达》,第 62-63 页,大八洲出版株式会社,1948 年。
⑥ 日本投降后,李济曾作为国民政府代表赴日调查日本侵华掠夺之文化遗存,在东京大学考古研究室调查期间,按他的记载有"殷墟甲骨、易县陶器与铜器、临淄瓦器……大同一带之铜器与瓦器、绥远包头一带之铜器与赤峰一带之石器,大半皆为研究资料。据驹井和爱氏谈,帝国大学经手发掘之出土品,均存北平翠花街三号东方文化协会。问其发掘次数,则未详云"。在调查京都东方文化研究所时,对于水野清一等以发掘调查之文物皆在中国当地存放的说法,李济并不认同,他认为"日人最近在华北发掘,尚有热河营城子、四平山及河南安阳等地,此皆谈话中偶尔漏出者所计,实际所作者,决不止此"。参李济:《抗战后在日所见中国古物报告书》,《李济文集》(五),第 174-175 页,上海人民出版社,2006 年。
⑦ 石兴邦:《走向辉县——新中国考古的开篇之作》,《中华文化遗产》2004 年第 1 期。
⑧ 郭宝钧:《1950 年春殷墟发掘报告》,《中国考古学报》1951 年第 5 册。
⑨ 夏鼐:《夏鼐日记》,华东师范大学出版社(上海),2011 年。

与两次发掘的主要负责人都有郭宝钧就可看出，考古所之所以选择在两处发掘，不但有锻炼像石兴邦、王仲殊、安志敏这些年轻人的作用，还有一个原因就是文物埋藏情况熟悉，便于积累材料。石兴邦本人也承认，这次考古所的发掘实际上"在某种程度上就是过去工作的继续"。发掘选择以墓葬为主要对象，除了积累断代资料，对于训练人员清理、绘图等基本功有作用外，巨大的花费和精良的装备作业总需要"有了结果给人民好交代"（石兴邦语），可能也是主要原因之一。

当时的考古所人员主要成员，是由史语所考古组留在内地的成员与北平研究院的人员结合组成的，"其制度还是按史语所考古组的一套制度和办法进行。考古所成立时，郑振铎先生担任所长，梁思永、夏鼐任副所长……按当时形式发展与所中计划，梁所长在北京统管全局，夏所长负责业务，在第一线指导田野实践。在地方上有两个重点：一个是西安，一个是洛阳，欲请苏秉琦和郭宝钧先生分别主持"，而"夏先生对梁先生很尊敬，并以师礼事之，无论什么事，他总说要和梁先生商量后再说，因为当梁先生率八路大军奋战殷墟工地时，夏所长还是一个研究生在工地作考古实习"①。可以看出，无论是人员还是组织架构，发掘方式甚至于报告编排体例版式②都与史语所时期并无二致。甚至于，请苏秉琦、郭宝钧分别负责西安、洛阳，也与二人在民国时期的工作经历有关。而且，在考古所当时的人员培养方式中，仍然是沿用甚至要上溯到清华国学院时期的"导师制"③。从这些情况来看，1949 年以后的考古，发掘方法、地点、人员、后备人才培养等各方面与史语所考古组的工作没有本质区别④，在学术角度意义上将其因政权更迭而人为分割，并不符合学科发展的实际情况。

到 1955 年，第四期考古工作人员培训班结业，内地考古工作的队伍重新建立起来，各省市也相继建立了自己考古与文博队伍，田野考古工作逐步转入正轨。中科院考古所在本文涉及的区域内与各省相继建立的考古工作队伍配合试探性地进行了一系列工作。这些工作主要有：

中国科学院考古所与河南省文化局在殷墟地区的一系列工作⑤。在豫北，河南省文物工作人员在调查中发现了辉县孟庄遗址⑥。在山西，黄河水库工作队 1955 年与 1956 年

---

① 石兴邦：《走向辉县——新中国考古的开篇之作》，《中华文化遗产》2004 年第 1 期。

② 这一点从《辉县发掘报告》的编写体例与版式上就可以看出，概述由梁思永主持策划，版式与他编著的《城子崖》渊源关系线索清晰。

③ 当时具体的分工为，梁思永指导安志敏、夏鼐指导王仲殊、郭宝钧指导王伯洪、苏秉琦指导石兴邦。梁思永指导赵铨照相，而在史语所发掘殷墟时期，梁思永就负责照相；夏鼐指导徐智铭绘图；郭宝钧指导马得志发掘时甚至以史语所殷墟发掘的"考古十兄弟"之一的祁延霈作为例证加以勉励。参石兴邦：《走向辉县——新中国考古的开篇之作》，《中华文化遗产》2004 年第 1 期。

④ 张敏：《夏商周考古学术史（1928~1949）》，北京大学博士学位论文，2014 年。

⑤ 关于殷墟地区田野的工作，长期工作于安阳工作队的杨宝成、杨锡璋、刘一曼先生先后已有很好的总结，本文不再一一复述。截至 1985 年以前的发掘工作可参杨宝成：《殷墟发掘概述》，《殷墟的发现与研究》，第 8 - 13 页，科学出版社（北京），1994 年。1985 - 1991 年间的工作可参杨锡璋、刘一曼：《补记》，《殷墟的发现与研究》，第 474 - 477 页，科学出版社（北京），1994 年。对于 1992 年至 1998 年间的工作，可参杨锡璋：《七十年来殷墟发掘年表》，《考古学集刊》（15），第 391 - 394 页，文物出版社（北京），2004 年。此处仅综述 1999 年至 2019 年之间的工作。

⑥ 崔墨林：《辉县孟庄乡发现古遗址》，《文物参考资料》1956 年第 6 期。

在平陆等县调查发现了一批遗址①。

在主动的考古工作之外,工农业生产中也发现了不少遗物。由于政治教育和基层政权与组织的逐步完善,群众上交古代遗物的热情与自觉性较高。这与1949年以前有巨大差异。1952年辉县褚丘发现至少两批商代铜器②。其中一批著录情况复杂,推测有可能是被乡民发现后流散入辉县和安阳两地,又被追回,调拨入藏于当时的平原博物馆。后来,中国历史博物馆又发表了一件同铭铜觚,记录为1956年自中央文化部文物局调拨入藏,因铭文相同,推测也是前述同批器物之一。

在这一时期的发掘成果中最为重要的是,辉县琉璃阁遗址的发掘。琉璃阁遗址在发掘中偶然发现的H1,使当时的学者意识到,其中有一部分可能属于稍早于殷墟时期的遗存。也就是在琉璃阁遗址发掘的前一年,原河南古迹会成员,当时已经因出身问题成为郑州小学教员的韩维周在业余调查中发现了二里冈和南关外遗址。是年冬,赵全嘏、安金槐、裴明相赴郑州调查,但当时只以为二里冈是一处十分丰富的商代遗址,对于其年代与性质并无准确认识。1952年,郑州二里冈第一次大规模发掘③,其发掘报告认为相当于琉璃阁H1的郑州"殷代遗址",可能与"隞地"有关④。

总结这一时期的发掘成就。一方面,在冀州区域内的主动发掘活动因为战争被迫分为前后两个阶段,但参加人员已经变为以中研院历史语言研究所考古组的中国学者为主,发掘活动以围绕殷墟及其周边的商代晚期遗存为主。在发掘过程中基本确立了中国考古学的田野操作方法与规程,培养了第一批田野考古的基本从业人员。另一方面,这一时期考古活动除了获取晚商资料外,对于新发现的材料尚未能给予足够的研究与认识。战争期间,日本学者在侵华日军的配合下进行的带有侵略和掠夺目的的学术活动,客观上在一定程度上对于了解殷墟以外的夏商时期遗存提供了必要的材料和线索。

总体来说,中国田野考古学在这一时期基本形成了自己的田野操作体系,初步建立了以商代晚期的殷墟遗存所构建的年代学基点。对此基点前后的遗存,有了粗略的认识和初步的材料积累。对于本文所涉及的冀州区域而言,考古田野工作的区域中心开始形成:在豫北,形成了以安阳殷墟为中心的重点工作区域;在冀中、南,形成了以邢台、邯郸为中心的工作区域;在山西,则以晋西南作为田野考古工作的发力点。

三、1956－1976年

在这一时期,中国田野考古工作进入了相对繁荣时期,伴随各地大规模的城市厂矿基本建设和农村农田水利基建工作的开展,田野考古工作在各地广泛开展。各地积累了大

---

① 黄河水库考古工作队:《黄河三门峡水库考古调查简报》,《考古通讯》1956年第5期;汤超:《六十年前的黄河水库考古工作队》,《江汉考古》2021年第6期。
② 齐泰定:《河南辉县褚丘出土的商代青铜器》,《考古》1965年第5期;新乡市博物馆:《介绍七件商代晚期青铜器》,《文物》1978年第5期;石志廉:《商妇娉娉铜觚》,《文物》1980年第12期。
③ 曹兵武:《"新中国河南考古第一人"——安金槐先生访谈录》,《中国文物报》2001年7月22日第5版。
④ 安志敏:《一九五二年秋季郑州二里冈发掘记》,《考古学报》1953年第八册,第93页。

量资料，一些主动性的田野发掘与调查工作也得以开展，甚至在十年浩劫期间也能在一定程度下得以维持。在本文涉及的区域内，田野考古工作收获巨大。

在豫北，除了殷墟的工作之外，多家考古工作机构相继对焦作府城①、新乡潞王坟②、陕县七里铺③和殷墟以外洹河两岸④的部分遗址⑤进行了调查与发掘。

在河北，当地文物部门为配合基本建设进行了不少工作，其中发掘的一些遗址在学术史上意义重大。由于前几个五年计划的大型工业建设集中在邯郸与邢台地区，所以两地的考古工作也相对较为充分。在邯郸，1957 年，河北省文物部门在邯郸涧沟遗址进行了清理发掘⑥，同年秋，宿白、邹衡选定此地作为北京大学考古专业的实习地点，因此与河北省一起再次发掘了该地⑦，并对峰峰矿区进行了调查⑧。1959 年至 1960 年，河北省文化局文物工作队相继发掘了磁县下潘汪⑨、界段营⑩、永年县台口⑪，武安赵窑等遗址⑫。1974 年，河北省文物管理处对下七垣进行了较大规模的发掘，所获得的先商时期材料尤为重要⑬。

在邢台，从 1954 年至 1958 年，当地文物部门与河北省文物工作人员在今邢台市区周边相继调查、发掘了西关外⑭、曹演庄⑮、南大郭村⑯、尹郭村⑰、贾村⑱、东先贤遗址⑲。曹演庄遗址的发掘基本确立了邢台地区商代考古学文化的编年。1959 年，省文物工作队还发现内丘南三岐遗址（案：遗址今日行政区划属临城县），并对其进行了试掘，但材料至今未系统公布⑳。

除邯郸邢台地区外，河北省文物工作人员在石家庄地区的灵寿县北宅村㉑、藁城北龙宫㉒等遗址进行了一系列调查发掘工作。这其中，最为重要的是藁城台西遗址的发掘㉓。

---

① 李德保、赵霞光：《焦作市发现一座古城》，《文物参考资料》1958 年第 4 期。
② 河南省文化局文物工作队：《河南新乡潞王坟商代遗址发掘报告》，《考古学报》1960 年第 1 期。
③ 黄河水库考古工作队河南分队：《河南陕县七里铺商代遗址的发掘》，《考古学报》1960 年第 1 期。
④ 中国社会科学院考古研究所安阳队：《河南安阳洹河流域的考古调查》，《考古学集刊》(3)，中国社会科学出版社（北京），1983 年。
⑤ 中国科学院考古研究所安阳发掘队：《安阳洹河流域几个遗址的试掘》，《考古》1965 年第 7 期。
⑥ 河北省文化局文物工作队：《河北邯郸涧沟村古遗址发掘简报》，《考古》1961 年第 4 期；德海、来成：《来函更正》，《考古》1961 年第 12 期。
⑦ 北京大学、河北省文物局邯郸考古发掘队：《1957 年邯郸发掘简报》，《考古》1959 年第 10 期。
⑧ 邹衡：《河北省邯郸市峰峰矿区考古调查》，《夏商周考古学论文集·再续集》，科学出版社（北京），2011 年。
⑨ 河北省文物管理处：《磁县下潘汪遗址发掘报告》，《考古学报》1975 年第 1 期。
⑩ 河北省文物管理处：《磁县界段营发掘简报》，《考古》1974 年第 6 期。
⑪ 河北省文化局文物工作队：《河北永年县台口村遗址发掘简报》，《考古》1962 年第 12 期。
⑫ 河北省文物研究所、河北文化学院：《武安赵窑遗址发掘报告》，《考古学报》1992 年第 3 期。
⑬ 河北省文物管理处：《磁县下七垣遗址发掘报告》，《考古学报》1979 年第 2 期。
⑭ 唐云明：《邢台西关外遗址试掘》，《文物》1960 年第 7 期。
⑮ 河北省文物管理委员会：《邢台曹演庄遗址发掘报告》，《考古学报》1958 年第 4 期。
⑯ 唐云明：《邢台南大郭村商代遗址试掘简报》，《文物参考资料》1957 年第 3 期。
⑰ 河北省文化局文物工作队：《邢台尹郭村商代遗址及战国墓葬试掘简报》，《文物》1960 年第 4 期。
⑱ 河北省文物管理委员会：《邢台贾村商代遗址试掘简报》，《文物参考资料》1958 年第 10 期；河北省文化局文物工作队：《1958 年邢台地区古遗址古墓葬的发现和清理》，《文物》1959 年第 9 期。
⑲ 唐云明：《河北邢台东先贤村商代遗址调查》，《考古》1959 年第 2 期。
⑳ 孙德海：《内丘县三岐村商代遗址的调查》，《文物》1960 年第 5 期。
㉑ 河北省文化局文物工作队：《河北灵寿县北宅村商代遗址调查》，《考古》1966 年第 2 期。
㉒ 河北省文物研究所：《藁城北龙宫商代遗址的调查》，《文物》1985 年第 10 期。
㉓ 河北省文物研究所：《藁城台西商代遗址》，文物出版社（北京），1985 年。

在京津地区,由于三年自然灾害等原因,1961年北京大学历史系考古学专业的实习留在京津冀地区,偶然的原因,实习地选在昌平雪山遗址。在实习过程中发现了当地龙山文化与夏家店上下层的叠压关系,不但确定了夏家店文化与龙山文化的上下限,同时确定了夏家店文化存在地方差异,但材料至今尚未系统公布①。1964-1965年,天津市文化局考古发掘队相继发掘了大厂回族自治县大坨头②和蓟县张家园遗址③。1973年,琉璃河考古队在琉璃河刘李店村南发现两座夏家店下层文化的墓葬④。

在山西,山西省文物管理委员会1954年调查发现了光社遗址⑤;1956年,对其进行了调查与试掘⑥;1956年冬至1959年在侯马配合基建进行了调查与发掘⑦。1958年黄河水库考古队对平陆县发现的遗址进行了复查,并对部分遗址进行了试掘⑧。1958年至1960年,中国科学院考古研究所山西队对晋西南进行了较为系统的调查和发掘⑨。

同时,各地发现了多批青铜器,但这些青铜器在乡民上交后,大多都没有后续的相应工作,出土背景和埋藏环境都比较缺乏。较重要的如1961年河南鹤壁庞村⑩,1968年温县城关公社⑪;1961年在河北青龙县王厂乡抄道沟⑫,1966年在河北磁县下七垣⑬,1967年至1972年、1976年正定新城铺⑭,1974年藁城北龙宫⑮,1978年灵寿县木佛村⑯;1958年在山西长子县西旺村⑰,1971年至1972年在长子县北高庙⑱因工农业生产零星发现了一些商时期的铜器,但大都缺乏科学发掘。

在山西省西北部,以吕梁地区的石楼、永和、保德为中心的二郎坡⑲、后兰家沟⑳、片罗

———————————

①　据北京大学考古文博学院藏材料,另据:北京大学历史系考古专业商周组:《商周考古》第七节,文物出版社(北京),1979年;北京市文物研究所:《北京考古四十年》,第31页,北京燕山出版社(北京),1990年。
②　天津市文化局考古发掘队:《河北大厂回族自治县大坨头遗址试掘简报》,《考古》1966年第1期。
③　天津市文物管理处:《天津蓟县张家园遗址试掘简报》,《文物资料丛刊》(1),文物出版社(北京),1977年。
④　北京市文物管理处、中国科学院考古研究所、房山县文教局琉璃河考古工作队:《北京琉璃河夏家店下层文化墓葬》,《考古》1976年第1期。
⑤　寿田:《太原光社新石器时代遗址的发现与遭遇》,《文物参考资料》1957年第1期。
⑥　解希恭:《光社遗址调查试掘简报》,《文物》1962年第4、5期。
⑦　山西省文物管理委员会:《山西省文管会侯马工作站工作的总收获(1956年冬至1959年初)》,《考古》1959年第5期。
⑧　黄河水库考古工作队河南分队:《山西平陆新石器时代遗址复查试掘简报》,《考古》1960年第8期。
⑨　中国科学院考古研究所山西工作队:《晋西南地区新石器时代和商代遗址的调查与发掘》,《考古》1962年第9期。
⑩　周到、赵新来:《河南鹤壁庞村出土的青铜器》,《文物资料丛刊》(3),文物出版社(北京),1980年。
⑪　杨宝顺:《温县出土的商代铜器》,《文物》1975年第2期。
⑫　河北省文化局文物工作队:《河北青龙县抄道沟发现一批青铜器》,《考古》1962年第12期。
⑬　罗平:《河北磁县下七垣出土殷代青铜器》,《文物》1974年第11期。
⑭　刘友恒、樊子林:《河北正定出土商周青铜器》,《文物》1982年第2期;石家庄地区文化局文物普查组:《河北省石家庄地区的考古新发现》,《文物资料丛刊》(1),文物出版社(北京),1977年。
⑮　河北省文物研究所:《藁城北龙宫商代遗址的调查》,《文物》1985年第10期。
⑯　正定县文物保管所:《河北灵寿县西木佛村出土一批商代文物》,《文物资料丛刊》(5),文物出版社(北京),1981年。
⑰　山西省文物管理委员会:《山西长子的殷周文化遗存》,《文物参考资料》1959年第2期。
⑱　郭勇:《山西长子县北郊发现商代铜器》,《文物资料丛刊》(3),文物出版社(北京),1980年。
⑲　山西省文物管理委员会保管组:《山西石楼县二郎坡出土商周铜器》,《文物参考资料》1958年第1期。
⑳　郭勇:《石楼后兰家沟发现商代青铜器简报》,《文物》1962年第4、5期合刊。

村桃花庄①、义牒②、褚家峪和曹家垣③、永和县④、保德林遮峪⑤等地不断有商代铜器被当地民众发现。1958年,在石楼贺家坪陈姓农民上交了原被发现于1938年的一批商代铜器⑥。1970年前后,石楼县不断接到群众捐献的商代铜器⑦。

在黄河西岸,自1947年子长县李家塌发现的晚商青铜器"窖藏"以后,先后于清涧二郎山张家圪⑧、寺墕村⑨、绥德义和镇墕头村⑩等地发现了多批晚商青铜器。

这一时期的田野考古工作有这样几个特点:

第一,考古工作相继开展,各地的考古学文化年代框架随之被大体建立。由于配合基建进行的主动发掘数量增加,所获材料呈几何数增长。同时,接受正规训练的人员逐渐增加,各地的发掘水平与质量得到长足进步,相继建立了当地夏商时期较粗疏的考古学文化序列。同时,国家对于考古文物工作的管理也开始规范化,建立了有法律依据和政策导向的国家文物事业管理体系,按照学者的计划,从宏观管理层面对考古工作进行了引导和规范。1956年2月,第一次全国考古工作会议对未来12年的文物事业做出了规划。虽然后来因为种种原因,这一规划未能执行,但与1955年以前,已是大不一样。北大考古专业在这一时期结合学生实习,在冀州之域内进行了一系列发掘,对于各地考古学文化时空框架的建立具有举足轻重的意义。

第二,伴随着研究的深入,对于各地考古学文化面貌的认识较以往有较大突破,主动性的探索工作有所增加。较之以往除殷墟外的发掘大都没有明确的学术目的,这一时期的田野工作多是为解决一定的学术问题进行。上一阶段形成的地区工作中心在本阶段进一步被强化。

第三,除殷墟以外,在冀中正定、灵寿和山西吕梁,陕西延安、榆林地区相继零星发现了三个铜器的集中出土地区。这对于商代晚期地方政治格局提供了极为重要的材料。

但是,由于受到当时政治和经济条件的限制,这一时期的田野工作也存在诸多不足。首先,各地区考古工作统筹性不足,持续性得不到保证。其次,由于人员频繁更迭,工作不规范、不系统,各地田野考古材料积压严重,不少材料至今仍未能得到整理、公布。但总体说来,这一时期的考古工作相对于以往是相对繁荣的时期。即便在困难复杂的政治运动背景下,考古学也能因为其特殊的物质文化特性有意识形态和阶级教育功能,在有限的范

---

①　谢青山、杨绍舜:《山西吕梁县石楼镇又发现铜器》,《文物》1960年第7期。

②　石楼县人民文化馆:《山西石楼义牒发现的商代铜器》,《考古》1972年第4期;杨绍舜:《山西石楼义牒会坪发现商代兵器》,《文物》1974年第2期。

③　杨绍舜:《山西石楼褚家峪、曹家垣发现商代铜器》,《文物》1981年第8期。

④　石楼县文化馆:《山西永和发现殷代铜器》,《考古》1977年第5期。

⑤　吴振录:《保德县新发现的殷代青铜器》,《文物》1972年第4期。

⑥　杨绍禹:《石楼县发现古代铜器》,《文物》1959年第3期。

⑦　杨绍舜:《山西石楼新征集到的几件商代青铜器》,《文物》1976年第2期。

⑧　戴应新:《陕北清涧、米脂、佳县出土古代铜器》,《考古》1980年第1期。

⑨　高雪、王继武:《清涧县又出商代青铜器》,《考古与文物》1983年第3期;高雪:《陕西清涧县又发现商代青铜器》,《考古》1984年第8期。

⑩　黑光、朱捷元:《陕西绥德墕头村发现一批窖藏商代铜器》,《文物》1975年第2期。

围内获得发展,相较于其他人文学科而言,已是万幸了。

四、1977－1997 年

1976 年"文革"结束,考古学获得了前所未有的没有战乱和政治动荡的机遇。这一时期,也是中国经济在近百年历史中少有的稳定发展与腾飞时期。在经济和政治形势的保障下,中国田野考古学发展进入了高速发展时期。伴随经济建设大兴,考古工作蓬勃开展,学科自身进展和研究认识的深入以及学术自由度的逐步提高,不少带有学科意识的学术主动性区域调查与发掘得以开展,考古编年序列进一步完善,各地发掘的质量明显得到提高。

在豫北,一系列考古调查工作在这一时期展开,其中对洹水两岸①、濮阳境内②、辉县丰城③、武陟东石寺④和保安庄遗址⑤、焦作地区⑥进行的调查工作,所获的资料对于了解夏商时期考古学文化的面貌较为重要。同时,殷墟小屯西地 H49 和 H50⑦、孟县西后津⑧、武陟大司马⑨、辉县孟庄遗址⑩的发掘,对构建豫北夏商时期的考古学文化序列意义重大。

在豫东,对于商丘地区地区的调查,以及永城王油坊⑪、商丘坞墙⑫、鹿邑栾台⑬、夏邑清凉山⑭及杞县牛角岗⑮、朱岗⑯、段岗、鹿台岗⑰等重要遗址的发掘,为了解豫东地区夏商时期二里头文化、商文化、下七垣文化、岳石文化的分布情况增加了资料。1993 年,在漫长的努力之后,张光直先生与社科院考古所合作,依文献记载在豫东寻找商人早期遗存,

---

①　安阳市博物馆:《豫北洹水两岸古代遗址调查简报》,《中原文物》1986 年第 3 期。

②　马连成、廖永民:《濮阳市郊区考古调查简报》,《中原文物》1986 年第 4 期。

③　新乡市文管会、辉县百泉文管所:《河南辉县丰城遗址调查简报》,《考古》1989 年第 3 期。

④　新乡地区文管会、武陟县博物馆:《河南武陟东石寺遗址调查简报》,《考古》1990 年第 3 期。

⑤　河南省文物研究所:《武陟县保安庄遗址调查简报》,《中原文物》1988 年第 3 期。

⑥　中国社会科学院考古研究所河南一队、焦作市文物工作队:《河南焦作地区的考古调查》,《考古》1996 年第 11 期。

⑦　刘一曼:《安阳小屯西地的先商文化遗存——简论"梅园庄一期"文化的时代》,《三代文明研究(一)——1998 年河北邢台中国商周文明国际学术研讨会论文集》,科学出版社(北京),1999 年。

⑧　河南省文物研究所、新乡地区文管会、孟县文化馆:《河南孟县西后津遗址发掘简报》,《中原文物》1984 年第 4 期。

⑨　杨贵金、张立东、毋建庄:《河南武陟大司马遗址调查简报》,《考古》1994 年第 4 期。

⑩　河南省文物考古研究所:《辉县孟庄》,中州古籍出版社(郑州),2003 年。

⑪　商丘地区文物管理委员会、中国社会科学院考古研究所洛阳工作队:《1977 年河南永城王油坊遗址发掘概况》,《考古》1978 年第 1 期;中国社会科学院考古研究所河南二队等:《河南永城王油坊遗址发掘报告》,《考古学集刊》(5),文物出版社(北京),1987 年。

⑫　商丘地区文物管理委员会、中国社会科学院考古研究所河南二队:《河南商丘县坞墙遗址试掘简报》,《考古》1983 年第 2 期。

⑬　河南省文物研究所:《河南鹿邑栾台遗址发掘简报》,《华夏考古》1989 年第 1 期。

⑭　北京大学考古学系、商丘地区文管会:《河南夏邑清凉山遗址发掘报告》,《考古学研究》(四),科学出版社(北京),2000 年。

⑮　郑州大学历史系考古专业、开封市博物馆考古部、杞县文物保管所:《河南杞县牛角岗遗址试掘报告》,《华夏考古》1994 年第 2 期。

⑯　郑州大学考古专业、开封市博物馆、杞县文物保管所:《河南杞县朱岗遗址试掘报告》,《华夏考古》1992 年第 1 期。

⑰　郑州大学文博学院、开封市文物工作队:《豫东杞县发掘报告》,科学出版社(北京),2000 年。

但是调查结果并不乐观①。虽然未能达到张光直最初的学术预期目标,但最终成果仍有较大的突破。同时,这一合作的象征,意义重大。它标志着与国外学术团体的学术合作重开,中国的田野考古工作格局进入了一个新阶段。

这一时期,邹衡先生在通盘思考夏商周考古学的一系列问题的背景下,率学生对全国数省的重点地区进行了调查与试掘,取得了一系列丰硕的成果。这些工作包括 1979 年至 1980 年在豫北濮阳、新乡、焦作②,1991 年、1993 年在豫东北③,1986 年、1991 年在焦作府城④,1979－1980⑤、1982 年⑥在山西翼城、曲沃的多处遗址的调查与试掘,1988 年在淇县宋窑遗址⑦的发掘工作。这些工作在构建夏商时期考古学序列、夏商夷考古学文化的分布等学术问题上取得了重大的突破。

在河北,考古工作在这一时期蓬勃开展。所涉及的地区范围和获得的材料远远超过以前。

在邯郸地区,河北省学者对邯郸县境内商周遗址⑧、牤牛河流域⑨进行了系统调查,并发掘了永年县洺关⑩与何庄遗址⑪。1996 年后,为配合邯郸电厂的建设,又对峰峰矿区的义西⑫、北羊台⑬遗址相继进行了发掘,获得了十分丰富的先商、晚商时期遗存。

在邢台地区,任县卧龙冈⑭、泜河流域⑮、邢台县境内遗址⑯在这一时期得到系统调查。1993 年⑰、1996 年⑱,葛家庄遗址经两次发掘,遗址的先商与晚商遗存,对于冀中地区夏商时期考古学文化编年具有重要的学术意义,但资料至今尚未全面公布。1994 至 1996

① 张长寿、张光直:《河南商丘地区殷商文明调查发掘初步报告》,《考古》1997 年第 4 期;中国社会科学院考古研究所、美国哈佛大学皮保德博物馆:《豫东考古报告——"中国商丘地区早商文明探索"野外勘察与发掘》,科学出版社(北京),2017 年。

② 北京大学考古专业商周组,山西省考古研究所,河南省安阳、新乡地区文化局,湖北省孝感地区博物馆:《晋豫鄂三省考古调查简报》,《文物》1982 年第 7 期;北京大学历史系考古专业山西实习组、山西省文物工作委员会:《翼城曲沃考古勘察记》,《考古学研究》(一),文物出版社(北京),1992 年。

③ 北京大学考古学系、濮阳市文物保管所:《豫东北考古调查与试掘》,《考古》1995 年第 12 期。

④ 杨贵金、张立东:《焦作市府城古城遗址调查报告》,《华夏考古》1994 年第 1 期。

⑤ 北京大学考古专业商周组,山西省考古研究所,河南省安阳、新乡地区文化局,湖北省孝感地区博物馆:《晋豫鄂三省考古调查简报》,《文物》1982 年第 7 期。

⑥ 张辛:《山西翼城县故城遗址调查报告》,《考古学研究》(四),科学出版社(北京),2000 年。

⑦ 北京大学考古系商周组:《河南淇县宋窑遗址发掘报告》,《考古学集刊》(10),地质出版社(北京),1996 年。

⑧ 邯郸市文管处:《邯郸县商周遗址的调查》,《文物春秋》1992 年第 2 期。

⑨ 邯郸地区文物保管所:《河北磁县境内牤牛河两岸考古调查》,《华夏考古》1993 年第 4 期。

⑩ 河北省文物研究所:《河北永年县洺关遗址试掘简报》,《文物春秋》1990 年第 4 期。

⑪ 邯郸地区文物保管所:《河北省永年县何庄遗址发掘报告》,《华夏考古》1992 年第 4 期。

⑫ 河北省文物研究所、邯郸市文物研究所、峰峰矿区文物保管所:《邯郸市峰峰电厂义西遗址发掘报告》,《文物春秋》2001 年第 1 期。

⑬ 河北省文物研究所、邯郸市文物管理处、峰峰矿区文物管理所:《河北邯郸市峰峰矿区北羊台遗址发掘简报》,《考古》2001 年第 2 期。

⑭ 河北省文物研究所、任县文物保管所:《河北任县卧龙冈遗址调查简报》,《文物春秋》1990 年第 4 期。

⑮ 高建强等:《泜河流域考古调查简报》,《文物春秋》1992 年第 1 期。

⑯ 河北省文物复查队邢台分队:《河北邢台县考古调查简报》,《文物春秋》1995 年第 1 期。

⑰ 任亚珊、郭瑞海、贾金标:《1993－1997 邢台葛家庄先商遗址、两周贵族墓地考古工作的主要收获》,《三代文明研究(一)——1998 年河北邢台中国商周文明国际学术研讨会论文集》,科学出版社(北京),1999 年。

⑱ 河北省文物局第一期考古发掘领队培训班、河北省文物研究所、邢台市文物管理处:《河北邢台葛家庄遗址1996 年发掘简报》,《河北省考古文集(二)》,燕山出版社(北京),2001 年。

年，东先贤①、隆尧双碑②、内丘小驿头③遗址相继发掘，获得了较典型的晚商时期遗存。

在石家庄地区，滹沱河流域④与平山县境内⑤的夏商时期遗址得到了较为系统的调查。1984年以后，保定地区境内的易县、涞水⑥、安新县⑦、曲阳县⑧内的多处遗址被科学调查与试掘，其中较为重要的有唐县洪城⑨、涿州松林店⑩、涞水北封村⑪、容城白龙⑫等，而容城午方⑬、上坡⑭与易县下岳各庄、北福地⑮，涞水渐村遗址⑯的发现尤为重要。1991年，河北省文物研究所与当地文物部门发掘了定州北庄子商代墓葬，获得极为重要的晚商墓葬材料⑰。

在廊坊，香河庆功台⑱、三河西小汪⑲、东达屯⑳相继发现了夏家店下层文化遗存。

在沧州，孟村高窑庄㉑、沧县倪杨屯㉒、任邱哑叭庄遗址㉓的调查与发掘，获得了丰富珍贵的夏商时期遗存。

京津地区的蓟县围坊㉔、张家园㉕及宝坻县牛道口㉖遗址相继发掘，初步建立了燕山南麓夏商时期考古学文化编年。还有一些遗址如昌平下苑、丰台榆树庄、密云落雁寨和凤

①　河北省文物研究所：《河北邢台县东先贤遗址发掘简报》，《考古》2002年第3期。
②　河北省文物研究所、隆尧县文物保管所：《隆尧双碑遗址发掘报告》，《河北省考古文集》，东方出版社（北京），1998年。
③　河北省文物研究所：《内丘小驿头遗址发掘报告》，《河北省考古文集》，东方出版社（北京），1998年。
④　滹沱河考古队：《河北滹沱河流域考古调查与试掘》，《考古》1993年第4期。
⑤　河北省文物研究所：《河北平山县考古调查简报》，《文物春秋》1990年第3期。
⑥　河北省文物研究所：《河北省近十年的文物考古工作》，《文物考古工作十年（1979～1989）》，文物出版社（北京），1991年。
⑦　保北考古队：《河北安新县考古调查报告》，《文物春秋》1990年第1期。
⑧　史云征、李兰珂：《河北曲阳县考古调查简报》，《考古》1994年第4期。
⑨　保定地区文管所：《河北唐县洪城遗址的调查》，《考古》1996年第5期。
⑩　保定市文管所：《涿州市松林店遗址调查简报》，《文物春秋》1996年第2期。
⑪　河北省文物研究所、保定地区文管所、涞水县文保所：《河北涞水北封村遗址试掘简报》，《考古》1992年第10期。
⑫　保北考古队：《河北省容城县白龙遗址试掘简报》，《文物春秋》1989年第3期。
⑬　河北省文物研究所：《河北容城县午方新石器时代遗址试掘》，《考古学集刊》（5），中国社会科学出版社（北京），1987年。
⑭　河北省文物研究所、保定市文物管理处、容城县文管所：《河北容城县上坡遗址发掘简报》，《考古》1999年第7期。
⑮　拒马河考古队：《河北易县涞水古遗址试掘报告》，《考古学报》1988年第4期。
⑯　河北省文物研究所：《河北涞水渐村遗址发掘报告》，《文物春秋》1992年增刊。
⑰　河北省文物研究所：《定州北庄子商墓发掘简报》，《文物春秋》1992年增刊。
⑱　廊坊市文物管理所、香河县文物保管所：《河北香河县庆功台村夏家店下层文化墓葬》，《文物春秋》1999年第6期。
⑲　张家口考古队：《蔚县夏商时期考古的主要收获》，《考古与文物》1982年第4期。
⑳　陈卓然：《三河市新集东达屯出土陶器》，《文物春秋》2000年第2期。
㉑　沧州地区文管所：《孟村回族自治县高窑庄遗址调查简报》，《文物春秋》1993年第3期。
㉒　沧州市文物保护管理所、沧县文化馆：《河北沧县倪杨屯商代遗址调查简报》，《考古》1993年第2期。
㉓　河北省文物研究所、沧州地区文物管理所：《河北任邱市哑叭庄遗址发掘报告》，《文物春秋》1992年增刊。
㉔　天津市文物管理处考古队：《天津蓟县围坊遗址发掘报告》，《考古》1983年第10期。
㉕　天津市历史博物馆考古队：《天津蓟县张家园遗址第二次发掘》，《考古》1984年第8期；天津市历史博物馆考古队：《天津蓟县张家园遗址第三次发掘》，《考古》1993年第4期。
㉖　天津市历史博物馆考古队、宝坻县文化馆：《天津宝坻县牛道口遗址发掘简报》，《考古》1991年第7期。

凰山①、房山西营②等曾零星做过工作，但材料大都没有系统刊布。拒马河流域也进行了系统的调查③。在调查的基础上，1986 年至 1990 年，北京市选择镇江营与塔照两遗址进行了大规模的发掘，初步建立了拒马河流域夏商时期的考古编年④。

　　在张家口地区，张家口考古队取得了重要的收获⑤，在蔚县筛子绫罗和庄窠、前堡⑥、三关⑦等遗址发现的夏商时期遗存尤为重要，随后张家口白庙⑧、宣化李大人庄⑨等遗址相继被发掘。张家口地区文物普查⑩，宣化关子口和白庙⑪，阳原龙凤坡、泥泉堡⑫，怀来焦庄⑬，崇礼石嘴子⑭，怀安县⑮境内的王虎屯、小高崖⑯、宋家房⑰等遗址的调查，均获得了较为重要的夏商时期遗存。

　　社科院山西工作队在晋南多处地点进行了调查⑱，并发掘了垣曲小赵⑲、襄汾大柴遗址⑳。同一时期，中国历史博物馆考古部与当地文物部门合作，在垣曲盆地进行了较为系统的长期调查㉑，并选择了垣曲古城东关遗址㉒和垣曲商城㉓进行发掘。山西省考古研究所则发掘了长治小神㉔、夏县西阴村遗址㉕，调查了黎城县境内遗址㉖。在临汾地区，襄

　　① 北京市文物局考古队：《建国以来北京市考古和文物保护工作》，《文物考古工作三十年（1949~1979）》，文物出版社（北京），1979 年。
　　② 北京市文物研究所：《北京考古四十年》，燕山出版社（北京），1990 年。
　　③ 北京市文物研究所：《北京市拒马河流域考古调查》，《考古》1989 年第 3 期。
　　④ 北京市文物研究所：《镇江营与塔照——拒马河流域先秦考古文化的类型与谱系》，中国大百科全书出版社（北京），1999 年。
　　⑤ 张家口考古队：《一九七九年蔚县新石器时代考古的主要收获》，《考古》1981 年第 2 期。
　　⑥ 张家口考古队：《蔚县考古记略》，《考古与文物》1982 年第 4 期。
　　⑦ 张家口考古队：《蔚县夏商时期考古的主要收获》，《考古与文物》1984 年第 1 期。
　　⑧ 张家口市文物事业管理所：《张家口市白庙遗址清理简报》，《文物》1985 年第 10 期。
　　⑨ 张家口市文物事业管理所、宣化县文化馆：《河北宣化李大人庄遗址试掘报告》，《考古》1990 年第 5 期。
　　⑩ 陶宗治：《河北张家口市考古调查简报》，《考古与文物》1985 年第 6 期。
　　⑪ 张家口市文管所、宣化县文管所：《河北宣化关子口、白庙遗址复查》，《文物春秋》1991 年第 3 期。
　　⑫ 张家口地区博物馆：《河北阳原桑干河南岸考古调查简报》，《北方文物》1988 年第 2 期。
　　⑬ 张家口考古队：《河北怀来官厅水库沿岸考古调查简报》，《考古》1988 年第 8 期。
　　⑭ 张家口地区文管所：《河北崇礼石嘴子发现新石器时代遗址》，《文物春秋》1989 年第 1、2 期合刊；张家口地区文管所：《河北崇礼石嘴子发现新石器时代遗址》，《考古》1992 年第 2 期。
　　⑮ 怀安县文保所：《河北省怀安县新石器时代遗址调查简报》，《文物春秋》1993 年第 3 期。
　　⑯ 范秀英：《河北怀安王虎屯、小高崖遗址调查》，《文物春秋》1994 年第 2 期。
　　⑰ 怀安县文保所：《宋家房遗址调查简报》，《文物春秋》1997 年第 2 期。
　　⑱ 中国社会科学院考古研究所山西工作队：《晋南二里头文化遗址的调查与试掘》，《考古》1980 年第 3 期；中国社会科学院考古研究所山西工作队：《晋南考古调查报告》，《考古学集刊》（6），中国社会科学出版社（北京），1989 年。
　　⑲ 中国社会科学院考古研究所山西工作队：《山西垣曲小赵遗址 1996 年发掘报告》，《考古学报》2001 年第 2 期。
　　⑳ 中国社会科学院考古研究所山西工作队：《山西襄汾县大柴遗址发掘简报》，《考古》1987 年第 7 期。
　　㉑ 中国历史博物馆考古部、山西省考古研究所、垣曲县博物馆：《1982~1984 年山西垣曲古城东关遗址发掘简报》，《文物》1986 年第 6 期。
　　㉒ 中国历史博物馆考古部、山西省考古研究所、垣曲县博物馆：《垣曲古城东关》，科学出版社（北京），2001 年。
　　㉓ 中国历史博物馆考古部、山西省考古研究所、垣曲县博物馆：《垣曲商城——1985~1986 年度勘察报告》，科学出版社（北京），1996 年。
　　㉔ 山西省考古研究所晋东南工作站：《山西长治小神村遗址》，《考古》1988 年第 7 期；山西省考古研究所晋东南工作站：《长治小常乡小神遗址》，《考古学报》1996 年第 1 期。
　　㉕ 山西省考古研究所：《西阴村史前遗存第二次发掘》，《三晋考古》（二），山西人民出版社（太原），1996 年。
　　㉖ 山西省考古研究所晋东南工作站：《山西黎城古文化遗址调查报告》，《文物季刊》1998 年第 4 期。

汾、曲沃、闻喜①、侯马境内②、塔儿山南麓③的多处遗址被系统调查；侯马乔山底④、西阳呈⑤遗址被科学发掘。这一阶段中，发掘规模最大，学术价值最高的，无疑是夏县东下冯遗址⑥。

在晋中与晋北，太原狄村、东太堡⑦遗址，五台县阳白⑧，原平县唐昌⑨，榆社台曲⑩，孝义柳湾煤矿⑪与汾阳、孝义⑫、太谷⑬、忻州⑭、吕梁⑮等市县的多个地点被发掘⑯。汾阳峪道河⑰、宏寺⑱遗址与滹沱河流域⑲则被调查。灵石旌介墓地的发现较为偶然，是这一时期晋中地区发现的晚商时期最高等级的遗存⑳。

在科学发掘之外，各地也在生产活动中发现了一些遗物，其中以铜器为主。

在河南，淇县鲍屯㉑、武陟宁郭公社㉒、龙睡村㉓，焦作南朱村㉔相继发现商代铜器。在河北，正定新城铺㉕、兴隆县小河南村㉖、新乐中同村、无极县东侯坊㉗、怀安县㉘、围场县㉙、滦县㉚、迁安县马哨村㉛等也发现有商代铜容器或兵器。

---

①　山西省考古研究所：《襄汾、曲沃、闻喜、侯马三县一市考古调查报告》，《文物季刊》1993 年第 3 期。

②　侯马市博物馆：《山西侯马市古文化遗址调查报告》，《文物季刊》1992 年第 1 期；《山西省侯马市上北平望遗址调查简报》，《华夏考古》1991 年第 3 期。

③　山西省考古研究所：《塔儿山南麓古遗址调查简报》，《文物季刊》1992 年第 3 期。

④　山西省考古研究所侯马工作站：《山西侯马乔山底遗址 1989 年Ⅱ区发掘报告》，《文物季刊》1996 年第 2 期。

⑤　山西省考古研究所侯马工作站：《侯马西阳呈陶寺文化遗址调查》，《文物季刊》1996 年第 2 期。

⑥　中国社会科学院考古研究所、中国历史博物馆、山西省考古研究所：《夏县东下冯》，文物出版社（北京），1988 年。

⑦　山西省考古研究所：《太原狄村、东太堡出土的陶器》，《考古与文物》1989 年第 3 期；郭淑英：《太原东太堡出土的陶器和石器》，《文物季刊》1994 年第 1 期。

⑧　山西大学历史系考古专业、忻州地区文物管理处、五台县博物馆：《山西五台县阳白遗址发掘简报》，《考古》1997 年第 4 期。

⑨　侯毅：《原平县唐昌遗址试掘简报》，《文物季刊》1989 年第 2 期。

⑩　山西省考古研究所：《山西榆社台曲遗址发掘》，《三晋考古》（一），山西人民出版社（太原），1994 年。

⑪　山西省考古研究所：《孝义柳湾煤矿二十九亩地采集的夏时期遗存》，《文物季刊》1994 年第 1 期。

⑫　晋中考古队：《山西汾阳孝义两县考古调查和杏花村遗址的发掘》，《文物》1989 年第 4 期。

⑬　晋中考古队：《山西太谷白燕遗址第一地点发掘简报》，《文物》1989 年第 3 期；晋中考古队：《山西太谷白燕遗址第二、三、四地点发掘简报》，《文物》1989 年第 3 期。

⑭　吉林大学边疆考古研究中心等：《忻州游邀考古》，科学出版社（北京），2004 年。

⑮　晋中考古队：《山西娄烦、离石、柳林三县考古调查》，《文物》1989 年第 4 期。

⑯　国家文物局等：《晋中考古》，文物出版社（北京），1998 年。

⑰　山西省考古研究所：《山西汾阳县峪道河遗址调查》，《考古》1983 年第 11 期。

⑱　马升、段沛庭：《山西汾阳县宏寺遗址调查》，《文物季刊》1996 年第 2 期。

⑲　侯毅：《山西滹沱河流域考古调查报告》，《山西省考古学会论文集》（三），山西人民出版社（太原），2000 年。

⑳　山西省考古研究所：《灵石旌介商墓》，科学出版社（北京），2006 年。

㉑　淇县文物保管所：《河南淇县鲍屯发现一件晚商青铜觯》，《考古》1984 年第 9 期。

㉒　武陟县文化馆：《武陟县早商墓葬清理简报》，《河南文博通讯》1980 年第 3 期。

㉓　千平喜：《武陟县龙睡村北出土两件商代铜器》，《中原文物》1984 年第 4 期。

㉔　马全：《焦作南朱村发现商代墓》，《华夏考古》1988 年第 1 期。

㉕　正定县文物保管所：《河北正定新城铺出土商代青铜器》，《文物》1984 年第 12 期。

㉖　兴隆县文物管理所：《河北兴隆县发现商周青铜器窖藏》，《文物》1990 年第 11 期。

㉗　文启明：《河北新乐、无极发现晚商青铜器》，《文物》1987 年第 1 期。

㉘　刘建忠：《河北怀安狮子口发现商代鹿首刀》，《考古》1988 年第 10 期。

㉙　彭立平：《围场县博物馆收集一件青铜兽首弯刀》，《文物春秋》1993 年第 3 期。

㉚　孟昭永、赵立国：《河北滦县出土晚商青铜器》，《考古》1994 年第 4 期。

㉛　李宗山、尹晓燕：《河北省迁安县出土两件商代铜器》，《文物》1995 年第 6 期；尹小燕：《迁安县发现商代器物》，《文物春秋》1996 年第 1 期。

在山西,洪洞县①、武乡县上城村②、屯留上村③、平陆坡底④相继发现铜容器。随后,当地文物部门对平陆前庄遗址进行了清理⑤。在晋西吕梁地区,仍然不断有铜器零星出土。石楼义牒⑥、柳林高红⑦、吉县尚东村⑧等地点皆有铜器发现。

在黄河西岸,清涧解家沟乡解家沟村⑨,绥德义和镇墕头村⑩、沟口村、莆家渠、周家沟、杨家峁⑪及崔家湾乡后任家沟村⑫、薛家渠⑬,甘泉县洛水流域的闫家沟、寺峁子、安家坪等地⑭,延长县张兰沟⑮,延川县用斗村⑯、华家源⑰、土岗村⑱、去头村⑲,延安市长兴庄等地发现了多批晚商青铜器,李家崖则进行了较为系统的发掘⑳。

在这一时期内,田野考古学的发掘技术已经进入了成熟时期。从人员结构讲,各地考古科研机构的从业人员与工地的负责人大都接受过专业训练。从发掘目的讲,各地考古工作已经从偶然发现、随工清理进入了有选择、有目的的发掘阶段。从成果来看,这一时期的发现使各地完善了考古学文化的谱系序列,一些新的类型或文化被相继识别,一些原本处于空白状态的地区也逐渐有了较为清晰的考古学文化时空框架。这无疑是中国考古学发展史中进展最大的时期,也是考古学研究最为兴盛的时期。

五、1997 年至今

进入 20 世纪后半以后,中国考古学的面貌发生了很大变化。一方面,田野发掘对以配合大型基本建设为主的工作应接不暇,主动发掘相对占比减少;另一方面,田野发掘的目标是什么成为学术界思考的问题。在这个阶段,多学科合作与国外的发掘调查方法理念逐渐被引入国内,并为国内的科研与发掘机构所接受,开始在发掘中逐渐予以实践。更重要的

①　山西省考古研究所:《山西洪洞县发现商代遗物》,《文物》1989 年第 12 期。
②　王进先、杨晓宏:《山西武乡县上城村出土一批晚商铜器》,《文物》1992 年第 4 期。
③　长治市博物馆:《山西屯留县上村出土商代青铜器》,《考古》1991 年第 2 期。
④　卫斯:《平陆县前庄商代遗址出土文物》,《文物季刊》1992 年第 1 期。
⑤　李百勤:《山西平陆前庄商代遗址清理简报》,《文物季刊》1994 年第 4 期。
⑥　吕梁地区文化馆文博组:《山西石楼义牒又发现商代铜器》,《文物资料丛刊》(3),文物出版社(北京),1980 年。
⑦　杨绍舜:《山西柳林县高红发现商代铜器》,《考古》1981 年第 3 期。
⑧　吉县文物工作站:《山西吉县出土商代青铜器》,《考古》1985 年第 9 期。
⑨　绥德县博物馆:《陕西绥德发现和收藏的商代青铜器》,《考古学集刊·2》,中国社会科学出版社(北京),1982 年。
⑩　黑光、朱捷元:《陕西绥德墕头村发现一批窖藏商代铜器》,《文物》1975 年第 2 期。
⑪　吴兰、宗宇:《陕北发现商周青铜器》,《考古》1988 年第 10 期。
⑫　绥德县博物馆:《陕西绥德发现和收藏的商代青铜器》,《考古学集刊·2》,中国社会科学出版社(北京),1982 年。
⑬　马润臻:《绥德县发现两件青铜器》,《考古与文物》1984 年第 2 期。
⑭　王永刚、崔风光、李延丽:《陕西甘泉县出土晚商青铜器》,《考古与文物》2007 年第 3 期。
⑮　姬乃军:《延长出土一批晚商鬼方青铜器》,《中国文物报》1988 年 5 月 6 日第 2 版;《陕西延长出土一批晚商青铜器》,《考古与文物》1994 年第 2 期。
⑯　姬乃军:《陕西延长出土一批晚商青铜器》,《考古与文物》1994 年第 2 期。
⑰　师小群:《陕西延川出土商代青铜器》,《陕西历史博物馆馆刊·第 10 辑》,三秦出版社(西安),2003 年。
⑱　樊俊成:《延川县出土的几件青铜器》,《考古与文物》1995 年第 5 期。
⑲　阎晨飞、吕智荣:《陕西延川县文化馆收藏的几件商代青铜器》,《考古与文物》1988 年第 4 期。
⑳　陕西省文物考古研究院:《李家崖》,文物出版社(北京),2013 年。

是,在这一时期,带有课题意识的考古实践活动开始大规模展开。这其中,为配合1996年下半年启动的夏商周断代工程所进行的田野考古调查与发掘工作堪为代表。中国经济在此阶段高速增长,超大型的基本建设工程中,也相应出现了考古资料的急速增长。在本书所涉及的区域内,多个基本建设项目的新发现对夏商时期冀州区域内的考古学影响深远。

在豫北,1998年为配合夏商周断代工程的晚商编年研究,多家单位合作对鹤壁、淇县等地的多个遗址的晚商遗存进行了调查①。同样,自1997年开始,为配合夏商周断代工程晚商年代学的问题,考古所安阳工作队在洹北花园庄附近寻找早于殷墟阶段的考古遗存,在小规模的发掘之后②,他们连续数年对洹北地区进行钻探发掘③。1999年,偶然发现了洹北商城。

进入新世纪后,考古所安阳工作队(站)、河南省文物考古研究所与当地文物部门为配合安阳市的工业与城市建设进行了一系列发掘,取得的成果十分惊人。这些发现主要表现在以下几个方面:

洹北商城发现后的在近三十年内,有两项较重要的发现,其一是城内宫殿区的发掘④;其二是城内手工业作坊与铸铜工匠墓葬的发现⑤。

在殷墟核心控制区内,近年来工作较多,材料的刊布速度也在加快。小屯西地安阳工作站院内的大墓⑥和夯土基址的发掘⑦,小屯南路发现近300片刻辞甲骨和夯土基址⑧,小屯宫殿宗庙区原甲组基址西南侧、乙组基址西北侧的发掘⑨,花园庄东地M54和M60⑩、王裕口南地⑪、新安庄西地⑫、范家庄东北地⑬、铁三路的居址墓葬与制骨作坊⑭、

① 夏商周断代工程朝歌遗址调查组:《1998年鹤壁市、淇县晚商遗址考古调查报告》,《华夏考古》2006年第1期。
② 中国社会科学院考古研究所安阳工作队:《河南安阳市洹北花园庄遗址1997年发掘简报》,《考古》1998年第10期。
③ 中国社会科学院考古研究所安阳工作队:《1998年~1999年安阳洹北商城花园庄东地发掘报告》,《考古学集刊》(15),文物出版社(北京),2004年。
④ 中国社会科学院考古研究所安阳工作队:《河南安阳市洹北商城宫殿区二号基址发掘简报》,《考古》2010年第1期;中国社会科学院考古研究所安阳工作队:《河南安阳市洹北商城遗址2005~2007年勘察简报》,《考古》2010年第1期。
⑤ 何毓灵:《河南安阳洹北商城发现铸铜制骨手工业作坊遗址》,《中国文物报》,2016年12月16日第8版;《河南安阳洹北商城铸铜、制骨作坊遗址》,《大众考古》2017年第1期;《无心插柳柳成荫——洹北商城铸铜、制骨手工业作坊的发现》,《大众考古》2017年第2期;《洹北商城作坊区内发现铸铜工匠墓》,《中国文物报》2019年6月21日第5版;中国社会科学院考古研究所安阳工作队、安阳师范学院历史与文博学院考古系:《河南安阳市洹北商城铸铜作坊遗址2015-2019年发掘简报》,《考古》2020年第10期。
⑥ 中国社会科学院考古研究所安阳工作队:《河南安阳市殷墟小屯西地商代大墓发掘简报》,《考古》2009年第9期
⑦ 2004年中国社会科学院考古所年终汇报材料,材料未发表。
⑧ 2005年中国社会科学院考古所年终汇报材料,材料未发表。
⑨ 中国社会科学院考古研究所安阳工作队:《2004-2005年殷墟小屯宫殿宗庙区的勘探和发掘》,《考古学报》2009年第2期。
⑩ 中国社会科学院考古研究所:《安阳殷墟花园庄东地商代墓葬》,科学出版社(北京),2007年。
⑪ 中国社会科学院考古研究所安阳工作队:《河南安阳市王裕口南地殷代遗址的发掘》,《考古》2004年第5期;中国社会科学院考古研究所安阳工作队:《河南安阳市殷墟王裕口村南地2009年发掘简报》,《考古》2012年第12期。
⑫ 中国社会科学院考古研究所安阳工作队:《河南安阳市殷墟新安庄西地2007年商代遗存发掘简报》,《考古》2016年第2期。
⑬ 中国社会科学院考古研究所安阳工作队:《河南安阳市殷墟范家庄东北地的两座商墓》,《考古》2009年第9期。
⑭ 中国社会科学院考古研究所安阳工作队:《河南安阳市殷墟铁三路89号墓的发掘》,《考古》2017年第3期;中国社会科学院考古研究所安阳工作队:《河南安阳市铁三路殷墟文化时期制骨作坊遗址》,《考古》2015年第8期。

榕树湾①与文源绿岛住宅小区清理商代墓葬与祭祀遗址②。刘家庄北地的多项发掘，发现了多条道路、房屋、墓葬近百座，以及多处祭祀遗存③。孝民屯村配合安阳钢铁厂扩建工程的大规模发掘④、大小司空及原豫北纱厂地区持续的城建和棚户区改造项目⑤的相关考古工作，发现极为重要，材料也相对最丰富。这些发现与殷墟的布局认识、不同地缘人群在殷墟的聚集居住情况至关重要⑥。

　　近30年随着安阳城市的发展和其他基本建设的发展，有突破性的认识。这其中，洹河流域区域系统调查⑦和安阳西高平⑧、彭邓⑨、西蒋村⑩等遗址的发掘尤其重要。而在在殷墟核心保护区的外围，近年来的发现对殷墟的范围和都内居、葬结构的了解也有突破性进展。这其中，类似辛店⑪、任家庄⑫带有铸铜作坊的发现，显示了殷墟的都邑布局和外围聚落的复杂性。

　　1998年至2019年间，豫北地区夏商时期的考古发现材料也有较多积累。很多重要遗

---

①　安阳市文物考古研究所：《河南安阳市榕树湾一号商墓》，《考古》2009年第5期。

②　安阳市文物考古研究所：《河南安阳市殷墟郭家庄东南五号商代墓葬》，《考古》2008年第8期；安阳市文物考古研究所：《安阳殷墟徐家桥郭家庄商代墓葬——2004～2008年殷墟考古报告》，科学出版社（北京），2011年。

③　中国社会科学院考古研究所安阳工作队：《河南安阳市殷墟刘家庄北地2008年发掘简报》，《考古》2009年第7期；中国社会科学院考古研究所安阳工作队：《河南安阳市殷墟刘家庄北地2010～2011年发掘简报》，《考古》2012年第12期；中国社会科学院考古研究所安阳工作队：《河南安阳市殷墟刘家庄北地制陶作坊遗址的发掘》，《考古》2012年第12期；中国社会科学院考古研究所安阳工作队：《河南安阳市殷墟刘家庄北地铅锭贮藏坑发掘简报》，《考古》2018年第10期；中国社会科学院考古研究所安阳工作队：《河南安阳市殷墟刘家庄北地44号墓的发掘》，《考古》2018年第10期；安阳市文物考古研究所：《河南安阳刘家庄北地商代遗址墓葬2009～2010年发掘简报》，《文物》2017年第6期。

④　中国社会科学院考古研究所安阳工作队：《2000～2001年安阳孝民屯东南地殷代铸铜遗址发掘报告》，《考古学报》2006年第3期；殷墟孝民屯考古队：《河南安阳市孝民屯商代房址2003～2004年发掘简报》，《考古》2007年第1期；殷墟孝民屯考古队：《河南安阳市孝民屯商代环状沟》，《考古》2007年第1期；殷墟孝民屯考古队：《河南安阳市孝民屯商代墓葬2003～2004年发掘简报》，《考古》2007年第1期；殷墟孝民屯考古队：《河南安阳市孝民屯商代铸铜遗址2003～2004年的发掘》，《考古》2007年第1期；中国社会科学院考古研究所安阳工作队：《河南安阳市殷墟孝民屯东南地商代墓葬1989～1990年的发掘》，《考古》2009年第9期；中国社会科学院考古研究所：《安阳孝民屯（四）：殷商遗存·墓葬》，文物出版社（北京），2018年。

⑤　中国社会科学院考古研究所：《安阳大司空——2004年发掘报告》，文物出版社（北京），2014年；中国社会科学院考古研究所安阳工作队：《河南安阳市大司空东地商代遗存2012～2015年发掘简报》，《考古》2015年第12期；中国社会科学院考古研究所安阳工作队：《河南安阳市殷墟豫北纱厂地点2011～2014年发掘简报》，《考古》2019年第3期；中国社会科学院考古研究所安阳工作队：《安阳殷墟大司空东南地2015～2016年发掘报告》，《考古学报》2019年第4期。

⑥　唐际根、岳洪彬、何毓灵、牛世山、岳占伟、荆志淳：《洹北商城与殷墟的路网水网》，《考古学报》2016年第3期。

⑦　中国社会科学院考古研究所、美国明尼苏达大学科技考古实验室中美洹河流域考古队：《洹河流域区域考古研究初步报告》，《考古》1998年第10期。

⑧　河南省文物考古研究所：《安阳市西高平遗址商周遗存发掘报告》，《华夏考古》2006年第4期。

⑨　河南省文物考古研究所：《安阳彭邓》，大象出版社（郑州），2012年。

⑩　中国社会科学院考古研究所安阳工作队、安阳市文物考古研究所：《河南省安阳县西蒋村遗址的调查与试掘》，《考古》2011年第11期；侯卫东：《洹河流域下七垣文化与商文化关系研究》，中国社会科学院研究生院硕士学位论文，2008年。

⑪　孔德铭：《安阳辛店商代晚期铸铜遗址的发现与发掘》，《大众考古》2017年第3期；孔德铭：《河南安阳辛店发现商代晚期聚落和大型铸铜遗址》，《中国文物报》2017年8月11日第8版；孔德铭等：《河南安阳市辛店商代晚期铸铜遗址发掘及学术意义》，《三代考古·七》，科学出版社（北京），2017年；孔德铭：《河南安阳发现迄今范围最大的商代晚期铸铜遗址》，《中国文物报》2020年1月3日第5版。

⑫　安阳市文物考古研究所：《河南安阳市任家庄南地商代晚期铸铜遗址2016～2017年发掘简报》，《中原文物》2018年第5期。

址的材料在这一时期刊布。淇县大李庄①，新乡李大召②、后高庄遗址③、濮阳戚城④、长垣宜丘⑤、焦作府城⑥、果园路百货 1 号楼基建工地⑦、聂村⑧、济源新峡⑨、柴庄⑩相继被发掘，获得了较丰富的夏商时期遗存。这一时期，郑州大学以商丘地区为中心，对部分遗址进行复查⑪，对民权牛牧岗为代表的多个遗址进行了发掘⑫。

在河北，邯郸北羊井⑬、涉县台村⑭、武安崔炉⑮、邢台东先贤⑯、葛家庄⑰、粮库⑱、临城古鲁营⑲、新乐何家庄⑳、定州尧方头㉑、正定曹村㉒、易县北福地㉓、保定小车㉔、肃宁后白寺㉕、涞水西义安㉖、怀来官庄㉗、滦县后迁义㉘相继被发掘。在配合第三次文物普查的过程中，

①　河南省文物考古研究院：《河南淇县大李庄商代晚期墓葬发掘简报》，《考古》2018 年第 5 期。
②　郑州大学历史文化学院考古系：《新乡李大召——仰韶文化至汉代遗址发掘报告》，科学出版社（北京），2006 年。
③　新乡市文物考古研究所、新乡县文物管理所：《河南新乡县后高庄遗址发掘报告》，《中原文物》2007 年第 3 期。
④　戚城文物景区管理处：《濮阳戚城遗址龙山文化灰坑清理简报》，《中原文物》2007 年第 5 期。承发掘者河南省文物考古研究所赵新平先生相告，该遗址含有多个时期的遗存。
⑤　郑州大学历史与考古系、新乡市文化局、长垣县文物管理所：《河南长垣宜丘遗址发掘简报》，《中原文物》2005 年第 2 期。
⑥　袁广阔、秦小丽、杨贵金：《河南焦作市府城遗址发掘简报》，《华夏考古》2000 年第 2 期；袁广阔、秦小丽：《河南焦作府城遗址发掘报告》，《考古学报》2000 年第 4 期。
⑦　http://www.hnsc.com.cn/news/2008/04/01/279314.html.
⑧　焦作市文物考古研究所：《河南焦作聂村发现商代晚期墓地》，《中国文物报》2014 年 8 月 29 日第 8 版。
⑨　河南省文物考古研究院、济源市文物工作队：《河南济源新峡遗址二里头与二里岗文化遗存发掘简报》，《华夏考古》2021 年第 3 期。
⑩　河南省文物考古研究院：《河南济源柴庄遗址发现商代晚期至西周前期大型聚落》，《中国文物报》2020 年 4 月 3 日。
⑪　郑州大学历史文化学院考古系：《豫东商丘地区考古调查简报》，《华夏考古》2005 年第 2 期。
⑫　郑州大学历史学院考古系：《民权牛牧岗与豫东考古》，科学出版社（北京），2013 年。
⑬　段宏振：《邯郸北羊井遗址调查记》，《三代考古·九》，科学出版社（北京），2021 年。
⑭　河北省文物研究所、邯郸市文物研究所、涉县文物保护管理所：《河北涉县台村遗址发掘简报》，《河北省考古文集（三）》，科学出版社（北京），2007 年。
⑮　河北省文物研究所、邯郸市文物研究所、武安市文物保管所：《武安市崔炉遗址考古发掘报告》，《河北省考古文集（四）》，科学出版社（北京），2011 年。
⑯　东先贤考古队：《河北邢台市东先贤遗址 1998 年的发掘》，《考古》2003 年第 11 期；邢台东先贤考古队：《邢台东先贤商代遗址发掘报告》，《古代文明》（第 1 卷），文物出版社（北京），2002 年；河北省文物研究所：《邢台商周遗址》，文物出版社（北京），2011 年。
⑰　河北省文物研究所：《河北邢台市葛家庄遗址北区 1998 年发掘简报》，《考古》2000 年第 11 期；河北省文物考古研究所、吉林大学边疆考古研究中心、邢台市文物管理处：《河北邢台市葛家庄遗址 1999 年发掘简报》，《考古》2005 年第 2 期。
⑱　河北省邢台市文物管理处：《邢台粮库遗址》，科学出版社（北京），2005 年。
⑲　河北省文物研究所：《邢台商周遗址》，文物出版社，2011 年。
⑳　张晓铮：《河北新乐何家庄遗址》，《黄淮七省考古新发现》，大象出版社（郑州），2019 年。
㉑　河北省文物研究所、保定市文物管理处：《河北定州市尧方头遗址发掘简报》，《考古》2004 年第 9 期。
㉒　河北省文物研究所、石家庄市文物研究所、正定县文物保护管理所：《河北正定县曹村商周遗址发掘简报》，《考古》2007 年第 11 期。
㉓　河北省文物研究所：《北福地——易水流域史前遗址》，文物出版社（北京），2007 年。
㉔　贾金标、胡金华：《河北保定市发现先商时期遗址》，《中国文物报》2005 年 9 月 9 日第 1 版。
㉕　河北省文物研究所：《河北肃宁后白寺遗址发现二里头及晚商遗存》，《中国文物报》2018 年 3 月 9 日第 8 版；魏曙光：《河北肃宁后白寺遗址》，《黄淮七省考古新发现》，大象出版社（郑州），2019 年；魏曙光：《河北肃宁后白寺遗址夏商时期遗存研究》，西北大学硕士学位论文，2019 年；河北省文物考古研究院、河北大学历史学院、肃宁县文物保管所：《河北肃宁县后白寺遗址发掘简报》，《考古》2020 年第 4 期。
㉖　河北省文物研究所调查资料，实物现存于涞水县文物局。
㉗　河北省文物研究所、张家口市文物管理处、怀来县博物馆：《河北省怀来县官庄遗址发掘报告》，《河北省考古文集》（二），北京燕山出版社（北京），2001 年。
㉘　张文瑞、翟良富：《后迁义遗址考古发掘报告及冀东地区考古学文化研究》，文物出版社（北京），2016 年。

河北各地发现一系列先商与晚商时期遗存,其中见诸文字材料的有涉县合漳乡太仓村①、木井村②、沙河流域③等遗址。借助邯郸地区漳河下游的系统调查中,学术界对夏商时期遗存的分布,也能大略看出一些规律④。

为配合南水北调工程,河南、河北两省进行了大规模的田野工作,在其中发现了多处重要的遗址。其中鹤壁刘庄墓地⑤,辉县孙村⑥、磁县白村⑦、南城⑧、飞机场(河北村)、槐树屯、滏阳营⑨、邯郸薛庄⑩、临城补要村⑪、蓝天生态园⑫、鹿泉北胡庄⑬、元氏南程⑭、赞皇南马⑮、沙河马庄⑯、新乐何家庄⑰、唐县淑闾⑱、南放水⑲、北放水⑳、徐水北北里㉑,易县七里庄㉒等遗址的发掘,基本上完整地串联起豫北至冀中地区夏商时期考古编年体系㉓。

2004 年,北京市文物研究所与昌平区文管所对昌平张营遗址进行了抢救性发掘,为

①　http://www.he.xinhuanet.com/zfwq/2008 - 05/19/content_13233246.htm.

②　http://www.hbww.gov.cn/2008 - 06/10/content_13503782.htm.

③　http://www.he.xinhuanet.com/wangqun/2009 - 03/05/content_15865988.htm.

④　黄铭崇、林农尧、黄一凡、刘彦彬、柯维盈:《从邯郸地区汉代以前遗址的跨时分布看环境、社会变迁与聚落发展》,《金玉交辉——商周考古、艺术与文化论文集》,历史语言研究所(台北),2013 年 11 月。

⑤　河南省文物考古研究所:《河南鹤壁市刘庄遗址下七垣文化墓地发掘简报》,《华夏考古》2007 年第 3 期;河南省文物考古研究所、鹤壁市文物工作队:《鹤壁刘庄——下七垣文化墓地发掘报告》,科学出版社(北京),2012 年。

⑥　郑州大学历史文化学院考古系、河南省文物管理局"南水北调"办公室、新乡市文物局、辉县市文物局:《河南辉县孙村遗址发掘简报》,《中原文物》2008 年第 1 期;郑州大学历史学院考古系:《辉县孙村遗址》,科学出版社(北京),2012 年。

⑦　张晓铮:《河北邯郸白村遗址》,《中国考古新发现年度记录(2010)》,《中国文化遗产》2011 年增刊。

⑧　河北省文物研究所:《河北磁县南城遗址发掘获重要发现》,《中国文物报》2009 年 2 月 25 日第 2 版;石磊、王会民、梁亮:《磁县南城遗址浅析》,《早期夏文化与先商文化研究论文集》,科学出版社(北京),2012 年。

⑨　乔登云:《河北磁县几处先商遗址的考古发现与探索》,《早期夏文化与先商文化研究论文集》,科学出版社(北京),2012 年。

⑩　吉林大学边疆考古研究中心:《邯郸薛庄遗址考古发掘报告》,科学出版社(北京),2019 年;南水北调中线干线工程建设管理局等:《邯郸薛庄遗址考古发掘报告》,科学出版社(北京),2019 年。

⑪　北京大学考古文博学院、河北省文物局、邢台市文物管理处、临城县文化旅游局:《河北临城县补要村遗址北区发掘简报》,《考古》2011 年第 3 期;北京大学考古文博学院、河北省文物局、邢台市文物管理处、临城县文化旅游局:《河北临城县补要村遗址南区发掘简报》,《考古》2011 年第 3 期。

⑫　资料现存临城县文物保管所。

⑬　张渭莲、段宏振:《中原与北方之间的文化走廊——太行山东麓地区先秦文化的演进格局》,文物出版社(北京),2015 年。

⑭　河北省文物研究所、石家庄市文物研究所、元氏县文物保护管理所:《南程遗址发掘简报》,《文物春秋》2010 年第 2 期。

⑮　徐海峰:《河北赞皇南马遗址》,《中国考古新发现年度记录(2010)》,《中国文化遗产》2011 年增刊。

⑯　赵战护等:《河北沙河马庄商代聚落遗址》,《中国考古新发现年度记录(2010)》,《中国文化遗产》2011 年增刊。

⑰　许永杰、刘长:《河北新乐何家庄遗址发掘取得重要收获》,《中国文物报》2007 年 5 月 18 日第 2 版。

⑱　刘连强:《河北唐县淑闾遗址考古发掘获重要收获》,《中国文物报》2006 年 12 月 15 日第 5 版。

⑲　吉林大学边疆考古研究中心、河北省文物局、唐县文物保护管理所:《河北唐县南放水遗址 2006 年发掘简报》,《考古》2011 年第 4 期;吉林大学边疆考古研究中心、河北省文物局、唐县文物保护管理所:《唐县南放水》,科学出版社(北京),2011 年。

⑳　徐海峰、高建强:《河北唐县北放水遗址考古发掘取得重要成果》,《中国文物报》2006 年 11 月 10 日第 2 版;国家文物局主编:《河北唐县北放水遗址》,《2005 中国重要考古发现》,文物出版社(北京),2006 年。

㉑　盛定国:《河北徐水北北里遗址发掘取得重要收获》,《中国文物报》2008 年 4 月 18 日第 2 版。

㉒　段宏振、任涛:《河北易县七里庄遗址发现大量夏商周时期文化遗存》,《中国文物报》2006 年 12 月 8 日。

㉓　段宏振:《七里庄遗址青铜文化遗存的演进——兼论燕山以南地区青铜时代考古学文化的相关问题》,《中国文物报》2007 年 6 月 15 日第 7 版。

研究燕山南麓早期青铜文化的类型与谱系提供了重要资料①。天津市博物馆等则公布了 1997 年蓟县青池遗址的发掘材料②。

这些发现，大大丰富了对太行山东麓地区至燕山附近夏商时期考古学文化面貌的认知。

在山西，垣曲宁家坡③、夏县东阴④、绛县柳庄⑤、屯留西李高遗址⑥、灵石逍遥⑦、乡宁内阳垣⑧、原平辛章⑨、兴县碧村遗址⑩和忻阜高速公路沿线的定襄青石等遗址⑪相继被发掘。从 2000 年开始，为研究滹沱河流域的忻定盆地、晋西南的运城盆地、垣曲盆地，晋东南地区浊漳河流域，晋西北吕梁地区的聚落考古与空间分布，多家学术单位对上述地区开展了大规模调查工作。国家博物馆考古部对忻定盆地⑫、运城盆地⑬、垣曲盆地⑭、浊漳河上游⑮，山西省考古研究所对吕梁山地区的州川河流域⑯进行了详细的区域调查。同时，在山西省内，重点对垣曲商城⑰、绛县周家庄⑱和西吴壁⑲、柳林高红⑳、

---

①　北京市文物研究所、北京市昌平区文化委员会：《昌平张营——燕山南麓地区早期青铜文化遗址发掘报告》，文物出版社（北京），2007 年；国家文物局主编：《北京昌平张营夏商时期遗址》，《2004 中国重要考古发现》，文物出版社（北京），2005 年。

②　天津博物馆、天津市文化遗产保护中心：《天津蓟县青池遗址发掘报告》，《考古学报》2014 年第 2 期。

③　薛新民、宋建忠：《山西垣曲县宁家坡遗址发掘纪要》，《华夏考古》2004 年第 2 期。

④　山西省考古研究所、夏县博物馆：《山西夏县东阴遗址调查试掘报告》，《考古与文物》2001 年第 6 期。

⑤　国家博物馆考古部、山西省考古研究所、运城市文物局：《山西绛县柳庄夏商遗址发掘简报》，《华夏考古》2010 年第 2 期。

⑥　山西省考古研究所：《山西屯留西李高遗址发掘》，《文物春秋》2009 年第 3 期。

⑦　山西省考古研究所、山西大学历史文化学院：《山西灵石逍遥遗址发掘简报》，《考古》2019 年第 1 期。

⑧　许文胜、张红娟、李林：《乡宁县内阳垣清理一批夏、春秋时期的墓葬》，《文物世界》2004 年第 1 期。

⑨　山西大学历史文化学院考古系：《山西原平市辛章遗址 2012 年发掘简报》，《考古》2014 年第 5 期。

⑩　山西省考古研究所、兴县文物旅游局：《2015 年山西兴县碧村遗址发掘简报》，《考古与文物》2016 年第 4 期；山西省考古研究所、山西大学历史文化学院考古系、兴县文物旅游局：《2016 年山西兴县碧村遗址发掘简报》，《中原文物》2017 年第 6 期。

⑪　山西省考古研究所、忻州市文物管理处：《忻阜高速公路考古发掘报告》，上海古籍出版社（上海），2012 年。

⑫　中国国家博物馆田野考古研究中心、山西省考古研究所、忻州市文物管理处：《滹沱河上游先秦遗存调查报告》，科学出版社（北京），2012 年。

⑬　中国国家博物馆田野考古研究中心、山西省考古研究所、运城市文物保护研究所：《运城盆地东部聚落考古调查与研究》，文物出版社（北京），2011 年。

⑭　中国国家博物馆考古部：《垣曲盆地聚落考古研究》，科学出版社（北京），2007 年。

⑮　中国国家博物馆、山西省考古研究所、长治市文物旅游局：《浊漳河上游早期文化考古调查与研究》，科学出版社（北京），2015 年。

⑯　山西省考古研究所、吉县文物管理所：《吉县州川河流域区域考古调查发掘报告》，科学出版社（北京），2017 年。

⑰　中国国家博物馆田野考古研究中心、山西省考古研究所、垣曲县博物馆：《垣曲商城（二）——1988~2003 年度考古发掘报告》，科学出版社（北京），2014 年。

⑱　中国国家博物馆田野考古研究中心、山西省考古研究所、运城市文物保护研究所：《山西绛县周家庄遗址第一次发掘报告》，《中国国家博物馆馆刊》2012 年第 12 期；中国国家博物馆田野考古研究中心、山西省考古研究所、运城市文物保护研究所：《山西绛县周家庄遗址居址与墓地 2007~2012 年的发掘》，《考古》2015 年第 5 期；中国国家博物馆田野考古研究中心、山西省考古研究所、运城市文物保护研究所：《山西绛县周家庄遗址 2007~2012 年勘探与发掘简报》，《考古》2015 年第 5 期；中国国家博物馆田野考古研究中心、山西省考古研究所、运城市文物保护研究所：《山西绛县周家庄遗址 2013 年发掘简报》，《考古》2018 年第 1 期；中国国家博物馆、山西省考古研究院、运城市文物保护研究所：《山西绛县周家庄遗址 2017 年秋季东区发掘简报》，《中国国家博物馆馆刊》2020 年第 10 期；中国国家博物馆、山西省考古研究院、运城市文物保护研究所：《山西绛县周家庄遗址 2015 年春季发掘简报》，《中国国家博物馆馆刊》2021 年第 8 期。

⑲　中国国家博物馆考古院、山西省考古研究院、运城市文物保护研究所：《山西绛县西吴壁遗址 2018~2019 年发掘简报》，《考古》2020 年第 7 期。

⑳　山西省考古所：《2004 柳林高红商代夯土基址试掘简报》，《三晋考古》第三辑，山西人民出版社（太原），2006 年；山西省考古研究所、吕梁市文物局、柳林县文物管理局：《山西柳林高红遗址 2007 年发掘简报》，《中原（转下页）

闻喜酒务头①、浮山桥北②做了较大规模发掘。对新发现或因盗掘原因必须抢救性发掘的部分遗址，进行了小规模的试掘。试掘材料中，夏县辕村③、襄汾小南张④、沁县南涅水⑤、泽州和村⑥、吉县挂甲山⑦、灵石旌介⑧、临汾西郭⑨和庞杜⑩、离石后石⑪等遗存十分重要，尤其是晚商时期遗存的发现，填补了当地该阶段的空白。

在陕北，神木石峁成为近十年来晋陕高原龙山至夏代考古的核心议题，后阳湾、呼家洼、外城东门址和韩家圪旦、皇城台地点的一系列发现⑫，以及神木新华⑬、神疙瘩梁⑭、木柱柱梁⑮、榆林火石梁⑯等遗址发掘，为探索陕北地区文明进程和夏时期的文化面貌提供了全新的资料。

同样在这一时期，在晋陕高原黄河西岸，多个地点再次发现了晚商时期的铜器。比如，甘泉县洛水流域的闫家沟、寺峁子、安家坪等地⑰，延川县华家塬⑱，子洲县裴家湾关王岔⑲等，但这些铜器大都没有科学清理，组合也大多不完整，其埋藏性质并不明确。合阳孟村寨子⑳、清涧辛庄遗址是少数经历了科学发掘的遗址，后者亦因盗掘而发现，但后续

（接上页）文物》2019 年第 6 期。

　　① 马昇、高振华、白曙璋：《山西闻喜酒务头发现商代晚期大型高等级贵族墓地》，《中国文物报》2018 年 12 月 28 日第 8 版；白曙璋：《山西闻喜酒务头商代晚期墓地》，《大众考古》2019 年第 2 期。

　　② 桥北考古队：《山西浮山桥北商周墓》，《古代文明》（第 5 卷），文物出版社（北京），2006 年。

　　③ 中国国家博物馆田野考古研究中心、山西省考古研究所、运城市文物保护研究所：《山西夏县辕村遗址发掘简报》，《考古》2009 年第 11 期。

　　④ 山西省考古研究所、临汾市文物局、襄汾县博物馆：《襄汾南小张遗址发掘报告》，《三晋考古》（四），上海古籍出版社（上海），2012 年。

　　⑤ 中国国家博物馆、山西大学历史文化学院、山西省考古研究所：《山西沁县南涅水遗址考古发掘报告》，《华夏考古》2016 年第 3 期。

　　⑥ 山西省考古研究所、晋城市文物研究所、晋城博物馆：《山西泽州和村遗址发掘简报》，《中国国家博物馆馆刊》2014 年第 5 期。

　　⑦ 山西省考古研究所、吉县文物管理所：《吉县州川河流域区域考古调查发掘报告》，科学出版社（北京），2017 年。

　　⑧ 山西省考古研究所：《灵石旌介商墓》，科学出版社（北京），2006 年；山西省考古研究所：《灵石旌介发现商周及汉代遗迹》，《文物》2004 年第 8 期。

　　⑨ 张德光：《从西郭铜鼎试探唐文化》，《文物世界》2003 年第 1 期。

　　⑩ 临汾市文物局：《临汾文物集萃》，三晋出版社（太原），2012 年。

　　⑪ 山西省考古研究院、吕梁市文物考古研究所：《山西离石后石商代墓葬》，《中国国家博物馆馆刊》2021 年第 12 期。

　　⑫ 陕西省考古研究院、榆林市文物考古勘探工作队、神木县文体局：《陕西神木县石峁遗址》，《考古》2013 年第 7 期；陕西省考古研究院、榆林市文物考古勘探工作队、神木县文体局：《陕西神木县石峁遗址后阳湾、呼家洼地点试掘简报》，《考古》2015 年第 5 期；陕西省考古研究院、榆林市文物考古勘探工作队、神木县文体广电局：《陕西神木县石峁遗址韩家圪旦地点发掘简报》，《考古与文物》2016 年第 4 期；陕西省考古研究院、榆林市文物考古勘探工作队、神木县石峁遗址管理处：《陕西神木县石峁城址皇城台地点》，《考古》2017 年第 7 期；e. 孙周勇等：《陕西神木石峁遗址皇城台发掘取得重要收获》，《中国文物报》2020 年 2 月 7 日第 5 版。

　　⑬ 陕西省考古研究所等：《神木新华》，科学出版社（北京），2005 年。

　　⑭ 陕西省考古研究院、榆林市文物考古勘探工作队、神木县文管办：《陕西神木县神疙瘩梁遗址发掘简报》，《考古与文物》2016 年第 4 期。

　　⑮ 陕西省考古研究院：《陕西神木县木柱柱梁遗址发掘简报》，《考古与文物》2015 年第 5 期。

　　⑯ 曹玮主编：《陕北青铜器》，巴蜀书社（成都），2009 年。

　　⑰ 王永刚、崔风光、李延丽：《陕西甘泉县出土晚商青铜器》，《考古与文物》2007 年第 3 期。

　　⑱ 师小群：《陕西延川出土商代青铜器》，《陕西历史博物馆馆刊·第 10 辑》，三秦出版社（西安），2003 年。

　　⑲ 榆林市文物保护研究所：《陕西子洲出土商代铜器》，《文物》2015 年第 1 期。

　　⑳ 张天恩：《陕北高原商代考古学文化简论》，《中国国家博物馆馆刊》2016 年第 9 期。

多年的系统工作,不但确定了墓地和大型夯土建筑基址,还发现了零星铸铜遗存,意义
重大①。

　　总体看这一时期的田野考古,有这样几个特点。首先,考古活动主要配合基本建设展
开。但基建考古活动已不单纯是完成抢救性发掘,而大多带有学术目的,随工清理的科学
性和规范性程度有较大的提升。其次,带有明确学术课题意识的发掘活动,已不局限于个
别地点,而是在较大范围得以实施,围绕文明起源、先商文化、夏商分界、商文化编年体系
的完善等具有明确学术目的的课题,在这一时期田野考古中成为主动探索的主要内容。
其三,中外交流更加广泛,较为先进的理念和方法也得以在不同的工作中得以尝试。其
四,这一时期,田野考古工作对于科技技术运用有了前所未有的重视。在田野活动中,新
的设备和自然科学技术手段的运用,在近二十年中越发普遍。田野考古工作的有效信息
提取也逐渐增加。其五,田野工作报告出版急速增长,原先积压的资料在本阶段得到更多
的公布机会,除原有的田野工作简报、专题报告等著录形式外,《中国文物报》及各地方平
面媒体、各种网络讯息手段甚至自媒体的宣介,对于考古工作报导的实效性影响巨大,促
进了研究的进展。可以说,这一时期田野考古在资料积累之外,最大特征是出现巨大转
型。田野考古工作目的从单纯的考古学文化面貌辨识与编年体系的构建,逐渐转向全面
收集信息,以描述和复原古代社会样态。

　　但是,这一时期的田野工作也存在诸多缺陷。首先,配合基建工作发掘面积巨大,发
掘时很难确保完全精细,庞大资料对象给整理认识带来较大的困难。基建工作速度不断
加快,使得田野工作者疲于奔命,难以将全部精力集中在田野资料的整理和消化中,在一
定程度上影响了发掘水平。其次,多学科研究成果如何与田野考古有机结合尚处在探索
阶段,实际工作中往往不是全面进行科技研究而是有选择地提取样本。相较于新石器时
代考古成熟且主动的合作,商周时期遗址考古工作中的科技手段运用,以及科技考古人员
对商周时期遗存的关注度都明显较弱。这在一定程度上影响了科技分析的全面与准确。
其三,地区间田野工作的不平衡问题仍旧突出。有的地区已经进入材料的深化研究阶段,
而有的地区考古学文化编年的工作尚未完成。这种状况对研究的影响在于,研究者很难
在相同的时间横截面上观察邻近区域的文化面貌,明晰同时期社会的整体面貌。

　　纵观百年来冀州区域的田野工作,可以看作是中国田野考古工作的缩影。百年来,田
野考古资料从无到有,积少成多,各地区或粗或细地建立了考古学物质文化的时空坐标
系。百年来,田野考古从业人员由少成多,专业化程度逐步增强,人员分工逐渐明确,对于
田野操作的科学性提供了保障。百年来,考古人员在实践中逐渐摸索出了一套适合中国
软遗址特点的调查与发掘方法,逐步引入国外先进理念和方法、技术与设备,逐步提升信
息获取能力。百年来,田野资料越来越丰富,资料公开周期由长变短,资料开放程度逐渐

　　① 种建荣、孙战伟:《陕北发现大规模重楼环屋式建筑群》,《中国文物报》2014年12月19日第8版;孙战伟:
《陕西清涧县辛庄遗址》,《黄淮七省考古新发现》,大象出版社(郑州),2019年。

增大,资料公布形势逐渐多样。可以说,这些辉煌的成就为研究冀州区域内夏商时期的考古学文化奠定了坚实的基础。

第四节　转换问题：编年、谱系与人群

对于夏商时期冀州范围内的研究,是中国先秦史与考古学界研究较为充分的领域之一,其成果较多。与田野发现相互促进,成果的取得亦经历了前后五个时期：

一、1930 年以前

冀州范围的夏商历史研究,在 1899 年甲骨文发现之前,历代对这一区域的研究,大都集中在历史地理方面。在此之外,对于这一区域偶然发现的铜器等也偶有著录、研究。但这些学术活动,并不属于现代历史科学研究的范畴。1899 年,甲骨文被发现后,学术界在著录收藏甲骨文之外,也开始了初步的研究。对于本文而言,最主要的成就有以下几项：

第一,罗振玉首先考订和确认了甲骨文的发现地点是今河南安阳小屯村,并由此进一步确定了小屯即为"武乙之墟",也因此推定了甲骨文的年代,认为"(甲骨文)发现之地乃安阳县西五里之小屯而非汤阴,其地为武乙之墟。又于刻辞中得殷帝王名谥十余,乃恍悟此卜辞者实为殷室王朝之遗物"①。罗雪堂之说随后在学术界得到了公认。1915 年,罗振玉将甲骨文的年代确定在"今证之卜辞,则是徙于武乙,去于帝乙"②。到 1925 年,王国维修订罗说,认为"今龟甲兽骨所出之地,正在邺西,与《古纪年》说合。而卜辞中若'父甲一牡,父庚一牡,父辛一牡'(《后编》上第二十五叶)一骨,乃武丁时所卜,又卜辞中所祀帝王讫于武乙文丁,则知盘庚以后,帝乙以前,皆宅殷墟"③。

这一研究成果,实际上为后来的考古研究奠定了较为坚实的文献基础。假若甲骨文的年代尚不明晰,即便有殷墟遗址的发掘,在当时也难对所发现的遗存有较为清晰的年代基点认识。

第二,通过对于甲金文的研究,学术界开始对文献记载的殷商史进行了初步的订补,在方法上出现了古史研究的"二重证据法"。在历史文献的考定之外,学术界已经开始将研究延伸到上古民族史、历史地理与甲金文字的互证之上。这一时期,最大的研究成果在于罗振玉、王国维二人结合甲金文对殷商历史的研究。在 1909 年前后,罗振玉即从当时有限的甲骨文中辨识出了商代帝后的名谥④,王国维曾评价罗振玉的甲骨学贡献时说"审释文字,自以罗氏为第一,其考定小屯为故殷墟,及审释殷帝王名号,皆由罗氏发之"⑤。

①　罗振玉：《殷商贞卜文字考·自序》,玉简斋石印本,1910 年。
②　罗振玉：《殷虚书契考释三种》,中华书局(北京),2008 年。
③　王国维：《古史新证》,第 55-56 页,清华大学出版社(北京),1997 年。
④　罗振玉：《殷商贞卜文字考》,玉简斋石印本,1910 年。
⑤　王国维：《最近二三十年中国新发现之学问》,《论衡》第 45 期,1925 年 9 月。

王观堂的成就则在于,从方法论角度开创并完善了"二重证据法"①。

在当时,也有其他学者利用甲骨文资料进行历史地理研究,其中较重要的是日本学者林泰辅,他的《甲骨文地名考》②继承并扩展了王国维历史地理研究方法。

第三,这一时期尚处在萌芽中的考古学发现,对于学术界的上古史研究开始有了影响。

大致在 1925 年 7 月,王国维预言"中国纸上之学问赖于地下之学问者,固不自今日始矣",但是,"古来新学问起,大都由于新发现"③。他认为这些新发现一定会在学术界产生广泛的影响。与王同时的学者,虽然在对于考古学的眼界与取向上有所差异④,但是重视考古学的态度却是一样的。在当时盛极一时热闹非凡的"古史辨"讨论中,无论疑古还是信古的学者,几乎都赞同发展考古学解决古史问题⑤。

1926 年春,李济与袁复礼自山西调查返京后撰写了调查报告⑥。同年秋,西阴村发掘结束,在学术界影响很大。但是,包括李济本人在内,仍然觉得当时的考古学仍然不是理想中的"专门"学问,梁启超在给梁思永的信中曾提及说李济在发掘西阴村结束后的欢迎会上讲"他们两人都是半路出家的考古学者,真正专门研究考古学的人还在美国——梁先生之公子"⑦。在这场欢迎会上,除了王国维讨论一番外,"其他老师并无插话",同时没有学者对彩陶片感兴趣⑧。从这个现象可以看出,当时学术界对于考古学的期待十分矛盾,一方面,学术界对考古学的期待,仍然是基于古史研究的,甚至说,是期待发现"地下二十四史"。另一方面,则是期待将考古学研究更加"专门"与"科学"。但同时,对于物质文化如何作为史料,如何阐释此类史料,1920 年代的学术界仍是茫然的。因而,对于习见的陶片、骨殖、石块出现冷淡的态度亦可理解。

1928 年,史语所草创,傅斯年发表了著名的《历史语言研究所工作旨趣》⑨,傅斯年所表达的思想基本上代表了当时学界对于考古学的态度。他将这一态度简化为"一、到处找新材料;二、用新方法(科学付给之工具)整理材料"。

总结这一时期的研究成果,新生的考古学虽然在方法论意义上受到了学术界的重视,

① 这一时期王国维的成果甚多,较有代表性的,可以其《殷卜辞中所见先公先王考》《殷卜辞中所见先公先王续考》及《殷虚卜辞中所见地名考》为代表,将政治史的研究扩展到民族史、历史地理等新领域。
② 〔日〕林泰辅:《甲骨文地名考》,《支那上古之研究》,1927 年,闻宥译文发表于《中山大学历史语言周刊》第九卷 104 - 105 期,1929 年。
③ 王国维:《最近二三十年中国新发现之学问》,《静安文集续编》,第 65 页,《王国维遗书》第五册,上海书店出版社(上海),1983 年。
④ 陈洪波以"是否具有'科学思维'和掌握'科学方法'为界",将当时对考古学的认识分为两派,大体来分,一派大约是传统学者在金石学意义上的扩大,另一派则是以人类学和地质学指导下的"科学"路线学者。参氏著《中国科学考古学的兴起:1928—1949 年历史语言研究所考古史》,广西师范大学出版社(桂林),2011 年。
⑤ 对于当时学界如何重视考古学,可以看看查晓英的梳理,参氏著:《从地质学到史学的现代考古学》,第 91 - 96 页,四川大学历史文化学院硕士学位论文,2003 年。
⑥ 李济:《山西南部汾河流域考古调查》,《李济与清华》,第 19 - 28 页,清华大学出版社(北京),1994 年。
⑦ 1927 年 1 月 10 日梁启超致梁思永信,参张品兴编:《梁启超全集》,第 6245 页,北京出版社(北京),1999 年。
⑧ 傅斯年致冯友兰、罗家伦、杨振声札,《傅斯年全集》第七册,第 82 页,湖南教育出版社(长沙),2003 年。
⑨ 傅斯年:《历史语言研究所工作旨趣》,《中研院历史语言研究所集刊》,第一本第一分,1928 年。

但是从实际研究方法上看,对于上古史的研究总体上仍未脱离传统文献研究与金石学的藩篱。

二、1930 年至 1955 年

1926 年的西阴村和 1928 年开始的殷墟发掘,收获巨大。但是,两次发掘对学术界的影响,使学术界意识到物质文化遗存重要性,在 1930 年代发掘报告初步刊布后才陆续显现。1930 年代以后,研究的重点逐渐转向以考古学遗存为中心。在众多成果中,考古学遗存的识别逐渐成为这一时期的研究核心。这一时期,主要研究成果集中在以下几个方面:

（一）考古活动的重心逐渐转移至考古学文化遗存的辨识

殷墟发掘的最初动议,其目的实际是在寻找甲骨之外探索史迹,这一点在傅斯年本人说得很明白,其目的就是"夫殷人卜辞藏地下者,宁有几许? 经一度之非科学的搜罗,即减损一部之储积,且因搜求字骨,毁弃他器,紊乱地下情形,学术之损失尤大"。[1]

选择董作宾主持殷墟发掘,"是因系河南人而有天才又易于接受新思想而被派到安阳的董作宾,对于现代考古学都没有任何实际经验"[2]。虽然董作宾努力学习西阴村与安特生的发掘方法,但所获却并不理想,加上现象复杂令他十分担心发掘质量,开工不久他就开始打退堂鼓。但是傅斯年却对董作宾的工作充满了信心,他一方面鼓励董作宾说"我等此次工作的目的,求文字其次,求得地下知识其上也。盖文字固极可贵,然文字未必包含新知识"[3];另一方面,也积极考虑以李济替换董作宾去主持殷墟的系统工作。1929 年李济开始主持殷墟发掘后,其成绩主要有三点,其一是在摸索中探索工作方法和识别遗迹现象,因而逐步开始探索如何建立正确的地层关系,但这一关系尚不具有年代学研究意义;其二,摒弃了只注重收集甲骨的做法,开始收集所有可以收集的遗物;其三,开始考虑殷墟地层堆积的成因。殷墟发掘已从获取甲骨扩展到了遗存本身。

梁思永加入了殷墟的发掘工作后,在田野技术方面做出了决定性的贡献。郭宝钧在殷墟发掘中,清醒地辨识了夯土,纠正了"洪水淹没说"。在他们两人的带领下,殷墟遗址的地层堆积问题得以大致解决,研究也从重视遗物转向重视遗迹现象,标志着史语所考古与金石学家所从事的考古工作有了根本性的区别。正如石璋如所说,这时的工作已经开始"注重在殷墟中找遗址,在遗址中觅遗物,远窥址与址的联络,近查物与物的关系,并详记物、址个体所占的精确处所,作探讨它们彼此相互的深刻意义"[4]。孙庆伟对这一阶段殷墟的工作有过较高的评价,他认为李济在追阶段的目标或者工作重心,是在将考古材料

---

① 傅斯年:《本所发掘殷墟之经过》,《安阳发掘报告》（第二期）,第 388 页,中研院历史语言研究所,1930 年。
② 李济:《安阳》,第 488 页,河北教育出版社（石家庄）,1996 年。
③ 王汎森:《什么可以成为历史证据》,《中国近代思想与学术的系谱》,河北教育出版社（石家庄）,2001 年。
④ 石璋如:《第七次殷墟发掘: E 区工作报告》,《安阳发掘报告》（第四期）,中研院历史语言研究所,1933 年。

转化为可以用来著史的史料①。

在研究侧重于考古遗存的背景下,当时的学者开始注意分辨已有考古资料,对其进行年代和性质的判定。李济曾明确说,安阳发掘后学术转向的一个重要成就是"与甲骨文同时,无文字的器物出土后,不但充实了史学家对于殷商文化知识的内容,同时也为史学及古器物学建立了一个坚实的据点,由此可以把那丰富的但是散漫的史前遗存推进一个有时间先后的秩序与序列"②。

在当时,冀州区域内已知的考古学文化有仰韶、龙山和小屯三支。当时对这些文化关系的判断猜想成分远大于逻辑分析,但对夏与商代早期的探索却是比较集中议题。在梁思永发现三叠层判定其时代后,重要的问题就是三者的传承关系和文化属性。基于傅斯年商人在东、夏人在西的"夷夏东西说"③,徐中舒提出仰韶文化即夏文化,小屯文化则是商文化④;李景聃更试图在豫东进行田野调查予以证明⑤。李济认为仰韶在前,小屯在后,"殷商文化之代表于小屯者或者另有一个来源,仰韶与它的关系最多不过像那远房的叔侄,辈分确差,年龄却甚难准定"⑥。另有学者则认为龙山文化是夏朝遗迹⑦。亲自发掘三叠层的梁思永认为豫北龙山时期的"后冈二层不但是较早的,而且也是豫北殷文化的直接前驱"⑧,显然是将豫北龙山文化直接看作商文化的来源了。

对于殷墟遗存年代的辨识之外,当时考古学研究的核心问题是寻找殷墟文化的直接来源。1951年辉县琉璃阁发掘结束,参加发掘的学者感觉到琉璃阁H1年代有可能早于殷墟。但这种感觉并未能转化为学术意识,并主动予以进一步研究。1956年报告出版时,H1的整理执笔者石兴邦仍然认为"遗物的特征与安阳殷墟出土的基本上是相同的。毫无疑问,它们是同一文化系统的物质遗存……也许这四个灰坑的时代比较它(案,指安阳殷墟)早些,但也不会太早,因为在京都附近与相距数百里以外的这些乡村小邑相比,在地域和一般物质文化生活方面也可能有质与量的区分"⑨。郑州二里冈遗址发掘后,学术界对小屯以前的商文化遗存认识仍然较为模糊⑩。1954年,安志敏不太敢定论二里冈就是殷墟遗存的来源,而是模糊地指出"本文所述的二里冈殷代遗址,它的年代也可能早于安阳的小屯期,这还需要进一步的研究";同时,对于人民公园期的遗存他甚至曾认为"相

①　孙庆伟:《著史与分期——李济与邹衡的殷墟文化研究比较》,《追迹三代》,上海古籍出版社(上海),2015年。
②　李济:《傅孟真先生领导的历史语言研究所——几个基本观念及几种重要工作的回顾》,《感旧录》,台北传记文学出版社(台北),1983年。
③　傅斯年:《夷夏东西说》,《庆祝蔡元培先生六十五岁论文集》,《历史语言研究所集刊》外编第一种,1933年。
④　徐中舒:《再论小屯与仰韶》,《安阳发掘报告》(第三期),中研院历史语言研究所,1931年。
⑤　李景聃:《豫东商丘永城调查及造律台黑孤堆曹桥三处小发掘》,《中国考古学报》第二册,中研院历史语言研究所,1947年。
⑥　李济:《小屯与仰韶》,《安阳发掘报告》第二册,1930年。
⑦　范文澜:《中国通史简编(修订本)》第一编,第105-106页,人民出版社(北京),1955年。
⑧　梁思永:《龙山文化——中国文明的史前期之一》,《考古学报》1954年第七册。
⑨　中国科学院考古研究所:《辉县发掘报告》,第15页,科学出版社(北京),1956年。
⑩　孙庆伟:《商从哪里来——先商文化探索历程》,《追迹三代》,上海古籍出版社(上海),2015年。

当于或晚于安阳小屯期"①,但他也敏锐地意识到郑州商文化遗存可能与"隞"有关,将这一结论反推之,琉璃阁 H1 在安志敏先生眼中则或许可能是属于仲丁前后的遗存。

在这一时期,冀州区域内的考古学与历史学研究,甚至于可以说中国考古学研究都是围绕着以殷墟晚商时期遗存为核心的年代学探索。由于材料局限,当时的研究一直在考虑哪种遗存早于或晚于殷墟,以及他们与殷墟的关系如何,还没有上升到文化属性的认定和分期工作上去。但可以明确的是,这一时期的考古研究已经有了明确的目标,甚至于可称为"问题意识",正如李济自己所说的"有题目才有问题,有问题才选择方法,由方法应用再得新问题,周而复始,若环无端,以至全体问题解决为止"②。

（二）中国现代考古学研究范式的建立

自西阴村的发掘之后,李济等学者就在试图建立一套较为现代的考古学研究范式,所建立的不仅仅有田野发掘范式,也有研究范式③。在研究中,这一时期的成就主要在两个方面:其一是地层学意义下的年代学研究;另一个则是早期类型学意义下的器物分类研究。

对于年代学研究方法,李济已经意识到"我们先要解决所谓地层问题,我们理论上的出发点是假定着:要是地层没翻动过的话,我们可以认定凡与甲骨文同层出土的物件,都可定为与之同时。要是地层经过翻动,我们应该区别那种物件是原在的,那种是后加的"④。

由于这一时期考古研究核心是构建以殷墟为基点的年代序列,虽然所构建的序列框架较粗,但这已是基于田野地层学意义下的年代框架。

在年代学框架构建探索的同时,对器物的分类研究在这一时期也有了突破性进展。西阴村发掘后,李济就提出要对陶器研究。但是在《西阴村史前遗存》⑤之后我们并没有看到他的陶器研究成果。相对成熟的研究,反而是梁思永的成果⑥,其中是否有李济的意见不得而知。晚于梁思永,李济的《殷商陶器初论》是专为殷墟出土陶器而作的。⑦ 这篇文字在中国考古学研究史上有着别样的意义:首先,它开启了从遗物中挑选典型器的研究范式,进入了现代考古学研究的话语体系。其次,利用金石学铜器命名方式,结合器形的相似性和功能用途对陶器定名,基本确立了中国先秦时期陶器的种类、名称。其三,开始从陶器的形制与色泽角度出发对年代学进行探索性研究。

---

① 安志敏:《1952 年秋季郑州二里冈发掘记》,《考古学报》1954 年第八册。
② 李济:《现代考古学与殷墟发掘》,《安阳发掘报告》第二册,中研院历史语言研究所,1930 年。
③ 孙庆伟:《著史与分期——李济与邹衡的殷墟文化研究比较》,《追迹三代》,上海古籍出版社(上海),2015 年。
④ 李济:《现代考古学与殷墟发掘》,《安阳发掘报告》第二册,中研院历史语言研究所,1930 年。
⑤ 李济:《西阴村史前遗存》,清华学校研究院丛书第三种,1927 年。
⑥ 梁思永:《山西西阴村史前遗址的新石器时代的陶器》,《梁思永考古论文集》,科学出版社(北京),1959 年。该文原文为英文,发表于 1930 年。
⑦ 李济:《殷商陶器初论》,《安阳发掘报告》第一册,中研院历史语言研究所,1929 年。

　　到 1948 年,李济进一步依据青铜器的形制演变规律来推断铜器所在的墓葬年代①。这样就将器物研究与遗迹的年代相联系,开始了早期的分期研究。

　　李、梁在这一阶段的探索,开创了以地层学与器物形制演变的标型学相结合,以判断遗存年代先后的研究范式。这一范式在随后的时间里经几代考古学家不断完善,最终形成了地层学与类型学相结合的研究模式。但在当时,他们的方法尚没有自觉到要以此方法进行考古编年的地步。

(三) 甲骨文研究的新突破

　　在考古学研究不断进步的同时,甲骨文研究在这一时期也有重大突破。这其中最为突出的成果当属郭沫若和董作宾的研究②。

　　随着殷墟的发掘,董作宾越来越清醒地认识到,各区各坑出土的甲骨文字有所不同。由此想到由出土坑位可以为甲骨断代。在第三次发掘殷墟之后,他提出甲骨文与"地层的关系"十分重要,而研究甲骨的出路在于"我们要等待发掘殷墟的工作完结,地下的情形研究清楚,新出的甲骨文字,都可以指出那一坑是他的故乡,那一层是他的居处。再把它本身作详审的观察,把同出的器物作比较的研究,然后从文字、艺术、制度上,研究殷商文化的程度"③。在第三次殷墟发掘中,董作宾获得了著名的"大龟四版",第四版上的贞人名号使得董作宾创造性地提出了贞人系统,并且由此上升到"倘能把每一时代的卜辞,还它个原有的时代,那么,卜辞的价值,便更要增高,由笼统的殷人二百年间的卜辞,一跃而为某一帝王时代的直接史料了"④。从方法上,他提出由同版关系确定贞人年代,由此将甲骨研究引入了一个全新的时代。继《大龟四版考释》之后,在 1930 – 1940 年代,他连续撰写了划时代的《甲骨文断代研究例》⑤和《殷历谱》⑥,分别提出了甲骨断代原则和周祭系统。董作宾提出著名的十标准五期说,其意义不啻为划时代。郭沫若曾高度评价道"如是有系统之综合研究,实自甲骨文出土以来所未有"⑦。在这两项辉煌的贡献之外,董作宾还在商代历法⑧和纪事刻辞⑨两方面大大地推进了甲骨文的研究。虽然董作宾的研究中有许多结论被后来者修订,但是,他所开创的甲骨文研究体系和理路至今仍未被打破,甚至可以说,在甲骨学研究方法上,我们还活在董作宾时代。

　　郭沫若在这一时期开创地理系联法研究商代历史地理并将甲骨文研究引入社会史的

---

① 李济:《记小屯出土之青铜器》(上),《中国考古学报》(第三期),中研院历史语言研究所,1948 年。
② 这一时期,唐兰、陈梦家、于省吾、胡厚宣等人对于甲骨文研究皆有所建树,但与本书讨论的核心问题较远,不一一叙及。
③ 董作宾:《甲骨文研究之扩大》,《安阳发掘报告》第二册,中研院历史语言研究所,1930 年。
④ 董作宾:《大龟四版考释》,《安阳发掘报告》(第三期),中研院历史语言研究所,1931 年。
⑤ 董作宾:《甲骨文断代研究例》,《庆祝蔡元培先生六十五岁论文集》,《历史语言研究所集刊》外编第一种,1933 年。
⑥ 董作宾:《殷历谱》,《历史语言研究所专刊》,四川宜宾李庄石印本,1945 年。
⑦ 郭沫若:《卜辞通纂·后记》,日本文求堂印,1937 年。
⑧ 董作宾:《卜辞中所见之殷历》,《安阳发掘报告》(第三期),中研院历史语言研究所,1931 年。
⑨ 董作宾:《骨臼刻辞再考》,《中研院院刊》第 1 辑,1954 年 6 月。

角度考察商代婚姻与社会性质。对于本书所涉及的区域而言,社会性质、社会形态与商人北方边境的政治结构等问题,其开创阶段应归功于他。

在这些学者之外,丁山①、胡厚宣②、王玉哲③等学者也从不同角度扩展了甲骨文研究的范围,取得了较大的研究成绩。

在这一时期,甲骨文研究一方面受到考古学的一些方法影响,在年代序列构建的基础上取得了一系列成就,研究方向也逐渐扩展到社会的各个方面。

（四）考古学研究取向的探索

自西阴村发掘之后,已经基本奠定了李济考古研究的风格和方式——陶器量的分析与对比;关注每一个文化现象的"指数"并探讨其源头;境内文化与境外文化的对比;以人文学(Enthnology)的视野联系古今加以研究;注重生物学、地质学与冶金考古的研究等等。这一取向被李济在殷墟不断实践探索其合理性,也取得了不小的成绩。

在殷墟发掘时期和抗战期间,利用发掘材料进行的多学科交叉研究在一定程度上表现了考古学的人类学取向。这或许和李济、梁思永、冯汉骥等人的学术背景有关。在当时,殷墟的地质、动物遗存、铜器冶金研究都陆续开展,即便是在那样的纷乱年代也显示出勃勃生机。李济所开启的研究模式,因战乱动荡、研究人员流失和随后的政治原因而被迫中断。1949-1955 年之间的考古研究,由于人员的局限和后来模仿苏联研究目标的原因,以人文学、人类学视野进行研究、注重多学科交叉等方面几乎停顿,考古学研究的目的被局限在社会阶段划分和文化编年之上。1950 年 3 月,郭沫若针对郭宝钧的意见,发表了著名的《读了〈记殷周殉人之史实〉》一文④,提出了商代是奴隶社会的著名观点,在史学界引起了强烈反响,拉开了 1949 年以后古史分期大讨论的序幕。中国考古学暂时失去了向其他方向前进的可能。

总体来看,在 1930 至 1955 年之间,冀州夏商考古研究的核心是对商文化遗存为主的辨识。由于材料的局限,年代学研究刚刚开始探索。从研究的取向来看,这一时期的研究取向本有多种可能,人类学与多学科交叉研究曾经兴盛一时。在考古研究的影响下,甲骨文研究为主的狭义文献历史研究也有了突破性的转变。

三、1955 年至 1976 年

在这一时期,冀州夏商考古学研究的核心问题是商文化编年的完善,专门针对冀州之域的夏商考古研究尚未开展。

1955 年,邹衡先生在整理郑州二里冈田野资料后,写出了《试论郑州新发现的殷商文

---

① 丁山:《甲骨文所见氏族及其制度·殷商氏族方国志》,科学出版社(北京),1956 年。
② 胡厚宣:《甲骨学商史论丛初集》,齐鲁大学国学研究所石印本,1944 年;《甲骨学商史论丛初集》,齐鲁大学国学研究所石印本,1945 年。
③ 王玉哲:《鬼方考》,《华中大学国学研究论文专刊》,第 1 辑,1945 年。
④ 郭沫若:《读了〈记殷周殉人之史实〉》,《光明日报》1950 年 3 月 21 日。

化遗址》一文①。以这篇文字的发表为界,中国夏商周考古学进入了一个新时代,同时也开启了古冀州区域内夏商时期考古学遗存研究的新局面。

邹衡此文,从方法上,首次明确了类型学的器物形态对比,是建立以地层学为前提的相对年代序列之上的,而非抛离地层关系的单纯形态对比。该文的另一贡献在于,它在当时材料缺乏的情况下尝试对殷墟首次进行了较可靠的框架性分期。这一创举,不但是去台离土的中研院前贤所未能达到,在1949年以后留在内地的学者也未能有邹衡先生这样清晰的思路。但是,他因为受到当时学术界的影响,对于郑州二里冈期的遗存分期也受到他人的影响而没有坚持细分②。晚年他解释当时的选择是因为"学术界特别是考古学界大多主张龙山文化是夏文化,而我又没有任何论文发表,在此我不敢独树一帜,过早地提出全新的见解"③。

在此文发表后,邹衡先生就开始着手尝试系统对殷墟进行分期,至1964年,他发表了这一研究④。在论文中,分期不仅仅限于陶器,还包括墓葬、建筑、铜器等等,甚至于根据共存关系,邹衡对甲骨文的分期也进行了调整。但是在当时,这一意见并未受到重视。邹氏的殷墟文化分期,可以说是最为全面、系统的。刘绪曾评价到"迄今为止,涉及殷墟文化分期的文章不少,但《分期》一文仍然是最全面、最系统,而且绝大部分结论是正确的"⑤。有了正确分期的基础,才有邹衡对三代考古学文化的整体认识。⑥

在早晚商问题之外,邹衡先生也在思考相当于商先公先王时期的遗存是什么。1957年北京大学选择在邯郸进行教学实习。对教师而言,既是一次利用田野实习,拓展、巩固研究领域并检验学术预期的机会,也是一次尝试崭新教学模式的新机遇;对学生来讲,则是一次检验专业思想或者确立专业方向喜好的契机。邯郸实习计划的制定,几位主要参与教师各有考量。实习期间,宿白在一封写给翦伯赞与苏秉琦汇报工作进展的信件中,宿白介绍了实习拟定四个组成部分,即平山仰韶遗址的试掘与调查;邢台市郊殷代遗址的发掘,邯郸赵王城和临漳邺城的调查以及南北响堂佛教遗迹的初步工作。他明确指出"这四区正好和我们石器时代、殷周、秦汉、隋唐四个考古课程相配合,也正好照顾到同学们不同的志趣"。⑦从今天的学术眼光来审视这种实习安排,无疑是十分高明的设计。

―――――――――――――

①　邹衡:《试论郑州新发现的殷商文化遗址》,《考古学报》1956年第3期。

②　邹衡:《综述夏商周之年代和性质》,《夏商周考古学论文集(续集)》,科学出版社(北京),1998年。书中提及"在当时某些殷商考古专家极力反对殷商文化(特别是铜器)分期的情况下,我考虑郑州和安阳的分期都不宜分得过细,所以只把二里冈各文化层合并为两层分作两期,因为这样的两期,文化特征的区别更加明显"。但是在1980年《试论夏文化》发表时,邹衡先生已经将他详细的分期意见明确提出了。

③　张立东、任飞:《邹衡》,《手铲释天书》,第49页,大象出版社(郑州),2001年。

④　邹衡:《试论殷墟文化的分期》,《北京大学学报·人文科学》1964年第4期。

⑤　刘绪:《邹衡先生商文化研究述略》,《北京平谷与华夏文明:国际学术研讨会论文集(2005)》,社会科学文献出版社(北京),2006年。

⑥　孙庆伟:《著史与分期——李济与邹衡的殷墟文化研究比较》,《追迹三代》,上海古籍出版社(上海),2015年。

⑦　《1957年9月21日宿白致翦伯赞、苏秉琦信》(附第二次汇报),北京大学考古文博学院资料室藏。

邢台自古即被认为是祖乙迁邢所在,刚刚探索了郑州商代遗存编年的邹衡,无疑极为关心邢台与郑州的关系。在 1950 年代后期,郑州商城作为早于殷墟阶段的商文化遗存,已经基本上取得了中国学术界的共识,但对于郑州商城的性质如何,却存在不同的看法。在当时中国学术界中,更没有学者从宏观角度思考不同地域间商文化年代谱系的研究成果。邹衡在完成《试论郑州新发现的殷商文化遗址》①一文后,应该就在不断思考晚商文化乃至商文化的年代学谱系问题。虽然后来没能去计划中的邢台,而全体转入了邯郸。但对邹衡来说,邯郸自有另外的意义和绝佳的机会。首先,邯郸地近安阳,其晚商时期的遗存与殷墟几乎完全相同。换言之,熟悉了邯郸地区的晚商时期考古学文化遗存的面貌,就等于弄清了殷墟的基本情况。在邯郸的发掘中,涧沟和龟台寺地点的发掘都获得了与郑州商城相近的相当于"二里冈"或略早于"二里冈"阶段的资料,这为邹衡思考在不同区域间商文化的演变规律和商文明的格局,都是极有助益的。其次,在发掘实习结束后,邹衡与后来主持安阳殷墟考古工作的学生杨锡璋等人,一起在峰峰矿区的调查,对两人未来分头进行的晚商时期考古学文化编年工作,应该都有极大的影响。邯郸地区尤其是峰峰矿区的调查,发现了晚于涧沟和龟台寺但早于殷墟的资料,这是与郑州商城年代相近,且能弥补缺环的遗存。这对于商文化的编年构建,无疑是最为重要的资料。峰峰矿区调查报告②成稿在 1961 年冬至 1962 年之间,而这一阶段正是邹衡先生思考、撰写《试论殷墟文化分期》③之际。该文中亦引用了此次峰峰矿区调查中的部分材料。可以说,峰峰矿区调查补充了涧沟与龟台寺发掘材料的不足,为邹衡先生在当时极为困难的条件下进行晚商文化的分期,提供了重要的材料。在一定程度上也为后来他撰写《试论夏文化》④中的商文化分期部分,奠定了坚实的基础。

倘若从更深的层面看,邯郸实习从一开始就确立了以构建考古学文化"编年",了解不同区域考古学文化面貌与格局为目标。这一总体目标甚至可以被视为以后近 30 年北京大学考古专业田野实习和师生研究与工作重点。从学术取向上看,这不但与前中研院史语所考古组的目标不同,也与当时在内地的考古学者的主流研究取向不同。⑤

1957 年邹衡与宿白一起带领 1953 级学生发掘涧沟和龟台寺遗址并调查冀南地区的商文化遗存,随后两年的整理过程中他发现这些材料与二里冈颇多相似之处。但是,在当时他并未将这类遗存定性为先商文化遗存。因为"当时之所以未明确提出先商文化,主要原因是中原地区自仰韶文化以来的考古学文化编年还不够完善,可资比较的材料很少;二里头遗址还未发掘,二里头文化还未得到较全面的认识;二里冈文化被推断为中商文化

　　① 邹衡:《试论郑州新发现的殷商文化遗址》,《考古学报》1956 年第 3 期。
　　② 邹衡:《河北省邯郸市峰峰矿区考古调查》,《夏商周考古学论文集·再续集》,科学出版社(北京),2011 年。
　　③ 邹衡:《试论殷墟文化分期》,《北京大学学报·人文科学》1964 年第 4 期。从原文后附的撰写时间记载可知,该文初稿写作于 1961 年,所以邯郸发掘、调查期间,是该文的思考创作期当不致大谬。
　　④ 邹衡:《试论夏文化》,《夏商周考古学论文集》,文物出版社(北京),1980 年。
　　⑤ 孙庆伟:《著史与分期——李济与邹衡的殷墟文化研究比较》,《追迹三代》,上海古籍版社(上海),2015 年。

等。认识当然不会超越这些客观条件的局限。所以,在 1960 年修订《商周考古》(未发表)讲义时,一度认为二里头文化是先商文化"①。但是到 1961 年后,随着二里头遗址材料的公布和邹衡理解的深入,他的看法发生了根本性的变化,直接引发了他认为邯郸遗存有别于二里头文化,而郑州商城应该是早商时期而非商代中期的遗存。由此他基于夏商两代考古学遗存的通盘考虑开始了"郑亳说"与夏商如何分界的学科体系思考,开始在空间角度思考考古学文化面貌的差异与分布②。

在邹衡之外,一些一线工作的学者们也逐渐开始思考邹衡提出的和正在解决的问题,并利用手中较新的材料对邹衡的说法进行着检验或修订。1961 年安金槐发表论文③,正式将郑州商城定性为隞。但在当时,部分考古学者基于种种成见,不承认郑州有城。1964 年,安金槐先生将郑州二里冈商代遗存细分为前后四期④。其贡献在于,将郑州二里冈文化的编年更加细化与完善,而且他的"隞都"说影响深远,在后来出现的"郑亳""西亳"论战之时,西亳说所秉持的根基就是安金槐对"隞都"编年与定性。

对晚商时期遗存,考古所安阳队也基于新材料进行了研究。1961 年,他们利用 1959 年大司空村发掘的资料,进行了尝试性的分期⑤。与邹衡的分期相比,其大司空二期几乎涵盖了邹衡三期说中的中晚期和早期的后半。1964 年,调任安阳主持殷墟工作的郑振香对这一分期方式进行了修正⑥,其结论与邹衡刚发表的四期七组说几乎相同。由此,殷墟晚商时期遗存的分期基本得以确认。

在整个 1960 至 1970 年代,内地夏商考古的核心问题就是商文化的编年。而滞留在台湾的史语所同行们,因无法得到新的材料进行编年问题研究,所以他们在整理抗战前发表材料之外,研究的侧重点不可避免地趋向于讨论殷代社会和具体器用问题。这些问题包括商晚期的建筑⑦、墓葬⑧、手工业技术水平、车制⑨等。对商代玉器、陶器生产技术以及利用人骨进行体质人类学进行研究的,也以滞留台湾省的学者研究为多,其中李济的研

① 刘绪:《邹衡先生商文化研究述略》,《北京平谷与华夏文明:国际学术研讨会论文集(2005)》,社会科学文献出版社(北京),2006 年,

② 孙庆伟:《什么可以成为夏商分界的证据——夏商分界研究综述》、《商从哪里来——先商文化探索历程》,《追迹三代》,上海古籍版社(上海),2015 年。

③ 安金槐:《试论郑州商代城址——隞都》,《文物》1961 年第 4、5 期合刊。

④ 安金槐:《关于郑州商代二里冈期陶器分期问题的再研究》,《华夏考古》1988 年第 4 期。文后后记安先生指明此文写就于 1960 年代,但至此文发表期间安先生文字中无类似思想体现,故此说无从证实。

⑤ 中国科学院考古研究所安阳发掘队:《1958—1959 年殷墟发掘简报》,《考古》1961 年第 2 期。

⑥ 中国科学院考古研究所安阳发掘队:《1962 年安阳大司空村发掘简报》,《考古》1964 年第 8 期。

⑦ 石璋如:《小屯殷代的建筑遗迹》,《中研院历史语言研究所集刊》第 26 本,1955 年;《河南安阳小屯殷代的三组基址》,《大陆杂志》21 卷 1、2 期合刊,1960 年。

⑧ 石璋如:《小屯殷代的跪葬》,《中研院历史语言研究所集刊》第 36 本,1965 年;高去寻:《安阳殷代皇室墓地》,《台湾大学考古人类学刊》第 12、13 期合刊,1958 年;高去寻:《殷代大墓的木室及其涵义之推测》,《中研院历史语言研究所集刊》第 39 本,1969 年。

⑨ 石璋如:《殷代的弓与马》,《历史语言研究所集刊》,第 35 本,1964 年;《殷代的车子》,《大陆杂志》第 36 卷第 10 期,1968 年;《小屯四十号墓的整理与第一类甲种车的初步复原》,《历史语言研究所集刊》,第 40 本下册,1968 年;《殷代第一类车的舆盘之演变》,《华冈学报》1974 年第 8 期;《殷代的第二类车》,《蒋公逝世周年纪念论文集》(台北),第 1011 页,1976 年;《殷代车的研究》,《东吴大学艺术史集刊》1979 年第 9 期;《殷车复原说明》,《历史语言研究所集刊》,第 58 本 2 分,1987 年。

究较为突出。① 由装饰品来讨论商人的族属与服饰,李济和石璋如也进行了些尝试,而内地学者却罕有从此角度进行思考的。

在考古学物质文化的研究之外,甲骨学界在这一时期也取得了较大的突破,其中以陈梦家《殷虚卜辞综述》②和李学勤的《殷代地理简论》③在这一时期的研究中最为重要。陈氏之书,涉及甲骨学、文字学、语言学等多个方面,对商代历史、地理、制度、农业、历法、宗教等多个方面进行了综合探讨,至今为止仍然无另一部著作可替代。李书则专论商代地理,在很长的一段时间内有相当的影响。

除商代历史地理外,这一时期的商代社会历史研究显得较为单调,由于政治运动频繁,对于商代社会被局限在阶级问题的讨论中而失去了其他研究方向的可能。

当时,主动学习唯物论和辩证法是十分自然的事。套用苏联机械唯物论影响下的研究成果与研究方法和片面搬用马列经典理论的过程中,考古学界长期视考古学研究的对象为物质文化,束缚了研究的范围、视野和层次。④ 非学术因素对当时的考古学研究影响很大,甚至于会将研究的取向上升为世界观和意识形态的问题⑤。在当时,"实际上主要是进行考古学文化的特征、起源、分期、发展阶段和相互关系等所谓的文化史的研究,而且描述多于解释"⑥。

在日本,这一时期对于殷商史的研究进入了一个相对活跃的时期。在文字考释和整理工作之外,利用甲骨文材料对商代的社会历史进行了深入的研究,取得了一系列成果。贝冢茂树的著作⑦出版后影响了日本学界对殷代社会的讨论。西岛(じま)定生⑧、伊藤道治⑨和白川静⑩也纷纷著书讨论殷代的社会形态与历史,推进了商代历史与社会的认识。

总体来看,在这一时期,内地的夏商历史研究集中在以考古学物质文化遗存编年体系的建立为核心的研究,其他角度的研究较为薄弱,但是从空间角度考虑考古学文化的分布与其背后的人群关系研究已经初露端倪。留居台湾省的学者由于离开了田野一线,也无法获得一线的新资料,因此在整理既往发掘之余,研究取向亦进行了相应的调整,较多侧重于物质文化的研究。对商代社会生活与经济技术的研究在两岸产生了完全不同的状态。可以说,在1979年以前内地学者与台湾省学者和日美欧学者处于相对隔绝的状态,海外对中国考古学,内地学者对海外相关的历史学、人类学、社会学的研究动态和前沿问

---

① 其研究情况可参李伯谦主编:《商文化论集·商文化研究论文索引》,第759-761页,文物出版社(北京),2003年。

② 陈梦家:《殷虚卜辞综述》,中华书局(北京),1956年。

③ 李学勤:《殷代地理简论》,科学出版社(北京),1959年。

④ 俞伟超:《含山凌家滩玉器和考古学中研究精神领域的问题》,《考古学是什么》,中国社会科学出版社(北京),1996年。

⑤ 尹达:《考古工作中两条道路的斗争》,《考古通讯》1958年第10期。

⑥ 严文明:《走向21世纪的中国考古学》,《走向21世纪的中国考古学》,三秦出版社(西安),1997年。

⑦ [日]贝冢茂树:《中国古代の国家》,弘文堂(东京),1952年;贝冢茂树:《古代殷帝国》,みすず书房(东京),1957年。

⑧ [日]西岛定生:《中国古代帝国の形成と构造——二十等爵制の研究》,东京大学出版社(东京),1961年。

⑨ [日]伊藤道治:《古代殷王朝の存亡》,角川书店(东京),1967年。

⑩ [日]白川静:《甲骨文の世界——古代殷王朝の构造》,平凡社(东京),1972年。

题,相互间几乎找不到研究的共同点。这其中,一方面固然是当时国民党当局将内地学术书刊列为"匪伪书籍",在台湾省内很难看到。包括李济在内的学者想要查阅《文物参考资料》或《考古通讯》都很困难,以至于李济要托张光直在美国代查之后再向他介绍①,这种情况一直到1958年才有所好转,但期刊仍有缺漏②。1955年底,史语所获得一批内地出版的考古资料,高去寻等人非常激动,在给张光直的信函中,高去寻说"最近史语所来了一些大陆上考古的书,看后使人望洋兴叹,太多太好了。希望您在美国多注意一下。在美国见到这些报告也许比台湾容易些,回来后想看而不可得了"③。另一方面,出于意识形态和其他复杂心理活动的原因,对内地的考古工作成果,曾主持安阳工作的李济和高去寻,甚至以内心的好恶,表达了强烈的排斥和不信任,因而持保留态度刻意不提④或者回避使用内地的材料,甚至怀疑工作的科学性⑤。但对于学科发展方向和学术研究取向的差异,在两岸间是十分明显的。以至于高去寻评价佟柱臣对长江、黄河流域中下游新石器文化的分布与分期问题,就觉得非常有新意。

四、1977年至1997年

在这一时期,由于二里头文化的确立,夏商文化识别与编年成为了夏商考古的核心问题。同时,政治运动全面结束,考古学界获得了少有的自由研究的空间,因此,学术研究成果伴随着田野材料的大量刊布而不断涌现。另外,各地相继开办的地方性文物与考古刊物的纷纷出版,与台湾省及海外的学术交流逐渐开放,这些条件的具备在很大的程度上推进了研究的不断深入。

（一）考古学文化区系类型研究与族属研究方法论的推进

1977年,登封王城岗遗址发掘期间,在安金槐的倡议、组织下,夏鼐联合国家文物局联合举办了夏商考古史上具有里程碑意义的登封现场会⑥。这次会议的讨论触及了夏商

①　1959年3月30日,李济致张光直函,见李卉、陈星灿编:《传薪有斯人——李济、凌纯声、高去寻、夏鼐与张光直通信集》,三联书店(北京),2005年。
②　1958年2月11日,高去寻致张光直函,见李卉、陈星灿编:《传薪有斯人——李济、凌纯声、高去寻、夏鼐与张光直通信集》,三联书店(北京),2005年。
③　1955年12月23日,高去寻致张光直函,见李卉、陈星灿编:《传薪有斯人——李济、凌纯声、高去寻、夏鼐与张光直通信集》,三联书店(北京),2005年。
④　李永迪:《与张光直先生谈夏文化考古》,《古今论衡》2001年第6期。
⑤　1959年4月17日,李济致张光直函,认为"近十年在大陆的考古,实在只是挖宝贝的变相名称,不是要解决任何问题。凡是有问题的考古者,所具有的问题都早已洗脑被洗得光光;所以始终就没有一种有计划的学术性的发掘(自从失去梁思永的领导后,就走了厚古薄今的路)"。而高去寻的看法则更具体,1958年2月11日,高去寻致函张光直,说"近来中国考古学的确是有许多大发现,使情形已全然改观。真好的报告固然很多,要不得的也有,例如有的是出于各省文物管理委员会的职员之手,他们既是外行也不实际调查,只是虚构一些情形应付差事,若不是有人检举,我们便大上其当。又有的人如安志敏喜欢创立'某某文化'这些名词而不详说其特质,有时使人莫名其妙。又有人大提倡'洛阳铲'考古,专钻小孔洞,不挖探沟,使我们听了很难过。在他们的报告内想找地层的关系来看某个问题,真是无法找到,找到后也不敢相信"。以上两函,见李卉、陈星灿编:《传薪有斯人——李济、凌纯声、高去寻、夏鼐与张光直通信集》,三联书店(北京),2005年。
⑥　孙庆伟:《考古学的春天——1977年"河南登封告成遗址发掘现场会"的学术史解读》,《追迹三代》,上海古籍版社(上海),2015年。

文化的几个核心问题：1. 夏商文化的考古学分界与分期及关涉夏的考古学文化定性问题；2. 王城岗遗址代表的河南龙山文化是否属夏；3. 关于夏代的文化面貌问题。会后，邹衡先生在《文物》上立即发表了《郑州商城即汤都亳说》。这一观点引起了巨大的震动。1980 年《试论夏文化》①正式刊布后，拉开了对于夏商文化近三十年的长期讨论②。至此，夏商考古的研究重点全面转型，由编年为重点的时间研究转向了以考古学文化性质辨识与编年并举的时间结合空间研究。在此影响下，冀州夏商考古研究格局发生了重大的变化。

伴随着邹衡先生"郑亳说"所带来的，是考古学界从理论层面对于考古学文化区系类型，以及由此引发的物质文化与历史记载族群关系的长时间讨论。在这场讨论中，夏鼐③、苏秉琦④、俞伟超⑤、邹衡⑥、张忠培⑦、严文明⑧、李伯谦⑨、林沄⑩、孙华⑪、杜正胜⑫等多位重量级中国学者以及和田清⑬、艾兰⑭、刘克甫、罗泰⑮等海外知名学者都曾积极参与讨论，但意见分歧却几乎达到难以调和的地步。

从理论讨论看，争论有如下四个特点：

第一，考古学界逐渐自觉运用考古学材料和文献材料相结合讨论人群共同体问题，到80 年代前后逐渐进入到自发讨论族属研究方法论的阶段，在研究中出现了邹衡《夏商周考古学论文集》这样的范式型著作。但族属研究有逻辑缺环。一方面，物质遗存是否可以体现人群的特性在论证逻辑中先天带有缺环，物的共同体间的差异可以被感知、被辨识，物与人的对应关系亦可呼应，但人群的属性或命名与文献记载的确定归属却无法直接勾连，因此所有的推论都是尚待检验的。另一方面，当考古学遗存较为单一时尚且好说，一

① 邹衡：《试论夏文化》，《夏商周考古学论文集》，文物出版社（北京），1980 年。

② 孙庆伟：《什么可以成为夏商分界的证据——夏商分界研究综述》《商从哪里来——先商文化探索历程》，《追迹三代》，上海古籍版社（上海），2015 年。

③ 夏鼐：《谈谈夏文化的几个问题——在登封告城遗址发掘现场会闭幕式上的讲话》，《河南文博通讯》1978 年第 1 期。

④ 苏秉琦：《地层学与器物类型学》，《文物》1982 年第 4 期；《关于考古学文化区系类型问题》，《苏秉琦考古论述选集》，文物出版社（北京），1984 年。

⑤ 俞伟超：《关于"考古类型学"的问题》，《考古学是什么》，中国社会科学出版社（北京），1996 年；《关于当前楚文化的考古学研究问题》，《湖南考古辑刊》第 1 辑，岳麓书社（长沙），1982 年。

⑥ 邹衡：《关于考古学理论和方法上的几个问题——与梁星彭同志讨论》，《考古与文物》1982 年第 6 期。

⑦ 张忠培：《夏家店下层文化研究》，《考古学文化论集》（1），文物出版社（北京），1987 年；《民族学与考古学的关系》，《中国考古学与历史学之整合研究》（上），中研院历史语言研究所（台北），1997 年。

⑧ 严文明：《夏代的东方》，《夏史论丛》，齐鲁书社（济南），1985 年。

⑨ 李伯谦：《二里头类型的文化性质与族属问题》，《文物》1986 年第 6 期；《先商文化探索》，《庆祝苏秉琦考古五十五年论文集》，文物出版社（北京），1989 年。

⑩ 林沄：《考古学文化研究的回顾与展望》，《辽海文物学刊》1989 年第 2 期。

⑪ 孙华：《关于二里头文化》，《考古》1980 年第 6 期。

⑫ 杜正胜：《中国上古史研究的一些关键问题》，《中国上古史论文选集·导论》，华世出版社（台北），1979 年；《夏代考古与早期国家》，《考古》1991 年第 1 期；《关于考古解释与历史重建的一些反省》，《中国考古学与历史学之整合研究》（上），中研院历史语言研究所（台北），1997 年。

⑬ ［日］和田清：《东亚民族发展史序说》，《改造》1942 年第 24 期第三号。

⑭ Sarah Allan, "Is There A Xia: Promble in Historical Methodology", 1990.

⑮ Falkenhausen, Von Lothar a. (1993), " On the historiographical orientation of Chinese archaeology", *Antiquity* 67, (257), 839. Retrieved April 26, 2008, from Academic; (1995), "The Regionalist Paradigm in Chinese Archaeology", In: P. Kohl and Fawetts (eds.) *Nationalism Politics, and the Pratices of Archaeology*, cambridge University Press, pp. 198 - 217.

且物质遗存面貌复杂或混乱时,这种对应就显得十分危险。

第二,对于考古学文化如何与文献记载的族属进行结合,学者的态度并不相同。绝大部分学者同意一支考古学文化可以对应一个文献记载的族群,当然,这里的族群是在多个部落组成的共同体的意义上探讨的。其中的不少学者,如邹衡、俞伟超、严文明、张忠培、李伯谦、王明珂等同意,一支考古学文化可以对应与多个人群共同体。以俞伟超、李伯谦为代表的学者认为,在特定的条件下,多个考古学文化可以为一个族群的人群所有。就后一种认识,考古学界存在争议。

第三,除内地学者外,台港及大部分日本学者是相信中国历史文献记载的族群的,其族属研究的方法,与内地学者也最接近。部分有过中国留学背景的学者如罗泰等,对于中国族属研究的方式基本是认可,但认为中国早期研究的重心不应放在族属之上。但这一时期大部分的西方学者尚未对中国的族属研究做出评论。同时,海外学者中并无从陶器出发讨论考古学文化区别的研究。当然,在不同的学者间,观察陶器的尺度并不相同,部分海外学者甚至会认为二里头文化、二里冈文化、殷墟和西周时期的陶器并无差别。对于陶器观察尺度和认识能力的差异,会造成对相关问题的认识程度不同。改革开放后,双方可以沟通,亦能正式面对后,对话平台已经改变,双方讨论的问题并不在同一层面,所以会有较大的分歧。海外对于中国内地的考古研究与发现认识还停留在李济时代,并不知道实际的发展情况,而内地长期的封闭和轻视理论探讨的作风也使得对海外的研究成果不甚了解。

第四,在对古代族群的分类中,学术界逐渐认识到,文献记载的族名含义甚为复杂,与实际研究中使用较多的斯大林民族分类体系亦不相同,有调整的必要。

(二)古冀州区域内考古学文化的研究

理论的纷争直接导致了对于本文讨论范围内的考古学文化遗存的认识。对于冀州范围内的夏商时期而言,这一时期的标志性著作是邹衡先生的《试论夏文化》《关于夏商时期北方地区诸邻境文化的初步探讨》①。在这两篇文章中,邹衡先生利用有限的材料,将冀州区域的夏商时期考古学文化分为夏家店文化、先商文化和光社文化,对先商文化的阶段性和地区差异都做出了推测,并将其渊源上溯为龙山时期河北龙山文化的三个类型——雪山型、涧沟型和许坦型。邹衡先生在详细讨论了三支考古学文化的年代与分布区域后,与文献相联系,尝试讨论了其族属。然而,由于材料的限制,邹衡先生在这篇文章中的部分结论在后来的研究中被证明有偏差,也较少被学术界提及与重视,但对于这一区域的宏观关注,却实实在在源于邹衡先生。

对于冀州区域的大范围观察与整合,在邹衡先生提出后,这一时期却再也没有学者进行同样的大范围整合尝试,但是邹衡先生提出的问题在这一时期被各地的学者化整为零地进行了研究。

---

① 邹衡:《关于夏商时期北方地区诸邻境文化的初步探讨》,《夏商周考古学论文集》,文物出版社(北京),1980年。

首先是各地考古学性质的认定。

在豫北、冀南，夏商时期考古研究的重点之一即是对二里冈文化以前的商文化探讨。邹衡[①]、刘绪[②]、李伯谦[③]、郑杰祥[④]、赵芝荃[⑤]、张立东[⑥]、王立新与朱永刚[⑦]、沈勇[⑧]、张翠莲[⑨]、沈长云[⑩]等学者纷纷对先商时期的遗存从不同角度提出自己的看法。北京大学在本时期以先商文化为专门研究对象，进行了一系列田野工作，对于本区域的夏时期考古学文化有了更加深入的认识[⑪]。

以殷墟为中心的晚商时期遗存，仍然是当时考古学研究的热点问题。其讨论几乎涵盖了殷墟晚商时期遗存的各个方面[⑫]。但从侧重看，对于殷墟地区及晚商与早商文化间的编年分期研究[⑬]、墓葬研究[⑭]和铜器研究[⑮]仍然是研究的重点。对于建筑、手工业等方面的研究成果较少。

对于豫东鲁西地区的考古学文化，在北京大学一系列工作之后，证明了这一区域实际上是岳石文化的分布区域[⑯]，这一研究成果的最大意义在于，进一步否定了商人发祥于豫东、鲁西南的说法，从侧面证明了先商文化在冀南一带兴起的观点。同一时期，张光直先生重申并补充了传统史学观点，认为商王朝是一个东夷部族崛起的政权，因此岳石文化在商丘自夏时期持续至早商阶段的考古学证据，反映出先商文化就是岳石文化[⑰]。为验证这一观点，经过艰苦的交涉，他与中国社会科学院一起，在传统文献记载的豫东商丘地区进行了田野工作，以验证上古史记载中商出于夷的传统说法。虽然田野工作没有直接证

①　邹衡：《试论夏文化》，《夏商周考古学论文集》，文物出版社（北京），1980年。

②　刘绪：《论卫怀地区的夏商文化》，《纪念北京大学考古专业三十周年论文集》，文物出版社（北京），1990年。

③　李伯谦：《先商文化探索》，《庆祝苏秉琦考古五十五年论文集》，文物出版社（北京），1989年；《夏文化与先商文化关系探讨》，《中原文物》1991年第1期。

④　郑杰祥：《夏史初探》，第254-265页，中州古籍出版社（郑州），1988年。

⑤　赵芝荃：《关于二里头文化类型与分期的问题》，《中国考古学研究（二）》，科学出版社（北京），1986年。

⑥　张立东：《论辉卫文化》，《考古学集刊》（10），地质出版社（北京），1996年。

⑦　王立新、朱永刚：《下七垣文化探源》，《华夏考古》1995年第4期。

⑧　沈勇：《论保北地区的先商文化》，北京大学考古系硕士学位论文，1988年；《保北地区夏代两种青铜文化之探讨》，《华夏考古》1991年第3期。

⑨　张翠莲：《先商文化、岳石文化与夏家店下层文化关系考辨》，《文物季刊》1997年第2期。

⑩　沈长云：《夏族兴起于古河济之间的考古学考察》，《历史研究》2007年第6期；《夏后氏居于古河济之间考》，《中国史研究》1994年第3期；《禹都阳城即濮阳说》，《中国史研究》1997年第2期。

⑪　孙庆伟：《商从哪里来——先商文化探索历程》，《追迹三代》，上海古籍版社（上海），2015年。

⑫　对于殷墟1997年以前的研究概况，可参：中国社会科学院考古研究所：《殷墟的发现与研究》，科学出版社（北京），1994年；中国社会科学院考古研究所：《中国考古学·夏商卷》第六章，中国社会科学出版社（北京），2003年；李伯谦主编：《商文化论集·商文化研究论文索引》，第754页，文物出版社（北京），2003年。

⑬　这一时期对于殷墟分期的研究的主要成就有：郑振香：《论殷墟文化分期及其相关的问题》，《中国考古学研究·一》，文物出版社（北京），1986年；杨锡璋：《安阳殷墟西北冈大墓的分期及有关问题》，《中原文物》1981年第3期；彭金章、晓田：《殷墟为武丁以来殷之旧都说》，《中国考古学会第五次年会论文集》，文物出版社（北京），1988年；唐际根：《殷墟一期文化及其相关问题》，《考古》1993年第10期。

⑭　关于晚商墓葬的综述可参郜向平：《商系墓葬研究》，科学出版社（北京），2011年。

⑮　对于这一时期殷墟铜器研究的综述，可参：陈志达、郑振香：《殷墟出土的文化遗物·青铜器》，《殷墟的发现与研究》，第255-322页，科学出版社（北京），1994年；岳洪彬：《殷墟青铜礼器研究》，中国社会科学出版社（北京），2006年；郭鹏：《殷墟青铜兵器研究》，《考古学集刊》（15），文物出版社（北京），2004年；李伯谦主编：《商文化论集·商文化研究论文索引》，文物出版社（北京），2003年。

⑯　邹衡：《论菏泽（曹州）地区的岳石文化》，《文物》1987年第11期。

⑰　张光直：《商城与商王朝的起源及其早期文化》，《中国青铜时代》，三联书店，1999年。

据,但他提出,商文化中的日常烹饪陶器代表的下层被统治阶级可能来自豫北冀南,而商王朝的筑城、铜器和文字传统当来源于东方岳石文化①。这种观点,应该是调和了邹衡通过陶器谱系追溯得出的结论和田野考古证据与文献史学传统说法矛盾之后的结果。在他之后,栾丰实②、方辉③为代表的学者则将讨论集中在南关外下层遗存中的岳石文化因素的追溯,始终坚持商人起源于东方。这些讨论,无疑开拓了先商文化探索的思路。

这一时期河北省接连发掘的多处商代晚期遗址,唐云明④、杨锡璋⑤等学者对这些材料进行了较为详细的研究,完善了河北商文化的编年体系和文化性质的识别。

在冀北,夏家店下层文化在这一时期得到了确认。继邹衡先生之后,李经汉⑥、李恭笃、高美璇⑦、韩嘉谷⑧、张忠培、孔哲生、张文军、陈雍⑨、刘观民⑩、徐光冀⑪、李伯谦⑫、刘晋祥⑬、吴鹏⑭、卜工⑮、王立新⑯、杜金鹏⑰等学者相继对夏家店下层文化的多个方面进行了研究。

对于华北平原北缘地区晚商时期的遗存,学者间的分歧更大。李伯谦⑱、张立东⑲、沈勇⑳、韩嘉谷㉑等先生相继提出了自己的看法。针对平谷刘家河墓葬的年代与性质,学者

① 张长寿、张光直:《河南商丘地区殷商文明调查发掘初步报告》,《考古》1997年第4期。
② 栾丰实:《试论岳石文化与郑州地区早期商文化的关系——兼论商族的起源问题》,《华夏考古》1994年4期。
③ 方辉:《"南关外期"先商文化的来龙去脉及其对夏商文化断限的启示》,《华夏文明》第三集,北京大学出版社(北京),1992年。
④ 唐云明:《试论河北商代文化及相关的问题》,《唐云明考古论文集》,河北教育出版社(石家庄),1990年;《河北商文化综述》,《华夏考古》1988年第3期。
⑤ 杨锡璋:《关于藁城台西商代遗址的分期问题》,《中国考古学论丛——中国社会科学院考古研究所建所40周年纪念》,科学出版社(北京),1993年。
⑥ 李经汉:《试论夏家店下层文化的分期和类型》,《中国考古学会第一次年会论文集》,文物出版社(北京),1980年。
⑦ 李恭笃、高美璇:《夏家店下层文化分期探索》,《辽宁省考古、博物馆学会成立大会会刊》,1981年。
⑧ 韩嘉谷:《京津地区商周时期古文化发展的一点线索》,《中国考古学会第三次年会论文集》,文物出版社(北京),1984年;《大坨头文化陶器浅析》,《中国考古学会第七次年会论文集》,文物出版社(北京),1992年。
⑨ 张忠培、孔哲生、张文军、陈雍:《夏家店下层文化研究》,《考古学文化论集》(1),文物出版社(北京),1987年。
⑩ 刘观民:《试析夏家店下层文化的陶鬲》,《中国考古学研究——夏鼐先生考古五十年纪念论文集》,文物出版社(北京),1986年。
⑪ 刘观民、徐光冀:《内蒙古东部地区青铜时代的两种文化》,《内蒙古文物考古》1981年第1期。
⑫ 李伯谦:《论夏家店下层文化》,《纪念北京大学考古专业三十周年论文集》,文物出版社(北京),1990年。
⑬ 刘晋祥:《大甸子墓地乙群陶器分析》,《中国考古学研究——夏鼐先生考古五十年纪念论文集》,文物出版社(北京),1986年。
⑭ 吴鹏:《试论燕北地区夏家店下层文化的分期——兼谈燕南地区所谓"夏家店下层文化"性质及相关问题》,《华夏考古》1988年第4期。
⑮ 卜工:《燕山地区商周时期的陶鬲谱系》,《北方文物》1989年第2期。
⑯ 王立新、齐晓光、夏保国:《夏家店下层文化渊源刍论》,《北方文物》1993年第2期;王立新、卜箕大:《对夏家店下层文化源流及与其他文化关系的再认识》,《青果集》,知识出版社(北京),1993年。
⑰ 杜金鹏:《试论夏家店下层文化中的二里头文化因素》,《华夏考古》1995年第3期。
⑱ 李伯谦:《张家园上层类型若干问题研究》,《考古学研究(二)》,北京大学出版社(北京),1994年。
⑲ 张立东:《试论张家园文化》,《北京建城3040年暨燕文明国际学术研讨会会议专辑》,北京燕山出版社(北京),1997年。
⑳ 沈勇:《围坊三期文化初论》,《北方文物》1993年第4期。
㉑ 韩嘉谷:《京津唐地区商周时期古文化发展的一点线索》,《中国考古学会第三次年会论文集》,文物出版社(北京),1984年;《燕国境内诸考古学文化的族属探索》,《北京建城3040年暨燕文明国际学术研讨会会议专辑》,北京燕山出版社(北京),1997年。

间的分歧也十分明显,除邹衡等外,韩嘉谷①、郑绍宗②、杜金鹏③等也多有讨论。

壶流河、桑干河流域在 1970 年代末基本上建立了考古学文化编年序列,但性质一直存在争议。1989 年以后,张忠培④、李伯谦⑤相继进行了研究。

在山西,夏商时期的考古学编年与属性研究集中在晋南。二里头文化东下冯类型的讨论在本阶段十分热烈。邹衡⑥、李伯谦⑦、刘绪⑧、李维明⑨学者与郑杰祥⑩、张立东⑪、宋豫秦、李亚东⑫等人形成了截然不同的意见。对东下冯遗址的早商时期遗存,学术界没有太大的分歧。

对于太原盆地为中心的夏商时期考古学文化,邹衡先生最先将其命名为光社文化,认为其与先周时期的遗存有关⑬。许伟将以太原和忻定盆地为中心,包括晋东南和晋西高原的区域统称为晋中地区,将其考古学文化编年分为四个时期二十段⑭。侯毅⑮、宋建忠⑯则将其命名为东太堡类型或东太堡文化。

这一时期,学术界也开始关注南流黄河两岸出土的青铜器。对于铜器群年代,邹衡⑰、张长寿⑱、郑振香与陈志达⑲、陶正刚⑳、李伯谦㉑、张万钟㉒、刘军社㉓、朱凤瀚㉔等先生相继以中原青铜器为参照,对其进行了分期和年代学研究。对南流黄河两岸晋陕高原

---

① 韩嘉谷:《燕史源流的考古学考察》,《北京文物与考古(第二辑)》,北京燕山出版社(北京),1991 年。
② 郑绍宗:《夏商时期河北古代文化的初步分析》,《考古学文化论集(4)》,文物出版社(北京),1992 年。
③ 杜金鹏:《北京平谷刘家河商代墓葬与商代燕国》,《北京建城 3040 年暨燕文明国际学术研讨会会议专辑》,北京燕山出版社(北京),1997 年。
④ 张忠培:《论蔚县周以前的古代遗存》,《中国原始文化论集——纪年尹达八十诞辰》,文物出版社(北京),1989 年。
⑤ 李伯谦:《论夏家店下层文化》,《纪念北京大学考古专业三十周年论文集》,文物出版社(北京),1990 年。
⑥ 邹衡:《试论夏文化》,《夏商周考古学论文集》,文物出版社(北京),1980 年。
⑦ 李伯谦:《东下冯类型的初步分析》,《中原文物》1981 年第 1 期。
⑧ 刘绪:《东下冯类型及其相关问题》,《中原文物》1992 年第 2 期。
⑨ 李维明:《再论东下冯类型》,《中原文物》1997 年第 2 期。
⑩ 郑杰祥:《夏史初探》,第 263 页,中州古籍出版社(郑州),1988 年。
⑪ 张立东:《论辉卫文化》,《考古学集刊》(10),地质出版社(北京),1996 年。
⑫ 宋豫秦、李亚东:《"夷夏东西说"的考古学观察》,《夏文化研究论集》,中华书局(北京),1994 年。
⑬ 邹衡:《关于夏商时期北方地区诸邻境文化的初步探讨》,《夏商周考古学论文集》,文物出版社(北京),1980 年。
⑭ 许伟:《晋中地区西周以前古遗存的编年与谱系》,《文物》1989 年第 4 期。
⑮ 侯毅:《试论太原东太堡类型》,《山西省考古学会论文集》(二),山西人民出版社(太原),1994 年。
⑯ 宋建忠:《晋中地区夏时期考古遗存研究》,《山西省考古学会论文集》(二),山西人民出版社(太原),1994 年。
⑰ 邹衡:《关于夏商时期北方地区诸邻境文化的初步探讨》,《夏商周考古学论文集》,文物出版社(北京),1980 年。
⑱ 张长寿:《殷商时代的青铜容器》,《考古学报》1979 年第 3 期。
⑲ 郑振香、陈志达:《殷墟青铜期的分期与年代》,《殷墟青铜器》,文物出版社(北京),1985 年。
⑳ 陶正刚:《山西出土的商代铜器》,《中国考古学会第五次年会论文集》,文物出版社(北京),1985 年。
㉑ 李伯谦:《从灵石旌介商墓的发现看晋陕高原青铜文化的归属》,《中国青铜文化结构体系研究》,科学出版社(北京),1998 年。
㉒ 张万钟:《商时期石楼、保德与"沚方"的关系》,《中国历史博物馆馆刊》1989 年第 11 期。
㉓ 刘军社:《陕晋蒙临境地区商代文化青铜器的分期、分区及相关问题的探讨》,《中国考古学会第八次年会论文集》,文物出版社(北京),1996 年。
㉔ 朱凤瀚:《古代中国青铜器》,南开大学出版社(天津),1995 年。

青铜器考古学文化归属，邹衡最初提出可能属于光社文化①，但在吕智荣②、戴应新③等将其定性为李家崖文化后，李家崖文化说得到了学术界较多的认同，但具体的人群与族群归属，学术界却有多种看法。李伯谦、朱凤瀚、戴应新、吕智荣、刘军社、张万钟等先生分别提出过土方④、工方⑤、鬼方⑥、沚方⑦或是王季所伐诸戎⑧之说。

在这一时期牵涉本文论及范围内的考古学研究，其意义有二：其一是邹衡先生所建立的夏商考古研究体系，在方法和时空框架角度为本区域夏商考古研究建立了范式和参照系；其二，以李伯谦先生为代表的诸多考古学家开始将考古研究由单纯的编年研究扩展到区系类型和文化因素分析研究，在较大的空间范围内进行了考古学文化的类型构建。

（三）文献历史学的研究进展

这一时期，文献历史学在考古学成果的大力促进下也取得了重大的进展。郑杰祥在这一时期出版的两部学术著作分别对夏代的历史考古与晚商的地理政治进行了探讨。⑨两书结论，皆或有可商，但所引用的材料和与考古资料结合的方式，却具有相当的意义，在一定程度上是历史学界方法论的进步。

朱凤瀚出版代表作《商周家族形态研究》⑩，充分利用先秦史历史文献、考古资料与古文字学材料，突破旧说，为研究商周时期的社会生活提供了一个较为完整的模式，同时在如何结合考古材料进行史学研究方面提供了良好的范例。钟柏生出版《殷商卜辞地理论丛》⑪，将卜辞所见之地名按卜辞所载的内容分类整理，再进行排比系联，以求达到不同领域地理空间的重合，以此划定商文化政治与经济的空间。林沄⑫、金岳⑬、王

① 邹衡：《关于夏商时期北方地区诸邻境文化的初步探讨》，《夏商周考古学论文集》，文物出版社（北京），1980年。

② 吕智荣：《试论晋陕北部黄河两岸地区出土的商代青铜器及有关问题》，《中国考古学研究论集——纪念夏鼐先生考古五十周年》，三秦出版社（西安），1987年；《试论李家崖文化的几个问题》，《考古与文物》1989年第4期；《朱开沟文化遗存与李家崖文化》，《考古与文物》1991年第6期；《李家崖文化的社会经济形态及发展》，《考古学研究》，三秦出版社（西安），1993年。

③ 戴应新：《陕北和晋西北黄河两岸出土的殷商铜器及其有关问题的探索》，《考古学研究》，三秦出版社（西安），1993年。

④ 戴应新：《陕北和晋西北黄河两岸出土的殷商铜器及其有关问题的探索》，《考古学研究》，三秦出版社（西安），1993年。

⑤ 李伯谦：《从灵石旌介商墓的发现看晋陕高原青铜文化的归属》，《中国青铜文化结构体系研究》，科学出版社（北京），1998年；朱凤瀚：《由殷墟出土北方式青铜器看商人与北方族群的联系》，《考古学报》2013年第1期。

⑥ 吕智荣：《试论晋陕北部黄河两岸地区出土的商代青铜器及有关问题》，《中国考古学研究论集——纪念夏鼐先生考古五十周年》，三秦出版社（西安），1987年。

⑦ 张万钟：《商时期石楼、保德与"沚方"的关系》，《中国历史博物馆馆刊》1989年第11期。

⑧ 刘军社：《陕晋蒙临境地区商代文化青铜器的分期、分区及相关问题的探讨》，《中国考古学会第八次年会论文集》，文物出版社（北京），1996年。

⑨ 郑杰祥：《夏史初探》，中州古籍出版社（郑州），1988年；《商代地理概论》，中州古籍出版社（郑州），1994年。

⑩ 朱凤瀚：《商周家族形态研究》，天津古籍出版社（天津），1990年。

⑪ 钟柏生：《殷商卜辞地理论丛》，艺文印书馆（台北），1989年。

⑫ 林沄：《戎狄非胡论》，《金景芳九五诞辰纪念文集》，吉林文史出版社（长春），1996年。

⑬ 金岳：《商代孤竹族探源》，《东北亚研究——北方民族方国历史研究》，中州古籍出版社（郑州），1994年；《滹沱河商族方国考——论燕初并灭商族方国》，《文物春秋》1995年第2期。

玉哲①也从文献角度出发,对冀州之域内的考古学文化与族群的关系进行了探讨。

从这一时期的文献历史研究看,研究的视野已经大为扩展,所讨论的问题已经开始扩展到夏商时期到社会生活的多个方面,而不是仅限于前一时期的社会阶段与性质划分。

总结这一时期的考古学研究,主要有如下几个特点:

第一,考古编年研究与文化因素识别并重,研究已经开始转向时间与空间两个维度并重。

第二,考古材料与文献材料相结合研究已成为夏商考古研究的必然,邹衡先生所建立的研究范式,无论是赞同或是反对其结论的研究者都逐渐接受,相关的研究几乎都是在他的研究框架内展开并细化的。

第三,考古学研究内涵得到了极大拓展。

五、1997 年至今

大约从 1997 年开始,夏商考古学研究进入了新阶段。在这一年,夏商周断代工程正式启动,尽管工程的运作模式和公布的结论简本充满争议,但是工程开展本身仍然为夏商考古一系列重要问题的探索与解决,提供了必要的条件与保障。同年,以邢台召开三代文明研讨会为标志,夏商考古研究进入新阶段。对于冀州区域而言,这两项学术活动的开展影响也是极其巨大的。从宏观角度而言,冀州区域夏商研究出现了几个新的特点:首先,邹衡先生在上一时期所提出诸多学术问题,在这一时期呈现出专门化研究的倾向。先商文化地方类型的辨识、划分、各地夏商时期考古学文化编年等课题纷纷取得进展。其次,专门化研究的出现,大范围宏观研究逐渐减少,不同区域间的对比研究及谱系编年对应研究都在减少。第三,科技考古和新技术在考古研究中的作用越来越明显。第四,基建工程的不断增多,新材料也因之不断涌现,对于材料的消化和整理成为困扰研究前进的最大障碍。新材料的出现使得既往认识有了再调整的可能。第五,文献历史研究对于夏商时期冀州区域在内的广大区域研究作用愈显有限,不少领域的文献研究已经陷入困境。狭义历史学与考古学的研究已基本上分道扬镳。历史学对先秦史的关注在这一时期也呈现衰落,对冀州地区的夏商史研究甚至可以说已陷入停滞状态。

这一时期,相关专门化研究成果十分突出,但仍以小区域或单一考古学的研究为核心,少见区域范围较大的整合性研究,更罕见不同区域间的细密年代学比较研究。大略而言,二十余年的研究,主要集中在如下几个研究方向:

---

① 王玉哲:《商族的来源地望试探》,《历史研究》1984 年第 1 期;《先周族最早来源于山西》,《中华文史论丛》1982 年第 3 辑;《卜辞工方即猃狁说》,《殷都学刊》1995 年第 1 期;《鬼方考补正》,《考古》1986 年第 10 期。

（一）先商文化研究

先商文化的研究是这一时期冀州区域内研究最为热烈的课题之一，新进展主要在先商文化概念的反思、先商文化类型的新认识、先商文化的年代研究等问题。

孙华最先对先商文化的命名进行检讨，他主张使用"先商时期的商文化"来指代先商文化的所指。同时他从理论上对先商文化等概念也进行了检讨。①

近年来，直接使用"先商文化"概念的所指，学术界渐趋统一，即"灭夏以前以商人为主体的人群创造使用的物质文化遗存"。但在具体的使用中仍然处于各呼其名状态。这些学者大致可以分为以下四种态度。

持第一种意见的部分学者，仍坚持使用"先商文化"的概念。这些学者有邹衡②、杜金鹏③、王震中④、袁广阔⑤、谢肃⑥、张应桥、徐昭峰⑦、赵新平⑧、李维明⑨等。邹衡先生明确提出反对使用下七垣文化⑩，认为史前时期考古学文化命名原则在历史时期并不适用。

坚持使用"下七垣文化"概念，以李伯谦⑪、王立新⑫、魏兴涛⑬、段宏振⑭、徐海峰⑮、朱君孝⑯、井中伟⑰、蒋刚⑱、胡保华⑲、侯卫东⑳等为代表。

介于第一种与第二种意见中的学者，既不反对使用先商文化，也不反对使用下七垣文

①　孙华：《商文化研究的若干问题——在纪念殷墟发掘 70 周年之际的反思》，《三代文明研究（一）——1998 年河北邢台中国商周文明国际学术研讨会论文集》，科学出版社（北京），1999 年。

②　邹衡：《先商文化之研究》，《宿白先生八秩华诞纪念文集》，文物出版社（北京），2005 年。

③　杜金鹏：《郑州南关外中层文化遗存再认识》，《考古》2001 年第 6 期。

④　王震中：《先商的文化与年代》，《中原文物》2005 年第 1 - 2 期连载。

⑤　袁广阔：《先商文化新探》，《中原文物》2002 年第 2 期；《关于先商文化洛达庙类型形成与发展的几点认识》，《二里头遗址与二里头文化研究》，科学出版社（北京），2007 年。

⑥　谢肃：《先商文化纵论》，郑州大学硕士学位论文，2000 年；《对夏商分界的一点看法》，《早期夏文化与先商文化研究论文集》，科学出版社（北京），2012 年。

⑦　张应桥、徐昭峰：《试论辉县孟庄二里头文化时期城址的性质》，《中国历史文物》2008 年第 1 期。

⑧　赵新平、韩朝会：《河南省鹤壁市刘庄遗址 2005 年度发掘主要收获》，《东方考古》（第 3 集），科学出版社（北京），2006 年；赵新平、范永禄：《河南辉县孟庄遗址夏代墓葬及其相关问题》，《东方考古》（第 4 集），科学出版社（北京），2008 年。

⑨　李维明：《河南鹤壁刘庄先商文化墓地初析》，《东方考古》（第 6 集），科学出版社（北京），2009 年。

⑩　邹衡：《"下七垣文化"命名的商榷》，《中国历史博物馆馆刊》2000 年第 1 期。

⑪　李伯谦：《对郑州商城的再认识》，《古都郑州》2005 年第 4 期。

⑫　王立新：《再论夏家店下层文化的渊源及其与其他文化的关系》，《青果集（二）》，知识出版社（北京），1998 年。

⑬　魏兴涛：《试论下七垣文化鹿台岗类型》，《考古》1999 年第 5 期。

⑭　河北省文物研究所、保定市文物管理处：《河北定州市尧方头遗址发掘简报》，《考古》2004 年第 9 期。

⑮　徐海峰：《邯郸市峰峰矿区北羊台、义西遗址夏时期文化遗存浅析》，《河北考古文集（二）》，燕山出版社（北京），2001 年。

⑯　朱君孝、李清临：《二里头晚期外来陶器因素试析》，《考古学报》2007 年第 3 期。

⑰　井中伟：《蛋形瓮研究》，《考古学报》2006 年第 4 期。

⑱　蒋刚：《文化演进与互动：太行山两翼夏商西周时期青铜文化研究》，科学出版社（北京），2017 年；《山西、陕北及内蒙古中南部夏商西周时期青铜文化的演进》，《中国历史文物》2008 年第 5 期；《夏商西周文化对其西方和北方地区文化渗透的方向性与层次性》，《考古》2008 年第 12 期。

⑲　胡保华：《下七垣文化分期研究》，吉林大学硕士学位论文，2007 年；胡保华、王立新：《试论下七垣文化的类型与分期》，《早期夏文化与先商文化研究论文集》，科学出版社（北京），2012 年。

⑳　侯卫东：《洹河流域下七垣文化与商文化关系研究》，中国社会科学院研究生院硕士学位论文，2008 年；《试论漳洹流域下七垣文化的年代和性质》，《早期夏文化与先商文化研究论文集》，科学出版社（北京），2012 年。

化的命名方式,而是试图调和两种命名方式。这类学者以张翠莲为代表①,其具体方式是通过论证下七垣文化就是先商文化,之后再以下七垣文化的讨论替代先商文化。

持第四种意见的学者既不使用"先商文化",也不使用"下七垣文化",而是对先商时期商文化另行称呼。这些学者可分两类,一类因为对先商文化的内涵理解有差异,因此将先商文化中的部分类型划出先商文化,将剩余的考古学遗存另行命名,这种认识以程平山、杨宝成为代表②,将先商文化漳河型称为漳河型文化③。另一类学者则基于新材料,认为原有命名不能完整涵盖先商文化的内涵而主张更名。有学者就将下七垣文化改为"葛家庄文化"④。

近十年来,对于先商时期考古学文化的类型,新的认识也不断出现。

对于漳河型,有学者在排除辉卫型与南关外型属于先商文化后,将漳河型与李伯谦先生的下七垣文化命名相等同⑤,将下七垣文化的命名狭义化,甚至将其改称为"葛家庄文化"⑥。

对辉卫型的划分,学术界在广泛采纳邹说的同时,实际与其原意产生了一定的差异。在邹先生的分析中,辉卫型年代仅相当于二里头文化四期早段。但在当前,辉卫型年代上限甚至已经被部分学者提早到二里头文化二期晚段⑦。对于辉卫型的性质,刘绪⑧、谢肃⑨、张立东⑩、常怀颖⑪、韩国河、赵海洲等⑫皆有新看法出现。

对南关外型的研究,近年来关注不多。李维明撰文对这一问题进行过梳理⑬。

对于保北型的归属有两种截然相反的意见,一种认为其属于下七垣文化,这种可以张立东⑭、胡保华⑮、蒋刚⑯等学者为代表,但对于其命名有不同认识。另一种认识则以张渭

① 张渭莲:《商文明的形成》,科学出版社(北京),2008 年。
② 杨宝成、程平山:《试论漳河型文化》,《武汉大学学报》(哲社版)1998 年第 1 期。
③ 程平山:《二里岗文化渊源刍议》,《华夏考古》2001 年第 4 期。
④ 贾金标、朱永刚、任亚珊、李伊萍:《关于葛家庄遗址北区遗存的几点认识》,《考古》2005 年第 2 期。
⑤ 徐海峰:《邯郸市峰峰矿区北羊台、义西遗址夏时期文化遗存浅析》,《河北考古文集(二)》,燕山出版社(北京),2001 年。
⑥ 贾金标、朱永刚、任亚珊、李伊萍:《关于葛家庄遗址北区遗存的几点认识》,《考古》2005 年第 2 期。
⑦ 胡保华:《下七垣文化分期研究》,吉林大学硕士学位论文,2007 年;胡保华、王立新:《试论下七垣文化的类型与分期》,《早期夏文化与先商文化研究论文集》,科学出版社(北京),2012 年;张立东:《中国考古学·夏商卷》"第三章·先商文化的探索及其相关问题",中国社会科学出版社(北京),2004 年。
⑧ 刘绪:《夏文化探讨的现状与任务》,《中原文化研究》2018 年第 5 期。
⑨ 谢肃:《先商文化综论》,郑州大学硕士学位论文,2000 年;《关于辉卫地区二里头文化时期遗存性质的讨论》,《2004 年安阳殷商文明国际学术研讨会论文集》,中国社会科学出版社(北京),2006 年。
⑩ 张立东:《中国考古学·夏商卷》"第三章·先商文化的探索及其相关问题",中国社会科学出版社(北京),2004 年。
⑪ 常怀颖:《夏商之际豫北地区考古学遗存的年代与性质》,《中国历史文物》2009 年第 6 期。
⑫ 郑州大学历史文化学院考古系:《新乡李大召——仰韶文化至汉代遗址发掘报告》,第 357 页,科学出版社(北京),2006 年。
⑬ 李维明:《改革开放三十年郑州商文化研究新进展述要》,《殷墟与商文化——殷墟科学发掘 80 周年纪念文集》,科学出版社(北京),2011 年;《南关外期(型)遗存平议》,《中原文物》2013 年第 2 期。
⑭ 张立东:《中国考古学·夏商卷》"第三章·先商文化的探索及其相关问题",中国社会科学出版社(北京),2004 年。
⑮ 胡保华:《下七垣文化分期研究》,吉林大学硕士学位论文,2007 年;胡保华、王立新:《试论下七垣文化的类型与分期》,《早期夏文化与先商文化研究论文集》,科学出版社(北京),2012 年。
⑯ 蒋刚:《文化演进与互动:太行山两翼夏商西周时期青铜文化研究》,科学出版社(北京),2017 年。

莲所定义的"下岳各庄文化"为代表①，这种意见被河北省内的学者广泛接受②。

魏兴涛将豫东地区先商时期遗存命名为鹿台岗类型，归入下七垣文化③。但也有学者认为其面貌差异并不明显，而且分布区域不明，因此不应划为一个考古学文化类型④。

在20世纪90年代已有的五类型说法之外，也有学者基于新材料和新认识给先商文化划出新的地方类型。王迅认为临城补要村遗址中的先商文化因素与已知的漳河型有所区别，可独立出来，提出原漳河型分布区域以北应属于"补要类型"的分布范围⑤。张翠莲则认为晋中地区夏时期的考古学文化遗存应该属于下七垣文化，可命名为"杏花村类型"⑥。李维明重申了他提出的二里冈下层型⑦。

关于先商文化的分期近十年间也都有新的意见出现。对于漳河型的分期，贾金标等人⑧与胡保华⑨都有新意见提出。对于辉卫型的分期有两种倾向：一种仍旧依照宋窑遗址分期，以其分期体系作为参照进行编年；另一种则是对原有的辉卫文化分期进行调整。对于保北型，学术界基本上仍旧沿袭张翠莲10年前的三期说结论⑩。胡保华所分之两期⑪，实际是将张翠莲的第一、二期合并为一期。

因为对鹿台岗类型的性质认定差异，分期结论有所不同。认为可将鹿台岗类型划归漳河型的学者而言，鹿台岗遗存本身无需分组分段，仅相当于漳河型最晚期的遗存⑫；认为鹿台岗类型可以独立的学者，则将鹿台岗遗址分为早晚两段，早段相当于二里头文化三

　　① 张渭莲：《太行山东麓地区夏时期考古学文化浅析》，《三代文明研究（一）——1998年河北邢台中国商周文明国际学术研讨会论文集》，科学出版社（北京），1999年；张渭莲：《商文明的形成》，科学出版社（北京），2008年；张渭莲：《再论下岳各庄文化》，《早期夏文化与先商文化研究论文集》，科学出版社（北京），2012年；张渭莲、段宏振：《中原与北方之间的文化走廊——太行山东麓地区先秦文化的演进格局》，文物出版社（北京），2015年。
　　② 段宏振：《七里庄遗址青铜文化遗存的演进——兼论燕山以南地区青铜时代考古学文化的相关问题》，《中国文物报》2007年6月15日第7版；徐海峰：《北放水遗址夏时期文化遗存发现的意义》，《中国文物报》2007年10月19日第7版；徐海峰：《太行山东麓北部地区夏时期考古学文化述论》，《早期夏文化与先商文化研究论文集》，科学出版社（北京），2012年；段宏振：《先商文化考古学探索的一些思考》，《早期夏文化与先商文化研究论文集》，科学出版社（北京），2012年。
　　③ 魏兴涛：《试论下七垣文化鹿台岗类型》，《考古》1999年第5期。
　　④ 张立东：《中国考古学·夏商卷》"第三章·先商文化的探索及其相关问题"，中国社会科学出版社（北京），2004年；胡保华：《下七垣文化分期研究》，吉林大学硕士学位论文，2007年；段宏振：《鹿台岗遗址考辨——先商文化曾局部涵盖于岳石文化之说的一个证正》，《江汉考古》2022年第2期。
　　⑤ 王迅、常怀颖、朱博雅：《河北省临城县补要村遗址发掘取得重大收获》，《中国文物报》2007年2月28日第2版；王迅：《论先商文化补要类型》，《早期夏文化与先商文化研究论文集》，科学出版社（北京），2012年。
　　⑥ 张渭莲：《商文明的形成》，科学出版社（北京），2008年。
　　⑦ 李维明：《先商文化渊源与播化》，《考古与文物》2000年第3期。
　　⑧ 贾金标、朱永刚、任亚珊、李伊萍：《关于葛家庄遗址北区遗存的几点认识》，《考古》2005年第2期。
　　⑨ 胡保华：《下七垣文化分期研究》，吉林大学硕士学位论文，2007年。
　　⑩ 张渭莲：《太行山东麓地区夏时期考古学文化浅析》，《三代文明研究（一）——1998年河北邢台中国商周文明国际学术研讨会论文集》，科学出版社（北京），1999年。
　　⑪ 胡保华：《下七垣文化分期研究》，吉林大学硕士学位论文，2007年；胡保华、王立新：《试论下七垣文化的类型与分期》，《早期夏文化与先商文化研究论文集》，科学出版社（北京），2012年。
　　⑫ 胡保华：《下七垣文化分期研究》，吉林大学硕士学位论文，2007年；胡保华、王立新：《试论下七垣文化的类型与分期》，《早期夏文化与先商文化研究论文集》，科学出版社（北京），2012年。

期偏早,晚段则与二里头文化三期偏晚相当①。

对于先商文化的分期有整体认识的,近年来研究不多。张立东仅将漳河型、保北型与鹿台岗型相结合,分作四期②。胡保华将漳河型(包括鹿台岗型)、辉卫型、保北型整合后统一归属为下七垣文化,前后分作四期,年代相当于二里头文化二期至二里冈下层二期③。对于先商文化的总体编年,近十年来,最大的变化是王立新、胡保华对宋窑分期的调整。这一调整虽不至于动摇辉卫型的编年框架,但对器物的演变序列认识则有不同的理解,其结论是将辉卫型的深腹罐的变化规律与漳河型类同了。但这样的调整虽做到了逻辑自洽,却也同样缺乏地层证据的支持,与原宋窑遗址分期方案面临的困难是相同的。

对于先商文化的渊源,王立新、朱永刚④、李维明⑤、王震中⑥、张翠莲⑦等在近年也都提出了不同的意见,但分歧不大,亦未有颠覆性的新认识。

(二) 以太行山东麓为核心的各地夏商考古学文化编年的完善与性质认定

除对于先商文化的集中研究外,各地夏商时期的考古学文化编年也逐渐得到了完善。但对部分因理论问题而起的分歧,尤其是先商文化最晚阶段的遗存的性质判断,分歧仍然存在,可视作为夏商分界问题论战的延续。关于偃师商城的性质和郑州南关外遗存的问题,讨论仍然集中⑧。

在豫北,洹北商城的发现使得豫北地区的商时期考古学文化编年讨论成为热点。唐际根因此提出了"中商文化"的概念与划分方式⑨,完善了商王朝的考古学文化编年体系⑩。几乎与此同时,北京大学考古学系也在思索商文化编年的改进方式,借助于夏商周

---

① 魏兴涛:《试论下七垣文化鹿台岗类型》,《考古》1999 年第 5 期。
② 张立东:《中国考古学·夏商卷》"第三章·先商文化的探索及其相关问题",中国社会科学出版社(北京),2004 年。
③ 胡保华:《下七垣文化分期研究》,吉林大学硕士学位论文,2007 年;胡保华、王立新:《试论下七垣文化的类型与分期》,《早期夏文化与先商文化研究论文集》,科学出版社(北京),2012 年。
④ 王立新、朱永刚:《下七垣文化探源》,《华夏考古》1995 年第 4 期。
⑤ 李维明:《先商文化渊源与播化》,《考古与文物》2000 年第 3 期。
⑥ 王震中:《先商的文化与年代》,《中原文物》2005 年第 1,2 期连载。
⑦ 张翠莲:《商文明的形成》,科学出版社(北京),2008 年;《再论下岳各庄文化》,《早期夏文化与先商文化研究论文集》,科学出版社(北京),2012 年;《夏代时期的太行山东麓地区》,中国社会科学院考古研究所编:《夏商都邑与文化(二)——"纪念二里头遗址发现 55 周年学术研讨会"论文集》,中国社会科学出版社(北京),2014 年。
⑧ 对于该问题较集中,较有代表性的讨论如谢肃:《对夏商分界的一点看法》,《考古与文物》2012 年第 4 期;谷飞:《偃师商城遗址再考察——答刘绪先生疑惑八问》,《华夏考古》2014 年第 3 期;孙庆伟:《偃师商城西亳说的两点瑕疵》,《夏商都邑与文化(二)——"纪念二里头遗址发现 55 周年学术研讨会"论文集》,中国社会科学出版社(北京),2014 年;谷飞:《关于商代文化分期的几点思考》,《华夏考古》2016 年第 4 期;赵海涛:《二里头遗址二里头文化四期晚段遗存探析》,《南方文物》2016 年第 4 期;谢肃:《对夏商三都年代与性质的看法》,《南方文物》2017 年第 3 期;陈国梁:《都与邑:偃师商城性质讨论的学术史观察》,《中原文物》2017 年第 6 期;陈国梁:《期与型:考古学概念的纠结——以南关外遗存的探讨为例》,《中原文物》2018 年第 3 期;李宏飞:《二里头文化第四期晚段遗存年代下限的探讨》,《考古》2018 年第 11 期;陈国梁:《合与分:聚落考古视角下二里头都邑的兴衰解析》,《中原文物》2019 年第 4 期。
⑨ 唐际根:《中商文化研究》,《考古学报》1999 年第 4 期。
⑩ 唐际根:《商王朝考古学编年的建立》,《中原文物》2002 年第 6 期。

断代工程,他们也配合进行了对商中期考古学文化的探索工作。对于商文化的阶段性变化,二分与三分方式的讨论并未形成共识。针对商文化的三分方式的普适性问题,也持续存在不同意见。在这一时期对商文化编年的讨论集中在晚商时期的头尾两端。对晚商文化起始年代的论争与如何看待"中商文化"直接相关,程平山等人的讨论即为代表①。而另一个论争的核心问题是关于晚商文化,尤其是以殷墟为代表的殷墟四期遗存的年代下限归属问题。虽然具体划分方式有差异,对待不同的单位也有分歧,但唐际根②和李宏飞③将原殷墟四期阶段的部分遗存绝对年代划入西周时期,这种处理方式,有其积极意义,但结论尚待检验。

郜向平对商系墓葬的讨论,是这一时期少有的综合性研究著作④。该书脱胎于其博士学位论文,对黄河与长江流域商文化分布区内的商系墓葬的各方面进行了宏观性的分析,可以说,该书可视为商文化墓葬研究具有整体意义的范式性研究。

在豫北与冀中南地区,何元洪⑤、贾金标⑥、段宏振⑦等学者先后对冀中南部地区中晚商时期的遗存提出自己的分期、分区方案。张翠莲将下岳各庄文化与有易氏相联系⑧。王一凡⑨、张翠莲⑩和李鹏轩⑪对太行山的东麓地区的商文化分布,商代墓葬等问题进行了讨论。陈小三讨论了早商文化的北扩与青铜器的传播问题⑫。韦心滢在答辩后迅速出版其博士论文,结合考古材料和甲金文资料讨论殷商王国的政治地理结构,但基本未涉及考古学编年问题的检讨⑬。常怀颖则以多篇论文讨论晚商太行山东西麓间墓葬的年代⑭。

编年讨论之外,由于殷墟都邑人群的复杂,各类研究仍然是近二十余年的研究重点,且各类专项研究也自有发展,这里不再一一赘述。其中,岳洪彬对殷墟青铜器⑮、胡进驻

① 程平山:《对殷墟文化一期的思考》,《古代文明(第10卷)》,上海古籍出版社(上海),2016年。
② 唐际根:《殷墟第四期文化年代辨微》,《考古学集刊》(15),文物出版社(北京),2004年。
③ 李宏飞:《殷墟大司空村"商末周初"遗存浅析》,《三代考古·六》,科学出版社(北京),2015年;《王朝更替与文化异同——商末周初文化流变的考古学观察》,北京大学博士学位论文,2016年;《小议两种商系绳纹》,《考古与文物》2018年第1期。
④ 郜向平:《商系墓葬研究》,科学出版社(北京),2011年。
⑤ 何元洪:《太行山东麓商文化分期、分区研究》,北京大学硕士学位论文,2000年。
⑥ 贾金标、朱永刚、任亚珊、李伊萍:《关于葛家庄遗址北区遗存的几点认识》,《考古》2005年第2期。
⑦ 邢台东先贤考古队:《邢台东先贤商代遗址发掘报告》,《古代文明》(第1卷),文物出版社(北京),2002年。
⑧ 张翠莲:《太行山东麓地区夏时期考古学文化之探讨》,《三代文明研究(一)》,科学出版社(北京),1999年版;《尧方头遗址与下岳各庄文化》,《文物春秋》2000年第3期。
⑨ 王一凡:《甲骨卜辞、金文所见商王朝的北界》,《古代文明研究通讯》2017年第72期。
⑩ 张渭莲、段宏振:《中原与北方之间的文化走廊——太行山东麓地区先秦文化的演进格局》,文物出版社,2015年;张翠莲:《商文化的北界》,《考古》2016年第4期;张渭莲:《商周之际的文化植入与置换——以晚商王畿地区为中心》,《李下蹊华——庆祝李伯谦先生八十华诞论文集》,科学出版社(北京),2017年。
⑪ 李鹏轩:《冀中南地区商代墓葬研究》,吉林大学硕士学位论文,2015年。
⑫ 陈小三:《早商文化的北进与北方系青铜器的发展》,《边疆考古研究》(第17辑),科学出版社(北京),2015年。
⑬ 韦心滢:《殷代商王国政治地理结构研究》,上海古籍出版社(上海),2013年。
⑭ 常怀颖:《略谈晚商太行山南麓及临近地区的铜器墓》,《中原文物》2019年第4期;《略论晚商殷墟北部邻境地区的铜容器墓》,《考古》2021年第10期;《晚商殷墟小型墓随葬陶鬲的若干问题》,《三代考古·九》,科学出版社,2021年。
⑮ 岳洪彬:《殷墟青铜礼器研究》,中国社会科学出版社(北京),2006年。

对殷墟墓葬的系统研究①，牛世山对殷墟文化多样性做出的框架认识②之后，何毓灵③、常怀颖④也都对这一问题有所讨论。这些研究都堪为一阶段殷墟研究的代表。

南水北调工程考古抢救性发掘，提供了大量新资料，促进了沿线夏商时期考古学文化认识逐渐深入。但段宏振⑤、蒋刚⑥、徐海峰⑦、韩建业⑧对冀中北部到燕山南麓的考古学文化谱系整理存在较大分歧。

对于京津唐地区的夏商时期考古学文化遗存，讨论较多。针对关键单位雪山遗址 H66，韩嘉谷认为"绝对年代可能已进入了夏纪年，但陶器群主要部分应属龙山文化，将之从龙山文化中划出归入大坨头文化不合适"⑨。常怀颖提出，该单位可能是当地龙山向新时期的过渡阶段遗存⑩。大部分学者开始接受大坨头文化与夏家店文化有所区别，不能简单划归在一起。林沄先生认桑干河流域的夏商时期遗存"也自有特点，可考虑另立一个类型"⑪。蒋刚提出壶流河流域的夏商时期遗存可称为"大坨头文化壶流河类型遗存"。杨建华⑫、张锟⑬、段天璟⑭、纪烈敏⑮、盛立双⑯、张文瑞⑰等学者纷纷撰文并提出了"大成山类型""古冶类型""后迁义"等新的类型划分方案。对早商时期遗存的讨论集中在张营遗址材料之上⑱。对于晚商时期遗存，刘绪、赵福生⑲、陈雍⑳、张展㉑、

① 胡进驻：《殷墟晚商墓葬研究》，北京师范大学出版社（北京），2010 年。

② 牛世山：《殷墟文化的多样性——以陶质类容器为视角》，《李下蹊华——庆祝李伯谦先生八十华诞论文集》，科学出版社（北京），2017 年；牛世山、岳洪彬、岳占伟：《殷墟文化的多元因素再分析》，《南方文物》2019 年第 5 期。

③ 何毓灵：《试论安阳殷墟孝民屯遗址半地穴式建筑群的性质及其相关问题》，《华夏考古》2009 年第 2 期；《殷墟"外来文化因素"研究》，《中原文物》2020 年第 2 期。

④ 常怀颖：《从随葬陶器看殷墟以外的晚商"族墓地"》，《江汉考古》2020 年第 6 期；《殷墟出土晚商陶器所见之晋陕冀地区诸考古学文化因素》，《文物》2021 年第 7 期。

⑤ 段宏振：《七里庄遗址青铜文化遗存的演进——兼论燕山以南地区青铜时代考古学文化的相关问题》，《中国文物报》2007 年 6 月 15 日第 7 版。

⑥ 蒋刚：《再谈燕山南麓地区夏商西周时期的文化格局》，《中国文物报》2007 年 9 月 14 日第 7 版。

⑦ 徐海峰：《北放水遗址夏时期文化遗存发现的意义》，《中国文物报》2007 年 10 月 19 日第 7 版。

⑧ 韩建业：《北京先秦考古》，文物出版社（北京），2011 年。

⑨ 韩嘉谷：《昌平雪山 H66 的年代、文化性质及其他》，《北京文博论丛》2011 年第 3 辑。

⑩ 常怀颖：《中原腹地以北地区的"过渡期"遗存蠡探》，《三代考古·八》，科学出版社（北京），2019 年。

⑪ 林沄：《中国北方长城地带游牧文化带的形成过程》，《燕京学报》（新十四辑），北京大学出版社（北京），2003 年。

⑫ 杨建华：《试论夏商时期燕山以南地区的文化格局》，《北方文物》1999 年第 3 期；《燕山南北商周之际青铜器遗存的分期研究》，《考古学报》2002 年第 2 期。

⑬ 张锟：《京津唐地区的夏商时期遗存》，吉林大学硕士学位论文，2001 年。

⑭ 段天璟、唐淼、祝立业：《京、津、保地区夏时期考古学文化研究的讨论与思考》，《文物春秋》2008 年第 6 期；段天璟：《从塔照遗址看夏时期的燕山南部地区——夏时期燕山以南地区文化结构的形成》，《边疆考古研究》（第 5 辑），科学出版社（北京），2006 年。

⑮ 纪烈敏：《燕山南麓青铜文化的类型谱系及其演变》，《边疆考古研究》（第 1 辑），科学出版社（北京），2002 年。

⑯ 盛立双：《燕山南麓夏商时期考古遗存研究》，《边疆考古研究》（第 6 辑），科学出版社（北京），2008 年。

⑰ 张文瑞、翟良富：《后迁义遗址考古发掘报告及冀东地区考古学文化研究》，文物出版社，2016 年。

⑱ 段天璟：《北京昌平张营遗址青铜时代遗存相关问题研究——文化因素分析方法的再实践》，《边疆考古研究》（第 11 辑），科学出版社（北京），2012 年。

⑲ 赵福生、刘绪：《西周燕文化与张家园上层类型》，《跋涉集》，北京图书馆出版社（北京），1998 年。

⑳ 陈雍：《考古的天津》，《庆祝张忠培先生七十岁论文集》，科学出版社（北京），2004 年。

㉑ 张展：《夏家店下层文化与北京地区商代"燕"文化遗存》，《北京考古集成》，北京出版社（北京），2000 年。

金家广①、林沄②、梁宝玲③、蒋刚④根据新的材料,对围坊三期文化与张家园上层文化是两支并行的考古学文化还是前后相继的考古学文化,分歧明显。对刘家河墓葬,近年来研究较多,杨升南⑤、李先登⑥和王丹⑦都有专文讨论。

在近三十年,对山西夏商时期遗存的讨论相对比较平稳。由于新材料较少,学者间的讨论也少有波澜。相对集中的讨论围绕两个问题展开。其一是晋中地区夏商时期考古学文化的归属。闫向东⑧、严志斌⑨、张忠培⑩、段天璟⑪、杨建华⑫、赵菊梅⑬、田广金、韩建业⑭、张翠莲⑮、张光辉⑯、陈小三⑰对晋中的夏商时期考古学文化提出了种种分期与定名方案,对其属性的认识也不尽相同。严志斌⑱与蒋刚⑲认为晋中地区二里头文化至晚商时期考古学文化属于"白燕文化",常怀颖⑳的意见分歧明显,二人有专文论辩。

其二是关于晋中与晋南地区的商文化研究。前庄窖藏、浮山桥北、闻喜酒务头墓地的发现,使得学者对晋西南的商文化编年与分布有了新的思考。张崇宁㉑、卫斯㉒分别对前庄窖藏为代表的遗存年代进行探讨。田建文认为浮山桥北墓地为商代唐国"先"族的墓地㉓,并由此联系灵石旌介墓葬的资料进行了研究㉔。严志斌对旌介墓的觚、爵配组方式

① 金家广:《燕文明探微——从燕南花边鬲遗存谈起》,《北京建城3040年暨燕文明国际学术研讨会会议专辑》,北京燕山出版社(北京),1997年。
② 林沄:《中国北方长城地带游牧文化带的形成过程》,《燕京学报》2003年新十四期。
③ 梁宝玲:《论张家园墓地的年代与文化属性》,《北方文物》2001年第2期。
④ 蒋刚、王志刚:《关于围坊三期文化和张家园上层类型的再认识》,《考古》2010年第5期;蒋刚:《冀西北、京津唐地区夏商西周北方青铜文化的演进》,《考古学报》2010年第4期;蒋刚、赵明星、李媛:《京津唐地区晚商西周时期墓葬遗存的再认识》,《华夏考古》2012年第3期。
⑤ 杨升南:《北京平谷刘家河商代墓葬与商代燕国》,《北京建城3040年暨燕文明国际学术研讨会会议专辑》,北京燕山出版社(北京),1997年。
⑥ 李先登:《北京平谷刘家河商墓发现的重要意义》,《考古学研究(六)》,科学出版社(北京),2006年。
⑦ 王丹:《北京平谷刘家河商代墓葬研究》,首都师范大学硕士学位论文,2008年。
⑧ 闫向东:《论忻定及太原盆地夏时期考古学文化》,北京大学硕士学位论文,1998年。
⑨ 严志斌:《试析长治小神遗址的二里头时期遗存》,《北方文物》1999年第1期。
⑩ 张忠培:《客省庄与三里桥文化的单把鬲及其相关问题》,《宿白先生八秩华诞纪念文集》,文物出版社(北京),2002年;《杏花文化的侧装双鋬手陶鬲》,《故宫博物院院刊》2004年第4期;《滹沱河上游和桑干河流域的正装双鋬鬲》,《新世纪的考古学——文化、区位、生态的多元互动》,紫禁城出版社(北京),2006年。
⑪ 段天璟:《二里头文化时期的中国》,社会科学文献出版社(北京),2014年;段天璟、董霄雷:《运城盆地"龙山时代"遗存再认识》,《考古》2019年第6期。
⑫ 杨建华、赵菊梅:《晋中地区与晋陕高原及中原文化的关系》,《公元前2千纪的晋陕高原与燕山南北》,科学出版社(北京),2008年。
⑬ 赵菊梅:《晋陕高原夏商时期考古学文化格局研究》,《公元前2千纪的晋陕高原与燕山南北》,科学出版社(北京),2008年。
⑭ 田广金、韩建业:《朱开沟文化研究》,《考古学研究(五)》,科学出版社(北京),2003年。
⑮ 张渭莲:《商文明的形成》,文物出版社(北京),2008年。
⑯ 张光辉:《晋中二里头时期文化遗存的分期与谱系》,中央民族大学硕士学位论文,2009年。
⑰ 陈小三:《晋陕高原含双鋬手鬲遗存研究》,吉林大学硕士学位论文,2009年。
⑱ 严志斌:《试析长治小神遗址的二里头时期遗存》,《北方文物》1999年第1期。
⑲ 蒋刚:《再论白燕文化及其相关问题》,《西部考古》(第10辑),科学出版社(北京),2016年。
⑳ 常怀颖:《也论夏商时期晋中地区的诸遗存》,《三代考古》(四),科学出版社(北京),2011年。
㉑ 张崇宁:《山西平陆前庄商代遗址分析》,《三代文明研究(一)》,科学出版社(北京),1999年。
㉒ 卫斯:《山西平陆前庄方鼎的历史归属与年代问题》,《中国历史文物》2007年第2期。
㉓ 桥北考古队:《山西浮山桥北商周墓》,《古代文明》(第5卷),文物出版社(北京),2006年。
㉔ 田建文:《天上掉下个晋文化》(上、下),《文物世界》2004年第2、3期;《灵石旌介商墓与山西商代晚期考古学文化》,《中原文物》2009年第1期。

提出了自己的看法。①

　　这一时期,有多篇硕博士的学位论文涉及冀州之域内考古学文化遗存的年代问题。这些学位论文,有的论及商文化的传播,有的讨论某一地域的遗存编年,有的则以某类器物、某种遗迹为讨论对象。与本文相关讨论中,区域的研究最为丰富。常兆福②、侯菲菲③、王振祥④分别讨论了晋中东北部、晋中地区和冀西北地区的龙山时期考古学文化编年。陈富林分析了唐山地区夏至西周时期的考古遗存编年⑤,李小龙讨论东下冯遗存⑥,武俊华对冷寂多年的东太堡文化进行了专论⑦,张雪霏讨论了晋东南地区的二里头时期文化遗存⑧,钱燕⑨、耿扬⑩讨论二里头遗址第四期遗存,李晶讨论先商文化的类型与年代⑪,史炎炎对豫北地区的夏商之际的考古学遗存再次予以分析⑫,王旭光分析豫北地区的先商文化墓地⑬,丁大涛讨论了早商文化对山西的影响⑭,王敏讨论晋南商文化遗存⑮,赵辉分析了晋中地区商文化遗存⑯,孙晓鹏讨论商代北方青铜文化向中原地区的传播道路⑰,李晓健讨论了晚商文化中陶器谱系和组合所反映的中心与周邻关系,⑱祁冰专门讨论了长城地带中段的夏商时期遗存⑲。单种遗物或单个遗址的讨论中,任晓波专论了昌平张营遗址⑳、孙战伟讨论了夏商时期大口尊的演变㉑、霍耀对花边鬲的谱系㉒、马晟对燕山南北夏至早商时期的陶鬲谱系㉓分别进行了讨论。

　　对于陶鬲的研究,这一时期得到了前所未有的关注。张忠培先生的众弟子不但联合撰写了《中国陶鬲谱系研究》一书,除了张忠培自己的数篇著名的研究之外,田建文、朱延平、段天璟、曹建恩分别讨论了晋中与陕晋豫、京津冀与豫北冀南地区、陕北地区和内蒙古

① 严志斌:《灵石旌介商墓铜器研究》,《金玉交辉——商周考古、艺术与文化论文集》,历史语言研究所,2013 年。
② 常兆福:《黄土高原东北部龙山时代晚期考古学文化研究——以游邀中期遗存为中心》,吉林大学硕士学位论文,2012 年。
③ 侯菲菲:《晋中地区龙山时代遗存分析》,吉林大学硕士学位论文,2011 年。
④ 王振祥:《冀西北地区龙山时代遗存分析》,河北师范大学硕士学位论文,2016 年。
⑤ 陈富林:《唐山地区夏至西周时期考古遗存调查研究》,辽宁大学硕士学位论文,2019 年。
⑥ 李小龙:《夏县东下冯遗存再研究》,山西大学硕士学位论文,2013 年。
⑦ 武俊华:《论东太堡文化》,山西大学硕士学位论文,2007 年。
⑧ 张雪霏:《晋东南地区二里头时期考古遗存研究》,辽宁师范大学硕士学位论文,2018 年。
⑨ 钱燕:《二里头文化第四期性质研究》,郑州大学硕士学位论文,2011 年。
⑩ 耿扬:《二里头遗址第四期遗存研究》吉林大学硕士学位论文,2016 年。
⑪ 李晶:《先商文化类型研究》,郑州大学硕士学位论文,2010 年。
⑫ 史炎炎:《夏商时期豫北地区考古学文化研究》,河北师范大学硕士学位论文,2019 年。
⑬ 王旭光:《豫北地区先商文化墓地初探》,辽宁师范大学硕士学位论文,2015 年。
⑭ 丁大涛:《论早商文化对山西地区的文化传播与影响》,郑州大学硕士学位论文,2011 年。
⑮ 王敏:《晋南商文化遗存研究》,山西大学硕士学位论文,2016 年。
⑯ 赵辉:《晋中地区商代遗存分析》,山东大学硕士学位论文,2012 年。
⑰ 孙晓鹏:《商代北方青铜文化向中原传播路径研究——以京津冀考古发现为例》,河北师范大学硕士学位论文,2011 年。
⑱ 李晓健:《中心与周邻:陶器视角中的晚商文化研究》,吉林大学博士学位论文,2020 年。
⑲ 祁冰:《长城地带中段夏商时期遗存研究》,吉林大学博士学位论文,2020 年。
⑳ 任晓波:《北京昌平张营遗址青铜时代遗存相关问题研究》,吉林大学硕士学位论文,2011 年。
㉑ 孙战伟:《夏商时期陶大口尊研究》,陕西师范大学硕士学位论文,2011 年。
㉒ 霍耀:《花边鬲研究》,吉林大学硕士学位论文,2018 年。
㉓ 马晟:《燕山南北地区夏至早商时期陶鬲谱系新探》,吉林大学硕士学位论文,2019 年。

中南部地区的陶鬲谱系问题①。在该书以外,许伟专门撰文讨论了先商文化陶鬲的渊源问题②。常怀颖讨论了殷墟墓葬的陶鬲谱系问题③。

(三)对晋陕高原石城和晚商青铜遗存的关注

近二十年中,古冀州之域内的区域研究最为学术界所关注的是晋陕高原地区。该地区成为学术研究热点和前沿,与考古学的新发现和观察视角转变的关系密切。长城沿线中段以河套地区为中心的系列石城的相继发现,是当地区域考古学文化研究为世人瞩目的根源。从学术史角度而言,这是典型的因新发现带来学术大发展的范例。对晋陕高原晚商时期铜器的关注,则明显因研究视角与方法变迁而带来进展。

石峁的发现,促使晋陕高原一系列龙山晚期至夏代的石城相继开展了工作,成为近十年中中国北方青铜时代早期考古研究的最前沿与热点问题。其中,围绕石峁展开的相关研究较多,但对以陶器为中心的编年讨论却较少。这其中,孙周勇④、张宏彦⑤、闫宏东⑥、马明志⑦、苗畅⑧、王朝晖⑨、段天璟⑩、邵晶⑪、王炜林⑫、郭小宁⑬、徐峰⑭、王晓毅、张光辉⑮、常怀颖⑯从不同角度论证了陕北、晋北地区龙山晚期各遗址的宏观年代与社会变革态势。

但对于石峁遗址的年代,学术界也仍然存在争议,许宏就提出异议,认为该城发现的石雕,年代可能要到公元前1600年前后⑰。陶寺遗址1978-1985年田野工作报告公布后⑱,部分关键材料可以说明陕北北部地区遗存与晋南地区的相对年代关系,已有学者据此进行了讨论⑲。

---

① 故宫博物院编:《中国陶鬲谱系研究》,故宫出版社(北京),2014年。
② 许伟:《先商文化商式鬲探源》,《纪念张忠培先生文集·学术卷》,故宫出版社(北京),2018年。
③ 常怀颖:《晚商殷墟小型墓随葬陶鬲的若干问题》,《三代考古·九》,科学出版社,2021年。
④ 孙周勇:《关于河套地区龙山时代考古学文化研究的几个问题》,《考古与文物》(先秦考古增刊),2002年;《新华文化述论》,《考古与文物》2005年第3期;《公元前第三千纪北方地区社会复杂化过程考察——以榆林地区考古资料为中心》,《考古与文物》2016年第4期。
⑤ 张宏彦、孙周勇:《石峁遗存试析》,《考古与文物》2002年第1期。
⑥ 闫宏东:《神木石峁遗址陶器分析》,《文博》2010年第6期。
⑦ 马明志:《中国北方地带史前至夏商时期陶鬲的谱系源流》,西北大学硕士学位论文,2013年。
⑧ 苗畅:《陕北地区龙山时代晚期双鋬鬲遗存研究》,吉林大学硕士学位论文,2015年。
⑨ 王朝晖:《陕北神木石峁遗址陶器初步研究》,天津师范大学硕士学位论文,2016年。
⑩ 段天璟:《陕北地区龙山时代至夏时期的陶鬲》,《中国陶鬲谱系研究》,故宫出版社(北京),2014年;段天璟、董霄雷:《陕北地区石峁遗址相关遗存的性质及其形成的鬲谱观察》,《边疆考古研究》第24辑,科学出版社(北京),2018年。
⑪ 邵晶:《试论石峁城址的年代及修建过程》,《考古与文物》2016年第4期。
⑫ 王炜林:《新华遗存及其相关问题初探》,《庆祝张忠培先生七十岁论文集》,科学出版社(北京),2004年。
⑬ 王炜林、郭小宁:《陕北地区龙山至夏时期的聚落与社会初论》,《考古与文物》2016年第4期。
⑭ 徐峰:《石峁与陶寺考古发现的初步比较》,《文博》2014年第1期。
⑮ 王晓毅、张光辉:《兴县碧村龙山时代遗存初探》,《考古与文物》2016年第4期。
⑯ 常怀颖:《中原腹地以北地区的"过渡期"遗存蠡探》,《三代考古》八,科学出版社(北京),2019年。
⑰ 许宏:《关于石峁遗存年代等问题的学术史观察》,《中原文物》2019年第1期。
⑱ 中国社会科学院考古研究所、山西省临汾市文物局:《襄汾陶寺——1978~1985年考古发掘报告》,文物出版社(北京),2015年。
⑲ 田建文:《陶寺2002ⅡM22的年代问题》,《文博》2019年第5期。

　　相关石城的发现因为与中原地区传统的土遗址面貌迥异,"异文化"的新鲜感对考古学界的吸引力无疑是巨大的。但前述相关研究、认识讨论虽然热烈,但明显还处于等待材料系列公布和消化、审视新发现的初期研究阶段。对石城的编年、文化性质辨析、人群族属等基本问题的探讨,也才刚刚开始。

　　在 2000 年以前,对晋陕高原晚商时期铜器的研究集中在年代与族属两个议题,讨论的热烈与分歧的明显,是其他晚商时期的地方铜器群研究所不能比拟的。对于其研究史,曹玮①、韩炳华②等皆有详细的总结,这里不再赘述。2000 年以后,一些中青年学者从新的视角,开始对晋陕高原青铜器和晋陕高原晚商时期的考古学文化进行了更加深入的研究,取得了很多系统的、全新的认识,原先未有涉及的晋陕高原青铜器使用人群的生业结构、青铜器的生产和产地问题在这一时期都有较深入的讨论。甚至在这一时期,如蔡亚红③、孙文浩④、张旸⑤、刘建宇⑥和魏泽华⑦等多位青年学者的硕博士学位论文,以晋陕高原的晚商铜器作为研究对象。而其中最具代表性的专题研究,必当属曹大志⑧的博士学位论文,在其论著中,不但对晋陕高原地区考古学文化的分布格局有新认识,更重要的是,利用自然科学手段探讨了当地不同考古学文化的生业模式和铜器生产。

　　上述研究,对晋陕高原的李家崖文化和该地区铜器群研究虽有较大突破,但分歧亦同样明显。概括而言,新的研究认识集中在如下几个方面:

　　第一,对于晋陕高原青铜器年代的讨论⑨。李海荣在宏观观察北方地区青铜器的基础上,对这群青铜器进行了分期研究,是这一时期少有的宏观性专题著作。⑩ 杨建华在瓦廖诺夫和林沄意见的基础上,强调了"保德类型"和"石楼类型"的差异⑪。沃浩伟⑫、蒋

　　① 曹玮:《陕北的商代青铜器研究》,《陕北出土青铜器》(第 1 卷),巴蜀书社(成都),2009 年;《晋陕高原商代铜器的属国研究》,《古文字与古代史》(第二辑),历史语言研究所(台北),2009 年。
　　② 韩炳华:《晋西商代青铜器》,科学出版社(北京),2017 年。
　　③ 蔡亚红:《李家崖文化研究》,西北大学硕士学位论文,2008 年。
　　④ 孙文浩:《试析李家崖文化》,重庆师范大学硕士学位论文,2016 年。
　　⑤ 张旸:《晋西商代青铜器的科学研究》,山西大学硕士学位论文,2016 年。
　　⑥ 刘建宇:《陕北地区出土商周时期青铜器的科学分析——兼论商代晚期晋陕高原与安阳殷墟的文化联系》,北京科技大学博士学位论文,2015 年。
　　⑦ 魏泽华:《晚商时期晋陕黄土高原地区的聚落与社会——以铜器为中心》,山东大学博士学位论文,2017 年。
　　⑧ Dazhi Cao, *The Loess Highland in a Trading Network (1300 - 1050 BC)*, Princeton University, 2014.
　　⑨ 这些研究主要有:胡进驻:《石楼—绥德类型管窥》,《考古与文物》2008 年第 2 期;沃浩伟:《晋陕高原商周时期青铜器分群研究》,《公元前 2 千纪的晋陕高原与燕山南北》,科学出版社(北京),2008 年;蒋刚:《南流黄河两岸出土青铜器的年代与组合研究》,《公元前 2 千纪的晋陕高原与燕山南北》,科学出版社(北京),2008 年;杨建华、Linduff, K.:《试论"勺形器"的用途——简论晋陕高原商周时期青铜器的武装化与移动化》,《公元前 2 千纪的晋陕高原与燕山南北》,科学出版社(北京),2008 年;韩金秋:《商周长体刀起源再研究》,《公元前 2 千纪的晋陕高原与燕山南北》,科学出版社(北京),2008 年;韩金秋:《夏商西周中原的北方系青铜器研究》,上海古籍出版社(上海),2015 年;吕学明:《中国北方地区出土的先秦时期铜刀》,科学出版社(北京),2010 年;陈亮:《对陕西山西出土商代铜大刀及相关问题的探讨》,《文物季刊》1992 年第 3 期。
　　⑩ 李海荣:《北方地区出土夏商周时期青铜器研究》,文物出版社(北京),2003 年。
　　⑪ 杨建华、Linduff, K.:《试论"勺形器"的用途——兼论晋陕高原商周时期青铜器的武装化与移动化》,《公元前 2 千纪的晋陕高原与燕山南北》,科学出版社(北京),2008 年。
　　⑫ 沃浩伟:《晋陕高原商周时期青铜器分群研究》,《公元前 2 千纪的晋陕高原与燕山南北》,科学出版社(北京),2008 年。

刚①则在杨建华的基础上亦分别从不同角度对这一意见继续推行。对于这些意见，常怀颖②、韩炳华等有不同的意见，③但蒋刚表示反对④。但从现代测年技术看，所谓"保德类型"铜器的年代也在晚商范围之内。据曹大志提供的最新 C-14 测年数据显示，柳林高红遗址出土的塔形器銎内残存木屑测年数据约在公元前 1390 -前 1100 年（校正后），仍属于晚商时期⑤。

第二，是关于这些铜器的考古学文化与族属归属，大多数学者仍认为，晚商时期南流黄河两岸同在一个相同的考古学文化圈内，都属于李家崖文化。这其中，曹大志的研究最具代表性⑥。但也有学者对这一说法持有异议。蒋刚认为黄河以东的保德类型不属于李家崖文化⑦。韩炳华认为李家崖文化不能完全代表晋陕高原殷墟时期的青铜文化，也应注意到类似杏花墓地和杏花遗址中的土著因素⑧。曹玮倾向于将黄河两岸的晚商青铜器群归于同一文化圈，但所属族群不同⑨。祁冰推测这批铜器的拥有者是甲骨文记载的西北地区戎狄⑩，他和王立新⑪都认为，从晚商到西周初年，李家崖文化所代表的人群和政治势力存在一个从陕北"鬼方"到晋南"怀姓九宗"的迁徙、演变的过程，和商、周王朝的军事对抗与冲突，是其背后的重要动因。

第三，关于晋陕高原晚商铜器所属的李家崖文化的年代上下限，及其与周边文化的关系的新认识。除之前既有认识的延续以及对李家崖文化和殷墟文化的讨论之外，张天恩对李家崖文化的认识，颇有新意⑫。

除区域研究之外，另有一些专题研究涉及本区域夏商时期考古学文化，这里不一一详述。

（四）历史学研究

1997 年以来，历史学与古文字学界对冀州区域内牵涉的夏商时期社会、历史与文化

---

①　蒋刚：《南流黄河两岸出土青铜器的年代与组合研究》，《公元前 2 千纪的晋陕高原与燕山南北》，科学出版社（北京），2008 年。

②　常怀颖：《山西保德林遮峪铜器墓年代及相关问题》，《考古》2014 年第 9 期。

③　韩炳华：《再论晋陕高原青铜器与商代方国关系》，《北方民族考古·第 3 辑》，科学出版社（北京），2016 年；韩炳华：《晋西商代青铜器》，科学出版社（北京），2017 年。

④　蒋刚：《再论陕北、晋西北南流黄河两岸出土商周青铜器》，《边疆考古研究·第 21 辑》，科学出版社（北京），2017 年。

⑤　曹大志：《关于晚商时期晋陕高原文化的思考》，《戎狄之旅——内蒙、陕北、宁夏、陇东考古考察笔谈》，《考古与文物》2012 年第 1 期。

⑥　Dazhi Cao, *The Loess Highland in a Trading Network（1300 - 1050 BC）*, Princeton University, 2014.

⑦　蒋刚：《再论陕北、晋西北南流黄河两岸出土商周青铜器》，《边疆考古研究·第 21 辑》，科学出版社（北京），2017 年。

⑧　韩炳华：《再论晋陕高原青铜器与商代方国关系》，《北方民族考古·第 3 辑》，科学出版社（北京），2016 年；山西省考古研究所、山西省博物院：《晋西商代青铜器》，科学出版社（北京），2017 年。

⑨　曹玮：《陕北的商代青铜器研究》，《陕北青铜器》（第 1 卷），巴蜀书社（成都），2009 年。

⑩　祁冰：《南流黄河两岸晚商铜容器群的年代、分布及其与中原文化圈的互动》，《边疆考古研究·第 22 辑》，科学出版社（北京），2017 年；《李家崖文化再议》，《江汉考古》2020 年第 1 期。

⑪　王立新：《试论长城地带中段青铜文化的发展》，《庆祝张忠培先生七十岁论文集》，科学出版社（北京），2004 年。

⑫　张天恩：《陕北高原商代考古学文化简论》，《中国国家博物馆馆刊》2016 年第 9 期。

的研究也取得了不少新的结论。但与之前各阶段相比,先秦史研究的关注点,逐渐转移至对古文字的研究之上,20世纪先秦史关注的核心问题如社会结构、国族等问题已让渡于古文字尤其是简牍帛书资料。传统的先秦史、社会史讨论大范围减少。对古冀州区域的历史研究成果更是锐减。

曹定云①、杨育彬②、张国硕③、余方平④、唐云明与罗平⑤、陈昌远与陈隆文⑥、侯仰军⑦、洪涛⑧、艾春明、傅亚庶⑨、程平山⑩等学者从文献角度出发,对于商族族源及其与周边族属关系、商族迁徙路线进行了考察。

周彦卿⑪、王震中⑫、程峰⑬、王力之⑭等则对夏商之际的重要地望与都城等问题进行了文献学的考察。朱彦民博士论文在2007年得以出版⑮,这部著作可视为狭义历史学界对先商文化研究中商族的族源、迁徙路线与地望以及商族的社会发展阶段的总结性著作。

这一时期,文献史学对于夏商时期族、方国研究取得了较为重要的进展。何景成⑯、严志斌⑰、王长丰⑱等人分别对商代金文中的族氏铭文进行了研究。何文侧重于从族氏出土铭文的出土地望推测其族氏之分布与迁徙。严文则侧重于甲文与金文族氏之互证及族氏与职官间的联系。2018年,曹大志对族徽铭文的新论提出⑲,由于事关族徽体现的是阶层差异还是家族、族系的不同,因此在学术界引起较大的反响。陈絜专论商周姓氏制度,对商代的婚姻与继统问题有较新的认识⑳。朱凤瀚修订了《商周家族形态研究》㉑,新增部分主要增加了对新出土考古材料的思考。

近二十年古冀州之域的相关考古学编年与谱系研究中,最为突出的学者是蒋刚、张翠

① 曹定云:《北京乃商族发祥之地——兼论北京"燕"称之始》,《北京社会科学》1998年第1期。
② 杨育彬:《再论郑州商城的年代、性质及相关问题》,《华夏考古》2004年第3期。
③ 李民、张国硕:《夏商周三族源流探索》,河南人民出版社(郑州),1998年。
④ 余方平:《皇甫谧等"契始封于商洛"说可以休矣——兼评商洛学者在此问题上的牵强附会》,《甘肃社会科学》2003年第5期。
⑤ 唐云明、罗平:《泒石与有易氏地望及相关问题初探》,《文物春秋》2003年第1期。
⑥ 陈昌远、陈隆文:《论先商文化渊源及其殷先公迁徙之历史地理考察》(上),《河南大学学报》(社会科学版)2002年第1期;《论先商文化渊源及其殷先公迁徙之历史地理考察》(下),《河南大学学报》(社会科学版)2002年第2期。
⑦ 侯仰军:《考古发现与夏商起源研究——以鲁西南考古为中心》,山东大学博士学位论文,2006年;《商族起源考》,《殷都学刊》2006年第1期。
⑧ 洪涛:《论先商的迁徙》,《史学研究》2002年第9期。
⑨ 艾春明、傅亚庶:《再说商先起源于幽燕》,《社会科学辑刊》2005年第3期。
⑩ 程平山:《夏商周历史与考古》,人民出版社(北京),2005年。
⑪ 周彦卿:《从夏遗民的迁徙看夏商决战之鸣条地望》,《中原文物》2008年第5期。
⑫ 王震中:《甲骨文亳邑新探》,《历史研究》2004年第5期。
⑬ 程峰:《夏商文化冲突的产物——东下冯、垣曲、府城商城比较研究》,《华夏考古》2005年第4期。
⑭ 王力之:《商人屡迁中的汤亳》,《考古与文物》2003年第4期。
⑮ 朱彦民:《商族的起源、迁徙和发展》,商务印书馆(北京),2007年。
⑯ 何景成:《商周青铜器族氏铭文研究》,齐鲁书社(济南),2009年。
⑰ 严志斌:《商代青铜器铭文研究》,上海古籍出版社(上海),2013年。
⑱ 王长丰:《殷周金文族徽研究》,上海古籍出版社(上海),2015年。
⑲ 曹大志:《"族徽"内涵与商代国家结构》,《古代文明(第12卷)》,上海古籍出版社(上海),2018年。
⑳ 陈絜:《商周姓氏制度研究》,商务印书馆(北京),2007年。
㉑ 朱凤瀚:《商周家族形态研究》(增订本),天津古籍出版社(天津),2004年。

莲和秦小丽三位。

　　蒋刚的博士论文以太行山为中线,对两翼夏商西周时期的考古学文化进行了宏观的整合性勾勒①。这是继邹衡先生之后,第一部试图对夏商时期北部邻境的诸考古学文化进行整合研究尝试的著作。作者以政治势力的互动为切入口,讨论北方与中原地区考古学文化间的互动,以此勾勒太行山两翼考古学文化的格局变迁。简言之,蒋刚认为这两个区域间的青铜文化演进进程和模式存在差异,并将之总结为东部是连续的演进式,西区则是断裂式的发展模式,认为夏商西周中央王朝的北方地区的经略方式存在明确的差异。蒋刚之说,得之于宏观,但在编年体系的构建方面,仍显粗疏。

　　张翠莲的专著,将分析集中于太行山的东麓,对太行山东麓地区自旧石器时代至秦以前的文化发展格局进行了宏观考察,提出太行山东麓地区的地理与文化走廊地位,认为在先秦时期中原与北方持续存在"对峙交流融合—碰撞交锋战争—恢复对峙"的循环周期性态势②。该书目的是在探讨太行山东麓地区的文化走廊历史地位和演进阶段性,编年任务亦非核心,更无与太行山西麓地区的呼应整合,优势在于专注于东麓地区的长时段观察和阶段性总结,也同样存在编年粗疏。

　　上述两人的著作虽为近三十年的代表,但认识却截然不同。蒋书强调太行山东麓是连续演进的格局,而张翠莲却认为太行山东麓作为文化走廊,文化区系不确定、文化谱系不连贯,文化内涵独立性小。这种差异显示出,面对同样的考古资料,两人的认知却不同,其原因除了理论预设不同外,还有对资料熟稔程度的不同,观察视角大小的分别,分析细致程度的差距,这些都会造成对问题分析方式和结论的差异。

　　在蒋、张二人之外,另一个值得提及的工作,是秦小丽基于陶器分析对中国初期国家形成阶段的考古学研究。③ 该书结合了中国常见的文化因素分析法与日本考古学研究中较为常见的细密构成比率统计方法,将二里头至二里冈时期的陶器划分为伊洛系、东下冯系、辉卫系、漳河系、东太堡系和岳石系等陶器文化因素群组,对不同群组的陶器在黄河中下游与长江中游地区的消长关系及不同等级聚落中的比率进行了历时性统计分析。她认为陶器的组合变化,是社会统治形态和地方支配结构的缩影,反映了中国初期国家形成时期存在二里头和二里冈两个阶段。虽然全书没有刻意强调二里头与二里冈的夏商鼎革,但其讨论实际上与中国的主流问题并不矛盾。而全书以比率分析为切入口,是国内罕见的研究方式;而其讨论对象全为陶器,在近二十年的中国考古学研究环境中,更可堪称"异类",甚至在部分青年学子对新技术和新视角趋之若鹜,视陶器分析为落伍的大环境内,有

　　① 2006年,蒋刚博士学位论文《太行山两翼北方青铜文化的演进及其与夏商西周文化的互动》在吉林大学通过答辩。2017年该文改定题目,以《文化演进与互动:太行山两翼夏商西周时期青铜文化研究》为题在科学出版社出版。相较于答辩时的文本,变动不大。前引2017年以前蒋刚单独发表的论文大多拆自该书相关章节。后文涉及蒋刚意见,如前后论述意见无变动,皆以专著为准,不再引述其拆出单独发表的论文。
　　② 张渭莲、段宏振:《中原与北方之间的文化走廊——太行山东麓地区先秦文化的演进格局》,文物出版社(北京),2015年。
　　③ 秦小丽:《中国初期国家形成的考古学的研究——土器からのアプローチ》,六一书房,2017年。该书的中文版《中国初期国家形成的考古学研究——陶器研究的新视角》,于2019年在复旦大学出版社出版。

相当的"反潮流"意味。

在本书一校样修改返回之后，我又读到吉林大学李鹏辉的博士学位论文《下七垣文化研究》，该文专论下七垣文化。虽然仓促之间不能细致研究对比，但明显可以看出，该论文在胡保华硕士学位论文的基础上，较详尽地梳理了已公布资料，但分期、类型划分的意见却未出王立新、胡保华的结论，个人见解并不明显。但该文在墓葬计量统计等方面所做的工作，却多有闪光之处。①

可以看出，这一时期的考古学研究呈现出强烈的地域考古研究倾向，对于夏商时期的冀州区域内的考古学文化，学术界的研究表明其复杂的样态。虽然成果显著，但对于研究中的分歧与差异仍然缺少细密的整合研究，对于各区域间的年代也缺乏更有说服力的相互对比。

总体考量二十余年的夏商时期古冀州区域内的相关研究可以发现，狭义历史学对于先商文化研究在近二十年中基本已经穷尽了史料，对于可以利用的史料和可以提出的可能性都已经有学者相继提出。同时，西方新史学影响下的一些问题意识如婚姻形态、酋邦社会、经济模式等思路，也有学者开始利用文献材料对先商社会加以尝试性的分析。可以说，对于夏商文化的研究，狭义的文献历史学已经尽了最大的努力。

在夏商研究中，考古学研究的重要性越来越突出。在本时期内，地方区域性研究成绩斐然，各地的考古学文化辨识工作基本完成，对于文化性质的认识也逐渐深入。但对于不同区域内考古学文化的编年体系的串联与对比工作却并未能有效开展。总体来看，这一时期的考古学分类研究成绩突出，但缺乏文化谱系的整合研究和基础研究的串联拟合却又是这一时期研究的致命弱点。

第五节　陶器群谱系视角的地方史叙事与建构

以上，我对相关学术史略做梳理，是想说明，涉及夏商时期古冀州区域百余年的研究与百年考古工作发现巨大成就的背后，时至今日，在以下几个方面皆处于瓶颈阶段。

首先，文献记载中虽有对夏商两代的世系记载与年代大体约数，但其断代研究仍需依赖于考古学物质文化资料的编年。一把细密的年代标尺，对于当时的中原地区或周边地区，都是至关重要的。古冀州区域部分遗址或小范围的区域性研究虽然编年认识成绩斐然，较为完善，但缺乏各遗址各区域间的相互比较与串联，不能在更大的空间范围内表现出不同文化的对应关系，更无法有效体现区域互动与文化变迁。同时，不少区域的考古学文化编年甚至辨识工作尚未完成。另外，还有些遗址或区域虽看似研究成果较多，但其中仍存在不少问题，有勘定细究的必要。因此，夏商时期冀州之域内的考古学物质文化遗存

① 李鹏辉：《下七垣文化研究》，吉林大学博士学位论文，2021年。

研究的当务之急,便是要进行细致的谱系梳理。

其次,考古学文化的整合分析。古冀州区域的夏商时期考古学文化而言,面对纷繁复杂的考古学文化(类型),整合工作迟步不前。新材料不断出现之际,更紧迫和基础的工作,不是争论族属性质,而是需要在细密排比的基础上辨识、比较各地各时段考古学文化的异同。缺少细密的宏观编年框架,更缺乏环环紧扣、可以和中原地区编年体系进行拟合的考古学文化谱系,是造成冀州之域内考古学文化整合分析无法深入的根本原因。

其三,冀州之域内夏商时期的核心问题是对先商文化的认识。近年来,对于三代考古学中族属判定和文化定名问题,反思较多。落实在古冀州之域,核心的问题就是如何判断先商文化及其与其他考古学文化的关系。考古学物质文化遗存,如何与史迹对应是十分复杂的问题,目前无论做何种假设,都缺乏足够的证据。但从现有材料看,邹衡所提出的将冀中、冀南和豫北地区部分二里头文化时期的遗存,大体对应商先公时期的推论方式,目前仍是最优解。以目前所有的考古学材料衡量,尚未有其他确凿证据推翻这个假说。但对于方法论的反思在近十年中越来越强烈,于冀州之域的考古学文化虽集中于先商文化的质疑,但实际上是对夏商周考古学族属研究方法论质疑的缩影而已。

从夏到商,是中国历史研究领域中困难与机遇并存的研究时段。有学者喜欢将其称为"原史时代"。《春秋》经传和司马迁《史记》构建的先秦历史叙事记载体系,大多无同时期文献直接验证,但现代史学的多年质疑和新出土史料反复检核,这一框架非但未被证伪,反而在越来越多地被证实。即便最极端的研究者也承认,对这一时段的研究不能完全隔断文献。按照对夏文化的质疑逻辑一样,先商文化的自证,被一些学者也同样寄托于发现文字、王陵和都城。对于文字、王陵和都城的期待,只能说是将解决问题的所有希望,寄托在地不爱宝的偶然运气之上,以小概率的可能性代替对物质文化遗存的辨识与区分①。

方法论瓶颈的突破,需要有基础工作的扎实细化。太行山两翼地区文化格局的演进、变革与互动,都需要对各种考古学文化更细致的排比、辨识。构建考古学文化的年代学标尺、面貌识别和相互关系的梳理,都必须基于陶器谱系与陶器群组的细化研究。

其四,自战国至今,狭义历史学利用传世文献资料与地下出土文字材料,对于冀州区域内夏商历史所涉及的各方面问题,基本已经穷尽了文献史料。在现有学术范式下,短期内恐难有革命性的突破。对该区域内的族氏起源、人群互动、社会阶层、地名考证等问题,可能的假说,基本都已经有学者相继提出。近二十年中,甚至于利用西方人类学、社会学、史学理论,对于婚姻形态、酋邦社会、经济模式等课题,也有学者构建不同的理论模式,对传统文献材料加以尝试性的解构。可以说,对于冀州之域内夏商文化的研究,狭义文献历史学已经尽了最大的努力。② 但是,这些研究、考证,对于夏商时期的社会与生活问题的

①　常怀颖:《追溯华夏文明的考古初衷》,《光明日报》2018年7月4日第16版。
②　这里仍需强调,严肃的研究之外,或许因为学位或职称考评的缘故,近十年来,还有相当一部分不具原创意义的摘抄式的写作堂而皇之出版或发表。这些所谓的"研究",非但没有学术史的意义,极端点说,根本没有学术价值。对这些毫无学术史意义的著作,本书不再一一列出。

讨论,实际上仍属于逻辑上能够自圆其说的构建。从文献材料本身对上述问题的解决路径来看,是无法自证也无法证伪的。因此,对于同一事件或问题,利用相同的史料在不同的逻辑自洽状态下,可以得出相反的结论。从史料的运用上,也无法回应部分国外学者提出的利用晚周文献说明早期社会的质疑。

针对中国传统文献的记载内容,多是政治事件这一特性,从学理上讲,利用传统文献材料对于夏商时期的政治更迭甚至于人群迁徙问题试行假说,尚不失于空泛,但对于文献少有记载的物质文化生活、婚姻状况、经济生产等问题,若想利用文献进行讨论,则恐流于空浮。如朱凤瀚所说"在从事原史或历史考古学研究时,不要在文化遗存揭露面积尚不充分,所取得的考古学资料尚不十分充足,而且对所揭露的考古学文化尚未能做深入研究时,即牵强附会,与有关文献强作联系"①。部分冠之以妇女、性别、婚姻、家族等前沿问题字眼名义的先秦史著作,即便有名家激赞,若详审其论,或拷贝传世文献却无自身分析,或抄袭考古简报结语代替自己的分析,或挟洋自重,或借简帛资料强解,有的分析虚无缥缈,有的狐假虎威以概念吓人,徒具其名而欺世人。如此行径,近年来实蕃有徒,厚颜者渐多而不自羞,无严肃的学术批评环境、土壤与管道,着实影响相关学界的正常生态。一个正常的学术生态,不能自闭于鲜花与掌声中自我麻醉,对学术垃圾的纵容,最终只能发展为劣币驱逐良币。

对非考古学专业的学者,目前已经发现依据纯文献研究夏商时期的问题,存在较大的制约;但要想利用考古学成果,却又因缺乏基本训练而在适用材料时难以甄别,必生偏差。一旦强行作解,又难免存在过度诠释与牵强附会问题。在此之外,借用西方人类学与新史学的理论、名词,亦需慎而又慎。一种话语体系的提出,一套理论方法的自洽,大都源于某一类特定的遗存,并经由对该遗存的研究,凝练总结上升为某种理论。社会经济形态不同、组织方式不同的社会,使用同一种话语体系进行描述,或用某一概念统摄不同的社会组织形态与现象,是十分危险的。使用某种既成的术语系统更需要对相应的概念进行分析,看看其是否适用于东北亚地区的考古物质文化资料。但十分令人沮丧的是,目前对某一话语体系的使用中,往往多是生搬硬套的结果。因此,文献研究对于夏商时期冀州区域的政治、人群流动以及历史地理的合理研究成果应予以充分重视,但对于不少言之弥远的假说则需审慎待之。

第五,进入新世纪后,多学科手段的介入使得考古学科获取信息的能力骤然扩充。因此,传统的陶器谱系和编年研究,对于很多青年学子而言,已不"流行"。若追溯根由,有非常深重的中外考古学研究倾向的原因在内。

对于使用陶器研究,进行原史时期的编年和人群研究,中国学者与欧美学术界的认识有较大的分歧。一方面,固然有训练和知识储备不足的原因,绝大多数欧美学者对于中国考古学诸文化的陶器罕有深入研究,其关注点或研究重心更多是以艺术史为切入口。类

①　朱凤瀚:《论中国考古学与历史学的关系》,《历史研究》2003 年第 1 期。

似日本学者饭岛武次、冈村秀典等那样深入研究中国陶器谱系的欧美学者,几乎没有。即便如曾经留学北京大学,十分熟稔中国先秦考古的学者,对中国三代时期考古学文化各类陶器的区分和编年,也往往并不熟悉。

另一方面,如前文学术史梳理,中国考古学长期以来的工作重心是构建各地以陶器为主的编年框架,同时对不同陶器文化圈进行识别、分区。此项工作,在不同的地区,进度不一。即便如中原地区,虽然在主要时段已经有初步框架构建,但也还存在某些时段的缺环。但对于部分考古学者而言,这种以编年为主要目的的研究取向,会被视为局限了考古学的研究空间,甚至部分极端学者(无论国内还是欧美学者)会将这种研究视为带有中国民族情绪的"编年史"倾向的表现。因此,个别欧美学者会认为二里头、二里冈和西周时期的陶器没有太大差别,不用加以区分。而在国内,受这一思潮的影响,很多青年学者并不重视陶器的分析,认为以陶器构建考古学文化编年框架的工作早已完成,无需在这一问题上再花精力进行深入讨论,极端些的,也会顺此思路,否认陶器的变化可以区分王朝、代际或人群共同体。

就本书的讨论目的而言,夏商时期古冀州之域的既往研究,最大不足有三:其一,对具体遗址相对年代、文化属性研究不平衡,大部分零散刊布的遗存,年代与文化因素归属,仍处于"估摸"的阶段;其二,对不同考古学文化因素在某区域的出现和互动关系,研究不足,尤其是地区文化的渐变与突变及新因素的出现标志梳理不够;其三,是跨区域编年排比整合十分匮乏。

更进一步说,基于陶器为主的编年工作,在古冀州之域远未彻底完成。对本区域的"再认识",本应是学界集体性的自觉,需要较多学者对同一问题意识的共同培养和整体性推进,更需要不同学者的多角度研究。然而,就古冀州之域,即便不谈邻近区域的编年框架拟合对应问题,仅就某一区域内的编年框架,都尚缺细化。对不同文化因素的辨识、传播与影响起讫时间的精细卡定、空间分布,更是还处于研究的起步阶段。在冀州之域内,即便如工作最为充分的殷墟遗址群,对外来不同考古学文化陶器的辨识,至2017年前后才刚刚有一些框架性讨论,突破性的进展还尚未出现。

无论是从学术史的反观,还是从学科的根本而言,夏商周考古是一门基于原始材料的梳理,注重归纳与辨析的学问,对既往公布与新出资料的消化程度不同,观察的视角不同,辨析的尺度不同,所得结论必然有差异。既往的框架认识或粗线条结论,以不断丰富的资料审视,会逐渐显示出简单化的倾向。对于文化格局的互动研究和文化区边界的观察,不但需要注重时代的走势,更需整体性的把握。

通过不同遗址陶器编年的比勘,确定相对年代关系,以此讨论空间流变,本是中国考古学的传统优势。学术领域中的实质性进展,或者因某一系统发掘或大发现的偶现而有突破,但更多时候,则需要长期资料的积累和研究者的摩挲。表层的推估、概念的拟套,远不能带来问题的明晰,更不会有学问的涵育。若一方面满足于既有框架,而另一方面又醉心于理论、概念的套用、变体,空洞的提出"某某性"或者"某某模式",提法、口号不断翻新,但基础却逐渐飘忽,与夏商研究的根本目标渐行渐远,必然会带来学术史意义上的停滞不前甚至倒退。急于构建"模式",再将基础资料填充在未经论证的"模式"内,很可能形成学术泡沫。换一套术语或者名词,加个"性",解决不了实际问题。

实证性的编年研究,是区域整合与文化辨识的基础,需要实证研究。这需要有左右关照和一定时间的积累,每一步推进,都需要不同组成部分的一步步推进和相互的照应。倘若只是将研究满足于某一遗址的自圆其说,或者某一学者、某一学说的遵循,对研究而言,实际上只是重复,无疑浪费了学术资源。研究方法,虽可模仿,但不能重复。这个过程中,不但需要反思别人,也要反思自己。

对我这样的青年后辈而言,古冀州之域夏商时期研究所面临的困境是:怎样才能在现有资料中实现认识论意义上的哪怕些许进步。在我看来,回应这一挑战,固然需要有新的"问题意识",更需要回望旧识。古冀州之域夏商遗存的发现与研究,至今已近百年,绝对的学术空白近乎不存在。对这一区域研究的再出发,必然是基于既往具体材料和具体认识之上的。

对"问题"的关怀,是研究的导向。古冀州之域夏商时期考古学研究的主线,是不同文化的消长、特征的时空关系。对于生业、技术、资源和社会等级的分析,必须是基于确定的绝对与相对年代坐标之上,才有数据和分析的意义。文化归属认定不清,年代判断不明,必然导致"学科前沿"问题结论,成为无本之木。宏大的历史所遗留的物质遗存,必有偶然,若仅是找寻希望找到的内容,先有了框子,要填充数件例证,"文章"或者专著是会变得容易,但那恐怕算不得"实证"的分析。解决问题的道路很多,手段更不会有阶级高下,鸿沟东西。

对旧识的关照,实际上是知识与材料的沉潜和消化过程。任何一种具有解释力的研究结论或研究框架,都是由微见著层层递进的考订论证,需要有逻辑的支撑和同等条件的对比。细密化分析才会有时空认识的层次构建,不仅需要注意互动演进的起点与终结,还需要讨论中间的过程与过渡。希求一锤定音或者一种理论模式就能够解释古人复杂行为方式和复杂群体的迁徙流变经历,必然只能是自说自话的猜想。我总觉得,研究不可以止步于玩赏,追踪故赖于嗅觉,眼界需戒乎平庸。

要讨论"过程"、起始、过渡之类的话题,就必须以长时段的观察展开,方能显现结构性的进程变化。特定时间节点、空间位置上的突变,会有当时的现实变革影响。若仅将视野聚焦于"变",又往往会因过分关注宏大叙事而遗漏静流状态的过程。只有细密、持久地观察陶器的变化过程中,才能让考古学文化时空变化、影响逐渐凸显。

邹衡先生创造性地构建了夏商周考古学的基本叙事逻辑框架,后续学者对这一框架从不同角度进行过验证和微调。但一代人有一代人的学术任务,每一代学人也应该有继续推进的责任。停留在邹先生的框架内,却不细化血肉,探索未知区域,是愧对前辈的。

有鉴于此,本书将写作目的定位为,以陶器群为基本观察对象,构建尽可能详细的考古学文化编年框架。在构建相对细密的年代学标尺的基础上,探讨不同空间、不同考古学文化的相对动态的演进历程。只有在编年框架完善的基础上,不同考古学文化间的来源、形成与交流探讨才能有相对稳妥的认识,而不至于出现考古学文化面貌与建构模型不符的局面。也只有基于对陶器群更细密更全面的认识,才能为后续讨论不同的时空条件下,考古学文化存在的生业背景、人群流动和阶层差异,乃至探讨国家对地方的地缘控制、族群对应等形而上问题,奠定相对坚实的基础。

具体来说,本书的研究路线首先以分区域的陶器演变序列为线索,创建夏商时期冀州之域内考古学文化整体编年框架,力图构建同一时期不同区域的编年横截面;以陶器群的变化,描述同一区域不同时期的纵向发展过程。在此基础上,考察各时段各区域间的陶器组合规律,辨识区域文化面貌,再观察同时期不同区域的考古学文化分布,进而讨论不同考古学文化的消长互动关系;同时,讨论同一地区不同时代的文化演变过程;最后,从时空两个维度进行以陶器为基础的考古学文化整合对比。

本书的梳理,分区域年代早晚关系的讨论,将从与中原地区邻境的豫北与晋南地区出发,以编年体系较为清晰完备的中原地区文化编年作为衡量标尺,由南及北,相互串联,进行相对年代的拟合研究。

在篇章的结构布局上,大体以空间为线索分割讨论。古冀州之域夏商时期原始资料不太平衡,有的区域较丰富,年代框架可以进一步细化;但有的区域资料匮乏,仅能给出粗线条的结构性认识。

因此,下文的前四章,将侧重于基础材料的时空框架建立,在具体的论证过程中将尽量将居址与墓葬材料分开梳理。由于古冀州区域较大,在未进行分期与文化面貌的梳理之前就预先分区难免会有“预设”之嫌。为避免这一状况,书中大体基于自然地理空间的分割,将夏商时期的古冀州分为四个大区分述之——以太行山为界分东西两部分,东部以滹沱河为界再分南北两区;西部大致以霍太山为界分南北两区予以介绍。

第一章,将对太行山东麓滹沱河以南的南部和太行山南麓东侧的夏商时期考古学文化谱系进行讨论。在具体讨述时根据需要,对沁、丹、淇、卫、漳水、滏阳河上游及其支流流经区域再进一步细化空间分割论述。该章是全书编年立论的基础,后续数章区域编年的皆以本章结论为基础。

第二章,将对太行山东麓滹沱河以北至华北平原北缘地区的夏商时期考古学文化谱系进行讨论。所涉今海河水系的滹沱河中下游、潴龙河、唐河、拒马河、桑干河、永定河、潮白河、蓟运河及其支流流经区域。对燕山以北的滦河水系则不做讨论。

第三章,将对太行山南端以西和南麓以北区域的晋东南、晋西南地区的夏商时期考古学文化谱系进行讨论。由于太行山以西,分散有众多盆地,该章大体涉及的空间有上党、运城、临汾和垣曲盆地,所涉水系涉及清漳河、浊漳河、沁水、丹水上游和涑水河、汾河下游地区。

第四章,将对太行山以西的晋中、晋北和南流黄河两岸的晋西北吕梁地区、陕北东部地区夏商时期考古学文化谱系进行讨论。前已述及,陕北东部地区与晋西北考古学文实难分割，故一并讨论。

第五章，将进行鸟瞰式的初步总结，对前四章各区域的年代框架构建结果予以整合，同时对编年框架中存在的相关个案问题进行专项讨论。

本书的分析技法，不会有太多花巧，对同一器类或同一物质文化共同体的认识，也会因为观察者个人学术能力、视角而有认识深浅。因此，陶器的历时性与聚类分析无法避免个人主观认识。可以想见，本书可能会为部分学者视为落伍之举，也必然会对其中的各种结论有不同的意见。但不同的空间的学术研究现状不同，深入程度自有差别。对于整体编年框架尚有抵牾、模糊的古冀州之域，构建能够相互呼应的考古学文化谱系，是后续研究的基础工作。即便"落伍"，也还是当前需要弥补的功课，即便"边缘"，也需要再以基础工作让其再进入"主流"视野。大墓奇珍，殿阁琳琅，多是造给人看的威严等级。这有点像看一人家，客厅必是颜面，若去厨房参观，锅碗瓢盆或许更贴近府上的日常烟火。基础研究即便到了新时代，要想有实质性突破，从材料的搜讨与梳理，从逐个问题的蠡清起步，仍不为过。

由于我个人先天基础不牢，认识浅陋，整合能力不强，对各类考古学文化的陶器也并未都能有直接且深入的感性接触机会，对于不同区域的编年整合结果，并无必然的自信，很担心急于表达一二浅见，而使原本已经廓清问题反而变得混乱。同时，因为讨论内容与问题所限，行文亦必然干涩、程式，可读性不高，这固然受制于文体和议题，但很大原因也当是因我在思路上尚未能有所贯通，不能以简洁方式直指要害。太行千年，小书未必可以找到答案，穿凿肤浅之处必然不少，所论结果也未能令自己满意，好在研究并非争一时短长，将阶段性的认识奉出，权作芹献，希望能听到学界各种批评意见，以教我后生。

最后，为便于行文讨论，有几点解释需提前说明：

第一，本书所引考古材料，如未特别注明，皆引自相关遗址公开发表的简报与正式发掘报告。部分材料为笔者调查所见或他人论文者，已在文中相关处加以说明。极个别尚未公开发表或见诸引用的材料，在取得相关负责人同意的前提下有极少量引用，但均进行了说明。资料的收集时间范围下限为 2021 年 12 月。

第二，本书图、表较多，为便于行文，每章单独重新编号。大部分地图与少量器物线图为作者手绘后修订，仅为示意。

第三，为便于排版，文中引用器物未严格同比例缩放。

第四，本书分析对象以居址陶器为主，但由于基础材料并不平衡，难免存在"居址不够墓葬凑"的现象，虽有标准不一之瑕，但实属无奈。

第五，为篇幅计，引用前辈学人或当代学者观点，均直呼姓名，未加敬称，敬希见谅。

第六，本书基本内容，源自博士学位论文《夏商时期古冀州之域的考古学研究》绪论与前五章部分的增订，博士论文下编中涉及生业技术、铜器铸造、墓葬、聚落、人群流动和社会样态描述的几个章节，后续匡谬增删，再俟求教。

因答辩、职称考核等原因，在论文答辩前后，未经修订，曾拆分部分内容，在刊物与论

文集上发表,兹列于下:

1. 绪论部分的主要内容,被《中国考古学百年史》(中国社会科学出版社,2021 年)收录,以《华北地区夏商时期考古发现与研究》为名刊用。

2. 第一章第一节"一、夏时期遗存分期"部分,答辩前曾以《夏商之际豫北诸遗存的年代与性质》为题,发表于《中国历史文物》2009 年第 6 期。

3. 第四章第一节、第二节相关部分,2011 年 11 月以《也论夏商时期晋中地区的诸遗存》为题,发表于《三代考古》(四)。

4. 第五章第一节的相关内容,以《夏商之际中原腹地北邻地区的文化演进》为题,2014 年发表于《夏商都邑与文化(一)——"夏商都邑考古暨纪念偃师商城发现 30 周年国际学术研讨会"论文集》中。

5. 第五章第一节的相关内容,以《夏时期太行山西麓考古学文化谱系研究》为题,2014 年发表于《夏商都邑与文化(二)——"纪念二里头遗址发现 55 周年学术研讨会"论文集》中。

6. 第五章第三节,以《中原腹地以北地区的"过渡期"遗存蠡探》为题,2019 年发表于《三代考古·八》。

上述六篇文字属本书拆分部分,与本书必有一定的文字重复。青年学人,为求生存,拆分书中内容单独发表,借口虽似合理,但终令人惭愧。因此,必须予以说明,免生"凑文成书"或自我复制嫌疑。此外,上述单篇如有与本书抵牾之处,皆以本书所论为准。

第一章　夏商时期冀州东南部考古学文化的分期与特征

冀州东南部区域大体包括古黄河以北与滹沱河之间的区域,大体包括今豫北、冀南和冀中南部三个区域。下文将按此三区顺序分别讨论。

第一节　豫北地区考古学文化的分期与特征

豫北地区依今日行政区划包括河南省济源、焦作、新乡、鹤壁、安阳与濮阳五市,这一区域在太行山以东,南部山前丘陵地带,其间河流众多,主要的水系有沁水、丹水、河水及其北岸地区、卫河及其支流流经区域。需要说明的是,濮阳市在今黄河以北,但在夏商时期却与鹤壁、安阳分居黄河东西两岸。但由于两岸间的考古学文化仍有较密切的关系,在行文中一并加以叙述。

一、夏时期的遗存分期

近60年间在豫北地区共发现了二里头文化时期的遗存数十处(图1-1),其中有20余处的调查或发掘资料已正式公布。最近,在安阳市区以北的辛庄地点,也发现了一些夏时期遗存,但资料尚未正式公布。

(一) 地层关系

截至2019年,豫北地区二里头文化时期发掘面积较大且公布材料较为丰富的遗址有淇县宋窑,辉县孟庄,新乡李大召,鹤壁刘庄,安阳彰邓、西郊乡和西蒋村等几处。

但是由于种种原因,这些遗址中可以提供的较好遗迹单位却不多。

宋窑遗址 T301③、④层与 T302④-⑫层间无直接早晚关系证据,二者的年代判定只能依赖于器型演变序列。

李大召遗址原报告提供二里头时期与二里冈时期遗存地层关系多组,排除时代归属存在矛盾及没有相同器物发表的单位,如下三组地层关系具有分期意义。

(1) H165→H12

(2) H27→H28

(3) H109→J2

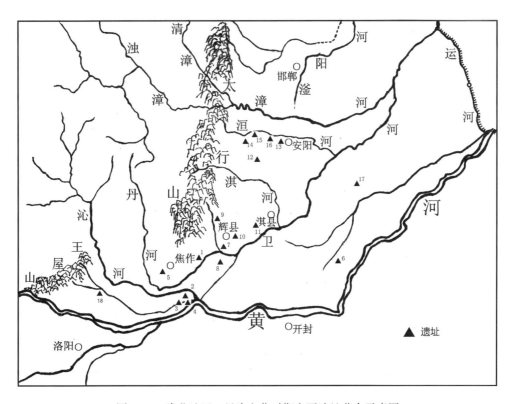

图 1-1　豫北地区二里头文化时期主要遗址分布示意图

1. 李固　2. 北平皋　3. 赵庄　4. 大司马　5. 府城　6. 宜丘　7. 潞王坟　8. 李大召　9. 孙村　10. 孟庄　11. 宋窑
12. 刘庄　13. 梅园庄等遗址　14. 西高平　15. 彰邓　16. 西蒋村　17. 马庄　18. 新峡

安阳彰邓遗址发表多组具有地层关系的单位,其中发表资料较多,具有年代意义的地层关系有如下几组:

(1) G1→M1→H24→H31→H32→H91

(2) H2→H7→H15→H18

(3) H43→H54→H55→H64

(4) H63、H94、H68→H86→H96

安阳西郊乡遗址公布的材料中,具有年代意义的地层关系有如下一组:H18→H19。

孟庄遗址报告所挑选的典型单位之间相互独立,众多有打破关系的单位中并没有发表可以比较的同类器物,难以检验原报告的编年结论。因此多需要参照宋窑、李大召遗址的器形演变规律对其加以讨论。但根据同发掘区内不同探方间地层关系的串联,似乎如下两组地层关系,尚有一些参考意义:

(1) Ⅷ区③→H144→H158→④

(2) XX区④→H23、H101→生土

刘庄、府城、梅园庄、辛庄等遗址未公布有效的叠压打破关系,分期只能在参考其他已

知遗址的基础上按照器物的形态进行排列。

（二）陶器形制分析

豫北地区各遗址二里头文化时期器类较多,三足器、平底器、圜底器皆有一定的比例。其中鬲、甗、鼎、盆、豆、大口尊、罐六类器物形制演变轨迹较为清晰,是分期断代的重要依据。

鬲: 大略可分为分裆与联裆两类,以前者为绝大多数。

分裆鬲: 根据口领部差异可分为七型。

A 型:卷沿矮领瘦腹。根据领腹差异可分为三式。

Ⅰ式:领较矮,腹部微鼓。标本宋窑 T301④:67(图1-2:1)。

Ⅱ式:领部略有增高,腹部肥鼓。标本彰邓 H18:28(图1-2:2)。

Ⅲ式:腹部外鼓不甚明显,体形变瘦,绳纹变细。标本彰邓 H1:12(图1-2:3)。

B 型:卷沿矮领鼓腹,肩、腹径大于或接近口径。根据领腹差异可分三式。

Ⅰ式:斜腹外撇,领较高。标本孟庄 XX T26H101:6(图1-2:4)。

Ⅱ式:腹外鼓,肩部略耸,领较矮。标本彰邓 H18:80(图1-2:5)。

Ⅲ式:最大径下移,鼓腹,领更矮。标本彰邓 H7:3(图1-2:6)。

C 型:卷沿高领瘦腹。根据肩部形态差异可分为两式。

Ⅰ式:领部较直,腹部较鼓,微凸肩,最大径在上腹。标本宋窑 T302⑩:141(图1-2:7)。

Ⅱ式:腹部微鼓,溜肩,最大径略靠下。标本彰邓 H18:91(图1-2:8)。

Ⅲ式:领部变短,腹略收,最大径近腹中。标本彰邓 H7:42(图1-2:9)。

D 型:卷沿高领鼓腹。袋足肥大微垂,裆夹角较大。根据袋足与最大径变化可分三式。

Ⅰ式:斜高领,鼓腹外撇,多大径在下腹。标本孟庄 ⅧH144:1(图1-2:10)。

Ⅱ式:高直领微束,肥鼓腹,最大径在腹中。标本孟庄 ⅧT173③:1、新峡 H33:25、彰邓 H32:43、38(图1-2:11、12、13、14)。

Ⅲ式:领部变矮,袋足外鼓略瘦,最大径下移。标本彰邓 H7:20(图1-2:15)。

E 型:卷沿无领。根据腹部形态差异可分两式。

Ⅰ式:腹部较鼓,三足甚高。标本新峡 H33:37、孟庄 ⅧT149H39:1(图1-2:16、17)。

Ⅱ式:腹部近直,形体变瘦。标本彰邓 H7:40(图1-2:18)。

F 型:折沿。根据领部差异可分两式。

Ⅰ式:领部斜直,宽沿,直腹,形体扁宽。标本孟庄 ⅧT131H301:19(图1-2:19)。

Ⅱ式:沿面前端略平,领稍内曲,溜肩。标本西蒋村 H18①:1(图1-2:20)。

G 型　筒腹鬲。数量不多。暂不分式。标本宋窑 T22④:224、孟庄 ⅧT149M6:3(图1-2:21、22)。

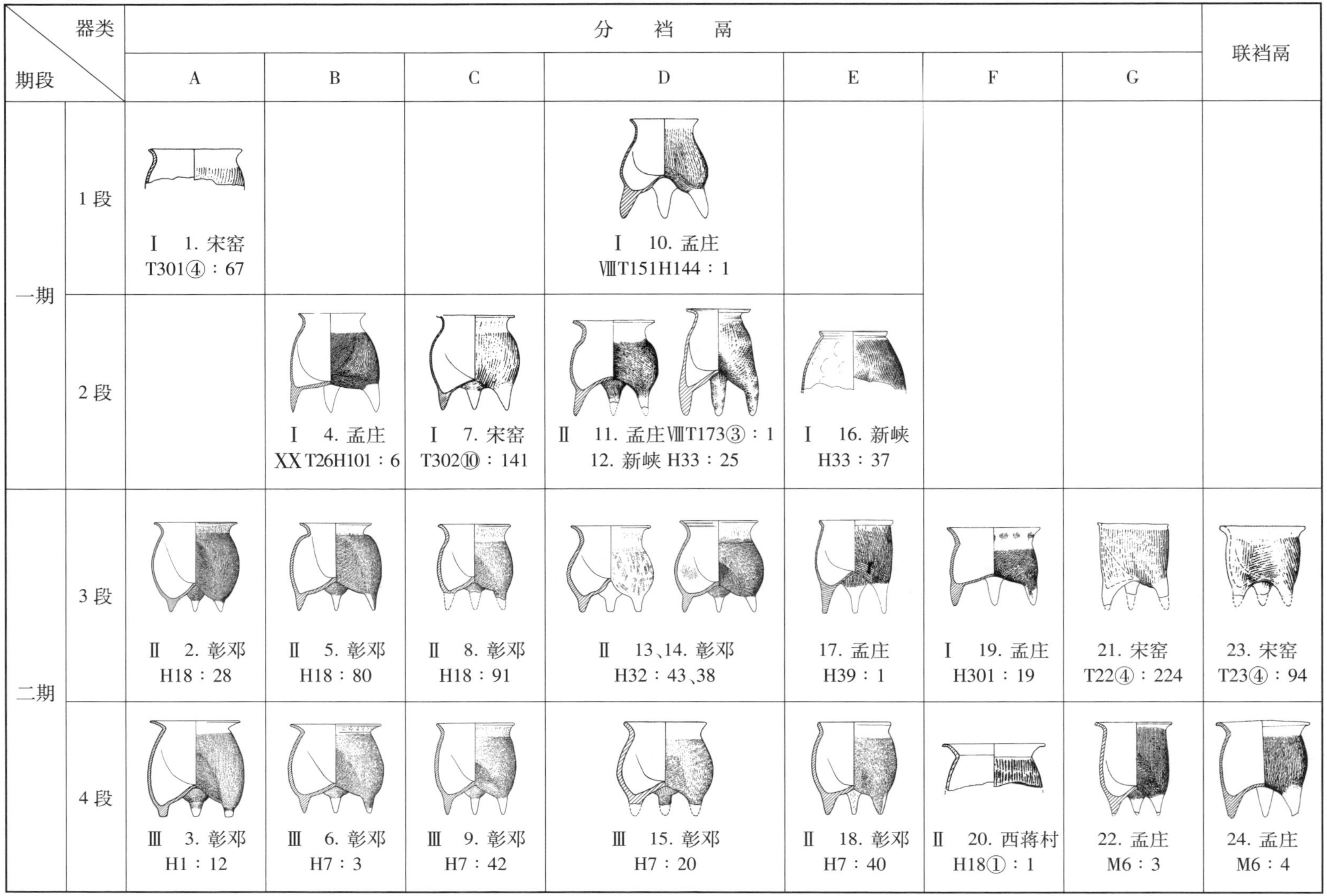

期段	段	分档鬲 A	B	C	D	E	F	G	联裆鬲
一期	1段	Ⅰ 1. 宋窑 T301④:67			Ⅰ 10. 孟庄 ⅧT151H144:1				
一期	2段		Ⅰ 4. 孟庄 XXⅦT26H101:6	Ⅰ 7. 宋窑 T302⑩:141	Ⅱ 11. 孟庄 ⅧT173③:1　12. 新峡 H33:25	Ⅰ 16. 新峡 H33:37	Ⅰ 19. 孟庄 H301:19	Ⅰ 21. 宋窑 T22④:224	Ⅰ 23. 宋窑 T23④:94
二期	3段	Ⅱ 2. 彰邓 H18:28	Ⅱ 5. 彰邓 H18:80	Ⅱ 8. 彰邓 H18:91	Ⅱ 13,14. 彰邓 H32:43,38	Ⅰ 17. 孟庄 H39:1			
二期	4段	Ⅲ 3. 彰邓 H1:12	Ⅲ 6. 彰邓 H7:3	Ⅲ 9. 彰邓 H7:42	Ⅲ 15. 彰邓 H7:20	Ⅱ 18. 彰邓 H7:40	Ⅱ 20. 西蒋村 H18①:1	Ⅱ 22. 孟庄 M6:3	Ⅱ 24. 孟庄 M6:4

图1-2　豫北地区二里头文化时期陶鬲、鼎分期图

（说明:1.因版式限制,所引器物比例并不一致;2.所选器物皆引自相关报告或简报(简报,下同)）

联裆鬲：一般都为卷沿,数量不多,暂不分式。标本宋窑 T23④：94、孟庄ⅧT149M6：4 (图 1 - 2：23、24)。

鼎：占一定比例,二里头文化时期大部分是盆形鼎,罐形鼎数量不多。

盆形鼎：根据腹部形态变化可分四式。

Ⅰ式：深弧腹,腹无折曲。标本孟庄ⅧT94H199：36(图 1 - 3：1)。

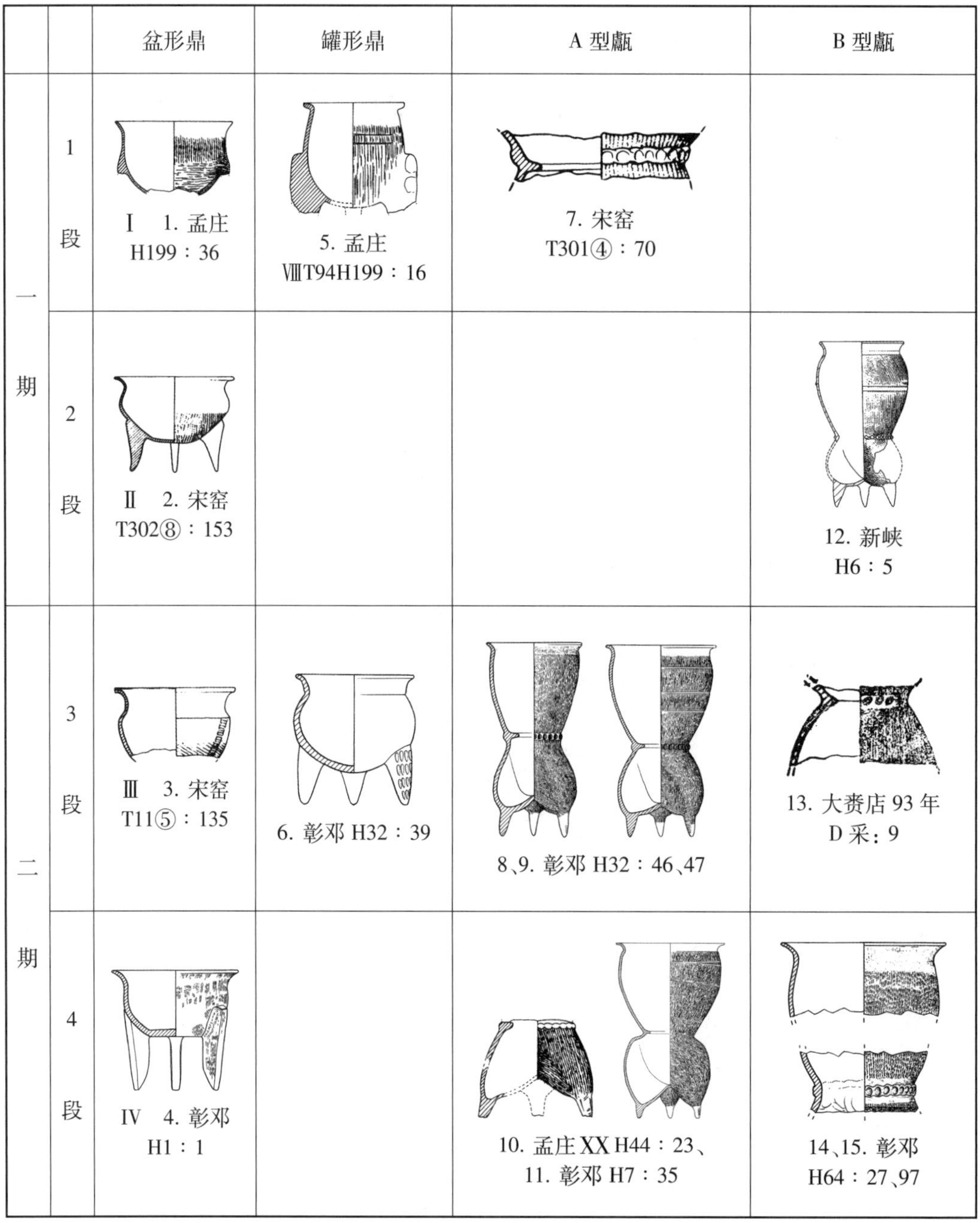

		盆形鼎	罐形鼎	A 型甗	B 型甗
一期	1段	Ⅰ　1. 孟庄 H199：36	5. 孟庄 ⅧT94H199：16	7. 宋窑 T301④：70	
	2段	Ⅱ　2. 宋窑 T302⑧：153			12. 新峡 H6：5
二期	3段	Ⅲ　3. 宋窑 T11⑤：135	6. 彰邓 H32：39	8、9. 彰邓 H32：46、47	13. 大赉店 93 年 D 采：9
	4段	Ⅳ　4. 彰邓 H1：1		10. 孟庄ⅩⅩ H44：23、 11. 彰邓 H7：35	14、15. 彰邓 H64：27、97

图 1 - 3　豫北地区二里头文化时期陶鼎、甗分期图

Ⅱ式:腹较深,肩腹相接处有折曲。标本宋窑 T302⑧:153(图1-3:2)。

Ⅲ式:深腹,腹部折曲变缓。标本宋窑 T11⑤:135(图1-3:3)。

Ⅳ式:斜宽沿较高,腹部弧曲不折。标本彰邓 H1:1(图1-3:4)。

罐形鼎　有一定数量。但复原器不多。有侧装扁足和锥刺纹锥足两种,后者亦即俗称的"鬼脸足"者。前者标本如孟庄ⅧT94H199:16(图1-3:5),后者标本如彰邓 H32:39(图1-3:6)。

甗　有一定比例,完整修复者数量不多。总体看来,豫北地区的陶甗按有无箅托,可分为两型,以有箅托者为绝大多数,无箅托者较少。由于修复者较少,因此暂不分式别。从少数修复的器物来看,甗下部的变化与陶鬲相似,似乎逐渐在变扁宽。

A 型　有箅托,占所有陶甗中的绝大部分。腰外侧多有各种附加堆纹。标本宋窑 T301④:70(图1-3:7),彰邓 H32:46、H32:47、H7:35(图1-3:8、9、11),孟庄ⅩⅩ T29H44:23(图1-3:10)。

B 型　无箅托者,数量较少。但腰部大多也有各种附加堆纹。标本新峡 H6:5(图1-3:12),大赉店93年调查 D 采:9(图1-3:13),彰邓 H64:27、97(图1-3:14、15)。

鬲甗足　在豫北地区公布材料中,不见口沿的鬲、甗足为数不少,因此有必要进行归纳。从现有材料看,豫北地区的鬲足大致可分为柱足与锥足两类,以后者为绝大多数。根据形态差异,可将发现的鬲、甗足分为如下几个类型。

锥足　根据实足根表面有无凹槽、纹饰将鬲足分为五型。由于没有明确的嬗变关系,暂不分式。

A 型:足根素面,或者原有绳纹,后被抹去。标本彰邓 H18:280(图1-4:1)。

B 型:绳纹仅滚压至足根上部,足根下部素面,标本彰邓 H18:316(图1-4:2);部分实足根滚压一半绳纹,标本彰邓 H18:148(图1-4:3)。这也是豫北地区鬲、甗足最常见的形态。

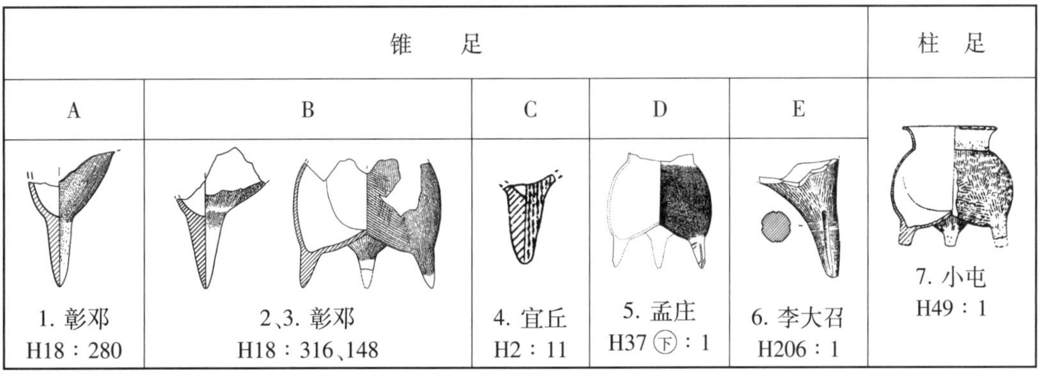

锥　足					柱　足
A	B	C	D	E	
1. 彰邓 H18:280	2、3. 彰邓 H18:316、148	4. 宜丘 H2:11	5. 孟庄 H37⑤:1	6. 李大召 H206:1	7. 小屯 H49:1

图1-4　二里头文化时期豫北陶鬲、甗足的形态划分

C 型：足根表面滚压绳纹。标本宜丘 H2：11(图 1－4：4)。

D 型：足根素面有凹槽。标本孟庄 XX T28H37 ⑦：1(图 1－4：5)。

E 型：足根上既有凹槽又有绳纹。标本李大召 Ⅳ T0512H206：1(图 1－4：6)。

柱足　一般皆为素面或绳纹仅滚压至足根上部,尚未发现足面滚压绳纹的柱状鬲足。标本小屯 H49：1(图 1－4：7)。

盆　数量众多,绝大部分为泥质陶。根据腹部差异可分四型。

A 型：卷沿深弧腹盆。根据腹部形态差异可分三式。

Ⅰ式：微束颈,深弧腹较深。标本孟庄 Ⅷ T94H199：51、宋窑 T302⑪：220(图 1－5：1、2)。

Ⅱ式：卷沿明显,弧腹变浅,弧曲增大。标本宋窑 T21⑤：58(图 1－5：3)。

Ⅲ式：卷沿较缓,宽沿,弧曲更大。标本彰邓 H7：39(图 1－5：4)。

B 型：磨光深腹盆。与 A 型盆整体形制接近,但多为泥质磨光陶或黑皮磨光陶,颈腹部饰以旋纹,上腹多压印云纹、S 形纹或楔形点纹,一般制作精致。约可分两式。

Ⅰ式：沿略窄,束颈不明显。标本彰邓 H32：32(图 1－5：5)。

Ⅱ式：宽沿,束颈。标本彰邓 H64：32(图 1－5：6)。

C 型：卷沿有肩盆。根据肩腹形态差异可分两式。

Ⅰ式：浅腹,圆肩微凸。标本孟庄 Ⅷ T94H199：49、宋窑 T302④b：151(图 1－5：7、8)。

Ⅱ式：卷沿较宽,束颈,肩部折转明显。标本宋窑 T23⑤：98、小屯 H49：11(图 1－5：9、10)。

D 型：浅腹平底盆。根据腹部形态差异可分三式。

Ⅰ式：腹壁斜直,腹甚浅。标本孟庄 Ⅷ T94H199：47(图 1－5：11)。

Ⅱ式：腹微曲,腹较浅。标本宋窑 T302⑩：150(图 1－5：12)。

Ⅲ式：腹弧曲较缓,腹较深。标本宋窑 T11⑤：110、彰邓 H7：8(图 1－5：13、14)。

豆　可分细柄豆与粗柄豆两类。

细柄豆　根据盘腹折曲变化可分三式。

Ⅰ式：浅盘,下腹微折。标本孟庄 Ⅷ T94H199：44、宋窑 T302④：176(图 1－5：15、16)。

Ⅱ式：浅盘,下腹弧曲。标本宋窑 T12④：107(图 1－5：17)。

Ⅲ式：浅盘,下腹斜直,盘内有折棱形成一小浅盘。标本彰邓 H22：80、79(图 1－5：18、19)。

粗柄豆　根据盘腹变化可分两式。

Ⅰ式：浅盘,弧腹。标本宋窑 T12⑤：162(图 1－5：20)。

Ⅱ式：浅盘,折腹。标本彰邓 H64：134、136(图 1－5：21、22)。

器盖　有一定数量,形态较多,但修复者较少。标本彰邓 H18：142、孟庄 H417：9(图 1－5：23、24)。

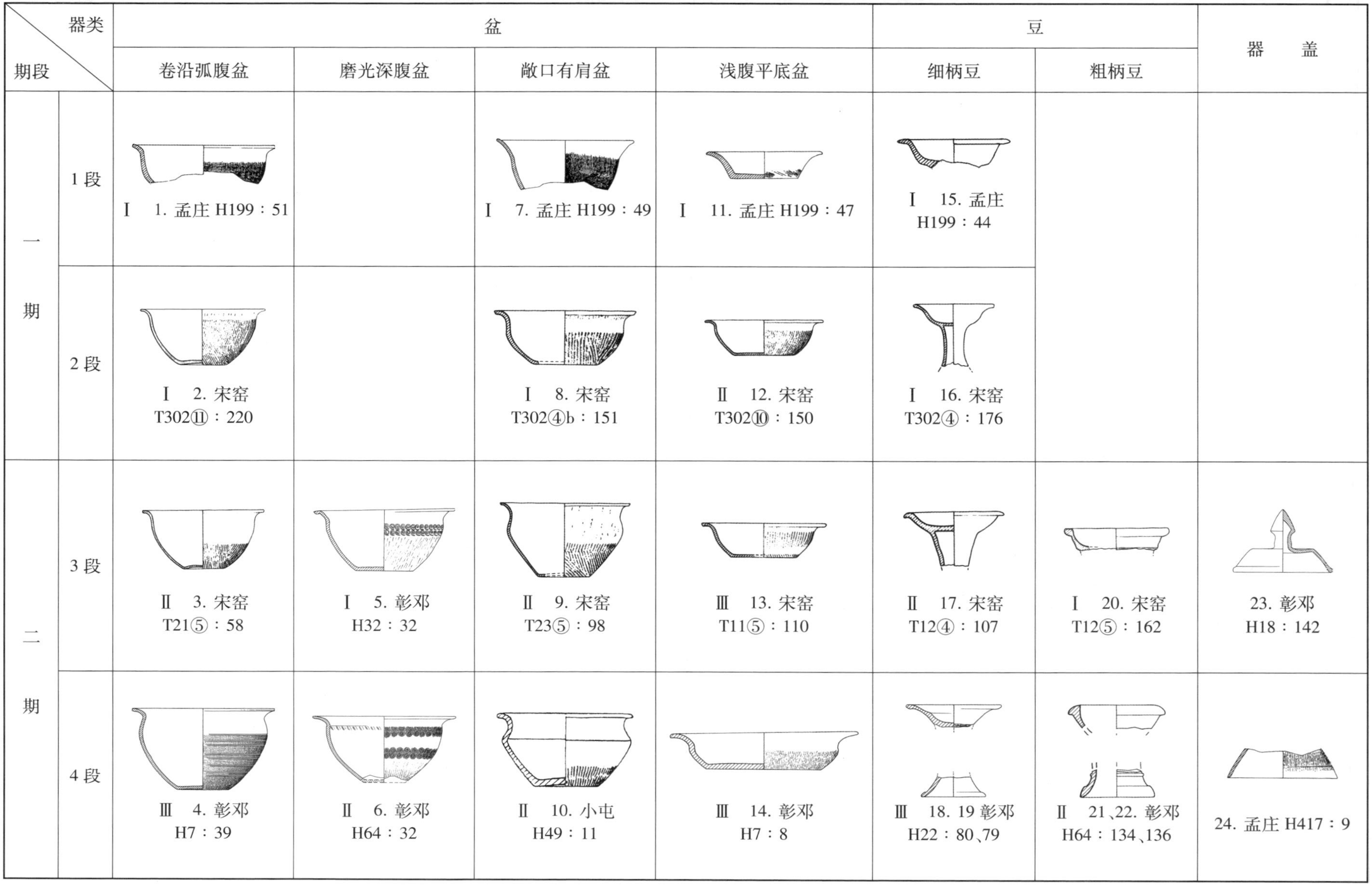

期段 / 器类	盆 卷沿弧腹盆	盆 磨光深腹盆	盆 敞口有盲盆	盆 浅腹平底盆	豆 细柄豆	豆 粗柄豆	器盖
一期 1段	I 1. 孟庄 H199:51		I 7. 孟庄 H199:49	I 11. 孟庄 H199:47	I 15. 孟庄 H199:44		
一期 2段	I 2. 宋窑 T302①:220		I 8. 宋窑 T302④b:151	II 12. 宋窑 T302①:150	I 16. 宋窑 T302④:176		
二期 3段	II 3. 宋窑 T21⑤:58	I 5. 彰邓 H32:32	II 9. 宋窑 T23⑤:98	III 13. 宋窑 T11⑤:110	II 17. 宋窑 T12④:107	I 20. 宋窑 T12⑤:162	23. 彰邓 H18:142
二期 4段	III 4. 彰邓 H7:39	II 6. 彰邓 H64:32	II 10. 小屯 H49:11	III 14. 彰邓 H7:8	III 18、19. 彰邓 H22:80、79	II 21、22. 彰邓 H64:134、136	24. 孟庄 H417:9

图1-5 豫北地区二里头文化时期陶盆、豆、器盖盖分期图

罐　数量最多，可分为深腹罐、圆腹罐、四系罐、捏口罐四类。

深腹罐　绝大多数为夹砂陶，根据领、腹形制差异，可分两型。

A 型：橄榄罐。根据肩腹形态差异可分四式。

Ⅰ式：有领，溜肩，腹微鼓，体略矮。标本宋窑 T301④：54（图 1－6：1）。

Ⅱ式：矮领，溜肩，腹较鼓，体态略高。标本宋窑 T301③：105（图 1－6：2）。

Ⅲ式：矮领，腹较直，体态略瘦。标本彰邓 H18：350（图 1－6：3）。

Ⅳ式：矮领，直腹，体态瘦长。标本彰邓 H7：41（图 1－6：4）。

B 型：鼓腹罐。根据肩腹形态差异可分四式。

Ⅰ式：高领，溜肩，腹较直鼓。标本孟庄Ⅷ T94H199：36（图 1－6：5）。

Ⅱ式：领特高，溜肩，鼓腹。标本宋窑 T302⑨：168（图 1－6：6）。

Ⅲ式：高领，腹特鼓。标本宋窑 T12④：327（图 1－6：7）。

Ⅳ式：高领，体形略矮。标本宋窑 H43：26（图 1－6：8）。

圆腹罐　有夹砂与泥质两类。根据沿腹形态差异，可分两式。

Ⅰ式：束颈，鼓腹圆直，体态略瘦。标本孟庄Ⅷ T94H199：77（图 1－6：9）。

Ⅱ式：矮领，圆鼓腹较胖，标本彰邓 H18：311（图 1－6：10）、彰邓 H32：64（图 1－6：11）。

捏口罐　淇河以南较多，淇河以北基本不见。根据腹部形态差异可分为三型。

A 型：瘦高体。标本新峡 H18：2、孟庄ⅩⅩ T29H44：6（图 1－6：12、13）。

B 型：矮胖体。标本府城 H59：21（图 1－6：14）、李大召 J2①：1（图 1－6：16）。

C 型：无沿。标本宋窑 T11③：147（图 1－6：15）。

四系罐　数量较少。标本彰邓 H18：144、孟庄 H417：1（图 1－6：17、18）。

大口尊　根据底部形态不同可分两型。

A 型　圜底或凹圜底。根据口肩径之比与颈部差异可分两式。

Ⅰ式：束颈，肩径大于口径。标本孟庄ⅩⅩ T45⑤：1（图 1－6：19）。

Ⅱ式：束颈，口径明显大于肩径。标本孟庄ⅩⅩ T31J2：1（图 1－6：20）。

B 型　大平底。根据口肩径之比与颈部差异可分两式。

Ⅱ式：束颈，口径与肩径接近或略小于肩径。标本宋窑 T11⑥：131（图 1－6：21）。

Ⅱ式：束颈，口径明显大于肩径。标本彰邓 H22：41（图 1－6：22）。

除上述器形变化较大，数量较多具有分期意义的器物外，另有部分器物则较有特点。这些器物包括斝、蛋形瓮、小口瓮、平口瓮、簋、爵等器物。

斝　可分为夹砂与泥质两类。

A 型　夹砂斝，制作较粗疏，形体甚大，多敛口，上部多有附加堆纹似"五花大绑"状交叉装饰。标本彰邓 H18：142（图 1－7：1）、宋窑 T12④：340（图 1－7：2）。

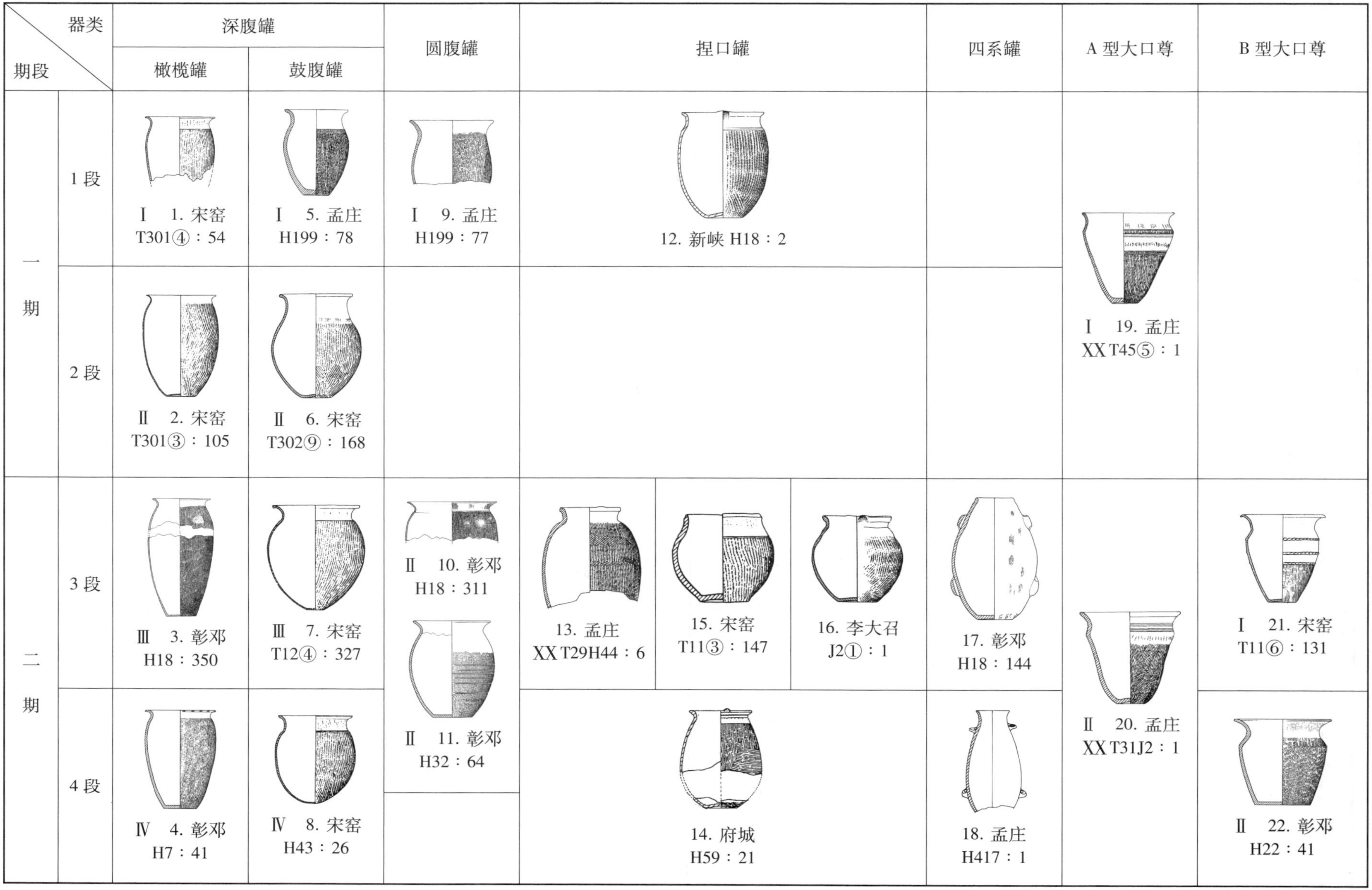

图 1-6 豫北地区二里头文化时期陶罐、大口尊分期图

| 期段 | 器类 | 深腹罐 | | 圆腹罐 | 捏口罐 | | 四系罐 | A型大口尊 | B型大口尊 |
		橄榄罐	鼓腹罐						
一期 1段		I 1. 宋窑 T301④:54	I 5. 孟庄 H199:78	I 9. 孟庄 H199:77	12. 新峡 H18:2			I 19. 孟庄 XXT45⑤:1	
一期 2段		II 2. 宋窑 T301③:105	II 6. 宋窑 T302⑨:168						
二期 3段		III 3. 彰邓 H18:350	III 7. 宋窑 T12④:327	II 10. 彰邓 H18:311	13. 孟庄 XXT29H44:6	15. 宋窑 T11③:147 16. 李大召 J2①:1	17. 彰邓 H18:144	II 20. 孟庄 XXT31J2:1	I 21. 宋窑 T11⑥:131
二期 4段		IV 4. 彰邓 H7:41	IV 8. 宋窑 H43:26	II 11. 彰邓 H32:64	14. 府城 H59:21		18. 孟庄 H417:1		II 22. 彰邓 H22:41

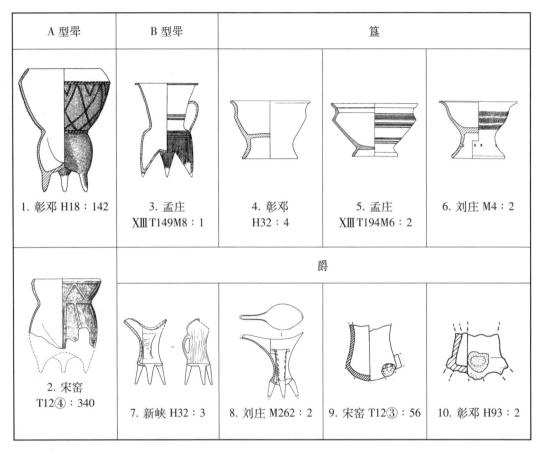

图 1-7　豫北二里头文化时期的陶斝、簋、爵

B 型　泥质,制作精细,器表上部多经磨光。标本孟庄ⅩⅢT149M8∶1(图 1-7∶3)。

簋　数量不多,多为泥质,形态较为接近。标本彰邓 H32∶4(图 1-7∶4)、孟庄ⅩⅢT194M6∶2(图 1-7∶5)、刘庄 M4∶2(图 1-7∶6)。

爵　数量较少,标本新峡 H32∶3(图 1-7∶7)、刘庄 M262∶2(图 1-7∶8)、宋窑 T12③∶56(图 1-7∶9)、彰邓 H93∶2(图 1-7∶10)。

蛋形瓮　占一定比例,但形态甚不固定,不能看出明显的变化。根据足、底形态差异可分为三型,以圈足者数量最多。

A 型　平底或有假圈足,标本彰邓 H33∶2(图 1-8∶1)。

B 型　凹圜底,标本宋窑 T302⑨∶95(图 1-8∶2)。

C 型　圈足,标本彰邓 H89∶76、孟庄ⅧT94H199∶80(图 1-8∶3、4)。

平口瓮∶数量不多,敛口或直口,折肩,制作较精细。根据领部差异可分为两型。

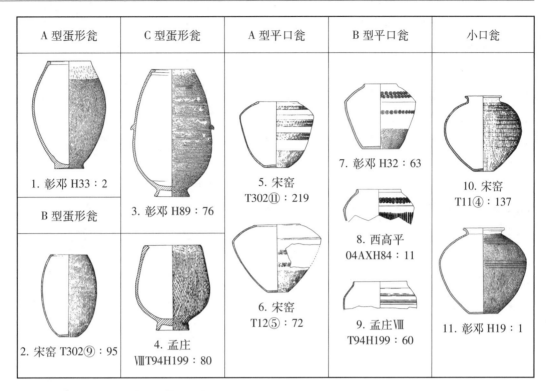

A 型蛋形瓮	C 型蛋形瓮	A 型平口瓮	B 型平口瓮	小口瓮
1. 彰邓 H33：2	3. 彰邓 H89：76	5. 宋窑 T302⑪：219	7. 彰邓 H32：63	10. 宋窑 T11④：137
B 型蛋形瓮		6. 宋窑 T12⑤：72	8. 西高平 04AXH84：11	
2. 宋窑 T302⑨：95	4. 孟庄 Ⅷ T94H199：80		9. 孟庄 Ⅷ T94H199：60	11. 彰邓 H19：1

图 1-8　豫北二里头文化时期的陶瓮

A 型：无领。标本宋窑 T302⑪：219(图 1-8：5)、宋窑 T12⑤：72(图 1-8：6)。

B 型：有矮领。标本彰邓 H32：63(图 1-8：7)、西高平 04AXH84：11(图 1-8：8)、孟庄ⅧT94H199：60(图 1-8：9)。

小口瓮：数量不多,小口,圆深腹外鼓。标本宋窑 T11④：137、彰邓 H19：1(图 1-8：10、11)。

(三) 分期与年代推定

豫北地区二里头文化时期遗存的阶段划分,核心问题是如何看待宋窑遗址的分期。自发掘以来,宋窑遗址长期作为豫北地区二里头文化时期考古学文化分期的标尺,李大召、孟庄遗址皆以其分期体系作为参照,正如张立东所总结的,"宋窑遗址的分期基本上代表了整个辉卫文化的分期"。

宋窑遗址分期意见主要有两种,一种意见是发掘者张立东将宋窑遗址分为三组五段①,后来,他调整意见,仍分为三期,但不再强调具体小段②;第二种意见是胡保华据先商文化漳河型夹砂罐演变规律作为参证,调整宋窑遗址分期,由于在漳河型中夹砂罐的演变

---

① 张立东:《论辉卫文化》,《考古学集刊》(10),地质出版社(北京),1996 年。
② 中国社会科学院考古学研究所:《中国考古学·夏商卷》,中国社会科学出版社(北京),2004 年。

规律为由矮胖变为瘦高,故他认为宋窑 T302④-⑫应早于 T301④层。[1]

可以看出,两种意见的分歧实际在于对 T302④-⑫层(大灰坑)与 T301④、③层的相对年代早晚关系上。按照胡保华意见,不但宋窑遗址年代序列需要做出调整,更重要的问题在于,以宋窑遗址所代表的考古学遗存就可归属于下七垣文化,与漳河型之间仅是地区差异,而不是文化差异。但按照张立东的认识,辉卫文化与漳河型不同,不属于"先商文化",是另一支考古学文化。因此,宋窑遗址分期是否合理,不仅关系到豫北地区二里头文化晚期考古学遗存的年代序列,更关系到这些遗存的文化属性。

由于宋窑遗址 T301③、④层与 T302④-⑫间无直接早晚关系证据,二者的年代判定只能依赖于器型演变序列。两组地层中共有器物有四类,分别为鬲、夹砂深腹罐、深腹盆与浅腹盆(图 1-9)。

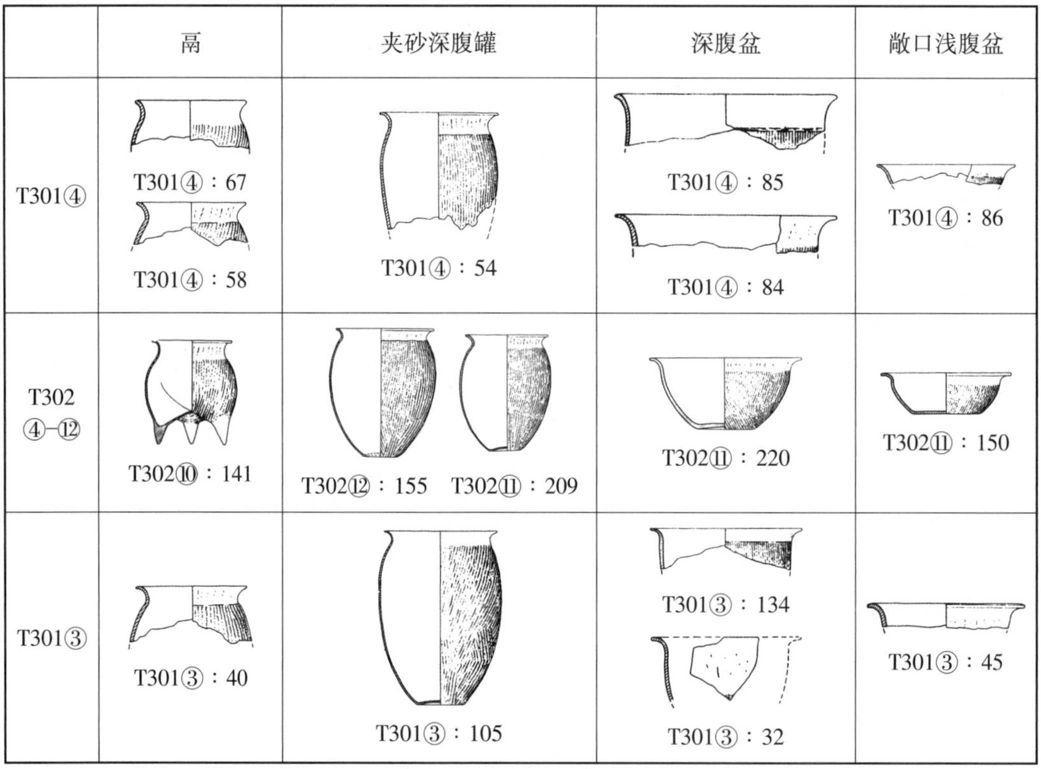

图 1-9　宋窑遗址 T301 与 T302 同类器对比图

夹砂罐在二里头遗址中的发展规律同样较为清晰。按照二里头遗址的分期结论,平底夹砂深腹罐的总体演变规律是由矮胖至瘦高,圜底深腹罐形体逐渐增大变瘦,口径与器高比逐渐减小,这一规律与胡保华所指出的下七垣文化漳河型同类器是相同的。同时期中原地区的两类深腹罐的共有演变规律皆为逐渐瘦长。T301④层仅公布一件未复原的夹

① 胡保华:《下七垣文化分期研究》,吉林大学硕士学位论文,2007 年。

砂深腹罐,形体如何实际上并不确定。T302④-⑫出土者与T301③层相比似略肥,但差别甚为细微。从夹砂罐形体判断,可知T302④-⑫层可能略早于T301③层,但是否较T301④层更早实际无法确定。

T302④-⑫的深腹盆复原器较多,以上腹微曲下腹斜直者为多,而T301④层的同类器皆为残片,从残片观察其上腹部较直。从浅腹盆观察,T302④-⑫层的口沿卷曲较明显,T301④层的口沿较斜直。依胡保华梳理漳河型器物发展序列及葛庄遗址发掘者[1]研究结论,漳河型绳纹深腹盆的发展演变规律是"束颈逐渐不明显,由侈口而卷沿";浅腹盆的发展规律是"口沿由外侈而渐平,腹壁更加外敞"(图1-10)。依此规律从两种盆的演变判断T301④层更接近下七垣④层,而早于T302④-⑫。

	深腹盆	敞口浅腹盆
相当于遗址④层	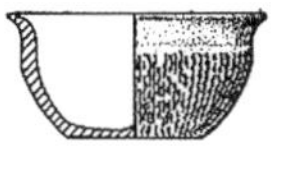 H12：848	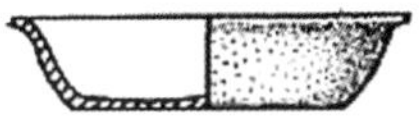 H61：781
相当于遗址③层	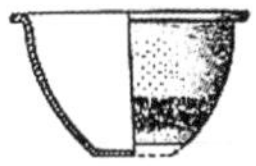 T10③：852	 H99：1237

图1-10　下七垣遗址④与③层陶盆对比图

从上述对比可以看出,除夹砂罐外,其他共出器物演变规律无法得出T301④层晚于T302④-⑫的结论。在材料缺乏的情况下,无坚实证据可将T302④-⑫的年代提早,应仍以发掘者的分期方案较稳妥。由于T301③层发表器物不多,从夹砂罐的形态差异似不足以将其与T302④-⑫层分作不同时代的两段,将二者合并更能反映略晚于T301④层的时段特征。如此调整后将宋窑遗存分作前后四段:1段以T301④层为代表,2段以T302④-⑫层与T301③层为代表,3段以T12④层为代表,4段以T302③层为代表。

但也需要说明,宋窑T301与T302在很多方面显示出与其他遗址较大的差异。这或许与两探方发掘的偶然性有关。谢肃曾怀疑两探方实际发掘在一个较大的灰坑内[2]。从种种迹象观察,这种怀疑不无道理,比如两探方中夹砂深腹罐的比例异常高就是其中证据之一。

根据李大召遗址的三组有效地层关系,可知李大召遗址鬲、圆腹罐、深腹盆、大口尊四类器物的演变序列。鬲颈部逐渐变矮;圆腹罐颈部折曲变缓;深腹盆腹部逐渐变浅变缓;大口尊领部渐高,口径逐渐增大。这一演变规律与宋窑遗址结论相比较,二者并无矛盾。此规律

---

① 贾金标等:《关于葛家庄遗址北区遗存的几点认识》,《考古》2005年第2期。
② 谢肃:《关于辉卫地区二里头文化时期遗存性质的讨论》,《2004年安阳殷商文明国际学术研讨会论文集》,中国社会科学出版社(北京),2006年。

可为缺少地层叠压关系但出土物较为丰富的 H299、H205 两单位找到分期归属依据。由此李大召遗址可分为三段,第一段以 H12、J2 等单位为代表,第二段以 H28、H205、H299 为代表,第三段以 H165、H27、H109 为代表。其中第一、二段分别相当于宋窑遗址 3、4 段。

孟庄遗址报告所挑选的典型单位之间相互独立,不存在有效的叠压打破关系,因此分期只能在参考其他已知遗址的基础上按照器物的形态进行排列。在此前提下,结合原报告与胡保华、张敏①研究,可将孟庄遗址二里头至二里冈时期的遗存分为前后六段——以 ⅧT94H199 为第 1 段;以 ⅧT86 ⑪ 作为第 2 段,M1 可早至此时;以 ⅧT151H158、ⅩⅩT29H44、M43、M51、M52 作为第 3 段;以 ⅧT131H301、M6、M8、M10、M17、M20、M26、M28、M36、M45、M49 作为第 4 段;以 ⅧT70H84、ⅩⅩT30M12 作为第 5 段;以 ⅧT128H77 作为第 6 段,其中 1 - 4 段分别相当于宋窑遗址 1 - 4 段。

彰邓遗址发掘面积不大,但整理得当,资料公布系统。发掘者虽然对遗址的二里头文化时期遗存未进行分期,但将其分为两组,以 H18 为第一组,H7 为第二组的代表。这一分析符合地层关系,也与其他遗址的器物演变规律并不矛盾。在综合对比其他器物的基础上,我将 H18、H32、H86 等单位归入彰邓遗址第一组,将 H1、H7、H22、H64 等单位归入第二组。两组分别相当于宋窑遗址的 3、4 两段。

由宋窑、李大召、孟庄和彰邓遗址的分期,可建立粗略的豫北地区编年框架。借助这一框架,可将那些遗存不丰富的遗址纳入,更加完善了这一框架(表 1 - 1)。

修武李固遗址夏商时期的遗存大体有三个时段,分别相当于二里头文化三期者、"与二里冈下层相同者"和"与二里冈上层相同的"②。可将属于二里头文化时期的遗存分为前后两段,第一段遗存年代大体相当于宋窑 2 段前后。温县北平皋遗址材料较少,本文从刘绪结论③,认为其年代大体与宋窑 2 段相当。

焦作府城二里头文化时期遗存共公布两批材料④,但皆未提供有效地层关系。从发表器物来看,似乎其遗存可以分段,但由于缺乏地层关系目前尚难确证。已发表的材料年代大体与宋窑 4 段相当。府城遗址二里头文化时期遗存较多,但多未清理⑤。因此,不排除府城遗址存在二里头文化时期前后年代序列更加丰富遗存的可能。

新峡遗址地处轵城镇,已在轵关陉山口,山口以西即是垣曲盆地。2003 年为配合基建,河南省有关部门发掘遗址,2021 年简报发表。新峡遗址等级不高,面积也可能不太大,也没有重要的遗迹现象和遗物,只是一个比较普通的基层聚落。简报整理者将新峡遗址二里头文化时期的遗存分为三期,分别对应二里头文化二里头类型的三期早段、三期晚段和四期,

①　张敏:《辉县孟庄二里头文化时期遗存浅析》,2008 年,未发表。

②　刘绪:《论卫怀地区的夏商文化》,《纪念北京大学考古专业三十周年论文集》,文物出版社(北京),1990 年。

③　刘绪:《论卫怀地区的夏商文化》,《纪念北京大学考古专业三十周年论文集》,文物出版社(北京),1990 年。

④　杨贵金、张立东:《焦作市府城古城遗址调查报告》,《华夏考古》1994 年第 3 期;袁广阔、秦小丽、杨贵金:《河南焦作府城遗址发掘简报》,《华夏考古》2000 年第 2 期。

⑤　谢肃:《关于辉卫地区二里头文化时期遗存性质的讨论》,《2004 年安阳殷商文明国际学术研讨会论文集》,中国社会科学出版社(北京),2006 年。

因此其所分三期约略相当于二里头类型前后相继的三段。发掘者的划分并无大差。在简报结语中,整理者对遗址的性质判定为属于二里头文化"沁西类型",其说可从。

表1-1　二里头文化时期豫北地区居址分期对照表

期段＼遗址		济源	焦作地区				新乡地区					鹤壁市		安阳地区				
		新峡	李固	北平皋	府城	大司马	宜丘	李大召	潞王坟	孙村	孟庄	宋窑	刘庄	梅园庄	小屯H49	西高平	彰邓	西蒋村
二期	4	3			√		2	2	√？	√	4	4		√	√	√	2	√
	3		2			√	1	1			3	3	√				1	
一期	2	2	1	√	？						2	2						
	1	1									1	1						
资料来源		①	②		③	④	⑤	⑥	⑦	⑧	⑨	⑩	⑪	⑫	⑬	⑭	⑮	⑯

武陟大司马遗址1990年调查发现H14,年代大体在二里头文化三、四期之间,与宋窑遗址相比大体与宋窑三段相当。

新乡潞王坟遗址下层并不单纯,从其发表的器物看,应该包含有不同时段的遗存。其遗存年代早者似乎大致与孟庄遗址4段相当。

辉县孙村遗址"先商时期"遗存公布材料中,发表器物较多的单位有M1、H125、H135三个单位。从其发表的圆腹罐、橄榄罐、深腹盆的形态观察,M1年代略早,大体可与宋窑

①　河南省文物考古研究院、济源市文物工作队:《河南济源新峡遗址二里头与二里岗文化遗存发掘简报》,《华夏考古》2021年第3期。

②　北京大学考古专业商周组等:《晋豫鄂三省考古调查简报》,《文物》1982年第7期;刘绪:《论卫怀地区的夏商文化》,《纪念北京大学考古专业三十周年论文集》,文物出版社(北京),1990年。

③　袁广阔、秦小丽、杨贵金:《河南焦作府城遗址发掘简报》,《华夏考古》2000年第2期。

④　杨贵金、张立东、毌建庄:《河南武陟大司马遗址调查简报》,《考古》1994年第4期。

⑤　郑州大学历史与考古系、新乡市文化局等:《河南长垣宜丘遗址发掘简报》,《中原文物》2005年第2期。

⑥　郑州大学历史文化学院考古系:《新乡李大召——仰韶文化至汉代遗址发掘报告》,科学出版社(北京),2006年。

⑦　河南省文化局文物工作队:《河南新乡潞王坟商代遗址发掘报告》,《考古学报》1960年第1期。

⑧　郑州大学历史文化学院考古系等:《河南辉县孙村遗址发掘简报》,《中原文物》2008年第1期。

⑨　河南省文物考古研究所:《辉县孟庄》,中州古籍出版社(郑州),2003年。

⑩　北京大学考古系商周组:《河南淇县宋窑遗址发掘报告》,《考古学集刊》(10),地质出版社(北京),1996年。

⑪　河南省文物考古研究所:《河南鹤壁市刘庄遗址下七垣文化墓基地发掘简报》,《华夏考古》2007年第3期。

⑫　中国社会科学院考古研究所:《殷墟发掘报告(1958—1961)》,文物出版社(北京),1987年。

⑬　刘一曼:《安阳小屯西地的先商文化遗存——简论"梅园庄一期"文化的时代》,《三代文明研究(一)——1998年河北邢台中国商周文明国际学术研讨会论文集》,科学出版社(北京),1999年。

⑭　河南省文物考古研究所:《安阳市西高平遗址商周遗存发掘报告》,《华夏考古》2006年第4期。

⑮　河南省文物考古研究所:《安阳彰邓》,大象出版社(北京),2012年。

⑯　中国社会科学院考古研究所安阳工作队、安阳市文物考古研究所:《河南省安阳县西蒋村遗址的调查与试掘》,《考古》2011年第11期。

遗址 3 段相当,两灰坑大体相当于宋窑遗址 4 段。

鹤壁刘庄遗址未见同时期居址资料,墓地墓葬年代较为集中,发掘者认为年代较早者相当于二里头文化二期阶段,但似乎略早。墓地整体年代集中于二里头文化三期至四期,约与宋窑遗址的四段相当。刘庄墓地年代上限及性质问题复杂,本书将在第五章再行讨论。

梅园庄一期遗存以安阳殷墟梅园庄下层及孝民屯 1960 年 T301③-⑥层为代表。从其发表器物看,大体与孟庄遗址 4、5 段相对应。

安阳小屯西地 H49、H50,两灰坑年代大体相当于宋窑遗址第 4 段。

安阳西高平遗址发现相当于二里头文化时期灰坑 5 座,其中 H78 打破 H84,但从发表器物来看,两灰坑似属同期,大体相当于宋窑遗址第 4 段。

安阳西蒋村遗址发现二里头文化时期灰坑数座①,可以 H3、H19 为代表。原简报执笔者侯卫东在西蒋村简报结语中认为西蒋村的二里头文化时期遗存可分为前后三段,第一段以 H3 为代表,年代可早至略晚于下七垣遗址第④层而早于下七垣遗址第③层的阶段,亦即相当于二里头文化二、三期之际。但 H3 可复原器物不多,所依据的部分口沿片特征并不明显,被依据的饰花边口沿的高领鬲,在宋窑遗址 T12④:196、小屯 H49、孟庄 M26 亦有领部更高的饰花边口高领鬲,而这三个单位都是比较明确的二里头文化时期偏晚阶段的单位,所以将西蒋村 H3 年代提早的证据并不充分。同时,原简报认为的二里头文化第 2 段,以 H16 为代表,认为其年代约晚于偃师商城第一期(亦即大灰沟底层),而相当于永年何庄 H6 的阶段。实际上,将偃师商城第一期年代提前至永年何庄 H6,是王学荣等人的意见,核心目的是将偃师商城的始建年代提早至相当于二里头文化四期偏晚阶段。且不说偃师商城第一期遗存十分稀少,也无特别丰富的复原器,西蒋村遗存与之可以比较的遗存并不丰富。因此,以豫北地区其他遗址来看,西蒋村遗址的材料并不早。比如,H16③:30 的形态与彰邓 H7 等单位的陶鬲差别并不大。简报所认为的第 3 段,以 H4 为代表,执笔者判断其年代当晚于偃师商城第二期,但从器物形态看,陶鬲颈部与肩部折转明显,往往形成浅细的凹槽,这种特征实际上仍然是早于郑州商城 C1H17 的。至于侯卫东说平底陶爵年代已进二里冈阶段,则也并不尽然,在邯郸龟台寺、薛村、临城补要村、徐水大赤鲁、正定小客等遗址的二里头文化时期单位中发现的管流爵,皆为平底。同在豫北的济源新峡 H32:3 陶爵亦为平底。同时,二里头文化时期的铜爵,皆平底也可视为旁证。所以,西蒋村二里头文化时期的遗存年代十分接近,强分为 3 段,证据并不充分。因此本文对该遗址的相关遗存不分段,判断其年代大体相当于宋窑遗址第四段。

长垣宜丘遗址发表二里头文化时期灰坑三座,其中 H1 打破 H2,因之可以将宜丘遗址二里头文化时期的遗存分为前后两段。第一段以 H2、H4 为代表,第二段仅 H1 一个单位。

对上述遗址分组排比,可将豫北二里头文化时期经科学发掘的遗存归纳为二期四段(表 1-1)。

---

① 原报告认为西郊乡属于"下七垣文化"的灰坑有 14 座,但部分灰坑年代已经较二里冈下层文化更晚,笔者认为,这部分单位实际已经属于二里冈上层文化(详见本文第二章第一节的相关讨论)。但是原报告中并无所有单位的期别认定,所发表材料也经过筛选,因此,相当于二里头文化时期的单位数量并不能确定。

一期1段：遗存单位较少，仅有宋窑T301④与孟庄H199两单位，沁水以西、淇河以北地区没有发现确切属于本段的材料。依宋窑、孟庄两遗址的年代判断，本组与二里头文化二期偏晚遗存年代相当。夹砂深腹罐在宋窑遗址并无复原器。从残片上部观察，橄榄罐与二里头文化二期折沿深腹罐相比形体偏瘦，豆盘较二里头文化二期同类器更浅。宋窑遗址发掘者认为T301④层大口尊与二里头遗址87ⅥM20同类器相同。但就报告线图，大口尊口部形态复原较勉强，口肩径比并不确定，仅从颈部甚至难与T302⑪同类器区别。因之，本段年代下限当晚至二里头文化三期。

一期2段：遗存单位不多，仅宋窑T302④-⑫、T301③层与孟庄ⅧT86⑪等单位。从整体面貌看，本段晚于第1段，年代在二里头文化三期晚段。

二期3段：遗存略有增多，淇河以北遗址数量明显增加，代表性单位有宋窑T12④层；彰邓第一组；李大召H12、J2；孟庄H158、H44等单位；李固第五层，北平皋H1、H4；赵庄G1⑤，宜丘H2、H4等单位。本段两种夹砂罐器底都呈减小的趋势，这是本段与前段最明显的差异。卷沿深腹盆腹部较前一段直。折肩深腹盆腹部变深。本段开始出现粗把豆。较为典型的大口尊，在本段的几个遗址中都有发现，比例也较前段有所增加。本段年代约在二里头文化四期早段。

二期4段：代表性单位有宋窑T302③层；彰邓第二组；李大召H28、H299；孟庄H301；宜丘H1；小屯西地H49、H50等单位。李大召H205，孟庄M45、M49或稍晚。本段陶鬲数量明显增加，夹砂罐比例下降。橄榄罐形体更加瘦长，高领罐多圜底。直腹盆出现，浅腹平底盆腹变深。大口尊口肩之比已经十分接近。本段年代约在二里头文化四期晚段。

二、夏时期各期陶器的特征

从整体的文化面貌看，豫北地区二里头文化时期的两期间文化面貌变化较为明显。下面我们从陶系、炊器组合变化、其他标志性器物数量变化等方面予以分析。

（一）陶系

第一期中孟庄H199与宋窑、新峡遗址存在差异，这或许与发掘对象的性质差异有关。前文已叙及，宋窑T301、T302发掘的对象或有可能是一较大的坑状堆积，堆积内涵与结构或有较大的偶然性。宋窑遗址两探方面积不足60平方米，但包含夹砂罐数量之多，面貌更接近二里头文化，亦可以从新峡遗址得到参证。也正因此，宋窑遗址第一段、新峡第一段与孟庄H199的陶系统计数据差异明显。孟庄H199泥质陶比例高于夹砂陶（表1-2）。从陶色看，灰陶比例较高是二里头文化晚期豫北地区的特点（详第五章），一般灰陶比例皆在六成以上，也接近豫西二里头文化同时期单位。豫西典型二里头文化中有一定的红褐陶，但豫北地区则普遍较低。从纹饰来看，豫北地区诸遗存自身特征较明显，细绳纹比例明显较高，附加堆纹比例较低。同时期二里头遗址除宫城区外，夹砂陶亦多于泥质陶，但比例悬殊不大，而豫北宋窑、新峡，比例都大于二里头。

表 1－2　二里头文化晚期豫北地区居址典型单位陶系统计表

项目时段		单　　位	陶质(%)		陶色(%)			纹饰(%)					
			泥质	夹砂	灰	红褐	黑	素面	绳纹(含旋断)	篮纹	旋纹	附加堆纹	戳压印纹
一期	1段	孟庄 H199	55	45	86.2	7.1	6.7	30.7	46	15.6		0.51	7.2
		宋窑 T301④	3.3	96.3	64.5	6.5	29	14.3	86.4		0.6	0.56	0.2
		新峡 H35	24.9	75.1	87.9	3	9.1	9.4	78.6		5.2	6.7	0.2
	2段	宋窑 T302④以下、T301③	2.3	97.7	61.3	3.6	35.1	10.1	89.1		0.3	0.01	0.4
		新峡 H33	25.8	74.2	90.5	0.4	9	9.2	75.8		6.8	8.2	
二期	3段	宋窑 T12④	11.3	89.7	65.7	3.2	31.1	17.8	80.9		0.5	0.61	0.06
		李大召 H28	75.8	24.2	57.2	17.2	25.6	26	60.1	6.6		1.1	
		彰邓 H86	18.2	81.8	12.2	7.5	80.3	32	52.1	0.7	13.8	0.8	4.8
		彰邓 H18	12.4	87.6	15.6	7.9	76.5	23.1	71.7	0.4	8.9	0.4	2.6
		彰邓 H32	11.3	88.7	26.9	17.7	55.4	18.7	96.2	0.1	4.4	4.8	2.4
		李固	64.1	35.8	79	8.3	12.5	32.9	56.1		9.7		
		新峡 H1	22.6	77.4	92.5	1	6.5	12.1	79.5		4.1	4.2	
	4段	小屯 H49、50	44.5	55.5	47.1	9	43.9	33.8	55.7				
		彰邓 H7	9.8	90.2	10.4	11.5	78.2	24.5	73.2	0.1	10.9	0.2	0.9
		彰邓 H64	13.8	86.2	15.1	10.6	74.3	28.8	64.9	0.5	11.6	0.4	3.4
		西蒋村 H3	9.7	90.3	56.9	6.7	28.3	19.4	75.6		1.7	0.8	2.4
		李大召 H299	48.1	51.9	62.7	13.1	24.2	14.8	81.7		1.89	0.43	0.04

　　第二期与第一期间变化较明显。本期夹砂陶在除淇水以南的李大召与李固遗址个别单位以外,比例均多于泥质陶(表 1－2),一般占比都在 5 成以上,小屯 H49、50 两单位夹砂陶占55.5%,李大召 H299 也上升至 51.9%,与典型的二里头文化二里头类型有差别。从陶色看,褐陶比例有所升高。从纹饰看,绳纹特别是细绳纹在本期仍占明显优势。素面陶比例变化不明显。同时期二里头遗址泥质陶一般占比在 4 成左右,而豫北沁河以东各遗址,泥质陶的比例多在 3

成以内,少于二里头文化,沁西北平皋—赵庄与二里头文化比较接近,而与沁东各遗址有差别。

（二）器物群中的炊器特征与组合变化

炊器的形态与组合差异对比,在中国考古学文化研究中历来被视为具有指标意义,在长期的研究实践中被证明对炊器的比较是区分不同文化类型行之有效的方法。

一期时,豫北地区以夹砂罐为最主要的炊器,鼎占有一定的比例,鬲、甗不占主导地位,二者相加比例仍小于夹砂罐。第二期,豫北地区鬲、甗的数量有较明显的增加（第三段个别单位略有差异）,第四段时,二者相加在比例上已经超过了夹砂罐。但本期夹砂罐仍有一定的地位,鼎的比例在这一时期明显下降（表1-3）。以沁水为界,沁西新峡、北平皋等遗址,鬲甗比例更低。

表1-3　二里头文化晚期豫北地区居址炊器组合百分比统计表

期段	器类	单位	夹砂罐（%）	甑（%）	鬲（%）	甗（%）	斝（%）	鼎（%）	总件数
一期	1段	孟庄 H199	67.8			17.9		14.3	28
		宋窑 T301④	44	8	20	20		8	25
		新峡 H35	92.9		3.6			3.6	28
	2段	宋窑 T302④以下、T301③	84.1	2.4	8	1.8		2	326
		新峡 H33	77.6	3.4	17.2	1.7			58
二期	3段	宋窑 T21④	69.3	9.8	17.9	2.8			173
		彭邓 H86	39		36.6	14.6		9.8	41
		彭邓 H18	30.6	2.3	29.4	24.7	2.4	10.6	85
		彭邓 H32	43.3		33.3	15	1.7	6.7	60
		李大召 H28	76.9	15.4				7.6	13
		新峡 H1	87.1		3.2	6.5		3.2	31
	4段	宋窑 T302③	64	4.5	20.6	4.5	1.2	4.5	87
		小屯 H49H50	63.2	10.3	26.3				19
		彭邓 H7	33.3		30	33.3		3.4	30
		彭邓 H64	64.8		24.1	7.4		3.7	54
		西蒋村 H3	44.7	2.1	36.2	10.6		6.3	47
		李大召 H299	48.4	3.2	48.4				62

从炊器特征看,第一段时,陶鬲仅有分档矮领鬲一种,数量较少,形态并不固定。第二段时延续第一段的基本面貌,仍只有分档矮领卷沿鬲,形态仍不固定。第三段时,鬲甗数量增多,夹砂罐的比例开始下降。陶鬲的形态仍趋于多样化。各遗址开始出现分档高领卷沿鬲。折沿鬲和直口鬲、联裆鬲等也在这一阶段出现,但所占比重非常小。陶鬲的使用比例始终不及夹砂罐,说明豫北地区并不一定陶鬲作为主要炊器。从数量上看,除个别单位外,鬲加甗的总量能超过夹砂罐。在本区西北角的新峡遗址中,各类夹砂罐依然是最常见的器类,也是最主要的炊器,各类夹砂深腹罐形态也都是在二里头遗址最常见的,并无特异处。但新峡遗址夹砂罐的唇缘花边比例较高,无论是简报所分的折沿深腹罐、卷沿深腹罐,还是定名为花边罐者,按简报公布的标本计,占所有深腹罐的 4 成,个别单位甚至比例更高。

从已复原的陶鬲来看,陶鬲的口沿与鬲足间似无一定的对应规律。现有材料中,锥状鬲足足尖以内勾或微内勾者为多,而足尖外撇的数量较少。在足尖外撇的陶鬲中,大部分属于卷沿矮领分档鬲。柱状足陶鬲足尖一般微外撇,足尖距大于或等于口径。从年代上看,鬲足形态间的差异似无明显的时代演变规律。但可以看出,足面细绳纹及底的鬲足装饰风格在豫北地区二里头文化时期年代偏早时较少而晚期更为多见。足根表面有凹槽的鬲足多见于豫北西侧靠近太行山的地点,而在豫北南部平原地带的遗址中少见。总体来看,豫北地区夏时期陶鬲形态多样,式样庞杂,时代越早,形态越多样。相当于二里头四期阶段,陶鬲的形态才相对稳定起来。

陶甗在二里头文化时期一直占有一定的比例,总体数量不多。绝大多数内有箅托,外有附加堆纹。

夹砂罐在第一段时,橄榄罐与高领罐的形态都较矮胖,随后橄榄罐逐渐瘦长,而高领罐则由平底逐渐演变为圜底。

分体的陶甗在豫北地区不发达,从分布区域看,以淇河以南地区比较常见,在淇河以北较少见。

陶鼎在豫北地区多为侧装扁足的盆形鼎,扁足边缘一般有手指捏压痕。罐形鼎则有两种形态,前一种为圆腹罐加装扁足,足部与盆形鼎相同;另一种则加装实芯侧视圆锥状扁足,足面有戳印锥刺纹,呈鬼脸状。后一种出现时间较晚,数量较少。

夹砂陶斝在这一地区数量较少,出现的时间也较晚,一般都在第二期出现,但形态较为固定,上半部多为敛口,腹部有五花大绑式的附加堆纹,下部则多无箅托。

新峡遗址是本区位置最西北的遗址,比较有代表性,且对本区域考古学文化谱系与晋南地区的关系较为重要。该遗址内各类夹砂深腹、圆腹罐、花边罐计入统计器类,则一般都在 6 成以上,个别单位总量可达 7 成。鬲、甗总量都不多,除 H33 数量略多外,其余单位大多仅出土 1 件,在总器类占比中一般都在 5%以下。

(三) 器物群其他主要器物特征与组合变化

除炊器外,在二里头文化时期豫北地区的其他主要器物另有一些特征值得总结。

盆在豫北地区二里头文化时期数量极多,型式种类繁多,以卷沿有肩盆最为常见,次为敞口浅腹大平底盆。陶盆无论腹部形态如何,但基本都是平底,个别为凹圜底。二期以后,陶盆外壁磨光者增多,部分盆肩部有压印或戳印"S"形或云雷纹,腹部有鸡冠耳装饰的数量随时代渐少。器底滚压绳纹或用绳纹棍按压纹饰的现象较多。

陶豆在豫北地区有一定数量,但以细柄豆为主。豆盘多为斜腹,浅腹较多,有极少量豆盘中部另有一小浅盘。粗柄豆出现较晚。

圈足盘在豫北地区数量少,圈足多有镂空,镂空形态差异较多,有十字形或工字形等形态。

大口尊在豫北二里头文化时期数量不多,早期口径小于肩颈,至晚期口肩径逐渐相等甚至口大于肩。尊肩部折转处多有附加堆纹装饰。

捏口罐在豫北地区二里头文化时期有一定数量,地理位置越靠南部数量越多,在淇河以北数量较少。

蛋形瓮在豫北地区二里头文化时期较为常见,以圈足蛋形瓮最为常见,这是本地的特色。

平口瓮在豫北地区二里头文化时期较为常见,肩、上腹部一般压印有"S"形或云雷纹,一般制作较精细。口缘以外及上腹往往多有磨光处理,色泽以黑色和红褐为常见。时代越晚,平口瓮的出现概率越高。

小口瓮有一定比例,形态较为固定,一般器底较小,多以广肩或圆肩为多。

从组合的角度看,第1、2段时,未见粗柄豆、圈足盘,陶簋在豫北数量也极少。到二期3段以后,豫北地区的器物组合相对完整,制作精细的平口瓮数量增多。新出现的粗柄豆柄部形态尚不固定,盘部与陶簋的形态区别较小。平底器在二期以后器底滚压绳纹的现象十分突出,且以淇河以北地区比例更高。相较而言,瓦足皿、曲柄豆、折肩器盖等二里头文化常见的器物,在豫北同时期极为罕见。刻槽盆在沁河以西有一定数量,而沁河以东较罕见。

三、商早期遗存的分期

(一)地层关系

自殷墟发掘以来,在豫北地区共发掘了早商时期的遗址数十处(图1-11),其中有20余处的调查或发掘资料得到正式公布。截至2020年,豫北地区早商时期发掘面积较大且遗存较丰富的遗址以焦作府城、新乡李大召、辉县孟庄、辉县琉璃阁、洹北商城等遗址为代表。

辉县孟庄报告所挑选的早商时期典型单位之间相互独立,在有众多有打破关系的单位中没有可以比较的同类器物,因此就报告公布资料而言不存在有效地层关系。但孟庄遗址中部分单位早商时期遗存十分丰富,对分期研究有较重要的作用。

辉县琉璃阁遗址发现早商时期灰坑3个,另有零星商代地层。但各商代遗存间不存在有效地层关系。

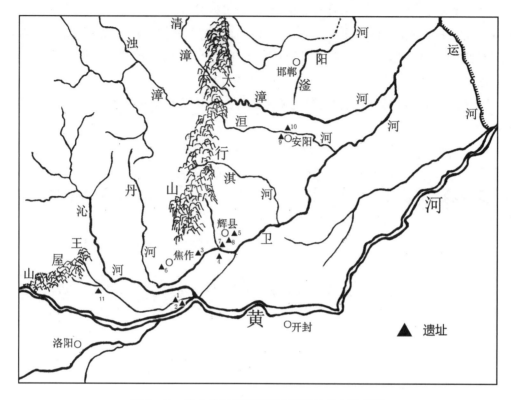

图 1 - 11　豫北地区早商时期主要遗址分布示意图

1. 赵庄　2. 大司马　3. 李固　4. 李大召　5. 孟庄　6. 府城　7. 潞王坟　8. 琉璃阁
9. 殷墟遗址群　10. 洹北商城　11. 新峡

新乡李大召遗址公布早商时期遗存多个,其中可以如下几组作为早商时期典型地层关系:

（1）H27→H28

（2）H165→H12

（3）H82→H109→J2

（4）ⅣT0512③→H171→H177

（5）ⅠT0501④→H245→H283→⑤

（6）ⅣT0408③→H326→H330→H339→H350

（7）ⅡT2405②→H298→H354

在地层关系(1)中,H27 为早商时期遗存,H28 为二里头时期遗存;地层关系(2)中,H165 为早商时期遗存,H12 为二里头时期遗存;地层关系(3)中,H82、H109 为早商时期遗存,J2 为二里头时期遗存;地层关系(4)中 H171、H177 为早商时期遗存;地层关系(5)中 H245 为早商时期遗存;地层关系(6)中 H326、H330、H339 为早商时期遗存;地层关系(7)中 H354 为早商时期遗存。

焦作府城遗址早商时期遗存十分丰富，但发表材料较少。已公布材料中有如下两组地层可作为典型地层关系：

（1）H57→H59

（2）H23→H58

洹北商城遗址的早商时期遗存甚为丰富，发掘者根据丰富的地层关系对该遗址已有较好的分期研究①，本文从其说。

由于豫北早商时期各遗址少见有效地层关系，因此需要在参考郑州商城等既有认识进行器物形态研究。

（二）陶器形制分析

豫北地区各遗址早商时期器类较多，三足器、平底器、圈足器皆有一定的比例。其中鬲、罐、盆、豆、大口尊、小口瓮等几类器物形制演变轨迹较为清晰，是分期断代的重要依据。

鬲　数量极多，是早商时期本地区最为常见的器类。根据整体形态差异可分为如下六型。

A 型：卷沿，矮领。根据沿、腹形态差异可分为六式。

Ⅰ式：圆唇或尖圆唇，沿面较宽，高锥足，整体形态较瘦，器表饰细绳纹。标本琉璃阁 H1：87（图 1－12：1）。

Ⅱ式：圆唇或尖圆唇，沿面前端较平，锥足较高，整体形态近长方，多饰以细绳纹。标本孟庄 H77：21、F4：1（图 1－12：2、3）。

Ⅲ式：圆唇或方唇，沿面前端下缘偶见勾棱，颈部变短，锥足甚高，腹部瘦直，整体形态变矮，器表绳纹开始变粗。标本孟庄 J2：8、M2：1（图 1－12：4、5）。

Ⅳ式：方唇或斜方唇，部分沿面前端有一道或两段凹槽。整体形态矮肥，高锥足，器表绳纹变粗。标本孟庄 H174：1（图 1－12：6）。

Ⅴ式：方唇或斜方唇，沿面前端上翻，唇缘下端勾棱不甚明显，沿面前端多见一二道凹槽，整体形态变宽，绳纹更粗。标本洹北商城 99H24：9、99J4：16（图 1－12：7、8）。

Ⅵ式：圆唇、方唇或斜方唇，沿面前端上翻，唇缘下端无勾棱，沿面前端偶见一二道凹槽，整体形态矮宽，锥足变矮，绳纹更粗。标本李大召 H326：5、洹北商城 99H18：12（图 1－12：9、10）。

B 型：卷沿高领。依领部形态差异，可分为四式。

Ⅰ式：领部甚高，圆唇或尖圆唇，肩部折转较明显，整体形态较高，锥足瘦高。标本孟庄 H143：2、H153：1（图 1－12：11、12）。

① 唐际根：《中商文化研究》，《考古学报》1999 年第 4 期；中国社会科学院考古研究所安阳工作队：《河南安阳市洹北花园庄遗址 1997 年发掘简报》，《考古》1998 年第 10 期；中国社会科学院考古研究所安阳工作队：《1998 年～1999 年安阳洹北商城花园庄东地发掘报告》，《考古学集刊》（15），文物出版社（北京），2004 年。

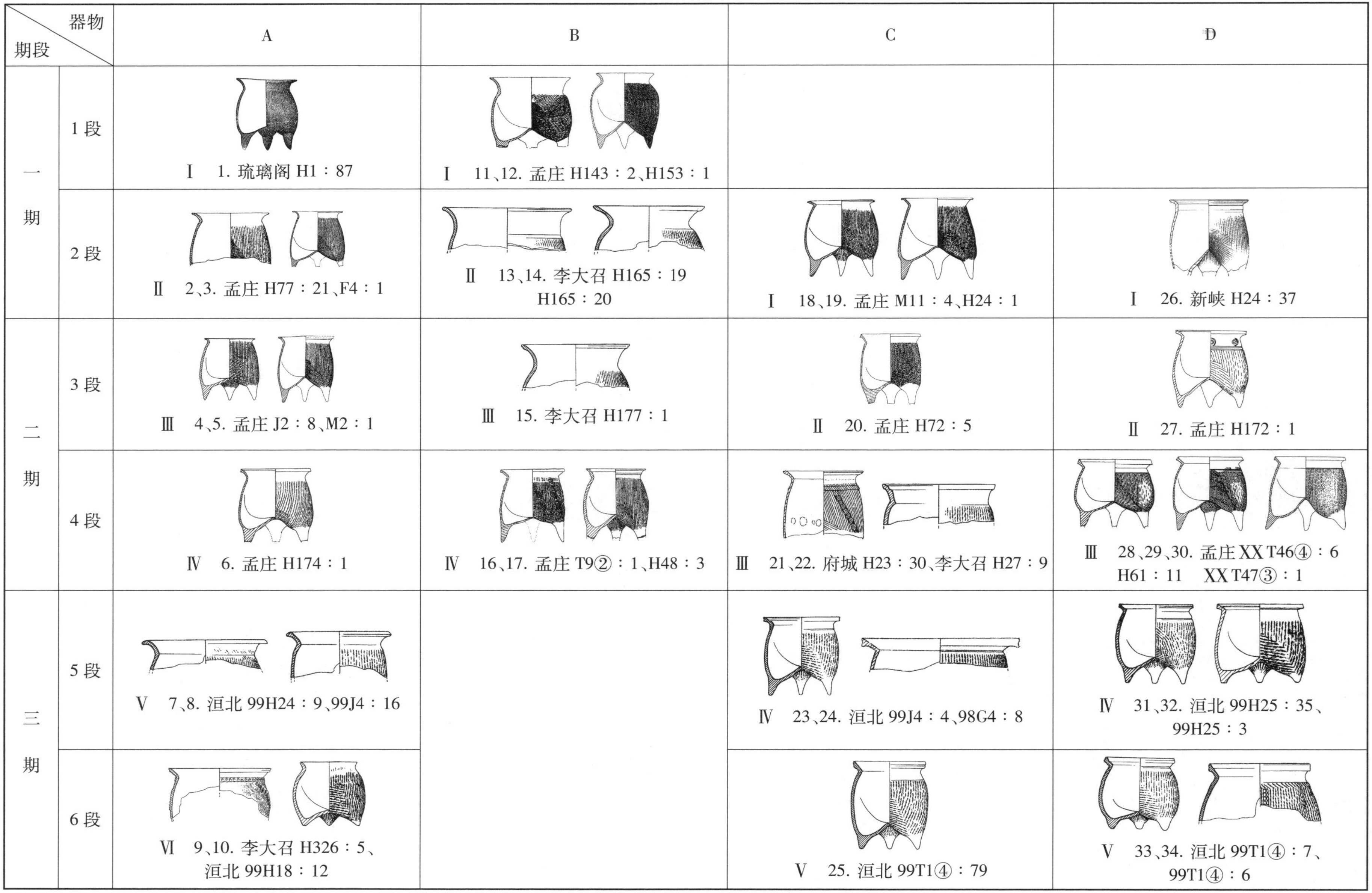

图 1-12　豫北地区早商时期陶鬲分期图

器物	A	B	C	D
1段	I　1. 琉璃阁 H1：87	I　11,12. 孟庄 H143：2、H153：1		
2段	II　2,3. 孟庄 H77：21、F4：1	II　13,14. 李大召 H165：19 H165：20	I　18,19. 孟庄 M11：4、H24：1	I　26. 新峡 H24：37
3段	III　4,5. 孟庄 J2：8、M2：1	III　15. 李大召 H177：1	II　20. 孟庄 H72：5	II　27. 孟庄 H172：1
4段	IV　6. 孟庄 H174：1	IV　16,17. 孟庄 T9②：1、H48：3	III　21,22. 府城 H23：30、李大召 H27：9	III　28,29,30. 洹北 XXT46④：6 H61：11　XXT47③：1
5段	V　7,8. 洹北 99H24：9、99J4：16		IV　23,24. 洹北 99J4：4、98G4：8	IV　31,32. 洹北 99H25：35、99H25：3
6段	VI　9,10. 李大召 H326：5、洹北 99H18：12		V　25. 洹北 99T1④：79	V　33,34. 洹北 99T1④：7、99T1④：6

Ⅱ式：圆唇,领部较高直,束颈特甚,凸肩较前式较缓。标本李大召 H165：19、20(图1-12：13、14)。

Ⅲ式：圆唇,唇缘偶见凹槽,凸肩较缓,领部变矮。标本李大召 H177：1(图1-12：15)。

Ⅳ式：方唇或斜方唇,部分沿面前端有一道或两段凹槽。整体形态矮肥,高锥足,器表绳纹变粗。标本孟庄 T9②：1、H48：3(图1-12：16、17)。

C 型：折沿,瘦腹。根据唇沿形态差异可分为五式。

Ⅰ式：尖圆唇,沿面起棱,腹部较浑圆,锥足较高。标本孟庄 M11：4、H24：1(图1-12：18、19)。

Ⅱ式：斜方唇,唇缘下端勾棱明显,腹部较瘦。标本孟庄 H72：5(图1-12：20)。

Ⅲ式：折沿,斜方唇,沿面前端上翻,唇缘下端勾棱较明显,沿面前端多见一二道凹槽,颈部较高,整体形态近长方,部分腹部有附加堆纹。标本府城 H23：30、李大召 H27：9(图1-12：21、22)。

Ⅳ式：方唇或斜方唇,唇缘下端勾棱明显,部分唇缘及沿面前端有一至二道凹槽。标本洹北商城 99J4：4、98G4：8(图1-12：23、24)。

Ⅴ式：方唇或斜方唇,沿面前端上翻,唇缘下端不见勾棱,沿面前端多见一二道凹槽,整体形态更宽,锥足变矮,绳纹更粗。标本洹北商城 99T1④：79(图1-12：25)。

D 型：折沿,腹部较肥鼓。根据沿腹形态差异可分为五式。

Ⅰ式：短颈宽折沿,沿面前端平折,沿面有凹槽。标本新峡 H24：37(图1-12：26)。

Ⅱ式：圆唇或方唇,沿面前端较平,锥足较高,整体形态近长方,器表绳纹较粗,器表颈部多有同心圆纹。标本孟庄 H172：1(图1-12：27)。

Ⅲ式：方唇或斜方唇,沿面前端下缘勾棱明显,沿面多有一道或两道凹槽,下腹肥鼓。标本孟庄 ⅩⅩ T46④：6、H61：11、ⅩⅩ T47③：1(图1-12：28、29、30)。

Ⅳ式：方唇或斜方唇,唇缘下端勾棱明显,沿面前端多有一道或两道凹槽,下腹肥鼓,锥足较高。标本洹北商城 99H25：35、99H25：3(图1-12：31、32)。

Ⅴ式：方唇或斜方唇,唇缘下端勾棱不甚明显,沿面前端多有一道或两道凹槽,下腹肥鼓,锥足变矮。标本洹北商城 99T1④：7、99T1④：6(图1-12：33、34)。

E 型：筒腹。数量较少。根据肩腹部形态差异,可分为四式。

Ⅰ式：侈口,肩微凸,直腹较瘦,下腹微鼓,高锥足。标本孟庄 H84：7(图1-13：1)。

Ⅱ式：侈口,溜肩,腹微鼓。标本孟庄 M4：1、M7：1(图1-13：2、3)。

Ⅲ式：侈口近敛,束颈,腹瘦直,高锥足。标本孟庄 H50：10(图1-13：4)。

Ⅳ式：侈口,领斜侈,瘦直腹,高锥足。标本孟庄 H2：1(图1-13：5)。

F 型：无实足根鬲。根据唇、腹形态差异可分为两式。

Ⅰ式：尖圆唇,卷沿,沿面前端近平,束颈,肥袋足,器表饰细绳纹。标本孟庄 F4：2(图1-13：6)。

期段	器物	E	F	瓶
一期	1段	I 1. 孟庄 H84：7，II 2. M4：1		
	2段		I 6. 孟庄 F4：2	I 8. 孟庄 H53：1
二期	3段	II 3. 孟庄 M7：1 III 4. 孟庄 H50：10		I 9. 李大召 H64：6
	4段	IV 5. 孟庄 H2：1		
三期	5段			
	6段		II 7. 洹北 99T2④：10	II 10. 洹北 99T1④：11

图 1-13　豫北地区早商时期陶鬲分期图

Ⅱ式：圆唇,卷沿,束颈,斜直腹,器表饰中绳纹。标本洹北商城99T2④：10(图1-13：7)。

甗　数量较少。大略可分两式。

Ⅰ式：器表腰部或有附加堆纹,多数无箅托。标本孟庄H53：1、李大召H64：6(图1-13：8、9)。

Ⅱ式：箅托不明显,或仅为浅勾棱。标本洹北商城99H T1④：11(图1-13：10)。

甑　有一定数量。根据形态差异可分为四式。

Ⅰ式：卷沿近折,整体形态与同时期深腹盆相近,盆腹外一般有一对鸡冠耳,甑孔多在腹底相接处,多为三半弧形孔,甑底中心多有一圆形孔。标本李大召H2：2(图1-15：16)。

Ⅱ式：卷沿,沿面变短,盆腹变直,甑底中心圆形孔消失。标本孟庄ⅩⅢT70④：1(图1-15：17)。

Ⅲ式：沿面较宽,沿面斜立,沿面多有一至二道凹槽,盆腹较深,甑孔未见变化。标本孟庄H66：1(图1-15：18)。

Ⅳ式：沿面变短,沿面斜立,唇缘多有凹槽,前端偶见勾棱,沿面多有一至二道凹槽,盆腹较深,变瘦,甑孔向中间靠近,变为三角弧形。标本洹北商城99H24：31、洹北商城99H17：8(图1-15：19、20)。

盆　数量种类甚多。根据整体形态差异可分为深腹盆、浅腹盆、鼓腹盆、折肩盆四类。

深腹盆　数量甚多。根据腹部形态差异可分为两型。

A型：深直腹。根据腹部形态差异可分为四式。

Ⅰ式：尖圆唇,腹微鼓而直。标本琉璃阁H1：131(图1-14：1)。

Ⅱ式：沿面较宽,束颈不明显,腹斜直。标本李大召H165：8(图1-14：2)。

Ⅲ式：敞口,斜直腹甚深。标本李大召T0501④：4、洹北商城99H11：1(图1-14：3、4)。

Ⅳ式：宽沿外卷,深直腹。标本洹北商城99T15④：8(图1-14：5)。

B型：深鼓腹。有的上腹有一对鋬耳。根据整体形态差异可分为五式。

Ⅰ式：尖圆唇,微束颈,上腹较鼓,下腹收束较缓。标本孟庄M12：3(图1-14：6)。

Ⅱ式：上腹较鼓直,下腹收束较急。标本李大召H2：1(图1-14：7)。

Ⅲ式：沿面变窄,上腹深直微外撇,下腹急收。标本孟庄H48：4(图1-14：8)。

Ⅳ式：窄沿,沿面及唇缘有一道或两道凹槽,唇缘前端下勾不甚明显,瘦直腹较深。标本洹北商城99H24：33(图1-14：9)。

Ⅴ式：窄沿,沿面及唇缘有一道或两道凹槽,唇缘前端无下勾,瘦腹微鼓,较深。标本洹北商城99H17：9(图1-14：10)。

弧腹盆　数量较多。腹较浅而鼓,根据整体形体差异可分为两式。

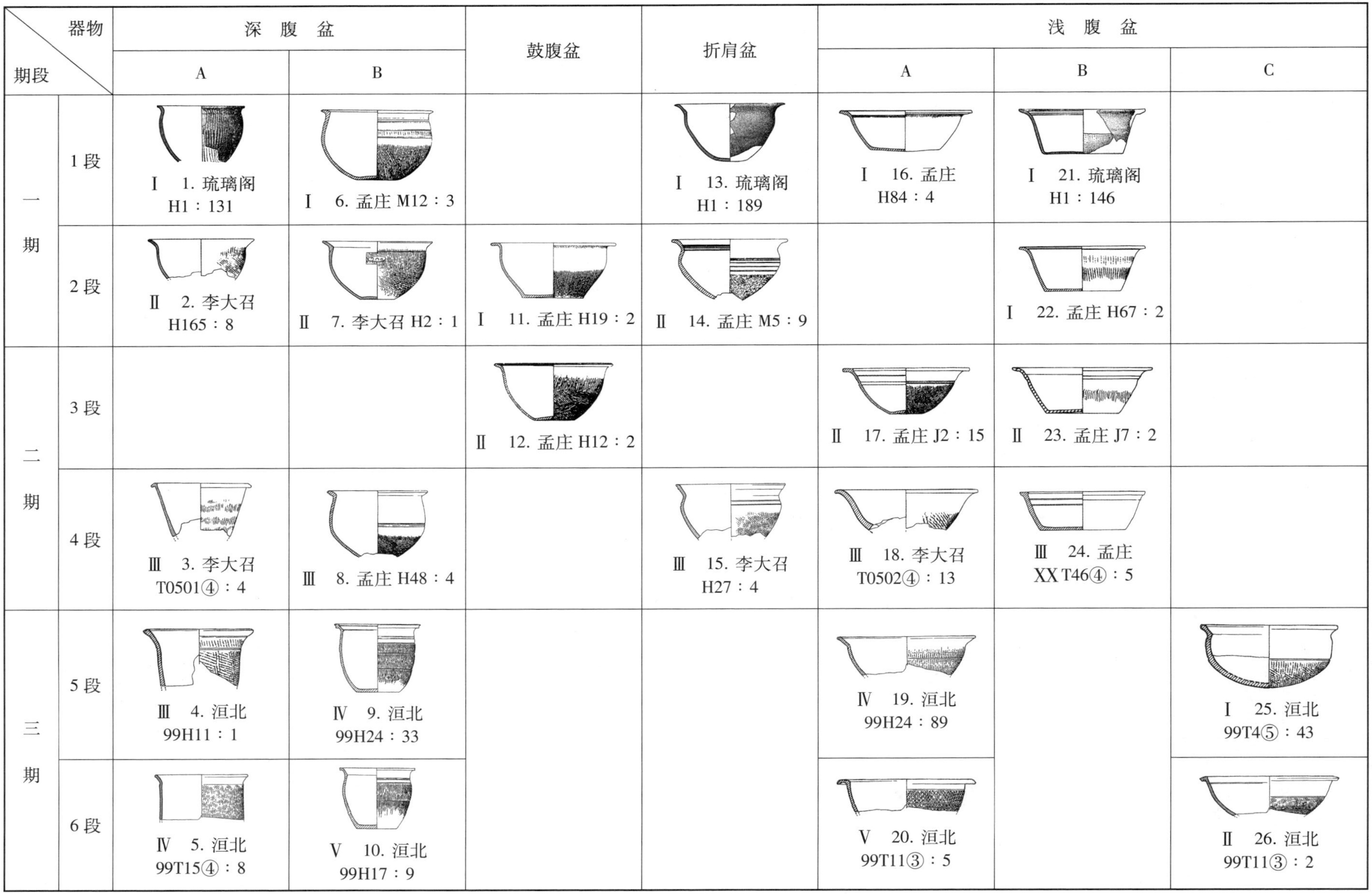

图 1—14 豫北地区早商时期陶盆分期图

Ⅰ式：上下腹分界较明显，上腹较直，下腹弧鼓。标本孟庄 H19：2（图 1-14：11）。

Ⅱ式：上下腹分界不明显，腹部较直。标本孟庄 H12：2（图 1-14：12）。

折肩盆　有一定数量。根据腹部形态差异可分为三式。

Ⅰ式：微束颈，折肩不明显，下腹收束较缓。标本琉璃阁 H1：189（图 1-14：13）。

Ⅱ式：束颈凸肩，下腹收束较急。标本孟庄 M5：9（图 1-14：14）。

Ⅲ式：折沿，束颈，下腹斜直。标本李大召 H27：4（图 1-14：15）。

浅腹盆　数量较多。依整体形态差异可分为三型。

A 型：卷沿弧腹。根据腹壁形态差异可分为五式。

Ⅰ式：圆唇或方唇，沿面较宽，前端较平，斜直腹较深。标本孟庄 H84：4（图 1-14：16）。

Ⅱ式：圆唇，沿面较宽，前端较平，腹微弧，器底变小。标本孟庄 J2：15（图 1-14：17）。

Ⅲ式：圆唇，沿面更窄，浅弧腹。标本李大召 T0502④：13（图 1-14：18）。

Ⅳ式：卷沿近折，沿面斜立，腹微鼓。标本洹北商城 99H24：89（图 1-14：19）。

Ⅴ式：沿面前端微卷，腹较深。标本洹北商城 99T11③：5（图 1-14：20）。

B 型：折沿斜直腹。根据唇沿形态差异可分为三式。

Ⅰ式：圆唇或方唇，沿面较宽，前端较平，沿面多见凹槽，斜直腹较深。标本琉璃阁 H1：146、孟庄 H67：2（图 1-14：21、22）。

Ⅱ式：沿面变短，沿上凹槽消失。标本孟庄 J7：2（图 1-14：23）。

Ⅲ式：短折沿，整体形体变小。标本孟庄 XX T46④：5（图 1-14：24）。

C 型：圜底，数量甚少。根据沿腹形态差异可分为两式。

Ⅰ式：沿面斜立，束颈。标本洹北商城 99T4⑤：43（图 1-14：25）。

Ⅱ式：沿面前端微卷，沿面及唇缘有一道或两道凹槽，唇缘前端下勾明显，腹微鼓。标本洹北商城 99T11③：2（图 1-14：26）。

豆　根据盘腹形态差异可分为真腹豆与假腹豆两类。

真腹豆　根据豆柄形态差异可分为细柄豆与粗柄豆两型。

A 型：细柄豆。数量较少。根据形态差异可分为三式。

Ⅰ式：沿面较短，作碗形，腹斜直。标本孟庄 H33：2（图 1-15：1）。

Ⅱ式：盘形腹，沿面较宽平。标本李大召 H360：1（图 1-15：2）。

Ⅲ式：斜方唇，唇缘下端勾棱明显。标本孟庄 M7：3（图 1-15：3）。

B 型：粗柄豆。有的形体近簋。数量甚多。根据形态差异可分为四式。

Ⅰ式：圆唇，沿面较短，盘腹深直，柄部粗矮较直。标本琉璃阁 H1：192、孟庄 J1：2（图 1-15：4、5）。

Ⅱ式：斜方唇，唇缘下端勾棱明显，柄部粗而微曲。标本孟庄 M2：2（图 1-15：6）。

Ⅲ式：沿面变窄，盘底微圜，柄高。标本府城 H23：20、标本洹北商城 99J4：3（图 1-15：7、8）。

期段	器物	真腹豆		假腹豆	簋	甑	大口尊
		A 型	B 型				
一期	1段	I 1. 孟庄 H33：2	I 4. 疏璃阁 H1：192		I 13. 孟庄 J1：1		I 21. 孟庄 H84：3
	2段	II 2. 李大召 H360：1	I 5. 孟庄 J1：2	I 10. 孟庄 J3：5	II 14. 孟庄 H1：1	I 16. 李大召 H2：2	II 22. 李大召 H330：4
二期	3段	III 3. 孟庄 M7：3	II 6. 孟庄 M2：2			II 17. 孟庄 XIII T70④：1	III 23. 孟庄 J3：1
	4段		III 7. 府城 H23：20	II 11. 洹北 99H24：10		III 18. 孟庄 H66：1	
三期	5段		III 8. 洹北 99J4：3	III 12. 洹北 99J3：2	III 15. 洹北 99J4：6	IV 19. 洹北 99H24：31	
	6段		IV 9. 洹北 99T4③：1			IV 20. 洹北 99H17：8	IV 24. 洹北商城 99T1③：4

图 1-15 豫北地区早商时期陶豆、簋、甑、大口尊分期图

Ⅳ式：盘腹变浅,柄部开始有折曲。标本洹北商城99T4③∶1(图1-15∶9)。

假腹豆　数量较多。根据形态差异可分为三式。

Ⅰ式：沿面前端下勾,盘较深,柄较短。标本孟庄J3∶5(图1-15∶10)。

Ⅱ式：短沿,沿面前端仍有勾棱,盘腹变浅。柄有较流畅的折曲。标本洹北商城99H24∶10(图1-15∶11)。

Ⅲ式：无沿或短沿,圆唇者居多,腹外观较直,腹柄相接处折曲明显。标本洹北商城99J3∶2(图1-15∶12)。

簋：有一定数量。根据形态差异可分为三式。

Ⅰ式：宽沿,整体形态高。标本孟庄J1∶1(图1-15∶13)。

Ⅱ式：沿面卷折明显,唇缘前端下勾明显,腹部微鼓。圈足斜立较矮。标本孟庄H1∶1(图1-15∶14)。

Ⅲ式：鼓腹,圈足变矮。标本洹北商城99J4∶6(图1-15∶15)。

大口尊：数量较多。根据形态差异可分为四式。

Ⅰ式：敞口,折肩,口肩径相近,平底或凹圜底。标本孟庄H84∶3(图1-15∶21)。

Ⅱ式：口径大于肩颈,器身变瘦,肩部折转渐缓。标本李大召H330∶4(图1-15∶22)。

Ⅲ式：器腹更瘦,口径明显大于肩颈。标本孟庄J3∶1(图1-15∶23)。

Ⅳ式：大敞口,口肩径差距更明显。标本洹北商城99T1③∶4(图1-15∶24)。

罐：根据腹部形态差异可分为深腹罐、圆腹罐、捏口罐、大口罐等四类。

深腹罐：数量较多。根据沿、腹形态差异可分为四式。

Ⅰ式：沿面变短,束颈,腹较深直。标本李大召H109∶1、新峡H24∶6(图1-16∶1、2)。

Ⅱ式：圆唇,短颈,腹部变浅。标本李大召H64∶1(图1-16∶3)。

Ⅲ式：圆唇,矮领,整体形态变瘦。标本李大召ⅡT2405②∶1(图1-16∶4)。

Ⅳ式：折沿,沿面或起棱,唇缘前端下勾明显。标本洹北商城99H25∶2(图1-16∶5)。

圆腹罐：数量甚多。根据颈腹形态差异可分为三式。

Ⅰ式：侈口,束颈,腹较深,圜底。标本琉璃阁H1∶108(图1-16∶6)。

Ⅱ式：卷沿,矮领,圆鼓腹。标本李大召H165∶12(图1-16∶7)。

Ⅲ式：颈部变矮,整体形态变瘦。标本洹北商城99H24∶78(图1-16∶8)。

捏口罐：数量较多。根据形态差异可分为五式。

Ⅰ式：矮领,鼓腹。标本孟庄H77∶2(图1-16∶9)。

Ⅱ式：腹部变瘦,矮领,整体形态变瘦高。标本孟庄J3∶8(图1-16∶10)。

Ⅲ式：瘦腹较高,颈微束。标本孟庄H48∶3(图1-16∶11)。

Ⅳ式：腹较圆鼓,肩颈相接处折转明显。标本洹北商城99H24∶24(图1-16∶12)。

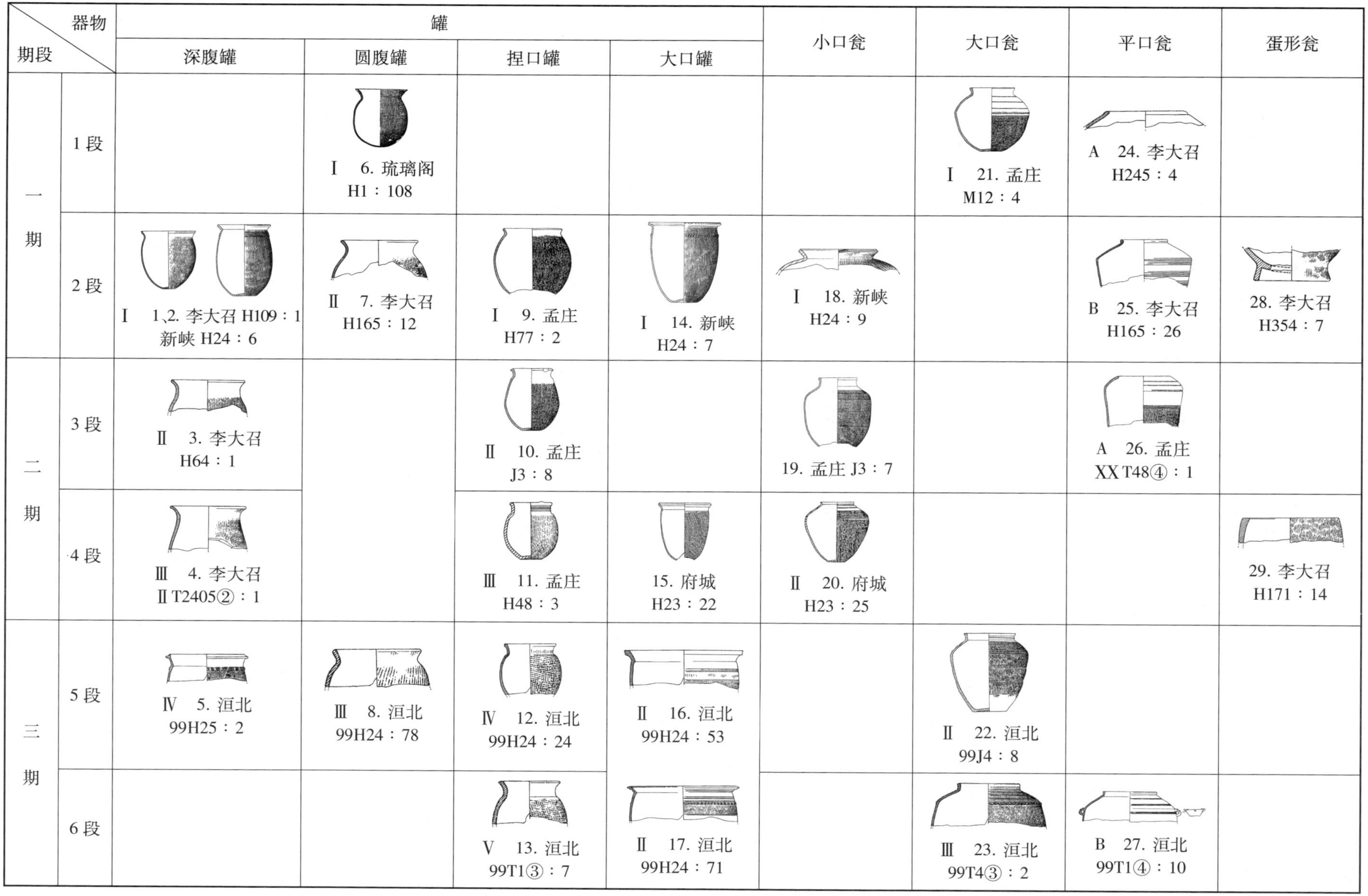

| 期 | 段 | 罐 | | | | 小口瓮 | 大口瓮 | 平口瓮 | 蛋形瓮 |
		深腹罐	圆腹罐	捏口罐	大口罐				
一期	1段	I 1、2. 李大召 H109∶1 新峡 H24∶6	I 6. 琉璃阁 H1∶108				I 21. 孟庄 M12∶4	A 24. 李大召 H245∶4	
	2段		II 7. 李大召 H165∶12	I 9. 孟庄 H77∶2	I 14. 新峡 H24∶7	I 18. 新峡 H24∶9		B 25. 李大召 H165∶26	28. 李大召 H354∶7
二期	3段	II 3. 李大召 H64∶1		II 10. 孟庄 J3∶8		19. 孟庄 J3∶7		A 26. 孟庄 XXT48④∶1	
	4段	III 4. 李大召 Ⅱ T2405②∶1		III 11. 孟庄 H48∶3	15. 府城 H23∶22	II 20. 府城 H23∶25			
三期	5段	IV 5. 洹北 99H25∶2	III 8. 洹北 99H24∶78	IV 12. 洹北 99H24∶24	II 16. 洹北 99H24∶53		II 22. 洹北 99J4∶8		29. 李大召 H171∶14
	6段			V 13. 洹北 99T1③∶7	II 17. 洹北 99H24∶71		III 23. 洹北 99T4③∶2	B 27. 洹北 99T1④∶10	

图1—16 豫北地区早商时期陶罐、瓮分期图

Ⅴ式：领部变高,腹部变瘦。标本洹北商城 99T1③：7(图 1 - 16：13)。

大口罐：数量较少。根据形制差异可分为两式。

Ⅰ式：折沿,沿面及唇缘有一道或两道凹槽,唇缘前端下勾明显。腹较瘦直。标本新峡 H24：7、府城 H23：22(图 1 - 16：14、15)。

Ⅱ式：腹部变宽肥。标本洹北商城 99H24：53、71(图 1 - 16：16、17)。

小口瓮：数量较少。根据形态差异可分为两式。

Ⅰ式：高领较直,圆肩,整体形态变瘦高。标本新峡 H24：9、孟庄 J3：7(图 1 - 16：18、19)。

Ⅱ式：矮领,肩部较圆。标本府城 H23：25(图 1 - 16：20)。

大口瓮：有一定数量。一般皆为折肩。根据颈腹形态差异可分为三式。

Ⅰ式：高领,折肩,下腹急收,整体形态较矮肥。标本孟庄 M12：4(图 1 - 16：21)。

Ⅱ式：领部变矮,折肩,下腹缓收,整体形态较高。标本洹北商城 99J4：8(图 1 - 16：22)。

Ⅲ式：矮领,肩部宽折,腹较深直。标本洹北商城 99T4③：2(图 1 - 16：23)。

平口瓮：有一定数量。根据口部形态差异可分为两型。

A 型：口部平敛,无上卷沿,肩较圆转。标本李大召 H245：4、孟庄ⅩⅩ T48④：1(图 1 - 16：24、26)。

B 型：口部近直,沿上卷,一般折肩。李大召 H165：26、洹北商城 99T1④：10(图 1 - 16：25、27)。

蛋形瓮：数量甚少,所见者多为圈足。标本李大召 H171：14、H354：7(图 1 - 16：29、28)。

盂：数量甚多,形体较小。前后形制变化不大。

(三) 分期与年代推定

豫北地区李大召、孟庄、府城、洹北商城等四处遗址遗存丰富,且公布与所知的地层关系较好,以此为基础,可以获知本地区陶器演变趋势。以此为基础的器物演变序列,对比周邻遗址遗存,可获得本地区早商时期考古学文化遗存较完整的编年谱系(参表 1 - 4)。

依据地层关系并结合器物形态差异,李大召遗址早商时期遗存可分为前后四段。第一段以 H165、H2、H330 等单位为代表;第二段则以 H64、H177 等单位为代表;第三段以 H27 为代表;第四段遗存较为零散,没有器物较丰富的典型单位。四段遗存间,前三段前后衔接紧密,未有较明显的年代缺环,第四段则与第三段间有较明显的缺环。

孟庄遗址缺乏有效地层关系,可依据器物形态差异将其分为前后四段。第一段以 H84、H143、H153 等单位为代表,年代略早于李大召遗址第一段;第二段以 F4、H77、H53、M4、M11 等单位为代表,年代大体与李大召遗址第一段相当;第三段以 H72、H172、J2、M7 等单位为代表,年代大体与李大召遗址第二段相当;第四段以 H2、H48、H61、H174 等单位为代表,年代大体与李大召遗址第三段相当。四段遗存间延续紧密,未有明显的缺环。

表 1 - 4　早商时期豫北地区居址分期对照表

期段		孟庄	李大召	新峡	大司马	府城	琉璃阁	潞王坟	李固	赵庄	洹北商城	殷墟与西蒋村
三期	6段		4								2	√
	5段					4			4		1	
二期	4段	4	3			3	3		3	3		
	3段	3	2				2	上层	2	2		
一期	2段	2	1	√	√	2				1	1	
	1段	1				2	1					
资料来源		①	②	③	④	⑤	⑥	⑦	⑧		⑨	⑩

　　洹北商城遗址早商时期遗存分为前后两段。第一段可以 97H4、G4,98H24、H25、J3、J4 等单位为代表,略晚于孟庄第四段、李大召第三段,而早于李大召第四段;第二段则可以 97H1、H298、T16④、H15、H18、H20 等单位为代表,年代与李大召第四段相当。

　　府城遗址早商时期遗存较为丰富,原报告认为府城遗址内一号宫殿基址与东城墙建筑年代应早于 H59,而 H59 与郑州商城二里冈 H17 相当或略早。按照这一意见,府城遗址早商时期遗存大致可分为前后四段,第一段以一号宫殿基址及东城墙为代表,但遗物较少,其年代约与孟庄遗址第一段相当;第二段以 H59、H58 等单位为代表,年代约与孟庄遗址第二段、李大召第一段相当;第三段以 H23 等单位为代表,年代约与孟庄第四段、李大

①　河南省文物考古研究所:《辉县孟庄》,中州古籍出版社(郑州),2003 年。
②　郑州大学历史文化学院考古系:《新乡李大召——仰韶文化至汉代遗址发掘报告》,科学出版社(北京),2006 年。
③　河南省文物考古研究院、济源市文物工作队:《河南济源新峡遗址二里头与二里岗文化遗存发掘简报》,《华夏考古》2021 年第 3 期。
④　杨贵金、张立东、毋建庄:《河南武陟大司马遗址调查简报》,《考古》1994 年第 4 期;中国社会科学院考古研究所河南一队、焦作市文物工作队:《河南焦作地区的考古调查》,《考古》1996 年第 11 期。
⑤　袁广阔、秦小丽、杨贵金:《河南焦作市府城遗址发掘简报》,《华夏考古》2000 年第 2 期;袁广阔、秦小丽:《河南焦作府城遗址发掘报告》,《考古学报》2000 年第 4 期。
⑥　中国科学院考古研究所:《辉县发掘报告》,科学出版社(北京),1956 年。
⑦　河南省文化局文物工作队:《河南新乡潞王坟商代遗址发掘报告》,《考古学报》1960 年第 1 期。
⑧　刘绪:《论卫怀地区的夏商文化》,《纪念北京大学考古专业三十周年论文集》,文物出版社(北京),1990 年。
⑨　中国社会科学院考古研究所安阳工作队:《河南安阳市洹北花园庄遗址 1997 年发掘简报》,《考古》1998 年第 10 期;中国社会科学院考古研究所安阳工作队:《1998 年~1999 年安阳洹北商城花园庄东地发掘报告》,《考古学集刊》(15),文物出版社(北京),2004 年。
⑩　石璋如:《中国考古报告集之二·小屯第一本·遗址的发现与发掘·丙编·殷墟墓葬之三·南组墓葬附北组墓补遗》,历史语言研究所(台北南港),1973 年;石璋如:《中国考古报告集之二·小屯第一本·遗址的发现与发掘·丙编·殷墟墓葬之五·丙区墓葬上》,历史语言研究所(台北南港),1980 年;李济、潘悫:《殷墟陶器图录》,《考古》1988 年第 10 期重刊;中国社会科学院考古研究所安阳工作队、安阳市文物考古研究所:《河南省安阳县西蒋村遗址的调查与试掘》,《考古》2011 年第 11 期。

召第三段相当;第四段以 H49 为代表,年代约与洹北商城一段年代相当。

琉璃阁遗址早商时期遗存相互间缺乏叠压打破关系,对琉璃阁遗址早商时期遗存以往较多地关注在遗址 H1 上。从邹衡先生以下,大部分学者认为 H1 是二里头文化时期的遗存,属于先商文化辉卫型或辉卫文化。但从 H1 大口尊口径大于肩颈,陶鬲形态与孟庄早商时期遗存第一段陶鬲形态接近的情况看,琉璃阁 H1 年代下限似乎应与二里冈下层一期同时。因此,年代亦应相当于李大召、孟庄遗址第一段。琉璃阁遗址中另有以 M110、M226、M158 等墓葬为代表早商时期遗存。依王立新的划分意见,可将这些墓葬分为前后三段,第一段以 M233 为代表;第二段以 M110、M226、M158 等为代表;第三段则以 M148 为代表。排比原报告中为数不多的线图,将 M148 年代拉晚的证据尚不充分。因此,笔者认为,琉璃阁遗址早商时期遗存可分为前后三段。第一段以 H1 为代表,此段与孟庄第一段年代相当;第二段以 M233 为代表,本段与孟庄第三段、李大召遗址第二段相当;第三段以 M110、M226、M158 等为代表,本段与孟庄第四段、李大召第三段年代相当。

新乡潞王坟遗址早商时期遗存为遗址所述之商文化上层,但由于早年发掘水平所限,其商文化上层被宽泛地认为属于二里冈上层文化时期。实际上,潞王坟遗址所谓"商文化上层"并不单纯,这一点已被很多学者指出,刘绪就曾指出,该遗址上层所出的陶器中包含有二里冈下层的陶器,因此,可以推断该遗址应含有二里冈下层时期的堆积。但是由于所出器物皆无明确的地层关系,因此笔者认为潞王坟早商时期遗存可宽泛地与孟庄二至四段、李大召遗址一至三段相对应,仍称其为"商文化上层"。

修武李固遗址材料未经全面公布,具体情况见刘绪相关论文。文中刘绪将李固遗址的早商时期遗存合并为一期,但他提及"第四层(案,指遗址 81XLT1④层)为二里冈上层堆积,但本层也有二里冈下层遗物,如细绳纹卷沿鬲、甗等。这说明李固遗址有二里冈下层堆积"。由此可知,李固遗址早商时期遗存包括有二里冈下层和二里冈上层两个时段的遗存。1995 年,王立新将该遗址早商时期的遗存分为前后两组,但他也承认,在两组之外还有早于第一组的遗存,实际上是将该遗址分为三组。但王立新所划分的三组遗存中并不包括刘绪所划分的相当于二里冈下层时期的遗存①。仔细核对原材料,可以将李固遗址早商时期遗存分为前后四段,第一段以 81XLT1④层中的二里冈下层文化时期遗存为代表,与孟庄第二段、李大召遗址第一段相近,约相当于二里冈下层二期;第二段相当于孟庄第三段、李大召遗址第二段,约相当于二里冈上层文化一期;第三段以 D2H2 为代表,相当于孟庄第四段、李大召遗址第三段,约相当于二里冈上层文化二期;第四段以 H7 和 T1③、④为代表,相当于洹北商城第一段,约相当于洹北商城早期。

武陟赵庄材料未经系统公布,相关材料皆见刘绪相关论文。刘绪将赵庄遗址中的早商遗存分为两期,但他明确指出早商的晚期遗存"本身仍有早、晚之别,可以再行分期",但由于该论文讨论侧重点在于相当于二里头文化时期的遗存,所以没有进一步详细讨论。

---

①　王立新:《早商文化研究》,第 58 页,高等教育出版社(北京),1998 年。

1995 年王立新根据这一意见,将赵庄早商时期遗存具体细分为三组①。本文赞同其说,将其分为三段。第一段以 G1④、D1 为代表,与孟庄第二段、李大召遗址第一段相当,约相当于二里冈下层第二期;第二段以 G2、G1③、D4 上、D3 等单位为代表,与孟庄第三段、李大召遗址第二段相当,约相当于二里冈上层文化第一期;第三段以 H3 为代表,与孟庄第四段、李大召遗址第三段相当,约相当于二里冈上层文化第二期。

武陟大司马在多次调查中皆发现有二里冈时期遗存。以 1990 年的调查为例,采集到与郑州二里冈 H17 时代相近的陶鬲②。因此,可知大司马遗址早商时期遗存至少有二里冈下层时期的遗存,年代大体应与李大召第一段、孟庄第二段相近。

武陟宁郭公社曾清理早商时期墓葬③,从形态观察属于二里冈上层,与孟庄遗址第四段年代相当。

焦作南朱村曾清理早商时期墓葬一座④,出土器物从形态观察,应属二里冈上层二期前后,与孟庄遗址第四段年代相当。

济源新峡早商时期遗存仅公布了 H24 一个单位,年代约在二里冈下层二期前后,与孟庄遗址第二段年代相当。

辉县丰城遗址在调查中⑤,发现有早商时期遗存,年代大体与潞王坟遗址上层相近,由此可知该遗址至少应有二里冈上层时期的遗存。

大赍店遗址在调查中曾多次发现早商时期遗存,就笔者 2009 年参观所见有二里冈下层的典型陶器残片。

殷墟遗址群早商时期遗存自邹衡先生对殷墟文化分期时分出的部分单位以来⑥,对于殷墟遗址内存在的早商时期遗存已为学术界所认可。就目前所知,殷墟遗址群内以小屯 YH335、YH103、YH027、YB45、YH128、YM232、YM333 及三家庄 M4 等单位可属于早商时期,年代大体与李大召遗址第四段、洹北商城第二段相当。西蒋村的试掘中,也发现了少量洹北晚期阶段的遗存。

综合上述遗址的分期排比并相互串联,可将豫北地区早商时期的遗存分为三期六段。

一期 1 段:发现单位较少,以孟庄ⅧT70H84、琉璃阁 H1 等单位为代表;墓葬材料以孟庄 XX T30M12 为代表。本段中,以弧腹、薄胎,高实足根的分档鬲最为常见。陶鼎数量极少。陶盆的腹部较深。粗把豆圈足部分有较为典型的十字镂空。大口尊口部大于肩部。墓葬材料中陶鬲已经占据随葬品的绝对多数。本段年代约在二里冈下层一期。

一期 2 段:发现单位较多,可以孟庄ⅧT128H77,李大召 H165、H109,赵庄 G1④、D1,

①　王立新:《早商文化研究》,第 57－58 页,高等教育出版社(北京),1998 年。
②　杨贵金、张立东、毋建庄:《河南武陟大司马遗址调查简报》,《考古》1994 年第 4 期。
③　武陟县文化馆:《武陟县早商墓葬清理简报》,《河南文博通讯》1980 年第 3 期。
④　马全:《焦作南朱村发现商代墓》,《华夏考古》1988 年第 1 期。
⑤　新乡市文管会、辉县百泉文管所:《河南辉县丰城遗址调查简报》,《考古》1989 年第 3 期。
⑥　邹衡:《试论殷墟文化分期》,《夏商周考古学论文集》,文物出版社(北京),1980 年。

府城 H59,新峡 H24 等单位为代表。孟庄 M4、M11 等单位可视为本段的代表墓葬。本段陶盆底部增大,但腹部仍较深。粗把豆柄上的十字形镂孔明显减少。大口尊口部已经明显大于肩部。本段年代大约在二里冈下层二期。

二期 3 段:本段发现单位甚多。本段中,高领鬲的比例下降,领部也开始变矮。卷沿鬲的数量开始下降,折沿鬲增长较为明显。带镂孔的真腹豆已经较罕见。假腹豆在本段开始出现。大口尊在本段肩部开始不甚明显。本段年代大约相当于二里冈上层一期。

二期 4 段:本段发现单位较多,单位分布几乎遍及豫北。本段大型陶鬲开始出现。陶鬲形态开始趋近,无论个体的大小差异如何,总体制作风格开始趋近。鼓腹盆在本段减少明显。细柄豆、大口尊在本段的数量减少十分明显。本段年代大约相当于二里冈上层二期,亦即白家庄阶段。

三期 5 段:本段所属单位减少明显,目前刊布材料中遗址不多。本段陶鬲无论大小,整体形态接近,制作较规范。典型的高领鬲已经消失。本段少量的鼓腹盆腹部也开始向深腹盆的斜直趋近。本段年代大约相当于洹北商城早期,亦即邹衡先生商文化分期体系中的商文化第Ⅶ组遗存。

三期 6 段:本段所属单位地域较为集中,以洹北商城晚段各单位等单位为代表。本段年代大约相当于洹北商城晚期或称为“殷墟文化第一期”,亦即邹衡先生商文化分期体系中的商文化第Ⅷ组遗存。

四、商早期各期陶器的特征

从整体文化面貌看,豫北地区早商三期间文化面貌变化较为明显。下面我们从陶系、炊器组合变化、其他标志性器物数量变化等方面予以分析。

(一) 陶系

第一期 1 段,现有统计数据甚少。从孟庄 H84 可知,泥质陶与夹砂陶比例相近,陶色以灰陶为主,黑褐色陶次之,有一定比例的红褐色陶(参表 1-5)。纹饰以绳纹为主,以细绳纹比例最高,但素面陶与磨光陶的比例较高,旋纹在本段占有一定的比例,戳印纹、压印纹、附加堆纹等纹饰的比例相对较少。纹饰的使用与装饰有一定的规律。绳纹装饰在各类炊器与瓮、罐罐类器物之上。附加堆纹多装饰于夹砂罐颈部,戳、压印纹多施加于陶盆肩腹部。旋纹则多施加在陶盆、陶豆之上。平底器器底多有绳纹滚压。这一时期的绳纹普遍较细,滚压规整。

第一期 2 段,现有统计数据较少。从府城 H59、李大召 H165、新峡 H24 可知,本段泥质陶比例较少,夹砂陶占多数。陶色以灰陶为主,黑褐色陶次之,有一定比例的红褐色陶(参表 1-5)。纹饰中以绳纹为主,一般在七成以上,素面陶与磨光陶的比例不高,磨光陶的数量减少较明显,旋纹在本段占有一定的比例,戳印纹、压印纹、附加堆纹等纹饰的比例相对较少。纹饰的使用与装饰规律与上一阶段相近。本段中绳纹较上期略粗。

表 1 - 5　早商时期豫北地区居址典型单位陶系统计表

时段		单位	陶质(%)		陶色(%)			纹饰(%)					
	项目		泥质	夹砂	灰	红褐	黑	素面	磨光	绳纹(含旋断)	旋纹	附加堆纹	戳压印
一期	1 段	孟庄 H84	56.7	43.3	72.8	7.4	19.8	11.3		87	√	√	1.7
	2 段	府城 H59	21.7	78.3	77.5	3.2	18.9	√	√	最多	√	√	
		李大召 H165	29	71	76.3	6.3	17.4	24.5	2.5	71.5	0.6	0.7	0.1
		新峡 H24	20.5	79.5	94.9	2.1	2.9	12.1		82.2	2.1		
二期	3 段	李大召 H354	63.3	36.7	48.1	9.3	42.6	9.7	4.2	84.4	0.4	1.3	
	4 段	李大召 H27	49.9	50.1	67	11.3	21.6	11	7.5	79.3	0.3	1.9	
		府城 H23	42.2	57.8	71.5	9.7	18.5	18.6		72.9	5.7	0.8	0.2
三期	5 段	洹北 99H25	62.7	36.5	85	6.8	2.6	3.7	1.1	93.2	1.3	0.8	0.8
	6 段	洹北 99T16④	61.4	38.7	92.4	6.5	1.1	4.7	0.04	89.5	25.4	3.1	0.1

第二期 3 段中，现有统计数据不多。本段泥质陶比例明显增高，但夹砂陶仍占多数。李大召 H354 在本时期略特殊，泥质陶比例特高。本段陶色仍以灰陶为主，但总量在五成左右，黑褐陶的比例较高，约占四成，有一定数量的红褐陶。纹饰以绳纹为绝大多数，素面陶与磨光陶的比例进一步减少。纹饰的装饰、使用规律未有明显变化，但陶鬲颈部多见同心圆式的戳印纹，是本段的特色。从本段开始，粗绳纹的比例逐渐占据主导地位，细绳纹减少较明显。

第二期 4 段，现有统计数据不多，以李大召 H27、府城 H23 为例，本段泥质陶与夹砂陶比例已较为接近。陶色仍以灰陶为主，占总量六成左右，黑褐陶的比例仍然较高，约占两成，有一定数量的红褐陶。纹饰以绳纹为绝大多数，素面陶与磨光陶的比例进一步减少。纹饰的装饰、使用规律未有明显变化，但颈部压印同心圆纹的现象减少。粗绳纹的比例进一步增加。

第三期 5 段，现有统计数据皆出自洹北商城。以洹北商城 99H25 为例，本段泥质陶约占六成，高于夹砂陶。陶色以灰陶占绝大多数，黑褐陶比例明显降低，与红褐陶相近。纹饰以绳纹占绝大多数，素面陶与磨光陶比例降低明显。粗绳纹比例更高。

第三期 6 段，现有统计数据皆为洹北商城相关单位。以洹北商城 99T16④ 为例，本段泥质陶约占六成，依然多于夹砂陶。陶色以灰陶占绝大多数，黑褐陶数量更少，开始少于红褐陶。陶器色泽与装饰开始逐渐单调，精细装饰的陶器在减少。纹饰以绳纹占绝大多数，素面陶与磨光陶继续降低，但本段旋纹增加明显，附加堆纹在本段也有所增加。

（二）器物群中的炊器特征与组合变化

豫北地区早商时期炊器组合变化较为明显,各类炊器形态的时代特征变化也较为明显(参表1－6)。

表1－6　早商时期豫北地区居址炊器组合百分比统计表

期段	器类	单　　位	夹砂罐	鬲	甗	鼎	总件数
一期	1段	孟庄 H84	33	67			3
	2段	李大召 H165	76.5	23.5			34
		李大召 H354	87.5		12.5		8
		新峡 H24	73.7	26.3			38
二期	4段	李大召 H27	89.7	6.9		3.4	29
		李大召 T0501④	53.8	46.2			13

（李大召遗址各单位器类统计表罐类涵盖所有种类夹砂罐,故炊器罐比例必然偏高）

一期:本期有统计数据的单位较少,李大召遗址材料公布时是将所有种类陶罐一并统计,因此作为炊器的夹砂罐数量不详。以孟庄 H84 为例,鬲、夹砂罐两种器物是基本炊器组合。由于该单位统计总量较小,显示出陶鬲在其中占六成以上,但由于可统计个体数极少,这一数据不足以据。李大召遗址 H165 中有陶鬲 8 件,若将夹砂罐中非炊器的陶罐去除,实际比例当在两成左右。这个比例在新峡 H24 中也比较近,当能反映本时期的真实情况。可见,在二里冈下层阶段,豫北地区的主要炊器仍是夹砂罐,而非陶鬲。本期中陶鬲有中型鬲和小型鬲两种,以前者为绝大多数。从这一时期没有统计数据的其他单位观察,本阶段炊器另有甑、甗、鼎,但数量甚少。

二期:这一时期统计单位仍然甚少。从其他无统计数据的单位观察,陶鬲的比例似较高。本期开始出现大型鬲,高领鬲逐渐消失,以中型鬲为主,基本在七成左右。大型鬲的数量少于小型鬲。甑在本阶段数量较上期为多。陶鼎、甗等器物在本期数量较上期更少。本期有极少量的斝式鬲。

三期:这一时期尚无准确统计数据,但从出土器物来看,陶鬲数量巨大,以 99 年洹北商城近 400 平方米的发掘区计,前后两段居址内出土各种陶鬲合计约 1180 件,以中型鬲为主,大型鬲的数量略少于小型鬲。在陶器总数中占三成左右(参表1－7)。甑的数量较多,另有极少量的鬲式斝和甗。若将鬲、甗、甑相加,则占陶器总数的四成左右。从陶器自身形态看,陶鬲的制作极为规范,不同体积的陶鬲,口沿、腹足形态相同。

表 1-7　早商时期洹北商城居址陶器组合百分比统计表

器类 期段	鬲	甗	甑	盆	豆	簋	罐	捏口罐	大口尊	瓮	鼎	斝	其他	总数
99年	35.3	0.5	3.4	17.7	2.7	3.5	18.2	7	0.2	8.8	0.1	0.1	2.4	
件数	1180	18	115	591	89	117	610	236	6	296	3	3	81	3345
98年	34		1	14	3.7	0.7	15.3		2.7	21	0.3	0.3	7	
件数	102		3	42	11	2	46		8	63	1	1	21	300

（三）器物群其他主要器物特征与组合变化

早商时期豫北地区除炊器外，其他器物的组合与形态变化也有一些规律可循。

深腹盆：深腹盆在早商时期豫北地区数量极多，延续时间甚长，折沿盆与卷沿盆并存时间较长。总体演变趋势为腹部越来越深直，形体越来越瘦。器表装饰绳纹逐渐变粗，且绳纹的装饰位置逐渐靠上，陶盆颈部的磨光作风随时代推移逐渐消失，旋纹也逐渐变粗。到三期前后，短折沿深腹盆逐渐减少。

浅腹盆：浅腹盆在早期形体甚大，腹部较直，器表多数素面或磨光，腹部逐渐弧曲，绳纹装饰也逐渐增多，最初绳纹仅施于下腹部，后来逐渐向上施加。在早期，盆腹绝大多数为大平底，随时代发展盆底逐渐减小，至三期时，在豫北地区出现圜底的浅腹盆。无论卷沿还是折沿浅腹盆，时代越晚，沿面越宽。

鼓腹盆：在豫北地区数量不多，流行时间较短，至三期时逐渐消失。早期盆颈部收束较甚，肩部耸起，上腹多经磨光，并以成组旋纹装饰，下腹多有细绳纹装饰。随时代推移，颈部收束较缓，肩部折曲较缓，下腹微垂。

折腹盆：在豫北地区数量不多，流行时间较短，二期以后逐渐消失。总体演变规律为下腹由急收到缓收，盆腹逐渐变深。

豆：总体数量不多，有真腹假腹两种。假腹豆出现时间较晚。真腹豆中细柄者较少，且随时间推移数量减少明显。早期粗柄豆有镂孔，晚期镂孔逐渐消失，柄部与假腹豆接近。真腹豆豆盘随时间推移逐渐变浅。假腹豆出现时，豆柄较直，随时代推移逐渐出现较缓的折曲。

簋：在早商时期数量不多，整体形态变化不大，口部大部分为直口或微侈，圈足演变规律较明显，由外撇逐渐变直，并相对变矮。

深腹、圆腹罐与捏口罐：罐类的整体形态演变规律为，由圜底变为平底，颈部收束逐渐较缓，沿面逐渐变窄，器表装饰绳纹逐渐变粗。

小口瓮：数量较少，演变规律为由腹较深直演变为逐渐斜收。

大口瓮：有一定数量，演变规律为宽折肩斜收腹至折肩直腹。整体形态由扁宽演变为逐渐瘦直。

五、商晚期遗存的分期

（一）地层关系

自 1920 年代殷墟遗址群发掘以来，百年间在豫北地区共发现并发掘了晚商时期遗存数百处（图 1 - 17），其中资料得到较系统公布有 20 余处遗址。

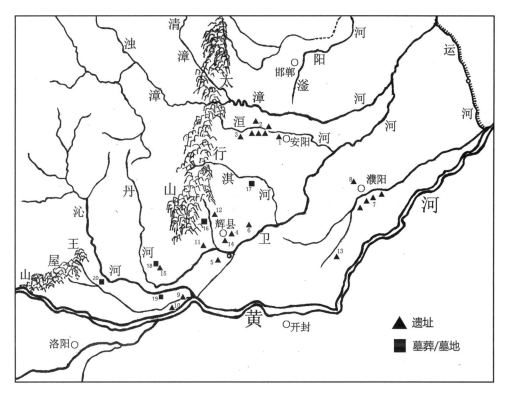

图 1 - 17　豫北地区晚商时期主要遗址分布示意图

1. 殷墟遗址群　2. 洹河流域晚商遗址群　3. 西高平　4. 孟庄　5. 李大召　6. 宋窑　7. 濮阳市周边遗址群
8. 马庄　9. 大司马　10. 保安庄　11. 丰城　12. 孙村　13. 宜丘　14. 琉璃阁　15. 府城　16. 褚丘
17. 大李庄　18. 聂村　19. 小南张　20. 柴庄

豫北地区晚商时期的考古学文化分期，可以殷墟遗址群晚商遗存为标尺。在百年中国考古学发展历程中，殷墟遗址群晚商时期遗存的分期研究最为充分。无论是邹衡先生的三期六组划分方式[1]，还是社科院安阳队的四期划分法[2]，对殷墟文化的分期所指并无

　　[1]　邹衡：《试论殷墟文化分期》，《夏商周考古学论文集》，文物出版社（北京），1980 年。
　　[2]　对于安阳队的四期分法，前后虽有调整，但整体框架未有大的变化，以《夏商卷》的最终表述作为其代表。参中国社会科学院考古研究所：《中国考古学·夏商卷》，中国社会科学出版社（北京），2004 年。

大的差异。由于殷墟文化的分期研究十分成熟,对殷墟遗址群各地点相关单位的时代认
定也无大的分歧,我也并无调整意见。因此本书写作侧重于不同阶段各类遗物种类与组
合关系。

截至 2019 年,在殷墟以外,豫北地区晚商时期遗存十分常见,但较系统发表材料的,
却极罕见,这其中,仅新乡李大召遗址材料公布相对较好。

新乡李大召遗址公布晚商时期遗存单位多个,如下几组作为晚商时期典型地层
关系:

（1）H15→H57→H83→F2

（2）H247→H228→Ⅰ T0901⑤

（3）H327→H331

（4）Ⅱ T2407②→H311→H313

（5）H334→H353

（6）Ⅱ T2405②→H298→H354

由于各地资料公布情况详略不一,陶器种类与组合在不同遗址的情况亦远不如殷墟。
因此,下文以殷墟遗址群的陶器演变规律进行讨论。

（二）陶器形制分析

豫北地区晚商时期陶器器类多样,以三足器、平底器为绝大多数,有少量圈足器和极
少量的圜底器,各器类形制演变轨迹较为清晰,但也较复杂。

作为晚商王朝政治、经济与文化中心,"大邑商"无论在等级、规模、人口、物质文化发
达程度,还是人员与文化来源的多样性方面,都远超东亚地区同时期的任何城邑。对殷墟
陶器的认识,是既往晚商时期遗存研究的基础。无论是晚商时期年代学标尺的构建,还是
晚商时期典型商文化的内涵辨识,无不以殷墟的陶器认知为基础。然而,随着材料积累和
认识的深入,学术界已经认识到,殷墟遗址群中陶器的文化因素和源头并不单纯,构成也
并不单一。

殷墟遗址群陶器的主体,是在早商时期豫北地区二里冈文化陶器群的基础上发展而
来的。但由于都城人员来源不同,殷墟遗址群的陶器,也不断地吸收不同地区考古学文化
的因素,并在殷墟的陶器群中留下印迹。这既是晚商时期考古学文化发展过程中开放、变
化的表现,也是当时人群互动的物质反映。

由于研究目的和尺度不同,本书对殷墟各类陶器的形态分类和演变规律以反映阶段
性变化、辨识文化因素为目的,并非要分析所有殷墟出土或发现的陶器。研究目的不同,
决定了结论尺度的差异。由于殷墟陶器种类繁多,有些器物也仅发现过两三件,变化规律
难明,有些器物又仅见于墓葬。因此本书选取殷墟居址常见的鬲、甗、甑、盆、簋、豆、盘、
尊、罍、罐、瓮等器物进行分析。有些器物在殷墟也较常见,或变化不甚明显,或前人已有

较充分的研究,不能一一介绍。对殷墟发现较多的白陶、原始瓷、印纹硬陶器或特殊类型的仿铜陶礼器、小型雕塑及觚、爵等器物亦不做梳理。

鬲：殷墟的陶鬲种类繁多,形态繁杂。既往研究的分类、认识不尽相同,随着资料的积累和认识逐渐深入,对殷墟陶鬲的分类也逐渐细化。最新分类如牛世山的分类方式,可细分为三类34型(包括亚型)①。除仿铜陶礼器鬲外,本书根据足部和陶质差别将殷墟陶鬲分为四类：夹砂实锥足鬲、夹砂柱足鬲、夹砂无实足根鬲、泥质陶鬲。

夹砂实锥足鬲：此类陶鬲是殷墟最为常见的形态,但形态较多,根据沿、颈、腹差异可分为十二大类。

A型：纵长方体鬲,灰陶或灰黑陶,有折沿和卷沿两种,但统一的特点是沿面较宽,饰粗绳纹。口缘变化较多,方唇和圆唇最为常见,有的在口缘加贴泥条,唇缘似双唇;有的缘下有勾棱;有的沿面前端加贴泥条呈盘口;有的在沿面划有凹槽。此类陶鬲是殷墟最常见的种类。从整体形态和裆、足部高矮变化,可粗分为四式。

Ⅰ式：沿面斜直,高裆高足。标本 SH317：38、04 大司空 H357：1(图 1-18：1、2)。

Ⅱ式：沿面斜,多有凹槽或凸棱形成的盘口。裆略变低,实足根变短。标本 04 大司空 H431②：1、T0606⑥：1、58MT1⑤B：25(图 1-18：3、4、5)。

Ⅲ式：器体变矮宽,整体形态趋近横长方形,裆、足都变矮。标本 58SH314②：12、04 大司空 H126：13(图 1-18：6、7)。

Ⅳ式：整体近横长方形,裆近平,足跟低矮。标本 58GT105⑦B：26(图 1-18：8)。

B型：横长方体鬲。有折沿和卷沿两种,但统一的特点是沿面较宽。口缘变化较多,方唇和圆唇最为常见,有的在口缘加贴泥条,唇缘似双唇;有的缘下有勾棱;有的沿面前端加贴泥条呈盘口;有的在沿面划有凹槽。此类陶鬲是殷墟最常见的种类。从整体形态和裆、足部高矮变化,可粗分为五式。

Ⅰ式：三袋足肥硕,最大径在腹中靠下位置,裆足较高。部分小型鬲器表饰有囫络纹。标本 58 大司空 SH317：24、04 大司空 H357：4、58SH326：12、YH005W：348B(图 1-18：9、10、11、12)。

Ⅱ式：三袋足肥硕感减小,最大径略下移。装饰囫络纹的小型鬲数量明显减少。但有的小型鬲颈部加饰附加堆纹。器体装饰以粗绳纹较多。标本 04 大司空 H431②：2、58 苗圃 PNH25：41、58PNH1：4(图 1-18：13、14、15)。

Ⅲ式：方唇或圆唇,沿面一般有一周凹槽,上腹较直,锥足多内勾,较矮。小型鬲极少见囫络纹装饰。标本 58 大司空 SH421：43、04 大司空 H75：2(图 1-18：16、17)。

---

① 牛世山、岳洪彬、岳占伟：《殷墟文化的多元文化因素再分析——以陶鬲为例》,《南方文物》2019 年第 5 期;中国社会科学院考古研究所：《安阳孝民屯·殷商遗物》,文物出版社(北京),待刊。

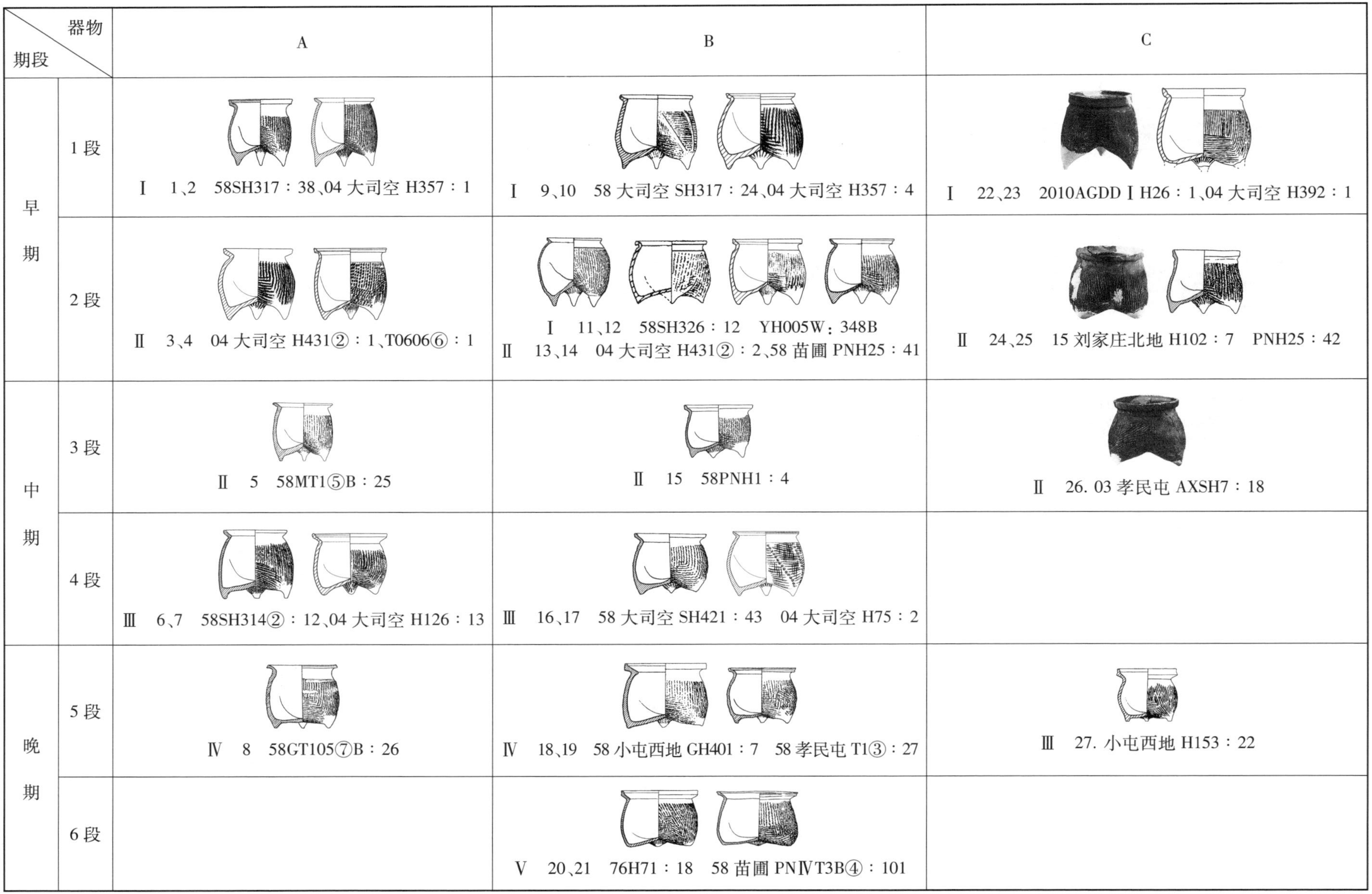

図 1－18 殷墟晩商時期夾砂実锥足陶鬲分期図（一）

器物 期段	A	B	C
早期 1段	I 1,2 58SH317：38,04 大司空 H357：1	I 9,10 58 大司空 SH317：24,04 大司空 H357：4	I 22,23 2010AGDD I H26：1,04 大司空 H392：1
早期 2段	II 3,4 04 大司空 H431②：1,T0606⑥：1	I 11,12 58SH326：12 YH005W：348B 13,14 04 大司空 H431②：2,58 苗圃 PNH25：41	II 24,25 15 刘家庄北地 H102：7 PNH25：42
中期 3段	II 5 58MT1⑤B：25	II 15 58PNH1：4	II 26. 03 孝民屯 AXSH7：18
中期 4段	III 6,7 58SH314②：12,04 大司空 H126：13	III 16,17 58 大司空 SH421：43 04 大司空 H75：2	
晩期 5段	IV 8 58GT105⑦B：26	IV 18,19 58 小屯西地 GH401：7 58 孝民屯 T1③：27	III 27. 小屯西地 H153：22
晩期 6段		V 20,21 76H71：18 58 苗圃 PNⅣT3B④：101	

Ⅳ式：折沿甚宽,沿面多有一周凹槽,裆部更矮,裆底甚圆,袋足实足根收束成尖。标本 58 小屯西地 GH401：7、58 孝民屯 T1③：27(图 1-18：18、19)。

Ⅴ式：沿甚宽,裆部更矮,裆底近平,袋足实足根消失。标本小屯西地 76H71：18、58 苗圃 PNⅣT3B④：101(图 1-18：20、21)。

C 型：厚沿鬲。直口或微侈口。一般都是褐陶,厚胎,圆唇或方唇。多饰粗绳纹。口部形态变化不大,裆、足部变化与 A、B 型演变规律相同。大体可分为三式。

Ⅰ式：沿较宽,盘口较高。标本 2010AGDDⅠH26：1、04 大司空 H392：1(图 1-18：22、23)。

Ⅱ式：沿变窄,盘口变矮。标本 15 刘家庄北地 H102：7、PNH25：42、03 孝民屯 AXSH7：18(图 1-18：24、25、26)。

Ⅲ式：盘口更矮,裆部变低。标本小屯西地 H153：22(图 1-18：27)。

D 型：筒腹鬲。此类陶鬲,瘦直腹,有实足根,一般饰中、粗等的绳纹,但绳纹绝大多数不到底。整体演变形态与 A 型鬲相同。可分为五式。

Ⅰ式：沿面斜直,高裆高足。标本 58SH317：29、04 大司空 H384：2、76H78：1(图 1-19：1、2、3)。

Ⅱ式：沿面斜,多有凹槽或凸棱形成的盘口。裆略变低,实足根变短。标本 04 大司空 H373：1(图 1-19：4)。

Ⅲ式：方唇或斜方唇,沿面或有一二道凹槽。裆、足更矮。标本 58 白家坟 VET13④：631、09 王裕口南地 M103：15(图 1-19：5、6)。

Ⅳ式：方唇或斜方唇,裆近平,足跟不明显。标本 58 大司空 SH314③：11、04 大司空 H21：2(图 1-19：7、8)。

Ⅴ式：宽沿,沿面多有凹槽,平裆近弧,实足根消失。标本 04 大司空 T0304④：8(图 1-19：9)。

E 型：瘪裆筒腹鬲。此类鬲大多数为筒腹,实足根同样不明显。大部分袋足与足尖之间无明显分界,绳纹多部分滚压浅细散乱,绳纹大多滚压至足尖。也有部分纹饰滚压似殷墟常见的粗绳纹,但绳纹滚压时有的没有中断或分组,往往一棍到底。此类鬲裆部始终较高,变化规律与 A、B 型鬲不同,有个别袋足外撇。根据整体形态的变化可分为四式。

Ⅰ式：宽沿,高裆,最大径在上腹部。标本 96 刘家庄 T2⑧：1、2004AXSF106①：2、2004AXSF106③：1、孝民屯 2003AXSM776：5(图 1-19：10、11、12、13)。

Ⅱ式：宽沿,袋足肥鼓,裆仍较高。标本 1976AXTH70：18(图 1-19：14)。

Ⅲ式：沿部较短,裆略矮,但与同期 A、B 型鬲相比,仍较高。变化规律不同于后两者。标本孝民屯 H12：76(图 1-19：15)。

Ⅳ式：器体瘦直。裆部仍较高,沿变短。小型鬲数量减少,大型瘪裆鬲增多。由于器体较大,一般在颈腹部多有附加堆纹。标本 04 大司空 H333：4、H3：12(图 1-19：16、17)。

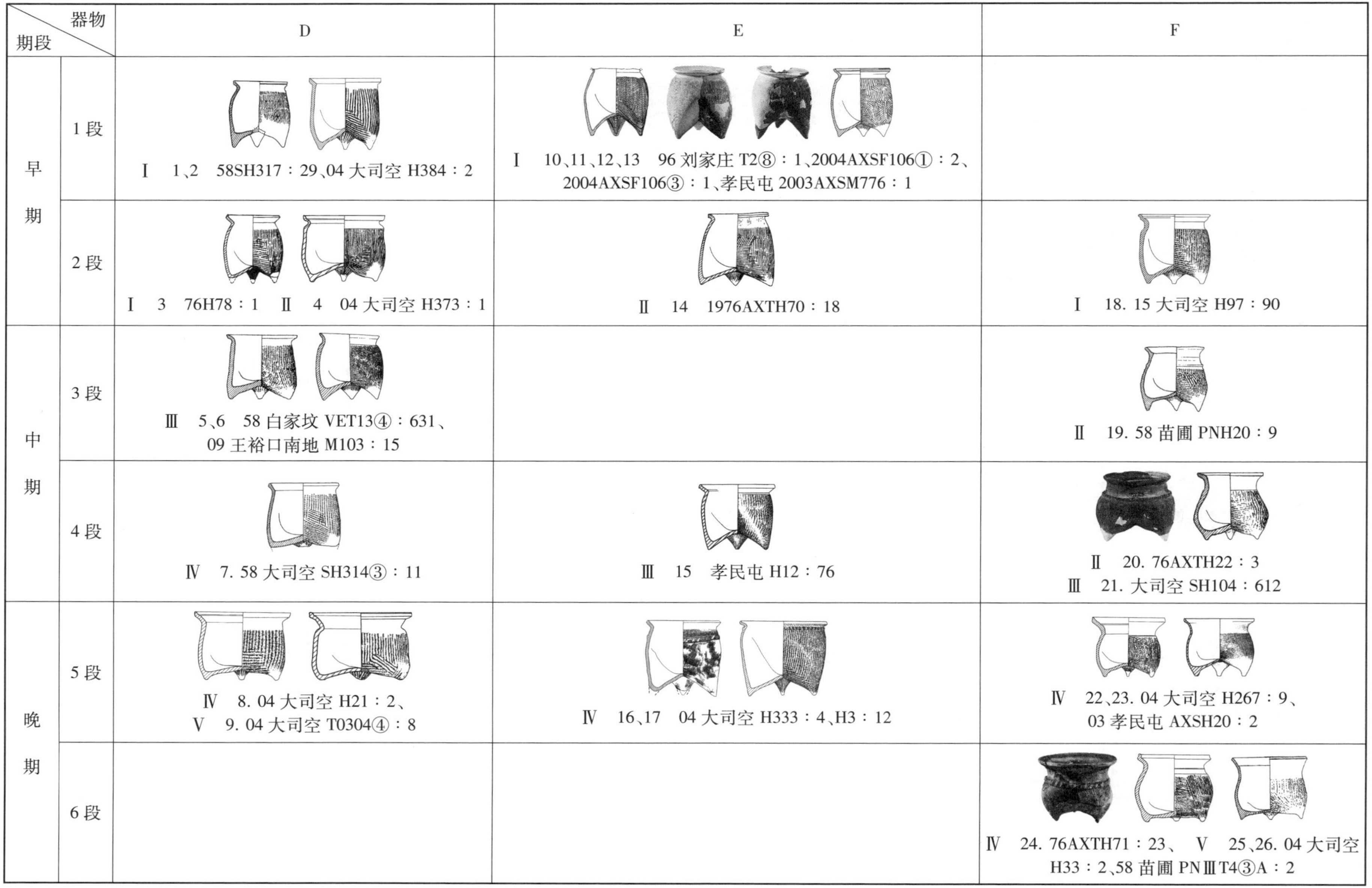

期段		器物 D	E	F
早期	1段	I 1,2 58SH317：29、04大司空H384：2	I 10、11、12、13 96刘家庄T28⑧：1、2004AXSF106①：2、2004AXSF106③：1、孝民屯2003AXSM776：1	
	2段	I 3 76H78：1 II 4 04大司空H373：1	II 14 1976AXTH70：18	I 18. 15 大司空H97：90
中期	3段	III 5、6 58白家坟VET13④：631、09王裕口南地M103：15		II 19. 58苗圃PNH20：9
	4段	IV 7. 58大司空SH314③：11	III 15 孝民屯H12：76	II 20. 76AXTH22：3 III 21. 大司空SH104：612
晚期	5段	IV 8. 04大司空H21：2、 V 9. 04大司空T0304④：8	IV 16、17 04大司空H333：4、H3：12	IV 22、23. 04大司空H267：9、03孝民屯AXSH20：2
	6段			IV 24. 76AXTH71：23、 V 25、26. 04大司空H33：2、58苗圃PNⅢT4③A：2

图1-19 殷墟晚商时期夹砂矢锥足陶鬲分期图(二)

F 型：高领束颈鬲。此种陶鬲袋足一般较肥鼓,且年代越晚颈部越长,袋足肥鼓状态越明显。此类鬲的裆部变化与 A、B、C 型陶鬲相同。在殷墟偏晚阶段,此类陶鬲中,特有一种红陶或红褐陶的小型高领束颈鬲。按颈、裆形制差异,可分为五式。

Ⅰ式：束颈,颈部不甚长。沿面斜,多有凹槽或凸棱形成的盘口。腹部较直,裆较高。标本 15 大司空 H97：90(图 1 - 19：18)。

Ⅱ式：颈部变长,沿面多有一二道凹槽,下腹微鼓。锥足多内勾。标本 58 苗圃 PNH20：9、76AXTH22：3(图 1 - 19：19、20)。

Ⅲ式：颈部甚高。圆唇或斜方唇,折沿较窄,沿面前端起榫,沿面多有一二道凹槽,下腹较鼓,锥足多内勾。标本大司空 SH104：612(图 1 - 19：21)。

Ⅳ式：方唇或斜方唇,沿较宽,沿面偶有一二道凹槽,下腹部较肥鼓,但口径已大于腹径,裆较矮,实足根收束成尖。标本 04 大司空 H267：9、03 孝民屯 AXSH20：2、76AXTH71：23(图 1 - 19：22、23、24)。

Ⅴ式：圆唇或斜方唇,侈口,沿面偶有一道凹槽,下腹部较直,裆甚矮平,实足根收束成尖。个别器物颈下有花边。标本 04 大司空 H33：2、58 苗圃 PNⅢT4③A：2((图 1 - 19：25、26)。

G 型：高领袋足鬲。此类器物在殷墟总量不多。细分可有高领的颈花边鬲、矮体双耳或三耳肥袋足鬲、唇沿带鋬耳的高领袋足鬲三类,由于资料较少,不分式别。标本72ASTH54：10、宫庙区 T1H8：19、03 孝民屯 AXST2212④：36、03 孝民屯 AXST1906⑤：25(图 1 - 20：1、2、3、4)。

H 型：联裆锥足鬲。数量极少,标本 15 刘家庄北地 ALNH102：6(图 1 - 20：5)。

I 型：直领折肩鬲。此类鬲在殷墟数量不多,但十分有特色。由于资料不多,暂不分式。标本戚家庄 M270：2、66 纱厂 AST305⑤B：1、92 纱厂 ASM1131：1(图 1 - 20：6、7、8)。

J 型：联裆羊角足鬲。此类器物在殷墟总量不多,以夹细砂的灰陶或灰褐陶为多见,也有部分为泥质。此类鬲多卷沿,圆唇或尖圆唇,长颈折肩、弧裆,颈部多较细的成组旋纹,部分器物下腹、部分器物袋足上有滚压较浅的短节细绳纹。三足近羊角状,较高,足尖外撇,形态较容易辨认。目前由于居址发现较少,暂不分式。标本北徐家桥 M296：2、M160：1(图 1 - 20：9、10)。

K 型：联裆敛口鬲。数量较少,形态似陶甗的下半。标本如 87 郭家庄东南 M1：26(图 1 - 20：11)。

L 型：单把鬲。数量较少,目前亦罕见完整器。标本如徐家桥 M273：1(图 1 - 20：12)。

夹砂柱足鬲　此类陶鬲在殷墟有一定数量,但总量不多,裆部变化规律与锥足鬲相近。至殷墟偏晚阶段,出现一类夹砂红陶或红褐陶的柱足鬲,年代相对集中,比较特殊。根据领部、肩部差异,可分为四类。

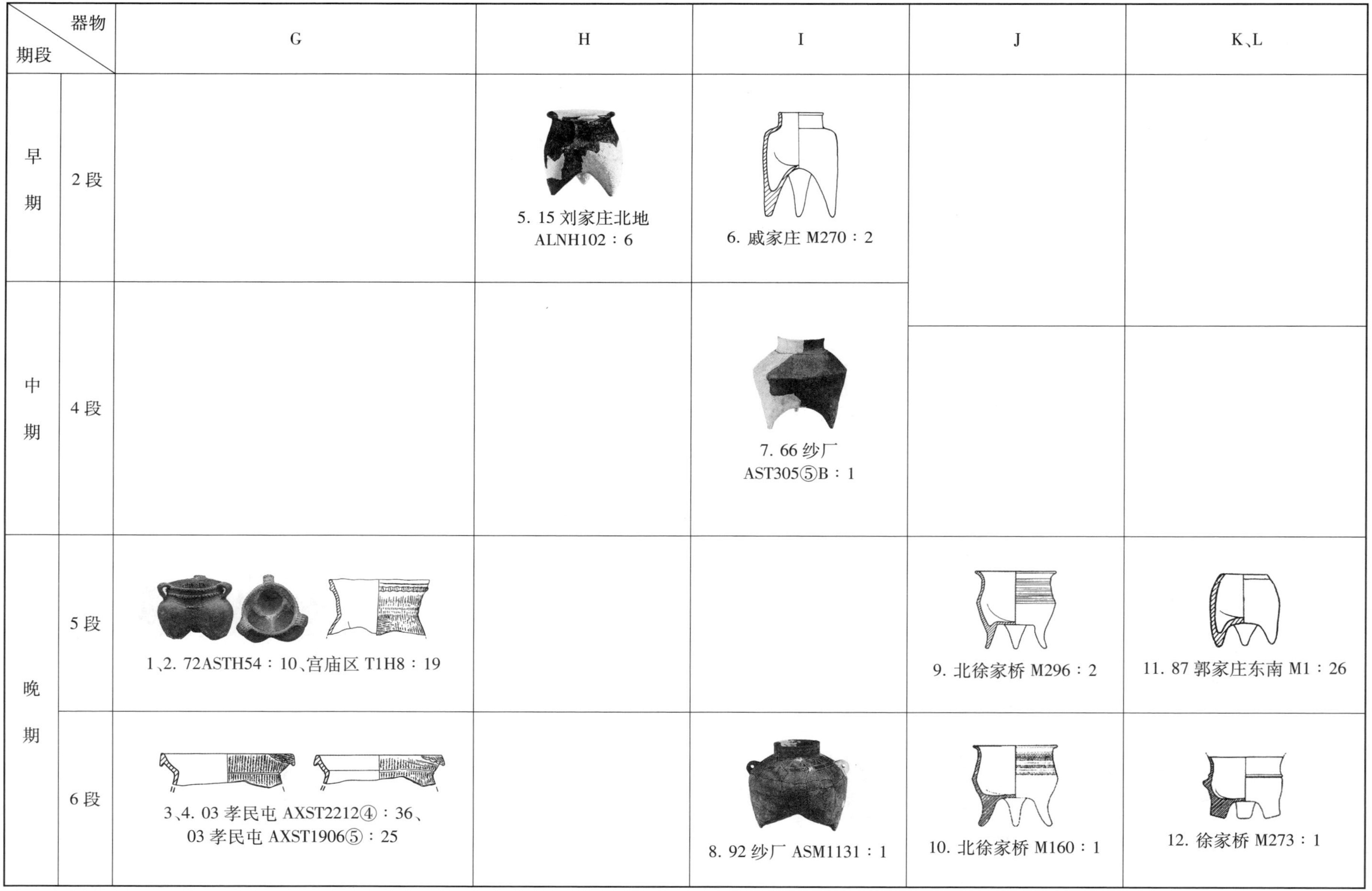

器物 期段		G	H	I	J	K、L
早期	2段		5. 15 刘家庄北地 ALNH102：6	6. 戚家庄 M270：2		
中期	4段			7. 66 纱厂 AST305⑤B：1		
晚期	5段	1、2. 72ASTH54：10、宫庙区 T1H8：19			9. 北徐家桥 M296：2	11. 87 郭家庄东南 M1：26
	6段	3、4. 03 孝民屯 AXST2212④：36、03 孝民屯 AXST1906⑤：25		8. 92 纱厂 ASM1131：1	10. 北徐家桥 M160：1	12. 徐家桥 M273：1

图 1 - 20　殷墟晚商时期夹砂实锥足陶鬲分期图（三）

A 型：矮领柱足鬲。根据器腹演变特征可分为三式。

Ⅰ式：卷沿较宽,足较高,腹较直,标本小屯 H111：1(图 1 - 21：1)。

Ⅱ式：斜折沿,器体略宽,鼓腹。标本 GT210④B：493(图 1 - 21：2)。

Ⅲ式：器体扁宽,裆变矮变平,个别颈部加饰附加堆纹。大部分沿面较宽,有的在沿面有多道凹槽。标本 04 大司空 H91④：1(图 1 - 21：3)。

B 型：高领柱足鬲。与 A 型形体接近,领部较高,有的束颈。根据腹、裆形态变化,可分为三式。

Ⅰ式：瘦腹,裆部较高,个别器物肩部略鼓,但最大径在口部。标本 03 孝民屯 AXSH36：1、03 刘家庄北地 M1179：2(图 1 - 21：4、5)。

Ⅱ式：器体扁宽,最大径已在腹中,领部多收束,裆足仍尚高,个别颈部加饰附加堆纹。大部分沿面较宽,有的在沿面有多道凹槽。标本 04 纱厂 H48：2、73 屯南 H50：249(图 1 - 21：6、7)。

Ⅲ式：器体更扁宽,最大径多在腹中。裆、足变矮。个别颈部加饰附加堆纹。大部分沿面较宽,有的在沿面有多道凹槽。标本 58AHT109③：1、03 孝民屯 M889：1(图 1 - 21：8、9)。

C 型：高领蹄足鬲。与 B 型鬲总体接近,但一般均为褐陶或红褐陶,柱足多为蹄足,足面无纹饰。现有材料可分两式。

Ⅰ式：宽沿,沿面多有凹槽。高领,袋足鼓出,整体形态较高。标本 03 孝民屯 AXSH202：47(图 1 - 21：10)。

Ⅱ式：宽沿,沿面多有凹槽。器体整体变扁宽,领部变短,裆变矮变平。标本北徐家桥 M250：1、75AXTF11：65、83 安钢 M2737：10(图 1 - 21：11、12、13)。

D 型：折肩柱足鬲。此类鬲数量极少,甚至有的泥质,暂不分式。标本孝民屯 SM596：2、大司空 73ASNH32：1(图 1 - 21：14、15)。

夹砂无实足根鬲　除实足根鬲外,殷墟还有一定数量的无实足根夹砂陶鬲。这类无实足根陶鬲,一般绳纹滚压至足底。但此类陶鬲的形态差别较大,种类较多。根据腹部形态差异,可分为如下几类。

A 型：矮领肥袋足。数量少。此类器物火候不高,制作不太精细,绳纹散乱,基本都是黄褐或黑褐陶,部分羼有云母,器型特征明显,比较容易辨识。有的有花边,有的肩颈无花边装饰,但皆无实足根。暂不分式。标本 03 孝民屯 AXSG14：2、04 孝民屯 AXSF102 - 2：2、04 大司空采：9、03 孝民屯 G2：89(图 1 - 22：1、2、3、4)。

B 型：高领肥袋足。多有花边,总量较少。一般为夹砂褐陶,多在唇沿外侧贴附一周泥条制成的花边,器物最大径在肥袋足靠下部位,袋足底部有的修饰成装饰性的平底。标本 03 孝民屯 AXSM776：3(图 1 - 22：5)。

C 型：素面袋足鬲。此类器物在殷墟总量不多。一般都是夹砂红褐陶或褐陶,火候

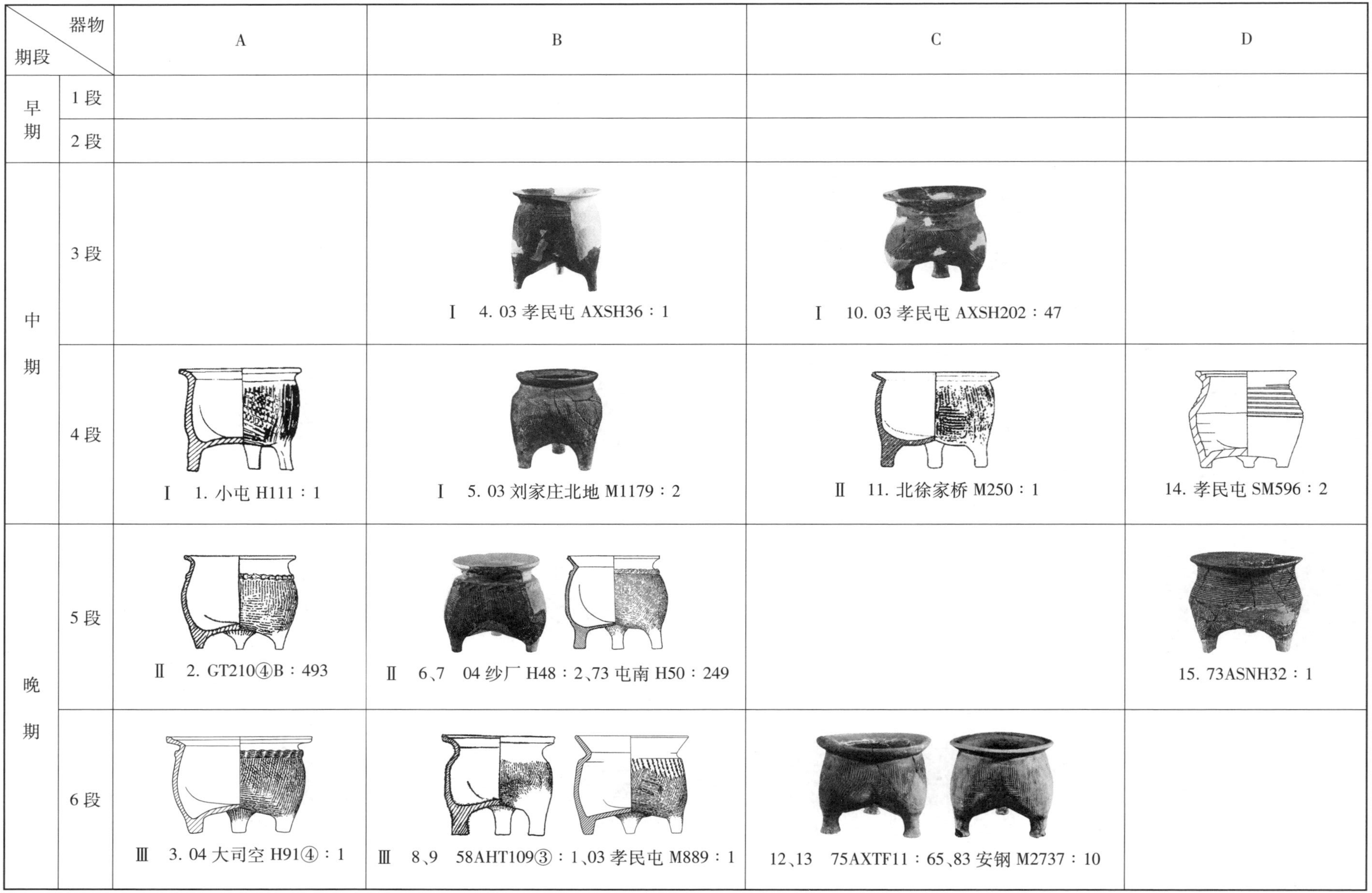

图 1 - 21　殷墟晚商时期夹砂柱足陶鬲分期图

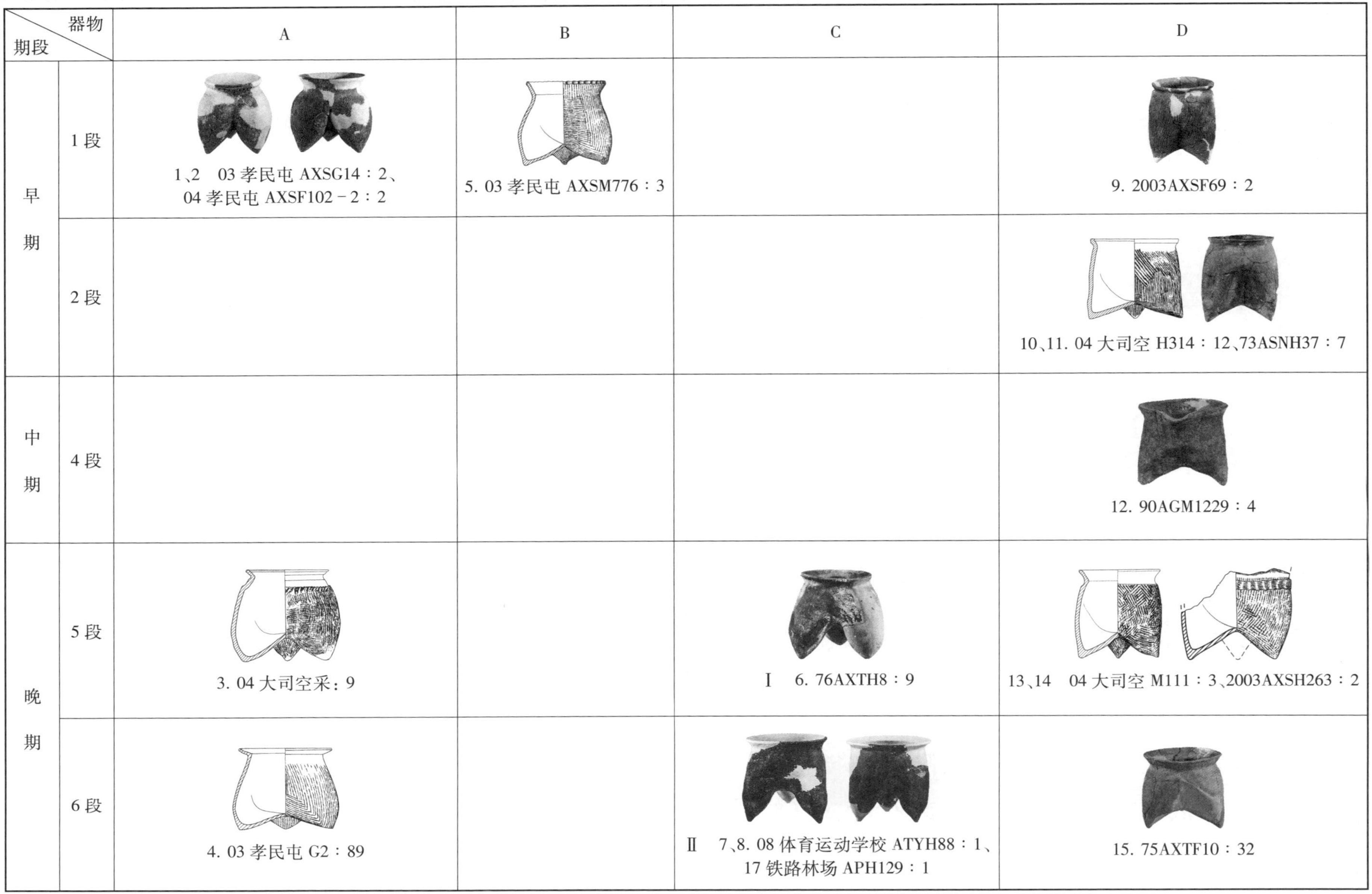

期段		器物			
期	段	A	B	C	D
早期	1段	1,2 03孝民屯 AXSG14：2、04孝民屯 AXSF102－2：2			9. 2003AXSF69：2
早期	2段		5. 03孝民屯 AXSM776：3		10,11. 04大司空 H314：12、73ASNH37：7
中期	4段				12. 90AGM1229：4
晚期	5段	3. 04大司空采：9		Ⅰ 6. 76AXTH8：9	13,14 04大司空 M111：3、2003AXSH263：2
晚期	6段	4. 03孝民屯 G2：89		Ⅱ 7、8. 08体育运动学校 ATYH88：1、17铁路林场 APH129：1	15. 75AXTF10：32

图1－22 殷墟晚商时期夹砂无实足根陶鬲分期图

不高,最大径在袋足偏下部位置,裆较高,无实足。三个袋足分开距离较大。可分两式。

Ⅰ式:侈口,短沿。标本 76AXTH8:9(图 1-22:6)。

Ⅱ式:侈口,斜沿略宽,分裆距离更宽,裆心近平。标本 08 体育运动学校 ATYH88:1、17 铁路林场 APH129:1(图 1-22:7、8)。

D 型:瘪裆空锥足鬲。有一定数量,形态较多,一般绳纹滚压较浅,散乱,有的筒腹,有的绳纹自沿下一直滚压到足尖,暂不进一步分型、分式。标本 2003AXSF69:2、04 大司空 H314:12、73ASNH37:7、90AGM1229:4、04 大司空 M111:3、2003AXSH263:2、75AXTF10:32(图 1-22:9、10、11、12、13、14、15)。

泥质陶鬲　一般非实用炊器,大都为墓葬随葬的明器,但在居址中也与发现,只是数量较少。此类器物制作较精,但形体不太固定。器表大都磨光,一般多为黑皮,上腹多有一道旋纹。多为短平沿,个别沿面起榫作盘口状。一般为锥足,个别也有柱足或蹄足。根据颈部有无可分两类。

A 型:卷沿无领,整体器型变化不大,形体都较小。根据裆、足部变化可分三式。

Ⅰ式:溜肩,裆较高,夹角较大,足略高。标本 04 孝民屯 AXSH683:33、03 孝民屯 AXSH202:64(图 1-23:1、2)。

Ⅱ式:溜肩,裆变矮,夹角较小,足变低。标本 15 大司空 H404:105、PT13③:5、17APH129:2(图 1-23:3、4、5)。

Ⅲ式:肩部不明显,裆近平,足极矮。标本 VAT1③A:30(图 1-23:6)。

B 型:高领鬲。有的在颈部有旋纹,形体都较小。整体器型上部变化不大,裆、足部变化与夹砂宽沿鬲近同。根据裆部变化可分三式。

Ⅰ式:高领,圆肩微耸。沿面多有折棱或凹槽,弧裆较高,足略高。标本小屯 H172:1(图 1-23:7)。

Ⅱ式:领略矮,溜肩。沿面有折棱或凹槽。裆变矮,夹角较小,足变矮。标本 15 大司空 H404:217、04 大司空 T0305④B:4、76AXTH14:39(图 1-23:8、9、10)。

Ⅲ式:矮领,肩部不明显,裆近平,足极矮。标本小屯 H72:17(图 1-23:11)。

甗　甗在殷墟有一定数量,但总体数量和复原器皆不多。根据有无箅托可分为两型。以无箅托者多见。

A 型:无箅托。根据整体形态差异可分为两式。

Ⅰ式:整体形态较瘦,下部鬲裆、足较高。标本 58 苗圃 PNH4:2(图 1-23:12)。

Ⅱ式:上部盆甑形态较肥,下部鬲裆、足较低矮。标本 76 小屯西地 H14:41(图 1-23:13)。

B 型:有箅托。根据裆足形态差异可分两式。

Ⅰ式:分裆较高,袋足较瘦,三实足尖较高。标本 04 大司空 H357:12(图 1-23:14)。

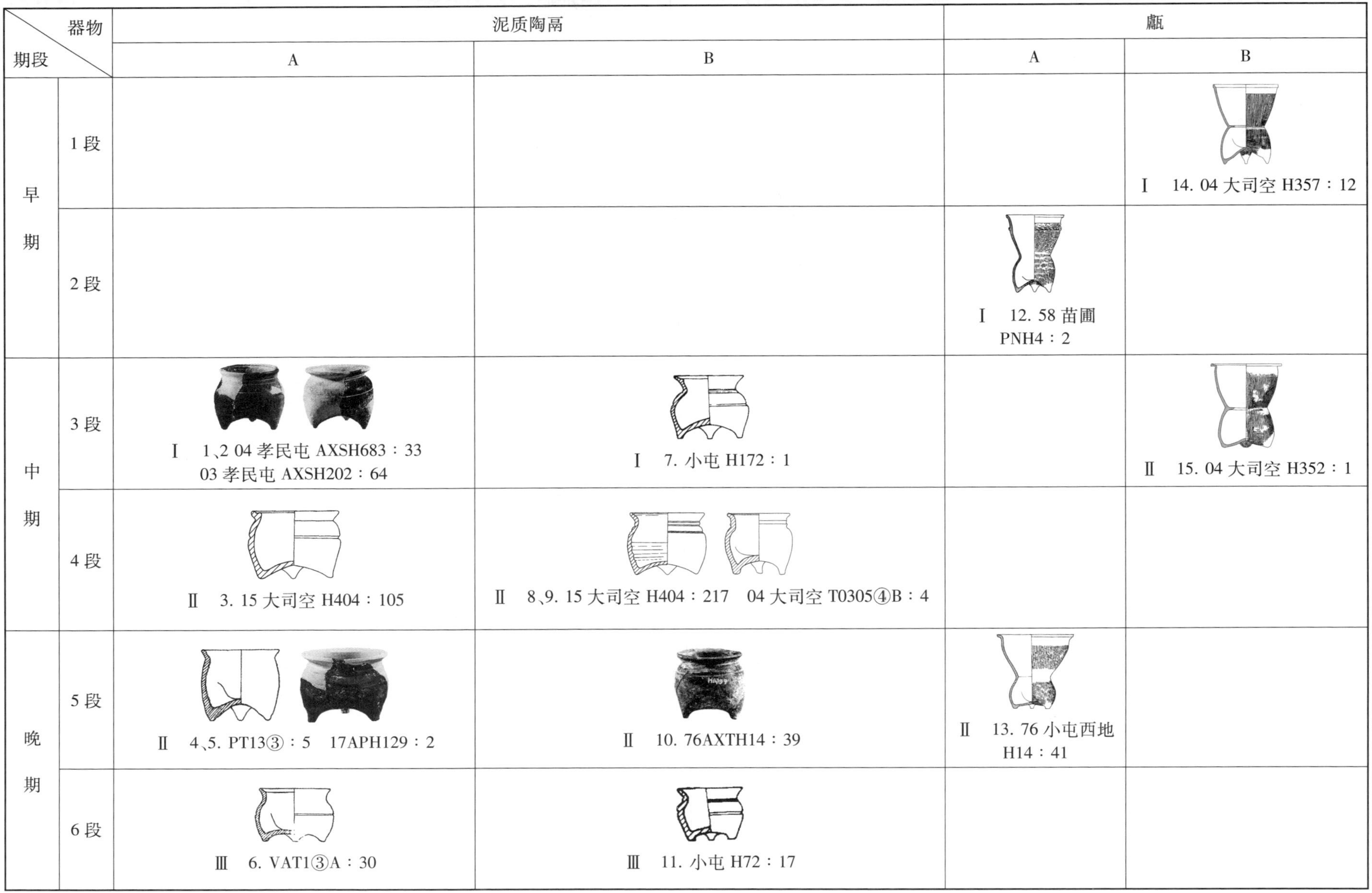

器物 期段		泥质陶鬲		瓶	
期	段	A	B	A	B
早期	1段	I 1,2 04孝民屯 AXSH683：33 03孝民屯 AXSH202：64			I 14.04大司空 H357：12
早期	2段	I 12.58苗圃 PNH4：2			II 15.04大司空 H352：1
中期	3段	II 3.15大司空 H404：105	I 7.小屯 H172：1		
中期	4段	II 4,5. PT13③：5 17APH129：2	II 8,9.15大司空 H404：217 04大司空 T0305④B：4	II 13.76小屯西地 H14：41	
晚期	5段		II 10.76AXTH14：39		
晚期	6段	III 6. VAT1③A：30	III 11.小屯 H72：17		

图 1-23 殷墟晚商时期泥质陶鬲与陶瓶分期图

Ⅱ式：分档较矮，袋足较肥，下部鬲部分整体较扁宽。标本 04 大司空 H352：1（图 1-23：15）。

甗　总体数量不多，上部形态与深腹盆相同，甗孔有两半圆甗孔、三角甗孔和圆形甗孔几种形态，但与上腹盆体无特定组合对应规律。根据有无承器盖的凹槽可分为两型。

A 型：沿面或内壁上部有凹槽。此凹槽当为安置器盖所设。按照口腹形态差异可分为四式。

Ⅰ式：宽沿近直立，上腹肥鼓，下腹细瘦，整体较肥。标本 76 小屯西地 H52：5（图 1-24：1）。

Ⅱ式：宽沿近平，斜直腹较深。标本 76 小屯西地 T27④：19（图 1-24：2）。

Ⅲ式：窄沿近平，斜直腹更深。标本 76 小屯西地 H179：1（图 1-24：3）。

Ⅳ式：窄沿近无，斜直腹瘦深。标本 76 小屯西地 H124：5（图 1-24：4）。

B 型：沿面或内壁上部无凹槽。按照腹部形态差异可分为三式。

Ⅰ式：敞口，短沿，腹略鼓。标本 04 大司空 H314：13（图 1-24：5）。

Ⅱ式：敞口或侈口，微鼓腹。标本 04 大司空 H367：3（图 1-24：6）。

Ⅲ式：敞口，瘦腹，短平沿上起榫。标本 04 大司空 H106：4（图 1-24：7）。

簋　数量多，皆为泥质，制作较精良。陶簋形态种类较多。按足、口部形态差异，大略可分为六型。

A 型：斜直腹，圆唇，数量较多。此类簋圈足较低，早期多素面，仅有旋纹装饰，年代偏晚开始装饰三角划纹或绳纹。按照口腹形态差异可分为五式。

Ⅰ式：圆唇外翻，上腹斜直，颈部多有一道或数道较浅细的附加堆纹，其下饰旋纹。标本 58 大司空 SH317：27（图 1-24：8）。

Ⅱ式：圆唇外卷微内勾，上腹深直，一般器表饰有多道旋纹。标本 58 苗圃 PNH217：14（图 1-24：9）。

Ⅲ式：圆唇，外卷内勾，上腹深直，饰有旋纹，底微圜。标本 04 大司空 H210：8（图 1-24：10）。

Ⅳ式：唇内勾，下腹略鼓，圜底。标本 76 小屯 H91：1、04 大司空 H137：2（图 1-24：11、12）。

Ⅴ式：下腹鼓出明显，圜底。标本 76 小屯 H157：9（图 1-24：13）。

B 型：深弧腹，厚方唇或圆唇，内勾不明显，数量较多。此类鬲圈足一般较高，多装饰三角划纹和绳纹。根据口腹形态差异可分为四式。

Ⅰ式：敞口，圆唇，沿面略鼓，下腹斜内收，近平底，小圈足高而外撇。标本 04 大司空 H68：2（图 1-24：14）。

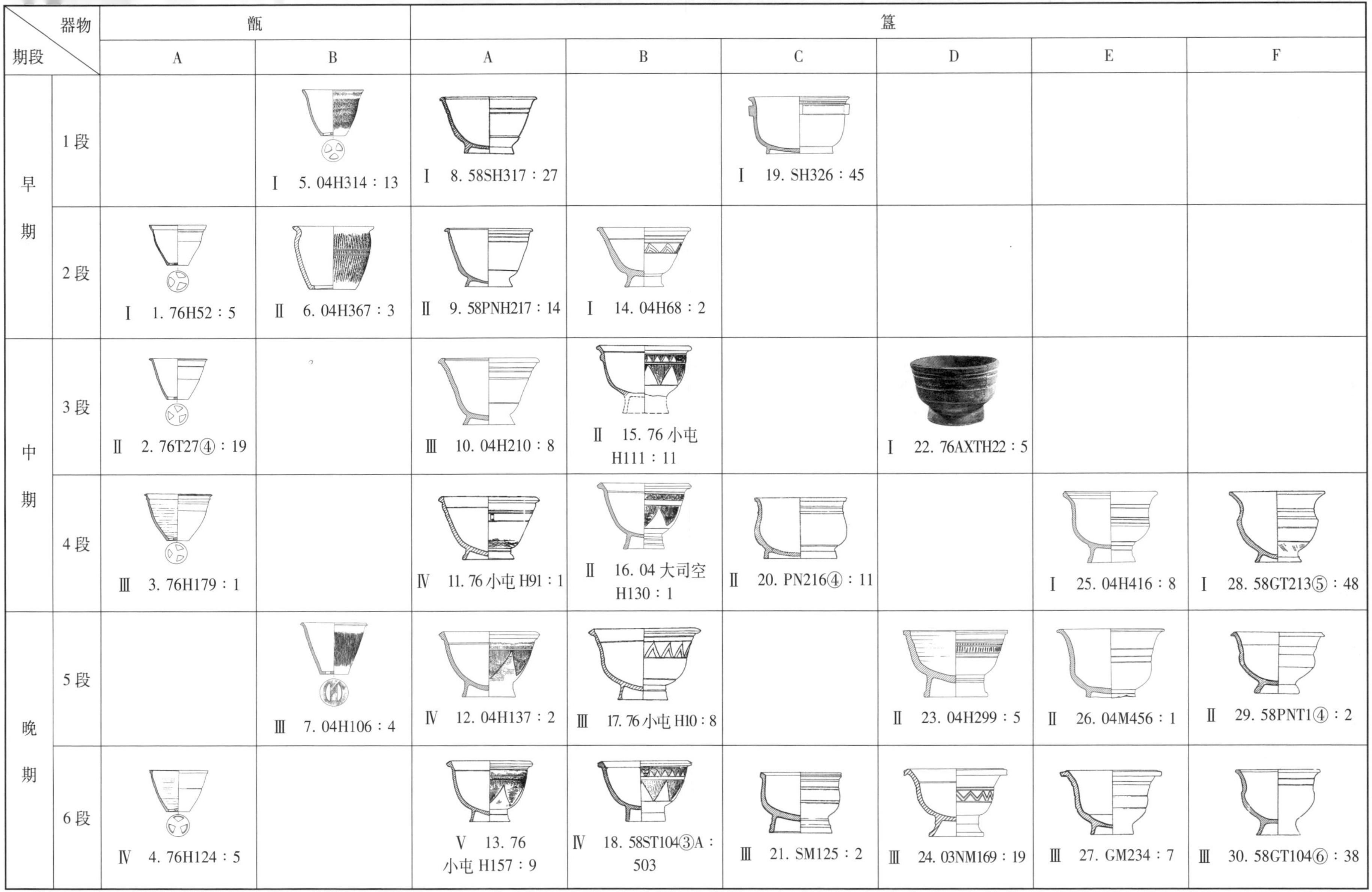

器物 期段	甗 A	甗 B	簋 A	簋 B	簋 C	簋 D	簋 E	簋 F
早期 1段	I 1. 76H52：5	I 5. 04H314：13	I 8. 58SH317：27		I 19. SH326：45			
早期 2段	II 2. 76T27④：19	II 6. 04H367：3	II 9. 58PNH217：14	I 14. 04H68：2				
中期 3段	III 3. 76H179：1		III 10. 04H210：8	II 15. 76小屯 H111：11				
中期 4段			IV 11. 76小屯 H91：1	II 16. 04 大司空 H130：1	II 20. PN216④：11	I 22. 76AXTH22：5	I 25. 04H416：8	I 28. 58GT213⑤：48
晚期 5段		III 7. 04H106：4	IV 12. 04H137：2	III 17. 76小屯 H10：8		II 23. 04H299：5	II 26. 04M456：1	II 29. 58PNT1④：2
晚期 6段	IV 4. 76H124：5		V 13. 76 小屯 H157：9	IV 18. 58ST104③A：503	III 21. SM125：2	III 24. 03NM169：19	III 27. GM234：7	III 30. 58CT104⑥：38

图 1－24　殷墟晚商时期陶甗、簋分期图

Ⅱ式：敞口,颈微内折,内沿多有旋纹凹槽,下腹微鼓,底微圜,圈足高而外撇。标本76 小屯 H111：11、04 大司空 H130：1(图 1 - 24：15、16)。

Ⅲ式：敞口,内沿多有旋纹凹槽,下腹鼓垂,圜底,圈足高,有的起台。标本76 小屯 H10：8(图 1 - 24：17)。

Ⅳ式：方唇或圆唇,下腹微鼓。圈足变矮,近直。标本58 大司空 ST104③A：503(图 1 - 24：18)。

C 型：盂形簋。个别有贯耳。数量不多,有的形态接近同时期的无耳铜簋,目前无法确定是铜器仿制陶器还是陶器仿制铜器。根据腹部形态差异可分为三式。

Ⅰ式：深直腹,圜底,矮圈足。标本 SH326：45(图 1 - 24：19)。

Ⅱ式：深弧腹微垂,圜底,矮圈足。标本 PN216④：11(图 1 - 24：20)。

Ⅲ式：折沿甚短,下腹微垂,圈足变高,有的起台。标本 SM125：2(图 1 - 24：21)。

D 型：平折沿深腹簋,有的在沿面起榫。根据沿、腹差异可分为三式。

Ⅰ式：无沿,深直腹,沿面不起榫。标本76AXTH22：5(图 1 - 24：22)。

Ⅱ式：短折沿,深腹微弧,高圈足。标本04 大司空 H299：5(图 1 - 24：23)。

Ⅲ式：折沿变宽,弧腹,高圈足外撇。标本03 孝民屯 NM169：19(图 1 - 24：24)。

E 型：尊形簋。大敞口,深腹。数量较少。根据腹与圈足形态差异可分为三式。

Ⅰ式：短沿微折,深腹,圈足较直。标本04 大司空 H416：8(图 1 - 24：25)。

Ⅱ式：沿面变宽,微卷,深腹较直,圈足外撇。标本04 大司空 M456：1(图 1 - 24：26)。

Ⅲ式：沿面变宽,多起榫或有折棱,腹深直,圈足外撇。标本 GM234：7(图 1 - 24：27)。

F 型：束颈簋。侈口,数量较少。按照口腹形态差异可分为三式。

Ⅰ式：圆唇,喇叭口,束颈,折肩,一般颈腹皆饰有两道旋纹,整体形态较瘦高,圈足外撇。标本58 小屯西地 GT213⑤：48(图 1 - 24：28)。

Ⅱ式：圆唇或斜方唇外翻,侈口,束颈,圆肩,一般颈腹外饰有旋纹,下腹较弧曲,圈足外撇较矮。标本58 苗圃 PNT1④：2(图 1 - 24：29)。

Ⅲ式：圆唇,侈口,束颈圆肩,弧腹,矮圈足较斜直。标本58 小屯西地 GT104⑥：38(图 1 - 24：30)。

盆　殷墟陶盆数量较多,形态庞杂,口部变化尤为繁复。但总体上来看,整体形态差异可分为深腹盆与浅腹盆两类。

深腹盆　数量甚多,根据腹部差异可分为两型。

A 型：深鼓腹。根据整体形态差异可分为四式。

Ⅰ式：卷沿,唇缘微卷,圆唇,腹饰绳纹。标本58 大司空 SH317：22(图 1 - 25：1)。

Ⅱ式：折沿较窄微斜,器腹肥鼓较深。标本58 苗圃 PNH217：35(图 1 - 25：2)。

Ⅲ式：折沿近卷或斜折,方唇或圆唇,上腹多饰有旋纹,有的施加附加堆纹,腹较深直,肥鼓不明显。标本04 大司空 H374：4(图 1 - 25：3)。

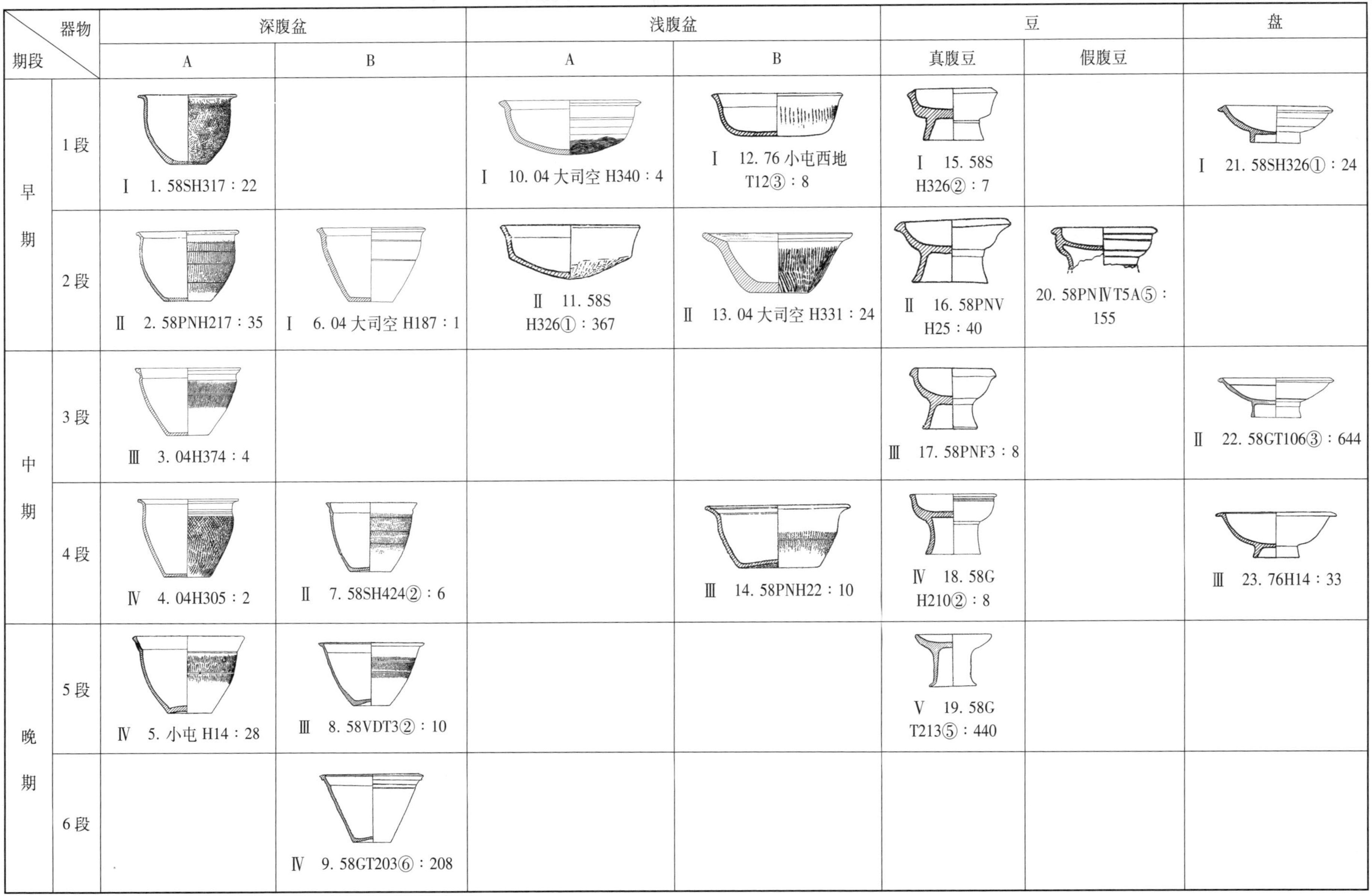

图 1-25 殷墟晚商时期陶盆、豆、盘分期图

Ⅳ式:圆唇或方唇,上腹多饰旋纹,腹斜直,微鼓或不明显。标本 04 大司空 H305：2、小屯 H14：28(图 1-25：4、5)。

B 型:斜直腹。根据整体形态差异可分四式。

Ⅰ式:斜侈口,沿极短。斜腹较短,沿内上腹有的有折棱。标本 04 大司空 H187：1(图 1-25：6)。

Ⅱ式:折沿或无沿,唇较薄,斜折近直,腹斜直较深。标本 58 大司空 SH424②：6(图 1-25：7)。

Ⅲ式:折沿近卷,斜折,方唇或圆唇,腹较深直,有的为凹圜底。标本 58 白家坟 VDT3②：10(图 1-25：8)。

Ⅳ式:斜折沿近直,方唇或圆唇甚窄,多饰旋纹,深腹瘦直,凹圜底者较多。标本 58 小屯西地 GT203⑥：208(图 1-25：9)。

浅腹盆 数量较多,根据底部形态有圜底与平底两类。

A 型:圜底盆。根据整体形态差异可分为两式。

Ⅰ式:折沿,有的沿内勾,上腹较直。标本 04 大司空 H340：4(图 1-25：10)。

Ⅱ式:圆唇,偶见唇缘或沿面上有旋纹。标本 58 大司空 SH326①：367(图 1-25：11)。

B 型:平底盆。根据整体形态变化可分三式。

Ⅰ式:平底浅腹,窄沿,方唇或圆唇,上腹或有附加泥钉或旋纹。标本 76 小屯西地 T12③：8(图 1-25：12)。

Ⅱ式:折沿甚宽。唇缘或沿面上有的有旋纹。标本 04 大司空 H331：24(图 1-25：13)。

Ⅲ式:折沿近卷,沿面较平,腹斜收,变深,上腹多有附加堆纹或旋纹装饰,标本 58 苗圃 PNH22：10(图 1-25：14)。

豆 根据腹部差异有真假腹两种,以真腹豆为多。

真腹豆 数量较多。豆盘较浅,侈口或直口。按照腹、圈足形态差异可分为五式。

Ⅰ式:侈口近直,斜沿较短,盘腹较深,圈足外撇,不高。标本 58 大司空 SH326②：7(图 1-25：15)。

Ⅱ式:斜沿外撇,较短,盘腹较深,圈足外撇,略高。标本 58 苗圃 PNVH25：40(图 1-25：16)。

Ⅲ式:盘腹变深,圈足外撇变高。标本 58 苗圃 PNF3：8(图 1-25：17)。

Ⅳ式:圆唇近方,已无外撇,圈足变高变直。标本 58 小屯西地 GH210②：8(图 1-25：18)。

Ⅴ式:盘腹变浅,圆唇,高圈足。标本 58 小屯西地 GT213⑤：440(图 1-25：19)。

假腹豆 数量较少,集中出现于殷墟偏早阶段。浅盘,豆柄折曲流畅。标本 58 苗圃 PNⅣT5A⑤：155(图 1-25：20)。

盘　数量较多,根据圈足形态形态差异可分为三式。

Ⅰ式:矮圈足,较直。标本 58 大司空 SH326①:24(图 1 - 25:21)。

Ⅱ式:圈足变高,较直或微外撇。标本 58 小屯西地 GT106③:644(图 1 - 25:22)。

Ⅲ式:矮圈足外撇,沿面外卷。标本 76 小屯西地 H14:33(图 1 - 25:23)。

圜底罐　数量较多,既往多俗称为"人头罐"。多数高领、圜底,一般为泥质灰陶或灰黑陶,颈部以下交错滚压绳纹。但在殷墟二期前后,还有一类束颈折沿的圜底罐,圜底或凹圜底,一般为泥质红或褐陶,颈部以下以一个方向顺向滚压绳纹,罕见交错滚压的。因此,根据上述差别,可将圜底罐分为两型。

A 型:灰陶圜底罐。根据颈腹差异可分为三式。

Ⅰ式:微束颈,圜底,沿面多有浅槽,下腹较浑圆。标本 58 大司空 SH317:25、03AXST2711⑱:1(图 1 - 26:1、2)。

Ⅱ式:颈部变长,整体形态变瘦高。标本 58 大司空 SH310:70、04 大司空 H91①:8(图 1 - 26:3、4)。

Ⅲ式:长颈短沿或无沿,圜底变尖,整体更瘦高。标本孝民屯 58AHH110:2(图 1 - 26:5)。

B 型:红陶或红褐陶圜底罐。根据颈肩差异可分为三式。

Ⅰ式:长颈微束,无肩,口径与腹径接近。标本大司空 71ASTH1:4(图 1 - 26:6)。

Ⅱ式:长颈微束,折肩,最大径在肩腹。标本 04 大司空 H345:2、孝民屯 03AXSH202:55(图 1 - 26:7、8)。

Ⅲ式:颈部变短,溜肩,球腹。标本 04 大司空 H252:15(图 1 - 26:9)。

圆腹罐　数量较多,一般溜肩,腹作球形,与小口瓮的差别在于整体形态近矮正方体,领部较矮,形体略大。根据整体形态差异可分为三式。

Ⅰ式:体型较矮,短颈溜肩,鼓腹。标本 04 大司空 H138:11(图 1 - 26:10)。

Ⅱ式:体型略高,矮领圆肩,整体形态稍瘦长。标本 58 苗圃 PNM213:1、小屯西地 58GH401:9(图 1 - 26:11、12)。

Ⅲ式:矮领,鼓腹,最大径下移至腹中。标本 04 大司空 T1217③:1(图 1 - 26:13)。

大口深腹罐　数量较多,与圆腹罐的差异在于器形较大,整体形态近长方,与小口瓮的差异在于口部较大。根据整体形态差异可分为三式。

Ⅰ式:侈口较大,溜肩,深弧腹,平底或凹圜底。标本 58 苗圃 PNH244:6(图 1 - 26:14)。

Ⅱ式:侈口较大,折肩,深弧腹较直,平底。58 苗圃 T234⑤:607(图 1 - 26:15)。

Ⅲ式:侈口,圆唇,溜肩,平底或凹圜底。标本 58 苗圃 PNT1③A:19(图 1 - 26:16)。

折肩直腹罐　数量较少,形体介于小口瓮与圆腹罐之间,一般口部较小,有领,折肩,腹较深直,但整体形态仍近方。可大致分为两式。

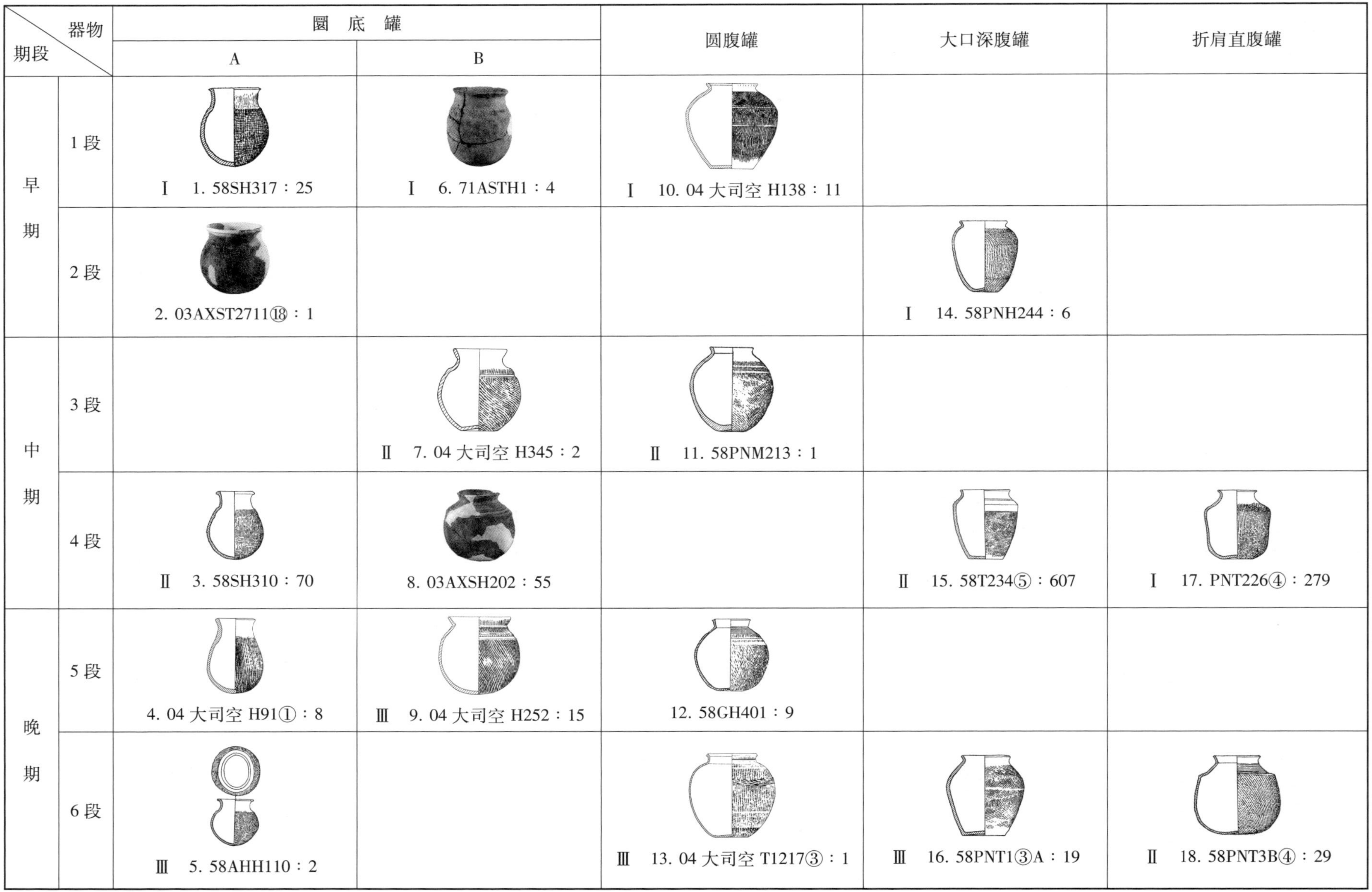

期段	器物	圜底罐 A	圜底罐 B	圆腹罐	大口深腹罐	折肩直腹罐
早期	1段	I 1. 58SH317 : 25	I 6. 71ASTH1 : 4	I 10. 04大司空 H138 : 11		
早期	2段	2. 03AXST2711⑱ : 1			I 14. 58PNH244 : 6	
中期	3段		II 7. 04大司空 H345 : 2	II 11. 58PNM213 : 1		
中期	4段	II 3. 58SH310 : 70	8. 03AXSH202 : 55		II 15. 58T234⑤ : 607	I 17. PNT226④ : 279
晚期	5段	4. 04 大司空 H91① : 8	III 9. 04 大司空 H252 : 15	12. 58GH401 : 9		
晚期	6段	III 5. 58AHH110 : 2		III 13. 04 大司空 T1217③ : 1	III 16. 58PNT1③A : 19	II 18. 58PNT3B④ : 29

图 1 - 26 殷墟晚商时期陶罐分期图

Ⅰ式：形体较瘦,领略高,腹中略收束。标本 58 苗圃 PNT226④:279(图 1-26:17)。

Ⅱ式：折肩较甚,领变矮,微垂腹。标本 58 苗圃 PNT3B④:29(图 1-26:18)。

大口尊　数量不多,仅流行于偏早阶段,整体器物瘦长,最大径在口部,圜底。标本 05AXTH10:1(图 1-27:1)。

圈足尊　数量较多。按照口腹、圈足形态差异可分为四式。

Ⅰ式：喇叭口深腹,整体形态较大,腹深直微曲,圈足外撇,甚矮。标本小屯 H50:4、58 苗圃 PH25:32(图 1-27:2、3)。

Ⅱ式：喇叭口变小,深腹,口下腹径接近,上腹较直,下腹垂鼓,圈足外撇。标本 58 大司空 ST407④:8(图 1-27:4)。

Ⅲ式：侈口,下腹较鼓凸,高圈足,腹部有多组三角划纹。标本小屯西地 58 GT210⑤ B:70、小屯 H14:1(图 1-27:5、6)。

Ⅳ式：微侈口近直,整体器型较瘦长,垂腹,最大径在下腹,高圈足。标本小屯西地 58GT210⑤:50(图 1-27:7)。

壶　有一定数量,绝大多数为泥质陶,制作较精。大体有仿铜壶、筒腹壶和卣形壶三种形态。

仿铜壶　椭圆口,长颈鼓腹,肩部有对称贯耳,垂腹,腹部饰三角划纹,中以细绳纹填充或以划纹作简化兽面纹饰带。此式当为仿铜壶陶器。标本苗圃 60PNH217:125、大司空 73ASNH40:1(图 1-28:1、2)。

筒腹壶　数量不多,特征十分明显,当为仿筒腹铜壶或卣的陶器。根据整体形态差异可分为三式。

Ⅰ式：深直腹,微束颈,颈肩相接处有对称贯耳。圈足较直。标本 03 壶 1983ASM663:56(图 1-28:3)。

Ⅱ式：直腹,上腹有对称贯耳,圈足微撇,不高。较前期壶身变矮胖。标本小屯 H111:5、白家坟 58VAT1③A:31(图 1-28:4、5)。

Ⅲ式：椭圆口,有矮直领,垂腹,整体形态矮胖,圈足多外撇。形体已近卣形壶。标本 1958ANST402M1:1(图 1-28:6)。

卣形壶　数量不多,当是介于仿铜提梁卣器与仿铜壶的中间形态。根据腹足形态差异可分为四式。

Ⅰ式：垂腹,矮圈足。标本苗圃 1961APNM124:231(图 1-28:7)。

Ⅱ式：最大径上移至腹中,圈足变高。标本苗圃 58PNM121:2(图 1-28:8)。

Ⅲ式：最大径在腹中,圈足更外撇。标本 1982 供电局仓库 M3:9(图 1-28:9)。

Ⅳ式：腹足分界明显,腹更浑圆。标本孝民屯 85AXTH157:2(图 1-28:10)。

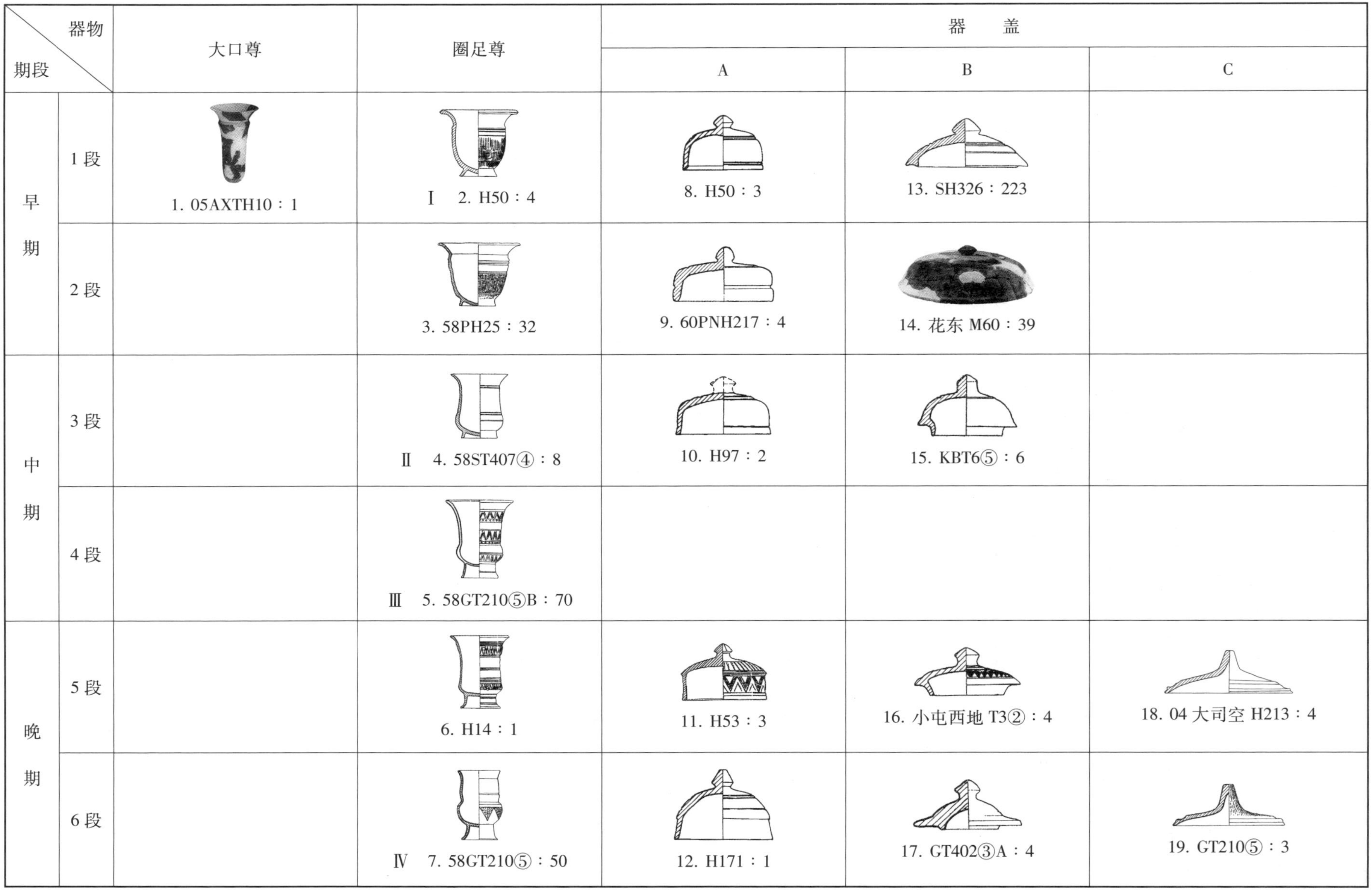

期段 / 段	大口尊	圈足尊	器　盖 A	B	C
早期 1段	1. 05AXTH10：1	I　2. H50：4	8. H50：3	13. SH326：223	
早期 2段		3. 58PH25：32	9. 60PNH217：4	14. 花东 M60：39	
中期 3段		II　4. 58ST407④：8	10. H97：2	15. KBT6⑤：6	
中期 4段		III　5. 58GT210⑤B：70			
晚期 5段		6. H14：1	11. H53：3	16. 小屯西地 T3②：4	18. 04 大司空 H213：4
晚期 6段		IV　7. 58GT210⑤：50	12. H171：1	17. GT402③A：4	19. GT210⑤：3

图 1-27　殷墟晚商时期陶尊、器盖分期图

期段	器物	仿铜壶	筒腹壶	卣形壶
一期	1 段	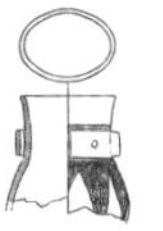 1. 60PNH217：125		
	2 段	 2. 73ASNH40：1	 Ⅰ　3. 1983ASM663：56	 Ⅰ　7. 1961APNM124：231
二期	3 段		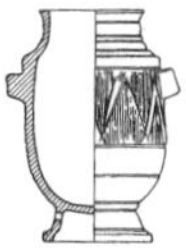 Ⅱ　4. H111：5	
	4 段		 5. 58VAT1③A：31	 Ⅱ　8. 58PNM121：2
三期	5 段			 Ⅲ　9. 1982 供电局仓库 M3：9
	6 段		 Ⅲ　6. 1958ANST402M1：1	 Ⅳ　10. 85AXTH157：2

图 1-28　豫北地区晚商时期陶壶分期图

瓮　殷墟陶瓮种类繁多,数量较多的主要有小口瓮、小口折肩瓮、大口瓮、大口折肩瓮及蛋形瓮等五类。

小口瓮　数量甚多,根据肩腹形态差异可分为三式。

Ⅰ式:短领,耸肩较宽平,上腹肥鼓,下腹细瘦急收,整体形态较肥矮。标本58苗圃PNT5B④A:36(图1-29:1)。

Ⅱ式:斜领较矮,肩部圆鼓,下腹已不急收,整体形态瘦长。标本小屯H70:20、58苗圃PNM208:581(图1-29:2、3)。

Ⅲ式:斜领,微束颈,圆肩斜溜,整体形态较高。标本04大司空H280:30、58苗圃PNⅢT13③:11(图1-29:4、5)。

小口折肩瓮　数量较少,标本如59大司空ASH317:381、04大司空ASH431②:8(图1-29:6、7)。

大口瓮　数量不多。有深瘦腹圜底和宽体肥腹两类。前者标本58大司空SM319:1、大司空72ASTT31③(图1-29:9、10);后者标本苗圃62APNM10:1、58张家坟KT8③:1、小屯H137:18(图1-29:8、11、12)。

大口折肩瓮　有一定数量。根据整体形态差别可分为四式。

Ⅰ式:体态瘦长,肩部折转较平缓。标本苗圃PNT5⑤:33(图1-29:13)。

Ⅱ式:体态较宽矮,肩部折转明显。标本苗圃PNT234⑤:607(图1-29:14)。

Ⅲ式:体态较瘦,腹斜收,肩硬折。标本大司空04H338:1(图1-29:15)。

Ⅳ式:体瘦长,斜腹急收,硬折肩。标本大司空58SH106:661、小屯H93:1(图1-29:16、17)。

蛋形瓮　皆为三足。但有空足与三实足的分别。标本孝民屯03AXNH227:5、宫庙区T6探沟8采:1、府城遗址调查所获JF0:76、殷墟B135、孝民屯03AXNH428:13、孝民屯03AXNH530:10、04大司空ASF38垫土:1(图1-29:18-24)。

罍　数量较多,但在殷墟以外较少见。根据肩腹形态差异可分为四式。

Ⅰ式:矮直领,圆肩,形体不高。标本大司空71ASTH1:17、小屯T13②:2(图1-29:25、26)。

Ⅱ式:矮领微侈,硬折肩,形体较矮。标本60VAT1③:24、58PNT229③:4(图1-29:27、28)。

Ⅲ式:直领较高,圆肩,肩部有两圆纽,整体形态较高,有的仿铜罍,在下腹近底处有一宽带耳鋬。标本58孝民屯VAT1③:24、58苗圃PNH213:12(图1-29:29、30)。

器盖　数量甚多,形态较多样。根据整体形态差异可分为三型。

A型:直口平顶,圆头纽。多饰以旋纹,个别有三角划纹等装饰。前后变化不大,不分式。标本小屯H50:3、苗圃60PNH217:4、小屯H97:2、小屯H53:3、小屯H171:1(图1-27:8-12)。

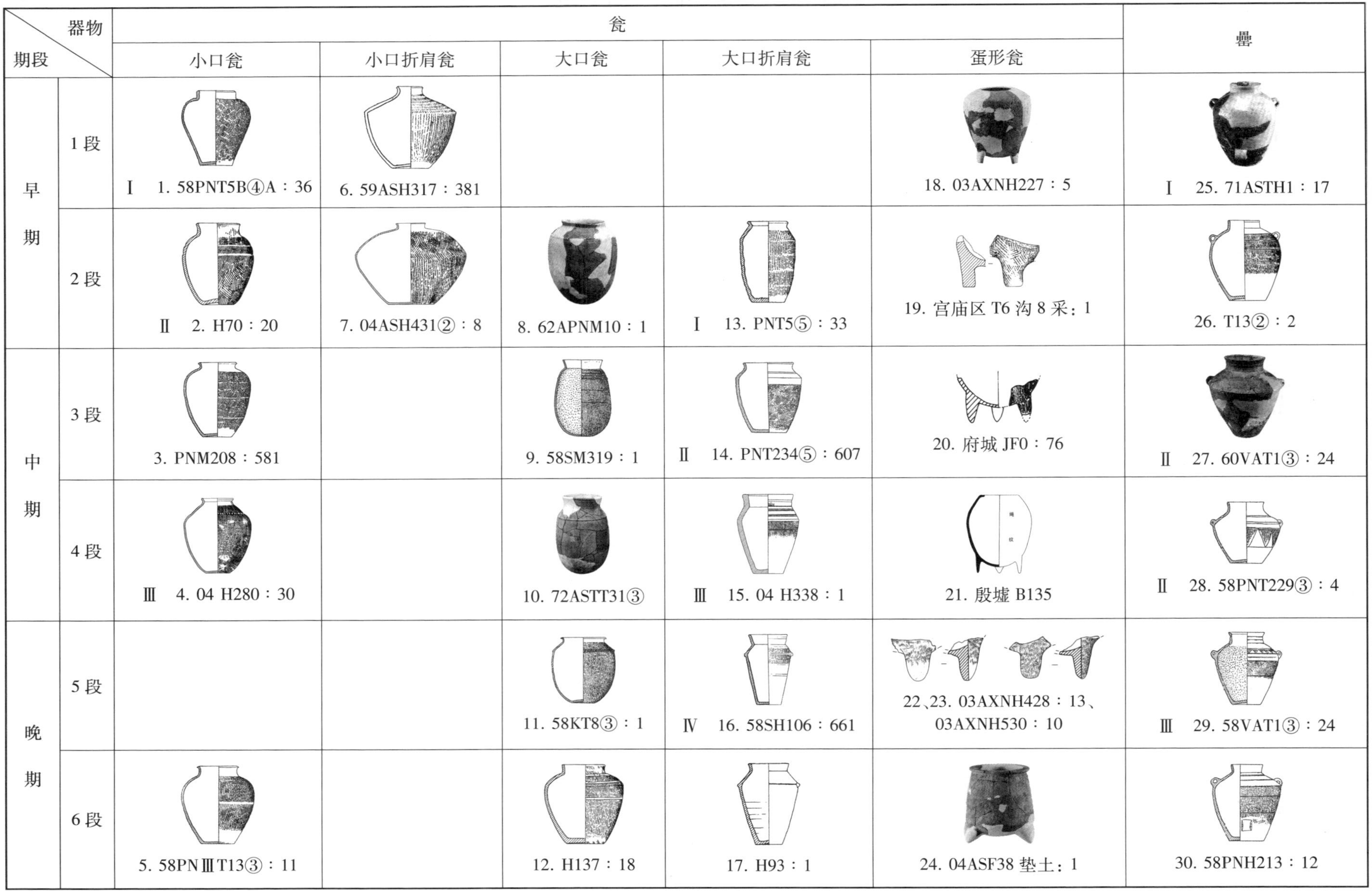

期段		瓮					罍
期 / 段		小口瓮	小口折肩瓮	大口瓮	大口折肩瓮	蛋形瓮	
早期	1段	I 1. 58PNT5B④A：36	6. 59ASH317：381			18. 03AXNH227：5	I 25. 71ASTH1：17
早期	2段	II 2. H70：20	7. 04ASH431②：8	8. 62APNM10：1	I 13. PNT5⑤：33	19. 宫庙区T6沟8采：1	I 26. T13②：2
中期	3段	3. PNM208：581		9. 58SM319：1	II 14. PNT234⑤：607	20. 府城JF0：76	II 27. 60VAT1③：24
中期	4段	III 4. 04 H280：30		10. 72ASTT31③	III 15. 04 H338：1	21. 殷墟B135	II 28. 58PNT229③：4
晚期	5段			11. 58KT8③：1	IV 16. 58SH106：661	22、23. 03AXNH428：13、03AXNH530：10	III 29. 58VAT1③：24
晚期	6段	5. 58PNⅢT13③：11		12. H137：18	17. H93：1	24. 04ASF38垫土：1	30. 58PNH213：12

图 1-29　豫北地区晚商时期陶瓮、罍分期图

B 型:短子口,弧顶,多矮蘑菇纽。多饰以旋纹,个别有三角划纹等装饰。前后变化不大,不分式。标本大司空 SH326:223、花东 M60:39、张家坟 KBT6⑤:6、小屯西地 T3②:4、小屯西地 GT402③A:4(图 1-27:13-17)。

C 型:大喇叭口斗笠形,直柄形纽。数量不多。标本 04 大司空 H213:4、小屯西地 GT210⑤:3(图 1-27:18、19)。

除上述器类外,还有一些器物如筒腹罐、尊形罐、圜底钵、将军盔等,在豫北地区以殷墟遗址群、辉县琉璃阁等为代表的遗址的居址中有一定数量,但在其他地区却相对少见。由于这些器物的器型变化的规律不是特别明显,或延续时间不长仅流行于某一阶段,亦或已有较充分的讨论,因此不再进行讨论。

(三) 分 期 与 年 代 推 定

殷墟遗址群晚商时期遗存丰富,年代序列清晰,以此为标尺确定豫北地区晚商时期其他遗存,从而获得本地区晚商时期考古学文化遗存的演变序列(参表 1-8)。

前文已经叙及,本书晚商时期遗存分为三期六段,三期分别称为晚商早、中、晚期。

殷墟周边的次级聚落发现的晚商时期遗存,常见器类与殷墟几无差别,但器类远不及殷墟丰富。

洹河流域经多家考古研究机构多次调查,发现有十分丰富的晚商时期遗存。这些地点包括有南士旺永安寨、柴库、同乐寨、活水等地点。从调查发表的材料看尚未发现有明确属于殷墟早期的遗存,大部分遗存皆属于殷墟中晚期。

西高平遗址仅发现晚商时期灰坑一座,年代约相当于殷墟早期晚段。

西蒋村遗址晚商时期遗存比较零星,个别器物相当于或略晚于洹北商城晚段。

殷墟以外,淇县、鹤壁一带晚商时期遗存已十分丰富,在辉县、淇县甚至可能存在与殷墟社会结构相同或者十分相似的高等级聚邑。

宋窑遗址仅发现极少量的晚商时期遗存,年代相对较单纯,遗址发掘者认为这些遗存属于殷墟遗址群早期遗存。

辉县丰城遗址晚商时期遗存较为零散,年代约相当于殷墟早期。

辉县孙村遗址晚商时期遗存可分为前后两段,早段以 H4、H61 等单位为代表,晚段可以 H25、H40 等单位为代表。早段约相当于殷墟早期,晚段相当于殷墟晚期。该遗址是否存在殷墟中期遗存,尚待验证。

辉县琉璃阁遗址晚商时期遗存居址材料公布比较零星,刊布的资料以墓葬为主。1935 年辉县琉璃阁曾发现 3 座晚商时期墓葬(M54、M63、M77),但资料迁台未整理公布。目前仅知 M54 至少随葬一觚一爵,从两器纹饰拓片观察,应属殷墟二期遗物。1950 年发掘的 53 座商墓中至少有 6 座晚商铜器墓,其中 M150 带双墓道。由于资料发表较为简略且无总平面图,墓地较难深入分析,墓葬分布情况不清,无法判断带墓道墓葬与其他

表 1-8　晚商时期豫北主要居址分期对照表

期	段	殷墟	孟庄	李大召	宋窑	洹河流域	西蒋村	西高平	濮阳	马庄等	大司马	保安庄	丰城	孙村	宜丘	琉璃阁	府城
三期	6段	6	2	4										2		2	
三期	5段	5				√											
二期	4段	4	1	3							√	√					
二期	3段	3							√	√							√
一期	2段	2		2	√			√					√	1	√	1	
一期	1段	1		1	√												
资料来源		①	②	③	④	⑤	⑥	⑦	⑧	⑨	⑩	⑪	⑫	⑬	⑭	⑮	⑯

墓葬有无明显空间区分。所以对琉璃阁墓葬为代表的当地晚商时期遗存编年并不清楚。

　　这批晚商墓葬基本上都是北偏东或北向。从葬俗看,6座墓葬与晚商商系墓葬基本相同,皆有殉狗,有5座带腰坑。已知信息显示,各墓伴出陶器基本都有陶鬲,其他器类组合则有差异,但6墓均未随葬陶觚、爵。这批墓葬长期以来缺乏较细致的具体年代判断,通过零星器物与殷墟同类器的比较(图1-30),可对其年代进行讨论。

①　由于殷墟遗址牵涉资料较多,可参本论文附录之田野资料部分的相关材料。

②　河南省文物考古研究所:《辉县孟庄》,中州古籍出版社(郑州),2003 年。

③　郑州大学历史文化学院考古系:《新乡李大召——仰韶文化至汉代遗址发掘报告》,科学出版社(北京),2006 年。

④　北京大学考古系商周组:《河南淇县宋窑遗址发掘报告》,《考古学集刊》(10),地质出版社(北京),1996 年。

⑤　中国社会科学院考古研究所安阳队:《河南安阳洹河流域的考古调查》,《考古学集刊》(3),中国社会科学出版社(北京),1983 年;安阳市博物馆:《豫北洹水两岸古代遗址调查简报》,《中原文物》1986 年第 3 期。

⑥　中国社会科学院考古研究所安阳工作队、安阳市文物考古研究所:《河南省安阳县西蒋村遗址的调查与试掘》,《考古》2011 年第 11 期。

⑦　河南省文物考古研究所:《安阳市西高平遗址商周遗存发掘报告》,《华夏考古》2006 年第 4 期。

⑧　马连成、廖永民:《濮阳市郊区考古调查简报》,《中原文物》1986 年第 4 期。

⑨　北京大学考古学系、濮阳市文物保管所:《豫东北考古调查与试掘》,《考古》1995 年第 12 期;夏商周断代工程朝歌遗址调查组:《1998 年鹤壁市、淇县晚商遗址考古调查报告》,《华夏考古》2006 年第 1 期。

⑩　杨贵金、张立东、毋建庄:《河南武陟大司马遗址调查简报》,《考古》1994 年第 4 期。

⑪　河南省文物研究所:《武陟县保安庄遗址调查简报》,《中原文物》1988 年第 3 期。

⑫　新乡市文管会、辉县百泉文管所:《河南辉县丰城遗址调查简报》,《考古》1989 年第 3 期。

⑬　郑州大学历史文化学院考古系、河南省文物管理局"南水北调"办公室、新乡市文物局、辉县市文物局:《河南辉县孙村遗址发掘简报》,《中原文物》2008 年第 1 期。

⑭　郑州大学历史与考古系、新乡市文化局、长垣县文物管理所:《河南长垣宜丘遗址发掘简报》,《中原文物》2005 年第 2 期。

⑮　中国科学院考古研究所:《辉县发掘报告》,科学出版社(北京),1956 年。

⑯　杨贵金、张立东:《焦作市府城古城遗址调查报告》,《华夏考古》1994 年第 1 期。

<table>
<tr><td>1. M123：1</td><td>5. M151：02</td><td>9. M151：01</td><td>13. M151：06</td></tr>
<tr><td>2. 1959ASH326：12</td><td>6. 1960APNH217：4</td><td>10. 2004ASH357：26</td><td>14. 59ASH317：2</td></tr>
<tr><td>3. M150：31</td><td>7. M150：32</td><td>11. M150：11</td><td>15. M150：018</td></tr>
<tr><td>4. 03 孝民屯 M177：6</td><td>8. GH205①：11</td><td>12. M93：12</td><td>16. H157：6</td></tr>
</table>

图 1 - 30　琉璃阁墓葬与同期殷墟墓葬出土陶器对比图

　　六墓还残存有部分陶器(图 1 - 30)。陶鬲 M123：1 与大司空 1959ASH326：12 形体接近,年代接近殷墟一期;M150：31 如 1977 年西区 GM793：4①、03 孝民屯 M177：6② 是殷墟四期晚段的常见形态。陶簋 M150：32 较特殊,殷墟不太常见,形态略接近 GH205 ①：11。陶罍 M150：11 与西区墓地 M93：12 形态近似,是殷墟四期常见的样式。残器盖 M150：018 与 GT210⑤：3、H157：6③ 形制相同。M151 器盖 M151：01 带子口,可能类似 2004ASH357：26④;M151：02 与小屯东北地 1960APNH217：4 接近;带耳圈足器腹部弧度甚小,较深直,当不是双耳簋,而是类似 59ASH317：2 带耳杯一类的器物。

　　综合上述分析,大略可判断六墓年代。M124 相当于殷墟一期;M123、M151 在殷墟一、二期之间;M147 约相当于殷墟三期;M150 为殷墟四期墓葬。M141 缺少能够准确判断年代的器物,但从铜器盖的形制看,不会早于殷墟二期。

　　孟庄遗址晚商时期材料十分零散,原报告中有部分西周时期遗存混入。仔细检索后,

　　① 中国社会科学院考古研究所安阳工作队:《1969—1977 年殷墟西区墓葬发掘报告》,《考古学报》1979 年第 1 期。
　　② 中国社会科学院考古研究所:《安阳孝民屯(四)殷商遗存·墓葬》,文物出版社,2018 年。
　　③ 中国社会科学院考古研究所:《殷墟发掘报告(1958~1961)》,文物出版社,1987 年。
　　④ 中国社会科学院考古研究所:《安阳大司空——2004 年发掘报告》,文物出版社,2014 年。

可知孟庄遗址确定的晚商时期遗存分为前后两段,一段以ⅧH90为代表,年代约与殷墟遗址群殷墟二期遗存相当;二段则可以XXH54为代表,年代约与殷墟遗址三期相当。

李大召遗址发现晚商时期遗存较丰富,原报告将其分为前后两期,认为一期属安阳队分期体系中的殷墟二期,二期属殷墟四期。检索原报告,可知李大召遗址部分单位可从原报告第一期中划出,属于殷墟三期。该遗址属于殷墟中晚期时期的遗存修复完整器较少,可将李大召遗址晚商时期遗存分为前后三期4段。第1、2段属于一期,以H73、H313、H310等单位为代表,其中H73年代稍早;二期可以H331、H334等单位为代表;三期可以H228、H248等单位为代表。需要说明的是,三期器物修复较少,无法确知是否有单位晚至殷墟遗址群的晚期晚段。

武陟大司马遗址晚商时期遗存皆为调查所获,年代约相当于晚商中期。

武陟保安庄遗址晚商时期遗存,年代约相当于晚商中期。

焦作府城遗址调查曾发现有晚商时期遗存,但发掘中并未获得殷墟时期单位。从发表的陶鬲可知,府城遗址所获的晚商时期遗存年代约相当于晚商早中期。

濮阳地区晚商时期遗存皆为调查所见,从戚城、程庄、马庄、湾子等遗址的调查所见,这些遗存的年代约相当于殷墟早中期,目前所见材料中尚未发现有较明确的殷墟晚期遗存。

长垣宜丘遗址晚商时期遗存较为单纯,约与殷墟早期遗存相当。

除了上述居址外,在豫北地区还发现了不少晚商时期的墓地,与之相应的居址虽然未有细致的工作,资料刊布也不理想,但大体的年代可以墓葬的年代做出推断。关于这一问题,我在其他的文字中已有讨论,不在本书赘述①。

六、商晚期各期陶器的特征

从整体的文化面貌看,豫北地区晚商时期的三期间文化面貌变化较为明显。下面我们从陶系、炊器组合变化等方面予以分析。

(一)陶系

由于缺乏单个遗迹单位陶系统计数据,长期以来,殷墟遗址缺乏公布的陶系统计原始数据。所发表者,或为分期之后的统计数据总计,或为模糊的统计数据描述,而少有原始单位,甚至仅是分段后的数据。1987年出版的《殷墟发掘报告》中公布了1961年苗圃北地发掘区域所有陶片分期后统计总量数据②。1991年发掘的花园庄东地H3出有较多甲骨,因此简报③公布了陶系数据,但缺乏纹饰统计。本文的讨论,限于如此条件,只能据这

① 常怀颖:《略谈晚商太行山南麓及临近地区的铜器墓》,《中原文物》2020年第4期;《从随葬陶器看殷墟以外的晚商"族墓地"》,《江汉考古》2020年第6期。
② 中国社会科学院考古研究所:《殷墟发掘报告(1958~1961)》,文物出版社(北京),1987年。
③ 中国社会科学院考古研究所安阳工作队:《1991年安阳花园庄东地、南地发掘简报》,《考古》1993年第6期。

两批数据进行推测,这在一定程度上影响了对殷墟各时期陶系变化规律的认识。对于陶器纹饰,更缺乏详细数据说明,本文仅能依据各简报、报告与安阳工作站认可的《殷墟的发现与研究》中的描述加以粗线条描述。

早期,豫北仅有花东 H3 与李大召 H73、H228 三个数据。就零星信息显示,本期泥质陶多于夹砂陶,在殷墟遗址群,两者比例差距更大。本期陶色总体而言以灰陶为主,但如细分,不同遗址间尚有差别。李大召遗址灰黑色陶占优势,灰色陶次之,有一定比例的红褐色陶(参见表 1-9)。纹饰中以绳纹为主,但素面陶与磨光陶的比例较高。旋纹在本段占有一定的比例,戳印纹、压印纹、附加堆纹等纹饰的比例相对较少,三角划纹仅在本期晚段零星出现。这一时期纹饰的使用与装饰规律与本地区早商时期晚段较为接近。

表 1-9　晚商时期殷墟居址典型单位陶系统计表

时段		单　位	陶质(%)		陶色(%)			纹饰(%)						
			泥质	夹砂	灰	红褐	灰黑	素面	磨光	绳纹(含旋断)	方格纹	旋纹	附加堆纹	戳压印划
早期	1段	91 花东 H3	76	24	92	8		√		为主		次之	√	√
		李大召 H73	59.9	40.1	35.3	15.8	49	32	25.1	38.8		3.5	0.3	0.4
	2段	61 苗圃一期	79.1	20.9	91.1	9.1		19.1		72.7	0.2	6.8	0.5	0.1
		李大召 H298	45.8	54.2	41.9	19.5	38.4	12.4	9.7	74.6		2	1.9	
中期		61 苗圃二期	85.1	14.9	90.1	9.7		21		67.7	0.3	8.3	0.5	0.2
晚期	5段	李大召 H228	33.2	66.8	40.6	34.5	24.9	11.9	7.8	79.2		0.9		
		李大召 T1010④	41.2	58.8	44.5	25.7	30.9	10.9	8.5	80.3		0.2	0.2	
	6段	61 苗圃三期	90.1	9.9	83.8	15.8		28.5		63.4	0.2	5.1	0.8	0.6

中期,依 61 年苗圃二期的整合统计可知,本阶段泥质陶比例增加,夹砂陶数量仅在一成五左右,显示出殷墟遗址群在这一时期器物制作的精细。从陶色角度分析,红褐陶比例较上期增幅较大。纹饰中绳纹、旋纹比例略有增加。按照《殷墟的发现与研究》所说,这一时期殷墟三角划纹开始广泛使用,模制兽头附饰也较常见。

晚期,仅有李大召遗址两遗址的具体数据。本期殷墟遗址群泥质陶数量仍然占绝对优势,而在李大召遗址,夹砂陶则明显多于泥质陶,显示出不同等级的遗址甚至是同一遗址群中不同性质的功能区中有不同的陶器器类选择。从陶色来看,虽然本期仍以灰陶为绝大多数,但李大召遗址的灰黑陶比例数量甚高。红褐陶在本期的增长亦十分明显。纹饰方面,本期素面陶与磨光陶数量有所减少,殷墟遗址群中绳纹数量下降明显。按照《殷墟的发现与研究》所示,这一时期殷墟遗址群纹样种类与上期接近,但划纹类别增加明显,双重划纹也有十分明显的增长,三角绳纹图案却趋于简化,小三角绳纹已经很少见。这一时期开始出现以漆绘于陶器表面的装饰方式。

（二）器物群中的炊器特征与组合变化

豫北地区晚商时期炊器组合变化较为明显,各类炊器形态的时代特征变化也较为明显(参表1-10)。

表 1-10　晚商时期殷墟居址炊器组合百分比统计表

期段		单　位	夹砂罐	鬲	甗	鼎	甑	总件数（件）
早期	1段	李大召 H73	7.1	92.9				28
		76 小屯西地一期		100				2
		孝民屯 2003 居址		96.4	2.4		1.4	83
	2段	李大召 H298	51.4	48.6				37
		61 苗圃一期		91.3	?		8.7	390
		76 小屯西地二期		90.9			9.1	11
		孝民屯 2003 居址		69		4.1	26.8	336
中期		61 苗圃二期	0.1	94			5.9	945
		76 小屯西地三期		62.5	6.3	6.3	25	16
		孝民屯 2003 居址		73.5	0.2	0.01	26.1	5775
晚期	5段	李大召 H228		100				8
		李大召 T1010④	15	80			5	20
	6段	61 苗圃三期	0.8	83	1.7		14.5	1170
		76 小屯西地四期		87	2.2		10.9	>46?
		孝民屯 2003 居址		58.5			41.4	1473

(61 苗圃陶甗数据为三期合计,未有分期统计数据;李大召遗址夹砂罐由于缺乏图像材料,应有部分非炊器夹砂罐混入,故比例一定偏高;2003 孝民屯居址材料自牛世山器类总数总表重新计算,其中有无夹砂罐作为炊器无法确定)

《殷墟发掘报告》①公布的苗圃北地1961年各探方器类统计实际是包含腹片在内的统计数据,对于确定最小个体数并无任何实际意义。《安阳小屯》②报告公布的陶器又是以复原器为统计数据的,亦不能据以确定实际的最小个体数。但由于除此以外,无法获得更为可靠的统计数据,因此,本文亦只能据此进行推测性分析。牛世山曾刊布了2003孝民屯居址陶器的统计总量,但仍为同一期别的器类统计,而非单个遗迹单位的个案统计。同时,在牛世山公布的数据中,是否有鬲、甗、甑、鼎、罕之外的炊器,尤其是否存在夹砂罐作为炊器,无法判断。

早期,数据相对较多,这一时期以陶鬲为最为常见之炊器,数量占绝对优势。从个体差异来看,这一时期中型鬲占据绝对优势,口径超过25厘米的大型鬲较少,小型鬲与中型鬲之比约在4∶1。陶甑与陶甗在这一时期较少,一般都在总量的一成以内。本时期可能存在一定数量的陶罐作为炊器,但是由于器物统计与形态较为缺乏,因此难以确定。

中期,数据较少,这一时期仍以陶鬲为绝大多数。本时期小型鬲的数量有所增加,与中型鬲的数量比可上升至3∶1左右,同时,大型鬲的数量也略有增加。本时期甑、甗有所增长,尤其是甑的数量已经可以占到鬲总量的近一半。罕、鼎在这一时期几乎可以忽略不计。

晚期,中型鬲与大型鬲数量减少,小型鬲数量明显增加,甑的数量增加更为明显。与陶甑增加相对的是,陶甗的数量减少同样明显。

第二节　冀南地区考古学文化的分期与特征

一、夏时期的遗存分期

冀南地区以今邯郸市为主,这一区域在太行山东南麓的山前丘陵地带,其间河流众多,但基本上属于漳河及滏阳河上游支流,这一地区可简称为"漳河流域"。1957年,以邯郸涧沟遗址的发掘为标志,开启了冀南地区夏商考古的探索历程。时至今日,冀南地区发现的二里头文化时期遗存有数十处(图1-31),有近20处遗存的材料得到公布。

(一) 地层关系

截至2020年,冀南地区二里头文化时期发掘面积较大且材料较为丰富的遗址有邯郸

① 中国社会科学院考古研究所:《殷墟发掘报告(1958~1961)》,文物出版社(北京),1987年。
② 中国社会科学院考古研究所:《安阳小屯》,世界图书出版公司(北京),2004年。

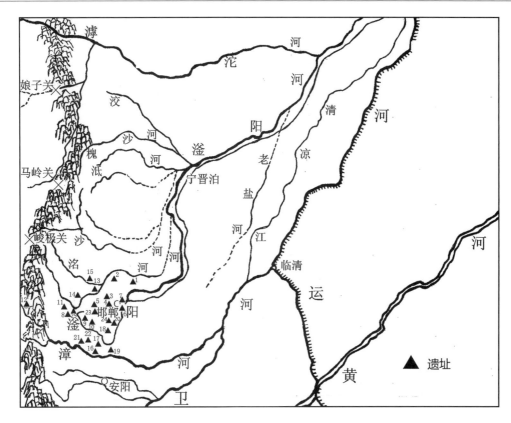

图 1-31　冀南地区二里头文化时期主要遗址分布示意图

1. 洺关　2. 何庄　3. 薛庄　4. 洛子村　5. 霍北村　6. 涧沟　7. 龟台寺　8. 北羊台　9. 义张庄　10. 街儿庄
11. 义西　12. 台村　13. 赵窑　14. 磁山　15. 口上　16. 下七垣　17. 南城　18. 槐树屯　19. 滏阳营
20. 邯郸飞机场　21. 界段营　22. 下潘汪　23. 北羊井　24. 白村　25. 崔炉

涧沟①与龟台寺②、薛庄③、北羊井④、磁县下七垣⑤、南城⑥、峰峰矿区义西⑦与北羊台⑧、永年何庄⑨等几处。

但是由于遗存保存情况与发掘年代较早,发掘方法、记录方式尚不完善的原因,冀南地区二里头文化时期缺乏较好的连续地层关系材料。

①　北京大学、河北省文化局:《邯郸涧沟发掘报告》(稿本),原稿现存北京大学考古文博学院资料室。

②　北京大学、河北省文化局:《邯郸龟台发掘报告》(稿本),原稿现存北京大学考古文博学院资料室。

③　吉林大学边疆考古研究中心:《邯郸薛庄遗址考古发掘报告》,科学出版社(北京),2019 年;南水北调中线干线工程建设管理局等:《邯郸薛庄遗址考古发掘报告》,科学出版社(北京),2019 年。

④　段宏振:《邯郸北羊井遗址调查记》,《三代考古·九》,科学出版社(北京),2021 年。

⑤　河北省文物管理处:《磁县下七垣遗址发掘报告》,《考古学报》1979 年第 2 期。

⑥　河北省文物研究所:《河北磁县南城遗址发掘获重要发现》,《中国文物报》2009 年 2 月 25 日第二版;石一磊:《河北磁县南城遗址浅析》,《首届先商文化学术研讨会论文》(打印稿),2009 年 7 月,未发表。

⑦　河北省文物研究所、邯郸市文物研究所、峰峰矿区文物保管所:《邯郸市峰峰电厂义西遗址发掘报告》,《文物春秋》2001 年第 1 期。

⑧　河北省文物研究所、邯郸市文物管理处、峰峰矿区文物管理所:《河北邯郸市峰峰矿区北羊台遗址发掘简报》,《考古》2001 年第 2 期。

⑨　邯郸地区文物保管所:《河北省永年县何庄遗址发掘报告》,《华夏考古》1992 年第 4 期。

邯郸涧沟遗址二里头文化时期遗存以原报告所定之"殷代早期"遗存为代表。检索报告，可资利用的地层关系有如下几组：

（1）57HJ2H51→57HJ2H66→57HJ2H67→57HJ2H94

（2）57HJ2H63→57HJ2H65→57HJ2H67

（3）57HJ2H21→57HJ2E1→57HJ2H20

（4）57HJ2H9、H8→57HJ2H4

在第一、二组地层关系中，H67为二里头文化时期遗存；第三组遗存中，E1为二里头文化时期遗存；第四组地层关系中H4为二里头文化时期遗存。在所有地层关系及相关单位中，二里头文化时期遗存H4、H8、H20、H67等单位可作为典型单位。另外，遗址2区各探方③层以下也属于二里头文化时期。

邯郸龟台寺遗址二里头文化时期遗存以原报告所定之"殷代早期"遗存为代表。检索报告，可资利用的地层关系有如下几组：

（1）H23→H13

（2）H45→H44→H43

（3）H63→H46

（4）H14→H33→H56

（5）H7→H56

（6）H14→H5→H52

（7）T10Ⅳ层（a-d小层）→H81→T10Ⅴ层（a-e小层）

（8）H67→H30、H92

（9）T3Ⅳ层（⑤-⑦小层）→T3Ⅴ层（⑧-⑬小层）→H86

在地层关系（7）中，T10Ⅴ层是龙山时期地层，Ⅳ层是二里头文化时期与早商时期地层（原报告中称殷代一期），而H81是二里头文化时期单位。需要说明的是，其Ⅴ层为整合后地层，包含原探方的第⑪-⑮层，Ⅳ亦为整合地层，包括原发掘记录中的第⑤-⑩层，H81实际开口于第⑩层下。但仔细整理材料分析，发现原整合方式第⑤-⑩层，性质认定略有调整必要。⑤-⑧层实际为早商时期地层单位，⑨、⑩两层为二里头文化时期地层单位。则T10地层单位中实际包含了龙山时期、二里头文化时期与早商三个时期的堆积。因此，开口于⑩层下的H81则是T10二里头文化时期年代最早的单位。地层关系（9）中，T3Ⅳ层与T3Ⅴ层皆为殷商文化层，原报告认为前者为早商时期地层，后者为先商时期地层，H86为T3中年代最早的先商时期遗存。但排比材料发现原整合地层中第⑧层已经出现折沿鬲，且沿面起棱，年代应已进入早商时期。因此原整合地层的第Ⅴ层中的第⑧层应归属于整合地层的第Ⅳ大层。第⑧层以下为二里头文化时期遗存。除T3、T10两探方外，H67、T8A⑩层以下各层等单位材料亦较丰富，可以作为二里头文化时期的代表。

邯郸薛庄遗址公布材料较为详细，检索原报告，在报告整体介绍典型代表地层关系和文末介绍先商时期遗存的典型地层关系中，虽公布有多组地层关系，但发表器物却并未完全能

反映地层关系中的器物演变规律。筛选公布资料,可利用的有效地层单位仅有如下五组:

(1) H83→H68

(2) H248→G10→H315

(3) H260→H299

(4) H277→H267

(5) H303→H315

除第(5)组关系中的 H303 为晚商灰坑外,其余遗迹单位皆属于二里头文化时期。在有打破关系的遗迹单位以外,H3、H56、H186、H194、H213、H275、H296、H323 等单位出土器物较多,也可作为典型单位使用。

磁县下七垣遗址由于发现有年代较早的堆积,长期以来备受关注。但是由于早年的发掘过程中对于地层的时间指向理解问题,因此,报告公布的地层关系描述中有较多错误①。原报告将遗址第四层及打破第四层的灰坑归属于二里头文化时期的遗存,后经研究者补充,将原报告定为早商文化的遗址第三层及部分灰坑也归属于二里头文化时期。检索原报告,其中叙及"文化层从上而下分商代层,上面三层为商代层,第四层为二里头文化层"。在公布的遗迹与遗物中可知,原报告实际上将 H12、H61 两单位及其余不知编号的 7 个灰坑以及 T5 东部的无号灰沟②也划作二里头文化时期的遗存,但原报告中所有的灰坑皆缺乏开口层位。从仅有的一张地层剖面可知,当时的发掘水平对于灰坑的开口判断并不明晰,因此无法得知这 9 座灰坑是开口在第四层下,还是开口于第三层下打破第四层的。无论是何种情况,这九座灰坑在逻辑上都应与第四层有早晚的区别。原报告中又认为房址 H41、H28、H58、H99 等 21 个灰坑,以及 Y2、Y3 与第三层同时。这与第四层年代相当的这些单位存在相同问题,也应与第三层存在早晚关系。

由于下七垣遗址材料的缺失,我们仅能依据现有报导情况将下七垣遗址二里头文化时期的遗存划分为两个时段。一段为原报告第四层及所附灰坑 H12、H61 两单位,由于不能明确两单位的开口层位,虽然明知其与第四层间一定存在早晚关系,但由于无法准确判断,只能将二者暂归同一时期。二段为原报告第三层及其所附属的灰坑与房址 H41。一、二段之间有明显的缺环,二者不能直接相连。但由于第四、三两层间共有器物有鼎、盆、豆等,其形态演变规律仍可作为对本地区年代学研究的重要参照。

义西遗址发掘简报的遗迹平面图显示存在一组打破关系:H6→H5,但前者未发表可资对比的器物,因此,这组地层关系实际无效。

北羊台遗址发掘简报的遗迹平面图显示打破关系 8 组,但其中仅有一组关系有效:Ⅲ H3→H4。

---

① 河北省文物管理处:《磁县下七垣遗址发掘报告》,《考古学报》1979 年第 2 期。

② 从发掘报告中的"探方、遗迹位置西半部分图"中可知这条无号的灰沟打破了 Y2、Y3 共用的窑室坑,则两窑修建年代应早于无号灰沟,倘无号灰沟年代确定与遗址第四层遗存同期,则两窑至少应与遗址第四层年代相当。但是由于窑内的烧流器物亦未公布,无法对其给予准确的断代,因此仅能按遗迹平面图作出相应的推断。

何庄遗址公布二里头文化时期遗存皆为灰坑，但各遗存间不存在叠压打破关系。

崔炉 H2 出土器物较多，可作为典型单位。

北羊井遗址破坏严重，未发表地层关系。遗址清理二里头文化时期灰坑 4 座，以 H21、H17、H1 较有代表性。虽然灰坑间没有相互的地层关系，但由于灰坑出土物比较有典型性，统计整理工作也十分规范，可作为典型单位使用。

由上述地层整理情况可知，冀南地区二里头文化时期的遗存间有效地层关系不多，对于这一地区的文化编年仍需依赖对陶器形态学的研究。

（二）陶器形制分析

冀南地区二里头文化时期的陶器种类较为丰富，以三足器、平底器最为常见，圈足器与圜底器较少。在这些器物中以鼎、鬲、盆、豆、罐、瓮等器物较有分期代表性。

鼎　有罐形、盆形两种形态。

罐形鼎　根据足部形态差异可分为侧视锥形的足与侧装三角扁足两型。

A 型：锥形扁足，足面多有戳印，圜底。标本南城 08M45：1（图 1-32：1）。

B 型：侧装扁足，根据腹部深浅可分为三式。

Ⅰ式：深腹，圜底，深腹。标本下七垣 H61：769（图 1-32：2）。

Ⅱ式：腹较深，平底。标本下七垣 T7④：1334、滏阳营遗址出土陶鼎（图 1-32：3、4）。

Ⅲ式：腹浅，平底。标本南城 08M73：1，三足微弧且外撇（图 1-32：5）。

盆形鼎　根据盆腹的深浅与盆底的圜、平差异，可分为四式。

Ⅰ式：盆腹较深，圜底，束颈。标本下七垣 H61：782（图 1-32：6）。

Ⅱ式：深腹，平底。标本白村 H73：3（图 1-32：7）。

Ⅲ式：深腹，束颈，平底。标本南城 08M36：1（图 1-32：8）。

Ⅳ式：盆腹较浅，平底，束颈折腹斜收。标本涧沟 57HJ2H20：55、薛庄 H296⑥：1、北羊台 H24：5（图 1-32：9、10、11）。

鬲　未见联裆鬲，目前所见皆为分裆。根据其领部与足部差异可分为五型。

A 型：卷沿矮领，袋足较肥，整体形态较矮肥。根据腹部形态差异可分为四式。

Ⅰ式：袋足肥大，最大径近下腹与足相接处。标本涧沟 57HJ2H4：1、涧沟 57HJ2H8：6、涧沟 57HJ2H8：250、北羊井 H21：1（图 1-33：1-4）。

Ⅱ式：袋足肥大，最大径上移至腹中。标本义西 H5：61、薛庄 H315：1（图 1-33：5、6）。

Ⅲ式：袋足较肥，最大径下移至腹中偏下位置，陶胎变薄。标本涧沟 57HJ2T3③a：226、薛庄 H213①：6、薛庄 G10③：1（图 1-33：7、8、9）。

Ⅳ式：袋足变瘦，口腹径相近。陶胎甚薄，绳纹规整但较细。标本磁县飞机场 H8：?（图 1-33：10）、何庄 H6：1（图 1-33：11）。

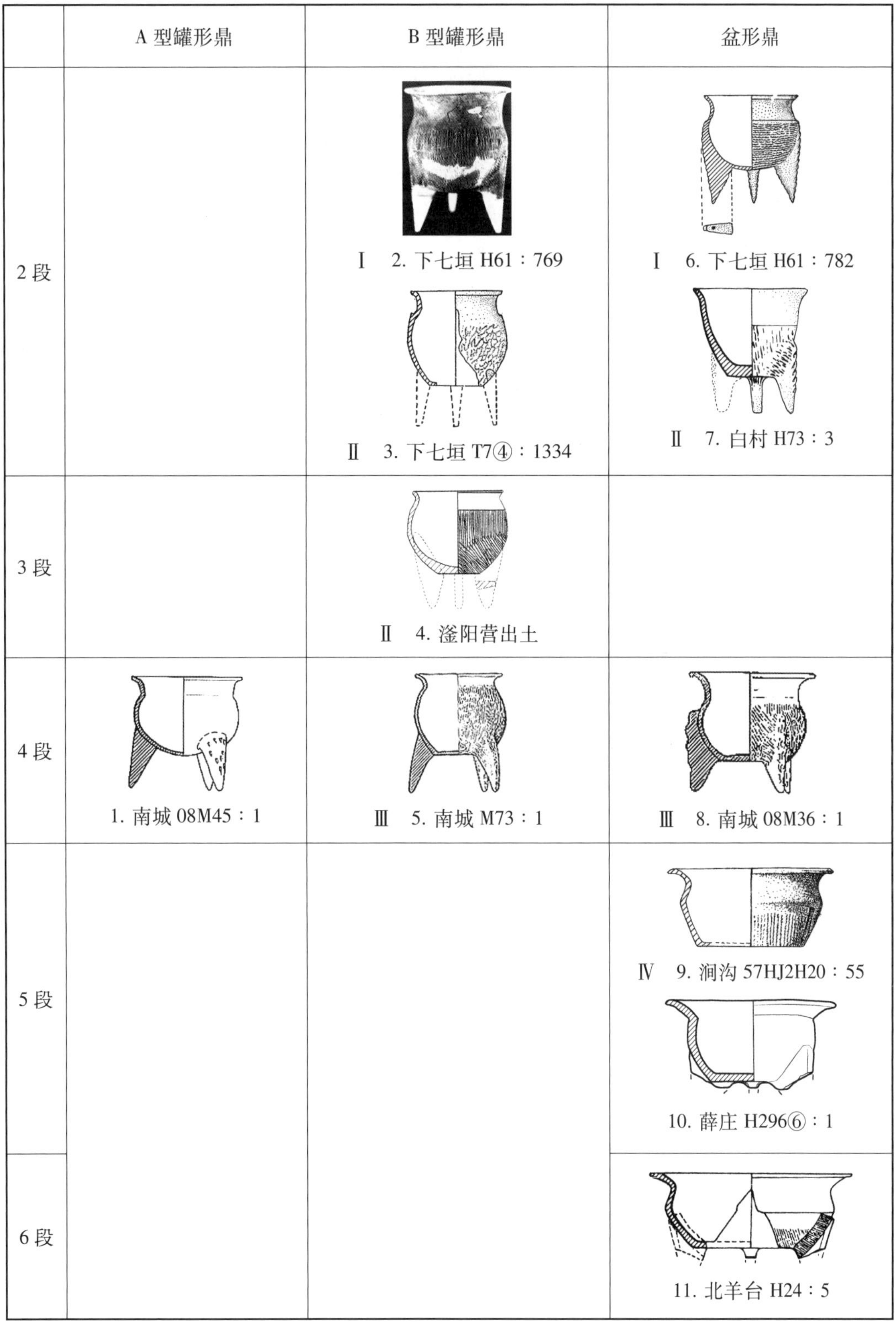

	A 型罐形鼎	B 型罐形鼎	盆形鼎
2 段		Ⅰ　2. 下七垣 H61：769 Ⅱ　3. 下七垣 T7④：1334	Ⅰ　6. 下七垣 H61：782 Ⅱ　7. 白村 H73：3
3 段		Ⅱ　4. 滏阳营出土	
4 段	1. 南城 08M45：1	Ⅲ　5. 南城 M73：1	Ⅲ　8. 南城 08M36：1
5 段			Ⅳ　9. 涧沟 57HJ2H20：55 10. 薛庄 H296⑥：1
6 段			11. 北羊台 H24：5

图 1－32　冀南地区二里头文化时期陶鼎分期图

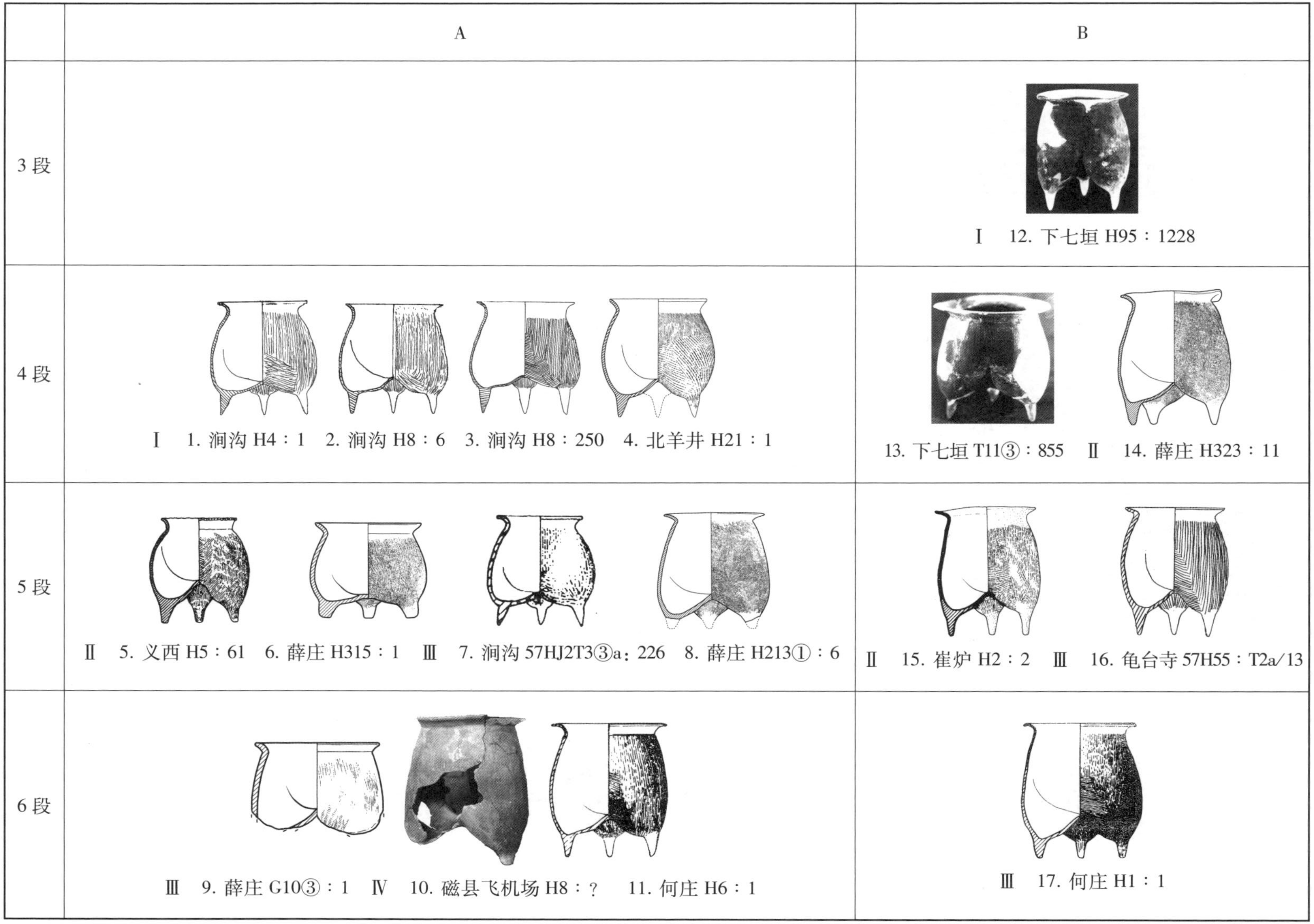

	A		B
3段			I 12. 下七垣 H95:1228
4段	I 1. 涧沟 H4:1 2. 涧沟 H8:6 3. 涧沟 H8:250 4. 北羊井 H21:1		13. 下七垣 T11③:855 I 14. 薛庄 H323:11
5段	II 5. 义西 H5:61 6. 薛庄 H315:1 III 7. 涧沟 57HJ2T3③a:226 8. 薛庄 H213①:6		15. 崔炉 H2:2 III 16. 龟台寺 57H55:T2a/13 II
6段	III 9. 薛庄 G10③:1 IV 10. 磁县飞机场 H8:? 11. 何庄 H6:1		III 17. 何庄 H1:1

图 1-33 冀南地区二里头文化时期陶鬲南分期图(一)

B 型：卷沿矮领，袋足较瘦，整体形态较瘦长。根据口腹形态差异，可分为三式。

Ⅰ式：最大径近下腹。标本下七垣 H95：1228（图 1 - 33：12）、下七垣 T11③：855（图 1 - 33：13）。

Ⅱ式：形体变瘦，口腹径相近。标本薛庄 H323：11、崔炉 H2：2（图 1 - 33：14、15）。

Ⅲ式：形体更瘦长，口腹径接近或口径略大于腹径。标本龟台寺 57HQH55：T2a/13、何庄 H1：1（图 1 - 33：16、17）。

C 型：卷沿高领，袋足较肥。根据腹部形态差异可分为五式。

Ⅰ式：高领厚胎，袋足肥鼓微耸肩，口径小于腹径，厚胎，绳纹较粗，滚压不甚规整。标本白村 H14：3（图 1 - 34：1）。

Ⅱ式：高领，袋足肥鼓，口腹径相当或口径略大于腹径。标本滏阳营出土陶鬲 A（图 1 - 34：2）、界段营 H8：35（图 1 - 34：3）、南城 08M64：1（标本图 1 - 34：4）。

Ⅲ式：袋足肥鼓，领变矮。标本滏阳营出土陶鬲 B（图 1 - 34：5）。

Ⅳ式：领部变矮，整体形态变瘦，胎体变薄，绳纹滚压变细。标本涧沟 57HJ2T3③：01（图 1 - 34：6）、北羊台Ⅲ H3：1（图 1 - 34：7）。

Ⅴ式：领部更矮，肥袋足更瘦尖锥足较高。标本磁县飞机场 H8：？（图 1 - 34：8）。

D 型：筒腹鬲。卷沿无领，袋足较瘦，整体形态瘦长。根据腹部形态差异可分为三式。

Ⅰ式：侈口卷沿，形体近长方形，袋足较瘦，口腹径接近。标本下七垣 T3③：854（图 1 - 34：9）、北羊井 H2：1（图 1 - 34：10）。

Ⅱ式：袋足变瘦，袋足曲线变直。标本龟台寺 57H57：187（图 1 - 34：11）、崔炉 H2：71（图 1 - 34：12）。

Ⅲ式：沿部近折，腹部更直，口径大于腹径。标本龟台寺 57T10A⑩：102（图 1 - 24：13）。

E 型：无沿鬲。数量较少，袋足外撇较甚，无明显口沿。标本南城 M62：1（图 1 - 24：14）。

甗　复原器较少，整体形态演变规律目前尚难以清晰判断。上部盆甑可确定为甗者亦较少，可以确定者大部分为卷沿侈口，口径较大，部分口沿与同时期的陶鬲风格相近，亦有压印的花边，标本薛庄 H186：1（图 1 - 35：1）、北羊 H03：1（图 1 - 35：2）、龟台寺 HQH67：1（图 1 - 35：3）。大体而言，这一时期冀南地区陶甗的形态可根据其腰部有无算托可分为两型。

A 型：有算托，数量甚多，大部分腰外有附加堆纹。标本下七垣 T14④：1418（图 1 - 35：3）、界段营 H8：31（图 1 - 35：5）、57 龟台寺 H76：103（图 1 - 35：6）、涧沟 57HJT10②：14（图 1 - 35：7）。

B 型：无算托，数量较少，大部分腰外加贴泥条后再行抹平。标本义西 H5：54（图 1 - 35：8）、街儿庄 H4：024（图 1 - 35：9）。

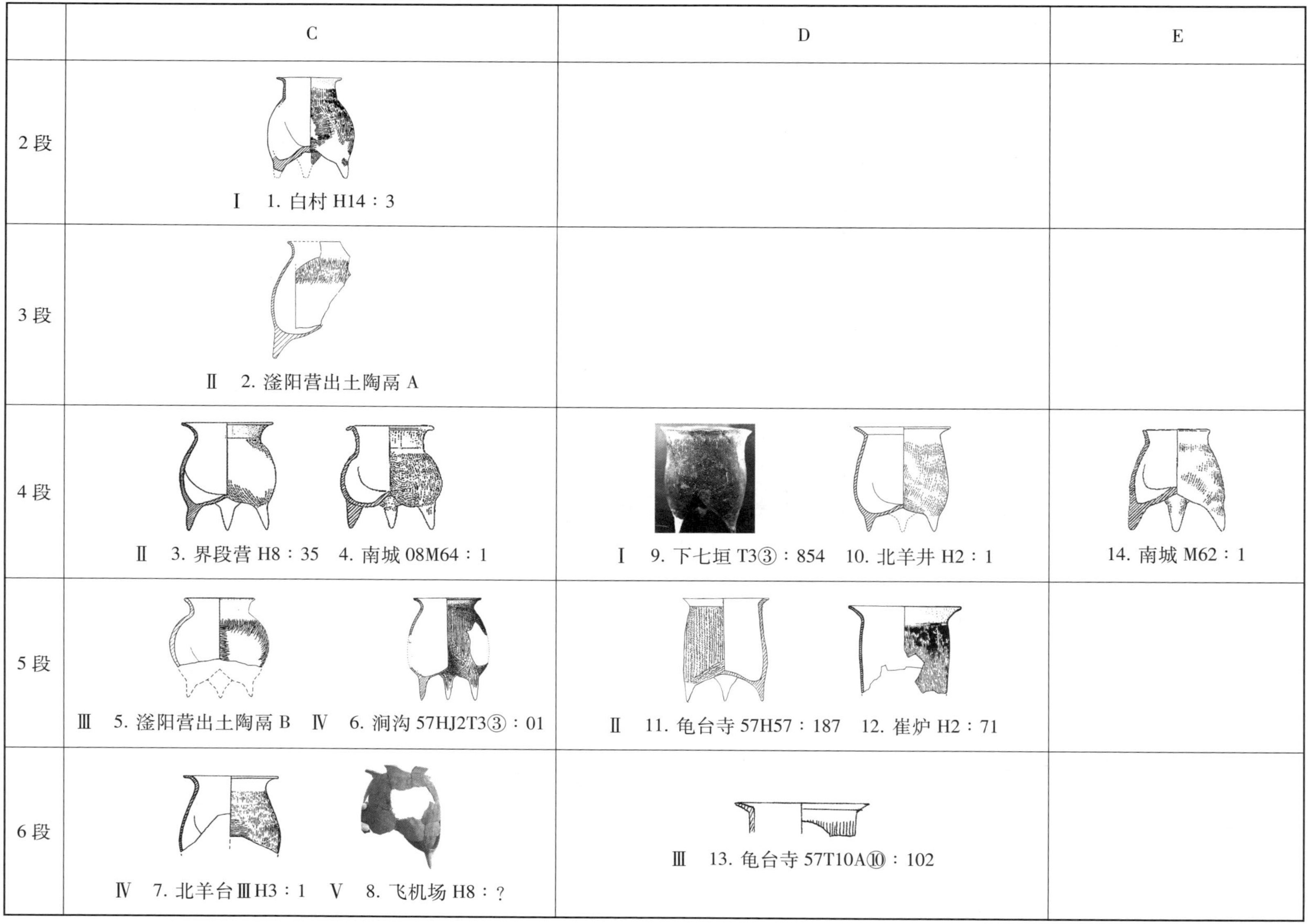

	C	D	E
2 段	I　1. 白村 H14∶3		
3 段	II　2. 滏阳营出土陶鬲 A		
4 段	II　3. 界段营 H8∶35　4. 南城 08M64∶1	I　9. 下七垣 T3③∶854　10. 北羊井 H2∶1	14. 南城 M62∶1
5 段	III　5. 滏阳营出土陶鬲 B　IV　6. 涧沟 57HJ2T3③∶01	II　11. 龟台寺 57H57∶187　12. 崔炉 H2∶71	
6 段	IV　7. 北羊台III H3∶1　V　8. 飞机场 H8∶?	III　13. 龟台寺 57T10A⑩∶102	

图 1-34　冀南地区二里头文化时期陶鬲分期图(二)

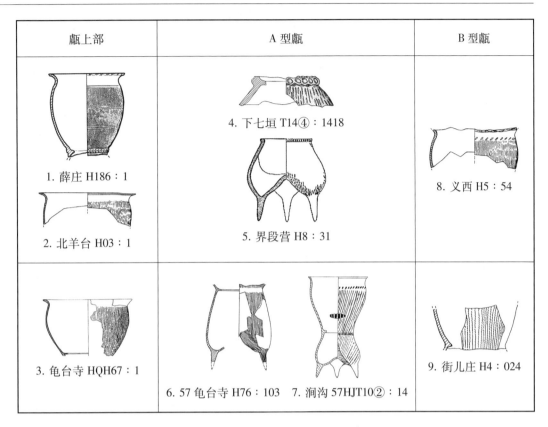

甗上部	A 型甗	B 型甗
1. 薛庄 H186∶1	4. 下七垣 T14④∶1418	8. 义西 H5∶54
2. 北羊台 H03∶1	5. 界段营 H8∶31	
3. 龟台寺 HQH67∶1	6. 57 龟台寺 H76∶103　　7. 涧沟 57HJT10②∶14	9. 街儿庄 H4∶024

图 1-35　冀南地区二里头文化时期陶甗图

罐　数量、种类甚多,大致可分为深腹罐、大口罐、圆腹罐、折腹罐、捏口罐、单耳罐等类别。

深腹罐　根据口腹形态差异可分为三型。

A 型:橄榄罐。数量甚多,演变序列较为清晰。根据腹部形态差异可分为四式。

Ⅰ式:深腹较胖,最大径在上腹,唇缘多饰以花边,器表有的饰以篮纹,陶胎较厚。标本下七垣 H61∶787(图 1-36∶1)。

Ⅱ式:形体变瘦,最大径近腹中,有的唇缘仍饰以花边,但已基本不饰篮纹。标本北羊台 H012∶2(图 1-36∶2)、下七垣 T7③∶954(图 1-36∶3)、薛庄 H3∶3(图 1-36∶4)、薛庄 H275∶8(图 1-36∶5)。

Ⅲ式:形体更瘦长,最大径继续下移,有的个体腹部较圆,陶胎变薄,形体已经接近橄榄形罐。标本界段营 H8∶6(图 1-36∶6)、薛庄 H315∶62(图 1-36∶7)、薛庄 H83⑤∶4(图 1-36∶8)、何庄 H5∶1(图 1-36∶9)。

Ⅳ式:整体形态偏高,较瘦长,口径大于腹径。标本飞机场出土者(图 1-36∶10)。

B 型:高领罐。数量不多,复原器较少。根据领部形态差异可分为三式。

Ⅰ式:领部甚高,口沿与器表装饰与同期深腹罐相同,花边口比例较高。标本下七垣 T7④∶1427(图 1-36∶11)。

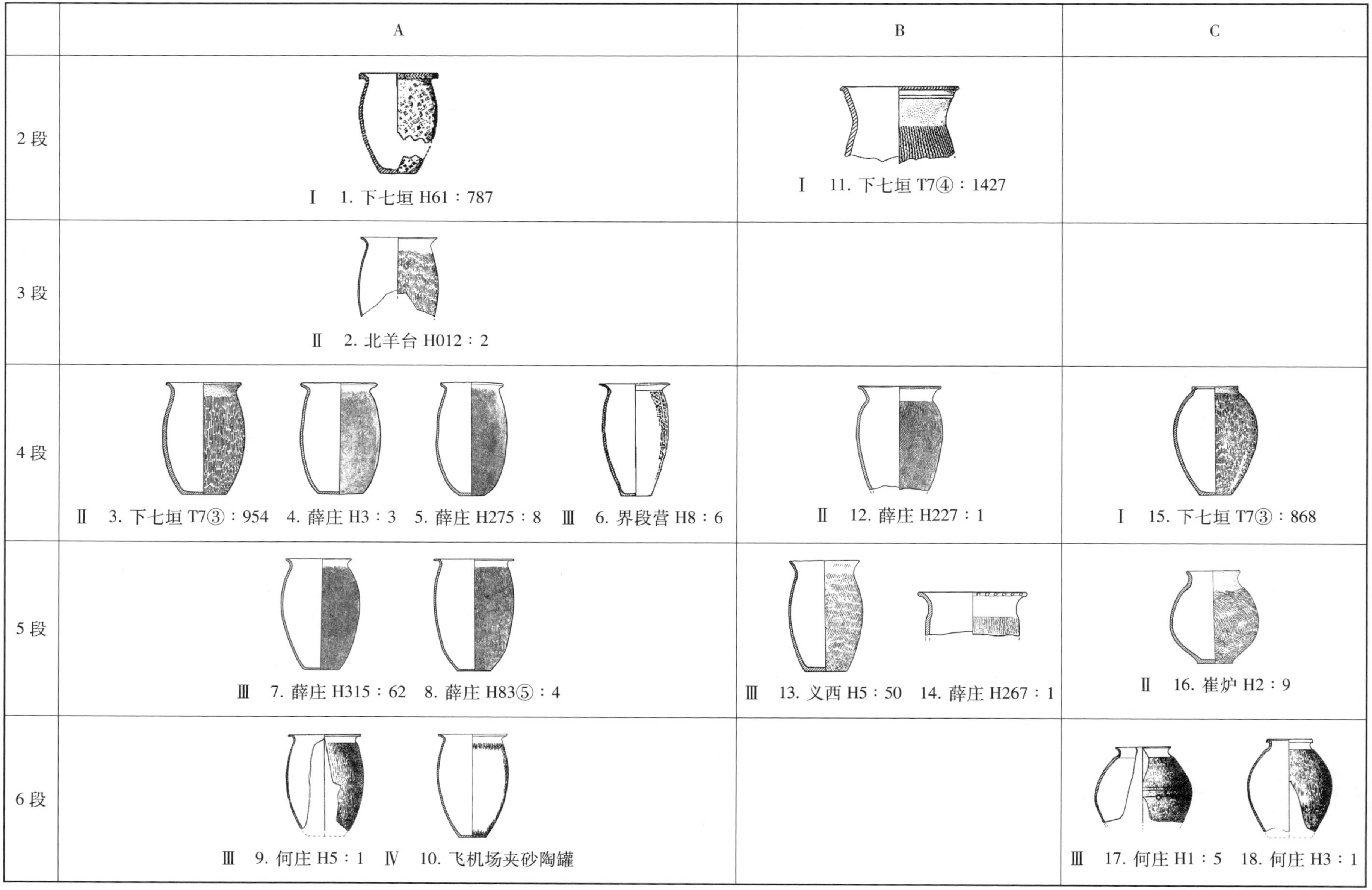

图 1-36　冀南地区二里头文化时期陶深腹罐分期图

	A	B	C
2 段	I 1. 下七垣 H61：787	I 11. 下七垣 T7④：1427	
3 段	II 2. 北羊台 H012：2		
4 段	II 3. 下七垣 T7③：954　4. 薛庄 H3：3　5. 薛庄 H275：8　III 6. 界段营 H8：6	II 12. 薛庄 H227：1	I 15. 下七垣 T7③：868
5 段	III 7. 薛庄 H315：62　8. 薛庄 H83⑤：4	III 13. 又西 H5：50　14. 薛庄 H267：1	II 16. 崔炉 H2：9
6 段	III 9. 何庄 H5：1　IV 10. 飞机场夹砂陶罐		III 17. 何庄 H1：5　18. 何庄 H3：1

Ⅱ式：领部变矮,器腹开始瘦削,标本薛庄 H227：1(图 1－36：12)。

Ⅲ式：未见完整器,领部更矮,个别仍作花边口。标本义西 H5：50(图 1－36：13)、薛庄 H267：1(图 1－36：14)。

C 型：矮领罐,口较小,数量较少,依据地层关系及形态差异可分为三式。

Ⅰ式：矮领较直,器腹瘦高,标本下七垣 T7③：868(图 1－36：15)。

Ⅱ式：形体变矮,腹部圆鼓,下腹收束较急。标本崔炉 H2：9(图 1－36：16)。

Ⅲ式：腹部更加圆鼓。标本何庄 H1：5(图 1－36：17)、何庄 H3：1(图 1－26：18)。

大口罐　有一定数量,目前源头不明。无论夹砂、泥质,器表多磨光或抹光修整,上腹多有几道旋纹,有的加饰楔形点纹或戳印纹。有的个体形体近尊形。依据整体形态变化可分三式。

Ⅰ式：形体较宽矮,腹较圆鼓。标本龟台寺 H87：169(图 1－37：1)、薛庄 H194：5(图 1－37：2)。

Ⅱ式：形体变瘦长,有的个体有束颈或微鼓肩。标本崔炉 H2：5(图 1－37：3)。

Ⅲ式：形体更瘦长,胎壁变薄。标本飞机场出土者(图 1－37：4)。

圆腹罐　有一定数量。依腹部形态差异可分三式。

Ⅰ式：形体矮胖,腹中折转较明显。标本下七垣 T13④：570(图 1－37：5)。

Ⅱ式：形体变矮,器腹较鼓。标本南城 M30：1(图 1－37：6)、涧沟 H4：32(图 1－26：7)。

Ⅲ式：腹部更加肥鼓,多溜肩,最大径在腹中。标本崔炉 H2：8(图 1－37：8)、何庄 T13②：29(图 1－37：9)。

捏口罐　数量不多,形态有矮胖与高瘦两类。前者标本涧沟 57HJ2H4：19(图 1－37：10)、后者标本涧沟 57HJ2H4：20(图 1－37：11)。

单耳罐　数量很少。标本南城 M88：2(图 1－37：12)。

折腹罐　数量较少,一般泥质,器表制作较精细。标本南城 M57：2(图 1－37：13)、龟台寺 H66：003(图 1－37：14)。

盆　数量、种类甚多,可分为深腹盆、有肩盆、浅腹盆等三类。

深腹盆　数量最多,大致可分两型。

A 型：夹细砂盆,胎土淘洗甚细,已可算作泥质陶。器表多饰有绳纹。依盆腹形制变化,可分为四式。

Ⅰ式：盆腹较浅,形体一般不大,有的器表饰以绳纹,制作较粗糙。标本下七垣 H12：848(图 1－38：1)。

Ⅱ式：盆腹变深,形体增大。标本滏阳营遗址出土者(图 1－38：2)。

Ⅲ式：深腹圆鼓。标本薛庄 H275：9(图 1－38：3)。

Ⅳ式：盆腹更深,形体较圆鼓,上腹有一段近直,胎壁更薄,器表多已不见绳纹,多数在腹部装饰旋纹,部分制作精细者多经磨光处理。标本义西 H5：28(图 1－38：4)、龟台

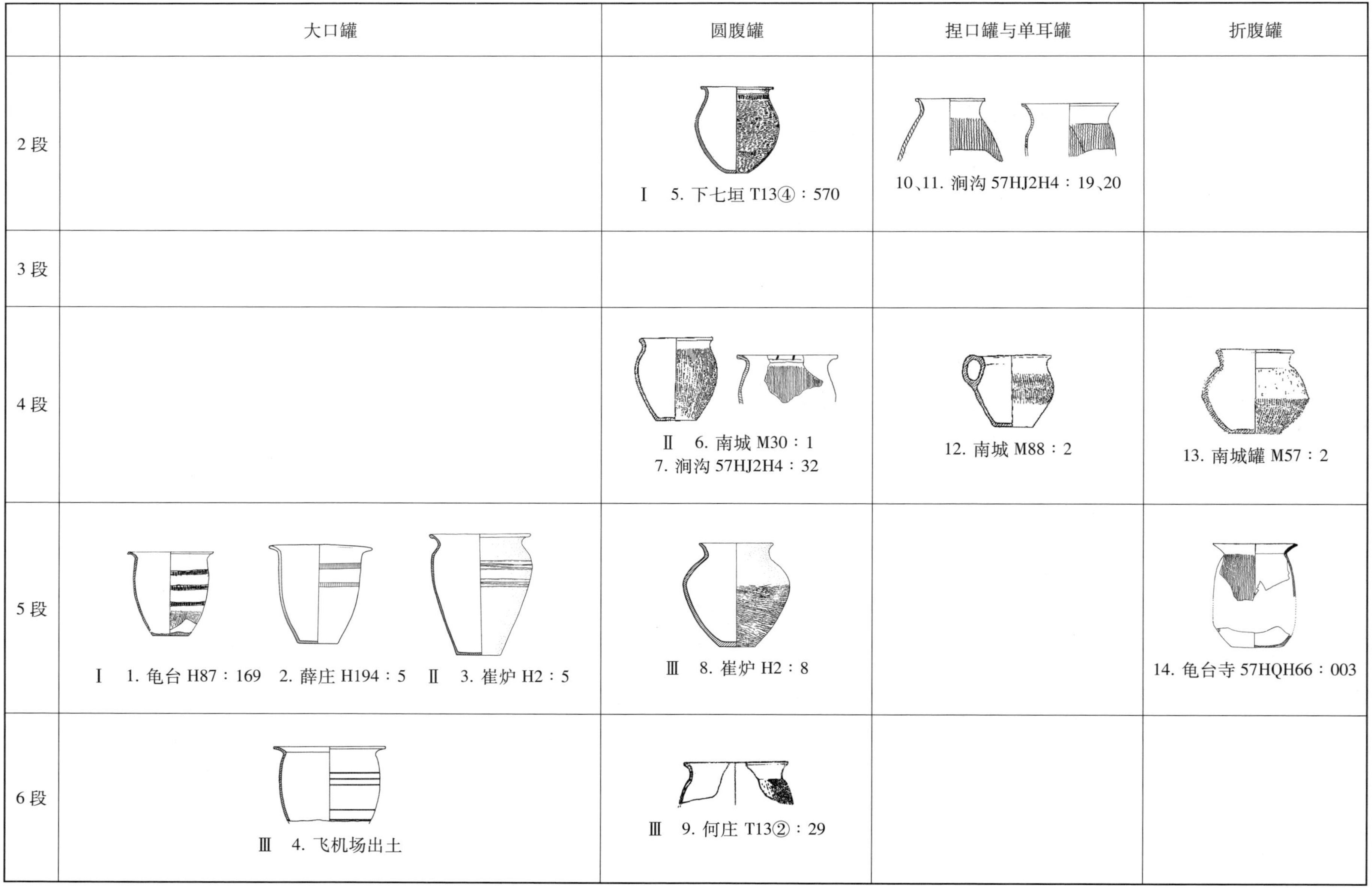

图 1-37 冀南地区二里头文化时期陶罐分期图

	大口罐	圆腹罐	捏口罐与单耳罐	折腹罐
2段		I 5. 下七垣 T13④：570	10、11. 涧沟 57HJ2H4：19、20	
3段				
4段		II 6. 南城 M30：1 7. 涧沟 57HJ2H4：32	12. 南城 M88：2	13. 南城罐 M57：2
5段	I 1. 龟台 H87：169 2. 薛庄 H194：5 II 3. 崔炉 H2：5	III 8. 崔炉 H2：8		14. 龟台寺 57HQH66：003
6段	III 4. 飞机场出土	III 9. 何庄 T13②：29		

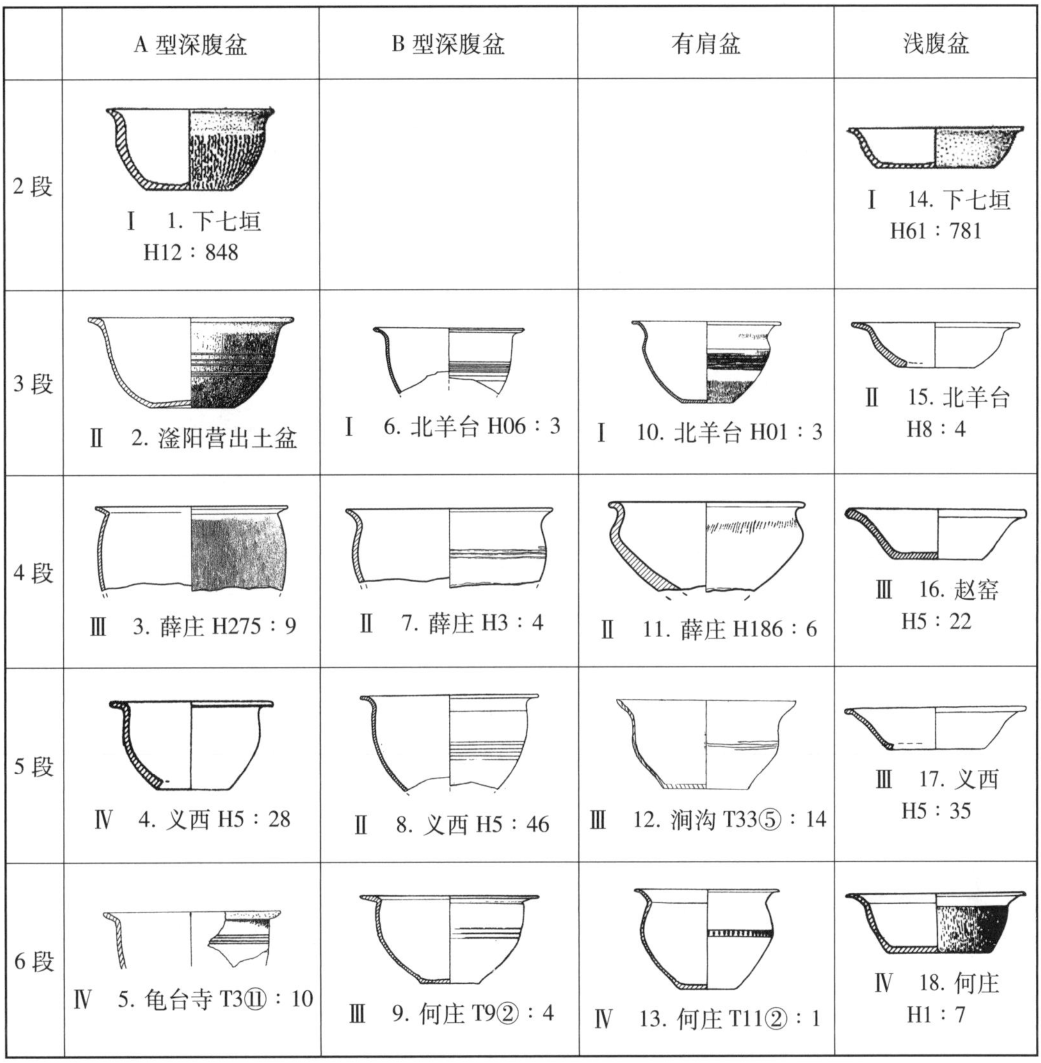

	A 型深腹盆	B 型深腹盆	有肩盆	浅腹盆
2 段	Ⅰ　1. 下七垣 H12：848			Ⅰ　14. 下七垣 H61：781
3 段	Ⅱ　2. 滏阳营出土盆	Ⅰ　6. 北羊台 H06：3	Ⅰ　10. 北羊台 H01：3	Ⅱ　15. 北羊台 H8：4
4 段	Ⅲ　3. 薛庄 H275：9	Ⅱ　7. 薛庄 H3：4	Ⅱ　11. 薛庄 H186：6	Ⅲ　16. 赵窑 H5：22
5 段	Ⅳ　4. 义西 H5：28	Ⅱ　8. 义西 H5：46	Ⅲ　12. 涧沟 T33⑤：14	Ⅲ　17. 义西 H5：35
6 段	Ⅳ　5. 龟台寺 T3⑪：10	Ⅲ　9. 何庄 T9②：4	Ⅳ　13. 何庄 T11②：1	Ⅳ　18. 何庄 H1：7

图 1－38　冀南地区二里头文化时期陶盆分期图

寺 T3⑪：10(图 1－38：5)。

　　B 型：泥质盆,器表多数磨光,制作精细。依盆腹形制变化,可分为三式。

　　Ⅰ式：盆腹不深,腹壁较直。标本北羊台 H06：3(图 1－38：6)。

　　Ⅱ式：腹壁渐缓,盆腹变深。标本薛庄 H3：4(图 1－38：7)、义西 H5：46(图 1－38：8)。

　　Ⅲ式：腹壁更缓,沿面变宽。标本何庄 T9②：4(图 1－38：9)。

　　有肩盆　有一定数量。依肩腹形制变化,可分为四式。

　　Ⅰ式：束颈较甚,器腹较浅。标本北羊台 H01：3(图 1－38：10)。

　　Ⅱ式：肩部突出,器腹急收。标本薛庄 H186：6(图 1－38：11)。

　　Ⅲ式：肩部渐平缓,折肩不甚明显。标本涧沟 T33⑤：14(图 1－38：12)。

Ⅳ式：肩部溜圆，已无明显肩部。标本何庄 T11②：1（图 1－38：13）。

浅腹盆　数量较多，一般敞口浅腹，大平底。可分为四式。

Ⅰ式：盆体较浅，敞口较大。标本下七垣 H61：781（图 1－38：14）。

Ⅱ式：盆体渐深，腹壁略直。标本北羊台 H8：4（图 1－38：15）。

Ⅲ式：盆体较深，腹部较缓。标本赵窑 H5：22（图 1－38：16）、义西 H5：35（图 1－38：17）。

Ⅳ式：深腹，宽沿，腹壁较直。标本何庄 H1：7（图 1－38：18）。

豆　数量较多，大致可分为细柄豆与粗柄豆两类。

细柄豆　豆柄较细，个别豆柄作竹节形。根据豆盘形态差异可分为两型。

A 型：豆盘深，呈碗形。根据盘腹形态差异可分三式。

Ⅰ式：豆盘外敞较甚，盘腹稍浅。标本下七垣 T25④：1412（图 1－39：1）。

Ⅱ式：豆盘变深，外敞不甚明显。标本下七垣 T7③：1393（图 1－39：2）、南城 M15：3（图 1－39：3）、涧沟 T18⑪：1（图 1－39：4）。

Ⅲ式：豆盘较深，盘腹斜直。标本何庄 T12②：2（图 1－39：5）。

B 型：豆盘浅，盘内近底处有一周小折棱，在盘内再形成一小浅盘，个别豆柄作竹节状。据盘腹形态差异可分四式。

Ⅰ式：豆盘外敞，浅腹较浅。标本白村 H14：16（图 1－39：6）、北羊台 H5：7（图 1－39：7）。

Ⅱ式：豆盘内浅盘外敞收束明显，盘腹变深。标本北羊井 H21：19（图 1－39：8）、下七垣 T7③：1385（图 1－39：9）。

Ⅲ式：豆盘折棱位置近口沿，盘腹较深。标本南城 M42：1（图 1－39：10）、薛庄 H194：10（图 1－39：11）、崔炉 H2：4（图 1－39：12）。

Ⅳ式：豆盘折棱位置靠下，浅盘变深。标本何庄 T9②：2（图 1－39：13）。

粗柄豆　数量较少，演变序列尚不清晰，目前所见确定属于二里头文化时期的粗柄豆，盘腹较深圆，豆柄粗矮。似乎可分两式。

Ⅰ式：盘腹近沿处有折棱，腹略浅。标本南城 M78：2（图 1－39：14）。

Ⅱ式：盘腹弧转，腹较深。标本北羊井 H1：20（图 1－39：15）、北羊井 H2：13（图 1－39：16）。

瓮　种类较多，大致可分为小口瓮、大口瓮、直口瓮、蛋形瓮、平口瓮五类。

小口瓮　数量较多，一般作小口直领，广肩鼓腹，根据领肩形态差异可分为三式。

Ⅰ式：高领，广肩，标本下七垣 T16④：780（图 1－40：1）、滏阳营遗址出土者（图 1－40：2）。

Ⅱ式：领部变矮，广肩，腹部外鼓较甚。标本龟台寺 H81：134（图 1－40：3）。

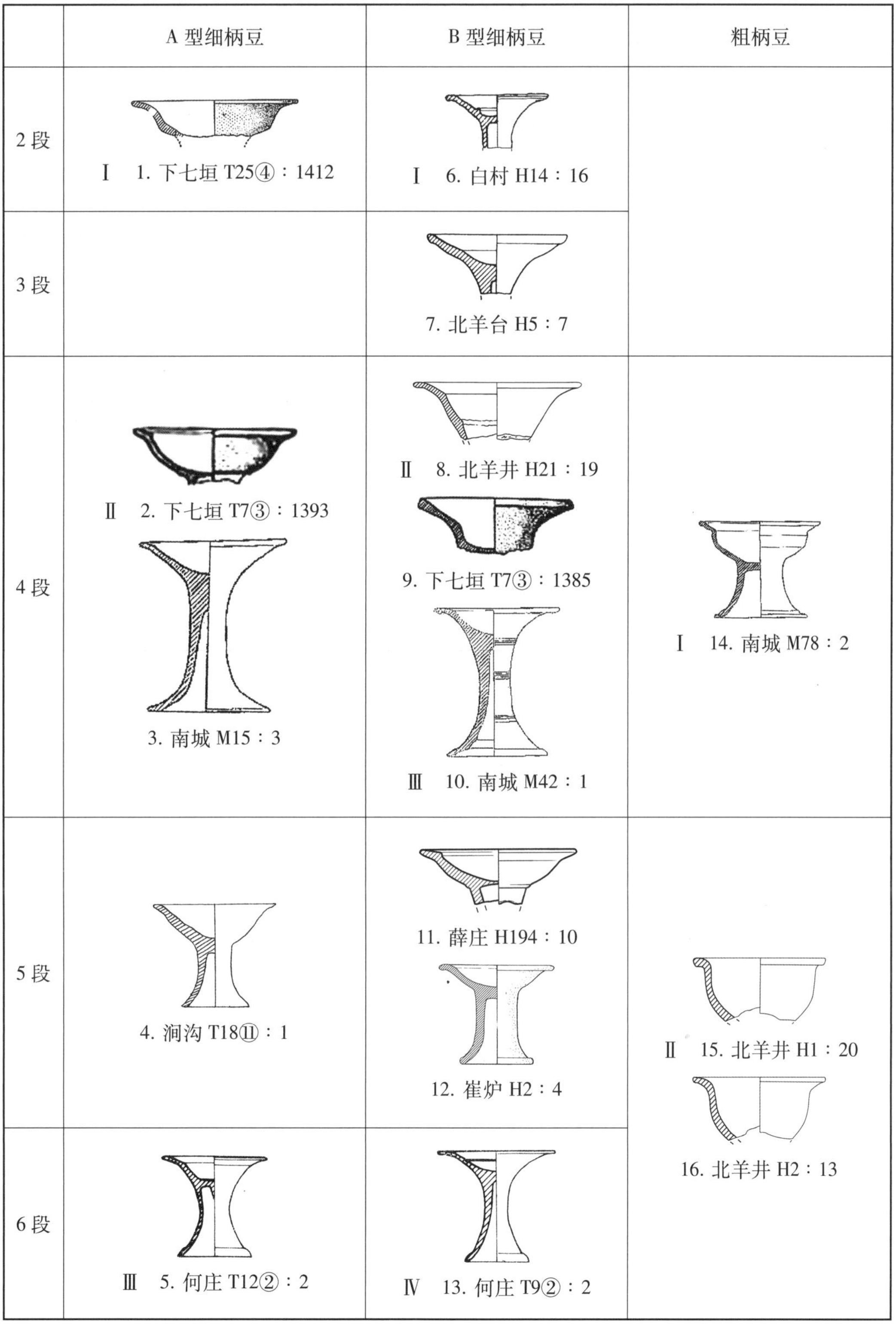

	A 型细柄豆	B 型细柄豆	粗柄豆
2 段	Ⅰ　1. 下七垣 T25④：1412	Ⅰ　6. 白村 H14：16	
3 段		7. 北羊台 H5：7	
4 段	Ⅱ　2. 下七垣 T7③：1393 3. 南城 M15：3	Ⅱ　8. 北羊井 H21：19 9. 下七垣 T7③：1385 Ⅲ　10. 南城 M42：1	Ⅰ　14. 南城 M78：2
5 段	4. 涧沟 T18⑪：1	11. 薛庄 H194：10 12. 崔炉 H2：4	Ⅱ　15. 北羊井 H1：20 16. 北羊井 H2：13
6 段	Ⅲ　5. 何庄 T12②：2	Ⅳ　13. 何庄 T9②：2	

图 1－39　冀南地区二里头文化时期陶豆分期图

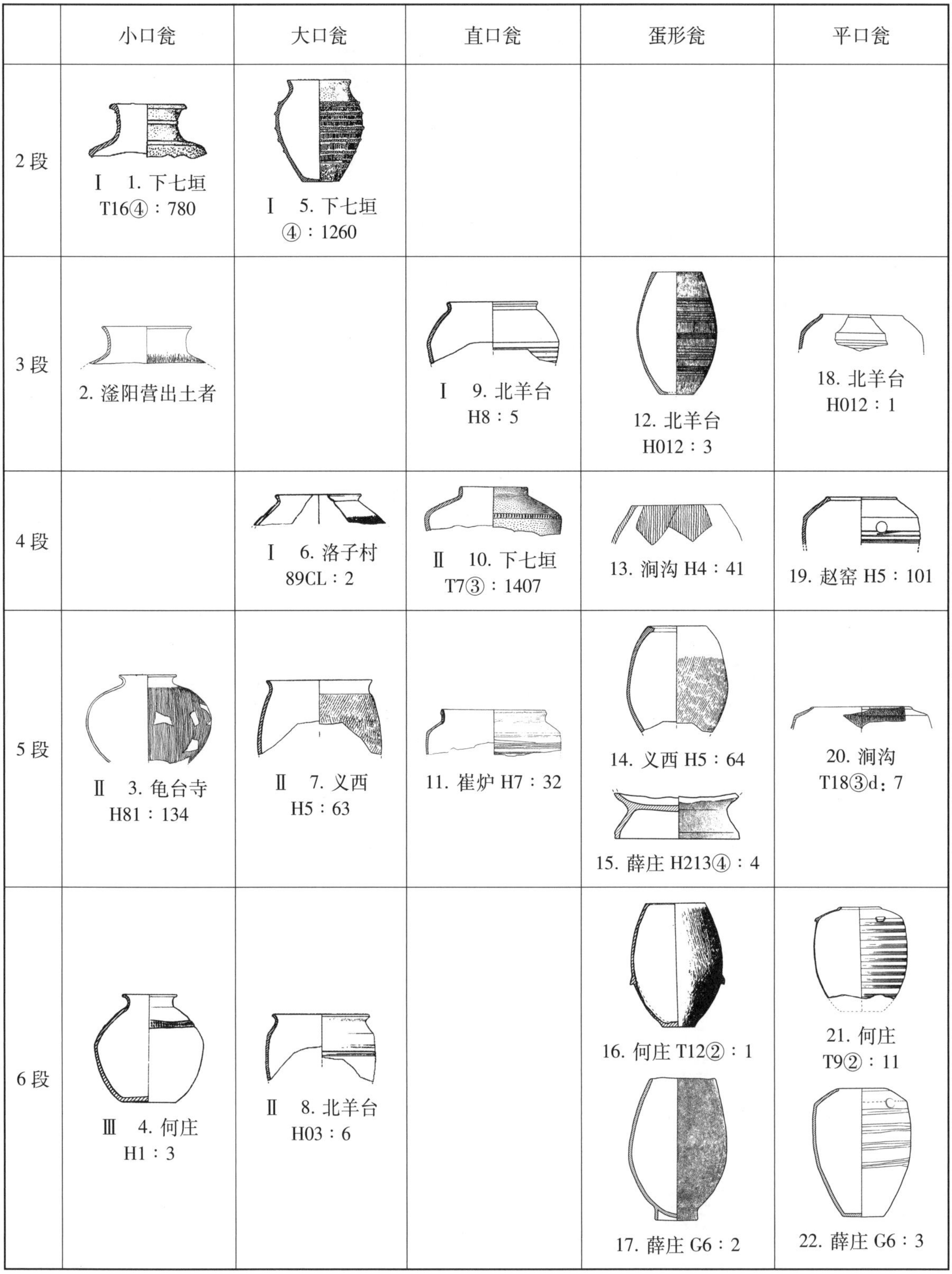

	小口瓮	大口瓮	直口瓮	蛋形瓮	平口瓮
2段	Ⅰ　1. 下七垣 T16④∶780	Ⅰ　5. 下七垣 ④∶1260			
3段	2. 滏阳营出土者		Ⅰ　9. 北羊台 H8∶5	12. 北羊台 H012∶3	18. 北羊台 H012∶1
4段		Ⅰ　6. 洛子村 89CL∶2	Ⅱ　10. 下七垣 T7③∶1407	13. 涧沟 H4∶41	19. 赵窑 H5∶101
5段	Ⅱ　3. 龟台寺 H81∶134	Ⅱ　7. 义西 H5∶63	11. 崔炉 H7∶32	14. 义西 H5∶64　15. 薛庄 H213④∶4	20. 涧沟 T18③d∶7
6段	Ⅲ　4. 何庄 H1∶3	Ⅱ　8. 北羊台 H03∶6		16. 何庄 T12②∶1　17. 薛庄 G6∶2	21. 何庄 T9②∶11　22. 薛庄 G6∶3

图 1-40　冀南地区二里头文化时期陶瓮分期图

Ⅲ式：领部短矮,溜肩,腹部变瘦。何庄 H1∶3(图 1-40∶4)。

大口瓮　数量较少,形态差异较大,尚难完全蠡清其自身演变序列。目前暂分为两式。

Ⅰ式：大口鼓腹,标本下七垣 T7④∶1260(图 1-40∶5)、洛子村 89CL∶2(图 1-40∶6)。

Ⅱ式：大口,微束颈,腹部较深直。标本义西 H5∶63(图 1-40∶7)、北羊台 H03∶6(图 1-40∶8)。

直口瓮　数量较少。根据领部形态差异暂可分为两式。

Ⅰ式：无领,微折肩。标本北羊台 H8∶5(图 1-40∶9)。

Ⅱ式：矮领,折肩明显。标本下七垣 T7③∶1407(图 1-40∶10)、崔炉 H7∶32(图 1-40∶11)。

蛋形瓮　数量较多,但自身发展序列不清。有圈足和平底两种。

标本北羊台 H012∶3(图 1-40∶12)、涧沟 H4∶41(图 1-40∶13)、义西 H5∶64(图 1-400∶14)、薛庄 H213④∶4(图 1-40∶15)、何庄 T12②∶1(图 1-40∶16)、薛庄 G6∶2(图 1-40∶17)。

平口瓮　数量较多,制作精细,多数器表有成组的旋纹,在旋纹间多磨光。但目前尚难蠡清这种器物自身形态变化序列。从口部形态差异看,这一时期冀南地区的平口瓮大体有两种,一种沿面较平,唇外至肩部间有时有一道或几道旋纹。另一种则口沿略上卷,口部近直口。标本北羊台 H012∶1(图 1-40∶18)、赵窑 H5∶101(图 1-40∶19)、涧沟 T18③d∶7(图 1-40∶20)、何庄 T9②∶11(图 1-40∶21)、薛庄 G6∶3(图 1-40∶22)。

除上述器物外,冀南地区二里头文化时期尚有其他器物存在,其中爵、斝、器盖、尊等器类,数量一般都比较少,难以对其进行年代学的排列,仅能大致描述其形态;而碗、钵等器物形态较为简单,这里不单独对其进行叙述。

器盖　冀南地区出土器盖较多,完整器较少,标本台村 H2∶1(图 1-41∶4)。器盖肩部一般以溜肩型式出现,未见折肩者。目前暂时无法看出器盖的明显演变规律。标本下七垣 T10③∶1433(图 1-41∶3)、何庄 T9②∶8(图 1-41∶5)。残存的器纽绝大部分呈菌状,标本薛庄 H296⑤∶11(图 1-41∶1)、薛庄 G6∶9(图 1-41∶2)。

尊　发现不多,但大部分为残片。标本何庄 H4∶1(图 1-41∶6)、滏阳营出土者(图 1-41∶7)。

爵　冀南地区陶爵数量不多,但制作精细。尚未发现完整器,残件可见足部细瘦,器表一般经磨光处理。标本崔炉 H2∶11(图 1-41∶8)、涧沟 57H4∶3(图 1-41∶9)、薛庄 H323∶12(图 1-41∶10)。

斝　冀南地区陶斝出土数量较少,作为炊器的夹砂陶斝尤为罕见。泥质陶斝在冀南地区略多见,胎质较薄,形体高瘦。标本下七垣 T10③∶396(图 1-41∶11)、龟台寺 T8⑪∶277(图 1-41∶12)、何庄 H3∶3(图 1-41∶13)。

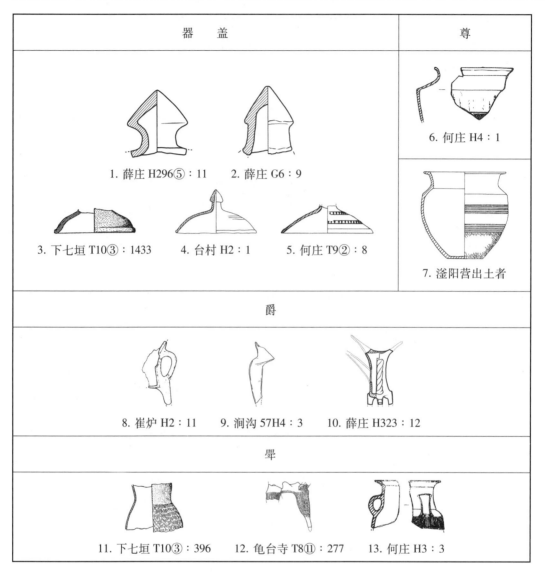

图 1-41　冀南地区二里头文化时期部分陶器图

（三）分期与年代推定

　　由于冀南地区缺乏堆积时代延续较长的遗址,因此这一地区二里头文化时期的分期拟合就需要依靠各遗址内自身分期和同类器物的排比进行串联。

　　公开发表的冀南地区二里头文化时期最早遗存为下七垣遗址第四层及开口其下或打破第四层的灰坑 H12、H61。H12、H61 两灰坑未见陶鬲,仅有圜底罐形鼎;夹砂罐则较厚重,口沿多有压印的花边,从器物排比的角度观察很有可能开口于四层下,年代可能略早于第四层。但由于缺乏详细的地层关系,为稳妥起见,暂时将两灰坑与第四层合并归属为下七垣遗址的第一段。原报告认为遗址第二段为遗址第三层及部分灰坑,其年代属于商代早期。邹衡先生最先指出下七垣遗址三期也相当于二里头文化时期①，这一认识至今并无异议。从上文的器物排比来看，H95陶鬲形体瘦长，较第三层同型陶鬲更为原始，虽然证据较为单薄，但H95很可能较第三层年代略早。

由此可大致将下七垣遗址二里头文化时期遗存分为三段：第一段以遗址各探方第四层及H12、H61为代表；第二段为H95；第三段则为遗址各探方第三层。从文化发展的延续性角度观察，下七垣遗址第一段与第二段间可能存在缺环。

涧沟遗址二里头文化时期遗存间有多组地层关系，结合陶器形态变化可将其分为前后两段：第一段以开口于遗址整合地层的第四层之下的灰坑H4与H8为代表；第二段以原报告中所称之各探方"早殷时期"③至⑪层为代表。由于原报告公布的信息过少，暂时无法将第二组遗存进一步细分。但涧沟遗址二里头文化时期第二段遗存有可能进一步细分。涧沟遗址两段遗存年代紧密相连，其第一段相当于下七垣遗址第三段。

龟台寺遗址二里头文化时期遗存也可分为前后两段，第一段以H81、H55、H86等单位为代表；第二段则可以遗址T3第Ⅴ大层⑧层以下，T10原第Ⅳ大层中的⑨、⑩两层及T8A⑩层以下各单位为代表，前后两段年代相连。第一段年代与涧沟遗址第二段相当。

邯郸县薛庄遗址2008年由吉林大学考古学系配合南水北调文物保护工程发掘，发掘整理者将先商阶段遗存分为早晚两期，以H3、H56和H323为早期，G6、H275为代表作为晚期，继而以胡保华的意见为标准，认为薛庄早期年代相当于二里头文化二期偏晚至三期偏早，晚期则相当于二里头文化三期偏晚至四期早段。这一认识仅从遗址的年代早晚顺序而言是符合事实的。但问题出在与其他遗址的比较所得出的相对编年位置之上。该遗址所有单位的统计数据中，先商时期遗存各单位皆未见篮纹陶，粗绳纹自始至终比例不高。虽然无器类的统计，但很明显的现象是陶鼎的数量极少，甗的数量也不多，始终未见陶斝。陶鬲未见与下七垣H95相近的形态，除G6、G10等少数单位外，薛庄遗址出土的大部分陶鬲和夹砂深腹罐，形态也与永年何庄H1、H5等单位的同类器有一定差异。所以，原报告的意见将薛庄遗址二里头文化时期遗存的年代上限判断过早。从总体趋势上看，该遗址的绝大多数单位年代当晚于下七垣第三层，年代下限可能接近永年何庄H1、H5。结合发表资料与笔者参观实物所见，薛庄遗址遗存大致可分为三段。以H3、H186、H227、H260、H275、H277、H299、H323等单位为第1段，约相当于下七垣遗址第三段；第2段以H68、H83、H194、H213、H267、H296、H315等单位为代表，约相当于龟台寺遗址第一段；第3段则以H248、G6、G10等单位为代表，大体与何庄相关遗存接近。

邯郸北羊井是在基建破坏后抢救清理的遗址，由于地层缺失，抢救清理的多是灰坑的残存部分。遗址清理二里头文化时期灰坑4座，以H21、H17、H1较有代表性，4座灰坑间没有相互的地层关系。但由于数个灰坑出土物比较有典型性，统计整理工作也十分规范。在此基础上，发掘者将数个灰坑分作三段，相应年代分别相当于二里头文化三期晚段、四

① 邹衡：《试论夏文化》，《夏商周考古学论文集》，文物出版社（北京），1980年。

期早段和四期晚段。这一认识与发表材料相核,无疑认识是极为清晰的,也可以作为检验薛庄遗址先商时期遗存的分期。

北羊台遗址发表材料以没有相互打破关系的灰坑为主,地层内出土遗物发表较少,且各单位的开口层位不详,因此仅能依靠器物形态演变关系加以区分。借助于涧沟、龟台寺及何庄遗址的材料,可将北羊台遗址灰坑分为两组,第一组以遗址 H01、H04、H06、H012、H5、H8 等灰坑为代表;第二组则以 H3 为代表。从现有材料观察,两组遗存年代差别较大,中间存有缺环。第一组年代约与下七垣遗址第二段相当,第二组则与龟台寺遗址第二段相当。

义西遗址仅发表 H5、H6,两单位遗存年代相当,相对单纯,年代约与龟台寺遗址第一段相当。

永年何庄遗址发表灰坑年代与各探方的地层年代相近,也是冀南地区二里头文化时期年代最晚的遗存。现有材料暂无法将其分段,其年代相当于龟台寺遗址第二段。

磁县南城二里头文化时期墓地各单位年代相近,相对单纯,暂不将其分段,其年代相当于下七垣遗址第三段。

将上述九遗址同类器物串联排比,可知冀南地区二里头文化时期遗存的大致序列。以此为基础,可以将其他材料不甚丰富的遗存纳入这一序列之中,建立冀南地区二里头文化时期的初步年代学框架(表1-11)。

表1-11　二里头文化时期冀南地区居址分期对照表

期段 遗址	一期 1段	二期 2段	三期 3段	三期 4段	四期 5段	四期 6段	资料来源
洺　关	√						①
槐树屯	√						②
下七垣		1	2	3			③
白　村	1	2					④
涧　沟				1	2		⑤
龟台寺					1	2	⑥

---

① 河北省文物研究所:《河北永年县洺关遗址试掘简报》,《文物春秋》1990年第4期。

② 资料现存邯郸市文管所,尚未正式发表。部分资料可见乔登云:《河北磁县几处先商遗址的考古发现与探索》,《早期夏文化与先商文化研究论文集》,科学出版社(北京)2012年。

③ 河北省文物管理处:《磁县下七垣遗址发掘报告》,《考古学报》1979年第2期。

④ 河北省文物研究所、磁县文保所:《河北邯郸白村遗址》,《中国考古新发现年度纪录2010》,《中国文化遗产》2011年增刊。

⑤ 北京大学、河北省文化局:《邯郸涧沟发掘报告》(稿本),原稿现存北京大学考古文博学院资料室。

⑥ 北京大学、河北省文化局:《邯郸龟台发掘报告》(稿本),原稿现存北京大学考古文博学院资料室。

续表

期段 遗址	一期	二期	三期		四期		资料来源
	1 段	2 段	3 段	4 段	5 段	6 段	
北羊台		1				2	①
义　西					√		②
义张庄			√				③
街儿庄					√	√	
飞机场						√	④
滏阳营		1				2	⑤
南　城				√			⑥
界段营				√			⑦
下潘汪	√?					√	⑧
崔　炉					√		⑨
霍北村						√	⑩
薛　庄				1	2	3	⑪
北羊井				1	2	3	⑫
洛子村					1	2	⑬

---

①　河北省文物研究所、邯郸市文物管理处、峰峰矿区文物管理所：《河北邯郸市峰峰矿区北羊台遗址发掘简报》，《考古》2001 年第 2 期。

②　河北省文物研究所、邯郸市文物研究所、峰峰矿区文物保管所：《邯郸市峰峰电厂义西遗址发掘报告》，《文物春秋》2001 年第 1 期。

③　邹衡：《河北省邯郸市峰峰矿区考古调查》，《夏商周考古学论文集·再续集》，科学出版社（北京），2011 年。

④　笔者参观所见，资料现存邯郸市文管所，尚未发表。

⑤　乔登云：《河北磁县几处先商遗址的考古发现与探索》，《早期夏文化与先商文化研究论文集》，科学出版社（北京），2012 年。

⑥　河北省文物研究所：《河北磁县南城遗址发掘获重要发现》，《中国文物报》2009 年 2 月 25 日第 2 版；石磊、王会民、梁亮：《磁县南城遗址浅析》，《早期夏文化与先商文化研究论文集》，科学出版社（北京）2012 年。

⑦　河北省文物管理处：《磁县界段营发掘简报》，《考古》1974 年第 6 期。

⑧　河北省文物管理处：《磁县下潘汪遗址发掘报告》，《考古学报》1975 年第 1 期。

⑨　河北省文物研究所、邯郸市文物研究所、武安市文物保管所：《武安市崔炉遗址考古发掘报告》，《河北省考古文集（四）》，科学出版社（北京），2011 年。

⑩　河北省文物研究所：《考古年报·2008》，内部刊物，2009 年。

⑪　吉林大学边疆考古研究中心：《邯郸薛庄遗址考古发掘报告》，科学出版社（北京），2019 年；南水北调中线干线工程建设管理局等：《邯郸薛庄遗址考古发掘报告》，科学出版社（北京），2019 年。

⑫　段宏振：《邯郸北羊井遗址调查记》，《三代考古·九》，科学出版社（北京），2021 年。

⑬　邯郸地区文物保管所：《河北磁县境内牤牛河两岸考古调查》，《华夏考古》1993 年第 4 期。

续表

期段 遗址	一期	二期	三期		四期		资料来源
	1 段	2 段	3 段	4 段	5 段	6 段	
何　庄						√	①
赵　窑				√			②
磁　山					1	2	③
台　村					1	2	④

　　磁县槐树屯遗址 2006 年由邯郸市文物部门发掘,材料尚未完整发表。就笔者所见,二里头文化时期遗存有 H1、H3 两单位。从此二单位的遗物观察,当为冀南地区二里头文化时期年代最早的遗存,年代较下七垣遗址第一段更早,与下七垣遗址第一段遗存间存在年代缺环。对于这类遗存本文将在本书第五章再进行讨论。

　　磁县滏阳营遗址 2006 年因南水北调工程由邯郸市文物部门发掘,材料尚未正式发表。按发掘者简要报导可知该遗址有 12 座灰坑和 2 座陶窑属于先商时期。发掘者认为相当于下七垣遗址第④层与第③层之间,或与界段营 H8 年代相当⑤,其说基本可从。就笔者参观所见,二里头文化时期遗存有 H12、H15 两个单位,年代较为单纯,约相当于下七垣遗址第二段,遗址内的二里头文化时期遗存可分为前后相继的两个阶段,但似乎尚有缺环。早段与下七垣 H95、北羊台第一阶段相近;第二段则与北羊台第二阶段及何庄诸单位接近。

　　磁县飞机场遗址 2008 年由邯郸市文物部门发掘,材料尚未发表,就笔者参观所见,二里头文化时期遗存年代较为单纯,约相当于龟台寺遗址第二段,可以 H18、H16 为典型单位。

　　磁县界段营遗址二里头文化时期遗存仅发表 H8 一个单位,从其遗物形态来看,年代约相当于下七垣遗址第三段。

　　磁县下潘汪遗址二里头文化时期遗存仅有 H121 及部分地层和采集的遗物,但所发表遗物较少,暂时不能将其分段,年代约相当于龟台寺遗址第二段。

　　磁县白村因南水北调工程于 2009 - 2010 年发掘,简报未公布。从零星刊布的材料可知,该遗址的二里头文化时期遗存可分为前后相继的两个阶段。第一个阶段发掘者

　　① 邯郸地区文物保管所:《河北省永年县何庄遗址发掘报告》,《华夏考古》1992 年第 4 期。
　　② 河北省文物研究所、河北文化学院:《武安赵窑遗址发掘报告》,《考古学报》1992 年第 3 期。
　　③ 笔者参观所见,资料现存河北省文物研究所,尚未发表。
　　④ 河北省文物研究所、邯郸市文物研究所、涉县文物保护管理所:《河北涉县台村遗址发掘简报》,《河北省考古文集(三)》,科学出版社(北京),2007 年。
　　⑤ 乔登云:《河北磁县几处先商遗址的考古发现与探索》,《早期夏文化与先商文化研究论文集》,科学出版社(北京),2012 年。

认为属于龙山文化晚期,但若比较器物特征,可知与槐树屯 H1 年代相当,当是本地区龙山时期向二里头文化过渡阶段的遗存(详本书第五章)。张翠莲等认为该遗址为夏代时期文化第一期遗存①。第二阶段与下七垣④层年代相当,以遗址的 H14、H73 等单位为代表。

磁县南城墓地材料未系统发表,所公布的材料显示似乎该遗址随葬陶器不多。从现有材料看,有随葬品的十余座墓葬年代比较集中。大体相当于下七垣遗址第③层。

邯郸县洛子村遗址二里头文化时期遗存皆为调查材料,遗存似可分为前后两段,两段遗存约与龟台寺遗址前后两段遗存年代相当。

邯郸县霍北村遗址 2008 年由河北省文物研究所配合南水北调文物保护工程发掘,材料未系统发表,目前仅见发表有二里头文化时期遗存敛口瓮、大口尊各一件。遗存年代从现有材料看与龟台寺遗址第二段相当。

武安县赵窑遗址二里头文化时期遗存仅发表 H5 与 H12 两单位,且后者未发表陶器。从 H5 出土陶器的形态分析,约相当于下七垣遗址第三段。

武安县磁山遗址在遗址上层曾发现较为丰富的二里头文化时期遗存,但长期以来并未向外界公布。从笔者参观所见,可将磁山遗址二里头文化时期遗存分为前后两段,约相当于龟台寺遗址的前后两段遗存。

武安县崔炉遗址 2008 年由河北省文物研究所配合青兰高速公路工程发掘,发表资料中以 H2 堪为典型单位。从发表的陶鬲、夹砂罐等形态观察,年代约相当于龟台寺遗址第二段。

峰峰矿区义张庄遗址与街儿庄遗址 1957 年冬由北京大学历史学系考古专业商周组与原河北省文物局调查发现,并清理了暴露于断崖上的部分灰坑。义张庄遗址所见二里头文化时期遗存年代较单纯,约相当于下七垣遗址第三段。街儿庄遗址所见二里头文化遗存较复杂,可分为前后两段,分别与龟台寺遗址的两段遗存相当。

涉县台村遗址二里头文化时期遗存间无地层关系,根据其出土物形态差异,可将其分为前后两段,前段可以 H4、H8 为代表,和下七垣遗址第三段与涧沟遗址后段遗存相当;后段可以 H7 为代表,与何庄诸单位年代相近。

永年洺关遗址 T1、T2、T3②层,原简报认为与遗址各探方③层相同,属龙山时期,但从槐树屯遗址观察,应与其年代相当。

由上述遗址的分期排比来看,可将冀南地区二里头文化时期的遗存分为四期六段。

第一期 1 段:目前可以确定的材料较少,仅发现磁县槐树屯、洺关两处遗址,白村和下潘汪遗址个别单位可能属于这一阶段。从槐树屯遗址出土遗物观察,本段可能存有陶鬲,炊器为陶鼎和夹砂罐、甑。陶鼎有盆形与罐形两种,鼎足多作舌形鬼脸式。夹砂罐折沿束颈鼓腹,部分颈部有较浅的附加堆纹装饰,口部多有花边装饰。陶甑器底为圆孔,腹

---

① 张渭莲、段宏振:《中原与北方之间的文化走廊——太行山东麓地区先秦文化的演进格局》,文物出版社(北京),2015 年。

底相接处一般有一至三周圆形甑孔。盆、罐类器物腹部多有鸡冠形錾。高领罐领部与唇部多有磨光,唇部外凸,领部斜直。陶豆多宽折沿外卷,浅盘。本段发现有敛口瓮残片,肩部有压印的涡旋纹或戳印的楔形点纹。本期约相当于二里头文化第一期。

第二期 2 段,材料较少,目前仅有下七垣遗址一处。本段尚无复原的陶鬲,炊器仍为陶鼎与夹砂罐。陶鼎以圆底罐形为多,足多为扁三角状,外侧多有捏痕。夹砂罐口沿亦多有花边装饰,器表亦多有附加堆纹。高领罐领、唇部状态与一期 1 段接近。陶豆浅盘,细柄。本段开始出现陶甗,但尚无复原器出现,足上部饰绳纹,下部光洁,但有纵向凹槽,为制作时残留的木棍痕迹。本期约相当于二里头文化二期偏晚,与上期遗存相比虽有明显的传承关系,但仍存在较明显的缺环。

第三期 3 段,材料增多。炊器中陶鼎开始减少。陶鬲出现,有高领与矮领两种,足根上部有绳纹,下部光洁,亦多见纵向的凹槽。陶鼎圆底渐少,平底者渐多。深腹罐已不见附加堆纹装饰,花边口沿装饰者少,器形亦逐渐变瘦。深腹盆上不见鸡冠耳装饰。有肩盆在本期开始出现流行。本段与第二期第 2 段间仍有缺环,与二里头遗址同类器相比,冀南地区同时期遗存相当于二里头文化第三期早段。

第三期 4 段,材料较为丰富。炊器中陶鬲增多,形态复杂,鬲足上已少见凹槽。夹砂罐更为瘦长,器口可见绳切花边痕迹。陶鼎以盆形鼎为多。粗柄豆在本段开始出现。器类组合在这一期较为完备。本段与上段间联系紧密,未见缺环,年代大致在二里头文化第三期晚段。

第四期 5 段,材料十分丰富,常见陶器在这一段中已全部出现。陶鬲形态在这一时期较为固定,高领鬲在这一时期形体变瘦,领部变矮。矮领鬲形体也相应变瘦。陶甗足根变矮。夹砂罐更为瘦长,陶鼎数量渐少。本段与上段联系紧密,年代大致相当于二里头文化第四期早段。

第四期 6 段,材料十分丰富。陶鬲整体都较偏瘦,足根绝大多数为素面,个别绳纹到底,未见凹槽。陶鼎数量甚少。夹砂罐较瘦。陶器制作较为严整,部分陶鬲口沿都被磨光。敛口瓮、陶豆、陶爵及旋纹盆制作精细。本段与上段联系紧密,年代大致相当于二里头文化第四期晚段。

二、夏时期各期陶器的特征

从整体的文化面貌看,冀南地区二里头文化时期的四期间文化面貌变化较为明显。下面我们从陶系、炊器组合变化、其他标志性器物数量变化等方面予以分析。

(一)陶系

第一期 1 段中,目前未公布准确的统计数据,但就笔者参观所见槐树屯、白村及洛关等遗址材料分析可知,本阶段大部分遗址夹砂陶比例大,陶色以灰陶为主,红褐色陶和黑褐色陶比例较高(参表 1 - 12)。槐树屯 H1 泥质陶多于夹砂陶,似乎是例外。纹饰中篮纹的比例高,显示出这一阶段尚有较强烈的龙山遗风。本阶段素面陶和磨光陶在本时期有一定数量。另有少量的戳印纹、附加堆纹、旋纹等纹饰,其中附加堆纹的数量较多。纹饰的使用与装饰有一定的规律。绳纹与篮纹多装饰在各类炊器与陶盆上。夹砂罐颈部与陶鼎上多见附加堆纹,戳印纹多施加于陶鼎锥足表面及陶盆肩腹部。旋纹则多施加在陶盆、陶豆与陶尊之上。本阶段,夹砂罐、鬲、罐形甑口沿多饰有花边,或以绳纹棍切压,或以手指按压。盆、瓮上鸡冠耳或宽带耳比较常见。

表 1 - 12　二里头文化时期冀南地区居址典型单位陶系统计表

时段 / 项目 单位			陶质(%)		陶色(%)			纹饰(%)						
			泥质	夹砂	灰	红褐	黑	素面	磨光	绳纹(含旋断)	篮纹	旋纹	附加堆纹	戳压印
一期	1段	白村、洺关等遗址	少	多	最多	较多	较少	√	√	最多	较多	√	√	√
		槐树屯 H1	60	40	较多	最多	少量	54		14	26	√	5	√
二期	2段	下七垣④层、白村 H14、H73	少	多	最多	√	次之	35.8	√	45.7	√	√	√	√
三期	3段	北羊台	61.2	38.8	60.9	11.6	27	少量	少量	61.1		√	√	√
	4段	涧沟 H4	54.2	45.8	最多			35.5	6.8	39.4				
		涧沟 H20	53.6	46.7	最多			31.8	10.1	58.3				
		薛庄 H3	63.5	36.5	76.4	18.2	5.4	15	?	73.8		5.4	1.4	2.1
		薛庄 H15	52.6	47.4	74.9	18.6	6.6	19.6	?	67.5		5	1.6	2.7
		薛庄 H56	59.8	40.2	85.6	8.3	6.2	28.4	?	42.2		24.8		1.6
		薛庄 H186	64.4	35.6	85.4	7.6	7	9.8	?	65.2		19.5	1.2	2.1
		薛庄 H260	59	61	93.4	3.9	2.6	11.8	?	64.4		21	1.3	0.6
		薛庄 H275	53.9	46.1	87.3	9.3	3.4	16.5		71.4		7	1.9	2.1
		薛庄 H315	54.2	45.8	87.4	6.4	6.7	35.4	?	45.9		13.3	2.5	1.5
		北羊井 H21	37.9	62.1	38.9	14.8	42.7	22.8	1.1	68.5	1.3	5	0.3	0.8
四期	5段	何庄 T9②	35.4	64.6	62.4	25.2	12.4	32.9		52.4				2.1
		龟台寺 H67	41.9	58.3	98.4	1.6		23.6	0.33	75.1				
	6段	龟台寺 H81	24.2	75.8	97.3	1.1	1.6	12.3	10.7	69.5		3		3.9

时段 项目		单　位	陶质(%)		陶色(%)			纹饰(%)						
			泥质	夹砂	灰	红褐	黑	素面	磨光	绳纹(含旋断)	篮纹	旋纹	附加堆纹	戳压印
四期	6段	崔炉 H2	1.7	98.3	73.6	5.5	20.9	11.4		84		4.6		
		薛庄 H68	30.6	69.4	88.7	3.6	7.8	16	?	67.1		13.2	0.7	1.7
		薛庄 H83	44	56	89.7	3.9	6.4	14.7	?	65.2		17.9	1	1.5
		薛庄 H194	45.8	54.2	87.3	3.7	9	14	?	62.3		20	2.5	
		薛庄 H213③	40.9	59.1	87.6	5	7.5	19.2	?	57		17.8	2.8	3.2
		北羊井 H1	27.9	72.1	46	17.3	36.6	16.6	1.4	67	1.4	11.5	0.2	0.6
		北羊井 H17	22.2	77.8	40.7	49.9	9.4	23.6		68.9	0.2	8.2		0.8
		薛庄 H248	31.2	68.8	90.1	1.4	8.4	10.1	?	62.4		22.5	2	0.7
		何庄 H5	27.9	72.1	60.4	38.9		10.6		68.3		1.9		
		何庄 H1	43.3	56.7	70.2	23.8	6	31.5		58.2		4.5		7.5
		何庄 H6	2.9	97.1	83.8	16.2		11.4		86.6		1		1

(注:1. 1957年邯郸发掘的陶系统计中对于黑、灰二色未进行细致区分,一般都将黑陶划归入灰陶中,故灰陶的比例异常高;2. 冀南地区大部分遗址的陶系统计未将磨光单独列出,数据多包含在素面中;3. 龟台寺 H81 戳压印纹中包括方格纹;4. 北羊台遗址统计数据中包含了属于第三段和属于第五段两部分的数据,数据不一定准确;5. 北羊井与崔炉两遗址的统计数据中,黑褐陶或黑皮陶数量尤其多,当是陶片分类统计标准不同所致)

　　第二期2段,仅有下七垣遗址第④层一个单位的统计数据。粗略描述,暂时可作为这一时期的代表。下七垣遗址第④层仍以夹砂陶为多,泥质陶略少。陶色以灰陶和灰黑陶为绝大多数,红褐色陶甚少(参表1-12)。陶器纹饰中以各类绳纹为最多,磨光陶和素面陶比例较高,篮纹比例明显较上一段减少,附加堆纹、旋纹和戳印纹也占有一定的比例。白村遗址同时期两灰坑以夹砂灰陶为主,也有一定比例的夹砂灰褐陶、红褐陶、黑陶,泥质灰陶等。白村遗址本阶段陶器的纹饰以绳纹为主,篮纹数量较多,占第二位,有少量的旋纹、附加堆纹、划纹、方格纹,该遗址本阶段有一定的篦点纹和磨光陶,是值得注意的现象。本时期陶器纹饰的使用与施加位置与上一阶段相近,未有明显变化。

　　第三期3段,目前没有较好的统计数据,北羊台遗址提供的统计数据中包含了数个较晚单位的数据在内,但大体上尚能反映这一时期的陶系特点。这一时期泥质陶数量增多,但仍以灰陶为主,黑陶在这一时期数量开始增多,褐陶在这一时期有一定数量(参表1-12)。绳纹在这一时期占绝大多数,篮纹在本时期锐减,磨光陶与素面陶数量上升。

附加堆纹、戳印纹等纹饰在本时期基本保持原有状态。纹饰装饰基本规范与上一阶段相近。但绳纹在这一时期较粗且较散乱,但滚压较深。本阶段开始,平底的盆、罐底部开始滚压绳纹,是这一时期冀南地区的一大特色。

第三期4段,涧沟、薛庄遗址相关单位有较好的统计数据,但涧沟遗址的陶色统计中将灰陶与黑陶统计在一处,薛庄遗址的统计没有区分红褐陶,且未统计磨光陶,这都对数据的认识有一定的影响。本段泥质陶略多于夹砂陶(参表1-12)。绳纹数量最多,素面陶与磨光陶数量稳定,附加堆纹与戳印纹等与上期接近。纹饰的装饰位置与前一阶段相同,纹饰进一步规整。这一时期绳纹滚压依旧较深,但比较重要的是,这一阶段绳纹滚压开始规整,粗绳纹数量明显减少,细绳纹甚至线纹的数量明显增多。陶鬲在这一阶段陶胎开始变薄,滚压的绳纹较前一阶段明显规整。戳印纹在这一时期开始增多,楔形点纹的比例略有增加,有一些器物开始出现附加堆纹。本阶段篮纹进一步减少。北羊井遗址的统计数据中,黑褐陶或黑皮陶数量异常高,不排除是陶色分类中的标准不同所致。

第四期5段,目前可以崔炉H2,薛庄H68、H83、H194,龟台寺H67、H81与何庄地层等单位的统计数据为代表。这一时期夹砂陶数量多于泥质陶,陶色中以灰陶为多,红褐陶与黑陶皆有一定的比例(参表1-12)。因为辨识标准问题,崔炉、北羊井两遗址的黑褐陶或黑皮陶比例过高。本阶段篮纹骤减,绳纹在这一时期占有绝对优势,素面陶与磨光陶的比例略有增长。戳印纹与旋纹的比例有所增加。这一时期绳纹滚压甚深,比较规整,细绳纹在绳纹中的比例继续增加。盆罐类器物腹壁近底处以绳纹棍压印的成组压印纹的现象比较常见。

第四期6段,可以何庄诸灰坑、北羊井H17统计数据为代表,薛庄G6、G10等单位没有陶片统计数据,但从描述和器型看,当属于这一阶段。这一阶段夹砂陶数量多于泥质陶,且二者比例差距继续增大。陶色以灰陶为绝大多数,黑陶与红褐陶皆有一定的比例,红褐陶的数量在本段明显增加(参表1-12)。纹饰中绳纹比例仍旧占据主导地位,旋纹和戳印纹的比例有所增加。绳纹滚压十分规整,细绳纹与线纹更加常见,滚压十分规整,且较深。篮纹近乎不见。本阶段薄胎陶鬲数量更多,烧制火候也较高。飞机场遗址虽无详细统计数据,但对该遗址的陶系描述也可以看出"器表除素面和磨光约占23%外,纹饰以绳纹为大宗,且均比较细,约占陶片综述的三分之二,其次为弦纹及弦断绳纹,约占8.6%,另有少量篮纹、附加堆纹、戳印纹、坑点纹、圆圈纹和云雷纹等,总数不足1%……鬲均为薄胎细绳纹、卷沿或宽折沿、深腹高尖足。甗亦为薄胎……内附腰隔,外有抹平泥条痕。甑仅见下腹及底部,可能为大口罐形,腹饰绳纹,底施稀疏椭圆形箅孔"。

（二）器物群中的炊器特征与组合变化

冀南地区二里头文化时期炊器组合变化较为明显,各类炊器形态的时代特征变化也较为明显(参表1-13)。但由于发表材料的统计情况不佳,即便是薛庄遗址所有单位也皆无器类统计数据,影响了器类统计的全面。其他典型单位中,下七垣、北羊台、义西、崔炉等遗址炊器个体数量不详,仅能作为参考。

表 1-13　二里头文化时期冀南地区居址炊器组合百分比统计表

期段	器类	单　位	夹砂罐	甗	鬲	甑	斝	鼎	总件数
一期	1段	槐树屯、洛关等遗址	较多	√	未见	√	√	较多	
二期	2段	下七垣④层	多		未见	√		较多	
三期	3段	下七垣③层	多		较多	√		较少	
三期	4段	涧沟 H4	45.3		35.8	16.1		21.9	137
三期	4段	涧沟 H20	64.7		25.5	5.9		3.9	51
三期	4段	北羊井 H21	43.8		31.3	18.8		6.1	16
四期	5段	北羊井 H1	25		50			25	
四期	5段	龟台寺 H81	53.6		21.4	25			28
四期	5段	崔炉 H2	4倍于鬲		3倍于甑	√			
四期	6段	北羊井 H17	28.6		57.1	14.3			
四期	6段	何庄 H6	28.6		57.1	14.3			7
四期	6段	何庄 H1	20		60	20			

(表注:涧沟 H20 统计数据中,未区分陶罐的陶质情况,所以夹砂罐比例一定偏高)

第一期 1 段,未确认有陶鬲,部分尖锥足无法确认属鬲还是甑。炊器以夹砂罐、甗与陶鼎为主。陶鼎有盆形与罐形两类。罐形鼎多为圜底深腹,盆形鼎盆腹较深。夹砂罐腹部不甚深,较矮,口部多有花边装饰,有的甚至在颈部增添附加堆纹。陶甗下腹近底处添加一周或数周甗孔,这一作风与本地龙山时期的承袭明显。本段另发现有陶甑和陶斝,陶斝上腹多有附加堆纹作"五花大绑"式加固。陶甑内壁附有箅托。夹砂罐、陶甗与陶鼎在炊器组合中占据主导地位。

第二期 2 段,本阶段仍未确认有陶鬲,夹砂罐与陶鼎作为这一时期的主要炊器组合。陶甗在这一时期明显渐少。陶甑在这一时期开始增多,逐渐取代了陶甗的地位。陶鼎仍有盆形与罐形两类,腹皆较深。

第三期 3 段,陶鬲在本阶段出现,但尚未占据主导地位。夹砂罐数量依旧较多,但陶鼎数量明显渐少,渐为陶鬲所取代。陶甗在这一时期开始逐渐消失,这一时期陶甑数量较少,未见作为炊器的陶斝大量出现。

第三期4段,这一阶段陶鬲数量明显增多,陶鬲与甗相结合已经超过了夹砂罐的数量。陶鼎的数量下降明显,地位已经为陶鬲所取代,但仍旧占有一定的数量。陶甑已经基本消失。夹砂罐口沿上压印花边者在本阶段仍有,但数量不多。

第四期5段,这一阶段由于缺乏较好的单位,从龟台寺H81的统计结果来看,鬲、甗的总量已经与夹砂罐数量相近,陶鼎明显减少。这一组合方式已经显示出与前一期的变化较大。

第四期6段,这一阶段夹砂罐数量明显下降,鬲、甗组合已经占据了明显的地位,陶鼎在这一时期更加罕见。

（三）器物群其他主要器物特征与组合变化

二里头文化时期冀南地区除炊器外,其他器物的组合与形态变化也有一些规律可循。

盆在冀南地区二里头文化时期是除炊器外最为常见的陶器。一般多为泥质陶,少量夹细砂,多数制作较精细。但陶盆的种类和形态较多,变化自有规律。大略而言,深腹盆出现较早,早期多饰以绳纹,腹部较深,整体形态较矮,至三期后逐渐演变为素面磨光或加饰旋纹,腹部更深,但整体形态逐渐变高。敞口大平底盆形体逐渐增大,外敞角度逐渐加大,腹部逐渐变浅。在二、三期时,敞口大平底盆腹底相接处有的饰以细绳纹或压印、戳印的纹饰,有时仅是趁湿以手指按压。有肩盆在冀南地区出现稍晚,但整体变化形态明确。肩部折曲逐渐变缓,盆腹逐渐变深,装饰风格及变化规律与深腹盆相同。

在本地区的较晚阶段,制作精良的盆形尊开始出现。无论夹砂或泥质,一般胎壁都较薄,装饰旋纹配戳印纹或楔形点纹。

豆在冀南地区二里头文化时期有两种,粗柄豆出现较晚,一般到三期偏晚时期才有所发现。细柄豆早期偶见有竹节状豆柄,颇有龙山时期竹节状豆柄的遗风。两类豆盘的共同演进趋势是由深逐渐变浅,口沿逐渐宽平。

瓮在冀南地区种类较多,但演变序列不如陶鬲、陶鼎及盆、豆等器物清晰。平口瓮绝大多数制作精细,出现时间较早,在槐树屯遗址中即有发现,其形态有口沿平卷与口沿上折两种,但两种平口瓮间的时间早晚关系及演变规律尚不清楚。蛋形瓮形态复杂,冀南地区常见有平底、假圈足及圈足三种,其形体总体看来时代较早的一般矮胖,晚期则较瘦长。蛋形瓮口沿形态复杂,目前尚难总结出演变规律,有平底和圈足两类,罕见三足者。器表一般饰以旋断绳纹,器体较大,制作不甚精细。大口瓮、直口瓮等器物由于整器复原较少,目前难以总结其发展演变规律。小口瓮发展序列较为清晰,时代越晚,肩部突出部分越发圆顺,整体形态越发矮胖圆鼓。

陶爵、斝等高等级器物在较多的遗址有发现,但数量稀少,尚无复原器发表。陶爵从残片观察,其制作精细,大部分通体磨光,鋬耳有的以两泥条拧为麻花状。腹部较瘦长,三足非等分分布,足根瘦长纤细。冀南地区二里头文化时期有一定数量的泥质陶斝,制作精细,陶胎甚薄,应是作为酒器使用的。

　　器盖在冀南地区十分常见,形体变化不明显,皆为溜肩尖顶菌钮,未见有折肩器盖,亦未见塔式钮的器盖。

三、商早期遗存的分期

　　由于基础田野工作和资料刊布原因,目前发表的资料中,冀南地区商早期遗存较少,与二里头文化时期的遗存分布相对密集、对比鲜明(图1–31)。已知遗存中仅有邯郸涧沟、龟台寺、下七垣遗址等几处资料相对丰富。

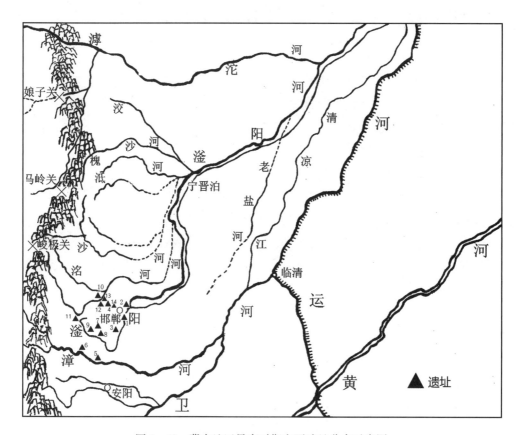

图1–42　冀南地区早商时期主要遗址分布示意图

1. 涧沟　2. 龟台寺　3. 邯郸飞机场　4. 薛庄　5. 下七垣　6. 界段营　7. 街儿庄　8. 杜家庄
9. 义张庄　10. 赵窑　11. 崔炉　12. 大河坡　13. 东陶庄　14. 宿庄

(一)地层关系

邯郸涧沟遗址早商时期遗存较为丰富,典型地层关系可以如下两组为代表。

(1) 57HJ2H21→E1

(2) 57HJ2T17②→H9→H4

两组地层关系中,H21、H9 两单位材料较丰富,可作为典型单位。除此两组地层关系外,T18、T17 等探方第②层等也属于这一时期。

龟台寺遗址在二里头文化时期遗存之上有较为丰富的商早期遗存,细加检索,可资利用的地层关系有如下两组:

(1) T3⑤→T3⑥→T3⑦层

(2) T8A④→T8A⑤→T8A⑥→T8A⑦→T8A⑧→T8A⑨→T8A⑩

早商时期遗存以各探方相关地层遗存为代表,未见较好的灰坑或其他遗迹。

下七垣遗址早商时期遗存以遗址各探方第二层为主。

由上述地层整理情况可知,冀南地区早商时期有效地层关系不多,对于这一地区的文化编年仍高度依赖陶器形态排列。

(二) 陶器形制分析

冀南地区早商时期的陶器种类较为丰富,以三足器、平底器最为常见,圈足器与圜底器较少。在这些器物中以鬲、盆、豆、罐、瓮、大口尊、簋等器物较有分期代表性。

鬲:以陶鬲口沿不同可分为卷沿鬲与折沿鬲两类。

卷沿鬲:皆为矮领鬲,根据腹颈形态差异可分为两型。

A 型:袋足较瘦,尖圆唇或圆唇,整体形态瘦长。根据整体形体差异可分为三式。

Ⅰ式:上腹瘦长,沿面微卷,部分个体缘面下卷较甚。标本龟台寺 57T10A⑥:113(图 1-43:1)。

Ⅱ式:口部外侈较甚,领部变矮。标本龟台寺 T1A:1(图 1-43:2)、标本东陶庄采集陶鬲(图 1-43:3)。

Ⅲ式:整体形态长方,领部更矮下腹更瘦。标本崔炉 G1:286(图 1-43:4)、下七垣 T5②:843(图 1-43:5)。

B 型:袋足较肥,整体较肥矮,圆唇或斜方唇。根据整体形体差异可分为三式。

Ⅰ式:颈微束,上腹较鼓。标本龟台寺 T3⑦:1(图 1-43:6)、T3⑦:2(图 1-43:7)、宿庄采集陶鬲(图 1-43:8)。

Ⅱ式:下腹较鼓,足根较高。标本街儿庄 HG:004(图 1-43:9)。

Ⅲ式:沿卷曲近折,沿面上多有槽,下腹肥矮,足根变矮。标本杜家庄 HDH:2(图 1-43:10)、薛庄 H321:1(图 1-43:11)。

折沿鬲:根据腹颈形态差异可分为三型。

A 型:宽折沿,袋足较瘦。根据整体形态差异可分为五式。

Ⅰ式:尖圆唇或窄方唇外翻,整体较瘦。沿面前端微卷,沿上多起榫。标本龟台寺 57T10A②:110(图 1-44:1)。

Ⅱ式:方唇较多,尖圆唇变少,唇部上翻下勾。腹部变肥。标本涧沟 57J2H9:1(图 1-44:2)。

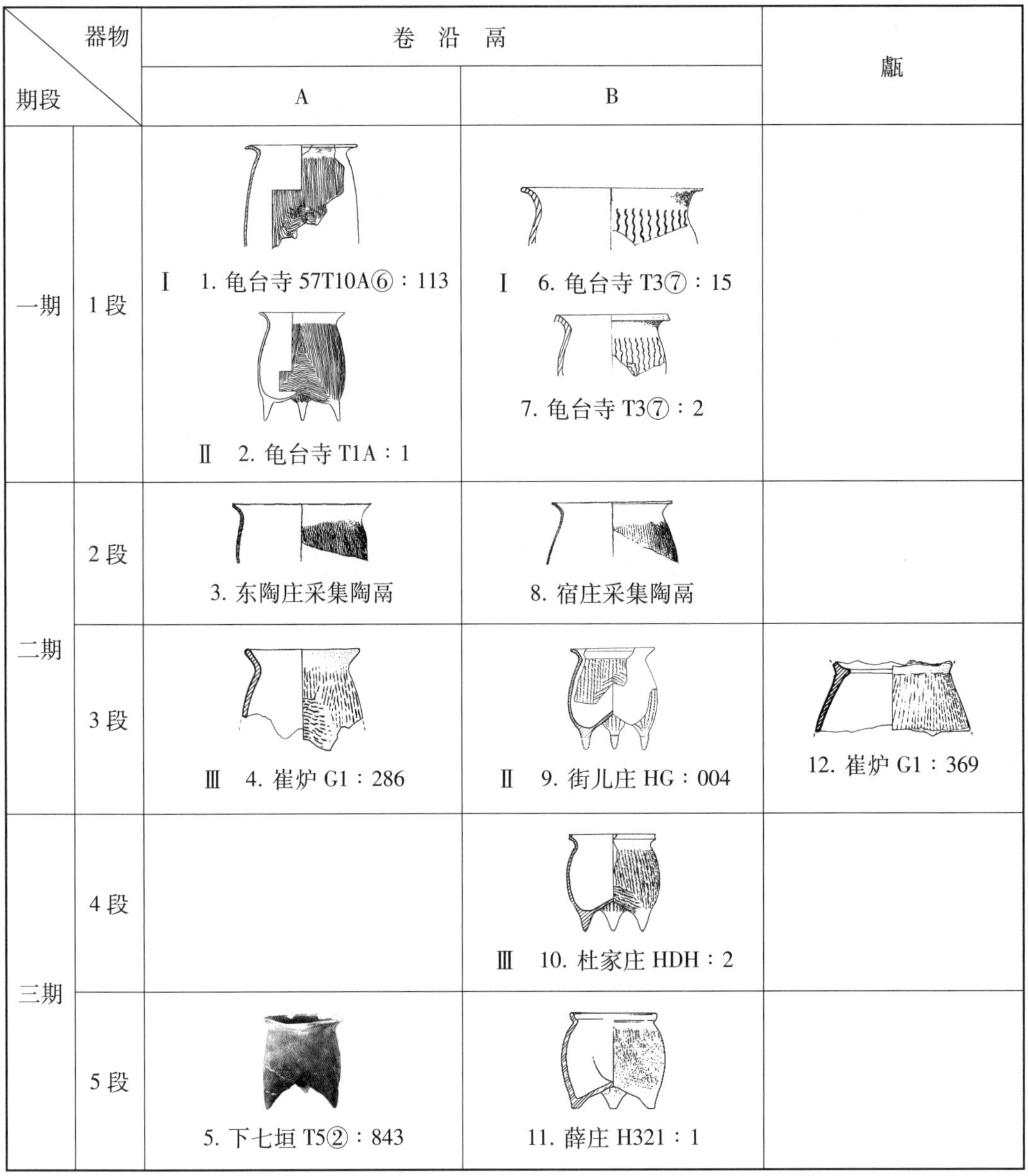

器物 期段		卷　沿　鬲		甗
		A	B	
一期	1段	Ⅰ　1. 龟台寺 57T10A⑥：113 Ⅱ　2. 龟台寺 T1A：1	Ⅰ　6. 龟台寺 T3⑦：15 7. 龟台寺 T3⑦：2	
二期	2段	3. 东陶庄采集陶鬲	8. 宿庄采集陶鬲	
	3段	Ⅲ　4. 崔炉 G1：286	Ⅱ　9. 街儿庄 HG：004	12. 崔炉 G1：369
三期	4段		Ⅲ　10. 杜家庄 HDH：2	
	5段	5. 下七垣 T5②：843	11. 薛庄 H321：1	

图 1-43　冀南地区早商时期陶鬲、甗分期图（一）

　　Ⅲ式：沿外折更甚，微束颈。标本街儿庄 HG：052（图 1-44：3）、崔炉 G1：259（图 1-44：4）。

　　Ⅳ式：下腹微鼓，整体形态变矮。标本杜家庄 HDH：1（图 1-44：5）。

　　Ⅴ式：整体形态更矮，袋足较肥。标本下七垣 T9②：853（图 1-44：6）、大河坡遗址采集陶鬲（图 1-44：7）。

　　B 型：宽折沿，袋足较肥，口径小于或等于腹径。根据整体形体差异可分为三式。

　　Ⅰ式：沿面常起棱，唇缘外翻。标本龟台寺 57T3⑧：1（图 1-44：8）。

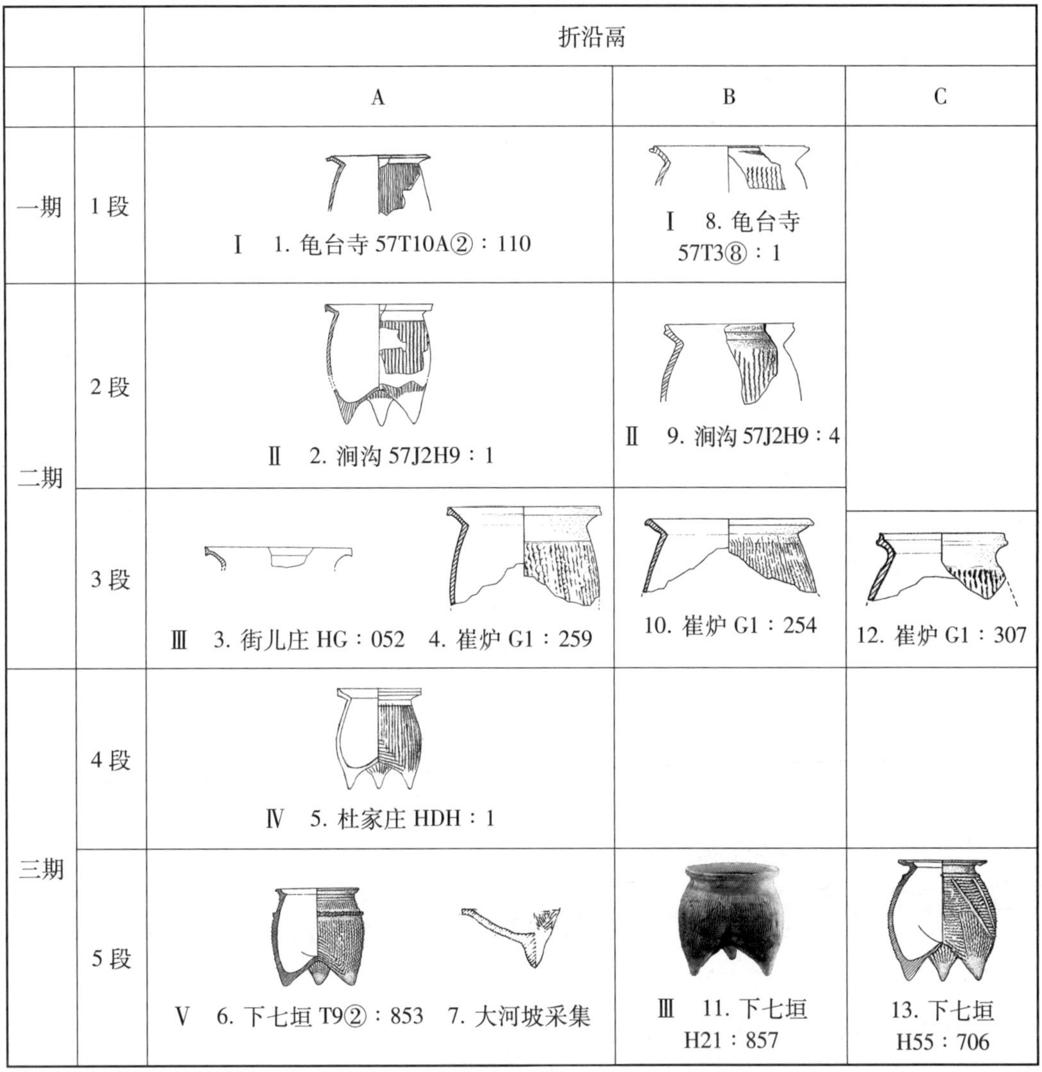

		折沿鬲		
		A	B	C
一期	1段	Ⅰ　1. 龟台寺 57T10A②：110	Ⅰ　8. 龟台寺 57T3⑧：1	
二期	2段	Ⅱ　2. 涧沟 57J2H9：1	Ⅱ　9. 涧沟 57J2H9：4	
	3段	Ⅲ　3. 街儿庄 HG：052　4. 崔炉 G1：259	10. 崔炉 G1：254	12. 崔炉 G1：307
三期	4段	Ⅳ　5. 杜家庄 HDH：1		
	5段	Ⅴ　6. 下七垣 T9②：853　7. 大河坡采集	Ⅲ　11. 下七垣 H21：857	13. 下七垣 H55：706

图 1-44　冀南地区早商时期陶鬲分期图(二)

Ⅱ式：沿面前端起榫上折,整体形态较瘦。标本涧沟 57J2H9：4(图 1-44：9)、崔炉 G1：254(图 1-44：10)。

Ⅲ式：整体形态变矮,束颈较甚,往往腹饰以圈络状附加堆纹。标本下七垣 H21：857(图 1-44：11)。

C 型：宽折沿,沿面近盘口,唇缘上凸,束颈,袋足肥鼓。标本崔炉 G1：307(图 1-44：12)、下七垣 H55：706(图 1-44：13)。

甗：数量不多,目前所见者腰内皆有算托。标本崔炉 G1：369(图 1-43：12)。

盆：根据盆腹形态差异可分为深腹、鼓腹、浅腹三类。

深腹盆: 依照卷沿、折沿差异可分为三型。

A 型: 卷沿深腹。依腹壁差异可分为三式。

Ⅰ式: 卷沿上翻,沿面较宽,盆腹较深,薄胎。标本龟台寺 T3⑦:18(图 1-45:1)。

Ⅱ式: 腹壁较直,沿面变窄,薄胎。标本涧沟 57J2H9:17(图 1-45:2)。

Ⅲ式: 卷沿近斜折,沿面较宽,微束颈,腹壁圆鼓,胎壁变厚。标本杜家庄 DH:11(图 1-45:3)。

B 型: 宽折沿深腹。依沿面与腹壁差异可分为四式。

Ⅰ式: 沿面较窄,腹壁斜直,标本龟台寺 T3⑦:20(图 1-45:4)。

Ⅱ式: 斜折沿,腹部微鼓。标本涧沟 57J2H9:19(图 1-45:5)。

Ⅲ式: 斜折沿,方唇,鼓腹,胎体变厚。标本崔炉 G1:1(图 1-45:6)。

Ⅳ式: 沿面短窄,内壁有窄槽,腹壁较直,腹较深,厚胎。标本下七垣 T4②:866(图 1-45:7)。

C 型: 折沿短窄,腹部圆鼓,浅腹。依沿面变化,可分两式。

Ⅰ式: 卷沿鼓腹,形体肥胖。标本杜家庄 DH:83(图 1-45:8)。

Ⅱ式: 卷沿,内壁有凹槽。标本下七垣 H37:1019(图 1-45:9)。

鼓腹盆: 一般较深腹盆胎体更厚,根据整体形体差异可分为五式。

Ⅰ式: 下腹鼓出突出,腹较深。标本龟台寺 T3⑦:16(图 1-45:10)。

Ⅱ式: 腹部鼓出部分上移至肩腹相接处,腹变浅。标本涧沟 57J2H9:13(图 1-45:11)。

Ⅲ式: 腹部转折鼓出转为束颈,腹较圆。腹进一步变浅,胎变厚。标本街儿庄 HG:023(图 1-45:12)。

Ⅳ式: 颈部收束较甚,圆鼓腹,腹较浅。标本杜家庄 DH:46(图 1-45:13)。

Ⅴ式: 下腹斜直,上腹微鼓。整体变矮,厚胎。标本下七垣 H37:1082(图 1-45:14)。

浅腹盆: 依沿面差异可分为两型。

A 型: 卷沿。根据腹壁形态差异可分为四式。

Ⅰ式: 盆腹较斜直,盆腹较深。标本龟台寺 T3⑦:19(图 1-45:15)。

Ⅱ式: 盆腹圆鼓,盆腹变浅。标本涧沟 57J2H9:18(图 1-45:16)、崔炉 G1:381(图 1-45:17)。

Ⅲ式: 窄沿略外卷甚至下垂,腹壁较浅,略斜,沿面前缘流行留槽。杜家庄 DH:47(图 1-45:18)。

Ⅳ: 沿面窄至近无,腹壁更直,整体形态变小。标本下七垣 T9②:388(图 1-45:19)。

B 型: 折沿。根据腹壁形态差异及器表装饰风格可分为四式。

Ⅰ式: 斜折沿较宽,腹壁斜直较深。标本龟台寺 T3⑦:29(图 1-45:20)。

Ⅱ式: 沿面变窄,腹壁变浅,腹壁变直。标本涧沟 57J2H21:103(图 1-45:21)。

Ⅲ式: 斜折沿,盆腹较圆。标本界段营 H41:1(图 1-45:22)、杜家庄 DH:7(图 1-45:23)。

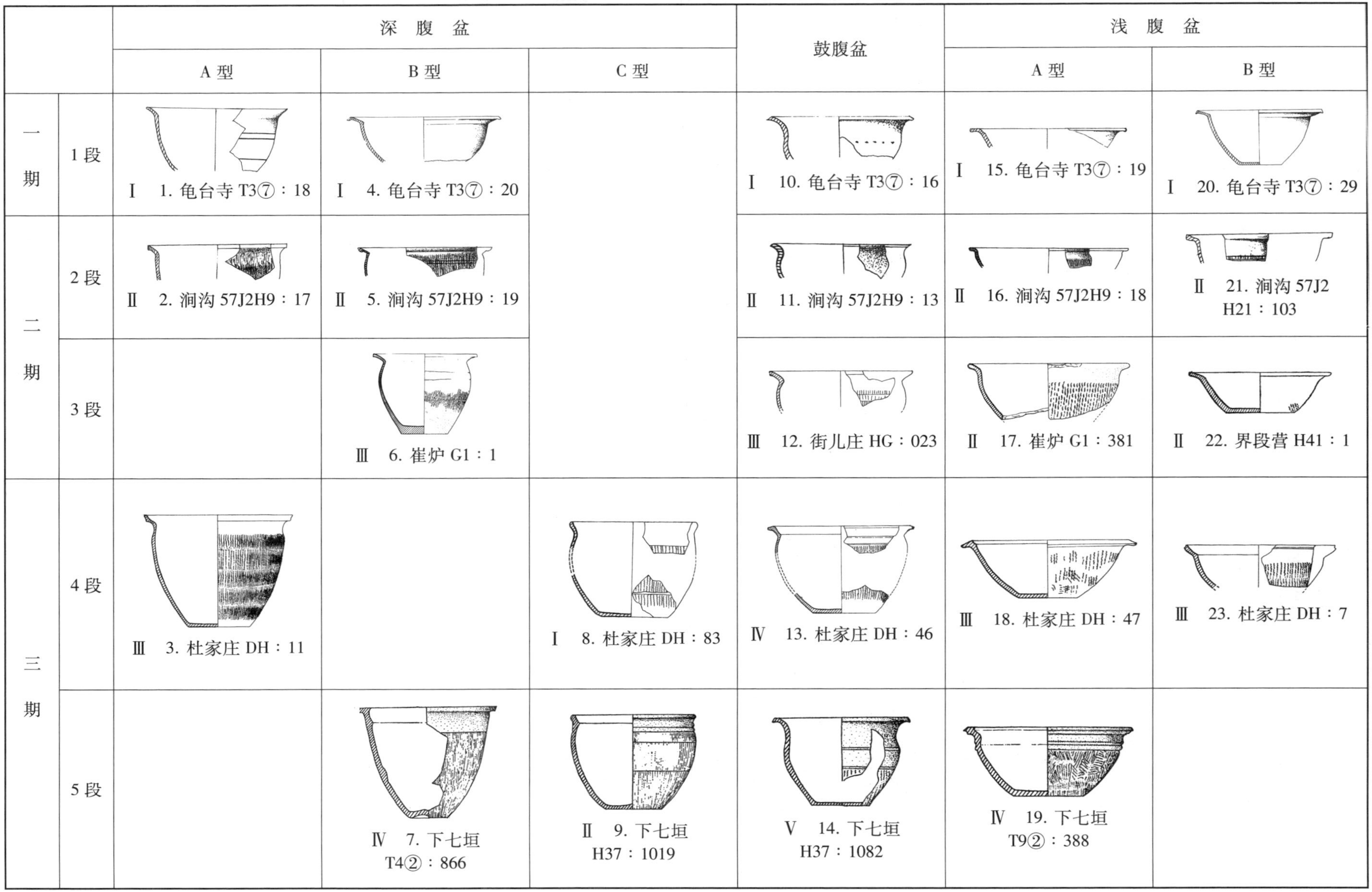

图 1－45　冀南地区早商时期陶盆分期图

		深　腹　盆			鼓　腹　盆	浅　腹　盆	
		A 型	B 型	C 型		A 型	B 型
一期	1段	I 1. 龟台寺 T3⑦∶18	I 4. 龟台寺 T3⑦∶20		I 10. 龟台寺 T3⑦∶16	I 15. 龟台寺 T3⑦∶19	I 20. 龟台寺 T3⑦∶29
二期	2段	II 2. 涧沟 57J2J2H9∶17	II 5. 涧沟 57J2H9∶19		II 11. 涧沟 57J2H9∶13	II 16. 涧沟 57J2H9∶18	II 21. 涧沟 57J2 H21∶103
二期	3段	III 3. 杜家庄 DH∶11	III 6. 崔炉 G1∶1		III 12. 街儿庄 HG∶023	II 17. 崔炉 G1∶381	II 22. 界段营 H41∶1
三期	4段		IV 7. 下七垣 T4②∶866	I 8. 杜家庄 DH∶83 / II 9. 下七垣 H37∶1019	IV 13. 杜家庄 DH∶46	III 18. 杜家庄 DH∶47	III 23. 杜家庄 DH∶7
三期	5段				V 14. 下七垣 H37∶1082	IV 19. 下七垣 T9②∶388	

C 型：数量较少,形体不大,直腹微折,多敞口。标本下七垣 H9：851(图 1－47：13)。

大口尊：根据腹、底形态差异可分为三式。

Ⅰ式：口颈大于肩径,肩部较圆鼓。标本龟台寺 T3⑦：102(图 1－46：1)。

Ⅱ式：口颈明显大于肩径,肩颈部折转明显。标本龟台寺 T3⑦：102(图 1－46：2)。

Ⅲ式：口颈大于肩径,颈部无明显折转。标本街儿庄 HG：007(图 1－46：3)。

簋：数量不多,腹部肥鼓。尚无复原材料显示其圈足形态。标本龟台寺 T8A⑧：239(图 1－46：4)、崔炉 G1：347(图 1－46：5)。

甗：数量不多,刊布残片也较少。现有资料显示流行于本地似乎较晚。标本下七垣 T14②：867(图 1－46：6)。

斝：数量较少,多为泥质,敛口,形体瘦高。标本龟台寺 T3⑥：11(图 1－46：7)。

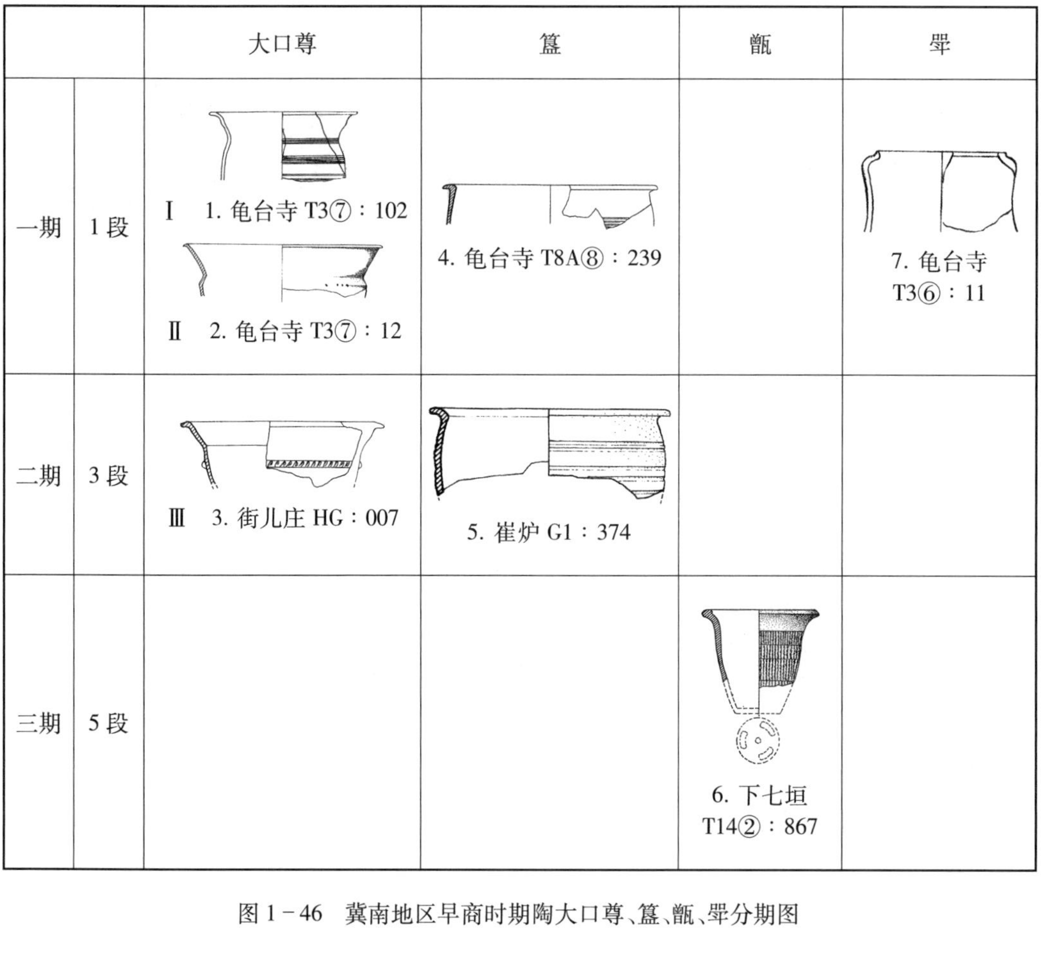

		大口尊	簋	甑	斝
一期	1段	Ⅰ 1. 龟台寺 T3⑦：102 Ⅱ 2. 龟台寺 T3⑦：12	4. 龟台寺 T8A⑧：239		7. 龟台寺 T3⑥：11
二期	3段	Ⅲ 3. 街儿庄 HG：007	5. 崔炉 G1：374		
三期	5段			6. 下七垣 T14②：867	

图 1－46　冀南地区早商时期陶大口尊、簋、甑、斝分期图

豆：根据豆盘差异可分为真腹豆与假腹豆两类。

真腹豆：依据豆柄的粗细可分为细柄豆与粗柄豆两型。

A 型：细柄豆，数量不多，豆盘较深。标本龟台寺 T3⑦：25（图 1 - 47：1）。

B 型：粗柄豆，复原器不多，但残片较常见。盘腹近碗形。根据柄部差异可分为两式。

Ⅰ式：柄部甚粗，有十字或圆形镂孔。盘腹较深。龟台寺 T8 A④：292（图 1 - 47：2）、龟台寺 T8 A④：295（图 1 - 47：3）、杜家庄 HDH：24（图 1 - 47：4）。

Ⅱ式：整体形态变矮，豆柄变粗，十字镂孔已不多见，盘腹略变深。标本下七垣 T23②：1109（图 1 - 47：5）。

假腹豆：根据沿面及豆盘形态差异可分为两型。

A 型：弧状盘，柄较细。根据盘腹变化，可分为三式。

Ⅰ式：宽折沿，浅盘，盘底腹折棱似二里头文化时期的折棱豆盘。目前发现很少，很可能是假腹豆的源头。标本龟台寺 T8A⑦：286（图 1 - 47：6）。

Ⅱ式：盘腹变深。标本涧沟 H21：124（图 1 - 47：7）。

Ⅲ式：盘腹更深。标本崔炉 G1：510（图 1 - 47：8）。

B 型：深直盘较浅，粗柄。根据唇、盘变化，可分为三式。

Ⅰ式：短折沿，方唇，外腹较浑圆，内壁较直，柄部折曲较流畅。标本涧沟 H21：59（图 1 - 47：9）、标本涧沟 H21：129（图 1 - 47：10）。

Ⅱ式：柄部更粗，盘腹变浅，唇微内勾，圈足收束较甚。标本崔炉 G1：511（图 1 - 47：11）。

Ⅲ式：柄部折曲明显。标本下七垣 T11②：492（图 1 - 47：12）。

罐：依据整体形态差异，可分为深腹罐、圆腹罐、圜底罐三类。

深腹罐：根据形态差异可分为两型。

A 型：橄榄罐，多作方唇，唇缘下勾。目前发现数量不多。标本龟台寺 T3⑦：9（图 1 - 48：1）。

B 型：矮领罐。根据口颈形态差异可分四式。

Ⅰ式：卷沿略上翻，口腹径差异较小。标本龟台寺 T3⑦：10（图 1 - 48：2）。

Ⅱ式：口部斜直，微束颈，下腹较鼓。标本涧沟 H21：55（图 1 - 48：3）。

Ⅲ式：下腹变瘦，整体形态渐小。标本街儿庄 HG：020（图 1 - 48：4）。

Ⅳ式：下腹更瘦，沿外卷。标本杜家庄 DH：6（图 1 - 48：5）。

圆腹罐：根据腹颈形态差异可分三式。

Ⅰ式：束颈，卷沿外翻较甚。标本涧沟 H9：12（图 1 - 48：6）。

Ⅱ式：微束颈，卷沿外翻。标本崔炉 G1：434、杜家庄 DH：5（图 1 - 48：7、8）。

Ⅲ式：下腹微垂，束颈不甚明显。标本下七垣 T13②：879（图 1 - 48：9）。

圜底罐：出现较晚，数量较少。标本杜家庄 HD：21（图 1 - 48：10）。

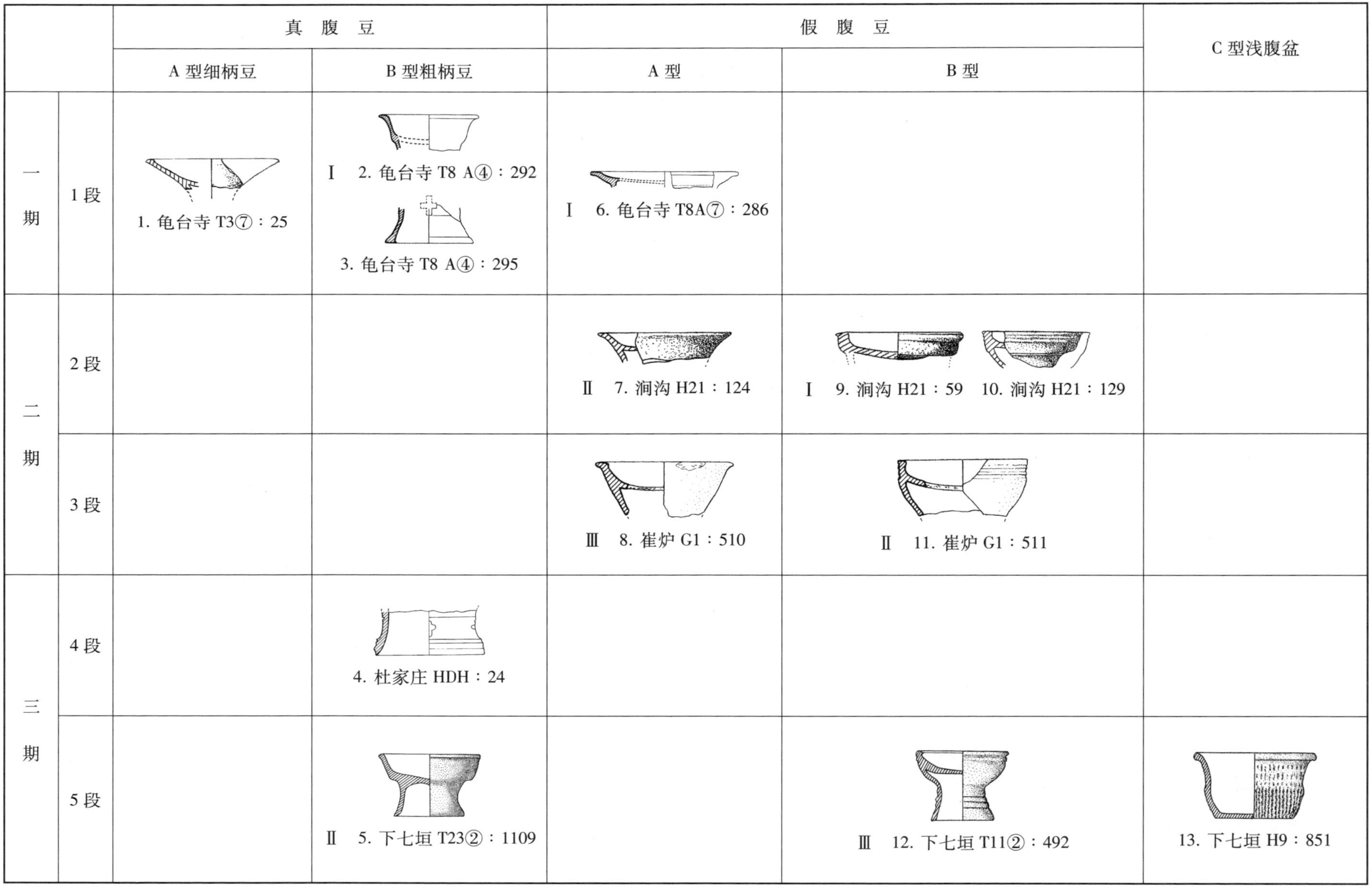

期	段	真腹豆		假腹豆		C型浅腹盆
		A型细柄豆	B型粗柄豆	A型	B型	
一期	1段	1. 龟台寺 T3⑦：25	I 2. 龟台寺 T8 A④：292 3. 龟台寺 T8 A④：295	I 6. 龟台寺 T8A⑦：286		
二期	2段			II 7. 涧沟 H21：124	I 9. 涧沟 H21：59 10. 涧沟 H21：129	
二期	3段			III 8. 崔炉 G1：510	II 11. 崔炉 G1：511	
三期	4段		4. 杜家庄 HDH：24			
三期	5段		II 5. 下七垣 T23②：1109		III 12. 下七垣 T11②：492	13. 下七垣 H9：851

图 1－47　冀南地区早商时期陶豆、盆分期图

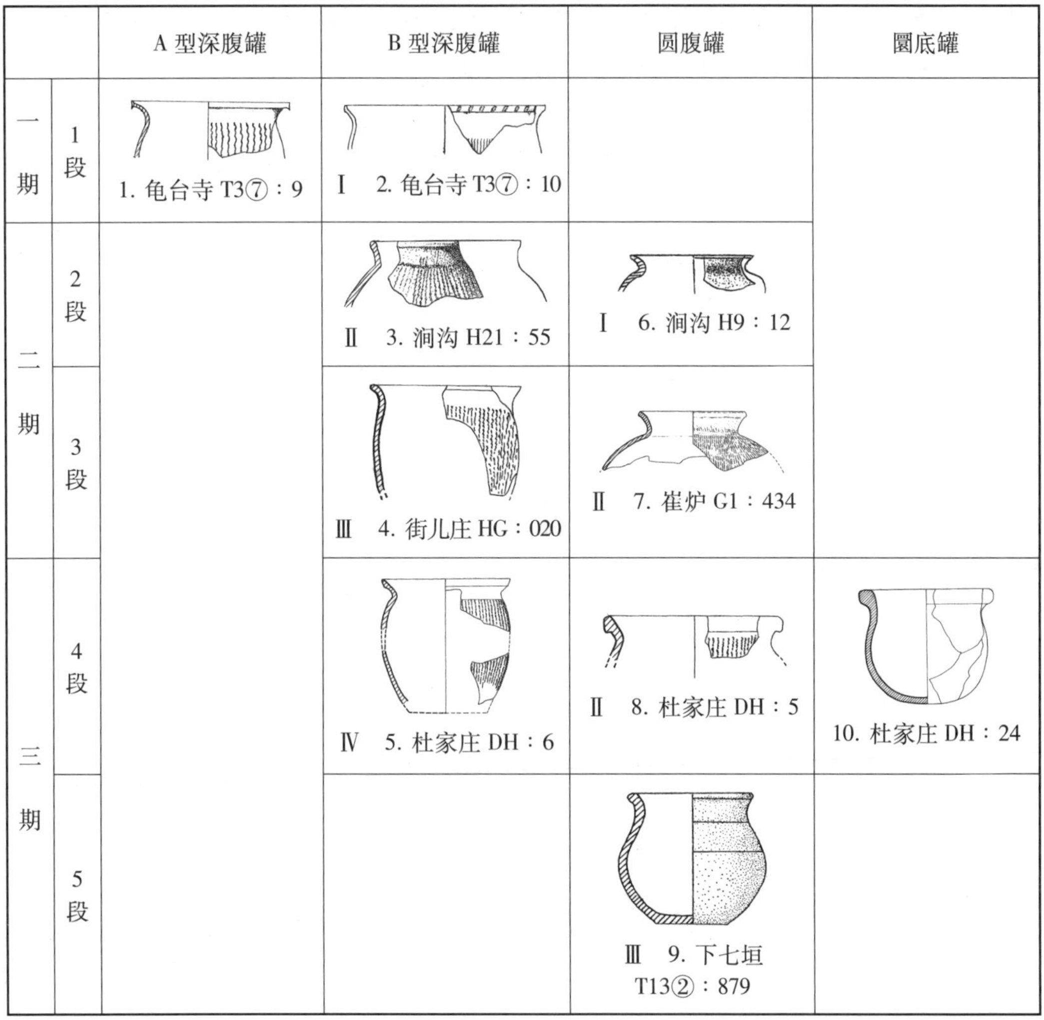

		A 型深腹罐	B 型深腹罐	圆腹罐	圈底罐
一期	1段	1. 龟台寺 T3⑦：9	I　2. 龟台寺 T3⑦：10		
二期	2段		II　3. 涧沟 H21：55	I　6. 涧沟 H9：12	
	3段		III　4. 街儿庄 HG：020	II　7. 崔炉 G1：434	
三期	4段		IV　5. 杜家庄 DH：6	II　8. 杜家庄 DH：5	10. 杜家庄 DH：24
	5段			III　9. 下七垣 T13②：879	

图 1－48　冀南地区早商时期陶罐分期图

瓮：根据整体形态可分为小口瓮、大口瓮、蛋形瓮、平口瓮四类。

小口瓮：根据口颈形态差异可分为四式。

Ⅰ式：矮领，沿面较宽。标本龟台寺 T3⑥：6（图 1－49：1）、涧沟 H21：70（图 1－49：2）。

Ⅱ式：领部变矮，沿面更窄近无。标本街儿庄 HG：010（图 1－49：3）。

Ⅲ式：领部近直，较矮。标本杜家庄 DH：11（图 1－49：4）。

Ⅳ式：矮领近直，无沿。标本下七垣 T1②：16（图 1－49：5）。

蛋形瓮：有一定数量，无法分式，目前发现的蛋形瓮有平底和圈足两种，未发现有足者。标本龟台寺 T3⑨：16（图 1－49：6）、龟台寺 H67：101（图 1－49：7）、涧沟 H21：93（图 1－49：8）。

平口瓮：数量不多，形态变化细微，暂不分式。一般制作精细，多装饰以成组的旋纹，肩腹及口唇部多经磨光处理。标本龟台寺 T3⑦：28（图 1－49：9）、涧沟 57HJ2T18③D：
7（图 1－49：10）、杜家庄 DH：29（图 1－49：11）。

大口瓮：根据口部变化可分为两式。

Ⅰ式：直口，领部较高。标本龟台寺 T3⑦：5（图 1－49：12）。

Ⅱ式：直口微斜，领部较矮。标本涧沟 H21：126（图 1－49：13）。

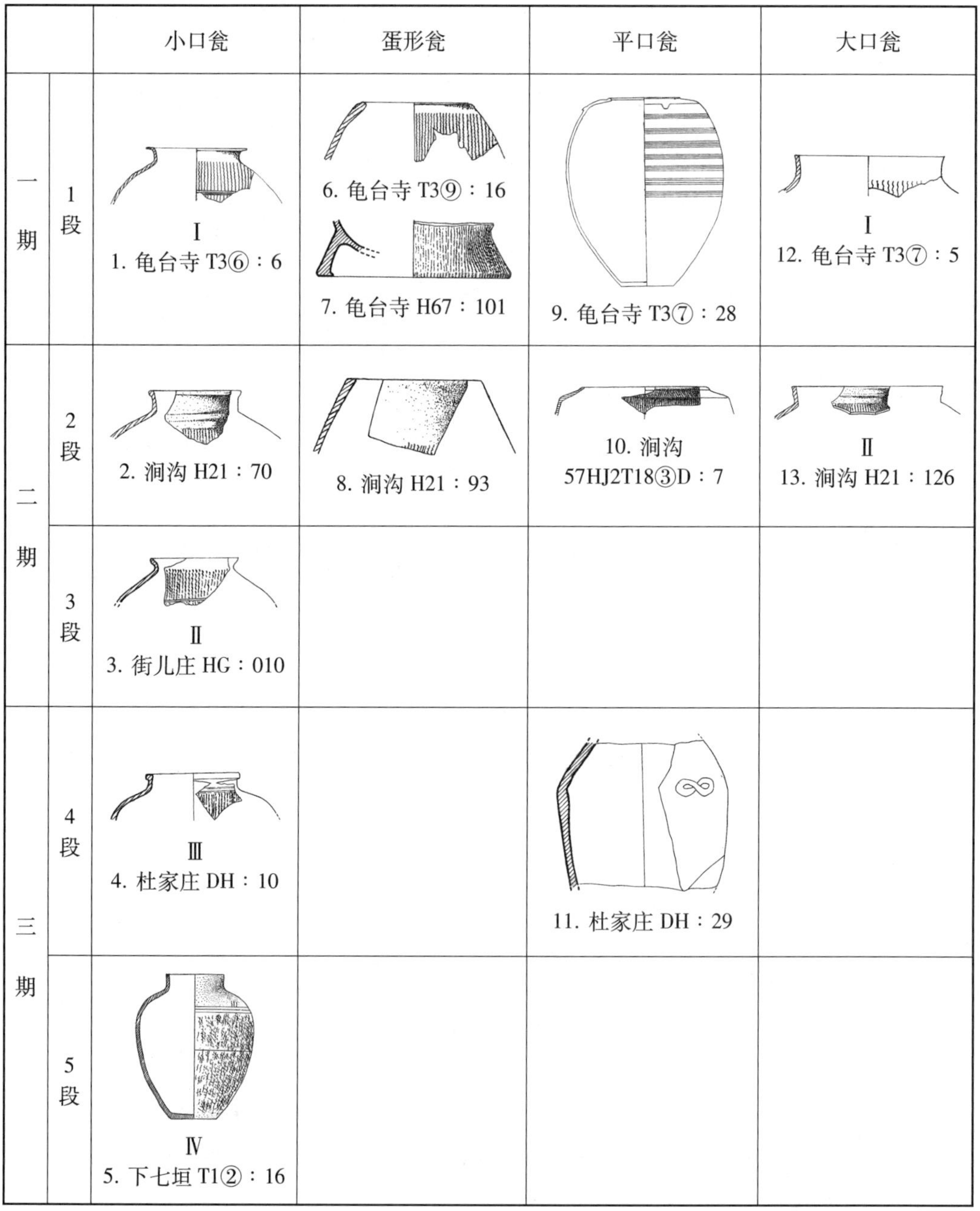

		小口瓮	蛋形瓮	平口瓮	大口瓮
一期	1段	Ⅰ 1. 龟台寺 T3⑥：6	6. 龟台寺 T3⑨：16 7. 龟台寺 H67：101	9. 龟台寺 T3⑦：28	Ⅰ 12. 龟台寺 T3⑦：5
二期	2段	2. 涧沟 H21：70	8. 涧沟 H21：93	10. 涧沟 57HJ2T18③D：7	Ⅱ 13. 涧沟 H21：126
	3段	Ⅱ 3. 街儿庄 HG：010			
三期	4段	Ⅲ 4. 杜家庄 DH：10		11. 杜家庄 DH：29	
	5段	Ⅳ 5. 下七垣 T1②：16			

图 1－49　冀南地区早商时期陶瓮分期图

（三）分期与年代推定

　　由于基础考古工作缺乏,冀南地区目前缺乏年代序列完整的早商时期遗址,公布材料的遗址也不多。因此,对于冀南地区早商时期的分期与年代推定就需要借助于邻近遗址,甚至是临近地区间同时代器物的相似性排比。在此基础上,可进一步对冀南地区早商时期的年代进行一定程度上的推测。

　　冀南地区早商时期最早的遗存为邯郸龟台寺遗址。该遗址 T3 第⑤至⑦层,T8A 第④至⑩层,T10 第⑤至⑧层,与龟台寺遗址的二里头文化时期遗存紧密衔接,中间当没有缺环,可以作为冀南地区早商时期年代最早遗存的代表。

　　洹沟遗址早商时期遗存可以 H21、H9 两单位为代表,除此之外,T18、T17 等探方第②层亦属于早商时期遗存。从陶器排比的情况看,洹沟遗址早商时期遗存略晚于龟台寺遗址早商遗存。

　　原报告认为,下七垣遗址各探方第②层,与邢台曹演庄遗址下层年代相当,本文赞同此说。但需要说明的是曹演庄遗址下层遗存的年代问题。在 1970 年代前后的学术认知体系中,邢台曹演庄遗址下层相当于邹衡先生商文化分期体系中的殷墟遗址群第一期[1]。近年来,唐际根又根据洹北商城新近发掘材料认为曹演庄下层遗存可细分为前后两期,但是他未对这一问题详加论述[2]。本文认为,曹演庄遗址下层出土器物的形态显示,该遗址可细分为前后相继的两组,但曹演庄遗址发表资料无遗迹单位编号,具体分期工作无法细致展开。而下七垣遗址报告发表体例和叙述过于简略,这一问题长期以来也少有人详加分析。唐际根将其纳于他所划分的中商三期,亦即相当于殷墟一期时期[3]。何元洪曾认为下七垣遗址第②层相当于殷墟二期,年代略晚[4]。仔细审视下七垣遗址各探方第②层,笔者认为其年代更接近邹衡先生商文化分期体系中的殷墟遗址群第一期遗存。该层出土的窄沿浅腹盆沿面已经不外卷,但沿面尚平,还没有到沿面近乎消失的地步,其陶鬲整体尚近长方,从种种迹象看,似乎下七垣第②层年代不会晚至殷墟二期。

　　借助龟台寺、洹沟与下七垣遗址的早商时期遗存,大致可以勾勒出冀南地区早商时期考古学文化的年代框架。由此,我们可以将其他材料不甚丰富的遗存纳入这一序列,建立冀南地区早商时期的初步年代学框架(表 1 - 14)。

　　磁县飞机场遗址材料尚未正式公布,就笔者参观所见,遗址中晚于 H8、H16 的部分单位与龟台寺遗址早商时期遗存年代相当。

　　赵窑遗址各探方③层年代与洹沟 H9 相当。

　　武安崔炉本阶段的遗存以 G1 最为丰富,且有较好的统计数据,可作为该遗址早商时

　　① 邹衡:《试论殷墟文化分期》,《夏商周考古学论文集》,第 56 页,文物出版社(北京),1980 年。
　　② 中国社会科学院考古研究所:《中国考古学·夏商卷》第五章·第三节,第 262 页,中国社会科学出版社(北京),2003 年。
　　③ 唐际根:《中商文化研究》,《考古学报》1999 年第 4 期。
　　④ 何元洪:《太行山东麓商文化分期、分区研究》,第 20 页,北京大学硕士学位论文,2000 年,未发表。

表 1－14　早商时期冀南地区居址分期对照表

期段\遗址		龟台寺	飞机场	涧沟	赵窑	宿庄	东陶庄	崔炉	界段营	义张庄	街儿庄	杜家庄	下七垣	大河坡	薛庄
三期	5段												√	√	√
	4段											√			
二期	3段							√	√	√	2				
	2段			√	√	√	√				1				
一期	1段	√	√	?											
资料来源		①	②	③	④	⑤		⑥	⑦	⑧			⑨	⑩	⑪

期的代表单位。该遗址的 H13,年代可能与 G1 相近。从刊布的材料可知,该遗址大体与界段营 H41 年代相当,可以补充涧沟早商时期遗存之后的年代缺环。

界段营遗址早商时期遗存目前仅可确认 H41 一个单位,该单位出土的浅腹盆腹较浅,折沿较宽,从形体特征判断,当早于下七垣早商时期同类器,而略晚于涧沟遗址早商时期遗存,大体与崔炉 G1 年代相当。

峰峰矿区义张庄调查与试掘所见早商时期遗存与界段营 H41 年代相近,可补充涧沟遗址与下七垣遗址之间的缺环。

峰峰矿区街儿庄遗址堆积较好,可分早晚两个阶段,但资料刊布仍然较零散。从现有资料看,该遗址早段遗存与涧沟早商时期遗存时代相当,第二段遗存则与界段营、义张庄早商时期年代相当。另外还有零星的遗存可能年代能上溯至二里头文化时期偏晚阶段。邹衡先生曾估量街儿庄遗址早商时期遗存的偏早阶段大体相当于二里冈下层文化时期,现在看,大体是在上下层文化之际。

峰峰矿区杜家庄遗址试掘所见早商时期遗存较为丰富,年代略早于下七垣,而晚于义

①　北京大学、河北省文化局:《邯郸涧沟发掘报告》(稿本),原稿现存北京大学考古文博学院资料室。
②　笔者参观所见,材料现存邯郸市文物管理处,尚未发表。
③　北京大学、河北省文化局:《邯郸龟台发掘报告》(稿本),原稿现存北京大学考古文博学院资料室。
④　河北省文物研究所、河北文化学院:《武安赵窑遗址发掘报告》,《考古学报》1992 年第 3 期。
⑤　邯郸市文物管理处:《邯郸县商周遗址的调查》,《文物春秋》1992 年第 2 期。
⑥　河北省文物研究所、邯郸市文物研究所、武安市文物保管所:《武安市崔炉遗址考古发掘报告》,《河北省考古文集(四)》,科学出版社(北京),2011 年。
⑦　河北省文物管理处:《磁县界段营发掘简报》,《考古》1974 年第 6 期。
⑧　邹衡:《河北省邯郸市峰峰矿区考古调查》,《夏商周考古论文集·再续集》,科学出版社(北京),2011 年。
⑨　河北省文物管理处:《磁县下七垣遗址发掘报告》,《考古学报》1979 年第 2 期。
⑩　邯郸市文物管理处:《邯郸县商周遗址的调查》,《文物春秋》1992 年第 2 期。
⑪　吉林大学边疆考古研究中心:《邯郸薛庄遗址考古发掘报告》,科学出版社(北京),2019 年;南水北调中线干线工程建设管理局等:《邯郸薛庄遗址考古发掘报告》,科学出版社(北京),2019 年。

张庄、街儿庄遗址早商时期遗存。邹衡先生认为该遗址陶器特征"与邯郸涧沟商代晚期和曹演庄下层接近;年代大体相当于安阳小屯早期"[1],这一认识无疑是正确的。

邯郸薛庄遗址 H210、H321、H136 等单位年代略早于该遗址的晚商时期墓葬,个别被判断为晚商时期的墓葬也可能早至这一阶段。同时,原报告定为先商时期遗存的 H204,所刊布的陶鬲 H204②：1,与 H210 等单位所刊布的陶鬲形态相同,是较为典型的早商时期最晚阶段的遗存。薛庄遗址的这一阶段遗存,按照习惯的年代认识,应与本地区下七垣遗址各探方第②层年代相当。

宿庄、东陶庄、大河坡等遗址未经发掘,据调查所获的陶片,却提示了较为重要的线索。宿庄、东陶庄发现的陶鬲,与涧沟、街儿庄第一段遗存的陶鬲形态接近,应是二里冈下层偏晚阶段至二里冈上层偏早阶段的遗存。大河坡遗址的发现则与薛庄、下七垣的早商时期遗存年代相当。

由上述遗址的年代串联,可以将冀南地区早商时期遗存分为三期五段。

第一期 1 段:材料不甚丰富,目前仅有龟台寺与飞机场两处遗址属于该阶段,涧沟遗址中可能有部分单位和街儿庄遗址部分单位能早至这一阶段。本段遗存未见陶鼎。炊器以鬲、甗为主,有少量的夹砂罐。陶鬲以卷沿鬲最常见,有部分折沿鬲。陶甗与二里头文化时期最晚时期的几乎没有区别,仍有箅托。深腹夹砂罐仅有橄榄罐一种。本段遗存与郑州、偃师早商时期较早的遗存年代相当。以陶鬲为例,龟台寺T10⑥：113A Ⅰ 式卷沿鬲与二里冈 C1H17：118、C5H209：5 鬲形态接近;龟台寺57T10A②：110 A Ⅰ 式折沿鬲与二里冈 C1H17：119 鬲形态接近(图 1−50)。因此,本段年代约相当于二里冈下层文化时

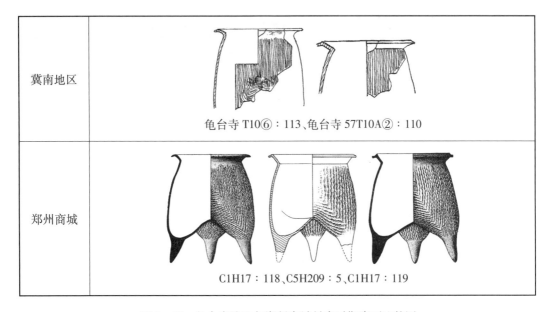

冀南地区	龟台寺 T10⑥：113、龟台寺 57T10A②：110
郑州商城	C1H17：118、C5H209：5、C1H17：119

图 1−50　龟台寺遗址与郑州商城早商时期陶鬲比较图

① 邹衡:《河北省邯郸市峰峰矿区考古调查》,《夏商周考古论文集·再续集》,科学出版社(北京),2011 年。

期。需要说明的是由于材料尚较为缺乏,从现有的迹象看,本段遗存似可以进一步区分早晚的。但是,由于材料较为零散,为稳妥起见,本文暂时将其合并,待日后资料丰富后可进一步详细区分。

第二期 2 段:材料较少,仅有涧沟遗址 H9、H21 及部分地层单位与赵窑各探方③层、H6 属于本段,东陶庄、宿庄遗址有这一阶段的遗存。街儿庄遗址早商时期遗存的偏早阶段遗存属于这一阶段,个别单位甚至较涧沟 H9、H21 年代更早,陶鬲 HG：001 甚至可能早至二里头文化时期最晚阶段。由于材料较为缺乏,这一阶段的面貌尚不完全清晰。从涧沟 H9、H21 两单位的遗存看,这一时期以陶鬲、甗为主要炊器。折沿鬲的数量已经超过卷沿鬲,多为斜方唇,与郑州二里冈上层同类器的整体面貌更为接近。本段遗存年代约相当于二里冈上层文化一期。

第二期 3 段:材料较少,目前仅有崔炉 G1、街儿庄遗址中期遗存(遗址早商遗存第二阶段)、义张庄遗址与界段营 H41 两组遗存属于本段。这一阶段炊器仅见陶鬲,其形态与郑州商城二里冈遗址年代偏晚的遗存较为接近。因此本段遗存年代约相当于二里冈上层文化二期,亦即邹衡先生早商时期分期体系的第三段第六组的白家庄上层阶段。

第三期 4 段:材料缺乏,目前可以确定的遗存仅有杜家庄遗址一处。但由于杜家庄所见遗存组合较为全面,可大致对这一时期的遗存面貌有初步的了解。杜家庄遗址炊器以鬲为主,有少量夹砂罐。陶鬲有卷沿、折沿两种,整体形态较前段肥矮。夹砂罐已经不见橄榄形罐,而仅有较矮胖的夹砂罐。以陶鬲相比,本段遗存年代约相当于洹北商城早期,亦即邹衡先生早商时期分期体系的第四段第七组。

第三期 5 段:材料较为缺乏,目前仅有下七垣遗址各探方第②层与薛庄遗址同期灰坑,个别墓葬及大河坡遗址调查资料。从其文化面貌观察,该阶段陶鬲占据绝对优势,卷沿鬲数量进一步减少,折沿鬲的形态开始多样化,但整体风格都较矮方,与二里冈时期整体长方形风格已有较明显的区别。因此,从陶鬲形态对比可知,本段年代约与洹北商城晚期遗存相当,亦即邹衡先商早商时期分期体系的第四段第八组或殷墟分期中的殷墟一期1 段。

总体来看,已发表的冀南地区早商时期遗存材料不甚丰富,但从冀中与豫北同时期的材料观察,这种情况当与冀南地区基础工作较少有关。以 1957 年峰峰矿区的调查情况为例,仅在断崖清理的残灰坑与地面采集就发现了较为丰富的早商时期遗存。邹衡先生曾敏锐地点出"峰峰矿区的商文化延续的时间很长;就目前已确定的商文化的各文化期,在这里差不多都有其代表遗址。这也就说明,从最早到最晚,商人都一直在这方圆六七十里的范围内生息"。冀南地区当前早商时期遗存不多,遗址分布似乎也较稀疏,但在未来的工作中必然能发现更多的早商时期遗存,以丰富今日的认识。

四、商早期各期陶器的特征

从整体的文化面貌看,冀南地区早商时期的四期间文化面貌变化较为明显。下面我们从陶系、炊器组合变化、其他标志性器物数量变化等方面予以分析。

（一）陶系

冀南地区普遍较缺乏陶系统计数据。现有材料中仅有涧沟、龟台寺遗址和崔炉 G1 等单位有部分统计数据可兹参考（参表 1-15）。

表 1-15 早商时期冀南地区居址典型单位陶系统计表

时段	项目	单 位	陶质（%）		陶色（%）			纹饰（%）			
			泥质	夹砂	灰	红褐	黑	素面	磨光	绳纹（含旋断）	其他
一期	1 段	早商时期	次之	略多	绝大多数	次之	最少	√	√	绝大多数	√
二期	2 段	涧沟 H21	49.7	50.3	98.9	1.1		36.3	2.3	60.3	1.2
		涧沟 H9	59.5	40.5	100			22.2	0.5	77.3	
	3 段	崔炉 G1	5.9	94.1	86.8	9.8	3.4	4.7	4.2	89.6	0.5

结合龟台寺遗址描述,涧沟遗址 H21、H9 统计数据与其他遗址的文字描述、图像资料,可大致复原冀南地区早商时期的陶系情况。

第一期 1 段:夹砂陶略多,这与龟台寺遗址二里头文化时期最晚阶段的情况相同,可见两阶段紧密延续。陶色以灰陶为绝大多数,有一定比例的红褐陶及黑皮陶。黑陶多为平口瓮、豆、器盖等制作精细的磨光器物。红褐陶则多为大口尊一类器物。其余器物多为灰陶。纹饰中以各类绳纹为绝大多数,以滚压规整的细绳纹和线纹的数量最多。另外存在一定数量的旋纹、戳印纹、压印纹等,一般施加在平口瓮、鼓腹盆等器物的肩部。

第二期 2 段,泥质陶比例有所增加,与夹砂陶已经基本相当。陶色以灰陶占据了绝对优势,涧沟 H9 中的统计数据甚至显示全为灰陶。纹饰中绳纹比例依旧占据绝对优势,依旧较细,滚压也较为规整。其余种类的纹饰数量有所下降,施加的对象与位置与上一阶段基本相同。

第二期 3 段,由于材料较少,从现有材料推断,这一时期夹砂陶比例略高,陶色以灰陶为绝大多数,红褐陶与黑陶比例略有增加。纹饰中仍以绳纹为绝大多数,粗绳纹的比例增加。制作精细的磨光陶、素面陶数量开始减少。附加堆纹一般施加在大口尊等器物之上。

第三期 4 段,由于材料较少,尚难完全论断。但从现有材料推断,这一时期仍以夹砂陶为大多数。陶色中基本以灰陶为主。纹饰以粗绳纹为多,细绳纹数量减少明显。附加堆纹施加在陶鬲等器物之上的现象增多。旋纹等在这一时期也占有一定的比例。

第三期 5 段,以夹砂灰陶为最大宗,黑陶及红褐陶的比例甚小。纹饰以粗绳纹为主,细绳纹比例较小,附加堆纹在这一时期的比例较高。

(二) 器物群中的炊器特征与组合变化

冀南地区早商时期炊器组合变化与时代特征变化较明显。但是目前材料中仅有涧沟遗址 H21、H9 两单位有炊器统计数据提供(参表 1 – 16)。

表 1 – 16　早商时期涧沟遗址炊器组合百分比统计表

期段		单位	夹砂罐	甑	鬲	甗	斝	鼎	总件数
二期	2 段	涧沟 H21	28.6		67.9	3.6			28
		涧沟 H9	3.8		96.2				26
	3 段	崔炉 G1	15.1		29.2	0.4		0.01	

(案:崔炉 G1 统计数据为所有器类的总量,非炊器的真实比例,但认可看出,是以鬲为主的)

结合涧沟遗址统计数据,与其他遗址的文字、图像资料,可以大致复原冀南地区早商时期炊器的特征与组合变化。

第一期 1 段,本段炊器仅发现陶鬲、甗和夹砂罐,但甗的数量似乎不多,飞机场遗址亦可见零星陶甗残片。陶鬲的比例甚高,夹砂罐比例较低。陶鬲有卷沿、折沿两种,以前者为多。陶鬲无论折沿、卷沿皆为薄胎,绳纹滚压较深,绳纹甚细,较为规整。卷沿鬲整体上延续二里头文化时期最晚阶段的风格,较为瘦长。腹部外鼓不甚明显。卷沿鬲与折沿鬲唇缘均略有外卷趋势,沿面多有起棱。夹砂罐仍然延续二里头文化时期以来的风格,以橄榄罐最为常见,但整体数量显著减少。

第二期 2 段,本段炊器以陶鬲为绝大多数,有极少量的陶甗和夹砂罐。本阶段卷沿陶鬲数量开始减少,折沿鬲数量增加。陶鬲尖圆唇已经少见,多为方唇,且上翻下勾,沿面多有起棱。陶鬲形态较前段逐渐变方,但是仍然呈长方体。夹砂罐中橄榄罐已经十分罕见,新出现圆肩的夹砂罐,整体较矮胖。

第二期 3 段,本段炊器以陶鬲为绝大多数,陶甗、夹砂罐的数量较少,典型的橄榄形罐或夹砂深腹罐已经极少。本阶段陶鬲变得较为厚重,整体继续变矮,但是依然保持长方体形态。卷沿鬲数量进一步减少,折沿鬲数量进一步增长。

第三期 4 段,本段炊器目前仅见陶鬲,不排除将来公布陶甗、甑等炊器材料的可能。陶鬲无论卷沿、折沿基本都在沿面起棱,部分折沿鬲的唇缘多因加贴泥条起棱而呈双唇状。陶鬲中方唇比例更高,尖圆唇陶鬲比例进一步减少,圆唇陶鬲数量有所增加。

第三期 5 段,本段炊器仍以陶鬲为绝大多数,有零星的夹砂罐。但是本段分体陶甗开始明显增加,作为辅助炊器,可能与陶鬲相配使用。本阶段陶鬲形态变矮,整体变矮胖。

陶鬲实足根在这一阶段进一步变粗矮。陶甑腹部较深，整体形态较瘦长，以中心一圆形孔周缘有三至五个弧形孔组成甑箅。

（三）器物群其他主要器物特征与组合变化

早商时期冀南地区除炊器外，其他器物的组合与形态变化也有一些规律可循。

盆：冀南地区早商时期陶盆的数量甚多，种类较为复杂。一期深腹盆与二里头文化时期盆较为接近，素面磨光盆、泥质旋纹盆等在一期时都有一定的数量。浅腹盆仍旧延续二里头文化时期的形态，但整体形态逐渐变小，没有二里头文化时期那样大。鼓腹盆肩部仍然可见楔形点纹。二期开始各类盆肩腹部滚压绳纹的做法开始增多，原本不施加绳纹的浅腹盆，盆腹也逐渐开始滚压绳纹。三期时，盆腹整体变圆矮，形体进一步变小，胎质也逐渐厚重。薄胎、磨光陶盆在这一时期近乎绝迹。腹部饰以旋断绳纹的陶盆在这一时期十分常见。时代越晚，本地区深腹盆的腹部愈加深直，胎体也相应变厚。这种深直腹厚胎的盆也是冀南地区的文化特色。

豆：冀南地区陶豆主要有真腹、假腹两类。一期时，尚未出现假腹豆，而真腹豆中细柄豆仅有深腹盘形豆一种，盘内另有浅盘的细柄豆在这一时期已经消失。粗柄豆盘腹较深，柄上有十字形镂孔的作风较为常见。十字形镂孔的出现，说明同时期铜器已经影响到陶器风格。二期时，真腹细柄豆逐渐变粗，严格意义上的细柄豆已经较为少见。粗柄豆与细柄豆盘腹较为一致的变浅。粗柄豆柄腹之分不甚明显，与假腹豆的差异甚至不明显。假腹豆在这一时期出现，但数量不多。三期时真腹豆仅见粗柄一种，柄部有十字孔的作风仍有一定比例，但在三期5段时，已经不见镂孔。假腹豆腹柄的区分不甚明显，豆盘腹部曲线较为流畅，折转不甚明显。

罐：冀南地区陶罐整体数量不多，但在各期仍占有一定的比例。大口罐、圆腹罐等整体形态变化规律皆为逐渐小型化。三期时，冀南地区开始普遍出现圜底罐。

簋：本地区簋不发达，目前尚无较好的复原器。残片显示，深直腹的薄胎簋是本地比较常见的器类。

大口尊：大口尊在冀南地区早商时期有一定数量，但总体上不多，这与郑洛地区以郑州商城为代表的器物组合配比差别较大。大口尊在本地发展序列较为明确。一期时，大口尊口肩径比接近，肩部折转明显。二期时，口部已经明显大于肩部，但肩部折转不甚明显，有的甚至以附加堆纹饰于肩部。三期时，已经不见明显的肩部，口腹直接相连。大口尊从一期至三期逐渐变瘦，尊腹也越来越深。

小口瓮：在冀南地区早商时期数量较多，一期时领部较矮，肩腹部较为圆鼓，但整体形态较矮胖。随着时间推移，小口瓮个体逐渐增高，变瘦，领部逐渐增高变直，沿面逐渐变短，肩部由圆鼓逐渐变为溜肩甚至出现了折肩状。

蛋形瓮：蛋形瓮在早商时期第一期较为常见，但整体形态较为一致，以圈足蛋形瓮最为常见，在二期以后逐渐减少。

平口瓮：平口瓮制作较为精细,在冀南地区早商时期第一期占有一定的比例,但二期以后数量逐渐减少,三期5段以后即较罕见。

与郑洛地区相比,本地区器类较单调,大口尊、簋等在郑洛地区郑州商城等遗址中十分常见的器物,在本地区却较少见,这不仅仅是地域差异,可能也有遗址等级差异的原因在内。

五、商晚期遗存的分期

冀南地区商晚期遗存公布资料较少(图1-51),已知遗存中可以邯郸涧沟、薛庄、北羊井、磁县下七垣、界段营、武安赵窑、峰峰矿区金村、一道沟、街儿庄等遗址等为代表。在参观中,邯郸铁路小学等遗址也有商晚期遗存。

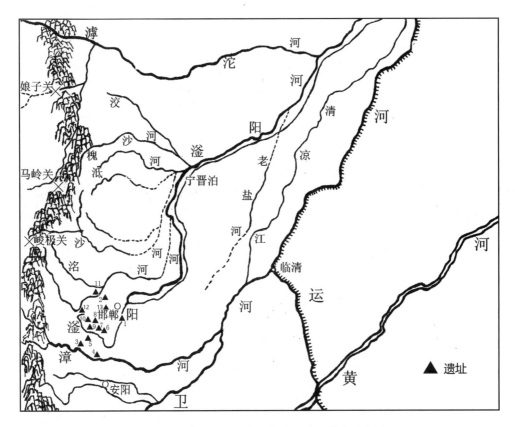

图1-51　冀南地区晚商时期主要遗址分布示意图

1. 涧沟　2. 薛庄　3. 界段营　4. 下七垣　5. 下潘汪　6. 金村　7. 南岗头　8. 孙家垴
9. 一道沟　10. 街儿庄　11. 赵窑　12. 薛村　13. 北羊井

(一)地层关系

下七垣遗址晚商时期遗存以遗址各探方第一层与墓葬为主,两者间的关系为：

各探方①层→墓葬→第②层

其中各探方第②层为早商时期遗存。

武安赵窑遗址以遗址各探方第②层与墓葬材料为代表,但第②层与墓葬关系不明。

邯郸涧沟遗址晚商时期遗存较为零散,典型单位可以 T7②层为代表。

界段营遗址东北部各探方有较为丰富的早商及晚商时期遗存,以 T13 地层堆积为例,晚商时期遗存叠压关系为:

T13②→H7→③→H8

其中 H8 与③层为二里头文化时期遗存,H7 与②层为晚商时期遗存。

由上述地层整理情况可知,冀南地区晚商时期遗存的有效地层关系不多,对于这一地区的文化编年仍需依赖对陶器形态学的研究。

(二) 陶器形制分析

冀南地区地近殷墟,晚商时期的陶器种类比较丰富,以三足器、平底器最为常见,圈足器与圜底器较少。在这些器物中以鬲、盆、豆、罐、瓮、大口尊、簋等器物较有分期代表性。

鬲:冀南地区晚商时期的陶鬲远不及殷墟,种类较为单调,未见泥质鬲、夹砂无实足根鬲,夹砂柱足鬲也极罕见,所有陶鬲皆为夹砂实锥足,器型变化不复杂。以殷墟同时期陶鬲的分类标准衡量,冀南地区仅有纵长方体等类陶鬲。

A 型:纵长方体鬲。袋足曲线较直,折沿和卷沿皆有。根据口颈与裆足形态差异可分为四式。

Ⅰ式:口径大于腹径,形体瘦长,沿面个别有起榫。分裆与实足根较高。标本北羊井 H15:1(图 1-52:1)、南岗头 HNH:29(图 1-52:2)、街儿庄 HG:005(图 1-52:3)。

Ⅱ式:口径与腹径接近,形体变矮,下腹与实足根外撇。标本下七垣 M9:1(图 1-52:4)。

Ⅲ式:形体变矮,形体仍较瘦,沿面有时仍起榫。标本界段营 H32:3(图 1-52:5)、赵窑 M5:1(图 1-52:6)。

Ⅳ式:沿面更平,袋足肥大,分裆近平,实足根完全消失,整体已近横长方形。标本金村 HK:80(图 1-52:7)、金村 H2:6(图 1-52:8)。

B 型:横长方体鬲。同样有折沿和卷沿鬲,根据口径及裆足形态差异可分为四式。

Ⅰ式:形体较矮,颈部略长,下腹较肥,实足外撇。腹径大于口径,分裆与实足根较高。标本街儿庄 HG:029(图 1-52:9)、下潘汪采:224(图 1-52:10)。

Ⅱ式:沿面斜折逐渐趋平,袋足甚肥,口径变大,分裆与实足根变矮,整体形体近方。标本孙家垴 H5:63(图 1-52:11)、界段营 H6:1(图 1-52:12)、赵窑 M7:10(图 1-52:13)。

Ⅲ式:形体变矮,颈部变短,下腹更肥,实足根近成尖。标本赵窑 M1:2(图 1-52:14)、赵窑 M9:1(图 1-52:15)。

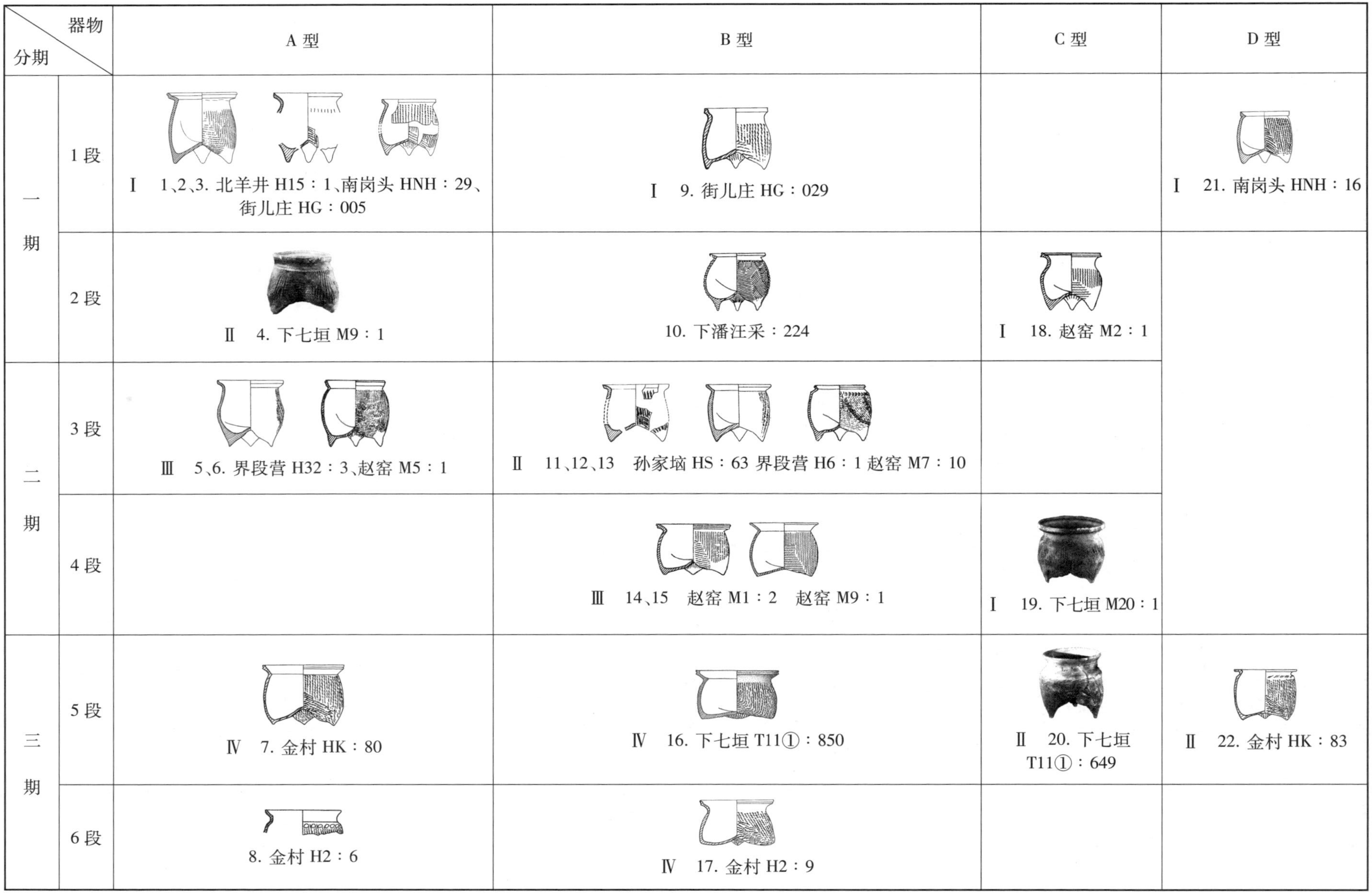

分期	器物	A 型	B 型	C 型	D 型
一 期	1 段	I 1、2、3. 北羊井 H15：1，南岗头 HNH：29、街儿庄 HG：005	I 9. 街儿庄 HG：029		I 21. 南岗头 HNH：16
一 期	2 段	II 4. 下七垣 M9：1	10. 下潘汪采：224	I 18. 赵窑 M2：1	
二 期	3 段	III 5、6. 界段营 H32：3、赵窑 M5：1	II 11、12、13 孙家垴 HS：63 界段营 H6：1 赵窑 M7：10		
二 期	4 段		III 14、15 赵窑 M1：2 赵窑 M9：1	I 19. 下七垣 M20：1	
三 期	5 段	IV 7. 金村 HK：80	IV 16. 下七垣 T11①：850	II 20. 下七垣 T11①：649	II 22. 金村 HK：83
三 期	6 段	8. 金村 H2：6	IV 17. 金村 H2：9		

图 1-52　冀南地区晚商时期陶鬲分期图

Ⅳ式：形体变矮，整体形态近方形，沿面较平，肩腹相接处折曲变缓，实足根变短近无，近收束成尖。标本下七垣 T11①：850（图 1－52：16）、标本金村 H2：9（图 1－52：17）。

C 型：束颈鬲，腹颈相接处折曲较甚。口腹径接近。有些个体沿面有榫。根据肩腹形态差异可分两式。

Ⅰ式：口径大于肩颈，整体形态较瘦高。标本赵窑 M2：1（图 1－52：18）、下七垣 M20：1（图 1－52：19）。

Ⅱ式：肩颈大于口径，整体形态变矮。标本下七垣 T11①：649（图 1－52：20）。

D 型：筒腹鬲。数量不多，根据形体整体变化可分两式。

Ⅰ式：口径较小，近无领，袋足外撇。标本南岗头 HNH：16（图 1－52：21）。

Ⅱ式：个体较小，整体形态近方，袋足肥大。标本金村 HK：83（图 1－52：22）。

盆：根据盆腹形态差异可分为深腹盆、鼓腹盆、浅腹盆三类。

深腹盆：根据整体形态差异可分为两式。

Ⅰ式：高领，深腹。标本北羊井 H16：8（图 1－53：1）、界段营 H33：9（图 1－53：2）。

Ⅱ式：领部变矮近无，内壁有折棱整体变小。标本下七垣 T28①：1212（图 1－53：3）。

鼓腹盆：根据盆腹差异可分为三式。

Ⅰ式：腹较浅，领较高，鼓腹靠近腹中。标本北羊井 H16：7（图 1－53：4）。

Ⅱ式：盆腹变深，矮领，鼓腹部分上移至上腹处。标本赵窑 M10：13（图 1－53：5）、孙家垴 HS：016（图 1－53：6）。

Ⅲ式：沿面扁宽，矮领，鼓腹在上腹。标本赵窑 T11②：22（图 1－53：7）。

浅腹盆：根据形体差异可分为两型。

A 型：平底。根据整体形态差异可分为两式。

Ⅰ式：盆腹较深，腹壁斜直。标本南岗头 HNH：44（图 1－53：8）。

Ⅱ式：盆腹变浅，下腹略有弧曲。标本孙家垴 HS：003（图 1－53：9）。

B 型：圜底或凹圜底。其余形体变化规律与 A 型浅腹盆相近，数量较少，可分为两式。

Ⅰ式：宽沿，深腹。标本薛庄 H104：1（图 1－53：10）。

Ⅱ式：折沿上翘，沿面较短，盘腹弧鼓。标本赵窑 M17：11（图 1－53：11）、标本一道沟 HE：020（图 1－53：12）。

豆：数量不多，根据盘腹形态差异可分为真腹豆与假腹豆两类。

真腹豆：少见细柄，多为粗柄豆。标本薛庄 M16：1、薛庄 H321：36、赵窑 T18②：20（图 1－54：1、2、3）。

假腹豆：腹柄相接处折曲明显。标本界段营 H47：2（图 1－54：4）。

甗：数量较多。根据口腹径差异可分为两型。

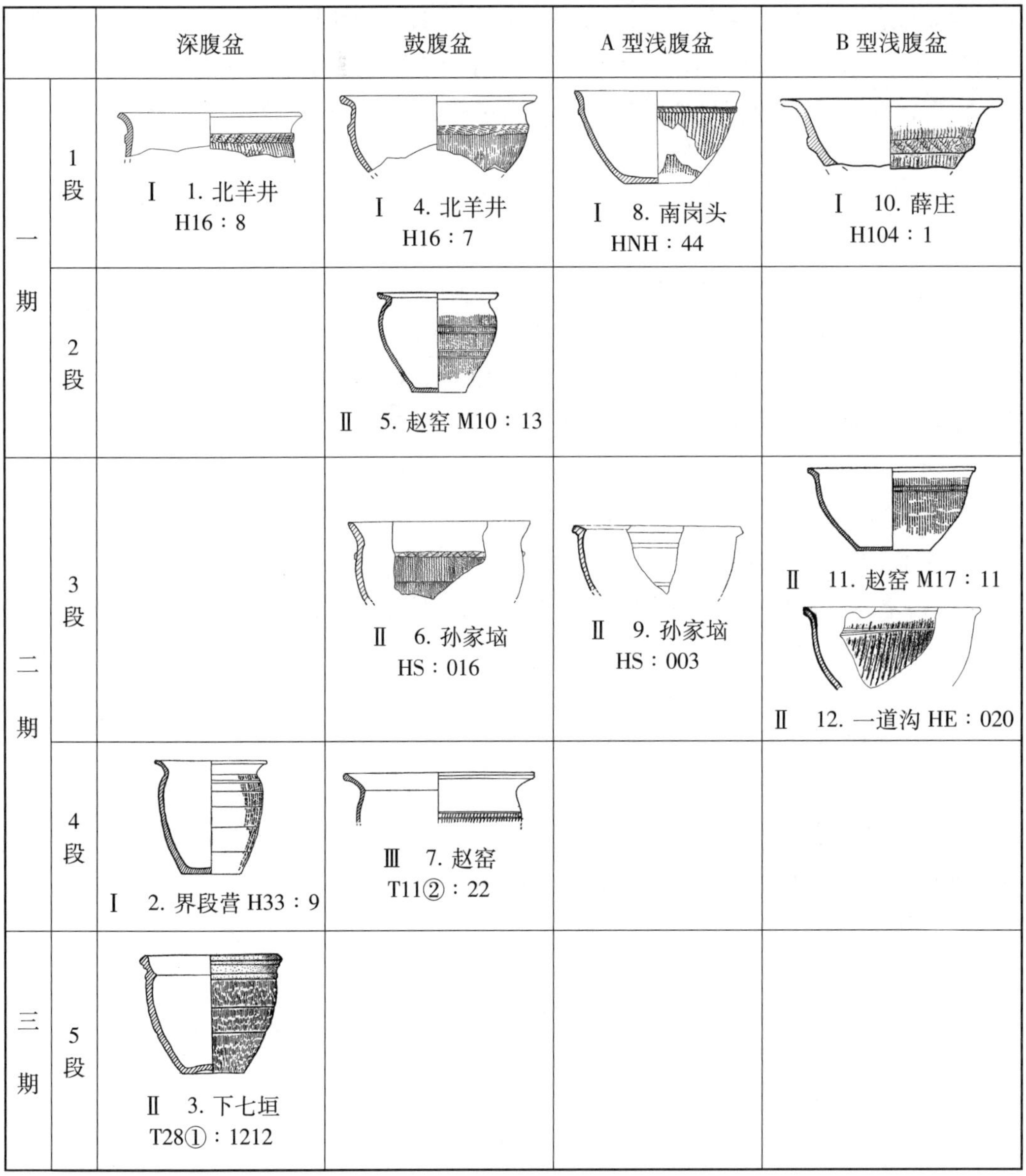

		深腹盆	鼓腹盆	A 型浅腹盆	B 型浅腹盆
一期	1段	Ⅰ　1.北羊井 H16:8	Ⅰ　4.北羊井 H16:7	Ⅰ　8.南岗头 HNH:44	Ⅰ　10.薛庄 H104:1
	2段		Ⅱ　5.赵窑 M10:13		
二期	3段		Ⅱ　6.孙家垴 HS:016	Ⅱ　9.孙家垴 HS:003	Ⅱ　11.赵窑 M17:11 Ⅱ　12.一道沟 HE:020
	4段	Ⅰ　2.界段营 H33:9	Ⅲ　7.赵窑 T11②:22		
三期	5段	Ⅱ　3.下七垣 T28①:1212			

图 1 - 53　冀南地区晚商时期陶盆分期图

A 型:盆腹较浅,整体较矮。根据腹部与甑孔差异分为三式。

Ⅰ式:宽折沿斜折,盆腹斜直,以六至八个三角形加一个圆形甑孔组成甑箅,甑孔较小。标本南岗头 HNH:44(图 1 - 54:5)。

Ⅱ式:沿面变窄,盆腹略有折曲,甑孔变大,一般为六个三角扇形加一个圆形甑孔组成甑箅。标本金村 HKH1:10(图 1 - 54:6)。

Ⅲ式:沿面近平,盆腹变矮弧曲,甑孔变大,一般以三个三角扇形甑孔组成甑箅。标本金村 HKH2:22(图 1 - 54:7)。

器类 期段		真腹豆	假腹豆	A 型甑	B 型甑
一期	1段	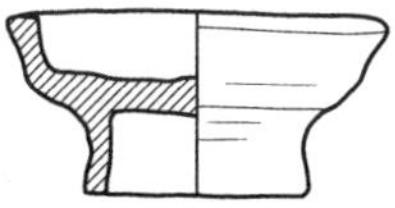 1. 薛庄 M16：1		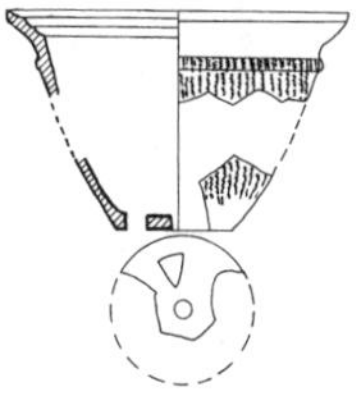 Ⅰ　5.南岗头 HNH：41	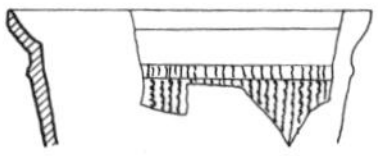 Ⅰ　8.南岗头 HNH：40
二期	3段	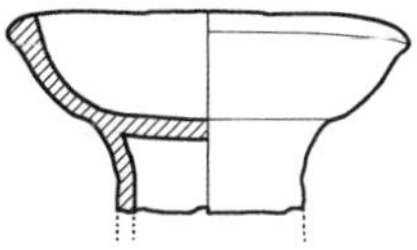 2. 薛庄 H321：36	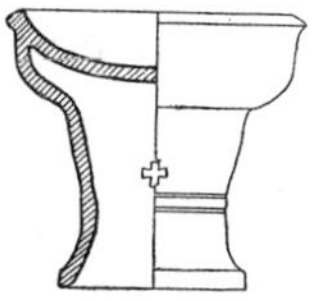 4. 界段营 H47：2		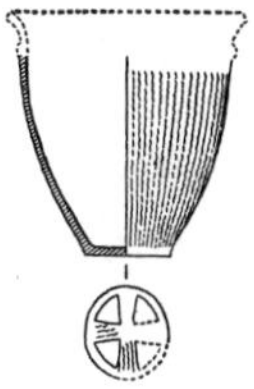 Ⅰ　9.赵窑 M17：13
	4段	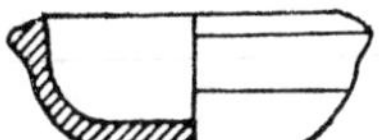 3. 赵窑 T18②：20			
三期	5段			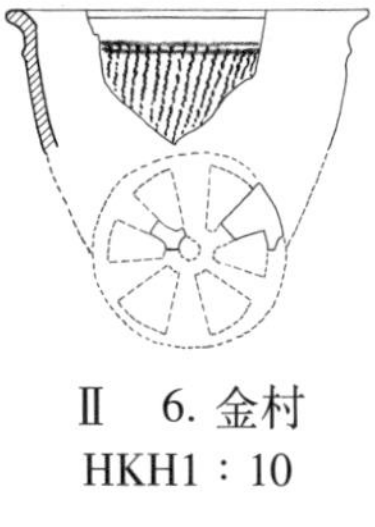 Ⅱ　6.金村 HKH1：10	
	6段			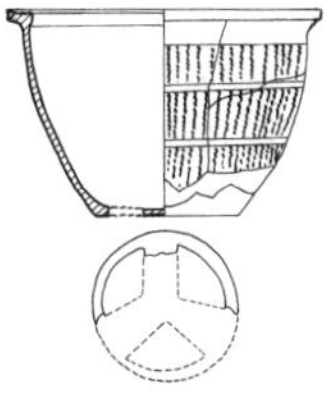 Ⅲ　7.金村 HKH2：22	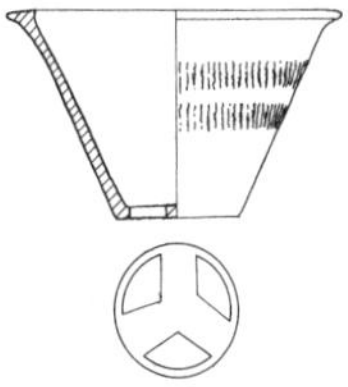 Ⅱ　10.金村 HKH2：17

图 1－54　冀南地区晚商时期陶豆、甑分期图

　　B 型:盆腹甚深,整体较高瘦。根据腹部与甑孔差异分为两式。

　　Ⅰ式:宽折沿略上勾,腹壁甚直,整体瘦长,甑孔以四分式三角扇形甑箅组成。标本南岗头 HNH:40(图 1－54:8)、赵窑 M17:13(图 1－54:9)。

　　Ⅱ式:沿面较平,盆腹变浅,腹壁斜直,整体形态变矮,甑孔增大,多以三个三角扇形甑孔组成甑箅。标本金村 HKH2:17(图 1－54:10)。

　　罐:根据整体形态差异,可分为深腹罐、鼓腹罐、圜底罐三类。

　　深腹罐:数量不多,根据肩腹形态差异可分为两式。

　　Ⅰ式:斜折沿较窄,束颈,溜肩。标本南岗头 HNH:45(图 1－55:1)。

　　Ⅱ式:口沿较直立,微束颈,广肩。标本金村 HKH1:32(图 1－55:2)。

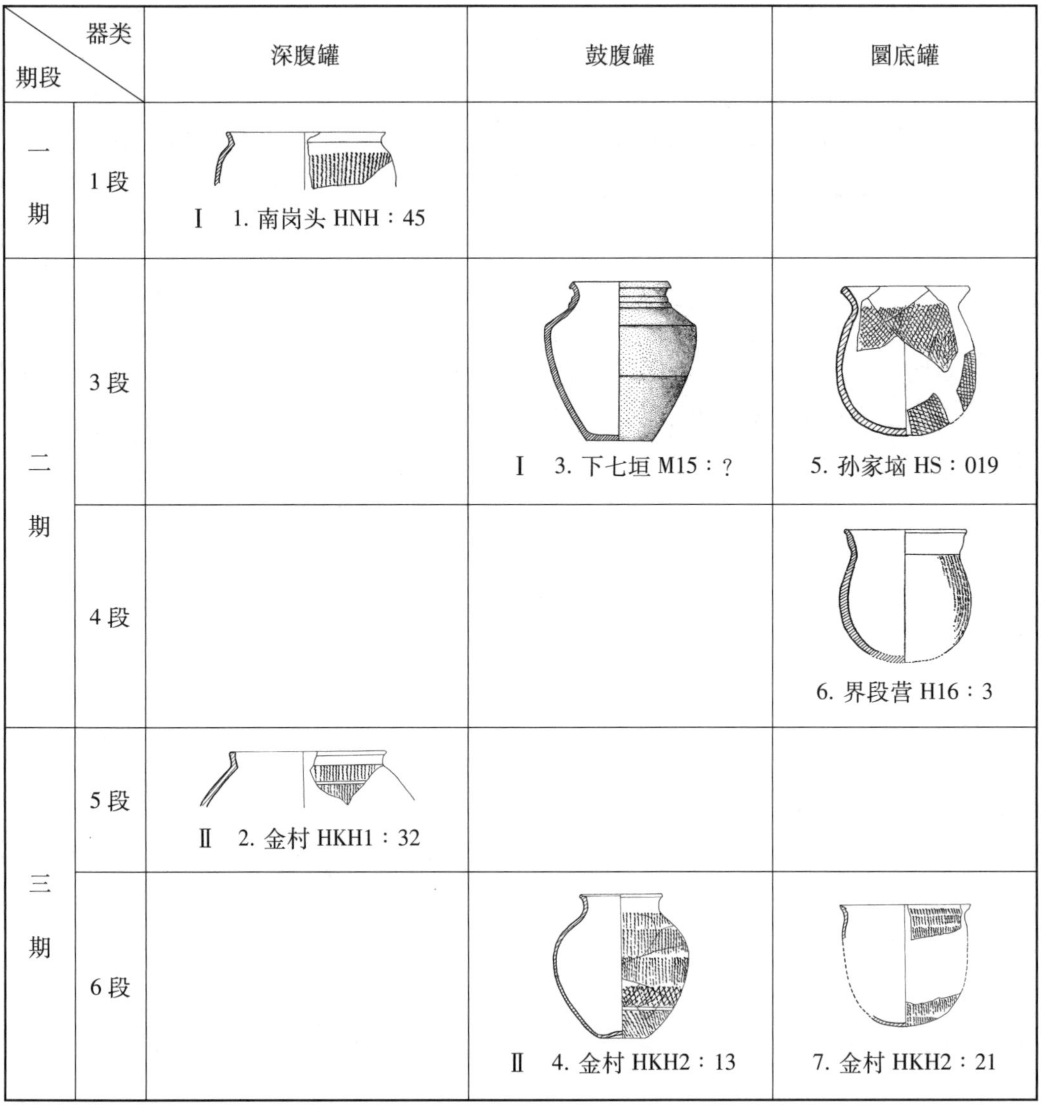

期段 \ 器类		深腹罐	鼓腹罐	圜底罐
一期	1 段	Ⅰ　1. 南岗头 HNH:45		
二期	3 段		Ⅰ　3. 下七垣 M15:?	5. 孙家垴 HS:019
	4 段			6. 界段营 H16:3
三期	5 段	Ⅱ　2. 金村 HKH1:32		
	6 段		Ⅱ　4. 金村 HKH2:13	7. 金村 HKH2:21

图 1－55　冀南地区晚商时期陶罐分期图

鼓腹罐：数量较多,但少有完整器。根据肩部形态差异可分为两式。

Ⅰ式：卷沿,高领折肩。标本下七垣 M15 出土器(图 1－55：3)。

Ⅱ式：卷沿,高领溜肩。标本金村 HKH2：13(图 1－55：4)。

圜底罐：数量较多。束颈圜底。标本孙家垴 HS：019(图 1－55：5)、界段营 H16：3(图 1－55：6)、金村 HKH2：21(图 1－55：7)。

簋：数量较多,根据整体形态差异可分为两型。

A 型：敞口,个体较大。可分两式。

Ⅰ式：敞口近直,个体较高,上腹较肥,圈足较矮。标本南岗头 HNH：48(图 1－56：1)、界段营 H7：5(图 1－56：2)。

Ⅱ式：侈口近敞,个体变矮,上腹变瘦,圈足变高。标本金村 HKH2：18(图 1－56：3)。

B 型：侈口,个体较小,做工较粗疏。可分两式。

Ⅰ式：尖圆唇,侈口近敞,上腹深直。标本下七垣 M2 出土之簋(图 1－56：4)。

Ⅱ式：侈口,近三棱形唇,上腹略瘦。标本金村 HKH1：105(图 1－56：5)。

大口尊：数量不多。敞口折沿,斜腹较直。标本界段营 H18：1(图 1－56：6)。

罍：数量不多。大都有贯耳,有的有圈足。标本界段营 H29：6(图 1－56：7)、下七垣 M2 所出者(图 1－56：8)。

瓮：有小口瓮、圜底瓮两类。

小口瓮：根据整体形态差异可分为三式。

Ⅰ式：直口,矮领,圆肩,上腹圆鼓。标本薛庄 H242：4(图 1－57：1)。

Ⅱ式：侈口,矮领,溜肩,上腹较圆鼓。标本界段营 H34：1(图 1－57：2)。

Ⅲ式：领较高,折肩,整体形态瘦长。标本下七垣 T18①：869(图 1－57：3)。

圜底瓮：根据整体形态可分为两型。

A 型：瘦长体。根据整体形态演变可分为三式。

Ⅰ式：侈口,直领,溜肩。标本南岗头 HNH：46(图 1－57：4)、孙家垴 HS：006(图 1－57：5)。

Ⅱ式：侈口,溜肩,下腹略垂。标本下七垣 M20 之瓮(图 1－57：6)。

Ⅲ式：侈口,领较长,溜肩,瘦腹甚长。标本金村 HK：001(图 1－57：7)。

B 型：矮方体。根据整体形态演变规律可分为两式。

Ⅰ式：卷沿,折肩,形体较瘦。标本街儿庄 HG：014(图 1－57：8)。

Ⅱ式：侈口近直,口沿微内卷,溜肩,形体较矮肥。标本金村 HKH2：2(图 1－57：9)。

除上述器物外,冀南地区晚商时期常见的器物还有盂、杯等。陶盂形体甚小,一般有

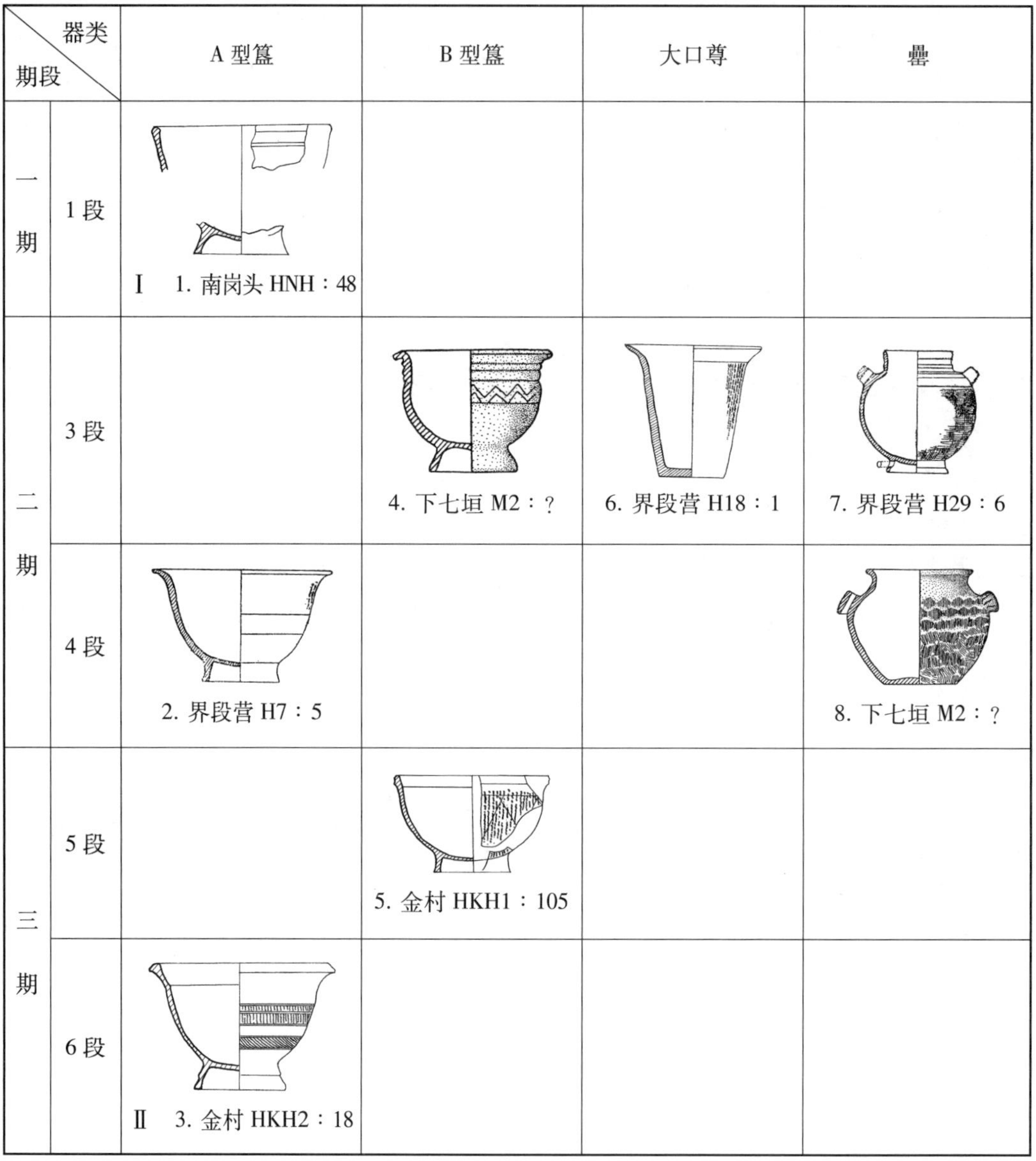

期段 \ 器类		A 型簋	B 型簋	大口尊	罍
一期	1段	 I　1. 南岗头 HNH：48			
二期	3段		 4. 下七垣 M2：？	 6. 界段营 H18：1	 7. 界段营 H29：6
	4段	 2. 界段营 H7：5			 8. 下七垣 M2：？
三期	5段		 5. 金村 HKH1：105		
	6段	 II　3. 金村 HKH2：18			

图 1-56　冀南地区晚商时期陶簋、尊、罍分期图

敛口、直口两类,具体形态较为复杂。直口折肩者标本金村 HK：15(图 1-58：1),直口者标本金村 HK：31(图 1-58：2)。瓿、爵在冀南地区偶见,是殷墟以外少有的现象,形态与豫北同时期器物接近。瓿标本下七垣 M2 出土者(图 1-58：3)。爵标本赵窑 T11②：8(图 1-58：4)、下七垣 M2 出土者(图 1-58：5)。这里不再一一详述。

（三）分期与年代推定

由于冀南地区晚商时期遗存多缺乏可资利用的地层关系,能使用的有效地层关系仅有金村与下七垣两处遗址。

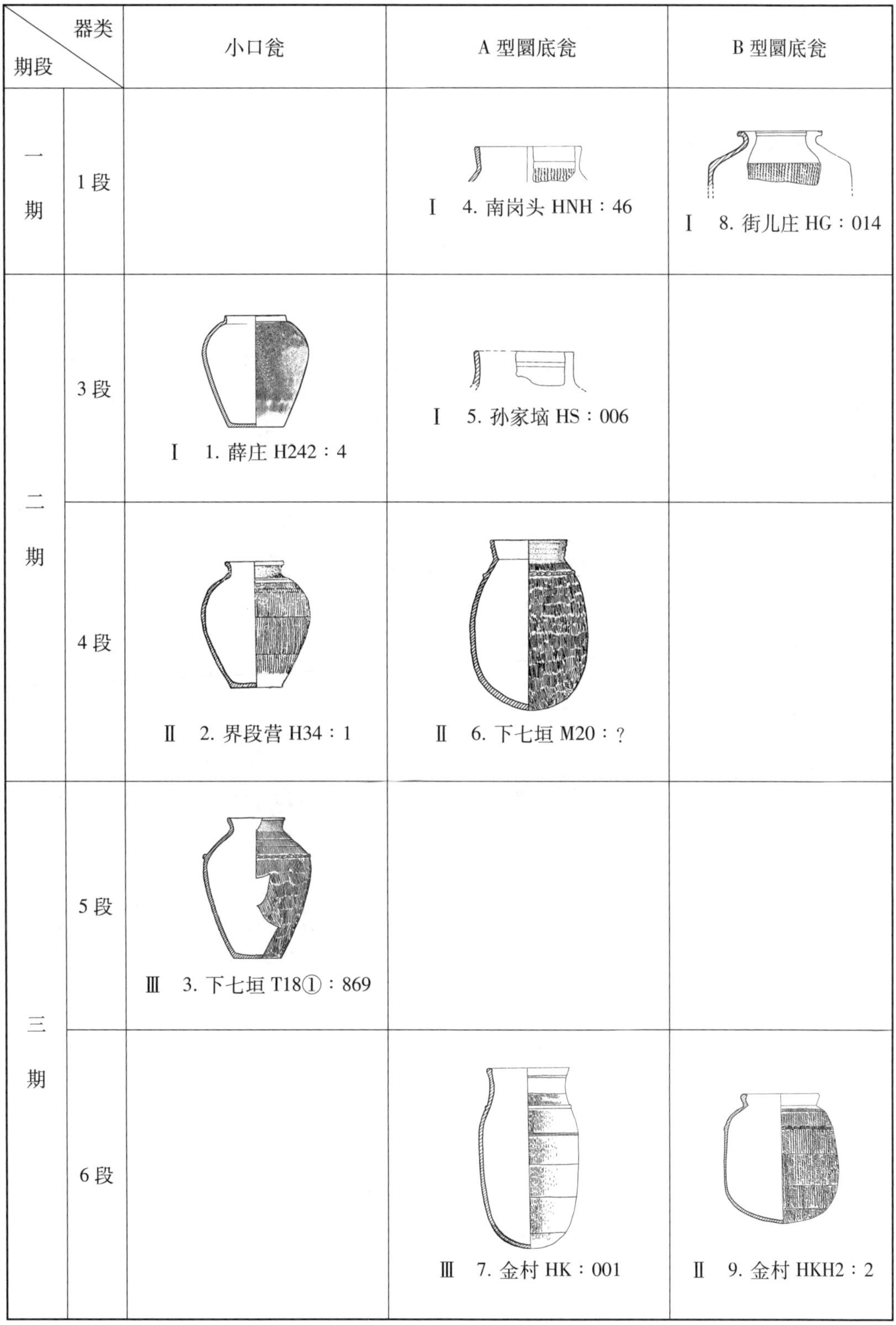

期段 \ 器类		小口瓮	A 型圜底瓮	B 型圜底瓮
一期	1 段		Ⅰ　4. 南岗头 HNH：46	Ⅰ　8. 街儿庄 HG：014
二期	3 段	Ⅰ　1. 薛庄 H242：4	Ⅰ　5. 孙家堌 HS：006	
	4 段	Ⅱ　2. 界段营 H34：1	Ⅱ　6. 下七垣 M20：？	
三期	5 段	Ⅲ　3. 下七垣 T18①：869		
	6 段		Ⅲ　7. 金村 HK：001	Ⅱ　9. 金村 HKH2：2

图 1－57　冀南地区晚商时期陶瓮分期图

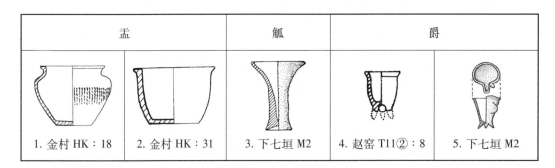

盂		瓿	爵	
1. 金村 HK∶18	2. 金村 HK∶31	3. 下七垣 M2	4. 赵窑 T11②∶8	5. 下七垣 M2

图 1−58　冀南地区晚商时期陶盂、瓿、爵

　　金村遗址试掘中可知其上层为晚商时期,但这部分遗存可分为前后相继的两组,以 H1 为代表的遗存年代略早,可作为第 1 组代表;H2 则可作为年代较晚的第 2 组。

　　下七垣遗址晚商时期墓葬开口于各探方第①层下,因此,墓葬的年代略早于第一层。墓地未全面揭露,已公布的 23 座晚商墓葬中 6 座随葬陶器,其余除一座瓮棺葬外大都没有随葬品。墓葬皆长方形竖穴土坑墓,有的有葬具,未知是否有腰坑,未见殉牲信息,年代集中在殷墟三期,个别墓葬如 M9 或能早至殷墟二期晚段;年代最晚的墓葬如 M2、M19,可晚至殷墟四期偏早或三、四期之际。由此可将其地层与墓葬分为前后两段,以墓葬材料为第 1 段,各探方第①层为第 2 段。

　　赵窑遗址晚商时期遗存中,武安赵窑墓地 1960 年发掘的墓葬中,年代确定为晚商者共 19 座,皆为墓口面积在 8 平方米以内的长方形竖穴土坑墓,等级不高。但原报告中各探方第②层与墓葬关系不明。从现有记载与描述推测,赵窑晚商时期墓葬可能开口于探方第②层下。在原报告中公布的晚商时期墓葬,有打破早商和仰韶层的记录,但绝无打破"商代中文化层"和"上文化层"的记载,因此推测,赵窑晚商墓葬可能开口于"商代文化层"的各探方第②层下。这批墓葬头向基本相同,有 17 座随葬陶器,比例较高,其中 12 座有腰坑,8 座殉狗,年代集中在殷墟一至三期,墓地似未沿用至商末。对赵窑遗址晚商时期墓葬进行排比可知,其墓葬可分为早晚两个阶段。以 M4、M5、M7、M10、M11、M15、M16、M18、M20 年代略早,可作为赵窑遗址晚商时期遗存第 1 组;M1、M2、M8、M9、M12、M17、M14 等墓葬年代略晚,可作为第 2 组。遗址各探方第②层虽略早于第一组,但整体上可与第 1 组合并为一个阶段。由此可以将赵窑遗址分为前后两段,赵窑遗址第二组约与下七垣遗址第一组年代相当。

　　除上述有地层关系的遗址外,根据陶器形态演变关系,可以将冀南地区其他已知晚商时期遗存串联,构建该地区晚商时期的年代学框架(参表 1−17)。

　　峰峰矿区南岗头遗址经 1957 年调查与试掘,可知是较为典型的晚商时期遗存,年代略晚于下七垣遗址第②层所代表的冀南地区早商时期最晚的遗存。因此,可以将其作为本区晚商时期年代最早的遗存代表。

　　峰峰矿区街儿庄遗址上层也属于晚商时期遗存,年代约与南岗头遗址相当。

表1-17　晚商时期冀南地区居址分期对照表

期段 \ 遗址		南岗头	街儿庄	孙家垴	一道沟	北羊井	下潘汪	界段营	赵窑	薛庄	涧沟	下七垣	金村
三期	6段									3			2
	5段										√	2	1
二期	4段							2	2	2			
	3段			√	√			1				1	
一期	2段						√		1	1			
	1段	√	√			√							
资料来源		①				②	③	④	⑤	⑥	⑦	⑧	⑨

　　峰峰矿区孙家垴与一道沟遗址调查与试掘所获晚商时期遗存略晚于南岗头与街儿庄遗址。

　　北羊井遗址发表材料中H16等单位年代较确定,为殷墟二期偏早阶段的遗存。该遗址由于破坏严重,是否还有其他时段的晚商遗存尚无法确定。

　　界段营遗址晚商时期遗存较为丰富,但各单位间缺乏相互间的打破关系说明。从陶器形态的排比大略可以将其晚商时期遗存分为前后相继的两组,以H6、H16、H32、H47等单位作为年代较早的第一组;H7、H29等单位作为年代略晚的第二组。第一组年代大体与孙家垴、一道沟遗址相当;第二组则与赵窑遗址第二组年代接近。

　　薛庄遗址简要报道中提及,遗址内发现较为丰富的晚商时期遗存,但由于材料发表原因,墓葬与灰坑间的关系并不清晰。墓葬年代似乎涵盖了整个殷墟时期,但由于材料发表原因,很难将同时期的居址与墓葬系统排比。因此仅能将薛庄遗址的晚商时期遗存笼统可分为前后相继的三组,年代贯穿冀南地区晚商时期。

　　下潘汪遗址层采集到晚商时期遗存,虽然数量甚少,但特征十分明显,年代晚于南岗头遗址而略早于一道沟遗址晚商时期遗存。

　　①　邹衡:《河北省邯郸市峰峰矿区考古调查》,《夏商周考古学论文集·再续集》,科学出版社(北京),2011年。
　　②　段宏振:《邯郸北羊井遗址调查记》,《三代考古·九》,科学出版社(北京),2021年。
　　③　河北省文物管理处:《磁县下潘汪遗址发掘报告》,《考古学报》1975年第1期。
　　④　河北省文物管理处:《磁县界段营发掘简报》,《考古》1974年第6期。
　　⑤　河北省文物研究所、河北文化学院:《武安赵窑遗址发掘报告》,《考古学报》1992年第3期。
　　⑥　吉林大学边疆考古研究中心:《邯郸薛庄遗址考古发掘报告》,科学出版社(北京),2019年;南水北调中线干线工程建设管理局等:《邯郸薛庄遗址考古发掘报告》,科学出版社(北京),2019年。
　　⑦　北京大学、河北省文化局:《邯郸涧沟发掘报告》(稿本),原稿现存北京大学考古文博学院资料室。
　　⑧　河北省文物管理处:《磁县下七垣遗址发掘报告》,《考古学报》1979年第2期。
　　⑨　北京大学、河北省文化局:《1957年峰峰矿区调查发掘报告》(稿本),原稿现存北京大学考古文博学院资料室。

涧沟遗址记录材料中 T17②曾发表陶鬲两件，实足根皆收束成尖，尚未完全消失，年代约与下七垣遗址晚商时期遗存第一组接近。

冀南地区晚商时期还有一些墓葬，但未发现与之匹配的居址。从常理推断，这些墓葬必当有与之同时的居址。关于这些墓葬的年代问题，我有过讨论，本书不再赘述。①

由此，我们大致可将冀南地区晚商时期遗存分为三期六段。

一期 1 段：以峰峰矿区南岗头与街儿庄遗址为代表，北羊井 H16 等单位，赵窑墓地和薛庄晚商时期墓葬也应有属于本段的遗存。本段目前材料比较丰富，文化面貌基本明朗。以陶鬲与甗形态对比，本段遗存与邹衡先生殷墟文化分期体系中殷墟二期遗存第 2 组相近，其时代亦大致相当。

一期 2 段：目前材料不算丰富，有待材料补充。目前仅有下潘汪采集陶鬲可反映出与 1、3 段不同的过渡形态。但以下潘汪采集陶鬲的形态排比，与邹衡先生殷墟文化分期体系中的殷墟二期遗存第 3 组相近，年代亦应大致相当。本段遗存有待于材料进一步补充。

二期 3 段：材料较丰富，以一道沟、孙家垴及界段营第一组为代表。赵窑墓地及薛庄墓地中大部分遗存属于本段，下七垣墓地墓葬的大部分当属本阶段。本段文化面貌较为丰富。炊器以鬲、甗为代表，以二者形态为标志，本段遗存与邹衡先生殷墟文化分期体系中殷墟三期遗存第 4 组年代相近，时代亦大致相当。

二期 4 段：材料较为丰富，居址遗存以界段营第二组与赵窑第②层及个别墓葬为代表，薛庄墓葬本阶段遗存也比较丰富。本段文化面貌丰富清晰，炊器仍以鬲、甗为主。本段遗存与邹衡先生殷墟文化分期体系中殷墟三期遗存第 5 组年代相近，时代亦大致相当。

三期 5 段：材料丰富，居址遗存以金村晚商时期遗存第一组、涧沟 T17②层为代表，墓葬材料丰富。本段文化面貌清晰，特点鲜明，以陶鬲形态为主要对比依据，本段遗存与邹衡先生殷墟文化分期体系中殷墟四期遗存第 6 组年代相近。

三期 6 段：材料较丰富，居址以金村遗址晚商时期第二组为代表，下七垣遗址地层的部分遗物属于本阶段。本段文化面貌较清晰，特点明确，以陶鬲形态作为主要依据，本段遗存与邹衡先生殷墟文化分期体系中殷墟四期遗存第 7 组年代相近，时代亦大致相当。

由上述梳理可知，已发表的冀南地区晚商时期遗存材料较为丰富，但各段之间的材料并不均衡，有的期段材料相对缺乏，有待进一步的田野工作予以补充。

六、商晚期各期陶器的特征

从整体的文化面貌看，冀南地区晚商时期的三期间文化面貌变化较为明显。下面我们从陶系、炊器组合变化、其他标志性器物数量变化等方面予以分析。

---

① 　常怀颖：《从随葬陶器看殷墟以外的晚商"族墓地"》，《江汉考古》2020 年第 6 期；《略论晚商殷墟北部邻境地区的铜容器墓》，《考古》2021 年第 10 期。

（一）陶系

冀南地区晚商时期遗存所有公开发表材料中对于陶系统计较为忽视,材料发布中对陶系的说明极为缺乏。薛庄遗址提供数个灰坑的统计数据,但发表的器物中却缺少这几个单位的陶器以供详细断代勘核(表1-18)。因此,无法对冀南地区晚商时期遗存进行相对科学的统计,仅能根据各遗址报告与简报陶器描述进行较为粗疏的概括。

表1-18　薛庄遗址晚商时期陶系统计表

项目 时段	单　　位	陶质(%)		陶色(%)			纹饰(%)			
		泥质	夹砂	灰	红褐	黑	素面	磨光	绳纹 (含旋断)	其他
三期	薛庄 H156	61.8	38.2	89.3	7.8	2.9	5.5		73.8	
	薛庄 H271	39.8	60.2	82.9	8.9	8.3	5.8		76.7	

一期:本期以夹砂灰陶与泥质灰陶为主,有少量的夹砂红褐陶与极少量的泥质黑陶。本段炊器多呈色泽深浅不一的夹砂灰陶,盆、豆、罐、瓮等器物多为泥质灰陶。夹砂红陶一般多是大口尊一类器物。泥质黑陶则多为陶簋、壶等器物。纹饰以中、粗绳纹为绝大多数,除豆以外的几乎所有器类皆流行饰绳纹。旋纹多饰在陶豆、簋等器类腹部。附加堆纹在部分陶鬲、盆与大口尊颈部较为常见。

二期:本期陶色与陶质仍与上期接近。但纹饰的装饰中,附加堆纹减少,旋纹的数量有所增加。陶簋上腹开始出现划纹,但较为典型的三角形划纹仍然不多。

三期:本期陶色、陶质与上期接近,但出现了一定比例的黄褐色夹砂陶,陶器制作较为粗疏。粗绳纹最多,陶器群整体装饰较为散乱粗疏,交错绳纹的比例上升明显。陶簋腹部出现较典型的三角形划纹。

（二）器物群中的炊器特征与组合变化

冀南地区晚商时期炊器组合变化较为明显,各类炊器形态的时代特征变化也较为明显。但是由于材料发表原因,冀南地区没有一处遗址提供晚商时期居址炊器的确切统计数据。对于本地区晚商时期炊器的特征与组合变化无法严格统计。

大体来看,冀南地区晚商时期墓葬随葬炊器主要有鬲、甗、罐三类,以鬲占绝大多数。但冀南地区在晚商时期当有一定数量的陶甗。

第一期:本期可见炊器仅有鬲、甗两类。严格意义的夹砂罐这一时期目前尚未发现。这一时期冀南地区的炊器组合可能仍以鬲为炊煮器,辅之以甗作为蒸食具,甗的数量可能不多。陶鬲仍以折沿为绝大多数。陶甗从这一时期开始就有高瘦和矮宽两种形态,并一直延续到三期之后。

第二期至第三期：炊器仍以鬲、甑为绝对主要炊煮工具，可能偶有深腹罐或夹砂盆配合炊煮。陶鬲折沿者仍占绝大多数。但是到三期时，除少量束颈有肩鬲外，大部分陶鬲实足根都趋向于消失，这一变化可能与燃烧支架和燃料控制方式的变化有关。陶甑在这一时期的整体倾向有二：其一是单个甑孔形态变大，甑孔总数减少；其二是整体形态变矮，底径略有增大。这应当与陶鬲的形体变化相关。

综合三期情况来看，冀南地区晚商时期陶甗不多，也少见作为炊器的夹砂罐。当地的中小型陶鬲中，中型口径在 16 厘米左右，器身高约在 20 厘米；小者口径一般在 10 - 12 厘米之间，器身高约 10 - 16 厘米。从陶甑的底径数据分析，目前发现的大部分陶甑底径多在 14 厘米左右，与中型陶鬲的口径相当，至今尚未在冀南地区发现可与大口径陶鬲相配的陶甑。由于陶甑器身高大都在 20 厘米以上，所以说明中型陶鬲可能是专门用于与陶甑相配的。

从器物的形态看，本地区的陶鬲种类较为单调，这与殷墟遗址的情况差异巨大，充分说明不同等级的遗址内的人群构成差别巨大。冀南地区的陶鬲显示出本地的人群流动性相对较弱，与其他地区没有太多交往。

（三）器物群其他主要器物特征与组合变化

晚商时期冀南地区除炊器外，其他器物的组合与形态变化也有一些规律可循。但总体器物种类不多、形态亦不丰富。

盆：晚商时期冀南地区的陶盆种类总体上较先商及早商时期减少明显。一方面，陶盆的种类明显减少，浅腹盆与深腹盆的界限已经不再泾渭分明，同类陶盆中也难以用形态区分更多的类型；另一方面，陶盆的装饰和器形进一步统一，纵向的中绳纹辅之以旋纹装饰成为这一时期陶盆的常例。二里头文化时期与早商时期那种磨光再辅以戳印、压印纹的精细制作陶盆在这时已经彻底消失，甚至连早商时期较晚阶段常见的颈部附加堆纹装饰在这一时期也十分少见。陶盆的形体变小，腹深不断加深，器壁越发厚重。厚胎深直腹的盆在晚商时期极为常见，且极有地方特征，可以作为本地土著文化的代表器物。

豆：相较于本地区早商时期，豆在晚商时期整体数量减少明显。严格意义的细柄豆在这一时期十分罕见，粗柄豆与假腹豆则较为流行。部分陶豆柄部损坏后经修补被用作陶盘或碗。粗柄豆延续时间较长，在三期 6 段还偶有见到，而假腹豆在二期 4 段时就已十分罕见，三期 5 段开始已经消失。

大口尊：相较于殷墟而言，冀南地区的大口尊数量甚少，但是在各个阶段中却仍占有一定比例。整体形态逐渐渐小，口腹间的折转逐渐消失，最终变为喇叭口至底。由于复原器较少，不能确定器底部是否也如豫北地区一样，经历了由圜底至平底的演变过程，但在较晚阶段，本地大口尊的底部多为平底。

瓮：在本阶段仅有圜底瓮与小口瓮两类。晚商时期本地区小口瓮形体逐渐变瘦，最终演变为个体较高，最大径接近肩部或上腹部的样子。圜底瓮由两类，瘦长者时代愈晚愈发瘦长,矮胖者时代愈晚形态愈发矮方,但底部仍然保持圜底形态。

第三节　冀中南部地区考古学文化的分期与特征

一、夏时期的遗存分期

　　冀中南部地区包括今滹沱河以南的邢台、石家庄与衡水市西部。这一区域在太行山东南部的山前丘陵地带,其间河流较多,水系主要包括滏阳河中游以及其支流沙河、洨河等,本区亦即"滏阳河中下游地区"。1950年代后期,以石家庄市庄遗址的发掘为标志,开启了本地区夏时期考古的全面探索。时至今日,冀中南部地区发现的夏时期遗存有数十处(图1-59),有10余处遗存的材料得到公布。

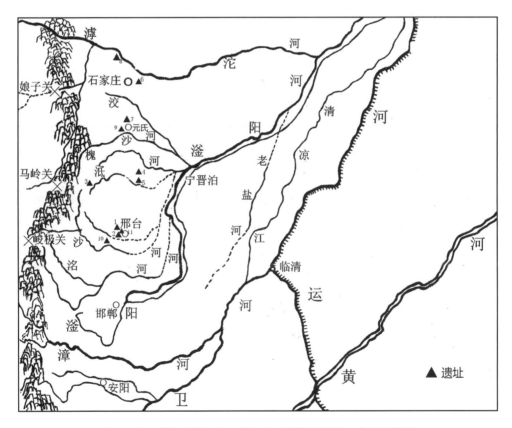

图1-59　冀中南部地区二里头文化时期主要遗址分布示意图

1.粮库　2.葛家庄　3.南三岐　4.补要村　5.解村　6.市庄　7.南程　8.北胡庄　9.南马　10.马庄　11.曹演庄

（一）地层关系

　　截至2020年,冀中南部地区二里头文化时期发掘面积较大且遗存较为丰富的遗址有邢台葛家庄①、粮库②、临城补要村③三处。

邢台葛家庄遗址先后经过三次发掘，所获二里头文化时期遗存极为丰富，可作为冀中南部地区甚至于滹沱河以南区域二里头文化时期考古学文化的年代标尺，但材料至今未系统公布。从三次发掘的简报来看，葛家庄遗址可以利用的地层关系有如下几组：

（1）96T022③→G104→96T022④

（2）98T5②→H17→98T5③→H19

（3）99T1804②B→H18

（4）99T1502③→H57

（5）99T1402③→H82

典型单位有 96G104、98H17、H19、99H18、H22、H31、H57、H82 等。

邢台粮库遗址发表材料中可以利用的地层关系有如下两组：

（1）ⅠT78③→H28→ⅠT78④

（2）ⅠT17③→H76→ⅠT17④

遗存较为丰富的单位有ⅠH21、H95、H111、ⅡTG4⑤、ⅢH12、H21 等单位，以及各探方的第④层，可作为典型单位。

补要村遗址二里头文化时期未发现较多连续的地层堆积，遗迹有灰坑、房址两种，以灰坑为绝大多数。在这些遗迹单位中，有如下四组地层关系具有年代学意义。

（1）ST03②→H232→H244→H12

（2）H88、H153→F3

（3）H78→H83

（4）ST07①b→H97→H123→H133

上述第一组地层关系中 H232 为晚商时期遗存，H244 与 H12 为二里头文化时期遗存；第四组地层关系中 H97 为早商时期遗存。遗址所有二里头文化时期遗存中，以 F3、H14、H250、H78、H83、H81、H133、H126、H123、H153 等单位遗物较为丰富，可作为典型单位。

（二）陶器形制分析

冀中南部地区各遗址二里头文化时期遗存较为丰富，器类亦较多。总体看，三足器、平底器、圈足器皆有一定的比例。鬲、鼎、罐、盆、豆五类器物形制演变轨迹较为清晰，是分期断代的重要依据。

---

① 　任亚珊、郭瑞海、贾金标：《1993—1997 邢台葛家庄先商遗址、两周贵族墓地考古工作的主要收获》，《三代文明研究（一）——1998 年河北邢台中国商周文明国际学术研讨会论文集》，科学出版社（北京），1999 年；河北省文物研究所：《河北邢台市葛家庄遗址北区 1998 年发掘简报》，《考古》2000 年第 11 期；河北省文物考古研究所、吉林大学边疆考古研究中心、邢台市文物管理处：《河北邢台市葛家庄遗址 1999 年发掘简报》，《考古》2005 年第 2 期。

② 　河北省邢台市文物管理处：《邢台粮库遗址》，科学出版社（北京），2005 年。

③ 　资料现存北京大学考古文博学院。

鬲：皆为卷沿鬲，根据整体形态差异，可分为四型。部分陶鬲唇沿磨光，制作较精细。

A 型：矮领，肥袋足。根据整体形态差异可分为四式。

Ⅰ式：矮领稍高，圆唇，唇缘有的有刮抹形成的浅槽。标本补要村 H133：02（图 1−60：1）。

Ⅱ式：领部变矮，颈部微有束勒感，唇缘开始趋平，腹部曲线较流畅。标本补要村 H81：05（图 1−60：2）。

Ⅲ式：领部较矮，腹部折转较明显。标本补要村 H252：13（图 1−60：3）。

Ⅳ式：领部更矮，整体形态变瘦，实足根稍矮。标本补要村 F3：34（图 1−60：4）、葛家庄 93H03：4（图 1−60：5）。

B 型：矮领，袋足较瘦。根据整体形态差异可分为三式。

Ⅰ式：束颈，袋足瘦直，口径大部分大于腹径，下腹近足处微垂。标本补要村 H83：02（图 1−60：6）、补要村 H126：06（图 1−60：7）。

Ⅱ式：口腹径接近，下腹变瘦。标本葛家庄 98H17：4（图 1−60：8）。

Ⅲ式：下腹微鼓。标本补要村 F3：35（图 1−47：9）、葛家庄 93H09：26（图 1−60：10）。

C 型：高领，肥袋足。根据整体形态差异可分为四式。

Ⅰ式：高领较直，有的个体唇缘压印花边。标本补要村 H131：02（图 1−60：11）。

Ⅱ式：领部较直，伸出一段后转向较平缓。标本补要村 H126：16（图 1−60：12）、葛家庄 93H78：10（图 1−60：13）。

Ⅲ式：领部变矮，伸出部分变短。标本北胡庄 H124：1（图 1−60：14）、补要村 H237：21（图 1−60：15）、补要村 H250：05（图 1−60：16）。

Ⅳ式：领部斜直较高，已无伸直的部分。标本葛家庄 93H09：16（图 1−60：17）。

D 型：带耳鬲。数量不多。根据整体形态差异可分为三式。

Ⅰ式：鋬耳较短，直接唇缘。标本补要村 H81：10（图 1−60：18）。

Ⅱ式：整体形态较瘦，颈部曲线较流畅。标本南三岐 T9③：1（图 1−60：19）。

Ⅲ式：下腹肥矮，颈部折曲较明显，鋬耳较长，接于沿下。标本粮库 T25④：1（图 1−60：20）。

鼎：冀中南部地区陶鼎有一定数量，皆侧装扁足，部分足侧有手指按压痕迹（图 1−61：5）。根据腹部形态差异可分为三型。

A 型：罐形鼎。根据腹部形态与足、腹相接形态差异可分为两式。

Ⅰ式：深腹矮领，与同时期夹砂罐形体近似，足部连接位置较高。标本补要村 H14：08（图 1−61：1）。

Ⅱ式：腹部变矮，足部连接位置降低，近于底部。标本补要村 H247：13（图 1−61：2）、南三岐 T10①：28（图 1−61：3）、补要村 H123：31（图 1−61：4）。

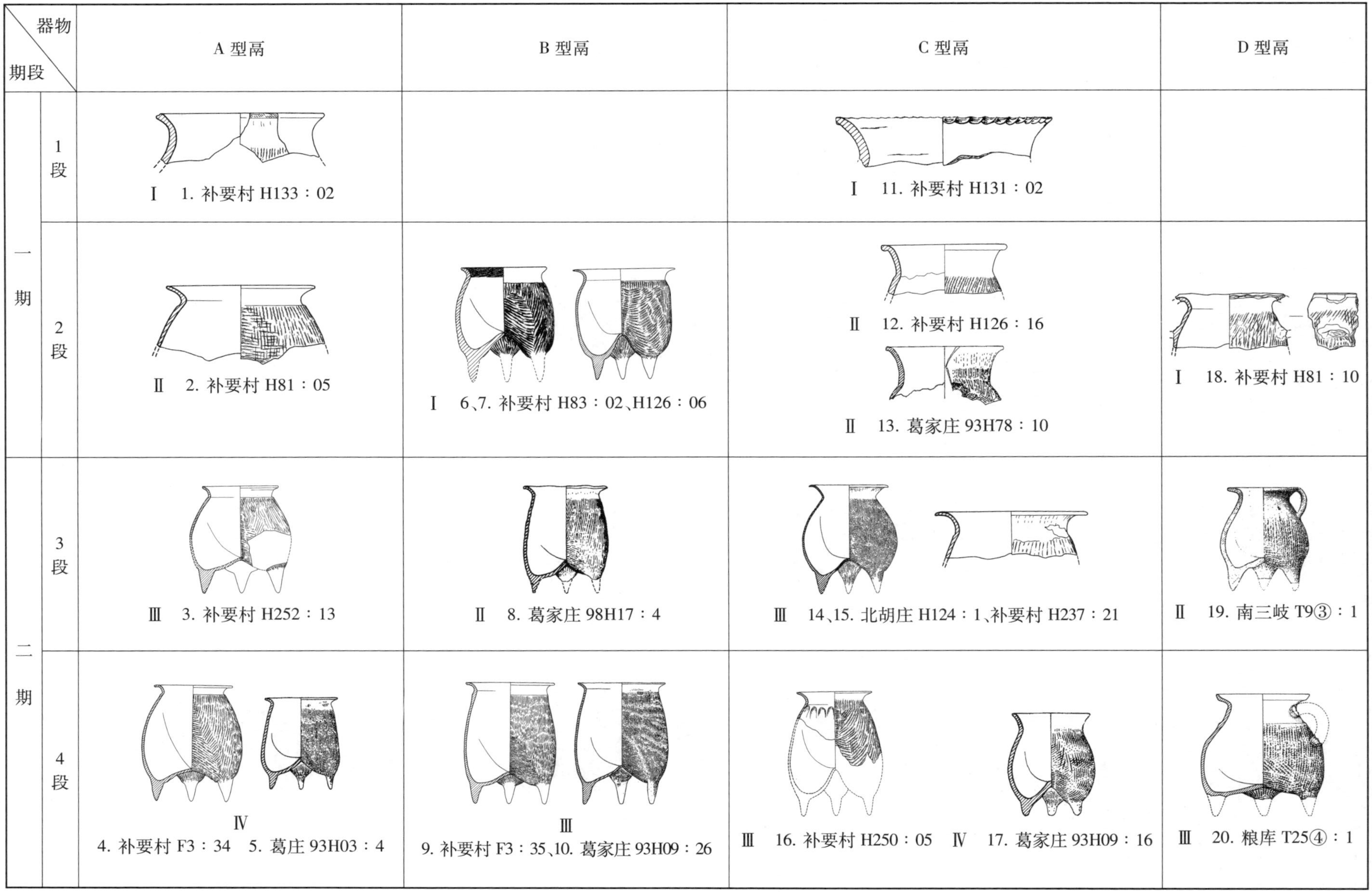

图 1-60　冀中南部地区二里头文化时期陶鬲分期图

器物 期段	A 型鬲	B 型鬲	C 型鬲	D 型鬲
一期 1 段	I　1. 补要村 H133：02			
一期 2 段	II　2. 补要村 H81：05	I　6,7. 补要村 H83：02，H126：06	I　11. 补要村 H131：02 II　12. 补要村 H126：16　13. 葛家庄 93H78：10	I　18. 补要村 H81：10
二期 3 段	III　3. 补要村 H252：13	II　8. 葛家庄 98H17：4	III　14,15. 北胡庄 H124：1，补要村 H237：21	II　19. 南三岐 T9③：1
二期 4 段	IV　4. 补要村 F3：34　5. 葛庄 93H03：4	III　9. 补要村 F3：35，10. 葛家庄 93H09：26	III　16. 补要村 H250：05　IV　17. 葛家庄 93H09：16	III　20. 粮库 T25④：1

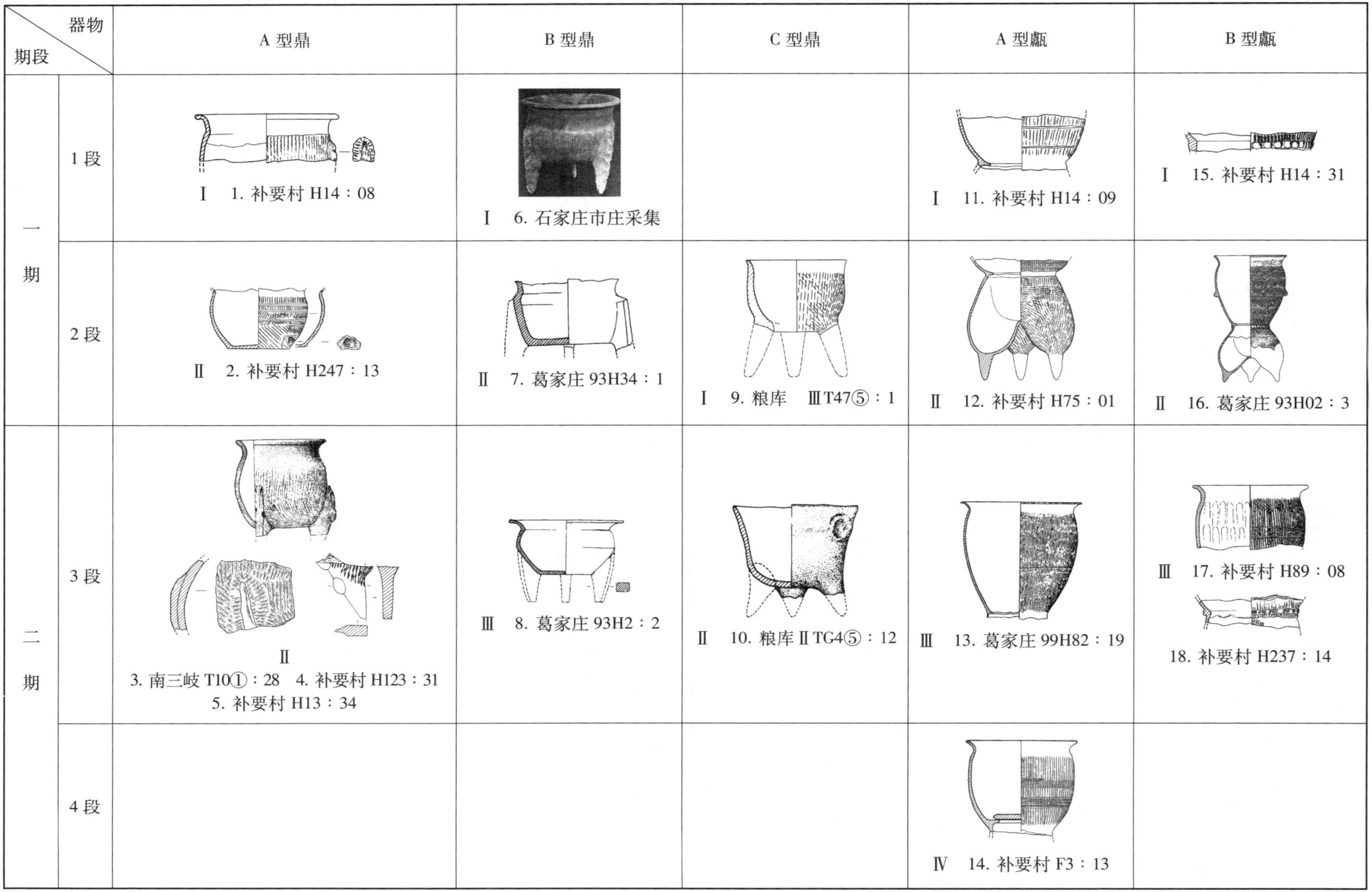

器物 期段	A 型鼎	B 型鼎	C 型鼎	A 型甗	B 型甗
1 段	I 1. 补要村 H14：08	I 6. 石家庄市庄采集		I 11. 补要村 H14：09	I 15. 补要村 H14：31
2 段	II 2. 补要村 H247：13	II 7. 葛家庄 93H34：1	I 9. 粮库 IIIT47⑤：1	II 12. 补要村 H75：01	II 16. 葛家庄 93H02：3
3 段	II 3. 南三岐 T10①：28 4. 补要村 H123：31 5. 补要村 H13：34	III 8. 葛家庄 93H2：2	II 10. 粮库 IITG4⑤：12	III 13. 葛家庄 99H82：19	III 17. 补要村 H89：08 18. 补要村 H237：14
4 段				IV 14. 补要村 F3：13	

图 1-61 冀中南部地区二里头文化时期陶鼎、甗分期图

B型：盆形鼎，根据盆腹形态差异可分为三式。

Ⅰ式：盆腹较深，足部接于腹中。标本石家庄市庄采集陶鼎（图1-61：6）。

Ⅱ式：盆腹变浅。标本葛家庄93H34：1（图1-61：7）。

Ⅲ式：盆腹更浅，腹部略有折曲。标本葛家庄93H2：2（图1-61：8）。

C型：杯形鼎，形体不大，制作较粗糙，有的器物个体似整体捏制，数量较少，根据足部形态差异可分为两式。

Ⅰ式：高足，微鼓腹。标本粮库ⅢT47⑤：1（图1-61：9）。

Ⅱ式：矮足，直腹。标本粮库ⅡTG4⑤：12（图1-61：10）。

甑：残片较多，复原器甚少。皆有箅托，有的上腹有鋬手。根据器表腰部有无附加堆纹可分为两型。

A型：器表腰部无附加堆纹，根据整体形态差异可分为四式。

Ⅰ式：上部盆甑较深，个体较大，器表装饰绳纹较粗，滚压较杂乱。标本补要村H14：09（图1-61：11）。

Ⅱ式：上部盆甑形体渐瘦，整体形态略小。标本补要村H75：01（图1-61：12）。

Ⅲ式：器表绳纹变细，滚压渐规整，形体更瘦。标本葛家庄99H82：19（图1-61：13）。

Ⅳ式：形体进一步变小，上部盆甑变矮。绳纹更细，个别近线纹。标本补要村F3：13（图1-61：14）。

B型：器表腰部有附加堆纹。根据整体形态差异可分为三式。

Ⅰ式：腰径较大，推测整体形态较大。标本补要村H14：31（图1-61：15）。

Ⅱ式：上部盆甑肥而深，滚压绳纹较粗，但不规整。标本葛家庄93H02：3（图1-61：16）。

Ⅲ式：腰径变细，绳纹滚压较规整。标本补要村H89：08（图1-66：17）、补要村H237：14（图1-61：18）。

罐：根据形态可分为深腹罐、圆腹罐、捏口罐和折腹罐等几类。

深腹罐：根据形态差异可分为两型。

A型：夹砂罐，多饰绳纹。根据口腹形态差异可分为四式。

Ⅰ式：矮领微束，部分有花边口装饰。标本补要村H133：04（图1-62：1）。

Ⅱ式：束颈明显。标本葛家庄93H78：8（图1-62：2）。

Ⅲ式：腹部瘦长，束颈渐缓，已有橄榄罐趋势。标本葛家庄93H2：36（图1-62：3）。

Ⅳ式：腹部变矮，形体较胖。标本葛家庄93H07：3（图1-62：4）。

B型：泥质折沿罐，多饰成组旋纹，多数制作比较精细，器物上腹多磨光或抹光。根据沿、腹形态差异可分为两式。

Ⅰ式：折沿较宽，腹部较深。标本葛家庄93H57：1（图1-62：5）。

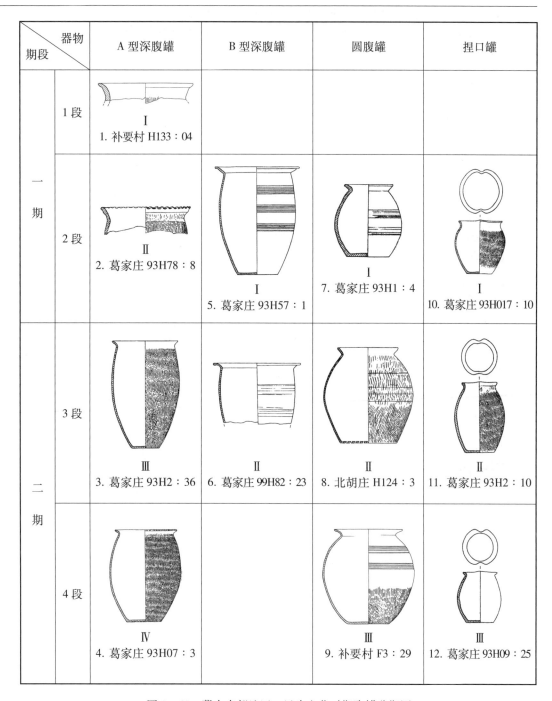

期段	器物	A 型深腹罐	B 型深腹罐	圆腹罐	捏口罐
一期	1 段	Ⅰ 1. 补要村 H133：04			
	2 段	Ⅱ 2. 葛家庄 93H78：8	Ⅰ 5. 葛家庄 93H57：1	Ⅰ 7. 葛家庄 93H1：4	Ⅰ 10. 葛家庄 93H017：10
二期	3 段	Ⅲ 3. 葛家庄 93H2：36	Ⅱ 6. 葛家庄 99H82：23	Ⅱ 8. 北胡庄 H124：3	Ⅱ 11. 葛家庄 93H2：10
	4 段	Ⅳ 4. 葛家庄 93H07：3		Ⅲ 9. 补要村 F3：29	Ⅲ 12. 葛家庄 93H09：25

图 1－62　冀中南部地区二里头文化时期陶罐分期图

Ⅱ式：折沿沿面前端微卷，腹变浅。标本葛家庄 99H82：23(图 1－62：6)。

圆腹罐：根据腹部形态差异可分为三式。

Ⅰ式：腹部最大径在下腹。标本葛家庄 93H1：4(图 1－62：7)。

Ⅱ式：最大径上移，腹部变瘦。标本北胡庄 H124：3(图 1－62：8)。

Ⅲ式：最大径上移至腹中，整体曲线较流畅。标本补要村 F3：29(图 1 - 62：9)

捏口罐： 根据整体形态差异可分为三式。

Ⅰ式：形体矮胖。标本葛家庄 93H017：10(图 1 - 62：10)。

Ⅱ式：形体较瘦长。标本葛家庄 93H2：10(图 1 - 62：11)。

Ⅲ式：制作变粗糙，有的个体器表不施加纹饰，形体较矮。标本葛家庄 93H09：25(图 1 - 62：12)。

折腹罐： 数量不多，一般制作精细，标本补要村 H89：02(图 1 - 67：6)、补要村 H117：02(图 1 - 67：7)。

盆： 根据腹部形态差异可分为深腹盆、浅腹盆等。

深腹盆： 根据整体形态差异可分为三型。

A 型：夹砂深腹盆，一般器表饰有绳纹或旋断绳纹。器腹较深，器壁较厚。根据整体形态差异可分为三式。

Ⅰ式：深腹较胖，下腹微鼓。标本补要村 H14：11(图 1 - 63：1)。

Ⅱ式：卷沿敞口，腹部微曲。标本补要村 H126：08(图 1 - 63：2)。

Ⅲ式：鼓腹较浅。标本补要村 H123：01(图 1 - 63：3)。

B 型：数量甚多。泥质深腹盆，个别夹有细砂。器表一般磨光，器壁较薄，制作较精细。根据整体形态差异可分为三式。

Ⅰ式：深腹微束颈。标本葛家庄 96G104：13(图 1 - 63：4)。

Ⅱ式：上腹微鼓。标本葛家庄 93H026：？ (图 1 - 63：5)。

Ⅲ式：腹部斜直，肩腹相接处折转甚缓。标本补要村 F3：113(图 1 - 63：6)。

C 型：深鼓腹盆，肩腹相接处有较明显的折转，大部分为泥质陶，制作较精细，多磨光、抹光。数量甚多。根据整体形态差异可分为四式。

Ⅰ式：形体较小，深弧腹。标本补要村 H133：03(图 1 - 63：7)。

Ⅱ式：形体变大，弧腹较深。标本补要村 H81：04(图 1 - 63：8)。

Ⅲ式：上腹较直，下腹斜直收，盆腹变浅。标本葛家庄 93H026：2(图 1 - 63：9)。

Ⅳ式：盆腹变浅，腹部外鼓不甚明显。标本补要村 H250：19(图 1 - 63：10)。

浅腹盆： 数量甚多。腹底相接处多有绳纹棍成组按压装饰、器底滚压绳纹者较多。根据整体形态差异可分为两式。

Ⅰ式：腹较深，整体形态稍小，微束颈。标本葛家庄 93H024：7(图 1 - 63：11)。

Ⅱ式：整体形态较大，腹壁斜直，盆腹较浅。标本葛家庄 99H18：3(图 1 - 63：12)、补要村 F3：32(图 1 - 63：13)、补要村 F3：27(图 1 - 63：14)。

豆： 根据整体形态差异可分为四型。

A 型：浅盘豆。根据盘部形态差异可分为两式。

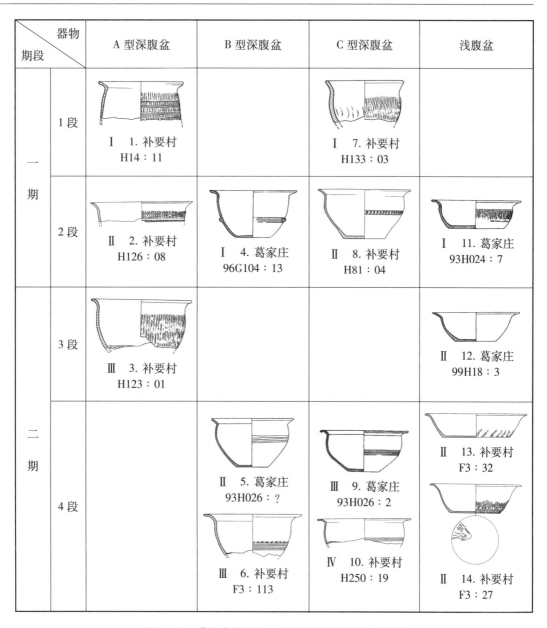

图 1-63 冀中南部地区二里头文化时期陶盆分期图

Ⅰ式：沿面较短。标本葛家庄 93T7④：1(图 1-64：1)。

Ⅱ式：沿面较长。标本南三岐 T9①：2(图 1-64：2)。

B 型：斜腹碗形豆。根据盘腹形态差异可分为三式。

Ⅰ式：卷沿,沿面前端微卷。标本葛家庄 93H52：1(图 1-64：3)。

Ⅱ式：盘腹变浅,下部有一折棱形成一小凹盘。标本补要村 H237：57(图 1-64：4)、补要村 H247：12(图 1-64：5)。

Ⅲ式：盘腹更浅,已近盘状,盘腹底部多有凹盘。标本补要村 F3：11(图 1-64：6)。

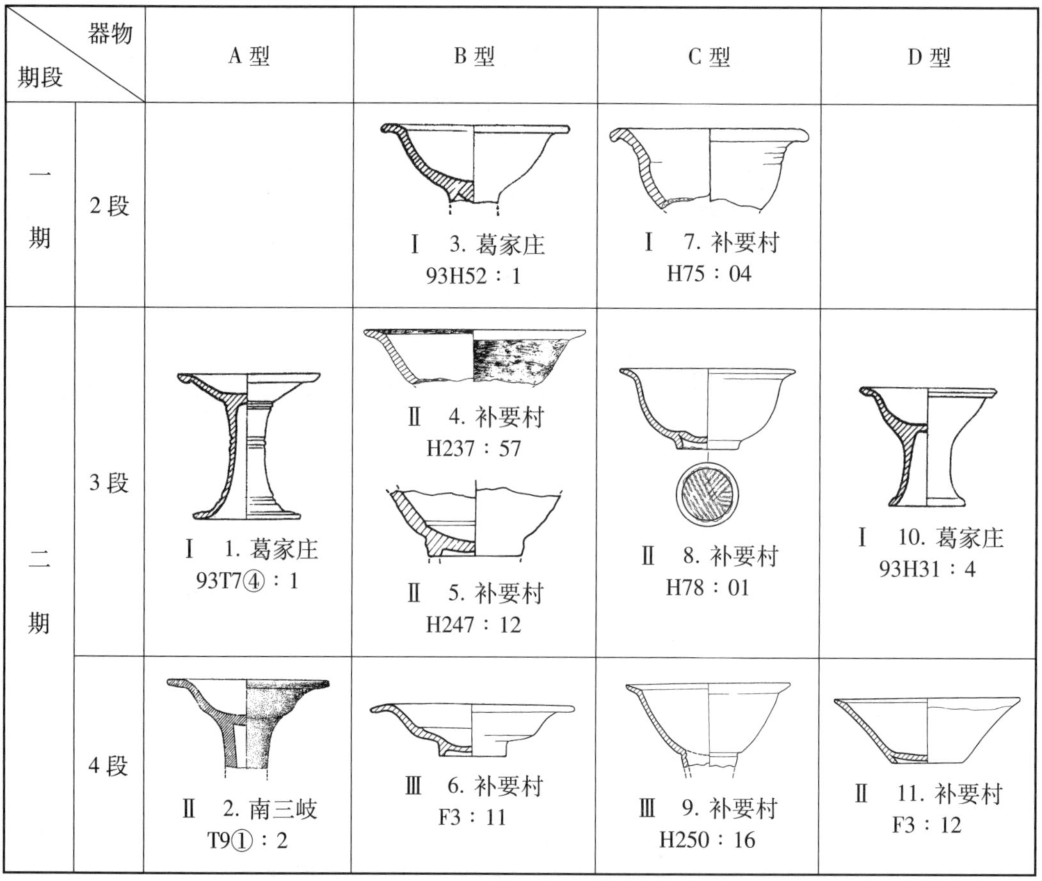

期段	器物	A 型	B 型	C 型	D 型
一期	2 段		Ⅰ 3. 葛家庄 93H52：1	Ⅰ 7. 补要村 H75：04	
二期	3 段	Ⅰ 1. 葛家庄 93T7④：1	Ⅱ 4. 补要村 H237：57 Ⅱ 5. 补要村 H247：12	Ⅱ 8. 补要村 H78：01	Ⅰ 10. 葛家庄 93H31：4
二期	4 段	Ⅱ 2. 南三岐 T9①：2	Ⅲ 6. 补要村 F3：11	Ⅲ 9. 补要村 H250：16	Ⅱ 11. 补要村 F3：12

图 1-64　冀中南部地区二里头文化时期陶豆分期图

C 型：鼓腹碗形豆。根据盘腹形态差异可分为三式。

Ⅰ式：鼓腹较深，盘腹口径较大。标本补要村 H75：04（图 1-64：7）。

Ⅱ式：鼓腹较缓，盘腹口径变小。标本补要村 H78：01（图 1-64：8）。

Ⅲ式：腹壁斜直，盘腹进一步变小。标本补要村 H250：16（图 1-64：9）。

D 型：粗柄豆。根据盘腹形态差异可分为两式。

Ⅰ式：大口卷沿，盘腹较深。标本葛家庄 93H31：4（图 1-64：10）。

Ⅱ式：腹壁斜直，沿面较短。标本补要村 F3：12（图 1-64：11）。

瓮：根据口部形态差异可分为小口瓮、大口瓮、蛋形瓮、平口瓮四类。

小口瓮：数量甚多，形态差别较大。根据口领形态差异可分为三型。

A 型：侈口矮领，腹部肥胖。根据整体形态变化可分为四式。

Ⅰ式：领部稍高，较直。标本补要村 H133：06（图 1-65：1）。

Ⅱ式：沿面前端微外侈。溜肩，上腹较瘦直。标本补要村 H248：03（图 1-65：2）。

Ⅲ式：微有束颈，沿面渐宽，广肩。标本补要村 H237：16（图 1-65：3）。

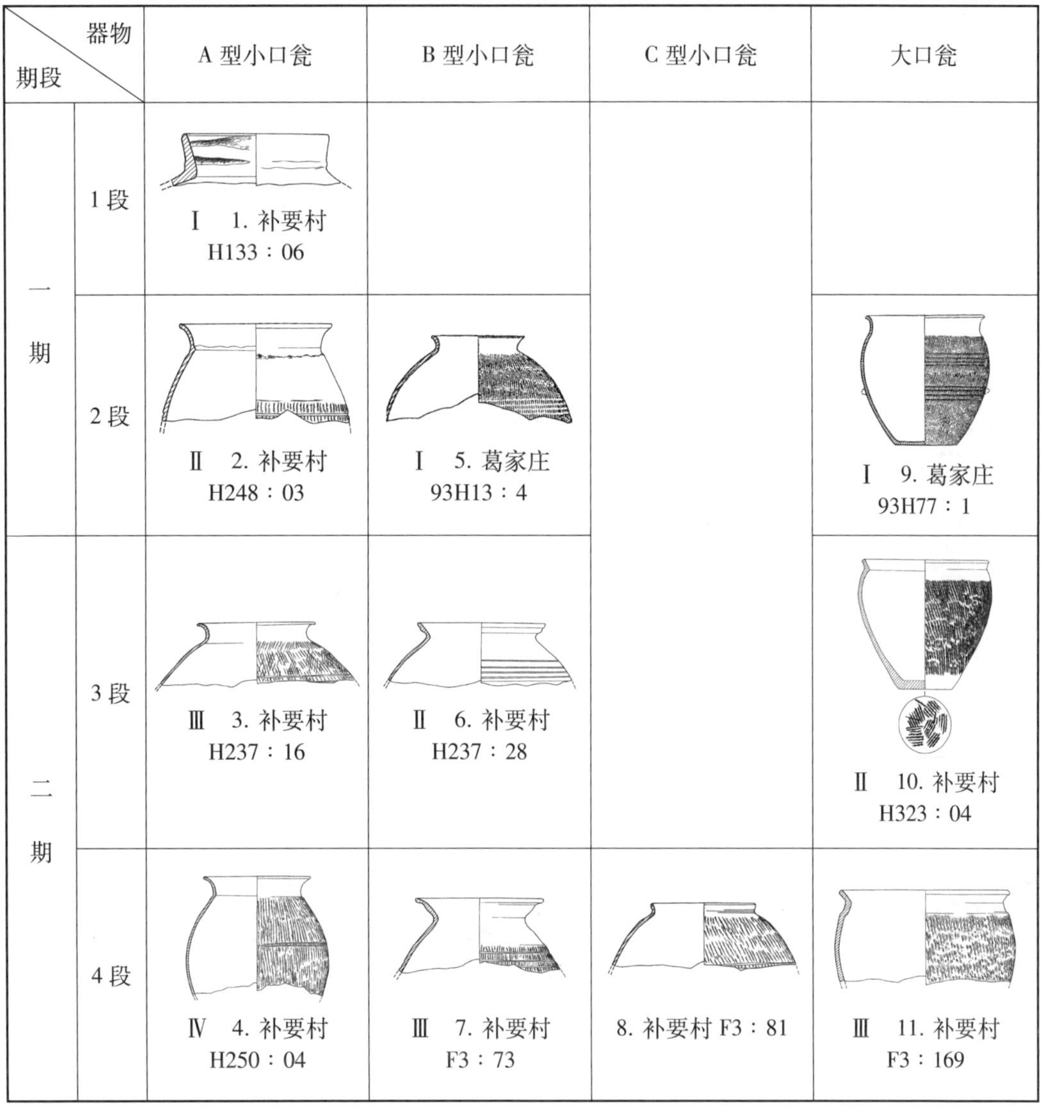

期段	器物	A 型小口瓮	B 型小口瓮	C 型小口瓮	大口瓮
一期	1 段	Ⅰ　1. 补要村 H133：06			
一期	2 段	Ⅱ　2. 补要村 H248：03	Ⅰ　5. 葛家庄 93H13：4		Ⅰ　9. 葛家庄 93H77：1
二期	3 段	Ⅲ　3. 补要村 H237：16	Ⅱ　6. 补要村 H237：28		Ⅱ　10. 补要村 H323：04
二期	4 段	Ⅳ　4. 补要村 H250：04	Ⅲ　7. 补要村 F3：73	8. 补要村 F3：81	Ⅲ　11. 补要村 F3：169

图 1-65　冀中南部地区二里头文化时期陶瓮分期图

Ⅳ式：圆腹较鼓,最大径下移至腹中。标本补要村 H250：04(图 1-65：4)。

B 型：侈口高领,唇沿下多有加厚,腹部较瘦。根据整体形态变化可分为三式。

Ⅰ式：高领斜直,圆腹较鼓。标本葛家庄 93H13：4(图 1-65：5)。

Ⅱ式：沿下加厚明显,肩部略宽。标本补要村 H237：28(图 1-65：6)。

Ⅲ式：沿下甚厚,束颈,肩部瘦削。标本补要村 F3：73(图 1-65：7)。

C 型：直口近无沿,数量甚少。标本补要村 F3：81(图 1-65：8)。

大口瓮: 数量不多。根据整体形态差异可分为三式。

Ⅰ式：形体较矮,鼓腹,微束颈。标本葛家庄 93H77：1(图 1-65：9)。

Ⅱ式：形体增高,最大径移至肩部。标本补要村 H323：04(图 1-65：10)。

Ⅲ式：形体更大，上腹浑圆。标本补要村 F3∶169(图 1－65∶11)。

蛋形瓮： 数量较多，一般有平底和圈足两种形态，但复原器较少。根据口部形态差异可分为两型。

A 型：敛口近直，无沿。由于演变序列不甚清晰，暂分为两式。

Ⅰ式：形体较瘦长，溜肩较直，有的近直口。标本补要村 H14∶05(图 1－66∶1)、葛家庄 93H78∶7(图 1－66∶2)、补要村 F3∶170(图 1－66∶5)。

Ⅱ式：腹部较鼓，最大径在腹中略靠下的位置。标本葛家庄 93W3∶1(图 1－66∶3)、北胡庄 H124∶2(图 1－66∶4)。

B 型：敛口，平沿。演变序列不清，不分式。标本补要村 H14∶13(图 1－66∶6)、补要村 H14∶15(图 1－66∶7)、补要村 H81∶17(图 1－66∶8)、葛家庄 93H2∶1(图 1－66∶9)、补要村 F3∶33(图 1－66∶10)。

平口瓮： 根据口部形态差异可分为两型。

A 型：唇领部斜直，肩部折转较平缓。标本补要村 H133∶05(图 1－66∶11)、葛家庄 93H9∶18(图 1－66∶12)、补要村 H237∶26(图 1－66∶13)、补要村 F3∶174(图 1－66∶14)。

B 型：唇领部较平，肩部折转较圆转。标本补要村 H30∶01(图 1－66∶15)、补要村 H82∶12(图 1－66∶16)、葛家庄 99H119∶1(图 1－66∶17)、补要村 F3∶42(图 1－66∶18)。

斝： 根据陶质与形态差异可分为两型。

A 型：夹砂敛口斝。敛口厚壁，上部往往有多道附加堆纹作五花大绑状。标本葛家庄 99H74∶1(图 1－67∶1)、补要村 H123∶32(图 1－67∶2)。

B 型：泥质侈口斝。根据形态差异可分为两式。

Ⅰ式：侈口，上腹较瘦长，口部正圆。标本补要村 H237∶66(图 1－67∶3)。

Ⅱ式：仿铜斝，口部非正圆。标本葛家庄 93H09∶6(图 1－67∶4)。

爵： 数量不多，标本补要村 H237∶08(图 1－67∶5)。

(三) 分期与年代推定

除补要村与葛家庄外，冀中南部地区缺乏堆积延续时代较长、年代序列较完整的遗址作为二里头文化时期该地区的年代标尺。但补要村和葛家庄两遗址亦缺乏较连续的地层关系，以提供完整的年代序列。因此在地层关系之外，仍然需依靠陶器形态的变化来完善该地区考古学文化的演变序列。

补要村遗址二里头文化时期所见的灰坑中，H133 为 H123 打破，从陶器形态判断，年代相对较早。H14 所包含之陶器与 H133 相近，故两单位年代相近，与该遗址其他单位比较，应属补要村遗址二里头文化时期遗存中年代最早者。以 F3 为代表的部分单位器物形态与冀南地区的同类遗存相比年代明显较晚。目前可以将补要村遗址二里头文化时期遗存分为前后四段。一段以 H14、H133 为代表；二段以 H30、H81、H126、H248 为代表；三段

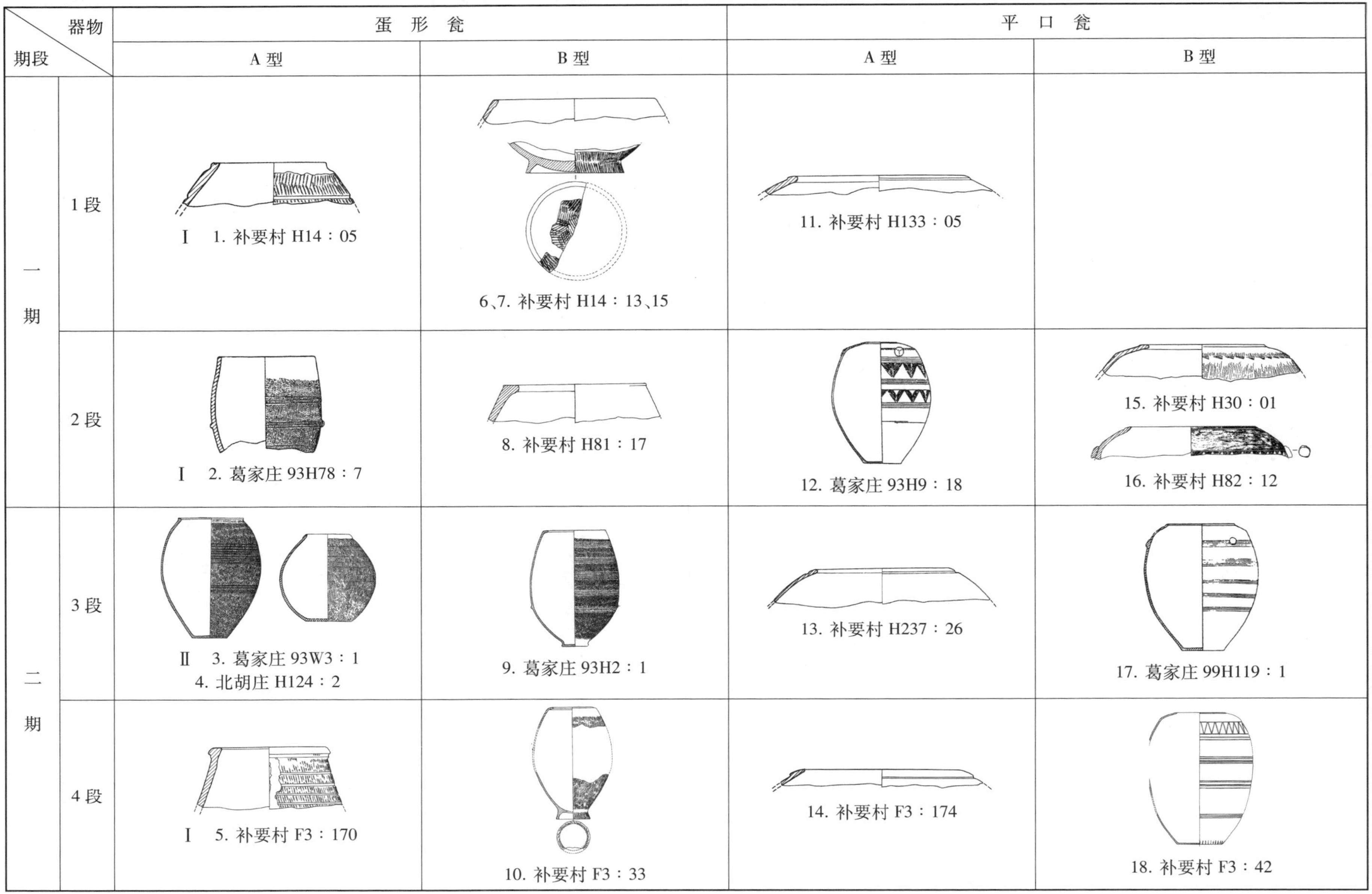

器物	蛋 形 瓮		平 口 瓮		
期段	A 型	B 型	A 型	B 型	

一 期 1段
I 1. 补要村 H14：05
I 6,7. 补要村 H14：13,15
11. 补要村 H133：05
15. 补要村 H30：01
16. 补要村 H82：12

一 期 2段
I 2. 葛家庄 93H78：7
8. 补要村 H81：17
12. 葛家庄 93H9：18
17. 葛家庄 99H119：1

二 期 3段
II 3. 葛家庄 93W3：1
4. 北胡庄 H124：2
9. 葛家庄 93H2：1
13. 补要村 H237：26

二 期 4段
I 5. 补要村 F3：170
10. 补要村 F3：33
14. 补要村 F3：174
18. 补要村 F3：42

图 1－66 冀中南部地区二里头文化时期陶平口瓮、蛋形瓮分期图

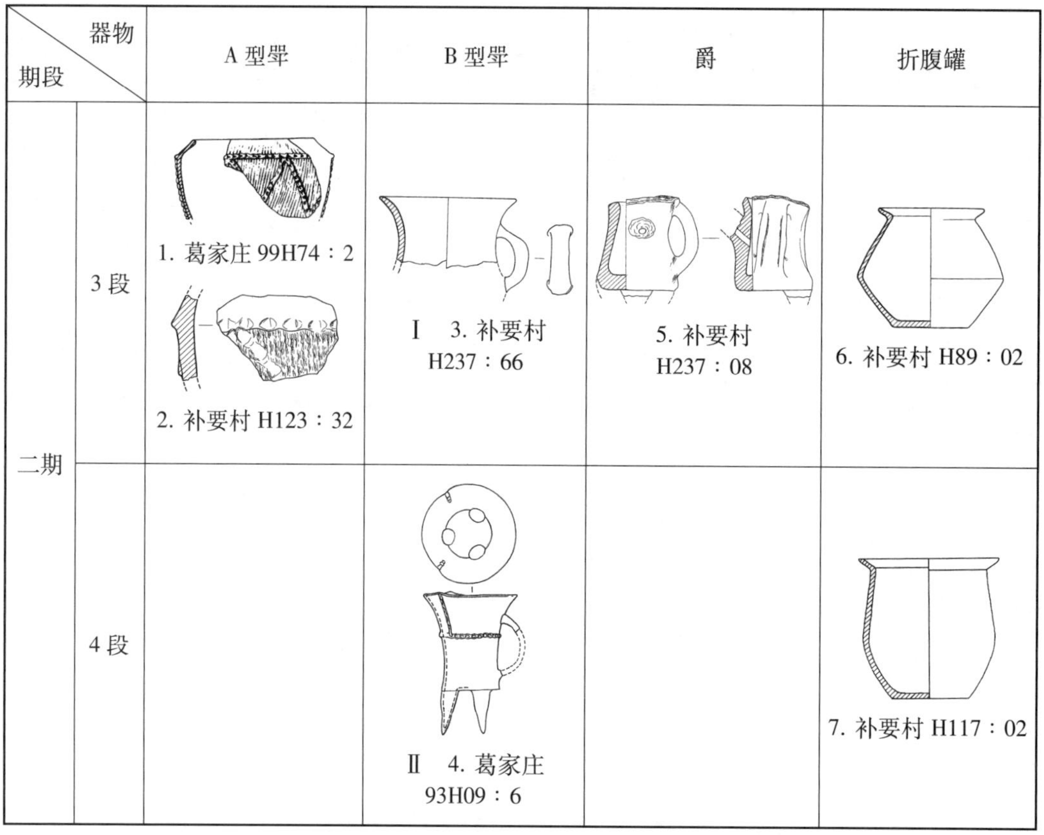

器物\期段		A 型斝	B 型斝	爵	折腹罐
二期	3 段	1. 葛家庄 99H74：2　　2. 补要村 H123：32	Ⅰ　3. 补要村 H237：66	5. 补要村 H237：08	6. 补要村 H89：02
	4 段		Ⅱ　4. 葛家庄 93H09：6		7. 补要村 H117：02

图 1-67　冀中南部地区二里头文化时期陶斝、爵、折腹罐分期图

以 H123、H237、H252 等单位为代表；四段以 F3、H250 等单位为代表。四段年代大体延续紧密，从目前情况看基本没有缺环。

　　葛家庄遗址材料公布较零散，各单位与各年度发掘资料相互间缺乏有效串联。因此，在零星的地层关系之外，对比补要村遗址已知的陶器演变规律可将葛家庄遗址二里头文化时期遗存分为前后相继的三段：第一段以 93H1、H9、H34、H57、H78、96G104 等单位为代表；第二段以 93H2、98H17、99H18、H82、H119 等单位为代表；第三段以 93H03、H09 等单位为代表。三段遗存延续紧密，大体相当于补要村遗址二至四段。已经公布的材料中，葛家庄遗址尚未见到有早至补要村遗址一段的遗存。

　　以补要村、葛家庄两遗址为标尺，可以大体确定冀中南部其他几处遗址的年代。

　　邢台粮库遗址（曹演庄）所见二里头文化时期遗存可分为前后两段，两段遗存延续紧密未见缺环。第一段以发掘区Ⅲ区部分探方第⑤层为代表；第二段以Ⅱ区 TG4⑤、H95 等单位为代表。另外Ⅰ T25④层出土器物年代较晚，可能略晚于第二段，但由于材料甚少，暂时不将其分段。粮库遗址两段遗存年代分别相当于补要村遗址第 2、3 段。

　　临城南三岐遗址试掘所得二里头文化时期遗存发表甚少，从公布器物看，似乎南三岐遗址二里头文化时期遗存可分为前后两段。一段以 T9③层为代表，二段以各探方①层为代表。两段遗存年代约相当于补要村遗址第3、4段。

临城解村遗址2009年为配合南水北调工程发掘,发现二里头文化时期遗存较为丰富,从已有材料观察,与补要村遗址较晚阶段的遗存年代相近。

沙河马庄遗址2010年因邢汾高速公路基建而发掘,所发现的二里头文化遗存并不丰富,零星公布资料可知有H1、H6、H80、H82、H83等单位,尤以H80代表性较强。从可见图像观察,整体年代与补要村H252、H237等单位一致,相当于补要村遗址的第3阶段。

赞皇南马遗址在南水北调工程期间被发现,2009、2010年前后两次发掘,但公布材料不多。从零星图像可知该遗址二里头文化时期的遗存十分丰富,H99可为代表。从发表的图像看,H99与葛庄93H03、补要村遗址H250等单位年代相当,亦即相当于补要村遗址的第4阶段。该遗址管流陶爵数量不少,还有制作精细的磨光陶斝,很可能有一定的等级。同时,发掘者认为该遗址二里头文化时期的遗存在一定程度上与太行山西麓晋中地区的同时期遗存有相似性,但现有材料无法判断。

元氏南程遗址因石武高铁工程而发掘,公布的二里头文化时期资料仅H13、H35两个单位,年代与补要村遗址第4阶段相近。

鹿泉北胡庄遗址在南水北调工程期间发掘,但材料并未公布。张翠莲与段宏振刊布了零星材料。该遗址的典型单位如H124,似乎与补要村遗址第3阶段遗存年代更接近。而按二人的介绍,似乎该遗址有与补要村遗址第4阶段遗存接近的单位。所以,估计该遗址二里头文化时期的遗存年代可能与补要村遗址3-4段相当。

石家庄市庄遗址材料长期未公布,仅发表陶鼎一件,从这件器物的形态观察应与补要村遗址第一段年代相近。

另外,在邢台县[1]和泜河流域[2]的调查与发掘工作[3]中也曾多次发现二里头文化时期的遗物,但限于材料公布原因,无法深入讨论。

由上述各遗址的年代分期可将冀中南部地区的二里头文化时期遗存分为两期四段(表1-19)。

一期1段:目前仅有补要村遗址的部分单位属于本段,石家庄市庄遗址有可能有早至本段的遗存。本段炊器由鬲、甗、鼎、夹砂罐组成。陶鼎形式较复杂,鬲、甗数量较少,种类较少。有些器类在本期尚未发现。随着材料的积累,或许有丰富本段器类的可能。本阶段陶器制作较为粗糙。将同类器物与邻近区域相比,可知本段年代约相当于二里头文化三期早段。不排除未来材料丰富后,本段的年代上限可早至相当于二里头文化二期的可能。

一期2段:材料十分丰富。本段炊器组合与上一阶段相同,但陶鬲、甗的数量大增,

---

[1]　河北省文物复查队邢台分队:《河北邢台县考古调查简报》,《文物春秋》1995年第1期。

[2]　河北省文物研究所:《泜河流域考古调查简报》,《文物春秋》1992年第1期。

[3]　随着南水北调工程的开展,在邢台地区还有众多新发现的二里头文化时期遗存,这其中有临城解村、蓝天生态园等遗址,但多未有详细学术性介绍。相关资料皆见于网络新闻报道。

表 1 - 19　二里头文化时期冀中南部地区居址分期对照表

期段	段	补要村	葛家庄	粮库	南三岐	市庄	解村	北胡庄	南程	南马	马庄
二期	4 段	4	3	?	2		√	√	√	√	
	3 段	3	2	2	1					?	√
一期	2 段	2	1	1							
	1 段	1				√					
资料来源		①	②	③	④	⑤	⑥	⑦	⑧	⑨	⑩

类型也十分丰富,陶鼎的比例在这一时期有所下降。其他常见器类在这一时期基本都已出现。陶器制作较为精细,本段年代约相当于二里头文化三期晚段。

二期 3 段:材料十分丰富,炊器组合中,夹砂罐相对增多,而陶鼎的数量进一步下降。二里头文化时期冀中南部的器物群在本阶段已全部出现。本阶段陶器制作十分精细。与邻近区域相较可知,本段年代约相当于二里头文化四期早段。

二期 4 段:材料十分丰富,炊器组合中已经不见陶鼎。陶器制作精细程度在本阶段进入巅峰,磨光陶在本段十分流行,陶器胎质普遍较薄,烧制火候甚高。本段年代约相当于二里头文化四期晚段。

　　①　北京大学考古文博学院、河北省文物局、邢台市文物管理处、临城县文化旅游局:《河北临城县补要村遗址南区发掘简报》,《考古》2011 年第 3 期;补要村遗址大部分材料现藏北京大学考古文博学院。
　　②　郭瑞海、任亚珊、贾金标:《1993—1997 年邢台葛家庄先商、两周贵族墓地考古工作的主要收获》,《三代文明研究(一)——1998 年河北邢台中国商周文明国际学术研讨会论文集》,科学出版社,1999 年;河北省文物局第一期考古发掘领队培训班、河北省文物研究所、邢台市文物管理处:《河北邢台葛家庄遗址 1996 年发掘简报》,《河北省考古文集(二)》,燕山出版社(北京),2001 年;河北省文物研究所:《河北邢台市葛家庄遗址北区 1998 年发掘简报》,《考古》2000 年第 11 期;河北省文物考古研究所、吉林大学边疆考古研究中心、邢台市文物管理处:《河北邢台市葛家庄遗址 1999 年发掘简报》,《考古》2005 年第 2 期;郭瑞海、任亚珊、贾金标:《邢台葛家庄先商文化遗存分析》,《三代文明研究(一)——1998 年河北邢台中国商周文明国际学术研讨会论文集》,科学出版社,1999 年;郭瑞海、任亚珊、贾金标:《葛家庄先商遗存的几个问题》,《中国考古学跨世纪的回顾与前瞻——1999 年西陵国际学术研讨会文集》,科学出版社,2000 年。
　　③　河北省邢台市文物管理处:《邢台粮库遗址》,科学出版社(北京),2005 年。
　　④　唐云明:《河北境内几处商代文化遗存记略》,《考古学集刊》(2),中国社会科学出版社(北京),1982 年。
　　⑤　唐云明:《河北境内几处商代文化遗存记略》,《考古学集刊》(2),中国社会科学出版社(北京),1982 年。
　　⑥　霍东峰、邵会秋、侯菲菲、高兴超:《河北临城解村东遗址抢救性发掘》,《中国文物报》2009 年 11 月 13 日第 3 版。
　　⑦　张渭莲、段宏振:《中原与北方之间的文化走廊——太行山东麓地区先秦文化的演进格局》,文物出版社(北京),2015 年。
　　⑧　河北省文物研究所、石家庄市文物研究所、元氏县文物保护管理所:《南程遗址发掘简报》,《文物春秋》2010 年第 2 期。
　　⑨　徐海峰:《赞皇南马遗址》,《中国考古新发现年度记录(2010)》,《中国文化遗产》2011 年增刊。
　　⑩　赵战护、贾金标、杨景峰:《河北沙河马庄商代聚落遗址》,《中国考古新发现年度记录(2010)》,《中国文化遗产》2011 年增刊。

二、夏时期各期陶器的特征

从整体的文化面貌看,冀中南部地区二里头文化时期的两期间文化面貌变化较为明显。下面我们从陶系、炊器组合变化、其他标志性器物数量变化等方面予以分析。

(一)陶系

第一期1段,以夹砂陶为主,泥质陶比例仅占一成左右(参表1-20)。陶色以灰陶为主,但红褐陶的比例较高,黑陶占有一定的比例。素面陶在所有陶器中接近一半。纹饰中以各类绳纹最为常见,但绳纹较粗,滚压较散乱。本段有一定比例的篮纹,这一点是在同时期其他地区的遗存较少见的。磨光陶在本阶段数量不多。纹饰的施加有一定的规律,平底器器底多见以底面圆心为中心的成组放射状滚压绳纹装饰方式。磨光陶多出现在平口瓮等器物之上。陶盆沿面偶见磨光,装饰成组旋纹的细泥深腹罐和泥质盆在本阶段较少。现有材料显示,这一阶段陶豆数量不多。戳印纹在本段数量较少,装饰位置多在器腹肩腹相接处。

表1-20　二里头文化时期冀中南部地区居址典型单位陶系统计表

时段		单位	陶质(%)		陶色(%)			纹饰(%)						
项目			泥质	夹砂	灰	红褐	黑	素面	磨光	绳纹(含旋断)	篮纹	旋纹	附加堆纹	戳压印
一期	1段	补要 H133	9.4	90.6	75	21.9	6.2	43.8		53.1	3.1	3.1		
		补要 H14	10.6	89.4	74.5	7.4	18	30.7	9.5	47.6	2.8	19.3	1.7	0.4
	2段	补要 H81	7.4	92.6	79.3	8	12.7	48.4	4.6	33.2	1.5	23.1	0.7	1
		补要 H126	5.5	94.5	77.2	3.7	19.2	46.1		49.3	1.3	14.6	0.9	
		葛家庄 G104	23.5	76.5	49.9	10.2	40	18.8		69.3	0.06	0.6	3.4	0.4
二期	3段	葛家庄 2段	二者相当		为主	√	√	增多	为主		√	√		√
		补要 H123	6.6	93.4	61.4	30.4	7.7	38.1	2.6	54.2	1.3	22.2	0.8	
	4段	葛家庄 H30	61.4	38.6	43	27.4	29.7	42.3	41.2			0.07	14.6	1.8
		补要 F3	14.4	85.6	62.4	5.1	32.5	19.2	10.8	53.2	0.3	13.9	0.1	2.4
		补要 H250	25.1	74.9	61.4		38.6	18.1	5.8	56.1		15.2		1.8

(说明:葛家庄遗址由具体统计数据的单位皆为1996年发掘简报所提供的。
其余描述性统计结论为前引郭瑞海等人文章所叙及)

第一期 2 段,本阶段仍然以夹砂陶占绝对优势。陶色仍以灰陶为主,但红褐陶的数量有所下降,黑陶数量有所增加。素面陶与有纹饰陶器的比例差距不大。纹饰中仍以绳纹为最多,本段绳纹逐渐规整,绳纹开始变细,滚压较深。本阶段旋纹的比例增高,磨光陶和篮纹的比例略有下降。附加堆纹和戳印纹较少。纹饰的施加位置与上一阶段相同,蛋形瓮等器物口沿部分也开始出现滚压的绳纹,陶盆、瓮等平底器物下腹腹底相接处与器底开始有绳纹棍的压印纹饰,这种压印纹一般成组出现,形似易卦中的阴爻。

第二期 3 段,这一阶段泥质陶的数量有所增加,但因遗址差异数据略有波动。陶色仍以灰陶为主,红褐陶的比例仍然较高,黑陶数量与上一阶段接近。全素面陶的比例微有下降,磨光陶比例较上一阶段明显增加,这与本阶段陶器制作精细有较为密切的关系。绳纹在本阶段仍然占据主导地位,普遍较细,滚压较为规整,印痕较深。篮纹在本阶段下降明显。陶器的纹饰施加进一步规律。细泥橄榄罐与盆以及平口瓮上腹常见成组的旋纹装饰,在每组旋纹纹饰带间往往以磨光方式加以修饰。楔形点纹等戳印纹在这一时期更为常见。

第二期 4 段,这一阶段泥质陶的比例更为增加,这种现象与陶器制作精细有关。陶色仍以灰陶为主,但是整体比例有所下降。黑褐陶的比例在本段较高。磨光陶在这一阶段比例甚高,在陶鬲、蛋形瓮等器物的口部也往往以磨光形式加以装饰。本阶段绳纹仍属大宗,但滚压规整,大部分都是细绳纹甚至是线纹。篮纹在本阶段基本绝迹。戳印纹和划纹在本阶段较为常见。附加堆纹在本阶段也占有一定的数量,但施加对象和位置较为固定。本段纹饰的装饰对象与位置与上一阶段基本相同。

(二) 器物群中的炊器特征与组合变化

冀中地区二里头文化时期炊器组合变化较为明显,各类炊器形态的时代特征变化也较为明显(参表 1 - 21)。

第一期 1 段,炊器以鬲、甗为主,陶鼎较常见。补要村属于本阶段的遗存数量有限,不一定能全面反映陶鼎所占的比例。从石家庄市庄遗址的情况看,陶鼎在本阶段应有一定的数量。陶鬲在本阶段皆为矮领,唇缘有的有花边装饰。陶鼎仅见深腹盆形鼎和深腹罐形鼎。

第一期 2 段,炊器中陶鬲占绝对的优势,陶鼎也有一定的比例。陶鼎腹部变浅,陶鬲种类较多,总量增加明显,高领鬲在这一时期开始出现。以花边装饰的陶鬲在这一段仍有一定的数量。陶甗在这一时期比例增长明显,陶甗上部盆甑部分略变瘦。

第二期 3 段,本段仍以鬲、甗为主要炊器,陶鼎比例在这一阶段明显下降,作为炊器的夹砂罐和陶斝在这一时期开始出现,并且占有一定的比例。陶鬲的形态逐渐固定,整体形态趋于瘦高,陶胎渐薄。陶鼎腹部更浅。陶甗整体形态变瘦。

第二期 4 段,本段以鬲、甗最为多见,陶鼎在这一时期剧减,趋近于无。陶鬲整体形态更瘦高,陶胎更薄,形态比较固定。

表 1-21　二里头文化时期冀中南部地区居址炊器组合百分比统计表

期段	器类 单位	夹砂罐	鬲	甗	斝	鼎	总件数
一期 1段	补要村 H133		50			50	4
一期 2段	补要村 H81		70	30			10
一期 2段	补要村 H126		75	25			4
二期 3段	补要村 H123	33.3	44.4		11.1	11.1	9
二期 3段	补要村 H75	40	40	20			5
二期 4段	补要村 F3	25.3	48.2	26.5			83
二期 4段	补要村 H153		50	50			4
二期 4段	补要村 H250	28.6	57.1	14.3			14

（由于其他遗址目前缺乏器类统计数据,故仅能使用补要村遗址的统计结果）

（三）器物群其他主要器物特征与组合变化

二里头文化时期冀中地区除炊器外,其他器物的组合与形态变化也有一些规律可循。

陶盆在本地区数量甚多,形态也较复杂,总体演变规律与冀南地区并无差异。大略而言,深腹盆出现较早,早期多饰以绳纹,腹部较深,晚期整体形态变矮,素面磨光或加饰旋纹的种类逐渐增多。敞口大平底盆形体逐渐增大,外敞角度逐渐加大,腹部逐渐变浅。有肩盆在本地区不甚流行,数量不多,但时代越晚,肩部折曲逐渐变缓,盆腹逐渐变深,装饰风格与变迁规律与深腹盆相同。

陶豆在本地区早期数量似乎较少。晚期时陶豆数量甚多,形态也较复杂,制作精良。从部分遗址的情况来看,对陶豆较为珍视。破损的陶豆多留置豆盘,将其下缘断茬往往磨平作为陶碗或陶盘继续使用,在其他器类身上尚未发现类似现象。

橄榄形罐在冀中南部有两种,一种为细泥质,一种为夹砂陶。细泥橄榄罐出现较晚,但数量不少,多以成组的旋纹间隔磨光进行装饰,时代愈晚,形体愈瘦长。夹砂橄榄罐在本地区一直存在,但数量一直不多。早期形体较矮胖,口沿多为花边装饰;晚期形体逐渐瘦长,在最晚阶段甚至出现了与郑洛地区形制接近的方唇薄胎橄榄罐。

捏口罐在本地的流行程度因遗址小环境而有差异,临河的遗址一般捏口罐较少,而离河较远的遗址数量较多,可能遗址对应的水井略多,就形体演变规律来看,时代愈晚,捏口罐的个体越小。冀中南部地区捏口罐的数量似多于冀南地区,目前无法判断是因材料刊布原因还是地缘差别的真实反映。

小口瓮在本地主要有三种形态,一种领部高而肥,口沿下部多加厚,另一种领部稍矮,领部较薄,形体较瘦长;还有一种领部最矮,接近于无。但三种小口瓮有共同的演变规律,时代越早,肩部越宽折转明显,时代愈晚逐渐变为圆肩甚至溜肩,整体形态时代越晚越趋瘦。

平口瓮在冀中南部地区较为常见,一般平底,制作精美,常见有红褐或黑褐色磨光方式装饰,但目前尚难总结其形态变化规律。大体而言,本地区平口瓮有两种形态,一种口沿微上翻,有一短矮领,口部近直;另一种口沿近平,沿外或有一周旋纹。器体肩部有的有圆形纽装饰或桥形耳,在时代偏晚的阶段,三角划纹装饰逐渐增多。

蛋形瓮在冀中南部二里头文化时期一种为平底,一种为圈足,以后者为多见,在补要村遗址曾发现扁平的舌形瓮足,故怀疑本地存在极少量的三足蛋形瓮。蛋形瓮尚无法总结其演变趋势。从口部形态看,有两种形态,一种无论方唇或圆唇,皆有短沿;另一种则为圆唇无沿。有的蛋形瓮在下腹靠上的位置有舌形或鸡冠耳鋬。粗略而言,蛋形瓮时代愈晚,形体似乎愈小,制作也相对精良。

三、商早期遗存的分期

(一) 地层关系

冀中南部地区商早期遗存较少(图1-55)。截至2020年,冀中南部地区早商时期发掘面积较大且遗存较为丰富的遗址,以邢台东先贤—曹演庄遗址群、葛家庄、临城补要村、古鲁营、内丘小驿头等遗址为代表。

邢台东先贤—曹演庄遗址群是由东先贤、曹演庄为中心的数个遗址组成的,包括粮库、贾村、南大郭、西关、尹村、尹郭、葛家庄等遗址,遗址群中以东先贤、粮库遗址的材料发表较好。

东先贤遗址多次发掘,可以1998年发掘之T3、T2、T5、T6,2000年发掘之T17、T18等作为代表,其中典型地层关系有如下几组:

(1) 98T3③→H12、H17→H15

(2) H2→98T2③→④→H4→H5→H6→⑤→F1

(3) 98T5⑤→H26→⑥→H27→⑦

(4) 98T6④→H30→⑤→H8→H31→H9→H34

(5) 00T17⑤→H40→H42→⑥→H42→H45→H46

在地层关系(1)中,H15为早商时期遗存;在地层关系(2)中,④层及其下各单位属于早商时期遗存;在(3)中,⑦层为早商时期遗存;(4)中,H31、H9、H34为早商时期遗存;地层关系(5)中,H45、H46为早商时期遗存。

葛家庄遗址历次发掘中发现多组地层与早商时期遗存有关,其中可以如下几组作为代表:

(1) 98T5②→H22→H17

(2) 98T7②→H27→Y1

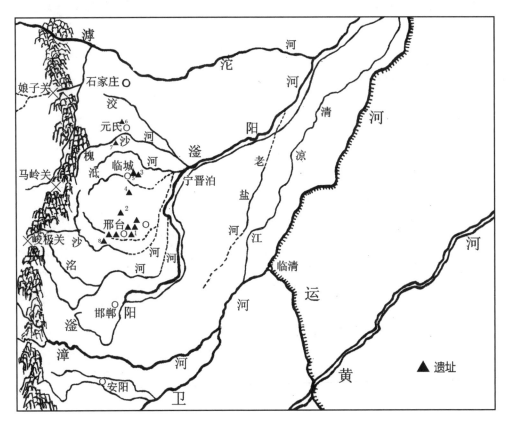

图 1-68　冀中南部地区早商时期主要遗址分布示意图

1. 邢台东先贤—曹演庄遗址群　2. 后留　3. 补要村　4. 小驿头　5. 古鲁营　6. 南程　7. 南马　8. 马庄

（3）99T1805②A→H5→②B

在第（1）组地层关系中,H22 为早商时期遗存;在地层关系（2）中 H27 为早商时期遗存;第（3）组关系中 H5 为早商时期遗存。除上述单位外,99 年 H54、H82、H117 等单位也可以作为早商时期的代表遗存。

粮库遗址早商时期遗存较为丰富,但原报告发表资料却十分零散,大部分灰坑内的遗物并未发表,发表器物较多且有分期意义的地层关系有如下几组:

（1）ⅠH50→H17→H35

（2）ⅠH4→H55

（3）ⅠT17③→H72→④

在上述三组地层关系中,H17、H35、H55、H72 等单位属于早商时期遗存。

曹演庄遗址原报告将商代遗存分为上下两层,所分的商文化下层属于早商时期遗存。

尹郭村遗址原简报将商代遗存分为上下两层,所分的商文化下层属于早商时期遗存。

南大郭村遗址原简报将商代遗存分为上下两层,所分的商文化下层属于早商时期遗存。

小驿头遗址商文化遗存年代较为单纯,皆为早商时期遗存,其中可以 H38 为代表。

补要村遗址早商时期遗存较为丰富,可资利用的地层关系有多组,较有代表性的地层关系如:

（1）ST05①→H36→②→H110→H135

（2）ST08①→H113→H136

（3）ST07①b→F1→H98

（4）ST06①→H6→②→H72→H37

在第一组地层关系中,H110、H135 为早商时期遗存;第二组地层关系中 H113、H136 为早商时期遗存;第三组地层关系中 H98 为早商时期遗存;第四组地层关系中 H37 为早商时期遗存。

古鲁营遗址因京武高铁基建工作于 2009 年发掘。早商时期与晚商时期遗存十分丰富,虽然遗址上部地层破坏严重,但仍有一些打破与叠压关系可以利用。典型地层关系如:

（1）H101→H102、H103、H104、H105→H106

（2）H109→H113

（3）H107→H108

上述地层关系中 H106、H108、H113 等单位为早商时期单位。

在上述地层关系的基础上,可以对冀中南部早商时期的陶器遗存进行形态演变的具体研究,以明确该地区在早商时期的文化谱系演进细节。

（二）陶器形制分析

冀中南部地区各遗址早商时期遗存较为丰富,器类相对多样。总体看,三足器、平底器、圈足器皆有一定的比例。其中鬲、罐、盆、豆、小口瓮五类器物形制演变轨迹较为清晰,是分期断代的重要依据。

鬲: 根据整体形态差异可分为六型。

A 型:卷沿。个体或有大小差别,但整体形态相近。依据唇、沿形态差异可分为五式。

Ⅰ式:尖圆唇,直腹略斜,通体饰细绳纹。标本葛家庄 99H54:5（图 1-69:1）。

Ⅱ式:圆唇,肥腹,通体饰细绳纹。标本小驿头 H38:2、H37:3（图 1-69:2、3）。

Ⅲ式:卷沿近折,斜方唇,沿面前端有凹槽,束颈,通体饰细绳纹。标本葛家庄 98H22:21（图 1-69:4）。

Ⅳ式:卷沿近折,方唇,唇缘下端有明显的勾棱,沿面前端起榫,在沿面形成一道凹槽,唇缘上有凹槽。锥足渐矮。标本东先贤 H15:14、H72:1（图 1-69:5、6）。

Ⅴ式:卷沿近折,斜方唇,唇缘下勾棱不明显,沿面前端或有一道或两道凹槽,锥足较矮。标本东先贤 H2:1、F1②:6、H48:16（图 1-69:7、8、9）。

B 型:折沿。袋足较肥。个体或有大小差别,但整体形态相近。根据整体形态差异可分为四式。

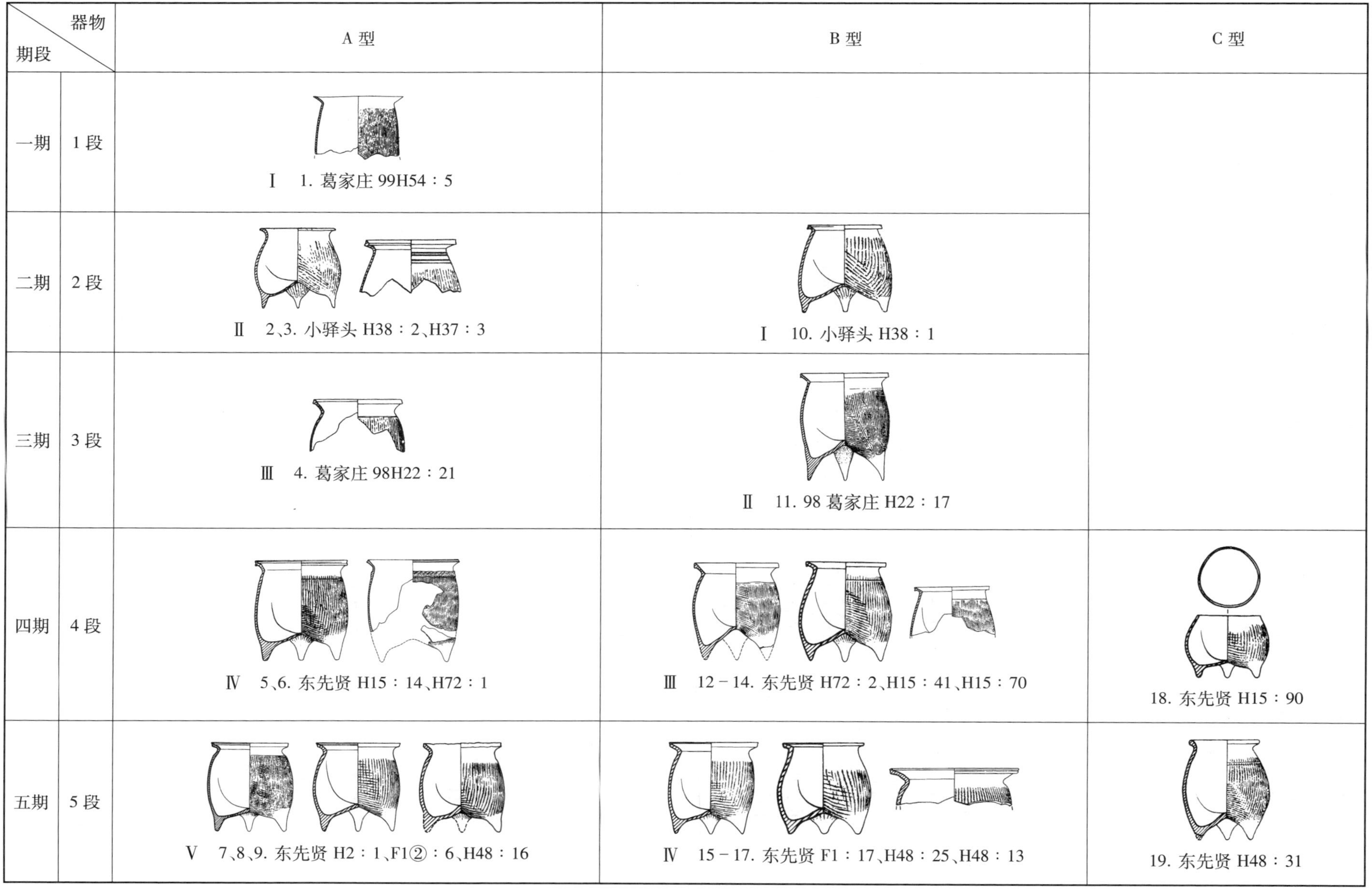

图 1 - 69　冀中南部地区早商时期陶鬲分期图

期段	器物	A 型	B 型	C 型
一期	1 段	Ⅰ　1. 葛家庄 99H54：5		
二期	2 段	Ⅱ　2,3. 小驿头 H38：2,H37：3	Ⅰ　10. 小驿头 H38：1	
三期	3 段	Ⅲ　4. 葛家庄 98H22：21	Ⅱ　11. 98 葛家庄 H22：17	
四期	4 段	Ⅳ　5,6. 东先贤 H15：14,H72：1	Ⅲ　12 - 14. 东先贤 H72：2,H15：41,H15：70	18. 东先贤 H15：90
五期	5 段	Ⅴ　7,8,9. 东先贤 H2：1,F1②：6,H48：16	Ⅳ　15 - 17. 东先贤 F1：17,H48：25,H48：13	19. 东先贤 H48：31

Ⅰ式：无颈。斜方唇，唇缘下端勾棱明显，沿面前端有凹槽一道，唇缘上有凹槽一道。肥袋足外撇，实足根内勾。标本小驿头 H38：1(图1-69：10)。

Ⅱ式：斜方唇。唇缘下勾棱明显，唇缘有不甚明显的凹槽，瘦腹，尖锥足甚高。标本 98葛家庄 H22：17(图1-69：11)。

Ⅲ式：方唇或斜方唇。唇缘下勾棱较明显，沿面前端或有一道凹槽，唇缘或有较明显的凹槽，腹微肥，锥足较高。标本东先贤 H72：2、H15：41、H15：70(图1-69：12-14)。

Ⅳ式：方唇、斜方唇或圆唇。唇缘下无明显勾棱，沿面前端或有一道凹槽，腹微肥，实足根或外撇或内勾，无明显定制。标本东先贤 F1：17、H48：25、H48：13(图1-69：15-17)。

C型：无沿鬲。数量甚少，不分式。标本东先贤 H15：90(图1-69：18)、东先贤 H48：31(图1-69：19)。

D型：筒腹，数量甚少。根据整体形态差异可分为两式。

Ⅰ式：斜方唇或方唇，卷沿，沿面前端有凹槽一道或两道，唇缘下端勾棱明显，腹直瘦。标本葛家庄 99H5：43，东先贤 H15：15、H34：1(图1-70：1、2、3)。

Ⅱ式：方唇折沿，唇缘下勾棱明显，沿面前端有一道或两道凹槽，唇缘有的有较明显的凹槽，腹微肥。标本东先贤 H48：29、补要村 H113：62(图1-70：4、5)。

E型：无实足根鬲。标本小驿头 H71：1(图1-70：6)。原简报公布情况无实足根，笔者怀疑为实足根脱落后的形态，但尊重原始资料，暂列于此。

F型：泥质素面鬲。数量极少。标本补要村 H113：15(图1-70：7)。

甗：数量较少。算托不明显。标本葛家庄 98H22：24(图1-70：8)、东先贤 H6：4(图1-70：9)、补要村 H110：15(图1-70：10)。

鼎：数量甚少。形体较小，标本葛家庄 98H6：5(图1-70：11)、补要村 H113：10(图1-70：12)。

盆：根据整体形态差异可分为深腹盆、浅腹盆与鼓腹盆三类。

深腹盆：数量甚多，斜方唇或方唇，一般皆为夹砂陶，陶胎较厚。根据整体形态差异可分为两型。

A型：深弧腹，上腹多饰旋纹。根据腹部的变化可分为三式。

Ⅰ式：宽折沿斜立，深腹略直，沿面多有一或两周浅槽，腹饰绳纹，上腹多饰有一二周旋纹划段绳纹。部分颈部有附加堆纹装饰。标本东先贤 H34：13(图1-71：1)。

Ⅱ式：宽折沿较平，腹更直，整体装饰风格与Ⅰ式接近。标本东先贤 H34：14(图1-71：2)。

Ⅲ式：折沿变窄，腹更深直，整体装饰风格与Ⅱ式接近。标本东先贤 H48：47(图1-71：3)。

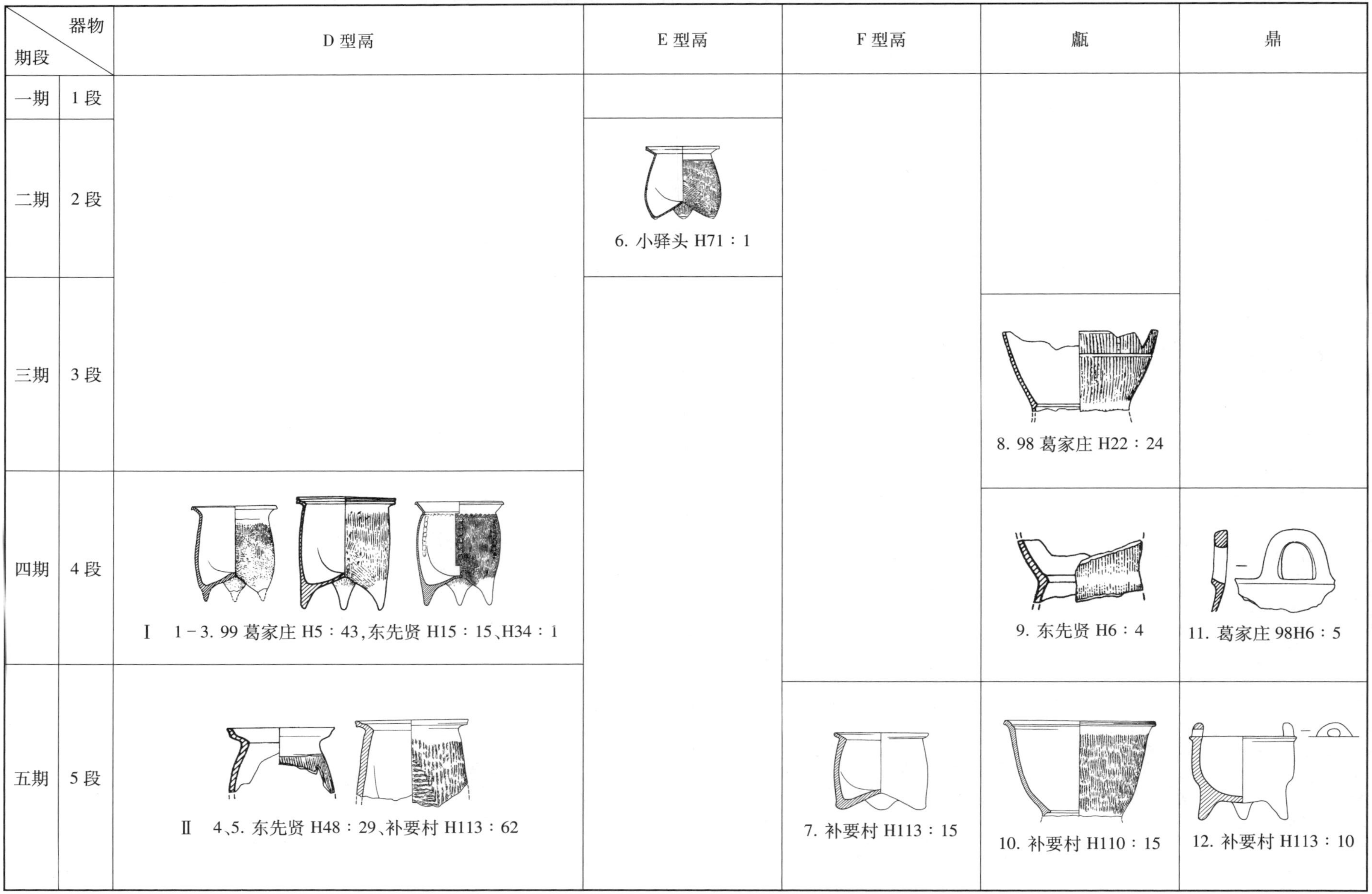

期段	器物	D 型鬲	E 型鬲	F 型鬲	甗	鼎
一期	1 段					
二期	2 段					
三期	3 段					
四期	4 段	Ⅰ 1～3. 99 葛家庄 H5：43、东先贤 H15：15、H34：1 Ⅱ 4、5. 东先贤 H48：29、补要村 H113：62	6. 小驿头 H71：1	7. 补要村 H113：15	8. 98 葛家庄 H22：24 9. 东先贤 H6：4	11. 葛家庄 98H6：5
五期	5 段				10. 补要村 H110：15	12. 补要村 H113：10

图 1－70 冀中南部地区早商时期陶鬲、甗、鼎分期图

B 型:深弧腹,上腹与颈部相接处有附加堆纹,有一定数量,演变规律与 A 型相同。标本东先贤 H15：49(图 1－71：4)。

浅腹盆: 数量较多,方唇或圆唇,有夹砂、泥质两类。根据整体形态差异可分两型。

A 型:弧腹。根据整体形态差异可分为三式。

Ⅰ式:折沿宽平,沿面常有一二周凹槽,腹较斜缓。标本葛家庄 98H22：25(图 1－71：5)。

Ⅱ式:宽折沿略斜,沿面仍有一或二道凹槽,腹斜鼓。上腹多饰有一二周旋纹划段绳纹。部分颈部有附加堆纹装饰。标本东先贤 H15：16(图 1－71：6)。

Ⅲ式:斜折沿或卷沿较短,沿面仍有一或二道凹槽,腹斜鼓。上腹多饰有一二周旋纹划段绳纹,颈部附加堆纹装饰较少。标本东先贤 H48：37(图 1－71：7)。

B 型:弧腹较深直,上腹多有附加堆纹,有一定数量。标本东先贤 H15：48(图 1－71：8)。

鼓腹盆: 数量较少,多为泥质陶,但也有夹砂陶。根据陶质和制作精细程度分两型。

A 型:夹砂陶,胎较厚,腹较深,多饰绳纹。可分为两式。

Ⅰ式:宽折沿斜立,腹较鼓,沿面多有一或两周浅槽,腹饰绳纹,多饰有一二周旋纹划段绳纹。标本东先贤 H34：16(图 1－71：9)。

Ⅱ式:宽折沿较平,沿面前端有折卷,腹较深,鼓出不明显。标本补要村 H98：07(图 1－71：10)。

B 型:多为泥质陶,制作较精细,胎较薄,上腹多饰成组弦纹。根据整体形态差异可分为三式。

Ⅰ式:上腹较直,肩腹较鼓。标本葛家庄 99H57：3(图 1－71：11)。

Ⅱ式:斜折沿较宽,微鼓腹。标本小驿头 H58：2(图 1－71：12)。

Ⅲ式:宽折沿斜立,鼓腹深,上腹有旋纹和压印纹装饰。标本古鲁营 H106：5(图 1－71：13)。

豆: 数量较多,根据腹柄差异可分为真腹豆与假腹豆两类。

真腹豆: 多为粗柄,极少见细柄,根据整体形态差异可分为粗柄、细柄两类。

A 型:细柄豆。数量甚少,圈足呈喇叭形,数量不多。有的豆柄残断后,残断处多被磨平,当作陶碗或盘使用。标本东先贤 H34：16(图 1－72：1)、补要村 H98：02(图 1－72：2)。

B 型:粗柄豆。数量较少。根据形态差异可分为四式。

Ⅰ式:直口,圆唇,浅盘。标本小驿头 H38：3(图 1－72：3)。

Ⅱ式:敛口近直,斜方唇,浅盘曲腹,豆柄较矮。标本葛家庄 99H22：11(图 1－72：4)。

Ⅲ式:厚方唇,浅盘,腹浅直,豆柄较矮,圈足上或有镂孔。整体形近簋。标本东先贤 H72：3(图 1－72：5)。

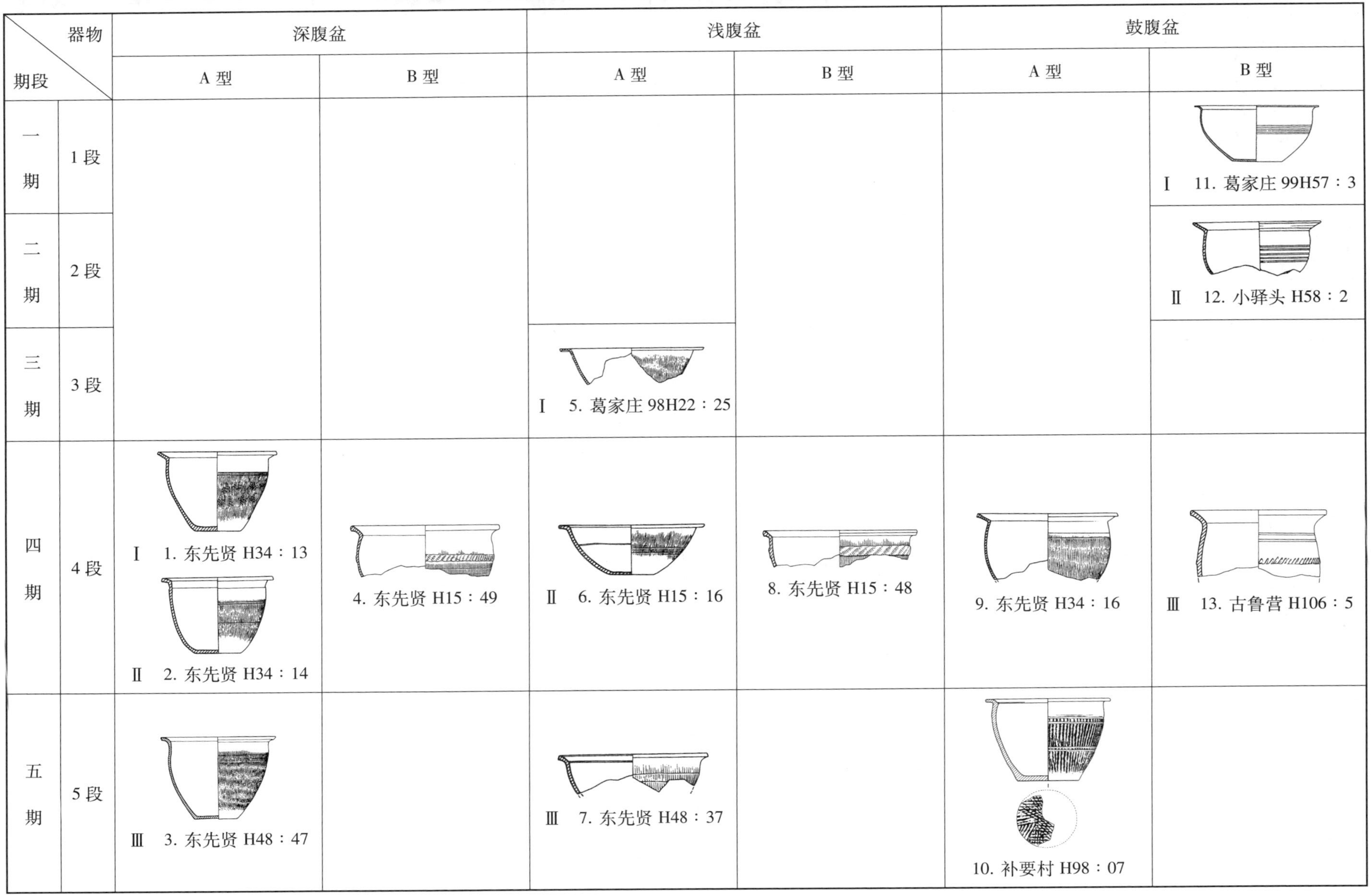

期段		深腹盆 A型	深腹盆 B型	浅腹盆 A型	浅腹盆 B型	鼓腹盆 A型	鼓腹盆 B型
一期	1段						I 11. 葛家庄 99H57：3
二期	2段						II 12. 小驿头 H58：2
三期	3段			I 5. 葛家庄 98H22：25			
四期	4段	I 1. 东先贤 H34：13　II 2. 东先贤 H34：14	II 4. 东先贤 H15：49	II 6. 东先贤 H15：16	II 8. 东先贤 H15：48	II 9. 东先贤 H34：16	III 13. 古鲁营 H106：5
五期	5段	III 3. 东先贤 H48：47		III 7. 东先贤 H48：37		10. 补要村 H98：07	

图 1-71　冀中南部地区早商时期陶盆分期图

器物 期段	真腹豆 A型	真腹豆 B型	假腹豆	簋	大口尊	盂
一期 1段		I 3. 小驿头 H38：3			I 13. 小驿头 H7：1	
二期 2段		II 4. 葛家庄 98H22：11	I 7. 小驿头 H6：2	11. 小驿头 H66：1	II 14. 葛家庄 99H81：10	
三期 3段		III 5. 东先贤 H72：3	II 8、9 东先贤 H15：33、H9：17			
四期 4段	1. 东先贤 H34：2	IV 6. 葛家庄 99H117：4	III 10. 朴要村 H37：02	12. 东先贤 H48：54		15. 东先贤 H34：18
五期 5段	2. 朴要村 H98：02					16、17. 东先贤 H48：62 朴要村 H98：08

图 1－72　冀中南部地区早商时期陶豆、簋、大口尊、盂分期图

Ⅳ式：无沿,厚方唇或圆唇,盘腹斜收,极浅。标本葛家庄99H117∶4(图1-72∶6)。

假腹豆：数量较多,根据沿、腹整体形态差异可分为三式。

Ⅰ式：宽沿较平,腹较深,腹外少见旋纹,标本小驿头H6∶2(图1-72∶7)。

Ⅱ式：沿极短,尖圆唇,浅盘,盘腹较直,圈足较高,但无折曲。一般在器表盘腹与豆柄上多有旋纹。标本东先贤H15∶33、H9∶17(图1-72∶8、9)。

Ⅲ式：斜方唇,盘腹斜收。圈足较矮,但下端折曲较甚。一般在器表盘腹与豆柄上多有旋纹。标本补要村H37∶02(图1-72∶10)。

簋：数量不多,多为直腹,圈足情况不明。标本小驿头H66∶1(图1-72∶11)、东先贤H48∶54(图1-72∶12)。

大口尊：数量甚少。有少量硬陶质或原始瓷质尊。大体可分两式。

Ⅰ式：口肩径接近,口径略大于肩颈。标本小驿头H7∶1(图1-72∶13)。

Ⅱ式：口径大于肩颈。标本葛家庄99H81∶10(图1-72∶14)。

盂：数量甚多。标本东先贤H34∶18(图1-72∶15)、东先贤H48∶62(图1-72∶16)、补要村H98∶08(图1-72∶17)。

罐：根据整体形态差异可分为圆腹罐、深腹罐、大口罐三类。

圆腹罐：可分两型。

A型：直领或侈领,圆腹溜肩,平底,整体形态较矮。根据整体形态差异可分为三式。

Ⅰ式：圆唇直口,直领,沿微外卷,肩较圆鼓。腹部多饰有旋纹。标本小驿头H37∶1(图1-73∶1)。

Ⅱ式：圆唇,矮直领微卷,溜肩,肩腹或饰有旋纹。标本东先贤H15∶85(图1-73∶2)。

Ⅲ式：圆唇,领更矮,溜肩瘦腹。旋纹装饰减少。标本东先贤Y2∶1(图1-73∶3)。

B型：矮领或无领,平底,整体形态较矮。根据整体形态差异可分为三式。

Ⅰ式：矮直领,直口微敛,圆肩,肩腹转折处或饰以旋纹。标本小驿头H30∶1(图1-73∶4)。

Ⅱ式：卷沿近无领,侈口,圆肩,形体变矮扁,上腹或饰以一二道旋纹。标本东先贤H15∶25(图1-73∶5)。

Ⅲ式：卷沿,侈口,唇缘或有一道凹槽,溜肩,形体更扁矮。旋纹多在肩上出现。标本东先贤H4∶3(图1-73∶6)。

深腹罐：数量不多,根据整体形态差异可分为两式。

Ⅰ式：侈口,深腹,卷沿,圆唇或尖圆唇,个别唇缘饰花边。标本葛家庄99H57∶12、H57∶14(图1-73∶7、8),东先贤H15∶23(图1-73∶9)。

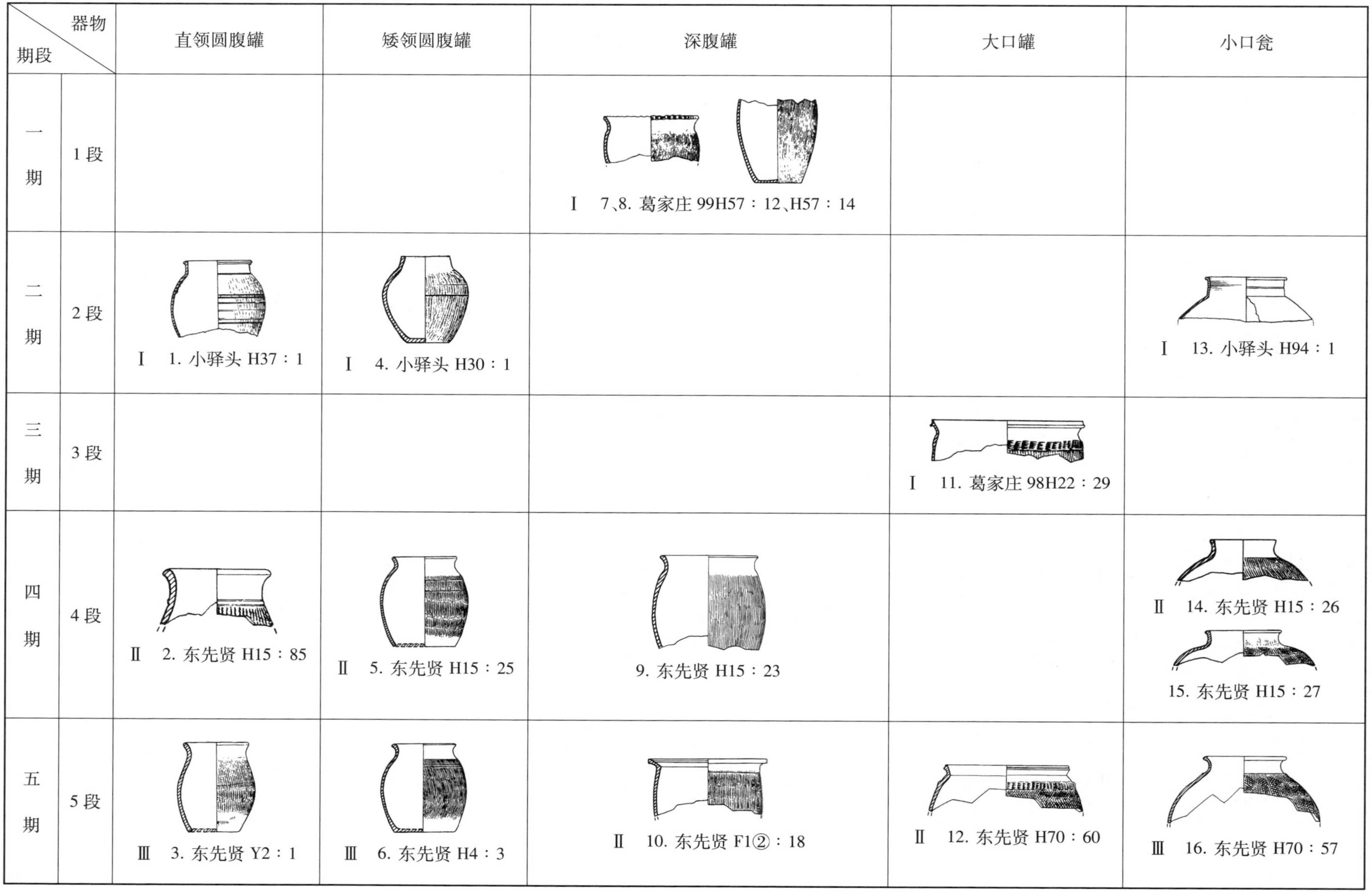

器物 / 期段	直领圆腹罐	矮领圆腹罐	深腹罐	大口罐	小口瓮
一期 1段			I 7、8. 葛家庄 99H57：12、H57：14		
二期 2段	I 1. 小驿头 H37：1	I 4. 小驿头 H30：1			I 13. 小驿头 H94：1
三期 3段				I 11. 葛家庄 98H22：29	
四期 4段	II 2. 东先贤 H15：85	II 5. 东先贤 H15：25	9. 东先贤 H15：23		II 14. 东先贤 H15：26 15. 东先贤 H15：27
五期 5段	III 3. 东先贤 Y2：1	III 6. 东先贤 H4：3	II 10. 东先贤 F1②：18	II 12. 东先贤 H70：60	III 16. 东先贤 H70：57

图 1－73　冀中南部地区早商时期陶罐、瓮分期图

Ⅱ式：侈口,方唇宽折沿,腹较直,沿面多饰有一二道凹槽,上腹亦多有旋纹装饰。标本东先贤 F1②：18(图 1 - 73：10)。

大口罐：数量甚少,根据整体形态差异可分为两式。

Ⅰ式：折沿斜立较宽,方唇或斜方唇,唇缘下有明显勾棱。颈下多饰以附加堆纹。标本葛家庄 98H22：29(图 1 - 73：11)。

Ⅱ式：折沿斜立较窄,方唇,唇缘下勾棱不甚明显。个别颈下饰以附加堆纹。标本东先贤 H70：60(图 1 - 73：12)。

小口瓮：数量甚多,根据整体形态差异可分为三式。

Ⅰ式：卷领微直,较高,斜肩。标本小驿头 H94：1(图 1 - 73：13)。

Ⅱ式：领部斜卷,较Ⅰ式矮,肩部趋平。标本东先贤 H15：26(图 1 - 73：14)、东先贤 H15：27(图 1 - 73：15)。

Ⅲ式：领部更矮,肩部甚平,部分器物在肩颈相接处折转较甚成一周较宽的凹槽。标本东先贤 H70：57(图 1 - 73：16)。

另外,早商时期冀中南部也偶见蛋形瓮、壶、甑、罍等器物,但数量极少。本书不一一详述。

(三) 分期与年代推定

在冀中南部地区东先贤、补要村、葛家庄和古鲁营四处遗址时代延续较长,且东先贤、补要村、古鲁营遗址公布与所知的地层关系较好,以此为基础,可以获知本地区考古学文化遗存的演变趋势。由此三处遗址考古学文化遗存的序列,可以对比构建本地区早商时期考古学文化遗存较完整的演变序列。

依据地层关系,东先贤遗址早商时期遗存可分为前后两段。第一段以 H15、H34、H9 等单位为代表;第二段则以 H2、H48、H70 等单位为代表。两段遗存前后衔接紧密,未有较明显的年代缺环。

补要村遗址早商时期遗存亦可分为前后两段。第一段以 H37 等单位为代表;第二段则以 H98、H110、H113 等单位为代表。两段遗存前后亦紧密相连,未有明显的年代缺环。两段遗存可与东先贤遗址两段遗存相对应。

葛家庄遗址提供的地层关系有限,根据补要村、东先贤与二里头时期葛家庄遗址的分期结果可将其早商时期遗存分为前后四段。第一段以 99H54、H57 两单位为代表;第二段以 98H22 为代表;以 98H10、99H5 为第三段代表;以 99H117 为第四段代表。其第三、四两段遗存与东先贤遗址两段遗存相对应,第一、二段遗存则早于东先贤与补要村遗址早商时期遗存。

古鲁营遗址有相互关系的地层单位不少,但较简单,也缺乏打破关系较多的早商时期遗迹单位。根据补要村、东先贤的分期结论,可将古鲁营遗址的早商时期遗存分为前后两段。早段遗存不多,但可以 H113、H106、H108 等单位为代表;晚段遗存较早段丰富,可以

H101、H109、H112、H115 等单位为代表。两段与东先贤、补要村的早商遗存可一一对应。

借助于上述四处遗存的分期结论,大致可以勾勒出冀中南部地区早商时期考古学文化的年代先后关系。由此,我们可以将其他材料不甚丰富的遗存纳入这一序列之中,建立冀南地区早商时期的初步年代学框架(表 1 - 22)。

表 1 - 22　早商时期冀中南部地区居址分期对照表

期段 \ 遗址		补要村	东先贤	古鲁营	南马	马庄	南程	葛家庄	粮库	尹郭村	曹演庄	南大郭	后留	小驿头
三期	5 段	2	2	2	√	√	√	4	√	√	√	√	√	
	4 段	1	1	1				3						2
二期	3 段							2						
一期	2 段													1
	1 段							1						
资料来源		①	②	③	④	⑤	⑥	⑦	⑧	⑨	⑩	⑪	⑫	⑬

①　北京大学考古文博学院、河北省文物局、邢台市文物管理处、临城县文化旅游局:《河北临城县补要村遗址南区发掘简报》,《考古》2011 年第 3 期;北京大学考古文博学院、河北省文物局、邢台市文物管理处、临城县文化旅游局:《河北临城县补要村遗址北区发掘简报》,《考古》2011 年第 3 期;补要村遗址大部分材料现藏北京大学考古文博学院。

②　唐云明:《河北邢台东先贤村商代遗址调查》,《考古》1959 年第 2 期;河北省文物研究所:《河北邢台县东先贤遗址发掘简报》,《考古》2002 年第 3 期;东先贤考古队:《河北邢台市东先贤遗址 1998 年的发掘》,《考古》2003 年第 11 期;邢台东先贤考古队:《邢台东先贤商代遗址发掘报告》,《古代文明》(第 1 卷),文物出版社(北京),2002 年;河北省文物研究所:《邢台商周遗址》,文物出版社(北京),2011 年。

③　河北省文物研究所:《邢台商周遗址》,文物出版社(北京),2011 年。

④　徐海峰:《赞皇南马遗址》,《中国考古新发现年度记录(2010)》,《中国文化遗产》2011 年增刊。

⑤　赵战护、贾金标、杨景峰:《河北沙河马庄商代聚落遗址》,《中国考古新发现年度记录(2010)》,《中国文化遗产》2011 年增刊。

⑥　河北省文物研究所、石家庄市文物研究所、元氏县文物保护管理所:《南程遗址发掘简报》,《文物春秋》2010 年第 2 期。

⑦　郭瑞海、任亚珊、贾金标:《1993—1997 年邢台葛家庄先商、两周贵族墓地考古工作的主要收获》,《三代文明研究(一)——1998 年河北邢台中国商周文明国际学术研讨会论文集》,科学出版社,1999 年;河北省文物局第一期考古发掘领队培训班、河北省文物研究所、邢台市文物管理处:《河北邢台葛家庄遗址 1996 年发掘简报》,《河北省考古文集(二)》,燕山出版社(北京),2001 年;河北省文物研究所:《河北邢台市葛家庄遗址北区 1998 年发掘简报》,《考古》2000 年第 11 期;河北省文物考古研究所、吉林大学边疆考古研究中心、邢台市文物管理处:《河北邢台市葛家庄遗址 1999 年发掘简报》,《考古》2005 年第 2 期;郭瑞海、任亚珊、贾金标:《邢台葛家庄先商文化遗存分析》,《三代文明研究(一)——1998 年河北邢台中国商周文明国际学术研讨会论文集》,科学出版社,1999 年;郭瑞海、任亚珊、贾金标:《葛家庄先商遗存的几个问题》,《中国考古学跨世纪的回顾与前瞻——1999 年西陵国际学术研讨会文集》,科学出版社,2000 年。

⑧　河北省邢台市文物管理处:《邢台粮库遗址》,科学出版社(北京),2005 年。

⑨　河北省文化局文物工作队:《邢台尹郭村商代遗址及战国墓葬试掘简报》,《文物》1960 年第 4 期。

⑩　河北省文物管理委员会:《邢台曹演庄遗址发掘报告》,《考古学报》1958 年第 4 期。

⑪　唐云明:《邢台南大郭村商代遗址试掘简报》,《文物参考资料》1957 年第 3 期。

⑫　该遗址 2007 年由中国社会科学院考古所发掘,笔者参观所见。资料现存河北省文物保护中心。

⑬　河北省文物研究所:《内丘小驿头遗址发掘报告》,《河北省考古文集》,东方出版社(北京),1998 年。

邢台粮库遗址早商时期遗存较为丰富,但公布情况不甚理想。所公布材料以地层材料为主,但在同一遗迹单位中又往往有不同期段的遗存。虽经仔细分别,仍无法对其进行有效的细分。观察这一时期的遗存,可知其时代大体接近。由于材料公布原因,无法精确分段,因此将其合并处理,年代大体与东先贤遗址前后两段遗存相当。

尹郭村遗址将商代遗存分为上下两层,其中商文化下层遗存相当于早商时期。由于原简报未提供具体单位与器物编号,因此无法对该遗址分段研究。从发表的不甚清晰的照片观察,年代大体与东先贤遗址早商时期遗存相当。

曹演庄、南大郭遗址亦将商代遗存分为上下两层,其中商文化下层遗存相当于早商时期。由于原简报也没有提供具体单位与器物编号,因此无法对该遗址分段研究。从发表的不甚清晰的照片观察,年代大体也应与东先贤遗址早商时期遗存相当。

邢台后留遗址 2007 年配合南水北调工程文物保护项目被抢救性发掘,遗址内发现有较典型的早商时期遗存。大体年代与东先贤遗址早商时期遗存相当。

内丘小驿头遗址所发现商时期遗存皆属于早商时期,但原报告未对其细加区分。由于资料发表甚为简略,我们无法对之加以细分。段宏振曾将其分为前后相继的三段,但从部分器物的形态特征观察,似有可能将其分为前后两段。第一段以 H7、H38 为代表,其余单位则属于第二段。第一段遗存年代应与葛家庄遗址第一段年代相近,而早于后者的第二段。第二段遗存以 H37、H45 等单位为代表,其中 H37 似乎较 H45 年代为早,而与葛家庄遗址第二段相近,较东先贤遗址第一段可能略早。但由于材料公布原因,无法进一步划分。

赞皇南马发现有较丰富的早商时期遗存,但目前可见的仅有数件器物,年代大体与东先贤、补要村遗址早商时期晚段遗存年代相当。

沙河马庄遗址早商时期的遗存以 H901 为代表,年代与东先贤、补要村早商时期晚段遗存相当。

元氏南程遗址早商时期遗存似乎较丰富,按张翠莲等公布的情况看,与补要村、东先贤等遗址的早商时期遗存年代相当。

由上述遗址分期排比来看,可将冀中南部地区早商时期考古学文化遗存分为三期五段。

一期 1 段:材料甚少,目前较为确定的仅有葛家庄遗址一处,且遗存单位较少。葛家庄遗址原简报中,第一段所属的两单位被划归入二里头时期[1]。但笔者认为这两个单位属于早商时期。首先,两单位的泥质深腹盆,卷沿特甚但沿面前缘已不似二里头时期该遗址 H026:2 的同类器那样有较明显的下勾,陶盆沿面内侧又有较明显的折棱,腹部已较平缓,上腹先竖直,至腹中再缓收。与郑州商城二里冈下层一期同类器物(C1H9:15、89ZDH9:14)相比,它们的口沿形制极为接近(图 1-74),但葛庄陶盆似乎年代稍晚。其次,两单位出土陶鬲、甗,卷沿较甚,颈部折转较硬,与郑州商城二里冈下层一期同类器物

---

[1]　河北省文物考古研究所、吉林大学边疆考古研究中心、邢台市文物管理处:《河北邢台市葛家庄遗址 1999 年发掘简报》,《考古》2005 年第 2 期。

(C9.1H118:8、C5T5②:92)口沿形制的确极为接近,但沿面上折,似乎晚于C1H9,更接近郑州商城 H118 的同类器(图1-74)。与葛家庄遗址的数个单位相近,内丘小驿头 H7 发表的大口尊口肩径相近,这是夏商之际大口尊的典型特征,所以该单位年代也应较早。

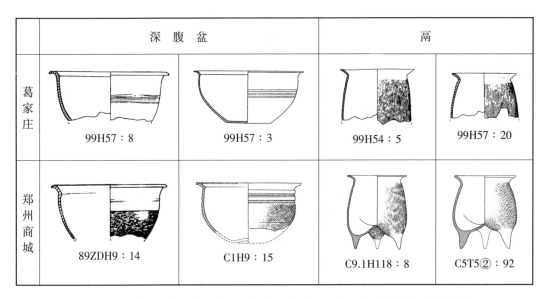

图1-74　冀中南部早商一期1段与郑州商城二里冈下层一期陶盆、鬲比较图

因此,这几个单位是冀中南部地区早商时期时代最早的遗存,约相当于二里冈下层一期。

一期 2 段:遗存较少,目前仅有内丘小驿头遗址一处,确定的遗存仅有 H38 一个单位。该单位内发表两件陶鬲,一件鼓腹高锥足,一件方唇上翻,唇缘上有凹槽。前者与郑州商城 C8T24④:28、CWM8:2 形制近似;后者则与郑州商城 C8M8:5 形制近似(图1-75)。由此可知本段遗存约相当于二里冈下层二期。

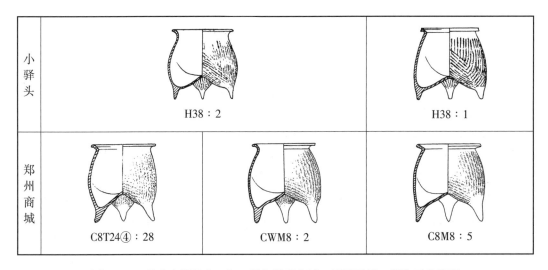

图1-75　冀中南部早商一期2段与郑州商城二里冈下层二期陶鬲比较图

二期 3 段：遗存较多,目前确定的遗址有小驿头与葛家庄遗址两处。两遗址出土的陶鬲形体近长方,但较瘦,锥足甚高,口沿上翻,多为方唇,沿面及唇缘多见凹槽,与郑州商城白家庄时期陶鬲极为接近。其他器类如陶盆、豆、罐等亦同。因此可知本段年代约相当于二里冈上层二期,即白家庄期,亦即邹衡先生商文化分期体系中的早商期第Ⅵ组。

三期 4 段：遗存甚多,东先贤—曹演庄遗址群一段、补要村遗址一段皆属这一时期。这一时期陶器制作规整,同类器往往富于变化。这一时期的遗存总体面貌与洹北商城早期遗存面貌接近,年代亦同,约相当于安阳洹北花园庄遗址早期,亦即邹衡先生商文化分期体系中的早商期第Ⅶ组。

三期 5 段：遗存甚多,以东先贤—曹演庄遗址群二段、补要村遗址二段皆属这一时期。这一时期陶器制作规整,同类器个体变化多。这一时期的遗存总体面貌与洹北商城晚期遗存面貌接近,年代亦同。因此本段年代约相当于安阳洹北花园庄遗址晚期,亦即邹衡先生商文化分期体系中的早商期第Ⅷ组。

四、商早期各期陶器的特征

从整体的文化面貌看,冀中地区早商时期的四期间文化面貌变化较为明显。下面我们从陶系、炊器组合变化、其他标志性器物数量变化等方面予以分析。

（一）陶系

第一期 1 段中,目前未有典型单位或遗址公布准确的统计数据,但就葛家庄遗址简报中的零星信息所知,这一段泥质陶与夹砂陶比例相近,陶色以灰陶为主,黑褐陶次之,有极少量的红褐陶(参表 1 - 23)。纹饰中以绳纹为主,但素面陶与磨光陶的比例较高,旋纹在本段占有一定的比例,戳印纹、压印纹、附加堆纹等纹饰的比例相对较少。纹饰的使用与装饰有一定的规律。绳纹装饰在各类炊器与瓮、罐类器物之上。附加堆纹多装饰于夹砂罐颈部,戳印纹多施于陶盆肩腹部。旋纹多施加在陶盆、陶豆之上。平底器器底多有绳纹滚压。这一时期的绳纹较细,滚压规整。

第一期 2 段,由于本段仅有小驿头遗址一个单位,亦无确切的统计数据。据简报粗略描述,可大致了解这一时期的纹饰装饰特征。本段以夹砂陶为绝大多数,泥质陶较少。陶色以灰陶为绝大多数,黑褐、红褐色陶较少(参表 1 - 23)。陶器纹饰中以各类绳纹为最多,磨光陶和素面陶比例减少,有零星的篮纹,附加堆纹、旋纹占有一定的比例,但戳印纹数量甚少。本时期陶器纹饰的使用与施加位置与上一阶段相近,未有明显变化。

第二期 3 段,本段有葛家庄与小驿头两处遗址的数个单位,无确切的统计数据。据简报粗略描述,可大致了解这一时期的纹饰特征。本段以夹砂陶为绝大多数,泥质陶比例明显减少。陶色以灰陶为绝大多数,红褐陶次之,黑褐陶数量较少(参表 1 - 23)。陶器纹饰中以各类绳纹为最多,磨光陶和素面陶比例减少,有零星的篮纹,附加堆纹、戳印纹数量甚少。本时期陶器纹饰的使用与施加位置与上一阶段相近,无明显变化。

表 1-23　早商时期冀中南部地区居址典型单位陶系统计表

时段	项目	单位	陶质(%)		陶色(%)			纹饰(%)						
			泥质	夹砂	灰	黑褐	红	素面	磨光	绳纹(含旋断)	篮纹	旋纹	附加堆纹	戳压印
一期	1段	葛庄 99H54、H57等	55-65	45-55	为主	次之	少量	√	√	绝大多数		√	√	√
	2段	小驿头	较少	绝大多数	为主	√	√	√		绝大多数	√	√	√	少量
二期	3段	葛家庄98H22	少数	多数	为主	少量	次之	√	√	绝大多数	√	较多	√	√
		葛家庄99H5	少数	多数										
三期	4段	东先贤 H15	85.8	14.2	92.6	7.1	0.3	19.9	0.4	78.7		0.5	0.5	
		东先贤 H34	78.6	21.4	79.3	11.9	8.8	13.6	5.9	76.3		0.7	3.3	0.2
		东先贤 H9	87.4	12.6	91.7	7.2	1.1	15.3	6.6	74.7		1.1	1.7	0.6
		补要村 H37	1.4	98.6	55.9	28.2	15.6	30.8	1.3	54.7	2.6	10.4	0.2	
		古鲁营 H113	38.8	61.2	32.5	55	12.5	13.8	0.6	84.6		0.6	1.9	
		古鲁营 H106	51.4	48.6	44.4	41.7	13.9	25	4.2	65.3		5.6	1.4	
	5段	东先贤 H2	78.8	21.2	95.3	4.5	0.2	7.9	10.1	81.6		0.2	0.2	
		东先贤 H48	70.6	29.4	95.1	4.5	0.4	9.7	5.5	83.1		1.5	0.2	0.1
		东先贤 H70	91.3	8.7	94.8	4.7	0.5	16.6	4.3	76.4		1.9	0.8	
		补要村 H98	1.8	98.2	62.5	22.1	15.4	36.6	1.1	62.6		9.3	0.1	0.1
		补要村 H110	0.3	99.7	82.4	7.9	9.7	24.9	0.8	73.3	0.2	17.5	1.3	0.5
		补要村 H113	0.7	99.3	65.8	20.7	13.6	30.3	2.2	67	0.3	11.6	0.9	0.4
		古鲁营 H101	40	60	26.8	52.9	20.3	9		90.2		2.7	4.6	

(案:古鲁营 H101 统计数据为 H101A、H101B、H101C 的总和统计数据)

第三期4段,本段遗存数量众多,但本段的陶器统计数据,却出现了十分有趣的现象。在东先贤遗址,泥质陶数量占八成左右,夹砂陶仅占两成。与东先贤近似,南大郭遗址商文化下层陶片仅有 118 片,但"灰色的居多,红色的只有 4 片。陶质泥质占多数";尹郭村遗址"下层泥质灰陶最多,砂质红陶和泥质红陶较少";粮库遗址各单位情况却有所差异,有的夹砂陶与泥质陶比例相当,有的夹砂陶多于泥质陶。葛家庄遗址在本段的遗存中夹砂陶多于泥质陶,一般在58%-85%之间。与东先贤—曹演庄遗址群迥异,补要村、小驿头等遗址,泥质陶数量少,一般在两成以内,而夹砂陶高达八成以上。这一现象可能与地区差别或遗址等级差异有关。但本段陶系仍存在一定共性。各遗址陶系无论比例如何,皆以灰陶为绝大多数,黑褐、红褐色陶较少(参见表1-23)。陶器纹饰中以各类绳纹为最多,磨光陶继续减少,素面陶、旋纹比例较上一段为高。本段仍有零星的篮纹,附加堆纹、戳印纹占有一定的比例,但数量较少。本时期陶器纹饰的使用与施加位置与上一阶段相近,未有明显变化。

第三期5段,本段遗存丰富,但陶系、陶色等统计数据仍然与上一阶段相同,不同遗址间差异明显。东先贤—曹演庄遗址群泥质陶多,夹砂陶少。但与上一段相比,夹砂陶总体数量略有减少。补要村等遗址中泥质陶数量甚少,夹砂陶占有绝对优势。本阶段陶色、纹饰装饰风格、特点与上一阶段相近,未有明显变化。但本阶段磨光陶基本消失,是比较突出的特点。

(二)器物群中的炊器特征与组合变化

冀中南部地区早商时期炊器组合变化较为明显,各类炊器形态的时代特征变化也较为明显(参见表1-24)。

表1-24　早商时期冀中南部地区居址炊器组合百分比统计表

期段	器类	单位	大型鬲	中型鬲	小型鬲	甗	甑	斝	鼎	总件数
一期	1段	葛家庄99H54、H57等		√		√				?
	2段	小驿头		66.7	33.3	√				>6
二期	3段	葛家庄98H22	√	√	√	√			√	?
		葛家庄99H5	√	√	√				√	?
三期	4段	东先贤H15	6.7	60	24.4	2.2	6.7			45
		东先贤H34	10	40	40			10		10
		东先贤H9	6.7	46.7	46.6					15
		补要村H37	10.2	84.6	2.6	2.6				39
		古鲁营H113	30.8	38.4	30.8					
		古鲁营H106	40	20	40					

续表

期段	器类	单　　位	大型鬲	中型鬲	小型鬲	甗	甑	斝	鼎	总件数
三期	5段	东先贤 H48	4.2	47.9	47.3		0.6			167
		东先贤 H70	5.7	60.2	34.1					88
		补要村 H98	12	88						25
		补要村 H110	7.4	78	14.6					41
		补要村 H113	5.2	84.4	7.8				2.6	77
		古鲁营 H101	20	46.7	33.3					
		古鲁营 H109	50	38.9	11.1					

(小驿头数据仅为复原器统计数据,原简报已经说明"鬲残片极多";葛家庄简报未公布器物数量;
陶鬲的统计数据以口部残片与复原器计)

一期1段:炊器以陶鬲为绝大多数,有零星陶甗。但由于材料公布原因,陶鬲中的大中小型陶鬲比例尚不明确。本阶段陶鬲卷沿深腹,整体形态瘦长,器表多装饰以规整的细绳纹或线纹。陶甗有较明显的箅托,器表腰部未见附加堆纹。本阶段未见陶鼎。

一期2段:本阶段仍以鬲、甗为炊器组合。从小驿头遗址观察,以中型鬲为主,小型鬲次之,未见大型鬲。陶鬲卷、折沿皆有,袋足较肥,器表绳纹较上一阶段略粗。陶甗形态与上一阶段相近。本段仍未发现陶甑与鼎。但从鬲、甗比例差异来看,本段应该有一定数量的陶甑存在才能满足蒸食要求。

二期3段:本阶段陶炊器有鬲、甗、鼎三类。但由于缺乏各种器类的数据统计,因此不能得知各类炊器在组合中所占的比例。从已有材料可知,陶鬲有大、中、小三类,似以中型鬲为多。陶鬲种类较多,制作较规整,但每种陶鬲皆有一定的变化。陶鬲器表绳纹进一步变粗,仍较规整。陶甗形制与上一阶段相近,但箅托角度由较平变为略向下。本阶段发现有一定数量的陶鼎,但数量极少。

三期4段:本阶段炊器种类增加了甑与斝,但仍以陶鬲为最主要炊器。从比例上讲,陶鬲约占全部炊器中的九成。在陶鬲中,又以中型鬲数量最多,占陶鬲中的五至七成,小型鬲次之,约占二至四成,大型鬲数量较少,约占半成到一成。陶鬲的种类形态进一步丰富,制作进一步规整。器表装饰的绳纹进一步加粗。本阶段甑、甗、斝数量较少。

三期5段:本阶段炊器组合与上一阶段相同,组合比例亦同,未有明显变化。

(三)器物群其他主要器物特征与组合变化

早商时期冀中南部地区除炊器外,其他器物的组合与形态变化也有一些规律可循。

盆在早商时期冀中南部地区较为常见,有泥质陶和夹砂陶两类,陶盆种类较多,但变化规律清晰。大略而言,泥质陶陶盆制作精细,以鼓腹盆最为常见,但这种陶盆多出现在较早的阶段,到二期三段之后,器表磨光加饰成组旋纹的鼓腹盆逐渐消失。深腹盆和浅腹盆在一期数量较少,但这或许也与发现的遗存数量有限有一定关系。深腹盆器壁较厚,时代偏早的口沿多斜立较宽,时代偏晚的口沿逐渐变平,沿面逐渐变窄,器腹随时代演进逐渐变深。浅腹盆时代较早者沿面较宽,时代较晚者沿面变窄,器腹时代较早者较深,但较斜直,时代较晚者上腹较鼓,盆腹较缓。浅腹盆与鼓腹盆腹部都饰以较规整的绳纹,上腹亦多饰有两至三道旋纹。到三期时,鼓腹盆的装饰也开始与深腹盆、浅腹盆趋同。深腹盆、浅腹盆盆底多有绳纹滚交错滚压,这是冀中南部地区的地区特点。在三期时,不同地点的陶盆质地差异较大。东先贤—曹演庄遗址群陶盆多为泥质,而补要村、小驿头等遗址陶盆或夹细砂,或直接为夹砂陶。这种差异应与遗址性质、等级差异有关。

豆在早商时期冀中南部地区总体数量不多,但也较常见。这一时期,本地区有真腹与假腹两种陶豆。真腹豆中未见细柄者,粗柄者盘腹随时代演进渐深,折曲渐缓,圈足逐渐变矮。三期以前,圈足上多见方形或十字形镂孔,三期开始,镂孔消失。假腹豆数量较多,但在本地区出现似较晚,至三期时开始广泛流行。盘腹皆较浅,圈足折曲由较大变为较缓。

陶瓮在冀中南部地区十分常见,主要是小口瓮与敛口瓮两类,偶见有蛋形瓮和大口瓮。小口瓮形制变化较多,但装饰风格较为统一,皆在肩部以下以旋断绳纹装饰。整体变化肩部由溜肩到肩部较平,肩颈相接处多见凹槽,再到较为平缓。领部由较直,逐渐演变为较外侈且逐渐变矮。敛口瓮数量较少,形体甚大,制作较粗糙。

陶罐在冀中南部地区数量较多,但种类不多,以直领罐与圆腹罐最为常见,器物形态的演变规律不甚明显。

敛口钵在这一时期是主要食器,但形体前后几无变化,器体大小似乎有逐渐增大的趋势。但即便从一期至三期五段,其口径大小与器体高度的差异不超过5厘米。需要注意的是,到三期时,敛口钵与陶盆一样,在东先贤—曹演庄遗址群与补要村、小驿头两遗址中同样存在陶质差异。东先贤遗址敛口钵多为泥质,而补要村、小驿头敛口钵多夹细砂。但后两地敛口钵皆多在口沿处磨光处理。

五、商晚期遗存的分期

(一)地层关系

冀中南部地区晚商时期遗存较为丰富(图1-76)。截至2020年,冀中南部地区晚商时期发掘面积较大且遗存较为丰富的有邢台东先贤—曹演庄遗址群及邢台后留、临城补要村、隆尧双碑等遗址。

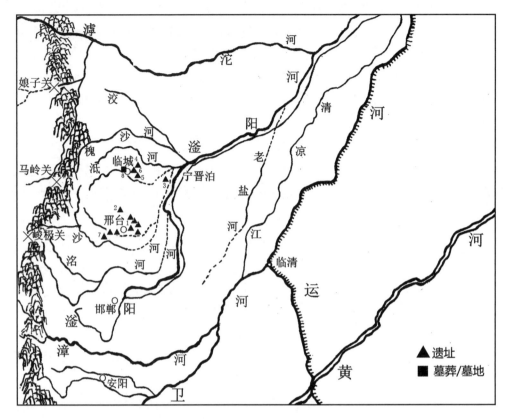

图1-76　冀中南部地区晚商时期主要遗址分布示意图

1. 邢台东先贤—曹演庄遗址群　2. 后留　3. 双碑　4. 补要村　5. 解村　6. 古鲁营　7. 马庄　8. 临城县城商墓

东先贤遗址多次发掘,可以1998年发掘之T3、T2、T5、T6,2000年发掘之T17、T18等作为代表,其中典型地层关系有如下几组:

(1) 98T3③→H12、H17→H15

(2) H2→98T2③→④→H4→H5→H6→⑤→F1

(3) 98T5⑤→H26→⑥→H27→⑦

(4) 98T6④→H30→⑤→H8→H31→H9→H34

(5) 00T17⑤→H40→H42→⑥→H42→H45→H46

在地层关系(1)中,H12、H17、③层为晚商时期遗存;在地层关系(2)中,④层以上各单位属于晚商时期遗存;在(3)中,⑦层以上各单位为晚商时期遗存;(4)中,H8及⑤层以上为晚商时期遗存;地层关系(5)中,H42、H40及⑤层以上各单位为晚商时期遗存。另外1995年H3、H6、H10等单位也属于晚商时期遗存的代表。

葛家庄遗址历次发掘中发现多组地层与晚商时期遗存有关,其中可以如下几组作为代表:

(1) 98T1②→H4→③

（2）99T130③→H49

（3）99T1202③→H72

在第（1）组地层关系中,H4 为晚商时期遗存;地层关系（2）中 H49 为晚商时期遗存;第（3）组关系中 H72 为晚商时期遗存。除上述单位外 98 年 H10、H9 等单位也可以作为晚商时期的遗存代表。

粮库遗址晚商时期遗存较为丰富,但原报告发表资料却十分零散,大部分灰坑内的遗物并未发表。详加检索,发表器物较多且有分期意义的地层关系有如下几组:

（1）ⅠH4→H55

（2）ⅠH108→H112

（3）ⅠT2③→H88→④

（4）H45→H160

在上述三组地层关系中,H4、H112、H88、H120、H160 等单位属于晚商时期遗存。

曹演庄遗址原报告将商代遗存分为上下两层,所分的商文化上层属于晚商时期遗存。

尹郭村遗址原简报将商代遗存分为上下两层,所分的商文化上层属于晚商时期遗存。

南大郭村遗址原简报将商代遗存分为上下两层,所分的商文化上层属于晚商时期遗存。

隆尧双碑遗址商时期遗存年代较为单纯,皆为晚商时期遗存,可以 H10、H53 为代表。

补要村遗址晚商时期遗存较为丰富,可资利用的地层关系有多组,以其中较有代表性的地层关系如:

（1）ST04②→H224→③→H229→H231

（2）ST07②→H73→H132

（3）ST09①→H99→H164

（4）NT0302②→G11→H190→H144→③

（5）NT0403②→H311→H235

在第一组地层关系中,H229 为晚商时期遗存;第二组地层关系中 H132 为晚商时期遗存;第三组地层关系中 H99 为晚商时期遗存;第四组地层关系中 H190、H144 为晚商时期遗存;第五组地层关系中 H235 为晚商时期遗存。

古鲁营遗址因京武高铁基建工作于 2009 年发掘。晚商时期遗存十分丰富,虽然遗址上部地层破坏严重,但仍有一些打破与叠压关系可以利用。典型地层关系如:

（1）Ⅰ②→H19→H67→H34

（2）Ⅰ②→F4→H42、H23→F5→H38→H52

（3）H19→H68→H67→H34

（4）H2→H1（J1）

上述地层关系中,第（1）组地层关系中 H19、H67、H34 三个单位为晚商时期遗存;第（2）组地层关系中,H42、H23、H38、H52 四个灰坑为晚商时期单位,但在报告中认为 F5 为西周时期遗存,则该组单位的年代认定原报告必然有误,细检报告,仅 H38、H52 为晚商时期单位;第(3)组单位中,报告灰坑登记表中云 H19 打破 H34、H67、H68;描述 H34 时,记录被 H17、H19、H67 打破;H67 打破 H34;H68 打破 H67。第(4)组地层单位中,两单位皆为晚商时期遗存。

在上述地层关系的基础上,可以对冀中南部晚商时期的陶器遗存进行形态演变的具体研究,以明确该地区晚商时期的文化演进细节。

(二) 陶器形制分析

冀中南部地区各遗址晚商时期遗存较为丰富,器类亦较多样,总体看,三足器、平底器、圈足器皆有一定的比例。其中鬲、盆、簋、豆、罐、小口瓮六类器物形制演变轨迹较为清晰,是分期断代的重要依据。

鬲:冀中南部地区晚商时期的陶鬲形制虽远不及同时期的殷墟那样多样,但较冀南地区形态丰富。陶鬲有夹砂与泥质两种,但泥质鬲、夹砂无实足根鬲,夹砂柱足鬲数量不多。所有陶鬲皆为夹砂实锥足。以殷墟同时期陶鬲的分类标准衡量,冀中南部地区的陶鬲可分为如下几类。

夹砂实锥足鬲:根据整体形态差异,可分为五型。

A 型:纵长方体鬲。袋足曲线较直,折沿和卷沿皆有,器物整体特征是器高大于腹径。根据口颈与裆足形态差异可分为五式。

Ⅰ式:圆唇或厚方唇,沿面前端起榫,沿面多有一二道凹槽,唇缘多见凹槽,缘下或有勾棱。标本补要村 H99:09、补要村 H99:10(图 1-77:1、2)。

Ⅱ式:沿面前端起榫,沿面多有一二道凹槽,有的在颈下饰有一周附加堆纹,腹部略有鼓出。标本补要村 ST4③:02、东先贤 T1⑩:20、东先贤 H42:17(图 1-77:3、4、5)。

Ⅲ式:微束颈,上腹较鼓,有的在颈下饰有一周附加堆纹,沿面前端起榫,在沿面形成一或两道凹槽,唇缘多见有凹槽,分裆开始变矮。标本东先贤 H64:4、东先贤 H61:17、古鲁营 H107:2(图 1-77:6、7、8)。

Ⅳ式:圆唇或厚方唇,无领,沿面无凹槽,唇缘无凹槽,袋足较肥,锥足变粗,较矮。标本东先贤 H61:9、补要村 H269:01、补要村 H238:01(图 1-77:9、10、11)。

Ⅴ式:宽折沿,方唇或圆唇,沿面斜直,沿面前端起榫,在沿面形成一或两道凹槽,唇缘多见有凹槽,分裆更矮。整体已近横长方形鬲。标本东先贤 H56:3、古鲁营 F1:2(图 1-77:12、13)。

B 型:横长方体鬲。袋足曲线较鼓,整体形态腹径多大于器高。同样有折沿和卷沿鬲,根据口径及裆足形态差异可分为五式。

Ⅰ式:方唇或斜方唇。唇缘下无明显勾棱,沿面前端有的有一道凹槽,唇缘上偶见有凹槽,腹肥直。标本补要村 H190:02、古鲁营 H101C:1、东先贤 H42:13(图 1-77:14、15、16)。

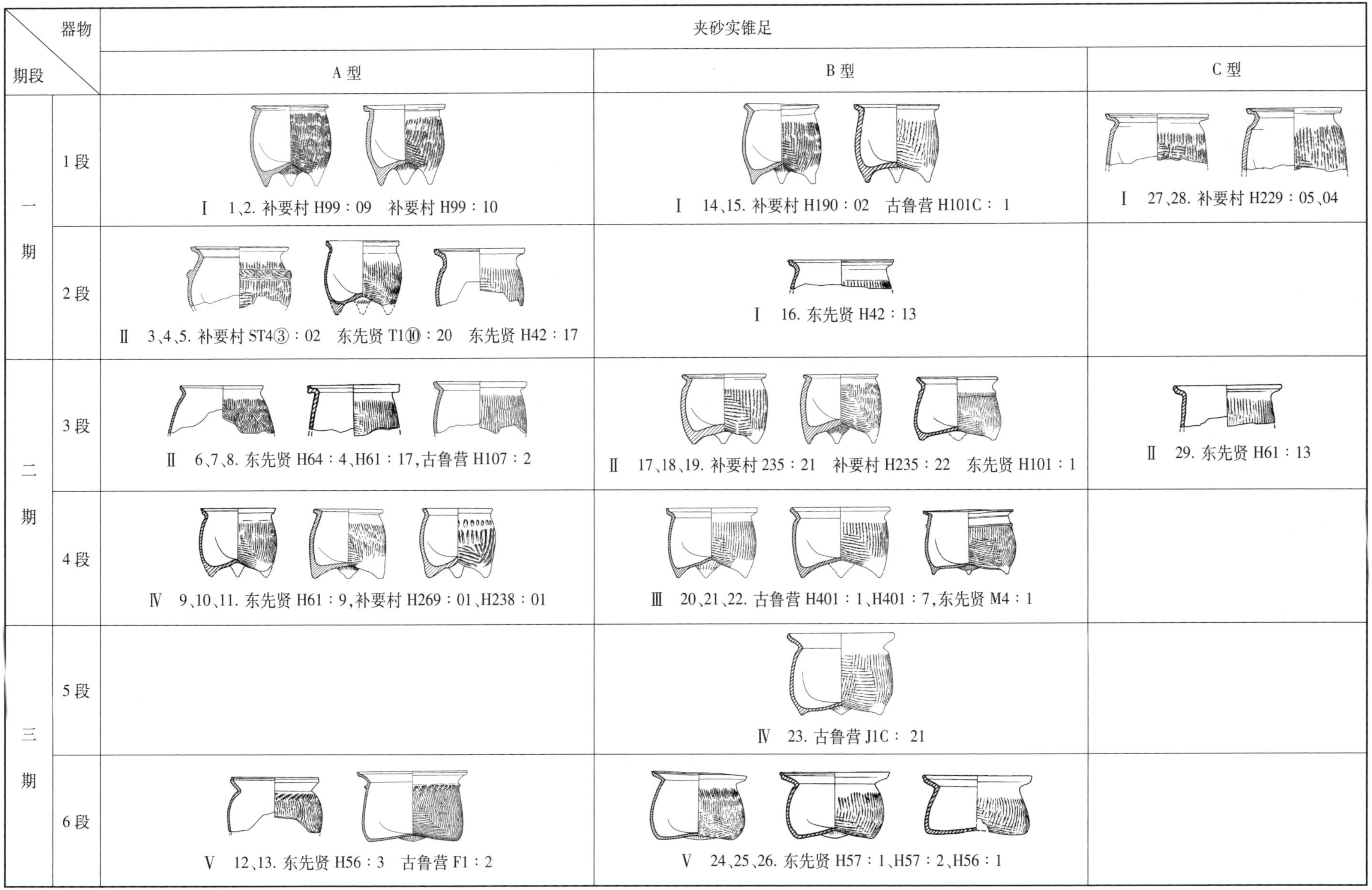

图 1-77 冀中南部地区晚商时期鬲陶两分期图（一）

器物		A 型	B 型	C 型
	1段	I 1,2. 朴要村 H99：09 朴要村 H99：10	I 14,15. 朴要村 H190：02 古鲁营 H101C：1	I 27,28. 朴要村 H229：05、04
一期	2段	II 3,4,5. 朴要村 ST4③：02 东先贤 T1①：20 东先贤 H42：17	I 16. 东先贤 H42：13	II 29. 东先贤 H61：13
	3段	II 6,7,8. 东先贤 H64：4,H61：17,古鲁营 H107：2	II 17,18,19. 朴要村 235：21 朴要村 H235：22 东先贤 H101：1	
二期	4段	IV 9,10,11. 东先贤 H61：9,朴要村 H269：01,H238：01	III 20,21,22. 古鲁营 H401：1,H401：7,东先贤 M4：1	
	5段		IV 23. 古鲁营 J1C：21	
三期	6段	V 12,13. 东先贤 H56：3 古鲁营 F1：2	V 24,25,26. 东先贤 H57：1,H57：2,H56：1	

Ⅱ式：器型整体变矮,圆唇或厚方唇,沿面前端起榫,沿面与唇缘偶见凹槽,个别肩部有附加堆纹。短束颈,弧鼓腹。标本补要村 H235：21、补要村 H235：22、东先贤 H101：1(图1-77：17、18、19)。

Ⅲ式：圆唇或厚斜方唇,折沿更窄,沿面前端起榫,沿面偶有一二道凹槽,唇缘偶见凹槽,整体更扁方,裆更矮,锥足略矮。标本古鲁营 H401：1、古鲁营 H401：7、东先贤 M4：1、(图1-77：20、21、22)。

Ⅳ式：宽沿,方唇或圆唇,沿面斜直,沿面前端起榫,在沿面形成一或两道凹槽,唇缘多见有凹槽,分裆低矮,实足根近无。标本古鲁营 J1C：21(图1-77：23)。

Ⅴ式：宽沿,方唇或圆唇,沿面斜直,沿面前端多起榫,在沿面形成一或两道凹槽,有的甚至近盘口,唇缘多见有凹槽,整体扁方,分裆更矮,实足根全无。标本东先贤 H57：1、2,东先贤 H56：1(图1-77：24、25、26)。

C 型：筒腹鬲。根据整体形态差异可分为两式。

Ⅰ式：圆唇或厚方唇,沿面前端起榫,沿面多有一二道凹槽,唇缘偶见凹槽,束颈,瘦腹。标本补要村 H229：05、04(图1-77：27、28)。

Ⅱ式：斜折沿,沿面前端起榫,沿面多有一二道凹槽,直腹无领,无束颈。标本东先贤 H61：13(图1-77：29)。

D 型：瘪裆筒腹鬲。根据沿面及袋足形态差异可分为两式。

Ⅰ式：宽沿,方唇或圆唇,沿面斜直,沿面前端多起榫,在沿面形成一或两道凹槽,有的甚至近盘口,唇缘多见有凹槽,整体较扁方,腹较直,瘪裆,袋足微内收。标本补要村 M6：1(图1-78：1)。

Ⅱ式：宽沿,方唇或圆唇,沿面斜直,整体更扁方,袋足低矮,瘪裆,已无实足根。标本补要村 ST03②：19(图1-78：2)。

E 型：高领袋足鬲。小口,直领或高领,宽肩,肥袋足。有的肩部有钮或带耳。此类鬲数量极少。标本古鲁营 F3：1(图1-78：3)。

F 型：单把鬲。此类鬲数量极少。侈口,短折沿,溜肩,弧裆,腹中有单把。标本补要村 ST05②：02(图1-78：4)。

夹砂柱足鬲：在冀中南部地区零星出现,目前所见只有折沿矮领一类,较多个体颈下与上腹有附加堆纹装饰,所见个体少,无法分式。标本双碑 H1：9、东先贤 M3：1、粮库Ⅰ H4：3、古鲁营 F3：7(图1-78：5、6、7、8)。

夹砂无实足根鬲：在本地区有部分发现,总体数量不多。根据整体形态差异可分为两型。

A 型：矮领肥袋足鬲。矮领,广肩,肥袋足较直,整体近罐形。标本双碑 F7：1、粮库ⅢT25④：17(图1-79：1、2)。

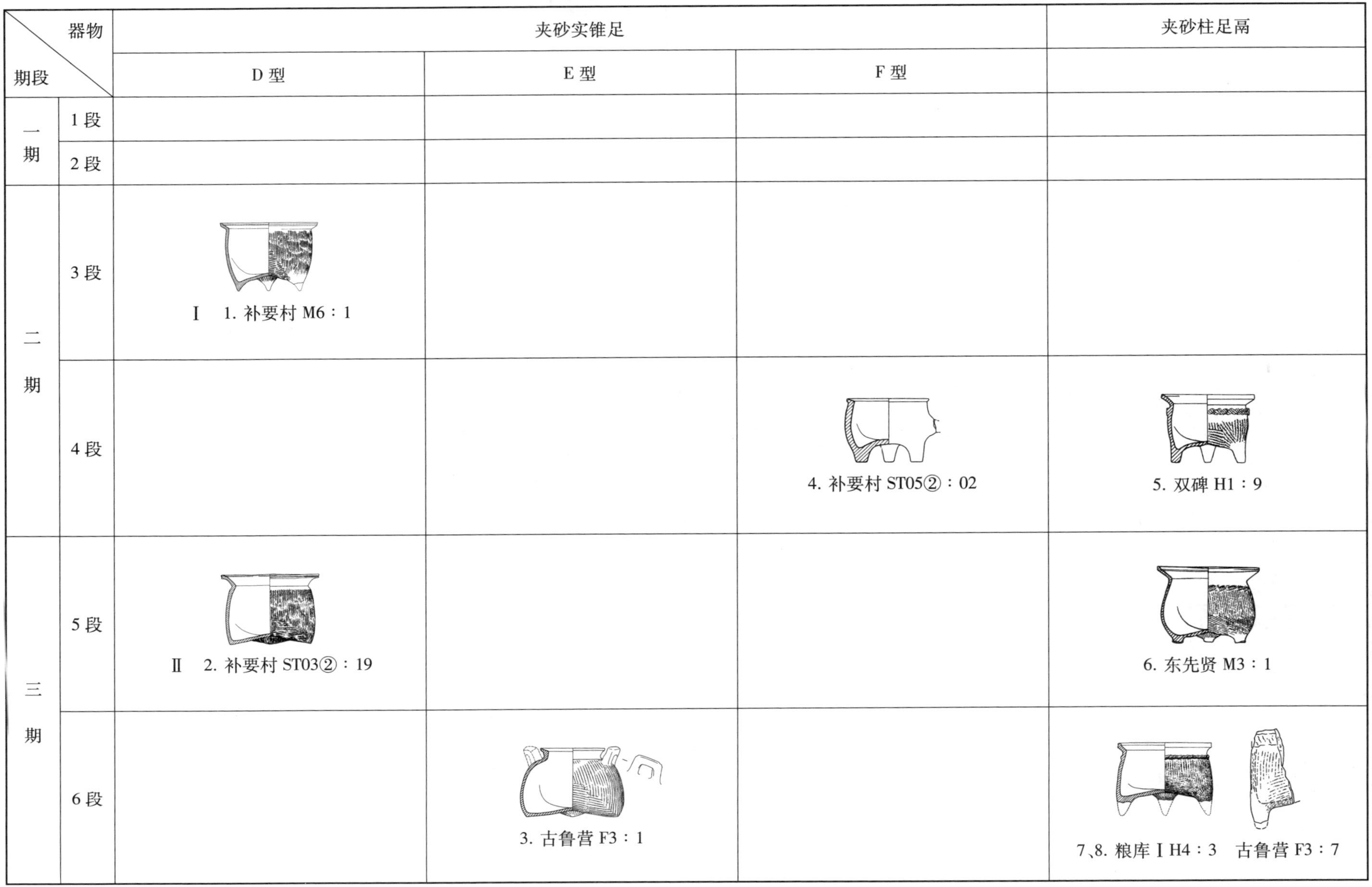

期段	器物	D 型	E 型	F 型	夹砂柱足鬲
			夹砂实锥足		
一 期	1 段				
	2 段				
二 期	3 段	I 1. 补要村 M6：1			5. 双碑 H1：9
	4 段			4. 补要村 ST05②：02	
三 期	5 段	II 2. 补要村 ST03②：19			6. 东先贤 M3：1
	6 段		3. 古鲁营 F3：1		7,8. 粮库 I H4：3　古鲁营 F3：7

图 1-78　冀中南部地区晚商时期陶鬲分期图（二）

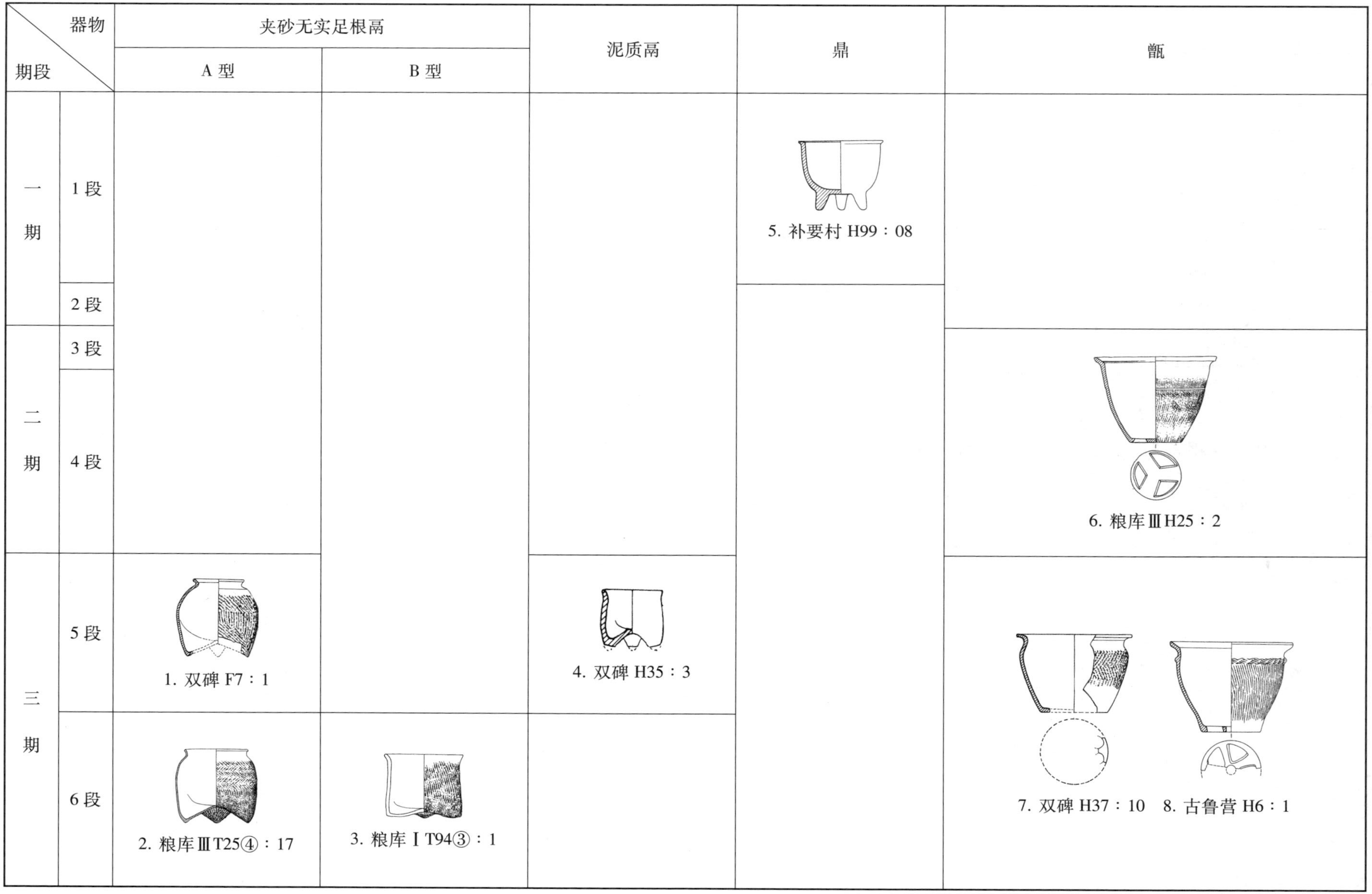

期段	器物	夹砂无实足根鬲 A型	夹砂无实足根鬲 B型	泥质鬲	鼎	甑
一期	1段				5. 朴要村 H99：08	
	2段					
二期	3段					
	4段					6. 粮库Ⅲ H25：2
三期	5段	1. 双碑 F7：1	3. 粮库Ⅰ T94③：1	4. 双碑 H35：3		
	6段	2. 粮库Ⅲ T25④：17				7. 双碑Ⅲ H37：10　8. 古鲁营 H6：1

图 1－79　冀中南部地区晚商时期陶鬲、鼎、甑分期图

B 型：直筒腹空锥足，联裆微瘪，数量甚少。标本粮库ⅠT94③：1（图1-79：3）。

泥质鬲。数量极少，标本双碑H35：3（图1-79：4）。

鼎：数量甚少。标本补要村H99：08（图1-79：5）。

甑：总体数量不多，上部形态与深腹盆相同，由于公布资料也不多，较难看出形体演变规律。依甑孔差异可有扇形甑孔和圆形甑孔两类。前者标本如粮库ⅢH25：2、古鲁营H6：1（图1-79：6、8）；后者标本双碑H37：10（图1-79：7）。

盆：根据整体形态差异可分为深腹盆、浅腹盆和鼓腹盆三类。

深腹盆：数量甚多，根据整体形态差异可分为五式。

Ⅰ式：斜折沿，方唇或圆唇，腹深直，不外鼓，上腹多饰有旋纹。标本东先贤H26：13、古鲁营H101C：2（图1-80：1、2）。

Ⅱ式：折沿较窄微斜，方唇或圆唇，腹深，上腹微鼓，多饰有旋纹，有的施加附加堆纹。标本东先贤H10：30、补要村H138：07（图1-80：3、4）。

Ⅲ式：折沿上斜，方唇或圆唇，整体略变瘦，上腹多饰有旋纹，有的施加附加堆纹，腹较深直。标本补要村H8：1（图1-80：5）。

Ⅳ式：短折沿或无沿，唇较薄，圆唇或方唇，下腹收束较急，体型更瘦，上腹或有附加堆纹。标本东先贤H56：5（图1-80：6）。

Ⅴ式：整体形态变矮，下腹收束变缓。标本古鲁营H91：1（图1-80：7）。

浅腹盆：数量较多，根据整体形态差异可分为四式。

Ⅰ式：折沿近卷，沿面较宽，圆唇或方唇，偶见唇缘或沿面上有旋纹。标本东先贤H42：42（图1-80：8）。

Ⅱ式：折沿近卷，沿变窄，方唇或圆唇，上腹或有附加泥钉或鋬手。标本补要村H235：31（图1-80：9）。

Ⅲ式：折沿近卷，沿面较平，甚短，腹斜收，上腹多有附加堆纹或旋纹装饰。标本东先贤H67：3（图1-80：10）。

Ⅳ式：折沿，沿面较平，腹变直。标本古鲁营H91：4（图1-80：11）。

鼓腹盆：有一定数量。根据腹部变化可分为四式。

Ⅰ式：卷沿，束颈明显，上腹略直，下腹鼓出，制作较精细，薄胎。标本古鲁营H101B：4（图1-80：12）。

Ⅱ式：卷沿鼓腹，微束颈，腹饰旋纹与绳纹。标本补要村H99：44（图1-80：13）。

Ⅲ式：卷沿较短，下腹急收。标本补要村H235：151（图1-80：14）。

Ⅳ式：沿微卷，微束颈，薄唇，下腹收束较急。标本古鲁营H77：1（图1-80：15）。

图 1-80 冀中南部地区晚商时期陶盆、篦分期图

簋：数量不多,皆为泥质,制作较精良。按口部形态差异,可分为直口与侈口两型。

A 型：直口,数量较少。无法分式。一般皆圆唇,唇多内勾,上腹近直,颈部多有一道较浅细的弦纹,其下饰旋纹。标本补要村 H229∶09、补要村 H99∶47(图 1－80∶16、17)。圈足变化情况不明,总体看似乎年代越晚,圈足越高且倾角越直,标本古鲁营 H17∶2(图 1－80∶18)。

B 型：侈口,数量较多。按照口腹形态差异可分为三式。

Ⅰ式：圆唇,唇缘外侧下端有勾棱,腹斜直,一般饰有两道旋纹,整体形态较瘦。标本补要村 H144∶01(图 1－80∶19)、补要村 H229∶11(图 1－80∶20)。

Ⅱ式：圆唇,唇缘外侧下端勾棱不明显,唇缘内侧有一道旋纹,腹斜直,一般饰有两道旋纹,整体形态变矮,较之前略圆鼓。标本东先贤 H118∶1、H61∶28(图 1－80∶21、22)。

Ⅲ式：圆唇外卷,弧腹,矮圈足,腹饰绳纹,亦多见三角划纹装饰。标本粮库Ⅰ H112∶17(图 1－80∶23)。

豆：根据腹部差异有真假腹两种。

真腹豆：数量较多。根据豆盘形态差异可分为两型。

A 型：碗形豆盘,侈口。平折沿较短,盘腹较深。标本补要村 H229∶15(图 1－81∶1)、补要村 DM1∶15(图 1－81∶2)、东先贤 H61∶27(图 1－81∶3)、古鲁营 H65∶5(图 1－81∶4)。

B 型：浅盘敛口,斜方唇外卷,斜沿。标本补要村 H229∶14(图 1－81∶5)、补要村 H283∶01(图 1－81∶6)、东先贤 H61∶26(图 1－81∶7)、东先贤 T19③∶13(图 1－81∶8)。

假腹豆：数量较少。浅盘,腹部折曲流畅。标本东先贤 F1∶7(图 1－81∶9)、东先贤 H42∶57(图 1－81∶10)、东先贤 T35⑥∶6(图 1－81∶11)。

敛口钵：数量极多,应是本地区晚商时期主要食器。但形态简单,前后几无变化。标本补要村 H212∶08(图 1－81∶12)、补要村 H235∶15(图 1－81∶13)。

罐：整体数量较少。根据整体形态差异可分为大口罐、无领罐、圆腹罐三类。

大口罐：数量甚少,颈腹多有附加堆纹装饰。标本葛家庄 99H28∶10(图 1－82∶1)、东先贤 H42∶63(图 1－82∶2)、古鲁营 H38∶4(图 1－82∶3)。

无领罐：数量甚少。标本补要村 H99∶36(图 1－81∶4)、古鲁营 H17∶1(图 1－82∶5)。

圆腹罐：数量较多,矮领,微束颈,腹部较深。标本东先贤 T17⑥∶13(图 1－82∶6)。

小口瓮：数量甚多,根据肩腹形态差异可分为四式。

Ⅰ式：短领,肩较平,上腹肥鼓,下腹细瘦,整体形态较肥矮,肩部较宽,肩颈相接处折转较生硬。标本补要村 H99∶12(图 1－82∶7)、补要村 DM1∶10(图 1－82∶8)、东先贤 H10∶5(图 1－82∶9)。

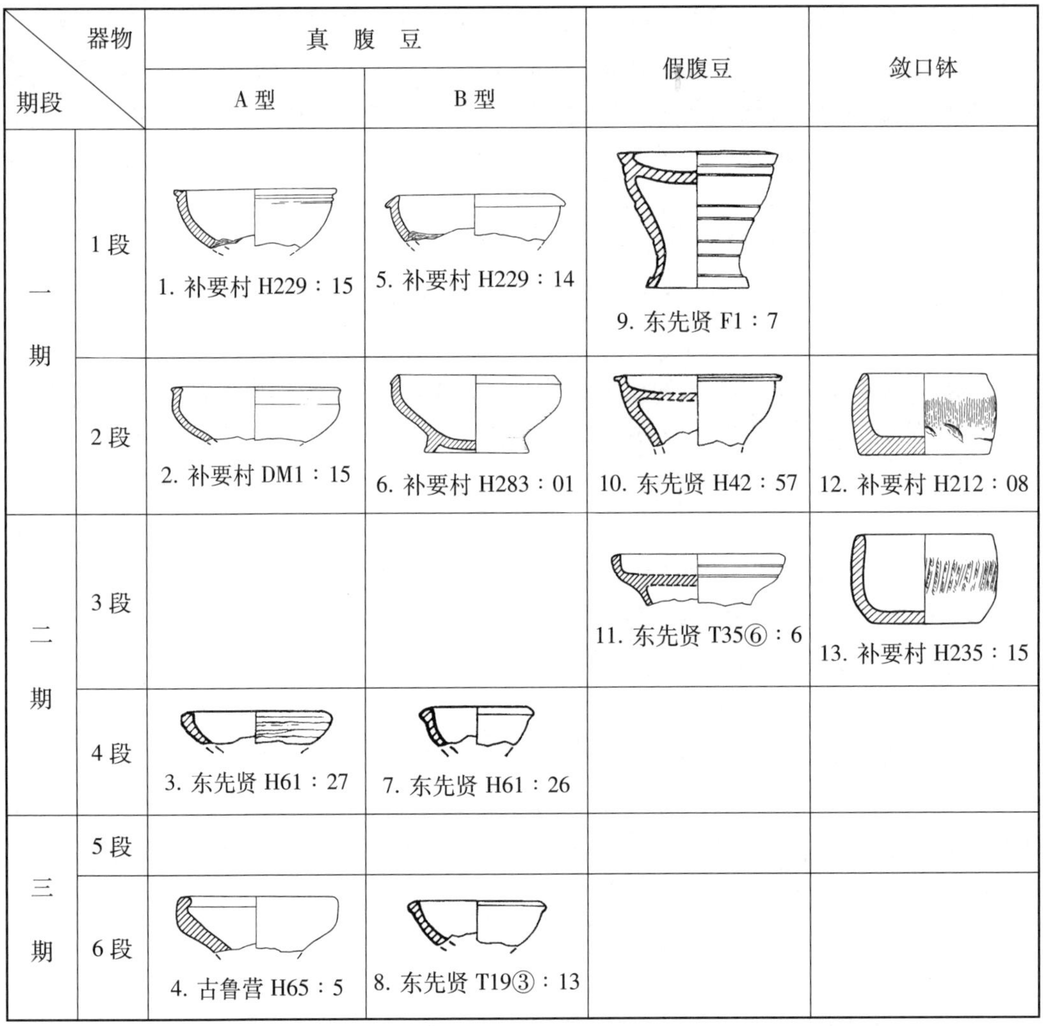

期段 \ 器物		真　腹　豆		假腹豆	敛口钵
		A 型	B 型		
一期	1 段	1. 补要村 H229：15	5. 补要村 H229：14	9. 东先贤 F1：7	
	2 段	2. 补要村 DM1：15	6. 补要村 H283：01	10. 东先贤 H42：57	12. 补要村 H212：08
二期	3 段			11. 东先贤 T35⑥：6	13. 补要村 H235：15
	4 段	3. 东先贤 H61：27	7. 东先贤 H61：26		
三期	5 段				
	6 段	4. 古鲁营 H65：5	8. 东先贤 T19③：13		

图 1－81　冀中南部地区晚商时期陶豆、敛口钵分期图

　　Ⅱ式：矮领微卷，领肩相接处变缓，肩部圆鼓较宽，整体形态瘦长。标本东先贤 H10：2、补要村 H235：73（图 1－82：10、11）。

　　Ⅲ式：斜领较矮，肩部圆鼓，但已变窄，整体形态瘦长。标本补要村 M20：01（图 1－82：12）。

　　Ⅳ式：斜领，微束颈，肩部斜溜，整体形态较细瘦。标本补要村 M2：01（图 1－82：13）。

　　敛口瓮：数量甚少，唇外或有附加堆纹。标本补要村 H99：45（图 1－82：14）。

（三）分期与年代推定

　　在冀中南部地区晚商时期以东先贤、补要村、古鲁营三处遗址时代延续较长，公布的地层关系较好，以此为基础，可以获知本地区考古学文化的演变趋势。由此三处遗址所获的演变序列，对比邻近遗址的遗存，构建本地区晚商时期考古学文化遗存较完整的演变序列。

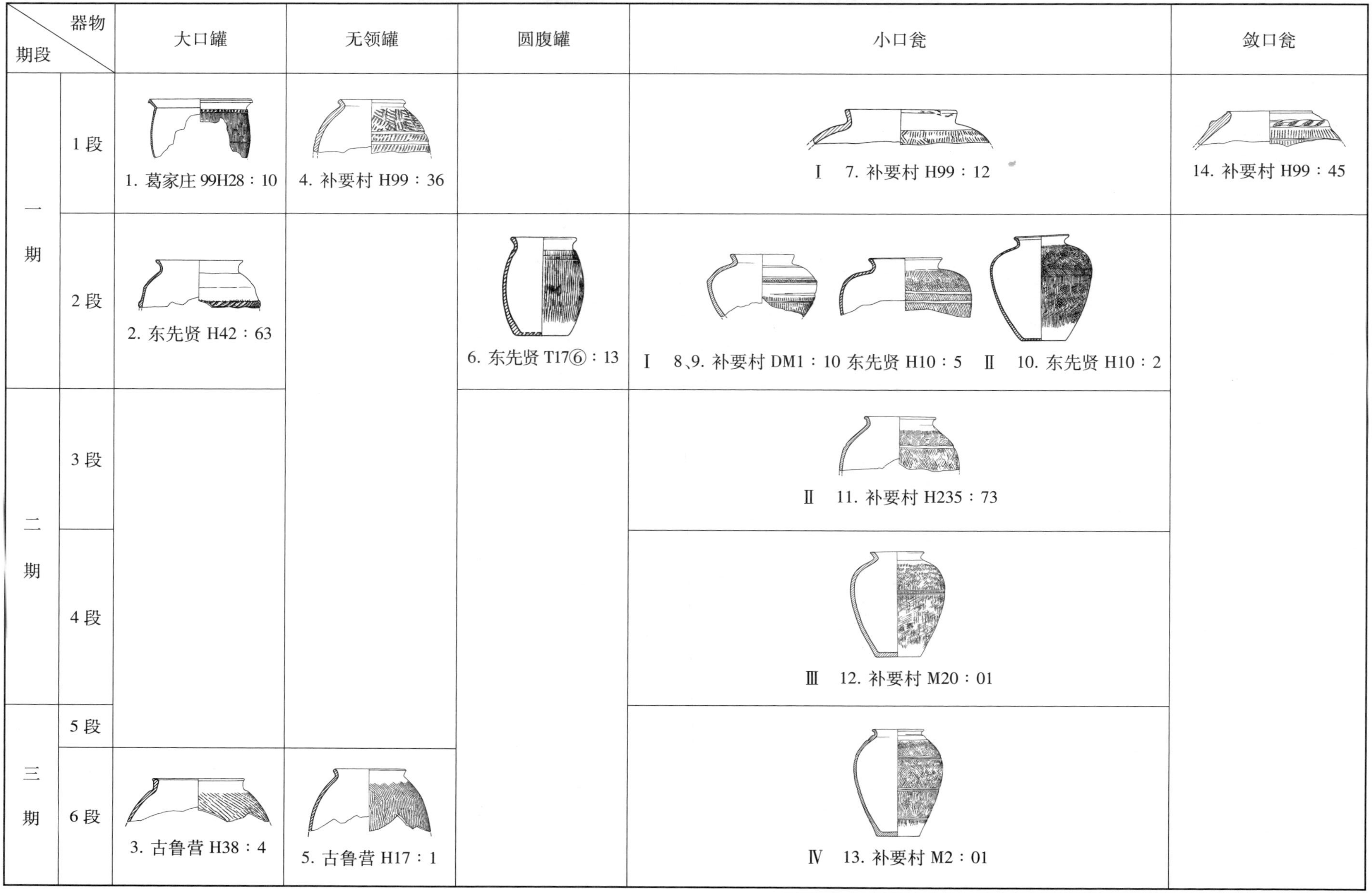

期段	器物	大口罐	无领罐	圆腹罐	小口瓮	敛口瓮
一期	1段	1. 葛家庄 99H28：10	4. 补要村 H99：36		7. 补要村 H99：12 Ⅰ	14. 补要村 H99：45
一期	2段	2. 东先贤 H42：63		6. 东先贤 T17⑥：13	8、9. 补要村 DM1：10 东先贤 H10：5 Ⅰ　10. 东先贤 H10：2 Ⅱ	
二期	3段				11. 补要村 H235：73 Ⅱ	
二期	4段				12. 补要村 M20：01 Ⅲ	
三期	5段		5. 古鲁营 H17：1		13. 补要村 M2：01 Ⅳ	
三期	6段	3. 古鲁营 H38：4				

图 1－82　冀中南部地区晚商时期陶罐、瓮分期图

依据地层关系，东先贤遗址晚商时期遗存可分为前后六段。第一段以 H26 为代表；第二段则以 H42、H10 为代表；第三段以 H61、H64 等单位为代表；第四段以 H65、H67、T18④、T19⑤等单位为代表；第五段以 H40、H57 为代表；第六段以 H56 为代表。六段遗存前后衔接较为紧密，未有较明显的年代缺环。

依地层关系，补要村遗址晚商时期遗存亦可分为前后六段。第一段以 H229、H144、H190、H99 等单位为代表；第二段以 H212、H132 等单位为代表；第三段以 H235、DM1 等单位为代表；第四段以 H8、H269、H238、M20 等单位为代表；第五段仅有墓葬，以 M2 为代表；第六段时亦仅有墓葬，以 M1 为代表。六段遗存前后衔接紧密，未有年代缺环，六段遗存与东先贤六段遗存间可相互对应。

古鲁营遗址晚商时期遗存可分为前后五段，大体可以与补要村、东先贤遗址相对应。部分时段的遗存虽然较少，但特点仍然较鲜明。第一段以 H101 为代表；第二段遗存稀少，可以 H107 为代表；第三段遗存较少，可以 H401 为代表；第四段以 H1（即 J1）为代表；第五段以 F1、H17、H65、H91 为代表。五段遗存前后衔接紧密，未有年代缺环，可与东先贤、补要村的六段遗存相互对应。

借助于上述三处遗存的分期结论，大致可以勾勒出冀中南部地区晚商时期考古学文化的年代框架。由此，我们可以将其他材料不甚丰富的遗存纳入这一序列之中（表 1－25）。

葛家庄遗址晚商时期遗存材料公布较为残缺，因此难以对其进行较为严密的分期研究。根据已有材料可大略将其划分为前后四段。第一段以 98H10、99H28 等单位为代表；第二段以 98H9、99H8 等单位为代表；第三段以 99H72 等单位为代表；第四段以 99H28 等单位为代表。四段遗存可与东先贤遗址 1－4 段遗存相互对应。

粮库遗址晚商时期遗存较为丰富，但公布情况不甚理想。部分被原报告划归入"中商"时期的遗存应属于晚商时期。但由于其中商时期遗存并未全部发表，因此无法对粮库遗址进行有效的细分。观察这一时期的遗存，大体可以将粮库遗址分为前后三段。第一段以 Ⅲ H15、Ⅰ H41 为代表；第二段以 H30、H88 等单位为代表；第三段以 H4、H40 等单位为代表。三段遗存中第一段大体与东先贤、补要村遗址 3、4 段相对应，2、3 段可与东先贤、补要村遗址 5、6 段相对应。由于材料公布原因，这一分段方式或不甚精确。

曹演庄遗址将商代遗存分为上下两层，其中商文化上层遗存相当于晚商时期。由于原简报未提供具体单位与器物编号，因此无法对该遗址分段。从发表的不甚清晰的照片观察，年代大体与东先贤遗址晚商时期遗存相当。

贾村遗址商代遗存相当于晚商时期。由于原简报未提供具体单位与器物编号，因此无法对该遗址分段。从不甚清晰的照片观察，年代大体与东先贤遗址晚商时期遗存相当。

南大郭遗址将商代遗存分为上下两层，其中商文化上层遗存相当于晚商时期。由于原简报未提供具体单位与器物编号，因此无法对该遗址分段。从发表的照片观察，年代大体与东先贤遗址晚商时期遗存相当。

表 1-25　晚商时期冀中南部地区居址分期对照表

期段		补要村	东先贤	葛家庄	古鲁营	粮库	贾村	曹演庄	南大郭	西关外	尹郭村	后留	解村	双碑	马庄
三期	6 段	6	6		5	3	商文化上层	商文化上层	√		商文化上层				√
	5 段	5	5		4	2								2	
二期	4 段	4	4	4	3	1				√		√	√	1	1
	3 段	3	3	3											
一期	2 段	2	2	2	2										
	1 段	1	1	1	1										
资料来源		①	②	③	④	⑤	⑥	⑦	⑧	⑨	⑩	⑪	⑫	⑬	⑭

　　西关外遗址商代遗存相当于晚商时期。由于原简报未提供具体单位与器物编号,也

---

①　北京大学考古文博学院、河北省文物局、邢台市文物管理处、临城县文化旅游局:《河北临城县补要村遗址南区发掘简报》,《考古》2011 年第 3 期;北京大学考古文博学院、河北省文物局、邢台市文物管理处、临城县文化旅游局:《河北临城县补要村遗址北区发掘简报》,《考古》2011 年第 3 期;补要村遗址大部分材料现藏北京大学考古文博学院。

②　唐云明:《河北邢台东先贤村商代遗址调查》,《考古》1959 年第 2 期;河北省文物研究所:《河北邢台县东先贤遗址发掘简报》,《考古》2002 年第 3 期;东先贤考古队:《河北邢台市东先贤遗址 1998 年的发掘》,《考古》2003 年第 11 期;邢台东先贤考古队:《邢台东先贤商代遗址发掘报告》,《古代文明》(第 1 卷),文物出版社(北京),2002 年;河北省文物研究所:《邢台商周遗址》,文物出版社(北京),2011 年。

③　郭瑞海、任亚珊、贾金标:《1993—1997 年邢台葛家庄先商、两周贵族墓地考古工作的主要收获》,《三代文明研究(一)——1998 年河北邢台中国商周文明国际学术研讨会论文集》,科学出版社,1999 年;河北省文物局第一期考古发掘领队培训班、河北省文物研究所、邢台市文物管理处:《河北邢台葛家庄遗址 1996 年发掘简报》,《河北省考古文集(二)》,燕山出版社(北京),2001 年;河北省文物研究所:《河北邢台市葛家庄遗址北区 1998 年发掘简报》,《考古》2000 年第 11 期;河北省文物考古研究所、吉林大学边疆考古研究中心、邢台市文物管理处:《河北邢台市葛家庄遗址 1999 年发掘简报》,《考古》2005 年第 2 期;郭瑞海、任亚珊、贾金标:《邢台葛家庄先商文化遗存分析》,《三代文明研究(一)——1998 年河北邢台中国商周文明国际学术研讨会论文集》,科学出版社,1999 年;郭瑞海、任亚珊、贾金标:《葛家庄先商遗存的几个问题》,《中国考古学跨世纪的回顾与前瞻——1999 年西陵国际学术研讨会文集》,科学出版社,2000 年。

④　河北省文物研究所:《邢台商周遗址》,文物出版社(北京),2011 年。

⑤　河北省邢台市文物管理处:《邢台粮库遗址》,科学出版社(北京),2005 年。

⑥　河北省文物管理委员会:《邢台贾村商代遗址试掘简报》,《文物参考资料》1958 年第 10 期。

⑦　河北省文物管理委员会:《邢台曹演庄遗址发掘报告》,《考古学报》1958 年第 4 期。

⑧　唐云明:《邢台南大郭村商代遗址试掘简报》,《文物参考资料》1957 年第 3 期。

⑨　唐云明:《邢台西关外遗址试掘》,《文物》1960 年第 7 期。

⑩　河北省文化局文物工作队:《邢台尹郭村商代遗址及战国墓葬试掘简报》,《文物》1960 年第 4 期。

⑪　该遗址 2007 年发掘,笔者参观所见,资料现存中国社会科学院考古研究所。

⑫　霍东峰、邵会秋、侯菲菲、高兴超:《河北临城解村东遗址抢救性发掘》,《中国文物报》2009 年 11 月 13 日第 3 版。

⑬　河北省文物研究所、隆尧县文物保管所:《隆尧双碑遗址发掘报告》,《河北省考古文集》,东方出版社(北京),1998 年。

⑭　赵战护、贾金标、杨景峰:《河北沙河马庄商代聚落遗址》,《中国考古新发现年度记录(2010)》,《中国文化遗产》2011 年增刊。

无法对该遗址分段。从不甚清晰的照片观察，年代大体与东先贤遗址晚商时期遗存相当。

尹郭村遗址将商代遗存分为上下两层，其中商文化上层遗存相当于晚商时期。由于原简报未提供具体单位与器物编号，无法对该遗址分段，年代大体与东先贤遗址晚商时期遗存相当。

邢台后留遗址晚商时期遗存年代按新闻报道与纪要，约相当于殷墟文化二期至末期，以殷墟文化三、四期为主。年代大体应可与东先贤、补要村遗址 1－6 段相对应。

临城解村遗址晚商时期遗存未公布图像，依原报道描述，晚商时期遗存年代序列较为完整，年代大体应可与东先贤、补要村遗址 1－6 段相对应。

隆尧双碑遗址商代遗存较为丰富，大体可将其分为前后两段。第一段以 F4、F7、H1 等单位为代表；第二段则 H10、H37、H103、H55 等单位为代表。第 1 段遗存可与东先贤、补要村遗址第 4 段遗存相当；第 2 段遗存可与东先贤、补要村遗址第 5、6 段遗存相当。

沙河马庄遗址晚商时期遗存刊布较少，大体与补要村、东先贤遗址第 5、6 段遗存相当。

冀中南部地区晚商时期的墓葬较多，但年代研究相对滞后，同时，与墓地、墓葬相关的居址普遍没有追踪工作。一般而言，有墓葬必然有与之同期的居址存在。因此，对这些墓葬的年代学研究亦可反推本地的居址年代，对相关问题，我有过讨论，这里不再赘述。[①]

由上述遗址分期排比来看，可将冀中南部地区晚商时期考古学文化遗存分为三期六段。

一期 1 段：材料十分丰富。从这一段的陶鬲、盆形态观察，鬲口沿前端仍有部分下勾，沿面与唇缘凹槽较为常见，裆部、锥足较高；陶盆沿面较宽，前端往往再折曲一次；陶簋腹部较瘦，直口簋较为常见；假腹豆在本段也较常见。综合上述特征，可知本段年代约相当于殷墟二期前段，亦即邹衡先生商文化分期体系中的第五段第 IX 组。

一期 2 段：材料十分丰富。从这一段的陶鬲、盆形态观察，陶鬲口沿前端下勾开始消失，唇缘凹槽逐渐减少，鬲腹开始变宽，但裆部与锥足仍然较高；陶盆沿面前端的折曲不甚明显，但沿面仍较宽；侈口簋数量渐多；假腹豆开始减少。综合上述特征，可知年代约相当于殷墟二期后段，亦即邹衡先生商文化分期体系中的第五段第 X 组。

二期 3 段：材料较为丰富。从这一段的陶鬲、盆等器物形态观察，鬲整体变矮，锥足较高；陶盆腹部开始变直，沿面变窄；直口簋近无，侈口簋数量较多，腹部开始出现三角划纹装饰；假腹豆数量骤减，真腹粗柄豆数量大增。由上述特征可知，本段年代约相当于殷墟三期前段，亦即邹衡先生商文化分期体系中的第六段第 XI 组。

二期 4 段：材料较为丰富。从这一段的陶鬲、盆等器物形态观察，陶鬲裆足明显变矮，形体扁方者开始增多，陶盆沿面进一步变短，鼓腹盆、直口簋、假腹豆彻底消失，侈口簋腹部装饰三角划纹者开始增多。由上述特征可知，本段年代约相当于殷墟三期后段，亦即邹衡先生商文化分期体系中的第六段第 XII 组。

---

① 常怀颖：《从随葬陶器看殷墟以外的晚商"族墓地"》，《江汉考古》2020 年第 6 期；《略论晚商殷墟北部邻境地区的铜容器墓》，《考古》2021 年第 10 期。

三期5段：材料减少。从这一段的陶鬲、盆等器物形态观察，陶鬲已成方体，折沿甚宽，实足根近无，但裆部仍有一定高度，可明显看见裆部夹角；陶盆腹部较直，底部变小，沿面进一步变短；侈口簋几乎皆有三角划纹装饰。由上述特征可知，本段年代约相当于殷墟四期前段，亦即邹衡先生商文化分期体系中的第七段第XIII组。

三期6段：材料明显减少。从这一段的陶鬲、盆等器物形态观察，陶鬲已经完全无实足根，裆部近平，裆部的夹角已经不明显；陶盆沿面更短，有的甚至消失。由上述特征可知，本段年代约相当于殷墟四期后段，亦即邹衡先生商文化分期体系中的第七段第XIV组。

六、商晚期各期陶器遗存的特征

从整体的文化面貌看，冀中地区晚商时期的三期间文化面貌变化较为明显。下面我们从陶系、炊器组合变化方面予以分析。

（一）陶系

一期1段：由于本段遗存数量众多，但东先贤H26未公布陶器统计数据，仅补要村遗址有较准确的统计数据。泥质陶数量极少，一般在一成以内，夹砂陶高达八成以上。陶色以灰陶为绝大多数，黑褐、红褐色陶较少（参表1-26）。陶器纹饰中以各类绳纹为最多，素面陶、旋纹在这一时期比例较高。附加堆纹、戳印纹占有一定的比例，但数量较少。本时期陶器纹饰的使用、施加位置与本地区早商时期四期5段相近，未有明显变化。

一期2段：本段遗存数量众多，但东先贤—曹演庄遗址群与补要村遗址的统计迥异现象依旧存在。在东先贤遗址，泥质陶数量占九成左右，夹砂陶仅占一成。补要村遗址泥质陶数量极少，仍然在一成以内，夹砂陶高达八成以上。这一现象如何解释，尚需研究。本段各遗址陶色皆以灰陶为绝大多数，黑褐、红褐色陶较少（参表1-26）。陶器纹饰中以各类绳纹为最多，磨光陶较少，素面陶、旋纹比例增加。本段附加堆纹、戳印纹占有一定的比例，但数量较少。本时期陶器纹饰的使用与施加位置与上一阶段相近，未有明显变化。

二期3段：本段遗存数量众多，但东先贤—曹演庄遗址群与补要村遗址的统计迥异现象依旧存在，但东先贤遗址泥质陶数量开始下降至八成以内，夹砂陶上升至两成左右。补要村遗址泥质陶数量略有增长。本段各遗址陶色皆以灰陶为绝大多数，黑褐、红褐色陶较少（参表1-26）。陶器纹饰中以各类绳纹为最多，磨光陶较少，素面陶、旋纹比例较上一段为高。本段附加堆纹、戳印纹占有一定的比例，但数量较少。本时期陶器纹饰的使用、施加位置大体与上一阶段相近，但在平底器器底施加绳纹的做法已经明显减少，三角划纹在这一时期开始施加在陶簋上。

二期4段：本段遗存数量众多，但东先贤—曹演庄遗址群与补要村、双碑遗址的统计迥异现象依旧存在。双碑遗址泥质陶略高于夹砂陶。补要村遗址泥质陶数量也有增长但比例仍低于夹砂陶。本段各遗址陶色皆以灰陶为绝大多数，黑褐、红褐色陶较少（参

表1-26　晚商时期冀中南部地区居址典型单位陶系统计表

时段		单　　位	陶质(%)		陶色(%)			纹饰(%)					
			泥质	夹砂	灰	黑褐	红	素面	磨光	绳纹(含旋断)	旋纹	附加堆纹	戳压印划
一期	1段	补要村 H99	1.3	98.7	77.1	22.7	0.2	23.3	1.9	75	15	0.8	
		补要村 H190	0.6	99.4	96.8		3.2	30		66.1	8.5	0.8	
	2段	东先贤 H42	87.5	12.5	91.1	7.7	1.2	17.2	8.4	73.2	0.8	0.4	
		东先贤 H41	84.7	15.3	91.4	9.3	0.3	12.1	5.7	81.7	0.5		
		补要村 H212	3.7	96.3	91.5		8.5	31.5	0.1	68	12.9	0.5	
二期	3段	补要村 H235	1.3	98.7	93.7		6.3	28.2		71.1	9.6	0.6	0.2
		补要村 DM1	4	96	98.9		1.1	16		8	3.4	0.6	
	4段	东先贤 H64	79.8	20.2	83.7	15	1.3	20.5	3.6	75	0.6	0.3	
		东先贤 H61	77.8	22.2	85.4	10.2	4.4	12.9	2.3	83.2	0.8	0.8	
		双碑 1段	多数	少数	63	3	34	√	√	97	√	√	√
三期	5段	东 T19④	62.4	37.6	92.5	6.2	1.3	19	2.7	76.8	0.1	1.4	
	6段	东 T19③	43.1	56.9	86.2	11.1	2.7	17.7	1.3	77.7	0.3	2.8	0.2
		古鲁营 H30	4.6	95.4	53.7	37	9.3	8.3		87	2.8	0.9	0.9
		双碑 2段	多数	少数	85	2	13	√	√	97	√	√	√

表1-26)。陶器纹饰中以各类绳纹为最多,磨光陶较少,素面陶、旋纹比例继续增加。本段篮纹彻底消失。附加堆纹、戳印纹占有一定的比例,但数量较少。本时期陶器纹饰的使用与施加位置大体与上一阶段相近,平底器器底施加绳纹的做法已经十分少见,施加在陶篮上的三角划纹急剧增加。

三期5段:本段补要村遗址遗存减少,但可以看出泥质陶数量在这一时期已可增加至三成,东先贤遗址群泥质陶数量则下降至六成左右。从不同的遗址皆可看出泥质陶与夹砂陶的比例开始出现接近的趋势。本段各遗址陶色仍以灰陶为绝大多数,黑褐、红褐色陶较少(参表1-26)。陶器纹饰中以各类绳纹为最多,磨光陶较少,素面陶、旋纹在这一时期比例较高。附加堆纹、戳印纹占有一定的比例,但数量较少。本时期陶器纹饰的使用与施加位置大体与上一阶段相近。

三期6段:本段东先贤遗址群泥质陶数量锐减,首次少于夹砂陶。各遗址泥质陶与夹砂陶的比例接近。本段陶色仍以灰陶为绝大多数,黑褐、红褐色陶较少(参表1－26)。陶器纹饰中以各类绳纹为最多,素面陶、旋纹在这一时期比例较高。附加堆纹、戳印纹占有一定的比例,但数量较少。本时期陶器纹饰的使用与施加位置大体与上一阶段相近。

（二）器物群中的炊器特征与组合变化

由于缺乏其他遗址的统计数据,目前仅能以补要村遗址的器类统计数据作为基础,对该地区的炊器组合,进行综合性的描述。总体来看,冀中地区晚商时期炊器组合变化不甚明显(参表1－27),斝、鼎、甗、甑等器类始终较少。陶鬲的形态特征变化较为明显。

表 1－27　晚商时期冀中南部地区居址炊器组合百分比统计表

期段		单　位	大型鬲%	中型鬲%	小型鬲%	甗%	甑%	斝%	鼎%	总件数
一期	1段	补要村 H99	10	76.7	11.6				1.7	60
		补要村 H190		86.7	13.3					15
	2段	东先贤 H42	16.1	64.5	19.4					31
		东先贤 H41		66.7	33.3					9
		补要村 H212	6.1	77.6	16.3					49
二期	3段	补要村 H235	2.7	86	10.4		0.9			222
		补要村 DM1	20	80						5
	4段	东先贤 H61	22.4	65.3	12.2					49
		古鲁营 H401	100							32
三期	5段	东先贤 H40		100						1
		双碑 1、2 段		98.6			√		1.4	>145
三期	6段	东先贤 H57	5.3	94.7						19
		东先贤 H56	81.8	18.2						11
		古鲁营 F1	61.5	38.5						26
		古鲁营 H30	7.5	87.5	2.5		2.5			40

（双碑前后两段具体器物数量不详,只能合并统计,陶鬲中亦无法分别大中小型陶鬲的具体数量）

一期时,本地区陶鬲在炊器组合中占有绝对优势,除鬲外,仅有鼎、甑和极少量的甗存在。陶鬲中又以中型陶鬲占据绝对优势。小型鬲一般在两成以内,大型鬲则在一成左右。甑、鼎、甗的数量总和也不超过一成。

二期时与一期情况相近,不同之处在于大型鬲似乎数量略有增加。甑、鼎的数量仍旧甚少。

三期时,陶鬲仍旧占据统治地位,但小型鬲的数量明显减少,部分遗址甚至未发现小型鬲,大型鬲则在多数遗址普遍增加。

第四节 小 结

豫北地区、冀南地区与冀中南部地区在相同的时间段内文化面貌有诸多异同之处,而同一地区在不同时段中考古学文化也存在变化。在上文排比的基础上,这里仅就不同地区内文化面貌的差异与相同地区考古学文化的变化略做小结。至于各地区不同时期的考古学文化属性、源流及其与周边地区的考古学文化关系,本书将在第五章中分析。

一、二里头文化时期豫北与冀南、冀中南部地区的相互比较

三地均相当于二里头文化时期,除冀南地区槐树屯等少数遗址外,大部分遗存的年代相当于二里头文化二至四期,可从以下几个方面进行比较。

1. 期别对应与分布特征

在冀州东南区中的三个小地理单元中,皆有自身的分期体系,以二里头文化的分期为标尺,可以对三者的期别进行对应串联(表1-28)。

豫北地区与冀中南部地区目前发现的遗存年代集中在相当于二里头文化三、四期,缺乏年代较早的遗存。冀南地区除有十分丰富的二里头文化三、四期遗存之外,另有零星相当于二里头文化一、二期的遗存,但材料较少,且相互间有年代缺环。

(1)豫北地区

从分布区域看,豫北地区二里头文化时期遗存较多,目前已知遗存多分布在太行山山前丘陵、平原及主要河流两岸。远离太行山山前的豫北平原腹心区域及古黄河冲积平原区较少发现本阶段遗存。从分布的密集集聚性来看,二里头文化时期豫北地区的古遗存大致可分为如下几个集群区域:

其一,太行山南端山前平原及沁河两岸,这一区域中目前未发现地区性中心,遗址等级近似。目前所发现的遗址,年代普遍较晚,未见相当于二里头文化二期及以前的遗存。即便有个别遗址有零星相当于二里头文化二期的遗存,也并不丰富。

其二,丹河下游与太行山前冲积平原,这一区域中焦作府城等级较高,可能是区域中心。

其三,淇河与卫河三角洲区域,这一区域中以辉县孟庄遗址等级较高,可能是区域中心。

表1-28 二里头文化时期冀州东南区不同地理单元分期体系对应表

二里头文化		豫北地区		冀南地区		冀中南部地区	
期		期	段	期	段	期	段
四期	偏晚	二期	4	四期	6	二期	4
	偏早		3		5		3
三期	偏晚	一期	2	三期	4	一期	2
	偏早		1		3		1
二期	偏晚	√？		二期	2		
	偏早						
一期	偏晚			一期	1		
	偏早						

其四,洹河与漳河南岸,这一区域中目前未发现高等级聚落,各遗址间等级接近。

（2）冀南地区

冀南地区属于二里头文化各期间的遗存皆有所发现,但各期间遗存年代仍有缺环,且分布非常不平衡。

从分布区域看,冀南地区二里头文化时期遗存非常丰富,目前已知的遗址皆分布于自太行山中发源的诸河两岸及山前丘陵地区。远离太行山山前的冲积平原皆未发现属于二里头文化时期的遗存,且整个冀南地区未发现较高等级的遗址,换言之,尚未发现区域性中心。从分布的密集集聚性来看,二里头文化时期冀南地区的古遗存大致集中在如下几个小区域:

其一,漳河上游北岸与太行山山前冲积平原及丘陵,这一地区的二里头文化时期遗存年代较早,以槐树屯、下七垣、滏阳营、北羊井、白村等遗址为代表的同时期遗存,皆发现于这类地理环境中。

其二,南洺河、洺河、滏阳河上游之间的河流两岸与太行山山前冲积平原与丘陵,这一区域是冀南地区二里头文化时期遗址分布最为密集的区域,但目前发现的遗存年代集中在二里头文化三四期前后,各遗址间等级接近,未发现明显差异。

洺河以北与沙河之间本时期遗存发现较少。

（3）冀中南部地区

冀中南部地区经过正式发掘的二里头文化时期遗存较少,目前未见较高等级聚落。从分布区域看,冀中南部地区二里头文化时期遗存主要分布于两个小区域内:

其一,泜河与槐沙河及其支流与太行山山前丘陵之间。

其二,沙河以北及其支流两岸。

2. 陶系与纹饰

首先对比陶系。

相当于二里头文化一、二期时,仅在冀南地区的少数遗址有发现。以夹砂陶为多,陶色以灰陶为多,一期时红褐陶比例高,几乎与灰陶比例相同。二期时,黑褐陶上升明显,而红褐陶数量明显减少。

相当于二里头文化三期时,豫北地区以夹砂陶占绝对多数,陶色以灰陶为多,有三成左右的黑褐陶,红褐陶一般占有一成。冀南地区泥质陶与夹砂陶比例十分接近,泥质陶数量略多于夹砂陶,以灰陶为多,黑褐陶多在二至三成,红褐陶比例亦在一成左右。冀中南部地区夹砂陶占绝大多数,灰陶比例较冀南与豫北两地略高,红褐陶与黑褐陶比例接近,都在一成五左右。

相当于二里头文化四期时,豫北地区夹砂陶多于泥质陶,但较上期略有下降,陶色以灰陶为主,但比例较上期明显下降,本期红褐陶比例上升较明显,黑褐陶则基本与上期持平。冀南地区夹砂陶比例明显上升,略多于泥质陶,黑褐陶在本期下降明显,灰陶数量显著增加。冀中南部地区夹砂陶仍占绝大多数,但较上期略有减少,灰陶数量较上期有所下降,而黑褐陶比例则明显上升。

其次对比纹饰。

相当于二里头一、二期时,冀南地区以绳纹为多,篮纹与附加堆纹比例甚高,磨光陶比例较低。

相当于二里头文化三期时,豫北地区以绳纹为主,但个别单位有一定数量的篮纹。素面陶(含磨光陶)比例在三成左右,戳印纹与附加堆纹比例较高是豫北地区的特色。冀南地区绳纹比例明显上升,篮纹与附加堆纹数量则明显下降。磨光陶比例在本期略有上升。冀中南部地区,素面陶与绳纹陶的比例较为接近,素面陶与磨光陶的比例远高于其他两地区;篮纹在本期本区内有一定的比例。另外,本地区在器底以绳纹装饰的做法比例远高于其他两地。

相当于二里头文化四期时,豫北地区篮纹下降明显,绳纹与磨光陶则有较明显的增加。戳印纹在本期也略有增加。冀南地区绳纹比例更高,篮纹与附加堆纹数量极少,磨光陶与素面陶的比例上升明显。冀中南部地区绳纹与磨光陶比例略有上升,素面陶比例略有下降,篮纹在本期下降明显。

3. 炊器组合

二里头文化时期,三地炊器组合差异较为突出。

相当于二里头文化一、二期时,冀南地区以夹砂罐、鼎、甑为主体炊器,陶鬲、甗罕见。陶斝在本期有一定的数量。

相当于二里头文化三期时,豫北地区炊器以夹砂罐为主,陶鬲、甗次之,鼎处第三位。夹砂罐与陶鼎的形态十分固定,但陶鬲与陶甗的形态并不固定。本期冀南地区陶鬲开始出现,但不占主导地位,陶鼎数量有所下降,陶甗已经开始消失。冀中南部地区本期炊器由鬲、甗、鼎、夹砂罐组成。陶鼎形式较复杂,鬲、甗数量较少,种类较少。

相当于二里头文化四期时,豫北地区炊器夹砂罐数量开始减少,鬲、甗数量增多,陶鼎的数量有所减少,偶见有陶斝,陶鬲的形态开始趋于规范化与一致。冀南地区鬲、甗数量上升明显,已经与夹砂罐的数量相当,到本期最晚阶段,陶鬲已经开始取代夹砂罐成为最主要的炊器,陶甗在本期已经极为罕见,陶鼎在本期虽有一定数量,但较上期减少明显。冀中南部地区本期陶鬲、甗数量增加明显,鼎与夹砂罐数量锐减,鬲、甗形态逐步规范。

4. 其他器物组合与特征

深腹盆:豫北地区深腹盆十分常见,以素面、磨光加饰成组旋纹的泥质深腹盆较少见,且出现时代较晚;以绳纹装饰的陶盆数量最多,但绳纹多仅仅装饰于下腹,通体装饰绳纹者甚少见。冀南地区深腹盆有两类,一类多为泥质,器表多以素面装饰,另一类则多夹细砂或为夹砂陶制作,但器表以绳纹装饰者较少。冀中南部地区深腹盆有两类,一类为泥质,器表多磨光并饰有旋纹,而另一类多为夹细砂或夹砂盆,盆腹深,器表多饰以旋断绳纹。

浅腹盆:浅腹盆在豫北地区较常见,且多饰绳纹,时代较早者,绳纹多装饰于浅腹盆下腹及盆底,时代越晚,多见通体饰绳纹者。冀南地区浅腹盆较多,但器表多为素面,以绳纹装饰者甚少。冀中南部地区,浅腹盆的数量很多,但装饰风格较为一致,都是在下腹部饰以细绳纹,而且多在盆底以绳纹滚压装饰。

豆:豫北地区罕见碗形细柄豆,粗柄豆出现较早,也是豆柄较早出现镂孔的区域。冀南地区细柄豆少见碗形,鼓腹碗形者更为罕见,盘腹下部另有浅盘者数量不多。冀中南部地区,鼓腹碗形细柄豆数量较其他两区为多,盘内另有浅盘的盘形豆比例最多。粗柄豆在本区数量少,出现亦较晚。

蛋形瓮:豫北地区较为多见,但不同小区域间形态略有差异。沁河及丹河流域两区域中三足蛋形瓮较为常见,而淇、卫、洹河流域则以圈足、平底者居多。冀南地区蛋形瓮有一定数量,多为平底,少见三足、圈足者。冀中南部地区蛋形瓮十分常见,一般为圜底加圈足和平底两种,三足蛋形瓮在本区内较少见,且遗址位置越靠北,圈足蛋形瓮的数量越多。

平口瓮:豫北地区平口瓮数量较多,但制作总体不如其他两区域精细。豫北地区平口瓮整体形态较矮胖,其他两区域常见的较瘦长的平口瓮在豫北较罕见。冀南地区有一定数量的平口瓮,制作十分精细,平口瓮中口部有一段伸直者数量较多,且器表多饰以成组旋纹,饰以三角划纹者较少。冀中南部地区平口瓮数量甚多,制作十分精细,但本区内口部略直立的平口瓮数量甚少。

二、早商时期豫北与冀南、冀中南部地区的相互比较

三区域在早商时期文化面貌较一致,差异较二里头文化时期小,遗存年代相当于二里冈下层一期至殷墟一期。大体可以从如下几个方面对三区域进行粗疏的比较。

1. 期别对应与分布特征

在冀州东南区中的三个小地理单元中,皆有自身的分期体系,依邹衡先生早商时期商文化分期体系为标尺,可以对三者的期别进行对应串联(表1-29)。

表1-29　早商时期冀州东南区不同地理单元分期体系对应表

早商期		豫北地区		冀南地区		冀中南部地区	
段	组	期	段	期	段	期	段
四段	Ⅷ	三期	6	三期	5	三期	5
	Ⅶ		5		4		4
三段	Ⅵ	二期	4	二期	3	二期	3
	Ⅴ		3		2		
二段	Ⅳ	一期	2	一期	1	一期	2
	Ⅲ		1				1

豫北地区早商时期遗存年代序列完整,与郑洛地区的早商时期商文化可一一对应。冀南部地区材料虽不丰富,除二里冈下层二期之外,其余期段的遗存较为完整。冀中南部地区则缺乏二里冈上层一期的遗存。但总体来看,相当于二里冈文化时期的遗存在三个区域内都不是十分丰富。

(1)豫北地区

从分布情况看,豫北地区早商时期遗存总体不多,目前已知遗址多分布在太行山山前丘陵、平原及主要河流两岸。远离太行山山前的豫北平原腹心区域及古黄河冲积平原区较少发现本期遗存。从分布的密集集聚性来看,二里头文化时期豫北地区的古遗存大致可分为如下三个集群区域:

其一,太行山南端山前平原及沁河两岸,这一区域中目前未发现地区性中心,遗址等级近似,但遗存的年代集中在二里冈上下层文化时期,到三期前后目前这一地区少有遗存发现;

其二,丹河、淇河、卫河下游与太行山前冲积平原,这一区域中焦作府城与辉县孟庄等级较高,可能是区域中心,遗存的年代集中在二里冈上下层时期,到三期时,这一地区遗存较少;

其三,洹河与漳河南岸,遗存出现的年代较集中在三期,以洹北商城等级最高,应该属于这一时期的地区中心。

(2)冀南地区

从分布情况看,冀南地区早商时期遗存总体数量不多,目前遗址遗存集中分布在洺

河、滏阳河与漳河上游。从分布的密集度观察,可有两个较密集的集群区域:

其一,漳河上游北岸与太行山山前冲积平原及丘陵,这一地区发现的早商时期,二里冈时期遗存较少,而多见晚于二里冈文化的早商晚期遗存;

其二,南洺河、洺河、滏阳河上游之间的河流两岸与太行山山前冲积平原、丘陵,这一区域是冀南地区早商时期遗址分布最为密集的区域,但目前发现的遗存年代集中在二里冈文化时期,各遗址间等级接近,未发现明显差异。

(3)冀中南部地区

冀中南部地区经过正式发掘的早商时期遗存不多。从分布区域看,冀中南部地区二里头文化时期遗存主要分布于两个小区域内:

其一,泜河与槐沙河及其支流与太行山山前丘陵之间,目前发现的早商时期遗存皆为晚于二里冈文化时期的遗存,遗址间等级较接近,目前尚未发现较高等级的聚落。

其二,沙河以北及其支流两岸,目前发现的遗存时代也集中于二里冈文化以后,属于二里冈上下层时期的遗存较少。这一区域内目前以东先贤—曹演庄遗址群为较高等级的聚落,但目前尚未发现城址与大型夯土基址或高等级墓葬。

2. 陶系与纹饰

首先对比陶系。

相当于二里冈下层文化阶段,豫北地区夹砂陶略多于泥质陶,陶色以灰色为主,黑褐色陶比例较其他两区域明显为高。冀南地区统计数据缺乏,但可知夹砂陶略多于泥质陶,陶色以灰陶为大宗。冀中南部地区夹砂陶多于泥质陶,灰陶比例极高,黑褐陶比例次之,红褐陶也有一定的比例。

相当于二里冈上层文化阶段,豫北地区夹砂陶与泥质陶比例开始趋近,不同遗址不同单位有区别,有的泥质陶略高,有的夹砂陶略高;这一时期豫北地区陶色仍以灰陶为主,黑褐陶比例仍然较高。冀南地区夹砂陶略多于泥质陶,陶色以灰色为绝大多数,冀中南部地区夹砂陶亦多于泥质陶,黑褐陶比例略有下降,红褐陶比例略有上升。

相当于殷墟一期文化及其以前,豫北地区以泥质陶为主,陶色以灰陶最多,黑褐陶比例下降较为明显。冀南地区以夹砂陶为绝大多数,泥质陶比例较少;陶色以灰陶为绝大多数,红褐陶与黑褐陶数量极少。冀中南部地区不同遗址间差异较明显,以东先贤—曹演庄遗址为代表的高等级遗址泥质陶比例高,而补要村等一般聚落则以夹砂陶为绝大多数,陶色接近冀南地区。

其次对比纹饰。

相当于二里冈文化阶段,豫北地区以绳纹为主,但素面陶与磨光陶比例略高,与其他两区域相比明显高出许多。冀南地区绳纹一般占有六成左右,素面及磨光陶比例较高,接近四成。冀中南部地区以绳纹占绝大多数,素面陶与磨光陶数量较少,旋纹十分常见。

相当于殷墟一期文化及其以前,豫北地区素面陶与磨光陶比例锐减,绳纹已经占据了絕對優勢。冀南地區繩紋比例明顯上升。冀中南部地區繩紋一般佔 7 - 8 成,有一定數量的附加堆紋與旋紋,素面陶的比例在 2 - 3 成間。

3. 炊器組合

相當於二里崗下層文化時期,豫北地區以陶鬲、甗與夾砂罐為主要炊器組合,但夾砂罐的數量最多,陶鬲並不是最主要的炊器類型。各遺址零星偶見陶鼎與斝。豫北地區極少見到鄭洛地區較為常見的鬲式斝。陶鬲的形態十分規整,不同地點發現的陶鬲製作共性較強。陶鬲僅見中小型鬲,罕見大型鬲。冀南地區以陶鬲、夾砂罐及零星鼎、甗為炊器組合,陶鬲的形態較為固定,數量最多。陶鬲的形態大體與豫北接近,但較少見豫北地區較常見的腹部較方者。冀中南部地區以鬲、甗作為炊器組合,未見陶鼎,陶鬲製作較為規範,以中型鬲為主。

相當於二里崗上層文化時期,豫北地區以陶鬲、甗為主要炊器,開始出現有極少量的陶甑。陶鬲形態共性更強,開始出現大型鬲,但總量不多,中型鬲在全部陶鬲中超過七成。冀南地區以陶鬲、甗為主要炊器組合,夾砂罐已經十分罕見,陶鬲中以中型鬲為最多。冀中南部地區仍以鬲、甗為主要炊器,本期有一定數量的陶鼎,但在炊器中所佔比例很低。陶鬲仍以中型為主。

相當於殷墟文化及其以前,陶鬲與甗、甑組成基本炊器組合,陶鬲的形態更規範,但種類減少。中型鬲的比重仍然在七成以上。冀南地區以鬲、甗為主要炊器,夾砂罐本期已經基本消失。陶鬲形態與豫北地區已經基本無差異。冀中南部地區仍以陶鬲、甗為主,但在此之外新出現了陶甑、斝作為補充,但比例皆不高。陶鬲仍以中型鬲為主,器物形態與豫北、冀南並無大的差異。

4. 其他器物組合與特徵

相當於二里崗下層文化時期,三地陶器群組合整體較為接近,但個別器類形態有差異。豫北地區本時期深腹盆凹圜底者與圜底罐較多,且比例甚高,而在冀南與冀中南部地區則較少見。鼓腹盆在豫北地區的比例也較其他兩地為多。冀南地區本時期的圓腹罐比例較高,鼓腹盆肩部的鼓突較豫北地區為緩。斂口缽數量在冀南與冀中南部地區比例極高,而豫北地區此類器物則較少。

相當於二里崗上層文化至殷墟一期文化及其以前,三地器物群風格逐漸接近,但仍然略有差異。豫北地區本時期仍然少見斂口缽,冀南與冀中南部則十分多見;豫北地區開始出現一定數量的圜底淺腹盆,但在冀南與冀中南部十分罕見。

三、晚商時期豫北與冀南、冀中南部地區的相互比較

晚商時期豫北、冀南與冀中南部地區文化面貌幾無差異,遺存年代與分期亦可一一對應。各區遺存年代相當於殷墟一期偏晚階段至殷墟四期偏晚。

在冀州東南區中的三個小地理單元中,皆有自身的分期體系,依鄒衡先生晚商時期商文化分期體系為標尺,可以對三者的期別進行對應串聯如下(表 1 - 30)。

表 1－30　晚商时期冀州东南区不同地理单元分期体系对应表

晚商期		豫北地区		冀南地区		冀中南部地区	
段	组	期	段	期	段	期	段
七段	XIV	三期	6	三期	6	三期	5
	XIII		5		5		4
六段	XII	二期	4	二期	4	二期	3
	XI		3		3		
五段	X	一期	2	一期	2	一期	2
	IX		1		1		1

（1）豫北地区

从分布情况看,豫北地区晚商时期遗存较丰富。目前已知遗存多分布在太行山山前丘陵、平原及主要河流两岸。从分布的密集集聚性来看,可分为如下几个集群区域:

其一,太行山南端山前平原的洹河、淇河及卫河两岸。这一区域遗址密集,等级有差异。目前可看出至少两个地区性中心,一在安阳,一在辉县、鹤壁之间。本地区年代自殷墟二期至四期皆有,序列完整。

其二,黄河以北,太行山南麓山前冲积平原和丹河、沁河下游地区。这一带遗址分布明显稀疏,但可能存在类似济源柴庄、温县小南张这样的地区中心,其他遗址等级很低,遗址数量也较少,年代序列相对可断续串联。另一些地点也存在一些晚商时期的墓地和墓葬①。

（2）冀南地区

从分布情况看,冀南地区晚商时期遗存十分丰富,目前遗址遗存集中分布太行山山前冲积平原及丘陵,以滏阳河上游与洺河上游两岸地区最为密集。这一地区另有一些晚商时期的墓葬和墓地②,但无可确认的地区中心。

（3）冀中南部地区

从分布情况看,冀南地区晚商时期遗存十分丰富,目前遗址集中分布太行山山前冲积平原及丘陵,大体分布在两个相对密集的区域:

其一,在以沙河上游为中心的北岸地区,遗址分布较为密集,年代序列十分完整。本地以邢台为中心,可能存在中心聚落,其他遗址等级相对较低。

---

① 常怀颖:《略谈晚商太行山南麓及临近地区的铜器墓》,《中原文物》2019 年第 4 期;《从随葬陶器看殷墟以外的晚商“族墓地”》,《江汉考古》2020 年第 6 期。

② 常怀颖:《略论晚商殷墟北部邻境地区的铜容器墓》,《考古》2021 年第 10 期;《从随葬陶器看殷墟以外的晚商“族墓地”》,《江汉考古》2020 年第 6 期。

　　其二,在泒河至洨河之间,遗址分布十分密集,年代序列也较为完整,但遗址等级较低。

　　除这些遗址密集地区以外,这一地区也分布有一些晚商时期的墓葬和墓地①。

　　从文化面貌上看,各小区域间的文化面貌这一时期无太大差别,其间存在的差异实际上反映的是不同等级的聚落,属于等级差异。对于这一问题,本书将在第五章中再加以论述。

---

　　① 　常怀颖:《略论晚商殷墟北部邻境地区的铜容器墓》,《考古》2021 年第 10 期;《从随葬陶器看殷墟以外的晚商"族墓地"》,《江汉考古》2020 年第 6 期。

第二章　夏商时期冀州东北部考古学文化的分期与特征

在本文的写作区域划分中,冀州东北部可细分为冀中北部、华北平原北缘与冀西北三个小区域(详后)。

第一节　冀中北部地区考古学文化的分期与特征

一、夏时期的遗存分期

冀中北部地区指滹沱河下游两岸与易水以南之间的区域,依今行政区划包括河北省的石家庄市、保定市中南部、沧州市西部,这一区域在太行山东麓中部以东山前丘陵地带,其间河流众多,主要的水系有滹沱河、潴龙河、唐河及其支流。本区东侧为古黄河故道,也是古白洋淀的西南岸滨水地区。在历史时期,这一地区河流改道频繁,所以在冀中北部地区的遗址,目前多发现于太行山前冲积平原上,在偏东的古白洋淀区则较少有发现。这一地区的二里头文化时期考古工作起步较晚。1950年代后期,在石家庄市庄的调查活动中曾发现有二里头文化时期遗存。对二里头文化时期遗存较为系统的主动调查与发掘,大致以1980年代以来保北考古队的一系列工作为代表。至2021年,冀中北部地区共发现了二里头文化时期的遗存数十处(图2-1),其中有近20处的调查或发掘资料得到正式公布。

（一）地层关系

截至2020年,冀中北部地区二里头文化时期发掘面积较大且公布材料较为丰富的遗址有正定小客庄、西房头;任邱哑叭庄、肃宁后白寺;定州尧方头等。另外唐县北放水、南放水、淑闾;徐水文村、大赤鲁等遗址材料也较重要。

但是由于种种原因,这些遗址中可以提供较好堆积序列的却不多。

哑叭庄遗址二里头文化时期遗存公布的地层关系不全面亦不完整,从公布材料中仅能梳理出一组确切的地层关系,即T37②→H59、H76→T37③。另外,根据所发表器物与地层介绍、遗迹分布图相结合,可知下列几组地层关系亦可能与二里头文化时期的遗存相关:

（1）H1→H2

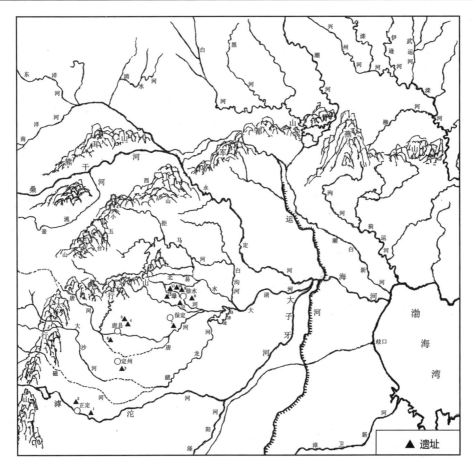

图2-1　冀中北部地区二里头文化时期主要遗址分布示意图

1. 小客庄　2. 西房头　3. 尧方头　4. 北放水　5. 淑闾　6. 沟里　7. 小车　8. 北北里
9. 韩家营　10. 文村　11. 大赤鲁　12. 巩固庄　13. 遂城　14. 哑叭庄　15. 后白寺

（2）H76→H21

（3）H83→H86

（4）H65→H？→H91（H65、H91皆为二里头文化时期灰坑,则H？也应为二里头文化
时期单位,但在遗迹分布平面图中无标号,根据文中叙述的灰坑情况推测,其应该是二里
头文化时期灰坑H61或另一个60开头的编号灰坑）。

（5）T37②→H59→③→H57

这些遗存单位中,H2、H59、H76、H91等单位发表材料较为丰富,可作为哑叭庄遗址二
里头文化时期典型单位。

定州尧方头遗址公布有效地层关系有两组:

（1）T7③→H3→④

（2）T6③→H1→④→⑤

第一组地层关系中的三个单位与第二组地层关系中的四个单位皆属二里头文化时期。

后白寺遗址简报中,公布了一些地层关系,①有陶器发表的单位中,如下几组地层关系有效:

（1）TN3E4⑦→H111→⑧

（2）H192→H48、H194→H195

（3）H163→H189

（4）H10→H85、H154、H153、H96→H182→H173

（5）H56→H52→H183

（6）H200→H201→H203

（7）H7→H197→H186→H185

（8）H16→H105→H152

（9）H88→H27→H69→H199、H71→H101→H112

（10）H56→H41（H52）→H45、H145

（11）H56→H41→H183

（12）H44→H40→H41→H145

（13）H37→H43→H134→H183

上述地层关系中已公布材料的大部分探方⑤层及⑤层下为二里头文化时期遗存,大部分探方⑤层以上基本上为早商时期遗存。在第(10)-(13)组遗存中 H41、H43、H56 及其以上遗存为早商、晚商时期遗存。个别探方⑦层下可能存在龙山末期或"过渡期"阶段遗存。

徐海峰在其论文②中提供了淑闾与北放水遗址的地层关系各一组:

淑闾：ⅠG2→ⅠH37→ⅠH38

北放水：ⅠT0205、T0305④→H24

（二）陶器形制分析

冀中北部地区各遗址二里头文化时期遗存较为丰富,器类亦较多样。总体看,三足器、平底器、圜底器皆有一定的比例,其中鬲、鼎、罐、盆、豆等几类器物形制演变轨迹较为清晰,是分期断代的重要依据。

鬲：皆为卷沿,根据整体形态差异可分为八型。

A型：高领瘦腹。数量较多,根据颈腹部变化可分为四式。

Ⅰ式：领部高直,腹部瘦且深,裆足皆较高,实足根上多有捆扎凹槽。标本唐县北放水ⅠH24：1(图 2-2：1)。

---

① 后白寺遗址简报公布的地层关系中,是两组东西向的地层关系,遗址南北向的堆积特点如何不明。由于遗址为濒水岗地,不同探方间的地层有差异,有的探方剖面显示岗地原始地表并不平坦。因此此地层关系仅能大致推测。

② 徐海峰：《太行山东麓北部地区夏时期考古学文化述论》,《早期夏文化与先商文化研讨会论文集》,科学出版社(北京),2010 年。

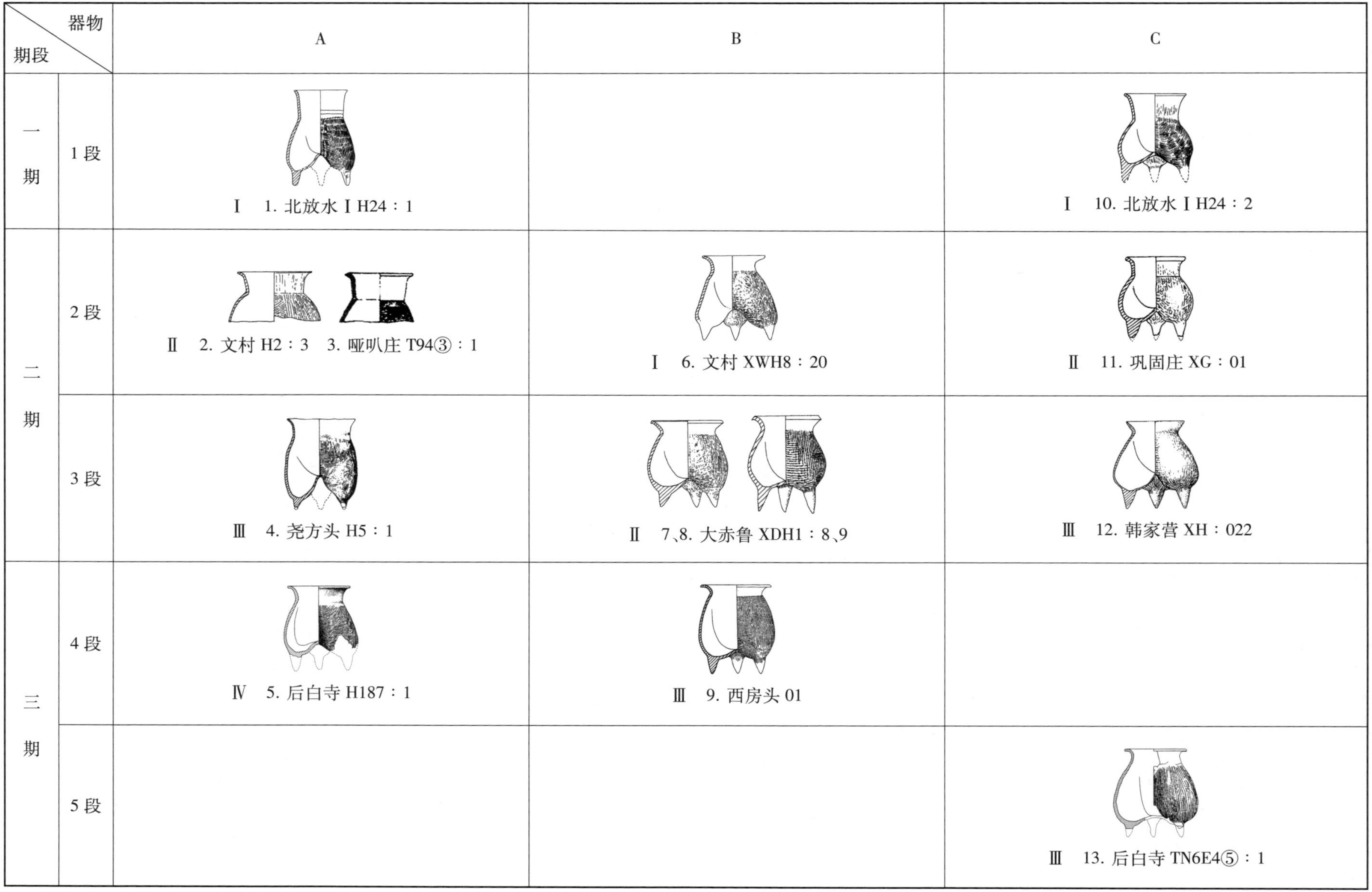

器物
期段
A
B
C
一期
1段
Ⅰ 1. 北放水Ⅰ H24：1
Ⅰ 10. 北放水Ⅰ H24：2
二期
2段
Ⅱ 2. 文村 H2：3 3. 哑叭庄 T94③：1
Ⅰ 6. 文村 XWH8：20
Ⅱ 11. 巩固庄 XG：01
3段
Ⅲ 4. 尧方头 H5：1
Ⅱ 7、8. 大赤鲁 XDH1：8、9
Ⅲ 12. 韩家营 XH：022
三期
4段
Ⅳ 5. 后白寺 H187：1
Ⅲ 9. 西房头 01
5段
Ⅲ 13. 后白寺 TN6E4⑤：1

图2-2 冀中北部地区二里头文化时期陶鬲分期图(一)

Ⅱ式:领部较之前变矮,上端微侈,上腹微鼓。标本徐水文村 XWH2:3(图 2-2:2)、任邱哑叭庄 T94③:1(图 2-2:3)。

Ⅲ式:领部更矮且侈,领肩相接处分界不甚明显,腹部更瘦。标本定州尧方头 H5:1(图 2-2:4)。

Ⅳ式:侈领,部分颈部加厚,腹略鼓。标本后白寺 H187:1(图 2-2:5)。

B 型:矮领鼓腹。数量较少,根据沿面形态差异可分为三式。

Ⅰ式:领部较矮,微侈,下腹三袋足垂折,最大径靠下。标本徐水文村 XWH8:20(图 2-2:6)。

Ⅱ式:沿面较宽,下腹肥鼓,腹部与实足根相接处折转较明显。标本徐水大赤鲁 XDH1:8、9(图 2-2:7、8)。

Ⅲ式:沿面变窄,下腹更肥。标本正定西房头 01(图 2-2:9)。

C 型:高领鼓腹,肥袋足。数量较多,根据整体形态差异可分为三式。

Ⅰ式:高领瘦直,领部上端微侈,下腹三袋足较肥,最大径靠近腹中。标本唐县北放水Ⅰ H24:2(图 2-2:10)。

Ⅱ式:高领微侈,下腹圆鼓凸出,最大径近下腹。标本徐水巩固庄采集者 XG:01(图 2-2:11)。

Ⅲ式:侈领,斜折沿,沿面较宽,垂腹更加肥鼓,最大径更靠下。标本徐水韩家营 XH:022(图 2-2:12)、后白寺 TN6E4⑤:1(图 2-2:13)。

D 型:无领鼓肩鬲,肥袋足。数量很少,根据形态变化可分为两式。

Ⅰ式:侈口卷沿,肥袋足外鼓。标本后白寺 H111:6(图 2-3:1)。

Ⅱ式:侈口卷沿,袋足变瘦。标本哑叭庄 H76:2(图 2-3:2)。

E 型:深袋足无实足根鬲,数量甚少,仅见残片,未见复原器。标本淑间 H111:1(图 2-3:3)。

F 型:素面鬲,有夹砂、泥质两类。数量不多。可分两式。

Ⅰ式:袋足微鼓,腹足相接较缓。标本后白寺 H112:3(图 2-3:4)。

Ⅱ式:肥袋足,领较高,腹足相接明显。标本后白寺 H52:13(图 2-3:5)。

G 型:筒腹鬲,数量较少。皆素面。标本徐水文村 XWH4:12(图 2-3:6)、淑间Ⅰ H176 所出者(图 2-3:7)。

H 型:折肩鬲,数量不多。皆素面,部分器表有磨光。标本徐水大赤鲁 XD:01(图 2-3:8)。

甗: 陶甗在本地区二里头文化时期十分常见,但复原器甚少。同时期个体间的整体形态差异较小,总体可以内壁腰际有无算托分为两型。

A 型:有算托,数量较多。部分器表腰际有粗细不等的附加堆纹。根据领部形态差异可分为三式。

期段\器物		D	E	F	G	H
二期	3段				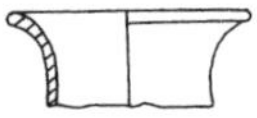 6. 文村 XWH4:12	
三期	4段	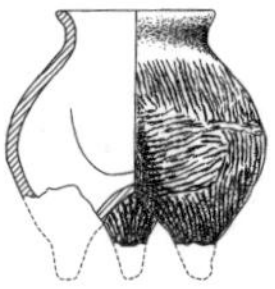 I 1. 后白寺 H111:6	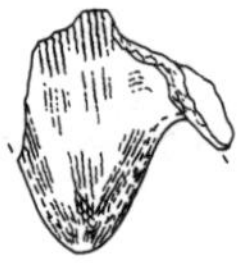 3. 淑间 H111:1	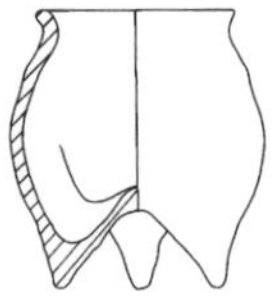 I 4. 后白寺 H112:3		
	5段	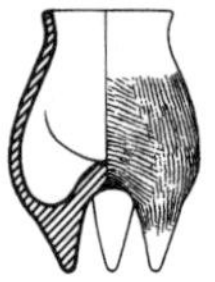 II 2. 哑叭庄 H76:2		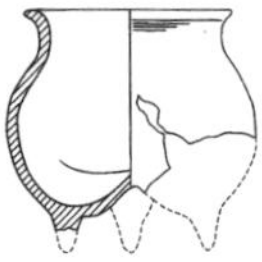 II 5. 后白寺 H52:13	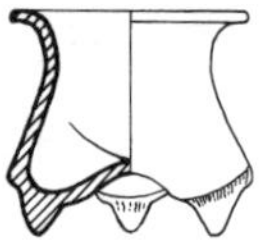 7. 淑间 I H176:?	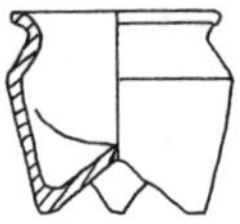 8. 大赤鲁 XD:01

图2-3 冀中北部地区二里头文化时期陶鬲分期图(二)

Ⅰ式:卷沿,尖圆唇,有领,沿面较短个别外翻,部分唇缘有花边,甑部较深宽鼓,呈圆腹盆状,上腹或有鋬耳,下部陶鬲较瘦长。标本文村 XWH4:11、大赤鲁 XDH1:12、西房头 04(图2-4:1、2、3)。

Ⅱ式:甑部卷沿圆唇,个别器物有压印花边,领部变矮,沿面微外翻,甑部变浅,个别器物上腹仍有鋬耳,下部陶鬲袋足肥鼓。标本哑叭庄 H93:1、后白寺 TN3E4⑦:1(图2-4:4、5)。

Ⅲ式:甑部卷沿圆唇或尖圆唇,领部不明显,沿面较宽,外翻较甚,有的开始出现折沿,领部消失,个别器物有束颈,甑部变深,形体变瘦。标本后白寺 H200:1(图2-4:6)。

B 型:无箅托,数量较少。根据甑腹的形态差异可分为两式。

Ⅰ式:卷沿,尖圆唇或圆唇,领较高,沿面较短且无外翻,甑部较深瘦,上腹多有鋬耳。标本北放水出土者、大赤鲁 XDH2:1(图2-4:7、8)。

Ⅱ式:卷沿,圆唇或尖圆唇,领部消失,个别束颈。标本哑叭庄 H59:4、哑叭庄 H76:3(图2-4:9、10)。

鼎:数量甚少,有盆形鼎与罐形鼎两型。

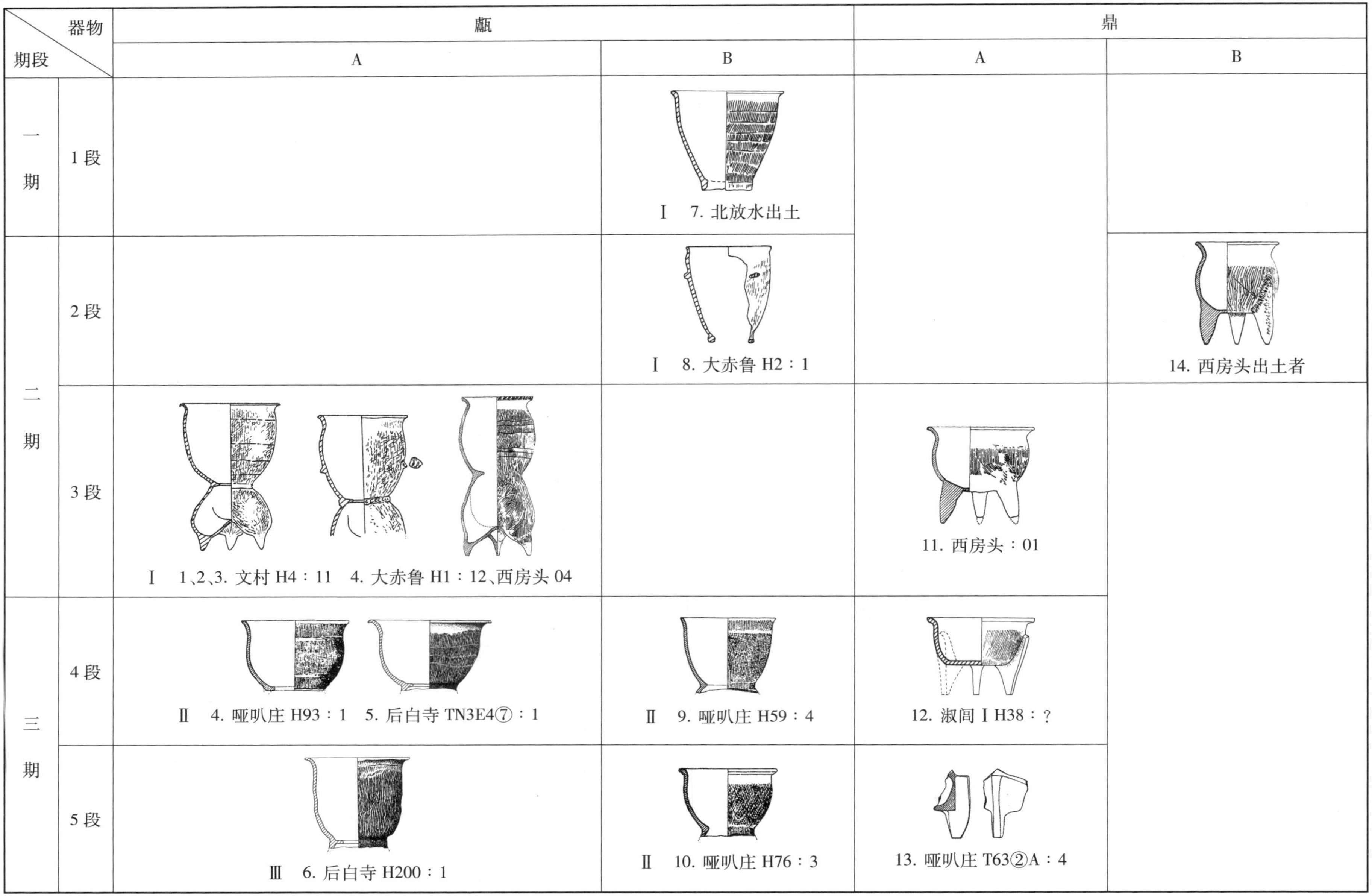

図 2-4 冀中北部地区二里头文化时期陶甗、鼎分期图

器物	甗		鼎	
期段 / 段	A	B	A	B
一期 · 1段		I 7. 北放水出土		14. 西房头出土者
二期 · 2段		I 8. 大赤鲁 H2:1		
二期 · 3段	I 1,2,3. 文村 H4:11、4. 大赤鲁 H1:12、西房头 04		11. 西房头:01	
三期 · 4段	II 4. 哑叭庄 H93:1 5. 后白寺 TN3E4⑦:1	II 9. 哑叭庄 H59:4	12. 淑闾 I H38:?	
三期 · 5段	III 6. 后白寺 H200:1	II 10. 哑叭庄 H76:3	13. 哑叭庄 T63②A:4	

A 型:鼎腹盆形,下腹微折,扁足。标本正定西房头遗址所出者(图 2 - 4:11)、淑闾 I H38 所出者(图 2 - 4:12)、哑叭庄 T63②A:4(图 2 - 4:13)。

B 型:鼎腹作深腹罐形。标本西房头遗址出土者(图 2 - 4:14)。

豆:根据豆柄粗细可分为细柄豆、粗柄豆两类。

粗柄豆:根据豆盘形态差异可分三型。

A 型:豆盘呈浅盘形,数量不多,根据盘腹差异分为两式。

I 式:浅盘,微弧。标本韩家营 XH:09(图 2 - 5:1)。

II 式:盘腹更浅斜。标本哑叭庄 T74②B:4(图 2 - 5:2)。

B 型:豆盘呈碗形,数量较多,根据盘腹形态差异分为三式。

I 式:深腹较缓,有的柄上有镂孔。标本北放水出土者(图 2 - 5:3)。

II 式:深腹较直。标本文村 XWH4:16(图 2 - 5:4)。

III 式:腹部相对变浅,较斜直。部分器物豆柄上仍有圆形镂孔。标本哑叭庄 H18:3 (图 2 - 5:5)。

C 型:簋形豆,数量不多。深腹,上腹较深直,下腹硬折。标本大赤鲁 XDH1:1、后白 寺 H173:71(图 2 - 5:6、7)。

细柄豆:根据豆盘内有无折棱形成的小浅盘可分两型。

A 型:盘内无折棱浅盘,侈口,沿面较宽,盘腹浅缓,数量较多。标本后白寺 H173: 77、哑叭庄 T63②A:1(图 2 - 5:8、9)。

B 型:盘内有折棱浅盘,有一定数量。根据盘腹差异可分为两式。

I 式:沿面前端微卷,盘腹较深,折棱生硬。标本后白寺 H192:2、后白寺 H173:32 (图 2 - 5:10、11)。

II 式:沿面较宽,前端较平,盆腹较浅,折棱下部变浅。标本西房头 05(图 2 - 5:12)。

簋:数量不多。标本西房头 02、03(图 2 - 5:13、14)。

盆:数量与种类甚多,根据盆腹差异可分为五型。

A 型:深腹盆,腹斜直略弧,器表饰以绳纹,根据腹沿形态差异可分四式。

I 式:尖圆唇、短沿,腹弧较深,器表多以旋纹划断绳纹装饰。标本遂城 XS:01 (图 2 - 6:1)。

II 式:尖圆唇或圆唇,腹变深直。个别器物腹部饰有鸡冠鋬。标本淑闾出土者:? (图 2 - 6:2)。

III 式:沿面较宽,略斜折向上,腹深较直。标本尧方头 G1:10、G1:16(图 2 - 6: 3、4)。

IV 式:沿面宽平,腹深,部分器物器底略有凹圜。标本哑叭庄 H9:11(图 2 - 6:5)。

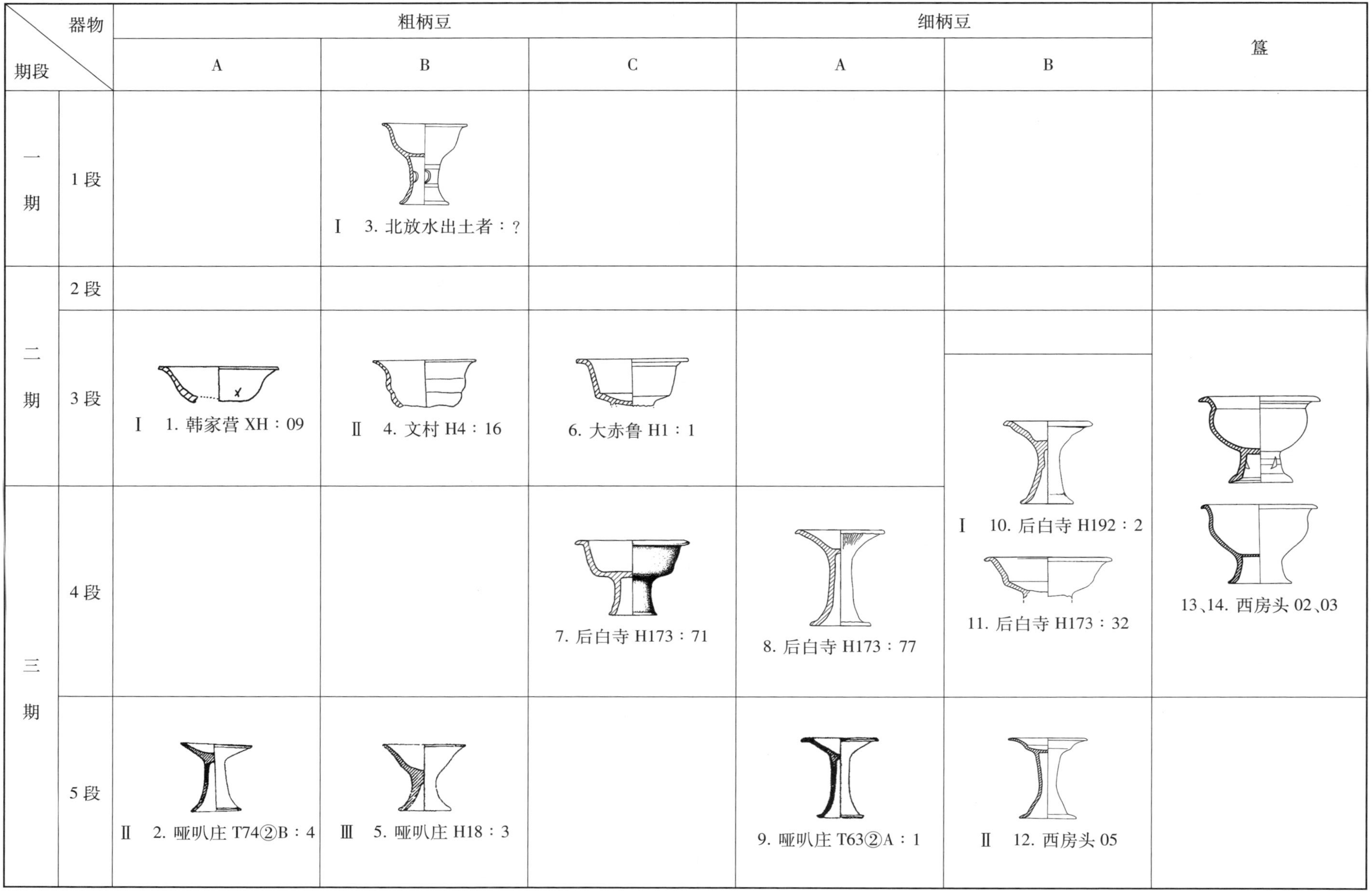

期段	段	粗柄豆 A	粗柄豆 B	粗柄豆 C	细柄豆 A	细柄豆 B	盨
一期	1段	I 1. 韩家营 XH：09	I 3. 北放水出土者：？				
	2段						
二期	3段		II 4. 文村 H4：16	6. 大赤鲁 H1：1	8. 后白寺 H173：77	I 10. 后白寺 H192：2 11. 后白寺 H173：32	13、14. 西房头 02、03
三期	4段		III 5. 哑叭庄 H18：3	7. 后白寺 H173：71		II 12. 西房头 05	
	5段	II 2. 哑叭庄 T74②B：4			9. 哑叭庄 T63②A：1		

图 2－5　冀中北部地区二里头文化时期陶豆、盨分期图

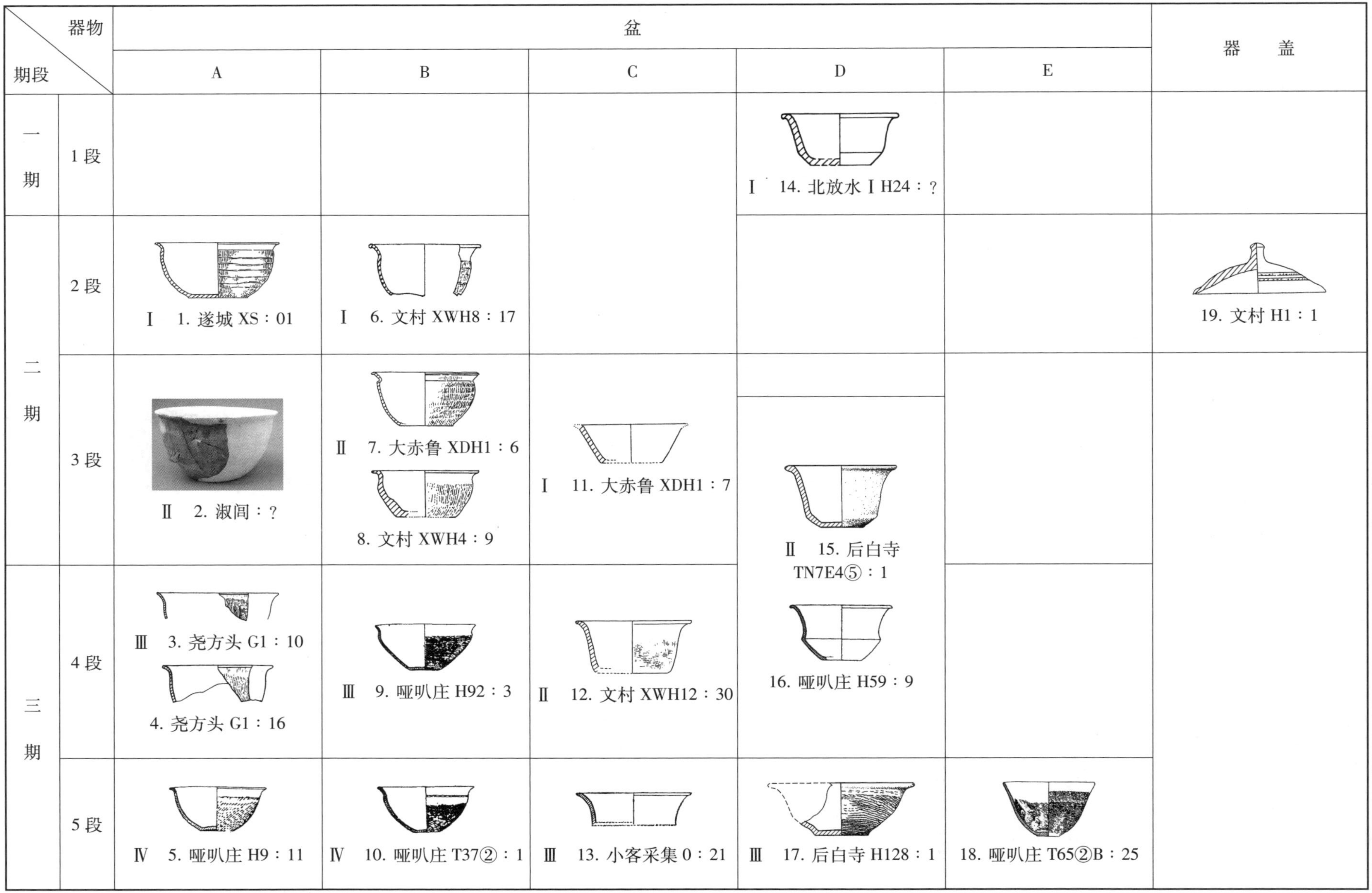

器物	A	B	C	D	E	器 盖
1段（一期）	I 1. 遂城 XS：01			I 14. 北放水 I H24：？		19. 文村 H1：1
2段（二期）	II 2. 淑闾：？	I 6. 文村 XWH8：17	I 11. 大赤鲁 XDH1：7			
3段（二期）	III 3. 尧方头 G1：10	II 7. 大赤鲁 XDH1：6	II 12. 文村 XWH12：30	II 15. 后白寺 TN7E4⑤：1 / 16. 哑叭庄 H59：9		
4段（三期）	IV 4. 尧方头 G1：16	III 8. 文村 XWH4：9 / III 9. 哑叭庄 H92：3	III 13. 小客采集 0：21	III 17. 后白寺 H128：1		
5段（三期）	IV 5. 哑叭庄 H9：11	IV 10. 哑叭庄 T37②：1			18. 哑叭庄 T65②B：25	

图 2-6 冀中北部地区二里头文化时期陶盆、器盖分期图

B 型：鼓腹盆。整体形态接近深腹盆，但明显束颈，上腹鼓出。根据腹颈形态差异分为五式。

Ⅰ式：束颈较长，腹斜直，器表以旋断绳纹装饰。标本文村 XWH8：17(图 2－6：6)。

Ⅱ式：颈部变矮，颈肩相接处折转明显。标本大赤鲁 XDH1：6(图 2－4：9)、文村 XWH4：9(图 2－6：7、8)。

Ⅲ式：短沿，颈部甚矮，腹斜直。标本哑叭庄 H92：3(图 2－6：9)。

Ⅳ式：颈部不明显，卷沿沿面变长。标本哑叭庄 T37②：1(图 2－6：10)。

C 型：浅腹盆，敞口平底，较常见，根据腹部形态差异可分为三式。

Ⅰ式：腹斜直，较浅，制作较精细。标本大赤鲁 XDH1：7(图 2－6：11)。

Ⅱ式：腹较深直。标本文村 XWH12：30(图 2－6：12)。

Ⅲ式：腹微弧。标本小客采集 0：21(图 2－6：13)。

D 型：折腹盆，较为常见，制作较精细，根据腹部形态差异可分为三式。

Ⅰ式：深直腹，下腹折转部分甚浅，器表素面或磨光。标本北放水出土者(图 2－6：14)。

Ⅱ式：深腹，上腹斜直，口径较宽大，器表素面多磨光。标本后白寺 TN7E4⑤：1、哑叭庄 H59：9(图 2－6：15、16)。

Ⅲ式：浅腹，腹部折曲较缓，器表有的饰以绳纹。标本后白寺 H128：1(图 2－6：17)。

E 型：敞口盆，数量较少。标本哑叭庄 T65②B：25(图 2－6：18)。

器盖： 数量较多，但复原器较少。标本文村 XWH1：1(图 2－6：19)。

罐： 数量极多，种类繁杂。根据整体形态差异可粗略分为深腹罐、圆腹罐、大口罐、筒形罐等四型。

A 型：深腹罐，腹饰多组旋断绳纹。数量较多，根据腹部形态差异分为三式。

Ⅰ式：宽沿近无领，腹部较圆鼓，器表以旋断绳纹装饰，腹部或有鸡冠鋬装饰。标本大赤鲁 XDH2：2(图 2－7：1)。

Ⅱ式：领部渐长，腹部更直，器表旋纹更密。标本尧方头 H4：1、尧方头 T7③：7(图 2－7：2、3)。

Ⅲ式：领部更长，宽沿，腹部深直。标本哑叭庄 H2：9(图 2－7：4)。

B 型：圆腹罐。数量较多，根据沿腹形态差异可分为三式。

Ⅰ式：矮领，短沿，腹部圆鼓。标本文村 XWH8：3(图 2－7：5)。

Ⅱ式：矮领，沿面略长，圆腹较鼓，最大径近下腹。标本大赤鲁 XDH1：10(图 2－7：6)。

Ⅲ式：宽沿，深弧腹较长。标本尧方头 G1：6(图 2－7：7)。

C 型：鼓腹罐。数量较少，沿面较短，下腹鼓出。标本哑叭庄 T92③：1、哑叭庄 T45②B：14(图 2－5：8、9)。

D 型：筒形罐，有一定数量。标本哑叭庄 T56②：6(图 2－7：10)。

期段 \ 器物		A	B	C	D
一期	1 段				
二期	2 段	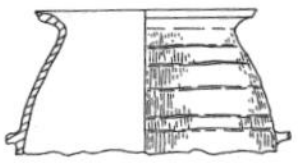 Ⅰ　1. 大赤鲁 XDH2：2	 Ⅰ　5. 文村 XWH8：3	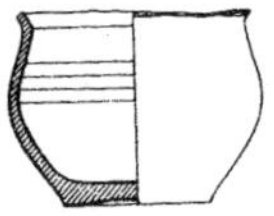 8. 哑叭庄 T92③：1	
	3 段		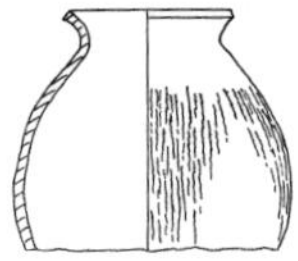 Ⅱ　6. 大赤鲁 XDH1：10		
三期	4 段	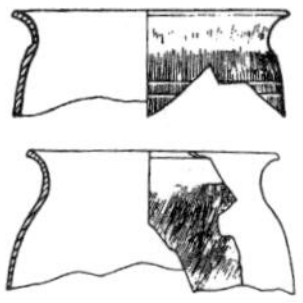 Ⅱ　2. 尧方头 H4：1 3. 尧方头 T7③：7	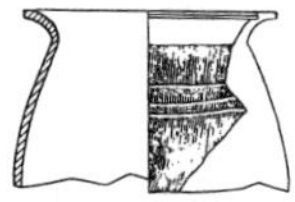 Ⅲ　7. 尧方头 G1：6		
	5 段	 Ⅲ　4. 哑叭庄 H2：9		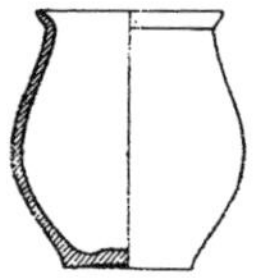 9. 哑叭庄 T45②B：14	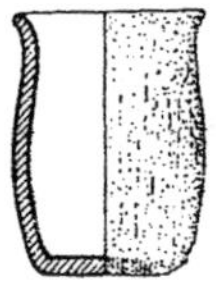 10. 哑叭庄 T56②：6

图 2-7　冀中北部地区二里头文化时期陶罐分期图

瓮：根据整体形态差异可分为小口瓮、大口瓮、平口瓮、蛋形瓮四类。

小口瓮：数量较多,但复原器极少。标本南放水 H24：7、哑叭庄 H89：2(图 2-8：1、2)。

大口瓮：数量较少,标本后白寺 H189：21、哑叭庄 H83：2(图 2-8：3、4)。

平口瓮：泥质,数量明显较同时期冀南地区为少,目前暂看不出明显的演变规律,从少有的器物来看似乎有肩部硬折和圆溜两种。标本文村 XWH8：1(图 2-8：5)。

蛋形瓮：数量甚多,但少有复原者,有平底与圈足两类,以后者为多,根据口沿差异可分为三型。

A 型：短平沿方唇。腹部深弧无明显规律,基本上皆为平底,罕见圈足。标本北放

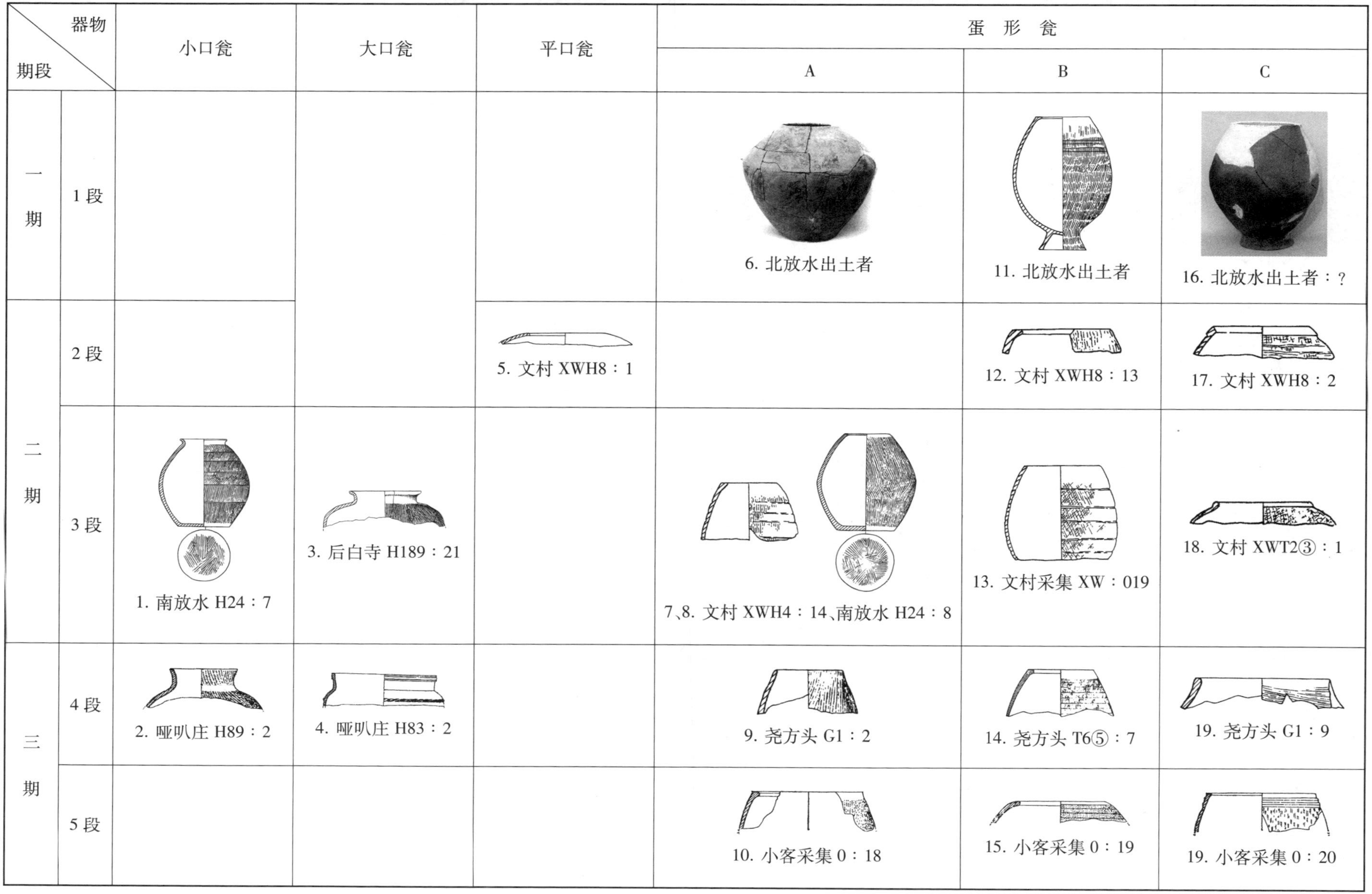

期段		器物 小口瓮	大口瓮	平口瓮	蛋形瓮 A	蛋形瓮 B	蛋形瓮 C
一期	1段				6. 北放水出土者	11. 北放水出土者	16. 北放水出土者：?
二期	2段			5. 文村 XWH8：1		12. 文村 XWH8：13	17. 文村 XWH8：2
二期	3段	1. 南放水 H24：7 2. 哑叭庄 H89：2	3. 后白寺 H189：21 4. 哑叭庄 H83：2		7,8. 文村 XWH4：14 南放水 H24：8	13. 文村采集 XW：019	18. 文村 XWT2③：1
三期	4段				9. 尧方头 G1：2	14. 尧方头 T6⑤：7	19. 尧方头 G1：9
三期	5段				10. 小客采集 0：18	15. 小客采集 0：19	19. 小客采集 0：20

图 2 - 8　冀中北部地区二里头文化时期陶瓮分期图

水出土者(图2-8：6)、文村 XWH4：14(图2-8：7)、南放水 H24：8(图2-8：8)、尧方头 G1：2(图2-8：9)、小客采集 0：18(图2-8：10)。

B 型：敛口圆唇或方唇,基本上无短折沿,基本上皆为平底和圈足。标本北放水出土者(图2-8：11)、文村 XWH8：13(图2-8：12)、文村采集 XW：019(图2-8：13)、尧方头 T6⑤：7(图2-8：14)、小客采集 0：19(图2-8：15)。

C 型：敛口近直,圆唇凸起,基本上皆为平底,有一定数量的圈足者。标本北放水出土者(图2-8：16)、文村 XWH8：2(图2-8：17)、文村 XWT2③：1(图2-8：18)、尧方头 G1：9(图2-8：19)、小客采集 0：20(图2-8：20)。

管流爵：数量较少。标本大赤鲁出土者(图2-9：1)、正定小客 H1：2(图2-9：2)。

二期	三期
3 段	4 段
 3. 大赤鲁：？	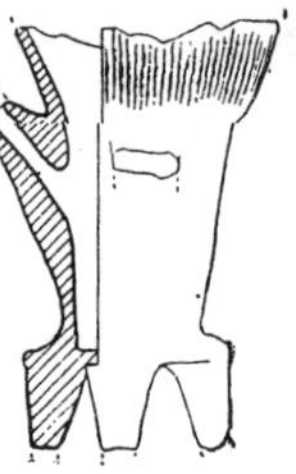 4. 小客 H1：2

图2-9　冀中北部地区二里头文化时期陶爵分期图

(三) 分期与年代推定

由于冀中北部地区各遗址材料公布较差,不少重要遗址的材料至今尚未正式刊布,严重影响了本地二里头文化时期考古遗存的研究。借助已公布的部分地层关系及周边地区器物演变规律,大致可以构建本地区二里头文化时期各遗址的年代序列。

定州尧方头遗址发掘者未对其年代进行准确判断。在简报发表之前,张翠莲据易县下岳各庄及任邱哑叭庄遗址材料为标尺,判断尧方头遗址二里头文化时期遗存年代较为单纯,应相当于二里头文化第二期[1]。但笔者认为,尧方头遗址的年代并没有那么早。在尧方头遗址简报中,完整复原的陶器除三件陶盉外,仅有一件陶鬲(H5：1)。这件陶鬲领部斜侈,腹瘦,足根较矮,与张翠莲认为下岳各庄遗址及哑叭庄遗址中年代较早的高领鬲差别较大。在张翠莲的分期中,冀中北部地区陶鬲年代较早者,领部甚高且直,三袋足圆鼓,整体形态较高。在下岳各庄及哑叭庄遗址中的同类器,如哑叭庄遗址 T94③：1,与尧

---

[1]　张翠莲：《尧方头遗址与下岳各庄文化》,《文物春秋》2000 年第 3 期。

方头遗址的陶鬲相比,领部甚高且直,差异明显。而尧方头遗址的陶鬲与冀中南部邢台葛家庄遗址 93H78∶10 鬲更为接近(参图 2 - 10)。尧方头遗址公布的另外两件陶鬲领部较 H5∶1 鬲更矮。从鼓腹盆与深腹盆来看,形态与冀中南部地区及豫北地区年代较晚的同类器更为接近(参图 2 - 10)。因此,尧方头遗址二里头时期遗存可大体分为前后两段,第一段以 H5 为代表,第二段则以 T6⑤、T6④、H1、H4 等单位为代表。

	鬲	深腹盆	鼓腹盆
冀中南部	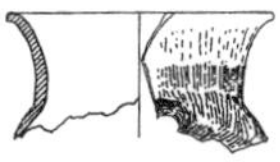 葛家庄 93H78∶10	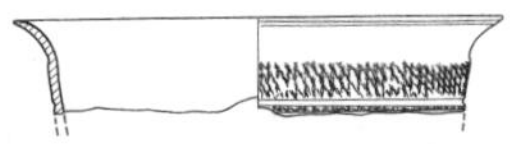 补要村 H126∶08	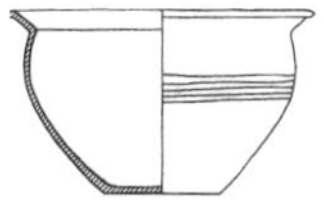 葛家庄 93H026∶?
冀中北部	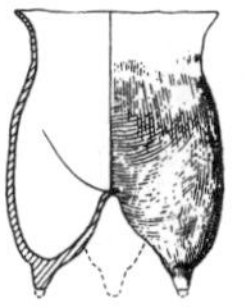 尧方头 H5∶1	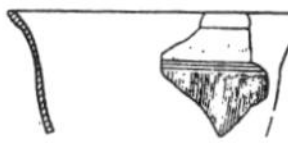 尧方头 G1∶8	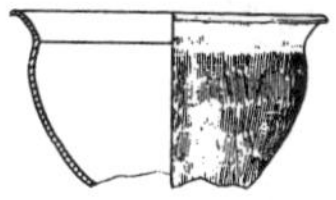 尧方头 T6⑤∶1

图 2 - 10　冀中南部与北部地区二里头文化时期陶鬲、盆比较图

正定西房头遗址材料尚未正式刊布,就笔者参观所见,其二里头文化时期遗存大体可分为前后两期,其中第二段遗存年代大体与尧方头遗址 H5、G1 等单位面貌相近,年代也应大体相当。

正定小客庄遗址二里头文化时期遗存皆为调查所得,由于缺乏必要的地层关系与器物组合,因此仅能依靠器物形态对其年代进行大体估量。从现有材料看,小客遗址本时期遗存大体与尧方头遗址晚段相当,部分器物年代可能更晚。为稳妥起见,笔者将其暂合并为一段。

唐县北放水遗址材料尚未系统公布,从发掘纪要及研究文章[①]所公布的零星信息可知,北放水遗址二里头文化时期遗存大体可分为三段。第三段年代较为明确,文化面貌与尧方头第一段相同,年代亦与之相当。第一段目前仅有 I H24 一个单位,公布了较多器物,本段高领鬲领部特高且直,三袋足较肥鼓,三锥足与分裆较高。第二段介于 I H24 与第三段之间,陶鬲领部较第一段略矮但较直,仍明显高于尧方头遗址 H5∶1,且领部无斜侈倾向。因此年代也应早于尧方头遗址第一段。

唐县南放水遗址刊布了零星的二里头文化时期材料,其中 H24 发布两件陶瓮及零星鬲足,根据器物形态,该遗址的夏时期遗存大体与尧方头 1 段、北放水 3 段年代相当。

---

①　徐海峰:《北放水遗址夏时期文化遗存发现的意义》,《中国文物报》2007 年 10 月 19 日第 7 版。

　　唐县淑闾遗址材料亦未系统公布,就笔者参观所见及零星公布材料,二里头文化时期遗存大体可分为前后两段,一段以 I H38 为代表;二段以 I H176 为代表。淑闾一段应晚于北放水遗址第三段,大体与尧方头遗址第二段相当。

　　曲阳地区本时期考古工作较为缺乏,所公布材料皆为 1990 年调查所获。调查中,沟里与董家马西两处遗址发现有二里头文化时期的遗存。两遗址中的二里头文化时期遗存年代较为接近,年代约相当于尧方头遗址第二段遗存,个别器物特征显示可能年代略早。

　　保定小车遗址材料未能系统公布,发表材料仅有陶甑一件,从其形态观察,年代当应与尧方头遗址第二段遗存接近。

　　徐水北北里遗址材料尚未系统公布,所见陶盆当与尧方头遗址一段同类器物接近,所以该遗址至少存在与尧方头遗址第一段年代相当的遗存。

　　徐水韩家营遗址材料尚未公布,该遗址 1980 年代末期由保北考古队调查,根据现有的零星材料可知该遗址约与北放水遗址二里头文化第三段遗存年代相近。

　　徐水文村遗址 1986 年由保北考古队试掘,获得了较为丰富的二里头文化时期遗存,但材料尚未正式公布。根据沈勇硕士论文中提供的材料,可将该遗址分为前后三段,第一段以 H2、H8 等单位为代表;第二段以 H4 为代表;第三段以 H12 为代表。第一段遗存根据器物形态大致与北放水遗址第二段遗存相当;第二段遗存相当于尧方头遗址第一段;第三段则大体与尧方头遗址第二段相当,个别器物显示该段遗存年代下限可能更晚。

　　徐水大赤鲁遗址 1986 年由保北考古队试掘,但材料尚未正式公布。根据沈勇论文中提供的 H1 与 H2 两单位器物,H2 略早于 H1。可将大赤鲁遗址二里头文化时期遗存分为前后两段,第一段 H2 约相当于文村第一段,第二段大体相当于文村第二段。

　　徐水巩固庄遗址经保北考古队调查,但材料尚未正式发表。根据沈勇论文提供的器物,该遗址二里头文化时期遗存约相当于北放水遗址第二段。

　　徐水遂城遗址经保北考古队调查,但材料尚未正式发表。根据沈勇论文提供的线索,该遗址二里头文化时期遗存约相当于北放水遗址第二段。

　　任邱哑叭庄遗址二里头文化时期遗存较为丰富,但由于其大部分地层关系并未公布,且发表器物数量甚少。依据现有发表材料可将其分为前后三段,第一段以 T94③ 为代表,第二段以 T101② 层等单位为代表,第三段则以 H89 等单位为代表。哑叭庄第一段约与文村、大赤鲁遗址 1、2 段相当;第二段大体与尧方头遗址第二段相当;第三段则与文村等遗址偏晚阶段遗存相当。

　　肃宁后白寺遗址二里头文化时期遗存应当比较丰富,但公布资料有限。发掘简报将夏时期遗存分为前后两段,以 H105、H173、H187、H189 等为第一段,H16、H38、H41 为第二段。发掘者的硕士学位论文将二里头文化时期遗存划为遗址第一期,前后分为三段,以 H173 为第一段,以 H43 为第二段,以 H41 为第三段。在绝对年代的判断上,魏曙光在硕士论文中将第二、三段的绝对年代放在二里冈下层,认为其绝对年代已相当于郑州南关外

H62 阶段。但在简报中,又认为这两个阶段的遗存不属于早商时期。对比简报与硕士学位论文,除简报未刊布 H43 的遗物外,发掘者的认识基本上是比较一致的。总体上看,简报结论与学位论文虽同出一人之手,但差别也比较明显,作者对于遗址本阶段文化相当于二里头文化什么阶段的认识是游移的。原简报和论文对东西向的不对应的地层并未能相对全面的公布,所以比较难对应校核。对比各方面可见资料,本文根据已知地层关系,将后白寺二里头文化时期的遗存分为前后两段。早段以 H111、H112、H173、H187、H196 等⑤—⑦层下的灰坑,晚段则以各探方⑤层的遗存为代表。两段遗存的年代相对集中。原简报认为的后段遗存中的 H41、H43 及 H16 等单位则已进入早商阶段。另外,原简报中刊布的⑦层下的 TN5E2⑧层等单位有双贯耳子母口瓮等遗存,显示该遗址还有早于二里头文化时期的龙山文化晚期遗存,甚至存在与哑叭庄同样的"过渡期"遗存(详后)。

由上述遗址的分期可将本区二里头文化时期遗存整合分为三期五段(表 2-1)。

表 2-1　二里头文化时期冀中北部地区居址分期对照表

遗址 ＼ 期段	一期 1 段	二期 2 段	二期 3 段	三期 4 段	三期 5 段	资料来源
正定小客				√		①
正定西房头		1	2			②
定州尧方头			1	2		③
唐县北放水	1	2	3			④
唐县淑闾				1	2	⑤
曲阳沟里等			√			⑥
保定小车				√		⑦
徐水北北里			√			⑧

---

① 滹沱河考古队:《河北滹沱河流域考古调查与试掘》,《考古》1993 年第 4 期。
② 资料未公布,笔者参观所见。
③ 河北省文物研究所、保定市文物管理处:《河北定州市尧方头遗址发掘简报》,《考古》2004 年第 9 期。
④ 徐海峰、高建强:《河北唐县北放水遗址考古发掘取得重要成果》,《中国文物报》2006 年 11 月 10 日第 2 版;国家文物局主编:《河北唐县北放水遗址》,《2005 中国重要考古发现》,文物出版社(北京),2006 年。
⑤ 刘连强:《河北唐县淑闾遗址考古发掘获重要收获》,《中国文物报》2006 年 12 月 15 日第 5 版。
⑥ 史云征、李兰珂:《河北曲阳县考古调查简报》,《考古》1994 年第 4 期。
⑦ 贾金标、胡金华:《河北保定市发现先商时期遗址》,《中国文物报》2005 年 9 月 9 日第 1 版。
⑧ 盛定国:《河北徐水北北里遗址发掘取得重要收获》,《中国文物报》2008 年 4 月 18 日第 2 版。

续表

遗址 ＼ 期段	一 期	二 期		三 期		资料来源
	1 段	2 段	3 段	4 段	5 段	
徐水韩家营			√			①
徐水文村		1	2	3		
徐水大赤鲁		1	2			
徐水巩固庄		√				
徐水遂城		√				
任邱哑叭庄			1	2	3	②
肃宁后白寺				1	2	③

一期 1 段:材料不多,目前以北放水遗址第一段为代表。本段炊器以陶鬲为主,偶见陶鼎。陶器制作较为粗糙。目前材料较少,器物种类尚不甚丰富。与邻近地区相比,本段年代大体相当于二里头文化二期晚段。

二期 2 段:材料较丰富,本段炊器组合与上一阶段相同,但陶鬲、甗的数量增加,器形与第一段有所变化。陶鼎的比例在这一时期有所上升,但仍以深腹罐形为多。其他常见器类在这一时期基本都已出现。陶器制作较粗糙,本段年代约相当于二里头文化三期早段。

二期 3 段:材料丰富,本段炊器组合与上一阶段基本相同。陶鼎数量仍较多,开始以盆形鼎为主。陶器器类进一步丰富,制作趋向精细。本段年代相当于二里头文化时期三期晚段。

三期 4 段:材料丰富,本段炊器组合与上一阶段相比有一定变化,高领陶鬲形态变化较大,陶鼎数量锐减,陶器制作较为精细。本段年代约相当于二里头文化四期早段。

三期 5 段:材料较丰富,本段炊器组合与上一阶段相近,陶鼎数量更少。陶器种类较为丰富,陶器制作较为精细。本段年代约相当于二里头文化四期晚段。

二、夏时期各期陶器的特征

从整体的文化面貌看,冀中北部地区二里头文化时期文化面貌变化较为明显。下面仍从陶系、炊器组合变化、其他标志性器物数量变化等方面予以分析。

---

① 沈勇:《论保北地区的先商文化》,北京大学硕士学位论文,1988 年,未发表。
② 河北省文物研究所、沧州地区文物管理所:《河北任丘市哑叭庄遗址发掘报告》,《文物春秋》1992 年增刊。
③ 河北省文物考古研究院、河北大学历史学院、肃宁县文物保管所:《河北肃宁县后白寺遗址发掘简报》,《考古》2020 年第 4 期;魏曙光:《河北肃宁后白寺遗址夏商时期遗存研究》,西北大学硕士学位论文,2019 年。

（一）陶系

第一期1段：以夹砂陶为主，泥质陶比例较小。陶器火候不高，陶色较斑驳，黑陶居多，灰陶次之，但不甚纯净，红褐陶也占较大的比例。纹饰以各类绳纹为主，绳纹较粗，滚压不甚规整。本段有一定比例的篮纹。磨光陶和素面陶在本段比例较高，平底器底部较少有绳纹滚压。附加堆纹在本段比例较高。本阶段戳压印纹的比例不高（表2-2）。

表2-2　二里头文化时期冀中北部地区居址典型单位陶系统计表

项目\ 时段		单位	陶质(%)		陶色(%)			纹饰(%)						
			泥质	夹砂	灰	红褐	黑	素面	磨光	绳纹(含旋断)	篮纹	旋纹	附加堆纹	戳压印
一期	1段	北放水1段	少	多	再次	次之	多	次之		最多	√	√	较多	√
二期	2段	文村H8	33.9	66.1	29.5	25.9	44.6	19.6	2.7	74.1		2.7	0.9	√
三期	4段	尧方头	略多	略少	最多	√	次之	15		>80		较多	√	√
		后白寺H173	77.9	22.1	85.7	1.9	11.4	37.4	17.7	43	0.5	1.5	2.2	17.7
	5段	哑叭庄	>60	40	为主	次之	再次	次之		为主		√	√	√

（文村统计数据来自沈勇硕士学位论文；后白寺统计数据来自魏曙光硕士学位论文）

第二期2段：本段仍以夹砂陶为主，泥质陶较少。陶色仍较斑驳，不同单位中陶色比例略有差异，但仍以黑褐陶或红褐陶的比例略占优势，较纯正的灰陶在本阶段不多见。本阶段各类绳纹仍然占绝对的优势，素面陶和磨光陶较上一阶段明显增长。旋纹和戳压印纹在本阶段比例增长明显，附加堆纹在本阶段开始减少。

第二期3段：本阶段泥质陶比例开始超过夹砂陶，陶色以红褐陶为主，黑褐陶比例减少，但陶色仍不纯正。本阶段绳纹比例下降明显，素面陶和磨光陶的比例随着泥质陶的增长而大增，绳纹明显减少。旋纹、戳压印纹比例增加明显，附加堆纹等明显减少。

第三期：本期除后白寺H173外无较好的统计数据，这一阶段，泥质陶数量远多于夹砂陶。陶色逐渐趋于纯正，灰陶比例开始占据主导地位，黑褐陶次之，红褐陶再次。本阶段绳纹占纹饰中的绝大多数，素面与磨光陶在本区偏东地区比例很高，而在本区太行山前区域比例开始下降。在古白洋淀边缘的后白寺、哑叭庄遗址，陶器烧制温度不高，陶色斑驳，纹饰滚压也不规范。

（二）器物群中的炊器特征与组合变化

二里头文化时期本区缺乏准确的器类组合数据，无法精确说明炊器的组合比例变化。

总体说来,本区域始终以鬲为最主要的炊器,甗次之,甑、鼎的数量一直较少。本区内未见分体的陶甑。炊器组合中可能有部分夹砂罐作为补充。这里仅对炊器形制的变化规律略做总结。

鬲:陶鬲是本区最多的炊器,各类陶鬲中以高领、矮领肥袋足鬲最为常见,也是本区最具特色的陶鬲种类。此类陶鬲的总体演变规律是颈部由高变矮,较高的颈部由较竖直到较斜侈。腹部由较肥鼓到较瘦直。个体形态由较大到较小。器表装饰绳纹由较粗到较细。早期陶鬲鬲足上多有捆扎的凹槽,晚期凹槽逐渐消失。早期高领鬲上或有鋬手,晚期逐渐消失。到三期时,在本区北部唐河流域(尤其是北岸),开始出现时出现了折肩鬲和筒腹鬲,此两类陶鬲,与夏家店下层文化或大坨头文化关系密切,当暗示了这两支考古学文化的分布南缘。在古白洋淀西、南岸及古黄河西岸的濒水区,以哑叭庄与后白寺遗址为代表,在三期时出现的鼓腹素面鬲则与永定河下游及潮白河流域同一阶段的同类鬲有较密切的关系。同时,两遗址中各类肥袋足鬲制作粗疏,陶胎厚且陶质较粗,烧成温度不高,纹饰散乱的特点,与本区偏西的太行山前区别明显,而与古黄河以东的岳石文化分布区的陶器有较多共性。

甗:本区陶甗较为常见,是本区第二位的炊器。陶甗大部分都有箅托,其总体形态演变趋势是上部盆甑部分由深腹瘦长到浅腹较宽肥,早期上部偶有双鋬,晚期不见。下部陶鬲部分的演变规律与本地区陶鬲腹部一致。

鼎:本区陶鼎数量较多。早期以深腹罐形鼎最为多见。二期出现盆形鼎,盆腹由深渐浅。鼎足早期由侧视锥形的扁足逐渐演变为侧装扁足。

(三)器物群其他主要器物特征与组合变化

二里头文化时期本区器物群相较于冀中南部地区而言相对较为简单,本地区最突出的特点就是各类陶瓮与罐较其他地区更丰富,蛋形瓮的比例尤高,且种类较多。陶盆却相较于其他地区制作粗糙。制作精细的素面旋纹盆、磨光装饰的敛口瓮等在本地区数量甚少,与同时期冀中南部地区差异明显。筒形罐在本地区较为常见,与冀中南部地区不同。

三、早商时期的遗存分期

这一地区早商时期考古工作起步较晚,以藁城台西遗址发掘为代表,近40年间在冀中北部地区共发现了早商时期的遗存数十处(图2-11),有近20处的调查或发掘资料得到正式公布。

(一)地层关系

截至2020年,冀中北部地区早商时期发掘面积较大且公布材料较为丰富的遗址有藁城台西、北龙宫;任邱哑叭庄、肃宁后白寺;正定曹村等。另外灵寿董家庄、纪信台,沧州倪杨屯等遗址材料也较为重要。

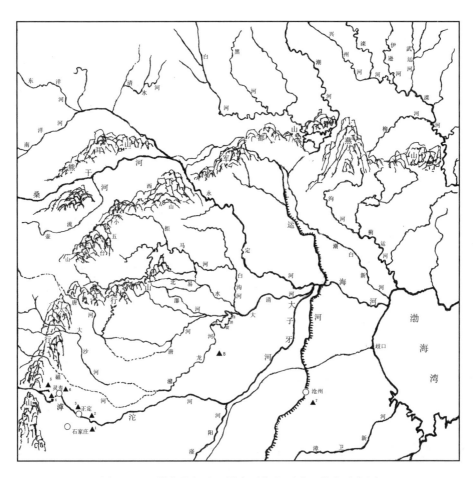

图 2 - 11　冀中北部地区早商时期主要遗址分布示意图

1. 台西　2. 北龙宫　3. 曹村　4. 邨坊、孟贤壁　5. 北宅　6. 董家台、纪信台　7. 倪杨屯　8. 后白寺

但是由于种种原因,这些遗址中可以提供的有效遗迹单位不多。

藁城台西遗址早商时期遗存地层关系较为复杂,且由于当时发掘水平所限,所有地层内的遗物皆无遗迹单位归属,这里不一一详述。台西遗址分期的基本情况如《藁城台西商代遗址》[①]所划分,为前后四期,其前后关系为:

晚期居址→晚期墓葬→早期墓葬→早期居址

报告公布后,杨锡璋对这一分期方案做了修订[②],他将台西遗址商文化分为前后三期:第一期,早期居址期;第二期,早期墓葬期;第三期,晚期墓葬、晚期居址期。何元洪在基本赞同杨锡璋意见的基础上,对于台西遗址部分单位的期别归属进行了修订[③]。笔者

---

①　河北省文物研究所:《藁城台西商代遗址》,文物出版社(北京),1985 年。

②　杨锡璋:《关于藁城台西商代遗址的分期问题》,《中国考古学论丛——中国社会科学院考古研究所建所 40 周年纪念》,科学出版社(北京),1993 年。

③　何元洪:《太行山东麓商文化分期、分区研究》,第 17 - 18 页,北京大学硕士学位论文,2000 年,未发表。

赞同杨、何二人的推断,将台西遗址分为前后三个阶段,并以之作为本区分期的标尺。

正定曹村遗址早商时期遗存皆为灰坑,但各灰坑间缺乏打破关系的描述,无法对其进行进一步的分析。原简报将这批早商时期遗存划归同期。

肃宁后白寺遗址有如下几组地层关系与早商时期遗存有关:

(1) H56→H41(H52)→H45、H145

(2) H56→H41→H183

(3) H44→H40→H41→H145

(4) H37→H43→H134→H183

其中 H41、H43 及 H56 三个单位的早商时期遗存较为丰富。

(二) 陶器形制分析

冀中北部地区各遗址早商时期遗存较为丰富,器类亦较多样。总体看,三足器、平底器、圜底器皆有一定的比例。其中鬲、鼎、罐、盆、豆、大口尊六类器物形制演变轨迹较为清晰,是分期断代的重要依据。

鬲:数量甚多,根据沿腹形态差异可分为五型。

A 型:折沿鼓腹鬲。腹部较瘦。虽有大小之别,但整体形态相同。根据沿、腹形态差异可分为五式。

Ⅰ式:侈领,鼓腹,薄胎,形体较高,整体形态较肥鼓。标本后白寺 H41∶18(图 2-12∶1)。

Ⅱ式:圆唇,宽折沿,薄胎。标本台西 H39∶8(图 2-12∶2)。

Ⅲ式:宽折沿,沿面前端起棱,沿面前端多有一二道凹槽,唇缘下端或有勾棱,腹变瘦,裆与锥足变矮,有的颈下多有同心圆戳印纹,高锥足。标本台西 T10∶078、台西 H39∶06、后白寺 H60∶1(图 2-12∶3、4、5)。

Ⅳ式:方唇或斜方唇,沿面起棱上翻,近盘口,沿面前端多有一至两道凹槽,唇缘多有凹槽。标本台西 H42∶2、T4∶93(图 2-12∶6、7)。

Ⅴ式:方唇或斜方唇,鼓腹较肥,锥足变矮。标本台西 M26∶1、台西 F6∶49(图 2-10∶8、9)。

B 型:折沿直腹鬲。形体较大,多有附加堆纹。根据裆腹形态差异可分为两式。

Ⅰ式:瘦腹高裆,尖锥足甚高,方唇或斜方唇,唇缘下端有勾棱。标本台西 T12∶64(图 2-12∶10)。

Ⅱ式:腹略肥,尖锥足变矮,裆变低,方唇或斜方唇,唇缘下端勾棱十分明显。标本台西 T5∶112(图 2-12∶11)。

C 型:鼓腹鬲。腹部较肥。根据整体形态差异可分为两式。

Ⅰ式:侈领短沿,肥鼓腹。方唇或斜方唇,沿面前端多有一至两道凹槽,唇缘上往往有凹槽,下端有的略勾。标本后白寺 H16∶1(图 2-12∶12)。

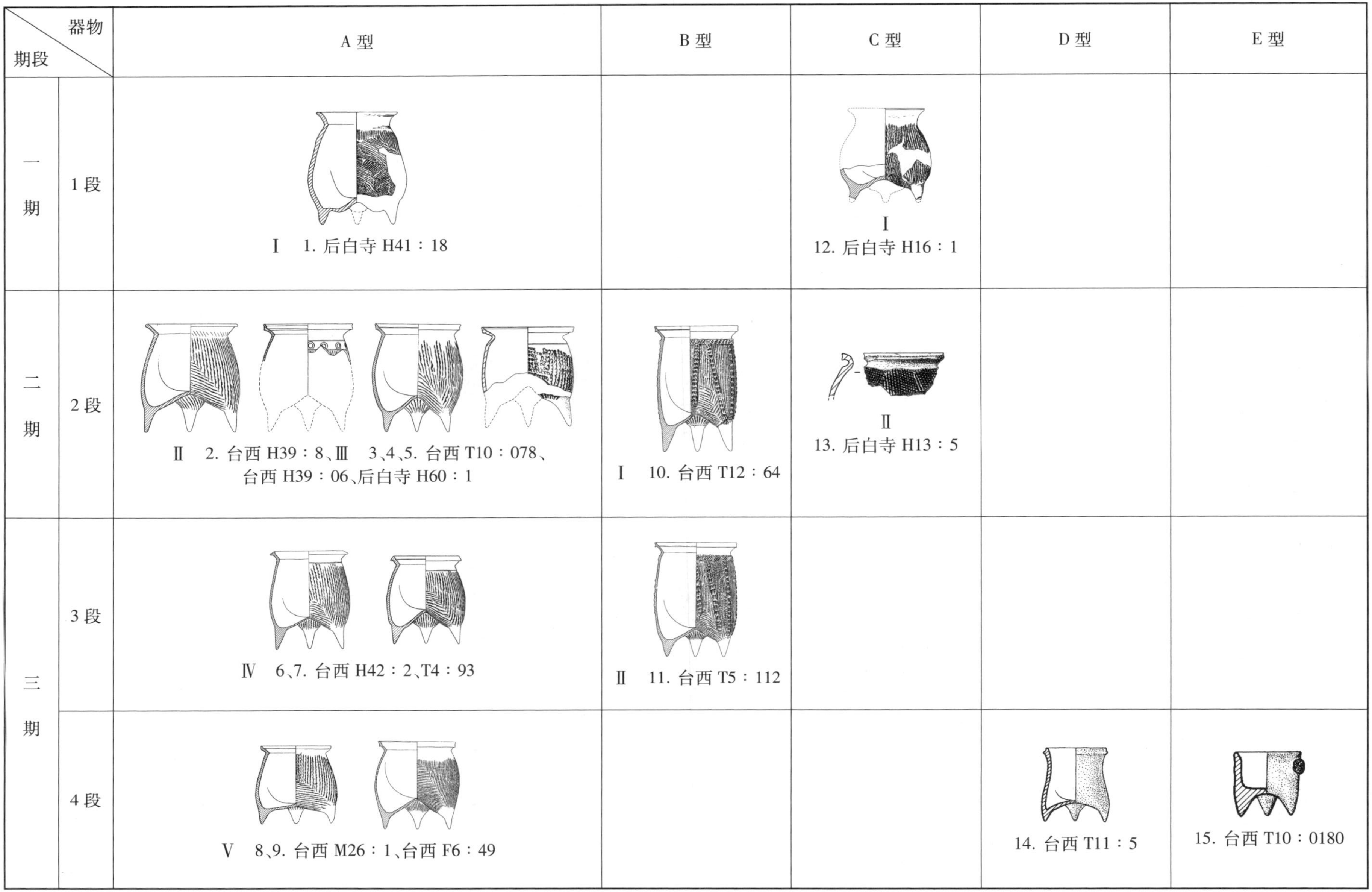

器物 期段	A 型	B 型	C 型	D 型	E 型
1 期 1 段	I 1. 后白寺 H41：18				
二 期 2 段	II 2. 台西 H39：8，III 3、4、5. 台西 T10：078， 台西 H39：06，后白寺 H60：1	I 10. 台西 T12：64	I 12. 后白寺 H16：1		
三 期 3 段	IV 6,7. 台西 H42：2,T4：93	II 11. 台西 T5：112	II 13. 后白寺 H13：5		
三 期 4 段	V 8,9. 台西 M26：1,台西 F6：49			14. 台西 T11：5	15. 台西 T10：0180

图 2－12　冀中北部地区早商时期陶鬲分期图

Ⅱ式：卷沿，溜肩，腹部较肥鼓。方唇或斜方唇，沿面前端和唇缘多有一至两道凹槽。标本后白寺 H13：5（图 2 - 12：12）。

D 型：筒腹鬲。数量较少。标本台西 T11：5（图 2 - 12：14）。

E 型：单把鬲。数量甚少。标本台西 T10：0180（图 2 - 12：15）。

甗：复原器甚少，现有标本多有箅托。标本后白寺 H41：3、台西 H87：2（图 2 - 13：1、2）。

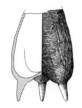 

1. 后白寺 H41：3　　　　　　　　　　　　2. 台西 H87：2

图 2 - 13　冀中北部地区早商时期陶甗分期图

鼎：数量不多，仅见于个别遗址。根据盆腹差异可分为两型。

A 型：平底，腹甚浅。标本台西 F7：33（图 2 - 14：1）。

B 型：圜底，腹较深。标本台西 H132：15（图 2 - 14：2）。

甑：数量较少，根据甑孔形态差异可分为两型。

A 型：折沿，深腹，甑孔为分布不甚规律的小圆孔。标本台西 F6：48（图 2 - 14：4）。

B 型：上部形态不明，甑孔是数个扇形孔以器底圆心为中心环绕分布。标本倪杨屯采集 X：034（图 2 - 14：5）。

盆：根据整体形态差异可分为四型。

A 型：深腹盆。数量甚多。根据整体形态差异可分为三式。

Ⅰ式：折沿外翻，唇缘下多见勾棱，下腹斜收微鼓。标本后白寺 H87：3（图 2 - 15：1）。

Ⅱ式：折沿外翻，沿面常见一至二道凹槽，唇缘下多见勾棱，腹较肥鼓。标本台西 H39：6（图 2 - 15：2）。

Ⅲ式：宽折沿，唇缘下端偶见勾棱，腹瘦直。标本台西 J1：10（图 2 - 15：3）。

B 型：浅腹盆。数量较多。根据整体形态差异可分为三式。

Ⅰ式：折沿，沿面较平，腹部斜收。标本后白寺 H41：44（图 1 - 15：4）。

Ⅱ式：折沿外翻，沿面常见一至二道凹槽。标本后白寺 H35：1、台西 H39：01（图 2 - 15：5、6）。

Ⅲ式：宽折沿，腹变深，唇缘下端偶见勾棱。标本台西 H132：010（图 2 - 15：7）。

器物 期段		鼎		甗	
		A	B	A	B
三 期	3段				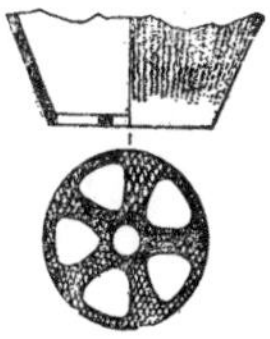 5. 倪杨屯采集 X：034
	4段	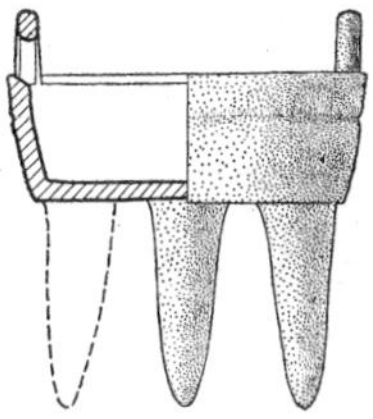 1. 台西 F7：33	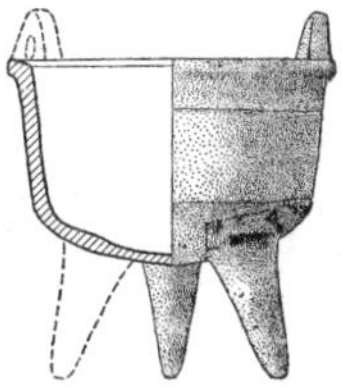 2. 台西 H132：15	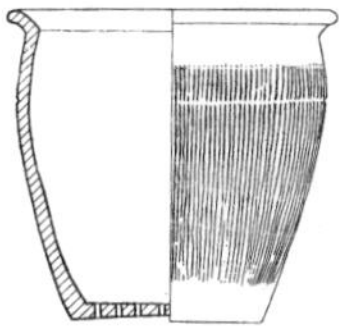 4. 台西 F6：48	

图 2－14　冀中北部地区早商时期陶鼎、甗分期图

C 型：曲腹盆。数量极少。标本台西 F2：40（图 2－15：8）。

D 型：圜底盆。数量极少。标本台西 F2：40（该器原报告重号）（图 2－15：9）。

簋：数量不多,根据整体形态差异可分为四型。

A 型：无耳鼓腹簋,较多见于墓葬,居址内少见,根据整体形态差异可分为三式。

Ⅰ式：直口,深腹较直,矮圈足较直。标本台西 H42：02（图 2－15：10）。

Ⅱ式：斜折沿较宽,圈足下有折棱,鼓腹最大径近腹中。标本台西 M75：1（图 2－15：11）。

Ⅲ式：斜方唇无沿,半球腹,圈足变矮。标本台西 M85：1（图 2－15：12）。

B 型：无耳弧腹簋,数量较多,根据整体形态差异可分为两式。

Ⅰ式：直口微侈,圈足增高,微外撇,圈足上偶有镂孔。标本台西 T11：52（图 2－15：13）。

Ⅱ式：侈口,斜腹微弧,高圈足外撇。标本台西 M17：12（图 2－15：14）。

C 型：双耳簋,数量较少。标本台西 M14：16（图 2－15：15）。

D 型：圈足罐式簋,数量极少。标本台西 M89：1（图 2－15：16）。

豆：根据腹部差异可分为真腹豆与假腹豆两类。

真腹豆：皆为粗柄。根据形态差异可分为四式。

Ⅰ式：折沿,沿面较平,腹深缓,圈足上偶见镂孔。标本后白寺 N1E1⑤：1（图 2－16：1）。

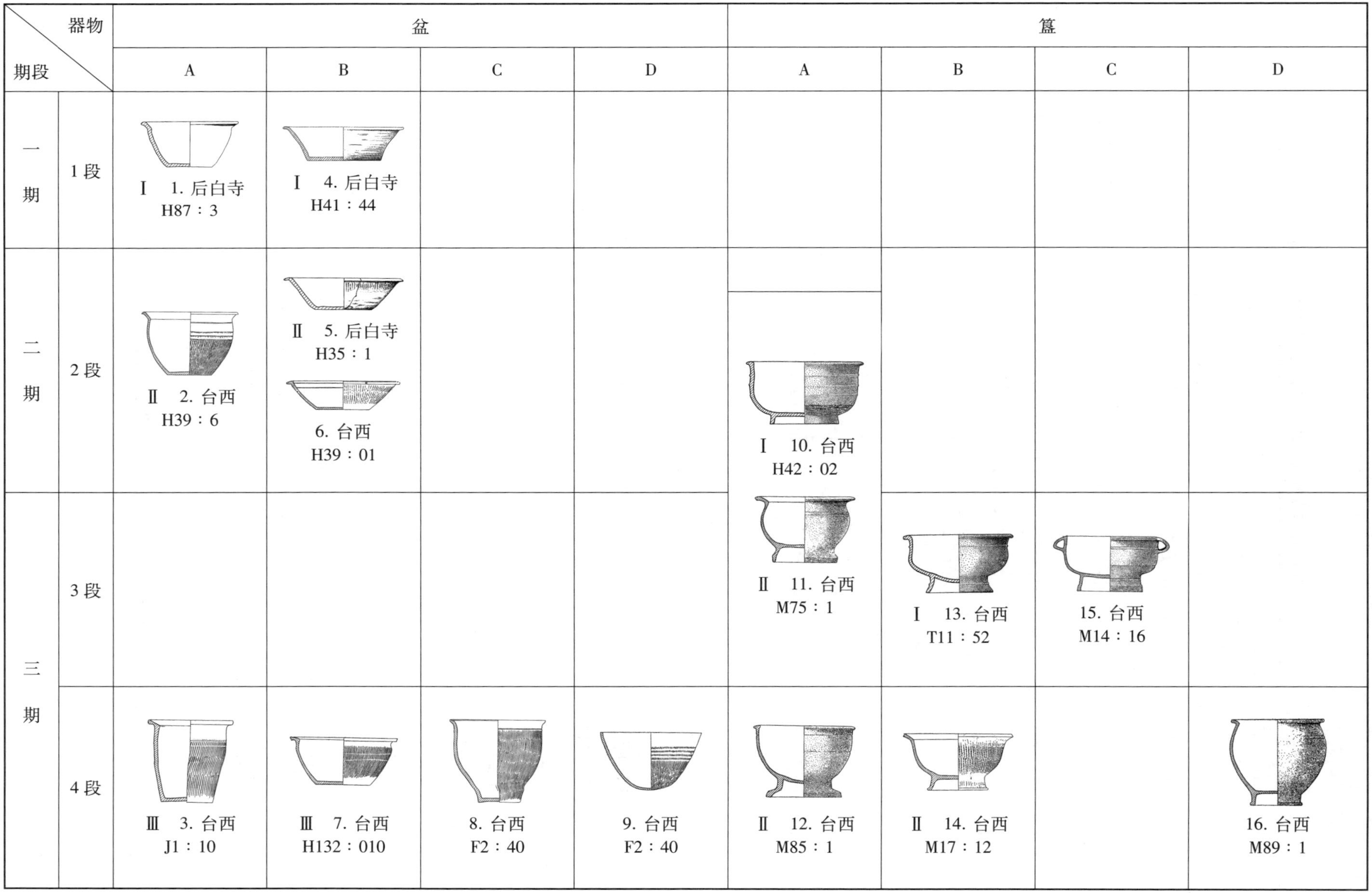

器物	盆				簋			
期段	A	B	C	D	A	B	C	D
一期 1段	I 1. 后白寺 H87:3	I 4. 后白寺 H41:44						
二期 2段	II 2. 台西 H39:6	II 5. 后白寺 H35:1 6. 台西 H39:01			I 10. 台西 H42:02 II 11. 台西 M75:1			
三期 3段						I 13. 台西 T11:52	15. 台西 M14:16	
三期 4段	III 3. 台西 J1:10	III 7. 台西 H132:010	8. 台西 F2:40	9. 台西 F2:40	II 12. 台西 M85:1	II 14. 台西 M17:12		16. 台西 M89:1

图 2 - 15　冀中北部地区早商时期陶盆、簋分期图

器物 期段		豆		大口尊	敛口钵
		真腹豆	假腹豆		
一期	1 段	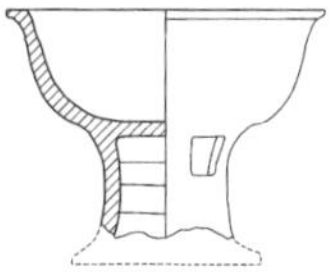 I 1. 后白寺 N1E1⑤：1			
二期	2 段	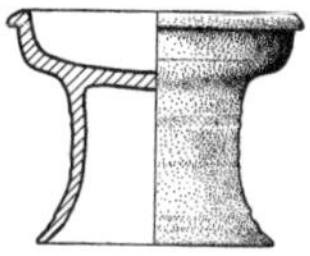 II 2. 台西 T3：052	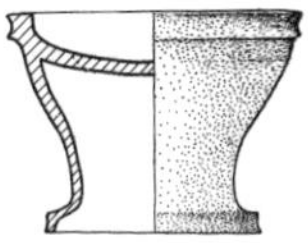 I 5. 台西 T13：97	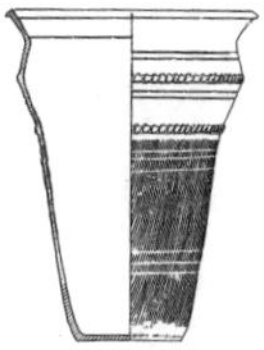 I 7. 台西 H39：9	
三 期	3 段	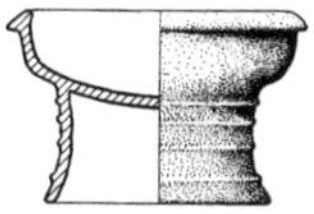 III 3. 台西 T7：129			
	4 段	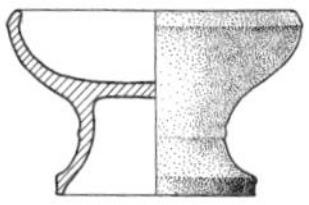 IV 4. 台西 T14：66	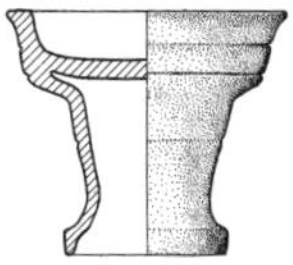 II 6. 台西 F6：11	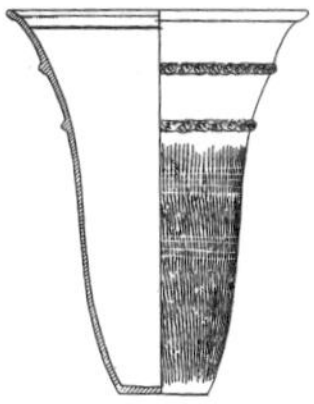 II 8. 台西 T11：107	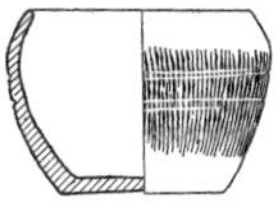 9. 台西 F6：21

图 2 - 16　冀中北部地区早商时期陶豆、大口尊、钵分期图

　　II式：斜方唇，微侈口，浅盘，粗柄较高，柄部偶有镂孔，无折曲。标本台西 T3：052（图 2 - 16：2）。

　　III式：斜方唇，盘变深，高柄，部分有弧曲，圈足有折棱。标本台西 T7：129（图 2 - 16：3）。

Ⅳ式：圆唇，微敛口，柄部粗矮，圈足下端折棱起矮台。标本台西 T14∶66（图2-16∶4）。

假腹豆：根据整体形态差异可分为两式。

Ⅰ式：盘较深，高柄，柄部较直，圈足有折棱。标本台西 T13∶97（图2-16∶5）。

Ⅱ式：浅盘，方唇。标本台西 F6∶11（图2-16∶6）。

大口尊：皆平底，未见圜底。根据整体形态差异可分为两式。

Ⅰ式：敞口，凸肩，肩径略小于口径。标本台西 H39∶9（图2-16∶7）。

Ⅱ式：大敞口，无肩，颈腹处常有附加堆纹。标本台西 T11∶107（图2-16∶8）。

敛口钵：数量极多，形态变化不大，标本台西 F6∶21（图2-16∶9）。

罐：根据整体形态差异可分为五型。

A型：大口深腹罐。数量较多。方唇，唇、沿多有凹槽。宽折沿，整体形态较肥。标本台西 T4∶92（图2-17∶1）。

B型：小口深腹罐。圆唇，无沿，溜肩，整体形态较瘦。标本台西 F2∶42（图2-17∶2）。

C型：圆腹罐。数量最多。根据整体形态差异可分为三式。

Ⅰ式：矮领，溜肩，深鼓腹，整体较扁宽。标本后白寺 N1E1⑤∶8（图2-17∶3）。

Ⅱ式：矮领，溜肩，微垂腹，整体形态扁宽。标本台西 H65∶1（图2-17∶4）。

Ⅲ式：领部增高，腹深直，整体形态瘦高。标本台西 H132∶9（图2-17∶5）。

D型：小口鼓腹罐。数量不多。标本台西 F2∶43（图2-17∶6）。

E型：折肩罐，数量较少。标本台西 F14∶31（图2-17∶7）。

小口瓮：根据整体形态差异可分为两式。

Ⅰ式：圆唇，唇缘上多有凹槽，矮领，鼓肩，肩颈相接处略凹。标本台西 F6∶56（图2-17∶8）。

Ⅱ式：圆唇或斜方唇，溜肩，肩颈相接处多有附加堆纹。标本台西 F14∶58（图2-17∶9）。

平口瓮：数量甚少。标本台西 F14∶46（图2-17∶10）。

另外，早商时期，圈足尊、瓶、卣、瓠、爵、斝等器物在冀中北部地区也有一定数量，本书不一一详述。

（三）分期与年代推定

在冀中北部地区早商时期以藁城台西遗址时代延续较长，公布材料相对丰富，但年代相对较晚，以此为基础，可以作为本地区考古学文化年代框架的基点，邻近遗址遗存可以此进行对比，从而构建本地区早商时期考古学文化遗存较完整的年代框架（表2-3）。

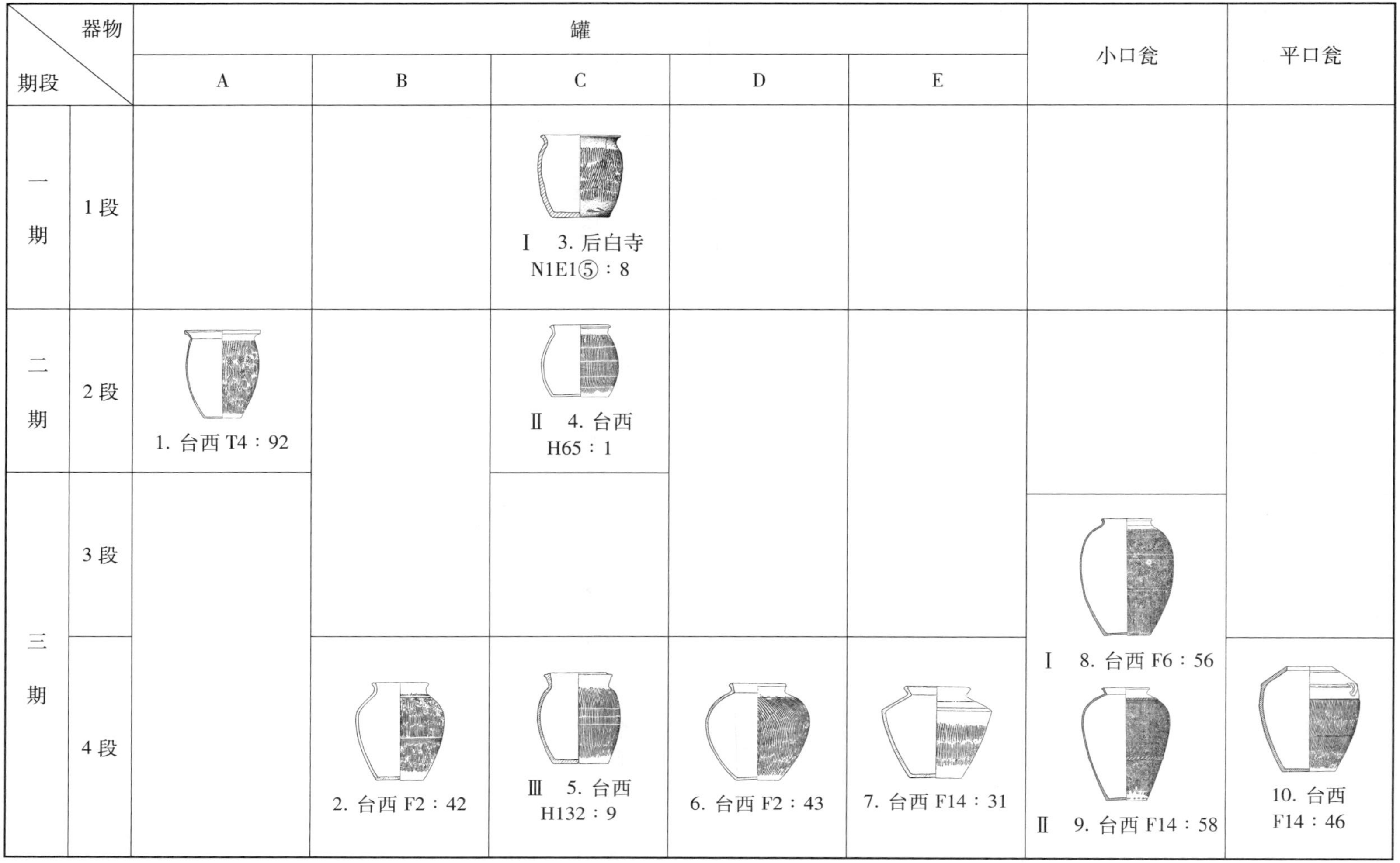

器物 期段	罐					小口瓮	平口瓮
	A	B	C	D	E		
一期 1段			I 3. 后白寺 N1E1⑤：8				
二期 2段	1. 台西 T4：92	2. 台西 F2：42	II 4. 台西 H65：1				
三期 3段						I 8. 台西 F6：56	
三期 4段			III 5. 台西 H132：9	6. 台西 F2：43	7. 台西 F14：31	II 9. 台西 F14：58	10. 台西 F14：46

图 2－17 冀中北部地区早商时期陶罐、瓮分期图

表2-3　早商时期冀中北部地区居址分期对照表

期段		遗址 后白寺	台西	北龙宫	曹村	邾坊、孟贤壁	北宅	董家庄纪信台	倪杨屯
三期	4段		3	2		√	√	√	√
	3段		2						
二期	2段	2	1	1	√				
一期	1段	1							
资料来源		①	②	③	④	⑤	⑥	⑦	⑧

　　依据地层关系及既往研究成果,台西遗址早商时期遗存可分为前后三段。第一段以遗址早期居址 H39 为代表;第二段则以 H42 及 M4、M10、M11、M13、M14、M17、M42 等 16 座早期墓葬为代表;第三段以晚期居址 F6、F2、F4、H61 及 M35、M36、M44、M112 等 59 座晚期墓葬为代表。三段遗存前后衔接较为紧密,未有较明显的年代缺环。

　　后白寺遗址的早商时期遗存可能比较丰富,但公布资料相对零散。在原简报中被归入遗址第一期遗存中的 H41、H43、H16 等单位应属于早商时期;原简报中的第二期遗存 H13、H35、H60、H102 亦属于早商时期。以 H41、H43 为代表的遗存,年代明显早于以 H60 为代表的遗存。因此可以将上述单位分为前后相继的两组。第一组以 H41、H43、H16 等单位为代表,第二组则以 H35、H102 等单位为代表。后白寺早商时期第二组遗存与台西早商时期的第一段遗存年代相当,第一组遗存年代则明显早于第二组遗存,但一二组遗存之间尚有缺环。在魏曙光的学位论文中,将以 H35、H102 等单位为代表的早商时期遗存分为前后相继的两段,以 H102、H87 为早段,H35、H60 为晚段,他认为早段相当于二里冈下层,而晚段相当于二里冈上层。该论文认为 H41、H43 也相当于或略晚于郑州商城 H65。魏曙光对上述单位与郑州商城相关单位的同类遗物对比认识是基本可靠的,但因为 H41、H43 的年代已经与郑州商城 H65、C1H17 年代相当,则当然也是属于早商时期最早阶段的遗存。本书认为后白寺遗址早商时期的遗存可分为前后两段,早段为 H41、H43、H102、H87 等单位,后段则为 H35、H60 及部分探方的第⑤层。

　　① 河北省文物考古研究院、河北大学历史学院、肃宁县文物保管所:《河北肃宁县后白寺遗址发掘简报》,《考古》2020 年第 4 期;魏曙光:《河北肃宁后白寺遗址夏商时期遗存研究》,西北大学硕士学位论文,2019 年。
　　② 河北省文物研究所:《藁城台西商代遗址》,文物出版社(北京),1985 年。
　　③ 河北省文物研究所:《藁城北龙宫商代遗址的调查》,《文物》1985 年第 10 期。
　　④ 河北省文物研究所、石家庄市文物研究所、正定县文物保护管理所:《河北正定县曹村商周遗址发掘简报》,《考古》2007 年第 11 期。
　　⑤ 河北省文物研究所:《河北平山县考古调查简报》,《文物春秋》1990 年第 3 期。
　　⑥ 滹沱河考古队:《河北滹沱河流域考古调查与试掘》,《考古》1993 年第 4 期。
　　⑦ 河北省文物研究所:《灵寿县文物普查简报》,《文物春秋》1992 年第 1 期。
　　⑧ 沧州市文物保护管理所、沧县文化馆:《河北沧县倪杨屯商代遗址调查简报》,《考古》1993 年第 2 期。

结合台西与后白寺遗址的分期结论,大致可以勾勒出冀中北部地区早商时期考古学文化的年代先后关系。由此,可以将其他材料不甚丰富的遗存纳入这一序列(表2-3)。

藁城北龙宫遗址早商时期遗存皆为调查所获,调查者认为约可分为前后三期,一期与郑州南关外中层年代接近,二期与台西早期墓葬年代接近,三期则与台西晚期居址年代接近。但仔细观察所发表的材料,从现有器物看不出年代可早至南关外中层。故其早商时期遗存大体可分为前后两段。早段与台西遗址1段年代相当;二段则与台西遗址3段年代相当。

正定曹村遗址早商时期遗存公布不多,从文化面貌看与台西遗址第一期十分接近,年代亦应与之相当。

平山县郑坊、孟贤壁遗址早商时期遗存为调查所获,从发表遗物可知,郑坊、孟贤壁两遗址早商时期遗存年代较为单纯,与台西遗址第3段年代相当。

灵寿县北宅、董家庄、纪信台遗址早商时期遗存见于调查材料,所获遗物较为零散,年代与台西遗址第3段相当。

沧县倪杨屯遗址早商时期遗存为调查所获,年代约相当于台西第3段。

由各遗址分期串联,可将冀中北部地区早商时期遗存分为三期4段。

一期1段:现有材料十分零散,可确定的仅后白寺的数个单位。从陶鬲、盆、豆等器物的形态观察,陶鬲沿面有翻卷,胎尚薄,有一定数量的细绳纹,沿上的沟槽不多,唇缘不见凹槽。大平底盆、深弧腹盆,柄上带镂孔的粗柄豆有一定数量。细柄豆豆盘较浅。对比豫北、冀南地区的同时期遗存,本期年代大体相当于二里冈下层阶段。后白寺遗址本阶段的部分遗存有可能还能进一步细分,但目前材料不充分的情况下,暂不强行再予细分。

二期2段:材料不多,目前仅台西、后白寺、曹村与北龙宫遗址四处。从本期所获之陶鬲、盆的形态观察,陶鬲口沿下端开始出现勾棱,沿面多有凹槽,大型鬲较多,鬲足、裆较高,鬲足细长多有附加堆纹。深腹盆折沿外翻,沿面常见一至二道凹槽,唇缘下多见勾棱,腹较肥鼓。浅腹盆中圜底盆尚未出现。对比冀中南部地区与豫北地区同类遗存,本期年代约相当于二里冈上层时期。

三期3段:本段材料甚少,仅有台西遗址一处。本期仍有一定数量的大型鬲,但略变矮宽。陶盆整体形态变瘦。与豫北洹北商城及冀中南部邢台东先贤遗址相比,本段年代约相当于安阳洹北花园庄遗址早期,亦即邹衡先生商文化分期体系中的早商期第Ⅶ组。

三期4段:遗存甚多,以台西遗址材料最为典型,本段开始,大型鬲明显减少,浅腹圜底盆开始出现。这一时期陶器制作规整,同类器往往富于变化。与洹北商城与东先贤遗址相比,遗存总体年代约相当于安阳洹北花园庄遗址晚期,亦即邹衡先生商文化分期体系中的早商期第Ⅷ组。

四、早商时期各期陶器的特征

从整体的文化面貌看,冀中北部地区早商时期文化面貌变化较为明显。下面我们从陶系、炊器组合变化、其他标志性器物数量变化等方面予以分析。

(一) 陶系

本地区早商时期遗存的材料公布情况较差,几乎所有遗址都缺乏较精确的陶系统计资料,更没有具体到单位的统计数据资料,这在很大程度上会影响我们对于本地区早商时期文化面貌的准确认识。

藁城台西遗址发掘报告曾对其早晚两期遗存的陶系进行过描述。按其原报告的记录,认为早晚两期陶器"泥质和夹砂灰陶最多,约占出土陶片数量的92%;其次是泥质黑陶,泥质红陶和夹砂红陶"。魏曙光在其硕士学位论文中公布了后白寺遗址 H102 等单位的陶系统计数据(表2-4)。

表2-4　早商时期冀中北部地区居址典型单位陶系统计表

时段	项目 单位		陶质(%)		陶色(%)			纹饰(%)					
			泥质	夹砂	灰	红褐	黑	素面	磨光	绳纹(含旋断)	篮纹	旋纹	附加堆纹	戳压印
一期	1段	后白寺 H43	75.3	24.7	70.9	4.4	28.6	44.9		53.7	1.3	7.9		
		后白寺 H41	76	24	>70	>7		15.2		84.4		2.8		
二期	2段	后白寺 H102	89	11	88.1	9.2	2.8	6.2	21.1	64.2		2.7	7.3	√

借由两遗址的部分统计,结合其他遗址的描述性记载可知,本地区早商时期的陶色以灰陶为主,泥质陶似乎更多。按照台西原报告的零星记载,早晚两期陶系与陶色也有一定的变化,如"早期泥质黑陶稍多,晚期相对减少;但未发现早期的白陶,晚期有少量发现……早期泥质磨光黑陶所占比例多于晚期;早期细绳纹稍多,晚期则少见或不见"。

纹饰方面,台西遗址"无论早期还是晚期,都以绳纹为主,约占出土陶片总数的80%,其次还有印纹、划纹,附加堆纹,弦纹、篦纹等几种"(案,此处所言之弦纹,据拓片可知实指旋纹,篦纹实为楔形点纹),早期遗存中有一定数量的细绳纹,早晚期中皆以较规整的粗绳纹为主。在台西遗址中,器底滚压绳纹的现象十分普遍,在本地区同时期的其他遗址中这种作风也十分常见。本地区的各类印纹十分丰富,方格纹、圆圈纹、同心圆纹、饕餮纹、云雷纹等都较为常见,且施加位置也较固定,多见于器物的肩、颈部。附加堆纹多见于大型陶鬲或小口瓮等器物的颈腹部之上。后白寺遗址纹饰的刮削、施纹较粗疏的作风,则与太行山前的诸遗址差别较大,而更接近同时期古黄河东岸的岳石文化。

(二) 器物群中的炊器特征与组合变化

本地区公布材料中缺乏器物统计的详细数据,台西遗址报告仅公布了复原器的数据。

因此,很难得知各类器物在器物群中的真实比例,对于器物群中的炊器特征与组合仅能有一大概的估计。

按台西遗址所公布的器物及记录,炊器组合中以陶鬲为绝大多数,有少量深腹夹砂罐。另有极少量的甑、甗和斝。陶鼎虽在台西有一定数量,但皆为泥质陶,且腹部较浅,形体也不大,所以可能不作为炊器使用,其功能可能更接近于豆或东周时期的“升鼎”。

在同时期本地区的其他遗址中,情况与台西遗址较为接近。从组合来看,本地区的炊器组合最大特点是甑、甗等蒸食具比重很小。

从时代变化看,大型鬲的比例随时代演进而减少,中型鬲在本地区两期中占有绝对优势。

（三）器物群中其他主要器物特征与组合变化

冀中北部地区早商时期器物有较为强烈的地区特色,在器物的形态特征与组合中有较明显的反映。

簋:本地区陶簋的种类甚为丰富,其中球腹簋、双耳簋和圈足罐形簋都是其他地区十分少见的形态。

盆:本地区深腹盆与浅腹盆与周临地区较为接近。圜底浅腹盆则是在豫北之外较为少见的。曲腹盆也少见于其他地区。

豆:本地区陶豆的形态较为多样,晚期陶豆圈足有折棱的作风更是在其他地区较少见的。另外,本地区真腹豆中较少有细柄豆存在。

罐:本地区圆腹罐、深腹罐、鼓腹罐等与周临地区十分接近,但折肩罐、圈足罐等则是较为特殊的形态,在周临地区较为罕见。

瓮:早商时期本地区陶瓮的种类较少,晚期小口瓮多施加附加堆纹,这一做法在周临地区不太多见。而本地区平口瓮延续时间之晚,相对于豫北与冀南地区而言,是十分特殊的。

五、晚商时期的遗存分期

晚商时期冀中北部地区遗存较少,目前可确定者有十数处,另有较多墓葬或墓地(图2-18),其中有20余处资料得到不同程度的公布。

（一）地层关系

截至2020年,冀中北部地区晚商时期发掘面积较大且公布材料较为丰富的遗址有藁城北龙宫、任邱哑叭庄、肃宁后白寺、定州北庄子、正定曹村、唐县洪城等。另外灵寿纪信台、北宅、平山坡底、孟村高窑庄等遗址的材料也十分重要。

但是由于本地区晚商时期遗存多数为调查所获,加之发表时因为种种原因,上述遗址绝大多数未能提供有效的地层关系,本区域晚商时期的遗存更多地只能依赖于器物的排比研究。

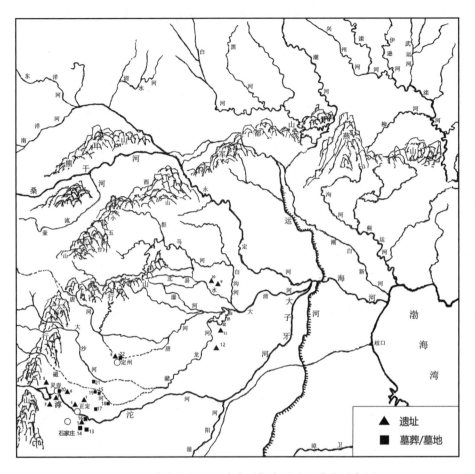

图 2 - 18　冀中北部地区晚商时期主要遗址分布示意图

1. 北龙宫　2. 坡底　3. 郏坊、孟庄、秘家岸　4. 曹村　5. 北宅　6. 西木佛　7. 新城铺　8. 北庄子　11. 哑叭庄
12. 后白寺　13. 赵县双庙　14. 栾城周家庄　15. 藁城前西关　16. 藁城台西　17. 藁城北龙宫
18. 无极东候坊　19. 正定新城铺　20. 灵寿西木佛　21. 新乐中同村　22. 定州北庄子

（二）陶器形制分析

冀中北部地区各遗址晚商时期遗存较为丰富，器类则相对单调。总体看，三足器、平底器、圜底器皆有一定的比例。鬲、鼎、罐、盆、豆等器物形制演变轨迹较为清晰，是分期断代的重要依据。

鬲： 数量甚多。所发现者皆为实足根鬲。根据整体形态差异可分为三型。

A 型：纵长方体鬲。数量较多。根据腹部形态差异可分为两式。

Ⅰ式：宽折沿，腹较直，裆部较高。标本后白寺 H17∶14（图 2 - 19∶1）。

Ⅱ式：宽折沿，沿面前端多有凹槽，袋足略肥，裆较矮，实足根已近消失。标本后白寺 TN2E2④∶5（图 2 - 19∶2）。

B 型：横长方体鬲。数量最多，也最为常见。可分为四式。

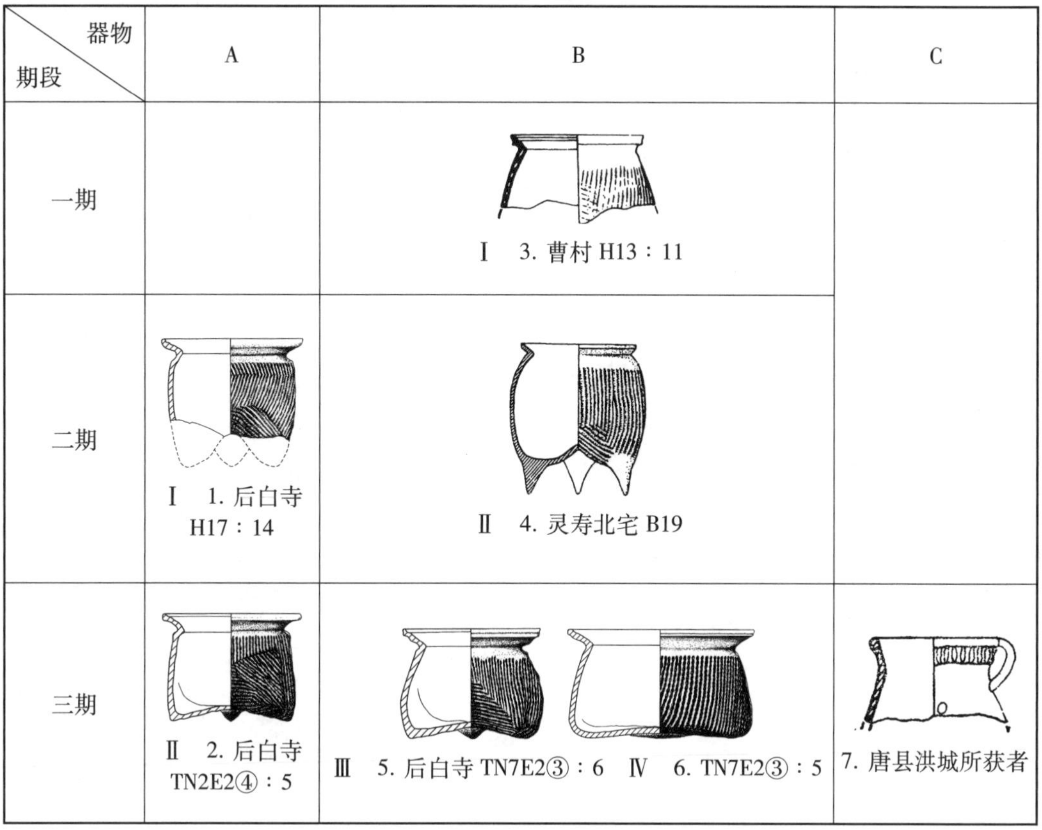

期段 \ 器物	A	B	C
一期		Ⅰ　3. 曹村 H13：11	
二期	Ⅰ　1. 后白寺 H17：14	Ⅱ　4. 灵寿北宅 B19	
三期	Ⅱ　2. 后白寺 TN2E2④：5	Ⅲ　5. 后白寺 TN7E2③：6　Ⅳ　6. TN7E2③：5	7. 唐县洪城所获者

图 2 - 19　冀中北部地区晚商时期陶鬲分期图

Ⅰ式：方唇或斜方唇,唇缘与沿面前端多有凹槽,唇缘下端多有勾棱,袋足较肥。标本曹村 H13：11(图 2 - 19：3)。

Ⅱ式：方唇或圆唇,唇缘不见凹槽,唇缘下端不见明显勾棱,实足根较高。标本灵寿北宅 B19(图 2 - 19：4)。

Ⅲ式：宽折沿,方唇,沿面前端多有一道凹槽,裆部低矮,裆较矮,足底收束成尖。标本后白寺 TN7E2③：6(图 2 - 19：5)。

Ⅳ式：折沿较宽,沿面或有一周凹槽,裆部更矮,足底甚圆,整体扁宽,已不见实足根。标本 TN7E2③：5(图 2 - 19：6)。

C 型：高领花边鬲。花边饰于颈部靠中的位置,鼓肩深腹。部分个体有双耳或单耳,数量极少。标本唐县洪城所获者(图 2 - 16：10)(案,洪城遗址调查所获器物所发表标本皆无单位号)。

甗：总体数量较少,目前尚无复原者。所发现者以有箅托者居多。标本唐县洪城采集者(图 2 - 20：1)。

盆：数量甚多,但公布数量少。盆腹较深,斜折沿,有较多的个体盆腹中部有横向附

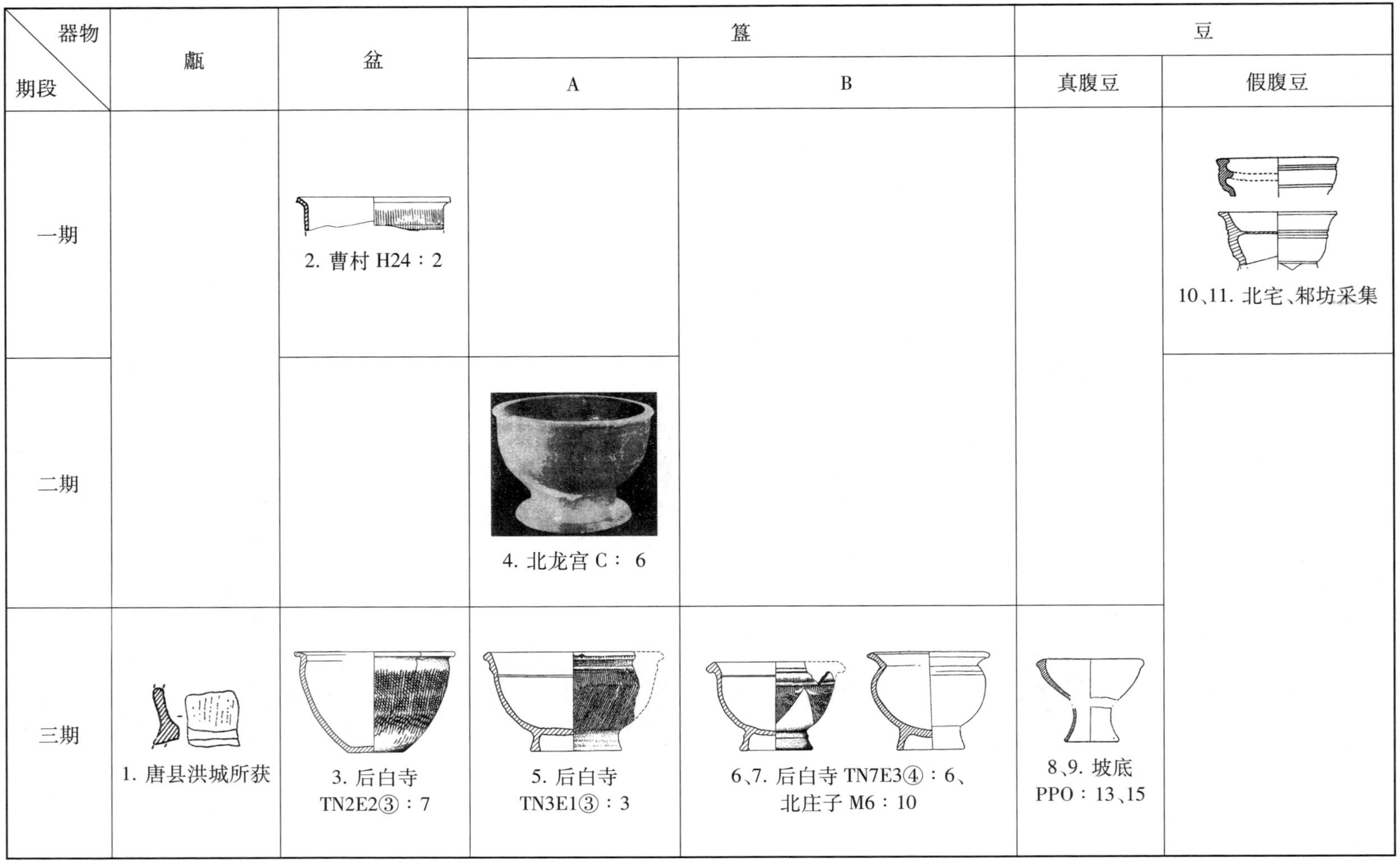

器物 期段	瓿	盆	簋 A	簋 B	豆 真腹豆	豆 假腹豆
一期		2. 曹村 H24：2				10,11. 北宅、郁坊采集
二期			4. 北龙宫 C：6			
三期	1. 唐县洪城所获	3. 后白寺 TN2E2③：7	5. 后白寺 TN3E1③：3	6,7. 后白寺 TN7E3④：6、北庄子 M6：10	8,9. 坡底 PPO：13、15	

图 2－20　冀中北部地区晚商时期陶瓿、盆、簋、豆分期图

加堆纹。标本曹村 H24：2(图 2-20：2)、后白寺 TN2E2③：7(图 2-20：3)。

簋：数量不多。根据整体形态差异可分为两型。

A 型：侈口弧腹簋。数量较多,多圆唇,短折较平,圈足较矮,圈足下有较缓的折棱。标本北龙宫 C：6(图 2-20：4)、后白寺 TN3E1③：3(图 2-20：5)。

B 型：侈口圆腹簋。圆唇或斜方唇,下腹鼓出,圈足较高。标本后白寺 TN7E3④：6、北庄子 M6：10(图 2-20：6、7)。

豆：根据腹部差异可分为真腹豆与假腹豆两类。

真腹豆：有粗柄、细柄两种。数量不多,所获皆较残破。标本坡底 PPO：13、15(图 2-20：8、9)。

假腹豆：数量更少,盘腹较浅,唇缘内勾。标本北宅采集者、邾坊采集者(图 2-20：10、11)。

罐：总体数量较多,但形态差异较大,根据形态差异可分为三型。

A 型：深腹罐。数量较多。标本曹村 H24：1(图 2-21：1)。

B 型：圜底罐。数量不多。标本曹村 W1：2(图 2-21：2)。

C 型：圆腹罐。数量较多。标本曹村 H24：3、后白寺 TN3E4④：5(图 2-21：3、6)。

小口瓮：较为常见,但复原者较少,形态变化规律不明。矮领较直,口沿较短或无沿,肩颈相接处折转较明显,有一定数量的个体肩腹相接处有附加堆纹。标本曹村 H13：8(图 2-21：4)、后白寺 H17：3(图 2-21：5)、后白寺 TN7E2③：2(图 2-21：7)。

罍：有一定数量,但多见于墓葬,居址较少。标本西木佛墓采集(图 2-21：8)。

（三）分期与年代推定

本地区晚商时期遗存的材料公布情况非常不理想,既不能通过较好的地层关系进行比对,也无法通过器物形体演变获得相对精确的分期结论,仅能依据较少的材料对照冀中南部地区与冀南、豫北晚商时期遗存的编年体系,大致勾勒本地区晚商时期的年代序列,并对相关遗址的年代略做判断。

藁城北龙宫遗址调查所获陶鬲沿面前端起榫,唇缘上有凹槽;陶簋直腹微弧,有短沿,同类器在冀中南部约相当于殷墟二期偏晚到三期阶段,由此可知该遗址应存在此时期遗存。

平山坡底、祕家岸遗址调查所获陶鬲斜方唇,无勾棱;假腹豆浅盘,约相当于殷墟二期前后。

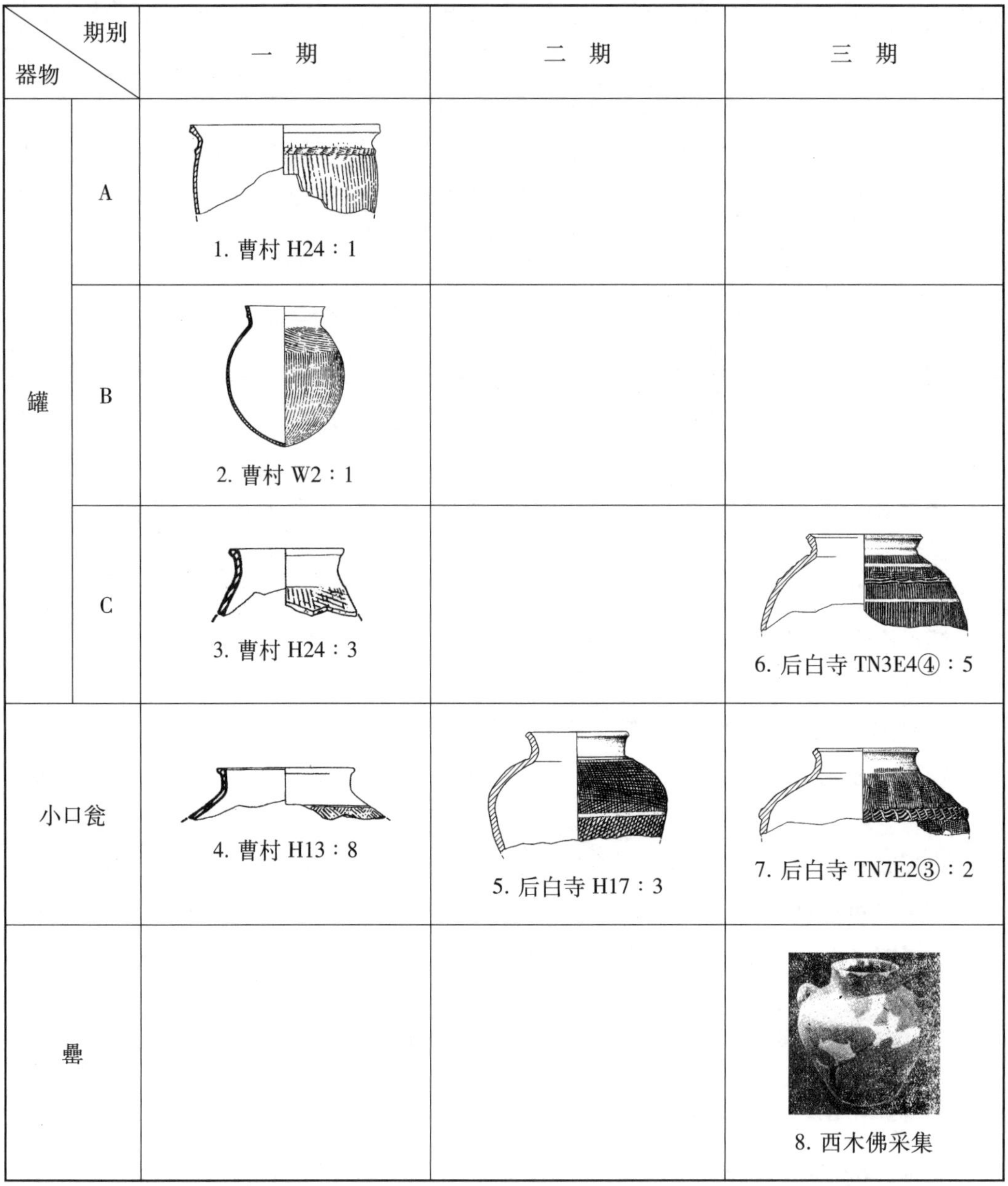

期别器物		一　期	二　期	三　期
罐	A	1. 曹村 H24：1		
	B	2. 曹村 W2：1		
	C	3. 曹村 H24：3		6. 后白寺 TN3E4④：5
小口瓮		4. 曹村 H13：8	5. 后白寺 H17：3	7. 后白寺 TN7E2③：2
罍				8. 西木佛采集

图 2-21　冀中北部地区晚商时期陶罐、瓮、罍分期图

平山邾坊、孟贤壁遗址调查所获陶鬲斜折沿较宽，但唇下无勾棱，假腹豆盘腹较深，年代约相当于殷墟二期。

正定曹村遗址发掘者将其商文化分为前后两期，第二期遗存中的陶鬲沿面前端起榫，唇缘上有凹槽，陶盆斜折沿较宽，小口瓮短颈较直。这些特征反映出殷墟二期文化的特点，年代亦应大致相当于殷墟二期。

灵寿北宅遗址调查所发现的陶鬲沿面前端多无凹槽，且唇缘下端基本未见勾棱；假腹豆盘腹较浅，年代较晚，与冀中南部地区的同类器比较，年代约相当于殷墟二期偏早。由此可知该遗址应该存在晚商时期偏早的遗存。

任邱哑叭庄遗址晚商时期遗存以 J7 为代表，其陶鬲裆底近平，实足根退化至近无，是较为典型的商式鬲。因此，以 J7 为代表的遗存年代约相当于殷墟四期。但是由于材料过少且缺乏其他伴存可兹参证的材料，不排除哑叭庄遗址有属于西周时期遗存的可能。

肃宁后白寺遗址晚商时期遗存大体可分为两段，第一段目前仅可确证 H17 一个单位，年代大体在殷墟三期阶段；第二段则为部分探方的④层和各探方③层，年代相当于殷墟四期。该遗址的年代下限是否能进入西周纪年，尚待更多资料的刊布。

灵寿西木佛村商代墓葬所获铜器与陶罍可大致将其年代框定在殷墟四期晚段的年代范围内。

定州北庄子商代墓葬群墓葬较多，但发表器物仅是其中的极少部分，陶器更是少有发表。按照郜向平先生的意见，北庄子墓地的墓葬大体年代在殷墟三期与四期，个别墓葬如 M93 的年代已经进入了西周纪年①。

在冀中北部地区还有较多晚商时期零星发现的墓葬和有一定规模的墓地，我在其他论文中有过探讨，不再复述。②

由于缺乏年代序列较为完整的遗址作为编年标尺，因此笔者依据豫北与冀中南部地区的晚商时期分期和前述器物形态比较，可暂将本地区各遗址晚商时期遗存分为三期。由于材料较零散，暂不对其进行更细的划分（表 2－5）。

一期：约相当于殷墟文化第二期。这一时期的材料较为丰富，可以确知者包括藁城北龙宫、灵寿北宅、平山郗坊、孟贤壁、秘家岸、正定曹村等遗址相关遗存。

二期：约相当于殷墟文化第三期。本期居址材料甚少，多为墓葬遗存，包括平山坡底遗址、肃宁后白寺遗址 H17、定州北庄子墓地部分墓葬等遗存。

三期：约相当于殷墟文化第四期。属于这一时期的遗存较少。可以确知者包括哑叭庄 J7、后白寺遗址及灵寿西木佛村墓葬、定州北庄子、栾城周家庄商墓等遗存。

六、晚商时期各期陶器的特征

从整体的文化面貌看，冀中北部地区晚商时期文化面貌变化比较明显。下面我们从陶系、炊器组合变化、其他标志性器物数量变化等方面予以分析。

（一）陶系

冀中北部地区晚商时期所有遗址皆未公布详细的陶系统计数据，使研究者无法详细分析。仅能从简报或发掘纪要的零星描述中，获知本地区晚商时期陶系的大致印象。

① 郜向平：《商系墓葬研究》，科学出版社（北京），2011 年。
② 常怀颖：《从随葬陶器看殷墟以外的晚商"族墓地"》，《江汉考古》2020 年第 6 期；《略论晚商殷墟北部邻境地区的铜容器墓》，《考古》2021 年第 10 期。

表 2－5　晚商时期冀中北部地区居址分期对照表

遗址 期段	北龙宫	坡底	郋坊、孟贤壁、秘家岸	曹村	北宅	西木佛	新城铺等墓葬	北庄子	哑叭庄	后白寺
三期						√		√	√	2
二期	√	√					√			1
一期		√	√	√	√					
资料来源	①	②	③	④	⑤	⑥	⑦	⑧	⑨	⑩

　　第一期，各遗址以灰陶为主，但夹砂陶与泥质陶的比例不详。纹饰以粗绳纹最为常见，其他纹饰有旋纹、戳印纹、附加堆纹等。正定曹村遗址本期遗存中泥质陶占多数，达70%左右。郋坊、孟贤壁遗址以夹砂灰陶最多，各遗址陶系比例或有差异。

　　第二期，本地区未有陶系描述，暂时无法详加讨论。

　　第三期，以后白寺遗址为代表，陶色斑驳不甚规范，以绳纹最为常见，有一定数量的刻划纹、旋纹和附加堆纹，但这一时期素面陶的比例低。

（二）器物群中的炊器特征与组合变化

　　本区晚商时期器物群中炊器以陶鬲为绝大多数，甗、甑比例极低。陶鬲的种类和形态较单调，与冀南和冀中南部相比，整体情况与冀中南部地区形态较为相似，但形制种类更少。洪城采集所获的高领带颈花边的陶鬲是本区以北地区的围坊三期文化的典型器物，从一个侧面说明围坊三期文化的南界可能已到唐河流域。

　　陶鼎、斝、罐等炊器在本区晚商时期罕见。陶甗在本地少见三至五个扇形甑孔者，而多为多个圆形甑孔，陶甑在本地分有箅托和无箅托两种，但整体数量较少。

————————————

　　① 河北省文物研究所：《藁城北龙宫商代遗址的调查》，《文物》1985 年第 10 期。
　　② 滹沱河考古队：《河北滹沱河流域考古调查与试掘》，《考古》1993 年第 4 期。
　　③ 河北省文物研究所：《河北平山县考古调查简报》，《文物春秋》1990 年第 3 期。
　　④ 河北省文物研究所、石家庄市文物研究所、正定县文物保护管理所：《河北正定县曹村商周遗址发掘简报》，《考古》2007 年第 11 期。
　　⑤ 河北省文化局文物工作队：《河北灵寿县北宅村商代遗址调查》，《考古》1966 年第 2 期。
　　⑥ 正定县文物保管所：《河北灵寿县西木佛村出土一批商代文物》，《文物资料丛刊》(5)，文物出版社（北京），1981 年。
　　⑦ 刘友恒、樊子林：《河北正定出土商周青铜器》，《文物》1982 年第 2 期；正定县文物保管所、刘友恒、樊子林：《河北正定县新城铺出土商代青铜器》，《文物》1984 年第 12 期；文启明：《河北新乐、无极发现晚商青铜器》，《文物》1987 年第 1 期。河北省文物研究所：《定州北庄子商墓发掘简报》，《文物春秋》1992 年增刊。
　　⑧ 河北省文物研究所、沧州地区文物管理所：《河北任丘市哑叭庄遗址发掘报告》，《文物春秋》1992 年增刊。
　　⑨ 河北省文物研究所、沧州地区文物管理所：《河北任丘市哑叭庄遗址发掘报告》，《文物春秋》1992 年增刊。
　　⑩ 河北省文物考古研究院、河北大学历史学院、肃宁县文物保管所：《河北肃宁后白寺遗址发掘简报》，《考古》2020 年第 4 期；魏曙光：《河北肃宁后白寺遗址夏商时期遗存研究》，西北大学硕士学位论文，2019 年。

（三）器物群其他主要器物特征与组合变化

本地区晚商时期器物群整体面貌与冀中南部地区接近,但在罐、簋等部分器类中仍有较特殊之处。

罐:本地区罐的种类较冀中南部、冀南等地区复杂。圈足罐、喇叭口罐、圜底罐、敛口罐等器物不见或极少见于冀中南部地区。

簋:侈口圆腹簋是本地区较为特殊的器物,这类器物自早商时期即在本地区出现流行,至晚商时期仍较常见,应是本地区器物群的特点之一。

第二节　华北平原北缘地区考古学文化的分期与特征

本书所称华北平原北缘地区指太行山东麓北端以东、大清河-海河以北、军都山和燕山以南之间的拒马河、永定河、潮白河等流域的山前倾斜冲洪积平原,依今日行政区划包括河北省的保定市东北部和廊坊北部、北京以及天津等地。这一区域位于山地丘陵与河流冲积平原之间的过渡地带,拒马河、永定河、潮白河等海河水系的河流在山前发育规模不等的冲积扇和扇前平原,部分经后期河流切割形成台地。现有夏商时期遗存主要分布在易水、拒马河与潮白河流域,大体可分为东西两个集中分布区。西部以拒马河、易水为中心,遗址分布比较密集;东部主要分布在潮白河、蓟运河的山前平原遗址之上。在东西两区之间的永定河两岸区域,罕见有这一时期的遗址,怀疑与永定河的摆动破坏有关。因此本地区也可以简称为"拒马河—潮白河流域"。①

一、夏时期的遗存分期

这一地区的夏时期考古工作起步较晚,大致从 1960 年代以来,随着昌平雪山遗址的发掘,至今近 60 年间在燕山南麓地区共发现了二里头文化时期的遗存十余处(图 2 - 22)。本地区材料公布情况较差,仅有部分遗址的调查或发掘资料得到正式公布。

（一）地层关系

截至 2020 年,燕山南麓地区二里头文化时期发掘面积较大且公布材料较为丰富的遗址有安新辛庄克;容城上坡、白龙、午方;易县下岳各庄、七里庄;定兴辛木;涞水渐村、周家庄、西义安、张家洼;涿州松林店;房山镇江营;昌平雪山;香河庆功台;蓟县围坊、青台、邦均等。

---

① 吉林大学的部分学者称这一区域为"海河北系区",如张忠培、孔哲生、张文军、陈雍:《夏家店下层文化研究》,《考古学文化论集》(1),文物出版社(北京),1987 年;段天璟:《从塔照遗址看夏时期的燕山南部地区——夏时期燕山以南地区文化结构的形成》,《边疆考古研究》(第 5 辑),科学出版社(北京),2007 年。

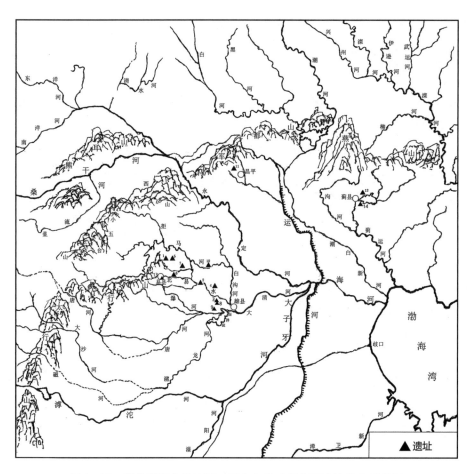

图 2-22 华北平原北缘地区二里头文化时期主要遗址分布示意图

1. 下岳各庄 2. 富位 3. 白龙 4. 辛木 5. 周家庄 6. 七里庄 7. 渐村 8. 上坡 9. 辛庄克
10. 镇江营 11. 雪山 12. 围坊 13. 老姆台 14. 青池

由于种种原因,这些遗址中可以提供的较好遗迹单位却不多。

易县下岳各庄遗址简报公布二里头文化时期地层关系两组:

(1) H9→H5→H4

(2) T5③→④→H20

在地层关系(1)中三个单位皆为二里头文化时期遗存;(2)中③层以下皆为二里头文化时期遗存。

涞水渐村遗址公布二里头文化时期地层关系一组:H1→H11

容城白龙遗址提供地层关系一组:H1→H2。

据沈勇学位论文公布了涞水周家庄遗址有本时期地层关系一组:

T2②→H1→H2→③a→③b→③c

其中③a、③b、③c相当于二里头文化时期。

沈文还提供了定兴辛木遗址本时期的两组地层关系：

（1）T1②→③→H1、H3→④→⑤

（2）T4②→③→④→H5→H8

两组地层关系中③层以下皆为二里头文化时期遗存。

镇江营、塔照遗址原报告所定商周第一期遗存年代约在夏商之际，但我认为这一阶段的遗存年代以及昌平张营遗址第一段遗存属早商时期，对于这一问题，本书将在本节早商时期遗存的分析中再详加论述。镇江营遗址中"打破最晚的新石器三期遗存，又被较晚的商周时期遗存打破"的"新石器时代第四期"遗存的部分单位，实际年代相当于二里头文化时期。虽然缺乏较好的地层关系，但这部分遗存可以镇江营遗址 H277 为代表。

蓟县围坊遗址简报提供地层关系两组：

（1）T4②→H1、H2→③→④

（2）T9②→H3→③→④

两组地层关系中第③层属于二里头文化时期。

昌平雪山遗址发掘报告稿本提供地层关系三组：

（1）H80、M39、M42→H66

（2）H193、H194→H192

（3）H78→T31④（灰沟）

地层关系（1）中，H80 为二里头文化时期遗存，M39 与 M42 为早商时期遗存。发掘者认为 H66 为龙山时期遗存，我认为，该单位为龙山时期向二里头文化时期过渡阶段的遗存，对于该单位的年代与性质，本书将在第五章中专门加以论述。地层关系（2）中，三单位皆为二里头文化时期遗存；地层关系（3）中，H78 为早商时期遗存，T31④为二里头文化时期遗存。

（二）陶器形制分析

燕山南麓地区各遗址二里头文化时期遗存较为丰富，器类多样，总体看，三足器、平底器、圜底器皆有一定的比例。鬲、甗、盆、罐、豆几类器物形制演变轨迹较为清晰，是分期断代的重要依据。

鬲：数量和种类甚多，不同种类的陶鬲中，又可以分为许多不同的形态。根据形态差异可分为夹砂实锥足鬲、夹砂无实足根鬲、泥质鬲三个大类。

夹砂实锥足鬲。数量最多，形态较多，根据颈、腹差别，可以分为三型。

A 型：高领肥袋足鼓腹鬲。根据领部形态差异可分为四式。

Ⅰ式：高领斜侈，肩腹相接处折转较明显，鼓腹，最大径在腹中。标本镇江营 FZH277：3（图 2-23：1）、辛木 DXH8：4（图 2-23：2）。

Ⅱ式：高领变矮，肩腹转折不甚明显，鼓腹，腹微鼓，最大径下移。标本老姆台 YL：01、白龙 0：3（图 2-23：3、4）。

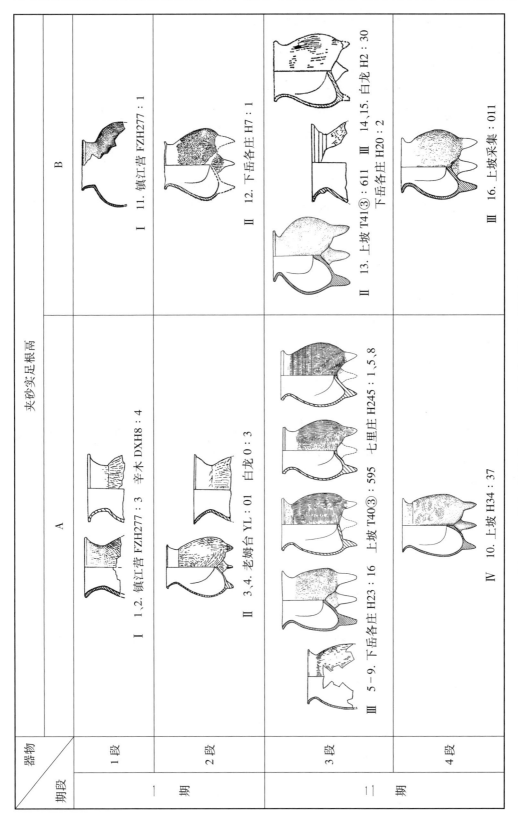

图 2-23　华北平原北缘地区二里头文化时期陶鬲分期图（一）

Ⅲ式：宽沿侈领,沿面斜平,溜肩,下腹较肥,实足根较高,但已不再鼓凸。标本下岳各庄 H23：16,上坡 T40③：595,七里庄 H245：1、5、8(图 2 - 23：5 - 9)。

Ⅳ式：斜侈领,腹较瘦直。标本上坡 H34：37(图 2 - 23：10)。

B 型：矮领肥袋足鼓腹鬲。根据腹部形态差异可分为三式。

Ⅰ式：领斜直外侈,广肩较圆。标本镇江营 FZH277：1(图 2 - 23：11)。

Ⅱ式：领部变矮,垂腹肥鼓,实足根甚高。标本下岳各庄 H7：1、上坡 T41③：611(图 2 - 23：12、13)。

Ⅲ式：矮领斜侈,袋足圆鼓,腹较肥鼓略耸起,最大径在腹中,实足根较高。标本白龙 H2：30、下岳各庄 H20：2、上坡采集：011(图 2 - 23：14、15、16)。

C 型：卷沿鼓腹鬲。根据颈腹形态差异可分三式。

Ⅰ式：卷沿较宽,部分个体唇缘有花边装饰,腹较瘦。标本周家庄 LTZZT2③C： 1 (图 2 - 24：1)。

Ⅱ式：卷沿,侈领上斜,腹微鼓,瘦腹高锥足。标本渐村 H11：19、渐村 H11：10 (图 2 - 24：2、3)。

Ⅲ式：卷沿斜侈,筒腹深直,裆部变矮。有的个体口部敞开较大。标本下岳各庄 H7：7、围坊 T3③：13(图 2 - 24：4、5)。

夹砂空锥足鬲。无明显实足根,有的器物在空锥足下加贴较小的象征性实足根,但从器表看不出有明显的足根。此类鬲有一定数量,形态较多,根据颈、腹差别,可以分为两型。

A 型：束颈鼓腹。器表绳纹浅乱,有的甚至滚压绳纹后再刮抹,烧成温度多不高,制作较粗疏。根据颈腹部形态差异可分为两式。

Ⅰ式：侈领较高,束颈,袋足上部较深瘦,下部较鼓。标本下岳各庄 H4：1(图 2 - 24：6)。

Ⅱ式：侈领,鼓腹,袋足上部较肥。标本雪山 H192：25(图 2 - 24：7)。

B 型：斜鼓腹,腹部较瘦。根据整体形态差异可分为两式。

Ⅰ式：侈领较宽,腹部略瘦。标本雪山 H109：7(图 2 - 24：8)。

Ⅱ式：侈领沿微折,瘦腹深直。标本围坊 T2③：9(图 2 - 24：9)。

泥质鬲。仅有直筒腹一种,数量不多,实足根较高,足根与腹相接处饰绳纹。标本渐村 H1：23(图 2 - 24：10)。

甗：数量较多,根据有无算托分为两型。

A 型：无算托。根据腰腹形态差异可分为三式。

Ⅰ式：整体形态瘦长,上部盆甑较深,上腹多有鋬手,下部陶鬲部分较低矮,多素面。标本镇江营 FZH1101：10(图 2 - 25：1)。

Ⅱ式：整体形态变矮,器体逐渐变肥。上部盆甑鋬手消失,下部陶鬲实足根变矮,略外撇,腰外多见附加堆纹装饰。标本渐村 H11：18(图 2 - 25：2)。

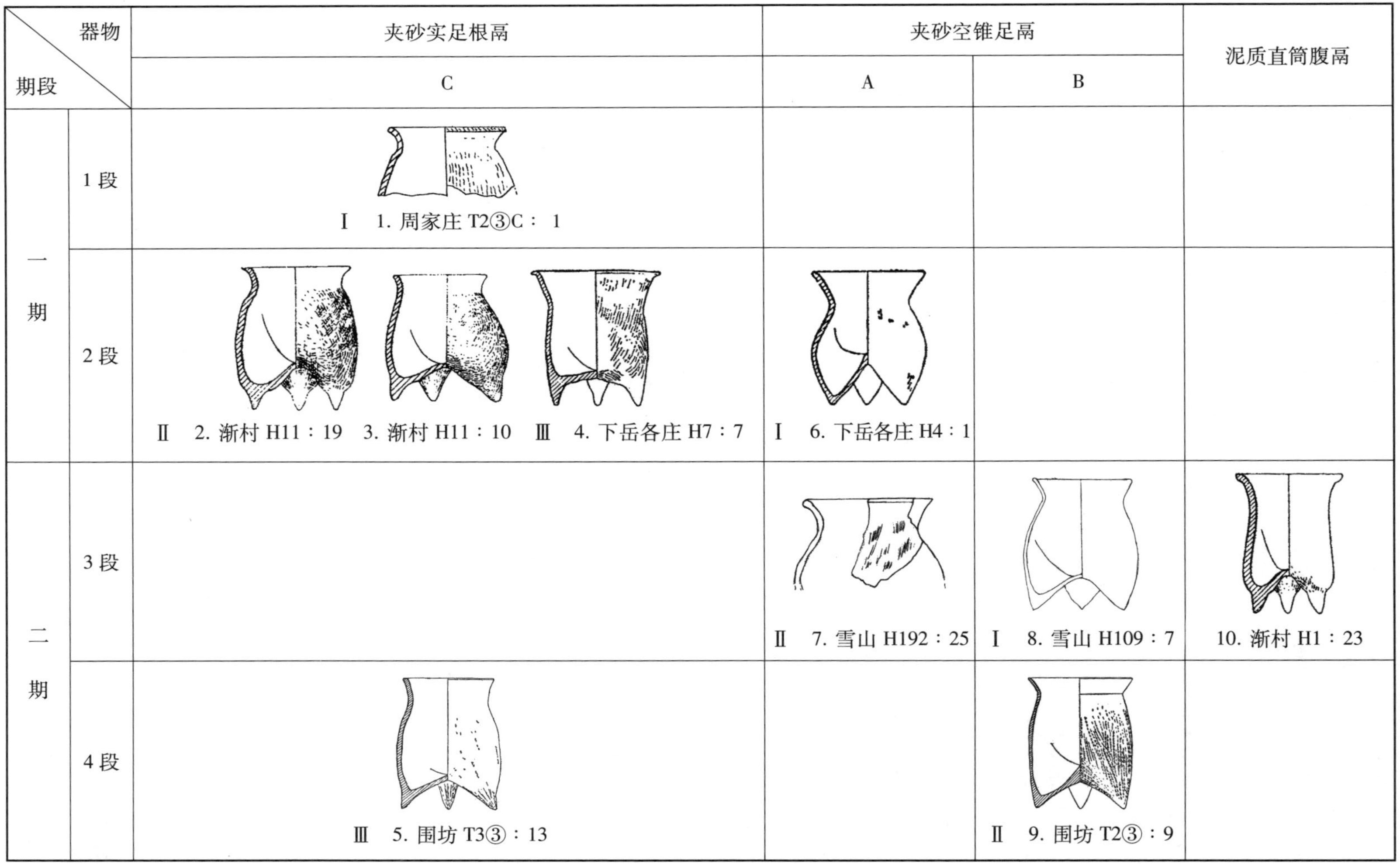

图 2-24 燕山南麓地区二里头文化时期陶鬲分期图（二）

器物 期段	夹砂实足根鬲 C	夹砂空锥足鬲 A	夹砂空锥足鬲 B	泥质直筒腹鬲
1段（Ⅰ期）	Ⅰ 1. 周家庄 T2③C：1			
2段（Ⅰ期）	Ⅱ 2. 渐村 H11：19　Ⅲ 3. 渐村 H11：10	Ⅰ 6. 下岳各庄 H4：1		
3段（Ⅱ期）		Ⅱ 7. 雪山 H192：25	Ⅰ 8. 雪山 H109：7	10. 渐村 H1：23
4段（Ⅱ期）	Ⅲ 5. 围坊 T3③：13　Ⅲ 4. 下岳各庄 H7：7		Ⅱ 9. 围坊 T2③：9	

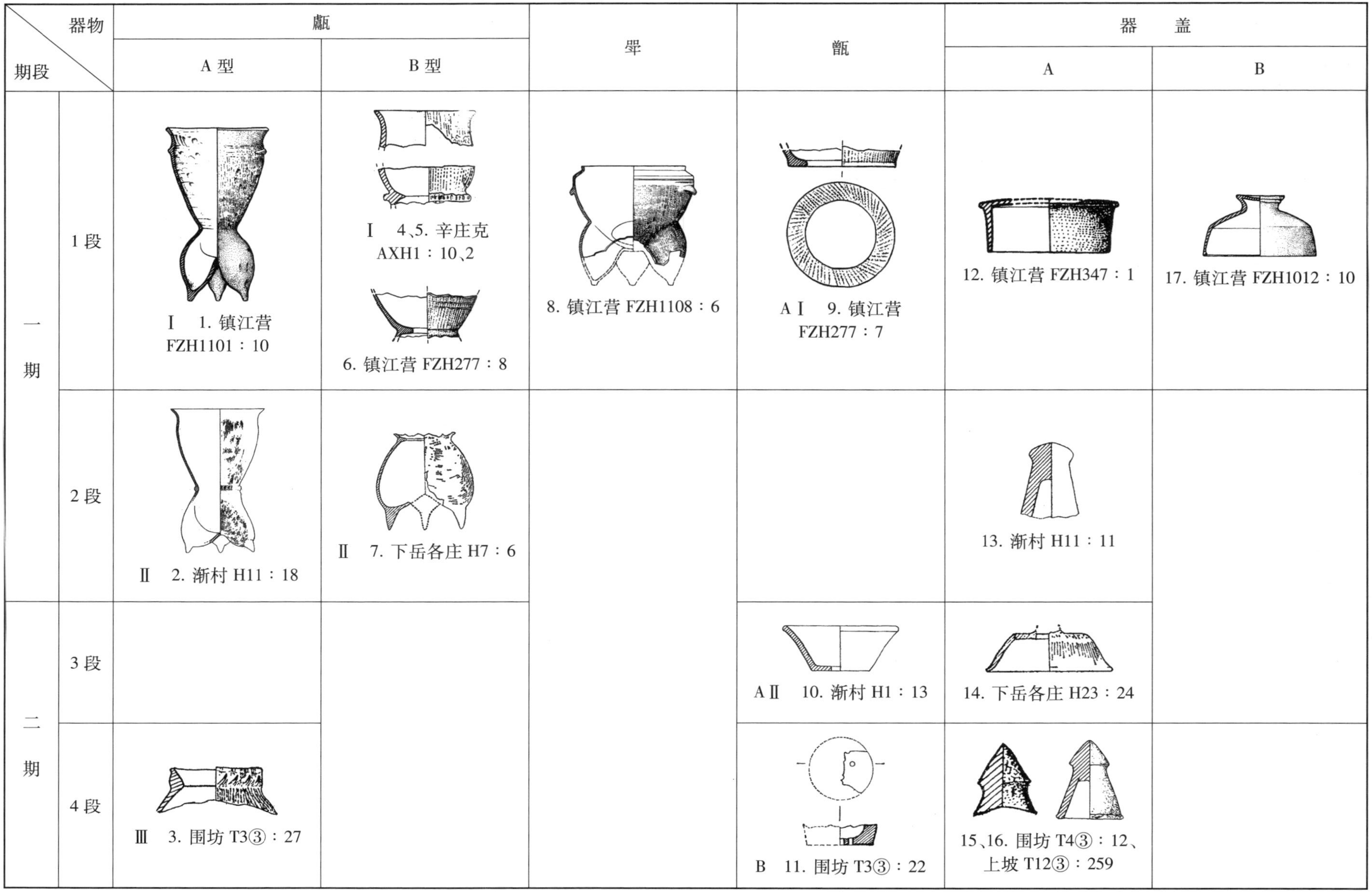

图 2-25　华北平原北缘地区二里头文化时期陶甗、斝、甑、器盖分期图

Ⅲ式:甗腰变细,腰部出现戳印花边式的简化附加堆纹。整体形态进一步变瘦。标本围坊 T3③:27(图 2-25:3)。

B 型:有箅托。根据腰腹形态差异可分为三式。

Ⅰ式:上部盆甑多饰以旋断绳纹,盆腹肥大较高,下部陶鬲绳纹较规整。标本辛庄克甗 AXH1:10、2,镇江营 FZH277:8(图 2-25:4、5、6)。

Ⅱ式:上部盆甑形态变瘦,下部陶鬲袋足肥大,器表装饰绳纹散乱且浅。标本下岳各庄 H7:6(图 2-25:7)。

斝: 数量较少。标本镇江营 FZH1108:6(图 2-25:8)。

甑: 根据甑孔差异可分为两型。

A 型:单圆孔甑。甑底中央仅有一较大圆孔,箅托较宽。根据整体形态差异可分为两式。

Ⅰ式:整体形态较大。标本镇江营 FZH277:7(图 2-25:9)。

Ⅱ式:甑底中央圆孔变小,箅托加宽。标本渐村 H1:13(图 2-25:10)。

B 型:多圆孔甑。甑底中央有多个小圆孔,标本围坊 T3③:22(图 2-25:11)。

器盖: 根据纽、肩差异可分为两型。

A 型:尖塔纽,折肩。由于复原器较少,暂不分式。但似乎年代偏早的单位,盖硬折肩,肩缘伸出足外。标本镇江营 FZH347:1、渐村 H11:11、下岳各庄 H23:24、围坊 T4③:12、上坡 T12③:259(图 2-25:12-16)。

B 型:溜肩。多以捉手为柄。标本镇江营 FZH1012:10(图 2-25:17)。

盆: 总体数量不多,根据腹部形态差异可分为四型。

A 型:深腹盆。根据沿腹形态变化可分为三式。

Ⅰ式:盆腹斜直,侈沿较宽。标本雪山 H191:10(图 2-26:1)。

Ⅱ式:盆腹微深弧,沿微卷较平。标本下岳各庄 H7:12(图 2-26:2)。

Ⅲ式:盆腹较深,微弧,短沿微卷。标本下岳各庄 H5:7(图 2-26:3)。

B 型:浅腹平底盆。根据沿腹形态变化可分为三式。

Ⅰ式:盆腹较浅,整体形态较小,微卷沿。标本镇江营 FZH1108:39(图 2-26:4)。

Ⅱ式:盆腹变深,卷沿,前端较平。标本辛木 T1④:1(图 2-26:5)、下岳各庄 H7:2(图 2-26:6)。

Ⅲ式:盆腹较深,形体较大,卷沿趋短。标本下岳各庄 H1:11(图 2-26:7)。

C 型:鼓腹盆。根据沿腹形态变化可分为三式。

Ⅰ式:宽沿斜侈,前端近平,颈腹分界明显,上腹鼓出较明显。标本镇江营 FZH281:8、辛庄克 AXH1:14(图 2-26:8、9)。

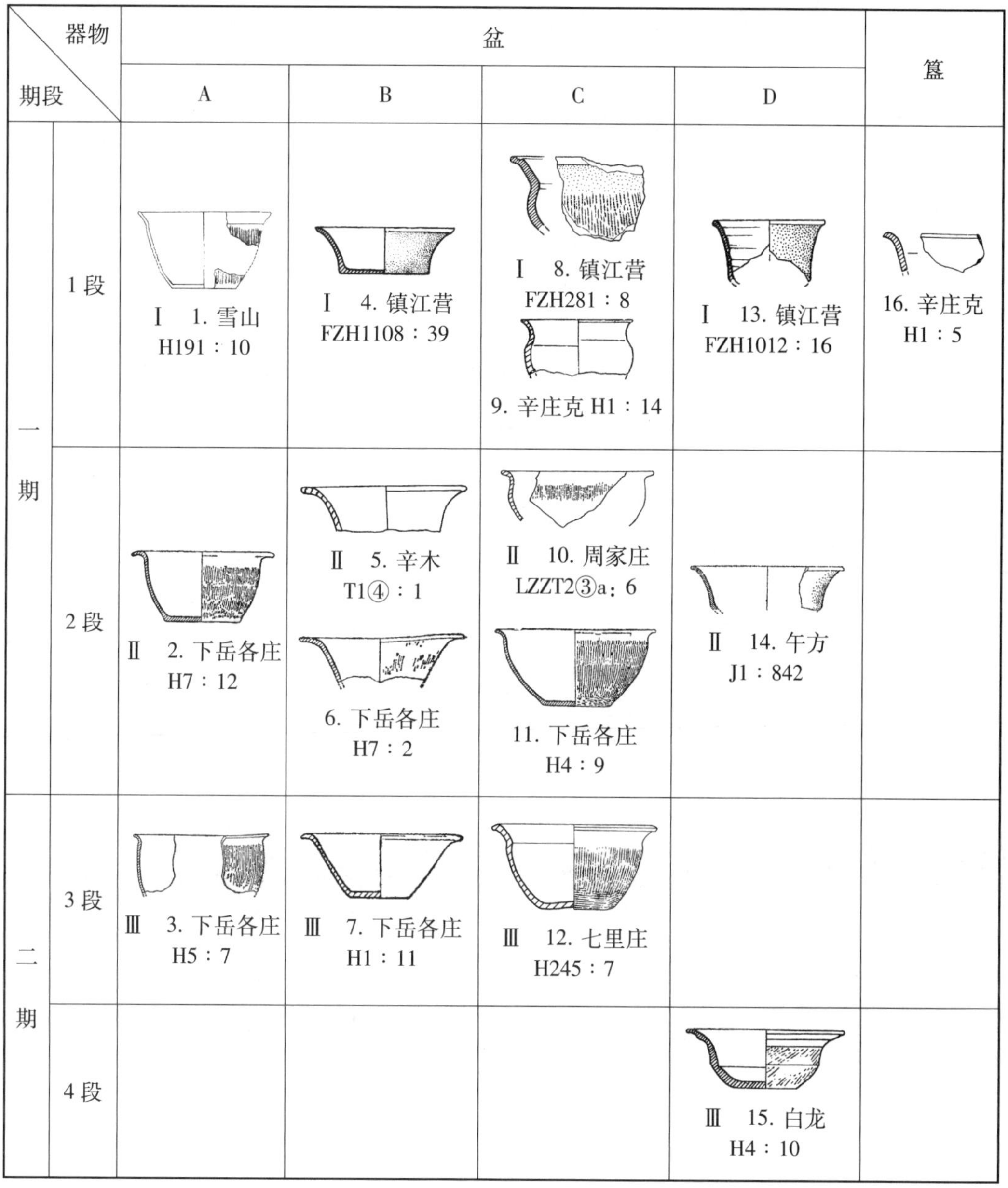

器物	盆				簋
期段	A	B	C	D	
一期 1段	I　1.雪山 H191：10	I　4.镇江营 FZH1108：39	I　8.镇江营 FZH281：8 9.辛庄克 H1：14	I　13.镇江营 FZH1012：16	16.辛庄克 H1：5
一期 2段	II　2.下岳各庄 H7：12	II　5.辛木 T1④：1 6.下岳各庄 H7：2	II　10.周家庄 LZZT2③a：6 II　11.下岳各庄 H4：9	II　14.午方 J1：842	
二期 3段	III　3.下岳各庄 H5：7	III　7.下岳各庄 H1：11	III　12.七里庄 H245：7		
二期 4段				III　15.白龙 H4：10	

图2－26　华北平原北缘地区二里头文化时期陶盆、簋分期图

　　II式：盆腹较深,腹部鼓出不甚明显。标本周家庄 LZZT2③a：6(图2－26：10)、下岳各庄 H4：9(图2－26：11)。

　　III式：盆腹较深,腹部较深。个别器物凹圜底。标本七里庄 H245：7(图2－26：12)。

　　D 型：折腹盆。根据沿腹形态变化可分为三式。

　　I式：侈口,形体较小,上腹较深,斜折明显。标本镇江营 FZH1012：16(图2－26：13)。

　　II式：敞口,上腹斜侈。标本午方 J1：842(图2－26：14)。

Ⅲ式:敞口,折沿,腹部变浅。腹下折较缓。标本白龙 H4∶10(图 2 - 26∶15)。

簋:数量较少,标本辛庄克 AXH1∶5(图 2 - 26∶16)。

豆:数量较少,有细柄和粗柄两种。

细柄豆:根据盘腹形态差异可分为深盘与浅盘两型。

A 型:浅盘。根据盘、沿形态差异可分为三式。

Ⅰ式:豆盘较深,圆唇无沿。标本镇江营 FZH1012∶14(图 2 - 27∶1)。

Ⅱ式:浅盘,折沿,沿较宽,盘腹内折有棱。标本白龙 RBH2∶12(图 2 - 27∶2)。

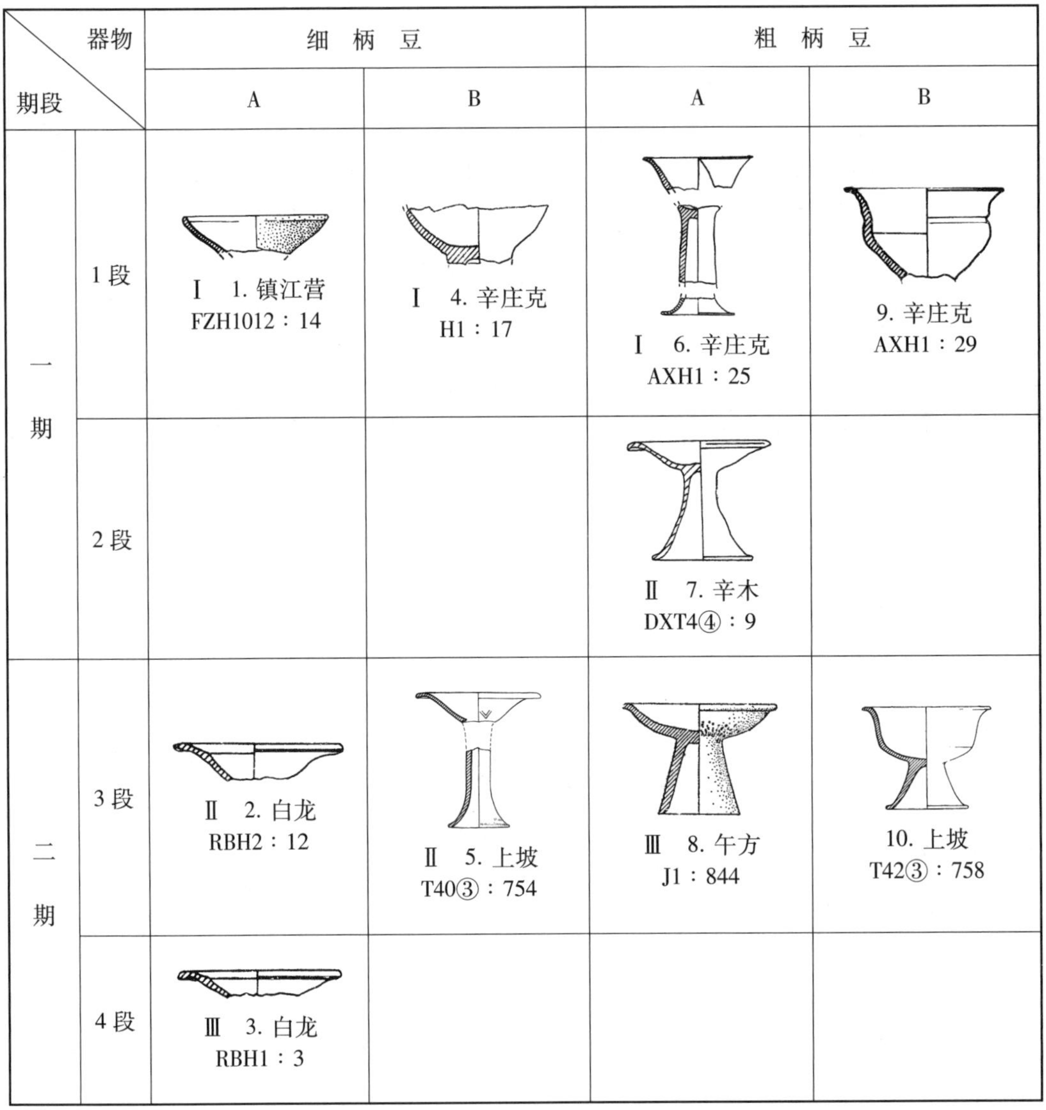

期段 \ 器物	细 柄 豆		粗 柄 豆	
	A	B	A	B
一期 1段	Ⅰ 1.镇江营 FZH1012∶14	Ⅰ 4.辛庄克 H1∶17	Ⅰ 6.辛庄克 AXH1∶25	9.辛庄克 AXH1∶29
一期 2段			Ⅱ 7.辛木 DXT4④∶9	
二期 3段	Ⅱ 2.白龙 RBH2∶12	Ⅱ 5.上坡 T40③∶754	Ⅲ 8.午方 J1∶844	10.上坡 T42③∶758
二期 4段	Ⅲ 3.白龙 RBH1∶3			

图 2 - 27　华北平原北缘地区二里头文化时期陶豆分期图

Ⅲ式：折沿较缓,沿更宽,盘腹更浅。标本白龙 RBH1∶3(图 2 - 27∶3)。

B 型：深盘。根据盘腹形态差异可分二式。

Ⅰ式：深弧腹。标本辛庄克 AXH1∶17(图 2 - 27∶4)。

Ⅱ式：卷沿较宽,盘腹变浅。标本上坡 T40③∶754(图 2 - 27∶5)。

粗柄豆：根据盘腹形态差异可分两型。

A 型：盘形粗柄。根据盘腹形态变化,可分为三式。

Ⅰ式：深直腹。标本辛庄克 H1∶25(图 2 - 27∶6)。

Ⅱ式：卷沿,沿面前端微垂,盘腹变浅。标本辛木 DXT4④∶9(图 2 - 27∶7)。

Ⅲ式：腹更浅,沿面近平。标本午方 J1∶844(图 2 - 27∶8)。

B 型：碗形粗柄,有的形制已似陶簋。数量不多。标本辛庄克 AXH1∶29、上坡 T42③∶758(图 2 - 27∶9、10)。

罐： 种类数量甚多,根据整体形态差异可分为四型。

A 型：深腹罐。根据沿、腹差异可分为三式。

Ⅰ式：侈口短沿,腹较深直。标本镇江营 FZH1108∶5(图 2 - 28∶1)。

Ⅱ式：沿斜折向上,较窄,上腹微鼓,器表绳纹较浅且散乱。标本雪山 H170∶8、27,午方 J1∶247(图 2 - 28∶2、3、4)。

Ⅲ式：沿斜侈,较宽,腹中鼓出较明显,器表饰以较细密的绳纹。标本围坊 T4③∶13(图 2 - 28∶5)。

B 型：圆腹罐。根据领腹形态差异可分为三式。

Ⅰ式：直领,球腹,腹部多有鋬手。器表绳纹散乱,滚压较浅。标本镇江营 FZH1101∶11、镇江营 FZH1108∶36(图 2 - 28∶6、7)。

Ⅱ式：短领,卷沿,腹较深,最大径多在腹中,腹部鋬手消失。器表装饰绳纹滚压较规范,多成组旋纹装饰。标本下岳各庄 H18∶1(图 2 - 28∶8)。

Ⅲ式：颈部增长,上腹逐渐鼓凸。标本辛木 DXH4∶1、午方 J1∶268(图 2 - 28∶9、10)。

C 型：侈口直腹罐。数量不多。标本上坡 T41③∶738、午方 J1∶269(图 2 - 28∶11、12)。

D 型：大口罐。数量不多,形态近似大口尊。部分口部有花边装饰。标本辛木 DXT4④∶11(图 2 - 28∶13)。

小口瓮： 数量不多。根据肩部差异可分为两式。

Ⅰ式：斜侈领,直领,溜肩。标本镇江营 FZH1018∶1(图 2 - 29∶1)。

Ⅱ式：鼓肩。标本午方 J1∶259(图 2 - 29∶2)。

大口瓮： 数量不多。标本辛庄克 H1∶12(图 2 - 29∶3)。

敛口瓮： 数量较少。标本镇江营 FZH1012∶42、白龙 RB∶02(图 2 - 29∶4、5)。

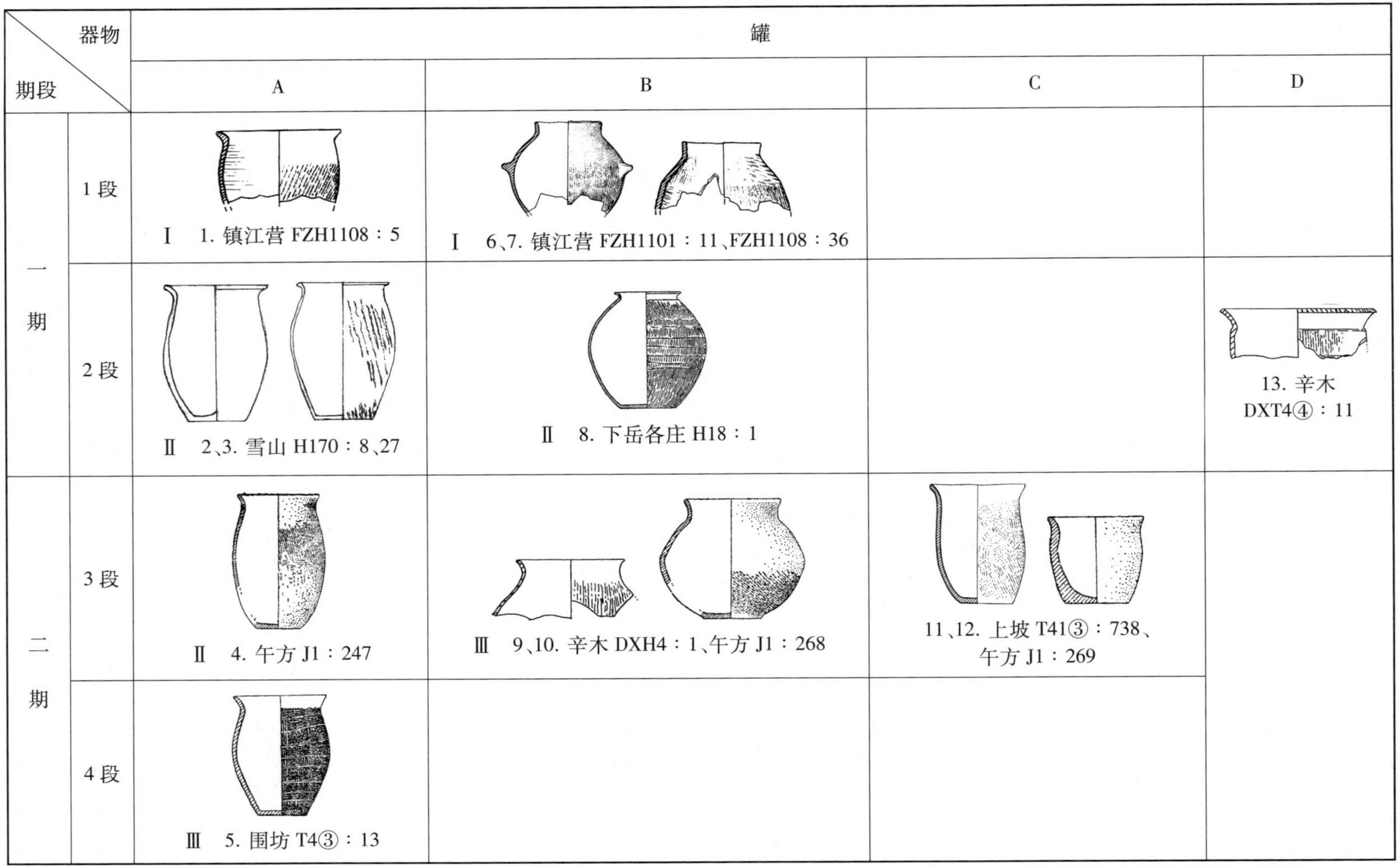

器物\ 期段	A	B	C	D
一期 1段	I 1. 镇江营 FZH1108:5	I 6,7. 镇江营 FZH1101:11、FZH1108:36		13. 辛木 DXT4④:11
一期 2段	II 2、3. 雪山 H170:8、27	II 8. 下岳各庄 H18:1		
二期 3段	II 4. 午方 J1:247	III 9、10. 辛木 DXH4:1、午方 J1:268	11、12. 上坡 T41③:738、午方 J1:269	
二期 4段	III 5. 围坊 T43③:13			

罐

图 2-28 华北平原北缘地区二里头文化时期陶罐分期图

器物 期段		瓮			
		小口瓮	大口瓮	敛口瓮	蛋形瓮
一 期	1段	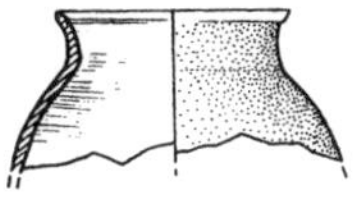 Ⅰ　1. 镇江营 FZH1018：1	 3. 辛庄克 H1：12	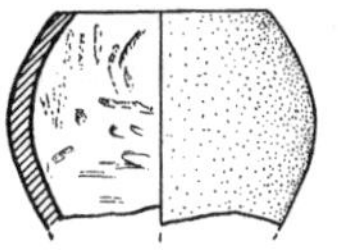 4. 镇江营 FZH1012：42	
	2段				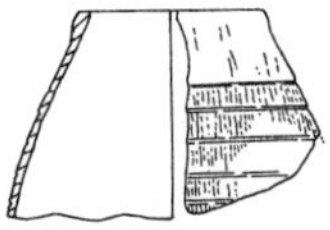 6. 辛木 DXT4④：3
二 期	3段	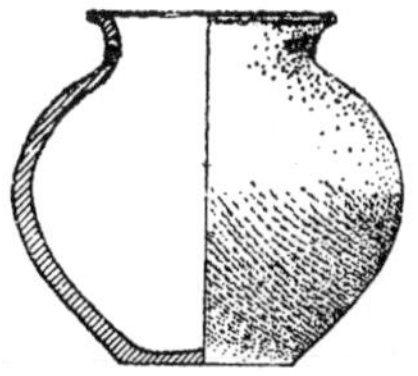 Ⅱ　2. 午方 J1：259		 5. 白龙 RB：02	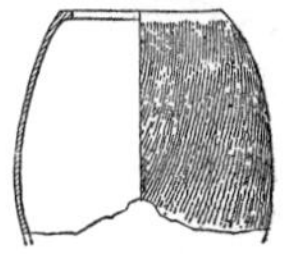 7. 下岳各庄 H23：19 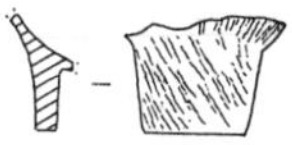 8. 辛木 DXH4：4
	4段				

图 2-29　华北平原北缘地区二里头文化时期陶瓮分期图

蛋形瓮：数量较多,有三足和圈足两种。三足者多为扁宽舌形,未见锥形。但现有材料无法看出形态演变规律。标本辛木 DXT4④：3、下岳各庄 H23：19、辛木 DXH4：4（图 2-29：6、7、8）。

（三）分期与年代推定

由于大部分重要遗址的发掘材料已过数十年却也并未系统公布,除镇江营与塔照遗址外,其余遗址的地层关系可利用的遗存并不丰富,这对于检验本地区二里头文化时期遗存的年代序列而言影响巨大。借助邻近地区的文化谱系,我们可以粗略勾勒本地区的考古年代学谱系(表 2-6)。

下岳各庄遗址发掘者大体依蔚县发掘诸遗址的考古学遗存年代,将其年代宽泛地定在蔚县夏商时期遗存的第二段,亦即相当于二里头文化三四期的夏晚期。在这一结论公布之后,很长一段时间对下岳各庄遗址的年代问题并无其他意见。2000 年前后,张翠莲将下岳各庄遗址分为三期,第一期以 H4 为代表;第二期以 H5、H23 为代表;第三期

表2-6　二里头文化时期华北平原北缘地区居址分期对照表

期段 ＼ 遗址		下岳各庄	富位	辛木	周家庄	七里庄	老姆台	午方	白龙	上坡	辛庄克	渐村	镇江营	雪山	围坊	青池
二期	4 段								3	2					√	
	3 段	2	?			√			2	1		2		3		
一期	2 段	1		2	2		√	√	1			1		2		√
	1 段			1	1						√		√	1		
资料来源		①		②		③	④	⑤	⑥	⑦	⑧	⑨	⑩	⑪	⑫	⑬

以H7为代表;三期年代分别相当于二里头文化二至四期⑭。她将下岳各庄遗址年代上限上移的理由有二:其一是她认为下岳各庄H4中存在有与哑叭庄T94③:1相同的高领鬲,而这种高领鬲与白燕出土的同类器物相近;其二是她认为与下岳各庄H4年代相当的尧方头遗址出土有实足根上有沟槽的鬲或甗足,而这种足亦见于下七垣第④层。由于白燕遗址高领鬲和下七垣第④层被学术界普遍认为相当于二里头文化二期。因此,张翠莲认为下岳各庄遗址H4亦属同时期遗存。张氏的意见影响较大,至今河北省的考古工作者对涉及冀中地区与华北平原北缘地区夏时期遗址的分期,多依张氏之分期标准进行衡量。

　　若分析原始资料,问题却并非如此简单。依原报告提供的地层关系,H4应属该遗址二里头文化时期最早的单位并无问题。但是,第一,H4中并未公布有沟槽的鬲或甗实足根,而有沟槽的鬲、甗实足根在冀中南部地区相当于二里头文化的三、四期单位中也有发现。因此不能因为存在有此类鬲、甗实足根,就判定其年代的早晚。更何况下岳各庄H4

---

① 拒马河考古队:《河北易县涞水古遗址试掘报告》,《考古学报》1988年第4期。
② 沈勇:《论保北地区的先商文化》,北京大学硕士学位论文,1988年,未发表。
③ 段宏振、任涛:《河北易县七里庄遗址发现大量夏商周时期文化遗存》,《中国文物报》2006年12月8日。
④ 沈勇:《论保北地区的先商文化》,北京大学硕士学位论文,1988年,未发表。
⑤ 河北省文物研究所:《河北容城县午方新石器时代遗址试掘》,《考古学集刊》(5),中国社会科学出版社(北京),1987年。
⑥ 保北考古队:《河北省容城县白龙遗址试掘简报》,《文物春秋》1989年第3期。
⑦ 河北省文物研究所、保定市文物管理处、容城县文管所:《河北容城县上坡遗址发掘简报》,《考古》1999年第7期;河北省文物研究所:《北福地:易水流域史前遗址》,文物出版社(北京),2007年。
⑧ 保北考古队:《河北安新县考古调查报告》,《文物春秋》1990年第1期。
⑨ 河北省文物研究所:《河北涞水渐村遗址发掘报告》,《文物春秋》1992年增刊。
⑩ 北京市文物研究所:《镇江营与塔照——拒马河流域先秦考古文化的类型与谱系》,中国大百科全书出版社(北京),1999年。
⑪ 北京大学考古学系:《昌平雪山发掘报告》(稿本·第二、三部分),现存北京大学考古文博学院资料室。
⑫ 天津市文物管理处考古队:《天津蓟县围坊遗址发掘报告》,《考古》1983年第10期。
⑬ 天津博物馆、天津市文物遗产保护中心:《天津蓟县青池发掘报告》,《考古学报》2014年第2期。
⑭ 张翠莲:《尧方头遗址与下岳各庄文化》,《文物春秋》2000年第3期。

中发表材料中并无此类器物(当然,不排除有未发表的资料并不为所知)。第二,H4高领鬲的领部并未如哑叭庄同类器一般较高斜侈而出。在冀中北部地区此类高领鬲的演变规律是由高直到斜侈到逐渐低矮(图2－30)。由此两条依据,下岳各庄遗址H4年代不会早至二里头文化二期。我将该遗址二里头文化时期分为前后两段。第一段以H4、H7、H18为代表;第二段则以H5、H20、H23等为代表。

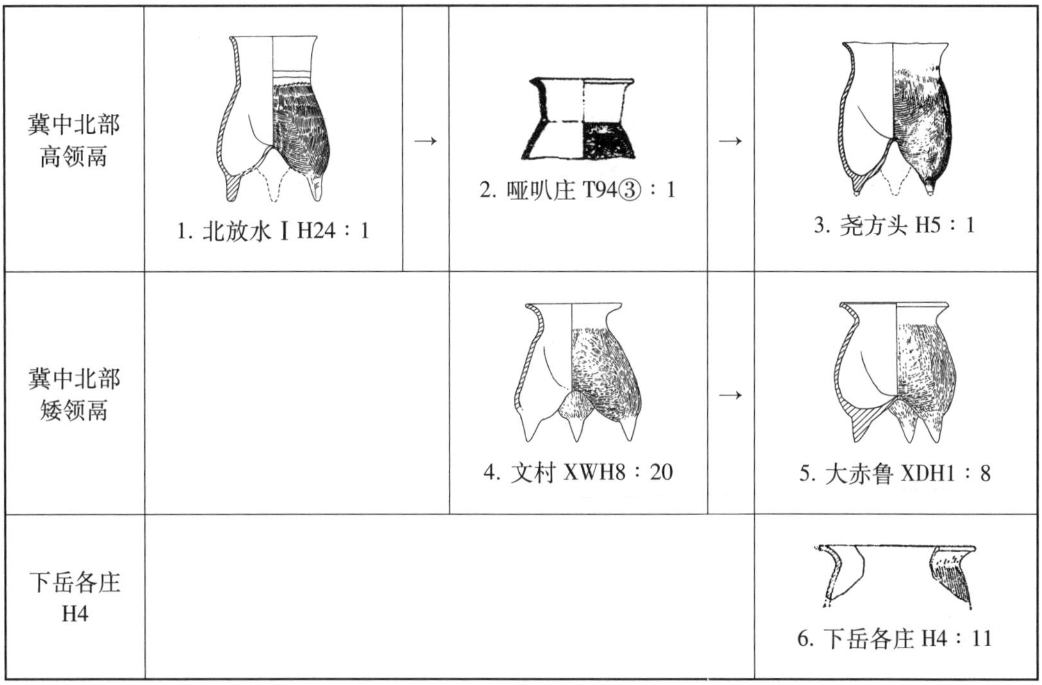

图2－30　下岳各庄H4：11鬲与冀中北部地区陶鬲演变对比图

　　涞水富位遗址报告提及遗址中有与下岳各庄遗址近似的遗存,但并未发表,因此只能推定其二里头文化时期遗存可能与下岳各庄遗址同时。

　　定兴辛木遗址根据地层关系与器物形态差异可分为前后两段,第一段以H8为代表,第二段以T2④、H5等为代表。第2段遗存相当于下岳各庄遗址1段。

　　涞水周家庄遗址依地层关系与器物形态差异可分为前后两段,第一段以T2③c为代表,第二段以T2③a、③b为代表。第2段遗存相当于下岳各庄遗址1段。

　　涞水渐村遗址依地层关系与器物形态差异可分为前后两段,第一段以H11为代表,第二段以H1为代表。两段遗存分别相当于下岳各庄遗址1、2段。

　　易县七里庄遗址二里头文化时期遗存仅发表陶鬲一件,在张渭莲、段宏振的相关论著中又发表了遗址H245的四件器物[1],其形态约与下岳各庄遗址H23：16同类器接近,因

　　① 张渭莲、段宏振:《中原与北方之间的文化走廊——太行山东麓地区先秦文化的演进格局》,文物出版社(北京),2015年。

此可以确定该遗址至少拥有同时期的遗存。

易县老姆台遗址二里头文化时期遗存仅有零星调查材料,材料尚未正式公布。从沈勇论文中所公布的陶鬲可知,该遗址二里头文化时期遗存约与下岳各庄遗址二里头文化第二段年代相当。

容城午方遗址二里头文化时期遗存仅有 J1 一个单位,从其所包含的粗柄盘形豆未见折棱浅盘,陶甗瘦腹较深,小口瓮领部较高较直等特征可知其年代大体与下岳各庄遗址第二段年代相当。

容城白龙遗址有一组打破关系,H2 中细柄陶豆沿面较平未外卷,H1 中同类器沿面外卷明显;H2 中陶鬲领部略高,沿面较宽。H2 中的这些器物特征与定州尧方头、下岳各庄遗址第二段十分相似。在该遗址采集的器物中,有领部较高的陶鬲存在,年代大体与尧方头、下岳各庄遗址第一段相当。在另一个单位 H4 中,折腹盆腹甚浅,陶甗下端鬲部瘦削,显示出其年代较晚的特征。因此我们可以将白龙遗址分为前后三段。第一段目前尚无较好的单位,皆为采集器物,第二段以 H2 为代表,第三段以 H1、H4 为代表。

容城上坡遗址除 H34 一个单位外,其余发表材料皆为地层所出。据器物演变规律及与周邻遗址的对比可分为前后两段。第一段以相关探方的第③层为代表,第二段则以 H34 为代表。

安新辛庄克遗址仅公布 H1 材料,从其发表器物看,年代大体与周家庄第一段相当。

镇江营遗址以 H277、H1101、H1108 等单位为代表的遗存,原报告将其归属于新石器时代第四期遗存,年代约相当于龙山时期。但与涞水周家庄、辛木及雪山遗址相比,文化面貌相同,年代相当,应该已经进入了二里头文化阶段。上述单位文化遗存面貌相近,年代大体接近。H277 年代或略晚于 H1101、H1108,而 H1012 可能略早于 H1101,但应晚于雪山 H66。为稳妥起见,暂将上述四单位归属于同一时段,从器物形态观察应早于下岳各庄遗址 1 段,与辛庄克 H1 年代相当。

昌平雪山遗址材料长期未发表,对于其相当于二里头文化时期遗存发掘者曾有零星论述。李伯谦以雪山 H109 遗存相当于夏代晚期偏早,亦即二里头文化三期左右[1]。这一结论为韩嘉谷[2]与杨建华[3]等学者所从。在翻阅雪山遗址发掘报告(报告)与资料卡片后,我将雪山遗址二里头文化时期遗存大略分为三段,第一段以 H191 为代表;第二段以 H170 等单位为代表;第三段则以 H109、H192、H80 等单位为代表。

蓟县围坊遗址二里头文化时期遗存年代争议较大。自张忠培 1987 年提出以遗址 T7-T9 第④层为代表的遗存上限可达二里头文化早期以后,绝大多数学者从之,以其上限相当于二里头文化早期,下限则以 T1③、H2 为代表,年代大体相当于夏商分界时期的观点被许多学者所赞同。有所不同的是,对于以 T7-T9 第④层为代表的遗存,李伯谦、杨

① 李伯谦:《论夏家店下层文化》,《纪念北京大学考古专业三十周年论文集》,文物出版社(北京),1990 年。
② 韩嘉谷:《大坨头文化陶器群浅析》,《中国考古学会第七次年会论文集》,文物出版社(北京),1992 年。
③ 杨建华:《试论夏商时期燕山以南地区的文化格局》,《北方文物》1999 年第 3 期。

建华、韩嘉谷、张锟①、张文瑞②、蒋刚③等学者认为属于龙山时期,围坊遗址中属于二里头文化时期早期阶段的遗存应以 T2－T4 第③层为代表。上述学者将围坊遗址二里头文化时期遗存的年代上限划定较早,是因为,他们判断遗址内出土的 T2③：9、T3③：13 两件深袋足陶鬲年代的比较标尺,是雪山 H66④：94 深袋足鬲,认为二者形态接近,因此将围坊遗址相关遗存的年代判定与雪山 H66 相当。但是对比雪山遗址原始材料,尤其是 H109：7深袋足鬲后可知(可参图 2－24：8),围坊遗址的二里头文化时期遗存年代较晚。围坊遗址二里头文化时期遗存应以 T2－T4③层为代表,年代约与刘李店 M1 年代相当。对围坊遗址中二里头文化时期遗存年代判断分歧的核心问题在于如何认识雪山 H66 遗存及其文化性质。关于这一问题,我将在本书第五章中再予分析。

蓟县青池遗址二里头文化时期的遗存仅在马头山顶西部边缘有发现,文化堆积较零散。代表性单位如 H11,年代与下岳各庄遗址同时期遗存的第 1 段相当。

在未发表资料中,天津蓟县邦均遗址的材料十分丰富,但由于人事更迭,该遗址的材料始终未能刊布,殊为遗憾。

由以上各遗址的分期,我们可以大体将易水以北的燕山南麓地区二里头文化时期遗存分为前后两期 4 段(表 2－7)。

一期 1 段:材料较为丰富,以镇江营遗址为代表。本阶段炊器组合较为丰富,以陶鬲、甗为主,有少量陶斝和鼎作为补充。本阶段罐、瓮种类庞杂,数量较多。食器中以钵、豆较为常见。陶盆在本阶段不太发达。从陶鬲的形态观察,与冀中北部地区相比较,可知本阶段大体相当于二里头文化三期早段。

一期 2 段:材料十分丰富,以下岳各庄、渐村遗址 H11 和午方 J1 为代表。本阶段炊器以陶鬲、甗为基本组合,罕见斝、鼎。陶罐种类在本阶段趋于简化,但整体形态仍甚多。食器中仍以钵为主要器类,陶豆的整体数量较少。陶盆数量在这一阶段略有增长。本阶段大体相当于二里头文化三期晚段。

二期 3 段:材料较为丰富,以下岳各庄、渐村 H1 为代表。本阶段炊器仍以鬲、甗为基本组合,未见鼎、斝,有较少的陶甑。陶盆在本阶段逐渐丰富且制作精细起来。陶罐、瓮在本阶段数量减少明显,种类也明显减少。本阶段大体相当于二里头文化四期早段。

二期 4 段:材料十分丰富,以围坊遗址为代表。本阶段炊器仍以鬲甗为基本组合,偶见陶甑。陶盆、罐、瓮比例接近,种类与数量趋于稳定。本阶段大体相当于二里头文化四期晚段。但必须承认,由于缺乏类似中原地区那样较为严密的考古学年代学标尺,因此燕山南麓地区夏商之际的考古学遗存的年代框架、相对位置,是较为困难且粗泛的。

---

① 张锟:《京津唐地区的夏商时期遗存》,吉林大学硕士学位论文,2001 年。
② 张文瑞:《冀东地区龙山及青铜时代考古学文化研究》,吉林大学硕士学位论文,2003 年。
③ 蒋刚:《冀西北、京津唐地区夏商西周北方青铜文化的演进》,《考古学报》2010 年第 4 期;《文化演进与互动:太行山两翼夏商西周时期青铜文化研究》,科学出版社(北京),2017 年。

二、夏时期各期陶器的特征

从整体的文化面貌看,燕山南麓地区二里头文化时期文化面貌变化较有特点。下面我仍从陶系、炊器组合变化、其他标志性器物数量变化等方面予以分析(表2-7)。

表2-7　二里头文化时期燕山南麓地区居址典型单位陶系统计表

时段	项目	单　　位	陶质(%)		陶色(%)				纹饰(%)					
			泥质	夹砂	灰	褐	黑	红	素面	篮纹	各类绳纹	划纹	附加堆纹	戳压印
一期	1段	镇江营 H277	16.5	83.5	42.7	27.2	30.1		22.3	9.7	65.1	1	1	1
		镇江营 H1012	53.1	46.9	37.5	29.7	32.8		62.5	9.4	21.9		6.3	
		雪山 H80	53.6	46.3	87		13		72		33.3			
		辛庄克 H1	40.3	59.7	20.6	48.7	30.7	19.3	28.2	51.3	0.8	0.4	0.4	√
	2段	辛木 T1T3④	28	72	18	48.7	26.7	6.7	9.3		90.7			
		渐村	较少	多	√	多	√	√			多			
二期	3段	白龙 H2	69.2	30.8	1.9	46.2	51.9	13.5	38.9	47.6		√	√	√
		午方 J1	53.5	46.5	69.5	21.6	8.9	73	6.5	13.7	0.2			6.6
		下岳各庄	10	>90	最多	√	√	√		最多	√	√		
		雪山 T119-T121	30.8	69.2	8.5	57.1	10	34.3	39.8	√	61.7	2.6		
	4段	上坡	不详	最多	次之	再次	次之	为主		√		√		
		周家庄 T2③a	2.6	97.4	71.5	18.5	9.4	0.6	13.2		86.4		0.4	

(一)陶系

一期1段:夹砂陶与泥质陶比例大体相当。从统计结果看,个别单位有夹砂陶比例略高的倾向。陶色以灰、黑陶为绝大多数,褐陶的比例较高,不见红陶。陶器纹饰中素面陶(含磨光)比例非常高,为同时期邻近地区所不见。本阶段各单位中有一定比例的篮纹。除年代或许略晚的镇江营 H277 外,绳纹比例在本阶段不高,滚压较浅且散乱,不甚规整。

一期2段:统计数据仅有辛木遗址一个。渐村遗址有对其陶系的描述性记载。本阶段以夹砂陶为多,泥质陶下降至三成以内。渐村遗址的记录中提及,羼加滑石粉的陶器数量最多,按本地陶器的一般特点,所谓之加滑石粉很可能是指羼云母的陶器。在华北平原北缘地区,夹云母陶自龙山至战国时期始终有较高的比例。这一阶段陶色以褐陶为最多,黑陶次之,灰陶比例下降明显,红陶在本阶段开始出现并占有一定比例。素面陶比例较上一阶段下降明显,绳纹数量相应激增。褐陶和红褐陶的数量较多,说明陶色斑驳,陶器的烧制温度不高。

二期3段:本阶段以午方J1、白龙H2为典型单位,有较准确的统计数据,雪山遗址H190等数个单位的合并统计数据可作为参考。本阶段陶质情况与上一阶段相近,无明显变化。大部分遗址的陶色中褐陶数量高,黑陶与灰陶不高,但红陶数量明显上升。素面陶与划纹比例本阶段明显上升,绳纹比例则略有下降。

二期4段:确切统计数据仅有周家庄遗址。本阶段以夹砂陶占绝对优势。灰陶在本阶段明显上升,红陶、褐陶随之明显下降,黑陶比例变化不大。素面陶在本阶段下降明显,绳纹陶数量再次上升。

(二) 器物群中的炊器特征与组合变化

一期1段:本阶段炊器以陶鬲、甗为代表。陶鬲的种类较多。在易水与拒马河流域,陶鬲以各式高领肥袋足鬲最常见,总体特征中最为突出的是领部较高,唇缘多有花边装饰。在拒马河以北,陶鬲的形态多样不太定型。在潮白河流域,陶鬲的种类更复杂,没有任何一种陶鬲占绝对多属。在拒马河以北,泥质筒腹鬲和无实足根鬲则相对较多。本阶段高领陶鬲领部斜侈,未见高立较直者,唇沿微卷,前端略平。花边装饰较细密。器表一般装饰绳纹,滚压散乱,绳纹粗细在不同个体间有差异。本期实足根鬲足上多见有捆扎凹槽。垂腹鬲上部近瓮形,较肥圆。深袋足鬲袋足肥大,领部斜侈,斜沿较宽,足下未见实足根。陶甗有有箅托和无箅托两种,前者甗部较肥大,后者较深瘦。无论有无箅托,陶甗器表腰部多为素面,有附加堆纹者较少。本阶段有一定数量的陶甑,圆形大独孔的甑较周边地区特殊。一般在底部有一圈小的隔棱作为箅托,其上需再架其他材质的箅用以蒸馔。本阶段本区山前地区有少量的陶斝出现,但尚未见复原器,所见者一般多为子母口。另外,本地区零星发现有陶鼎足部残片,侧装三角扁足足缘外侧有的有捏压痕迹。

一期2段:本阶段炊器仅见鬲、甗。形态种类与上一阶段相近,但总体上领部明显渐矮,口沿进一步外侈。花边口沿的比例明显减少。垂腹鬲上腹较上一阶段瘦,下腹明显肥鼓。这一阶段陶鬲实足根仍较高,足根绝大多数为素面。筒腹鬲在本阶段出现,侈口明显,实足根较高。深袋足鬲领部仍然较高,且斜侈较甚。陶甗在本阶段时代特征明显,无箅托甗整体变瘦削,腰部变细,腰外器表多饰有附加堆纹,实足根变矮。有箅托甗袋足肥大,实足根较高。陶斝、鼎在这一时期,仅有零星发现。

二期3段:本阶段炊器组合与上一阶段相近,但陶鬲、甗有相近的演变趋势。在这一阶段,鬲、甗领部明显变矮,沿面外侈趋平,袋足变瘦,实足根较上一阶段开始变矮。陶甑形态趋小。鼎、斝已经十分罕见。

二期4段:本阶段炊器总体组合仍与上一阶段相同,无较大变化,但器物形态略有变化。陶鬲实足根整体变矮。深袋足鬲束颈折沿,沿面较宽。器表绳纹细密。无算托陶甗腰部变瘦长,腰部器表多有附加堆纹。有算托陶鬲整体形态较瘦长。陶甑变化较大,大型圆孔式甑已经较少见,而多见分布不规律的小型圆孔式甑。

(三)器物群其他主要器物特征与组合变化

盆:在本地区陶盆数量与种类在整个陶器群中并不占优势。周邻地区常见的陶盆种类在本地虽也大都有发现,但制作精细的磨光旋纹盆在本地极为罕见。

豆:在本地区陶豆数量较少,形态较单调,细柄豆中也罕见碗形或盆内另有折棱的。这与周邻地区差异明显。

罐:二里头文化时期本地区陶器群中陶罐的数量众多,种类繁杂,相较于周邻地区而言是较为突出的。由于种类庞杂,深腹罐与圆腹罐在器物群和陶罐组合中的比例略低于周邻地区,但本区折肩罐的数量和比例较高,且延续时间甚长。

瓮:本地区陶瓮数量与种类与周邻地区相比有如下三个特点:第一,大口圆肩、折肩瓮的比例远远高于周邻地区;第二,平口瓮罕见于本地区,且出现时代较晚;第三,蛋形瓮虽有一定比例,但数量和种类仍与同时期邻近地区相比有一定差距。

器盖:与同时期邻近区域略有差异,二里头文化时期燕山南麓地区器盖承袭本地龙山时期的作风,折肩者比例较大,且延续时间较长。

三、早商时期的遗存分期

华北平原北部边缘地区早商时期考古工作,以蓟县张家园遗址的发掘时间最早,但是经过发掘且公开刊布的遗址数量却并不多。近40年间在本地区发现的早商时期遗址有十余处(图2-31),其中仅有数处调查或发掘资料得到正式公布。

(一)地层关系

截至2020年,华北平原北缘地区早商时期发掘面积较大且公布材料较为丰富的遗址有:易县北福地;安新辛庄克;容城上坡;涞水富位;蓟县张家园;大厂大坨头;昌平雪山、张营;房山塔照等遗址及密云凤凰山墓葬等遗存。

本地区早商时期的年代偏早遗存,缺环较多,缺乏类似中原腹心地带那样年代框架相对完整的资料,更难与后者一一对应。因此,其相对年代长时间处于模棱两可的境地,研究者往往将其泛称为“夏商之际”。伴随着张营遗址二里冈文化典型商式器物的发现,对于以往相对年代较难卡定的一批材料因之可相对准确判定。

昌平张营遗址堆积状况较简单,各探方地层关系基本一致,皆为③→④→⑤→⑥,部分探方缺少⑥层,各探方③层以下皆为早商时期遗存。

昌平雪山遗址早商时期典型单位有如下两组:

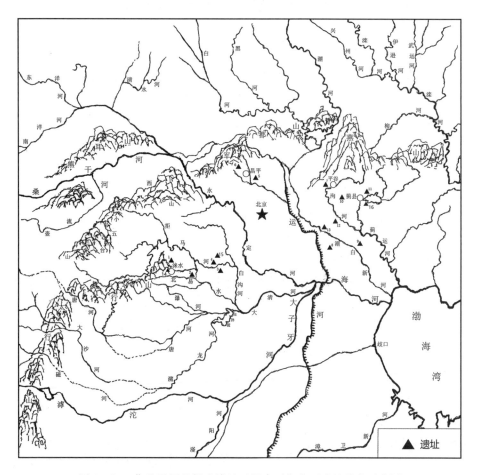

图2-31　华北平原北部边缘地区早商时期主要遗址分布示意图

1. 下岳各庄　2. 富位　3. 松林店　4. 塔照　5. 张营　6. 雪山　7. 刘家河　8. 庆功台　9. 牛道口
10. 张家园　11. 围坊　12. 大坨头　13. 东大屯　14. 庞家河　15. 刘李店　16. 青池

（1）H80、M39、M42→H66

（2）H78→T31④（灰沟）

第（1）组地层关系中M42、M39两单位为早商时期遗存；第（2）组地层关系中H78为早商时期遗存。

塔照遗址中，早商时期遗存相当于原报告中的商周时期第一期遗存中的部分单位，其中较有代表性的地层关系有如下几组：

（1）FTM12→M6→H54

（2）FTM15→M11→H54

（3）FTH37→H54

（4）FTM11→⑤→H92

上述地层关系中，所有单位皆属早商时期遗存。

蓟县张家园遗址提供早商时期地层关系可以 65 年 T1 为代表:

65T1②→③→F1、H3、H5→④→F4、H1、H2、H4。

大厂大坨头遗址早商时期遗存有地层关系一组:H1→H2。

涞水富位遗址早商时期遗存皆为灰坑,原简报提供地层关系有如下几组:

(1) H11、H7→H5→H17

(2) H6→H8

第(1)组地层关系中 H17 为二里头文化时期遗存,其余单位皆为早商时期遗存。按照原简报的分期,认为富位遗址早商时期遗存可分为前后两组:第一组有 H1、H8、H10、H16;第二组有 H6、H15。由于原简报发表器物及地层关系有限,无法检验其分组。

(二) 陶器形制分析

华北平原北部边缘地区各遗址早商时期遗存较为丰富,器类亦较多样。总体看,以三足器、平底器最为常见。鬲、罐、盆、豆几类器物形制演变轨迹较为清晰,是分期断代的重要依据。

鬲:种类数量庞杂,大体有夹砂实足根鬲、夹砂柱足鬲、泥质鬲三类。高度超过 25 厘米的大型鬲数量比较少,陶鬲口径以 15 - 20 厘米之间的中型鬲为多,小型鬲多为矮领深袋足鬲与折肩鬲。

夹砂实锥足鬲,是本地区数量最多,也最常见的陶鬲种类。根据整体形态差异可分为五型。

A 型:折沿长方体鬲,有较长的实足根,足根不见绳纹。根据整体形态差异可分三式。

Ⅰ式:折沿较宽,方唇,锥足高直,腹较宽。标本雪山 H78:12、张营 T0504④:21、T0504④A:21(图 2 - 32:1、2、3)。

Ⅱ式:方唇或斜方唇,沿面前端多有一道或两道凹槽,唇缘下端勾棱较明显,微鼓腹。标本富位 H8:1(图 2 - 32:4)。

Ⅲ式:方唇,唇缘下端勾棱明显,腹较瘦直。标本富位 H10:1(图 2 - 32:5)。

B 型:侈领鬲。根据腹足形态差异可分为四式。

Ⅰ式:侈领卷沿、束颈,溜肩,上腹较鼓,最大径近下腹,腹足间转折明显,实足根较矮,绳纹滚压至足尖。标本张家园 65F4:1、大坨头 H2:15(图 2 - 32:6、7)。

Ⅱ式:侈领甚宽,鼓腹,最大径接近腹中,实足根变高,绳纹滚压至足尖。标本庞家河 H1:5、刘李店 M1:2(图 2 - 32:8、9)。

Ⅲ式:侈领近折,沿面变宽,沿下有绳纹,鼓腹,最大径在腹中。高足,绳纹滚压至足尖。标本塔照 H37:1(图 2 - 32:10)。

Ⅳ式:宽沿上折,腹较深,下腹微垂。标本富位 H8:2(图 2 - 32:11)。

C 型:矮领鼓腹鬲。根据腹足形态差异可分为三式。

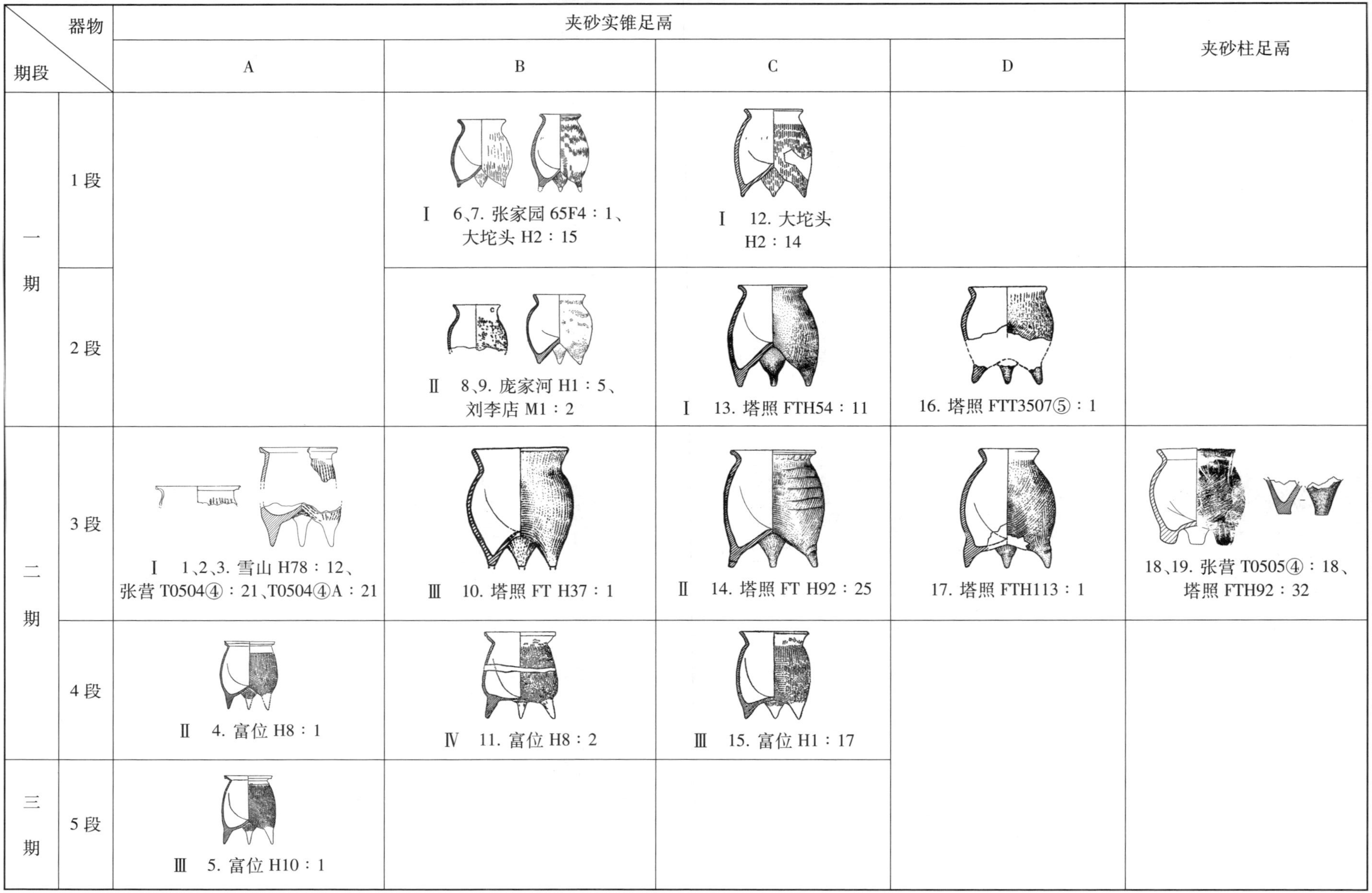

图 2－32　华北平原北缘地区早商时期陶鬲分期图（一）

器物　期段		夹砂实锥足鬲		夹砂柱足鬲	
		A	B	C	D	
一期	1段		I 6、7. 张家园65F4：1、大坨头 H2：15	I 12. 大坨头 H2：14		
	2段		II 8、9. 庞家河 H1：5、刘李店 M1：2	I 13. 塔照 FTH54：11	16. 塔照 FTT3507⑤：1	
二期	3段	I 1、2、3. 雪山 H78：12、张营 T0504④：21，T0504④A：21	III 10. 塔照 FT H37：1	II 14. 塔照 FT H92：25	17. 塔照 FTH113：1	18、19. 张营 T0505④：18、塔照 FTH92：32
	4段	II 4. 富位 H8：1	IV 11. 富位 H8：2	III 15. 富位 H1：17		
三期	5段	III 5. 富位 H10：1				

Ⅰ式:短卷沿,上腹较鼓,实足根较矮,绳纹滚压至足尖,三足微内勾。标本大坨头 H2:14、塔照 FTH54:11(图 2-32:12、13)。

Ⅱ式:沿较短,鼓腹,最大径下移,实足根较高,绳纹先滚后抹。标本塔照 FTH92:25 (图 2-32:14)。

Ⅲ式:折沿,沿面变宽,鼓腹较瘦,实足根不高,绳纹不滚压于实足根。标本富位 H1:17(图 2-32:15)。

D 型:罐形鬲。数量较少。标本塔照 FTT3507⑤:1、塔照 FTH113:1(图 2-32:16、17)。

E 型:侈领筒腹鬲。沿甚宽,微束颈,袋足较瘦直,实足根不明显。标本牛道口 T2⑤:1(图 2-34:12)。

夹砂柱足鬲,数量相对较少。标本张营 T0505④:18、塔照 FTH92:32(图 2-32:18、19)。

夹砂空锥足鬲,数量较多,是本地区很有特点的陶鬲种类。根据整体形态差异可分为四型。

A 型:侈领肥袋足鬲。根据腹、裆形态差异,可分为三式。

Ⅰ式:侈沿较宽,斜折略向上,裆较高,裆间夹角较大,有很短平的裆心。绳纹滚压散乱,部分个体近在靠足底部分滚压绳纹。标本围坊 H2:2、下岳各庄 H19:1(图三三:1、2)。

Ⅱ式:侈沿较窄,袋足较肥,上腹较深长,裆间夹角变小,通体饰绳纹。标本张营 T12⑥:1、大坨头 H1:5(图 2-33:3、4)。

Ⅲ式:窄沿略平,上腹变短,裆间夹角较小。标本张营 H58:8、H106:1(图 2-33:5、6)。

B 型:高领鬲。根据沿腹形态差异可分为两式。

Ⅰ式:侈领斜直,卷沿,斜腹,足跟内勾,绳纹滚压散乱。标本张家园 T2④:1(图 2-33:7)。

Ⅱ式:短直领,束颈不明显,袋足较肥大,下腹滚压绳纹,浅、散乱。标本张营 H84:5、张营 H42:1(图 2-26:8、9)。

C 型:蛇纹鬲。数量不多,但十分有特色。袋足与空锥足 A 型鬲相同,形态演变规律当亦相近,时代越晚袋足间夹角越小。标本张营 H13:8、张营 H100:2、张营 H16:1(图 2-33:10、11、12)。

D 型:直筒腹鬲。数量不多。直口直腹。标本大坨头 H1:8(图 2-33:13)。

泥质鬲,在本地区有一定数量,但多见于墓葬,罕见于居址。一般以泥质褐陶或黑皮陶最常见,但也有一些淘洗不细的夹细砂陶亦制作成此种形态。有的黑皮陶外另有红、黄、白三色的彩绘。根据肩腹形态差异可分为四型。

A 型:敞口直筒腹。根据裆、足差异可分为两式。

Ⅰ式:实足根较高,标本凤凰山墓葬所出者(图 2-34:1)。

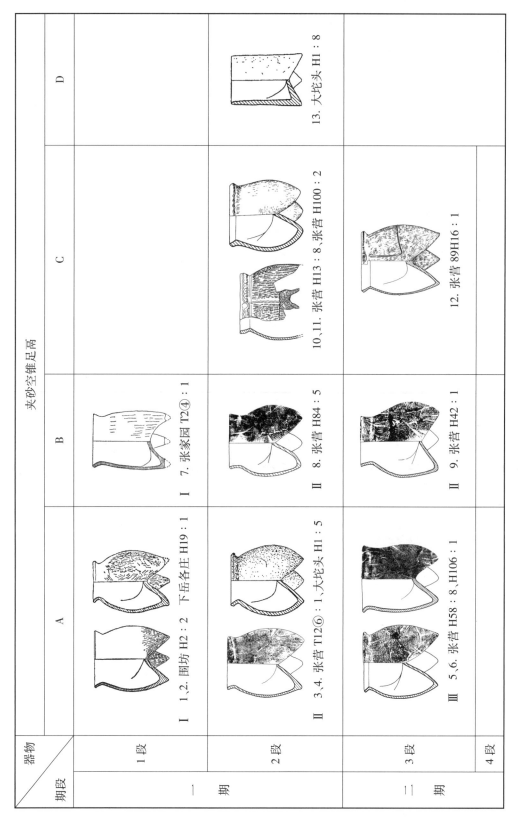

图 2－33　华北平原北缘地区早商时期陶鬲分期图（二）

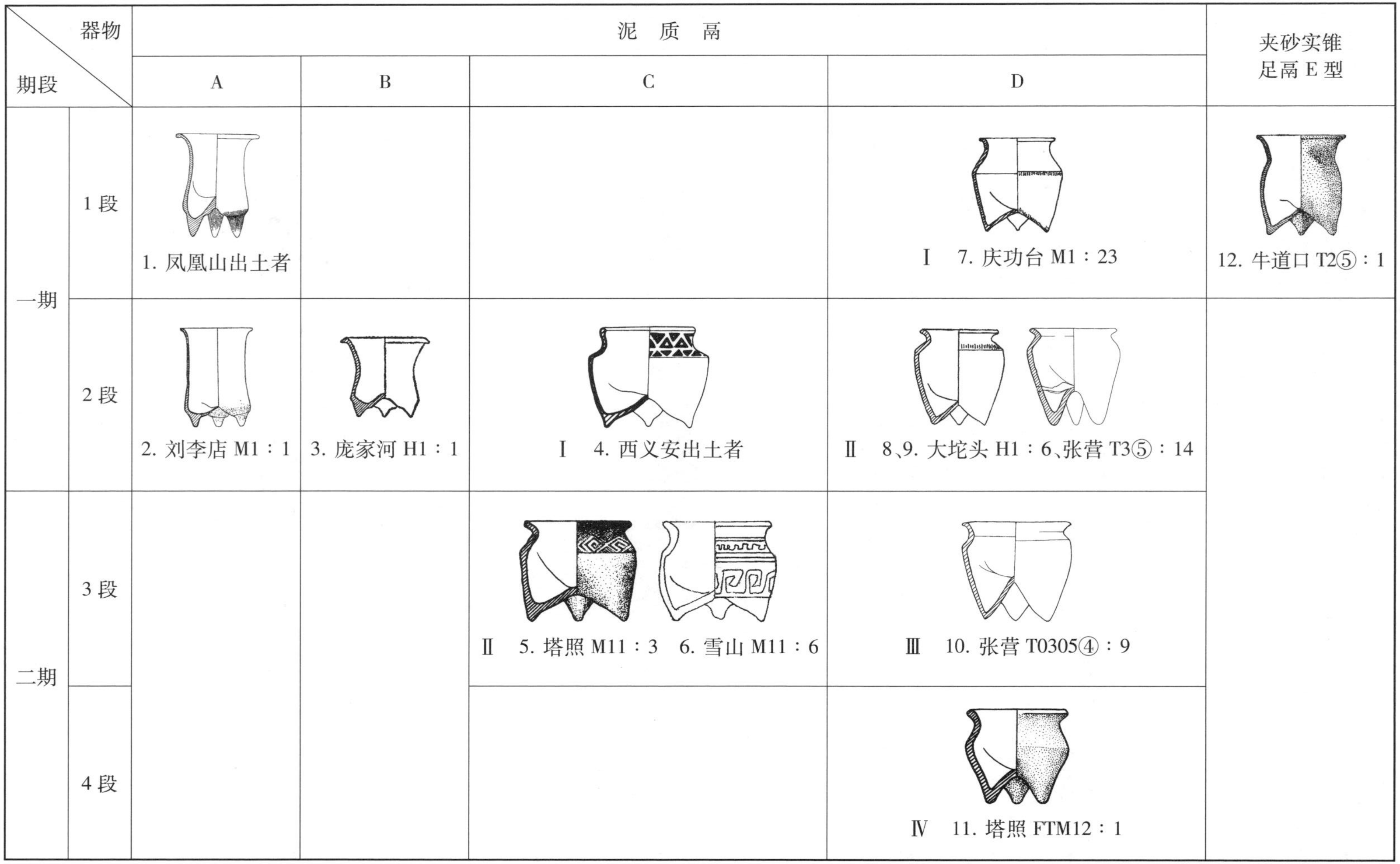

图 2 - 34　华北平原北缘地区早商时期陶鬲分期图（三）

Ⅱ式：实足根低矮。标本刘李店 M1：1(图 2－34：2)。

B 型：敞口束颈。数量较少,个体较矮。标本庞家河 H1：1(图 2－34：3)。

C 型：折肩直腹。数量较多,多为黑皮陶,多有彩绘,基本上只见于墓葬。根据口、肩形态差异可分为两式。

Ⅰ式：口小于肩,领较直。标本西义安出土者(图 2－34：4)。

Ⅱ式：口肩径相近,侈领。标本塔照 M11：3、雪山 M11：6(图 2－34：5、6)。

D 型：折肩斜腹鬲。多无实足根。数量多。根据颈腹及袋足形态差异可分为四式。

Ⅰ式：高领较直,肩径大于口径,袋足较直。标本庆功台 M1：23(图 2－34：7)。

Ⅱ式：领部变矮,肩径仍大于口径,但已经较接近,袋足斜收,较深。标本大坨头 H1：6、张营 T3⑤：14(图 2－34：8、9)。

Ⅲ式：短折沿近平,领部更矮,斜袋足较高,口肩径接近,肩部折转趋缓。标本张营 T0305④：9(图 2－34：10)。

Ⅳ式：口径略大于肩径,肩部折转不明显,袋足下部微鼓出,袋足下出现实足根。标本塔照 FTM12：1(图 2－34：11)。

甗：根据有无箅托可分为两型。

A 型：无箅托,深袋足,无明显的实足根或实足根短矮。根据盆甑与腰部形态差异可分为两式。

Ⅰ式：上部盆甑较宽大,腰部细瘦,实足根近无。标本大坨头 H2：16(图 2－35：1)。

Ⅱ式：上部盆甑沿变短,腰部变粗,三袋足外侈。标本张营 H105：2(图 2－35：2)。

B 型：有箅托,有明显的实足根。根据腰部形态差异可分为两式。

Ⅰ式：整体形态较细瘦,器表绳纹细密且较散乱,器表腰外多有附加堆纹。标本庞家河 H1：14(图 2－35：3)、张营 89H19：2(图 2－35：4)。

Ⅱ式：腰部变粗。标本塔照 FTG1③：12、FTG10：11、FTH92：16(图 2－35：5、6、7)。

甑：数量较少。标本富位 H1：26(图 2－35：8)。

盆：根据整体形态差异可分为五型。

A 型：束颈深腹盆。宽斜沿,斜直腹,束颈。根据腹沿形态变化可分为四式。

Ⅰ式：盆腹较浅,束颈,沿折曲不明显。标本张家园 T1③：8(图 2－36：1)。

Ⅱ式：宽折沿上侈,盆腹变深,沿颈折曲明显。标本塔照采集 FT023(图 2－36：2)。

Ⅲ式：腹更深直,沿颈折曲更明显。标本富位 H1：18(图 2－36：3)。

Ⅳ式：斜折沿,腹较直。标本富位 H12：2(图 2－36：4)。

B 型：深弧腹。根据腹部形态差异可分为四式。

Ⅰ式：腹深,沿较窄。标本大坨头 H2：17、塔照 FTH54：38(图 2－36：5、6)。

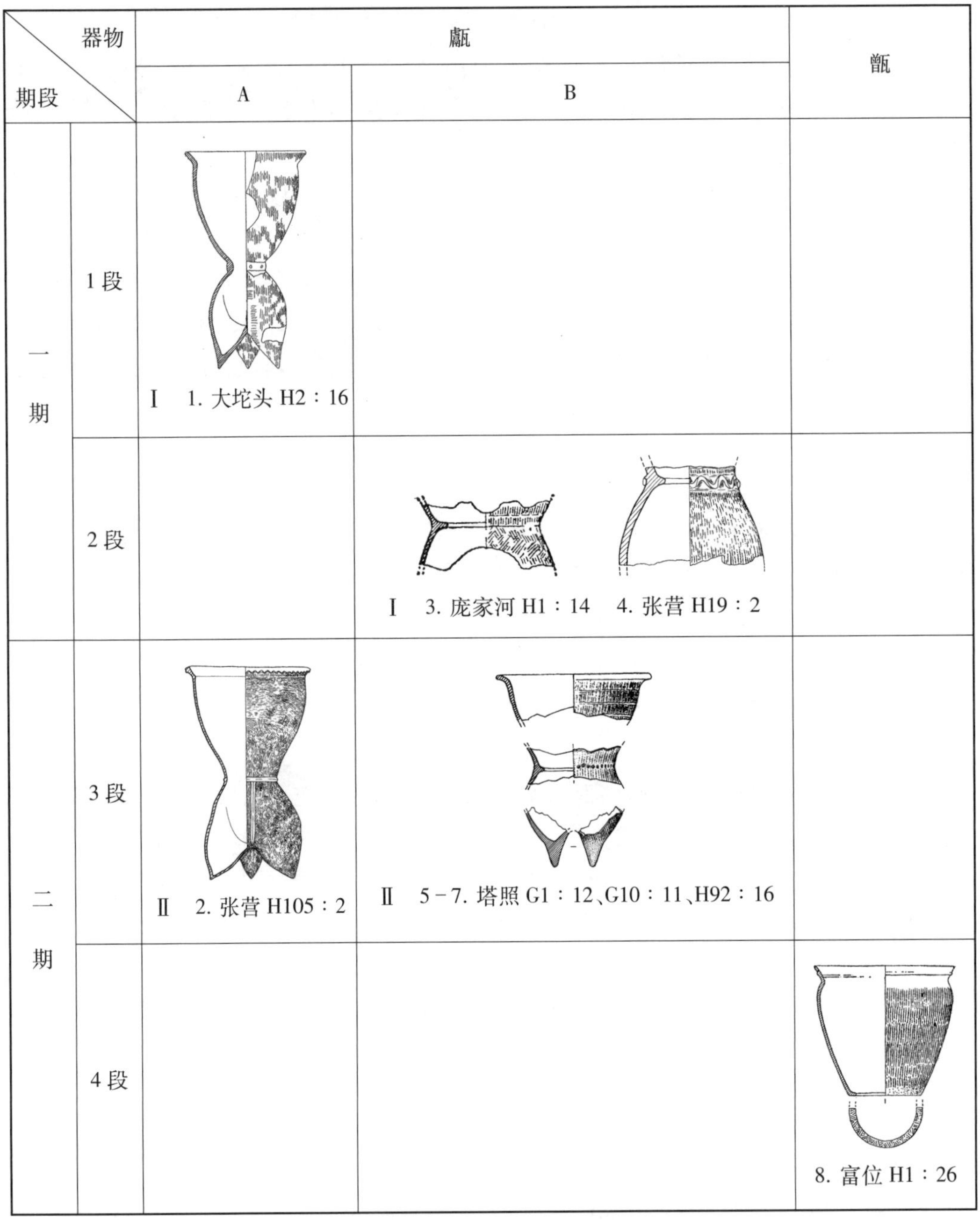

器物 期段		甗		甑
		A	B	
一期	1段	I　1. 大坨头 H2：16		
	2段		I　3. 庞家河 H1：14　4. 张营 H19：2	
二期	3段	II　2. 张营 H105：2	II　5－7. 塔照 G1：12、G10：11、H92：16	
	4段			8. 富位 H1：26

图 2－35　华北平原北缘地区早商时期陶甗、甑分期图

Ⅱ式：上腹微鼓,宽沿。标本张营 T11④：5(图 2－36：7)。

Ⅲ式：短沿,腹弧鼓变浅,器底变小。标本富位 H1：25(图 2－36：8)。

Ⅳ式：弧腹微鼓。标本富位 H13：10(图 2－36：9)。

C 型：浅腹大平底盆。敞口浅腹,较直。有的制作较精,器表抹光,有的则略粗糙,滚压绳纹。根据腹部形态差异可分为两式。

図 2－36　華北平原北緣地区早商時期陶盆分期図

器物 期段		A	B	C	D	E
一期	1段	I 1. 张家园 T1③② : 8	I 5. 大坨头 H2 : 17			I 15. 张家园 65T2④ : 3
	2段	II 2. 塔照采集 FT023	I 6. 塔照 FTH54 : 38	I 10. 庞家河 H1 : 9 11. 张家园 T2② : 12	I 13. 庞家河 H1 : 22	II 16. 凤凰山墓出土 17－19. 庞家河 H1 : 2　雪山 M42 : 2 张营 F4 : 3
二期	3段	III 3. 富位 H1 : 18	II 7. 张营 T11④ : 5	II 12. 张营 T0306④ : 3		II 20. 张营 M6 : 9　III 21. 西义安出土
	4段	IV 4. 富位 H12 : 2	III 8. 富位 H1 : 25		II 14. 富位 H1 : 11	III 22,23. 塔照 FT027、镇江营 FZT2123④ : 1
三期	5段		IV 9. 富位 H13 : 10			

Ⅰ式:腹较深,卷沿甚短,整体形态较大。标本庞家河 H1：9、张家园 T2②：12(图 2-36：10、11)。

Ⅱ式:腹变深,器表下腹饰有绳纹者较多,形体变小。标本张营 T0306④：3(图 2-36：12)。

D 型:浅弧腹。根据整体形态差异可分为两式。

Ⅰ式:弧腹微鼓。标本庞家河 H1：22(图 2-36：13)。

Ⅱ式:深腹微弧。标本富位 H1：11(图 2-36：14)。

E 型:折腹盆。数量较多,根据口腹形态差异可分为三式。

Ⅰ式:敞口,上腹较直,较浅,折腹处折棱明显。标本张家园 T2④：3(图 2-36：15)。

Ⅱ式:腹上部较深,折腹折棱明显。标本凤凰山墓葬出土、庞家河 H1：2、雪山 M42：2、张营 F4：3、张营 M6：9(图 2-36：16-20)。

Ⅲ式:口部变小,上腹变短,折腹不明显。标本西义安出土、塔照 027、镇江营 FZT2123④：1(图 2-36：21、22、23)。

簋:整体数量不多,根据腹部与圈足形态差异可分为两型。

A 型:侈口,斜直腹。根据腹部形态差异可分为三式。

Ⅰ式:斜直腹,较深,圈足较高,外撇较甚。标本张家园 79T1③：6(图 2-37：1)。

Ⅱ式:斜腹,高圈足较斜直。标本刘李店 M1：3、张营 T0503④：4(图 2-37：2、3)。

Ⅲ式:斜腹较浅,圈足变矮。标本塔照 FTM15：1(图 2-37：4)。

B 型:深弧腹。根据腹、圈足差异可分为两式。

Ⅰ式:侈口宽沿,弧腹较深直。标本刘李店 M1：4、张营 F1：6(图 2-37：5、6)。

Ⅱ式:腹部变鼓,圈足变矮。标本富位 H1：10(图 2-37：7)。

豆:有真腹与假腹两类。

真腹豆:有一定数量,根据腹部形态差异,可分为盘形、碗形两型。

A 型:盘状,但复原器过少,难以分式。标本凤凰山墓出土者、塔照 FTG2：11、张营 T0504④：9(图 2-37：8、9、10)。

B 型:碗形,盘腹较深。标本大坨头 H12：18、张营 H62：7(图 2-37：11、12)。

假腹豆:根据腹柄差异可分为两型。

A 型:粗柄,盘腹圜底。沿腹、柄形态差异可分为两式。

Ⅰ式:卷沿较宽,腹较浅,豆柄弧曲较甚,部分有镂孔。标本塔照 FTM6：2、塔照 M12 填土：1(图 2-3：13、14)。

Ⅱ式:豆盘变浅,沿变短,豆柄上部略有折曲。标本富位 H15：12(图 2-37：15)。

B 型:柄较 A 型略细,宽沿微卷,浅腹。标本张营 F6：7、富位 H14：1(图 2-37：16、17)。

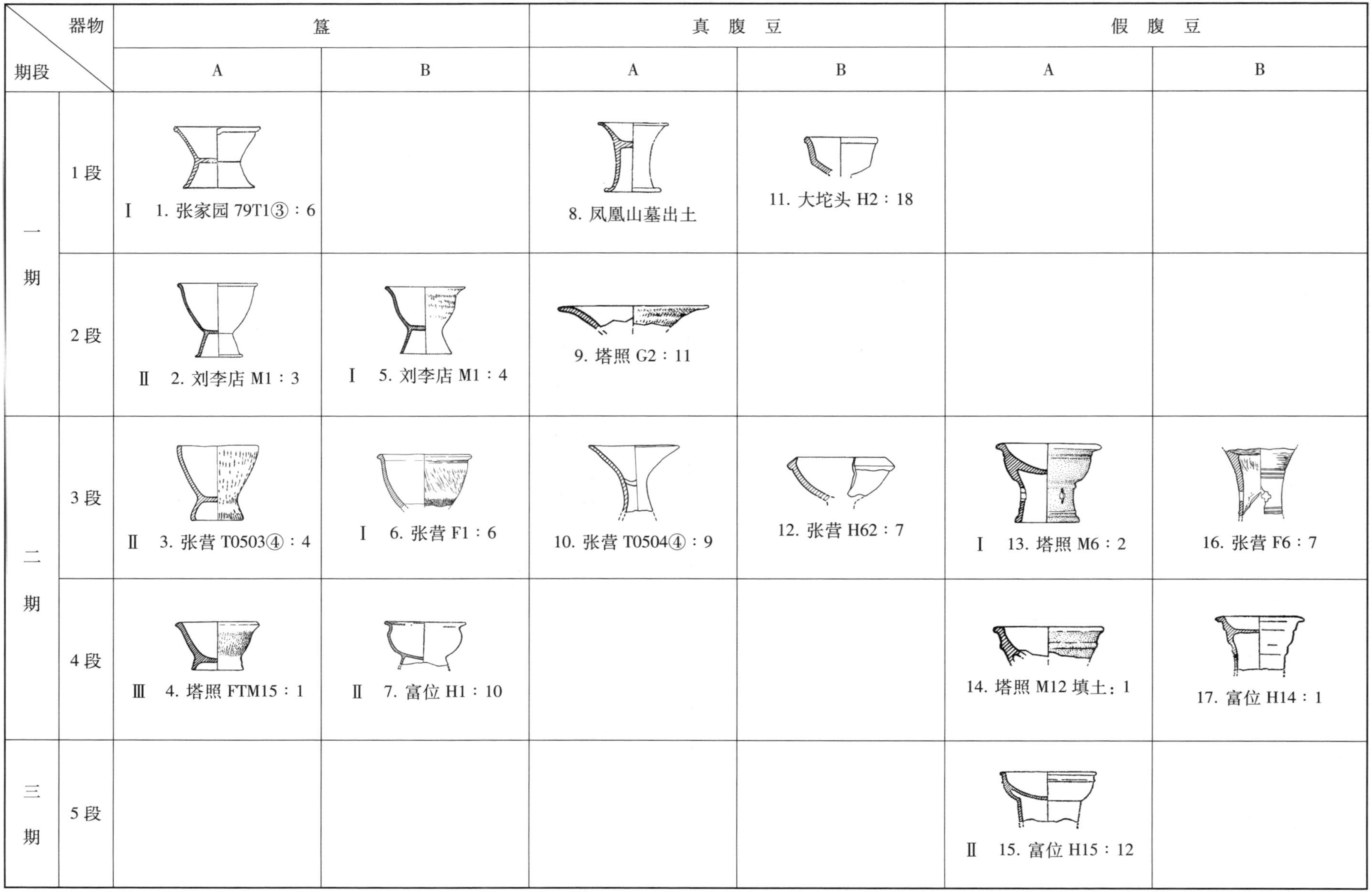

器物 期段	簋		真腹豆		假腹豆		
	A	B	A	B	A	B	
1期 1段	I 1. 张家园 79T13③ : 6		凤凰山墓出土	11. 大坨头 H2 : 18			
1期 2段	II 2. 刘李店 M1 : 3	I 5. 刘李店 M1 : 4	9. 塔照 G2 : 11				
二期 3段	II 3. 张营 T0503④ : 4	I 6. 张营 F1 : 6	10. 张营 T0504④ : 9	12. 张营 H62 : 7	I 13. 塔照 M6 : 2	16. 张营 F6 : 7	
二期 4段	III 4. 塔照 FTM15 : 1	II 7. 富位 H1 : 10			14. 塔照 M12 填土 : 1	17. 富位 H14 : 1	
三期 5段					II 15. 富位 H15 : 12		

图 2 – 37 华北平原北缘地区早商时期陶簋、豆分期图

罐：数量、种类皆较多，形态差别也较大。根据整体形态差异可分为六型。

A 型：深腹罐。根据沿腹形态差异可分为三式。

Ⅰ式：宽沿斜侈，深腹偏瘦，上腹微鼓。标本张家园 87T48②：4(图 2－38：1)。

Ⅱ式：沿面斜侈，腹部偏肥。标本张营 H48：20(图 2－38：2)。

Ⅲ式：沿面变窄，腹较扁宽。标本富位采集 0：3(图 2－38：3)。

B 型：折肩罐。根据肩腹形态差异可分为四式。

Ⅰ式：矮领，广肩，肩腹硬折。标本庆功台 M1：2(图 2－38：4)。

Ⅱ式：领较直，肩变短，硬折，下腹斜收，整体形态瘦长。标本雪山 M39：1(图 2－38：5)。

Ⅲ式：矮领，圆肩微折，深腹。标本张营 H48：4(图 2－38：6)。

Ⅳ式：矮领，宽沿，领沿分界不明，肩微折，腹较扁宽。标本富位采集 0：21(图 2－38：7)。

C 型：直领罐，数量不多，溜肩，鼓腹。标本雪山 M16：1、张营 T0605④：3(图 2－38：8、9)

D 型：圆腹罐。根据领肩形态差异可分为三式。

Ⅰ式：高领斜侈，圆鼓腹。标本塔照 H54：47(图 2－38：10)。

Ⅱ式：矮领，溜肩、鼓腹。标本张营 T0503④：5(图 2－38：11)。

Ⅲ式：矮领，圆肩、鼓腹。标本富位 H1：5(图 2－38：12)。

E 型：大口罐。根据口肩形态变化分为三式。

Ⅰ式：矮领，大口，斜肩微折。标本庆功台 M1：1、雪山 M42：3(图 2－38：13、14)。

Ⅱ式：大口，近无领，溜肩。标本张营 H18：2(图 2－38：15)。

Ⅲ式：大口，微束颈，腹较鼓。标本富位 H5：1(图 2－38：16)。

F 型：双耳罐。根据耳腹形态差异可分为两式。

Ⅰ式：双耳在罐腹部。标本张营 T0104⑤：3(图 2－38：17)。

Ⅱ式：双耳上端接于罐口。标本张营 H83：2、张家园 87F1：3(图 2－38：18、19)。

蛋形瓮：数量极少。标本庞家河 H1：13(图 2－39：1)。

平口瓮：数量极少。标本庞家河 H1：18(图 2－39：2)。

瓮：根据整体形态差异可分为三型。

A 型：小口瓮。根据领肩形态变化可分为四式。

Ⅰ式：侈领，下端较直，广肩。标本庞家河 H1：10(图 2－39：3)。

Ⅱ式：领变短，斜侈，溜肩，腹较深。标本塔照 FTG2：6(图 2－39：4)。

Ⅲ式：直领较矮，圆肩。标本富位 H1：22(图 2－39：5)。

Ⅳ式：矮领，小口，溜肩，最大径在腹中。标本富位 H12：1(图 2－39：6)。

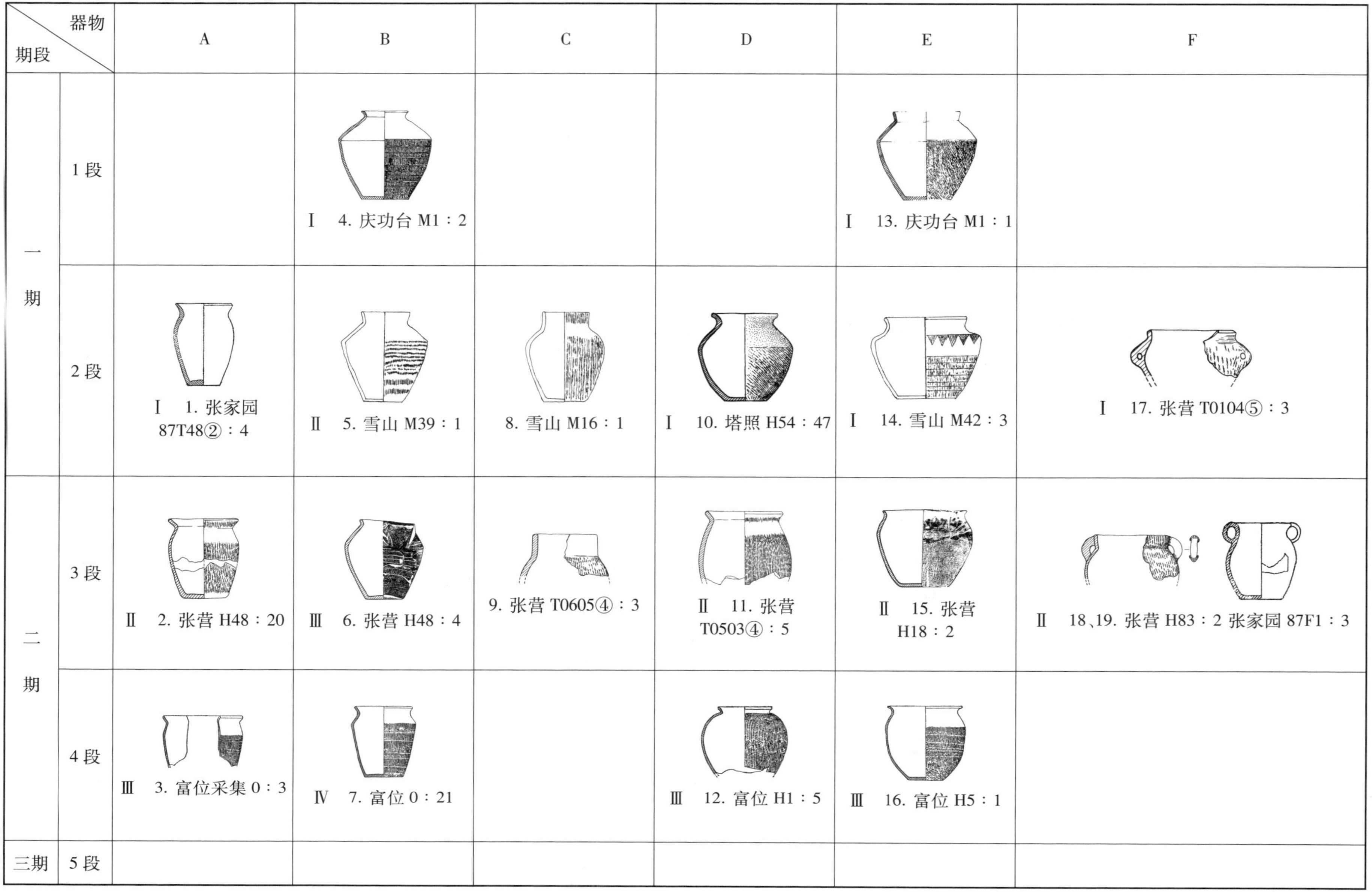

器物 期段	A	B	C	D	E	F
1段 (一期)	I 1. 张家园 87T48② : 4	I 4. 庆功台 M1 : 2			I 13. 庆功台 M1 : 1	
2段 (一期)	II 2. 张营 H48 : 20	II 5. 雪山 M39 : 1	II 8. 雪山 M16 : 1	I 10. 塔照 H54 : 47	I 14. 雪山 M42 : 3	I 17. 张营 T0104⑤ : 3
3段 (二期)	III 3. 富位采集 0 : 3	III 6. 张营 H48 : 4	9. 张营 T0605④ : 3	II 11. 张营 T0503④ : 5	II 15. 张营 H18 : 2	II 18,19. 张营 H83 : 2 张家园 87F1 : 3
4段 (二期)		IV 7. 富位 0 : 21		III 12. 富位 H1 : 5	III 16. 富位 H5 : 1	
5段 (三期)						

图 2-38 华北平原北部边缘地区早商时期陶罐分期图

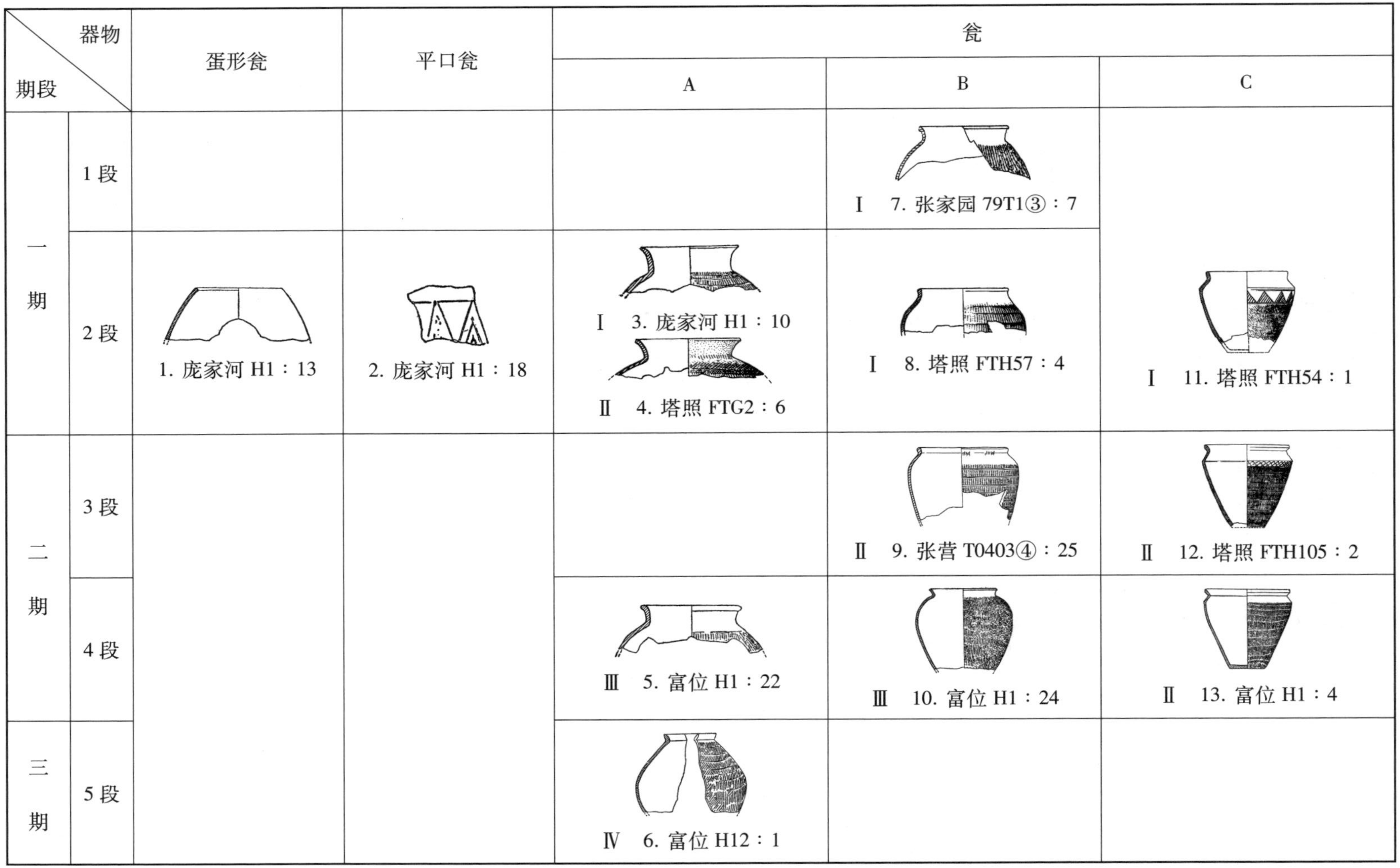

器物 期段	蛋形瓮	平口瓮	瓮		
			A	B	C
1段 一期	1. 庞家河 H1 : 13				
2段 一期		2. 庞家河 H1 : 18	I 3. 庞家河 H1 : 10 II 4. 塔照 FTG2 : 6	I 7. 张家园 79T1③ : 7 I 8. 塔照 FTH57 : 4	I 11. 塔照 FTH54 : 1
3段 二期			III 5. 富位 H1 : 22	II 9. 张营 T0403④ : 25	II 12. 塔照 FTH105 : 2
4段 二期			IV 6. 富位 H12 : 1	III 10. 富位 H1 : 24	II 13. 富位 H1 : 4
5段 三期					

图 2-39　华北平原北部边缘地区早商时期陶蛋形瓮、平口瓮、瓮图

B 型：大口圆弧腹瓮。根据口领形态变化可分为三式。

Ⅰ式：领较高，溜肩。标本张家园 79T1③：7、塔照 FTH57：4（图 2－39：7、8）。

Ⅱ式：口较矮，溜肩，口肩径较接近。标本张营 T0403④：25（图 2－39：9）。

Ⅲ式：口矮，斜侈，圆肩，深腹。标本富位 H1：24（图 2－39：10）。

C 型：大口折肩瓮。根据肩颈形态差异可分为两式。

Ⅰ式：矮领，折肩较圆，斜腹较深。标本塔照 FTH54：1（图 2－39：11）。

Ⅱ式：矮领，束颈，硬折肩。标本塔照 FTH105：2、富位 H1：4（图 2－39：12、13）。

盂： 是本地区早商时期最常见的食器，有敛口、直口、侈口三类。

敛口盂：标本张营 T0104④B：14（图 2－40：4）。

直口盂：标本塔照 FTM13：1（图 2－40：5）。

侈口盂：标本富位 H13：11、塔照 FTM15：3（图 2－40：6、7）。

除此以外，本地区还有一些在其他地区罕见的器型，如三足罐，标本庆功台 M1：10（图 2－40：1）；假圈足罐，标本张家园 65T2④：2（图 2－40：2）；鼓腹壶，标本凤凰山出土者（图 2－40：3）等。

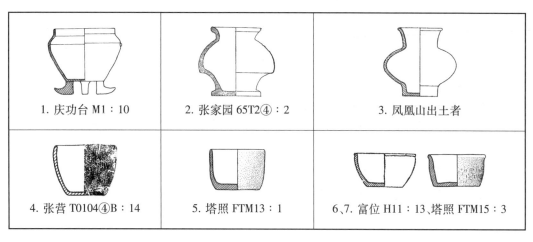

图 2－40　华北平原北部边缘地区早商时期陶罐、盂图

（三）分期与年代推定

早商时期燕山南麓地区材料较为丰富，可供检验的地层关系亦不少。但是，在张营遗址材料公布前，对燕山南麓早商时期考古学遗存的年代判定一直存在较大的分歧。分歧的焦点仍在张家园与围坊遗址的年代上限。既往研究中，大多数学者往往将张家园下层遗存与围坊二期遗存合并，将其上限定在相当于二里头文化二期前后。

前文已论及，产生这种认识，源于部分学者对雪山遗址 H66 与张家园、围坊遗址中的大坨头文化遗存的年代与关系的判断。假若不考虑雪山 H66，将张家园、围坊遗址中的大坨头文化上限定于二里头文化二、三期,并无其他证据。张营遗址材料公布后,继续坚持张家园与围坊遗址相关遗存年代上限可早至二里头文化二、三期的证据愈发不足。

前文已论及围坊遗址 T2－T4③层约相当于二里头文化四期晚段,因此,该遗址略晚于 T2－T4③层的单位为 H1,大致可作为本地区早商时期最早的遗存代表。

下岳各庄遗址早商时期遗存仅有 H19 一个单位,年代大略相当于围坊遗址 H1。

塔照遗址早商时期遗存大体相当于原报告中的商周文化时期第一期遗存中的大部分单位。原报告依地层关系将这一时期分为三段。检其单位,原报告所划分的第一段与第二段遗存间部分单位归并有误。本文将塔照遗址早商时期遗存分为前后三段,第一段可以塔照 H54 等单位为代表;第二段相当于原报告所分的第三段中的大部分单位,可以塔照 H37、H92、H113 等单位为代表。原报告第三段中以 M12、M15 为代表的遗存年代实际当晚于原报告所分的第三段。由于 M12 填土中出土有较典型的镂孔圈足假腹豆,因此,墓葬年代必定晚于原报告所划定的第三段,亦即晚于本书所划分的第二段。本书认为塔照遗址早商时期第一段年代当略晚于围坊遗址 H1 与下岳各庄 H19,第三段晚于张营与雪山遗址早商时期最晚的遗存。

发掘者将张营遗址同时期遗存分为三段,但其第一、二段遗存间文化面貌差异极模糊,部分器物的形态差异已近乎微妙,很难把握其期段特征。由于出土商式折沿鬲的单位大部分属于原报告所划分的第三段,但一、二段单位中皆未发现同类器物。因此,本文将张营遗址早商时期遗存分为前后两段,第一段相当于原单位的第一、二段,可以各探方第⑥层以及 H13、H84、H98 等单位为代表;第二段相当于原报告所分的第三段,可以遗址各探方第④、⑤层、89H15、H58、H106 等单位为代表。张营遗址第一段约与塔照遗址第一段年代相当。原报告将 H84 断在报告的第三段,但该单位被 H83 打破,出土器物形态也较 H83 为早,故本文以为 H84 当属于张营第一阶段。

昌平雪山遗址早商时期遗存大体可分为前后两段,早段可以 M16、M42 等单位为代表;晚段可以 H78 为代表。由于 H78 中出土有较典型的商式折沿鬲,年代大体与塔照、张营遗址第二段遗存相当。第一段大体与塔照、张营遗址第一段遗存相当。

平谷刘家河遗址早商时期遗存仅有 M2 一个单位,从所出土的器物观察年代大体与围坊遗址 H1 年代相当。

香河庆功台遗址早商时期遗存仅有 M1,从其出土器物形态与组合两方面观察与刘家河 M2 相同,所以年代亦当相近。

密云凤凰山 M1 出土陶筒形鬲较渐村 H1 同类器裆、足皆高,年代当较后者为早。

房山琉璃河刘李店 M1 出土陶筒形鬲与庞家河 H1 同类器接近,鬲足高于后者,年代当接近或略早于庞家河 H1,与凤凰山墓相比却较矮。该单位年代当晚于凤凰山墓葬,而与大坨头 H1 同时或略早。

宝坻牛道口遗址早商时期遗存以 H5 及②层为代表,但由于发表材料有限,暂不对其分段,年代约相当于围坊遗址 H1。

　　蓟县张家园遗址早商时期遗存十分丰富,与围坊遗址第二期遗存一样,对于其相对年代的判定,长期以来缺少较坚实的证据,猜测的成分较大。基于对雪山、围坊、张营、塔照遗址夏商时期遗存的通盘考量,本文认为张家园遗址早商时期遗存可分为两段,第一段包含65F4、79 年各探方③层、87H1 等单位;第二段则可以 65 年第④层、F1、H3、H5、87F1 等单位为代表。第一段遗存约相当于围坊 H1,第二段遗存约与塔照、张营遗址第一段相当。

　　大厂大坨头遗址早商时期遗存有 H1、H2 两个单位,根据其打破关系及包含物差异,可将其分为前后两段。第一段为 H2,年代约与围坊 H1 相当;第二段为 H1,年代约相当于塔照与张营遗址第一段。

　　三河东达屯遗址早商时期遗存为集中采集获得,或属于一墓葬。从器物形态观察年代约相当于围坊 H1。

　　涞水富位遗址早商时期遗存十分丰富,发掘者认为当早于台西 M14,年代属早商。唐际根曾认为该遗存可分为两组,年代分属其中商文化划分中的一、二期,但并未具体指出划分方式①。本书将富位遗址早商遗存分为前后两组,第一组有 H1、H5、H8、H16,年代晚于塔照、张营遗址第 2 段;第二组有 H6、H10、H15 等单位,富位遗址第一段遗存相当于塔照第 3 段遗存。

　　涞水庞家河遗址出土筒形鬲实足根低矮,整体肥矮,沿面外卷,结合邻近地区该器物的演变规律,形态当晚于凤凰山墓葬的同类器。从其他器物如矮领鬲、陶甗、小口瓮等器物的特点观察,以 H1 为代表的遗存年代约与塔照第 1 段相当。

　　涿州松林店遗址早商时期遗存为调查所获,从其发现的商式折沿鬲与陶豆形态可知其年代大体与塔照、张营遗址第 2 段相当。

　　由上述遗址的分期,可将燕山南麓早商时期遗存串联排比,大体分为三期五段(表2-8):

　　一期 1 段:遗存较为丰富,以下岳各庄 H1、围坊 H1、大坨头 H2、张家园遗址第一段和凤凰山墓为代表。本阶段炊器以鬲、甗为主要组合。陶罐、瓮、盆数量种类繁多,但罐、瓮复原器较少。食器以各类陶钵为主。依据本地区二里头文化时期文化分期的结论,可知本段约相当于中原地区二里冈下层一期。但是,正如上文所述的原因,由于本地区缺乏可资比较的绝对年代标尺,既往也缺乏系统的编年框架,因此夏商之际遗存的相对年代的判定,可能会略有偏差。

　　一期 2 段:本阶段材料甚为丰富,可以塔照与张营遗址第一段为代表。本阶段炊器仍以鬲、甗为主要组合。陶罐、瓮、盆种类数量更加丰富。本阶段约相当于二里冈下层二期。

　　二期 3 段:本阶段材料较为丰富,可以塔照与张营遗址第二段为代表。器物组合与上一阶段未见大的变化。但在本阶段炊器中新出现了商式折沿鬲,由此可确定其相对年代相当于二里冈上层一期。同样的商式鬲亦见于涞水张家洼遗址。

　　① 唐际根:《中商文化研究》,《考古学报》1999 年第 4 期。

表 2-8　早商时期华北平原北缘地区居址分期对照表

期段		下岳各庄	富位	庞家河	松林店	塔照	刘李店	凤凰山	张营	雪山	刘家河	庆功台	牛道口	张家园	围坊	大坨头	东大屯
三期	5段		2														
二期	4段		1			3											
	3段				√	2			2	2							
一期	2段			√		1	√		1	1				2		2	
	1段	√						√			√	√	√	1	√	1	√
资料来源		①			②	③	④	⑤	⑥	⑦	⑧	⑨	⑩	⑪	⑫	⑬	⑭

　　二期 4 段：本阶段材料较缺乏，仅有涞水富位遗址第一段与塔照遗址第三段遗存。炊器组合仍以鬲、甗为代表，由于材料缺乏，不见深袋足鬲。折肩鬲折肩已经不明显，演变形态接近折沿实足根鬲。新出现了一定比例的陶甗作为补充。陶瓮、罐、盆种类在本阶段锐减，但相对数量仍然较多。从其陶鬲形态可知本阶段大略相当于二里冈上层二期。本阶段典型的商式器物已渐少。

　　三期 5 段：本段材料甚为缺乏，仅有涞水富位遗址第二段遗存。整体文化面貌与上期无较大变化，从器物形态观察，本段年代约相当于邹衡先生商文化分期体系中的早商期第四段第Ⅶ组。

---

①　拒马河考古队：《河北易县涞水古遗址试掘报告》，《考古学报》1988 年第 4 期。
②　保定市文管所：《涿州市松林店遗址调查简报》，《文物春秋》1996 年第 2 期。
③　北京市文物研究所：《镇江营与塔照——拒马河流域先秦考古文化的类型与谱系》，中国大百科全书出版社（北京），1999 年。
④　北京市文物管理处、中国科学院考古研究所、房山县文教局琉璃河考古工作队：《北京琉璃河夏家店下层文化墓葬》，《考古》1976 年第 1 期。
⑤　北京市文物研究所：《北京考古四十年》，北京燕山出版社（北京），1990 年。
⑥　北京市文物研究所　北京市昌平区文化委员会：《昌平张营——燕山南麓地区早期青铜文化遗址发掘报告》，文物出版社（北京），2007 年。
⑦　北京大学考古学系：《昌平雪山发掘报告》（稿本·第二、三部分），现存北京大学考古文博学院资料室。
⑧　北京市文物研究所：《北京考古四十年》，北京燕山出版社（北京），1990 年。
⑨　廊坊市文物管理所、香河县文物保管所：《河北香河县庆功台村夏家店下层文化墓葬》，《文物春秋》1999 年第 6 期。
⑩　天津市历史博物馆考古队、宝坻县文化馆：《天津宝坻县牛道口遗址发掘简报》，《考古》1991 年第 7 期。
⑪　天津市文物管理处：《天津蓟县张家园遗址试掘简报》，《文物资料丛刊》（1），文物出版社（北京），1977 年；天津市历史博物馆考古队：《天津蓟县张家园遗址第二次发掘》，《考古》1984 年第 8 期；天津市历史博物馆考古队：《天津蓟县张家园遗址第三次发掘》，《考古》1993 年第 4 期。
⑫　天津市文物管理处考古队：《天津蓟县围坊遗址发掘报告》，《考古》1983 年第 10 期。
⑬　天津市文化局考古发掘队：《河北大厂回族自治县大坨头遗址试掘简报》，《考古》1966 年第 1 期。
⑭　陈卓然：《三河市新集东大屯出土陶器》，《文物春秋》2000 年第 2 期。

四、早商时期各期陶器的特征

从整体的文化面貌看,华北平原北缘地区早商时期文化面貌变化较为明显。下面我们从陶系、炊器组合变化、其他标志性器物数量变化等方面予以分析。

（一）陶系

一期1段:本阶段没有较好的统计数据,可以围坊遗址发掘简报中围坊二期遗存的统计数据作为参考。本阶段以夹砂陶占绝对多数,部分夹砂陶中亦羼杂有云母。陶色以褐陶居多,灰陶次之。纹饰中各类绳纹占大多数,素面陶与磨光陶的比例较高。有少量的附加堆纹、旋纹和划纹(表2-9)。

表 2-9　早商时期华北平原北缘地区居址典型单位陶系统计表

时段 / 项目 单位			陶质(%)		陶色(%)				纹饰(%)					
			泥质	夹砂	灰	褐	黑	红	素面	磨光	各类绳纹	划纹	附加堆纹	戳压印
一期	1段	围坊二期(参考)	10.5	89.5	17.3	71.5	2	9.3	28.4		70.7	0.1	1.2	
	2段	塔照 H54	12	88	18		82		17		62	21		
		塔照 H105	2	98	18		82		18		56	12		14
		张营 H13	0.2	99.8	2.5	76.1	3.1	17	6.3	0.7	89.7	1.3	2.6	
		张营 H98	0.6	99.4	4.6	61.4	6.9	25.8	20.6	0	74.2	3.3	1.6	
二期	3段	雪山 H110	38.8	61.2	48	36.8	6.8	7.7	22.7	7.7	69.8			
		塔照 G1②	0	100	26		74		22		78			
		89 张营 H15	0	100	7.2	63.2	11.2	18.4	15.2	3.2	72	5.6	4	
		张营 H58	1.9	98.1	8.4	66.3	6.8	14.1	16.2	2.8	68.6	4.2	7.3	
		张营 H106	1.8	98.2	15.6	57.2	10	14.7	10.6	3.2	79.1	1.5	3.5	
三期		富位三期	4	96	√	最多	√	√	√	√	最多	发达	√	√

(1. 燕山南麓地区夹砂陶统计数字中包括夹云母陶的数量;2. 本地区旋纹统计多包含在划纹中;
3. 塔照遗址统计数据中未区分黑陶与褐陶,而将其统一称为黑陶)

一期2段:本阶段统计数据较多,排除个别单位的堆积差异外,可知本阶段以夹砂陶为绝大多数,泥质陶比例极少。陶色中仍以各类褐陶为绝大多数,黑陶和红陶在本阶段小有上升,而灰陶略有下降。褐陶比例高说明陶器火候不高、制作标准化程度略低。纹饰方面,由于塔照遗址陶系统计中未将素面与磨光陶加以区分,总体上本阶段与上一阶段变化不大。

二期3段:本阶段统计数据较多,夹砂陶仍占绝大多数,部分单位甚至未见泥质陶,夹云母陶在本阶段更为常见。陶色中仍以褐陶为大多数,但绝对数量略有下降,灰陶数量在本阶段有所增加。黑陶与红陶在本阶段变化不大。纹饰方面,各类绳纹的数量略有下降,旋纹、划纹与附加堆纹略有增长,素面陶与磨光陶在本阶段变化不大。

二期4段与三期5段:此两个阶段没有较好的统计数据,因此仅能以富位遗址第三期的整体统计数据作为参考。本阶段仍以夹砂陶占绝大多数,泥质陶数量甚少。陶色以褐陶最多,黑陶、灰陶与红陶皆有一定数量,但具体比例不详。纹饰方面,变化最大之处在于划纹与旋纹较为发达。

(二) 器物群中的炊器特征与组合变化

早商时期本地区缺乏较详细的器类统计数据。但是,由于本地区早商时期炊器仅有鬲、甗、甑三种,且以鬲、甗为主,因此对炊器的组合变化计量统计的影响主要在于不同形式的数量变化上。

一期1段:本阶段陶鬲有深袋足无实足根鬲与锥形实足鬲两类。深袋足鬲中除蛇纹鬲外,各常见种类均已出现。实足根鬲中折沿鬲与瓮形鬲尚未发现。除此之外,尚有少量的折肩鬲与筒形鬲。本阶段各式陶鬲皆领部普遍较高,整体形态在同型陶鬲中皆较瘦。本阶段陶甗有箅托与无箅托两种,无箅托陶甗腰部甚细,腰部器表多有戳印或附加堆纹组成的花边装饰;有箅托陶甗腰部多有附加堆纹。

一期2段:本阶段陶鬲中较大的变化是,深袋足鬲中,永定河以北的遗址内开始出现蛇纹鬲,但是数量不多,永定河以东以南的遗址中尚未发现此类器物的踪迹。陶鬲的整体风格趋肥,领部变矮。折肩鬲形体变小,袋足斜瘦。筒形鬲变小。陶甗腰部开始出现简化堆纹。

二期3段:本阶段陶鬲的最大变化是出现了商式折沿实锥足鬲,这种陶鬲是二里冈上层文化的典型器物。此类器物的出现不仅为本地区同时期考古学文化提供了较为明确的年代学标记,也显示出典型商文化已经扩展至本地区。伴随着商式鬲的出现,深袋足无实足根鬲、折肩鬲的数量减少,筒形鬲已近消失。同时,有实锥足的鬲中,前一阶段种类较为丰富,而这一时期则相对有所减少。但也是在这一阶段,本地区新出现了柱足鬲,数量甚少。

二期4段:本阶段由于材料较少,在永定河以北尚未发现同时期的典型遗址。在永定河以南,折肩鬲接近消失,矮领深袋足鬲、筒形鬲已经彻底消失,陶鬲种类中实锥足陶鬲占据了绝对优势。在实锥足鬲中,与冀中北部同时期较常见的折沿鬲较为常见,形态与郑州地区常见的白家庄时期陶鬲虽有一定区别,但仍应属于受商文化影响后形成的地方形态。陶甗在这一时期数量极少。伴随着陶甗的逐渐消失,本时期在永定河以北流行陶甑,但形态与冀中南部有较大的区别,这种甑底仅有环形箅托,中心为一大孔的甑未见于本地区以南的周边地区,但在太行山西麓则有一定数量(见本书三、四章)。

三期5段:本阶段材料仍然较少,陶鬲种类更少,仅有实锥足甚高的折沿鬲,陶鬲口沿前端与唇缘上多见凹槽,唇缘下端勾棱明显,与冀中北部地区同时期陶鬲风格相同,形态接近,应与其属同源文化。

（三）器物群其他主要器物特征与组合变化

本地区除炊器外其余器物种类亦较有特色,以下简略述之。

罐:本地区陶罐种类繁多,但有如下几个较大的特色。第一,折肩风格较突出,且时代越早越常见;无论是大口罐还是圆腹罐,时代较早的皆有或多或少的折肩作风。第二,深腹罐、圆腹罐的数量不多,典型的深腹罐在本区比较少见,这在邻近地区中是较为特殊的。第三,双耳罐的出现、消失时代与蛇纹鬲相同,二者当有较为密切的关系。

瓮:本地区陶瓮比例较高,其重要特点有三:其一,典型小口瓮的数量较少;其二,大口瓮比例远超邻近地区;其三,折肩风格在陶瓮上也甚为突出。

盆:本地区陶盆总体数量不多,制作较粗糙。几种陶盆的流行时代较为明确,折腹盆仅流行于二期4段以前,至4段时完全消失。斜直腹盆的折肩风格在3段以后不见。大口平底浅腹盆仅流行于2至4段,且缺少器表磨光制作精细的。素面旋纹盆在本地区不见。

簋:本地区陶簋有两类,一类流行于本地区,圈足瘦高且内勾,斜腹较深,二期3段后不见;另一类腹浅,圈足较矮,与假腹豆、商式鬲同时出现。

豆:本地区假腹豆与商式折沿实锥足鬲同时出现。真腹豆在本地区流行时间较长,但形态变化较明显。时代较早的真腹豆碗形微折腹,不见于周邻地区,当是本地特色。时代较晚者斜方唇微卷,与假腹豆同时出现,标志着商文化影响的来临。

五、晚商时期的遗存分期

燕山南麓地区晚商时期遗址总数不多,自蓟县张家园遗址最早被发掘至今,本地区共发现了晚商时期的遗存十余处(图2-41),其中仅有数处的调查或发掘资料得到正式公布。

但是长期以来,对于燕山南麓的晚商时期遗存,学术界的认识有较大分歧。一种认识认为,晚商时期这一区域考古学文化仅有一支,但命名有"张家园上层类型""围坊三期文化"等差异,持这种观点的有李伯谦[1]、张立东[2]、沈勇[3]等学者。另一种认识认为晚商

---

[1] 李伯谦:《张家园上层类型若干问题研究》,《考古学研究(二)》,北京大学出版社(北京),1994年。
[2] 张立东:《试论张家园文化》,《北京建城3040年暨燕文明国际研讨会专辑》,北京燕山出版社(北京),1995年。
[3] 沈勇:《围坊三期文化初论》,《北方文物》1993年第4期。

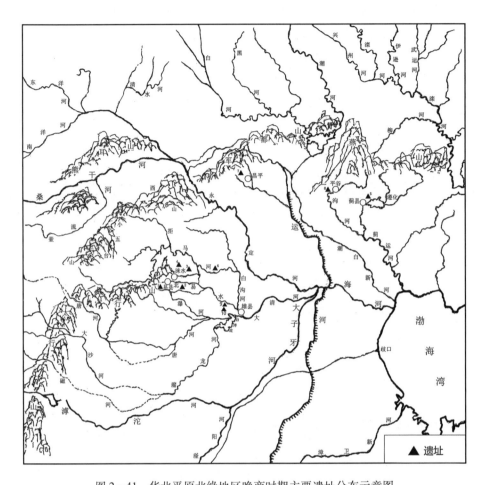

图 2-41　华北平原北缘地区晚商时期主要遗址分布示意图

1. 七里庄　2. 北福地　3. 渐村　4. 北封村　5. 围坊　6. 塔照、镇江营
7. 雪山　8. 刘家河　9. 上坡　10. 辛庄克

时期本地存在两种考古学文化，一种是"围坊三期文化"，另一种是"张家园上层文化"，两种文化前后相继。持这种观点的学者有韩嘉谷[①]、陈光[②]、刘绪、赵福生[③]、梁宝玲[④]、张锟[⑤]、张文瑞[⑥]、陈雍[⑦]、蒋刚[⑧]等学者，但对于具体年代的认识各有不同。我赞同后一种观点。

　　① 韩嘉谷：《京津唐地区商周时期古文化发展的一点线索》，《中国考古学会第三次年会论文集》，文物出版社（北京），1984 年。
　　② 陈光：《西周燕文化初论》，《中国考古学的跨世纪反思》，商务印书馆（香港），1999 年。
　　③ 刘绪、赵福生：《围坊三期文化的属性与刘家河 M1 的属性》，《苏秉琦与当代中国考古学》，科学出版社（北京），2001 年。
　　④ 梁宝玲：《论张家园墓地的年代与文化属性》，《北方文物》2001 年第 2 期。
　　⑤ 张锟：《京津唐地区的夏商时期遗存》，吉林大学硕士学位论文，2001 年。
　　⑥ 张文瑞：《冀东地区龙山及青铜时代考古学文化研究》，吉林大学硕士学位论文，2003 年。
　　⑦ 陈雍：《考古的天津》，《庆祝张忠培先生七十岁论文集》，科学出版社（北京），2004 年。
　　⑧ 蒋刚：《文化演进与互动：太行山两翼夏商西周时期青铜文化研究》，科学出版社（北京），2017 年。

无论认为华北平原北缘地区晚商时期遗存属于一种考古学文化还是两种,除刘绪、赵福生先生[①]、段宏振[②]外,其余学者皆认为围坊三期文化下限已进入西周早期。但据房山琉璃河、易县七里庄遗址的考古发掘的新材料证明,晚商时期燕山南麓考古学文化为围坊三期文化,进入西周纪年后的考古学文化为张家园上层类型。本文赞同刘、赵二先生的意见。对于承袭围坊三期发展而来的张家园上层类型,笔者另文论述,本书不专门讨论。

（一）地层关系

华北平原北缘地区晚商时期发掘面积较大,公布材料较为丰富的遗址有易县七里庄、北福地;涞水渐村、北封村;蓟县围坊;平谷刘家河;房山塔照等遗址。其中,有代表性的地层关系可以塔照、渐村两遗址为代表。

在塔照遗址中,晚商时期遗存相当于原报告中的商周时期第二期遗存中的部分单位。依照地层关系及出土遗物形态,本文认为原报告中所划定的镇江营 H1051、塔照 FTT3108④层等单位及部分采集属于张家园上层类型的高领叠唇鬲,不属于围坊三期遗存,而应属于张家园上层类型,本书予以去除。塔照遗址晚商时期遗存地层关系较多,可以选择如下几组作为代表:

（1）FTT3106④→H70

（2）FTH77→H76、H78→H84→H86→H81

（3）FTT2907④→H97

第（2）组地层关系中 H81 为早商时期遗存。

渐村遗址可以利用的地层关系有三组:

（1）T2①→H3→②→H5→H4→③→④→⑤

（2）T3①→②→H12→H15→H18→③→④→H13、H16→H14、H17

（3）T10①→H10→②→H7 上→H7 下→③

各组地层中,各探方③层以上的堆积单位为晚商时期遗存。

（二）陶器形制分析

燕山南麓地区各遗址晚商时期遗存较为丰富,器类多样。总体看,以三足器和平底器最为常见。其中,鬲、罐、盆、豆等器物形制演变轨迹较为清晰,是分期断代的重要依据。

鬲:根据有无明显实足根可分为夹砂实锥足、夹砂空锥足与柱足三类。

夹砂实锥足鬲:根据整体形态差异可分为六型。

A 型:纵长方体折沿鬲。数量不多。根据腹足差异可分为三式。

Ⅰ式:宽折沿,方唇,唇缘前端起榫,沿面前端或有凹槽,沿下加厚,整体形态较瘦。

①　赵福生、刘绪:《西周燕文化与张家园上层类型》,《跋涉集》,北京图书馆出版社(北京),1998 年。
②　段宏振:《七里庄遗址青铜文化遗存的演进——兼论燕山以南地区青铜时代考古学文化的相关问题》,《中国文物报》2007 年 6 月 15 日第 7 版。

标本 85 辛庄克 AX0：4(图 2-42：1)。

Ⅱ式：方唇,唇缘多见较浅的凹槽,下端不见勾棱。腹较瘦长。标本塔照 FTH84：2 (图 2-42：2)。

Ⅲ式：整体形态扁宽,裆部较矮,袋足收束成尖近无。标本上坡 T42②：653、七里庄 T519③：2(图 2-42：3、4)。

B 型：横长方体折沿鬲。有一定数量。根据唇部形态差异分为三式。

Ⅰ式：方唇,唇缘下端勾棱明显。标本渐村 T7②：1(图 2-42：5)。

Ⅱ式：方唇或斜方唇,宽折沿,沿面前端多有凹槽,腹扁宽。裆低矮。标本渐村 T5②：5、上坡 T3②：660、上坡 T44②：711、辛庄克鬲 AXH2：3、上坡 H70：28、上坡 T33②：64 (图 2-42：6-11)。

C 型：卷沿鼓腹鬲,数量不多,腹较深直。标本塔照 FTH77：1、FT70：16、FTH76：16 (图 2-42：12、13、14)。

D 型：筒腹鬲。数量较少。标本渐村 H7 上：15(图 2-42：15)。

E 型：颈花边肥袋足鬲。一般侈口高领,领部多加花边式附加堆纹,颈、裆部多见鋬手或偶有附加堆纹。此类鬲肥硕,体型较大,一般通高多在 40-50 厘米,多夹砂褐陶,陶质较疏松,绳纹滚压较细散乱,是十分有特色的种类。根据裆腹形态差异约可分为三式。

Ⅰ式：直口,口沿偶见压印花边。裆部肥鼓,裆腹相接处凸出,三袋足肥大,整体形态较粗矮肥胖,袋足下有实足根。领部花边位置靠近颈、肩相接处。标本 06 七里庄 H501：1① (图 2-44：1)、标本渐村 T4④：13(图 2-43：2)。

Ⅱ式：直领斜侈,领部更高,领部花边较上一阶段靠上,袋足较细瘦,袋足鼓出部分下移,整体形态变瘦高。领部花边位置上移至颈中靠上位置。标本辛庄克 AX0：01、塔照 FTH106：6、七里庄 T519③：1(图 2-43：3、4、5)。

Ⅲ式：领部较直,袋足更细瘦,袋足鼓出部分更靠下。花边位置上移,更靠近口部,但皆在唇下。标本雪山 H59：1、塔照 FTT3011④：1(图 2-43：6、7)。

F 型：双耳鬲。数量不多,但十分有特色,是本地区另一种较为独特的类型。此类鬲领部、肩部多有附加堆纹装饰,有的堆纹形态近似蛇纹鬲风格。虽然标本数量不多,但似乎形态总体演变趋势是逐渐变小变低矮。目前材料较少,无法分式。标本上坡 T21②：336、T33②：548,北福地 05H73：1(图 2-43：8、9、10)。

夹砂无实足根鬲：根据整体形态差异可分为两型。

A 型：侈口高领,领部多加花边式附加堆纹,裆部多见鋬手或偶有附加堆纹。整体形态与有足根的夹砂锥足肥袋足鬲接近,演变规律亦相近。根据裆腹形态及花边装饰位置差异可分为两式。

---

① 同件器物在张翠莲《商文化的北界》论文中标记编号为 T403④：1。今暂以其《中原与北方之间的文化走廊》第 122 页编号为据。

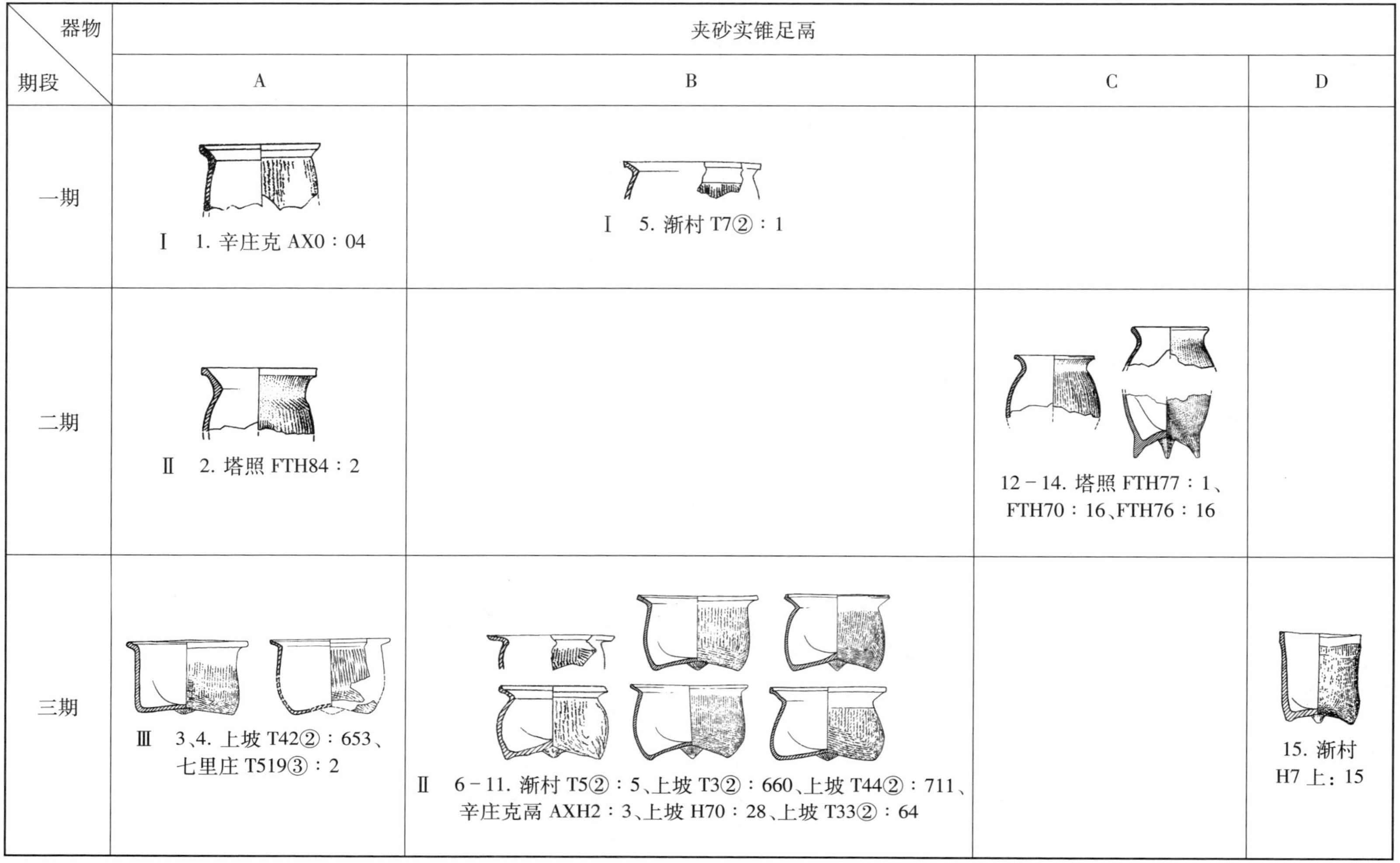

器物 期段	A	B	C	D
	夹砂实锥足鬲			
一期	I　1. 辛庄克 AX0：04	I　5. 渐村 T7②：1		
二期	II　2. 塔照 FTH84：2		12－14. 塔照 FTH77：1， FTH70：16，FTH76：16	
三期	III　3、4. 上坡 T42②：653、 七里庄 T519③：2	II　6－11. 渐村 T5②：5、上坡 T3②：660、上坡 T44②：711、 辛庄克鬲 AXH2：3、上坡 H70：28、上坡 T33②：64		15. 渐村 H7 上：15

图 2－42　华北平原北缘地区晚商时期夹砂陶鬲分期图（一）

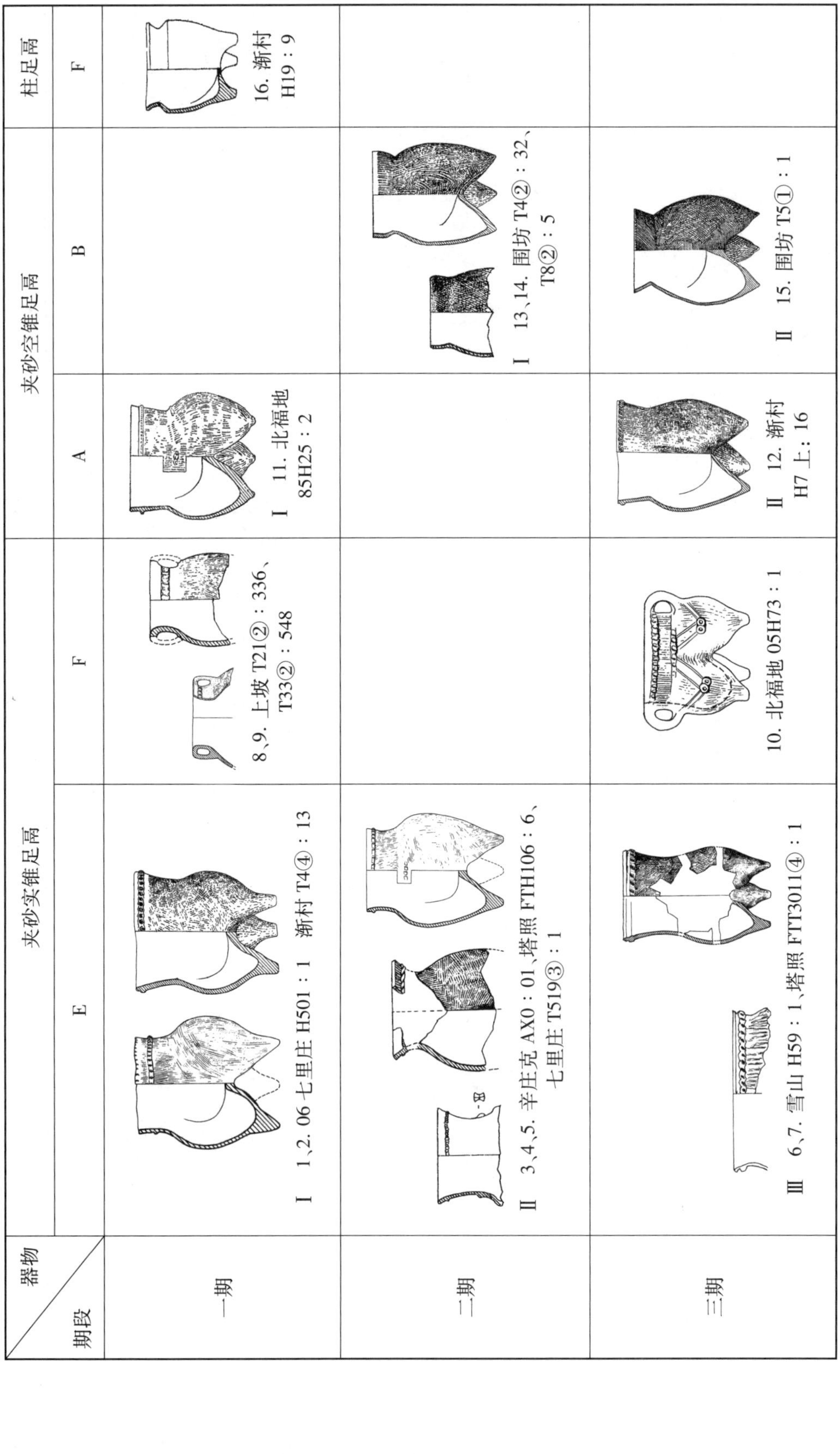

器物 期段	夹砂实锥足鬲			夹砂空锥足鬲		柱足鬲
	E	F	A	B	F
一期	I 1、2. 06 七里庄 H501：1　渐村 T4④：13	8、9. 上坡 T21②：336、 T33②：548	I 11. 北福地 85H25：2		
二期	II 3、4、5. 辛庄克 AX0：01，塔照 F'TH106：6， 七里庄 T519③：1		II 12. 渐村 H7 上：16	I 13、14. 围坊 T4②：32、 T8②：5	16. 渐村 H19：9
三期	III 6、7. 雪山 H59：1，塔照 F1T3011④：1	10. 北福地 05H73：1		II 15. 围坊 T5①：1	

图 2－43　华北平原北缘地区晚商时期夹砂陶鬲分期图（二）

Ⅰ式：领部堆纹近颈中,裆部多见鋬手或偶有附加堆纹,袋足较肥鼓,整体形态矮胖。袋足下有粗矮的实足根。标本北福地 85H25：2(图 2 - 43：11)。

Ⅱ式：领部堆纹近沿下,裆部不见鋬手但偶见附加堆纹,袋足较瘦高,整体形态偏瘦。花边上移,但仍在口沿以下。标本渐村 H7 上：16(图 2 - 43：12)。

B 型：束颈宽沿斜腹鬲。数量较多。根据领部差异分为两式。

Ⅰ式：折沿,沿斜侈近直立,最大径近上腹部。标本围坊 T8②：5、围坊 T4②：32(图 2 - 43：13、14)。

Ⅱ式：宽折沿,领部偶见附加堆纹,较近口部。标本围坊 T5①：1(图 2 - 43：15)。

柱足鬲。数量极少。多见折肩鬲。数量不多。标本渐村 H19：9(图 2 - 43：16)。

甗：总体数量较少,目前尚无复原者。所发现者以无算托者居多。根据有无算托可将其分为两型。

A 型：有算托。标本北福地 85H25：4(图 2 - 44：1)、上坡 T7②：43(图 2 - 44：2)。

B 型：无算托。标本渐村 T4③：13、T4④：19(图 2 - 44：3、4),围坊 T5①：15(图 2 - 44：5)。

甑：复原器极少,有一定数量。根据口部形态可分侈口、敛口两种形态。

A 型：侈口。标本塔照 FTT3008④：28(图 2 - 44：6)。

B 型：敛口。标本塔照 FTT2910④：1(图 2 - 44：7)。

本时期甑孔有两类。一类仅有算托,中部为一大的圆孔,如 B 型敛口甑标本。另有一种是在甑底上有若干分布不规律的圆形小孔,但口部形态不详。标本 85 辛庄克 AXH2：1、塔照 FTT3008④：22(图 2 - 44：8、9)。

盆：总体数量不多,在陶器群中所占比例不高。根据腹部形态差异可分为三型。

A 型：深直腹盆。根据沿腹形态差异可分为两式。

Ⅰ式：斜沿较短,斜腹较深。标本渐村 H7 下：17(图 2 - 45：1)。

Ⅱ式：宽沿较平,腹较深直。标本渐村 T3②：1(图 2 - 45：2)。

Ⅲ式：宽折沿,深腹,厚胎,有的颈腹相接处有附加堆纹。标本上坡 T45②：766(图 2 - 45：3)。

B 型：鼓腹盆。数量较多。根据沿面变化可分为两式。

Ⅰ式：宽沿,束颈,鼓腹较明显。标本渐村 T4④：8、围坊 T3②：7(图 2 - 45：4、5)。

Ⅱ式：沿面变短,腹较深。标本塔照 FTT2907④：3(图 2 - 45：6)。

C 型：浅腹盆。数量甚少。标本塔照 FTT3008④：2、上坡 T9②：40(图 2 - 45：7、8)。

豆：多为假腹豆,总体数量不多。根据盘腹差异可分为两式。

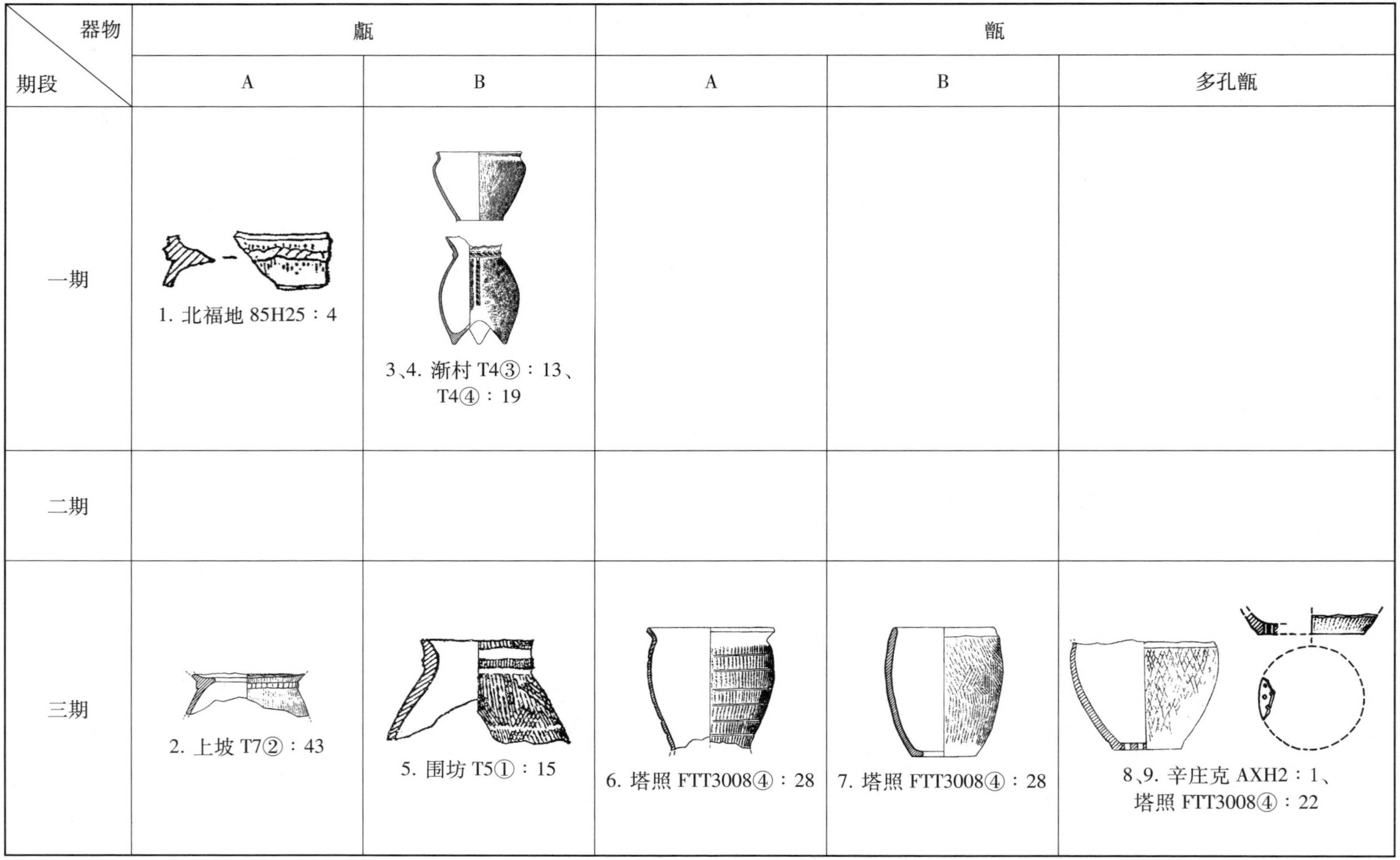

器物\期段	甗 A	甗 B	甑 A	甑 B	多孔甑
一期	1. 北福地 85H25:4	3、4. 渐村 T4③:13、T4④:19			
二期					
三期	2. 上坡 T7②:43	5. 围坊 T5①:15	6. 塔照 FTT3008④:28	7. 塔照 FTT3008④:28	8、9. 辛庄克 AXH2:1、塔照 FTT3008④:22

图2-44 华北平原北缘地区晚商时期无实足根陶甗、甑分期图

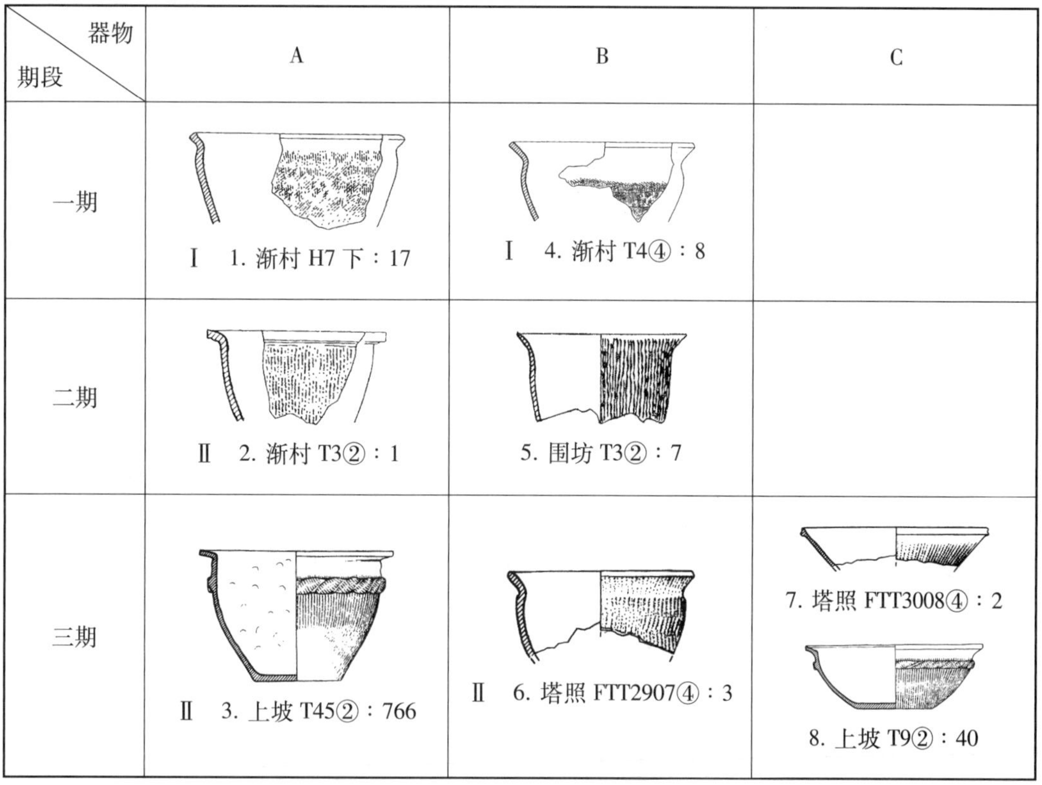

期段＼器物	A	B	C
一期	Ⅰ　1. 渐村 H7 下：17	Ⅰ　4. 渐村 T4④：8	
二期	Ⅱ　2. 渐村 T3②：1	5. 围坊 T3②：7	
三期	Ⅱ　3. 上坡 T45②：766	Ⅱ　6. 塔照 FTT2907④：3	7. 塔照 FTT3008④：2 8. 上坡 T9②：40

图 2－45　华北平原北缘地区晚商时期陶盆分期图

Ⅰ式：圆唇,沿较宽,盘腹较浅。标本渐村 T2④：5(图 2－46：1)。

Ⅱ式：方唇,沿极短,盘腹较深。标本渐村 T9③：4、塔照 H84：4(图 2－46：2、3)。

敛口钵：数量极多,形态差异不大。标本渐村 T3②：30、塔照 FTT3011④：6(图 2－46：4、5)。

罐：数量不多,根据总体形态差异可分为三型。

A 型：小口深腹罐。标本塔照 FTH30③：17、上坡 H18：34、上坡 T47②：774(图 2－47：1、2、3)。

B 型：数量极少。敛口鼓腹。标本上坡采集：233(图 2－47：4)。

瓮：数量甚多。根据整体形态差异可分为型。

A 型：大口瓮。数量甚多,根据腹部形态差异可分为两式。

Ⅰ式：侈领,宽沿,下腹微曲。标本渐村 H7 下：7(图 2－47：5)。

Ⅱ式：直领,圆肩,大口。标本围坊 T5①：7(图 2－47：6)。

B 型：小口瓮。数量较多。根据领肩形态差异可分两式。

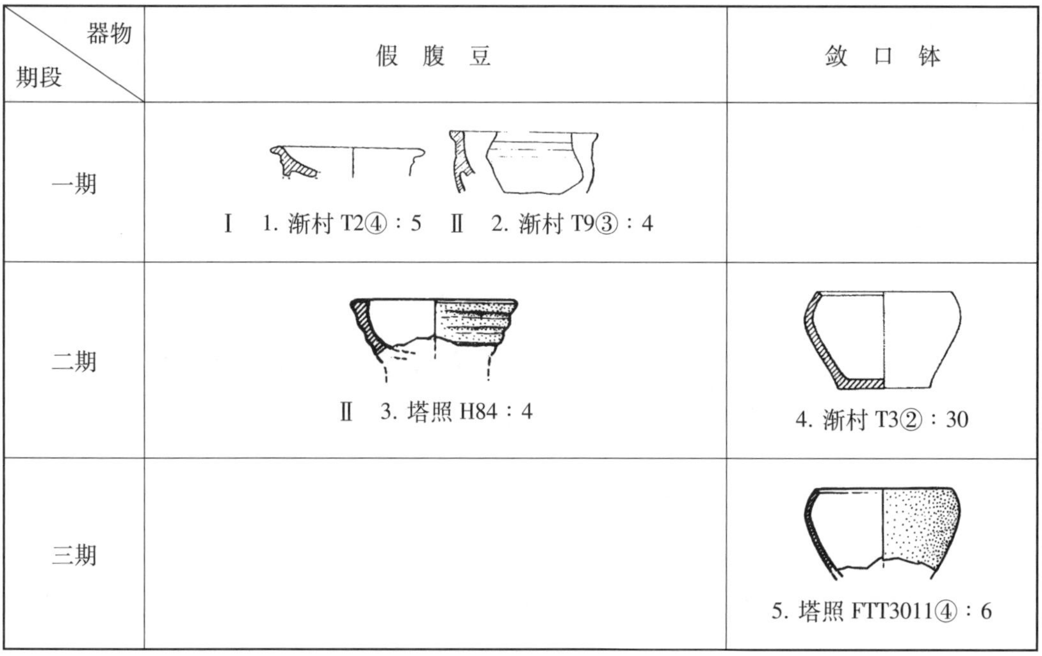

器物＼期段	假　腹　豆		敛　口　钵
一期	Ⅰ　1. 渐村 T2④：5	Ⅱ　2. 渐村 T9③：4	
二期		Ⅱ　3. 塔照 H84：4	4. 渐村 T3②：30
三期			5. 塔照 FTT3011④：6

图 2－46　华北平原北缘地区晚商时期陶假腹豆、钵分期图

Ⅰ式：矮领,广肩。标本围坊 T8②：14(图 2－47：7)。
Ⅱ式：斜侈领,圆肩深腹。标本塔照 FTT3005④：1(图 2－47：8)。

敛口瓮: 数量较少。标本围坊 T1②：22、T6①：1(图 2－47：9、10)。

(三)分期与年代推定

前文已论及,华北平原北缘地区晚商时期考古学文化的相对年代及性质的认定在学术界分歧甚大。本地区晚商时期材料虽然较为丰富,但可利用的有效地层关系却不多,同时,本地缺少 C－14 测年数据作为绝对年代的参考。这对深入研究十分不利。本地区考古学文化研究的关键,是如何认定围坊三期与张家园上层遗存的时代与性质。由于所发表材料较为零散,本书对本区域的晚商时期遗存分期而不分段(表 2－10)。

琉璃河遗址考古工作和相关研究证明①,围坊三期文化与张家园上层文化为前后相继的两种考古学文化,两者年代无重合,后者的出现形成与周初周人分封迁徙至本地区有密切的关系。从冀中北部地区遗址的排比可知,拒马河以北殷墟二期以后未见典型商文

---

① 刘绪:《琉璃河遗址西周燕文化的新认识》,《文化的馈赠——汉学研究国际会议论文集·考古卷》,北京大学出版社(北京),2000 年;赵福生、刘绪:《西周燕文化与张家园上层类型》,《跋涉集》,北京图书馆出版社(北京),1998 年;刘绪、赵福生:《围坊三期文化的年代与刘家河 M1 的属性》,《苏秉琦与当代中国考古学论文集》,科学出版社(北京),2001 年;杨勇:《论琉璃河遗址西周铜器编年及相关问题》,北京大学硕士学位论文,2004 年;冉宏林:《琉璃河遗址西周时期的文化、聚落与社会》,北京大学硕士学位论文,2013 年。

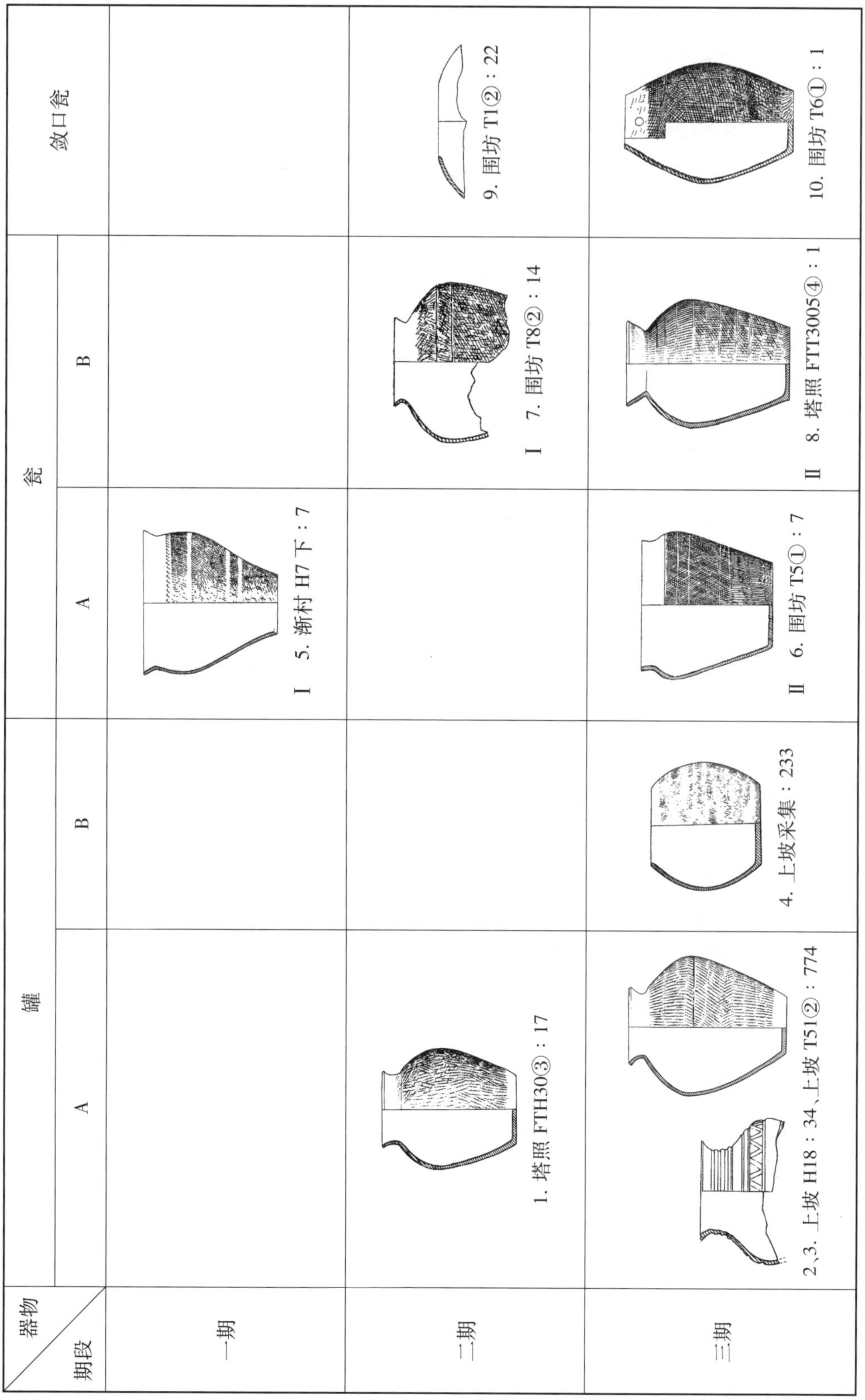

器物 ＼ 期段	罐 A	罐 B	瓮 A	瓮 B	敛口瓮
一期	1. 塔照 FTH30③ : 17		I 5. 渐村 H7 下 : 7		
二期				I 7. 围坊 T8② : 14	9. 围坊 T1② : 22
三期	2、3. 上坡 H18 : 34、上坡 T51② : 774	4. 上坡采集 : 233	II 6. 围坊 T5① : 7	II 8. 塔照 FTT3005④ : 1	10. 围坊 T6① : 1

图 2-47 华北平原北缘地区晚商时期陶罐、瓮分期图

表 2－10　晚商时期华北平原北缘地区居址分期对照表

期段＼遗址	七里庄	北福地	渐村	北封村	上坡	辛庄克	塔照、镇江营	雪山	刘家河	围坊
三期	3		3		√	√	2	√		2
二期	2	2	2	√			1			1
一期	1	1	1						√	
资料来源	①	②	③	④	⑤	⑥	⑦	⑧	⑨	⑩

化因素遗存。在拒马河以北、以东地区,出现与殷墟第四期相类之遗存多伴随有西周早期遗存,这些现象说明,在拒马河水以北,出现典型与殷墟四期相类之因素,其年代绝大多数实际上已经进入西周纪年(详见本书第五章第一节)。

　　涞水渐村遗址晚商时期遗存大体可分为三期,第一期可以 T9③、T4④、H7 下、T7②、H19 等单位为代表;第二期可以 T3②、T8②等单位为代表;第三期可以 T5②、H7 上等单位为代表。

　　易县七里庄遗址所获晚商时期遗存演变规律清晰,时代偏早的高领饰附加堆纹鬲肩部耸起,附加堆纹位置在颈部中下,时代愈晚,这种陶鬲肩部愈瘦削流畅,附加堆纹的位置也逐渐上移,较晚的遗存中甚至出现了附加堆纹接近唇部者,这种唇外贴加附加堆纹的作风再向后发展即演变为张家园上层文化的叠唇鬲。由此可以大体将七里庄遗址晚商时期遗存分为前后相继的三期,分别与渐村三期相当。这一结论也可以得到涞水渐村遗址分期的证实。

　　易县北福地遗址所获晚商时期遗存与七里庄遗址十分相似,但北福地遗址缺乏附加堆纹接近唇沿的肥袋足实锥足高领鬲。根据七里庄遗址晚商时期遗存的分期结论,可将北福地晚商遗存分为两期,第一期与七里庄遗址一期相当,二期与七里庄二期相当。这一结论也可以得到涞水渐村分期结论的证实。

　　①　段宏振、任涛:《河北易县七里庄遗址发现大量夏商周时期文化遗存》,《中国文物报》2006 年 12 月 8 日。
　　②　拒马河考古队:《河北易县涞水古遗址试掘报告》,《考古学报》1988 年第 4 期;河北省文物研究所:《北福地——易水流域史前遗址》,文物出版社(北京),2007 年。
　　③　河北省文物研究所:《河北涞水渐村遗址发掘报告》,《文物春秋》1992 年增刊。
　　④　河北省文物研究所、保定地区文管所、涞水县文保所:《河北涞水北封村遗址试掘简报》,《考古》1992 年第 10 期。
　　⑤　河北省文物研究所、保定市文物管理处、容城县文管所:《河北容城县上坡遗址发掘简报》,《考古》1999 年第 7 期;河北省文物研究所:《北福地——易水流域史前遗址》,文物出版社(北京),2007 年。
　　⑥　保北考古队:《河北安新县考古调查报告》,《文物春秋》1990 年第 1 期。
　　⑦　北京市文物研究所:《镇江营与塔照——拒马河流域先秦考古文化的类型与谱系》,中国大百科全书出版社(北京),1999 年。
　　⑧　北京大学考古学系:《昌平雪山发掘报告》(稿本·第二、三部分),现存北京大学考古文博学院资料室。
　　⑨　北京市文物管理处:《北京市平谷县发现商代墓葬》,《文物》1977 年第 11 期。
　　⑩　天津市文物管理处考古队:《天津蓟县围坊遗址发掘报告》,《考古》1983 年第 10 期。

北封村遗址晚商时期遗存较少,根据七里庄、北福地及冀中北部安新辛庄克遗址的相关材料可知其年代大体相当于七里庄第二期。

围坊遗址晚商时期遗存大体可分为两期,由于该遗址出有与七里庄第二期相当的高领肥袋足鬲(T8②:6),其附加堆纹位置较高,但尚未达唇部,肩部曲线流畅。该遗址晚商时期第一期可以各探方第②层为代表,第二期以T5①层的遗存为代表。围坊遗址晚商时期第一期相当于七里庄遗址第二期,第二期相当于后者第三期。

塔照遗址晚商时期遗存大体相当于原报告商周时期第二期遗存,但其中镇江营H1051、塔照FTT3108④层等张家园上层文化遗存的单位及部分采集遗物,不属于晚商时期。本书将塔照与镇江营遗址晚商时期遗存分为两期,第一期以H84、H86、H77等单位为代表;第二期则以塔照FTT3008、T3005、T2907等探方的④层为代表。塔照遗址未见肩部凸耸的高领袋足鬲,所以其第一期约相当于七里庄二期;第二期约相当于后者第三期。至于以镇江营H1025为代表的遗存年代,本书将在第五章予以讨论。

雪山遗址晚商时期遗存可以H59为代表,同时期遗存不多,年代约与塔照遗址第二期相当。

平谷刘家河遗址晚商时期遗存仅有M1一个单位,从其出土铜器及零星陶片可知其年代大体相当于七里庄及渐村遗址第一期。

容城上坡遗址晚商时期遗存年代较为单纯,从其发表的陶鬲、簋可知其年代相当于殷墟四期,个别器物或可早至殷墟三期。

安新辛庄克遗址晚商时期遗存陶鬲低裆无实足根,年代当在殷墟四期前后。个别陶鬲袋足下似有小凸起,不排除绝对年代有进入西周早期的可能。

由上述遗址分期可将燕山南麓地区晚商时期考古学文化大体分为三期(表2-10)。

第一期:目前所知的遗存集中在拒马河以南,拒马河以北仅有刘家河M1一处遗址。本期炊器有鬲、甗,从发表材料看未见陶甑。本阶段新出现领部饰附加堆纹高领袋足鬲,代表了一个新文化的出现。本期陶盆、豆等器物与早商时期的器物传承关系较为清晰。本期年代大体相当于邹衡先生殷墟分期体系中的殷墟二期。

第二期:本期在拒马河以北开始也有了较多的遗存,遗存面貌与拒马河以南趋同。但在永定河以北,以围坊T8②层所发现的无附加堆纹宽沿鬲为代表的另外一种考古学文化遗存也开始出现。领部有附加堆纹的高领鬲在永定河以北虽有发现,但数量甚少。陶甗在本期开始出现于拒马河以北的遗址中,但数量较少。本期年代大体相当于邹衡先生殷墟分期体系中的殷墟三期。

第三期:本阶段遗存较多,文化面貌整体上与上一阶段比较接近。器物组合最大的变化在于陶甑的数量增多,与之相应的是甗锐减。其余陶器器形与上一阶段相比,差异渐变的趋势十分明显。本期年代大体相当于邹衡先生殷墟分期体系中的殷墟四期。

在这里,有一个需要重点讨论的问题。在既往的认识中,商文化在殷墟时期在北方分布线退缩明显,刘绪认为相当于殷墟二至四期,是晚商文化全面收缩的阶段,此时商文化的北至当在唐河左近①。张翠莲据七里庄、上坡等遗址的材料,认为晚商时期商文化直接控制区域大致在滹沱河一带,商文化与围坊三期文化的分界线大体在唐河一线,但到了殷墟第四期,白洋淀周边有典型的商文化遗址出现,显示出晚商末期商文化向北扩张,个别据点已经扩张到白洋淀北岸,而围坊三期文化控制着易水、拒马河及其以北地区。② 从本书的分析看,容城上坡、涞水渐村、易县七里庄、安新辛庄克等遗址为代表的白洋淀北岸和易水两岸,殷墟四期阶段的遗存分布较为密集,甚至部分遗存可早至殷墟三期阶段(如辛庄克 H2,上坡 H70)。如果从古地理交通观察,这些遗存基本上都在古黄河西岸,不排除在唐河以北地区,殷墟三四期之际有商人曾沿黄河北上,在易水与黄河交汇处溯易水西进,在易水两岸形成了一些小的据点,或与当地土著人群混居。

六、晚商时期各期陶器的特征

从整体的文化面貌看,燕山南麓地区晚商时期文化面貌变化较为明显。下面我们从陶系、炊器组合变化、其他标志性器物数量变化等方面予以分析。

(一) 陶系

本地区由于目前缺乏较好的数据统计,仅能以现有的少量统计数据与陶系描述对其进行粗疏的分析(表2－11)。

表 2－11　晚商时期华北平原北缘地区居址典型单位陶系统计表

项目 时段	单　位	陶质(%)		陶色(%)				纹饰(%)					
		泥质	夹砂	灰	褐	黑	红	素面	磨光	各类绳纹	旋纹	附加堆纹	戳压印
一期	渐村 H7 下	3	97	12.5	50	31.3	6.3	3		84.4		9.4	
二期	渐村 T9③	7.4	92.6	7.4	53.7	25.3	13.7	3.2		81.1	8.4	8.4	
三期	围坊三期	25.3	74.7	28.5	64.9	0.4	6.2	23.2		76	0.03	√	0.7
	渐村 H7 上	3	97	15.2	27.3	31.8	25.8	9.1		77.3		13.6	
	渐村 T9②	2.7	97.3	9.6	53.4	23.3	15.1	19.2		84.9		5.6	1.4

第一期:目前仅有渐村遗址 H7 下一个统计数据。依该单位的情况看,本期夹砂陶占绝对优势,陶色以褐色陶为主,黑陶的比例较高。陶器多以各类绳纹装饰,附加堆纹的比

---

　　① 刘绪:《商文化在北方的进退》,《"周边"与"中心":殷墟时期安阳及安阳以外地区的考古发现与研究》,历史语言研究所,2015 年。
　　② 张翠莲:《商文化的北界》,《考古》2016 年第 4 期。

例较高,远超素面陶,居于第二位。

需要特别说明的是易县七里庄与北福地遗址为代表的晚商时期遗存。这两处遗址晚商时期遗存的面貌接近,应该属于一种新的文化类型(详第五章)。按照发掘者的描述①,七里庄遗址晚商时期遗存主体应该是以领部饰附加堆纹的高领鬲为代表的该遗址第三期遗存。北福地遗址以85H25与05H73为代表的遗存,与七里庄第三期遗存文化面貌相同。此类遗存以夹砂灰褐陶为主,但陶色不纯,火候不均,多有黑色斑块。纹饰以绳纹为主,绳纹较浅细,附加堆纹的比例相较本区内同时期其他遗址为高。

第二期:本期陶系在不同地理单元的不同遗址间有差异,小地理单元间的差别较明显。拒马河以南可以渐村遗址T9③统计数据为代表,陶系仍以夹砂陶为绝大多数。陶色与上一阶段变化不大,唯红陶比例在本期略有增加。纹饰方面,最大的变化在于这一阶段旋纹的比例开始上升,与之相应的是绳纹比例略有下降。拒马河以北以塔照遗址为代表。塔照遗址本期虽无具体单位的统计数据,但原报告描述本期以夹细砂褐陶数量最多,占60%-70%,黑皮褐陶也占有一定的数量。纹饰中以印痕较浅的散乱绳纹最多,有一定数量的深直绳纹。本期偏晚阶段,深直绳纹的比例开始增加。永定河以北可以围坊遗址作为代表,该遗址本期夹砂陶比例较高,但与永定河以南相比,则明显相对较少。从陶色看,围坊遗址褐陶比例远高于渐村、七里庄与塔照遗址。纹饰方面,围坊遗址附加堆纹、旋纹比例甚低,素面陶与磨光陶比例相对较高,数量最多的绳纹中又以压印深直的绳纹数量甚多。由此可见拒马河南北的差异较小而与永定河以北、以东的差异较大。

第三期:本期拒马河以南仍以夹砂陶占绝对优势,红陶比例明显上升,褐陶略有下降。纹饰方面,素面陶的比例有较明显的增加,而旋纹则明显下降。拒马河以北的塔照遗址,本期夹细砂褐陶的比例超过八成,黑皮陶的数量则明显下降。压印深直的绳纹占据统治地位,比例已近七成。附加堆纹明显增加。永定河以北这一时期最大的变化是附加堆纹较多。

(二)器物群中的炊器特征与组合变化

总体而言,本地区晚商时期炊器以鬲、甗最为常见,二期开始出现陶甗。虽然器类相同,但是,本地区不同区域间相同器类的形态差异较大。

第一期:本期目前仅有拒马河以南的材料。在拒马河以南出现了领部饰有附加堆纹的高领袋足鬲,陶鬲肩部突出,袋足肥大。同时,各遗址仍有一定比例的折沿鬲,形态与本地区早商第三期遗存的同类型陶鬲有明确承袭关系。而永定河以南仍然偶见的折肩柱足鬲,当与早商第4段折肩筒腹鬲有一定的渊源关系。

第二期:本期领部饰有附加堆纹的高领袋足鬲形态变瘦,肩部不再突出,袋足线条较流畅,附加堆纹位置上移。在空间分布上,这种陶鬲在本期跨过拒马河,向东北方向影响

① 段宏振:《七里庄遗址青铜文化遗存的演进——兼论燕山以南地区青铜时代考古学文化的相关问题》,《中国文物报》2007年6月15日第7版。

到了永定河以北。在永定河以东,这一时期最主要的陶鬲以无附加堆纹的宽沿深袋足鬲为代表。由两种陶鬲的比例与分布地区看,本期永定河南、北两岸,应属不同的考古学文化。同时,拒马河以南双耳肥袋足鬲与实锥足高领肥袋足鬲分布区重合,在拒马河以北却基本不见。本阶段,开始出现陶甑,而有箅托的陶甗数量减少明显。

第三期:本期永定河南北的考古学文化差异状况仍在持续,但在一定程度上有所趋同,都出现了一定数量的领部饰有附加堆纹的陶鬲,且鬲腹形态深瘦,附加堆纹虽已经近唇部,但与张家园上层文化典型的叠唇鬲有明显的区别。本阶段陶甗数量锐减,有箅托甗已经彻底消失。

（三）器物群其他主要器物特征与组合变化

晚商时期本地区其他器物特征中有如下几点需要说明:

第一,陶盆、罐、瓮,种类、数量与本地区早商时期相比减少明显,制作也不精细。

第二,本地区大口折肩瓮在晚商时期仍然比较常见,应是本地区自早商时期一直延续的文化特征之一。

第三,永定河以北的敛口深腹瓮,在其他地区未有发现。

第四,本地区晚商时期敛口钵的比例极高,应是最主要的食器。

第三节　冀西北地区考古学文化的分期与特征

本文所称冀西北地区是指,拒马河以北的永定河上游、桑干河下游及洋河两岸,依今日行政区划主要属河北省张家口市。这一区域在太行山麓北端与大马群山之间的山原坝上,地形复杂,有坝上与坝下两个不同的自然地理区域,其间主要水系为桑干河及其支流,可简称"桑干河流域"。这一地区的考古工作起步较晚,大致从1970年代末方有较系统科学的发掘工作。

一、夏时期的遗存分期

随着蔚县地区考古调查与试掘活动的开展,近40年间在冀西北地区共发现了二里头文化时期的遗址近十处(图2-48),其中仅有数处遗址的调查或发掘资料公布了零星资料。

（一）地层关系

冀西北地区二里头文化时期发掘面积较大且公布材料较为丰富的遗址有蔚县三关、筛子绫罗、四十里坡、前堡等遗址。

但是由于种种原因,这些遗址中可以提供的较好遗迹单位却不多。就已公布材料,数处遗址仅有如下三组地层关系可资凭借。

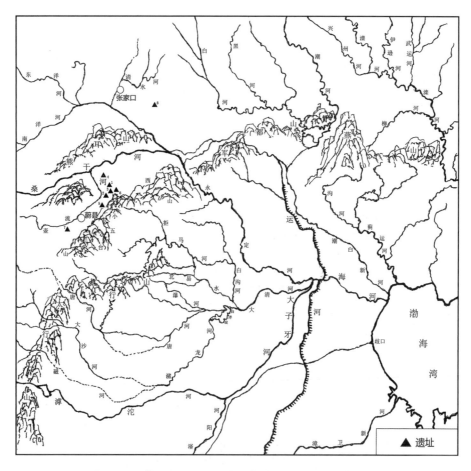

图 2‐48　冀西北地区二里头文化时期主要遗址分布示意图

1. 庄窠　2. 三关　3. 四十里坡　4. 东水泉　5. 大水门头　6. 前堡　7. 筛子绫罗　8. 白庙

（1）三关 82YSGH2047→M2010

（2）前堡 82YQTB1②→F1→H32

（3）四十里坡 YXST12②A→H28→T12③

第一组地层关系中，M2010 仅发表铜耳环一件，原简报提及有磨光黑陶尊形鬲一件，但并未发表；第二组地层关系中 H32 原简报认为属于龙山时期遗存，但未发表任何器物，82YQTB1②也未发表任何器物；第三组地层关系中 T12③发表三足蛋形瓮一件，YXST12②A 发表陶鬲一件，后者属于典型的早商时期遗存。由此可见，冀西北地区二里头文化时期遗存的分期并没有能够进行直接比较的有效地层关系，其分期仍需依赖周邻地区的器物形态研究成果。

（二）陶器形制分析

由于缺乏地层关系的参证，对于冀西北二里头文化时期器物形态研究无法细致分析，仅能对其进行粗略探讨。本地区二里头文化时期器类较简单,鬲、盆、豆、罐、瓮五类比较有代表性。

鬲:根据腹、足形态差异可分为五型。

A 型:垂腹鬲。高领微侈,垂腹肥鼓,锥足甚高。标本三关 YSGH2022∶26(图 2 - 49∶1)。

B 型:鼓腹鬲。根据沿腹形态差异可分为两式。

Ⅰ式:矮领卷沿,唇缘下勾明显,腹肥腹。标本东水泉 YJDH39∶1(图 2 - 49∶2)。

Ⅱ式:侈沿较宽,腹变瘦,锥足较高。标本前堡 YQTC1②∶6(图 2 - 49∶3)。

C 型:筒腹鬲,亦即原简报中所称之尊形鬲。根据袋足与实足根形态变化可分为两式。

Ⅰ式:深瘦腹,高锥足。标本三关 YSGM2008∶1(图 2 - 49∶4)。

Ⅱ式:腹部下端变肥,腹足相接处折转明显,锥足变矮。标本筛子绫罗 YS 所出者(图 2 - 49∶5)。

D 型:深袋足鬲,无实足根。根据颈腹部形态差异可分为三亚型。

Da 型:束颈鼓腹,上腹凸出。标本三关 YSGM2015∶1(图 2 - 49∶6)。

Db 型:斜鼓腹,根据肩、腹形态差异可分为两式。

Ⅰ式:折沿,侈领较宽,肥袋足下部微折鼓出。标本前堡 YQF1∶37(图 2 - 49∶7)。

Ⅱ式:卷沿,侈领变窄,袋足微垂较流畅。标本大水门头 YDDH1∶4(图 2 - 49∶8)。

Dc 型:直腹微鼓,根据袋足形态差异可分为两式。

Ⅰ式:肩部微凸,袋足下部瘦削。标本前堡 YQF1∶7(图 2 - 49∶9)。

Ⅱ式:下腹微鼓。标本三关 YSGH2047∶标(图 2 - 49∶10)。

盆:根据腹部形态差异可分为四型。

A 型:深腹盆。根据腹部形态变化可分为三式。

Ⅰ式:卷沿,深腹较直。标本四十里坡 YXST12③∶5(图 2 - 50∶1)。

Ⅱ式:卷沿较宽,下腹微鼓。标本三关 YSGH2047∶7(图 2 - 50∶2)。

Ⅲ式:卷沿较宽,束颈,深弧腹。标本庄窠 YZT10H69∶2(图 2 - 50∶3)。

B 型:鼓腹盆。根据沿、腹形态变化可分为两式。

Ⅰ式:卷沿微束颈,腹深弧。标本白庙 H8∶1(图 2 - 50∶4)。

Ⅱ式:卷沿外翻,下腹鼓出。标本庄窠 YZW3∶4(图 2 - 50∶5)。

C 型:浅腹盆。数量较少。标本前堡 YQF1∶10(图 2 - 50∶6)。

D 型:折腹盆。下腹折曲不明显。数量较少。标本庄窠 YZH224∶4(图 2 - 50∶7)。

豆:根据盘腹差异可分为两型。

A 型:盂形粗柄豆。折沿较宽,盘腹深直。标本三关 YSGM2008∶2(图 2 - 50∶8)。

B 型:盘形豆。卷沿甚宽,盘腹下部折转出一浅盘。标本三关 YSG 所出者(图 2 - 50∶9)。

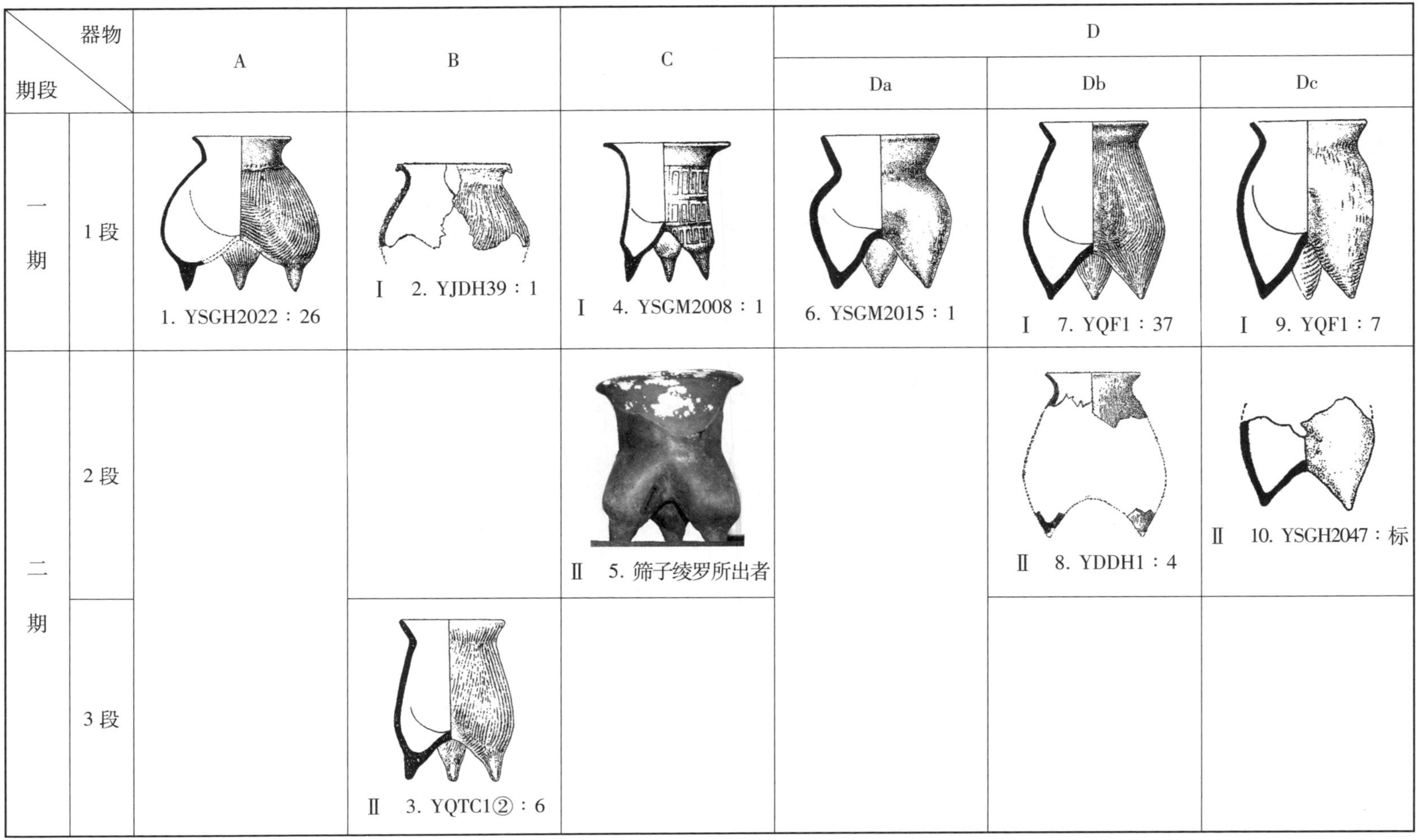

图 2－49　冀西北地区二里头文化时期陶鬲分期图

（SG: 三关;JD: 东水泉;YQ: 前堡;DD: 大水门头;XS: 四十里坡;YZ: 庄窠）

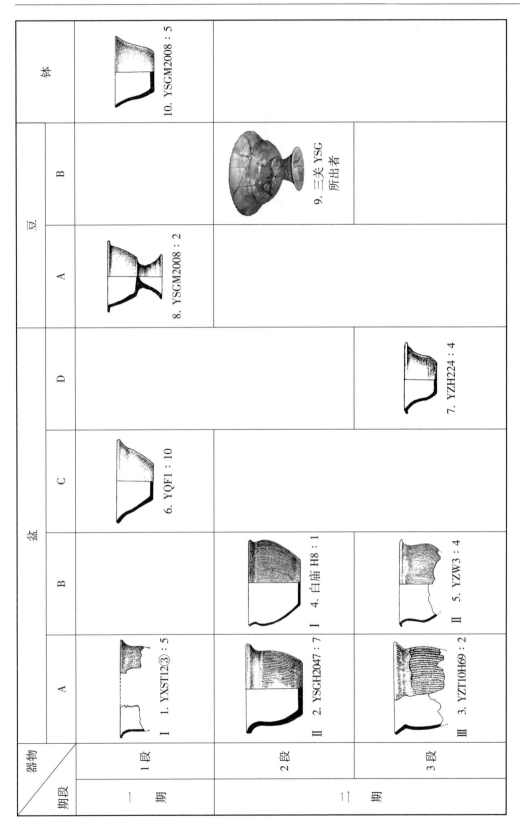

图 2 - 50　冀西北地区二里头文化时期陶盆、豆、钵分期图

罐：根据腹部形态差异可分为两型。

A 型：深腹罐。折沿,前端外卷,腹深弧。标本庄窠 YZT10H69：14(图 2－51：1)。

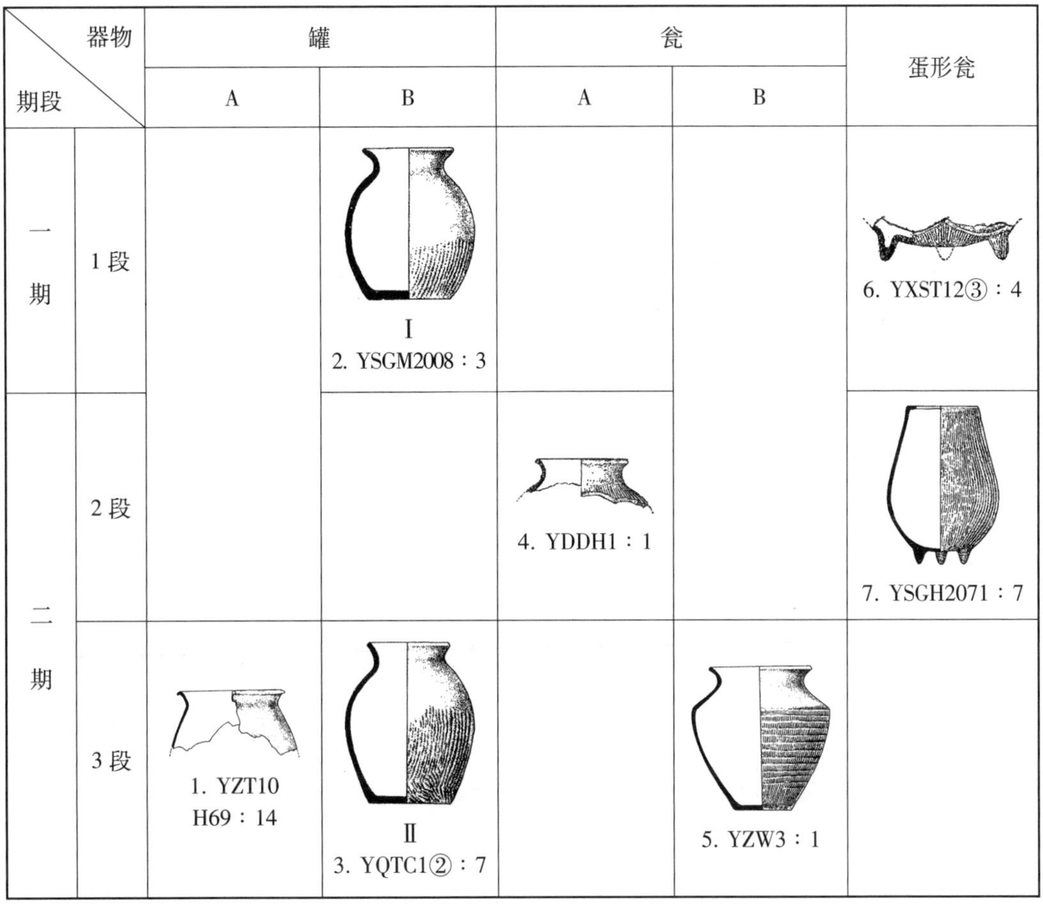

器物 期段		罐		瓮		蛋形瓮
		A	B	A	B	
一期	1 段		I 2. YSGM2008：3			6. YXST12③：4
二期	2 段			4. YDDH1：1		7. YSGH2071：7
	3 段	1. YZT10 H69：14	II 3. YQTC1②：7		5. YZW3：1	

图 2－51　冀西北地区二里头文化时期陶罐、瓮分期图

B 型：圆腹罐。数量较多,根据腹部形态变化可分为两式。

Ⅰ式：卷沿较宽,束颈,圆鼓腹较矮,体微胖。标本三关 YSGM2008：3(图 2－51：2)。

Ⅱ式：卷沿微上侈,束颈,圆鼓腹较高,体略瘦。标本前堡 YQTC1②：7(图 2－51：3)。

瓮：根据整体形态差异可分为两型。

A 型：小口瓮。数量不多。标本大水门头 YDDH1：1(图 2－51：4)。

B 型：大口瓮。数量较多,多有折肩。标本庄窠 YZW3：1(图 2－51：5)。

蛋形瓮：数量较多,所发现者皆为三足者,有空、实足两类。标本四十里坡 YXST12③：4、三关 YSGH2071：7(图 2－51：6、7)。

钵：有侈口、敛口两类,以前者多见。标本三关 YSGM2008：5(图 2－50：10)。

（三）分期与年代推定

由于冀西北地区大部分重要遗址的发掘材料数十年来未系统公布,本地区二里头文化时期遗存的分期长时间以来无法细致分析。本书借助于邻近地区的考古学文化谱系变迁态势,粗略勾勒本地区的考古学编年(表 2－12)。

表 2－12　二里头文化时期冀西北地区居址分期对照表

期段 \ 遗址		庄窠	三关	四十里坡	东水泉	大水门头	前堡	筛子绫罗	白庙
二期	3 段	√					2		
	2 段	?	2		√	√		√	√
一期	1 段		1	√			1		
资料来源					①				②

对冀西北地区二里头文化时期的研究,前人的研究大致有如下几种意见。在 1982 年的发掘纪要中,发掘者曾将蔚县地区的夏商时期遗存分为前后三个阶段,其中第三阶段为早商时期遗存。在 1984 年的发掘简报中,将属于二里头文化时期的原一、二期遗存细分为前后三段。后一认识是较为符合冀西北地区考古学文化发展态势的。但对于具体单位的年代认定,则有讨论的必要。

蔚县庄窠遗址二里头文化时期遗存发表者除采集者外,已刊布资料仅有 H69、H224、W3 三个单位,三单位年代接近。蒋刚将庄窠遗址二里头文化时期遗存分为两段③,文中提及的 H7、H120、H104 以及简报所提及过的 M2 等单位年代早于 H69 等单位,但因未见器物图像,目前无法验证。

蔚县三关遗址二里头文化时期遗存可分为前后两段。第一段以墓葬 M2008、M2010、M2015、H2022 等单位为代表,其中 H2022 年代可能略晚于墓葬;第二段以 H2047、H2010 等单位为代表。三关遗址第二段年代略早于已发表的庄窠遗址二里头文化时期遗存。

蔚县四十里坡遗址二里头文化时期遗存以 T11、T12 第③层为代表,年代约与三关第一段年代相当。

蔚县东水泉遗址二里头文化时期遗存目前公布者仅有 H22b 一个单位,原简报将其

---

① 张家口考古队:《蔚县考古记略》,《考古与文物》1982 年第 4 期;张家口考古队:《蔚县夏商时期考古的主要收获》,《考古与文物》1984 年第 1 期。
② 陶宗治:《河北张家口市考古调查简报》,《考古与文物》1985 年第 6 期。
③ 蒋刚:《文化演进与互动:太行山两翼夏商西周时期青铜文化研究》,科学出版社(北京),2017 年。

定于壶流河流域第一段。但从该单位的陶鬲形态看,与三关 H2047 发表的同类器相同,因此年代亦应相当。

　　蔚县大水门头遗址二里头文化时期遗存仅有 H1 一个单位,原简报认为年代较早,属于壶流河流域较早的遗存。但从其出土的陶鬲形态看,应晚于前堡遗址 F1,约与三关遗址第二段相当。

　　蔚县前堡遗址二里头文化时期遗存可分为前后两段,第一段以 F1 为代表;第二段则以 TC1 第①层为代表。这一年代序列长期以来学术界并无异议,但对于 F1 的相对年代,则有不同认识。原简报认为 F1 年代晚于三关遗址第一段,大部分学者一直沿用这一说法①。但李伯谦率先提出,F1"所出 YQF1 鼓腹鬲在形制上早于二段标准单位三关 H2047 所出的鼓腹鬲"②,因此他将 F1 年代上提至壶流河流域第一段,我赞同这一意见。基于此,我认为前堡第一段遗存与三关第一段遗存相当,第二段则与庄窠、四十里坡遗址相当。

　　蔚县筛子绫罗遗址二里头文化时期遗存未见公开发表,从参观所见,包含有与三关遗址第二段相当的遗存。

　　张家口白庙遗址二里头文化时期遗存仅有 H8 一个单位,年代大体与三关第二段相当。

　　由上述遗址分期串联,可将壶流河流域二里头文化时期分为两期三段。

　　一期 1 段:材料较丰富,以三关、四十里坡与前堡遗址第一段为代表。本阶段炊器皆为陶鬲,未见陶甗与甑。其余器类较少,盆、罐、瓮等种类皆较少,仅有盂形豆。不见圆腹盆,未见深腹罐。本阶段三关遗址 H2022：26 高领鬲领部斜侈,并不直立,与镇江营遗址 H277：1、老姆台 YL：01 高领鼓垂腹鬲形态接近;三关 M2015：1 束颈深袋足鬲与下岳各庄 H4：1 同类器物形态相同。因此,本段年代约相当于二里头文化三期。

　　二期 2 段:材料较少,目前以三关第二段为代表。本阶段炊器仍为陶鬲,仍未见甗、甑。本阶段其他器类开始逐渐丰富。盘形豆、鼓腹盆在本期开始出现。本阶段约相当于二里头文化时期四期早段。

　　二期 3 段:材料较丰富,以庄窠遗址为代表。本阶段新出现折腹盆、大口瓮等器类。本阶段约相当于二里头文化四期晚段。

　　需要说明的是,与华北平原北缘地区情况相似,本地因缺乏遗物丰富堆积、序列相对完整的单位,亦缺少 C-14 测年数据作为参证。因此,对各段年代的判断只能是以邻近地区已有标尺为框架估判。

　　①　持这种认识的学者有：张忠培、孔哲生、张文军、陈雍：《夏家店下层文化研究》,《考古学文化论集》(1),文物出版社(北京),1987 年;段天璟：《从塔照遗址看夏时期的燕山南部地区——夏时期燕山以南地区文化结构的形成》,《边疆考古研究》(第 5 辑),科学出版社(北京),2007 年;盛立双：《燕山南麓夏商时期考古遗存研究》,《边疆考古研究》(第 6 辑),科学出版社(北京),2008 年。
　　②　李伯谦：《论夏家店下层文化》,《纪念北京大学考古专业三十周年论文集》,文物出版社(北京),1990 年。

二、夏时期各期陶器的特征

从整体的文化面貌看,冀西北地区二里头文化时期文化面貌变化较为明显。下面我们从陶系、炊器组合变化、其他标志性器物数量变化等方面予以分析。

（一）陶系

由于材料公布限制,本地区没有具体的统计数据供研究,仅能利用原简报中的描述对其粗略归纳。

一期1段:本阶段陶系大体可分为夹砂灰陶、泥质灰陶、夹砂黑陶、泥质黑陶、夹砂红褐陶等五类,以褐陶数量最多,但泥质陶与夹砂陶的比例不详。纹饰中绳纹十分发达,除常见的器表滚压绳纹外,平底器的器底也往往滚压以绳纹,甚至于部分磨光陶在磨光前也滚压有绳纹,将绳纹抹去后再磨光。除绳纹外,其他纹饰并不发达,偶见有戳印纹,几乎不见附加堆纹。

二期2段:本阶段陶系大体与上一阶段相同,以灰陶为主,夹砂陶砂粒较细,部分夹砂陶中羼有云母屑,黑陶与磨光陶的比例上升较明显。纹饰与上一阶段差别不大。

二期3段:本阶段黑陶比例增大,夹砂红褐陶比例有所减少。高实足根的宽沿鬲多为夹砂红褐陶。纹饰方面,绳纹较以前两个阶段压印较浅,磨光陶较以往光亮。

（二）器物群中的炊器特征与组合变化

本地区二里头文化时期炊器仅发现陶鬲。

一期1段:本阶段陶鬲总体而言有三类,一类是高领高锥足的垂腹鬲,此类陶鬲领部斜侈,袋足肥鼓外垂,实锥足较高,陶鬲器表绳纹滚压较深,但实足根光素无纹;第二类为泥质或夹细砂的筒腹鬲,筒腹深瘦,实足根细高,其上滚压有绳纹,有的器表有彩绘;第三类是深袋足无实足根鬲,本阶段此类陶鬲束颈较甚,肩腹部折曲较明显。

二期2段:本阶段由于材料缺乏,陶鬲种类不全,因此演变情况不明。筒腹鬲最大的变化是腹变浅,实足根变粗矮,筒腹与实足根相接处变粗,器腹有彩绘的较少。斜鼓腹无实足根鬲袋足肥鼓,但并不外垂。直腹的无实足根鬲肩腹部线条较流畅,折曲不明显。

二期3段:本阶段高锥足鬲形体较瘦,器表通体滚压绳纹,但已无较明显的肥袋足了。筒腹鬲器体较粗矮,喇叭口已经变为侈口,沿面微卷下垂,实足根低矮甚细,袋足与实足根相接处折转明显。无实足根鬲本阶段整体变低矮较小。

（三）器物群其他主要器物特征与组合变化

本地区由于器物种类较少,非炊器中,最有特色的是盂形豆,这种器物在其他地区甚少,而且制作不及本地精细。另外,折盘喇叭口豆在周邻其他区域也不多见。

三、商时期的遗存分期

冀西北地区早商时期发掘面积较大且公布有材料的遗址有蔚县庄窠、四十里坡、前堡；宣化李大人庄；张家口贾家营；怀来官庄等（图 2 - 52）。

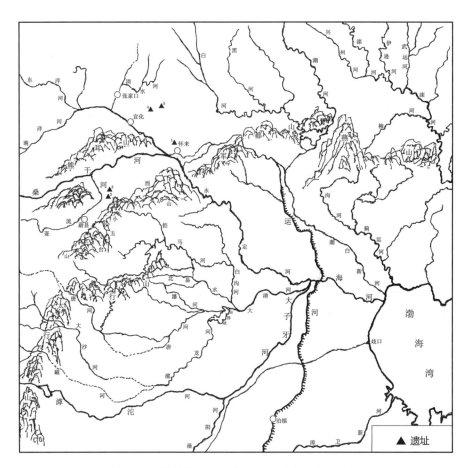

图 2 - 52　冀西北地区早商时期主要遗址分布示意图

1. 官庄　2. 庄窠　3. 四十里坡　4. 贾家营　5. 李大人庄

由于田野基础工作薄弱，刊布资料零散，这些遗址中可以提供的较好遗迹单位不多。

宣化李大人庄遗址提供地层关系一组：H4→H2。

四十里坡遗址提供地层关系一组：YXST12②A→H28→T12③。

由于冀西北地区尚无确定的晚商时期遗存，所以本书无法讨论本地区晚商时期的考古学文化。

（一）陶器形制分析

冀西北地区各遗址早商时期遗存较二里头文化时期略丰富，器类亦较多样。总体看，三足器、平底器、圜底器皆有一定的比例。其中鬲、盆、豆、罐、瓮等几类器物形制演变轨迹较为清晰，是分期断代的重要依据。

鬲： 根据整体形态差异可分为六型。

A 型：折沿鼓腹鬲，通体滚压绳纹。有较高实足根。侈口宽沿，圆唇，腹较瘦，锥足较高，绳纹滚压至锥足根部。标本四十里坡 YXSH28：标（图 2 - 53：1）。

B 型：折沿方唇或斜方唇，仅腹部滚压绳纹，实足根上光素，无绳纹。此类型为较典型的商式鬲。根据唇沿变化可分为两式。

Ⅰ式：方唇或斜方唇，高锥足，绳纹较粗。标本庄窠 YZT20⑥：1（图 2 - 53：2）。

Ⅱ式：方唇或斜方唇，唇缘下端勾棱明显，有的在唇缘与沿面前端有一道凹槽。标本四十里坡 YXST12②：标 7、李大人庄 H2：42（图 2 - 53：3、4）。

C 型：深袋足鬲，斜鼓腹，无明显实足根。根据腹部形态差异可分为两式。

Ⅰ式：圆唇，侈领较宽直，腹微鼓出，绳纹主要滚压袋足下部。标本官庄 M9：3、M7：3、M12：3（图 2 - 53：5、6、7）。

Ⅱ式：鼓腹甚肥，圆唇或方唇，唇外多加贴有附加堆纹，沿变窄，趋平，绳纹自颈下起即开始滚压至底。标本李大人庄 H2：54、H2：40（图 2 - 53：8、9）。

Ⅲ式：沿更窄，斜折，唇外不见附加堆纹。标本李大人庄 M1：1、M4：1（图 2 - 53：10、11）。

D 型：筒腹鬲。数量甚少。侈领，束颈，袋足与实足根相接处鼓出，实足根低矮。标本四十里坡 YXSH28：11、38（图 2 - 53：12、13）。

E 型：折肩鬲，数量极少。标本四十里坡 YXSH28：39（图 2 - 53：14）。

F 型：单把鬲。数量甚少。标本庄窠 YZT11⑥：28（图 2 - 53：15）。

甗： 数量甚少，有箅托，器表腰部多饰有较细的附加堆纹。标本李大人庄 H2：44（图 2 - 54：1）。

盆： 根据盆腹差异可分为三型。

A 型：深弧腹盆。数量不多。标本李大人庄 H6：1（图 2 - 54：2）。

B 型：浅腹盆。根据腹部形态差异可分为两式。

Ⅰ式：腹较浅缓。标本庄窠 YZT11⑥：5（图 2 - 54：3）。

Ⅱ式：腹变深直。标本李大人庄 H2：38（图 2 - 54：4）。

C 型：折腹盆。根据口腹形态差异可分为两式。

Ⅰ式：喇叭口，上腹较直。标本官庄 M7：1（图 2 - 54：5）。

Ⅱ式：侈口，上腹微弧较深。标本李大人庄 H2：57（图 2 - 54：6）。

簋： 数量不多，根据腹部与圈足形态差异可分为两式。

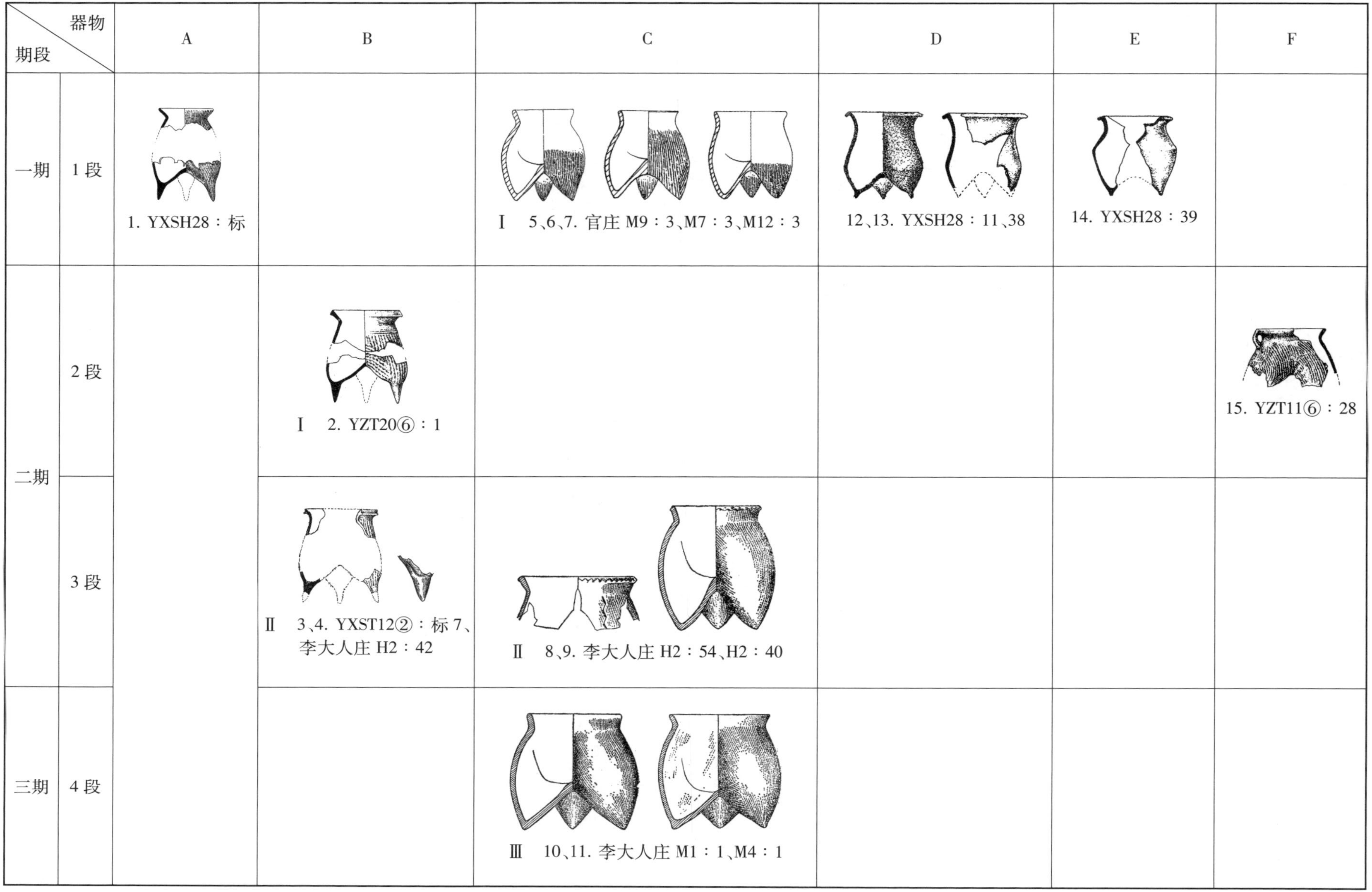

图 2-53　冀西北地区早商时期陶鬲分期图

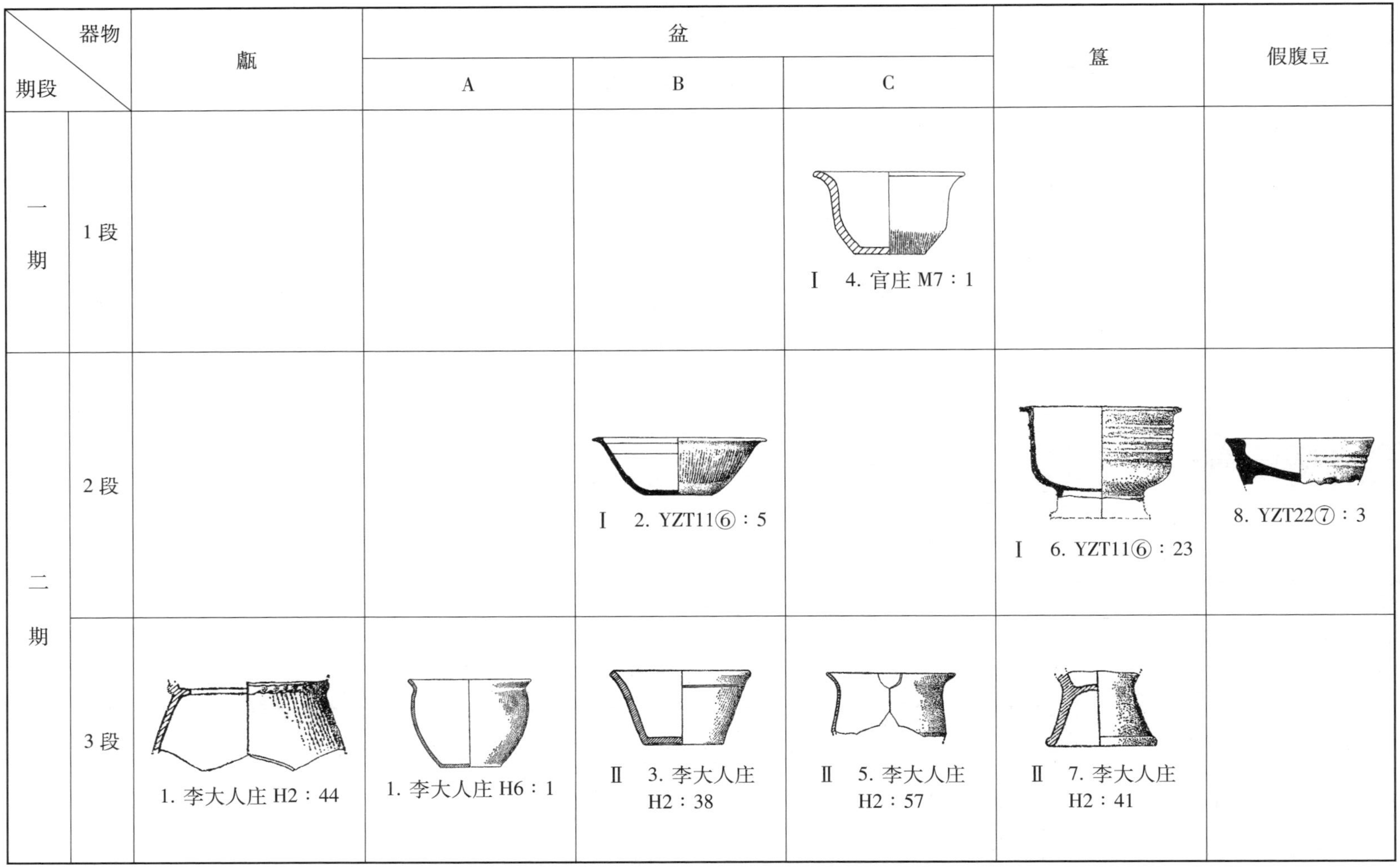

期段＼器物	瓶	盆 A	盆 B	盆 C	篮	假腹豆
一期　1段			I 2. YZT11⑥：5	I 4. 官庄M7：1		
二期　2段					I 6. YZT11⑥：23	8. YZT22⑦：3
二期　3段	1. 李大人庄H2：44	1. 李大人庄H6：1	II 3. 李大人庄H2：38	II 5. 李大人庄H2：57	II 7. 李大人庄H2：41	

图2-54　冀西北地区早商时期陶瓶、盆、篮、假腹豆分期图

Ⅰ式:腹深直,圈足较矮,腹部多有弦纹。标本庄窠 YZT11⑥:23(图2-54:7)。

Ⅱ式:腹斜侈,圈足变高。标本李大人庄 H2:41(图2-54:8)。

假腹豆:数量不多。标本庄窠 YZT22⑦:3(图2-54:9)。

罐:根据整体形态差异可分为四型。

A 型:深腹罐。短颈卷沿,溜肩。标本官庄 M12:1、李大人庄 H2:43(图2-55:1、2)。

期段 \ 器物		A	B	C	D
一期	1段	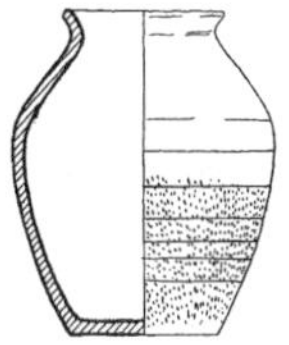 1. 官庄 M12:1		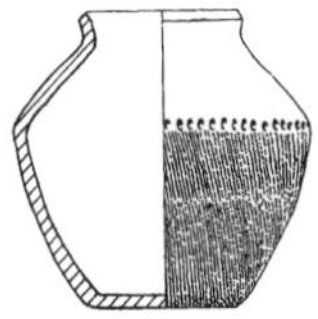 4. 官庄 M9:4	
二期	2段				
	3段	 2. 李大人庄 H2:43	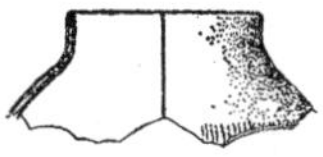 3. 李大人庄 H2:50		 5. 李大人庄 H2:47

图2-55　冀西北地区早商时期陶罐分期图

B 型:直领圆腹罐。数量不多。标本李大人庄 H2:50(图2-55:3)。

C 型:折肩罐。数量较多。标本官庄 M9:4(图2-55:4)。

D 型:大口罐。数量甚多。标本李大人庄 H2:47(图2-55:5)。

大口瓮:数量不多。标本李大人庄 H2:52(图2-56:1)。

蛋形瓮:数量较少。标本李大人庄 H2:55、T4①:1(图2-56:2、3)。

钵:数量甚多,基本皆为侈口,形态差异不大。标本官庄 M9:2、四十里坡 YXSH28:8、李大人庄 H2:36(图2-56:4、5、6)。

(二)分期与年代推定

冀西北地区大部分重要遗址的发掘材料三十余年来缺乏系统公布,本书只能借助于邻近地区的考古学文化谱系,粗略勾勒本地区商时期考古文化遗存的年代(表2-13)。

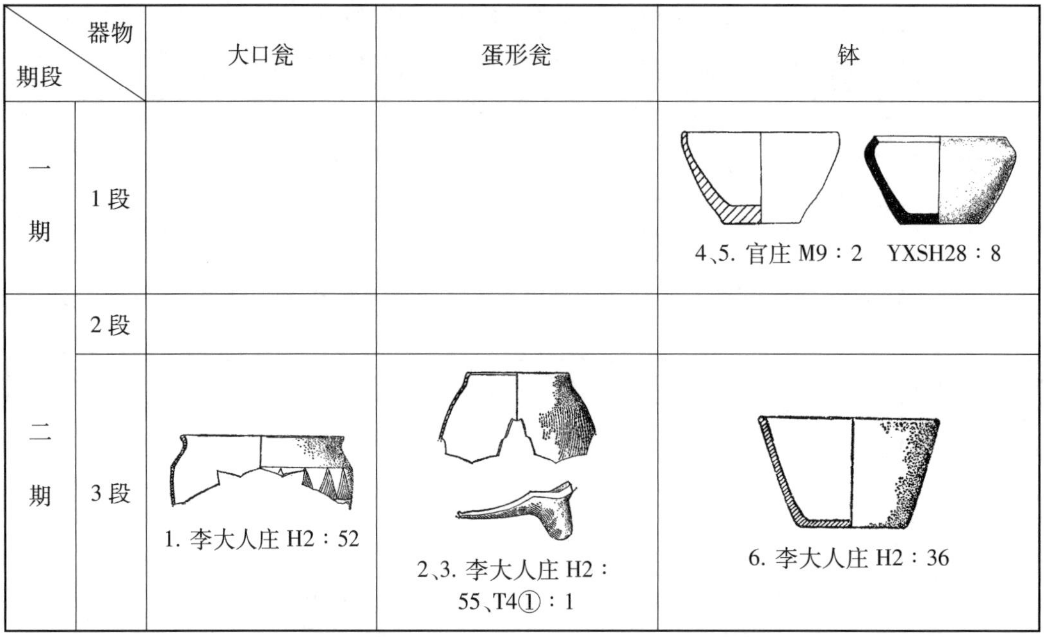

期段＼器物		大口瓮	蛋形瓮	钵
一期	1 段			4、5. 官庄 M9：2　YXSH28：8
二期	2 段			
	3 段	1. 李大人庄 H2：52	2、3. 李大人庄 H2：55、T4①：1	6. 李大人庄 H2：36

图 2‐56　冀西北地区早商时期陶瓮、钵分期图

表 2‐13　早商时期冀西北地区居址分期对照表

期段＼遗址		官庄	庄窠	四十里坡	贾家营	李大人庄
三期	4 段					2
二期	3 段			2	√	1
	2 段		√			
一期	1 段	√		1		
资料来源		①	②		③	④

　　蔚县四十里坡遗址 H28,原简报认为相当于二里冈下层阶段。李伯谦在后来的研究中赞同此说。之后的二十余年间,这一说法被大多数学者所赞同。近年来,这一说法仍被沿用。蒋刚认为 H28 中包含有较高实足根的折沿鬲,此类器物出现是受到了商文化的影

　　① 河北省文物研究所、张家口市文物管理处、怀来县博物馆:《河北省怀来县官庄遗址发掘报告》,《河北省考古文集》(二),北京燕山出版社(北京),2001 年。
　　② 张家口考古队:《蔚县考古记略》,《考古与文物》1982 年第 4 期;张家口考古队:《蔚县夏商时期考古的主要收获》,《考古与文物》1984 年第 1 期。
　　③ 陶宗冶:《河北张家口市考古调查简报》,《考古与文物》1985 年第 6 期。
　　④ 张家口市文物事业管理所、宣化县文化馆:《河北宣化李大人庄遗址试掘报告》,《考古》1990 年第 5 期。

响,年代当属早商,但在蒋氏的分期表中,却未见对 H28 年代的明确意见①。盛立双将H28 断在早商时期,但并未说明具体理由②。从上述研究者的分析推测,将 H28 年代划归早商时期,是因为他们认为该单位出土的宽沿高实足根鬲,是由宽沿的无实足根鬲演变而来的。在上述学者的论证中,实际上有一隐含的认识,即本地区土著的高实足根鬲是由深袋足无实足根鬲受到商文化的影响后才产生的,进入商纪年后,深袋足无实足根鬲也就随之消失。但是,昌平张营遗址的发掘材料公布后,可以确证夏商之际在燕山南北存在以实足根鬲与深袋足鬲为代表的两支并行的考古学文化。

　　蒋刚等人明确指出,以 H28 为代表的高实足根鬲受商文化影响而出现。但实际上,二里冈下层时期,中原地区商文化势力远未达到壶流河流域③。因此,将宽沿高锥足实足根鬲与商文化相联系,论据并不充分。而且,H28 中出土的筒形鬲(H28∶38)形态与庞家河遗址 H1 中的同类器(H1∶1)形态几乎完全相同(图 2 - 57)。后者在华北平原北缘地区是相当于二里冈下层文化时期的单位之一,从筒形鬲形态观察,晚于刘李店 M1 出土的筒形鬲。因此,庞家河 H1 与四十里坡遗址 H28 年代相当,应相当于二里冈下层文化时期。当然,本书前已述及,由于材料缺乏,本地区夏商之际遗存的准确断代还较困难,因此也不排除 H28 的绝对年代有可能略早。除 H28 以外,四十里坡遗址以T12②层为代表的遗存年代,略晚于庄窠遗址早商时期遗存,与李大人庄遗存第一段年代相当。由此本书将四十里坡早商时期遗存分为前后两段。

四十里坡 H28 出土器物	庞家河 H1 出土器物
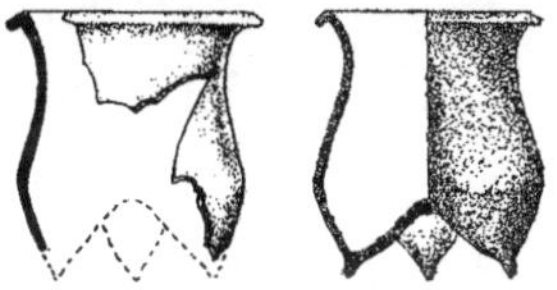 H28∶38、11	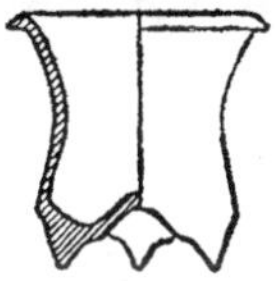 H1∶1
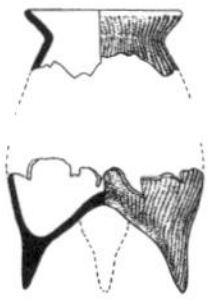 H28∶标	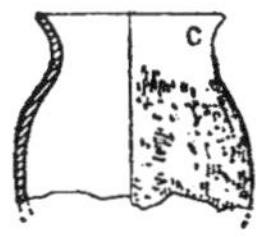 H1∶5

图 2 - 57　四十里坡 H28 与庞家河 H1 出土器物对比图

　　① 蒋刚:《文化演进与互动:太行山两翼夏商西周时期青铜文化研究》,科学出版社(北京),2017 年。

　　② 盛立双:《燕山南麓夏商时期考古遗存研究》,《边疆考古研究》(第 6 辑),科学出版社(北京),2008 年。

　　③ 刘绪:《商文化在北方的进退》,《"周边"与"中心":殷墟时期安阳及安阳以外地区的考古发现与研究》,历史语言研究所,2015 年。

对晚于四十里坡 H28 的本地区早商时期考古学遗存,学术界存在一定的分歧,主要集中于对李大人庄遗存的认识上。因此,冀西北地区早商时期的考古学文化分期,另一个核心问题就是李大人庄遗址的年代与分期。

宣化李大人庄遗址早商时期遗存据地层关系及器物形态差异,可分为前后两段,第一段以居址 H2、H4、H5、H6 等单位为代表;第二段以墓葬 M1、M4 为代表。对于李大人庄遗址 H2、M4 所代表的壶流河流域早商时期遗存,学术界对于年代与性质认识有较大的分歧。一种认识认为以李大人庄为代表的遗存属于早商时期,其产生背景是由于商文化传入中断了夏家店文化壶流河类型的发展,待商文化退出冀西北地区后,壶流河类型的后继土著人群再次从北方进入壶流河流域,因此产生了李大人庄类遗存。这种认识由李伯谦先生率先提出①,近年来,蒋刚亦赞同此说。②

另一种认识是原简报结语的意见,认为李大人庄遗存墓葬年代早于灰坑,认为其年代皆属于夏代。嗣后学者多从其说,赵菊梅更推定墓葬年代下限不晚于夏中期③。近年来,盛立双④、段天璟⑤等学者仍然坚持此说。他们认为李大人庄类遗存深受朱开沟二里头文化时期的影响。依照这种说法,李大人庄类遗存当与蔚县其他二里头文化时期遗存同时。但是这一认识最为奇特之处在于,李大人庄所在之洋河流域与蔚县诸遗址所在的壶流河流域相邻近,倘若二者同时,虽"鸡犬之声相闻"却老死不相往来,相互间没有丝毫的影响交流,未免难以理解。

从李大人庄遗存本身来看,其中主体遗存无实足根深袋足鬲袋足肥大,同样形态的深袋足鬲在二里头文化时期,非但未见于壶流河流域,也未见于燕山南麓及冀中北部地区,相反在二里冈上层文化时期出现于张营遗址(图 2−58)。李大人庄遗址最具代表性,发表器物最多的 H2 中,出土有不滚压绳纹的高尖锥状实鬲足根残片,这种鬲足是十分典型的商式鬲鬲足。这种陶鬲同时期亦见于壶流河流域的庄窠、四十里坡等数个遗址。由此可见,无论是从与周邻壶流河流域遗存的相互关系,还是遗存本身的考古学文化面貌,都可以说明李大人庄遗址为代表的遗存年代应在早商时期而不可能早至二里头文化时期。

本书以为,李大人庄遗址早商时期遗存可分为前后两段,一段以 H2、H4、H5 等单位为代表,第二段以 M1、M4 为代表,墓葬晚于灰坑。张营遗址陶鬲无实足根深袋足,鬲口沿为由较直立到较平缓,有花边的早于无花边的特征演变规律可为旁证。由这一演变规律可作旁证,李大人庄遗址墓葬年代当晚于灰坑。

怀来官庄遗址早商时期遗存仅有墓葬,以 M7、M9、M12 等为代表。从陶鬲与折腹盆形制观察,其年代略晚于二里头文化时期最晚时期的同类遗存。

① 李伯谦:《张家园上层类型若干问题研究》,《考古学研究(二)》,科学出版社(北京),1995 年。
② 蒋刚:《文化演进与互动:太行山两翼夏商西周时期青铜文化研究》,科学出版社(北京),2017 年。
③ 赵菊梅:《晋陕高原夏商时期考古学文化格局》,吉林大学硕士学位论文,2004 年。
④ 盛立双:《燕山南麓夏商时期考古遗存研究》,《边疆考古研究》(第 6 辑),科学出版社(北京),2008 年。
⑤ 段天璟:《从塔照遗址看夏时期的燕山南部地区——夏时期燕山以南地区文化结构的形成》,《边疆考古研究》(第 5 辑),科学出版社(北京),2007 年。

李大人庄出土器物	张营遗址出土器物
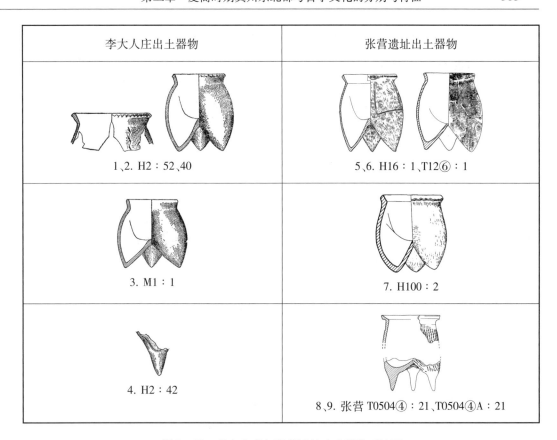	
1、2. H2：52、40	5、6. H16：1、T12⑥：1
3. M1：1	7. H100：2
4. H2：42	8、9. 张营 T0504④：21、T0504④A：21

图 2 - 58　李大人庄与张营遗址出土器物对比图

蔚县庄窠遗址早商时期遗存以各探方中的第⑥、⑦层为代表,遗存年代大体相近,从出土器物观察略晚于官庄遗址早商时期遗存。

张家口贾家营遗址未经正式发掘,所有材料皆为调查所获,根据调查所见器物,其早商时期遗存年代约相当于李大人庄第一段。

由上述各遗址的分期,本文暂将冀西北地区早商时期遗存分为三期 4 段。

一期 1 段:本段遗存甚少,以官庄墓葬与四十里坡遗址 H28 为代表。本段年代晚于同地区二里头文化时期最晚的遗存,又略早于出有典型二里冈上层文化遗物的二期 2 段,年代大体应在二里冈下层文化时期。

二期 2 段:本段遗存较丰富,本段因出有典型的二里冈上层文化时期的陶鬲,开始出现直腹簋、假腹豆,因此年代当在二里冈上层文化时期。

二期 3 段:本段遗存较为丰富。本段商式鬲唇缘下端勾棱明显,唇缘上多有凹槽。同时期在洋河流域出现了以李大人庄 H2 为代表的深袋足鬲,口沿多饰以附加堆纹。本期出现有箅托的陶甗,而直腹簋、假腹豆在本期消失。因此年代当晚于二里冈上层文化时期,约相当于白家庄阶段。

三期 4 段:本段遗存甚少,已经不见商式鬲,深袋足鬲唇部不见花边装饰,年代当晚于上一阶段。因此,本段年代当略晚于白家庄时期。

四、早商时期各期陶器的特征

从整体的文化面貌看,冀西北地区早商时期文化面貌变化较为明显。下面从陶系、炊器组合变化、其他标志性器物数量变化等方面略做总结。

（一）陶系

本地区缺乏详细的统计数据,因此仅能依据原简报所提供的相关描述加以简要分析。

一期1段：由于本段皆为墓葬,随葬陶器中陶鬲、折肩罐为夹砂陶,折腹盆、钵为泥质陶。本阶段中夹砂陶鬲、折肩罐皆为红褐色,皆饰绳纹,折肩罐肩部有的有楔形戳印纹。折腹盆、钵器表多黑色磨光。可见本阶段陶色以红褐与黑色最多见,与本地区二里头文化最晚阶段相对接近。

二期2段：本阶段材料较缺乏,从蔚县诸遗址情况来看,绝大多数为灰陶,但色泽不规整、褐陶比例较高,部分夹细砂陶砂粒极细,与泥质陶很难区分。纹饰以绳纹为主,素面陶比例较高,另有极少量的旋纹和饕餮纹。

二期3段至三期4段：本阶段夹砂陶比例最大,陶色以红褐为主,纯灰色次之,少数为黑褐色。由于火候不匀,所以器表灰褐红褐斑驳。泥质陶也以红褐者居多,少数为灰褐色。纹饰方面无论夹砂泥质,皆以绳纹为主,素面陶次之,附加堆纹比例较高,另有少量的旋纹、三角划纹等。

（二）器物群中的炊器特征与组合变化

本阶段炊器有鬲、甗两种。陶鬲以无实足根的深袋足鬲为主,折沿实足根鬲数量较少,流行时间较短,且多数为商式鬲。陶甗出现较晚,与商式鬲出现同时。本地区二期2段时有零星单把鬲,由于缺乏复原器,暂时无法讨论其源流。

（三）器物群其他主要器物特征与组合变化

本地区器类较少,组合与特征无甚独特之处,本文不再赘言。

第四节　小　　结

冀中北部地区、华北平原北缘地区与冀西北部地区在相同的时间段内文化面貌有诸多异同之处,同一地区在不同时段中考古学文化自身也存在变化,相互间也多有交流。在上文的排比基础上,这里仅就不同地区内文化面貌的差异与相同地区文化的变化略做小结。至于各地区不同时期的考古学文化属性、源流及其与周边地区的考古学文化关系本书将在第五章中予以分析。

一、二里头文化时期冀中北部与华北平原北缘、冀西北地区的相互比较

三者均相当于二里头文化时期,除冀中北部北放水遗址以外的极少遗址的个别单位外,大部分遗存的年代相当于二里头文化三至四期,可从以下几个方面进行比较。

1. 期别对应与分布特征

在冀州东北区中的三个小地理单元中,皆有自身的分期体系,以层层递进、区区排比之法,借由冀中南部地区的分期框架,以二里头文化的分期为标尺,可以对三个小区域的期别进行对应串联如下(表2－14)。

表 2－14　二里头文化时期冀州东北区不同地理单元分期体系对应表

二里头文化		冀中南部地区		冀中北部地区		华北平原北缘地区		冀西北地区	
期		期	段	期	段	期	段	期	段
四期	偏晚	二期	4	三期	5	二期	4	二期	3
	偏早		3		4		3		2
三期	偏晚	一期	2	二期	3	一期	2	一期	1
	偏早		1		2		1		
二期	偏晚			一期	1				
	偏早								
一期	偏晚					√			
	偏早								

华北平原北部边缘地区和冀西北地区目前仅发现相当于二里头文化三、四期的遗存,缺乏年代较早的遗存。冀中北部地区有十分丰富的二里头文化三、四期遗存,在北放水等个别遗址还有零星相当于二里头文化二期阶段的遗存,但材料较少。三个区域中,冀西北材料最薄弱,各期间仍有年代缺环,目前尚无法获得完整的年代序列。

(1) 冀中北部地区

从分布区域看,冀中北部地区二里头文化时期遗存较多,目前已知遗存多分布在太行山山前丘陵、平原及主要河流两岸。远离太行山山前的冀中与冀东平原腹心区域因属于古黄河冲积扇和古白洋淀地区,先秦时期的遗址埋藏较深,在现有的考古工作中资料匮乏。从分布的密集集聚性来看,二里头文化时期冀中北部地区的古遗存大致可分为如下几个集群区域:

其一,滹沱河北岸与大沙河之间的冲积平原,这一区域中目前未发现地区性中心,遗

址等级近似。目前所发现的遗址,年代普遍较晚,未见相当于二里头文化二期及以前的遗存。

其二,唐河中游、下游地区,尤其是唐河北岸地区,遗址数量略多,这一区域中也未见到高等级遗址。

其三,漕河、瀑河、易水以南区域,这一区域是本地区二里头文化时期遗址分布最为密集的区域,但未见等级较高的遗址。

其四,唐河、潴龙河、瀑河、易水交汇处与白洋淀周围。这一区域是古黄河故道西岸地区,遗址分布稀疏,未发现高等级聚落。

(2)华北平原北缘地区

华北平原北缘地区属于二里头文化二期以后各阶段的遗存皆有所发现,但各期间遗存年代仍有缺环,且分布非常不平衡。

从分布区域看,该地区二里头文化时期遗存非常丰富,目前已知的遗存分布于两个主要区域,其一是在太行山北端东麓发源于太行山的各东流水系两岸及山前丘陵地区,以及燕山西段南麓的山前地带;其二是在燕山东段南麓的山前地带。在两个区域间的永定河两岸罕有二里头文化时期的遗存。但无论任何小区域,都未发现较高等级的遗址。换言之,尚未发现区域性中心。

具体而言,从分布的密集集聚性来看,二里头文化时期华北平原北缘地区的遗存大致可分为如下几个小区域:

其一,易水以北至拒马河之间的太行山山前冲积平原及丘陵,这一地区的二里头文化时期遗存年代序列较完整。

其二,燕山南麓温榆河上游的河流两岸山前冲积平原与丘陵,目前发现的遗存年代集中在二里头文化三、四期前后。本区域需要注意的情况是,雪山遗址存在年代略早的遗存,但与其后的遗存间年代有缺环。

其三,燕山东段南麓的沟河、潮白河上、中游地区两岸地区。目前发现的遗存年代集中在二里头文化三、四期。

(3)冀西北地区

冀西北地区经过正式发掘的二里头文化时期遗存较少,目前未见较高等级聚落。从分布区域看,冀西北地区二里头文化时期遗存主要分布于两个小区域内:

其一,壶流河中下游的山间河谷盆地。目前发现的遗存年代集中在二里头文化三、四期。

其二,燕山山脉以北与坝上草原以南的洋河中游地区。现有材料十分零星,目前发现的遗存年代集中在二里头文化四期。

2. 陶系与纹饰

与冀州东南片区相比,本地区各小区域间的区域陶器特征较明显。

首先对比陶系。

相当于二里头文化三期时,各区域皆有遗址发现。冀中北部地区以夹砂陶为主,泥质陶比例较小。陶器火候不高,陶色较斑驳,以黑陶居多,灰陶次之,但不甚纯净,红褐陶也有一定的比例。华北平原北缘地区夹砂陶与泥质陶比例大体相当。从统计结果看,个别单位有夹砂陶比例略高的现象。陶色以灰、黑陶为绝大多数,褐陶的比例较高,不见红陶。冀西北以褐陶数量最多,但泥质陶与夹砂陶的比例不详。

相当于二里头文化四期时,各区遗址数量更多。冀中北部地区年代偏早阶段的遗址泥质陶比例开始超过夹砂陶,陶色以红褐陶为主,黑褐陶比例减少,但陶色仍不纯正。年代偏晚阶段,该地区陶色逐渐趋于纯正,灰陶比例开始占据主导地位,黑褐陶次之,红褐陶再次。本阶段绳纹占纹饰中的绝大多数,素面与磨光陶在本区偏东地区比例很高,而在本区太行山前区域比例开始下降。在古白洋淀边缘的后白寺、哑叭庄遗址,陶器烧制温度不高,陶色多斑驳。华北平原北缘地区大部分遗址以夹砂陶占绝对数量,陶器中夹云母的比例远高于其他周邻区域。该地区陶色褐陶数量多,黑陶与灰陶比例不高,但红陶数量明显上升。

其次对比纹饰。

相当于二里头文化三期时,冀中北部地区纹饰以各类绳纹为主,绳纹较粗,滚压不甚规整,有一定比例的篮纹,磨光陶和素面陶比例较高,平底器底部较少有绳纹滚压,附加堆纹有一定数量,但戳压印纹的比例不高。华北平原北缘地区素面陶(含磨光)比例非常高,为同时期邻近地区所不见,各遗址都有一定比例的篮纹,除年代或许略晚的镇江营H277外,绳纹比例在本地区不高。冀西北地区纹饰中绳纹十分发达,除器表常见滚压绳纹外,平底器的器底也往往滚压以绳纹,甚至于部分磨光陶在磨光前也滚压有绳纹,将绳纹抹去后再磨光。除绳纹外,其他纹饰并不发达,偶见有戳印纹,几乎不见附加堆纹。

相当于二里头文化四期时,冀中北部地区绳纹占纹饰中的绝大多数,素面与磨光陶在本区偏东地区比例很高,而在本区太行山前区域比例开始下降。在古白洋淀边缘的后白寺、哑叭庄遗址,陶器烧制温度不高,陶色多斑驳,纹饰滚压也不规范。这一方面是陶器制作不精细所致,另一方面或许受古黄河以东的岳石文化影响所致。华北平原北缘地区素面陶与划纹比例本阶段明显上升,绳纹比例则略有下降。冀西北地区的纹饰比例变化不大,但绳纹较以前两个阶段压印较浅,磨光陶较以往光亮。

3. 炊器组合

二里头文化时期,三地炊器组合差异较为突出。

冀中北部地区以高领、矮领肥袋足鬲最为常见,也是本区最具特色的陶鬲种类。此大类陶鬲的总体演变规律是颈部由高变矮,较高的颈部由较竖直到较斜侈。腹部由较肥鼓到较瘦直。个体形态由较大到较小。器表装饰绳纹由较粗到较细。早期陶鬲鬲足表面多有捆扎的凹槽,晚期凹槽逐渐消失。早期高领鬲上或有錾手,晚期逐渐消失。到三期时,在本区北部唐河流域(尤其是北岸),开始偶见折肩鬲和筒腹鬲。此两类陶鬲,与夏家店下层文化或大坨头文化关系密切,当暗示了后两支文化的分布或影响的南缘。在古白洋淀西、南岸、古黄河西岸的濒水区,在三期时出现的鼓腹素面鬲则与永定河下游及潮白河流域同一阶段的同类鬲有较密切的关系。古白洋淀周边遗址中各类肥袋足鬲制作粗疏,陶胎厚且陶质较粗,烧成温度不高,纹饰散乱的特点,与本区偏西的太行山前区别明显,而与古黄河以东的岳石文化分布区的陶器有较多共性。

华北平原北缘地区,二里头文化三期时陶鬲的种类较多,形态变化也较复杂。在易水与拒马河流域,以各式高领肥袋足鬲最常见,总体特征中最为突出的是领部较高,唇缘多有花边装饰。在拒马河以北,陶鬲的形态则不太定型,种类较多。在潮白河流域,陶鬲的种类更复杂,也没有任何陶鬲占绝对多数。在拒马河以北,泥质筒腹鬲和无实足根鬲则相对较多。陶甗有有箅托和无箅托两种,前者甑部较肥大,后者较深瘦。无论有无箅托,陶甗器表腰部多为素面,有附加堆纹者较少。本阶段有一定数量的陶甑,圆形大孔的甑孔较周边地区特殊。一般在盆罐类的底部有一圈小的隔棱作为箅托。本阶段本区北部地区有少量的陶斝。另外,本地区零星发现有陶鼎足部残片,所谓侧装三角扁足,足缘外侧有的有捏压痕迹。

冀西北地区炊器形态相对简单,陶鬲总体而言有三类,一类是高领高锥足的垂腹鬲,此类陶鬲领部斜侈,袋足肥鼓外垂,实锥足较高,陶鬲器表绳纹滚压较深,但实足根光素无纹;第二类为泥质或夹细砂的筒腹鬲,筒腹深瘦,实足根细高,其上滚压有绳纹,有的筒腹上有彩绘;第三类是深袋足无实足根鬲,本阶段此类陶鬲束颈较甚,肩腹部折曲较明显。

4. 其他器物组合与特征

炊器以外,其他器物在冀州东北区相对简单,种类也较少,与冀州东南区对比鲜明。本地区最为突出的特点就是各类陶瓮与罐较其他地区更为丰富,种类较多。陶盆却相较于其他地区制作粗糙。制作精细的素面旋纹盆、磨光装饰的敛口瓮等在本地区数量甚少。折腹盆、筒形罐在本地区较为常见,与冀州东南部地区不同。陶豆在本区域整体数量较少,制作精细的浅盘细柄豆比较少见,碗形、盂形豆数量较多。平口瓮在本区不发达。

二、早商时期冀中北部与华北平原北缘、冀西北地区的相互比较

三区域在早商时期文化面貌区域差异性较大,遗存年代相当于二里冈下层至殷墟一期偏早。大体可以从如下几个方面对三区域进行粗疏的比较。

1. 期别对应与分布特征

在冀州东北区中的三个小地理单元中,皆有自身的分期体系,依邹衡先生早商时期商文化分期体系为标尺,可以对三者的期别进行对应串联如下(表2-15)。

冀中北部地区与华北平原北缘地区早商时期遗存年代序列完整,虽无法与郑洛地区的早商时期商文化一样细密分段一一对应,但以"宜粗不宜细"的方式来看,基本的年代序列完整且无缺环。除二里冈上层二期偏晚阶段遗存之外,其余期段的遗存相对都不太丰富。各小区普遍缺乏二里冈下层偏早阶段的遗存。

表 2－15　早商时期冀州东北区不同地理单元分期体系对应表

早商期		冀中南部地区		冀中北部地区		华北平原北缘地区		冀西北地区	
段	组	期	段	期	段	期	段	期	段
四段	Ⅷ	三期	5	三期	4	三期	5	三期	5
	Ⅶ		4		3		4		4
三段	Ⅵ	二期	3	二期	2	二期	3	二期	3
	Ⅴ						2		2
二段	Ⅳ	一期	2	一期	1	一期	1	一期	1
	Ⅲ		1						

（1）冀中北部地区

从分布情况看,冀中北部地区早商时期遗存总体不多,目前已知遗存多分布在太行山山前丘陵、平原及主要河流两岸。从分布的密集集聚性来看,早商时期的遗存大致可分为如下两个集群区域:

其一,太行山东麓中段山前平原及滹沱河两岸,这一区域目前未发现地区性中心,遗址密集,等级近似,但遗存的年代集中在二里冈上层文化时期,二里冈下层阶段遗存极少有发现;

其二,白洋淀西缘、北缘,遗址等级很低,年代集中在二里冈上层时期,零星有一些遗存年代可早至二里冈下层阶段;

（2）华北平原北缘地区

从分布情况看,华北平原北缘地区早商时期遗存总体数量不多,目前遗址集中分布在易水、潮白河两岸地区。从分布的密集性观察,可有两个较密集的集群区域:

其一,易水上、中游、拒马河中下游两岸与太行山山前冲积平原及丘陵,这一地区发现的早商时期遗存较集中,遗存年代集中在二里冈上层阶段,二里冈下层阶段的遗存不丰富。

其二,潮白河中、上游、温榆河上游的河流两岸与燕山南麓的山前冲积平原与丘陵,这一区域是华北平原北缘地区早商时期遗址分布较为密集的区域,目前发现的遗存年代集中在二里冈文化上层阶段,各遗址间等级接近,未发现明显差异。

（3）冀西北地区

冀西北地区经过正式发掘的早商时期遗存较少。从分布区域看,与本地区的二里头文化时期遗存主要分布小区域接近,但在洋河中下游地区的遗址数量似有增加。

2. 陶系与纹饰

由于冀州东北部区域统计数据的缺乏,各小区域的细致对比无法开展,仅能大略述其面貌。

首先对比陶系。

相当于二里冈下层文化阶段,冀中北部地区仅有后白寺遗址的统计数据,该遗址的泥质陶比例远多于夹砂陶,陶色以杂驳的各类灰色为主,黑褐、红褐色陶比例较高。华北平原北缘地区没有较好的统计数据,仅有围坊遗址描述性的统计数据作为参考。该遗址以夹砂陶占绝对多数,部分夹砂陶中亦羼杂有云母屑。陶色以褐陶居多,灰陶次之。冀西北地区本阶段没有公布较好的居址材料,墓葬的随葬陶器以红褐与黑色为多,与该地区二里头文化最晚阶段相对接近。

相当于二里冈上层文化阶段,遗址数量较多。但冀中北部地区统计较好的遗址几乎没有。台西遗址以泥质和夹砂灰陶最多,约占出土陶片数量的 92%;其次是泥质黑陶,泥质红陶和夹砂红陶。华北平原北缘地区以夹砂陶为绝大多数,泥质陶的比例极少。陶色中仍以各类褐陶为绝大多数,黑陶和红陶在本阶段小有上升,而灰陶略有下降。冀西北地区以蔚县诸遗址情况来看,绝大多数为灰陶,但褐陶多,色泽斑驳,部分夹细砂陶砂粒极细与泥质陶很难区分。豫北地区夹砂陶与泥质陶比例开始趋近,不同遗址不同单位中偶有区别,有的泥质陶略高,有的夹砂陶略高。由于火候不匀,所以器表灰褐红褐斑驳。泥质陶也以红褐者居多,少数为灰褐色。

其次对比纹饰。

三个小地区皆以各类绳纹为绝大多数。在冀中北部内器底滚压绳纹的现象十分普遍,该区印纹十分丰富,附加堆纹则多见于大型陶鬲或小口瓮等器物的颈腹部之上。后白寺遗址纹饰的刮削、施纹较粗疏的作风,则与太行山前的遗址差别较大。华北平原北缘地区附加堆纹较流行,蛇纹在本区域十分有特色。

3. 炊器组合

相当于二里冈下层文化时期,各地皆以陶鬲为最主要的炊器,夹砂罐的比例不高,这与冀中南部、豫北的差别十分鲜明。各区域内有极少量的甑、甗和斝。陶鼎虽有一定数量,但绝不占主流。冀中北部地区陶鬲的形态与冀中南部差别已经变得较为明显,各类肥袋足鬲的数量、种类都较多,与冀中南部的相对单纯样态差别明显。华北平原北部地区陶鬲有深袋足无足根鬲与锥形实足鬲两个较大群体。深袋足鬲中除蛇纹鬲外,各主要种类均已出现。实足根鬲中折沿鬲与瓮形鬲尚未发现。除此之外,尚有少量的折肩鬲与筒形鬲。到二里冈上层文化时期,永定河以北的陶鬲整体风格趋肥,领部变矮。折肩鬲形体变小,袋足斜瘦。筒形鬲变小,开始出现蛇纹鬲,但是数量不多,永定河以南尚未发现此类器物的踪迹。

二里冈上层文化时期,华北平原北缘地区在永定河以南,折肩鬲接近消失,矮领深袋足鬲、筒形鬲已经彻底消失,陶鬲种类中实锥足陶鬲占据了绝对优势。在实锥足鬲中,与冀中北部同时期较常见的折沿鬲较为常见,形态与郑州地区常见的白家庄时期陶鬲虽有一定区别,但仍应属于受商文化影响后形成的地方形态。冀西北地区陶鬲以无实足根的深袋足鬲为主,商式折沿实足根鬲数量较少,且流行时间较短。

本地区陶甗有两类,一种有箅托,一种无箅托,数量似乎并无太大的差别,这与冀中南部地区差别较大。

在本区域中,华北平原北缘地区有一类陶甑比较特殊,其甑底仅有环形箅托,中心为一大孔的甑未见于本地区以南的周边地区,但在太行山西麓则有一定数量。

4. 其他器物组合与特征

相当于早商时期,三地其他陶器群组合整体较为接近,但在类似折腹盆、折肩瓮、大口瓮等个别器物上有区域差异。整体看,本地区的器物群相对单调,不太复杂。

本地区的蛋形瓮以三足者比较常见,这与冀中南部、冀南地区以圈足和平底者为绝大多数有比较明显的差别。

三、晚商时期冀中北部与华北平原北缘、冀西北地区的相互比较

三区域在晚商时期文化面貌区域差异性较大,遗存年代相当于殷墟一期偏晚阶段至殷墟四期偏晚。大体可以从如下几个方面对三区域进行粗疏的比较。

1. 期别对应与分布特征

在冀州东北区中的三个小地理单元中,皆有自身的分期体系,依邹衡先生晚商时期商文化分期体系为标尺,可以对三者的期别进行对应串联如下(表2-16),但冀西北地区尚未发现晚商时期的遗存,无法讨论。

表 2-16　晚商时期冀州东北区不同地理单元分期体系对应表

晚商期		冀中南部地区		冀中北部地区		华北平原北缘地区		冀西北地区	
段	组	期	段	期	段	期	段	期	段
七段	XIV	三期	5	三期	3	三期	3		
	XIII		4						
六段	XII	二期	3	二期	2	二期	2		
	XI								
五段	X	一期	2	一期	1	一期	1		
	IX		1						

冀中北部地区与华北平原北缘地区晚商时期遗存年代序列完整,虽无法与豫北地区的晚商时期商文化一样细密分段一一对应,但以"宜粗不宜细"的方式来看,基本的年代序列完整且无缺环。

(1)**冀中北部地区**

从分布情况看,冀中北部地区晚商时期遗存较丰富。目前已知遗存多分布在太行

山山前丘陵、平原及主要河流两岸。从分布的密集集聚性来看，可分为如下两个集群区域：

其一，太行山山前平原及滹沱河两岸，北界大体可到唐河南岸。这一区域中目前未发现地区性中心，遗址密集，等级近似，年代自殷墟二期至四期皆有；

其二，白洋淀北缘、南缘至易水中下游。这一区域中目前已知的遗址等级很低，遗址数量较少，年代序列相对可断续串联，但总体遗址稀疏。

（2）华北平原北缘地区

从分布情况看，华北平原北缘地区晚商时期遗存总体数量不多，目前遗址遗存集中分布在易水、潮白河两岸地区。从分布的密集性观察，可有两个较密集的集群区域：

其一，易水上、中游、拒马河中下游两岸与太行山山前冲积平原及丘陵，这一地区是早商遗存分布较密集的区域，所发现的晚商时期遗存较集中，遗存年代基本可断续串联晚商时期。

其二，潮白河中、上游、温榆河上游的河流两岸与燕山南麓的山前冲积平原与丘陵，这一区域是华北平原北缘地区晚商时期遗址分布较为密集的区域，目前发现的遗存年代集中在相当于殷墟三、四期的阶段，与当地早商时期遗存间存在年代缺环。

2. 陶系与纹饰

由于冀州东北部区域统计数据的缺乏，各小区域的细致对比无法开展，仅能大略述其面貌。

相当于殷墟二期阶段，冀中北部地区各遗址以灰陶为主，但夹砂陶与泥质陶的比例不详。纹饰以粗绳纹最为常见，其他纹饰有旋纹、戳印纹、附加堆纹等。各遗址之间存在差异。华北平原北缘地区统计数据少，渐村遗址显示夹砂陶占绝对优势，陶色以褐色陶为主，黑陶的比例较高。陶器多以各类绳纹装饰，附加堆纹的比例在本阶段较高，远超素面陶。七里庄遗址第三期遗存以夹砂灰褐陶为主，但陶色不纯，多有黑色斑块。纹饰以绳纹为主，绳纹较浅细。

相当于殷墟三期阶段，陶系在不同地理单元的不同遗址间有差异，小地理单元间的差别较明显。拒马河以南仍以夹砂陶为绝大多数。陶色与上一阶段变化不大，唯红陶比例在本期略有增加。旋纹的比例开始上升，与之相应的是绳纹比例略有下降。拒马河以北夹细砂褐陶数量最多，黑皮褐陶也占有一定的数量，纹饰以印痕较浅的散乱绳纹最多，有一定数量的深直绳纹。本期偏晚阶段，深直绳纹的比例开始增加。永定河以北夹砂陶比例较高，但与永定河以南相比，则明显较少；褐灰陶比例远高于永定河以南众遗址。纹饰方面，永定河以北地区的附加堆纹、旋纹比例甚低，素面陶与磨光陶比例相对较高，在最多的绳纹中又以压印深直的绳纹数量甚多。

相当于殷墟四期阶段，白洋淀边缘地区陶色斑驳不甚规范，以绳纹最为常见，有一定数量的刻划纹、旋纹和附加堆纹，但这一时期素面陶的比例低。拒马河以南仍以夹砂陶占绝对优势，陶色方面红陶比例明显上升，褐陶略有下降，素面陶的比例有较明显的增加，而旋纹则明显下降。拒马河以北的夹细砂褐陶比例超过八成,黑皮陶的数量明显下降。压印深直的绳纹占据统治地位,比例已近七成,附加堆纹明显增加。

3. 炊器组合

本区内晚商时期炊器以各类陶鬲为绝大多数,甗、甑比例在本区极低。但陶鬲的形态在不同地区有差异。陶鼎、斝、罐等炊器在本区晚商时期罕见。陶甑在本地少见扇形甑孔者,而多为多个圆形甑孔。陶甗在本地有有算托和无算托两种,但整体数量较少。

晚商时期冀中北部地区器物群中陶鬲的形态较单调,与冀南和冀中南部相比,种类更少。但高领带颈花边鬲与华北平原北缘地区的围坊三期文化相同,从一个侧面说明围坊三期文化的南界已经可到唐河流域。

华北地区北缘地区的拒马河以南,在殷墟二期出现了领部饰有附加堆纹的高领肥袋足鬲。同时,各遗址仍有一定比例的折沿鬲,形态与本地区早商第三期遗存的同类型陶鬲有较为明确的承袭关系。拒马河以南仍然偶见的折肩柱足鬲,当与早商第4段折肩筒腹鬲有一定的渊源关系。在永定河以北,殷墟三期以后最主要的陶鬲以无附加堆纹的宽沿深袋足鬲为代表。由永定河东西两岸的两种陶鬲的比例与分布地区看,应属不同的考古学文化。

北京大学震旦古代文明研究中心学术丛书之四十三

夏商時期古冀州的考古學研究
文化譜系篇

常怀颖 著

下册

上海古籍出版社

Aurora Centre for the Study of Ancient Civilizations, Peking University

Publication Series , No.43

Archaeological Research on the Ancient Jizhou Region during the Xia-Shang Periods （ Volume of Cultural Genealogy ）

Chang Huaiying

II

Shanghai Chinese Classics Publishing House

第三章　夏商时期冀州西南部考古学文化的分期与特征

在本书的写作区域划分中,冀州西南部可细分为长治盆地、运城盆地与临汾盆地三个小区域(详后)。

第一节　长治盆地考古学文化的分期与特征

一、夏时期的遗存分期

本文所称长治盆地,旧称上党盆地,指太行山、太岳山与王屋山间的清、浊漳河上游区域。盆地东北部为太行山,西侧为太岳山,南端为王屋山和太行山南段北麓,主要的水系有清漳河、浊漳河上游、沁河、丹河及其支流。行政区划主要包括今山西省的长治市、晋城市与晋中市南部的榆社、左权两县。这一地区的二里头文化时期考古工作起步较晚。1980 年代中后期,随着长治小神遗址的发掘,本地区夏时期的考古工作才得以展开。至2021 年为止,长治盆地共发现了二里头文化时期的遗存数十处(图 3 - 1),但经过科学发掘的地点很少,其中仅有数处资料得到正式公布。

（一）地层关系

截至 2021 年,长治盆地二里头文化时期发掘面积较大且公布材料较为丰富的遗址以长治小神、榆社台曲、屯留西李高、沁县南涅水和泽州和村遗址为代表。虽然有上述数处遗址的材料,但本地二里头文化时期的遗存整体上还是比较缺乏的。

小神遗址二里头文化时期遗存地层关系缺乏全面交代,从现有报告及部分遗迹平面图中可以梳理出下列九组地层关系:

（1）H32→H33→H39

（2）H32→H48

（3）M7→H35→H36

（4）H67→H85→H81→H82→H84

（5）H83→H78、H84

（6）H69→H78

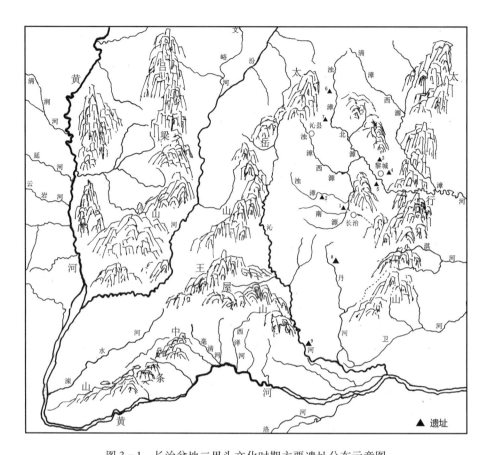

图 3 - 1　长治盆地二里头文化时期主要遗址分布示意图

1. 小神　2. 西李高　3. 古县　4. 望北　5. 赵店　6. 台曲　7. 南涅水　8. 西李门　9. 和村

(7) H72→H73→H77

(8) H72→H73→H79→H74

(9) TG1①→②→③→④→⑤→⑥

上述地层关系中,H81、H83 等单位遗物十分丰富,可作为代表性单位。

在第(9)组地层关系中,TG1③层及以下地层皆为二里头文化时期遗存。

台曲遗址二里头文化时期遗存皆出自各探方第③层。

西李高遗址提供二里头文化时期地层关系一组:

T7、8①→H10→H12→H16→H17

另外,原简报提及,西李高遗址"文化层堆积较浅,灰坑均开口于耕土层之下,打破关系较为复杂"。但是由于原简报提供信息过少,无法详加验证。

(二) 陶器形制分析

长治盆地各遗址二里头文化时期遗存比较丰富,器类亦较多样。总体看,三足器、平底器、圜底器皆有一定的比例。鬲、鼎、盆、豆、罐、瓮等几类器物形制演变轨迹较为清晰,是分期断代的重要依据。

鬲: 无复原器,残片甚多,皆为卷沿,根据整体形态差异可分为三型。

A型:高领鼓腹。数量最多,肩部多耸出。根据颈部变化形态差异可分为三式。

Ⅰ式:高领甚直,有的唇缘经压印成为花边。标本西李高H18:31、南涅水H32:67、西李高H21:16、东垴TLDN1204:8(图3-2:1、2、3、4)。

Ⅱ式:高领斜侈,略变矮。标本南涅水H21:42(图3-2:5)。

Ⅲ式:侈领较长。标本小神H91:45、北底XYBD1004:29、南涅水H15:9(图3-2:6、7、8)。

B型:矮领鼓腹。数量较少,根据腹部形态差异可分为两式。

Ⅰ式:矮领鼓腹,唇缘或经压印成为花边,肩腹折转鼓凸,最大径在上腹。标本西李高H18:23、东垴TLDN9606:2(图3-2:9、10)。

Ⅱ式:领部更矮,领肩曲线更流畅,腹部不鼓凸,最大径下移至腹中,裆部变矮,鬲足变矮。标本小神TG1④:11、南峰XYNF1006:135、台曲T17③:1(图3-2:11、12、13)。

C型:卷沿筒腹。数量不多。根据腹部形态差异可分为两式。

Ⅰ式:侈领,下腹略收。标本西李高H18:30、东宁静XYDNJ1010:2(图3-2:14、15)。

Ⅱ式:侈领,领部变矮。标本台曲T19③:1(图3-2:16)。

鬲足: 本地区二里头文化时期的鬲足(部分可能是甗足)皆光素,不滚压绳纹。有两类,一类足尖尖细,整体不算太高,与袋足相接处袋足较鼓,实足根上无制作时加固的捆扎槽。标本小神H91:175、古县采集:04、土落XYTL1007:1、二神QXES1104:24(图3-3:1-4)。另一类足尖略粗,整体较第一类稍高,与袋足相接处的袋足不太鼓,实足根表面有制作时的捆扎槽,标本东垴TLDN1204:15、小神H91:132、西李高H18:19、台曲鬲足T14③:2(图3-3:5-8)。大略来看,似乎第一类无捆扎槽的实足根年代较晚。

甗: 陶甗在本地区二里头文化时期较为常见,但复原器甚少。所见者根据有无箅托可分两类。

A型:有箅托者,数量最多,是本地二里头文化时期陶甗的主要形态。一般在器表腰部有附加堆纹做成的花边装饰,同时起到加固作用,有的甚至有纵向的附加短鋬耳作加固。由于复原器太少,无法分式,但似乎总体上器体在变宽肥,尤其是上部盆甑部分似乎年代偏早的较瘦。标本西李高H18:4、上庄岭QXSZL1104:32、古县采集0:17、常金TLCJ1204:34、魏家窑WXWJY1103:2、小神H83:41(图3-4:1-6)。

B型:无箅托。数量不多,器表外侧也多见附加堆纹装饰。标本南涅水H14:97、史家岭XYSJL1007:7、小神H72:14(图3-4:7、8、9)。

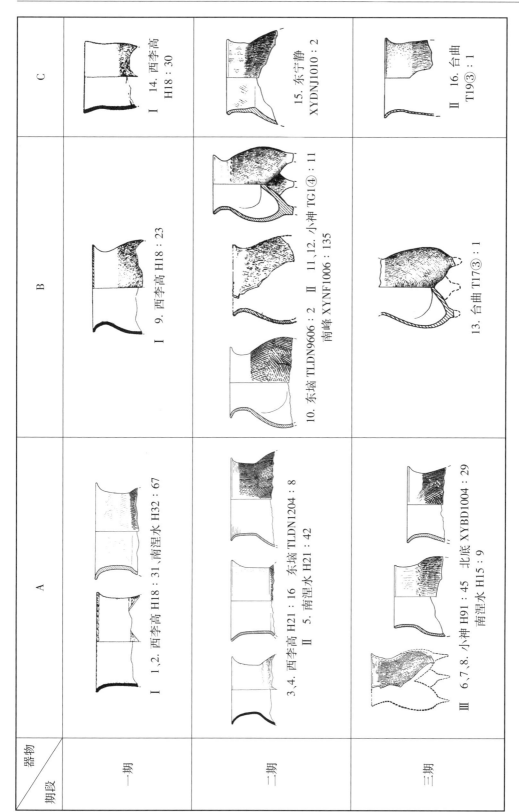

图 3 - 2　长治盆地二里头文化时期陶鬲分期图

鬲足无捆扎槽	鬲足有捆扎槽
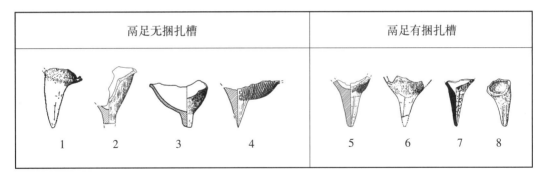	
1　　2　　3　　4	5　　6　　7　　8

图 3-3　长治盆地二里头文化时期陶鬲足

鼎：数量甚少,皆盆形。根据盆腹差异可分为两型。

A 型：盆腹为深腹盆。标本小神 H92：1、和村 H13：8(图 3-4：10、11)。

B 型：盆腹为浅腹盆。标本小神 H82：15(图 3-4：12)。

斝：数量较多,但复原器极少。基本上都有敛口,上腹多有五花大绑式附加堆纹,实足根表面无绳纹,较粗大。一般折肩较生硬。个别肩颈相接处有环形耳。标本西李高 H18：27、小神 H91：11(图 3-4：13、14)。

盆：数量种类甚多,根据盆腹差异可分为六型。

A 型：深弧腹盆,根据沿腹形态差异可分为两式。

Ⅰ式：宽沿上斜,深斜腹,较直。标本南涅水 H13：6、西李高 H18：5(图 3-5：1、2)。

Ⅱ式：沿略窄,深鼓腹较直。标本常金 TLCJ1204：4、小神 H83：6(图 3-5：3、4)。

B 型：鼓腹盆。上腹较直,下腹弧鼓。根据腹部形态差异可分两式。

Ⅰ式：深腹微鼓,最大径在肩腹相接处。标本西李高 H18：22、和村 H31：34(图 3-5：5、6)。

Ⅱ式：腹肩折转明显,最大径上移。标本小神 TG1③：8、南涅水 H15：12(图 3-5：7、8)。

C 型：直腹盆,侈口斜直腹。根据沿颈形态差异可分为两式。

Ⅰ式：宽沿,斜腹较深直。标本西李高 H18：22、小神 H13：1(图 3-5：9、10)。

Ⅱ式：腹部变浅,下腹微弧鼓。标本南涅水 H21：41、和村 H13：24(图 3-5：11、12)。

D 型：浅腹盆,敞口平底,较常见。标本石室 TLSS1306：2、小神 H91：4(图 3-5：13、14)。

E 型：浅弧腹盆。与浅腹盆的区别在于上腹略有弧曲。数量较少。标本桥上 WXQS1103：15、和村 H31：27、南涅水 H32：82(图 3-5：15、16、17)。

F 型：曲腹折肩盆。制作较精细,数量较少。标本赵店采集：1(图 3-5：18)。

簋：数量极少,无复原器。标本西李高 H18：38、台曲 T18③：1(图 3-6：1、2)。

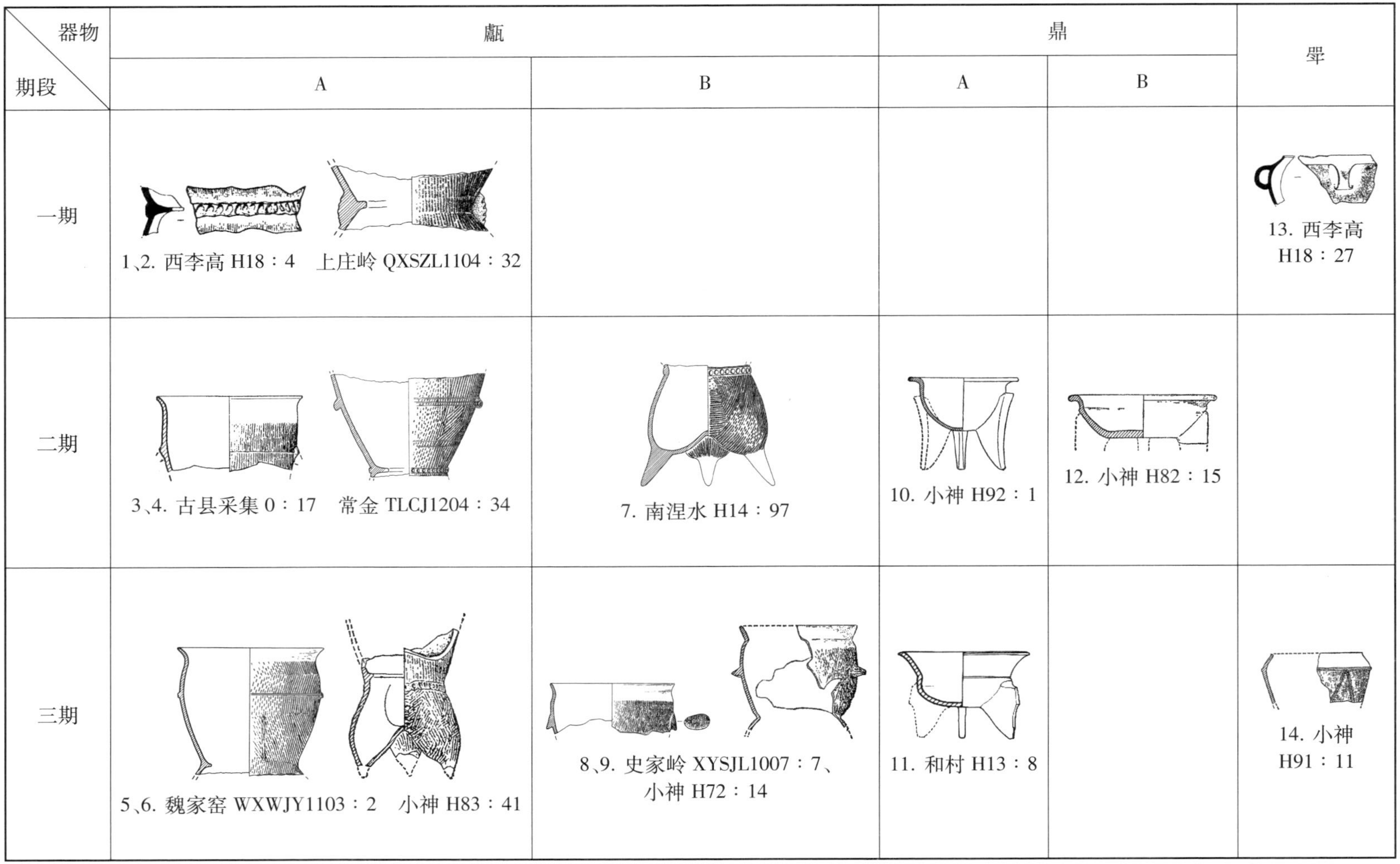

图3-4 长治盆地二里头文化时期陶甗、鼎、斝分期图

器物 期段	甗 A	甗 B	鼎 A	鼎 B	斝
一期	1、2. 西李高 H18：4 上庄岭 QXSZL1104：32				13. 西李高 H18：27
二期	3、4. 古县采集 0：17 常金 TLCJ1204：34	7. 南涅水 H14：97	10. 小神 H92：1	12. 小神 H82：15	
三期	5、6. 魏家窑 WXWJY1103：2 小神 H83：41	8、9. 史家岭 XYSJL1007：7、小神 H72：14	11. 和村 H13：8		14. 小神 H91：11

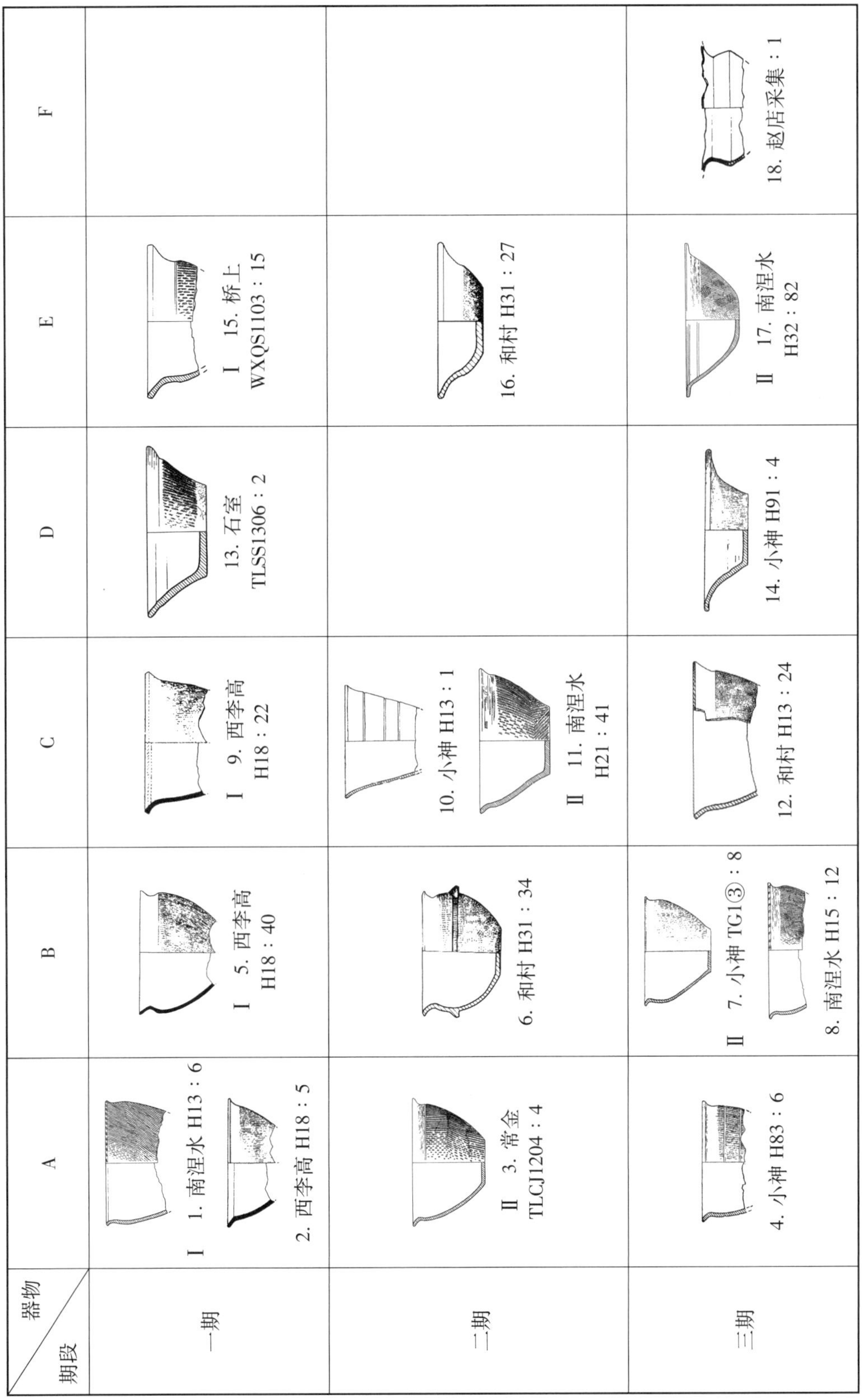

期段	A	B	C	D	E	F
一期	Ⅰ 1. 南涅水 H13：6 2. 西李高 H18：5	Ⅰ 5. 西李高 H18：40	Ⅰ 9. 西李高 H18：22	13. 石室 TLSS1306：2	Ⅰ 15. 桥上 WXQS1103：15	
二期	Ⅱ 3. 常金 TLCJ1204：4	6. 和村 H31：34	10. 小神 H13：1 Ⅱ 11. 南涅水 H21：41		16. 和村 H31：27	
三期	4. 小神 H83：6	Ⅱ 7. 小神 TG13③：8 8. 南涅水 H15：12	12. 和村 H13：24	14. 小神 H91：4	Ⅱ 17. 南涅水 H32：82	18. 赵店采集：1

图 3－5　长治盆地二里头文化时期陶盆分期图

豆:数量不多,复原器更少,以粗柄碗形居多,少见浅盘型,制作也较粗疏。根据盘腹深浅差异可分两型。

A 型:盘较深,弧腹。标本和村 H31∶3、小神 H69∶1(图 3-6∶3、4)。

B 型:盘较浅,斜腹。标本南涅水 QXNNS1104∶19、小神 H83∶42、和村 H13∶24(图 3-6∶5、6、7)。

罐:数量较多,种类繁杂。根据整体形态差异可粗略分为深腹罐、圆腹罐、高领罐、折肩罐、大口罐等六型。

A 型:深腹罐。发表材料中数量不多,复原器少,目前看不出形态变化。标本西李高 H18∶32、和村 H31∶25(图 3-7∶1、2)。

器物 期段	簋	豆	
		A	B
一期	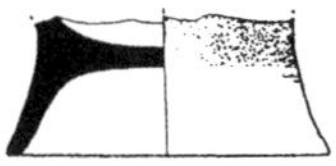 1. 西李高 H18∶38		
二期		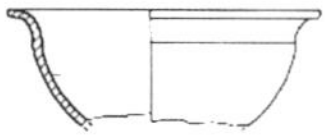 3. 和村 H31∶3	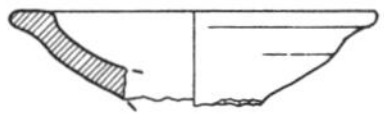 5. 南涅水 QXNNS1104∶19
三期	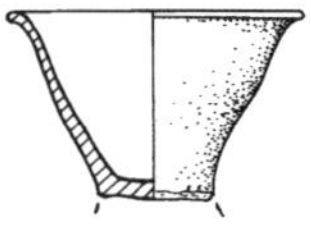 2. 台曲 T18③∶1	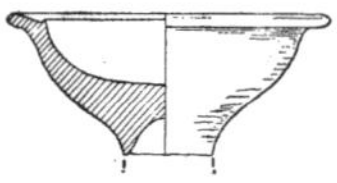 4. 小神 H69∶1	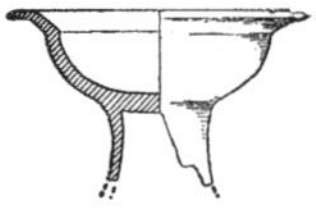  6、7. 小神 H83∶42　和村 H13∶24

图 3-6　长治盆地二里头文化时期陶簋、豆分期图

B 型:圆腹罐。数量较多,复原器少,目前看不出形式变化。有的器体肩部有錾耳,口沿压印成花边的个体较多。标本西李高 H18∶14、马喊 XYMH1007∶2、魏家窑WXWJY1103∶91(图 3-7∶3、4、5)。

C 型:高领罐。数量较多,圆唇,有的唇缘压印成花边,上腹微鼓。标本西李高 H26∶1、小神 TG1③∶7(图 3-7∶6、7)。

D 型:双錾罐,数量不多。对錾耳自唇上伸出。标本和村 H31∶25(图 3-7∶8)。

E 型:折肩罐。数量较多,有的在肩部压印"S"形纹、雷纹,有的戳印有楔形点纹。根

据肩部形态差异可分为两式。

　　Ⅰ式：矮领,腹较深,肩部折转较圆。标本西李高 H31∶4(图 3-7∶9)。

　　Ⅱ式：腹较浅,硬折肩。标本古县采集:16(图 3-7∶10)。

　　F 型：大口罐,有一定数量。根据沿面形态差异可分为两式。

　　Ⅰ式：宽沿较直立,鼓腹较直。标本常金 TLCJ1204∶47、西李高 H18∶12、寨上 XYZS1010∶3(图 3-7∶11、12、13)。

　　Ⅱ式：宽沿,折曲较明显,鼓腹。标本古县采集:13(图 3-7∶14)。

　　瓮：根据整体形态差异可分为小口瓮、平口瓮、蛋形瓮三类。

　　小口瓮：数量较少,根据口领形态差异可分为两型。

　　A 型：小口束颈,根据颈部收束差异分为两式。

　　Ⅰ式：侈领小口,肩领相接处较圆转。标本西李高 H18∶33、南涅水 H17∶5 (图 3-8∶1、2)。

　　Ⅱ式：束颈较甚,口略大,肩领相接处折转较硬。标本小神 H81∶11(图 3-8∶3)。

　　B 型：小口直领。标本东塂 TLDN1204∶9(图 3-8∶4)。

　　平口瓮：数量较多,形态差别较大。一般制作都较精致,肩与上腹多磨光,饰成组旋纹,有的在肩部压印云纹、三角纹或戳印楔形点纹。一般都为平底,个别有多足者。可分三型。

　　A 型：肩部折转不明显。标本赵店采集:02、和村 H13∶21(图 3-8∶5、6)。

　　B 型：肩部折转明显。标本魏家窑 WXWJY1103∶1(图 3-8∶7)。

　　C 型：多足,十分罕见。标本土落 XYTL1007∶9(图 3-8∶8)。

　　蛋形瓮：数量极多,修复者较少,无法看出形态演变规律,上部皆为敛口,但唇沿形态有折沿和无沿两种。蛋形瓮下部形态较多,主要有圈足、平底和带实足三种。圈足标本如西李高 H18∶35、桥上 WXQS1103∶31、小神 H91∶35(图 3-8∶10、17、19)。平底者数量少,标本如小神采集:49(图 3-8∶14)。带实足者以三足为常见,但也有四足甚至多足者,标本如小神 TG1④∶19、H91∶150(图 3-8∶11、13)。

　　A 型：折沿,沿面短平。标本西李高 H18∶2、台曲 T18③∶2、小神采集:49 (图 3-8∶9、12、14)。

　　B 型：无沿,方唇或圆唇。标本西李高 H18∶1、小神 H84∶2、小神 H86∶12(图 3-8∶15、16、18)。

　　管流爵：数量不多,但十分有代表性。标本南涅水 H21∶40、小神采集:63(图 3-9∶1、2)。

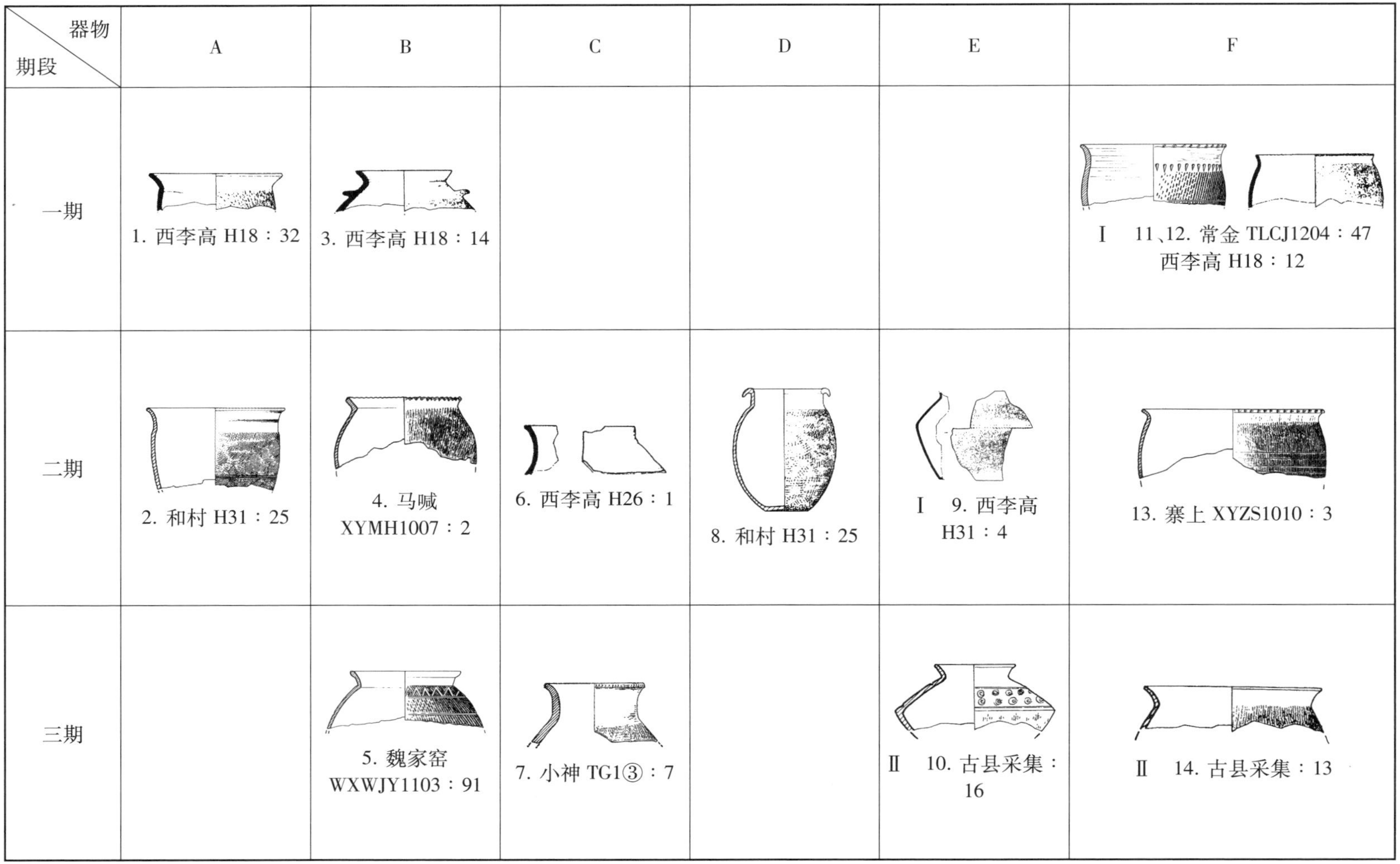

器物 期段	A	B	C	D	E	F
一期	1. 西李高 H18：32	3. 西李高 H18：14				I　11、12. 常金 TLCJ1204：47　西李高 H18：12
二期	2. 和村 H31：25	4. 马喊 XYMH1007：2	6. 西李高 H26：1	8. 和村 H31：25	I　9. 西李高 H31：4	13. 寨上 XYZS1010：3
三期		5. 魏家窑 WXWJY1103：91	7. 小神 TG1③：7		II　10. 古县采集：16	II　14. 古县采集：13

图 3－7　长治盆地二里头文化时期陶罐分期图

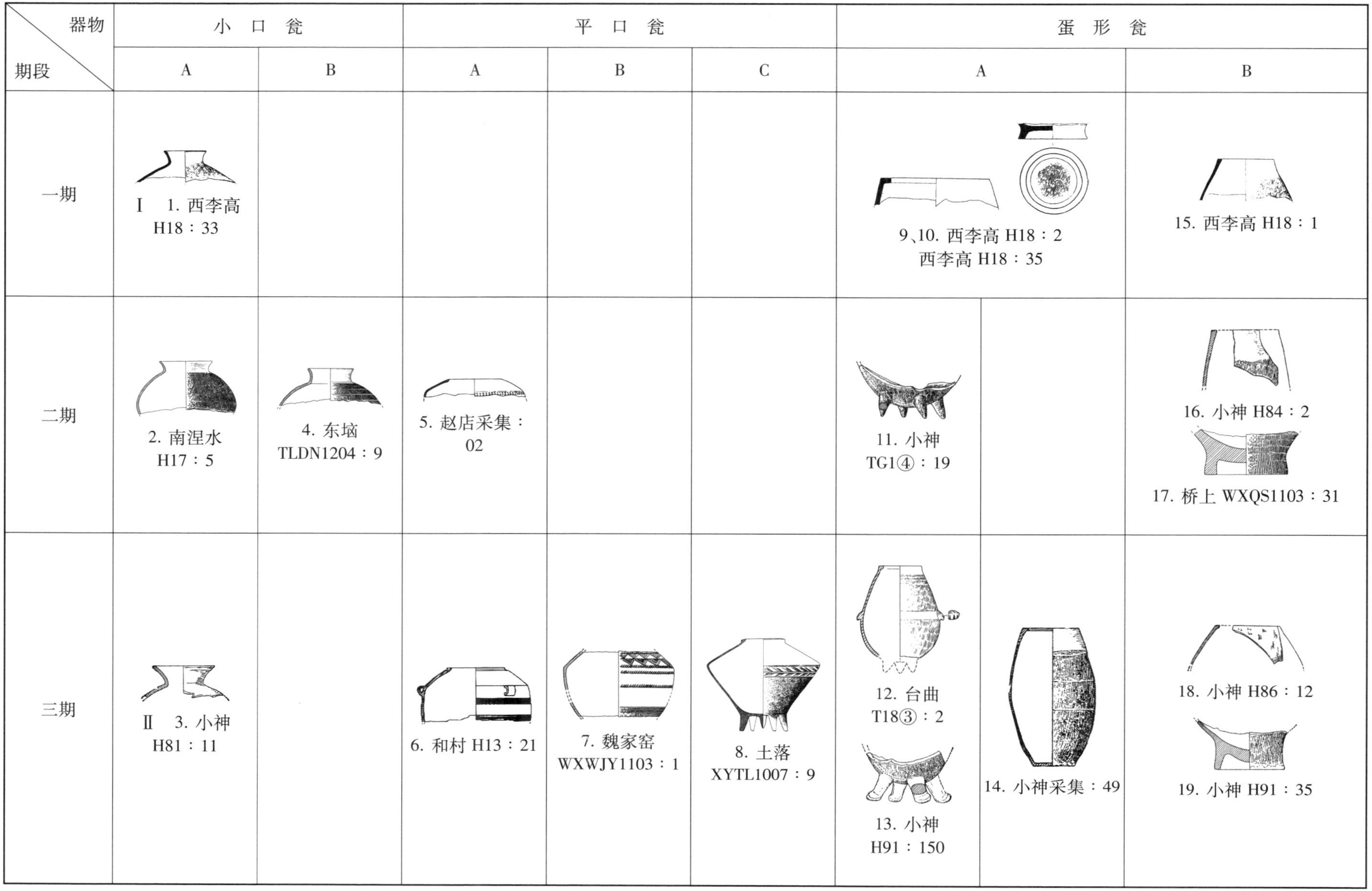

期段\器物	小口瓮 A	小口瓮 B	平口瓮 A	平口瓮 B	平口瓮 C	蛋形瓮 A	蛋形瓮 B
一期	1. 西李高 H18：33					9,10. 西李高 H18：2 西李高 H18：35	15. 西李高 H18：1
二期	2. 南涅水 H17：5	4. 东崄 TLDN1204：9	5. 赵店采集：02				16. 小神 H84：2 17. 桥上 WXQS1103：31
三期	3. 小神 H81：11		6. 和村 H13：21	7. 魏家窑 WXWJY1103：1	8. 土落 XYTL1007：9	11. 小神 TG1④：19 12. 台曲 T18③：2 13. 小神 H91：150 14. 小神采集：49	18. 小神 H86：12 19. 小神 H91：35

图 3-8 长治盆地二里头文化时期陶瓮分期图

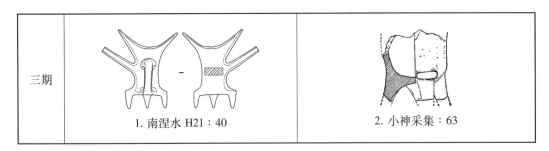

図 3 - 9　长治盆地二里头文化时期陶管流爵分期图

(三) 分期与年代推定

由于长治盆地二里头文化时期遗存缺少堆积时代延续较长的有效地层关系,且遗物并非特别丰富,因此难以进行十分细致的分期研究。

原发掘报告认为,小神遗址年代接近,无法进行细致分期。严志斌①、蒋刚②等学者的研究虽提及小神遗址二里头文化遗存年代与东下冯遗址三、四期相当,但并未对其具体分析,而仅是作为一期遗存一并加以对比研究。我认为,结合太行山东麓冀南与冀中地区(详本书第一章第二、三节及第二章第一节)与晋西南运城盆地(详本章第二节)、晋中地区(详本书第四章第一节)二里头文化时期同类器物形态演变规律可知,太行山两侧高领鬲的演变规律皆为领部由直渐侈,领部高度逐渐降低;矮领鬲演变规律则是腹部逐渐变瘦;陶甗盆甑部分由较肥到较瘦直;高领罐演变规律则为领部逐渐变矮,腹部逐渐变浅。由此规律可将小神遗址二里头文化时期遗存分为前后两期。第一期以小神 TG1④层、H82、H84、H92 等单位为代表;第二期则包括 TG1③层、H69、H72、H81、H83、H86、H91 等单位。

原简报认为,屯留西李高遗址二里头文化时期遗存年代单纯,无需分期,年代大体相当于二里头文化四期。但以小神遗址为标尺,可以将西李高二里头文化时期遗存亦可分为前后两期,第一期以 H18 为代表;第二期则以 H26、H31、H21 等单位为代表。西李高遗址第二期与小神遗址第一期相当,第一期则略早于小神一期。

黎城古县遗址二里头文化时期遗存未经发掘,所得皆获自调查。陶甗上部盆甑较肥,年代当不会太早。古县遗址大致有前后两期的遗存,可能分别与小神遗址两期的年代相当。

黎城望北与赵店两遗址二里头文化时期遗存未经发掘,所得皆获自调查,遗物较单纯,年代约相当于小神遗址第二期。

榆社台曲遗址二里头文化时期遗存较单纯,年代约相当于小神遗址第二期。

国家博物馆在浊漳河流域调查中,发现二里头文化时期的遗址数十处,遗址数量众多,虽然有效地层关系极少,但调查所获的遗物可补充上党盆地二里头文化时期遗物的不足。从调查材料看,在浊漳河北源支流涅河的南涅水遗址,二里头文化时期的遗存时代延

① 严志斌:《试析长治小神遗址的二里头时期遗存》,《北方文物》1999 年第 1 期。
② 蒋刚:《文化演进与互动:太行山两翼夏商西周时期青铜文化研究》,科学出版社(北京),2017 年。

续较长,相当于小神遗址三段的遗存都有发现。浊漳南源的支流绛河流域的屯留常金,浊漳西源的屯留石室、沁县上庄岭,北源的武乡桥上,有二里头文化时期偏早阶段的遗存。浊漳南源的屯留东塩、襄垣史家岭,北源的武乡魏家窑以及浊漳干流的襄垣东宁静等遗址二里头文化阶段年代偏晚的遗存十分丰富。

　　浊漳河流域调查时在沁县南涅水遗址进行了小规模的发掘,获得了一些地层关系,根据发掘简报刊布的发掘区平面图及遗物,有三组地层关系发表材料较多:

　　(1) H32、H15、H30→H12

　　(2) H32→H14→H12

　　(3) H21→H2

　　但在这些地层关系中,发掘所获得遗物却需要甄别,很多单位似乎并不单纯。比如H11、H15 的发表遗物中,既有龙山时期的,也有二里头时期的,有的甚至还有二里冈时期的,较难判断该单位的准确时代,故该遗址材料仅能视作采集器物使用。

　　泽州和村遗址发掘简报公布资料中公布了 H13、H31 两个二里头文化时期单位的资料。从器物形态演变规律看,H31 年代略早,约相当于小神遗址的第一段遗存;而 H13 年代略晚,与小神第二段遗存同时。

　　由上述遗址的分期,可将本区二里头文化时期遗存整合分为三期(表 3 - 1),由于材料尚不丰富,暂不对其分段。

表 3 - 1　二里头文化时期长治盆地居址分期对照表

期段 遗址	一　期	二　期	三　期	资料来源
小神		1	2	①
西李高	1	2		②
古县		1	2	③
望北			√	
赵店			√	
台曲			√	④
和村		1	2	⑤

　　① 山西省考古研究所晋东南工作站:《长治小常乡小神遗址》,《考古学报》1996 年第 1 期。

　　② 山西省考古研究所:《山西屯留西李高遗址发掘》,《文物春秋》2009 年第 3 期。

　　③ 山西省考古研究所晋东南工作站:《山西黎城古文化遗址调查报告》,《文物季刊》1998 年第 4 期。

　　④ 山西省考古研究所:《山西榆社台曲遗址发掘》,《三晋考古》(一),山西人民出版社(太原),1994 年。

　　⑤ 山西省考古研究所、晋城市文物研究所、晋城博物馆:《山西泽州和村遗址发掘简报》,《中国国家博物馆馆刊》2014 年第 5 期。

续表

期段 遗址	一　期	二　期	三　期	资料来源
南涅水		√		①
浊漳河调查		√		②

一期：材料不多。本段炊器以陶鬲、甗为主，偶见陶鼎、斝。陶器制作较为粗糙。由于目前材料较少，这一时期器物种类尚不甚丰富。本期陶高领鬲（H18：31）形态与东下冯遗址第Ⅱ期 H61：2、东太堡 59B276 及太行山东麓的北放水 H24：1、白村 H14：3 形态接近（图 3-10）。因此，与邻近地区相比，本段年代大体相当于二里头文化二期晚段。

二期：材料较丰富，本段炊器组合与上一阶段相同，但陶鼎、斝数量增加，器形与第一段有所变化。其他常见器类在这一时期基本都已出现。陶器制作开始较精细。本阶段高领鬲西李高 H21：16，形态与运城盆地的东下冯 H7：1、太行山东麓的补要村 H131：02、葛庄 H78：10 同类器接近。矮领鬲小神 TG1④：11，形态与太行山东麓邯郸涧沟 H8：6 同类器接近（图 3-10），因此本段年代约相当于二里头文化三期。

三期：材料较丰富，本段炊器组合与上一阶段相近，唯陶鼎数量锐减。陶器种类较为丰富，盆、豆数量较上期更多，陶器制作较为精细。本期高领鬲有小神 H91：45，形态与运城盆地东下冯 H418：37、晋中地区白燕 T127③D：2、太行山东麓北胡庄 H124：1 接近。筒腹鬲有台曲 T19③：1，形态与东下冯 H64：14、太行山东麓邯郸龟台寺 57H57：187 接近（图 3-10），本期年代约相当于二里头文化四期。

二、夏时期各期陶器的特征

从整体的文化面貌看，长治盆地二里头文化时期各期之间文化面貌差异不甚明显。下面我从陶系、炊器组合变化、其他标志性器物数量形态变化等方面予以分析。

（一）陶系

第一期：本期仅有西李高遗址陶系统计描述，该遗址以夹砂陶为主，泥质陶次之。陶器火候较高，陶色以灰陶为主，褐陶较少。纹饰以各类绳纹为主，但滚压不甚规整，散乱。有一定数量的篮纹，方格纹有零星发现，本期有一定比例的附加堆纹和刻划纹。磨光陶和素面陶在本段比例较高，平底器底部较少有绳纹滚压。附加堆纹在本段较常见，但施用器类较固定。本阶段戳压印纹的比例不高。

---

① 中国国家博物馆、山西大学历史文化学院、山西省考古研究所：《山西沁县南涅水遗址考古发掘报告》，《华夏考古》2016 年第 3 期。
② 中国国家博物馆、山西省考古研究所、长治市文物旅游局：《浊漳河上游早期文化考古调查与研究》，科学出版社（北京），2015 年。

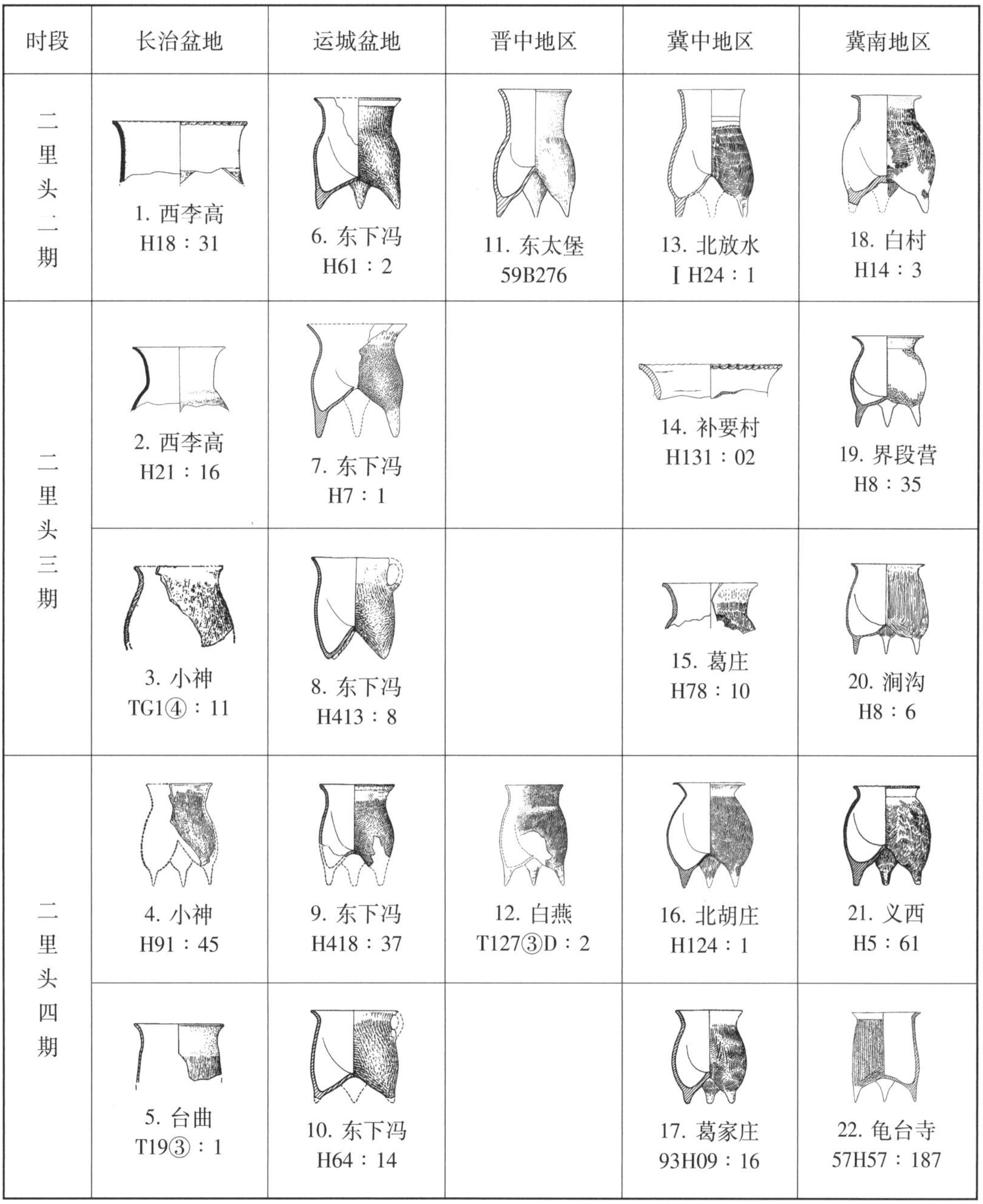

时段	长治盆地	运城盆地	晋中地区	冀中地区	冀南地区
二里头二期	1. 西李高 H18：31	6. 东下冯 H61：2	11. 东太堡 59B276	13. 北放水 ⅠH24：1	18. 白村 H14：3
二里头三期	2. 西李高 H21：16	7. 东下冯 H7：1		14. 补要村 H131：02	19. 界段营 H8：35
二里头三期	3. 小神 TG1④：11	8. 东下冯 H413：8		15. 葛庄 H78：10	20. 涧沟 H8：6
二里头四期	4. 小神 H91：45	9. 东下冯 H418：37	12. 白燕 T127③D：2	16. 北胡庄 H124：1	21. 义西 H5：61
二里头四期	5. 台曲 T19③：1	10. 东下冯 H64：14		17. 葛家庄 93H09：16	22. 龟台寺 57H57：187

图 3－10　长治盆地与周邻地区陶鬲分期对比图

　　第二期：本期以小神遗址统计数据为例，泥质陶比例最多，占 63%；夹砂陶次之，占 37%。陶色仍以灰陶为主，约占 85.6%，红褐陶占 8.7%，黑皮陶占 5.7%。本期纹饰以绳纹占绝大多数，约占 67.4%，小神遗址仍有近 6% 的篮纹和极少量的方格纹。本期仍有较多的附加堆纹、刻划纹。本期素面陶和磨光陶的比例较高。

　　第三期：本期无较准确的统计数据，以台曲遗址的陶系描述为例。台曲遗址泥质陶未经细致淘洗,所以夹砂陶与泥质陶区别不明显。本期仍以灰陶为主,有部分颜色发黑,故可知陶色不匀,该遗址另有部分灰褐及棕褐陶,也有少量褐胎黑皮或灰皮陶。本期纹饰以绳纹为主,另有部分素面、磨光和附加堆纹、旋纹及三角划纹。

（二）器物群中的炊器特征与组合变化

二里头文化时期本区缺乏准确的器类组合数据,因此无法精确说明炊器的组合比例变化。总体说来,本区域始终以鬲为最主要的炊器,甗、斝次之,鼎的数量一直较少,作为炊器的夹砂罐不发达。本区内未见分体的陶甑。炊器组合中可能有部分夹砂罐作为补充,但夹砂深腹罐的总体数量不多。这里仅对以上四种器类的形制变化规律略做总结。

鬲:本地区以高领鬲最为常见,领部演变规律与周邻地区相同,需要指出的是,本地区高领鬲唇缘饰花边的作风比例较高。本地区矮领鬲数量比例甚少,少见同时期太行山以东常见的矮领翻缘鬲。同时,本地区罕见晋西南地区较多见的单把鬲、深袋足无实足根鬲及太行山东麓常见之折肩鬲。陶鬲形态不如豫北地区多样,也比较少见冀南地区较规范的薄胎、细绳纹矮领鬲。从鬲足形态观察,本地区表面有捆扎凹槽的鬲足比例较高。

甗:本地区陶甗较常见,陶甗绝大多数有箅托,器表腰部附加堆纹十分常见,上部盆甑部分双鋬手较常见,这些形态特点与周邻地区差别不大。

斝:本地区陶斝比例较高,陶斝以敛口斝最为常见,形态与晋中、晋西南及太行山东麓冀中、冀南地区的同类器形态相同。敞口斝较罕见。

鼎:本地区有一定数量的陶鼎,但缺少罐形鼎,盆形鼎形态与晋西南最为接近。

（三）器物群其他主要器物特征与组合变化

二里头文化时期本区器物群相对较为简单,本地区最为突出的特点就是各类蛋形瓮较其他地区更为丰富,且种类较多。其中带实足的蛋形瓮的数量之高,为周邻地区之最。

本地陶豆、泥质盆不甚发达,尤其缺乏制作精细并磨光的豆和鼓腹盆,浅盘形的细柄豆更罕见。

三、商时期的遗存分期

这一地区商时期考古遗存很多,但经过科学发掘者寥寥,材料得以刊布者更少。截至2021年底,所发表材料中仅有长治小神、黎城赵店、下桂花、屯留西李高四处遗址的发掘资料,且较系统(图3-11)。长治盆地商时期遗存各单位缺乏相互间地层关系的描述。因此,对于其分期只能多借助于器物形态比较。

（一）陶器形制分析

上述四处遗址商时期遗存不甚丰富,结合周邻地区早、晚商时期年代学研究成果,可以鬲、盆、豆、瓮四类器物形制演变轨迹作为分期断代依据。

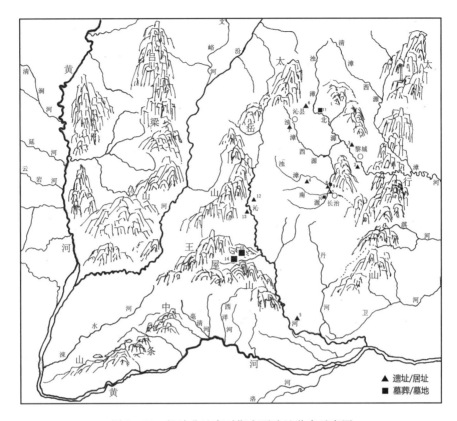

图 3-11　长治盆地商时期主要遗址分布示意图

1. 小神　2. 赵店　3. 下桂花　4. 西李高　5. 西李门　6. 南涅水　7. 圪芦河　8. 西旺　9. 白兔村
10. 北高庙　11. 上城村　12. 白村　13. 川口　14. 杨疙瘩　15. 南沟

鬲：根据沿腹形态差异可分为三型。

A 型：长方体鬲，多卷沿，斜腹较瘦，形体有大小之别，大者口径超过 25 厘米，小者近 10 厘米，但整体形态接近。根据沿、腹形态差异可分为七式。

Ⅰ式：卷沿，圆唇或尖圆唇，沿面前端微卷，胎体较薄，细绳纹。标本西李门 H1∶21（图 3-12∶1）。

Ⅱ式：卷沿，圆唇，腹部瘦削。标本南涅水 H14∶99（图 3-12∶2）。

Ⅲ式：卷沿，方唇，沿面前端起榫上翻，下端勾出，沿面前端多有凹槽。颈部有的戳印圆圈纹。标本魏家窑 WXWJY1103∶82（图 3-12∶3）。

Ⅳ式：方唇，沿面起榫上翻，近盘口，沿面前端多有一至两道凹槽，唇缘多有凹槽，唇缘下端有较明显的勾棱。标本西李高 H21∶8、西李高 H21∶3、下桂花采集∶2（图 3-12∶4、5、6）。

Ⅴ式：宽沿，斜方唇，沿面前端起榫，沿面前端多有一至两道凹槽，唇缘多有凹槽。标本小神 H2∶42（图 3-12∶7）。

Ⅵ式：宽沿，斜折沿上翘，斜方唇，沿唇之上不见凹槽，腹微鼓。标本小神 H96∶1、小神 H52∶17、西旺 JQXW9605∶10、二神 QXES1104∶1（图 3-13∶1-4）。

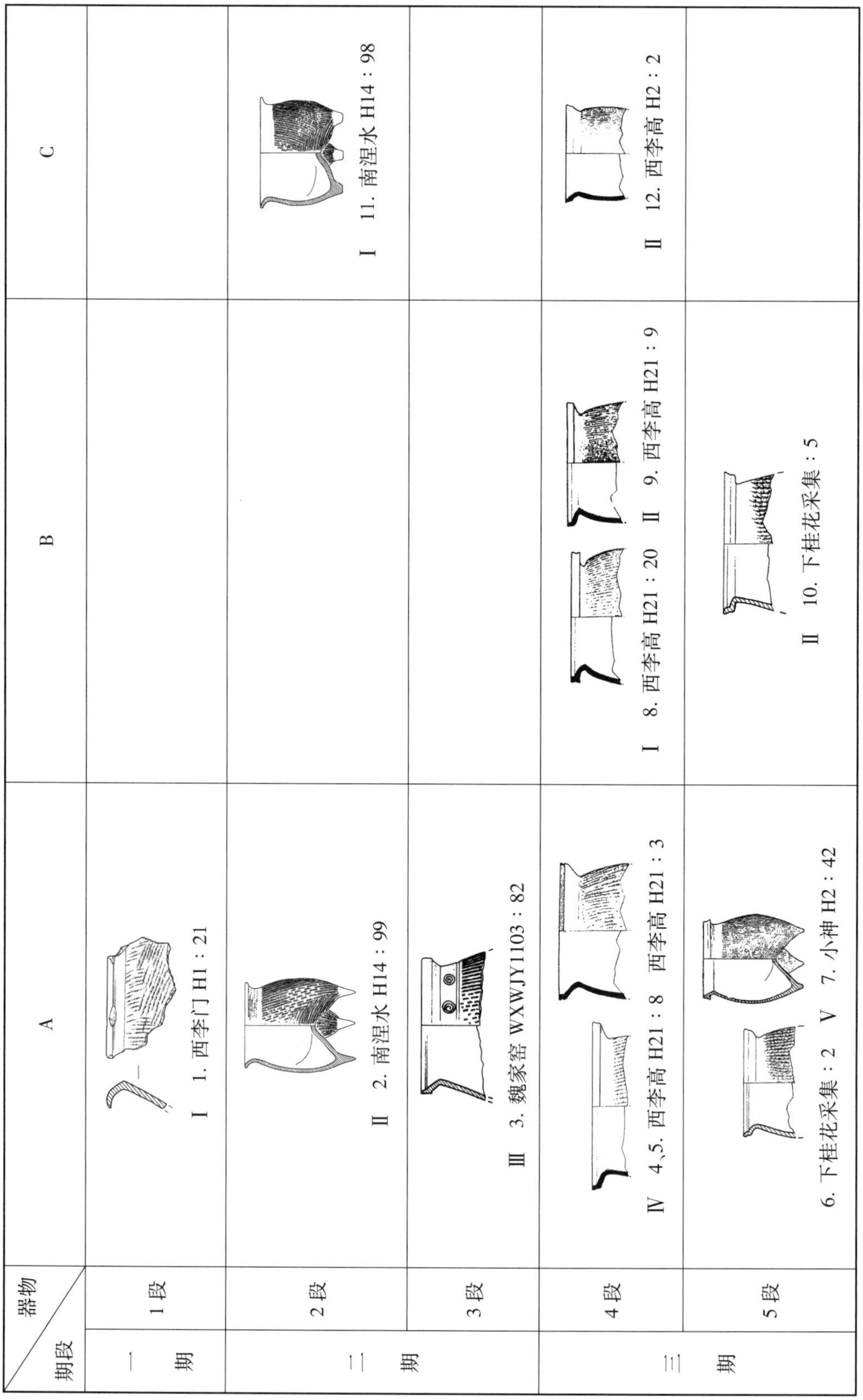

器物\期段	A	B	C
1段 一期	Ⅰ 1. 西李门 H1∶21		
2段 二期	Ⅱ 2. 南涅水 H14∶99		Ⅰ 11. 南涅水 H14∶98
3段	Ⅲ 3. 魏家窑 WXWJY1103∶82		
4段 三期	Ⅳ 4,5. 西李高 H21∶8	Ⅰ 8. 西李高 H21∶20　Ⅱ 9. 西李高 H21∶9	Ⅱ 12. 西李高 H2∶2
5段	Ⅴ 6. 下桂花采集∶2　7. 小神 H2∶42　西李高 H21∶3	Ⅱ 10. 下桂花采集∶5	

图 3 - 12　长治盆地商时期陶鬲分期图(一)

Ⅶ式：卷沿较宽，微束颈，分裆变低，实足根不明显。标本南涅水 H23：38（图 3-13：5）。

B 型：横长方体鬲，多折沿，鼓腹较肥。形体有大小之别，大者口径超过 25 厘米，小者近 10 厘米，但整体形态无太大差别。根据整体形态差异可分为三式。

Ⅰ式：方唇，沿面起榫上翻，近盘口，沿面前端多有一至两道凹槽，唇缘多有凹槽，唇缘下端有较明显的勾棱。标本西李高 H21：20（图 3-12：8）。

Ⅱ式：方唇或斜方唇，唇缘多有凹槽，沿面前端起榫，唇缘下端有较明显的勾棱。标本西李高 H21：9、下桂花采集：5（图 3-12：9、10）。

Ⅲ式：宽沿，斜方唇，沿唇之上不见凹槽，鼓腹。标本小神 H4：72（图 3-13：6）。

Ⅳ式：宽沿，斜折沿上翘，斜方唇，沿唇之上不见凹槽，腹鼓，体型较矮扁。标本二神 QXES1104：2、鲍店 ZZBD1204：4（图 3-13：7、8）。

C 型：筒腹鬲，腹口径接近，腹较直。根据腹裆形态差异可分三式。

Ⅰ式：卷沿圆唇，扁宽体，分裆及足较高。标本南涅水 H14：98（图 3-12：11）。

Ⅱ式：方唇或斜方唇，唇缘多有凹槽，沿面前端起榫明显。标本西李高 H2：2（图 3-12：12）。

Ⅲ式：宽卷沿，体变矮，裆变矮，实足根已不明显。标本南涅水 H15：49（图3-13：9）。

盆：根据整体形态差异可分为四型。

A 型：深腹盆。数量甚多。根据沿腹形态差异可分为两式。

Ⅰ式：宽折沿，沿面前端折转，上腹深直。标本西旺 JQXW1306：5、西李高 H21：11（图 3-14：4、5）。

Ⅱ式：宽沿斜立，深直腹微鼓。标本小神 H105：97（图 3-15：7）。

B 型：鼓腹盆。数量较多。根据沿面形态差异可分为三式。

Ⅰ式：卷沿较宽，前端微卷，沿面上多有一至两道凹槽。标本圪芦河 QXGLH1104：1（图 3-14：6）。

Ⅱ式：卷沿较宽，有的个体肩腹相接处有附加堆纹。标本西李高 H21：18（图 3-14：7）。

Ⅲ式：折沿外卷。标本小神 H4：53（图 3-15：8）。

C 型：束颈弧腹盆。数量不多。标本西旺 JQXW1306：1（图 3-14：8）。

D 型：浅腹盆。数量较多，但复原器少。标本鲍店 ZZBD1204：10（图 3-14：9）。

豆：根据腹部差异可分为真腹豆与假腹豆两类。

真腹豆：皆为粗柄者。根据盘的形状差异可分两型。

A 型：盘形腹，喇叭状粗柄。根据沿面与圈足形态差异可分为两式。

Ⅰ式：三角唇，直口微敛，浅盘，粗柄外撇。标本小神 H32：45（图 3-14：1）。

Ⅱ式：方唇短平折沿，短沿甚窄，盘腹较直，粗柄较直。标本小神采集：61（图 3-15：1）。

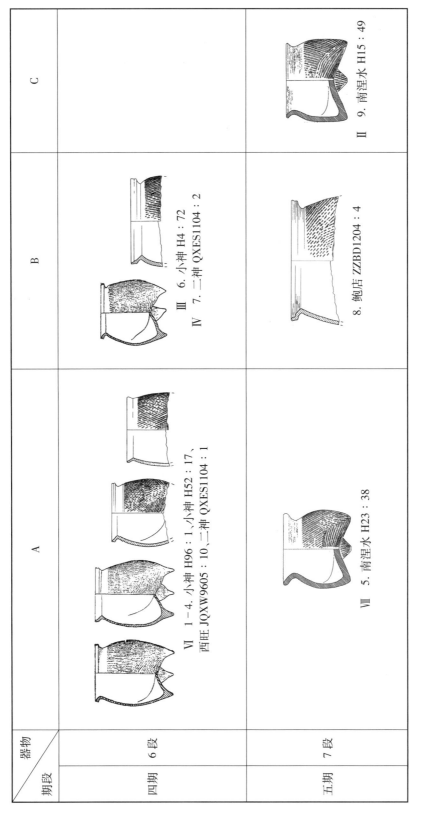

图 3 - 13　长治盆地商时期陶鬲分期图(二)

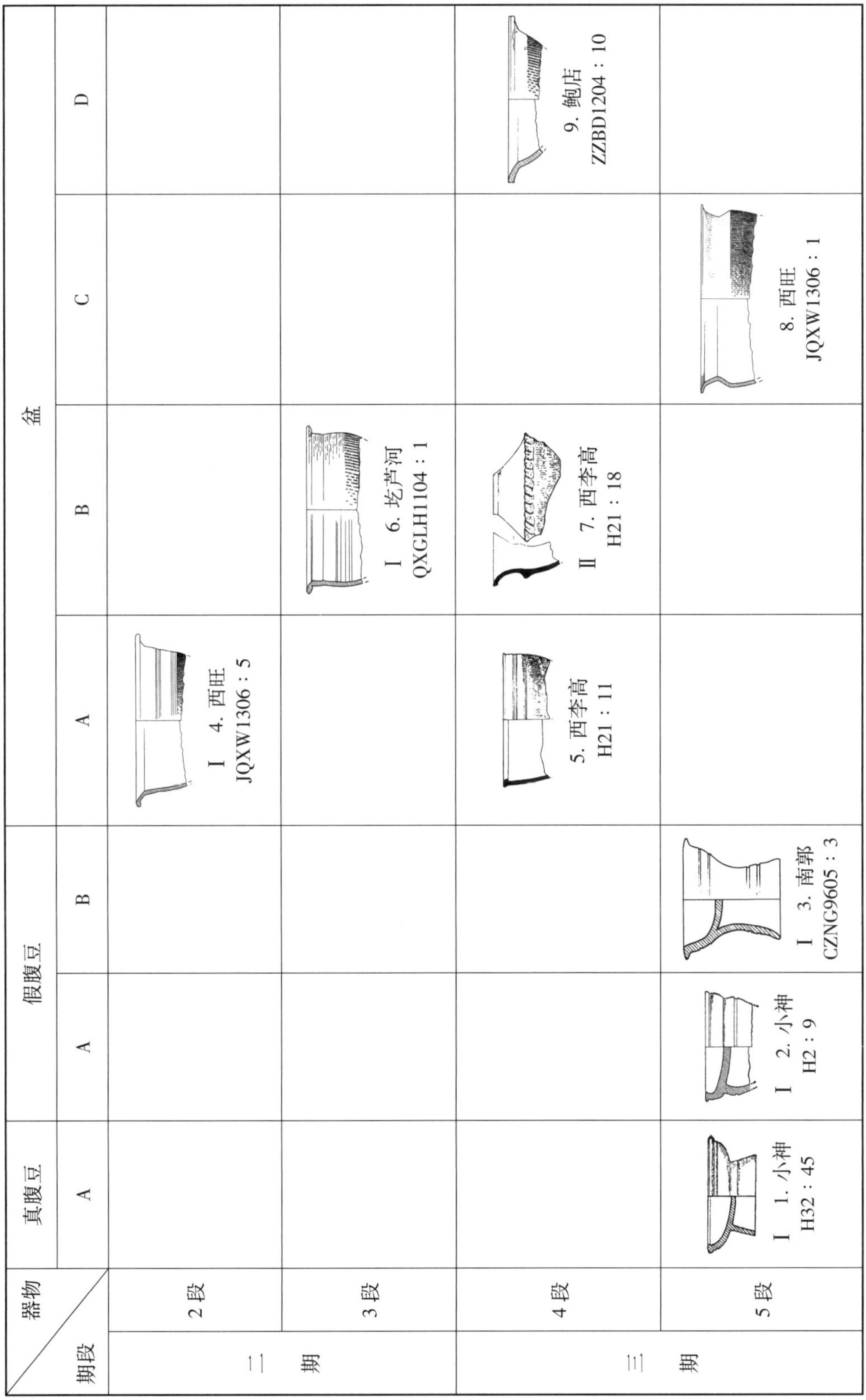

期段	段	真腹豆 A	假腹豆 A	假腹豆 B	盆 A	盆 B	盆 C	盆 D
二期	2段				Ⅰ 4.西旺 JQXW1306：5			
	3段					Ⅰ 6.圪芦河 QXGLH1104：1		
三期	4段				5.西李高 H21：11	Ⅱ 7.西李高 H21：18		9.鲍店 ZZBD1204：10
	5段	Ⅰ 1.小神 H32：45	Ⅰ 2.小神 H2：9	Ⅰ 3.南郭 CZNG9605：3			8.西旺 JQXW1306：1	

图3-14　长治盆地商时期陶豆、盆分期图（一）

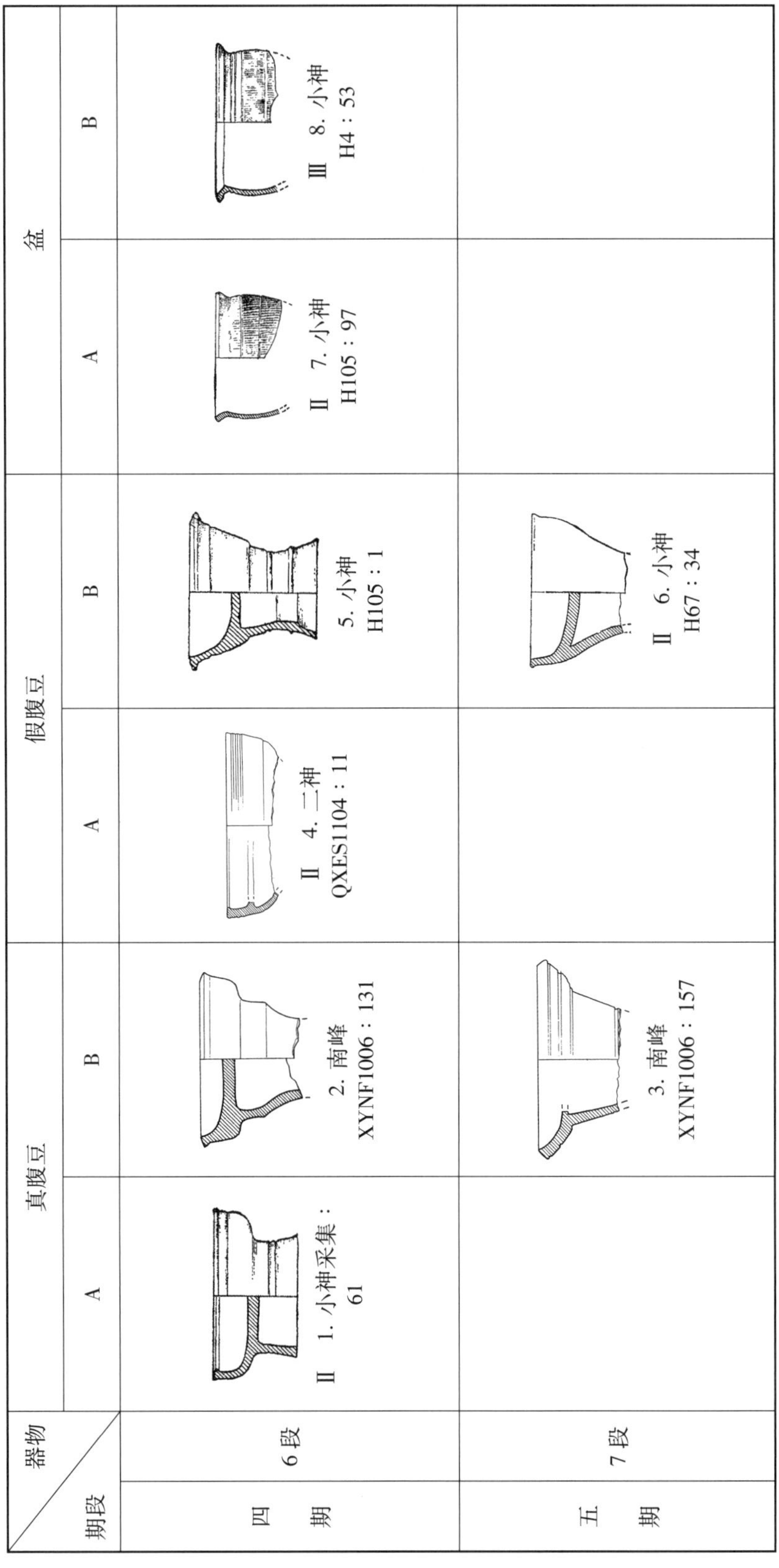

期段	器物	真腹豆		假腹豆			盆	
		A	B	A	B		A	B
四　期	6段	Ⅱ 1. 小神采集：61	Ⅱ 2. 南峰 XYNF1006：131	Ⅱ 4. 二神 QXES1104：11	Ⅱ 5. 小神 H105：1		Ⅱ 7. 小神 H105：97	Ⅲ 8. 小神 H4：53
五　期	7段		Ⅱ 3. 南峰 XYNF1006：157		Ⅱ 6. 小神 H67：34			

图 3 - 15　长治盆地商时期陶豆、盆分期图(二)

B 型：浅盘腹,曲柄。标本南峰 XYNF1006：131、南峰 XYNF1006：157(图 3 - 15：2、3)。

假腹豆：根据腹、柄差异可分两型。

A 型：浅盘,曲柄。柄形态差异可分为两式。

Ⅰ式：盘较浅,盘、圈足折转明显。标本小神 H2：9(图 3 - 14：2)。

Ⅱ式：腹外侧较深,盘腹与圈足折转不明显。标本二神 QXES1104：11(图3 - 15：4)。

B 型：深盘,腹、柄折转不明显。根据口沿差异可分两式。

Ⅰ式：斜折沿,深盘,盘腹与柄部曲线流畅。标本南郭 CZNG9605：3、小神 H105：1(图 3 - 14：3、图 3 - 15：5)。

Ⅱ式：圆唇无沿,圈足较高,收束明显。标本小神 H67：34(图 3 - 15：6)。

罐：根据整体形态差异可分为两型。

A 型：深腹罐。根据沿面形态差异可分为两式。

Ⅰ式：方唇,宽折沿上斜。标本小神 H41：1(图 3 - 16：1)。

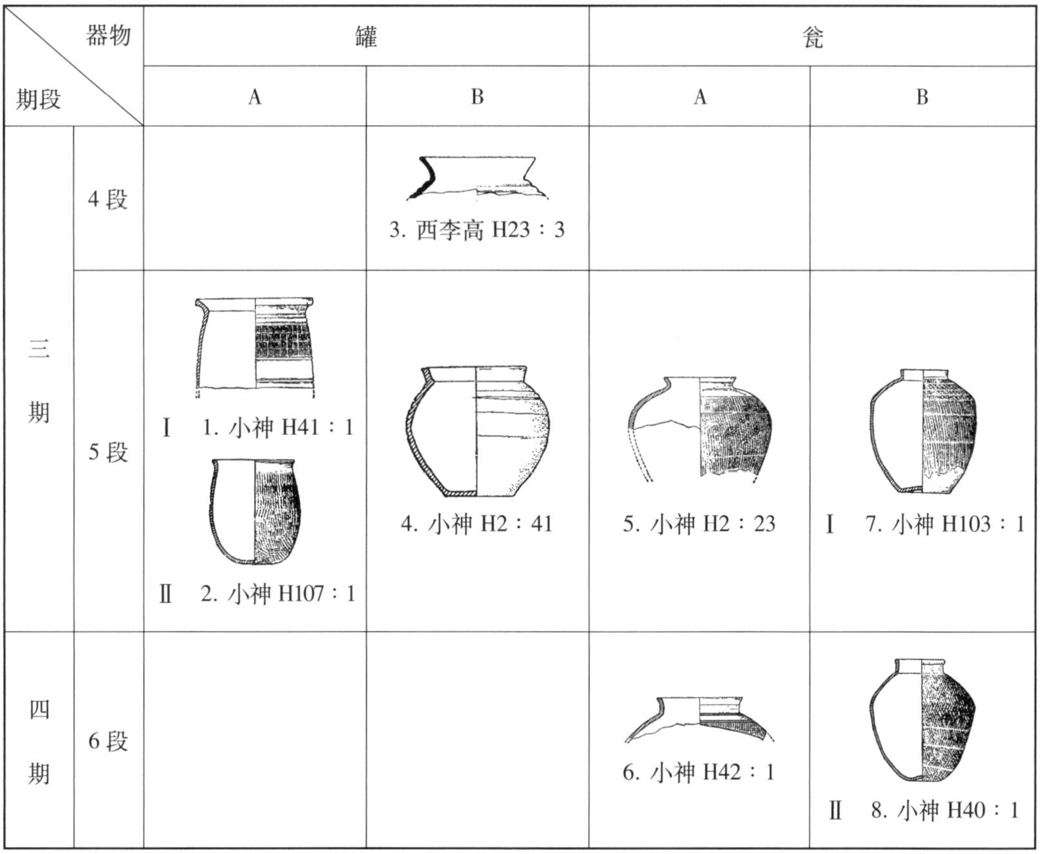

期段	器物	罐		瓮	
		A	B	A	B
三期	4 段		3. 西李高 H23：3		
	5 段	Ⅰ 1. 小神 H41：1　Ⅱ 2. 小神 H107：1	4. 小神 H2：41	5. 小神 H2：23	Ⅰ 7. 小神 H103：1
四期	6 段			6. 小神 H42：1	Ⅱ 8. 小神 H40：1

图 3 - 16　长治盆地商时期陶罐、瓮分期图

Ⅱ式:圆唇,卷沿较短。标本小神 H107:1(图 3-16:2)。

B 型:圆腹罐。数量较多,复原器较少。标本西李高 H23:3、小神 H2:41(图 3-16:3、4)。

小口瓮:数量较多,根据领部形态差异可分为两型。

A 型:侈领。矮领斜侈,沿较窄,肩部较宽,圆鼓。数量多。标本小神 H2:23、小神 H42:1(图 3-16:5、6)。

B 型:直领。根据领肩形态差异可分为两式。

Ⅰ式:直领较矮,宽折肩较平。标本小神 H103:1(图 3-16:7)。

Ⅱ式:直领较高,斜折肩。标本小神 H40:1(图 3-9:8)。

(二) 分期与年代推定

小神遗址商时期遗存各单位年代衔接紧密,原报告认为大体相当于殷墟文化一期到二期,并未对其细分。按照商文化分期研究成果及对比周邻地区商时期遗存,可将该遗址商时期遗存分为前后衔接的三段。第一段以 H2 为代表;第二段以 H4、H41、H52、H96、H103、H105 等单位为代表;第三段以 H40、H42、H67、H107 等单位为代表。其中,第一段与第二段遗存间的文化面貌更为接近。

西李高遗址原简报认为该遗址商时期遗存年代较为单纯,相当于殷墟二期。但对其遗存进行比对之后,可将其分为前后两段,第一段以 H21 为代表;第二段以 H17、H30 等单位为代表。两段遗存分别与小神遗址一、三段遗存相当。

赵店与下桂花遗址未经发掘,从调查所获器物观察,年代较小神与西李高第一段略晚。

高平西李门遗址在调查中刮铲了剖面上的灰坑,其中Ⅰ区 H1 为二里冈文化时期的遗存。

南涅水遗址发现的商时期遗存有调查所获,也有发掘所获。但与二里头文化时期的遗存存在同样问题,灰坑内的遗存年代并不单纯。H14 内有二里冈下层偏晚阶段的遗存,但也存在二里头时期的遗物。H15、H23 等单位则相对单纯,发表的包含物都是殷墟阶段的遗存。所以,目前只能确定该遗址存在二里冈与殷墟两个阶段的遗物。

浊漳河流域的调查工作,获得了不少商时期的遗存。由于原报告对这些材料并未详细分期,在一定程度上影响了材料的认识。从现有资料观察,在浊漳西源的沁县圪芦河、北源的武乡魏家窑都发现有二里冈阶段的遗物,说明早商文化已经扩张至长治盆地的西缘和北源地带。这一现象反推,说明在浊漳河干流和西、南北三源的中下游地区,皆应有二里冈时期遗存的存在。晚商时期,商文化在浊漳河各支流的上游地区似乎发现较少,比较集中地分布于浊漳河干流和西南源交汇处的长治、长子一带。从零星发现的武乡上城村、长治白兔村、北高庙等铜器墓推测,仍有一些高等级的据点分布其间。[1] 从年代上看,以殷墟二、三期遗存发现较多,目前尚未发现确定殷墟四期阶段的遗存。

在1980年代中期,刘绪曾在屯留、长治市郊等地都发现了为数不少的殷墟时期遗址,有的可确定属于殷墟三四期。[2]

在第三次文物普查时,在安泽县发现过相当于殷墟三、四期的陶器。2007年冬,刘绪与李永迪、曹大志等人一起重新复查了其中的一些地点,确认类似沁水阶地上的白村、川口等遗址有典型的相当于殷墟二期到四期的陶片。[3]

由上述遗址的分期串联,可将本区商时期遗存整合分为五期七段(表3-2)。

表3-2　长治盆地商时期居址分期对照表

期段 / 遗址		西李门	小神	西李高	赵店	下桂花	南涅水	魏家窑	二神等	西旺	圪芦河
五期	7段		3				√		√	√	
四期	6段		2	2	√	√					
三期	5段		1								
二期	4段			1							
	3段							√			√
一期	2段						√			√	
	1段	√									
资料来源		④	⑤	⑥	⑦		⑧	⑨			

一期1段:材料极少,目前仅有西李门H1一个单位。该单位发现的陶鬲与豫北、冀南同时期的陶鬲相比,形态接近,年代约当二里冈下层,亦即邹衡先生早商文化分期体系

①　常怀颖:《略论晚商殷墟北部邻境地区的铜容器墓》,《考古》2021年第10期。
②　刘绪:《商文化在北方的进退》,《"周边"与"中心":殷墟时期安阳及安阳以外地区的考古发现与研究》,历史语言研究所,2015年。
③　曹大志:《贸易网络中的黄土丘陵(BC1300—1050)》,北京大学出版社(北京),2021年。
④　山西省考古研究院:《山西高平西李门遗址调查简报》,《华夏考古》2021年第5期。
⑤　山西省考古研究所晋东南工作站:《长治小常乡小神遗址》,《考古学报》1996年第1期。
⑥　山西省考古研究所:《山西屯留西李高遗址发掘》,《文物春秋》2009年第3期。
⑦　山西省考古研究所晋东南工作站:《山西黎城古文化遗址调查报告》,《文物季刊》1998年第4期。
⑧　中国国家博物馆、山西省考古研究所、长治市文物旅游局:《浊漳河上游早期文化考古调查与研究》,科学出版社(北京),2015年;中国国家博物馆、山西大学历史文化学院、山西省考古研究所:《山西沁县南涅水遗址考古发掘报告》,《华夏考古》2016年第3期。
⑨　中国国家博物馆、山西省考古研究所、长治市文物旅游局:《浊漳河上游早期文化考古调查与研究》,科学出版社(北京),2015年。

中的早商期第Ⅲ组遗存。

一期2段：材料极少，目前仅有南涅水和西旺遗址的部分材料。这一阶段的遗存与豫北、冀南同时期的遗存相比，年代约在二里冈上层阶段，亦即邹衡先生早商文化分期体系的早商期第Ⅳ组遗存。

二期3段：遗存不多，目前可确定的仅魏家窑遗址的部分资料。所发现的陶鬲颈部戳印圆圈纹，特征明显，年代属于二里冈上层偏晚阶段，亦即邹衡先生早商分期体系的早商期第Ⅴ组遗存。

二期4段：遗存较丰富。从本期所获之陶鬲、盆形态观察，陶鬲口沿下端有较明显的勾棱，沿面多有凹槽，鬲足、裆较高，鬲足细长。对比冀中南部地区与豫北地区同类遗存，本期年代约相当于略早于洹北花园庄遗址早期，亦即邹衡先生商文化分期体系中的早商期第三段第Ⅵ组。

三期5段：本段材料丰富。本期陶鬲唇缘下端仍偶见勾棱，但沿面凹槽仍十分普遍。与豫北洹北商城及冀中南部东先贤、补要村遗址相比，本段遗存与之年代相当，约相当于安阳洹北花园庄遗址晚期，亦即邹衡先生商文化分期体系中的早商期第四段Ⅶ、Ⅷ组。

四期6段：遗存丰富，本段陶鬲沿面已经不见凹槽，唇缘下端勾棱已经消失。与洹北商城、东先贤、补要村等遗址相比，本段遗存年代约相当于殷墟二期，亦即邹衡先生商文化分期体系中的晚商期第五段，由于材料尚不丰富，暂不分段。

五期7段：遗存不太丰富。本阶段仅有南涅水和小神遗址的分布遗存年代相对确定。大体相当于殷墟三期阶段。

四、商时期各期陶器的特征

本地区早商时期遗存的材料公布情况较差，所有遗址都没有较为精确的统计数据，更没有具体到单位的数据资料。从整体的文化面貌看，长治盆地商时期文化面貌与太行山东麓豫北地区，冀南、冀中南部地区的差别并不明显。陶系及器类组合、炊器形态等方面并无较明显的差别，因此本书不再赘言。

本地区的商时期陶器有两个地方特点，需要特别说明。

三期以后的陶鬲实足根多有内勾，也是唐际根的《中国考古学·夏商卷》划分"小神类型"的主要原因。

本地区的假腹豆，有一类圈足呈喇叭形，且扭曲较甚的，十分具有地方特色。

第二节　运城盆地考古学文化的分期与特征

本文所称运城盆地，实际上是指包含两个小的地理单元——运城盆地与垣曲盆地。晋西南地区，大体在南流黄河南端东向折转处，因此黄河也就成为本区的西、南界；东端大致以王屋山为界，北界大致在峨嵋岭一线。运城与垣曲两盆地以中条山为界，近东西向并峙。运城盆地北依峨嵋岭,西至黄河,东南为中条山,其间水系主要为涑水。由于今日涑水已经断流,加之地势低洼,因此运城盆地变成山西唯一的内流区域,盆地内有盐池、鸭子池等湖泊。垣曲盆地在中条山南麓,东部为王屋山,南端为黄河,其间水系发达,自西向东依次分布有五福涧河、板涧河、亳清河、沇河和韩家河,皆为黄河支流。依今日行政区划包括山西省运城市的芮城、平陆、永济、临猗、万荣、闻喜、夏县与垣曲诸县。

一、夏时期的遗存分期

本区是山西省考古工作开展最为充分的地区,自1950年代为配合三门峡水库的修建而进行的考古工作以来,这一地区共调查发掘了二里头文化时期遗存数十处,其中有二十余处遗址公布了材料(图3-17)。

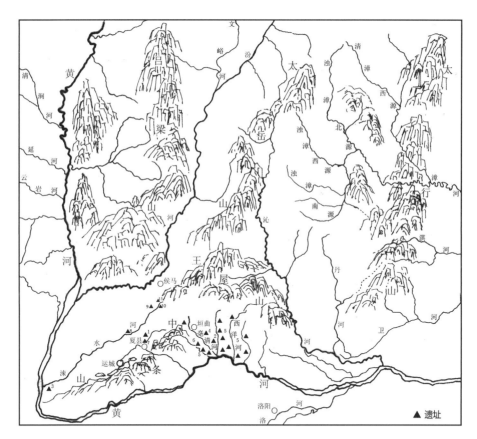

图3-17　运城盆地二里头文化时期主要遗址分布示意图

1. 东下冯　2. 垣曲商城　3. 东马铺头　4. 口头　5. 垣曲盆地诸遗址
6. 小赵　7. 辕村　8. 月芽堡　9. 湖村　10. 柳庄　11. 西吴壁

(一)地层关系

截至2020年,运城盆地二里头文化时期发掘面积较大,公布材料较为丰富的遗址以夏县东下冯、垣曲商城、西吴壁、小赵等遗址为代表。

对于二里头时期东下冯遗址的年代，原报告将其划分为前后四期，可分别与二里头遗址二里头文化前后四期一一对应，这一结论已经为绝大多数学者所认同。1997 年，李维明曾提出将其分为三期六段，三期分别与二里头遗址二里头文化二期至四期一一对应①，但在后来他自己修订了这一观点②。由于东下冯遗址二里头文化时期分期较完备，因此本文不再对其进行重新分析，而将分析重点放在以东下冯遗址年代序列为标尺，对运城盆地其他二里头文化时期遗址进行年代学分析。

垣曲商城遗址二里头文化时期遗存可资利用的地层关系有如下几组：

（1）H250→H290、H291

（2）H188→H193

（3）H294、H295→H303

据西吴壁遗址发掘简报公布的资料，有如下几组地层关系可兹利用：

（1）H256→H258→H259→H255→H339→F7

（2）H139→H111→H339

（3）H70→H111

（4）H39→H74→F2→H96

（5）H111→H135→H96

虽然该遗址的地层介绍中存在不少疑问，但上述部分遗迹单位资料大体可以利用。其中第（1）组地层关系中 H255 以下的各单位为较确定二里头文化时期遗存；第（2）、（3）、（5）组地层关系中，H111 及以下单位为二里头文化时期遗存；第（4）组地层单位中，H74 以下为二里头文化时期遗存。

（二）陶器形制分析

运城盆地各遗址二里头文化时期遗存比较丰富，器类亦较多样。其中鬲、鼎、盆、豆、罐、瓮等几类器物形制演变轨迹较为清晰，是分期断代的重要依据。依据东下冯遗址二里头文化时期器物演变规律，大体可以对运城盆地二里头文化时期各遗址的主要器类进行简要的总结。由于东下冯遗址研究较为充分，因此以东下冯遗址作为器类和时段的框架。

鬲：皆为卷沿，根据整体形态差异可分为五型。

A 型：高领鼓腹鬲。数量较多，根据颈部变化形态差异可分为四式。

Ⅰ式：高侈领深腹，肩部鼓凸，肥袋足，口沿下一周无绳纹，绳纹细密，滚压至足根。标本辕村 F18③：27（图 3 - 18：1）。

Ⅱ式：高领较直，宽沿，肩部鼓出不明显，深腹，绳纹滚压至足根。标本东下冯 H61：2（图 3 - 18：2）。

---

①　李维明：《再议东下冯类型》，《中原文物》1997 年第 2 期。

②　李维明：《二里头文化一期遗存与夏文化初始》，《中原文物》2002 年第 1 期。

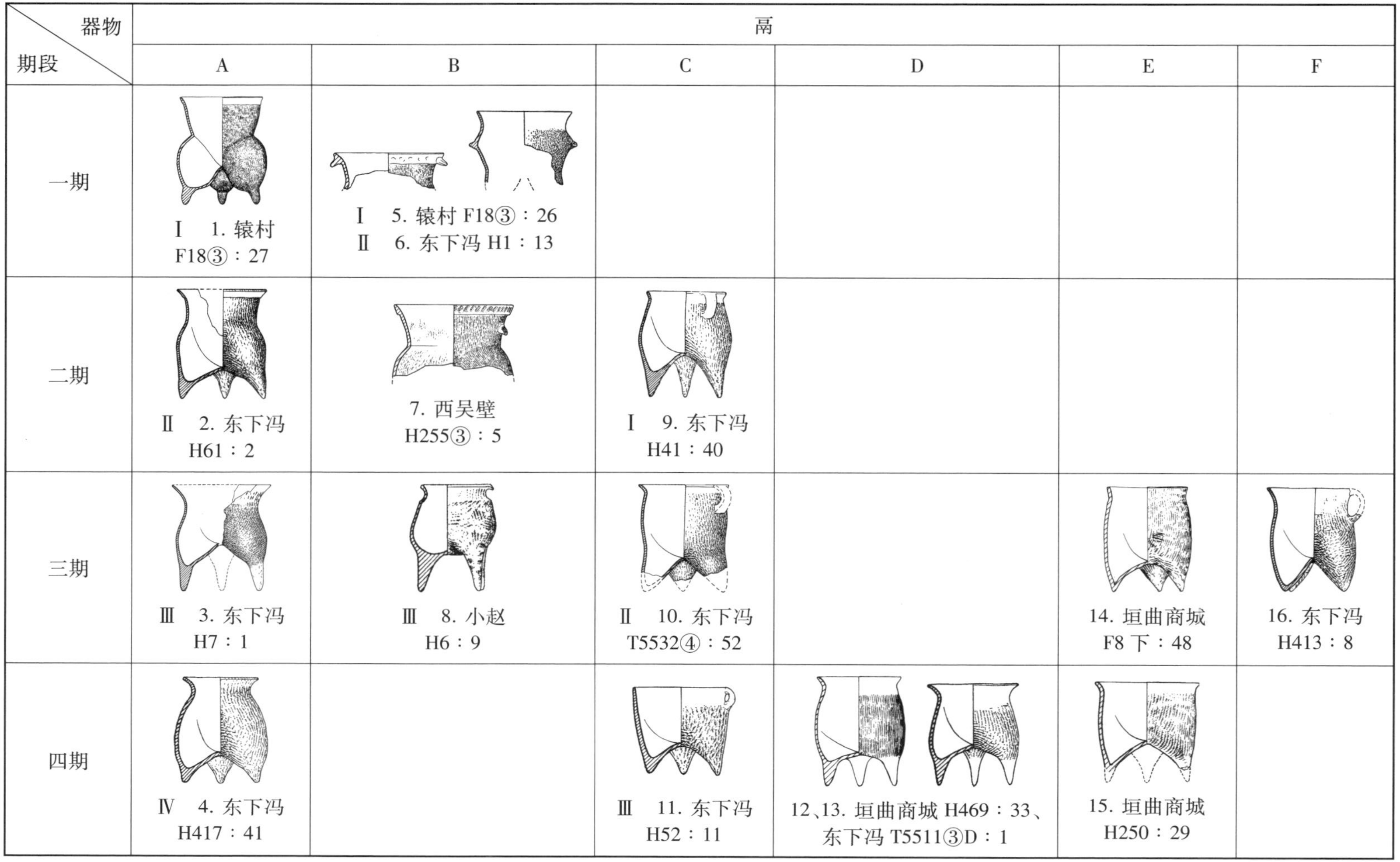

图 3 - 18　运城盆地二里头文化时期陶鬲分期图

Ⅲ式：高领斜侈,实足甚高,腹部进一步变瘦。标本东下冯 H7∶1(图3-18∶3)。

Ⅳ式：领变矮,沿较宽,鼓腹,整体较瘦。标本东下冯 H417∶41(图3-18∶4)。

B 型：双錾鬲。有一定数量。整体形态与高领鼓腹鬲相近,但领部多有双錾。根据颈部变化可分三式。

Ⅰ式：侈口,口沿加厚,双錾在沿上。标本辕村 F18③∶26(图3-18∶5)。

Ⅱ式：肩部鼓出不明显,双錾上移至颈部。标本东下冯 H1∶13、西吴壁 H255③∶5(图3-18∶6、7)。

Ⅲ式：腹部变矮,双錾移至口沿,实足仍较高。标本小赵 H6∶9(图3-18∶8)。

C 型：实足单把鬲。有一定数量。根据腹足形态差异可分为三式。

Ⅰ式：侈领短沿,腹较浅,实足根较高。标本东下冯 H41∶40(图3-18∶9)。

Ⅱ式：矮领深腹较直,微束颈。标本东下冯 T5532④∶52(图3-18∶10)。

Ⅲ式：筒腹,矮足,带耳变小。标本东下冯 H52∶11(图3-18∶11)。

D 型：卷沿弧腹鬲。数量较少。标本垣曲商城 H469∶33、东下冯 T5511③D∶1(图3-18∶12、13)。

E 型：筒腹鬲。数量不多。标本垣曲商城 F8 下∶48、垣曲商城 H250∶29(图3-18∶14、15)。

F 型：无实足根鬲。有的有单把或錾耳,数量不多。标本东下冯 H413∶8(图3-18∶16)。

甗：器表腰外多有附加堆纹装饰,并起到加固作用。根据有无箅托差异可分为两型。

A 型：腰间内壁有箅托,多侈口、深盆,口沿往往有附加堆纹,有的附加堆纹甚至做成花边。根据沿、颈差异形态差异可分为两式。

Ⅰ式：上部盆甑较肥鼓,口沿附加堆纹明显。标本东下冯 H42∶10、湖村 WX041206E019-M∶1、垣曲商城 H161∶18、东下冯 H12∶22(图3-19∶1、2、3、4)。

Ⅱ式：盆甑深瘦。标本东下冯 H27∶4、东下冯 T261②B∶3(图3-19∶5、6)。

B 型：腰内无箅托,数量不多。盆甑部甚浅,袋足肥鼓,实足根甚高。标本东下冯 T1011④∶95(图3-19∶7)。

甑：根据甑孔形态差异可分为两型。

A 型：桂叶形孔。根据盆腹及甑孔位置分布可分为三式。

Ⅰ式：侈口,卷沿较宽,腹部微弧鼓,甑孔由四个桂叶形孔围绕中心圆孔组成。标本东下冯 H402∶2(图3-19∶8)。

Ⅱ式：侈口,卷沿甚窄,腹部弧鼓,甑孔由三个较大的桂叶形孔围绕中心圆孔组成。标本垣曲商城 H153∶56(图3-19∶9)。

Ⅲ式：侈口,腹深直。标本垣曲商城 H455∶7(图3-19∶10)

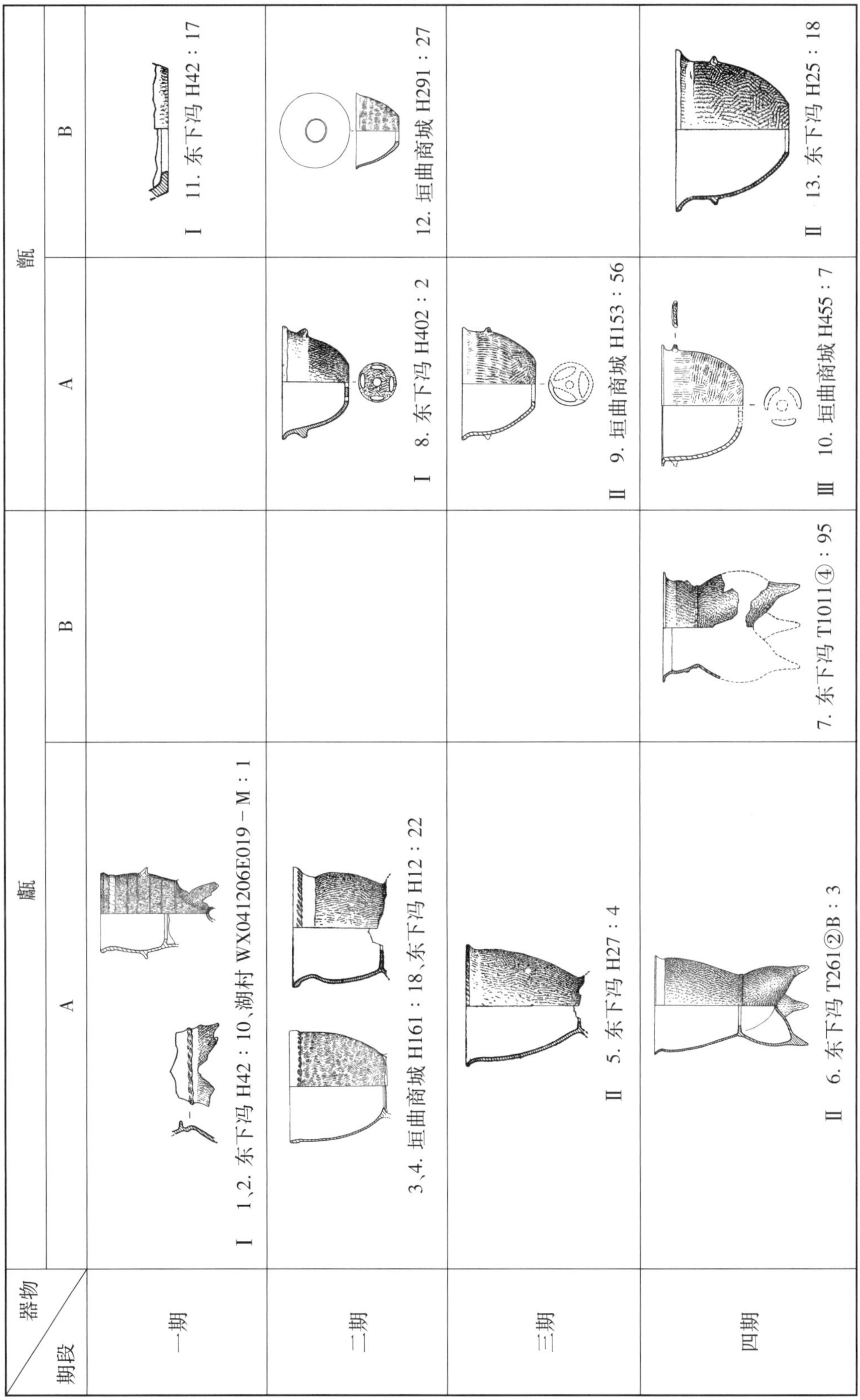

图 3 - 19　运城盆地二里头文化时期陶甗、甑分期图

B 型：圆形独孔。根据盆腹形态差异可分为两式。

Ⅰ式：盆腹较浅。标本东下冯 H42：17、垣曲商城 H291：27(图 3 - 19：11、12)。

Ⅱ式：卷沿侈口，沿较宽，盆腹较深直。标本东下冯 H25：18(图 3 - 19：13)。

鼎：数量甚少，鼎足皆侧装扁足，足缘多有压印或捏痕。根据盆腹差异可分为两型。

A 型：罐形鼎，数量很少。标本东下冯 H1：7(图 3 - 20：1)。

B 型：盆形鼎。根据盆腹形态差异可分为两亚型。

Ba 型：深腹盆形鼎。此类鼎口、颈多附加堆纹装饰。根据沿面形态差异可分为两式。

Ⅰ式：圆唇或方唇，沿面略宽。标本东下冯 H1：10(图 3 - 20：2)。

Ⅱ式：圆唇，沿甚窄。标本垣曲商城 H303：29(图 3 - 20：3)。

Bb 型：盆腹为浅腹盆。根据沿面形态差异可分为三式。

Ⅰ式：敞口束颈，宽沿斜侈，腹较深。标本东下冯 H41：53(图 3 - 20：4)。

Ⅱ式：侈口，沿较平窄，弧腹较深。标本东下冯 H15：61、西吴壁 H111②：47(图 3 - 20：5、6)。

Ⅲ式：侈口，宽沿较平，弧腹略浅。标本东下冯 M5：1(图 3 - 20：7)。

斝：数量较多。根据口部形态差异可分为两型。

A 型：敛口。肩颈相接处皆有附加堆纹。根据肩颈形态差异可分为两式。

Ⅰ式：口沿短，肩部折转生硬，上腹多有五花大绑式的附加堆纹。标本东下冯 H406：15、东下冯 H535：15(图 3 - 20：8、9)。

Ⅱ式：口沿与肩部折转较圆转。标本垣曲商城 H295：18(图 3 - 20：10)。

B 型：侈口单把。根据腹部及鋬耳位置差异可分为两式。

Ⅰ式：上腹较浅，鋬耳位置较靠上，鋬耳上端近口部。标本垣曲商城 H119：14(图 3 - 20：11)。

Ⅱ式：上腹较深，鋬耳位置靠下，鋬耳上部近腹中。标本垣曲商城 H250：42(图 3 - 20：12)。

盆：数量种类甚多，根据盆腹差异可分为四型。

A 型：深腹盆，根据盆腹差异可分为两亚型。

Aa 型：深弧腹，多有鋬。根据鋬、腹形态差异可分为两式。

Ⅰ式：深弧腹，双鋬近腹中。标本辕村 F18②：43(图 3 - 21：1)。

Ⅱ式：窄沿，深鼓腹略有弧鼓，有的为凹圜底。标本垣曲商城 H303：49、东下冯 H413：102、垣曲商城 H319③：56(图 3 - 21：2、3、4)。

Ab 型：深腹斜侈。根据腹部形态差异可分三式。

Ⅰ式：腹斜侈，较浅。标本东下冯 M511：2(图 3 - 21：5)。

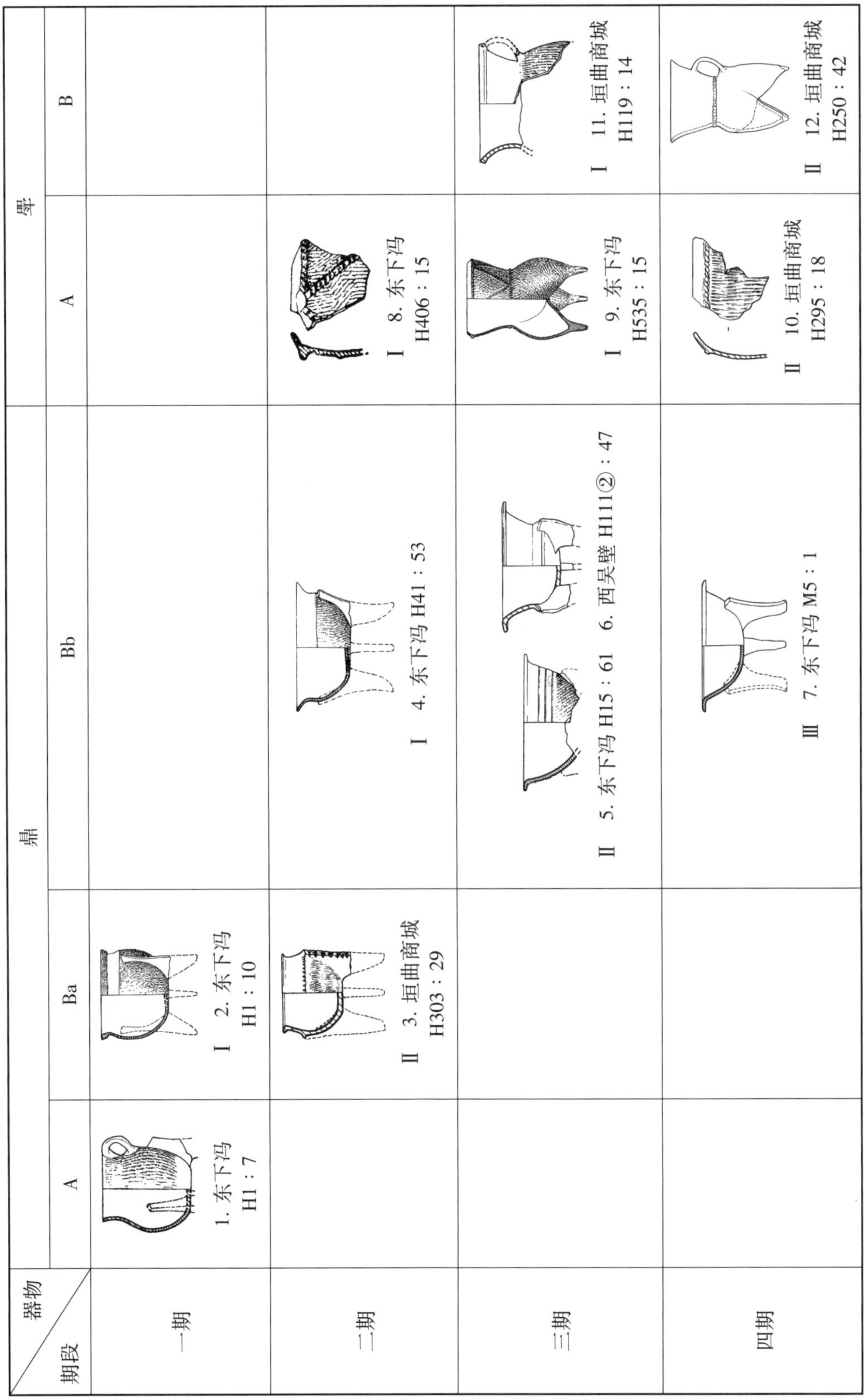

期段\器物	鼎				罕	
	A	Ba	Bb		A	B
一期	I　1. 东下冯 H1：7	I　2. 东下冯 H1：10				
二期		II　3. 垣曲商城 H303：29	I　4. 东下冯 H41：53		I　8. 东下冯 H406：15	
三期			II　5. 东下冯 H15：61　6. 西吴壁 H111②：47		I　9. 东下冯 H535：15	I　11. 垣曲商城 H119：14
四期			III　7. 东下冯 M5：1		II　10. 垣曲商城 H295：18	II　12. 垣曲商城 H250：42

图 3－20　运城盆地二里头文化时期陶鼎、罕分期图

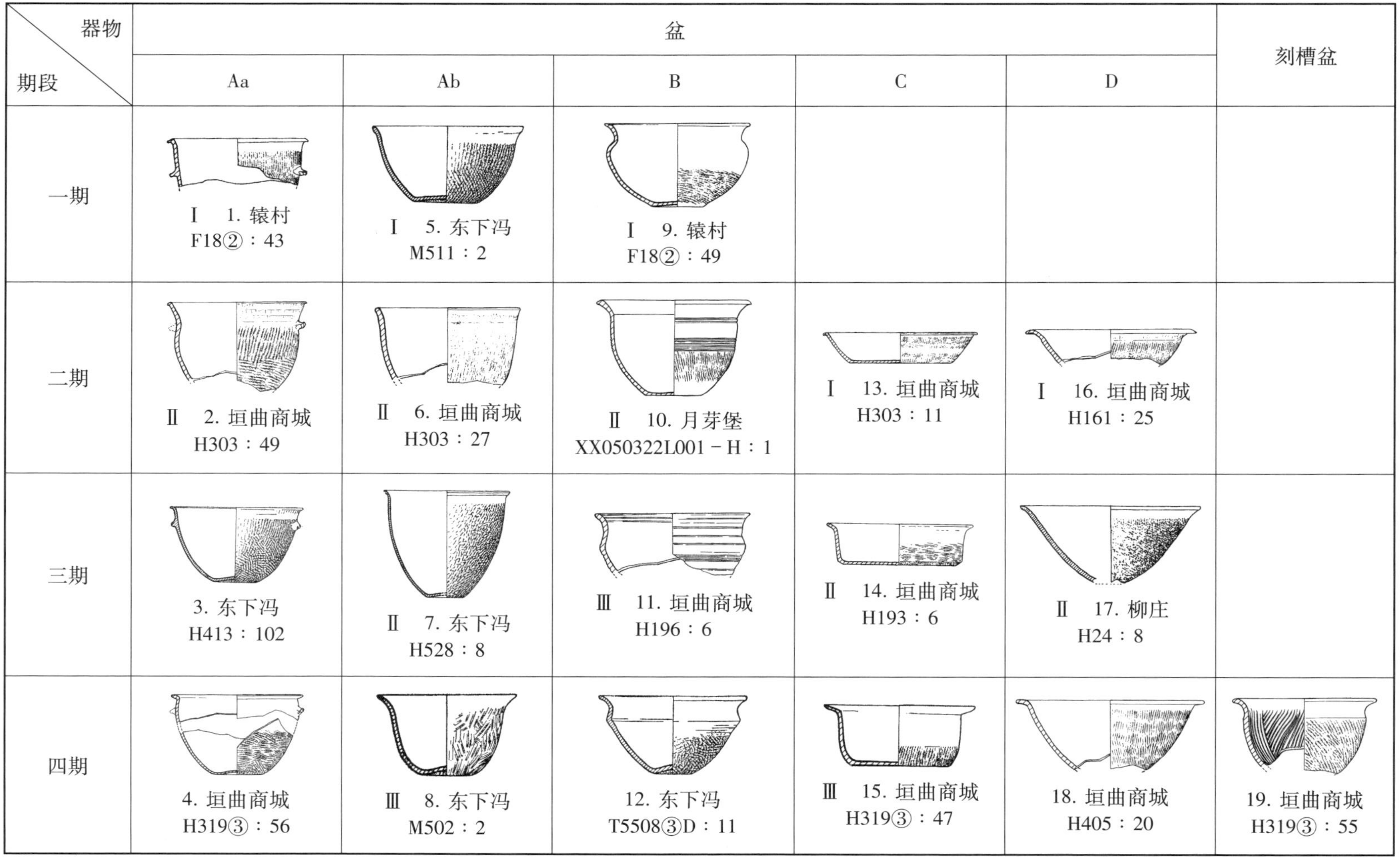

图 3－21 运城盆地二里头文化时期陶盆、豆分期图

Ⅱ式：深直腹。标本垣曲商城 H303：27、东下冯 H528：8(图 3 - 21：6、7)。

Ⅲ式：喇叭口，宽沿，盆腹变浅。部分个体凹圜底。标本东下冯 M502：2(图 3 - 21：8)。

B 型：鼓腹盆。根据领部形态差异可分为三式。

Ⅰ式：高领，束颈，肩部较圆鼓，下腹较鼓。标本辕村 F18②：49(图 3 - 21：9)。

Ⅱ式：宽沿，下腹较深直。标本月芽堡 XX050322L001 - H：1(图 3 - 21：10)。

Ⅲ式：束颈较矮，下腹较深。标本垣曲商城 H196：6、东下冯 T5508③D：11(图 3 - 21：11、12)。

C 型：浅腹敞口盆，敞口平底，壁较浅直，较常见。根据沿、底形态差异可分为三式。

Ⅰ式：敞口，短沿微卷，盆腹甚浅，斜侈。标本垣曲商城 H303：11(图 3 - 21：13)。

Ⅱ式：侈口，卷沿较宽，腹深直。标本垣曲商城 H193：6(图 3 - 21：14)。

Ⅲ式：侈口，沿面更宽，腹更深直。标本垣曲商城 H319③：47(图 3 - 21：15)。

D 型：卷沿斜腹盆，壁斜收。根据沿面形态差异可分为两式。

Ⅰ式：卷沿外翻，下勾明显。标本垣曲商城 H161：25(图 3 - 21：16)。

Ⅱ式：卷沿较短，斜侈腹。标本柳庄 H24：8、垣曲商城 H405：20(图 3 - 21：17、18)。

刻槽盆：数量甚少。标本垣曲商城 H319③：55(图 3 - 21：19)。

豆：根据豆盘形态差异可分为两型。

A 型：折盘豆。数量较多。根据豆盘沿腹形态差异可分为三式。

Ⅰ式：短沿，盘较深。标本东下冯 H1：9(图 3 - 22：1)。

Ⅱ式：沿面变宽。标本东下冯 H62：6(图 3 - 22：2)。

Ⅲ式：斜折沿较宽，浅盘。标本垣曲商城 H188：4(图 3 - 22：3)。

B 型：弧盘豆。数量较少。根据沿腹形态差异可分为三式。

Ⅰ式：短沿，敞口，深弧腹。标本东下冯 M511：4(图 3 - 22：4)。

Ⅱ式：平折沿较宽，深弧腹。标本东下冯 H535：18、H15：90(图 3 - 22：5、6)。

Ⅲ式：浅腹，微折盘，宽沿。标本东下冯 F401：1(图 3 - 22：7)。

器盖：复原器少，根据残存的器纽，可知以尖顶或平顶塔式纽最为常见。根据肩部形态差异可分为两型。

A 型：折肩。根据肩部折转差异可分为两式。

Ⅰ式：折肩较明显。标本东下冯 H42：2、东下冯 H41：51(图 3 - 22：8、9)。

Ⅱ式：折肩较圆转、不明显。标本西吴壁 H111②：11(图 3 - 22：10)。

B 型：溜肩，斗笠形。根据口部形态差异可分为两式。

Ⅰ式：口内敛。标本垣曲商城 H303：31(图 3 - 22：11)。

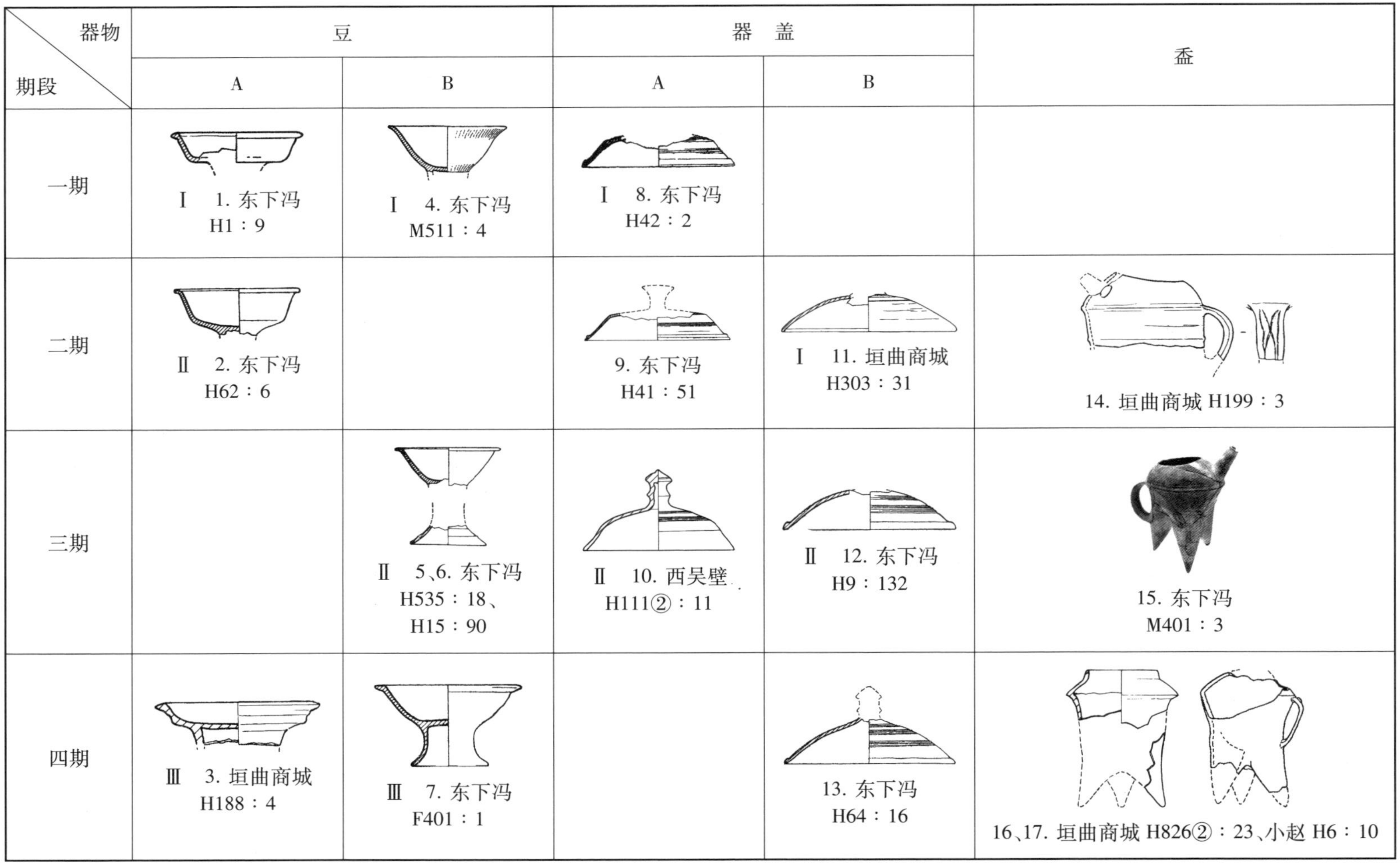

器物 期段	豆		器 盖			盂
	A	B	A	B		
一期	1. 东下冯 H1：9	4. 东下冯 M511：4	8. 东下冯 H42：2			
二期	2. 东下冯 H62：6	5、6. 东下冯 H535：18、 H15：90	9. 东下冯 H41：51	11. 垣曲商城 H303：31		14. 垣曲商城 H199：3
三期			10. 西吴壁 H111②：11	12. 东下冯 H9：132		15. 东下冯 M401：3
四期	3. 垣曲商城 H188：4	7. 东下冯 F401：1		13. 东下冯 H64：16		16、17. 垣曲商城 H826②：23、小赵 H6：10

图 3 - 22　运城盆地二里头文化时期陶豆、器盖、盂分期图

Ⅱ式：口微外卷。标本东下冯H9：132、东下冯H64：16(图3-22：12、13)。

盂：数量不多,有封口与直口两类。标本垣曲商城H199：3、东下冯M401：3、垣曲商城H826②：23、小赵H6：10(图3-22：14、15、16、17)。

罐：数量较多,种类繁杂。其中夹砂圆腹罐、夹砂双鋬罐、双耳罐等,是本地数量最多的器类。根据整体形态差异可粗略分为八型。

A型：深腹罐。根据底部形态差异可分为两亚型。

Aa型：平底。根据领腹形态差异可分为三式。

Ⅰ式：高领甚直,鼓腹,下腹收束较急。标本垣曲商城H199：2(图3-23：1)。

Ⅱ式：高领斜侈,腹较鼓。标本垣曲商城H176：1(图3-23：2)。

Ⅲ式：侈领较宽,瘦腹较深直。标本东下冯H52：16(图3-23：3)。

Ab型：圜底。根据沿腹形态差异可分为两式。

Ⅰ式：侈沿较宽,鼓腹。标本垣曲商城H173：6(图3-23：4)。

Ⅱ式：沿斜侈,深直腹。标本垣曲商城H250：51(图3-23：5)。

B型：圆腹罐。有一定数量,根据沿腹形态差异可分为四式。

Ⅰ式：侈领,束颈,微折肩,深鼓腹。标本东下冯M511：3(图3-23：6)。

Ⅱ式：高领斜侈,溜肩,鼓腹。标本垣曲商城H161：16(图3-23：7)。

Ⅲ式：矮领较直,腹较深直。标本垣曲商城H173：10(图3-23：8)。

Ⅳ式：腹较扁宽,微折肩。标本东下冯H418：39(图3-23：9)。

C型：高领罐。根据口肩形态差异可分为两式。

Ⅰ式：敞口,折肩,斜腹。标本东下冯H413：32(图3-23：10)。

Ⅱ式：直口,直领,溜肩,深鼓腹。标本垣曲商城H250：52(图3-23：11)。

D型：矮领折肩罐,形体较大,数量较多,根据肩部形态差异可分为三式。

Ⅰ式：矮领,侈沿,折肩明显。标本东下冯H401：60(图3-23：12)。

Ⅱ式：矮领,折肩较圆转。标本东下冯H9：125(图3-23：13)。

Ⅲ式：侈领,圆折肩。标本东下冯F4：14(图3-23：14)。

E型：双鋬罐,形体较小。数量较多。根据腹部形态差异可分为四式。

Ⅰ式：高领,鼓腹较直。标本东下冯M503：1(图3-24：1)。

Ⅱ式：高领斜侈,鼓腹。标本垣曲商城H303：34(图3-24：2)。

Ⅲ式：领较矮,腹矮鼓。标本东下冯H533：2(图3-24：3)。

Ⅳ式：矮领,鋬下移,腹浅矮。标本垣曲商城H250：70(图3-24：4)。

F型：单耳罐。根据腹部形态差异可分为三式。

Ⅰ式：浅腹,微折。标本东下冯M511：1(图3-24：5)。

Ⅱ式：高领微束,瘦腹较高。标本东下冯H402：23(图3-24：6)。

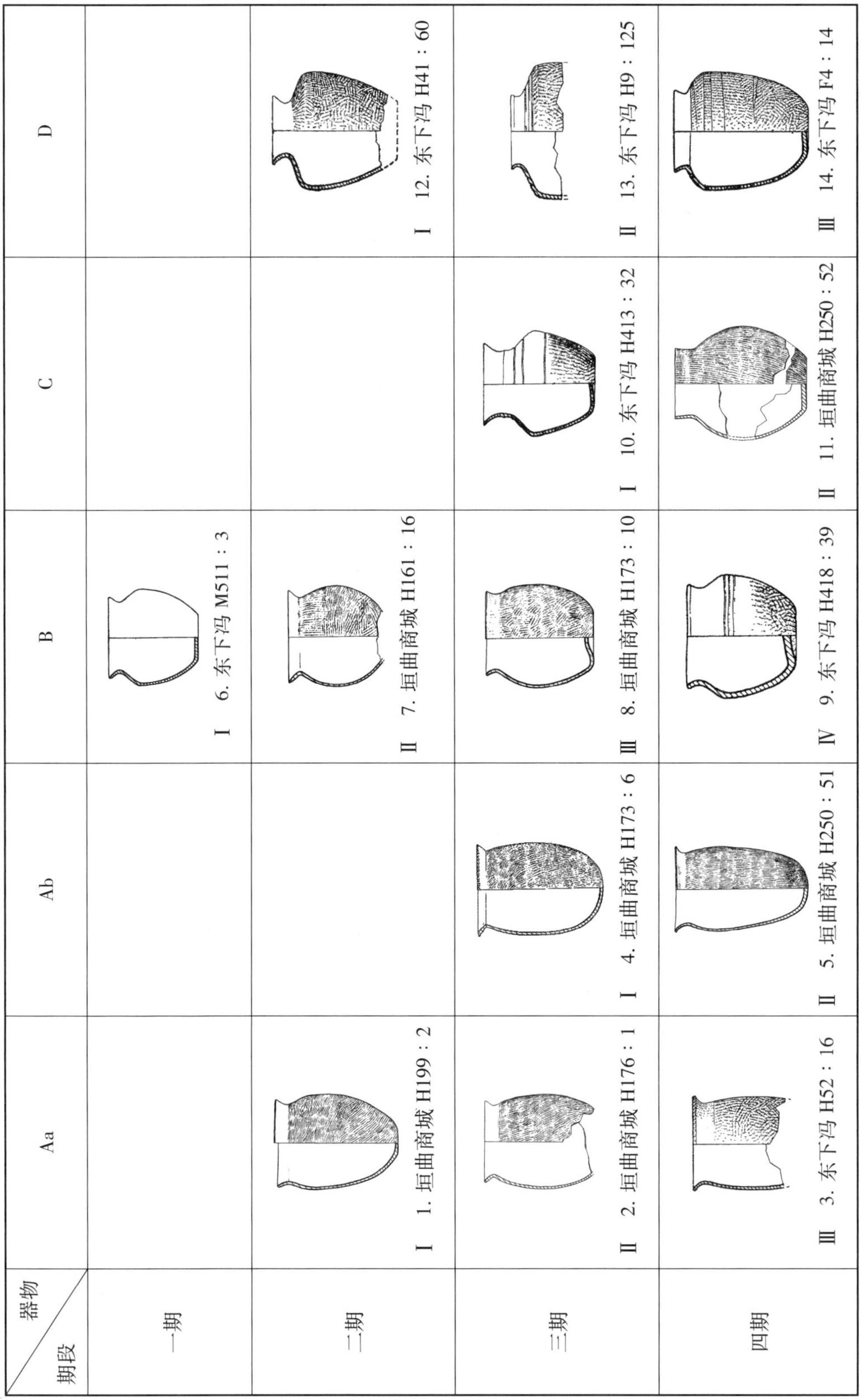

器物 期段	Aa	Ab	B	C	D
一期					
二期	I 1. 垣曲商城 H199：2		I 6. 东下冯 M511：3		I 12. 东下冯 H41：60
			II 7. 垣曲商城 H161：16		
三期	II 2. 垣曲商城 H176：1	I 4. 垣曲商城 H173：6	III 8. 垣曲商城 H173：10	I 10. 东下冯 H413：32	II 13. 东下冯 H9：125
四期	III 3. 东下冯 H52：16	II 5. 垣曲商城 H250：51	IV 9. 东下冯 H418：39	II 11. 垣曲商城 H250：52	III 14. 东下冯 F4：14

图 3 - 23　运城盆地二里头文化时期陶罐分期图

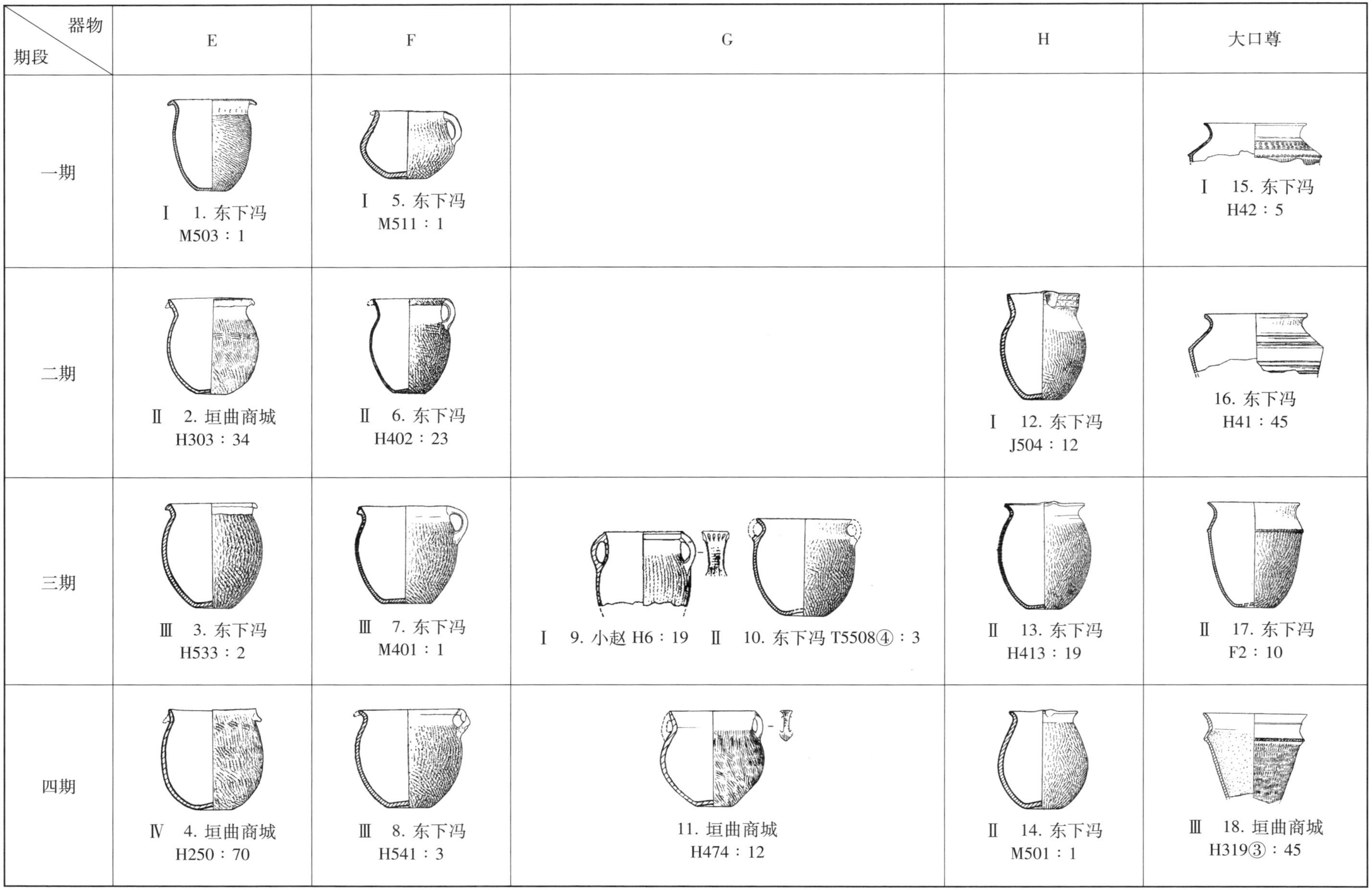

器物 期段	E	F	G	H	大口尊
一期	I 1. 东下冯 M503：1	I 5. 东下冯 M511：1			I 15. 东下冯 H42：5
二期	II 2. 垣曲商城 H303：34	II 6. 东下冯 H402：23		I 12. 东下冯 J504：12	16. 东下冯 H41：45
三期	III 3. 东下冯 H533：2	III 7. 东下冯 M401：1	I 9. 小赵 H6：19 II 10. 东下冯 T5508④：3	II 13. 东下冯 H413：19	II 17. 东下冯 F2：10
四期	IV 4. 垣曲商城 H250：70	III 8. 东下冯 H541：3	11. 垣曲商城 H474：12	II 14. 东下冯 M501：1	III 18. 垣曲商城 H319③：45

图 3－24　运城盆地二里头文化时期陶罐、大口尊分期图

Ⅲ式：鼓腹较矮。标本东下冯 M401∶1、H541∶3（图3-24∶7、8）。

G型：双耳罐。根据颈腹差异，可分为两式。

Ⅰ式：领部较高且直，腹较深直。标本小赵 H6∶19（图3-24∶9）。

Ⅱ式：领部变矮，腹变矮，较鼓。标本东下冯 T5508④∶3、垣曲商城 H474∶12（图3-24∶10、11）。

H型：捏口罐。根据领腹形态差异可分为两式。

Ⅰ式：高领，瘦腹。标本东下冯 J504∶12（图3-24∶12）。

Ⅱ式：矮领，鼓腹。标本东下冯 H413∶19、东下冯 M501∶1（图3-24∶13、14）。

大口尊：数量较多，根据领肩形态差异可分为三式。

Ⅰ式：侈口，硬折肩，肩部有较宽的附加堆纹，肩径远大于口径，斜腹。标本东下冯 H42∶5、H41∶45（图3-24∶15、16）。

Ⅱ式：侈口，肩略大于口，斜腹较肥。标本东下冯 F2∶10（图3-24∶17）。

Ⅲ式：侈口，口肩径接近，斜腹较瘦。标本垣曲商城 H319③∶45（图3-24∶18）。

瓮：根据整体形态差异可分为小口瓮、平口瓮、蛋形瓮、大口瓮四类。

小口瓮：数量较少，多凹圜底。根据口领形态差异可分为三式。

Ⅰ式：矮直领，圆肩，深鼓腹。标本垣曲商城 H170∶1（图3-25∶1）。

Ⅱ式：侈领甚矮，圆肩微折，深弧腹。标本东下冯 H535∶10（图3-25∶2）。

Ⅲ式：高领微侈，圆折肩，深弧腹。标本垣曲商城 H319③∶48（图3-25∶3）。

平口瓮：有一定数量，制作精细。总体演变趋势不是很清晰，但似乎年代愈晚肩腹折转越发圆转。根据这一态势可分为两式。

Ⅰ式：宽折肩，较硬折，腹较深。标本东下冯 H42∶3、H41∶48（图3-25∶4、5）。

Ⅱ式：肩部折转较缓，腹深直。标本西吴壁 H111②∶12、东下冯 F1∶4（图3-25∶6、7）。

蛋形瓮：数量甚多，修复者较少，有平底、空三足与假圈足三种，以空三足和平底数量最多。上部皆为敛口，但唇沿形态有折沿和无沿两型。

A型：折沿。标本东下冯 H42∶15、东下冯 H61∶5、西吴壁 H111②∶35、东下冯 H23∶2（图3-25∶8、9、10、11）。

B型：无沿。标本东下冯 H406∶7、西吴壁 H111②∶36、东下冯 H418∶36（图3-25∶12、13、14）。

大口瓮：腹部往往有多道附加堆纹，根据领腹形态差异可分为三式。

Ⅰ式：矮领较直，折肩，深腹较斜，器腹多有数道附加堆纹。标本东下冯 H42∶4（图3-25∶15）。

Ⅱ式：侈领，硬折肩，深直腹，器腹多有数道附加堆纹。标本垣曲商城 H303∶52、垣

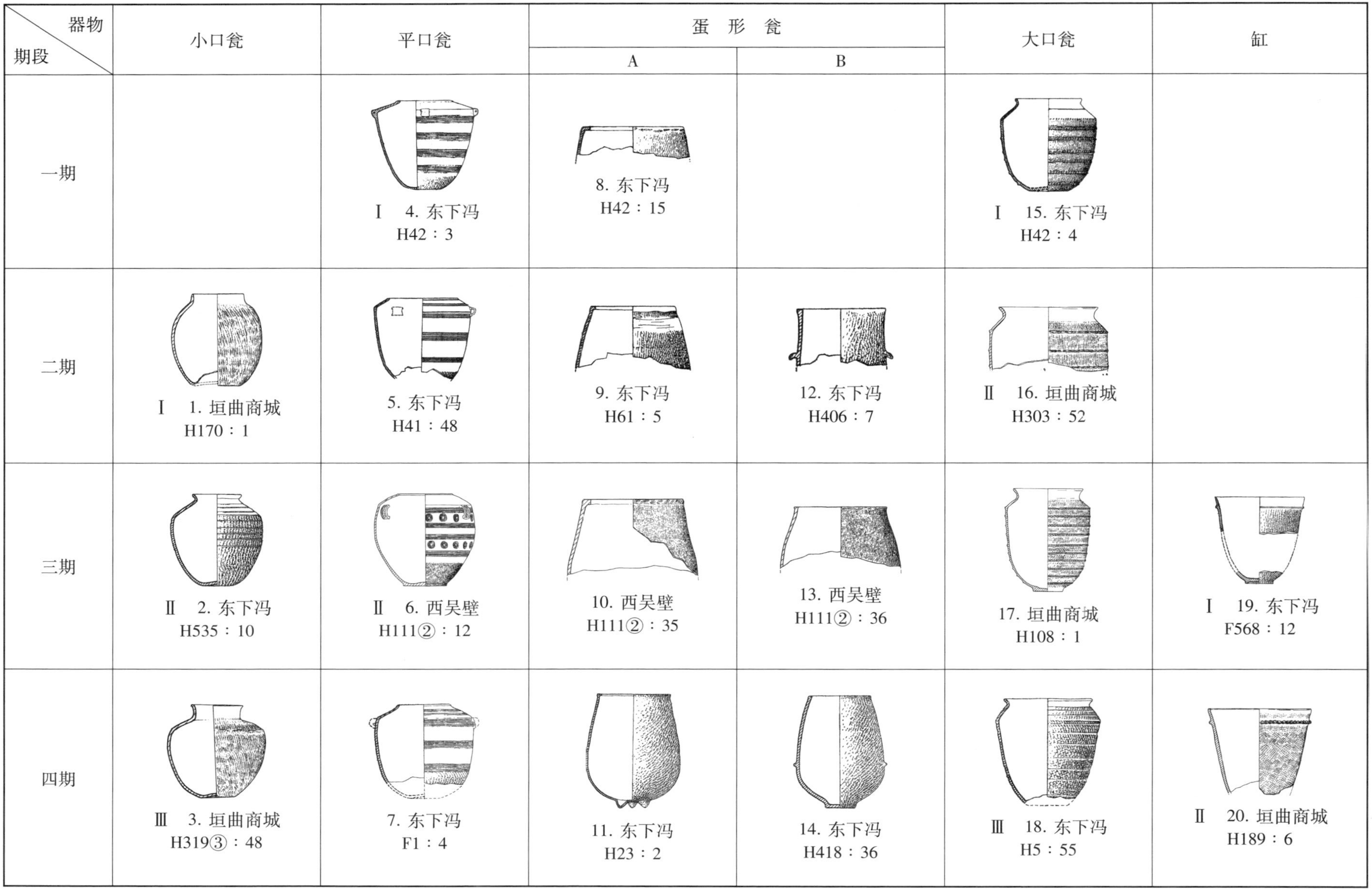

器物 / 期段	小口瓮	平口瓮	蛋形瓮 A	蛋形瓮 B	大口瓮	缸
一期		I 4. 东下冯 H42:3	8. 东下冯 H42:15		I 15. 东下冯 H42:4	
二期	I 1. 垣曲商城 H170:1	5. 东下冯 H41:48	9. 东下冯 H61:5	12. 东下冯 H406:7	II 16. 垣曲商城 H303:52	
三期	II 2. 东下冯 H535:10	II 6. 西吴壁 H111②:12	10. 西吴壁 H111②:35	13. 西吴壁 H111②:36	17. 垣曲商城 H108:1	I 19. 东下冯 F568:12
四期	III 3. 垣曲商城 H319③:48	7. 东下冯 F1:4	11. 东下冯 H23:2	14. 东下冯 H418:36	III 18. 东下冯 H5:55	II 20. 垣曲商城 H189:6

图3-25 运城盆地二里头文化时期陶瓮、缸分期图

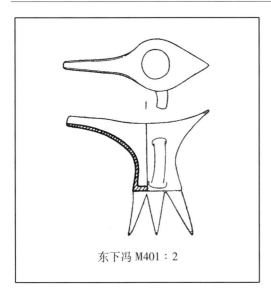

图 3 - 26　东下冯遗址发现的二里头文化时期陶爵

曲商城 H108：1(图 3 - 25：16、17)。

Ⅲ式：侈沿较窄,斜领折肩较缓,斜腹较深,器腹附加堆纹在减少。标本东下冯 H5：55(图 3 - 25：18)。

缸：有一定数量。根据腹部形态差异可分为两式。

Ⅰ式：深腹微鼓。标本东下冯 F568：12(图 3 - 15：21)。

Ⅱ式：深腹较直。标本垣曲商城 H189：6(图 3 - 15：22)。

爵：本地区二里头文化时期有一定数量的陶爵。标本东下冯 M401：2(图 3 - 26)。

除上述器物之外,本地区二里头文化时期还有如壶、簋等器物,因数量不多,这里不再一一详述。

（三）分期与年代推定

运城盆地二里头文化时期遗存丰富,地层关系较为清楚,既往研究较为充分。在此基础之上,可以对运城盆地二里头文化时期各遗址进行较为细致的研究。

东下冯遗址原报告将其分为前后四期,其说基本可从。刘绪认为原报告所分第四期中以 T1082④层为代表的部分单位从地层和器物形态两方面观察,都应属于二里冈下层时期遗存①,这一意见无疑是十分正确的。本文将东下冯遗址二里头文化时期遗存分为前后四期：第一期以 H1、H42、M503、M511 等单位为代表；第二期以 H41、H61、H401、H406 等单位为代表；第三期以 H7、H413、H535、M401 等单位为代表；第四期以 T5511③D、H25、H52、H417、M5、M502 等单位为代表。

垣曲商城遗址发掘者将二里头文化时期遗存统一划归"二里头文化晚期",但并未进一步细分。本书根据地层关系及器物形态演变规律分为前后三期,第一期以 H303、H161、H199 等单位为代表；第二期以 H108、H153、H173、H193 等单位为代表；第三期以 H250、H319③等单位为代表,三期分别与东下冯遗址二至四期相当。

西吴壁遗址的地层关系虽多,但发表遗物有限,可供检验的地层关系也较少,简报中部分地层单位也有较多疑问。据已知地层关系结合东下冯与垣曲商城遗物演变规律,可将该遗址的二里头文化时期遗存分为前后两段。早段以 H255 为代表,晚段以 H111 为代

---

① 刘绪：《东下冯类型及其相关问题》,《中原文物》1992 年第 2 期。

表,两段遗存分别相当于东下冯之第二、三段。

永济东马铺头遗址于 1950 年代末调查发现并经小规模试掘,所获二里头文化时期遗存以其双鋬罐、圆腹罐等形态观察,与东下冯遗址第二期及垣曲商城第一期同类器物形态接近,年代亦应相当。

夏县辕村公布的二里头时期遗存年代较集中,大体与东下冯遗址第一期遗存相当。

绛县周家庄二里头文化时期遗存所公布的材料年代集中在相当于东下冯遗址三、四期阶段。

绛县柳庄二里头文化时期遗存不多,可分为前后两个阶段,早段以 H21 为代表,晚段以 H24、H30 等单位为代表。早段年代相当于东下冯遗址二期,晚段年代相当于二里头文化三期。

垣曲口头遗址是垣曲盆地亳清河流域遗址群中等级较高的遗存。1950 年代末调查发现后于 1978 年由山西大学与垣曲博物馆合作发掘,发掘遗存非常重要,但资料至今尚未正式发表。从发掘者研究论文及调查公布材料可知,年代约与东马铺头遗址年代相当。

垣曲小赵遗址发掘所获二里头文化时期遗存可分为前后两期,一期以 H6 为代表;二期以 T23③层为代表,两期分别与东下冯遗址三、四期年代相当。

垣曲盆地综合调查中发现较多二里头文化时期遗存,不同小流域的遗址年代有集中倾向。在黄河流域遗址群中河堤遗址发现有与东马铺头、口头等遗址相当的遗存,五福涧、河堤、白泉、北关家、西滩、寨里、东寨、芮村等遗址发现有相当于东下冯遗址三、四期的遗存;亳清河流域涧溪、万家窑、石家岭、古城西关遗址发现有相当于东下冯遗址第二期的遗存,口头、龙王崖、西王茂等遗址发现有相当于东下冯遗址三、四期的遗存;沇河流域河西、刘村、河北、西沟、北羊堡、南堡头等十余处遗址发现有相当于东下冯遗址三、四期的遗存;西阳河流域河东、窑头乡、堤沟、硫磺沟等遗址发现有相当于东下冯遗址三、四期的遗存,西阳河流域有个别遗址年代似有能早至东下冯遗址一期的遗存。

在运城盆地东部的区域系统调查活动中,发现有较多的二里头文化时期遗存,年代基本上可以涵盖二里头文化的全部期段,其中月芽堡、湖村等遗址年代较早。

由上述遗址的分期,可将本区二里头文化时期遗存整合分为四期(表 3-3)。由于材料尚不丰富,地层公布情况不佳,分段理由十分勉强,故不对其分段。

一期:材料不多。炊器以陶鬲、鼎、单把罐、双鋬罐为主,偶见陶鬲、甑、斝。陶器制作较为粗糙。由于目前材料较少,难对本期文化面貌进行较深入的总结。从本阶段陶鼎、浅盘豆、大口尊、大口瓮形态与二里头遗址同类器相比,可知本期年代大体相当于二里头文化一期。

二期:材料较丰富,本段炊器组合在垣曲盆地的垣曲商城与运城盆地的东下冯遗址显示出较大的差异。在垣曲商城,陶鬲、单把罐十分罕见,炊器以夹砂深腹罐与双鋬罐最

表 3-3　二里头文化时期运城盆地居址分期对照表

遗址 期段	东下冯	垣曲商城	周家庄	辕村	东马铺头	周家庄	柳庄	口头	垣曲盆地调查				小赵
									黄河流域	亳清河流域	沇河流域	西阳河流域	
四期	4	3				√			二期	二期	二期	二期	2
三期	3	2	2				2		一期	一期	一期	一期	1
二期	2	1	1		√		1	√					
一期	1			√								√	
资料来源	①	②	③	④	⑤	⑥	⑦	⑧	⑨				⑩

为常见,陶斝次之,有极少量的鼎、甗作为补充;而在东下冯遗址,仍以陶鬲、单把罐占绝对优势,陶鼎、鬲、双錾罐次之,陶斝数量较少,夹砂深腹罐少见。本期其他主要器类基本出现,器类较上期丰富较多。本期年代约相当于二里头文化二期。

三期:材料十分丰富,本期炊器组合与上一阶段相近,但垣曲商城遗址与东下冯遗址炊器仍然保持了上期的组合差别,垣曲商城遗址陶鬲数量仍然不多;东下冯则仍以单把罐、鬲为最多,夹砂深腹罐数量增加较明显。陶鼎减少,罐形鼎在本期消失,深腹盆形鼎在

① 中国社会科学院考古研究所、中国历史博物馆、山西省考古研究所:《夏县东下冯》,文物出版社(北京),1988 年。
② 中国历史博物馆考古部、山西省考古研究所、垣曲县博物馆:《垣曲商城——1985~1986 年度勘察报告》,科学出版社(北京),1996 年;中国国家博物馆田野考古研究中心、山西省考古研究所、垣曲县博物馆:《垣曲商城(二)——1988~2003 年度考古发掘报告》,科学出版社(北京),2014 年。
③ 中国国家博物馆考古院、山西省考古研究院、运城市文物保护研究所:《山西绛县西吴壁遗址 2018~2019 年发掘简报》,《考古》2020 年第 7 期。
④ 中国国家博物馆田野考古研究中心、山西省考古研究所、运城市文物保护研究所:《山西夏县辕村遗址发掘简报》,《考古》2009 年第 11 期。
⑤ 中国社会科学院考古研究所山西工作队:《晋南考古调查报告》,《考古学集刊》(6),中国社会科学出版社(北京),1989 年。
⑥ 中国国家博物馆田野考古研究中心、山西省考古研究所、运城市文物保护研究所:《山西绛县周家庄遗址第一次发掘报告》,《中国国家博物馆馆刊》2012 年第 12 期;中国国家博物馆田野考古研究中心、山西省考古研究所、运城市文物保护研究所:《山西绛县周家庄遗址居址与墓地 2007~2012 年的发掘》,《考古》2015 年第 5 期;中国国家博物馆田野考古研究中心、山西省考古研究所、运城市文物保护研究所:《山西绛县周家庄遗址 2007~2012 年勘探与发掘简报》,《考古》2015 年第 5 期;中国国家博物馆田野考古研究中心、山西省考古研究所、运城市文物保护研究所:《山西绛县周家庄遗址 2013 年发掘简报》,《考古》2018 年第 1 期;中国国家博物馆、山西省考古研究院、运城市文物保护研究所:《山西绛县周家庄遗址 2017 年秋季东区发掘简报》,《中国国家博物馆馆刊》2020 年第 10 期;中国国家博物馆、山西省考古研究院、运城市文物保护研究所:《山西绛县周家庄遗址 2015 年春季发掘简报》,《中国国家博物馆馆刊》2021 年第 8 期。
⑦ 国家博物馆考古部、山西省考古研究所、运城市文物局:《山西绛县柳庄夏商遗址发掘简报》,《华夏考古》2010 年第 2 期。
⑧ 付淑敏:《我对二里头文化的看法》,《山西大学学报》1987 年第 2 期。
⑨ 中国国家博物馆考古部:《垣曲盆地聚落考古研究》,科学出版社(北京),2007 年。
⑩ 中国社会科学院考古研究所山西工作队:《山西垣曲小赵遗址 1996 年发掘报告》,《考古学报》2001 年第 2 期。

本期数量明显减少。本期陶器种类较为丰富,盆、豆数量较上期更多,陶器制作较为精细,陶缸在本期开始出现。本段年代约相当于二里头文化三期。

四期:材料十分丰富,本期炊器与上一阶段相比略有变化,垣曲商城遗址陶鬲、甗数量较上期略有增加,而在东下冯遗址陶鬲数量有明显增长。各遗址中陶鼎数量锐减,尤以深腹盆形鼎减少甚明显。本期陶器制作较精细。本期年代约相当于二里头文化四期。

二、夏时期各期陶器的特征

从整体的文化面貌看,运城盆地二里头文化时期各期之间文化面貌差异较明显。下面我仍从陶系、炊器组合变化、其他标志性器物数量变化等方面予以分析。

(一)陶系

垣曲商城遗址历次发掘的二里头文化时期都未按单位发表统计数据,两部发掘报告皆只是公布了不同期别的十个单位的合计统计数据,因此仅能作为参考。本地区二里头文化时期陶系面貌以东下冯遗址各单位的统计数据为基础(表3-4)。

表 3-4 二里头文化时期东下冯、垣曲商城典型单位陶系统计表

时段 / 项目 单位	陶质(%)		陶色(%)				纹饰(%)					
	泥质	夹砂	灰	褐	黑	红	素面	篮纹	各类绳纹	划纹旋纹	附加堆纹	戳压印
一期 东下冯 H1	39.3	60.7	35.9	59.7	4.4		7.3	0.5	66.5	12.1	13.6	
一期 东下冯 H42	76.8	23.2	38.1	54.9	7		3.5	0.9	57.4	20.3	16.8	1
二期 东下冯 H41	55.8	44.2	68.8	23.9	7.3		0.5	0.3	80	12.4	6.8	
二期 东下冯 H402	43.3	56.7	63.9	17.1	21		6.5	0.7	68.2	15.7	8.3	0.6
三期 东下冯 H15	31.5	68.5	79.1	18.2	1.8		4.9	2.6	77.5	12.6	1.6	0.9
三期 东下冯 H413	21.4	78.6	66.2	18.1	15.7		2.8		86.1	6.8	4.1	0.3
三期 东下冯 H535	37.6	62.4	73.3	15.4	0.8	10.4	2.7	0.6	70.7	19.9	5.5	0.5
四期 东下冯 H5	12.3	83.7	76.3	21.7	2		3.1	0.4	84.7	5.2	6.5	0.1
四期 东下冯 H60	46.9	53.1	83.3	16.7			8.6	0.9	63.4	13.3	5.5	8.4
四期 东下冯 H417	46.9	63.1	83.1	15.8	0.9		5.5	0.6	81.1	5.6	4.1	2.9
四期 东下冯 H418	41.1	58.9	89.9	10.1			1.4		76	8.2	0.4	14.1

续表

项目 时段　　　　单　位	陶质(%)		陶色(%)				纹饰(%)					
	泥质	夹砂	灰	褐	黑	红	素面	篮纹	各类 绳纹	划纹 旋纹	附加 堆纹	戳压 印
垣曲商城第一次发掘 H303 等 10 单位合计统计	36	64	70.7	22.5	3.2	2.8	16.6	0.7	71.4	5.9	4.3	1.1
垣曲商城 1988 – 2003 发掘 H265 等 10 单位合计统计	29	71	79.6	12	2	6.4	14.2		79.7	5.1	3.8	0.1

第一期：本期两单位统计数据有差异,但总体共性是褐陶比例较高,灰陶比例在四成以下,黑陶比例在一成以下。同时期纹饰以绳纹为主,附加堆纹和旋纹的比例皆较高,素面陶数量较少。本期陶器火候不高,陶器表面较斑驳,纹饰滚压并不规整。

第二期：本期夹砂陶与泥质陶比例较为接近,陶色以灰陶为主,褐陶比例下降明显。陶器纹饰方面,仍以绳纹为绝大多数,但比例升至八成以上;素面陶、旋纹等纹饰变化不大,附加堆纹有明显的下降。本期陶器火候变高,陶色较为规整。

第三期：本期夹砂陶明显较泥质陶为多,陶色与上一阶段变化不大,比例亦较相当。陶器纹饰方面,附加堆纹略有下降,其他方面变化不大。本期陶器烧造火候较高,陶色斑驳的情况较为少见,纹饰滚压较规整。

第四期：本期夹砂陶多于泥质陶,以灰陶占绝对多数,褐陶比例与上一阶段相近,本期黑陶数量锐减。纹饰方面以绳纹占绝大多数,素面陶小有增长,其他纹饰变化不大。

垣曲商城遗址由于缺乏各时期具体单位的统计数据,因此无法得知各时期的变化,但从二里头文化二至四期的合计统计数据中仍能看出与东下冯遗址有明显差异。在垣曲商城遗址,夹砂陶总量远多于泥质陶,陶色中褐陶比例较高,有一定数量的红陶,这一点与东下冯遗址差别较为明显。陶器纹饰装饰方面,素面陶的比例远高于东下冯遗址,附加堆纹与旋纹比例略低于东下冯遗址。

(二) 器物群中的炊器特征与组合变化

二里头文化时期东下冯遗址与垣曲商城遗址皆有器类组合数据,但后者缺乏具体单位的统计数据,因此无法精确说明炊器的组合比例变化。总体说来,上述两遗址在炊器使用方面差异较大,东下冯遗址始终以甗和单把、双鋬罐为主要炊器,而垣曲商城以各类夹砂罐为主要炊器品种(表 3 – 5)。陶鬲在本地区始终不是最主要的炊器种类。以下对本区常见炊器器类的主要特征进行粗略总结。

鬲：本地区在二里头文化四期以前数量不多,东下冯遗址陶鬲在炊器中的总占比量多于垣曲商城。本地区陶鬲形态多样,没有某种陶鬲形态堪为主流。所有的器型中,各类高领鬲略常见,领部演变规律与周邻地区相同。需要指出的是,本地区高领鬲唇缘花边的

表 3-5　二里头文化晚期运城盆地居址炊器组合百分比统计表

器类 期段	单　　位	深腹罐	双鋬罐	单把罐	甑	鬲	甗	罍	鼎	总件数
一期	东下冯 H1		21.4	28.6		0.7	14.3		28.6	14
	东下冯 H42			40		10	50			10
二期	东下冯 H41	3.8	1.9	51.9		13.5	21.2	1.9	5.8	52
	东下冯 H402		5	40	10	15	20	5	5	20
三期	东下冯 H15	18.4	13.2	28.9			34.2	2.6	2.6	38
	东下冯 H413		1.9	74.1	1.9	3.7	14.8	3.7		54
	东下冯 H535	16.7		50			25	8.3		12
四期	东下冯 H5	13.6	4.5	2.3		34.1	38.6	4.5	2.3	44
	东下冯 H60	27.3		18.2		18.2	36.4			11
	东下冯 H417	8	20	26		8	34	2	2	50
	东下冯 H418	7.6	1.5	31.8		31.8	21.2	4.5	1.5	66
垣曲商城 H303H161H250 等十单位合计统计数据		66.3	8.7	3.3	2.2	3.3	10.7	1.1	4.3	184

作风比例较高,上腹部加装双鋬的陶鬲在年代偏早的单位中较为常见。本地区矮领鬲数量比例甚少,出现时间大体在二里头文化四期,个体数量也较少。本地有一定比例的单把鬲,且延续时间较长,或许是受晋中地区的影响所致。另外,本地区表面有捆扎凹槽的鬲足比例较低。

甗:本地区陶甗较常见,陶甗皆有箅托,器表腰部附加堆纹十分常见,上部盆甑部分多见双鋬手,这些形态特点与周邻地区差别不大。东下冯遗址中陶甗的比例远高于垣曲商城。

罍:本地区陶罍比例总体不高,陶罍以敛口罍最为常见,形态与晋中、晋西南及太行山东麓冀中、冀南地区的同类器形态相同。敞口罍数量较少,但垣曲商城中的比例远高于东下冯遗址。

鼎:本地区有一定数量的陶鼎,但垣曲商城陶鼎比例低于东下冯遗址。

单把罐、双鋬罐:在本地区是十分常见的炊器器类,但在本地区的两个小地理单元内比例不同。垣曲商城比例较低而东下冯遗址比例甚高,甚至于后者将其作为最主要的炊器器类。

深腹罐：在本地区多见于垣曲盆地，且被作为最主要的炊器种类。其形态以及演变规律与黄河以南的二里头文化十分相似。

（三）器物群其他主要器物特征与组合变化

二里头文化时期本区器物群十分丰富，大部分器类皆可在周邻地区见到，较有地区特点的是直口蛋形瓮与独孔甑两类。

直口蛋形瓮在本地区延续时间很长，与敛口蛋形瓮相比有一定数量。直口蛋形瓮腹部瘦长微鼓，与敛口蛋形瓮肥鼓腹的作风有较大差异。

独孔甑在本地区也有一定的比例，且延续时间较长，这在除华北平原北缘以外的周邻地区并不常见。

另外，需要注意的是刻槽盆和封口盉两类器物在运城盆地的发现。虽然具体刻槽纹样在不同遗址中有差别，比如东下冯遗址的刻槽盆不是典型叶脉状，而垣曲商城则是较为典型的叶脉状刻槽盆。叶脉纹刻槽盆是二里头文化十分具有标志性的器物，在二里头文化时期的太行山东麓甚至豫北地区十分少见，但在运城盆地却始终有一定的数量。这从一个侧面反映了两地的文化关系。

与刻槽盆类似，封口盉也是二里头文化中很有代表性的器类，也是二里头文化与二里冈文化墓葬中很有差异性的代表性器类。封口盉也同样不见或极罕见于二里头文化时期的太行山东麓及豫北地区。在运城盆地的居址和墓葬中，零星发现有封口盉，也说明运城盆地与豫西二里头文化的关系更具亲缘关系。

三、商时期的遗存分期

这一地区商时期考古遗存年代早晚并不均衡。总体而言，早商时期十分丰富，晚商时期甚少，基于这一特点，本文不单独讨论晚商时期遗存，将其与早商时期遗存放在一起加以梳理。截至 2020 年底，所发表材料中以垣曲商城、东下冯、平陆前庄、运城长江府、临猗黄仪南等遗址材料公布较好（图 3 - 17）。

垣曲商城商时期遗存较好的地层关系有如下七组：

（1）T2③→H5→④→H6→H7→⑤→⑥

（2）T2862④→H105、H123→H127→H108→⑤

（3）T2562④→H104、H113→H110→⑤

（4）T2668④A→H131、H129→H121→H136→H161

（5）T3070③F→H179、H231→H235→④

（6）T2771②→H158→H160

（7）T2870④B→H109→H319、H256

第（1）组地层关系中 H6 以上为早商时期遗存；第（2）组地层关中 H127 及其以上为二里冈文化时期遗存；第（3）组地层关系中 H110 以上为早商时期遗存；第（4）组地层关系

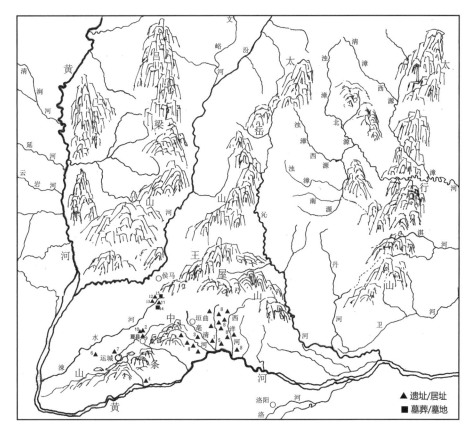

图 3 - 27　运城盆地商时期主要遗址分布示意图

1. 垣曲商城　2. 东下冯　3. 宁家坡　4. 前庄　5. 古城东关　6. 黄仪南　7. 长江府　8. 垣曲盆地
9. 辕村　10. 东阴　11. 柳庄　12. 西吴壁　13. 周家庄　14. 酒务头　15. 东吴村

中 H121 及其以上为早商时期遗存；第(6)组地层关系中 H158 及其以上为早商时期遗存；
第(7)组地层关系中 H109 及其以下为早商时期遗存。

东下冯遗址商时期遗存较好的地层关系可以如下四组为代表：

(1) T5520、T5521③C→M514

(2) J2→H38

(3) M4→H35

(4) T3002③B→M519

平陆前庄遗址商时期遗存较好的地层关系有如下两组：

(1) T5001、T6001②A→B→C→F1、F2、F3、F4、F5→D→E→F→G

(2) F2→H1、H2

（一）陶器形制分析

运城盆地商时期遗存十分丰富，结合周邻地区早商时期年代学研究成果，可以鬲、盆、豆、罐、瓮、大口尊等器物的形制演变轨迹作为分期断代依据。

鬲：数量甚多，形态多样，形制变化也较多，根据沿腹形态差异可分为七型。

A 型：卷沿，矮领，长方体实足根鬲。形体有大小之别，大者口径超过 25 厘米，小者近 10 厘米，但整体形态无太大差别。根据沿、腹形态差异可分为六式。

Ⅰ式：鼓腹，尖圆唇或圆唇，器表饰以细绳纹。标本东下冯 M514：1、垣曲商城 H637：12(图 3－28：1、2)。

Ⅱ式：沿面前端微折，尖锥足甚高，腹较瘦。标本垣曲商城 H607：7、H149：27、H121：50(图 3－28：3、4、5)。

Ⅲ式：方唇或斜方唇，沿面起榫上翻，近盘口，沿面前端多有一至两道凹槽，唇缘多有凹槽。标本垣曲商城 H3：3、H885：87(图 3－28：6、7)。

Ⅳ式：宽沿，沿面前端起榫，沿面前端多有一至两道凹槽，唇缘多有凹槽，唇缘下端有较明显的勾棱。标本东下冯 M519：1、H35：86，垣曲商城 H248 上：11(图 3－28：8－10)。

Ⅴ式：方唇，宽沿斜向上，腹较瘦直。标本古城东关Ⅰ F1：2(图 3－30：1)。

Ⅵ式：方唇或方圆唇，沿较宽，腹较直，厚胎，绳纹变粗。标本周家庄 H745③：1(图 3－30：2)。

B 型：折沿，矮领，鼓腹较肥。形体有大小之别，大者口径超过 25 厘米，小者近 10 厘米，但整体形态无太大差别。根据沿腹形态差异可分为五式。

Ⅰ式：尖圆唇，卷沿，沿面前端较平下卷，瘦腹。标本垣曲商城 H6：5、柳庄 TG2⑤：1、东下冯 T5521③C：1、垣曲商城 H658 下：9(图 3－28：11－14)。

Ⅱ式：圆唇，沿面前端起榫，腹较鼓。标本垣曲商城 H122：3(图 3－28：15)。

Ⅲ式：方唇或斜方唇，沿面起榫上翻，近盘口，沿面前端多有一至两道凹槽，唇缘多有凹槽。标本东阴 H9：17、垣曲商城 H307：9(图 3－28：16、17)。

Ⅳ式：方唇宽折沿，沿面前端起榫，沿面前端多有一至两道凹槽，唇缘多有凹槽，唇缘下端有较明显的勾棱。标本垣曲商城 H746：13、T2766④A：1(图 3－28：18、19)。

Ⅴ式：宽折沿，沿面前端起榫近盘口，矮裆肥袋足，实足根近无。标本酒务头 M4：16(图 3－30：4)。

C 型：纵长方体筒腹鬲。年代偏早的一般形态都较大。颈腹多见捆绑式附加堆纹，晚期出现了较典型的圜络纹鬲。根据腹足形态差异可分为三式。

Ⅰ式：直筒腹，尖圆唇，腹中与下腹相接处微鼓，器表多有捆绑式附加堆纹。标本垣曲商城 H235：19(图 3－28：20)。

Ⅱ式：卷沿，腹微鼓，腹足相接处略鼓。标本垣曲商城 H607：6、H693：4(图 3－28：21、22)。

Ⅲ式：卷沿较短，方唇，斜折沿，鼓腹，实足根较高。标本前庄 T5001②D：1(图 3－30：4)。

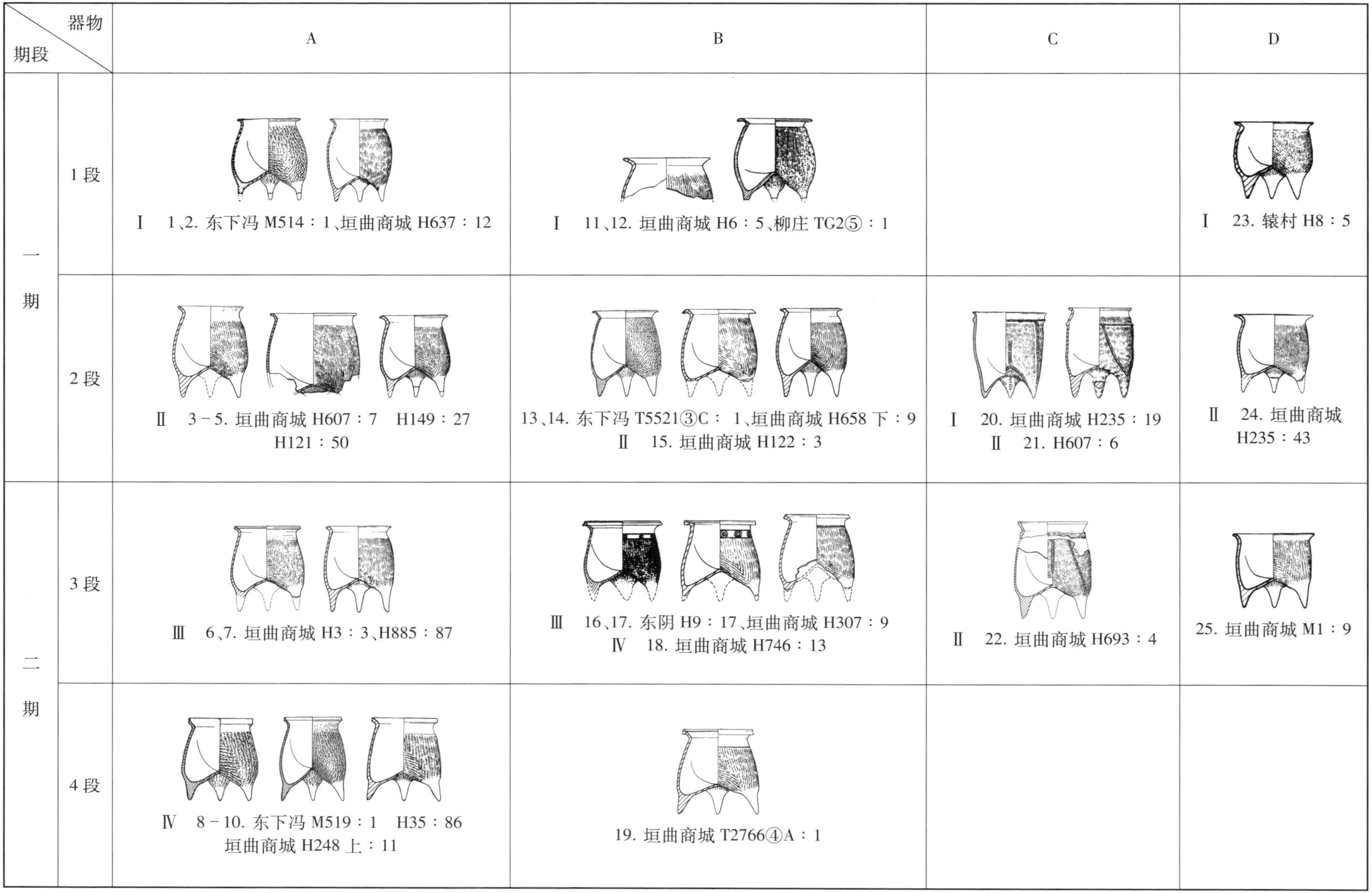

器物 期段	A	B	C	D
1段	Ⅰ 1,2. 东下冯 M514：1,垣曲商城 H637：12	Ⅰ 11,12. 垣曲商城 H6：5,柳庄 TG2⑤：1		Ⅰ 23. 辕村 H8：5
2段	Ⅱ 3－5. 垣曲商城 H607：7　H149：27　H121：50	13,14. 东下冯 T5521③C：1,垣曲商城 H658 下：9　Ⅱ 15. 垣曲商城 H122：3	Ⅰ 20. 垣曲商城 H235：19　21. H607：6	Ⅱ 24. 垣曲商城 H235：43
3段	Ⅲ 6,7. 垣曲商城 H3：3,H885：87	16,17. 东阴 H9：17,垣曲商城 H307：9　Ⅳ 18. 垣曲商城 H746：13　Ⅲ	Ⅱ 22. 垣曲商城 H693：4	25. 垣曲商城 M1：9
4段	Ⅳ 8－10. 东下冯 M519：1　H35：86　垣曲商城 H248 上：11	19. 垣曲商城 T2766④A：1		

图 3－28　运城盆地商时期陶鬲分期图（一）

　　D 型：横长方体筒腹鬲。有一定数量，有的甚至为联裆。根据沿、腹形态差异可分两式。

　　Ⅰ式：卷沿较宽，口腹径相近，深直腹，实足根高而尖。标本辕村 H8：5（图 3－28：23）。

　　Ⅱ式：卷沿，沿面变窄，口径大于腹径。标本垣曲商城 H235：43、垣曲商城 M1：9（图 3－28：24、25）。

　　E 型：鼓腹鬲，实足根内勾。此类鬲较有特色，在本地区有一定数量。根据沿面差异可分两式。

　　Ⅰ式：折沿，沿面较平，前端多有凹槽。实足根较高，标本东阴 H14：1（图 3－29：1）。

　　Ⅱ式：卷沿，沿面前端有一道凹槽。标本垣曲商城 H825②：23、H601：4、H825②：26（图 3－29：2、3、4）。

期段 ＼ 器物		E	F
一期	2段	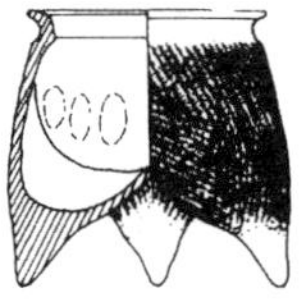 Ⅰ　1. 东阴 H14：1	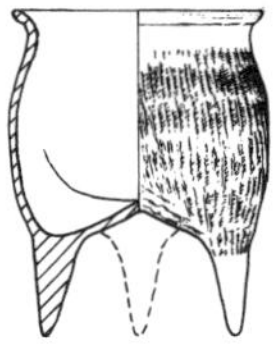 5. 垣曲商城 H662：6
二期	3段	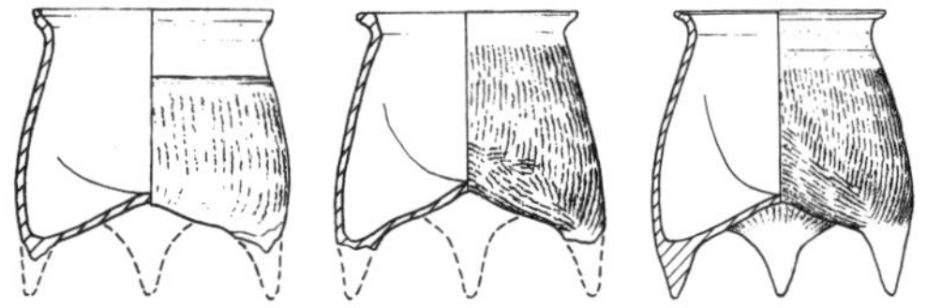 Ⅱ　2、3、4. 垣曲商城 H825②：23、H601：4、H825②：26	
	4段		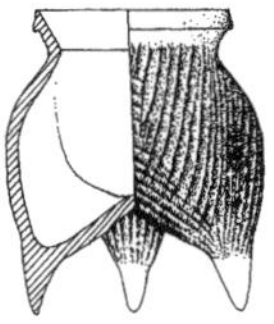 6. 宁家坡 H3126：2

图 3－29　运城盆地商时期陶鬲分期图（二）

　　F 型：罐形鬲。数量不多，但辨识度很高。根据腹部差异可分两式。

　　Ⅰ式：上腹呈罐形，深腹较瘦直，实足根较高。标本垣曲商城 H662：6（图 3－29：5）。

　　Ⅱ式：上腹肩部鼓出，口径小于肩径。标本宁家坡 H3126：2（图 3－29：6）。

G 型：深袋足无实足根鬲，有一定数量。根据腹部形态差异可分为两式。

Ⅰ式：卷沿，微束颈。标本古城东关 I T38④：2(图 3 - 30：5)。

期段＼器物	A	B	C	G
三期			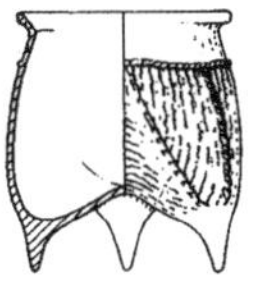 4. 前庄 T5001②D：1	
五期	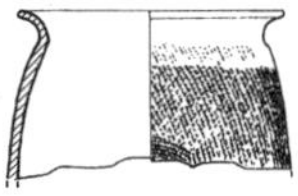 Ⅴ　1. 古城东关 I F1：2			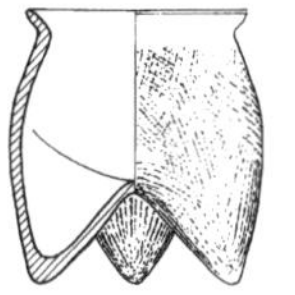 I 5. 古城东关 I T38④：2
六期	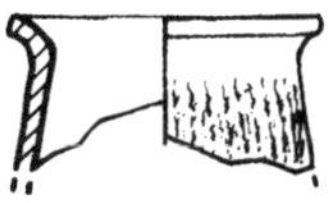 Ⅵ　2. 周家庄 H745③：1	 3. 酒务头 M4：16		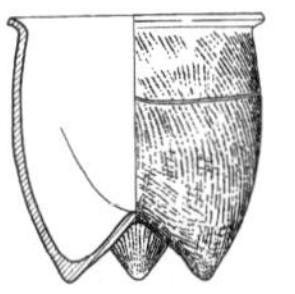 Ⅱ　6. 古城东关 H64：1

图 3 - 30　运城盆地商时期陶鬲分期图(三)

Ⅱ式：卷沿甚短，腹斜收，实足根近无。标本古城东关 H64：1(图 3 - 30：6)。

斝式鬲：数量甚少。标本东阴 H9：6、东下冯 M4：2(图 3 - 31：1、2)。

甗：根据有无箅托可分为两型。

A 型：无箅托。根据整体形态差异可分为两式。

Ⅰ式：敞口、腹扁肥，部分器体表面有纵横交错的附加堆纹。标本东下冯 H401：14、东下冯 J2：20(图 3 - 31：3、4)。

Ⅱ式：侈口，腹较深瘦。标本东下冯 H35：146、150，东阴 H6：6(图 3 - 31：5、6、7)。

B 型：有箅托。根据整体形态差异可分为三式。

期段	器物	斝式鬲	甗 A	甗 B
一期	1段		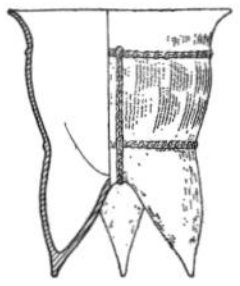 Ⅰ 3.东下冯 H401：14	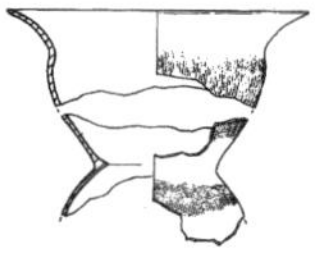 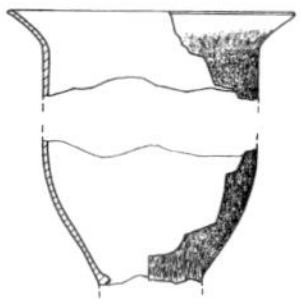 Ⅰ 8、9.辕村 H8：3、西吴壁 H185③：1
一期	2段		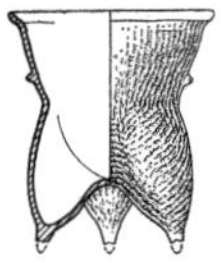 Ⅰ 4.东下冯 J2：20	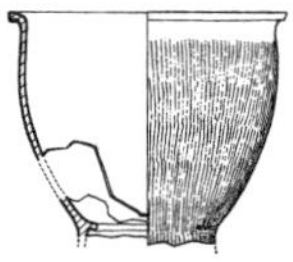 10.垣曲商城 H149：28
二期	3段	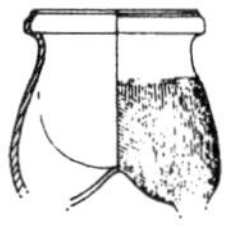 1.东阴 H9：6	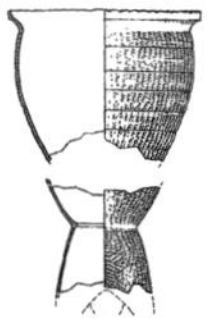 Ⅱ 5、6.东下冯 H35：146、150	
二期	4段		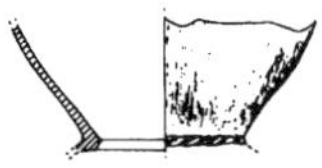 7.东阴 H6：6	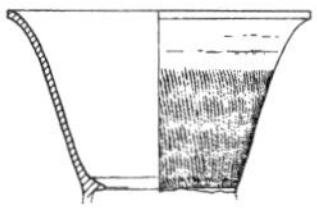 Ⅱ 11.垣曲商城 T4158④B：13
三期	5段	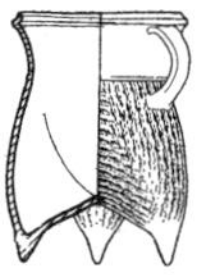 2.东下冯 M4：2		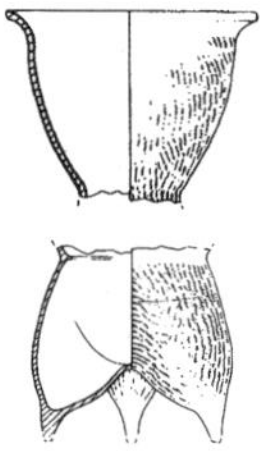 Ⅲ 12、13.前庄 T5011②D：1、②E：1

图 3－31　运城盆地商时期陶斝式鬲、甗分期图

Ⅰ式：圆唇,侈口,卷沿较宽,上腹盆甑部分较深且宽。标本辕村 H8：3、西吴壁 H185③：1、垣曲商城 H149：28(图3-31：8、9、10)。

Ⅱ式：方唇或圆方唇,敞口,上部盆甑较扁宽。标本垣曲商城 T4158④B：13(图3-31：11)。

Ⅲ式：圆唇,敞口,微束颈,腹深较瘦。标本前庄 T5011②D：1、②E：1(图3-31：12、13)。

甑： 根据甑孔形态差异可分为三型。

A 型：桂叶形孔。标本东下冯 H67：57,垣曲商城 H235：51、H724：3、H455：7(图3-32：1、2、3、4)。

B 型：圆形独孔。标本垣曲商城 H342：9(图3-32：5)。

C 型：圆形多孔。标本垣曲商城 H121：39(图3-32：6)。

鼎： 数量不多,所见者皆为盆形鼎。标本东下冯 J2：22、垣曲商城 H121：36(图3-32：7、8)。

斝： 数量极少。标本东下冯 T1082④：66(图3-32：9)。

盆： 根据整体形态差异可分为七型。

A 型：深弧腹。根据颈腹形态差异可分为四式。

Ⅰ式：束颈,下腹急收。标本垣曲商城 H113：20(图3-33：1)。

Ⅱ式：下腹缓收。标本垣曲商城 H235：24(图3-33：2)。

Ⅲ式：沿微折,深直腹微鼓。标本东下冯 H35：125(图3-33：3)。

Ⅳ式：上腹微鼓,深腹较直。标本东下冯 M8：1(图3-33：4)。

B 型：深直腹。根据沿腹形态差异可分为三式。

Ⅰ式：沿微折卷,上腹甚直,上腹饰成组的旋纹,下腹急收。标本东下冯 H105：23(图3-33：5)。

Ⅱ式：斜方唇,折沿上翘,上腹甚直,下腹缓收,部分器体为凹圜底。标本垣曲商城 H157：8(图3-33：6)。

Ⅲ式：圆唇或方唇,折沿较平,上腹深直。标本垣曲商城 H241：7(图3-33：7)。

C 型：深鼓腹,沿面微折较平,上腹斜折,饰成组的旋纹,下腹急收。数量不多。标本柳庄 H18：2、垣曲商城 H270：1(图3-33：8、9)。

D 型：鼓腹盆。数量较多。根据沿腹形态差异可分为三式。

Ⅰ式：斜折沿较宽,鼓腹较深,平底。标本东下冯 H401：12(图3-33：10)。

Ⅱ式：卷沿较宽,微束颈,腹略浅,凹圜底。标本垣曲商城 H121：49、T2768④A：18(图3-33：11、12)。

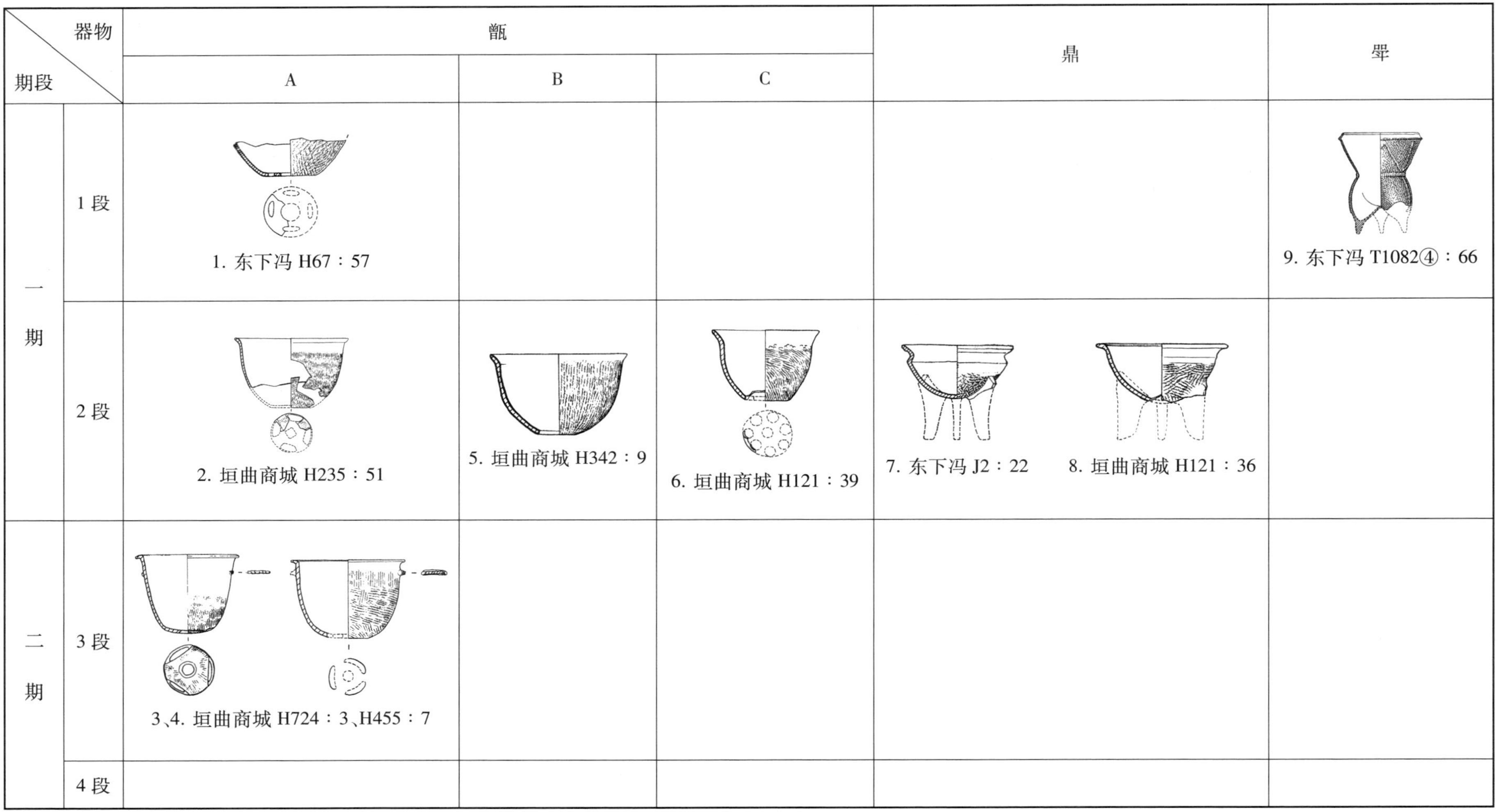

期段	器物	甑 A	甑 B	甑 C	鼎	斝
一期	1段	1. 东下冯 H67：57				9. 东下冯 T1082④：66
	2段	2. 垣曲商城 H235：51	5. 垣曲商城 H342：9	6. 垣曲商城 H121：39	7. 东下冯 J2：22	
二期	3段	3、4. 垣曲商城 H724：3、H455：7			8. 垣曲商城 H121：36	
	4段					

图 3－32 运城盆地商时期陶甑、鼎、斝分期图

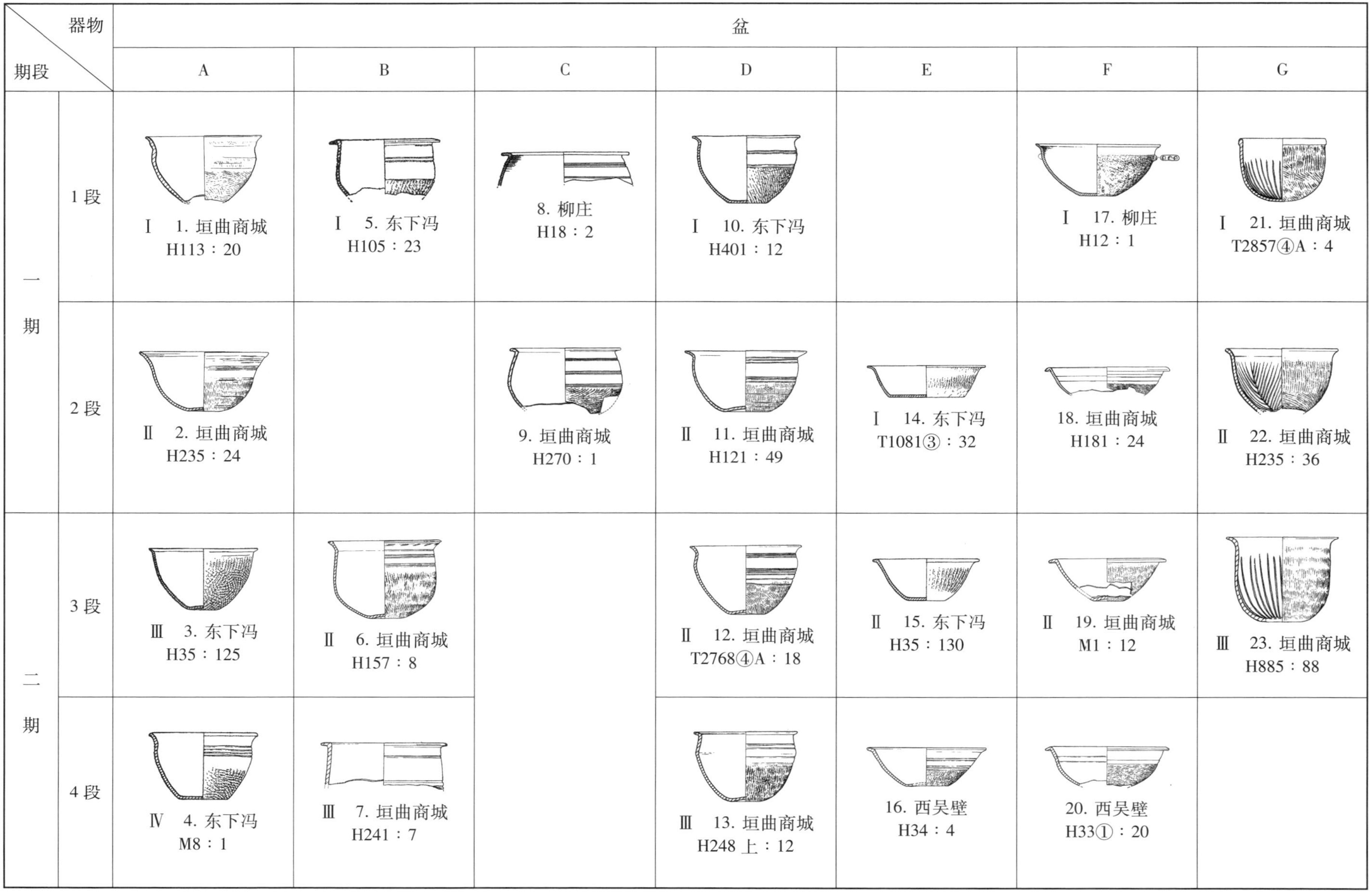

图 3-33　运城盆地商时期陶盆分期图

Ⅲ式：卷沿较窄，上腹微折，凹圜底。标本垣曲商城 H248 上：12(图 3 - 33：13)。

E 型：敞口浅腹盆，一般平底较大。根据沿、底形态差异可分为两式。

Ⅰ式：卷沿较宽，大平底。标本东下冯 T1081③：32(图 3 - 33：14)。

Ⅱ式：卷沿较窄，腹斜收略深，底部变小。标本东下冯 H35：130、西吴壁 H34：4(图 3 - 33：15、16)。

F 型：浅弧腹盆。根据沿面形态差异可分为两式。

Ⅰ式：卷沿较甚，沿面前端下勾明显。标本柳庄 H12：1、垣曲商城 H181：24(图 3 - 33：17、18)。

Ⅱ式：卷沿外翻较平，下勾明显。标本垣曲商城 M1：12、西吴壁 H33①：20(图 3 - 33：19、20)。

G 型：刻槽盆。数量不多。根据沿腹形态差异可分为两式。

Ⅰ式：卷沿近无，腹较直但略浅，口沿外有宽边。标本垣曲商城 T2857④A：4(图 3 - 33：21)。

Ⅱ式：卷沿较宽，腹较深。标本垣曲商城 H235：36(图 3 - 33：22)。

Ⅲ式：侈口，深直腹。标本垣曲商城 H885：88(图 3 - 33：23)。

豆：根据腹部差异可分为真腹豆与假腹豆两类。

真腹豆：皆为粗柄者。根据沿腹与圈足形态差异可分为三式。

Ⅰ式：斜折沿下翻，深直腹，豆柄较高，其上多有镂孔。标本垣曲商城 H576：5、H235：56、H136：14(图 3 - 34：1、2、3)。

Ⅱ式：沿斜折较宽，斜腹较浅，器表及豆柄上多有弦纹。标本垣曲商城 H255：4(图 3 - 34：4)。

Ⅲ式：短沿较平，腹浅直，器表及豆柄上多有弦纹。标本西吴壁 H83①：1(图 3 - 34：5)。

假腹豆：根据唇、腹、柄形态差异可分为两式。

Ⅰ式：圆唇，腹较深，粗柄上部较直，下部微曲，柄上下部分界较明显。标本东下冯 M519：2(图 3 - 34：6)。

Ⅱ式：斜沿外卷，腹变浅，粗柄弧曲，柄部上下分界不明显。标本东下冯 M4：3(图 3 - 34：7)。

簋：数量不多。根据腹部形态差异可分为三型。

A 型：深直腹。根据沿、足差异可分三式。

Ⅰ式：上腹较直，下腹缓收，圈足较矮。标本垣曲商城 M3：2、东阴 T4③：2(图 3 - 35：1、2)。

Ⅱ式：侈口折沿，腹深直微弧，圈足喇叭状外撇。标本东吴村 M1：5(图 3 - 35：3)。

Ⅲ式：侈口微敞，下腹微鼓，圈足外撇极高。标本酒务头 M10：5(图 3 - 35：4)。

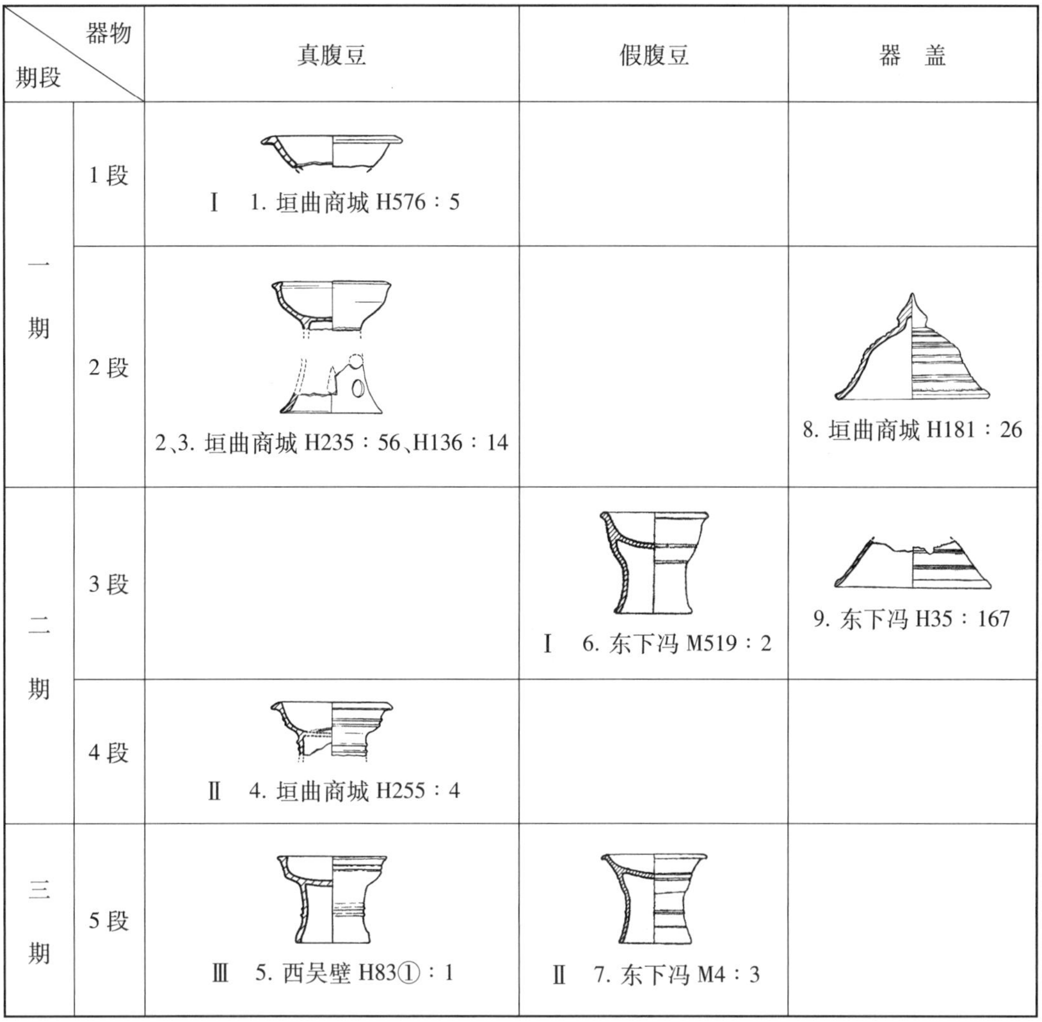

期段	器物	真腹豆	假腹豆	器 盖
一期	1 段	I 1. 垣曲商城 H576：5		
一期	2 段	2、3. 垣曲商城 H235：56、H136：14		8. 垣曲商城 H181：26
二期	3 段		I 6. 东下冯 M519：2	9. 东下冯 H35：167
二期	4 段	II 4. 垣曲商城 H255：4		
三期	5 段	III 5. 西吴壁 H83①：1	II 7. 东下冯 M4：3	

图 3 - 34 运城盆地商时期陶豆、器盖分期图

B 型：弧腹簋。根据足、腹差异可分四式。

I 式：宽折沿较平，上腹较浅微外撇，下腹急收，上下腹间折转明显。标本东下冯 H35：136（图 3 - 35：5）。

II 式：折沿下卷，深弧腹。标本垣曲商城 H1：1（图 3 - 35：6）。

III 式：侈口宽沿，深鼓腹。标本古城东关 I F1：3（图 3 - 35：7）。

IV 式：侈口深弧腹，圈足较高。标本周家庄 M294：1、M291：1、M290：1（图 3 - 35：8、9、10）。

C 型：折肩簋。较少见。标本酒务头 M4：17（图 3 - 35：11）。

器盖：多为斗笠形，塔式纽，折肩者偶见。标本垣曲商城 H181：26、东下冯 H35：167（图 3 - 34：8、9）。

期段 ＼ 器物		A	B	C
一期	2段	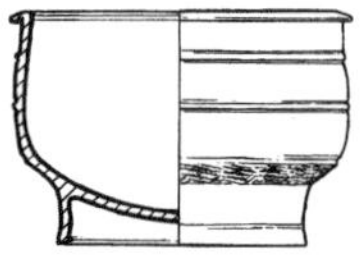 Ⅰ　1. 垣曲商城 M3：2		
二期	3段	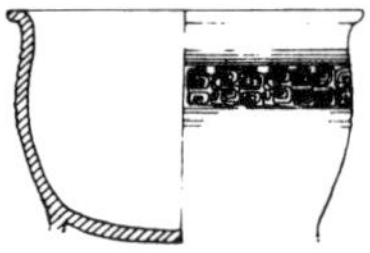 2. 东阴 T4③：2	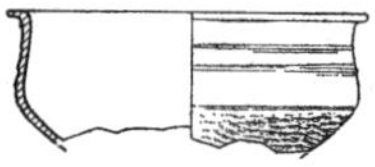 Ⅰ　5. 东下冯 H35：136	
	4段		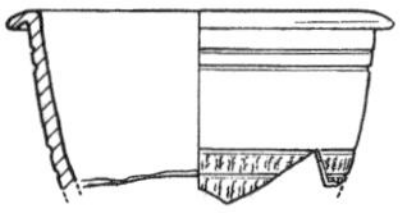 Ⅱ　6. 垣曲商城 H1：1	
四期		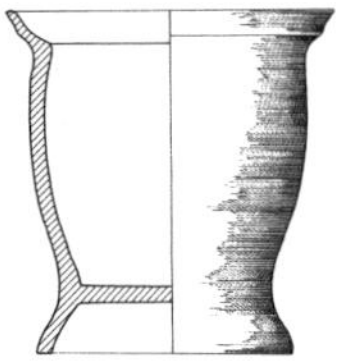 Ⅱ　3. 东吴村 M1：5		
五期			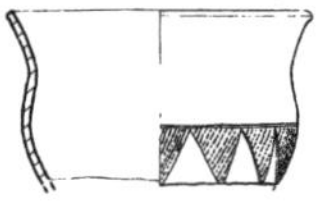 Ⅲ　7. 古城东关Ⅰ F1：3	
六期		 Ⅲ　4. 酒务头 M10：5	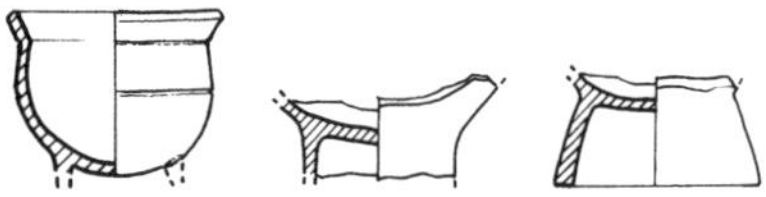 Ⅳ　8-10. 周家庄 M294：1、 M291：1、M290：1	 11. 酒务头 M4：17

图 3-35　运城盆地商时期陶簋分期图

罐：根据整体形态差异可分为九型。

A 型：深腹罐。根据底部形态差异可分为两亚型。

Aa 型：平底或凹圜底。数量甚多,根据沿腹形态差异可分为四式。

Ⅰ式：卷沿较宽,束颈,深直腹较肥鼓。标本垣曲商城 H272：3(图 3－36：1)。

Ⅱ式：卷沿较窄,微束颈,腹较瘦。标本垣曲商城 H235：28(图 3－36：2)。

Ⅲ式：方唇,束颈,腹较肥,个别器表饰以五花大绑式的附加堆纹。标本垣曲商城 T2857④A：2(图 3－36：3)。

Ⅳ式：方唇,直腹甚肥,腹较矮。标本垣曲商城 H105：61(图 3－36：4)。

Ab 型：圜底。数量较少,根据颈腹形态差异可分为三式。

Ⅰ式：卷沿近折,沿较宽,斜折,深直腹,凹圜底。标本西吴壁 H185③：2(图 3－36：5)。

Ⅱ式：卷沿较宽,束颈,深腹。标本垣曲商城 H121：35(图 3－36：6)。

Ⅲ式：卷沿变窄,腹较浅。标本垣曲商城 H157：6(图 3－36：7)。

B 型：圆腹罐。根据沿腹形态差异可分为两式。

Ⅰ式：卷沿较短,鼓腹矮胖。标本垣曲商城 H573：6、H235：40(图 3－36：8、9)。

Ⅱ式：卷沿较宽,溜肩,腹变深。标本垣曲商城 H131：18(图 3－36：10)。

C 型：捏口罐。有一定数量,一般皆溜肩深腹。标本东下冯 T3002③B：31、小张 JX041119B002－H1：1(图 3－36：11、12)。

D 型：单耳罐。耳上端直接于沿口,多为宽带耳,部分作麻花状。根据腹部差异可分为两式。

Ⅰ式：深腹较瘦。标本柳庄 H18：3(图 3－36：13)。

Ⅱ式：鼓腹,整体形态较矮。标本柳庄 H3：3、垣曲商城 T2759④B：6(图 3－36：14、15)。

E 型：双錾罐。数量较少。标本东下冯 H401：27、垣曲商城 T2758④B：11(图 3－36：16、17)。

F 型：大口罐。根据腹部形态差异可分为三式。

Ⅰ式：矮领,束颈,溜肩,深鼓腹。部分器物有花边。标本柳庄 H28：1(图 3－36：18)。

Ⅱ式：卷沿较短,深鼓腹,无领。标本垣曲商城 H235：21(图 3－36：19)。

Ⅲ式：卷沿较宽,腹变浅,整体较扁宽。标本东下冯 M519：3(图 3－36：20)。

G 型：高领罐。根据颈肩形态差异可分为两式。

Ⅰ式：圆唇,直领较高,圆肩。标本古城东关Ⅰ T38④：3(图 3－37：1)。

Ⅱ式：圆唇,直领变矮,折肩。标本酒务头 M2：43、酒务头 M10：4(图 3－37：2、3)

H 型：直领折肩罐。卷沿较宽,高领,折肩,腹深瘦。标本垣曲商城 H181：16、酒务头 M1：73(图 3－37：4、5)。

Ⅰ型：折肩罐,下腹急收。数量不多。标本酒务头 M2：17(图 3－37：6)。

大口尊：数量较多,根据口肩底形态差异可分为五式。

期	段	Aa	Ab	B	C	D	E	F
一期	1段	I 1. 垣曲商城 H272:3	I 5. 西吴壁 H185③:2	I 8. 垣曲商城 H573:6		I 13. 柳庄 H18:3	16. 东下冯 H401:27	I 18. 柳庄 H28:1
	2段	II 2. 垣曲商城 H235:28	II 6. 垣曲商城 H121:35	II 9. 垣曲商城 H235:40	11. 东下冯 T3002③B:31	II 14. 柳庄 H3:3		II 19. 垣曲商城 H235:21
二期	3段	III 3. 垣曲商城 T2857④A:2	III 7. 垣曲商城 H157:6	II 10. 垣曲商城 H131:18	12. 小张 JX041119B002-H1:1	15. 垣曲商城 T2759④B:6	17. 垣曲商城 T2758④B:11	
	4段	IV 4. 垣曲商城 H105:61						III 20. 东下冯 M519:3

图 3 - 36 运城盆地商时期陶罐分期图(一)

期段＼器物		G	H	I
一期	2段		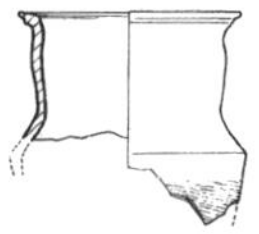 4. 垣曲商城 H181：16	
五期		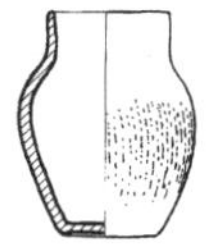 1. 古城东关 I T38④：3		
六期		 2、3. 酒务头 M2：43、M10：4	 5. 酒务头 M1：73	 6. 酒务头 M2：17

图 3－37　运城盆地商时期陶罐分期图(二)

Ⅰ式：侈口,肩折突,肩部有较宽的附加堆纹,口肩径比例相近。标本垣曲商城 H6：2 (图 3－38：1)。

Ⅱ式：敞口,口大于肩。标本垣曲商城 H121：34(图 3－38：2)。

Ⅲ式：敞口,上部较深,口径大于肩径,肩已不折突。标本东下冯 H35：121(图 3－38：3)。

Ⅳ式：喇叭口,口径远大于肩径。标本东下冯 H548：1(图 3－38：4)。

Ⅴ式：喇叭口,深腹,圜底。标本前庄 T5001②C： 1(图 3－38：5)。

壶: 数量不多,根据领肩形态差异可分为两式。

Ⅰ式：细高领较直,圆鼓肩,有两系或四系。标本垣曲商城 H121：14(图 3－38：6)。

Ⅱ式：斜直领,溜肩,有两系或四系。标本东下冯 H35：166(图 3－38：7)。

缸: 较常见。根据器底形态差异可分为两式。

Ⅰ式：圜底,饼状实底托。标本东下冯 T1011③：69(图 3－38：8)。

期段 器物		大口尊	壶	缸
一期	1段	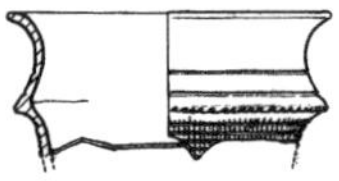 I　1. 垣曲商城 H6：2		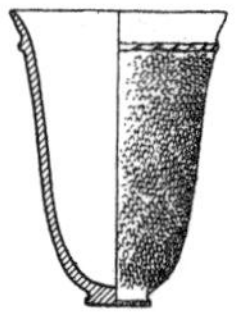 I　8. 东下冯 T1011③：69
	2段	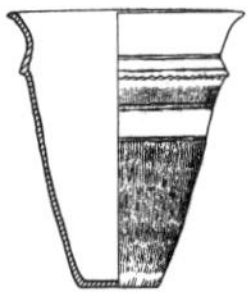 II　2. 垣曲商城 H121：34	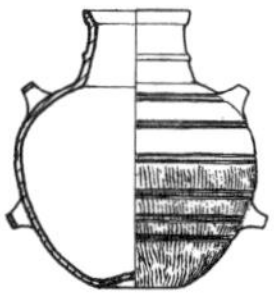 I　6. 垣曲商城 H121：14	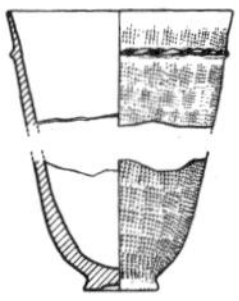 II　9、10. 垣曲商城 H239：1、H181：28
二期	3段	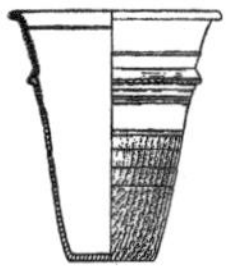 III　3. 东下冯 H35：121	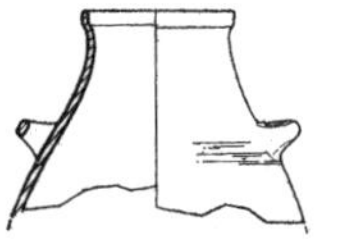 II　7. 东下冯 H35：166	
	4段	 IV　4. 东下冯 H548：1		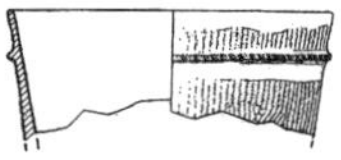 II　11. 东下冯 T2105②：13
三期	5段	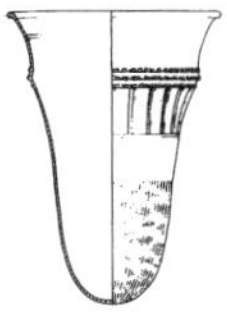 V　5. 前庄 T5001②C：1		

图 3-38　运城盆地商时期陶大口尊、壶、缸分期图

Ⅱ式：圜底,矮圈足。标本垣曲商城 H239：1、H181：28,东下冯 T2105②：13（图 3-38：9、10、11）。

瓮：数量较多,根据领部形态差异可分为两型。

A 型：小口瓮。根据领肩形态差异可分为四式。

Ⅰ式：矮领较直,宽肩。标本垣曲商城 H136：16(图 3-39：1)。

Ⅱ式：矮领微侈,圆肩,腹较浑圆。标本垣曲商城 H235：48(图 3-39：2)。

Ⅲ式：斜直领变高,溜肩。标本前庄 T6001②E：3(图 3-39：3)。

Ⅳ式：高领,溜肩微折,腹深斜。标本东关ⅠF1：1(图 3-39：4)。

B 型：大口瓮。数量不多。侈口,矮领,溜肩较宽。标本垣曲商城 H181：30、T2968④A：29(图 3-39：5、6)。

蛋形瓮：口部有折沿和不折两种,但无法看出形制变化规律,有的下腹有双鋬。底部有平底和空三足两种,似乎后者更多。标本东下冯 H401：17、垣曲商城 H235：37、西吴壁 H354③：5、H242：12(图 3-39：7-10)。

平口瓮：有一定数量,形制变化规律不明显,似乎年代较早者折肩略明显,腹部更深直。标本东下冯 T1081③：20、垣曲商城 H111：38、东下冯 H35：151、前庄 T6001②F：2(图 3-39：11-14)。

罍：数量不多,根据形体差异可分两型。

A 型：大型,三耳。标本酒务头 M5：7(图 3-40：1)。

B 型：小型,双耳折肩。标本酒务头 M1：27(图 3-40：2)。

爵：数量极少,仅在酒务头墓地发现一件残器。标本酒务头 M5：1(图 3-40：3)。

（三）分期与年代推定

东下冯遗址商时期遗存为原报告所划分的第Ⅴ、Ⅵ两期。王立新据地层关系曾将两期遗存分为四段①,其结论基本可从。但王立新将 H401 划归第二段,或许有略作调整的空间。H401 发表的陶盆(H401：12)与郑州商城 C1H9：15 形态接近,大口尊口径略大于肩径,但两者十分接近。另外,王立新所划分的第四段中 M4 中出土铜爵已呈圜底,而非二里冈至白家庄时期常见的平底爵,从形态观察当晚于相当于白家庄时期。由此,本文将东下冯遗址早商时期遗存分为前后五段。第一段以 M514、H38、H104、H105、H401 等单位为代表,另外,原报告划定为遗址第四期的部分单位,如 T1082④层等亦应归入本期,这一点刘绪早已指出②;第二段以 T5521③C、J2 等单位为代表;第三段以 H35、M519、T5512③B

① 王立新：《早商文化研究》,第 62-63 页,高等教育出版社（北京）,1998 年。
② 刘绪：《东下冯类型及其相关问题》,《中原文物》1992 年第 2 期。

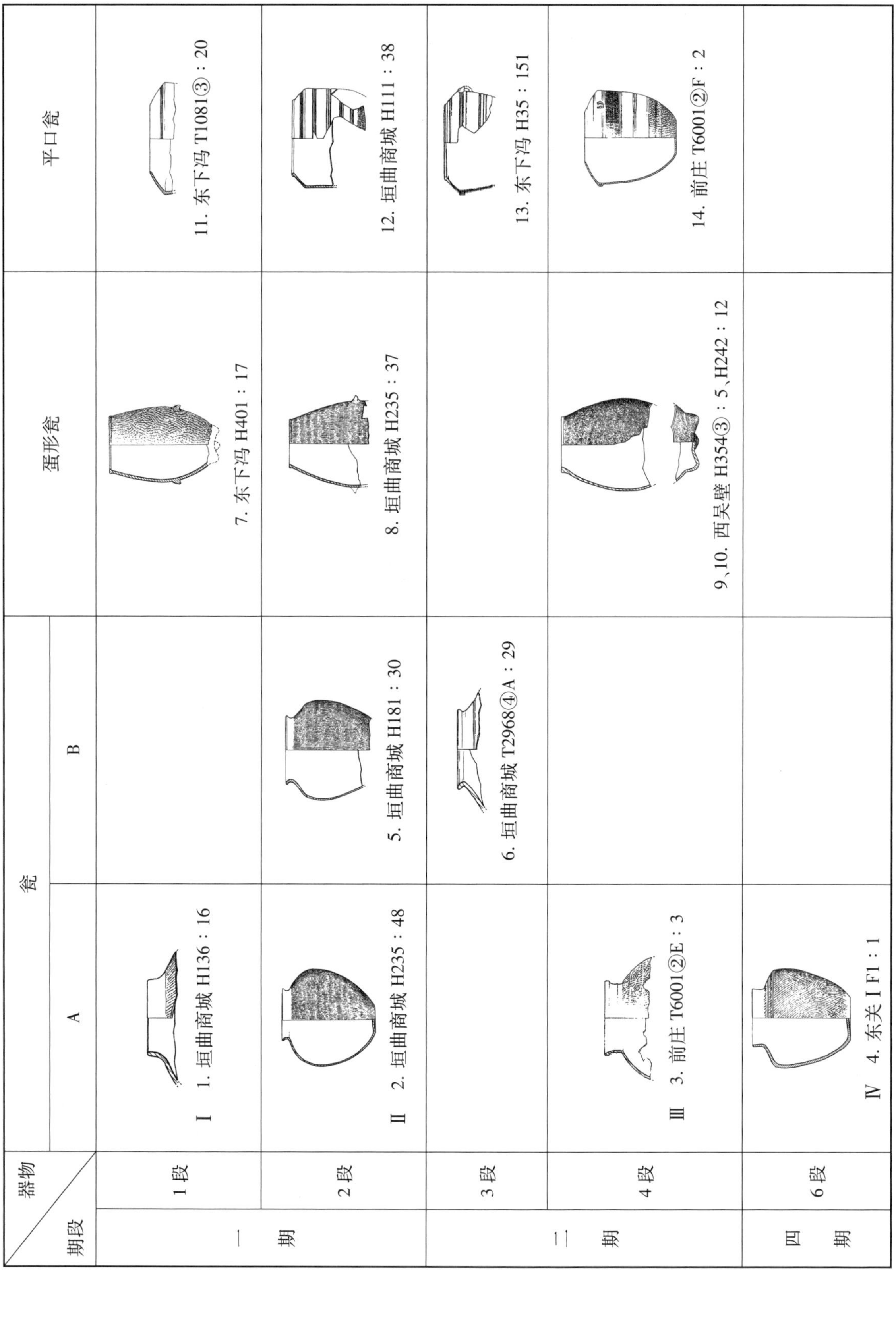

期	段	瓮 A	瓮 B	蛋形瓮	平口瓮
一期	1段 Ⅰ	1. 垣曲商城 H136:16			11. 东下冯 T1081③:20
一期	2段 Ⅱ	2. 垣曲商城 H235:48	5. 垣曲商城 H181:30	7. 东下冯 H401:17	12. 垣曲商城 H111:38
			6. 垣曲商城 T2968④A:29	8. 垣曲商城 H235:37	13. 东下冯 H35:151
二期	3段				
二期	4段 Ⅲ	3. 前庄 T6001②E:3		9,10. 西吴壁 H354③:5、H242:12	14. 前庄 T6001②F:2
四期	6段 Ⅳ	4. 东关 I F1:1			

图 3-39　运城盆地商时期陶瓮分期图

器物 期段	罍		爵
	A	B	
六期	1. 酒务头 M5：7	2. 酒务头 M1：27	3. 酒务头 M5：1

图 3-40　运城盆地商时期陶罍、爵分期图

等单位为代表；第四段以 M1、M8、T3002③B 等单位为代表；第五段目前仅有 M4 一个较为准确的单位。

　　垣曲商城遗址原报告将遗址内的商时期遗存分为前后四个时段，其结论基本可从。结合 1988 年以后的发掘材料，该遗址第一段以 H6、H113、H272 及 T2562⑤层等单位为代表；第二段可以 H121、H122、H235 等单位为代表；第三段可以 M1、H3、H251、H131、H157、H885 等单位为代表；第四段以 H157、H241、H248 上等单位为代表。

　　垣曲古城东关遗址原报告中发表有四件器物，发掘者将其划定为西周时期。但Ⅰ T38④层的无实足根深袋足鬲（Ⅰ T38④：2）、高领罐（Ⅰ T38④：3）与杏花遗址、墓地同类器物形态接近（图 3-41）。类似的器物在殷墟遗址中也可以找到线索（图 3-41、42、43）。以殷墟的发现观察，此类深袋足鬲在殷墟二期至四期曾长期存在于殷墟。此外，以东关遗址发现的陶簋残片也可进一步判定遗存的年代。遗址 F1 与 H64 两单位有早晚之别。F1陶鬲卷沿，裆部较高，从残片观察，与桥北墓地 M1 盗洞内发现的陶鬲、晋中杏花村遗址采集的同类器形态接近，也可以在殷墟找到同类器（图 3-42），年代应属于殷墟文化二期前后。H64 发表陶鬲形态接近桥北墓地 M27 随葬的陶鬲，年代应在殷墟文化三、四期之际（图 3-42）。原报告所划定之"西周时期遗存"约与 H64 年代相当。

　　由殷墟与晋中和临汾盆地的相关发现可知，古城东关遗址原报告所定的以两件器物为代表的部分"西周时期遗存"，年代当属晚商。由报告提供的地层关系，可将该遗址晚商遗存分为前后两段，第一段以 F1 和Ⅰ T38④层为代表，年代约在殷墟二期；第二段以H64 为代表，年代可能在殷墟三期，下限甚至可晚至殷墟四期。这前后两期遗存，第一期与长江府、黄仪南遗址晚商时期遗存年代相当；第二期则相当于殷墟四期时期，可以作为本地区晚商时期的代表。

　　绛县周家庄遗址发现的商代遗存目前刊布的材料仅有零星墓葬和 H745③层，从发表的陶器残片观察，与古城东关 F1 较为接近，在殷墟也能找到近似的器型，年代集中在殷墟三、四之际。

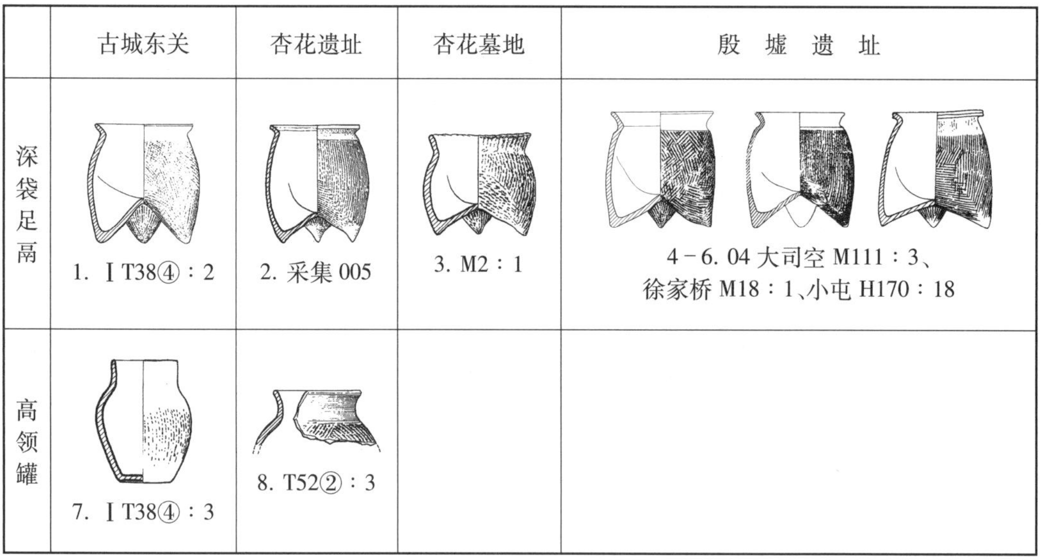

	古城东关	杏花遗址	杏花墓地	殷墟遗址		
深袋足鬲	1. ⅠT38④:2	2. 采集005	3. M2:1	4～6. 04大司空M111:3、徐家桥M18:1、小屯H170:18		
高领罐	7. ⅠT38④:3	8. T52②:3				

图3-41　晚商时期古城东关遗址与杏花遗址陶鬲、罐对比图

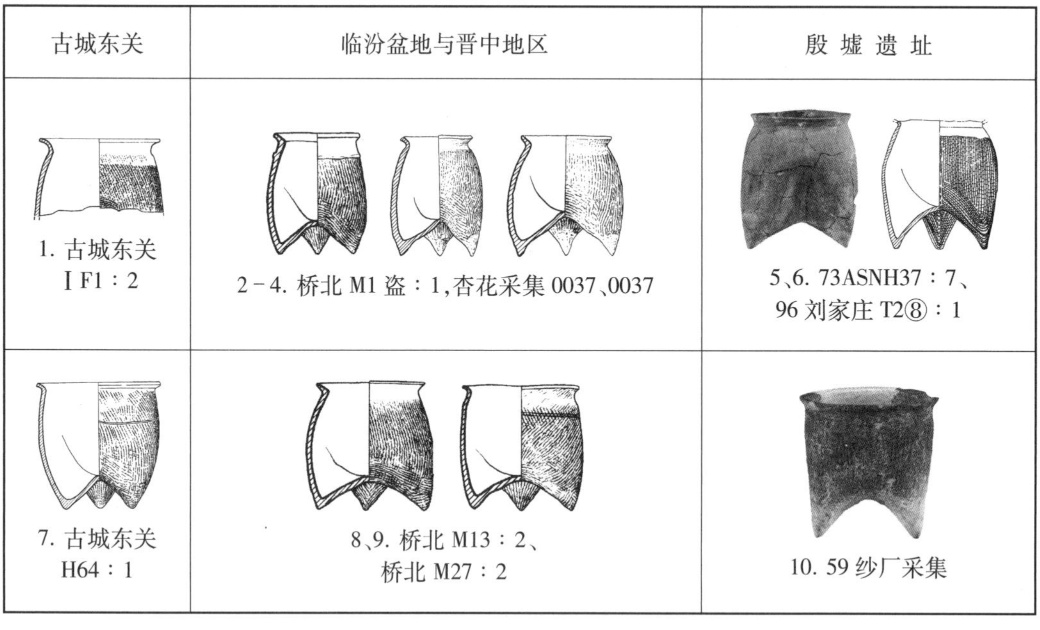

	古城东关	临汾盆地与晋中地区	殷墟遗址
	1. 古城东关ⅠF1:2	2～4. 桥北M1盗:1,杏花采集0037、0037	5、6. 73ASNH37:7、96刘家庄T2⑧:1
	7. 古城东关H64:1	8、9. 桥北M13:2、桥北M27:2	10. 59纱厂采集

图3-42　古城东关遗址晚商时期陶鬲与相关遗址同类器对比图

　　绛县西吴壁商代遗存较为丰富,根据现有零星地层关系和器物形态可将之分为前后相继的三个时段。第一段以H185为代表;第二段以H34、H33、H242、H354等单位为代表;第三段则以H83为代表。第1段则与东下冯、垣曲商城遗址第1段年代相当;第二段遗存与东下冯、垣曲商城遗址第4段年代相当;第三段与东下冯第5段、前庄第2段遗存相当。三段之间有年代缺环,不排除未公布资料中有第1段与第2、3段间的遗存可填补空白。

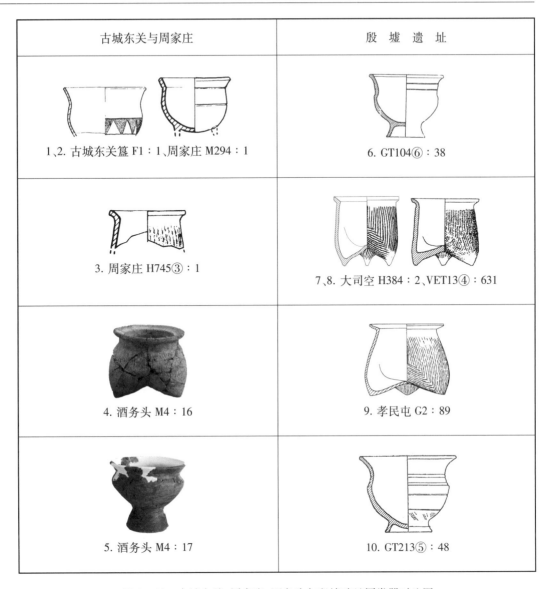

古城东关与周家庄	殷墟遗址
1、2. 古城东关簋 F1：1、周家庄 M294：1	6. GT104⑥：38
3. 周家庄 H745③：1	7、8. 大司空 H384：2、VET13④：631
4. 酒务头 M4：16	9. 孝民屯 G2：89
5. 酒务头 M4：17	10. GT213⑤：48

图 3-43　古城东关、周家庄、酒务头与殷墟遗址同类器对比图

闻喜酒务头墓地出土多件陶器,大部分可以在殷墟遗址群中找到可兹比较的器物(图3-43)。李宏飞认为酒务头 M1 相当于殷墟四期,略晚于大司空 M303①,这一意见是正确的。从新刊布的陶器标本看,该墓地的墓葬年代十分集中,大体都集中在四期阶段,个别墓葬如 M4、M5 或许有可能早至相当于殷墟三期偏晚阶段。酒务头 M4：16 鬲与孝民屯 G2：89 形态十分接近,结实肥袋足,无明显实足根。酒务头 M4：17 簋与殷墟三期的 GT213⑤：48 皆为折肩簋,但圈足甚高。按照殷墟陶簋的一般变化规律,时代越晚圈足越高看,酒务头簋的年代当晚于后者。

①　李宏飞:《酒务头 M1 初论》,《三代考古·九》,科学出版社(北京),2021 年。

　　绛县柳庄遗址刊布的商代遗存资料年代比较集中,大体可分为前后两段。第1段以H6、H12、H18、TG2⑤层为代表,第2段则以H3为代表。第1、2段分别与东下冯、垣曲商城第1、2段遗存年代相当。

　　绛县东吴村仅有一座墓葬,从随葬铜器可知该墓年代与武乡上城村商墓年代相当,相当于殷墟二期偏早阶段。

　　夏县辕村遗址刊布的商代遗存年代较集中,其中H8较为典型,与东下冯、垣曲商城第1段遗存年代相当。

　　夏县东阴遗址公布的商代遗存年代集中,以H9、H6、T4③层为代表,与东下冯、垣曲商城第4段遗存年代相当,部分遗存年代下限可能至第5段。

　　垣曲盆地调查报告按小地理单元将垣曲盆地分为黄河、亳清河、沇河、韩家河、西阳河流域五个小区域,各小区中有多个地点拥有商时期遗存。黄河流域河堤、白泉、北关家、西滩、寨里、东寨等遗址有二里冈下层文化时期遗存;亳清河流域浃里、西关等遗址有二里冈下层文化时期遗存,小赵遗址有二里冈上层文化时期遗存;沇河流域南堡头遗址有二里冈下层文化时期遗存,西沟、南堡头等遗址有二里冈上层文化时期遗存;西阳河流域堤沟有二里冈下层文化时期遗存。因此可将亳清河、沇河流域早商时期遗存分为前后两期,由于材料尚较零散,因此暂不分段,两期中第一期约与东下冯、垣曲商城1、2段遗存相当;第二期则与东下冯、垣曲商城3、4段遗存相当。

　　垣曲宁家坡遗址商时期遗存仅发表H3126一个单位,从其陶鬲形态观察,其口沿沿面与唇缘皆有凹槽,唇缘下端勾棱明显,可知其年代约相当于东下冯、垣曲商城遗址第4段,年代下限可能能达到东下冯遗址第5段。

　　平陆前庄遗址试掘与调查所获商时期遗存可分为前后两段,第一段以各探方②D、E、F层为代表,年代约相当于垣曲商城与东下冯遗址第4段;第二段则以②A、B、C及H1、H2、F1、F2等单位为代表,本阶段相当于东下冯遗址第5段,整体上略早于或相当于殷墟二期偏早阶段。

　　运城长江府、赤社村等遗址调查材料中发现有二里冈上层文化时期遗存,其中长江府遗址发现有晚商时期殷墟二期时期遗存。

　　临猗黄仪南、运城安邑村等遗址调查材料中发现有二里冈下层文化时期遗存,其中黄仪南遗址还发现有晚商时期殷墟二期时期遗存。

　　运城盆地东部的调查工作显示,商时期遗存较为丰富,除早商时期的遗存年代序列较为完整外,个别地点可能有晚商时期遗存的线索。

　　由上述遗址的分期串联可将运城盆地商时期遗存综合分为五期七段(表3-6):

　　一期1段:本段遗存较为丰富,但器类尚不丰富。本段炊器以鬲、甗为基本组合,有极少量的鼎、甑、斝作为补充。本阶段未见陶簋、圜底罐、壶等器物。从本阶段东下冯H401出土陶卷沿鬲形态与郑州商城C1H9出土的卷沿鬲形态接近。因此本段年代约相当于二里冈下层文化一期。

表 3-6　运城盆地商时期居址分期对照表

期段	遗址	东下冯	东阴	西吴壁	周家庄	柳庄	东吴村	酒务头	垣曲商城	古城东关	垣曲盆地调查 黄河流域	亳清河流域	沇河流域	西阳河流域	宁家坡	长江府	黄仪南	前庄
六期	8 段				2			√		2								
五期	7 段				1					1								
四期	6 段						√									√	√	
三期	5 段	5		3														2
二期	4 段	4		2						4					√	√		1
二期	3 段	3	2									二期	二期					
一期	2 段	2	1			2				2	√	一期	一期	√			√	
一期	1 段	1		1		1				1								
资料来源		①	②	③	④	⑤	⑥	⑦	⑧	⑨	⑩				⑪	⑫		⑬

① 中国社会科学院考古研究所、中国历史博物馆、山西省考古研究所：《夏县东下冯》，文物出版社(北京)，1988年。

② 山西省考古研究所、夏县博物馆：《山西夏县东阴遗址调查试掘报告》，《考古与文物》2001年第6期。

③ 中国国家博物馆考古院、山西省考古研究院、运城市文物保护研究所：《山西绛县西吴壁遗址2018~2019年发掘简报》，《考古》2020年第7期。

④ 中国国家博物馆田野考古研究中心、山西省考古研究所、运城市文物保护研究所：《山西绛县周家庄遗址第一次发掘报告》，《中国国家博物馆馆刊》2012年第12期；中国国家博物馆田野考古研究中心、山西省考古研究所、运城市文物保护研究所：《山西绛县周家庄遗址居址与墓地20007~2012年的发掘》，《考古》2015年第5期；中国国家博物馆田野考古研究中心、山西省考古研究所、运城市文物保护研究所：《山西绛县周家庄遗址2007~2012年勘探与发掘简报》，《考古》2015年第5期；中国国家博物馆田野考古研究中心、山西省考古研究所、运城市文物保护研究所：《山西绛县周家庄遗址2013年发掘简报》，《考古》2018年第1期；中国国家博物馆、山西省考古研究院、运城市文物保护研究所：《山西绛县周家庄遗址2017年秋季东区发掘简报》，《中国国家博物馆馆刊》2020年第10期；中国国家博物馆、山西省考古研究院、运城市文物保护研究所：《山西绛县周家庄遗址2015年春季发掘简报》，《中国国家博物馆馆刊》2021年第8期。

⑤ 国家博物馆考古部、山西省考古研究所、运城市文物局：《山西绛县柳庄夏商遗址发掘简报》，《华夏考古》2010年第2期。

⑥ 钟龙刚、贾高强、张会祥：《山西绛县东吴村商墓发掘简报》，《中国国家博物馆馆刊》2021年第12期。

⑦ 白曙璋：《山西闻喜酒务头商代晚期墓地》，《大众考古》2019年第2期；白曙璋、高振华：《山西闻喜酒务头商代墓地》，《2018中国重要考古发现》，文物出版社(北京)，2019年；山西省考古研究院、山西博物院、运城市文物工作站等编：《山右吉金——闻喜酒务头商代墓地出土青铜器精粹》，山西人民出版社(太原)，2020年；王春法主编：《河东之光——山西酒务头考古成果展》，山东美术出版社(济南)，2020年。

⑧ 中国历史博物馆考古部、山西省考古研究所、垣曲县博物馆：《垣曲商城——1985~1986年度勘察报告》，科学出版社(北京)，1996年；中国国家博物馆田野考古研究中心、山西省考古研究所、垣曲县博物馆：《垣曲商城(二)——1988~2003年度考古发掘报告》，科学出版社(北京)，2014年。

⑨ 中国历史博物馆考古部、山西省考古研究所、垣曲县博物馆：《垣曲古城东关》，科学出版社(北京)，2001年。

⑩ 中国国家博物馆考古部：《垣曲盆地聚落考古研究》，科学出版社(北京)，2007年。

⑪ 薛新民、宋建忠：《山西垣曲县宁家坡遗址发掘纪要》，《华夏考古》2004年第2期。

⑫ 中国社会科学院考古研究所山西工作队：《晋南考古调查报告》，《考古学集刊》(6)，中国社会科学出版社(北京)，1989年。

⑬ 卫斯：《平陆县前庄商代遗址出土文物》，《文物季刊》1992年第1期；李百勤：《山西平陆前庄商代遗址清理简报》，《文物季刊》1994年第4期。

　　一期 2 段：本阶段材料十分丰富，炊器组合在本阶段仍以鬲、甗为主，鼎的数量在本阶段明显减少，其他主要器类在本阶段都已出现。本阶段唇沿有双錾的罐已比较少见。本段东下冯遗址 T5521③C：1 折沿鬲与郑州商城 C1H17：118 折沿鬲形态接近，垣曲商城 H122：3 折沿鬲与郑州商城 C1H17：119 鬲形态接近。由郑州商城较严密的商文化分期体系参照可知，本段约相当于二里冈下层文化二期。

　　二期 3 段：本段材料十分丰富，炊器中以陶鬲占绝大多数，陶甗数量甚少。鼎、甑等器物在本阶段消失。本段新出现有假腹豆。刻槽盆与陶缸在本阶段数量减少明显。本段陶鬲沿面多有起棱，但唇缘下勾不明显，由此形态特征可知本段年代约相当于二里冈上层文化一期。

　　二期 4 段：本段材料十分丰富，炊器组合与上一阶段情况相近，陶甗数量更少。蛋形瓮在本段近乎消失。本阶段陶鬲以方唇者居多，唇缘与沿面多见凹槽，唇缘下端勾棱明显。从陶鬲形态可知本段年代约相当于二里冈上层文化二期，即白家庄时期。

　　三期 5 段：本段材料甚少且十分零散，器类组合不全，目前暂不进一步细分。炊器中有陶鬲、甗。陶鬲形态与上一阶段接近，但本阶段陶鬲唇缘与沿面多有凹槽，但唇缘下端勾棱不明显；陶甗有箅托。唇沿有双錾的小罐在本阶段彻底消失。本阶段约相当于洹北商城阶段，亦即邹衡先生商文化分期体系中的第四段。

　　四期 6 段：本阶段材料很少，无法细分。炊器仅有零星鬲口沿。本阶段约相当于殷墟二期，亦即邹衡先生商文化分期体系中的第五段。

　　五期 7 段：本段材料更少，器类组合不全，目前暂不细分。炊器公布材料中仅有陶鬲，未见陶甗、甑、鼎。陶鬲形态与上一阶段接近，但本阶段陶鬲唇缘与沿面不见凹槽，陶簋出现有腹饰三角划纹者，从这一特点推断，本阶段约相当于殷墟文化三期，亦即邹衡先生商文化分期体系中的第六段。

　　六期 8 段：本段与上一阶段情况相近，炊器仅有陶鬲一种器形。酒务头与周家庄都发现了陶簋，酒务头还有罍、罐、爵等器物，但皆为墓葬所出。从陶鬲本身情况观察，本阶段约相当于殷墟文化四期，亦即邹衡先生商文化分期体系中的第七段。需要说明的是，本段中的部分单位年代有可能早至殷墟三期。

四、商时期各期陶器的特征

　　本地区商时期遗存的材料前后并不均匀，总体而言早商时期材料丰富，晚商甚少，两个大的阶段前后变化较明显。下面我们从陶系及器类组合、炊器形态等方面对其进行总结。

（一）陶系

　　本地区早商时期遗存的材料公布情况较好，垣曲商城、东下冯两遗址有较好的统计数据（表 3 - 7）可资参考。

表 3-7　早商时期东下冯、垣曲商城典型单位陶系统计表

时段		项目　　　单位	陶质(%)		陶色(%)				纹饰(%)					
			泥质	夹砂	灰	褐	黑	红	素面	篮纹	各类绳纹	划纹旋纹	附加堆纹	戳压印
一期	1段	东下冯 H401	49.5	50.5	100				7.8	0.1	77.5	12	1.5	0.1
		东下冯 H67	37.4	62.6	93.6	6.4			7.6	0.2	80.8	7.1	3.3	0.4
	2段	垣曲商城 H235 等十单位	31.2	68.8	65.9	13.6	6.2	14.3	19.8	0.6	72	5.1	2.2	0.4
		东下冯 H104	43.4	56.6	93.5	2		0.5	11.3		70	11.1	4.8	0.1
二期	3段	东下冯 H35	28.8	71.2	95.3	4.7			8.5		76.7	10.9	2.5	1.2
	4段	垣曲商城 H105 等五单位	30	70	71.4	21.2	3.1	4.3	21.5	0.4	73.9	3.6	0.5	0.1
		东下冯 H66	50.1	49.9	87.6	12.4			5.4		90.3	2.8		1.5
三期	5段	东 阴 H4、H9、H11、H15 四单位	29.2	70.8	72.9	12.2	10	4.9	17		68.1	13	0.8	1.1

一期 1 段：本段以东下冯 H401、H67 为代表，两单位间有一定差异。本阶段以夹砂陶为主，陶色以灰陶占绝大多数。纹饰中素面陶在一成以内，各类绳纹占八成左右，划纹、旋纹的比例较高，戳压印纹在本阶段比例较低，附加堆纹在本阶段比例较低。与周邻地区相比较为特殊之处在于，本地区本阶段有少量篮纹。

一期 2 段：本阶段陶系变化不大，仍以夹砂陶为主。但不同遗址间的差别不大。陶色角度而言，灰陶数量略有下降，褐陶比例有较明显的增长。垣曲商城遗址有一定比例的黑陶与红陶，且后者比例较高，与东下冯遗址有较大的差别。产生这种差别的原因可能有遗址性质和统计标准不同等多方面原因。本阶段素面陶比例较上一阶段增加明显，绳纹比例变化不大，旋纹与划纹小有减少。

二期 3 段：本阶段统计数据不多，以东下冯 H35 为代表，泥质陶比例在本阶段下降明显，夹砂陶有较大的增长。本阶段东下冯遗址陶色变化不大，垣曲商城灰陶与褐陶数量略有增加，红陶数量明显减少。纹饰方面，垣曲商城素面陶数量增加，各类绳纹、旋纹与划纹比例略有减少，附加堆纹在本阶段锐减。东下冯遗址附加堆纹及旋纹、划纹比例较垣曲商城为多。

二期 4 段：本阶段准确的数据以东下冯遗址 H66 为代表。东下冯遗址泥质陶、夹砂陶比例十分接近，褐陶比例有较明显的上升。纹饰方面，本阶段东下冯遗址素面陶、旋纹、

刻划纹锐减,绳纹明显上升。

三期至六期由于材料零散,且未公布较准确的陶系描述,目前无法准确总结。东阴遗址公布了4个单位的合并统计数据,可作为二期4段至三期5段的综合统计参考。这一阶段夹砂陶多于泥质陶,褐陶的比例仍然不低,仍然有一定数量的红陶。东阴遗址的细绳纹比例较低,只有3%以内,说明年代已经偏晚。篮纹在此阶段彻底不见。

（二）器物群中的炊器特征与组合变化

一期1段：本阶段炊器以陶鬲、甗为主,陶鬲总体特征与豫北及郑洛地区同时期相较并无较大的差异。较有地方特色的是本阶段的陶甗与甗,其中以饰捆绑附加堆纹的敞口甗最有地方特色。陶斝在本阶段有一定数量,形态与同时期晋中地区相同。另外,本地区有少量的陶鼎。

一期2段：本阶段炊器组合未有大的变化,陶鬲、甗的整体形态进一步与郑洛地区趋于一致。较有地方特色的是饰有附加堆纹的大型鬲、独孔甗与多孔甗。

二期3段：本阶段炊器组合与上一阶段相近,器形仍然与郑洛地区保持高度的一致。本阶段陶鬲中新出现斝式鬲。同时,甗、鼎在本时期消失。

二期4段：本阶段炊器总体组合仍与上一阶段相同,无较大变化。东阴遗址有较好的器类统计数据,以其代表性的H6、H9、H11三个单位来看,陶鬲远高于夹砂罐的数量,甗、斝的数量则相对较少。

三期：从平陆前庄遗址的陶鬲、甗形态观察,与郑州及太行山东麓地区文化面貌差异不大。在与郑洛地区保持一致的同时,但也出现了一个新的变化,即深袋足鬲的出现。这类陶鬲虽然数量甚少,但显示出可能有新的文化因素进入了本地区。

四期至六期,虽然材料较少,但从可见的陶鬲观察,在晋中盆地皆能找到其相似的文化遗存,其渊源亦应与之相关。

需要补充说明的是,本地区商代早期偏晚阶段,仍有一些陶鬲形态与同时期典型的商文化及晋中、临汾盆地的陶鬲形态不同,应该是自二里头文化时期以来本地土著文化陶鬲的孑遗传承形态(图3-44)。此类陶鬲也可视为商文化与土著遗存相互影响的"中间型态",甚至不排除个别陶鬲可能和本地晚商时期出现的联裆、瘪裆鬲有一定的渊源关系。

（三）器物群其他主要器物特征与组合变化

本地区陶盆、豆、簋、罐、瓮等主要器类与郑州地区并无较大的差异。需要指出的是,刻槽盆、高领罐、蛋形瓮、平口瓮几种器物较有地区特点。

刻槽盆：在同时期古冀州之域的其他地区较为罕见,在长治盆地、晋中地区也十分少见,但在本地区陶刻槽盆一直保持有一定的数量,尤以垣曲盆地较常见。器形与本地区二里头文化时期的同类器有较明显的传承关系。刻槽盆是二里头文化较为代表性的器物之一,在运城盆地二里头文化时期至商时期始终有一定数量,显示了两地间的文化同源

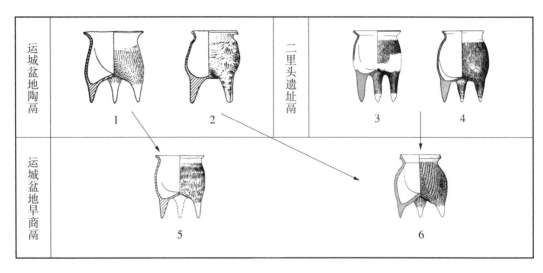

图 3-44　运城盆地早商时期的土著型陶鬲来源

关系。

　　高领罐：本地区高领罐虽然数量较少,但特征明显,尤以折肩高领罐最有代表性。这种器形在晋中地区较为常见,或许来源于晋中地区。

　　蛋形瓮：本地区蛋形瓮数量较多,流行时间甚长,但形态较为固定——以空足的三足蛋形瓮最为常见。

　　平口瓮：本地区是平口瓮延续、流行时间最长的地区。在太行山东南麓地区这一器类相继消失的时代,本地区平口瓮仍然较为发达,这一现象颇值得重视。

　　此外,本地以周家庄和酒务头为代表的墓葬中随葬的磨光红褐陶簋形制特殊,可能是本地的文化因素。

第三节　临汾盆地考古学文化的分期与特征

　　本文所称临汾盆地,是指南流黄河南部东岸的运城盆地以北的地区,东端大致在浮山、历山一线,西界为黄河,南端大致以峨嵋岭为界,西北以火焰山为界,北不出霍山。盆地内水系属汾河流域及其支流浍河、浍河、涝河、洰河等。依今日行政区划包括山西省临汾市的永和、汾西、霍州、洪洞、乡宁、襄汾、浮山、曲沃、侯马、翼城与运城市的河津、稷山、新绛等县。

一、夏时期的遗存分期

　　本区是山西省考古工作开展最充分的地区之一。自 1950 年代因黄河水库基建系统开展晋南地区考古调查以来,这一地区共调查发掘了二里头文化时期遗存数十处,其中有近十余处遗址较系统的公布了材料(图 3-48)。

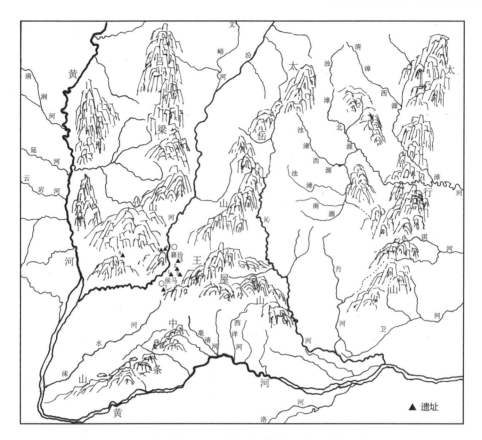

图 3－45　临汾盆地二里头文化时期主要遗址分布示意图

1. 曲村西　2. 南石　3. 苇沟-北寿城　4. 大柴　5. 感军　6. 内阳垣　7. 乔山底　8. 南小张

（一）地层关系

截至 2021 年,临汾盆地二里头文化时期发掘面积较大且公布材料较为丰富的遗址以曲沃曲村、翼城南石、苇沟-北寿城、侯马乔山底、感军、襄汾大柴等五处为代表,但有有效地层关系的不多。

乔山底遗址经多次调查,并于 1989 年小规模试掘,在试掘简报中公布有两组地层关系与二里头文化时期遗存有关:

（1）H9→F2

（2）Y1、H1、H6→H3→F1

在第（1）组地层关系中,F2 为庙底沟二期文化遗存;第（2）组地层关系中,F1 为庙底沟二期文化遗存,其余单位皆为二里头文化时期遗存。

大柴遗址二里头文化时期遗存缺乏地层关系的全面交代,简报提供有地层关系两组:

（1）T2①→②→③→④A→④B→H10

（2）T2④A→H5

（二）陶器形制分析

临汾盆地各遗址二里头文化时期遗存比较丰富,器类亦较多样。总体看,三足器、平底器皆有一定的比例。其中鬲、鼎、盆、豆、罐、瓮等几类器物形制演变轨迹较为清晰,是分期断代的重要依据。

鬲：皆为卷沿,根据整体形态差异可分为四型。

A 型：高领实足鬲。根据颈部变化形态差异可分为三式。

Ⅰ式：高领较直,短沿,唇缘或压印或另贴附加堆纹成为花边。标本苇沟 DⅢ：1（图3－46：1）。

Ⅱ式：高领斜侈,领腹分界较明显。标本感军采集 SE29：01（图3－46：2）。

Ⅲ式：侈领,束颈较高,鼓腹。标本乔山底 H9：15（图3－46：3）。

B 型：高领无实足根鬲,深袋足。上腹多见有双鋬。根据领腹形态差异可分为两式。

Ⅰ式：腹部与袋足分界不明显。标本大柴 H4：3、H5：28（图3－46：4、5）。

Ⅱ式：腹部与袋足分界明显。标本大柴 H7：4（图3－46：6）

C 型：单把实足根鬲。根据领部形态及鋬耳位置差异可分为两式。

Ⅰ式：高领较直,鋬耳位于领部下端。标本南石 H1：6（图3－46：7）。

Ⅱ式：高领斜侈,鋬耳上端近口沿。标本曲村西 DⅠ：10（图3－46：8）。

D 型：无明显实足根单把鬲。标本大柴 H3：13（图3－46：9）。

E 型：双鋬鬲。个体不大,根据双鋬及腹部差异,可分两式。

Ⅰ式：双鋬在口沿下,腹深而瘦。标本东白冢：7（图3－46：10）。

Ⅱ式：双鋬下移,腹变浅。标本大柴 H11：11（图3－46：11）。

F 型：筒腹鬲。数量不多。标本大柴 H3：9、南小张 T5①：1（图3－46：12、13）。

甗：数量不多,复原器较少。目前发现的残片和复原器皆为有箅托者。根据盆甑形态差异可分为两式。

Ⅰ式：敞口,盆甑部较扁肥。标本苇沟 DⅢ：2（图3－47：1）。

Ⅱ式：侈口,盆甑部较瘦直。标本大柴 H5：27（图3－47：2）

甑：数量不多,所见者皆为桂叶形甑孔。标本大柴 H5：14（图3－47：3）。

鼎：数量少,无复原器,从残片观察似多为盆形鼎。标本苇沟-北寿城 DⅢ：19（图3－47：4）。

斝：数量不多。敛口。标本感军 H1：20（图3－47：5）。

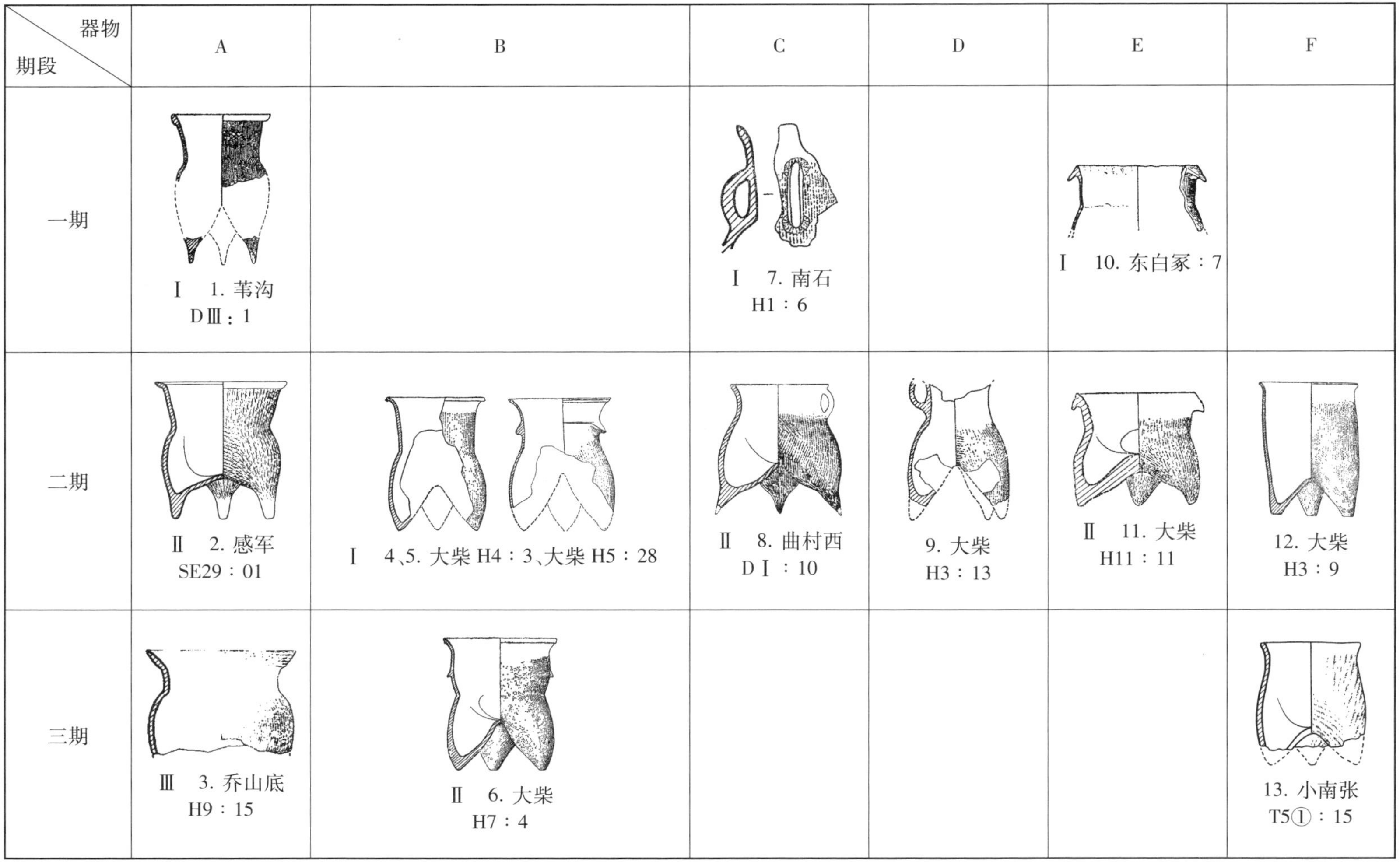

器物 期段	A	B		C	D	E	F
一期	I 1. 苇沟 DⅢ：1			I 7. 南石 H1：6		I 10. 东白家：7	
二期	II 2. 感军 SE29：01	I 4、5. 大柴 H4：3、大柴 H5：28		II 8. 曲村西 D I：10	II 9. 大柴 H3：13	II 11. 大柴 H11：11	12. 大柴 H3：9
三期	III 3. 乔山底 H9：15	II 6. 大柴 H7：4					13. 小南张 T5①：15

图 3－46　临汾盆地二里头文化时期陶鬲分期图

器物 期段	斝	甗	鼎	罕
一期	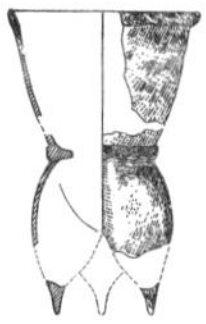 Ⅰ　1. 苇沟 DⅢ：2		 4. 苇沟-北寿城 DⅢ：19	
二期	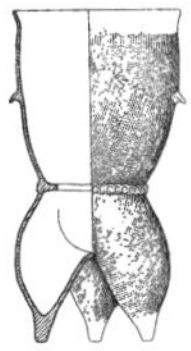 Ⅱ　2. 大柴 H5：27	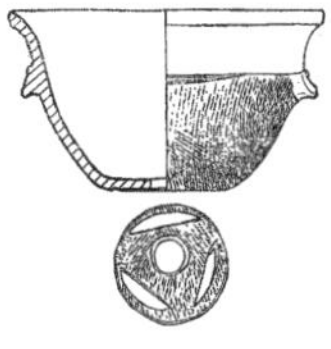 3. 大柴 H5：14		
三期				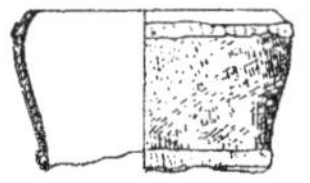 5. 感军 H1：20

图 3-47　临汾盆地二里头文化时期陶斝、甗、鼎、罕分期图

盆：数量种类甚多,根据盆腹差异可分为三型。

A 型：深鼓腹盆。根据沿腹形态差异可分为两式。

Ⅰ式：宽沿,下腹微鼓。标本曲村西 DⅠ：2(图 3-48：1)。

Ⅱ式：沿略窄,深鼓腹,下腹急收。标本乔山底 H9：22(图 3-48：2)。

B 型：深斜直腹盆。根据腹部形态差异可分两式。

Ⅰ式：深直腹,下腹收束较缓,短沿。标本苇沟 DⅢ：10(图 3-48：3)。

Ⅱ式：深直腹,下腹急收,沿稍宽。标本大柴 T3④B：3(图 3-48：4)。

C 型：弧腹盆。根据沿颈形态差异可分为三式。

Ⅰ式：束颈,宽沿,下腹急收。标本苇沟 DⅢ：7(图 3-48：5)。

Ⅱ式：微束颈,下腹收束较缓。标本大柴 H3：15(图 3-48：6)。

Ⅲ式：上腹近直,下腹微弧。标本大柴 H5：19、H7：9(图 3-48：7、8)。

D 型：直腹盆。标本大柴 H11：13(图 3-48：9)。

E 型：浅腹盆,根据沿腹形态差异可分为两式。

Ⅰ式：宽沿,斜直腹。标本乔山底 H1：1(图 3-48：10)。

Ⅱ式：卷沿较平,腹变浅。标本乔山底 H9：23(图 3-48：11)。

器盖：较常见,皆为溜肩。标本大柴 H11：14、感军 H1：27(图 3-48：12、13)。

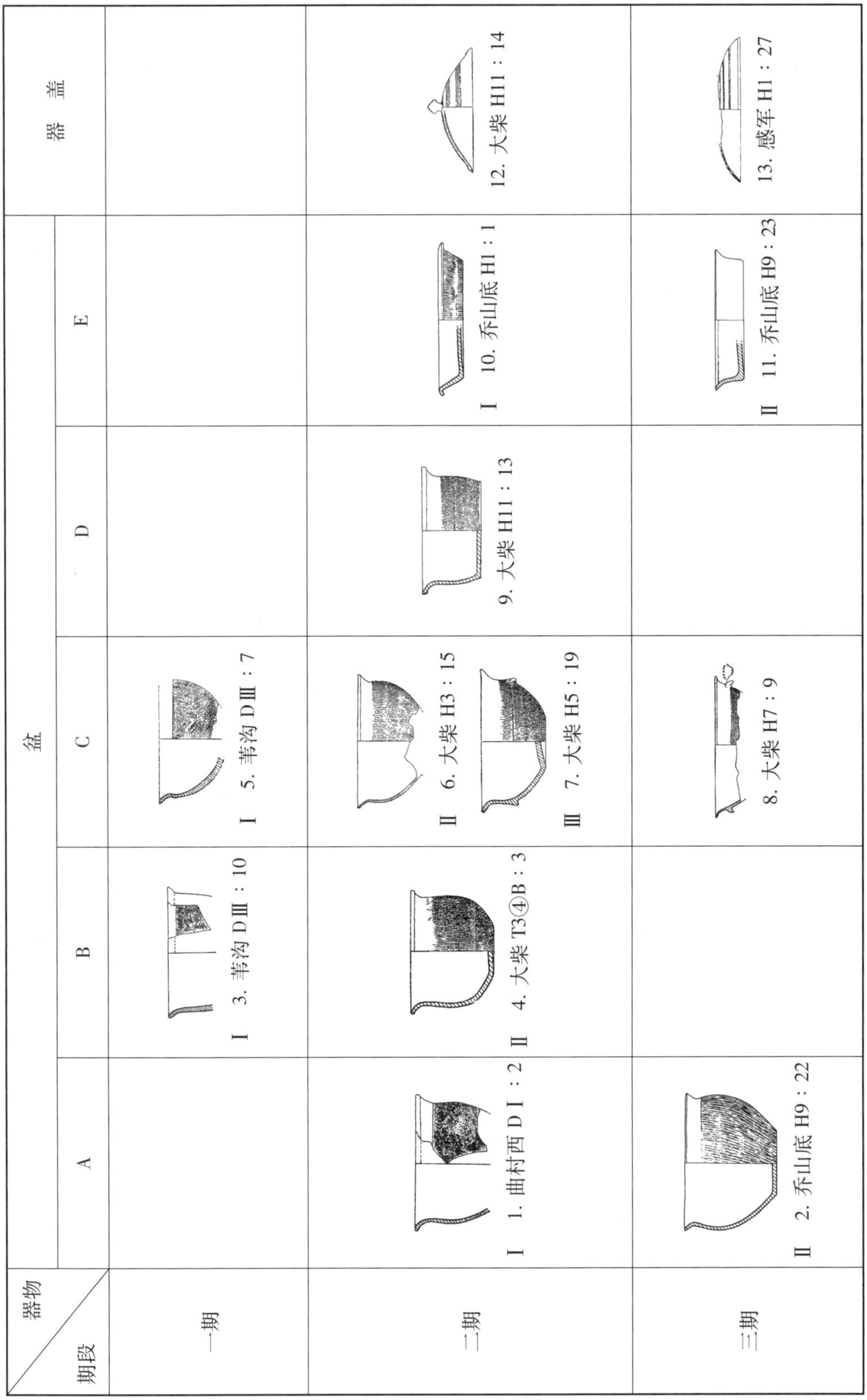

器物 期段	A	B	C 盆	D	E	器 盖
一期	I 1. 曲村西 DⅠ：2	I 3. 苇沟 DⅢ：10	I 5. 苇沟 DⅢ：7			
二期		II 4. 大柴 T3④B：3	II 6. 大柴 H3：15 III 7. 大柴 H5：19	9. 大柴 H11：13	I 10. 乔山底 H1：1	12. 大柴 H11：14
三期	II 2. 乔山底 H9：22		8. 大柴 H7：9		II 11. 乔山底 H9：23	13. 感军 H1：27

图 3-48 临汾盆地二里头文化时期陶盆、器盖分期图

盘形豆：数量较少。盘腹有折盘和弧盘的差别,但材料较少,暂不分型。标本大柴 H5∶29、T3④B∶6,乔山底 H9∶9(图 3-49∶1、2、3)。

碗形豆：数量较少。根据盘腹沿面差异可分为两式。

Ⅰ式：沿面前端微折,深弧腹。标本南石 H1∶11(图 3-49∶4)。

Ⅱ式：宽沿,深弧腹,下腹微折。标本大柴 H5∶17(图 3-49∶5)。

期段＼器物	盘形豆	碗形豆
一期		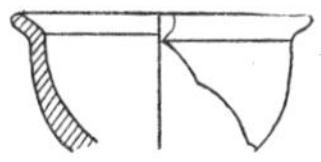 Ⅰ　4. 南石 H1∶11
二期	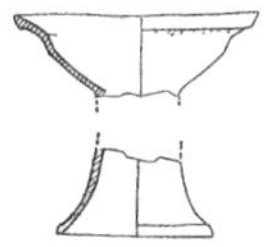 1、2. 大柴 H5∶12、T3④B∶6	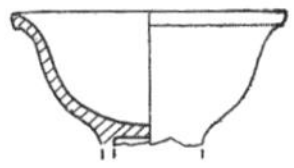 Ⅱ　5. 大柴 H5∶17
三期	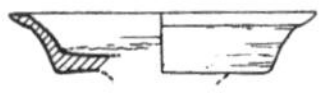 3. 乔山底 H9∶9	

图 3-49　临汾盆地二里头文化时期陶豆分期图

罐：根据整体形态差异可分为七型。

A 型：深直腹罐。侈口,腹部较直,圆唇,微束颈,直腹。标本大柴 H1∶11、大柴 H5∶18(图 3-50∶1、2)。

B 型：深鼓腹罐。多凹圜底。根据沿颈形态差异可分为两式。

Ⅰ式：宽沿,束颈,微鼓腹。标本曲村西 DⅠ∶33(图 3-50∶3)。

Ⅱ式：窄沿,鼓腹较甚。标本感军 H1∶25(图 3-50∶4)。

C 型：圜底罐。数量较少。标本乔山底 H9∶16(图 3-50∶5)。

D 型：高领罐,形态近似折肩瓮,但较后者形体为小。数量不多。标本大柴 H5∶24(图 3-50∶6)。

E 型：双錾罐,形体较小。根据领腹形态差异可分为两式。

Ⅰ式：直领,深腹。标本南石 H1∶5(图 3-50∶7)。

Ⅱ式：矮领,浅腹。整体扁矮。标本大柴 T3④B∶4(图 3-50∶8)。

F 型：单耳罐。根据腹部形态差异可分为三式。

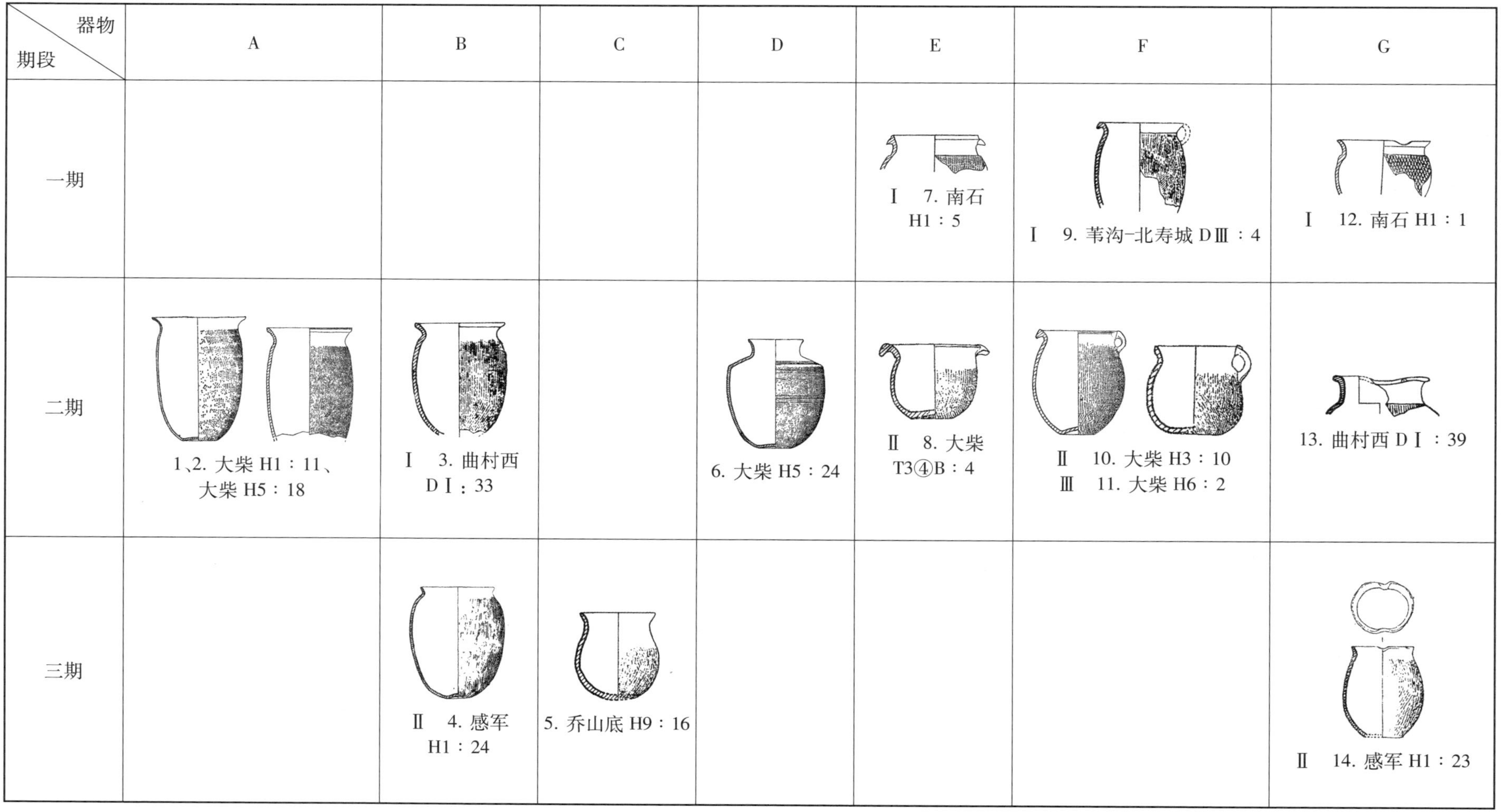

期段\器物	A	B	C	D	E	F	G
一期	1、2. 大柴 H1：11、大柴 H5：18				I 7. 南石 H1：5	I 9. 苇沟－北寿城 DⅢ：4	I 12. 南石 H1：1
二期		I 3. 曲村西 DI：33		6. 大柴 H5：24	II 8. 大柴 T3④B：4	II 10. 大柴 H3：10 III 11. 大柴 H6：2	13. 曲村西 DI：39
三期		II 4. 感军 H1：24	5. 乔山底 H9：16				II 14. 感军 H1：23

图 3－50　临汾盆地二里头文化时期陶罐分期图

Ⅰ式：矮领,深腹较直,与带耳相对一侧多有小舌形錾。标本苇沟-北寿城 D Ⅲ∶4(图 3－50∶9)。

Ⅱ式：矮领,深鼓腹,与带耳相对一侧多有小舌形錾。标本大柴 H3∶10(图 3－50∶10)。

Ⅲ式：侈领,鼓腹较矮。标本大柴 H6∶2(图 3－50∶11)。

G 型：捏口罐。根据领腹形态差异可分为两式。

Ⅰ式：侈领,鼓腹较矮。标本南石 H1∶1、曲村西 D Ⅰ∶39(图 3－50∶12、13)。

Ⅱ式：矮侈领,鼓腹较深。标本感军 H1∶23(图 3－50∶14)。

壶：数量不多,肩部多有双系。标本乔山底 H9∶24、大柴 T3④B∶8(图 3－51∶1、2)。

瓮：根据整体形态差异可分为三型。

A 型：小口圆肩瓮。数量较少。标本感军采集 SE28∶22、乔山底 H9∶4(图 3－51∶3、4)。

B 型：小口折肩瓮。数量较少。标本大柴 H5∶12(图 3－51∶5)。

C 型：大口瓮。根据领腹形态差异可分为两式。

Ⅰ式：侈领,折肩,深腹略斜,器腹多有数道附加堆纹。标本大柴 H5∶25(图 3－51∶6)。

Ⅱ式：侈领较直,折肩较缓,深直腹,部分器物下有假圈足。标本大柴 H5∶26(图 3－51∶7)。

大口尊：数量不多。标本大柴 H7∶3(图 3－51∶8)。

平口瓮：数量较多。有平底与三足两种形态。其中三足者罕见于其他地区。标本曲村西 D Ⅰ∶60、感军 H1∶18、35(图 3－52∶1、2、3)。

蛋形瓮：数量较多,修复者较少,上部皆为敛口,但唇沿有折沿和无沿两种。下部形态较多,但以三足者最为常见。前者标本苇沟 D Ⅲ∶10、感军 H1∶17(图 3－52∶4、6);后者标本曲村西 D Ⅰ∶3(图 3－52∶5)。

管流爵：数量不多。标本大柴 H4∶1(图 3－51∶9)。

（三）分期与年代推定

由于临汾盆地二里头文化时期遗存多为调查所获,发掘所获遗存的有效地层关系极少,因此对于该地区的年代分析,更多是依赖于周邻地区同时期器物形态演变的规律构建谱系框架。

襄汾大柴遗址 1986 年经小规模发掘,二里头时期遗存可分为前后两期。一期以 H3、H4、H5 等单位为代表,年代约与东下冯遗址二里头文化时期第三期遗存相当;二期目前

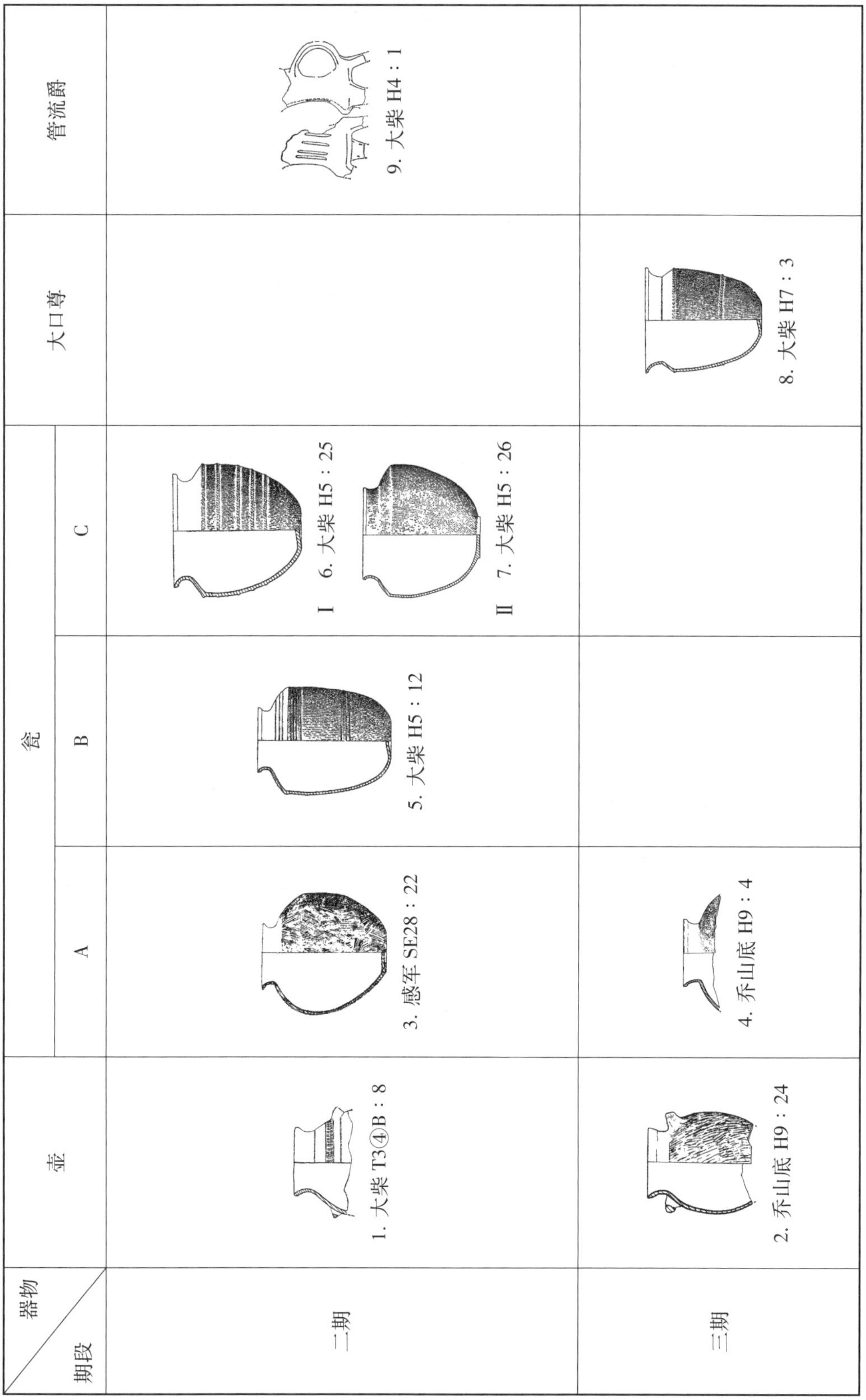

期段 \ 器物	壶	瓮 A	瓮 B	瓮 C	大口尊	管流爵
二期	1. 大柴 T34④B：8	3. 感军 SE28：22	5. 大柴 H5：12	I 6. 大柴 H5：25　II 7. 大柴 H5：26		9. 大柴 H4：1
三期	2. 乔山底 H9：24	4. 乔山底 H9：4			8. 大柴 H7：3	

图3—51　临汾盆地二里头文化时期陶壶、瓮、大口尊、管流爵分期图

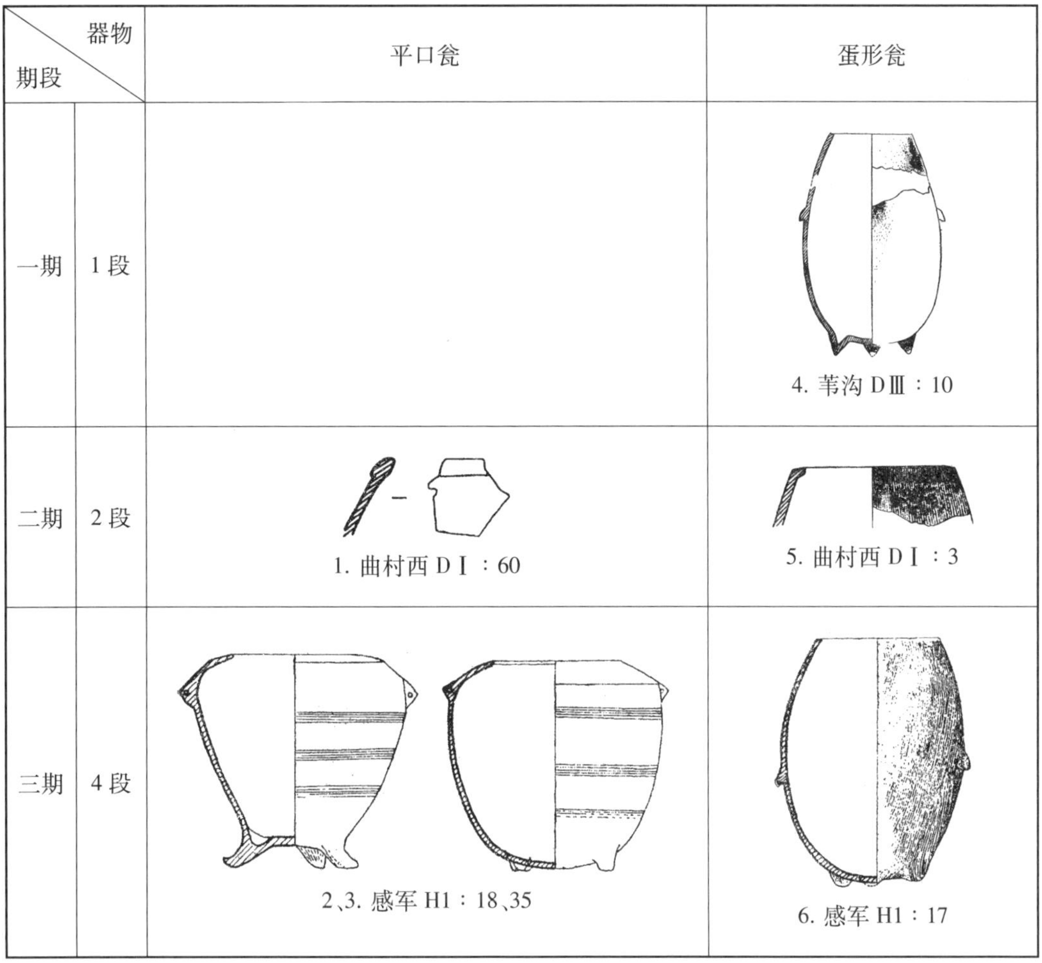

期段	器物	平口瓮	蛋形瓮
一期	1段		4. 苇沟 D Ⅲ：10
二期	2段	1. 曲村西 D Ⅰ：60	5. 曲村西 D Ⅰ：3
三期	4段	2、3. 感军 H1：18、35	6. 感军 H1：17

图 3-52　临汾盆地二里头文化时期陶平口瓮、蛋形瓮分期图

较确定的仅有 H7 一个单位,年代与东下冯遗址二里头文化时期第四期遗存相当。

侯马乔山底遗址 1986 年经系统调查,1989 年试掘,二里头文化时期遗存以 89 年 H9 为代表,年代与大柴 H7 相当。

曲沃曲村遗址二里头文化时期遗存零散,仅于 1979 年在村西调查中发现零星堆积。在后来近 15 年的系统发掘中未再发掘到这一时期的遗存。1979 年调查所获遗存年代略早于乔山底遗址,与大柴遗址一期遗存相当。

曲沃南石遗址与翼城苇沟-北寿城遗址二里头文化时期遗存仅于 1979 年调查获得,前者仅有两座灰坑——H1、H9,后者仅有一座灰坑 D Ⅲ。两遗址二里头文化时期遗存年代相近,年代略早于曲村村西所获之遗存。

东白冢遗址在 1990 年的调查中获得了一些二里头文化时期的遗物,年代与南石遗址的同期遗存相当。

翼城感军遗址 1950 年代末调查后经小规模试掘,无明确地层关系,二里头文化时期遗存以试掘之 H1 及部分调查材料为代表。H1 年代约与乔山底遗址 H9 年代相近,在调查所获材料中有略早于 H1 的遗存。因此,可将感军遗址二里头文化时期遗存分为前后两期,一期与曲村村西遗址年代相当;二期约相当于乔山底 H9。

八顷、郭家庄等遗址二里头文化时期遗存皆调查所获,年代约相当于南石、苇沟与曲村西遗址相当,目前尚未发现有与乔山底 H9 相当者。

乡宁内阳垣遗址 2003 年曾发掘有"夏时期墓葬",发掘纪要未公布墓葬随葬陶器,年代性质存疑。

襄汾小南张发掘面积不小,但发现的二里头文化时期遗存较少,可确证的仅 F2 和 H22 两个单位,所获器物也较少,大体上与大柴二期遗存年代相当。

由上述遗址的分期,可将本区二里头文化时期遗存整合分为三期(表 3-8),由于材料尚不丰富,暂不对其分段。

表 3-8　二里头文化时期临汾盆地居址分期对照表

期段 ＼ 遗址	乔山底	东白冢	曲村西	南石	苇沟-北寿城	八顷、郭家庄等	感军	内阳垣	大柴	小南张
三期	√						2		2	√
二期			√			√	1	?	1	
一期		√	√		√					
资料来源	①	②	③			④	⑤	⑥	⑦	⑧

一期:材料不多。本段炊器以单把罐、双鋬罐为多见,有一定数量的陶鬲、甗,偶见鼎、斝。陶鬲皆为高领,有个别的单把鬲存在。陶器制作较为粗糙。本段目前材料较少,但似乎显示出这一时期器物种类不甚丰富。与运城盆地同时期遗存相比,本段年代大体相当于二里头文化二期。

二期:材料较丰富,本段炊器组合与上一阶段相同,夹砂深腹罐数量多,陶鬲、甗数量有较明显的增加,陶鬲的种类较多,但肥袋足鬲仍是最常见的种类,陶鼎更加罕见。器形

---

①　山西省考古研究所侯马工作站:《山西侯马乔山底遗址 1989 年 Ⅱ 区发掘报告》,《文物季刊》1996 年第 2 期。
②　山西省考古研究所:《塔儿山南麓古遗址调查简报》,《文物季刊》1992 年第 3 期。
③　北京大学历史系考古专业山西实习组、山西省文物工作委员会:《翼城曲沃考古勘察记》,《考古学研究》(一),文物出版社(北京),1992 年。
④　山西省考古研究所:《襄汾、曲沃、闻喜、侯马三县一市考古调查报告》,《文物季刊》1993 年第 3 期。
⑤　许文胜、张红娟、李林:《乡宁县内阳垣清理一批夏、春秋时期的墓葬》,《文物世界》2004 年第 1 期。
⑥　中国社会科学院考古研究所山西工作队:《晋南考古调查报告》,《考古学集刊》(6),中国社会科学出版社(北京),1989 年。
⑦　中国社会科学院考古研究所山西工作队:《山西襄汾县大柴遗址发掘简报》,《考古》1987 年第 7 期。
⑧　山西省考古研究所、临汾市文物局、襄汾县博物馆:《襄汾小南张遗址发掘报告》,《三晋考古·第四辑》,上海古籍出版社(上海),2012 年。

与第一段略有变化。常见器类在这一时期基本都已出现。陶器制作开始较精细,本段年代约相当于二里头文化三期。

三期:材料较丰富,本段炊器组合与上一阶段相近,但鼓腹鬲和筒腹鬲的数量在本期明显增多。本期未见陶鼎。陶器种类较为丰富,盆、豆数量较上期更多,陶器制作较为精细。本期年代约相当于二里头文化四期。

二、夏时期各期陶器的特征

由于材料较零散,就目前情况看,临汾盆地二里头文化时期各期之间文化面貌差异不甚明显。下面我们从陶系、炊器组合变化、其他标志性器物数量变化等方面简要总结之。

(一) 陶系

第一期:本期由于材料甚为零散,从苇沟-北寿城遗址观察,似以夹砂陶为多,陶色以灰陶最多,褐陶与黑陶较少。纹饰以绳纹为主,有一定数量的附加堆纹与方格纹。

第二期:本期以曲村西及大柴遗址为代表。泥质陶略多于夹砂陶。陶色以灰陶为绝对多数,纹饰以绳纹占绝对优势,绳纹中有约两成的细绳纹,有零星的附加堆纹、旋纹及压印纹。大柴遗址 H2 统计数据显示,泥质陶比例约占 69%,夹砂陶约 31%。陶色仍以灰陶为主,比例约占九成以上,有零星的橙黄陶及黑陶。

第三期:本期无较准确的统计数据,暂以感军遗址的陶系描述为例。陶色以灰陶占绝对优势,但褐陶占一定比例。本期纹饰仍以绳纹最多,素面和磨光陶占一定比例,有零星旋纹、附加堆纹、各种压印纹。

(二) 器物群中的炊器特征与组合变化

二里头文化时期本区缺乏准确的器类组合数据,因此无法精确说明炊器的组合比例变化。总体说来,本区域始终以双鋬罐、单把罐及深腹罐为最主要的炊器,鬲、甗次之,鼎、斝的数量一直较少。本区内少见陶甑。这里仅对以上四种器类的形制变化规律略做总结。

双鋬罐、单把罐、深腹罐三类器物与运城盆地同类器物形态与演变规律相同。

鬲:本地区以高领鬲与单把鬲最为常见,领部演变规律与周邻地区相同,需要指出的是,本地区高领鬲唇缘作花边状的作风比例较小。本地区矮领鬲数量比例甚少。但本地区有一定比例的深袋足鬲及双鋬鬲,较为特殊。从有实足根的鬲足形态观察,本地区表面有捆扎凹槽的鬲足比例较小。

甗:本地区陶甗较常见,陶甗皆有箅托,器表腰部附加堆纹较为常见,上部盆甑部分多见双鋬手,这些形态特点与南部的运城盆地差别不大。

斝:本地区陶斝比例甚少,以敛口者最为常见,形态与晋中、晋西南及太行山东麓冀中、冀南地区的同类器形态相同。

鼎：本地区陶鼎数量甚少,从残片观察仅发现有盆形鼎。

（三）器物群其他主要器物特征与组合变化

由于材料原因,本区现有二里头文化时期器物群相对较为简单,器物形态与运城盆地差别不大。

三、商时期的遗存分期

这一地区商时期考古遗存极为零散,截至 2021 年底,所发表材料中以侯马上北平望、乔山底,曲沃八顷、阎村堡子,闻喜郭家庄,浮山桥北,洪洞坊堆(永凝堡)尚能在一定程度上看出时代特征(图 3-53)。另外,在洪洞上村、杨岳庄等遗址出土有晚商铜器,周围亦应有与之相应的居址存在。

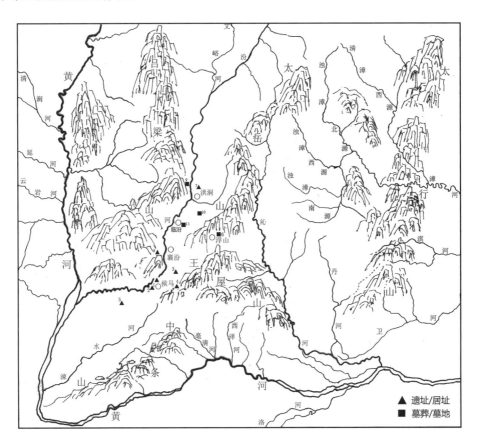

图 3-53　临汾盆地商时期主要遗址分布示意图

1. 上北平望　2. 乔村、虒祁　3. 八顷　4. 阎村堡子　5. 郭家庄　6. 桥北　7. 永凝堡
8. 南小张　9. 上村　10. 杨岳村　11. 庞杜

由于上述遗址除桥北遗址外皆为调查所获,而桥北墓地商时期墓葬中又缺少有效的打破关系,因此本地区无法提供可供分期的地层关系。

（一）陶器形制分析

临汾盆地商时期遗存较少,结合周邻地区早商时期年代学研究成果,可以鬲、盆、豆、罐、瓮、大口尊等器物的形制演变轨迹作为分期断代依据。

鬲：数量甚多,根据沿腹形态差异可分为四型。

A 型：实足根长方体鬲。多卷沿,矮领。根据沿、腹形态差异可分为三式。

Ⅰ式：尖圆唇或圆唇,器表饰以细绳纹。标本上北平望采集者(图 3 - 54：1)。

Ⅱ式：方唇,唇缘及沿面多见凹槽,唇缘下端多见勾棱。标本阎村堡子采集者(图 3 - 54：2)。

Ⅲ式：方唇或圆唇,斜沿,沿面前端多有一至两道凹槽,微束颈,裆甚矮,实足根近无。标本桥北 M22：1(图 3 - 54：3)。

B 型：实足根横长方体鬲。多折沿,鼓腹较肥。根据沿腹形态差异可分为三式。

Ⅰ式：尖圆唇,沿面前端较平,腹较鼓。标本上北平望采集者(图 3 - 54：4)。

Ⅱ式：方唇,沿面起棱上翻,近盘口,沿面前端多有一至两道凹槽,唇缘多有凹槽沿面前端起棱,腹较鼓。标本阎村堡子采集者(图 3 - 54：5)。

Ⅲ式：方唇,宽折沿,沿面前端起棱近盘口,裆低矮。实足根粗矮较短。标本洪洞坊堆 SHFY2015BC187：4、SHFY2015D003③a：50、SHFY2015D003H1：100(图 3 - 54：6、7、8)。

C 型：联裆鬲。数量较少。标本桥北 M13：2(图 3 - 54：9)。

D 型：瘪裆鬲。数量较多。大体可分两式。

Ⅰ式：形体瘦长,分裆较高。标本桥北 M1 盗：3(图 3 - 54：10)。

Ⅱ式：形体变矮,分裆变低。标本桥北 M27：2(图 3 - 54：11)。

盆：根据整体形态差异可分为两型。

A 型：深腹盆。标本郭家庄采集者(图 3 - 55：1)。

B 型：浅腹盆。标本上北平望采集者(图 3 - 55：2)。

大口尊：标本上北平望采集者(图 3 - 55：3)。

豆：标本郭家庄采集者(图 3 - 55：4)。

壶：标本阎村堡子采集者(图 3 - 55：5)。

罐：根据整体形态差异可分为三型。

A 型：深腹罐。标本郭家庄采集者(图 3 - 55：6)。

期段 ＼ 器物	A	B	C	D
一期	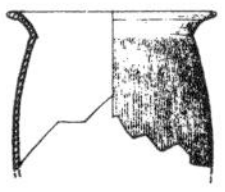 Ⅰ　1.上北平望采者	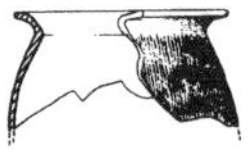 Ⅰ　4.上北平望采集者		
三期	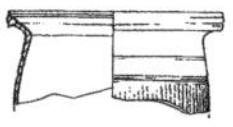 Ⅱ　2.阎村堡子采者			
四期		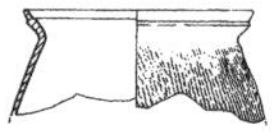 Ⅱ　5.阎村堡子采集者		
五期				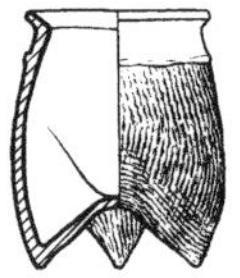 Ⅰ　10.桥北 M1：盗3
六期	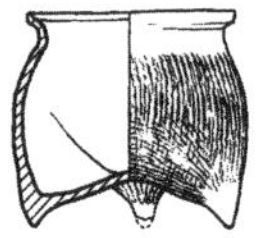 Ⅲ　3.桥北 M22：1	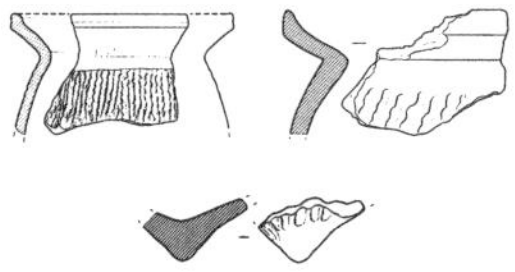 Ⅲ　6、7、8.坊堆 SHFY2015BC187：4、 SHFY2015D003③a：50、 SHFY2015D003H1：100	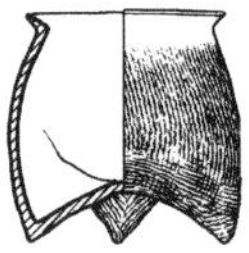 9.桥北 M13：2	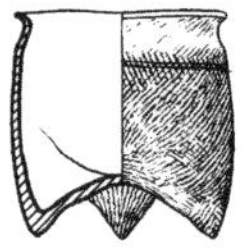 Ⅱ　11.桥北 M27：2

图 3－54　临汾盆地商时期陶鬲分期图

B 型：圆腹罐。标本上北平望采集者（图 3－55：7）。

C 型：大口罐。标本郭家庄采集者（图 3－55：8）。

（二）分期与年代推定

　　临汾盆地各遗址商时期遗存除桥北墓葬外皆得自调查，无地层依据，这对各遗址年代的判断影响较大。但是，由于以郑州为中心的中原地区商文化编年体系完备，临近的运城

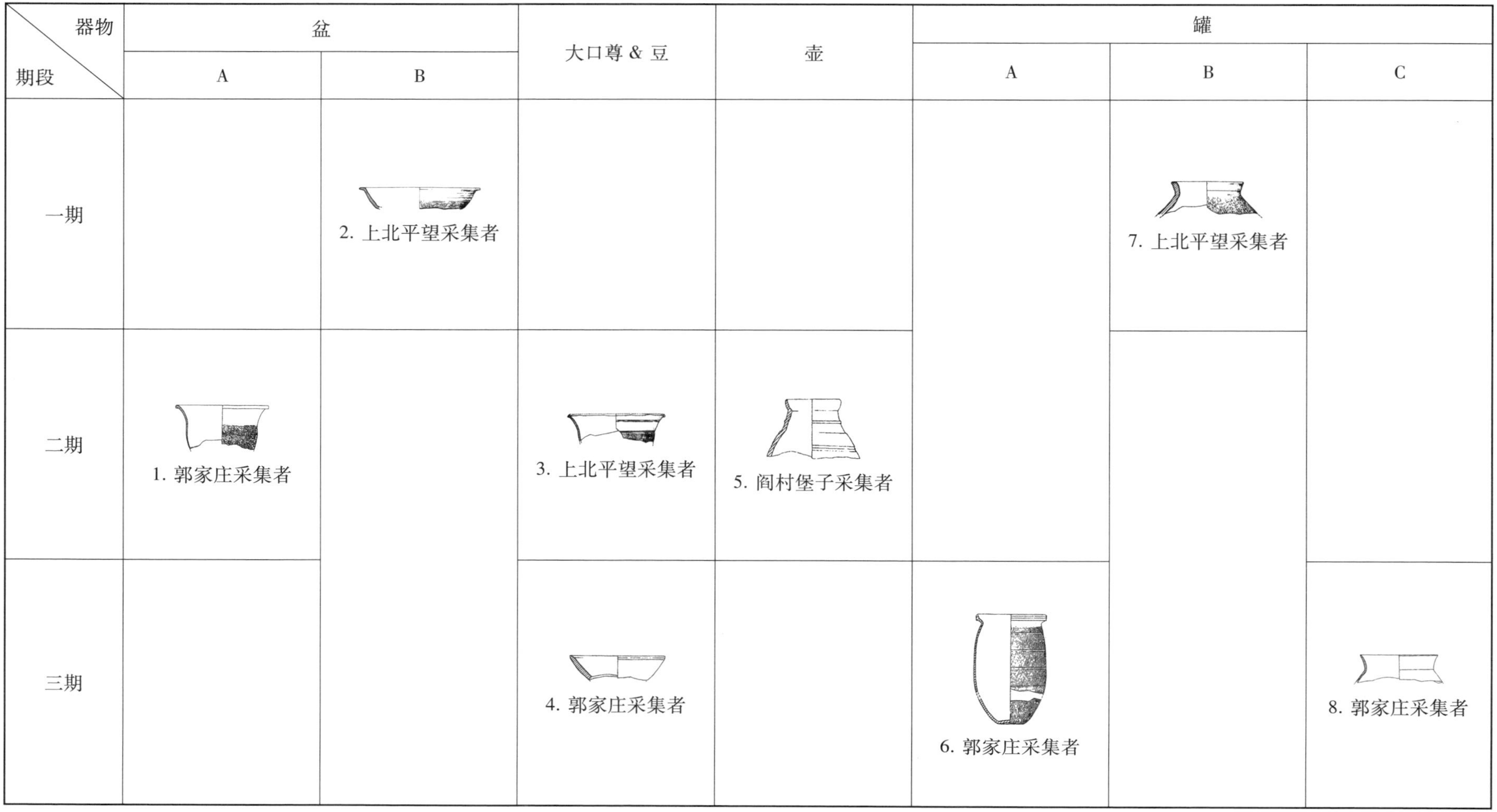

器物 期段	盆		大口尊 & 豆	壶	罐		
	A	B			A	B	C
一期		2. 上北平望采集者				7. 上北平望采集者	
二期	1. 郭家庄采集者		3. 上北平望采集者	5. 阎村堡子采集者			
三期			4. 郭家庄采集者		6. 郭家庄采集者		8. 郭家庄采集者

图 3－55　临汾盆地商时期陶器分期图

盆地商时期遗存序列也较完整,因此可以利用二者完善的器物演变规律对本地区各遗存加以判断。

侯马上北平望遗址商时期遗存大致可分为前后两期,第一期以遗址所获陶鬲为代表,年代约相当于二里冈下层文化时期;第二期以大口尊为代表,年代约相当于二里冈上层文化时期。

侯马乔村、虒祁、小韩遗址发表的陶豆、盆、鬲形态观察,大致可知其年代约相当于二里冈上层文化时期。

曲沃八顷遗址发表的器物观察,年代约相当于殷墟二期文化时期。

曲沃阎村堡子遗址发表的陶鬲观察,其口沿沿面与唇缘皆有凹槽,唇缘下端勾棱明显,由此形态可知其年代约相当于洹北商城时期。

闻喜郭家庄遗址陶鬲多方唇,但口沿、唇缘上不见凹槽,唇缘下端亦不见勾棱,可知遗址商时期遗存约相当于殷墟二期时期。

浮山桥北墓地位于临汾盆地和上党盆地分水岭的西侧山口,共发现晚商至西周时期墓葬 14 座,葬俗基本与殷墟相同。墓地中年代确定最早者如 M1,上限可至殷墟二期(图 3 - 56)。墓地有 5 座甲字形大墓,墓道朝南,分作两排,其中两座有打破关系。但有的墓葬年代如 M11、M21,已经进入西周时期。该墓地墓葬盗扰严重,大型墓有的在盗洞中发现陶鬲,中型墓随葬陶器清晰的基本都是陶鬲,有的配以陶簋或罐,未见陶瓿、爵。较为特殊的是,数座墓随葬未经烧制过的泥质陶器,一般有多件,以罐类为多,应属明器。田建文指出,桥北墓地陶鬲大部分与杏花墓地陶鬲相近,而与殷墟有一定差别,属于本地文化系统,个别陶鬲还有可能与李家崖文化高红 H1 陶鬲形态有渊源关系①。因此,桥北墓地随葬陶器以本地土著文化因素的陶鬲为主。根据墓葬及其盗洞中残存的陶鬲形态观察,可以将桥北墓地商时期分为前后两期,第一期大型墓 M1 为代表;第二期以中型墓 M13、M22、M27 等墓葬为代表。第一期年代约相当于殷墟二期,第二期则约相当于殷墟四期。

坊堆(永凝堡)遗址调查发现了零星的晚商时期遗存,从残片观察有较典型的商式鬲,年代约在殷墟三、四期之际。结合周邻的铜器发现情况②,不排除在殷墟四期前后这里有商人的零星据点。

由上述各遗址的年代判断加以串联,可以将临汾盆地商时期遗存综合分为五期(表 3 - 9),由于材料零散稀少,目前无法进一步分段:

一期: 本期炊器目前仅见鬲。本阶段另见器物尚有陶浅腹盆、圆腹罐等器物。本期年代约相当于二里冈下层文化。

二期: 本期炊器仍只见陶鬲。本期另见深腹盆、壶、大口尊等器类。本期年代约相当于二里冈上层文化。

---

① 田建文:《天上掉下个晋文化》(上、下),《文物世界》2004 年第 2、3 期。
② 朱华:《山西洪洞县发现商代遗物》,《文物》1989 年第 12 期。

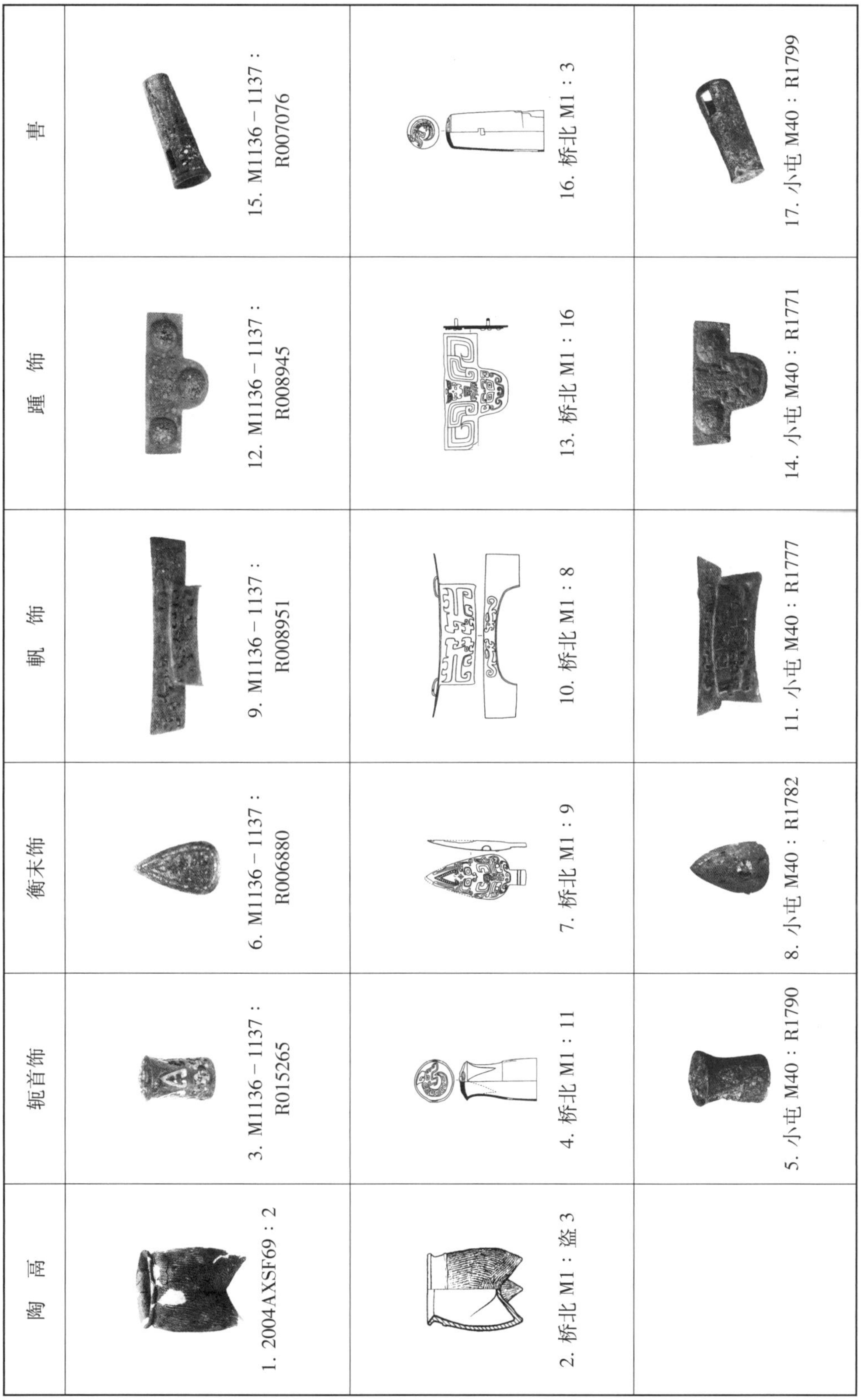

陶鬲	軎首饰	衡末饰	軌饰	踵饰	書
1. 2004AXSF69：2	3. M1136－1137：R015265	6. M1136－1137：R006880	9. M1136－1137：R008951	12. M1136－1137：R008945	15. M1136－1137：R007076
2. 桥北 M1：盗 3	4. 桥北 M1：11	7. 桥北 M1：9	10. 桥北 M1：8	13. 桥北 M1：16	16. 桥北 M1：3
	5. 小屯 M40：R1790	8. 小屯 M40：R1782	11. 小屯 M40：R1777	14. 小屯 M40：R1771	17. 小屯 M40：R1799

图 3－56 浮山桥北 M1 墓葬随葬器物年代对比

表 3‑9　临汾盆地商时期居址分期对照表

期段 ＼ 遗址	上北平望	乔村	虒祁	八顷	阎村堡子	郭家庄	桥北	坊堆
五期							2	√
四期				√		2	1	
三期					√	1		
二期	2	√	√					
一期	1							
资料来源	①	②		③			④	⑤

三期：本期约相当于洹北商城阶段,亦即邹衡先生商文化分期体系中的第四段。

四期：本期仅有桥北墓地一处材料,本阶段陶鬲唇缘与沿面不见凹槽,陶簋出现有腹饰三角划纹者。从这一特点推断,本阶段约相当于殷墟文化二期。

五期：从本期陶鬲形态观察,本阶段约相当于殷墟文化四期。

本地区商时期遗存的材料十分零散,从现有材料观察,文化面貌与其南部的运城盆地较为接近,但是由于材料原因目前无法从陶系、器类组合等方面对其文化特征进行更进一步的细致总结。

需要特别说明的是,本地区浮山桥北墓地晚商时期有一批瘪裆、联裆的陶鬲,形态不固定,有筒腹和鼓腹的分别,也有一部分无明显的实足根。总体来看陶鬲并不定型,种类较为驳杂。但无论有无明显的实足根,绳纹皆滚压至足尖,是本地土著文化的特点。此类陶鬲火候不高,或许与晋中地区杏花类遗存有一定的亲缘关系,但由于现在材料较少尚无法定论。

第四节　小　　结

群山莽莽,岭谷延绵,虽有汾河冲积扇的作用,但本区内的空间仍因大河与山峦包围,形成相对封闭的空间,与外区域的连通大多只能依赖于山间的峪道与河谷。就内部而言,

---

① 侯马市博物馆:《山西省侯马市上北平望遗址调查简报》,《华夏考古》1991 年第 3 期;侯马市博物馆:《山西侯马市古文化遗址调查报告》,《文物季刊》1992 年第 1 期。

② 侯马市博物馆:《山西侯马市古文化遗址调查报告》,《文物季刊》1992 年第 1 期。

③ 山西省考古研究所:《襄汾、曲沃、闻喜、侯马三县一市考古调查报告》,《文物季刊》1993 年第 3 期。

④ 桥北考古队:《山西浮山桥北商周墓》,《古代文明》(第 5 卷),文物出版社(北京),2006 年。

⑤ 山西省考古研究院、洪洞县文物旅游管理服务中心、洪洞县博物馆:《山西洪洞坊堆—永凝堡商至西周遗存调查简报》,《中国国家博物馆馆刊》2020 年第 10 期。

太行山西南段的西麓与北麓地区是由多个河谷盆地组成的,各盆地几乎就是天然生成的文化自生空间,因而带有相对天然的独立性。但比较有趣的是,上党盆地、运城盆地与临汾盆地在相同的时间段内文化面貌有诸多异同之处,而同一地区在不同时段中考古学文化自身也存在变化。在上文的排比基础上,这里仅就不同地区内文化面貌的差异与相同地区文化的变化略做小结。至于各地区不同时期的考古学文化属性、源流及其与周边地区的考古学文化相互关系本书将在第五章中分析。

一、二里头文化时期上党、运城与临汾盆地的相互比较

三者均相当于二里头文化时期,除东下冯遗址及垣曲盆地西阳河流域个别遗址外,大部分遗存的年代相当于二里头文化二至四期,可从以下几个方面进行比较。

1. 期别对应与分布特征

在冀州西南区中的三个小地理单元中,皆有自身的分期体系,以层层递进、区区排比之法,借由冀中南部地区的分期框架,以二里头文化的分期为标尺,可以对三个小区域的期别进行对应串联如下,这一年代关系也可以周邻的豫北、冀南地区相比较(表3-10)。

表3-10　二里头文化时期冀州西南区不同地理单元分期体系对应表

二里头文化		冀南地区		上党盆地	运城盆地	临汾盆地	豫北地区	
期		期	段	期	期	期	期	段
四期	偏晚	四期	6	三期	四期	三期	二期	4
	偏早		5					3
三期	偏晚	三期	4	二期	三期	二期	一期	2
	偏早		3					1
二期	偏晚	二期	2	一期	二期	一期		
	偏早							
一期	偏晚	一期	1		一期			
	偏早							

运城盆地的发现年代序列相对完整,基本上可与二里头文化共始终。但运城盆地第一期遗存与二里头文化一期遗存是否完全能够共时,目前尚无证据,甚至在逻辑上也有需要补充之处。[①] 临汾盆地所发现的二里头文化遗存相当于二里头文化二至四期。上党盆

---

① 常怀颖:《从新峡发现再论二里头与东下冯之关系》,《文物季刊》2022年第1期。

地二里头文化时期的遗存似乎年代略晚,最早的一期遗存仅相当于二里头文化二期晚段,但与太行山东麓的豫北、冀南地区基本相合。相当于二里头文化一期甚至二期偏早的遗存,除运城盆地以外,普遍都不丰富。

(1) 上党盆地

从分布区域看,上党盆地二里头文化时期遗存较多,目前已知遗存多分布在太行山西麓漳河中上游地区,尤以浊漳河各源的山前丘陵间较为密集。丹河、沁河河谷地区情况如何,由于目前基础工作薄弱,尚无法看清当地的文化发展面貌。从分布的密集集聚性来看,二里头文化时期上党盆地的古遗存大致可分为如下几个集群区域:

其一,浊漳河干流上游及其北源、西源、南源各支流水系的山前台地。这一区域中遗址数量多,但未发现地区性中心,遗址面积普遍不大,等级近似。目前所发现的遗址,年代普遍较晚,未见相当于二里头文化二期及以前的遗存。

其二,太行山西麓丹河东岸的山前台地,在高平、晋城域内零星发现本阶段的遗存,但由于基础工作基本没有开展,所以难以总结该区域情况。

其三,沁河流域。该地区与丹河流域情况相似,有二里头文化时期遗址的零星发现,但时代、分布和等级情况不明。

(2) 运城盆地

运城盆地属于二里头文化各期间的遗存皆有所发现,遗存非常丰富,各期间遗存年代似无缺环,分布集中在三个地理单元之中。

其一是在王屋山南麓、中条山东南与黄河北岸之间的垣曲盆地,集中在亳清河、西洋河等盆地南流支流的两岸。遗址分布多在各南流水系两岸的山前丘陵地区,河谷一级台地较少见。遗存的年代集中在二里头文化二期至四期之间,目前罕见相当于二里头文化一期阶段的遗存。现有遗址中,以垣曲商城遗址等级较高。

其二是中条山北麓的涑水河南岸山前冲积台地之上,遗址分布较密集,河谷一级阶地上遗址较罕见。这一地理单元中的遗存年代序列完整。目前发现的遗址中,夏县东下冯遗址等级较高。

其三,王屋山北麓,涑水河以北与汾河南岸间的地区,零星分布有遗址,越靠近两河下游,遗址分布越稀疏。在王屋山北麓的涑水河上游闻喜、绛县一带可能存在类似西吴壁一类的区域中心。但目前材料较少,尚无法定论。目前刊布的资料,这一地区二里头文化时期遗存的年代普遍偏晚。

(3) 临汾盆地

临汾盆地经过正式发掘的二里头文化时期遗存很少,目前未见较高等级聚落。似乎从陶寺文化及陶寺遗址衰亡后,本地考古学文化普遍衰落。从现有资料看,陶寺文化的最晚期遗存与本地最早的二里头文化时期之间存在缺环。本地龙山末期如何转向新时代,还需要新材料补充。从分布区域看,临汾盆地二里头文化时期遗存以汾河为界大体分布在三个小区域内:

其一,霍山以南,王屋山北麓的汾河以东地区,遗址一般在山前冲积平原,汾河河谷中罕见有此时期的遗址分布。目前发现的遗存年代序列较全。

其二,汾河西转的南岸及浍河流域,一般遗址分布在峨嵋岭北麓山前的盆地中,地势较平坦。这一区域的二里头文化时期遗存年代序列较完整,且有年代偏早的遗存。

其三,汾河西岸,火焰山北麓鄂河及其支流流经的山间盆地边缘,多为山间丘陵地区。现有材料十分零星,目前发现的遗存年代普遍偏晚,多集中在二里头文化四期。

三个分布区中皆未发现高等级聚落,遗址等级十分接近。

2. 陶系与纹饰

本地区各区域间的区域陶器特征较明显。

首先对比陶系。

相当于二里头文化一期时,仅有运城、垣曲盆地有较明确的遗存零星发现,整体上以夹砂陶为主,泥质陶与夹砂陶比较接近。陶器火候不高,陶色较斑驳,总体共性是褐陶比例较高,灰陶比例在四成以下,黑陶比例在一成以下。

相当于二里头文化二期阶段,各区皆有遗存发现,三个区域的夹砂陶与泥质陶比例较为接近,但仍以夹砂陶占多数,各盆地陶色以灰陶为主,褐陶比例下降较为明显,陶器火候较高。

相当于二里头文化三期阶段,三个盆地内的遗址数量甚多,泥质陶皆略多于夹砂陶。陶色以灰陶为绝对多数,上党盆地与运城盆地的中条山北麓地区有一定比例的红陶和黑皮陶,褐陶的总量在本阶段不多。

相当于二里头文化四期时,三个盆地内似乎夹砂陶皆多于泥质陶,部分遗址的泥质陶陶泥淘洗不彻底,颗粒较粗。本期各地皆以灰陶为主,但因为火候原因,仍有少部分颜色发黑,且陶色不匀的陶器,灰褐及棕褐陶、褐胎黑皮或灰皮陶仍然有一定的数量。

其次对比纹饰。

相当于二里头文化一期时,纹饰以绳纹为主,附加堆纹和旋纹的比例皆较高,素面陶数量较少,本期纹饰滚压并不规整。

相当于二里头文化二期时,各区以绳纹为绝大多数,比例较高,但滚压不甚规整,散乱。有一定数量的篮纹,方格纹有零星发现,本期有一定比例的附加堆纹和刻划纹。磨光陶和素面陶在本段比例较高,平底器底部较少有绳纹滚压。附加堆纹在本段比例较常见,但施用器类较固定。本阶段戳压印纹的比例不高。素面陶、旋纹等纹饰变化不大,附加堆纹有明显的下降。

相当于二里头文化三期时,附加堆纹略有下降,其他方面变化不大。绳纹滚压较规整。较特殊处在于个别遗址如小神遗址,仍有近6%的篮纹和极少量的方格纹。绳纹中细绳纹的比例在本期开始升高,是较明显的特征。

相当于二里头文化四期时,纹饰以绳纹占绝大多数,滚压规整的细绳纹数量较多,另有部分素面、磨光和附加堆纹、旋纹及三角划纹。篮纹、方格纹较为罕见。制作精细,磨光较好,施加压印的陶器总体上仍然不多。

3. 炊器组合

二里头文化时期,三个盆地中的炊器组合特征十分明显,差别也十分明显。

上党盆地中,始终以鬲为最主要的炊器,甗、斝次之,鼎的数量一直较少。本区内罕见分体的陶甗。炊器组合中可能有部分夹砂罐作为补充,但夹砂深腹罐的总体数量不多。

运城盆地、临汾盆地中,陶鬲始终不是最主要的炊器种类,与上党盆地迥异,但不同遗址又有区别。东下冯遗址以甗和单把、双鋬罐为主要炊器,而垣曲商城以各类夹砂罐为主要炊器品种。临汾盆地各遗址似乎始终以双鋬罐、单把罐及深腹罐为最主要的炊器,与东下冯遗址相对接近,鬲、甗次之,鼎、斝的数量一直较少。本区内少见陶甗。

各类夹砂罐中,单把、双鋬罐的形制特征和演变规律比较接近,可以东下冯遗址的夹砂罐的演变规律作为标尺。需要说明的是,即便是在邻近冀南地区的上党盆地中,也罕见橄榄形的夹砂深腹罐,而豫北地区常见的圜底夹砂深腹罐,在本区中也并不常见。

陶鬲在本地区三个盆地内的差别较大。

上党盆地以高领鬲最为常见,领部演变规律与周邻地区相同,高领鬲唇缘作花边状的作风比例较高,矮领鬲数量比例甚少,少见同时期太行山以东常见的矮领翻缘鬲。但上党盆地不见晋中地区较多见的单把鬲、深袋足无实足根鬲及太行山东麓中北部的折肩鬲。陶鬲形态不如豫北地区多样,也比较少见冀南地区较规范的薄胎、细绳纹矮领鬲。从鬲足形态观察,本地区表面有捆扎凹槽的比例较高。

运城与临汾盆地较接近,陶鬲形态多样,但没有某种陶鬲形态堪称主流。所有的器型中,以各类高领鬲最为常见,领部演变规律与周邻地区相同。高领鬲唇缘作花边的作风比例较高,上腹部加装双鋬的陶鬲在年代偏早的单位中较为常见。空锥足鬲比例较上党盆地高。两盆地矮领鬲数量比例甚少,出现时间大体在二里头文化四期,个体数量也较少。有一定比例的单把鬲,且延续时间较长,或许是受晋中地区的影响所致。另外,两盆地内表面有捆扎凹槽的鬲足比例较小。

本地区三个盆地有一定数量的陶甗,以带箅托的甗占绝大多数。器表腰部附加堆纹十分常见,上部盆甑部分双鋬手较常见,这些形态特点与周邻地区差别不大。

与周邻区域不同之处在于,本地区陶斝较为发达,分体甗也较少,陶鼎并不发达。

4. 其他器物组合与特征

炊器以外,其他器物在冀州西南区相对简单,种类也较少,与冀州东南区对比鲜明。本地区最为突出的特点就是各类陶蛋形瓮、平口瓮较其他地区更为发达、丰富。蛋形瓮的比例高,种类较多,以各种带足者最常见,圈足与平底者不占主流地位。陶盆却相较于其他地区制作粗糙。制作精细的素面旋纹盆,肩部与上腹部压印 S 形纹、戳印楔形点纹的鼓腹盆较罕见。陶豆在本地也不发达。磨光装饰的平口瓮等在本地区数量也不多。各盆地都有陶爵杯发现,是本地较突出的现象。

二、商时期上党、运城与临汾盆地的相互比较

三区域在商时期文化面貌区域差异较大,遗存年代相当于二里冈下层至殷墟时期。但由于遗存发现在时间、空间范围都不均衡,很难有完全一致的划分尺度。总体来说,早商时期遗存较多,在上党和运城盆地早商时期尚能分段,晚商时期的遗存零星断续,无法分段;在临汾盆地则自始至终只能分期不能分段。大体可以从如下几个方面对三区域进行粗疏的比较。

1. 期别对应与分布特征

在冀州西南区中的三个小地理单元中,皆有自身的分期体系。由于晚商时期遗存很少,因此将其与早商遗存一并共同讨论。依邹衡先生商时期商文化分期体系为标尺,可以对三者的期别进行对应串联如下(表 3 – 11)。

表 3 – 11　商时期冀州西南区不同地理单元分期体系对应表

早商期		冀南地区		上党盆地		运城盆地		临汾盆地		豫北地区	
段	组	期	段	期	段	期	段	期	段	期	段
七段	XIV	六期	11	六期		六期		五期		六期	12
	XIII		10								11
六段	XII	五期	9	五期		五期				五期	10
	XI		8								9
五段	X	四期	7	四期		四期		四期		四期	8
	IX		6								7
四段	VIII	三期	5	三期	5	三期	5	三期		三期	6
	VII		4								5
三段	VI	二期	3	二期	4	二期	4	二期		二期	4
	V		2		3		3				3
二段	IV			一期	2	一期	2	一期		一期	2
	III	一期	1		1		1				1

上党与运城盆地商时期遗存年代序列完整,虽无法与郑洛地区的早商时期商文化一样细密分段一一对应,但以"宜粗不宜细"的方式来看,基本的年代序列完整且无缺环。临汾盆地商时期遗存发现不多,且缺少较好的发掘资料进行讨论,还缺少相当于殷墟三期

阶段的遗存。除上党盆地外,运城与临汾盆地普遍缺乏殷墟时期的遗存,所发现的材料中,墓葬多于居址,在本书讨论中不得已有"居址不足墓葬代"的现象存在。

(1)上党盆地

从分布情况看,上党盆地目前公布的早商时期遗存总体不多,但年代序列相对完整。分布规律基本上与二里头文化时期的遗址相近,但遗址总量不如后者多。目前已知遗存多分布在太行山山前丘陵、平原及主要河流两岸。清漳河流域考古工作极少,商文化分布情况至今无法讨论。从分布的密集集聚性来看,早商时期的遗存大致可分为如下几个集群区域:

其一,浊漳河干流上游及其北源、西源、南源各支流水系的山前台地。这一区域中遗址数量多,但未发现地区性中心,遗址面积普遍不大,等级近似。目前所发现的遗址,年代普遍较晚,未见相当于二里头文化二期及以前的遗存。

其二,太行山西麓丹河东岸的山前台地,在高平、晋城域内零星发现本阶段的遗存,但由于基础工作基本没有开展,所以难以总结该区域情况。

其三,沁河流域。该地区与丹河流域情况相似,有二里头文化时期遗址的零星发现,但时代、分布和等级情况不明。

晚商时期,目前已知的遗址不多,但总体上看,浊漳河干流和北源尚有比较丰富的晚商时期遗存,但西源、南源则明显减少。

在丹河、沁河流域目前无明确的考古工作确认的遗址。但据介绍,在陵川和沁水县似乎有相当于殷墟二期阶段的遗存零星发现,甚至有铜器墓存在[1],不排除丹水下游和沁水中游西岸在殷墟二期前后仍有商人的据点。刘绪与李永迪等人更进一步确定至少在沁水中上游的安泽县白村、川口等遗址有典型的殷墟二至四期的遗存。这些现象说明,至少殷墟晚期时,当地仍为商王朝控制或有商王朝的据点。

(2)运城盆地

从分布情况看,运城盆地是冀州西南部地区商时期遗存分布最为密集的,遗存数量多,考古工作也相对充分,但在运城盆地商代遗存分布的阶段性差异十分明显。

运城盆地属于早商各期间的遗存皆有所发现,遗存非常丰富,各期间遗存年代似无缺环,分布区域与二里头文化时期较为一致,基本可以看作商人承袭了二里头文化时期的聚落分布空间。这些聚落集中在三个地理单元之中。

其一是在王屋山南麓、中条山东南与黄河北岸之间的垣曲盆地,集中在亳清河、西洋河等盆地南流支流的两岸。遗址分布多在各南流水系两岸的山前丘陵地区,河谷一级台地较少见。遗存的年代相对完整。现有遗址中,以垣曲商城等级最高。至早商三期阶段,大部分遗址明显衰落。但在黄河北岸的平陆一带可能出现了以前庄为代表的新的区域中心。

① 张希舜:《山西文物馆藏珍品·青铜器》,山西人民出版社(太原),1994年。

其二是中条山北麓的涑水河南岸山前冲积台地之上,遗址分布较密集,河谷一级阶地上遗址较罕见。这一地理单元中的遗存年代序列完整,但在早商三期五段时起,本地遗址数量骤减。目前发现的遗址中,夏县东下冯遗址等级较高。

其三,王屋山北麓,涑水河以北与汾河南岸间的地区,遗址有零星分布,越靠近两河下游,遗址分布越稀疏。在王屋山北麓的涑水河上游闻喜、绛县一带可能存在类似西吴壁一类的区域中心,但材料较少,尚无法定论。目前刊布的资料,这一地区早商时期遗存的年代多集中在二里冈上层阶段,二里冈下层遗存较零星,相当于洹北阶段的商文化第三期遗址明显减少。

晚商时期,运城盆地遗址数量极少,所见都是零星出现的据点,且以墓葬为多,罕见居址,更未发现高等级的聚落。目前能确定的仅在王屋山北麓、涑水河上游闻喜、绛县的山前台地分布有遗存,黄河北岸的垣曲盆地内零星有一些地点。所发现的遗址多在交通孔道的节点附近,军事控制色彩很浓。闻喜酒务头发现的墓葬等级比较高,未来当能发现与之相匹配的同时期聚落。

(3)临汾盆地

临汾盆地经过正式发掘的商时期遗存很少,目前未见较高等级聚落。似乎商王朝时期该地区并无密集聚落分布的现象。从分布区域看,临汾盆地商时期遗存以汾河为界大体分布在三个小区域内:

其一,霍山以南,王屋山北麓的汾河以东地区,一般在山前冲积平原,汾河河谷中罕见有此时期的遗址分布。目前已知的商时期遗址多在临汾盆地与运城、上党盆地相互之间的山间孔道附近的台地上,汾河东岸的盆地中心发现稀少。目前发现的遗存年代序列断续可延。

其二,汾河西转的南岸浍河一带。现有材料十分零星,目前发现的商文化遗存年代普遍为早商时期遗存,缺少晚商时期遗存。

其三,是临汾盆地北端与晋中盆地的交界的汾河河谷洪洞到霍州之间,遗存分布零星。

三个分布区中皆未发现高等级聚落,遗址等级十分接近。但浮山桥北墓地墓葬等级较高,不排除有与之匹配的高等级聚落。

2. 陶系与纹饰

由于冀州西南部商时期遗址普遍统计数据的缺乏,各小区域的细致对比无法开展,仅能大略述其面貌。

相当于二里冈下层文化阶段,上党盆地商时期文化面貌与太行山东麓豫北地区与冀南、豫北地区的差别并不明显。陶系及器类组合、炊器形态等方面并无较明显的差别,因此本书不再赘言。运城盆地以夹砂陶为主,陶色以灰陶占绝大多数。纹饰中素面陶在一成以内,各类绳纹占八成左右,划纹、旋纹的比例较高,戳压印纹在本阶段比例较低,附加堆纹在本阶段比例较低。与周邻地区相比较特殊之处在于,本地区本阶段有少量篮纹。

相当于二里冈上层文化阶段,遗址数量较多。长治盆地的陶系仍与冀南、豫北地区保持一致。运城盆地中,王屋山以北的汾河下游泥质陶比例在本阶段下降明显,夹砂陶有较大的增长。王屋山以南的垣曲盆地灰陶、褐陶数量略有增加,红陶数量明显减少。纹饰方面,垣曲盆地素面陶数量增加,各类绳纹、旋纹与划纹比例略有减少,附加堆纹在本阶段锐减。汾河下游则附加堆纹及旋纹、划纹比例较多。

晚商时期除长治盆地东部遗存较丰富外,其余地区遗址稀少。长治盆地东部商文化的陶系特征与豫北、冀南没有什么区别。运城与临汾盆地零星发现的晚商文化遗址或墓地中,除与豫北相同的典型商文化遗存外,另有一批火候不高,绳纹滚压散乱较浅细的夹砂陶,陶色多深褐,近红褐色。纯正的灰陶在运城、临汾盆地较少见。另外,这两个盆地还有一批红褐色的泥质磨光陶,与豫北、冀南差别较大。

3. 炊器组合

商王朝时期,本区各地皆以陶鬲为最主要的炊器,夹砂罐的比例不高,这与冀南、豫北没有太大的差别。各区域内有少量的甑、甗和斝。上党盆地的陶鬲与豫北、冀南的同时期炊器组合规律始终保持一致,但在三期以后陶鬲的实足根多内勾,有学者将这一特点作为划分早商、中商、晚商文化"小神类型"的重要原因。

陶鬲运城盆地的陶鬲形态较为复杂,除典型的商式鬲外,还有一些自二里头文化时期延续至早商的形态,但在口沿或足部,已经可以看出商式鬲的影响,形成了"中间型"的形态。双鋬鬲在这一时期仍有一定的数量,这是与豫北、冀南地区较明显的区别。同时,带有附加堆纹的大型筒腹鬲,也是本地陶鬲的特色之一。

晚商时期运城、临汾盆地出现了一批瘪裆、联裆的陶鬲,形态不固定,有筒腹和鼓腹的分别,足根也有一部分无明显的实足根。总体来看陶鬲并不定型,较为驳杂。但无论有无明显的实足根,绳纹皆滚压至足尖,是本地土著文化的特点。此类陶鬲火候不高,或许与晋中地区杏花类遗存有一定的亲缘关系,但由于现在材料较少尚无法定论。

本地区陶甗有两类,一种有箅托,一种无箅托,以前者为绝对多数。在运城盆地,还有一种饰捆绑式附加堆纹的敞口甗最有地方特色。

陶斝在本阶段有一定数量,形态与同时期晋中地区相同,源头可能来自晋中及忻定盆地,与豫北、冀南地区差别较大。

在本区域中,陶甑数量不多,但在运城盆地,多孔甑、独孔甑都是比较特殊的器型。

4. 其他器物组合与特征

相当于商时期,三地其他陶器群组合整体较为接近,但本地区蛋形瓮数量较多,流行时间甚长,且形态较为固定——以空足和实足的三足蛋形瓮最为常见。平口瓮在本地区延续、流行时间最长。在太行山东南麓地区平口瓮相继消失的时代,本地区仍然较为发达,这一现象颇值得重视。周家庄和酒务头为代表的墓葬中随葬的陶簋形制特殊,可能是本地的文化因素。整体看,本地区商代陶器器物群较为单调,器类不复杂。

第四章　夏商时期冀州西北部考古学文化的分期与特征

在本文的写作区域划分中,根据自然地理与考古学文化差异,冀州西北部可分为晋中地区、忻定盆地与南流黄河两岸三个小区域(详后)。忻州西部、朔州与大同盆地夏商时期考古材料缺乏,目前无法讨论。

相较于冀州西南部地区,本区域的空间更为封闭,各小区域皆为山峦包围,除晋中地区的汾河河谷中有相对平坦的盆地或山前台地外,其余两个小区罕见大面积的平地。在南流黄河东岸的吕梁山区,地理环境尤为险恶,由于严重的水土流失和河流下切作用,沟梁峁壑密集,今日的自然交通条件相较于夏商时期更加不便,地理单元的破碎加之基础田野工作较少,使当地的遗址分布情况也不太清楚。这些地理环境因素造成冀州西北部罕见面积较大的遗址。

第一节　晋中地区考古学文化的分期与特征

本书所称晋中地区是指以太原盆地为中心的汾河中游河谷地区,其东北为系舟山,西北端为云中山,东南侧为太岳山,西侧为吕梁山。这一地区主要河流为汾河及其支流岚河、文峪河、潇河、昌源河等。依行政区划包括今山西省晋中市的灵石、介休、平遥、祁县、太谷;吕梁市的孝义、汾阳、文水、交城以及太原市全境。

一、夏时期的遗存分期

本地区二里头文化时期考古工作开展较晚。1980 年 5 - 6 月,为给吉林大学考古专业选择实习地点,王克林带领刘绪、许伟对晋中地区和忻定盆地进行了调查(因雨,实际调查自 5 月 31 日始),对晋中地区的娄烦、榆次、太谷进行了调查,初步选定太谷白燕遗址作为吉大实习队的主要工作地点,在娄烦调查的多个遗址后来也得到了试掘。随后吉林大学与国家文物局合作对太谷白燕遗址的发掘开始,开启了对这一地区夏商时期考古学的主动研究。三十余年来,在这一地区已公布了十余处遗址的材料(图 4 - 1)。

(一) 地层关系

晋中地区二里头文化时期遗存较丰富的有太谷白燕、灵石逍遥、汾阳杏花村、娄烦河

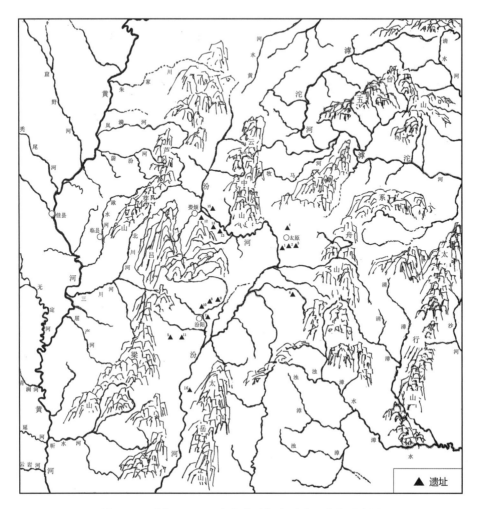

图 4-1　晋中地区二里头文化时期主要遗址分布示意图

1. 许坦　2. 东太堡　3. 狄村　4. 光社　5. 二十九亩地　6. 白燕　7. 宏寺　8. 峪道河　9. 杏花村
10. 北垣底　11. 薛家会　12. 河家庄　13. 罗家曲　14. 史家曲　15. 庙湾　16. 逍遥

家庄、太原东太堡等地点。但这些遗址中,经刊布的地层关系却不多。

杏花村遗址提供有如下两组地层关系:

(1)　ⅡT52②→H220→H245→H262

(2)　ⅢT71②→H318→H313→H21、H314(上)

(3)　H112→H130(上)

在第(1)组地层关系中 H220 为二里头文化时期遗存,H245、H262 为龙山与庙底沟时期遗存;在第(2)组地层关系中 T71②与 H318 为二里头文化时期遗存,H313 为龙山时期遗存;第(3)组地层关系中两单位皆为二里头文化时期遗存。

河家庄遗址公布有效地层关系一组:

T2②→H6→H7→H8

其中涉及的单位皆为二里头文化时期。

白燕第一地点有一组地层关系可兹利用：

T15②→H16、H37、H41→③→④→H23、H93→⑤→H19→⑥→⑦

在这组地层关系中第⑤层、H19等单位为二里头文化时期遗存,第⑥层以下为龙山至庙底沟时期遗存;第③、④层及H23、H93遗存为早商时期遗存。

（二）陶器形制分析

晋中地区各遗址虽然缺乏较好的地层关系,但二里头文化时期遗物却较为丰富,器类亦较多样,总体看,三足器、平底器皆有一定的比例。其中鬲、鼎、盆、豆、罐等几类器物中大部分器型形制演变轨迹较为清晰,且数量较多,是分期断代的重要依据。

鬲: 根据整体形态差异可分六型。

A型:高领鼓腹,袋足肥硕,颈、腹相接处转折明显。根据领、腹形态差异可分为三式。

Ⅰ式:直高领,口部微侈,颈部直接袋足,袋足鼓出。标本河家庄T1:1(图4-2:1)。

Ⅱ式:高领微侈,颈部与袋足相接处折转明显,袋足上部肥鼓。标本北垣底H2:7、白燕H98:176(图4-2:2、3)

Ⅲ式:侈领较高,袋足肥鼓不明显。标本杏花村采集04(图4-2:4)。

B型:侈领斜腹,颈、腹相接处有一明显的折转,袋足外鼓不明显。根据领腹变化可分三式。

Ⅰ式:高领较直,侈口,沿面前端微折,颈腹相接处折转明显,袋足微鼓,实足根不高,足根表面有捆扎槽。标本狄村出土者、薛家会H1:4(图4-2:5、6)。

Ⅱ式:高领较直,上端微斜侈,瘦腹深直,锥足不高。标本北垣底M1:2、杏花村H313:1(图4-2:7、8)。

Ⅲ式:领部更矮,斜侈微卷,腹微鼓,实足根甚高。标本白燕T127③D:2(图4-2:9)。

C型:高领深袋足鬲,袋足斜鼓,但总体形态较瘦长,颈腹相接处折转平缓流畅。根据领部与袋足差异可分为三式。

Ⅰ式:高直领,绳纹滚压近口部。标本河家庄H8:6(图4-2:10)。

Ⅱ式:高领较直,领口微侈,袋足较瘦。标本东太堡59B276、光社出土者(图4-2:11、12)。

Ⅲ式:侈领,袋足细瘦且深。标本孝义二十九亩地采集者(图4-2:13)。

D型:侈领袋足。根据颈腹与实足根变化可分为两式。

Ⅰ式:侈领较高,斜腹微鼓,裆部较高微瘪,实足根较高。标本河家庄H8:2(图4-2:14)。

Ⅱ式:矮直领,袋足下垂较鼓,实足根不高。标本许坦出土59B297(图4-2:15)。

Ⅲ式:矮领卷沿,直腹微垂,裆较矮,实足根较高。标本白燕H948:1(图4-2:16)。

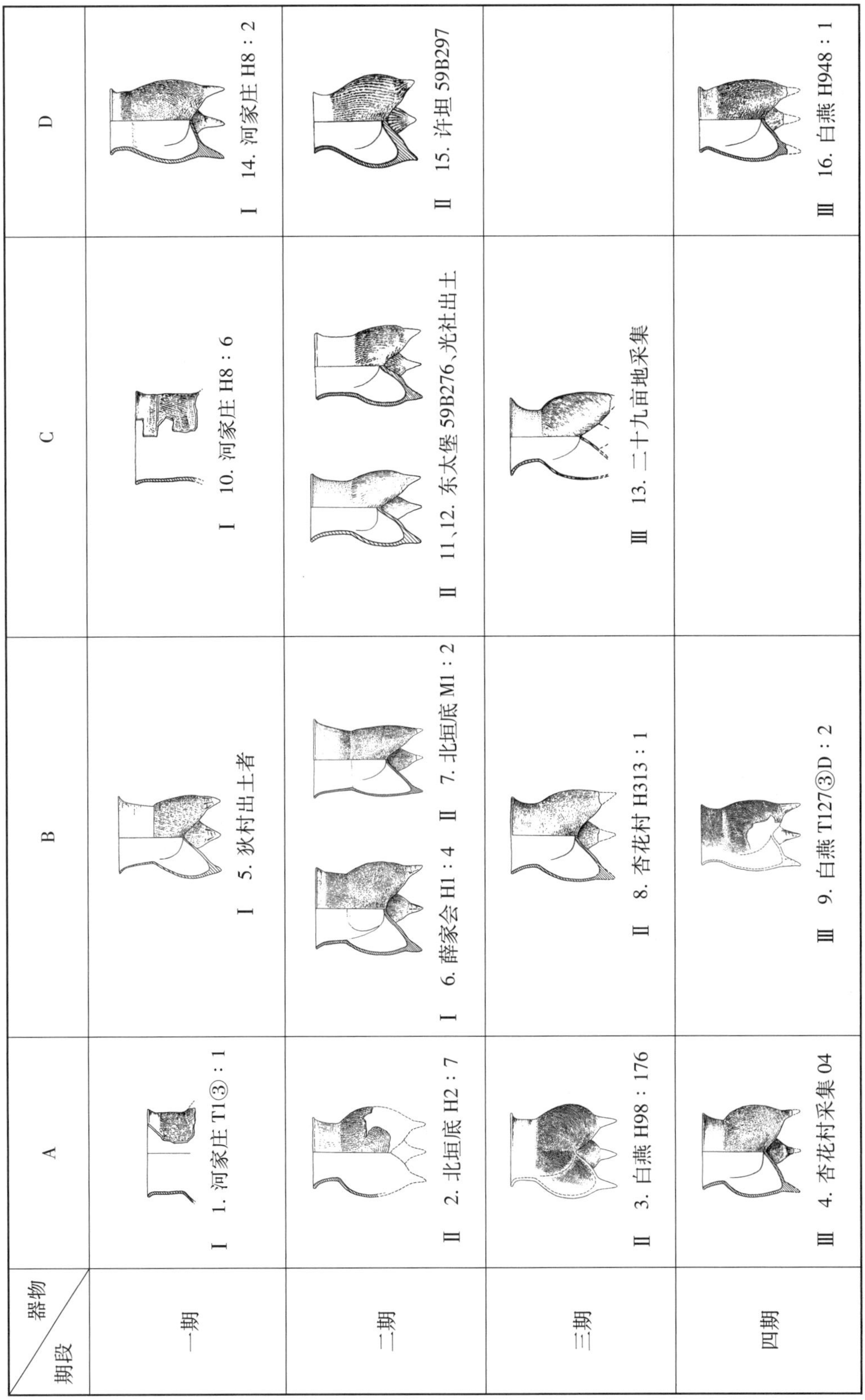

图4-2 晋中地区二里头文化时期陶鬲分期图（一）

器物期段	A	B	C	D
一期	I 1.河家庄 T1③：1	I 5.狄村出土者	I 10.河家庄 H8：6	I 14.河家庄 H8：2
二期	II 2.北垣底 H2：7	I 6.薛家会 H1：4　II 7.北垣底 M1：2	II 11、12.东太堡 59B276、光社出土	II 15.许坦 59B297
三期	II 3.白燕 H98：176	II 8.杏花村 H313：1	III 13.二十九亩地采集	
四期	III 4.杏花村采集 04	III 9.白燕 T127③D：2		III 16.白燕 H948：1

E 型：双鋬高领鬲。根据领部与双鋬位置可分为两式。

Ⅰ式：高领较直,上部微侈,双鋬位于领部。标本北垣底 H2：8(图 4-3：1)。

Ⅱ式：领部变矮微卷,双鋬位于肩部。标本庙湾 LM011(图 4-3：2)。

F 型：单把鬲,有一定数量,根据领腹与实足根形态差异可分为三式。

Ⅰ式：直口或微侈,矮领,袋足较深,整体形态不大,鋬耳较宽,实足根不明显。标本狄村出土者、许坦 59B2241(图 4-3：3、4)。

Ⅱ式：侈口直领,袋足较肥,整体形态略矮。标本光社 59B279(图 4-3：5)。

Ⅲ式：侈口高领,袋足下部较肥,整体形态较高,鋬耳变窄,实足根瘦高。标本东太堡 80S3194(图 4-3：6)。

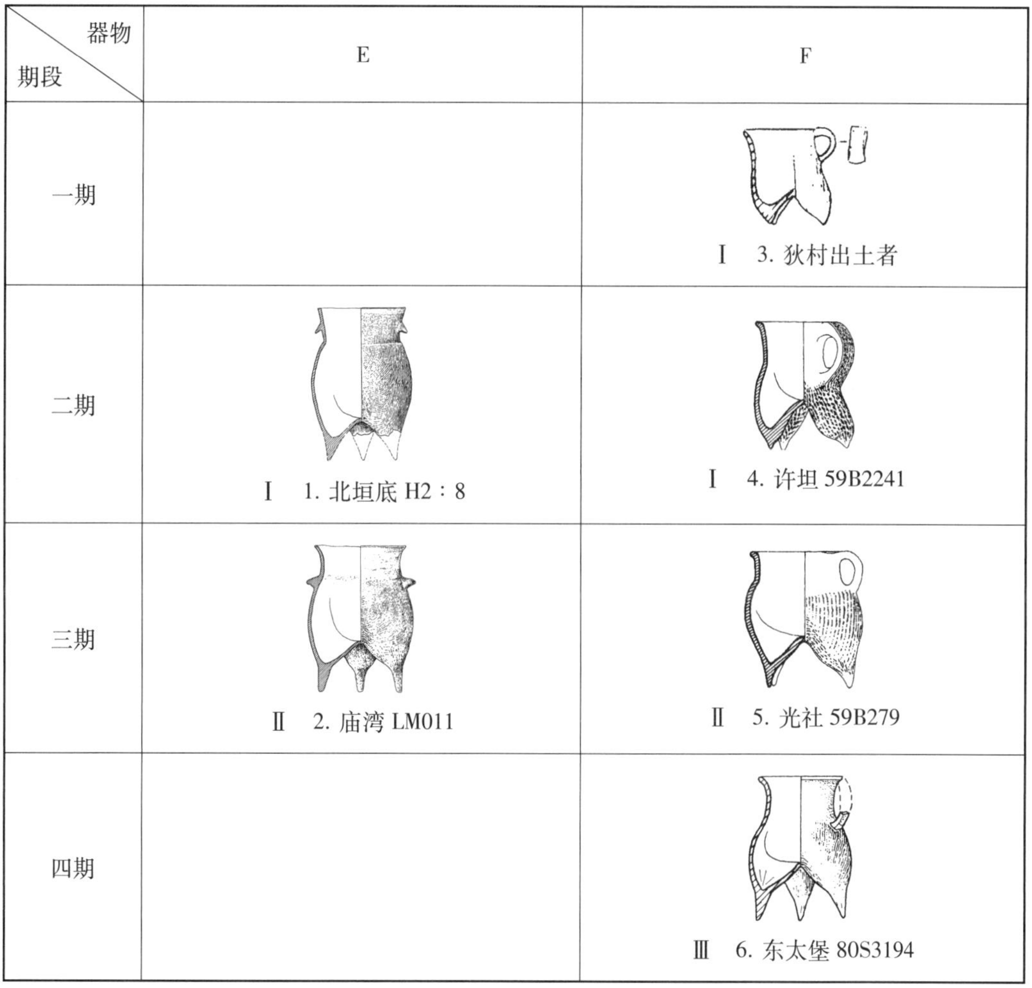

期段 ＼ 器物	E	F
一期		Ⅰ　3.狄村出土者
二期	Ⅰ　1.北垣底 H2：8	Ⅰ　4.许坦 59B2241
三期	Ⅱ　2.庙湾 LM011	Ⅱ　5.光社 59B279
四期		Ⅲ　6.东太堡 80S3194

图 4-3　晋中地区二里头文化时期陶鬲分期图(二)

甑：有一定数量,但尚无复原器,从现有材料看,形态接近,甑孔皆为分布不甚规律的小圆孔。标本宏寺采集 FH：32、河家庄 H8：9(图 4-4：1、2)。

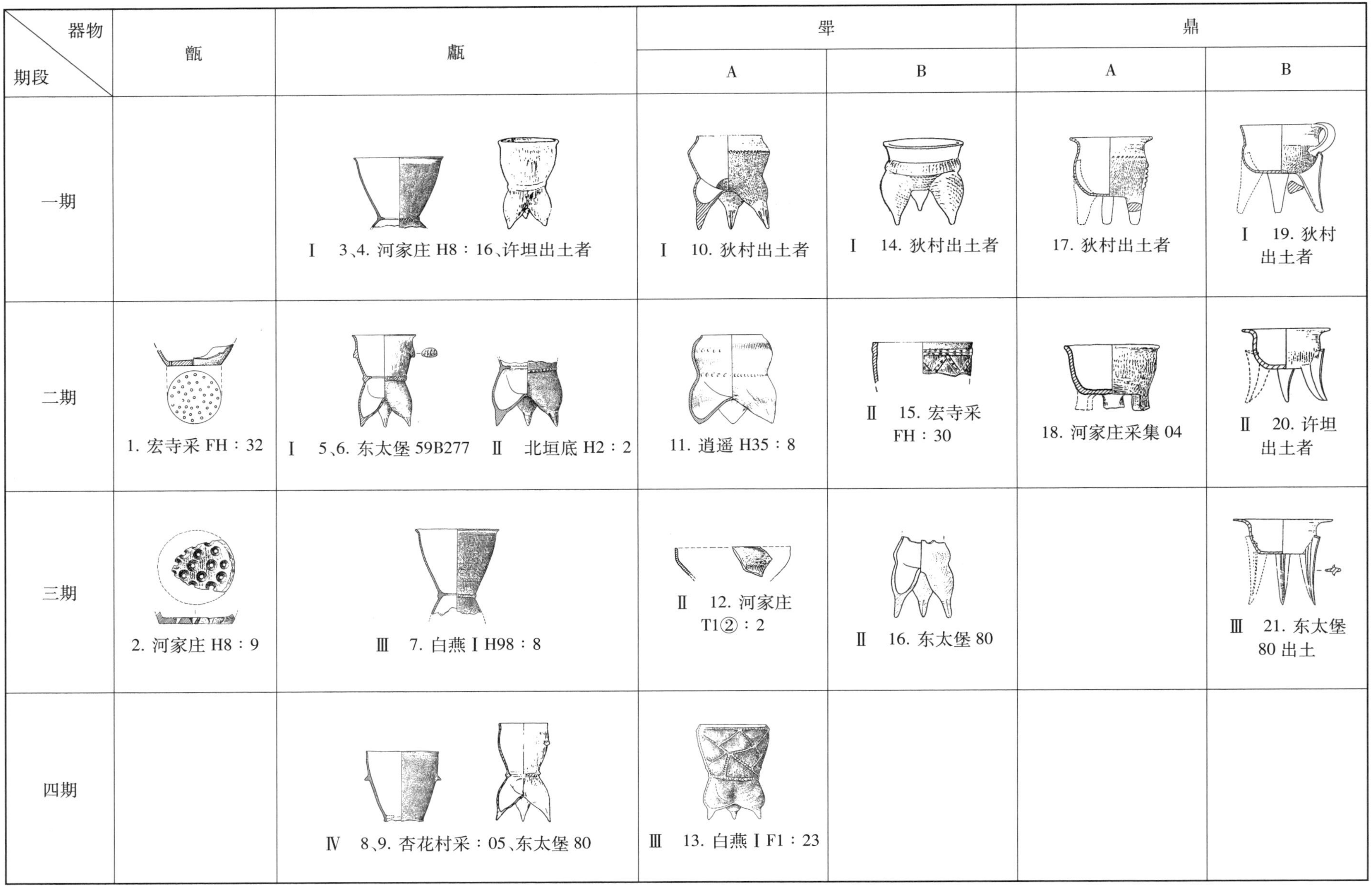

器物\期段	甑	瓶	罐 A	罐 B	甗 A	甗 B	鼎 A	鼎 B
一期	1. 宏寺采 FH：32	3、4. 河家庄 H8：16,许坦出土者 I	10. 狄村出土者 I	14. 狄村出土者 I	17. 狄村出土者			19. 狄村出土者 I
二期	2. 河家庄 H8：9	5、6. 东太堡 59B277 I　II 北垣底 H2：2	11. 逍遥 H35：8　II 12. 河家庄 T1②：2	15. 宏寺采 FH：30 II	18. 河家庄采集 04			20. 许坦出土者 II
三期		7. 白燕 I H98：8 III	13. 白燕 I F1：23 III	16. 东太堡 80 II				21. 东太堡 80 出土 III
四期		8、9. 杏花村采：05,东太堡 80 IV						

图 4－4　晋中地区二里头文化时期陶甑、瓶、罐、甗、鼎分期图

鬲：皆有箅托,盆甑腹部多有双鋬,腰部多见附加堆纹。根据腹足形态差异可分为四式。

Ⅰ式：盆甑口部较直,斜侈,盆甑与下部陶鬲比例相近,整体较肥,实足根低矮。标本河家庄 H8：16、许坦出土者(图 4 - 4：3、4)。

Ⅱ式：侈口,上部盆甑变深,整体仍较肥,但实足根变高。标本东太堡 59B277、北垣底 H2：2(图 4 - 4：5、6)。

Ⅲ式：上部盆甑深瘦,实足根更高。标本白燕ⅠH98：8(图 4 - 4：7)。

Ⅳ式：整体形态更细瘦,实足根瘦高且外撇。标本杏花村采：05、东太堡 80 出土者(图 4 - 4：8、9)。

斝：有一定数量,根据整体形态差异可分为两型。

A 型：敛口斝。根据口腹形态差异可分为三式。

Ⅰ式：敛口、折肩,上部较肥矮,实足根较高。器表上部或有五花大绑式附加堆纹装饰。标本狄村出土者、逍遥 H35：8(图 4 - 4：10、11)。

Ⅱ式：敛口近直,上腹仍较肥硕。标本河家庄 T1②：2(图 4 - 4：12)。

Ⅲ式：整体形态变肥,实足根变矮,上部变深,折肩位置靠上,五花大绑式装饰仍十分常见。标本白燕ⅠF1：23(图 4 - 4：13)。

B 型：直口斝,数量较少。根据整体形态差异可分为两式。

Ⅰ式：直口微侈,腹部略折,实足根不甚明显。标本狄村出土者(图 4 - 4：14)。

Ⅱ式：直口深腹,器表多有附加堆纹装饰。标本宏寺采集 FH：30、东太堡 80 年出土者(图 4 - 4：15、16)。

鼎：数量较多,根据整体形态差异可分为两型。

A 型：罐形鼎,数量不多。标本狄村出土鼎、河家庄采集 04(图 4 - 4：17、18)。

B 型：盆形鼎。数量较多,根据盆腹与足部差异可分为三式。

Ⅰ式：盆腹较浅,有的有单鋬装饰,器表多饰以绳纹。实足形态以侧装三角扁足最为常见。标本狄村出土者(图 4 - 4：19)。

Ⅱ式：盆腹较深,下部多有绳纹装饰,实足侧装,形态较多,有 T 字形或三角扁足等形态。标本许坦出土者(图 4 - 4：20)。

Ⅲ式：盆腹更浅,器表皆为素面,足根细长,形态变化较多,有 T 字形、扁三角状或十字形等多种形态。标本东太堡 80 年出土者(图 4 - 4：21)。

盆：数量甚多,根据盆腹差异可分为六型。

A 型：深腹盆。根据盆腹及沿部差异可分为三式。

Ⅰ式：卷沿,深腹较瘦。标本北垣底 H2：4、H2：6(图 4 - 5：1、2)。

Ⅱ式：卷沿,深腹较肥。标本杏花村 H313：5、罗家曲 LLH1：6(图 4 - 5：3、4)。

器物 期段	A	B	C	D	E	F
一期					12. 狄村出土者	14. 许坦出土者
二期	I 1,2. 北垣底 H2：4,H2：6 II 3,4. 杏花村 H313：5、罗家曲 LLH1：6	I 6. 东太堡 59B777		I 10. 许坦出土者		I 15. 逍遥 H35：5 II 16. 薛家会 H1：1
三期	III 5. 白燕 H1119：1	II 7. 白燕 H392：39	I 8. 河家庄 H5：6 II 9. 杏花村 采集 042	11. 东太堡 59B1032	13. 东太堡 80 出土者	III 17. 东太堡 80 出土者

图 4-5 晋中地区二里头文化时期陶盆分期图

Ⅲ式：卷沿微折，微束颈，腹部斜收变缓。标本白燕 H1119：1(图 4-5：5)。

B 型：曲腹盆，束颈、耸肩。根据腹颈形态差异可分为两式。

Ⅰ式：卷沿，沿面较宽，束颈，整体形态较小，盆腹下部斜直，器表下部多饰以绳纹。标本东太堡 59B777(图 4-5：6)。

Ⅱ式：腹较深直，肩部鼓出。标本白燕 H392：39(图 4-5：7)。

C 型：鼓腹盆。根据形体变化可分两式。

Ⅰ式：腹部折曲较缓，束颈不明显，整体形态变大。标本河家庄 H5：6(图 4-5：8)。

Ⅱ式：深腹较鼓。标本杏花村采集 042(图 4-5：9)。

D 型：斜腹小盆。数量不多。盆腹较深直，器表下部多饰以绳纹。标本许坦出土者、东太堡 59B1032(图 4-5：10、11)。

E 型：敞口浅腹平底盆。敞口卷沿或无沿，整体形态变大，盆腹较浅，器表多为素面，但有的也滚压绳纹。标本狄村出土者、东太堡 80 年出土者(图 4-5：12、13)。

F 型：双錾盆。整体形态较小，皆在上腹加装双錾。根据整体形态差异可分三式。

Ⅰ式：微敛口，腹较深直，上腹微鼓。肩部多有戳印或锥刺纹。标本许坦出土者、逍遥 H35：5(图 4-5：14、15)。

Ⅱ式：束颈，微折肩，腹变斜直。标本薛家会 H1：1(图 4-5：16)。

Ⅲ式：腹部更深。标本东太堡 80 年出土者(图 4-5：17)。

罐：根据整体形态差异可分为六型。

A 型：高领折肩罐。根据整体形态差异可分两式。

Ⅰ式：高领折肩。整体形态修长。标本狄村出土者、宏寺采集 FH：33(图 4-6：1、2)。

Ⅱ式：领部变矮，折肩位置靠上。标本东太堡 80 年出土者(图 4-6：3)。

B 型：单耳罐。有一定数量，根据整体形态差异可分为三式。

Ⅰ式：錾耳较平，整体形态较瘦高。标本狄村出土者(图 4-6：4)。

Ⅱ式：侈口卷沿，錾耳上翘，整体形态较肥矮，形体较小。标本许坦出土者、东太堡 59B278(图 4-6：5、6)。

Ⅲ式：敛口，錾耳上翘，整体形态变肥矮。标本东太堡 80S.6195(图 4-6：7)。

C 型：双錾罐。数量不多。标本逍遥 G1：1(图 4-6：8)。

D 型：双耳罐。数量极少。标本河家庄 H2：1(图 4-6：9)。

E 型：圆腹罐。数量最多，根据整体形态变化可分为三式。

Ⅰ式：侈口卷沿，整体形态矮胖，最大径在上腹。标本逍遥 M2：1、东太堡 59B280(图 4-6：10、11)。

Ⅱ式：鼓腹变深，最大径位置略靠下，整体形态变大。标本史家曲采集者(图 4-6：12)。

Ⅲ式：直领变矮，腹部最大径靠近肩部。标本杏花村 T30③：1、杏花村 T71②：1(图 4-6：13、14)。

F 型：折腹罐。数量不多。标本狄村出土者、许坦出土者(图 4-7：1、2)。

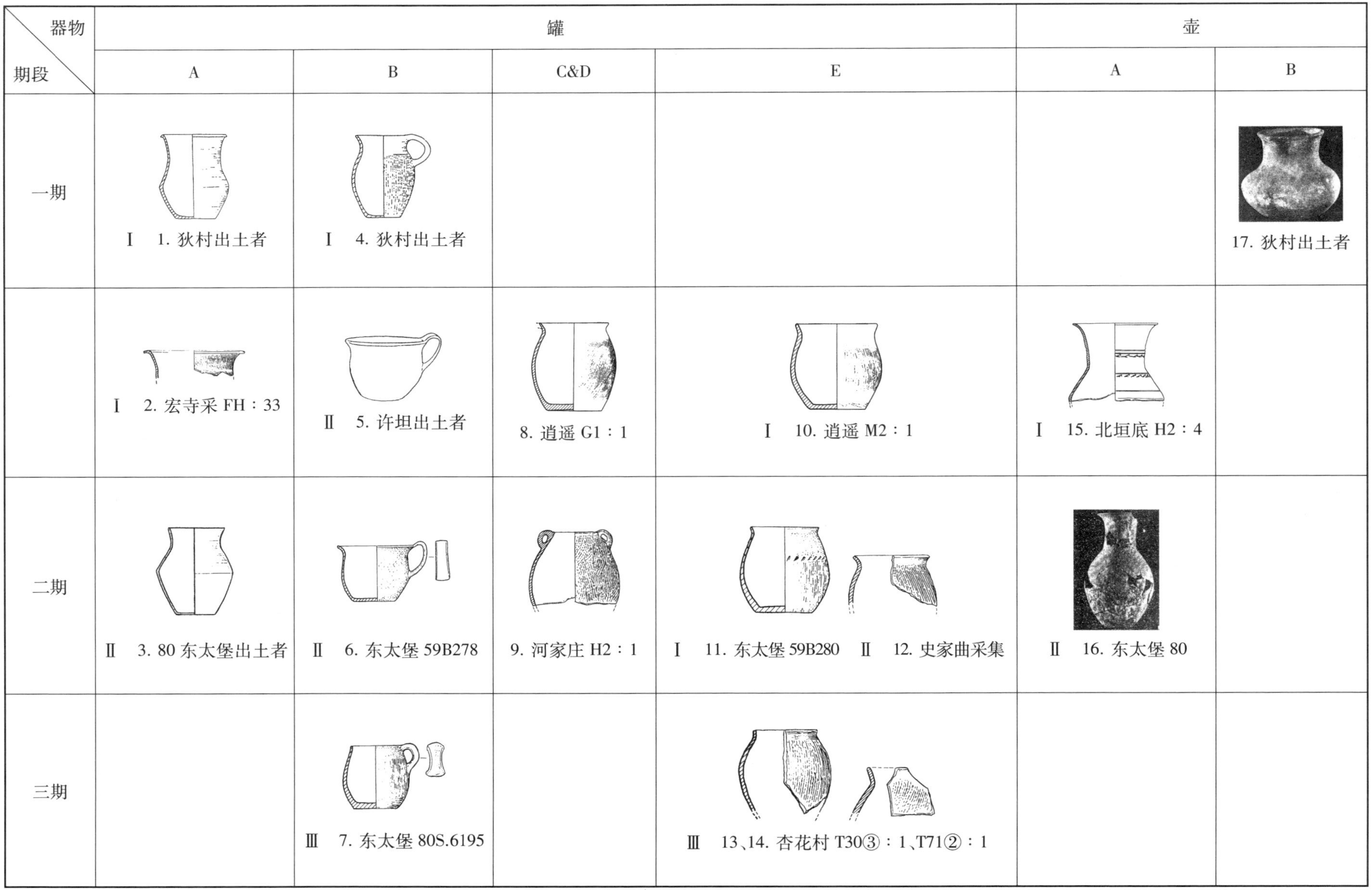

晋中地区二里头文化时期陶罐、壶分期图

图 4－6

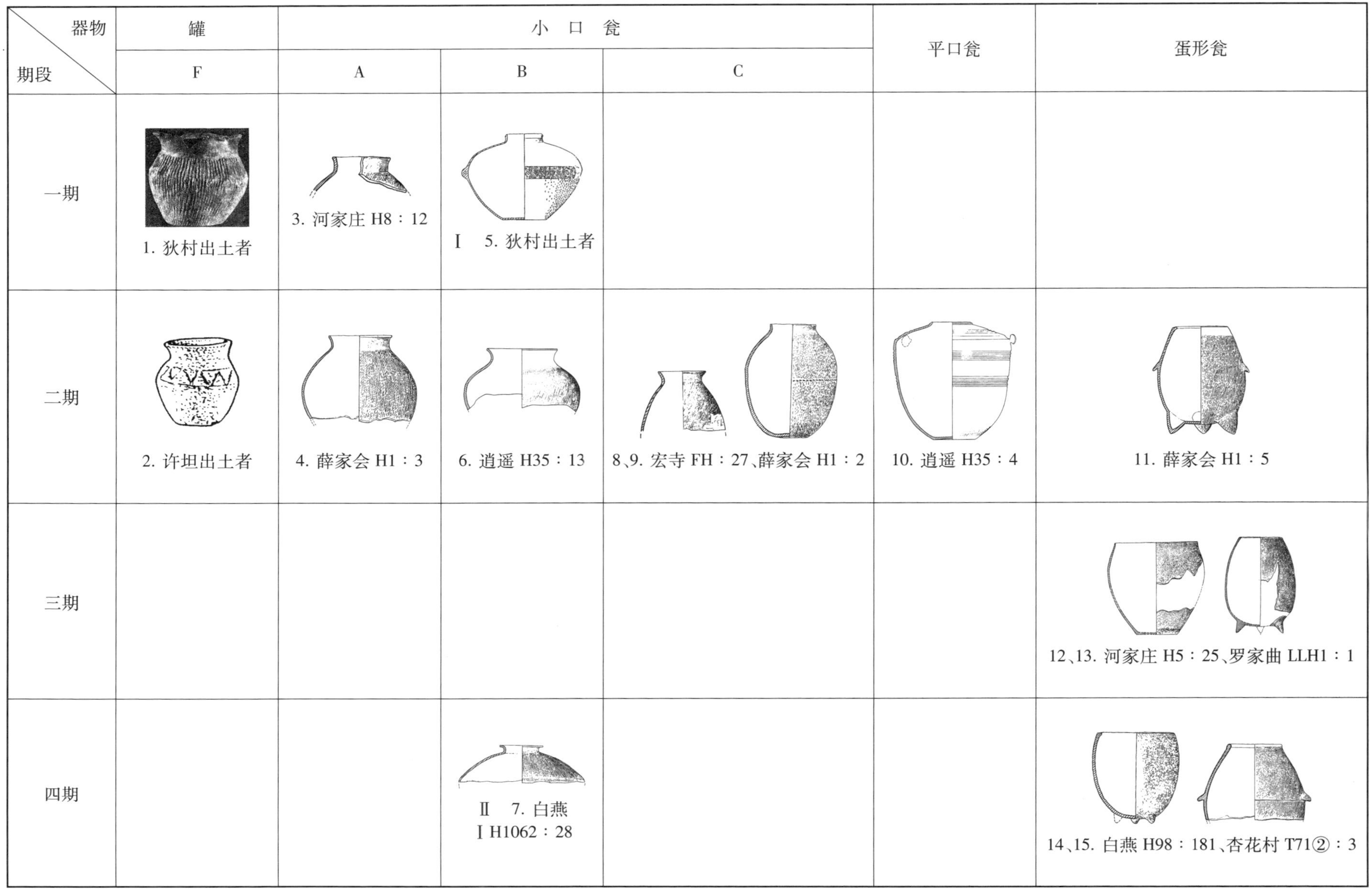

器物\期段	罐 F	小口瓮 A	小口瓮 B	小口瓮 C	平口瓮	蛋形瓮
一期	1. 狄村出土者	3. 河家庄 H8：12	I 5. 狄村出土者			
二期	2. 许坦出土者	4. 薛家会 H1：3	6. 逍遥 H35：13	8、9. 宏寺 FH：27、薛家会 H1：2	10. 逍遥 H35：4	11. 薛家会 H1：5
三期						12、13. 河家庄 H5：25、罗家曲 LLH1：1
四期			II I H1062：28 7. 白燕			14、15. 白燕 H98：181、杏花村 T71②：3

图 4-7 晋中地区二里头文化时期陶罐、瓮分期图

壶：数量不多,根据腹部形态差异可分为两型。

A 型：长颈圆腹壶。根据颈部形态差异可分为两式。

Ⅰ式：高领折肩。标本北垣底 H2：4(图 4 - 6：15)。

Ⅱ式：高领圆腹。标本东太堡 80 出土者(图 4 - 6：16)。

B 型：长颈垂腹壶。数量较少。标本狄村出土者(图 4 - 6：17)。

小口瓮：根据整体形态差异可分为三型。

A 型：小口鼓腹瓮,数量不多。标本河家庄 H8：12、薛家会 H1：3(图 4 - 7：3、4)。

B 型：小口广肩瓮。数量较多。根据领肩形态差异可分为两式。

Ⅰ式：直领微卷,广肩微折。标本狄村出土者、逍遥 H35：13(图 4 - 7：5、6)。

Ⅱ式：直领,上部斜侈,宽溜肩近折。标本白燕Ⅰ H1062：28(图 4 - 7：7)。

C 型：小口直腹瓮。数量不多。标本宏寺 FH：27、薛家会 H1：2(图 4 - 7：8、9)。

平口瓮：数量不多。标本逍遥 H35：4(图 4 - 7：10)。

蛋形瓮：数量甚多,以三足者最为多见,有圈足蛋形瓮,平底者较少。有的在上腹部加装鋬耳。目前难以分式。整体形态较矮肥,三足中空较肥者,标本如薛家会 H1：4(图 4 - 7：11)。三足为实足根者,标本如罗家曲 LLH1：1、白燕 H98：181、杏花村 T71②：3(图 4 - 7：13、14、15)。平底者,标本如河家庄 H5：25(图 4 - 7：12)。

细柄豆：数量较多,根据豆盘形态差异可分为两型。

A 型：豆盘呈碗形。根据盘腹形态差异可分为两式。

Ⅰ式：折沿浅盘,柄部甚高。标本狄村出土者(图 4 - 8：1)。

Ⅱ式：卷沿深盘,盘腹斜侈。标本罗家曲 LLH1：17、白燕Ⅰ H1062：55(图 4 - 8：2、3)。

B 型：豆盘成盘形,内多有折棱。数量较多。根据盘腹形态差异可分为三式。

Ⅰ式：盘腹内折棱位置较靠上,豆柄较高。标本狄村出土者(图 4 - 8：4)。

Ⅱ式：盘腹内折棱位置近腹中,豆柄上或刮削成递减的竹节状。标本东太堡 80 年出土者(图 4 - 8：5)。

Ⅲ式：盘腹折棱位置甚靠盘底,豆柄变矮。标本白燕Ⅰ F1：6(图 4 - 8：6)。

粗柄豆：盘腹呈盆形,数量较多。整体形态近簋。根据整体形态差异可分为两式。

Ⅰ式：深腹较直,沿面较宽,标本许坦出土者(图 4 - 8：7)。

Ⅱ式：腹更深但较缓,沿面变窄。标本河家庄 H6：1、庙湾 LM02(图 4 - 8：8、9)。

爵：管状流,有一定数量,制作较精细,根据流管等差异可分为两式。

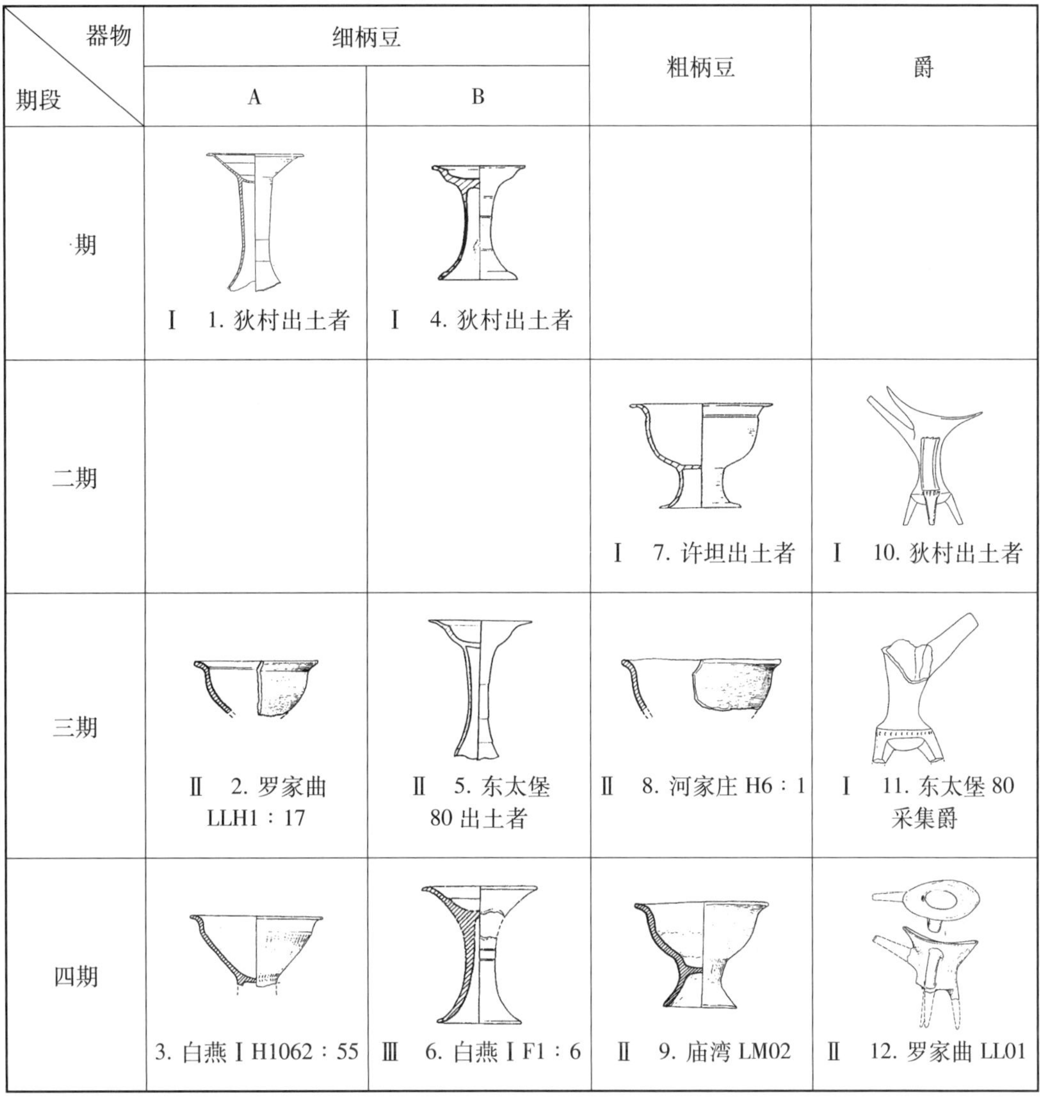

器物\期段	细柄豆		粗柄豆	爵
	A	B		
一期	I　1. 狄村出土者	I　4. 狄村出土者		
二期			I　7. 许坦出土者	I　10. 狄村出土者
三期	II　2. 罗家曲 LLH1：17	II　5. 东太堡 80 出土者	II　8. 河家庄 H6：1	I　11. 东太堡 80 采集爵
四期	3. 白燕 I H1062：55	III　6. 白燕 I F1：6	II　9. 庙湾 LM02	II　12. 罗家曲 LL01

图 4-8　晋中地区二里头文化时期陶豆、爵分期图

I 式：形体较瘦长，管流与流长度相当，尾较长，三足较矮。标本狄村出土者、东太堡 80 年出土者（图 4-8：10、11）。

II 式：流尾变短，爵腹变浅，整体器形变粗矮，但三足变高。标本罗家曲采集者 LL01（图 4-8：12）。

（三）分期与年代推定

许坦遗址二里头文化时期遗存可能皆为墓葬，未经科学发掘，清理材料亦未经系统公布。据介绍，该批器物大约出于十五、六座墓葬之中，但目前所有刊布材料已经无法复原组合关系，对这些器物的年代判断，只能依据于周邻已知的器物演变规律，无法细致讨论。

从器物形态观察,这批材料年代大致相近。对于其年代的认定,学者间存在一定的分歧。邹衡先生称其为河北龙山文化许坦型,年代下限不晚于夏代早期①。宋建忠认为许坦墓葬年代大体相当于二里头文化一期②。阎向东则认为年代大体相当于二里头文化二期前后③。赵菊梅判断较晚,其认为"年代不可能早于夏代中期",与白燕四期年代大体相似④。赵菊梅所指的白燕四期即许伟等人晋中年代分期体系中,相当于二里头文化三、四期前后的白燕四期一、二段⑤。但是,由于白燕遗址的材料至今未系统刊布,无法验证赵菊梅之说。对许坦墓地的年代,学术界大多数学者认为其是太原盆地年代相对较早的遗存,本书亦持此种意见。

东太堡遗址二里头文化时期遗存也应属墓葬,共有两批,均非科学发掘所获。两批遗存年代有所差异。对于东太堡遗址材料,学者间的意见也存在分歧。邹衡先生认为东太堡 53 年材料可分为三个时期,早者与许坦年代相当,大致相当于龙山时期;第二段年代大体相当于夏文化晚期至早商时期,年代最晚者大体相当于早商文化第四段第Ⅷ组,亦即殷墟一期文化时期。宋建忠、阎向东认为东太堡 53 年材料约相当于二里头文化二期,80 年材料相当于二里头文化三期;赵菊梅认为约相当于夏代中期。本文认为,1953 年所获材料年代略晚于许坦墓葬,80 年材料从形态观察年代整体上较 1953 年资料为晚。

狄村遗址二里头文化时期遗存为一座墓葬,为耕作发现后清理。该墓葬年代学术界亦存在分歧。阎向东认为东太堡 53 年材料略晚于狄村,宋建忠则认为二者年代相当。从高领鬲领部特征观察,东太堡遗址 53 年高领鬲领部甚高,上端微侈,而狄村遗址高领鬲领部微侈;狄村遗址单耳罐瘦高,而东太堡遗址同类器则与许坦遗址相同,较低矮;狄村遗址浅腹盆较浅,大敞口,而东太堡遗址同类器与许坦遗址相当。因此,本文认为,狄村墓葬当略早于东太堡遗址 53 年墓葬。

光社遗址发现于 1950 年代,但对于其年代认定差别很大。邹衡先生认为光社遗址遗存年代较复杂,可分为前后三组,第一组约相当于夏文化晚期至早商时期;第二组约相当于殷墟文化一期前后;第三组相当于殷墟文化晚期。阎向东认为光社遗存年代接近,大体相当于二里头文化三期或略晚。宋建忠认为光社遗存晚于东太堡 80 墓葬与白燕第四期遗存,年代可能在二里头文化四期或早商时期。韩嘉谷认为光社遗存与柳林高红 H1 为

① 邹衡:《关于夏商时期北方地区诸邻境文化的初步探讨》,《夏商周考古学论文集》,文物出版社(北京),1980 年。

② 宋建忠:《晋中地区夏时期考古遗存研究》,《山西省考古学会论文集》(二),山西人民出版社(太原),1994年。下引宋建忠观点如无特别注明,皆出于此文,不另注。

③ 阎向东:《论忻定及太原盆地夏时期考古学文化》,北京大学硕士学位论文,1998 年,未发表。下引阎向东观点如无特别注明,皆出于此文,不另注。

④ 赵菊梅:《晋陕高原夏商时期考古学文化格局》,吉林大学硕士学位论文,2004 年,未发表。下引赵菊梅观点如无特别注明,皆出于此文,不另注。

⑤ 许伟:《晋中地区西周以前古遗存的编年与谱系》,《文物》1989 年第 4 期。下引许伟观点如无特别注明,皆出于此文,不另注。

代表的遗存是同一文化的不同发展阶段①。蒋刚虽回避了光社遗址年代判断,但明确提出光社遗址出土的卷沿深弧腹鬲与晋中夏代鬲区别明显,而与柳林高红 H1∶1 相似,因此他认为将光社遗存的年代上提至夏代"是有问题的"②。笔者认为,对于光社遗址的分析中,阎向东以忻州尹村及张家口地区三关、前堡遗址所获材料对光社遗存进行的对比分析,时至当时是相对可靠的,但假若我们将阎向东撰写硕士学位论文期间尚未公布的张营遗址资料一并纳入观察,则能发现,光社遗址与张家口、燕山南麓和忻定盆地的遗存有可比性,但光社遗存并非年代集中的一组遗存,内涵并不单纯。我大致赞同阎向东之说,但认为光社遗存中存在有二里头文化时期的遗存,部分晚于东太堡 80 年墓葬的遗存,也有略晚于狄村墓葬的遗存,还有部分遗存年代已经进入早商阶段(详后),但大部分遗存当属本地二里头文化时期最晚阶段(图 4-9)。

器类 遗址	鬲、甗足	方　足
光社遗址	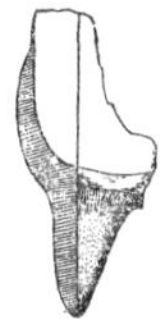 1. 光社出土者	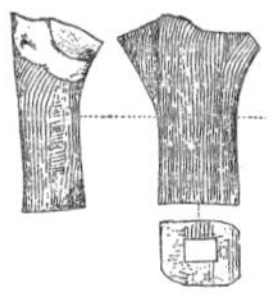 6. 光社出土者
晋西晋南与 冀西北	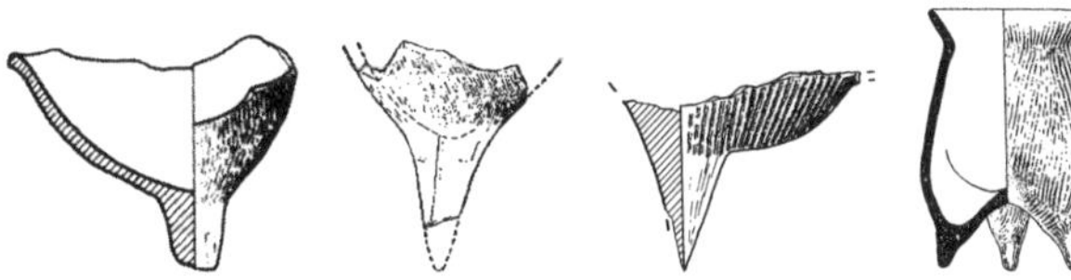 2、3、4、5. 土落 XYTL1007∶1、小神 H91∶132、 二神 QXES1104∶2、前堡 TC1②∶6	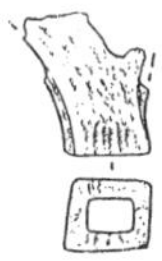 7. 尹村 YCT122③∶26

图 4-9　光社遗址二里头文化时期遗存与晋南、冀西北、忻定盆地地区相关遗存对比图

　　孝义二十九亩地遗址二里头文化时期遗存,宋建忠认为年代大体相当于二里头文化二期。蒋刚认为其年代为夏代晚期。张光辉认为该遗址年代较早,是太原盆地二里头文化时期最早的遗存,相当于二里头文化一期偏晚③。从其出土物形态观察,本文认为其年代晚于狄村遗址而与东太堡 80 年墓葬年代相当。

―――――――――――

　　① 韩嘉谷:《花边鬲寻踪——谈我国北方长城文化带的形成》,《内蒙古东部区考古学文化研究文集》,海洋出版社(北京),1991 年。
　　② 蒋刚:《文化演进与互动:太行山两翼夏商西周时期青铜文化研究》,科学出版社(北京),2017 年。
　　③ 张光辉:《晋中二里头时期文化遗存的分期与谱系》,中央民族大学硕士学位论文,2009 年,未出版。下引张光辉观点如无特别注明,皆出于此文,不另注。

　　太谷白燕遗址二里头文化时期遗存仅见于第一地点,遗存较为丰富。对于其年代学术界分歧不大,基本上认可其相当于二里头文化中晚期。许伟认为白燕二里头文化时期遗存可分为前后两段,分别相当于二里头文化三、四期,下限可能已进入早商时期,这一观点为赵菊梅、蒋刚等学者沿用。宋建忠认为白燕二里头文化时期遗存约相当于二里头文化三期,阎向东赞同这种说法。张光辉将白燕二里头文化时期遗存分为前后两段,第一段相当于二里头文化三期晚段,第二段则相当于二里头文化四期。本书以为白燕遗址二里头文化时期遗存分为前后两段,第一段以 H98 为代表,第二段可以 T127③D 层、F1、H392、H1062、H1119 等单位为代表。第一段略晚于许坦遗存,第二段与东太堡 80 年遗存的主体部分接近。

　　汾阳宏寺遗址未经正式发掘,从调查所获材料可大致确定其年代。阎向东认为宏寺二里头文化时期遗存年代相当于二里头文化二期。蒋刚认为宏寺遗址二里头文化时期遗存年代在夏代早期,按其分期体系大致相当于二里头文化一期左右。从其调查所获陶鬲来看,领部较高直,形态与北垣底 M1、许坦所出同类器物形态接近,年代亦相当。

　　汾阳峪道河遗址未正式发掘,经晋中考古队与山西省考古所前后两次调查。晋中考古队调查者认为峪道河遗址二里头文化时期遗存以 82 年调查 H1、W2 为代表,其年代甚早,可作为晋中地区二里头文化时期年代最早的遗存,这一意见为大多数学者所赞同。但从 H1 出土器物的形态与器表装饰来看,峪道河 H1 应该是龙山晚期向二里头文化时期转变阶段的遗存,将其确切年代断为夏时期证据不足。我将在第五章中再行讨论。山西省考古所 1981 年调查材料以 W3 为代表,从其陶甗形态观察,年代约与狄村墓葬相当。

　　汾阳杏花村遗址二里头文化时期遗存较为丰富,原报告将其分为前后三段。第一段以 H313、H314 上等单位为代表;第二段以 H318 等单位为代表;第三段以 T71②等单位为代表,这一意见为学界赞同。我认为,原报告所分之二、三段遗存文化面貌虽能分出先后,但总体文化面貌接近,且材料尚不充分,因此分段理由较勉强。因此本书认为原报告所分的第三段遗存应与第二段暂且合并,两段遗存分别与白燕遗址两段相当。第二段中 H318、T30③可能年代略早,待将来材料更丰富后再行细分。

　　汾阳北垣底遗址二里头文化时期遗存以 M1、H2 为代表,发掘者认为 M1 似晚于薛家会 H1。张光辉将这一意见加以发挥,以 H2 早于 M1,前者年代略晚于薛家会 H1,约相当于杏花村 H318。对于这一意见,我有不同看法。一方面 M1 陶甗下部宽肥,形态更接近东太堡 53 年的同类器;其陶鬲领部高直,按晋中地区陶鬲、甗的演变规律,M1 年代应早于 H2。因此,本文将北垣底二里头文化时期遗存分为前后两段,M1 为第一段,H2 为第二段。前者年代与东太堡 53 年遗存相当,后者则与狄村墓葬、薛家会年代相当。

　　孝义薛家会遗址仅有 H1 一个单位,晋中考古队以其年代略早于北垣底 H2。本文认为,从二者包含器物看年代接近,将其分为前后两段缺乏坚实的证据。

　　娄烦河家庄遗址二里头文化时期遗存较为丰富,根据地层关系及刊布资料,大体可以分作两个阶段,一段以 H8 为代表,年代大体与狄村墓葬相近,略早于薛家会遗存;第二段遗存则可以 H2、H5 等单位为代表,与白燕、杏花遗存第一段年代相当或略早,但由于刊发资料不多,无法细分。

娄烦罗家曲、史家曲遗址未经发掘,所获二里头文化时期遗存年代接近,略晚于河家庄第二段遗存,约与白燕遗址第一段年代相当。

娄烦庙湾遗址未经正式发掘,调查所获二里头文化时期遗存从器物形态观察大致可分为前后两段,两段年代分别与白燕一、二段相当。

由上述遗址年代串联可大致将晋中地区二里头文化时期遗存分为四期,由于资料零散,故不分段(表4-1)。

表4-1 二里头文化时期晋中地区居址分期对照表

期段 遗址	一期	二期	三期	四期	资料来源
太原许坦		√			①
东太堡53		√			
东太堡80			√		②
太原狄村	√				③
太原光社		1		2	④
孝义二十九亩地			√		⑤
太谷白燕			1	2	⑥
灵石逍遥		√			⑦
汾阳宏寺		√			⑧
汾阳峪道河	√				⑨

① 高礼双:《太原市南郊许坦村发现石棺墓葬群》,《考古》1962 年第 9 期。
② 山西省考古研究所:《太原狄村、东太堡出土的陶器》,《考古与文物》1989 年第 3 期;郭淑英:《太原东太堡出土的陶器和石器》,《文物季刊》1994 年第 1 期。
③ 山西省考古研究所:《太原狄村、东太堡出土的陶器》,《考古与文物》1989 年第 3 期。
④ 解希恭:《光社遗址调查试掘简报》,《文物》1962 年第 4、5 期。
⑤ 山西省考古研究所:《孝义柳湾煤矿二十九亩地采集的夏时期遗存》,《文物季刊》1994 年第 1 期。
⑥ 晋中考古队:《山西太谷白燕遗址第一地点发掘简报》,《文物》1989 年第 3 期。
⑦ 山西省考古研究所、山西大学历史文化学院:《山西灵石逍遥遗址发掘简报》,《考古》2019 年第 1 期。
⑧ 马升、段沛庭:《山西汾阳县宏寺遗址调查》,《文物季刊》1996 年第 2 期。
⑨ 山西省考古研究所:《山西汾阳县峪道河遗址调查》,《考古》1983 年第 11 期。

续表

期段\遗址	一期	二期	三期	四期	资料来源
汾阳杏花村			1	2	①
汾阳北垣底		√			
汾阳薛家会		√			
娄烦河家庄	1		2		
娄烦罗家曲			√		
娄烦史家曲			√		
娄烦庙湾			1	2	

一期：本期遗存不多，以狄村墓葬、河家庄 H8 为代表。这一时期的炊器带有比较浓厚的龙山时期风格，高直领的肥鼓腹鬲极具特色，单把鬲尚无明显的实足根，整体形制还比较矮。本期有少量的斝、甗和鼎。器物表面装饰篮纹的比例较高。在这一阶段，细柄豆、长颈壶、折肩罐等器物较多，制作也比较精细。本阶段约相当于二里头文化一期。

二期：本期遗存较丰富，以许坦、东太堡 53 年墓葬、宏寺调查遗存、逍遥遗址 H35 及北垣底 M1 等单位为代表。这一时期炊器目前发现有高领肥腹鬲、单把鬲、甗、鼎，有少量斝、甑。许坦所获陶器器表绳纹散乱且粗，有一定比例的篮纹器物，而东太堡绳纹较许坦更规整，年代可能略早，但由于与许坦文化面貌接近的材料尚不丰富，为稳妥起见，本文暂不将其细分，待材料丰富后再做分析。本阶段器类组合尚不完整，未见罐形鼎、深腹盆、细柄豆。从粗柄豆形态观察与二里头遗址二里头文化二期ⅣM8：2同类器形态接近。陶盆形鼎、浅腹盆与东下冯遗址二期 H41：53、H10：2同类器形态接近(图 4-10)。又因为本阶段陶器风格仍有较浓厚的龙山时期遗韵，因此本文认为本阶段大致相当于二里头文化二期。

二期：本段遗存比较丰富，从本段开始，器类较上期大为丰富，器形在继承上一阶段的基础上有所发展。本阶段纹饰较上一阶段更加规整，陶器制作开始精细。在这一阶段，细柄豆、长颈壶、折肩罐等器物开始减少。本阶段大体相当于二里头文化三期。

三期：本阶段器类开始有较大的变化，陶鬲、甗、斝领部变矮，整体变瘦。陶甑与高领双鋬鬲消失。高领鬲锐减，近乎消失，商式矮领鬲开始有零星出现。陶鼎、壶、折肩罐、单双耳罐等器类在这一阶段开始逐渐消失，本阶段大体相当于二里头文化四期。

---

① 国家文物局等：《晋中考古》，文物出版社(北京)，1998 年。

器类 遗址	碗形豆	盆形鼎	浅腹盆
许坦遗址	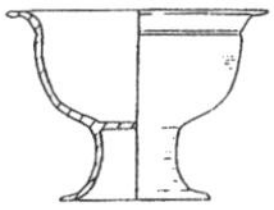 1. 许坦出土者	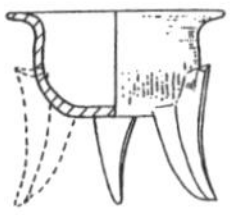 3. 许坦出土者	 5. 许坦出土者
二里头与东下冯	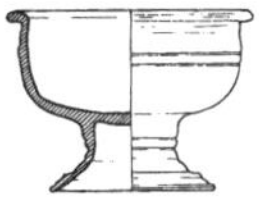 2. 二里头ⅣM8:2	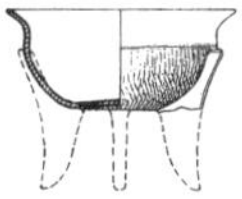 4. 东下冯 H41:53	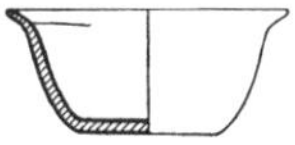 6. 东下冯 H10:2

图 4-10　二里头文化时期许坦与二里头、东下冯遗址相关遗存对比图

二、夏时期各期陶器的特征

从整体文化面貌变迁来看,晋中地区二里头文化时期四期间变化较明显。下面我们从陶系、炊器组合变化以及其他标志性器物的变化等方面予以分析。

（一）陶系

本地区由于种种原因,晋中没有一处遗址有准确的陶系统计数据,更缺乏具体到遗存单位的陶系统计数据,因此对于晋中地区陶系分析仅能以各遗址的总结描述简要分析之。

一期:以狄村墓葬与河家庄 H8 为代表。两个单位由于埋藏性质不同,器物的组合情况差异较大。如果不考虑狄村墓葬中长颈垂腹壶、折腹罐、细柄豆和泥质大平底盆,则两单位都以夹砂陶为主,陶色以不纯正的褐陶为多,灰陶次之,有一定比例的红陶。这一时期的陶器火候普遍不高。纹饰以绳纹为多,有较高比例的篮纹,戳印、锥刺、压印在这一时期比较常见。绳纹滚压规律性不强,有的器物滚压规整且印痕很深,但更常见的是滚压较浅且散乱的绳纹。

二期:以许坦与东太堡 53 年遗存为代表,本阶段陶系中夹砂陶占有绝对优势,且砂粒较为粗大。陶色以褐色为主,灰陶次之,有少量黑色、红褐与黄褐色陶。由于烧制火候原因,本阶段陶色色泽不纯,纯正灰陶在本阶段十分少见。纹饰方面,本期以绳纹为最多,篮纹在本期有较高的比例,另有少量刻划、戳印、附加堆纹和旋纹。素面陶在本阶段比例不高,磨光陶尤少,不少素面陶是滚压绳纹后再经抹光的,因此多有绳纹痕迹。本期绳纹粗且散乱,篮纹与戳印纹中楔形点纹比例较高,可以看出本期仍有较浓厚的龙山时期遗韵。

三期:本阶段陶胎变薄,夹砂陶数量较多,仍占多数,但夹砂陶砂粒变细。本阶段泥质陶数量略有增长。陶色以灰色为主,褐色陶减少,黑陶与黄褐陶减少较明显。纹饰中绳纹比例最高,篮纹数量下降,绳纹与上期相比,整体较细,但滚压不甚规整。本阶段有一定

数量的旋纹、附加堆纹。戳印纹，尤其是楔形点纹在本阶段下降明显。旋纹的比例在这一时期增加明显。篮纹浅细稀疏但仍有一定比例。磨光陶与素面陶的比例在这一时期增长明显，制作较精细的泥质盆、管流爵等在这一时期比较常见。

四期：本期以孝义二十九亩地与杏花村、白燕遗址相关遗存为代表。在本期，泥质陶数量超过夹砂陶，陶器群胎质普遍较薄，夹砂陶所夹砂粒甚细，陶色灰色为主，其他色泽的陶器甚为少见。纹饰中以规整的细绳纹为绝大多数，篮纹在本阶段基本不见。旋纹、附加堆纹、戳印纹的比例不高。素面陶与磨光陶在本阶段比例较上期为高。

（二）器物群中的炊器特征与组合变化

一期：本期炊器组合较完整，有鬲、鼎、甗、斝，其中最常见的是各类高直领的陶鬲，其中袋足肥鼓的鬲数量最多，有零星的单把鬲。鬲足实足根有捆扎槽的现象比较常见。鬲足尚不尖细。陶甗整体比较宽肥。陶鼎数量比较高，但形态不固定。陶斝有直口与敛口两类，龙山时代的风格十分浓重。

二期：本期炊器组合有陶鬲、鼎、甗等，本期有一定数量的陶斝，但数量不多。炊器中以陶鬲最为常见，陶鬲以高领肥袋足者最为多见，另有一定数量的单把鬲。无论何种陶鬲，鬲足都不高，从器表看，实足根并不明显。由于鬲足实足根较矮，所以表面不见捆扎凹槽。本期陶甗较肥矮，腰部多有附加堆纹装饰，上部盆甑与下部陶鬲高度相当，整体较肥。单把鬲器把较宽，有的个体其上亦滚压有绳纹。陶鼎本阶段有盆形鼎，也有零星罐形鼎，鼎足形态种类较多，这与其他地区相比差别较大。

三期：本期炊器陶鬲领部高直，袋足虽有肥有瘦，但实足根普遍瘦高细长，仍有相当数量的鬲、甗足表面有捆扎凹槽，陶鼎在本阶段有罐形与盆形两种，但总体风格接近，腹部皆较深，唯数量减少明显。陶斝在本阶段较为常见，敛口、直口两种皆有。

四期：本期炊器组合的最大特点在于陶鼎、陶斝数量锐减，高领鬲领部变矮，鬲与甗整体形态趋瘦。陶鬲实足根仍然较高，但实足根上的凹槽比例减少。这是由于本阶段陶鬲整体变瘦，形体减小、器壁变薄后上部自重减小，因此在制作时无需再捆扎小木棍用以支撑，所以本时期陶鬲实足根上的凹槽也就相应减少。本期陶鼎数量也已减少，器腹变浅，已不见罐形鼎。

（三）器物群其他主要器物特征与组合变化

盆：本地区二里头文化时期陶盆较太行山以东各区不发达。从现有材料看，深腹盆出现较晚，浅腹盆与圆腹盆则延续时间较长。较早的圆腹盆与浅腹盆形体较小，制作较粗，盆腹下端多饰以粗乱绳纹。圆腹盆在器表外加饰双錾者，在周邻其他地区较少。深腹盆出现时，器表仍饰有较浅的直篮纹。随时代发展，陶盆制作逐渐精细，胎体越来越薄。从数量来讲，陶盆的数量随时代逐渐增多。

豆：本地区年代较早的遗存，即有细柄者，本地区细柄豆中有少量豆柄呈竹节者，较少见于周邻地区。但豆柄未见与忻定盆地一般的镂孔豆柄。豆盘中有折盘现象,沿面外卷的作风却与周邻地区完全一致。

壶:陶壶数量较多,是一大地方特色,尤其以高领垂腹壶与长颈折肩壶甚有特色。

单耳罐:本地区单耳器数量较多,其中单耳罐延续时间甚长。早期单耳罐形体瘦长,年代渐晚罐腹变浅,形体似杯;到二期时个体变大而高;至三期时又变为敛口。

小口瓮:相较于太行山东麓各地区,本地区小口瓮并不发达。从形体观察,本地区小口瓮的总体形态中颈部低矮,肩部之宽较其他地区为甚。

蛋形瓮:在本地区蛋形瓮非常流行,整体发展趋势为由粗矮肥胖到较瘦高。本地区蛋形瓮以三足者为多,似乎早期多为空足,随后逐渐演变为低矮的实足根,时代愈晚三足愈细高。这与蛋形瓮器身胎体变薄,重心变换有关。

管流爵:管流爵在本地区十分常见,相较于其他地区而言,出现概率高。

三、早商时期的遗存分期

晋中早商时期遗存较少,三十余年来,在这一地区早商时期有太谷白燕、汾阳杏花村、太原光社等少数几处遗址(图4-11)。

(一) 地层关系

早商时期太谷白燕与汾阳杏花村两遗址经刊布的地层关系不多。

白燕遗址早商时期遗存未公布地层关系,原简报将其早商时期遗存分为前后三段。但就原报告所发表的材料,原报告中划定为二里头文化时期遗存的H157,当属于二里冈下层文化时期遗存,因此本文亦将其划归早商时期。

杏花村遗址早商时期遗存提供有打破关系一组:

(1) H309→H303→H311

由此地层关系可将杏花村遗址早商时期遗存分为前后两段。

(二) 陶器形制分析

晋中地区各遗址缺乏较好的地层关系,早商时期遗物器类不多,但鬲、盆、豆等几类器物形制演变轨迹较为清晰,是分期断代的重要依据。

鬲:根据整体形态差异可分六型。

A型:高领鼓腹,根据领腹部形态差异可分为四式。

Ⅰ式:高侈领,鼓腹,实锥足较高,绳纹滚压至颈部,但沿下角光素。标本白燕H157:2(图4-12:1)。

Ⅱ式:侈领较宽,腹深直微鼓,绳纹滚压至沿下,唇缘或有花边。标本白燕H406:1(图4-12:2)。

Ⅲ式:侈领变窄,深腹微鼓,实锥足内勾,绳纹仍滚压至沿下。标本白燕H208:5(图4-12:3)。

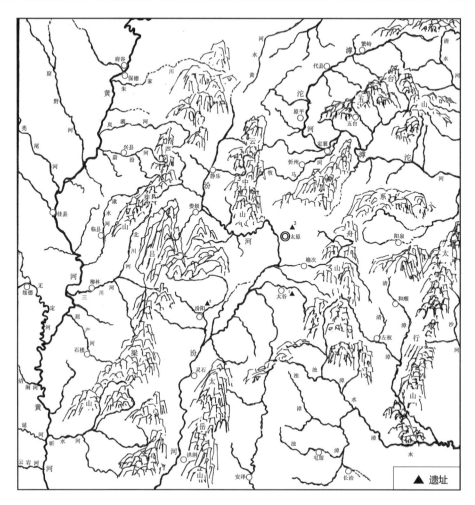

图 4-11　晋中地区早商时期主要遗址分布示意图

1. 白燕　2. 杏花村　3. 光社

Ⅳ式:折沿,矮侈领较宽,鼓腹,沿下光素。标本白燕 H1087:1(图 4-12:4)。

B 型:深直腹,根据颈腹与实足根变化可分为三式。

Ⅰ式:侈口,卷沿较短,深腹较直,唇缘或有花边,绳纹滚压至沿面下。标本白燕 H92:35(图 4-12:5)。

Ⅱ式:折沿,方唇,瘦腹微鼓,绳纹滚压至颈部。标本白燕 H160:1(图 4-12:6)。

Ⅲ式:折沿,沿面较宽,瘦腹较深。标本白燕 H140:20(图 4-12:7)。

C 型:侈领鼓腹,根据沿腹形制差异可分为三式。

Ⅰ式:侈领较高,袋足下部鼓垂,实足根较粗。标本光社出土者(图 4-12:8)。

Ⅱ式:卷沿微折,筒腹微鼓,实锥足较高。标本白燕 H92 下:3、白燕 H81:21 (图 4-8:9、10)。

Ⅲ式:卷沿近折,斜方唇,筒腹微鼓,实锥足较高。标本杏花村 H303:1(图 4-8:11)。

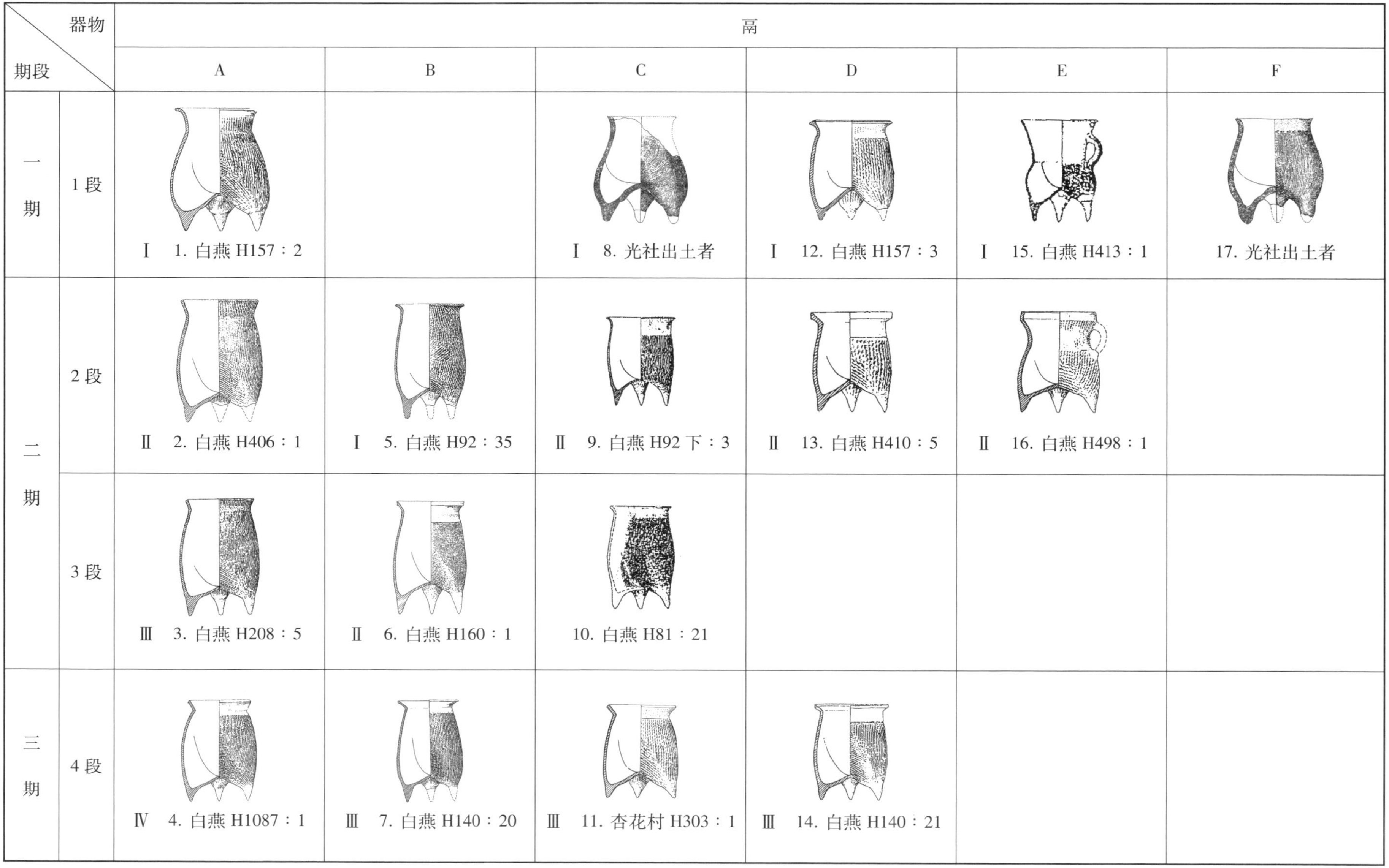

期段		A	B	C	D	E	F
一期	1段	I 1. 白燕 H157：2		I 8. 光社出土者	I 12. 白燕 H157：3	I 15. 白燕 H413：1	17. 光社出土者
二期	2段	II 2. 白燕 H406：1	I 5. 白燕 H92：35	II 9. 白燕 H92 下：3	II 13. 白燕 H410：5	II 16. 白燕 H498：1	
	3段	III 3. 白燕 H208：5	II 6. 白燕 H160：1	10. 白燕 H81：21	III 14. 白燕 H140：21		
三期	4段	IV 4. 白燕 H1087：1	III 7. 白燕 H140：20	III 11. 杏花村 H303：1			

器物・高

图 4－12 晋中地区早商时期陶鬲高分期图

（本图中白燕遗址部分器物尚未公开发表，转引自蒋刚等著及国家文物局，吉林大学编《白燕遗址陶器选编》，特此说明）

D 型：斜鼓腹鬲，根据沿腹形态差异可分为三式。

Ⅰ式：沿面前端起榫，微束颈，下腹较直。标本白燕 H157：3（图 4‑12：12）。

Ⅱ式：方唇，折沿较宽，腹部较深直。标本白燕 H410：5（图 4‑12：13）。

Ⅲ式：折沿，沿面前端或有一道凹槽，腹较深。标本白燕 H140：21（图 4‑12：14）。

E 型：斝式鬲。数量较少，根据口腹形态可分为两式。

Ⅰ式：敞口卷沿，圆唇或尖圆唇，上腹较深，袋足较鼓，实锥足较高。标本白燕 H413：1（图 4‑12：15）。

Ⅱ式：折沿敛口，圆唇或方唇，束颈，实锥足，裆变矮。标本白燕 H498：1（图 4‑12：16）。

F 型：联裆鬲。数量甚少。直口，腹较直，袋足下端微垂，近联裆，实足根甚粗。标本光社采集者（图 4‑12：17）。

甗：数量甚少，所发现者皆有箅托，根据盆甑腹部形态差异可分为两式。

Ⅰ式：盆腹较鼓。标本白燕 H134：5（图 4‑13：1）。

Ⅱ式：盆腹深直。标本白燕 H930：13（图 4‑13：2）。

盆：数量较少。根据腹部形态差异可分为两型。

A 型：深腹盆。根据盆腹及沿部差异可分为两式。

Ⅰ式：短折沿，深弧腹较直。标本白燕 H92：36（图 4‑13：3）。

Ⅱ式：折沿较宽，束颈，深腹微鼓。标本白燕 H930：19（图 4‑13：4）。

B 型：鼓腹盆。据腹部形态差异可分为两式。

Ⅰ式：卷沿束颈，微鼓腹。标本白燕 H410：10（图 4‑13：5）。

Ⅱ式：卷沿，沿面前端微折，鼓腹较深。标本白燕 H184：22（图 4‑13：6）。

簋：有一定数量，根据沿腹及圈足形态差异可分为两式。

Ⅰ式：卷沿较宽，深鼓腹较直，高圈足较直。标本白燕 H413：4（图 4‑13：7）。

Ⅱ式：圈足外撇，其上多有十字形镂孔。标本杏花村采 045（图 4‑13：8）。

假腹豆：数量较多。根据盘腹形态差异可分为两式。

Ⅰ式：直口，短沿外撇，浅盘，盘腹侧视较深直。标本白燕 H365：6（图 4‑13：9）。

Ⅱ式：直口，短沿，盘腹侧视较斜敛。标本白燕 H208：7（图 4‑13：10）。

真腹豆：数量不多，根据豆盘及柄部形态差异可分为两型。

A 型：细柄豆。短沿，深弧腹。白燕 H413：8（图 4‑13：11）。

B 型：粗柄豆。浅腹较直，高圈足多见十字形镂孔。标本白燕 F11：2（图 4‑13：12）。

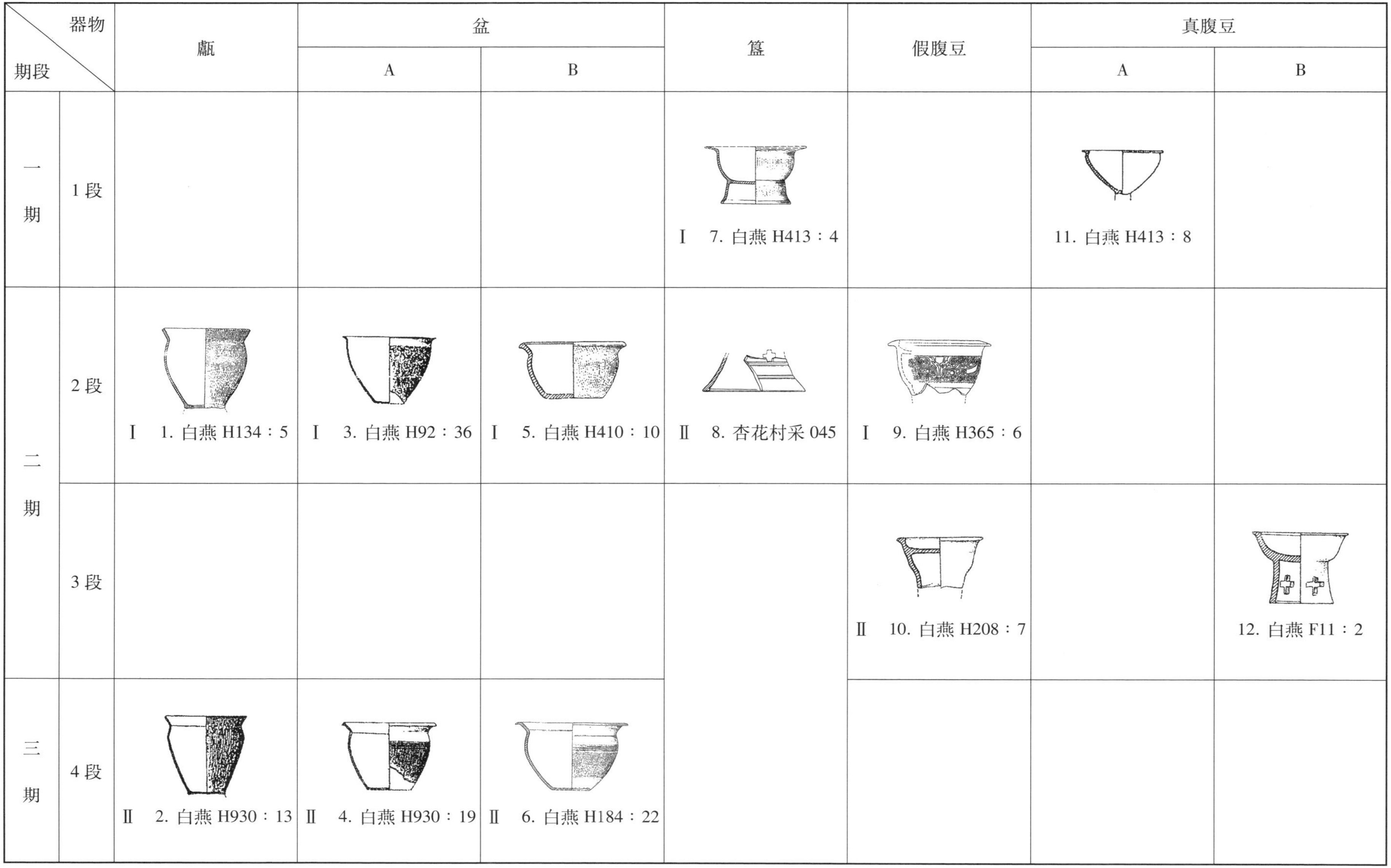

期段	器物	瓶	盆		簋	假腹豆	真腹豆	
			A	B			A	B
一期	1段				Ⅰ 7. 白燕 H413：4		Ⅰ 11. 白燕 H413：8	
二期	2段	Ⅰ 1. 白燕 H134：5	Ⅰ 3. 白燕 H92：36	Ⅰ 5. 白燕 H410：10	Ⅱ 8. 杏花村采 045	Ⅰ 9. 白燕 H365：6		
	3段					Ⅱ 10. 白燕 H208：7		12. 白燕 F11：2
三期	4段	Ⅱ 2. 白燕 H930：13	Ⅱ 4. 白燕 H930：19	Ⅱ 6. 白燕 H184：22				

图 4－13　晋中地区早商时期陶瓶、盆、簋、豆、假腹豆分期图

（本图中白燕遗址部分器物尚未公开发表，转引自蒋刚专著及《白燕遗址陶器选编》，特此说明）

壶：数量甚少,原报告中定名为单把喙口罐。标本白燕 H134∶5(图4-14∶1)。

圆腹罐：数量不多。标本光社出土者(图4-14∶2)。

折肩罐：所发表的数量甚少,所见者皆矮领折肩侈口。标本光社出土者、白燕 H81∶51(图4-14∶3、4)。

小口瓮：根据肩部形态差异可分为两式。
Ⅰ式：直领卷沿,圆肩较宽。标本白燕 H92 上∶30(图4-14∶5)。
Ⅱ式：直领变短,硬折肩较宽。标本白燕 H930∶10(图4-14∶6)。

蛋形瓮：根据上腹形态差异可分为两式。
Ⅰ式：折沿较宽平,上腹瘦直。标本白燕 H92 上∶37(图4-14∶7)。
Ⅱ式：上腹较圆鼓。标本白燕 H160∶2、白燕 H930∶21(图4-14∶8、9)。

敛口钵：数量甚多,根据整体形态差异可分为两式。
Ⅰ式：敛口较圆鼓。标本白燕 H413∶6(图4-14∶10)。
Ⅱ式：上腹较瘦敛。标本白燕 H930∶12(图4-14∶11)。

管流爵：数量不多。标本白燕 H413∶9(图4-14∶12)。

(三) 分期与年代推定

太谷白燕遗址早商时期遗存原简报将其分为前后三段,许伟对其进行了较系统的论证,结论大体为蒋刚、赵菊梅等所沿袭,但具体单位的先后研究者略有不同,这其中蒋刚的意见较有代表性。他将白燕遗址早商时期遗址分为三段,第一段包含单位有 H92、H365、H406、H413 等;第二段中包含有 H81、H160、H184、H208、H410、H498 等;第三段则包含有 H140、H930、H1087 等单位。与此意见不同,田建文曾提及,在原简报所划分的白燕遗址第四期三段应进入早商时期,但并未提及具体单位①。本书认为白燕遗址中以 H157、H413 两单位为代表,年代应属于早商时期的二里冈下层文化(图4-15),而许伟所分之第四期三段中的其他单位应属于二里头文化时期遗存。

因此,本文将白燕遗址分为前后四段,第一段以 H157、H413 两单位为代表;第二段以 H92、H365、H410、H498 等单位为代表;第三段以 H81、H160、H208 等单位为代表;第四段以 H140、H930、H1087 等单位为代表。

---

① 田建文:《"启以夏政,疆以戎索"的考古学考察》,《庆祝张忠培先生七十岁论文集》,科学出版社(北京),2004 年。

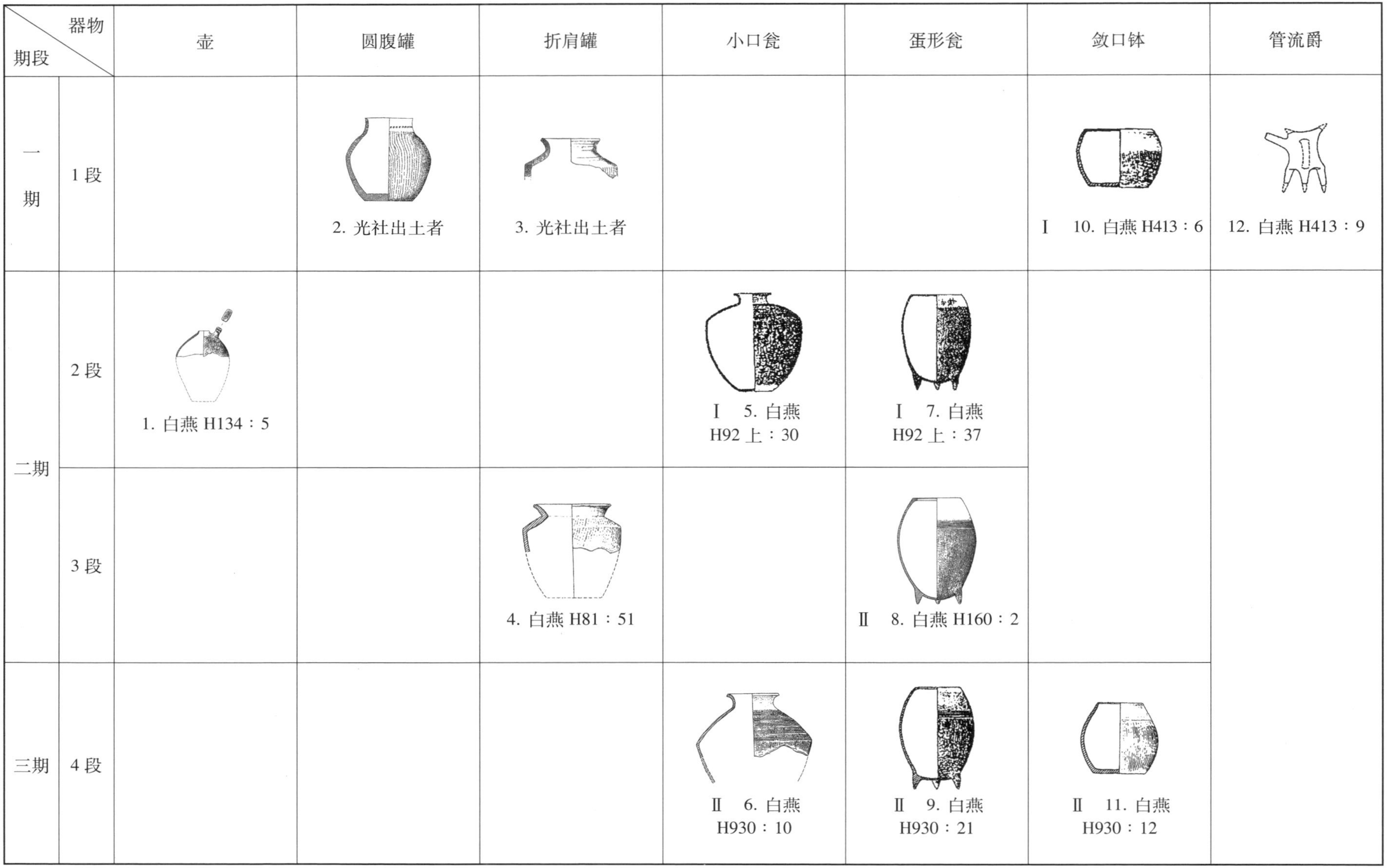

器物 期段	壶	圆腹罐	折肩罐	小口瓮	蛋形瓮	敛口钵	管流爵
一期 1段	1. 白燕 H134：5	2. 光社出土者	3. 光社出土者			I 10. 白燕 H413：6	12. 白燕 H413：9
二期 2段			4. 白燕 H81：51	I 5. 白燕 H92 上：30	I 7. 白燕 H92 上：37		
二期 3段					II 8. 白燕 H160：2		
三期 4段				II 6. 白燕 H930：10	II 9. 白燕 H930：21	II 11. 白燕 H930：12	

图 4 – 14　晋中地区早商时期陶壶、罐、瓮、钵、爵分期图

（本图中白燕遗址部分器物尚未公开发表，转引自蒋刚博士学位论文及《白燕遗址陶器选编》，特此说明）

遗址　　器类	鬲	斝	簋
白燕遗址	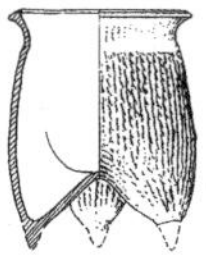 H157∶3	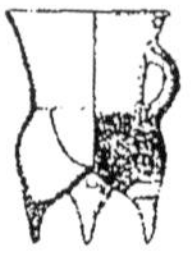 H413∶1	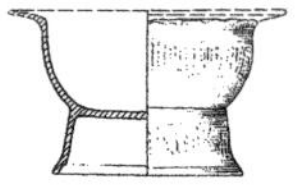 H413∶4
郑州商城	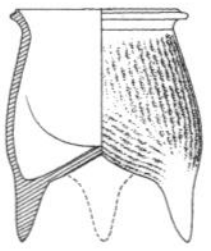 CWM7∶2	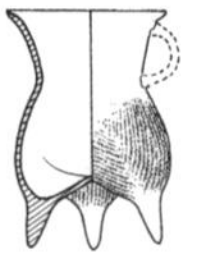 C1H9∶362	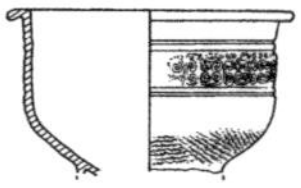 C1H17∶111

图4-15　二里冈下层文化时期白燕、郑州商城相关遗存对比图

　　汾阳杏花村遗址早商时期遗存大体相当于原报告所划分的六期一段,但对杏花村遗址中早商遗存的相对年代,却未见有学者细究。笔者认为可将遗址早商时期遗存分为前后两段,第一段以H311为代表,第二段以H303为代表。第一段相当于白燕遗址第二段,第二段相当于白燕遗址第四段。

　　前文已述及光社遗址夏商时期遗存的年代并不单纯,部分遗存年代可能晚至商纪年。从华北平原北缘地区的材料来看,光社出土的部分遗存,风格与华北平原北缘早商阶段偏早的一类遗存相似,而与晋中盆地二里头文化时期以高领鬲为代表的遗存整体风格有较大差异。邹衡先生当年曾以为光社遗址部分遗存年代或可晚至商代早期偏晚阶段,未知是否就指此类遗存而言。从现有材料的比较和白燕遗址的发现来看,这些遗存,似乎早于典型二里冈上层文化进入晋中盆地之时(图4-16)。这批遗存中,有一件联裆鬲颈部有戳印剔刺的戳印纹,接近楔形点纹,值得注意。此类装饰风格多见于太行山东麓的先商文化各类型中,但多装饰在盆、罐等器类之上,在陶鬲上罕有发现。

　　由白燕与杏花村遗址的分期串联,可将晋中地区早商时期遗存分为三期(表4-2)。

　　一期1段:本阶段仅有白燕遗址两个单位及光社遗址的部分遗存。白燕两单位与二里头文化时期第四期文化面貌的承袭关系十分清楚。但高领鬲的数量少,单把鬲、敛口斝、陶鼎在本阶段完全不见。直腹簋、侈口带把斝在本阶段出现。从器物形态观察对比研究可知,本段约相当于二里冈下层文化时期。光社遗址的相关遗存与白燕面貌差别较大,与二里头文化时期本地以高领鬲为代表的遗存差异也比较明显,似乎当是另一支考古学文化。

　　二期2段:本阶段遗存十分丰富,陶鬲形态变化甚大,以宽沿深腹为常见,器表装饰风格也发生较大的变化。卷沿与折沿浅腹鬲、筒腹鬲在本阶段数量激增。假腹豆、小口瓮、深腹盆等在本阶段出现。从折沿鬲、假腹豆、斝式鬲等典型商式器物的形态观察,本阶段约相当于二里冈上层文化一期。

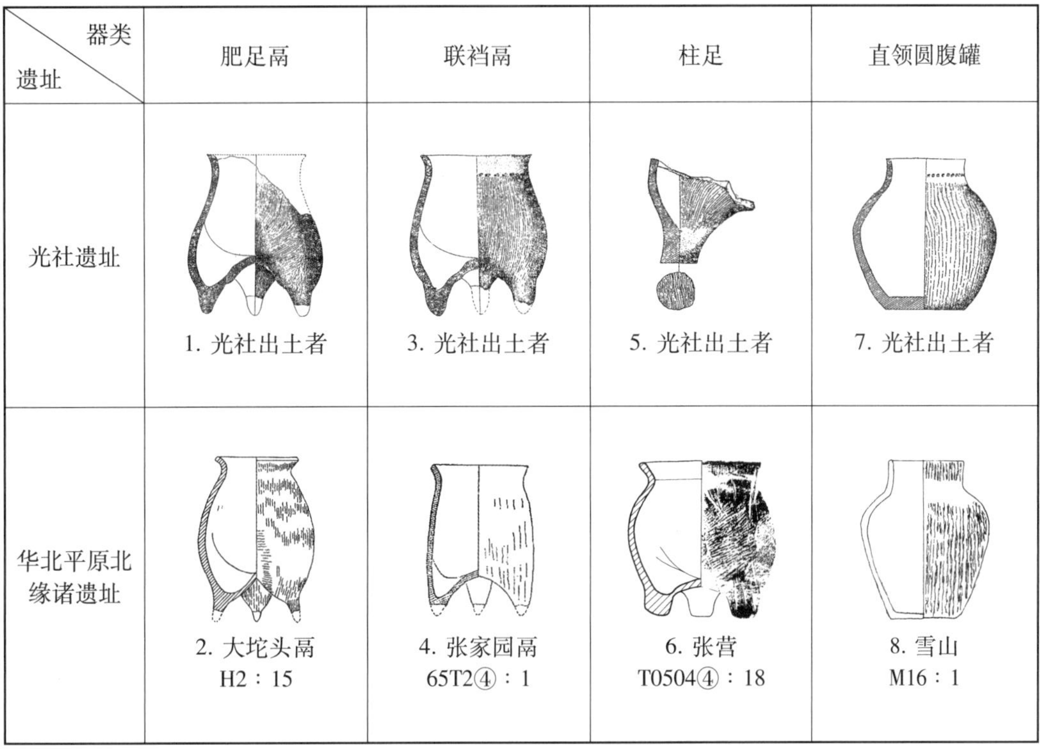

器类　　　遗址	肥足鬲	联裆鬲	柱足	直领圆腹罐
光社遗址	1. 光社出土者	3. 光社出土者	5. 光社出土者	7. 光社出土者
华北平原北缘诸遗址	2. 大坨头鬲 H2：15	4. 张家园鬲 65T2④：1	6. 张营 T0504④：18	8. 雪山 M16：1

图 4-16　二里冈下层文化时期光社遗址与华北平原北缘相关遗存对比图

表 4-2　早商时期晋中地区居址分期对照表

期段　　　遗址	一期	二期		三期	资料来源
	1 段	2 段	3 段	4 段	
太谷白燕	1	2	3	4	①
汾阳杏花村		1		2	②
太原光社	√				③

　　二期 3 段：本段开始，陶簋、陶斝消失，假腹豆腹部开始有折曲。浅腹鬲矮肥，从器物形态观察，与白家庄阶段陶鬲形态接近。因此本书认为本阶段约相当于二里冈上层文化二期，即白家庄时期。

　　三期 4 段：本阶段深腹鬲明显减少，浅腹鬲唇缘多有凹槽，沿面前端亦较多见凹槽起

　　① 晋中考古队：《山西太谷白燕遗址第一地点发掘简报》，《文物》1989 年第 3 期。
　　② 国家文物局等：《晋中考古》，文物出版社（北京），1998 年。
　　③ 寿田：《太原光社新石器时代遗址的发现与遭遇》，《文物参考资料》1957 年第 1 期；解希恭：《光社遗址调查试掘简报》，《文物》1962 年第 4、5 期。

榫但唇沿下不见勾棱。从这些迹象判断,本段约相当于洹北商城早段,亦即邹衡先生商文化分期体系中的早商期第四段第Ⅶ组。

四、早商时期各期陶器的特征

从整体文化面貌变迁来看,晋中地区早商时期三期间特征较明显。下面我从陶系、炊器组合变化以及其他标志性器物的变化等方面予以分析。

(一)陶系

由于相关的两个遗址皆未公布陶系统计数据,因此本文仅能依据发掘材料与许伟论文对其进行简要分析。

一期1段:材料较少,所见陶器中泥质陶数量多于夹砂陶,陶器群胎质普遍较薄,夹砂陶所夹砂粒甚细,陶色以灰色为主,其他色泽的陶器甚为少见。纹饰以规整的细绳纹为绝大多数。由于材料较少,未见旋纹、附加堆纹与戳印纹等其他纹饰。素面陶与磨光陶在本阶段较多。

二期2段:本阶段以灰陶为主,有较高比例的褐陶,灰褐、红褐陶数量比例较高。陶质仍以泥质陶为多,夹砂陶次之。本段有少量羼杂陶渣与较粗砂粒的夹砂陶。纹饰仍以绳纹最为常见,但细绳纹比例略有下降,中绳纹与粗绳纹比例上升明显。素面陶比例在本阶段仍有较高比例,镂孔、旋纹等纹饰作风较为常见。新出现刻划的兽面纹、戳压印的云雷纹、圆圈纹等纹饰在本阶段较为常见。

二期3段:本阶段陶系与上一阶段十分接近,但基本不见羼杂较粗砂粒的夹砂陶。纹饰方面本阶段有较大的变化。粗绳纹的比例明显增多,素面陶与磨光陶、旋纹、镂孔比例略有减少,兽面纹、云雷纹等在本阶段锐减,附加堆纹较少见。

三期4段:本阶段陶系变化不大,纹饰方面,中绳纹增加明显,三角划纹在本阶段开始较为常见。细绳纹、楔形点纹、兽面纹等近乎绝迹。

(二)器物群中的炊器特征与组合变化

由于缺乏陶器器类统计数据,本文无法对晋中地区炊器组合的比例进行探讨,因此仅能依据发掘简报中的零星信息做出粗浅的分析。

一期1段:本阶段少量高领鬲与浅腹卷沿鬲并存,新出现敞口斝,炊器组合中不见陶鼎、甗与甑。从组合特点看与本地区二里头文化时期末期特征相同,除敞口斝外变化不大。

二期2段:本阶段炊器组合变化较大,深腹侈沿鬲在本阶段突然出现并与浅腹鬲一起成为最主要的炊器种类。陶鬲的种类形态较多,但大体可分为侈沿深腹鬲与浅(筒)腹鬲两大系统。同时新出现的炊器中还有斝式鬲。按照晋中考古队的意见,侈沿深腹鬲的出现是高领鬲演变的自然结果。发掘者认为高领深腹鬲有继续扩大自身腹腔部位容积的需要,为实现这一需要,高领深腹鬲的颈径就需要继续加长,直接结果便是转化为圆腹腔,高领消失,侈沿深腹鬲因此形成①。就现有公布材料观察,侈沿深腹鬲占6成以上,各类浅腹鬲与陶斝、甗占另外四成。浅腹鬲中卷沿者数量较多,筒腹鬲与折沿鬲数量较少,形态与郑洛地区典型二里冈上层文化陶鬲并无较大差异。

二期3段:本阶段炊器组合总体差异不大。所发生的变化在于,浅腹鬲数量减少,陶斝消失。

三期4段:本阶段筒腹鬲消失,浅腹鬲数量进一步减少。

(三) 器物群其他主要器物特征与组合变化

本地区较有地区特点的器物主要有蛋形瓮、小口瓮、敛口钵、折肩罐。

蛋形瓮:本地区蛋形瓮皆为三足者。与周邻地区不同,大型尖锥足三足蛋形瓮在本地区延续时间甚长且比例较高,至早商晚期仍然有一定的数量。

小口瓮:本地区小口瓮最大特点在于领部甚细,肩部较宽,但总体数量比例较太行山以东少。

敛口钵:此类器物在本地区是最主要的食器,但在三期时出现的尖瘦桃形敛口钵在其他地区十分罕见。

五、晚商时期的遗存分期

晋中晚商时期遗存较少,三十余年来,在这一地区晚商时期仅有太谷白燕、汾阳杏花村与灵石旌介三处较为确定的遗址(图4-17)。

(一) 地 层 关 系

晚商时期太谷白燕与汾阳杏花村经刊布的地层关系不多。

太谷白燕遗址晚商时期遗存以原简报公布的遗址第五期第四段为代表,经公布遗物的遗迹单位间未有明确的地层关系。

杏花村遗址晚商时期遗存以遗址六期二段及墓地墓葬为代表,原报告有三组地层关系可兹利用:

(1) H302→H309→H303→H311

(2) H304→H309

(3) M5→M7

第(1)组地层关系中H303为早商时期最晚的遗存,故H309与较其更晚的遗存为晚商时期单位。但原报告发表资料中仅H303、H309发表了几件陶鬲残片,第(3)组遗存中M7无随葬品,所以相关单位中有效的地层关系仍然不足。

---

① 晋中考古队:《山西太谷白燕遗址第一地点发掘简报》,《文物》1989年第3期。

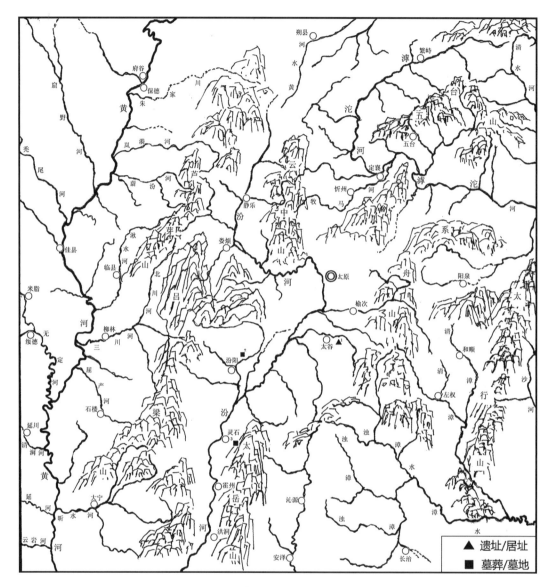

图 4-17　晋中地区晚商时期主要遗址分布示意图

1. 白燕　2. 杏花村　3. 旌介

灵石旌介几座晚商时期墓葬相互间无叠压打破关系。

由于地层关系缺乏,本地区晚商时期遗存分析只能依赖于器物形态分析与对比。

(二) 陶器形制分析

晋中地区晚商时期遗物器类不多,但鬲、盆、豆等几类器物形制演变轨迹较为清晰,是分期断代的重要依据。

鬲: 以杏花村为代表的晋中地区晚商时期遗存虽然不多,但陶鬲的形态多样,系统复杂。根据其足部有无实足根,可分为夹砂实足根鬲和夹砂空锥足鬲两大类。每类再分若干型。

夹砂实锥足鬲: 根据整体形态差异可分作七型。

A 型:矮领深直腹鬲。实足根表面上无绳纹。根据沿、腹部形态差异可分为两式。

Ⅰ式:宽沿,瘦腹,下腹微鼓。标本杏花村 H309∶1、杏花村 M71∶2(图 4-18∶1、2)。

Ⅱ式:沿面渐窄,腹部微鼓,最大径约在腹中。标本杏花村采 0037(图 4-18∶3)。

B 型:罐形深鼓腹,根据沿颈部差异可分为两式。

Ⅰ式:颈部较矮,窄沿。标本杏花村 H309∶2(图 4-18∶4)。

Ⅱ式:颈部较长,宽沿,颈腹分界处明显,实足根较矮。标本杏花村 M71∶1(图 4-18∶5)。

C 型:纵长方体鼓腹鬲。有一定数量,根据裆腹形态差异可分为三式。

Ⅰ式:沿面较宽,鼓腹较瘦,裆部较高。标本白燕 H17∶12(图 4-18∶6)。

Ⅱ式:沿面较宽,鼓腹较瘦,裆变矮,最大径下移至下腹。标本杏花村采集 003(图 4-18∶7)。

Ⅲ式:沿面较窄,鼓腹变宽,裆部更低较平。标本杏花村 M22∶1(图 4-18∶8)。

D 型:横长方体鼓腹鬲。数量较多,根据裆腹形态差异可分为三式。

Ⅰ式:沿面较窄,鼓腹较甚,裆部较高。标本杏花村 M26∶1(图 4-18∶9)。

Ⅱ式:沿面较宽,鼓腹较宽,裆部变矮。标本白燕 H36∶42、杏花村采集 0031(图 4-18∶10、11)。

Ⅲ式:数量不多,仅见残片,鼓腹肥矮,裆部低平,实足根近无。标本杏花村 T53②∶2(图 4-18∶12)。

E 型:斜鼓腹瘪裆鬲。此类鬲数量较多,形式变化不甚明显,但比较一致的特征是实足根表面不滚压绳纹。目前无法明确分式,但总体演变规律似接近 C、D 两型鬲,裆部似乎时代越晚越矮。标本杏花村采集 0033、0022、M9∶1(图 4-18∶13、14、15)。

F 型:筒腹鬲。有一定数量,根据裆腹形态差异可分为两式。

Ⅰ式:侈口宽沿,裆较高。标本杏花村 M18∶1(图 4-18∶16)。

Ⅱ式:侈口近直,裆较矮。标本杏花村采集 0024(图 4-18∶17)。

G 型:单把鬲。数量甚少,领部多有附加堆纹装饰。标本杏花村采集 022(图 4-18∶18)。

夹砂空锥足鬲: 此类鬲在晋中盆地数量甚多,形态不固定,但总体上绳纹滚压方式较为一致,空锥足表面绳纹滚压到底,散乱浅细,罕见粗绳纹。大部分陶鬲多黄褐、红褐、黑褐色,色泽也不一致。从整体形态差别看,大体可分为六型。由于缺乏地层关系,所以大部分目前难以分式。

A 型:瘪裆瘦腹鬲。有一定数量。多侈口窄沿,腹较深,裆较高。标本杏花村 M4∶1、杏花村采集 024(图 4-19∶1、2)。

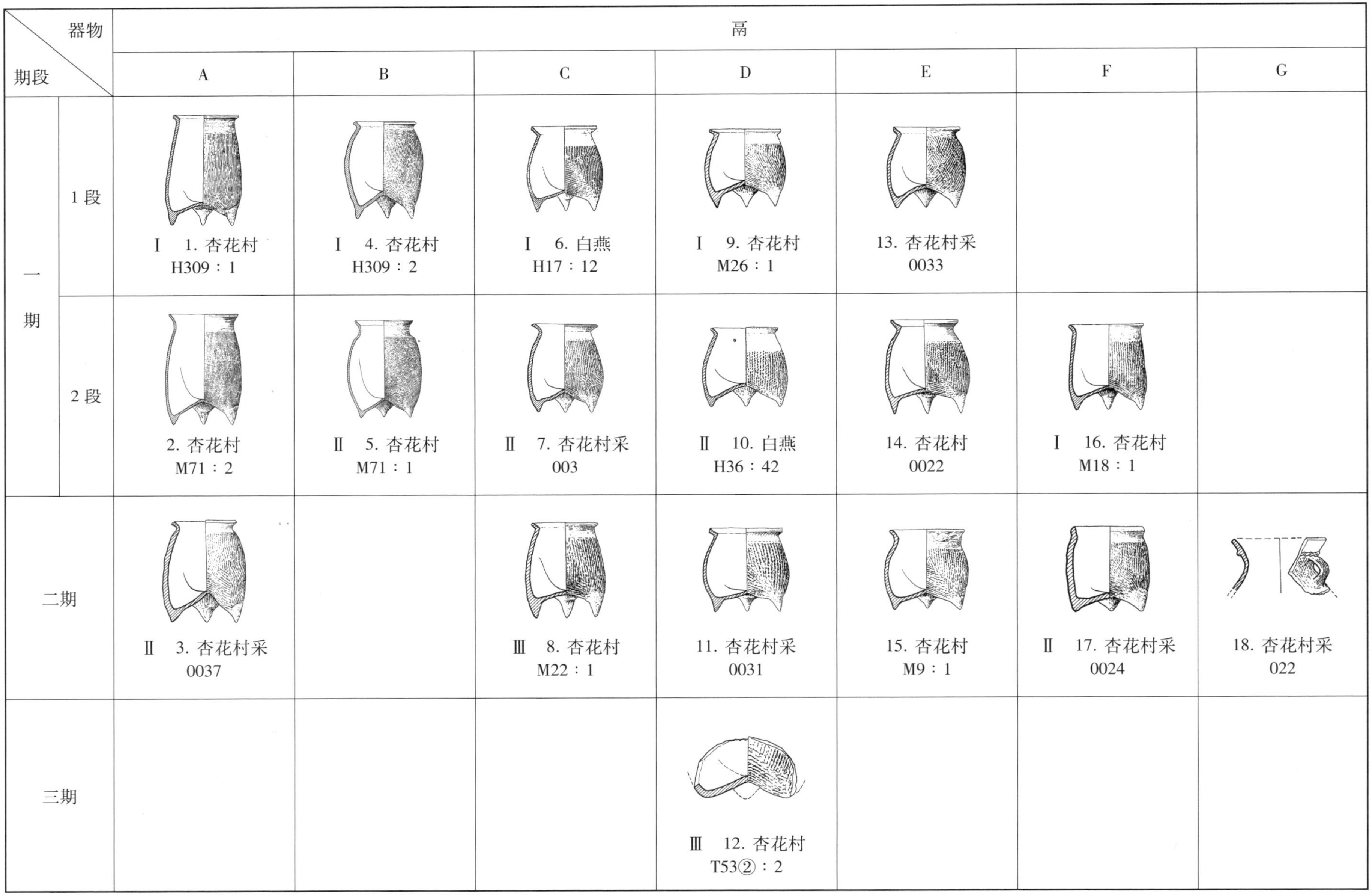

器物 期段	A	B	C	D	E	F	G
一期 1段	I 1. 杏花村 H309：1	I 4. 杏花村 H309：2	I 6. 白燕 H17：12	I 9. 杏花村 M26：1	13. 杏花村采 0033		
一期 2段	II 2. 杏花村 M71：2	II 5. 杏花村 M71：1	II 7. 杏花村采 003	II 10. 白燕 H36：42	14. 杏花村 0022	I 16. 杏花村 M18：1	
二期	II 3. 杏花村采 0037		III 8. 杏花村 M22：1	11. 杏花村采 0031	15. 杏花村 M9：1	II 17. 杏花村采 0024	18. 杏花村采 022
三期				III 12. 杏花村 T53②：2			

图 4-18　晋中地区晚商时期陶鬲南分期图（一）

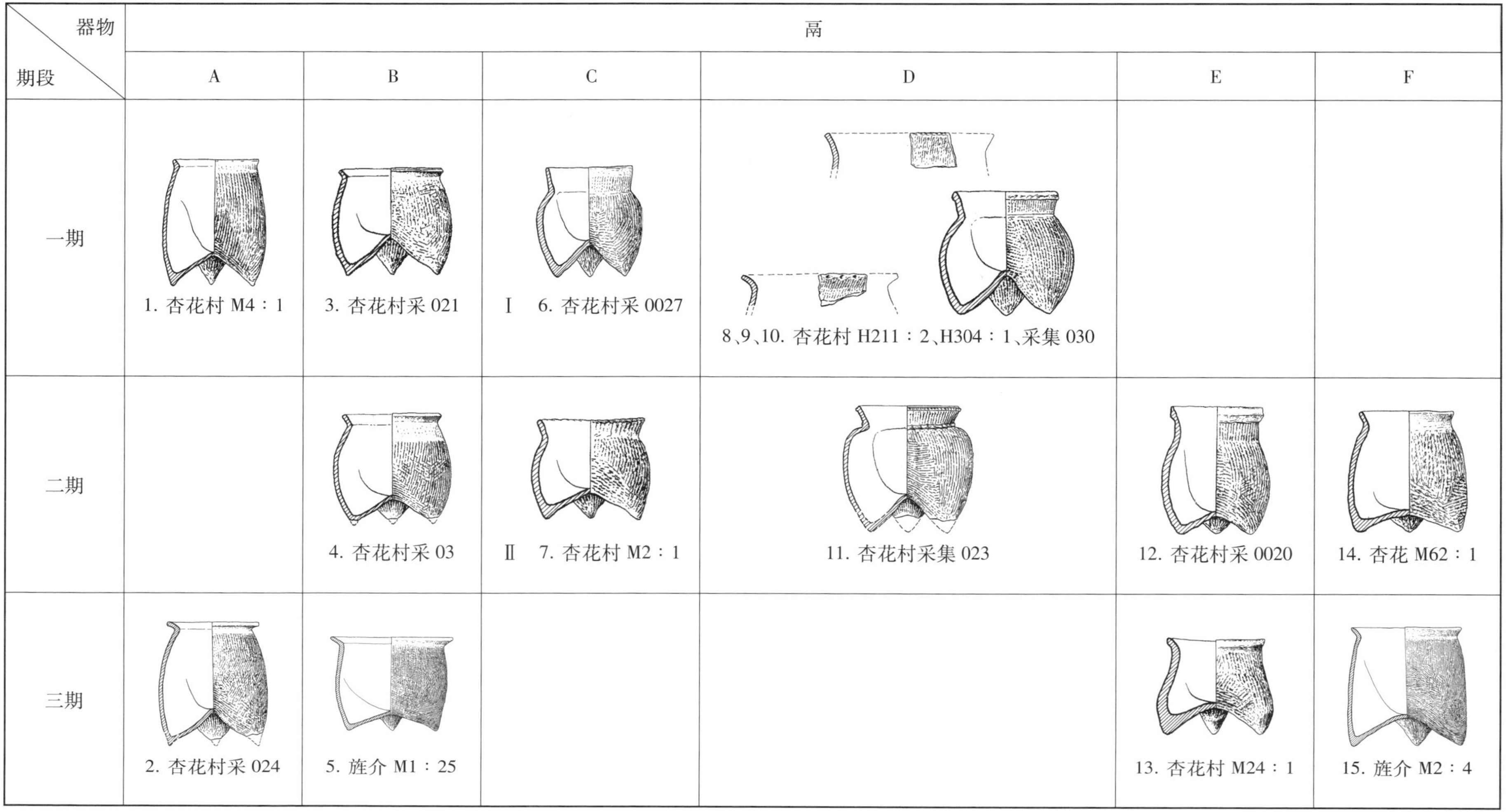

器物 期段	A	B	C	D	E	F
一期	1. 杏花村 M4：1	3. 杏花村采 021	I 6. 杏花村采 0027	8、9、10. 杏花村 H211：2、H304：1，采集 030		
二期		4. 杏花村采 03	II 7. 杏花村 M2：1	11. 杏花村采集 023	12. 杏花村采 0020	14. 杏花 M62：1
三期	2. 杏花村采 024	5. 旌介 M1：25			13. 杏花村 M24：1	15. 旌介 M2：4

图 4 - 19　晋中地区晚商时期陶鬲分期图（二）

B 型：瘪裆肥袋足鬲。口微侈,宽沿,腹扁宽,似年代较晚者裆较矮形体更扁方。标本杏花村采 021、杏花村采集 03、旌介 M1：25(图 4－19：3、4、5)。

C 型：花边斜鼓腹鬲。皆高领深袋足,不见实足根,数量不多。根据肩腹形态差异可分为两式。

Ⅰ式：高领斜侈,肩部平宽微鼓,袋足较高肥。标本杏花村采集 0027(图 4－19：6)。

Ⅱ式：溜肩较缓,袋足较矮。标本杏花村 M2：1(图 4－19：7)。

D 型：凸肩鼓腹鬲。多有花边,肥袋足,无实足根。有一定数量。标本杏花村 H211：2、杏花村 H304：1、杏花村采集 030、杏花村采集 023(图 4－19：8、9、10、11)。

E 型：叠唇联裆鬲。数量不多,但辨识度较高。个别联裆鬲裆部微瘪。标本杏花村 0020、杏花村 M24：1(图 4－19：12、13)。

F 型：联裆筒腹鬲。数量不多。标本杏花村 M62：1、旌介 M2：4(图 4－19：14、15)。

甗：数量很少,标本杏花村 T52②：1(图 4－20：1)。

盆：总体数量不多,根据腹部形态差异可分为深腹盆与鼓腹盆两类。

器物 期段	甗	盆		豆		
		A	B	A	B	C
一期		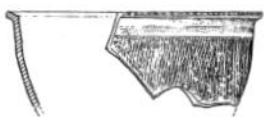 Ⅰ　2. 杏花村 采集 037		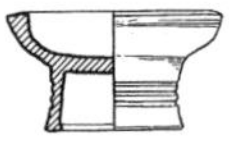 Ⅰ　6. 杏花村 采集 0017	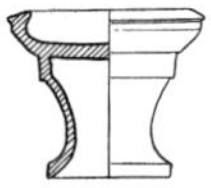 8. 杏花村 采集 0013	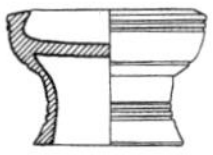 Ⅰ　9. 杏花村 采集 0010
二期		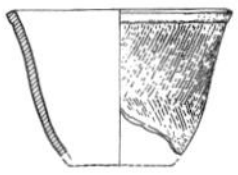 Ⅱ　3. 杏花村 采集 046	 Ⅰ　4. 杏花村 采集 01	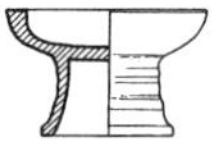 Ⅱ　7. 杏花村 M52：1		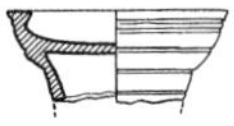 Ⅱ　10. 杏花村 M5：1
三期	 1. 杏花村 T52②：1		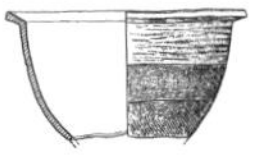 Ⅱ　5. 杏花村 T53②：2			

图 4－20　晋中地区晚商时期陶甗、盆、豆分期图

(本图中 BⅡ式盆与图 4－18DⅢ式鬲在原报告中重号)

A 型：深腹盆。数量较多,根据沿腹形态差异可分为两式。

Ⅰ式：短折沿,斜腹略浅。标本杏花村采集 037(图 4-20:2)。

Ⅱ式：斜腹甚深。标本杏花村采集 046(图 4-20:3)。

B 型：鼓腹盆。数量较多,根据沿腹形态差异可分为两式。

Ⅰ式：折沿斜立,上腹微鼓。标本杏花村采集 01(图 4-20:5)。

Ⅱ式：折沿较宽平,上腹较斜直。标本杏花村 T53②:2(图 4-20:4)。

豆：根据豆盘形态差异可分为真腹豆与假腹豆两种。

A 型：直柄真腹豆。根据豆盘及柄部差异可分为两式。

Ⅰ式：盘较深,柄较直。标本杏花村采集 0017(图 4-20:6)。

Ⅱ式：豆盘变浅,柄下端微外撇。标本杏花村 M52:1(图 4-20:7)。

B 型：曲柄真腹豆。标本杏花村采集 0013(图 4-20:8)。

C 型：假腹豆。数量较多。根据沿、柄形态差异可分为两式。

Ⅰ式：敛口,沿斜侈,柄微曲较矮。标本杏花村采集 0010(图 4-20:9)。

Ⅱ式：敛口,平短沿,沿面有的有一道浅凹槽,柄曲度较大,较高。标本杏花村 M5:1(图 4-20:10)。

罐：数量较少。可分为深腹罐与圆腹罐两类。

A 型：深腹罐。标本杏花村采集 0041(图 4-21:1)。

B 型：圆腹罐。标本杏花村 T52②:3(图 4-21:2)。

小口瓮：数量不多,标本杏花村采集 033(图 4-21:3)。

蛋形瓮：数量不多,标本杏花村 T52②:3、采集 048(图 4-21:4、5)。

(三) 分期与年代推定

太谷白燕遗址晚商时期遗存仅有原简报所划分的第五期第四段,遗存不甚丰富,公布材料中仅有 H16、H17、H36 三个单位。从陶器形态观察可将其分为前后两期,第一期以 H16、H17 为代表;第二期则以 H36 为代表。

汾阳杏花村遗址晚商时期遗存十分丰富,但采集器较多。根据陶器形态差异可将其分为前后三期。第一期遗存较少,采集者居多,经发掘材料以 H309、M4、M18、M26、M71 为代表;第二期以 M2、M9、M22、M62 等单位为代表;第三期以 T52、T53 等探方第②层,M24 等单位为代表。三期中第一、二期遗存分别与白燕遗址一、二期相当。第一期遗存中的遗存似可再进一步分段,比如 H309、M62 可能早于 M4、M71。

旌介遗址三座墓葬年代相近,与杏花村遗址第三期相当。

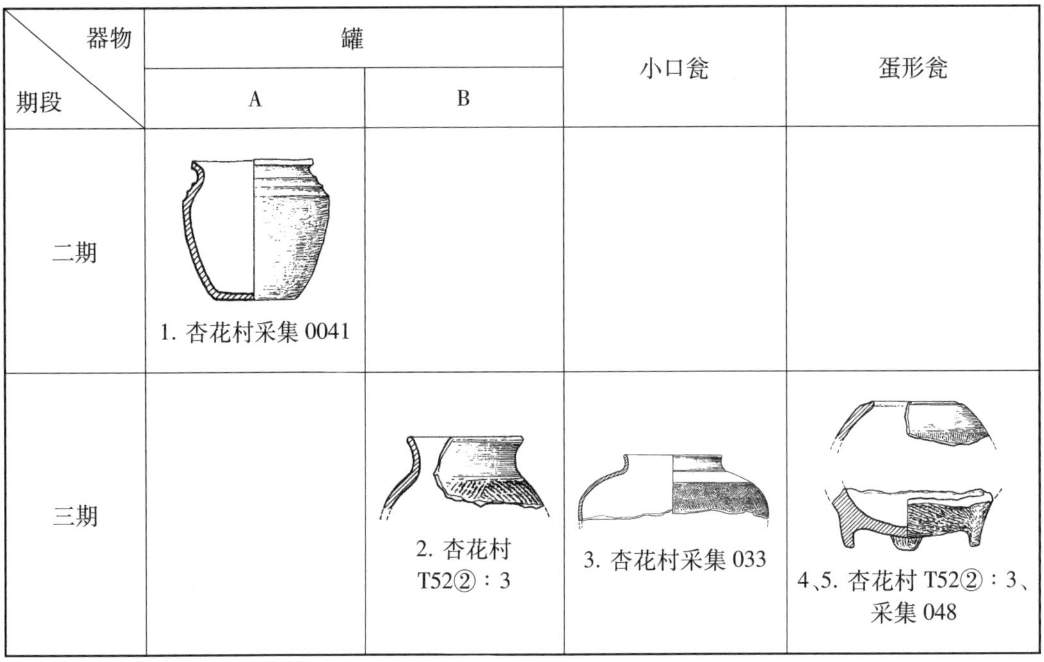

器物 \ 期段	罐		小口瓮	蛋形瓮
	A	B		
二期	1. 杏花村采集 0041			
三期		2. 杏花村 T52②：3	3. 杏花村采集 033	4、5. 杏花村 T52②：3、采集 048

图 4-21　晋中地区晚商时期陶罐、瓮分期图

(本图中 B 型罐与蛋形瓮口部残片在原告中重号)

由此我们可以将晋中地区晚商时期遗存串联为三期(表 4-3)。

表 4-3　晚商时期晋中地区居址分期对照表

遗址 \ 期段	一期	二期	三期	资料来源
太谷白燕	1	2		①
汾阳杏花村	1	2	3	②
灵石旌介			√	③

第一期：本期遗存包含白燕、杏花村遗址晚商一期。从浅腹鬲陶鬲整体较瘦,裆部及实足根较高特征观察,年代约相当于殷墟二期。

第二期：本期遗存较为丰富,白燕、杏花村遗址晚商二期属于本期。从陶鬲形态观察,浅腹鬲变矮肥,裆部低矮,年代相当于殷墟三期。

第三期：本期遗存较少,仅有杏花村三期与旌介三座墓葬。从陶鬲形态观察,杏花村

① 晋中考古队：《山西太谷白燕遗址第一地点发掘简报》,《文物》1989 年第 3 期。
② 国家文物局等：《晋中考古》,文物出版社(北京),1998 年。
③ 山西省考古研究所：《灵石旌介商墓》,科学出版社(北京),2006 年。

遗址发现有殷墟四期常见的裆部近平的无实足根肥袋足鬲,据此可知本期约相当于殷墟四期。

此外,晋中地区曾多次零星发现晚商时期铜器,白燕遗址还曾发现过卷云形金耳饰。说明晚商时期佩戴此类耳饰的人群分布区的最南界已达晋中地区,但目前与之相关的遗存和居址尚不丰富。杏花墓地的遗存是否与佩戴金耳饰的人群相关,目前尚无确凿证据。

六、晚商时期各期陶器的特征

由于遗存普遍缺乏地层关系,从整体文化面貌变迁来看,晋中地区晚商阶段三期间变迁规律不是非常明显。与殷墟相比,本地区地区特性较突出,以下简要述之。

(一)陶系

由于相关的遗址居址材料不丰富,且皆未公布陶系统计数据,因此本书简要述之。

一期:因为所发表器物以陶鬲居多,其他器类甚少,所以夹砂陶数量多于泥质陶,陶器群胎质普遍较厚,夹砂陶所夹砂粒较细。陶色以各色褐陶为主,色泽并不规范、一致。纹饰中以各类中、细绳纹为绝大多数,但滚压散乱,不规整。由于材料较少,少见旋纹、附加堆纹等其他纹饰。

二期:本阶段褐陶比例似更高。陶质变化不大。纹饰仍以绳纹最为常见,粗绳纹比例不高。由于陶豆、盆的发现,素面陶比例在本阶段有较高比例。

三期:本阶段陶系与上一阶段十分接近。纹饰方面绳纹中以散乱滚压的中、细绳纹为主。

(二)器物群中的炊器特征与组合变化

由于所发现的材料中陶鬲在炊器组合中占有绝对优势,因此对本地区晚商炊器的分析实际上就是对陶鬲的分析。

一期:本阶段除单把鬲、联裆空锥足外,其余种类的陶鬲也都并存。有实足根的深直腹鬲、罐形鬲是早商时期的"中间型"鬲和土著式陶鬲演变而来的,但数量、比例与早商三期时相比,下降明显。各类斜腹、鼓腹鬲,则明显与典型的商文化系统陶鬲关系密切。本期新出现的空锥足鬲可能是商文化与本地高领深腹鬲结合后形成的新器类。凸肩深袋足无实足根的形态与太行山以东燕山南麓的同时期器物有一定渊源关系,和以昌平张营、壶流河流域李大人庄同类器可能也存在渊源关系(图 4 - 22)。但二者也有较明显的差异,从杏花遗址所见者观察,其领部远较李大人庄者为高,袋足亦较直。而花边凸肩鬲,则很可能与李家崖文化相关。所发现的单把鬲残片或与围坊三期文化有关系。由于材料缺乏,我们无法判断他们之间的差异是时间原因还是空间文化传播原因所致。虽然缺少准确的出土层位关系,但借助殷墟遗址群的发现,还是可以大体将晋中盆地的晚商时期遗存卡定年代。

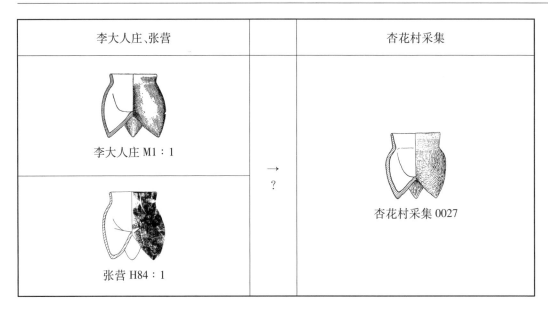

图 4 - 22　杏花村、李大人庄遗址深袋足鬲对比图

二期:本阶段炊器组合变化不大,新出现领部饰有附加堆纹的单把鬲、凸肩鬲可能与太行山东麓的晚商时期遗存有关(图 4 - 23)。

三期:本阶段炊器中最大的变化在于高领深腹鬲消失。

(三) 器物群其他主要器物特征与组合变化

由于其他器类缺乏,本地区其他主要器类的地区特点目前不甚明朗,需要材料进一步丰富后方可进行讨论。从目前的材料可以看出,陶豆、盆、罐、小口瓮与太行山东麓冀中地区同时期材料面貌接近,尤其是各类曲柄的豆,与冀中地区同时期的遗存相似度尤高(图 4 - 24)。此外,三足蛋形瓮在本地延续时间较长,较有特色。

第二节　忻定盆地考古学文化的分期与特征

一、夏时期的遗存分期

本文所称忻定盆地是指滹沱河中上游流经的 C 字形山间盆地。盆地北部为恒山山脉,西侧为云中山,南部为系舟山,东部为五台山山系。本地区水系为滹沱河及其中游支流牧马河、云中河、清水河等。依行政区划包括今忻州地区所辖的繁峙、代县、原平、忻州、定襄、五台等市县。这一地区考古工作开展较晚,1980 年 5 - 6 月,为给吉林大学考古专业选择实习地点,王克林带领刘绪、许伟对晋中地区和忻定盆地进行了调查。忻定盆地的忻县高城、张村、向阳、西关外,定襄东关、大沙沟、西社等遗址被调查。按许伟记录,当时的调查觉得西社遗址的堆积时代丰富,"比较理想"。在晋中地区的多年发掘结束后,

太行山以东诸遗址、高红遗址	杏花墓地	殷墟遗址群
	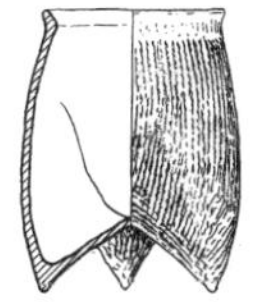 5. 杏花村鬲 M4：1	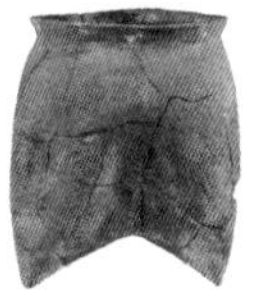 12. 73ASNH37：7
	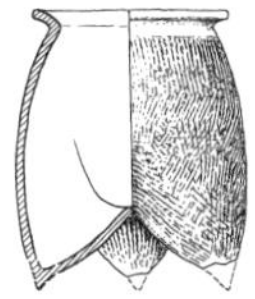 6. 杏花村采集 024	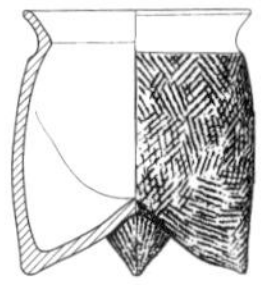 13. 大司空 M111：3
	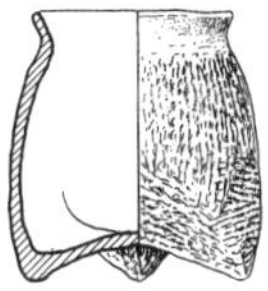 7. 杏花 M62：1	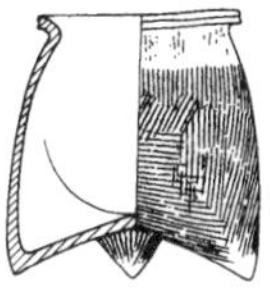 14. 小屯 H170：18
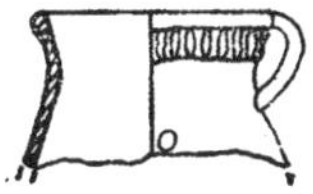 1. 唐县洪城采集	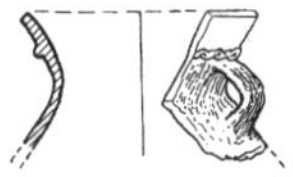 8. 杏花村采集 022	 15. 72ASTH54 出土
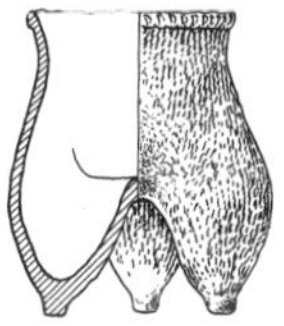 2. 高红 83H1：1	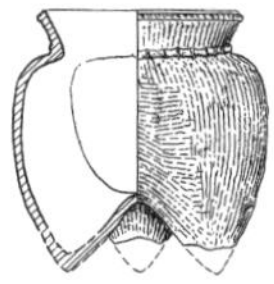 9. 杏花村采集 023	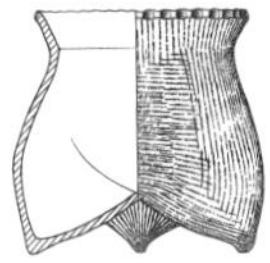 16. 03 孝民屯 M776：3
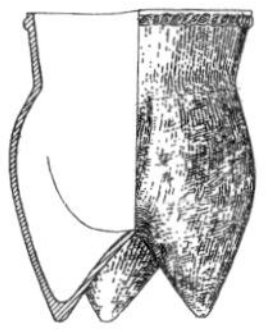 3. 渐村 H7 上：16	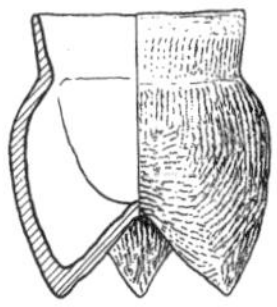 10. 杏花村采 0027	
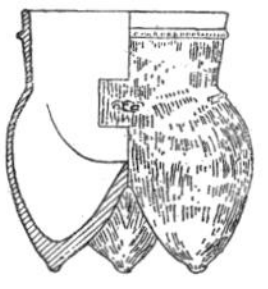 4. 北福地 H25：2	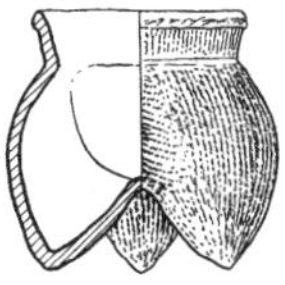 11. 杏花村采集 030	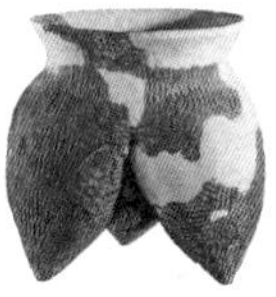 17. 2004AXSF102：2

图 4 - 23　杏花村墓地与太行山以东诸遗址、高红、殷墟遗址陶鬲对比图

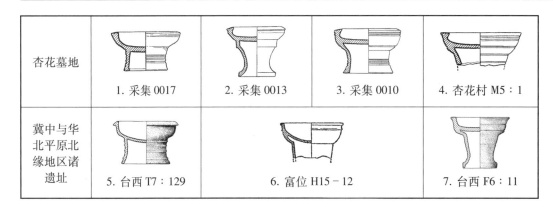

杏花墓地	1. 采集 0017	2. 采集 0013	3. 采集 0010	4. 杏花村 M5：1
冀中与华北平原北缘地区诸遗址	5. 台西 T7：129	6. 富位 H15 - 12		7. 台西 F6：11

图 4 - 24　杏花村墓地与太行山以东诸遗址陶豆对比图

吉林大学与山西省考古所合作对忻州游邀遗址进行了发掘,开启了这一地区夏商时期较为系统的考古学研究。近三十年来,在这一地区已公布了近十处遗址的材料(图 4 - 25)。2006 年至 2008 年,国家博物馆王力之又率队在滹沱河流域完成了全覆盖调查,发现二里头文化时期遗址近 200 处。2017 年以后,该团队又持续几年发掘忻州刘沟遗址。

（一）地层关系

忻定盆地二里头文化时期遗存以忻州游邀、尹村、原平唐昌及定襄青石遗址为代表。

忻州游邀遗址二里头文化时期遗存有代表性的地层关系有如下几组:

（1）H502→H590→H588、H621

（2）H502→H514→H582

（3）H570→H623→H582

（4）H115→H164→H183→H185

（5）H200→H129

第（1）、（2）、（3）组地层关系中,仅有 H502、H514、H582 发表有器物;第（4）、（5）组地层关系中,仅 H183、H129 两单位发表有器物。除上述单位外,发表器物较多的单位还有 H2、H3、H593 等单位。

忻州尹村遗址二里头文化时期遗存相关地层关系有如下两组:

（1）T124③→④→H13→H8

（2）M3→H14

在第（2）组地层关系中,M3 为早商时期遗存。

定襄青石遗址 2007 年由山西省考古所大规模发掘,从公布资料及笔者参观所见的情况可知,该遗址可利用的地层关系有如下几组:

（1）T6①→H26→②→H2→H13→H14

（2）T24①→H24→H25

（3）H87→H70

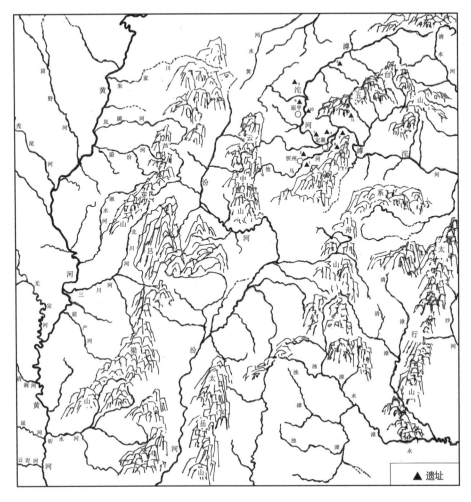

图 4 - 25　忻定盆地二里头文化时期主要遗址分布示意图

1. 游邀　2. 尹村　3. 唐昌　4. 青石　5. 东段景　6. 西会　7. 汤头　8. 麻河沟　9. 西高蒋　10. 辛章　11. 下西

（4）H121→H117

（5）T24①→H24→H27→H28→H30

在第（1）组地层关系中，H13 以下为龙山时期遗存；第（2）、（5）组地层关系中，H30 及以上单位为龙山时期遗存，以上至 H24 则为二里头文化时期。

（二）陶器形制分析

忻定盆地各遗址二里头文化时期遗存较为丰富，器类亦较多样，其中鬲、斝、罐、盆、豆几类器物形制演变轨迹较为清晰，是分期断代的重要依据。

鬲：根据整体形态差异可分为九型。

A 型：高领双鋬鬲，领部略矮，表面或有篮纹装饰，袋足肥大，双鋬"正装"一在袋足，一在两袋足之间，实足根较高，或有捆扎凹槽痕迹，器表多饰以散乱绳纹。标本游邀 H2：55

(图 4 - 26：1)。

B 型：高领鬲，根据领腹实足根形态差异可分为四式。

Ⅰ式：高领较直，口沿或有花边装饰，领部器表有较浅的篮纹或绳纹，袋足肥大，实足根较高，有的有捆扎痕迹，器表绳纹散乱。标本游邀 H2：54(图 4 - 26：2)。

Ⅱ式：高领斜侈，袋足变瘦，实足根较高外撇，器表绳纹浅细。标本尹村 T124④：43、青石 H87：1(图 4 - 26：3、4)。

Ⅲ式：高侈领，领部较之前变矮。标本青石 H13 上：3(图 4 - 26：5)。

Ⅳ式：领部外侈近卷，腹较瘦，实锥足较高，器表绳纹滚压较深。标本青石 H24：1、H126：4(图 4 - 26：6、7)。

C 型：矮领鬲，卷沿。根据领腹形态差异可分为三式。

Ⅰ式：肥袋足，器表绳纹散乱，最大径在袋足与实足根相接处。标本尹村 H5：45(图 4 - 26：8)。

Ⅱ式：卷沿较宽，沿下多加贴泥条加固，颈部收束较甚，器表绳纹较规整，裆较高，实足根尖细。标本青石 H13：2、H54：1(图 4 - 26：9、10)。

Ⅲ式：卷沿，沿腹相接处有较明显的折痕，器表绳纹细而规整，实足根较之前略矮。标本青石 H26：1、H103 上：6(图 4 - 26：11、12)。

D 型：单把鬲。根据领及鋬手差异可分为两式。

Ⅰ式：领部较矮，鋬手上端略高于鬲口。标本游邀 H183：3(图 4 - 26：13)。

Ⅱ式：领部较高，鋬手上端略低于鬲口。标本尹村 T124③：24(图 4 - 26：14)。

E 型：侈口联裆鬲。有一定数量，十分具有地方特色，根据裆部变化可分为三式。

Ⅰ式：侈口深腹，腹部深瘦。标本下双井 FS061023H003：1(图 4 - 26：15)。

Ⅱ式：侈口瘦腹，腹部较前略浅。标本土黄沟 YP080504L004：3(图 4 - 26：16)。

Ⅲ式：侈口，腹部较宽矮。标本东段景采集者(图 4 - 26：17)。

F 型：无鋬耳蛇纹鬲。数量不多。标本尹村 T121③：12(图 4 - 27：1)。

G 型：双耳蛇纹鬲。数量不多。标本尹村 H12：1(图 4 - 27：2)。

H 型：双鋬鬲。数量不多。标本铁家会 FS061116I006：1(图 4 - 27：3)。

I 型：罐形鬲。数量不多，但辨识度很高。标本下西 T511：4(图 4 - 27：4)。

鼎： 数量不多，有罐形锥足或侧装扁三角足和方足鼎等几类。从现有情况看，太行山东麓典型的盆形鼎在忻定盆地未有发现，所见残片显示本地二里头文化时期的陶鼎当多为罐形。

罐形锥足鼎是本地很有特点的器物，锥形足表面与同时期的鬲、甗、斝一样，多有捆扎凹槽。标本如游邀 H584：24(图 4 - 27：5)。

侧装扁三角足鼎目前未发现较大的残片，但鼎足不少，在定襄青石和滹沱河流域上游地区调查中有一定数量的发现。标本青石 H13 上：24(图 4 - 27：6)。

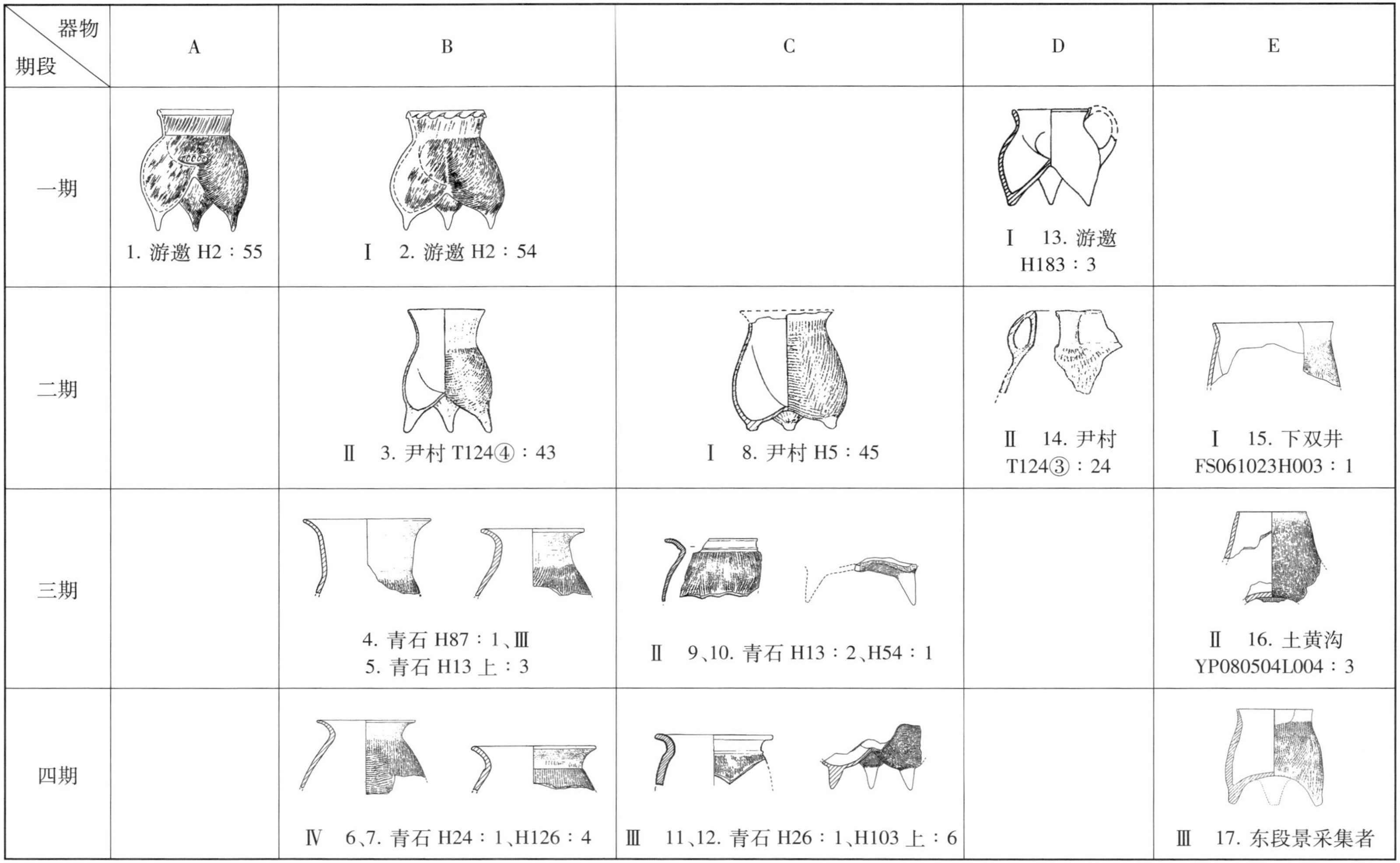

器物 期段	A	B	C	D	E
一期	 I 1. 游邀 H2∶55	 I 2. 游邀 H2∶54		 I 13. 游邀 H183∶3	
二期		 II 3. 尹村 T124④∶43	 I 8. 尹村 H5∶45	 II 14. 尹村 T124③∶24	 I 15. 下双井 FS061023H003∶1
三期		 4. 菁石 H87∶1, III 5. 菁石 H13 上∶3	 II 9,10. 菁石 H13∶2, H54∶1		 II 16. 土黄沟 YP080504L004∶3
四期		 IV 6,7. 菁石 H24∶1, H126∶4	 III 11,12. 菁石 H26∶1, H103 上∶6		 III 17. 东段景采集者

图 4-26 忻定盆地二里头文化时期陶鬲分期图

器物 期段	鬲			鼎	
	F	G	H&I	锥足与侧装扁三角足鼎	方足鼎
一期				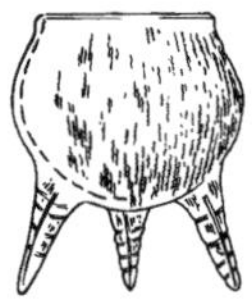 5. 游邀 H584：24	
二期	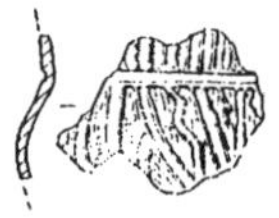 1. 尹村 T121③：12	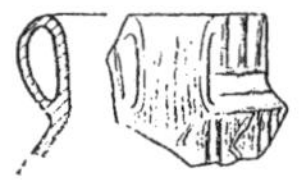 2. 尹村 H12：1	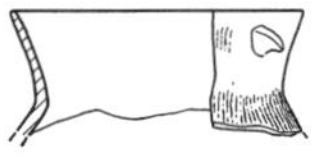 3. 铁家会 FS061116I006：1		 7. 尹村 T122③：26
三期				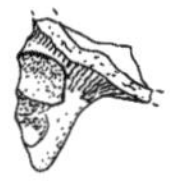 6. 青石 H13 上：24	
四期			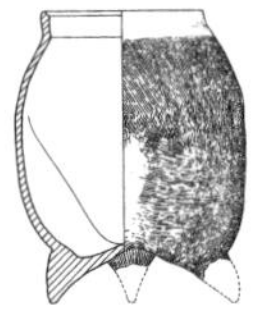 4. 下西 T511：4		

图 4-27　忻定盆地二里头文化时期陶鬲、鼎分期图

方足鼎,目前尚无复原器,但已经发现多件足的残片,上部鼎腹情况不明。此类方足足底多有凹窝。标本尹村 T122③：26(图 4-27：7)。

甗：目前尚未发现复原器,需根据上部盆甑部分下部陶鬲部分分别分析之。

盆甑部：根据口腹形态差异可分为三式。

Ⅰ式：侈口,微束颈,腹瘦而深,下腹多有双鋬手,器表绳纹较散乱。标本游邀 H582：9(图 4-28：1)。

Ⅱ式：侈口,束颈不甚明显,腹较圆,双鋬手位置上移。标本尹村采 02(图 4-28：2)。

Ⅲ式：腹部变肥,鋬手逐渐少见。标本青石 H25：2、下双井 FS061023L006C2：2(图 4-28：3、4)。

陶鬲部分：所见者皆有算托,器表腰部也多有附加堆纹,有的甚至在腰部外侧加装纵

向的鋬手加固甑、鬲两部分。根据袋足形态差异可分为两式。

Ⅰ式：袋足较肥鼓，实足根甚高，足表多有捆扎凹槽，器表绳纹散乱。标本游邀H584∶23(图4-28∶5)。

Ⅱ式：袋足较瘦，实足根较高，部分有捆扎凹槽，器表绳纹较规整。标本尹村T102②∶25、杏园FS070411K005∶4(图4-28∶6、7)。

鬲： 根据整体形态差异可分为四型。

A型：敛口。根据口腹形态差异可分为四式。

Ⅰ式：卷沿内敛，沿微上翘，圆肩，腹较深，器表绳纹散乱，多见五花大绑式的附加堆纹，腹中皆有双鋬，袋足较肥，实足根较高。标本游邀H2∶140(图4-28∶8)。

Ⅱ式：敛口上翘，折肩，腹深瘦，器表绳纹较规则，仍有五花大绑式的附加堆纹，腹中有双鋬。标本尹村T124③∶18(图4-28∶9)。

Ⅲ式：敛口近平，圆肩近折，腹较深，器表绳纹细而规则，仍有五花大绑式附加堆纹。标本青石H109∶2(图4-28∶10)。

Ⅳ式：卷沿，圆肩，腹肥圆而浅，肩部有附加堆纹，少见五花大绑式附加堆纹。标本青石H26∶2(图4-28∶11)。

B型：敞口鬲。上部盆腹肥大，有双鋬，器表绳纹散乱，实足根较高，足面有捆扎凹槽。标本游邀H2∶52(图4-28∶12)。

C型：尊形鬲。根据腹足形态差异可分为两式。

Ⅰ式：喇叭口，高领，上腹较深，腹中较圆，袋足较深肥，实足根上有捆扎凹槽痕迹。标本游邀H216∶11(图4-28∶13)。

Ⅱ式：腹中微折，袋足略浅。标本尹村T124③∶39(图4-28∶14)。

D型：单把鬲。根据腹把形态差异可分为两式。

Ⅰ式：高领，鋬耳上端连于口沿，实锥足甚高，表面有捆扎凹槽痕迹。标本游邀H584∶4(图4-28∶15)。

Ⅱ式：领部变矮，鋬耳变短，上端连于领下部。标本青石遗址出土者(图4-28∶16)。

盆： 根据整体形态差异可分为五型。

A型：深腹盆，数量较多，根据沿腹形态差异可分为四式。

Ⅰ式：圆唇，卷沿甚短，腹弧直较深，多见双鋬，肩部多有戳印的楔形点纹，下腹部饰以绳纹。标本尹村H8∶9(图4-29∶1)。

Ⅱ式：尖圆唇，卷沿较短，腹较深，偶见双鋬，器表绳纹深直。标本尹村H5∶49(图4-29∶2)。

Ⅲ式：圆唇，卷沿较宽，腹较鼓，较之前弧度增大，但整体变浅，不见双鋬，器表饰以绳纹或旋断绳纹。标本青石H13∶8、青石H126∶8(图4-29∶3、4)。

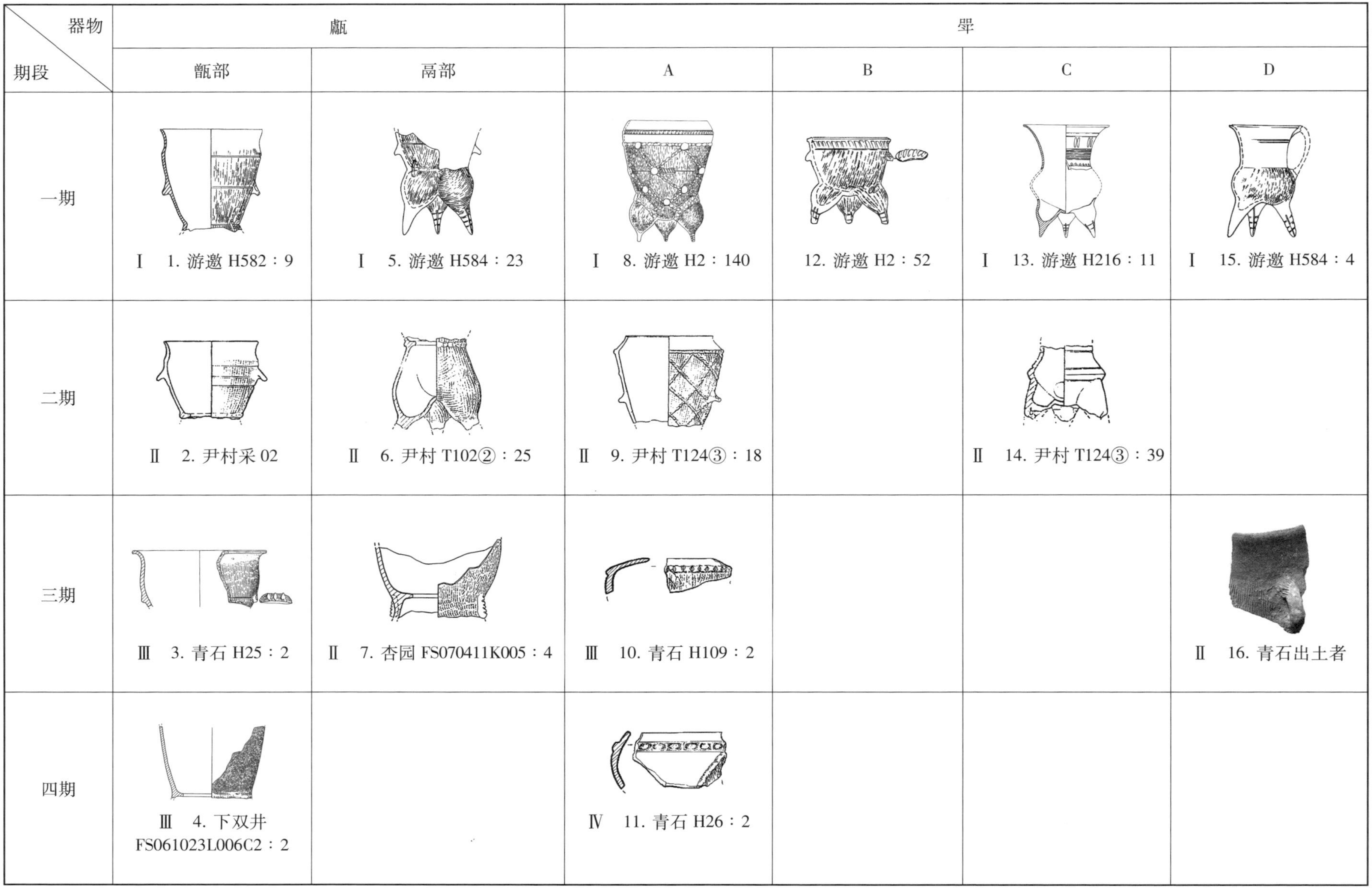

器物 / 期段	甗		斝			
	甑部	鬲部	A	B	C	D
一期	I 1. 游邀 H582：9	I 5. 游邀 H584：23	I 8. 游邀 H2：140	I 12. 游邀 H2：52	I 13. 游邀 H216：11	I 15. 游邀 H584：4
二期	II 2. 尹村采02	II 6. 尹村 T102②：25	II 9. 尹村 T124③：18		II 14. 尹村 T124③：39	II 16. 青石出土者
三期	III 3. 青石 H25：2	II 7. 杏园 FS07041K005：4	III 10. 青石 H109：2			
四期	III 4. 下双井 FS061023L006C2：2		IV 11. 青石 H26：2			

图4-28 忻定盆地二里头文化时期陶甗、斝分期图

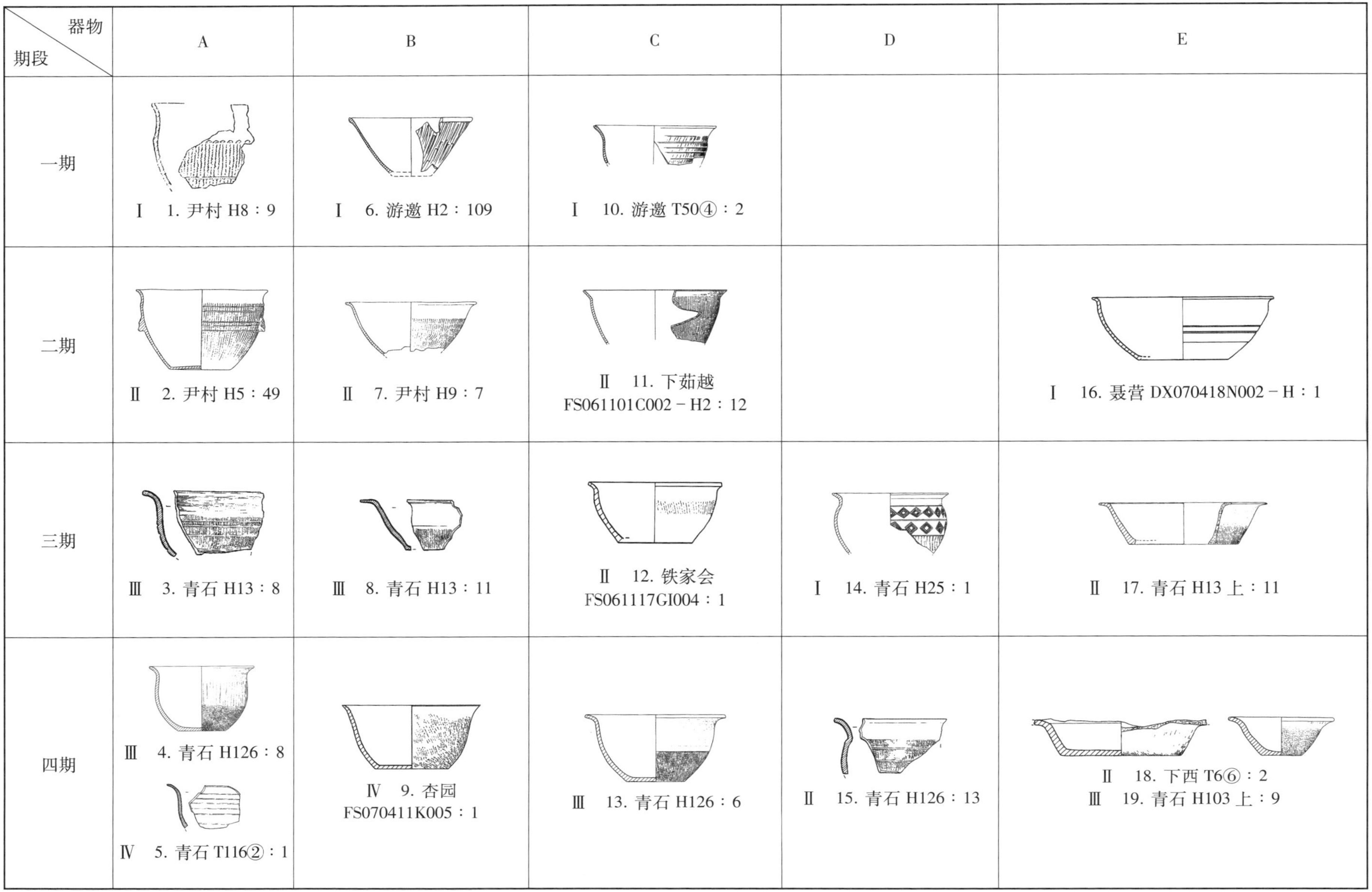

器物 期段	A	B	C	D	E
一期	I 1. 尹村 H8：9	I 6. 游邀 H2：109	I 10. 游邀 T50④：2		
二期	II 2. 尹村 H5：49	II 7. 尹村 H9：7	II 11. 下茹邀 FS061101C002－H2：12		I 16. 聂营 DX070418N002－H：1
三期	III 3. 青石 H13：8	III 8. 青石 H13：11	II 12. 铁家会 FS061117GI004：1	I 14. 青石 H25：1	II 17. 青石 H13 上：11
四期	IV 4. 青石 H126：8 IV 5. 青石 T116②：1	IV 9. 杏园 FS070411K005：1	III 13. 青石 H126：6	II 15. 青石 H126：13	II 18. 下西 T6⑥：2 III 19. 青石 H103 上：9

图 4－29　忻定盆地二里头文化时期陶盆分期图

Ⅳ式：圆唇，卷沿较平，下腹微鼓，器表饰以旋纹。标本青石 T116②：1(图 4 - 29：5)。

B 型：斜腹盆。数量较多，根据盆腹形态差异可分为四式。

Ⅰ式：圆唇，腹斜侈较深，腹部未见双錾，器表多饰篮纹。标本游邀 H2：109(图 4 - 29：6)。

Ⅱ式：卷沿较短，腹微鼓斜侈，器表饰绳纹。标本尹村 H9：7(图 4 - 29：7)。

Ⅲ式：卷沿较宽，腹斜侈较浅。标本青石 H13：11(图 4 - 29：8)。

Ⅳ式：圆唇无沿，腹斜侈微鼓。标本杏园 FS070411K005：1(图 4 - 29：9)。

C 型：弧腹盆。数量较少，根据盆腹形态差异可分为三式。

Ⅰ式：侈口卷沿较宽，上腹微鼓，器表饰旋断细绳纹。标本游邀 T50④：2(图 4 - 29：10)。

Ⅱ式：卷沿较宽，上腹鼓凸不明显。标本下茹越 FS061101C002 - H2：12、铁家会 FS061117GI004：1(图 4 - 29：11、12)

Ⅲ式：卷沿，微束颈。深腹弧鼓。标本青石 H126：6(图 4 - 29：13)。

D 型：束颈鼓腹盆。根据整体形态差异可分两式。

Ⅰ式：肩腹鼓出明显，肩与上腹多压印圆圈纹或云雷纹。标本青石 H25：1(图 4 - 29：14)。

Ⅱ式：卷沿较宽，肩腹外鼓较流畅。标本青石 H126：13(图 4 - 29：15)。

E 型：浅腹大平底盆。根据整体形制差异可分三式。

Ⅰ式：腹微鼓。标本聂营 DX070418N002 - H：1(图 4 - 29：16)。

Ⅱ式：斜腹较直。标本青石 H13 上：11、下西 T6⑥：2(图 4 - 29：17、18)。

Ⅲ式：斜腹短浅。标本青石 H103 上：9(图 4 - 29：19)。

豆：有细柄、粗柄之分。根据整体形态差异可分为五型。

A 型：折盘细柄。根据盘腹形态差异可分为两式。

Ⅰ式：卷沿较平，盘腹下部多见折棱。标本游邀 H2：100(图 4 - 30：1)。

Ⅱ式：卷沿较宽，沿面前端微卷，起折棱。标本尹村 H14：14、青石 H26：9(图 4 - 30：2、3)。

B 型：碗形细柄。根据盘沿形态变化可分两式。

Ⅰ式：短折沿，浅弧盘。标本游邀 H2：56(图 4 - 30：4)。

Ⅱ式：浅弧盘无沿。标本青石 H13 上：13(图 4 - 30：5)。

C 型：弧腹碗形豆。皆细柄。根据豆盘形态差异可分两式。

Ⅰ式：短沿微折，盘腹斜侈较深。标本游邀 H2：66(图 4 - 30：6)。

Ⅱ式：卷沿较宽，微束颈，腹较鼓。标本青石 H70：2、青石 T79②：1(图 4 - 30：7、8)。

D 型：盘形粗柄豆。数量不多。可分为两式。

Ⅰ式：卷沿较平，斜腹较浅。标本尹村 T102②：34(图 4 - 30：9)。

Ⅱ式：侈口，近无沿，弧腹较深。标本大宋峪 FS061026A021：1(图 4 - 30：10)。

E 型：镂孔豆，数量极少。多斜直腹，短折沿。标本游邀 H508：2(图 4 - 30：11)。

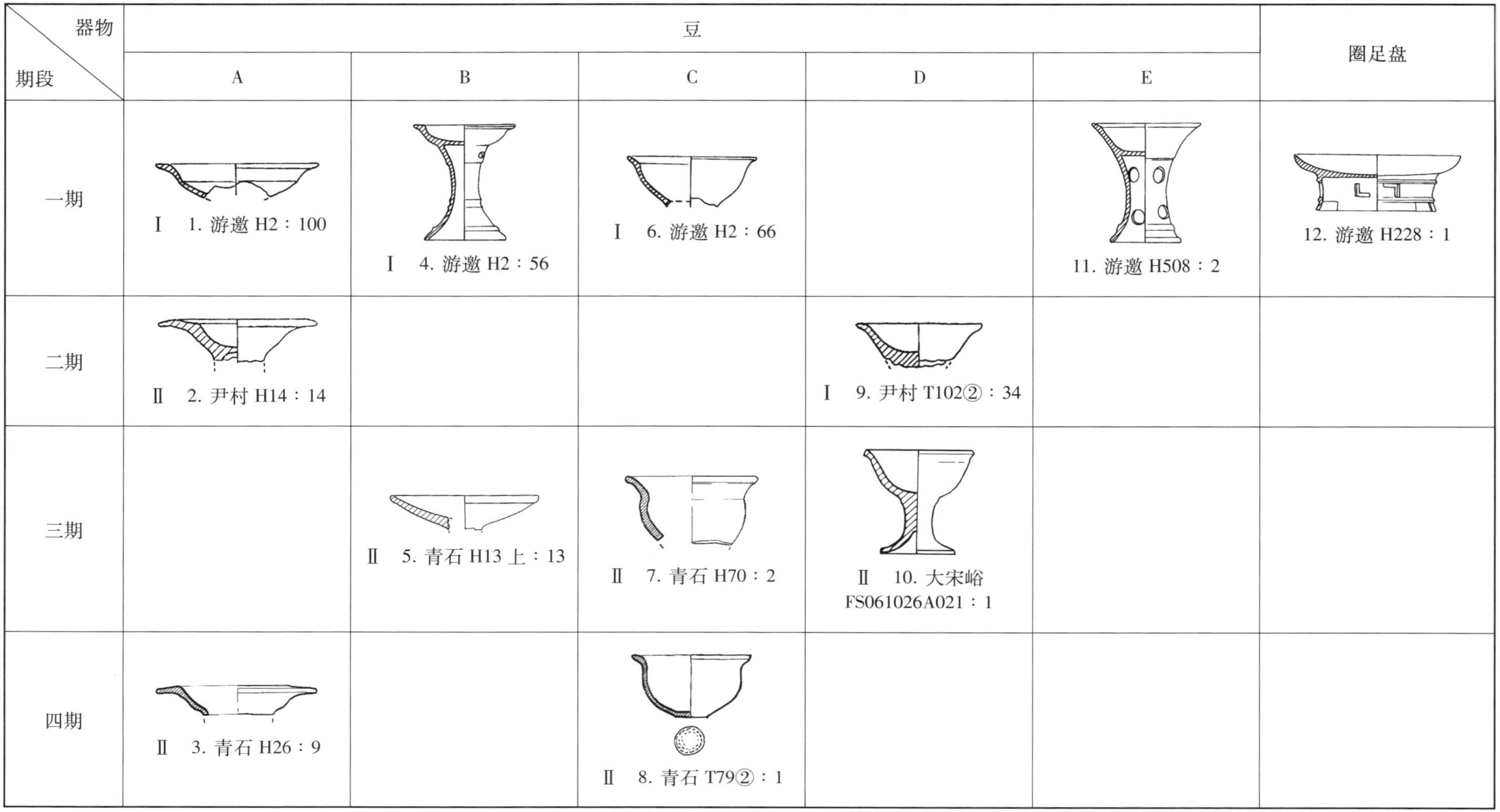

器物\期段	豆					圈足盘
	A	B	C	D	E	
一期	I 1. 游邀 H2：100	I 4. 游邀 H2：56	I 6. 游邀 H2：66		11. 游邀 H508：2	12. 游邀 H228：1
二期	II 2. 尹村 H14：14			I 9. 尹村 T102②：34		
三期		II 5. 青石 H13上：13	II 7. 青石 H70：2	II 10. 大末岭 FS061026A021：1		
四期	II 3. 青石 H26：9		II 8. 青石 T79②：1			

图 4－30　忻定盆地二里头文化时期陶豆、圈足盘分期图

圈足盘:数量较多,圈足上多有圆形或"L"形镂孔。标本游邀 H228:1(图4-30:12)。

罐:根据整体形态差异可分为七型。

A 型:大口深腹罐。数量不多,根据沿腹形态差异可分为两式。

Ⅰ式:宽沿,束颈较明显,器表饰较细密绳纹。标本青石 H109:1(图4-31:1)。

Ⅱ式:卷沿较宽,微上翘,束颈,唇缘多有凹槽,器表饰细绳纹。标本青石 H103 上:5(图4-31:2)。

B 型:圆腹罐。数量较多,根据腹部最大径形态差异可分为二式。

Ⅰ式:矮领,腹部最大径近腹中。标本青石 H13:1(图4-31:3)。

Ⅱ式:矮领,圆腹,腹部更加鼓出。标本青石 H26:3(图4-31:4)。

C 型:高领罐。数量甚多。根据领肩形态差异可分为两式。

Ⅰ式:束颈,领部较高,腹部最大径近下腹。标本游邀 H593:3(图4-31:5)。

Ⅱ式:高领略矮,圆肩,下腹饰绳纹,最大径上移至腹中。标本青石 H70:6、青石 H103:5(图4-31:6、7)。

D 型:双錾罐。数量不多。标本小李牛 FS061028002-H5:1(图4-31:8)。

E 型:尊形罐。有的器表有刻划纹。根据口、肩形态差异可分为两式。

Ⅰ式:束颈,高领较直,斜折肩,口肩径相当,下腹变短,器表素面。标本游邀 W501:1(图4-31:9)。

Ⅱ式:束颈较高,圆肩较鼓,口径大于肩颈。标本尹村 T124③:42、尹村 T124③:38(图4-31:10、11)。

F 型:折腹罐。数量不多。标本游邀 H2:58(图4-31:12)。

G 型:双耳罐。领部矮,下腹较扁折。标本游邀 M131:10(图4-31:13)。

瓮:在忻定盆地瓮的数量较多,形态也较多,大体可分为平口瓮、小口瓮、蛋形瓮等几类。

平口瓮:数量不多,出现时间较晚。标本青石 H126:2(图4-32:1)。

小口瓮:根据领部形态差异可分为两型。

A 型:腹较瘦直,较深,腹部双錾较高。标本游邀 H2:104(图4-32:2)。

B 型:腹较圆鼓。根据领部形态差异可分为两式。

Ⅰ式:侈领较高,圆肩。标本游邀 H584:22、青石出土者(图4-32:3、4)。

Ⅱ式:卷沿无领。标本青石 H103 上:4(图4-32:5)。

蛋形瓮:根据足部形态差异可分为三型。

A 型:三足或多足。数量较多。标本游邀 H2:61、尹村 H13:8、西庄 DX070529L010-C:2、3(图4-32:6、7、8、9)。

B 型:圈足。数量较多,但无复原器,目前无法分式。从整体变化趋势来看,蛋形瓮器体由矮胖逐渐变为瘦长,器表装饰从篮纹到散乱绳纹再逐渐演变为旋断绳纹。标本尹

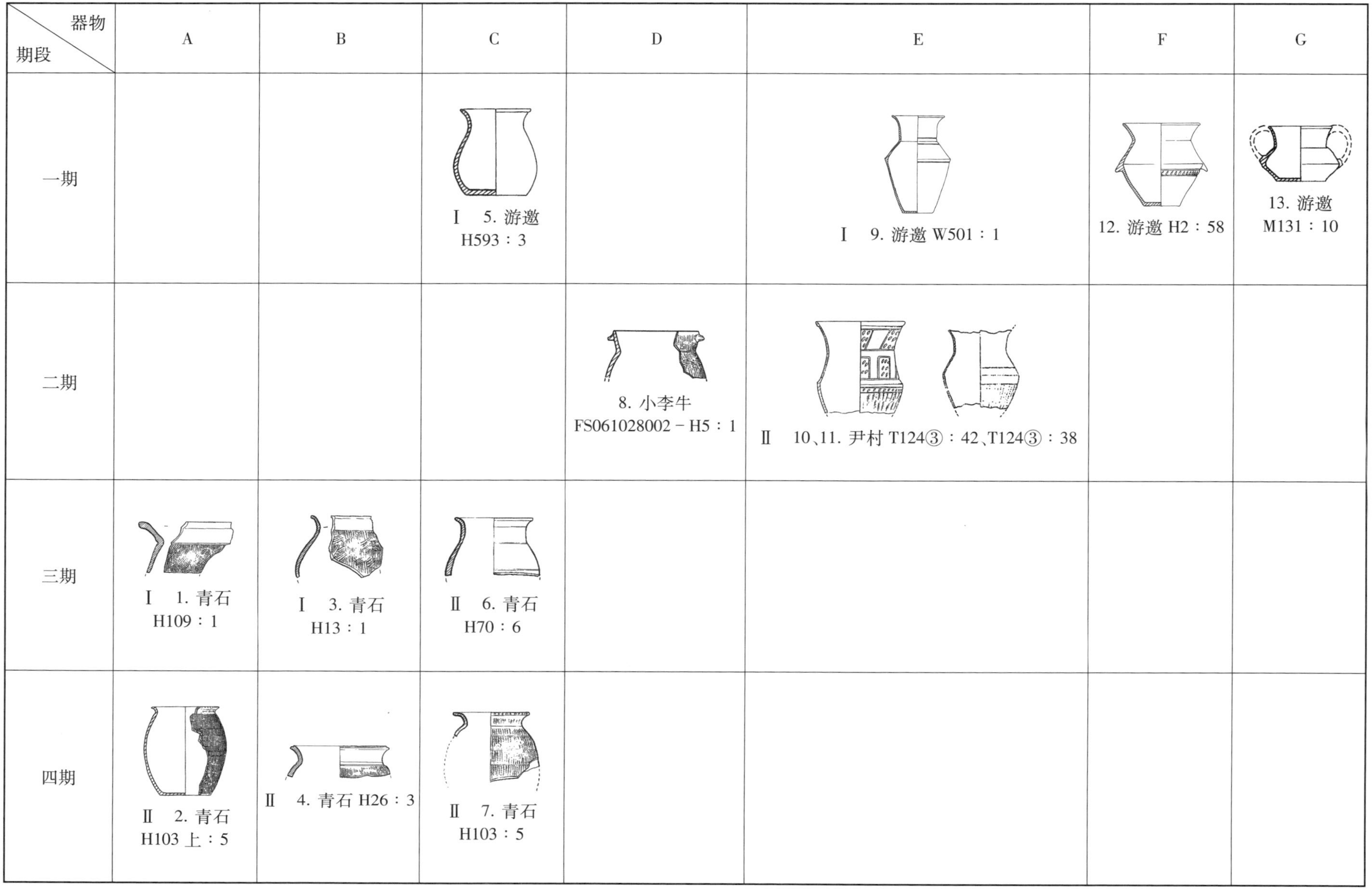

器物 期段	A	B	C	D	E	F	G
一期			I 5. 游邀 H593 : 3		I 9. 游邀 W501 : 1 II 10、11. 尹村 T124③ : 42、T124③ : 38	12. 游邀 H2 : 58	13. 游邀 M131 : 10
二期		I 3. 青石 H13 : 1	II 6. 青石 H70 : 6	8. 小李牛 FS061028002 – H5 : 1			
三期	I 1. 青石 H109 : 1	II 4. 青石 H26 : 3	II 7. 青石 H103 : 5				
四期	II 2. 青石 H103 上 : 5						

图 4 – 31　忻定盆地二里头文化时期陶罐分期图

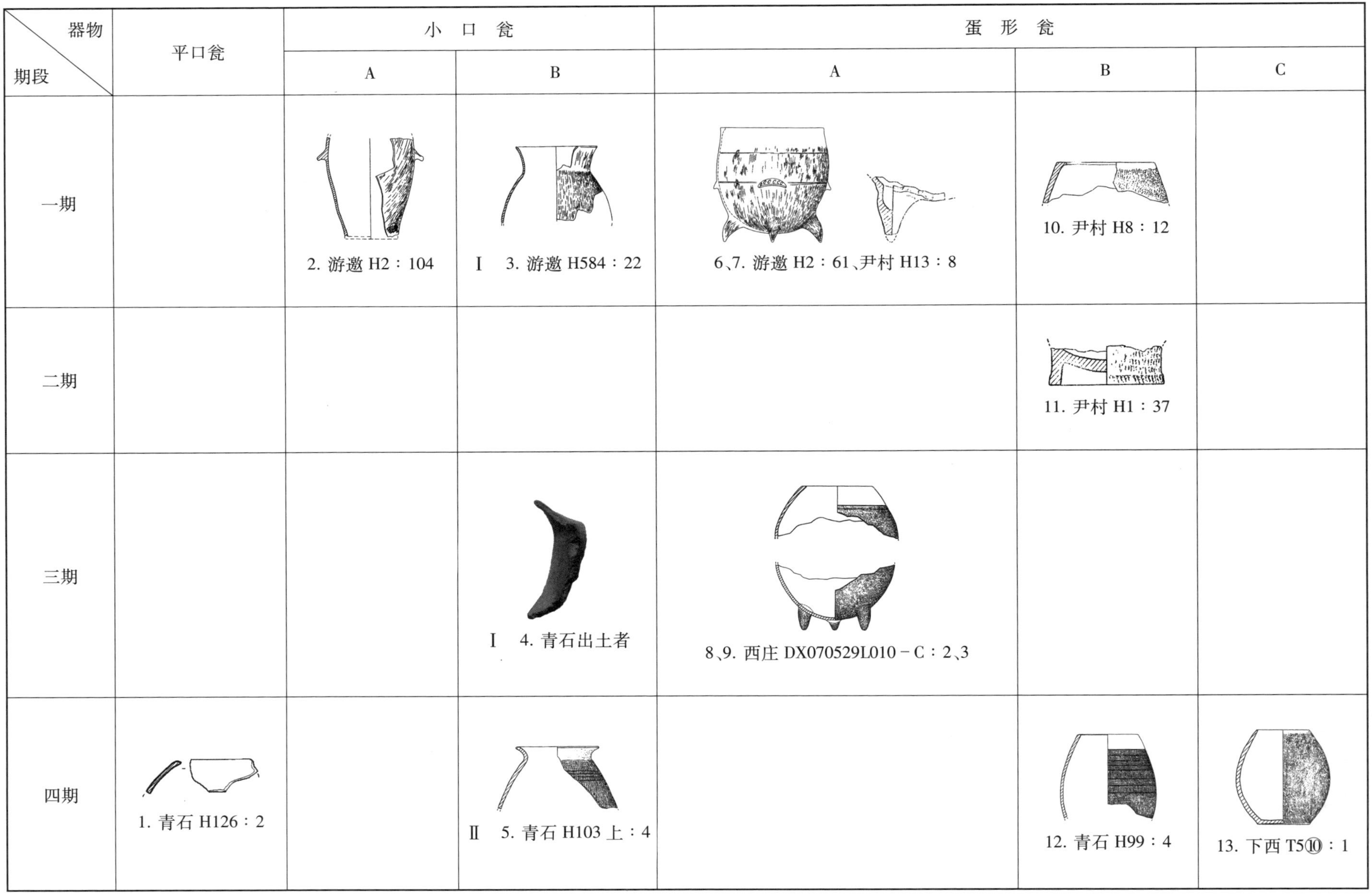

器物 期段	平口瓮	小口瓮		蛋形瓮		
		A	B	A	B	C
一期		2. 游邀 H2：104	I 3. 游邀 H584：22	6、7. 游邀 H2：61、尹村 H13：8	10. 尹村 H8：12	
二期					11. 尹村 H1：37	
三期			I 4. 青石出土者	8、9. 西庄 DX070529L010-C：2、3		
四期	1. 青石 H126：2		II 5. 青石 H103 上：4		12. 青石 H99：4	13. 下西 T5⑩：1

图 4－32　忻定盆地二里头文化时期陶瓮分期图

村 H8：12、尹村 H1：37、青石 H99：4(图 4－32：10、11、12)。

C 型：平底。数量不多。标本下西 T5⑩：1(图 4－32：13)。

单把杯：数量不多,根据腹部形态差异可分为两式。

Ⅰ式：腹微折,多素面。标本游邀 T535④：1(图 4－33：1)。

Ⅱ式：直腹。标本尹村 H5：60(图 4－33：2)。

鬶：数量不多。标本游邀 H584：2(图 4－33：3)。

管流爵：有一定数量。标本尹村 H11：2、东段景 DX090403C005－H：1、赵家庄
FS061108I017：1(图 4－33：4、5、6)。

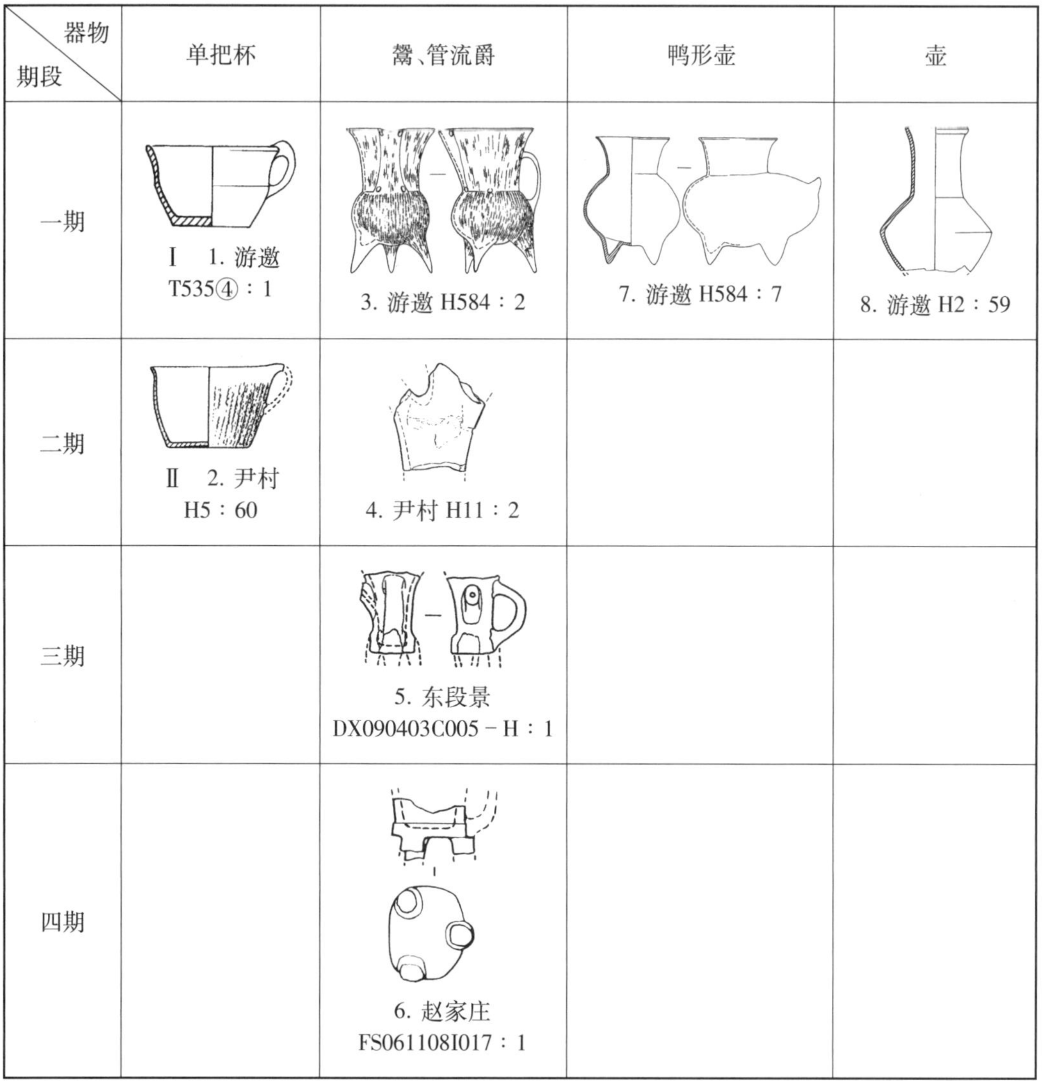

器物\期段	单把杯	鬶、管流爵	鸭形壶	壶
一期	Ⅰ　1. 游邀 T535④：1	3. 游邀 H584：2	7. 游邀 H584：7	8. 游邀 H2：59
二期	Ⅱ　2. 尹村 H5：60	4. 尹村 H11：2		
三期		5. 东段景 DX090403C005－H：1		
四期		6. 赵家庄 FS061108I017：1		

图 4－33　忻定盆地二里头文化时期陶鬶、杯、管流爵、鸭形壶、壶分期图

鸭形壶：数量较少。标本游邀 584∶7(图 4-33∶7)。

壶：有一定数量,与高领罐的差别在于颈部更细长。标本游邀 H2∶59(图 4-33∶8)。

(三) 分期与年代推定

游邀遗址最初发表简报,将遗址内遗存分为早晚两期,认为晚期已进入夏纪年,早期相当于龙山时期。但发掘者也认为"遗址早晚两期遗存尚能进一步分期"。因此,在正式报告出版时,发掘者将游邀遗址二里头文化时期分为三组:第一组以 H129 和 H3 为代表;第二组以 H2 为代表;第三组以 H584 为代表①。随后张忠培对这一意见提出修订,认为H3 可能略早于 H129②。阎向东在游邀遗址材料尚未全部发表的情况下,就较少的材料认为,游邀遗址晚期遗存文化面貌接近,无需过分细分,但是这一意见在当时并不受重视。

进入新世纪后,有部分青年学者重新审视游邀遗址晚期遗存,认为游邀遗址晚期遗存细分的依据似乎不足。赵菊梅就认为,游邀遗址夏代遗存的年代跨度不是很大③。蒋刚从其说,将游邀遗址晚期遗存年代划定在夏代早期,亦即相当于二里头文化一、二期之时④。本文认为,游邀遗址晚期遗存年代跨度并不大,但也绝非不可以细分。从文化面貌看,以游邀遗址 H1、H3、H129 三个单位为代表的遗存,矮领陶鬲实足根不明显,篮纹比例甚高,更接近原报告所划定的早期遗存风格,可将其单独划出,但这一阶段当属于龙山时期向二里头文化时期过渡的阶段,本书将在第五章中再行探讨游邀遗址二里头文化时期遗存属于同一阶段,暂时无需细分。

忻州尹村遗址发掘资料及阎向东研究⑤证明,尹村遗址 T124③、④、T102②、H1、H5、H14 等单位虽然存在相互打破关系,但从器物形态观察,文化面貌基本一致,无需对其分段。从尹村遗址第(1)组地层关系 T124③→④→H13→H8 及 H8、H13 两单位的遗存观察,物质文化面貌与游邀遗址第二段相近,较尹村 H1 等单位年代略早。由此,我赞同阎向东将尹村遗址分为前后两段的意见,第一段有 H8、H13 两单位;第二段以 T124③、④、T102②、H1、H5、H14 等单位为代表。尹村遗址两段遗存前后相接并无年代缺环,第一段与游邀遗址二里头文化时期遗存年代相当。

原平唐昌遗址经调查、试掘各一次,试掘中获得有一组地层关系:③→H3,但 H3 发表陶甗的甑部一件(原简报定为尊),陶鬲或斝袋足残片一件,从器物形态观察与未公布地层关系的 H1、H4 差别不大,因此可将这几个单位作为同一时期的遗存。从器物形态观

---

① 吉林大学边疆考古研究中心等:《忻州游邀考古》,科学出版社(北京),2004 年。
② 吉林大学边疆考古研究中心等:《忻州游邀考古》,第 147 页,科学出版社(北京),2004 年。
③ 赵菊梅:《晋陕高原夏商时期考古学文化格局》,吉林大学硕士学位论文,2004 年,未发表。下引赵菊梅观点如无特别注明,皆出于此文,因篇幅限制不再另外注明。
④ 蒋刚:《文化演进与互动:太行山两翼夏商西周时期青铜文化研究》,科学出版社(北京),2017 年。
⑤ 阎向东:《论忻定及太原盆地夏时期考古学文化》,北京大学硕士学位论文,1998 年,未发表。下引阎向东观点如无特别注明,皆出于此文,因篇幅限制不再另外注明。

察,与游邀遗址 H1、H3、H129 三个单位较为相似。因此,本文暂将其划为同一时段的遗存。对于其性质本书将于第五章进行讨论。

代县东段景遗址未经发掘,从采集器物看,深腹罐,矮领圆腹;三足蛋形瓮实足根甚高且细,从器物形态看,可知其年代大体相当于定襄青石遗址 2 段。值得注意的是,东段景遗址的联裆陶鬲,直口直腹,实足根甚粗,与光社遗址所出者十分相似,但口部无沿,与光社的卷沿鬲相比形态似乎更加原始(图 4 - 34)。这一现象显示两遗址年代、文化性质可能相近。

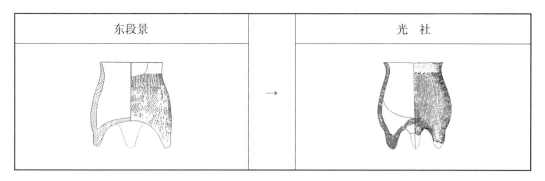

东段景	光　社

图 4 - 34　东段景、光社遗址采集直口鬲对比图

原平西会遗址采集二里头文化时期遗物面貌接近,从发表的陶鬲、斝形态观察,其年代约相当于游邀遗址同时期遗存。

定襄青石遗址从地层关系看可将该遗址二里头文化时期遗存分为前后两段。第一段可以②层下 H13、H25、H70 等单位为代表;第二段可以各探方①层下的 H24、H26、H126 级各探方②层为代表。从器物形态观察,青石遗址第一段当晚于尹村遗址第 2 段。

定襄麻河沟遗址二里头文化时期可能存在早晚两段遗存:浅腹盆器表饰篮纹,盆腹较浅;粗柄豆上部较曲;陶甗上部盆甑部分直口折肩;蛋形瓮上部饰篮纹的特征与游邀遗址 H1、唐昌 H1 同类器物形态相同,年代应该相当;陶甗腰部较细,鬲足实足根尖直且无凹槽等特点来看,这些遗存与定襄青石遗址第一段面貌相近。

定襄前高蒋村遗址采集的二里头文化时期遗物面貌接近,从发表的陶鬲、斝形态观察其年代约相当于尹村遗址第二段。

五台下西遗址为配合基建的发掘项目,遗址发掘面积不大,所获遗存与青石遗址第二段遗存年代接近甚至下限更晚。与尹村或游邀遗址二里头文化时期的遗存有明显的缺环。

由上述遗址的分期串联,可将忻定盆地二里头文化时期遗存分为四期(表 4 - 4):

一期 1 段:本段遗存较为丰富。炊器组合以鬲、斝、甗为基本组合。本阶段不见矮领双鋬鬲,高领鬲开始出现无双鋬者,单把鬲也在本阶段出现。陶甗在本阶段开始基本上皆为侈口。陶斝、盆、豆、罐等器类形态在本阶段十分丰富。本阶段遗存有较浓厚的本地龙山文化特点,年代约相当于二里头文化一期或略晚。

表4－4　二里头文化时期忻定盆地居址分期对照表

遗址 ＼ 期段	一期	二期	三期	四期	资料来源
忻州游邀	√				①
忻州尹村	1	2			②
定襄青石			1	2	③
五台下西				√	
代县东段景				√	④
原平西会	√				
定襄汤头			√		
定襄麻河沟	√				
定襄前高蒋村		√			
繁峙下双井、杏园、小李牛等		√	√	√	⑤
代县聂营、西庄等		√	√	√	
原平土黄沟等			√	√	

　　二期:本段遗存较丰富。炊器组合中,双鋬高领鬲消失,无鋬耳的高领鬲、矮领鬲在本阶段占据主流地位。新出现蛇纹鬲、双带耳蛇纹鬲等新器型。陶甗整体形态趋瘦小。侈口斝消失。粗柄镂孔豆、圈足盘、长颈壶、盉等器物在本阶段消失。本段年代约相当于二里头文化二期。高领鬲、矮领鬲、豆等器物已可与太行山东麓的同类器相比较(图4－35)。

　　三期:本阶段遗存较少,以青石遗址第一段为代表。考古学文化遗存在本阶段变化较大。本阶段蛇纹鬲、单耳鬲、双耳鬲、敞口斝、鼎、折肩罐、单耳罐、双耳罐、四足蛋形瓮等器物在本阶段消失。本段年代约相当于二里头文化三期。

---

　　①　忻州考古队:《山西忻州市游邀遗址发掘简报》,《考古》1989年第4期;吉林大学边疆考古研究中心等:《忻州游邀考古》,科学出版社(北京),2004年。
　　②　原始资料现存藏北京大学考古文博学院,本文所引及者见阎向东:《论忻定及太原盆地夏时期考古学文化》,北京大学硕士学位论文,1998年,未发表。
　　③　资料现存忻州市文物管理处,本文所引者见笔者参观调查所见及山西省考古研究所、忻州市文物管理处:《忻阜高速公路考古发掘报告》,上海古籍出版社(上海),2012年;张光辉:《晋中二里头时期文化遗存的分期与谱系》,中央民族大学硕士学位论文,2009年,未出版。下引张光辉观点如无特别注明,皆出于此文,因篇幅限制不再另外注明。
　　④　侯毅:《山西滹沱河流域考古调查报告》,《山西省考古学会论文集》(三),山西人民出版社(太原),2000年。
　　⑤　中国国家博物馆田野考古研究中心、山西省考古研究所、忻州市文物管理处:《滹沱河上游先秦遗存调查报告》,科学出版社(北京),2012年。

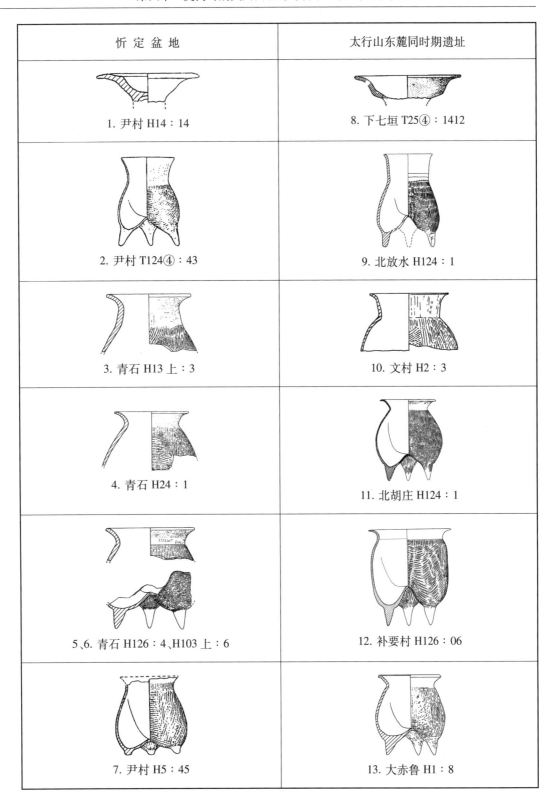

忻 定 盆 地	太行山东麓同时期遗址
1. 尹村 H14：14	8. 下七垣 T25④：1412
2. 尹村 T124④：43	9. 北放水 H124：1
3. 青石 H13 上：3	10. 文村 H2：3
4. 青石 H24：1	11. 北胡庄 H124：1
5、6. 青石 H126：4、H103 上：6	12. 补要村 H126：06
7. 尹村 H5：45	13. 大赤鲁 H1：8

图 4-35 忻定盆地与太行山东麓同时期遗址陶器对比图

四期：本阶段遗存不多，器类较上一阶段更少，单耳斝、高领罐、粗颈小口瓮等器类消失。新出现有联裆直口鬲等器物。本段约相当于二里头文化四期。

二、夏时期各期陶器的特征

从整体文化面貌变迁来看，忻定盆地二里头文化时期四期间变迁较明显。下面我从陶系、炊器组合变化以及其他标志性器物的变化等方面予以分析。

（一）陶系

本地区由于种种原因，除尹村、青石遗址外普遍缺乏陶系统计数据，因此对于忻定盆地陶系仅能以各遗址的总结描述简要分析之（表4－5）。

表4－5　二里头文化时期忻定盆地居址典型单位陶系统计表

项目 时段	单　　位	陶质(%)		陶色(%)			纹饰(%)						
		泥质	夹砂	灰	红褐	黑	素面	磨光	绳纹(含旋断)	篮纹	旋纹	附加堆纹	戳压印
一期	尹村1段	34	66	多	√	√	次之		最多	√	√	√	√
二期	尹村2段	14	86	多	次之	第三	次之		最多	√	√	√	√
三期	青石H13上	9.6	90.4	43.4	20.7	35.9	25.9		70.4	1.5	1	1.2	√
	青石H70	49.2	50.8	55.6	15.9	28.6	36.5		39.7	11.1	7.9	√	
四期	青石H26	28.2	71.8	60.3	15.4	26.9	24.3		55.1	6.4	6.4	7.7	√
	青石H126	3.8	96.2	48.7	26.1	25.2	14.2		80.2	2.2	10.2	7.4	0.1

（尹村统计数据自阎向东硕士学位论文）

一期：以尹村遗址H8、H13的统计可知，本阶段夹砂陶占66%；陶色以灰色为大宗，但深浅不一，有少量的褐色陶与磨光黑陶。纹饰以绳纹为主，有浅细凌乱的绳纹、麻点式、旋断绳纹之分。本阶段仍有一定数量的篮纹，但较上一阶段已明显减少。另有一定数量的附加堆纹、戳印纹、方格纹、镂孔等纹饰种类，新出现零星蛇纹和楔形点纹。

二期：本阶段夹砂陶比例上升，占8成以上，部分单位甚至达到86%，但夹砂陶所夹砂粒较细。陶色仍以灰陶为主，此外还有灰黑陶、灰皮褐陶与褐色陶，还有极少量的磨光黑陶。本阶段绳纹以麻点式绳纹最为多见，中粗绳纹、旋断绳纹比例较高，还有极少量的细绳纹。附加堆纹、楔形点纹和蛇纹比例上升明显。新出现有压印的回纹、圆圈纹等纹饰。

三期：本阶段以定襄青石 H13 上、H70 等单位的统计数据观察，夹砂陶仍占绝对优势。陶色以较规整的灰陶居多，褐陶比例下降，仍有一定数量的黑皮陶。陶器纹饰以滚压规整的细绳纹最为常见，素面陶仍较多。附加堆纹、镂孔等纹饰在本阶段数量锐减。篮纹、蛇纹下降明显，但仍有一定的比例。

四期：本阶段以青石 H26、H126、H103 等单位为代表。夹砂陶仍占绝对主导，黑陶和黑褐陶仍然不少，红褐陶也有一定的数量。绳纹占纹饰的绝大多数，但粗绳纹基本不见，滚压规则的细绳纹、中绳纹居主流。素面陶比例似有减少的趋势。其他常见纹饰的变化不大。

（二）器物群中的炊器特征与组合变化

一期：本阶段陶鬲种类较单一，绝大多数为高领鬲，有一定数量的单把鬲，但未发现矮领的卷沿鬲。高领鬲中，大部分在肩、腹部加鋬手，而无鋬手的口沿多饰以花边。本阶段陶斝种类繁多，数量也极多，以大型的敛口斝数量最多，三袋足肥鼓，实足根较粗壮。新出现的泥质单把斝或敞口尊形斝较有特色。本阶段陶甗较宽肥，个体较大，因此在其腰部往往有附加堆纹或纵向的扉棱用以加固甑、鬲之连接。从炊器组合来看，陶斝在炊器组合中占有较大的比例，这一现象特色十分突出，可能是本地区重要的地方特色。在本阶段有零星的罐形陶鼎在炊器组合中作为补充。

二期：本阶段陶鬲种类大为增加，蛇纹鬲、矮领侈沿鬲和晋西南地区常见的双鋬鬲等新器类纷纷在本地区出现，使炊器组合中鬲、斝的比例趋近相当。而前一阶段常见的高领鋬手鬲明显减少。陶斝形制依旧纷杂，但总体数量有所下降。陶甗在本阶段开始趋于细瘦。本阶段仍有零星的陶鼎存在。本阶段新出现的直口筒腹鬲很有地方特色，但其来源情况不详。

三期：本期炊器最大特色在于，高领鬲、斝数量明显锐减，矮领与高领侈沿鬲明显增加。在炊器组合中陶鬲的数量已经占据绝对优势，青石各单位的统计数据显示，鬲可以占所有炊器的 8 成左右（如 H13 上，共有 35 件鬲和 4 件甗的个体；H70 鬲 6 甗 1，炊器组合中鬲的绝对优势非常明显）。形态上与太行山以东地区的卷沿鬲有极大的相似性。斝的比例减少明显。本期陶鼎已经甚为罕见。

四期：这一阶段卷沿矮领鬲占据绝对优势，形态逐步规范。斝、鼎数量锐减（青石各单位的统计显示，鬲的占比已到 9 成左右）。陶甗作为鬲的补充，有一定的数量。

总体来看，忻定盆地二里头文化时期以各式鬲、斝、甗作为主要炊器，鼎的数量很少，基本不见分体的甑。夹砂罐在炊器组合中属于从属甚至于零星补充的地位。

（三）器物群其他主要器物特征与组合变化

忻定盆地二里头文化时期的器物群有很强的地方特色，具体表现在如下几类器类上。

盆：忻定盆地二里头文化时期陶盆数量种类众多，与晋中地区差异较大。时代较早的陶盆器表多饰以斜向篮纹，也多装有鋬手。二里头文化二期与三期时，深腹盆与浅腹盆形态较特别。深腹盆盆腹较深直,浅腹盆斜侈较甚,与邻近的晋中地区区别比较明显。三期以后,陶盆逐渐与晋中盆地相近甚至于相同。

粗柄镂孔豆:此类器物在忻定盆地数量较多,而周邻地区十分罕见。原平唐昌遗址所见的带双耳的粗柄豆更不见于其他地区。此类器物在本地相当于二里头三期以后消失不见。

高领罐:本地区高领罐十分常见,其领部刻划繁缛纹饰与硬折肩的作风在其他地区较为罕见。

折腹罐:折腹罐在晋中与忻定盆地之外较为少见。

双耳罐:双耳罐除西北及关中西部以外在河套地区较为常见,而罕见于二里头文化时期冀州范围内的其他地点。但在二里头文化三期以后消失。

多足蛋形瓮:此类器物在忻定盆地数量较多,器足皆为实足,罕见空足的蛋形瓮,这是与周邻地区较大的区别。本地的实足蛋形瓮有多于三个足的,如四足者也有一定数量。但流传时间较短。同类器物在晋东南上党盆地十分常见。

高领壶:此种器物在晋中地区及忻定盆地的二里头文化时期皆有所见,但在忻定盆地的高领壶领部更细,但流传时间较短。

圈足盘:此类器物在龙山时期多见于中原腹心地区,二里头文化时期冀州区域内较为少见。这类器物在忻定盆地二里头三期文化以后消失,圈足盘圈足之上镂孔形态多样,并不与中原腹心地区一致,可能发展自成体系。

粗颈小口瓮:二里头文化时期周邻地区小口瓮颈部皆较细,而在忻定盆地出现的粗颈小口瓮,圆肩斜深腹,腹部多见双錾,这种器形除忻定盆地外多见于河套地区。

鸭形壶:这种器形二里头文化时期除长江下游地区外仅见于二里头遗址,但在忻定盆地二里头文化出现,而周邻地区皆不见此器,较为特殊。

管流爵:此类器物在忻定盆地出现较晚,流行时间也较短。

三、商时期的遗存分期

忻定盆地早商时期遗存十分罕见,三十余年来,经发掘的遗址中仅有原平唐昌、忻州尹村两处遗址有早商时期遗存的线索。国家博物馆在滹沱河流域的调查过程中,很多地点都显示进入商纪年以后,忻定盆地虽仍有遗存分布,但的确较为稀疏,其中有较为纯粹的商文化遗存在本地分布(图4-36)。

忻州尹村遗址早商时期仅有M3一个单位①。该墓出土陶鬲、罐各一件。陶鬲折沿圆唇,沿面微卷,前端起榫,实锥足较高,器表饰以中绳纹。陶鬲形态与郑州商城二里冈下层二期典型的折沿鬲形态接近(图4-37)。

_____

① 原始资料现藏北京大学考古文博学院,本文所引及者见阎向东:《论忻定及太原盆地夏时期考古学文化》,北京大学硕士学位论文,1998年,未发表。

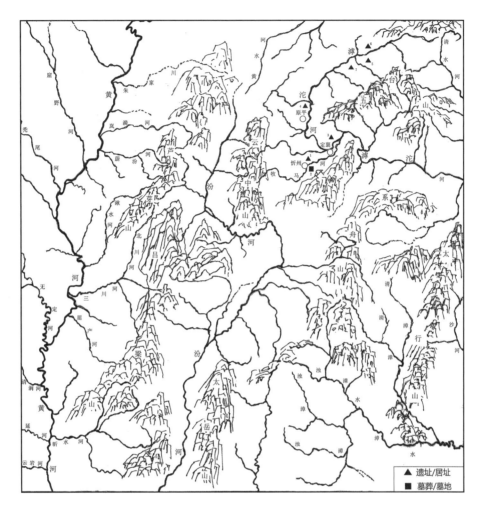

图 4 - 36　忻定盆地商时期主要遗址分布示意图

1. 尹村　2. 连寺沟　3. 红泥湾　4. 唐昌　5. 小宋峪　6. 公主　7. 西会

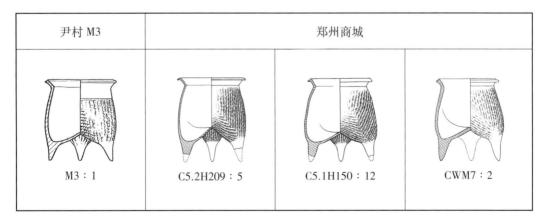

图 4 - 37　尹村、郑州商城遗址折沿鬲对比图

唐昌遗址在调查中曾采集到一件深袋足鬲①,与杏花遗址采集者形态近似,也和冀西北地区二里冈下层时期的深袋足鬲十分相似,同时也与燕山南麓地区二里冈上层时期的同类器有相似之处(图4-38)。但其卷沿较宽,领部较高,较斜侈,不似张营遗址同类器那样较直,其领腹形态更接近官庄墓葬所出的同类器。因此唐昌遗址早商时期遗存可能较张营遗址 H84 等遗存为早,而与官庄遗址二里冈下层一期遗存年代相近。笔者因之推测,唐昌遗址可能存在相当于二里冈文化下层一期前后的遗存,年代可能略早于尹村 M3。而在石峁遗址皇城台地点废弃堆积中发现与蛇纹鬲伴出的深袋足鬲,形制与唐昌、尹村甚至张营的同类器相同,且共出有蛇纹鬲(部分蛇纹鬲颈部甚至有贝纹),时代与文化属性当相近或有渊源、交流关系。

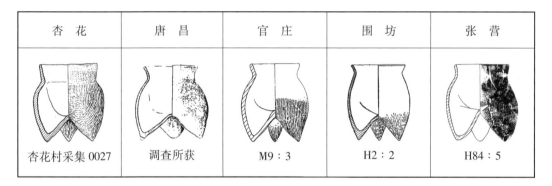

杏 花	唐 昌	官 庄	围 坊	张 营
杏花村采集 0027	调查所获	M9:3	H2:2	H84:5

图4-38 杏花、唐昌与官庄、围坊、张营遗址深袋足鬲对比图

在国家博物馆对忻定盆地的调查活动中,曾采集到一些早商时期的遗存(图4-39),定襄红泥湾发现的陶鬲残片与尹村 M3 陶鬲年代相当。原平上封斝式鬲年代相当于二里冈上

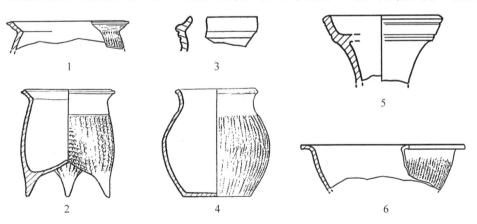

图4-39 忻定盆地早商时期的部分陶器标本

1. 鬲(定襄红泥湾 DX0708B009:1)　2. 鬲(忻州尹村 M3:1)　3. 斝式鬲(原平上封 YP080417I005:1)
4. 罐(忻州尹村 M3:2)　5. 豆(繁峙小宋峪 FS061022E001:1)　6. 盆(定襄东章 DX070429F002-H:1)

① 侯毅:《山西滹沱河流域考古调查报告》,《山西省考古学会论文集》(三),山西人民出版社(太原),2000年。

层阶段,显示当地早商尤其是二里冈文化时期,典型商文化曾进入忻定盆地的滹沱河上游地区,但遗址数量较少,与二里头文化时期遗址数量较多的现象形成了鲜明的对比。繁峙小宋峪的陶豆则显示出在二里冈上层偏晚阶段至殷墟一期前后,仍有较典型的商文化分布于忻定盆地之中。当然,忻定盆地商时期遗存减少,遗址分布稀疏的现象是较明显的。除了人口减少的可能之外,这一现象也有另外的两种可能。其一,是当地的二里头文化遗存延续时间较长,未被二里冈文化中断,在无绝对测年参照的情况下,暂未能通过陶器的形态差异分析区别出来;第二种可能是,当地存在与二里冈遗存共时某种文化类型,暂时未被识别出来。

　　忻定盆地晚商时期遗存比较零星,在滹沱河流域的调查活动中曾零星发现晚商时期的遗物(图4-40)。其中繁峙西砂河发现的陶簋、西庄发现的陶鬲,皆可说明在殷墟偏早阶段,较典型商文化仍然在忻定盆地中有一定的据点。繁峙公主遗址发现的小口瓮形态很有特点,与李家崖文化的小口折肩瓮形态有相似之处,可能二者间有一定的联系。

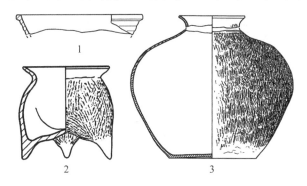

图4-40　忻定盆地晚商时期的部分陶器标本

1. 簋(繁峙西砂河 FS061008F001∶1)　2. 鬲(繁峙西庄 DX070529L010-C∶1)
3. 小口瓮(繁峙公主 FS061104F001-H∶1)

　　既往曾在忻定盆地的忻州连寺沟前后出土数批青铜器[1],1938年连寺沟牛子坪发现鼎、斝、瓿、爵和人形笄形器各一。1966年羊圈坡发现三鼎、一瓿、一爵、一盉。牛子坪和羊圈沟相距仅50米,两者当为同一墓地,两墓年代相近。这些晚商铜器墓虽皆非科学发掘,埋藏环境不详,但提示我们当地有可以使用铜器随葬的高等级人群存在,但这些人群或许不是商王朝的直属人员。[2] 此外,忻州曾多次发现卷云形金耳饰,暗示晚商时期佩戴此种耳饰的人群在忻州在分布。

　　除墓葬材料外,还有一些居址的调查与材料尚未刊布。据国家博物馆王力之介绍,近年来其团队与忻州当地文博部门合作在忻州刘沟遗址发掘到晚商时期较丰富的遗存,且文化面貌极有地方特色,很可能是一支可独立命名的考古学文化。[3]

---

　　[1]　沈振中:《忻县连寺沟出土的青铜器》,《文物》1972年第4期;山西省考古研究所等:《晋西商代青铜器》,科学出版社,2017年。

　　[2]　常怀颖:《略论晚商殷墟北部邻境地区的铜容器墓》,《考古》2021年第10期。

　　[3]　曹大志也认为刘沟的新发现与李家崖文化"既有共性,又有一定区别"。见氏著:《贸易网络中的黄土丘陵(BC1300-1050)》,北京大学出版社(北京),2021年,第29页页下注。在我本人的参观过程中发现,该遗址的文化面貌与太行山以东渐村、北福地等晚商时期遗存,有一定亲缘关系。

由于现有材料稀少，忻定盆地商时期考古学文化的全面总结及相关学术问题的解决，还有待于田野工作的进一步突破。

第三节　南流黄河两岸地区考古学文化的分期与特征

本文所称南流黄河两岸是指晋陕两省之间南流黄河北部两岸地区，行政区划包括今山西忻州市西部的偏关、河曲、保德；吕梁市的兴县、临县、柳林、石楼、离石；临汾市的永和、大宁、吉县；陕西省府谷、神木、佳县、绥德、吴堡、清涧、延川、宜川等县市。从自然地理角度讲，南流黄河以东属于吕梁山、芦芽山西麓的山区，这一地区还包括吕梁山北端与芦芽山南端之间的静乐盆地。这一地区河流较多，除静乐盆地岚河东流入汾河外，其余如偏关河、三川河、昕水河、屈产河等河流皆西流汇入黄河（图4-41）。黄河西岸的陕北东南部地区东流入河的清涧河、无定河、延河、云岩河、仕望河、佳芦河等及其支流流经区域，虽已不属于古冀州之域，但一方面与南流黄河东岸晋西北地区关系密切，另一方面其材料可弥补晋西北之不足，故简要对其相关问题做一讨论。但本书讨论重点在南流黄河以东区域。

本地区考古调查发掘与研究工作较周邻地区更为滞后，在1930年代后期开始，本地区就不断有铜器发现，但学术界却一直未发现相应的遗址。1979年10月底至11月初，邹衡与张额带领刘绪、许伟在吕梁地区进行了田野调查，对曾出土青铜器的后兰家沟、二郎坡、义牒琵琶塬、褚家峪、桃花者等地点进行了调查，在柳林县高红遗址采集到贝壳和人骨。1983年晋中考古队对柳林、离石两县的调查工作揭开了这一地区考古工作序幕。随后山西省考古所曾对南流黄河北端的偏关县老牛湾、大口遗址等进行了试掘与调查，但材料至今并未发表①。黄河西岸陕西省在上世纪末在发掘佳县石摞摞山等遗址②时亦曾获得二里头文化时期遗存，但亦未系统公布。2003年，山西省考古研究所与吉县当地文博部门对吉县州川河流域进行了较为系统的调查，并在2007年对挂甲山遗址进行了试掘③。2010年至2011年间，曹大志为撰写博士论文，对石楼县进行了相对细致的调查，同时检索了晋西各县"一普""二普"时部分遗址调查的陶片，以了解当地不同时期考古学文化的分布情况④。

按照州川河流域的调查，二里头至二里冈时期的遗址数量不少，但大多数未经系统工作（图4-42）。但相当于二里冈阶段的早商时期遗存较少（图4-44）。曹大志对吉县以北的南流黄河两岸的重新检视情况看，二里头至二里冈时期的遗址较少，南流黄河东岸的遗址大约只有50个，石楼县的实地调查发现了3处。晚商时期遗存整体面貌与李家崖文

---

① 资料现存山西省考古所，本文所见引自王连葵：《河套、岱海地区夏商时期文化初探》，北京大学硕士学位论文，1989年，未发表。在论文中，王连葵引用了数件大口与老牛湾遗址的器物。

② 陕西省考古研究院：《陕西佳县石摞摞山遗址龙山遗存发掘简报》，《考古与文物》2016年第4期。

③ 山西省考古研究所、吉县文物管理所：《吉县州川河流域区域考古调查发掘报告》，科学出版社（北京），2017年。

④ 曹大志：《李家崖文化遗址的调查及相关问题》，《中国国家博物馆馆刊》2019年第7期。

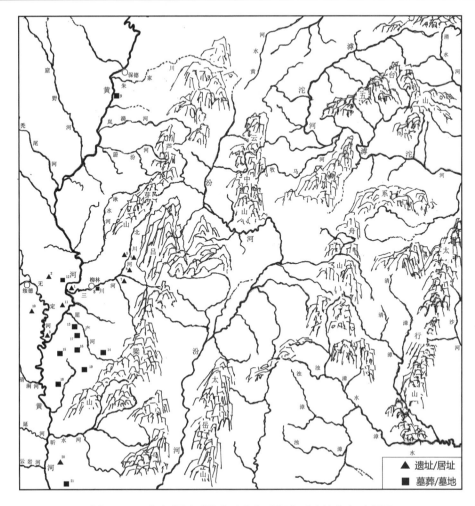

图 4－41　南流黄河两岸地区晚商时期主要遗址分布示意图

1. 高红　2. 薛家渠　3. 李家崖　4. 双务都　5. 后赵家沟　6. 乔家沟　7. 马茂庄　8. 后石
9. 林遮峪　10. 辛庄　11. 张家坬　12. 墕头　13. 曹家塬　14. 桃花者　15. 义牒琵琶垣　16. 褚家峪
17. 后兰家沟　18. 下辛角　19. 庞村　20. 挂甲山　21. 上东

化在陶质、陶色和纹饰方面很难区分,但另一方面又与晋中盆地的白燕文化四期有明显的亲缘关系。

从图 4－42 中可以看出,州川河流域所获的大部分二里头文化时期陶器与其东南部的运城盆地、临汾盆地同时期遗存比较接近。除柱足鬲足外,口沿加双錾的鬲或罐、单把鬲、双錾盆或甗,内有算托外带附加堆纹的甗,空三足的蛋形瓮,都是运城盆地最常见的同时期陶器特征。花边鬲口沿压印的花边细密,也是同时期运城盆地带实足根花边鬲的常见作风。所以,州川河流域二里头文化时期二里头文化遗址虽然不少,但总体文化面貌仍是与其东南地区相近的,说明应当与运城盆地同属一个文化区。

但必须指出,吉县及州川河流域,属于南流黄河东岸地区几乎最南端的地区,在吉县以北,同时期的考古学文化是否与州川河流域相同,尚无法验证。按照曹大志的描述,在

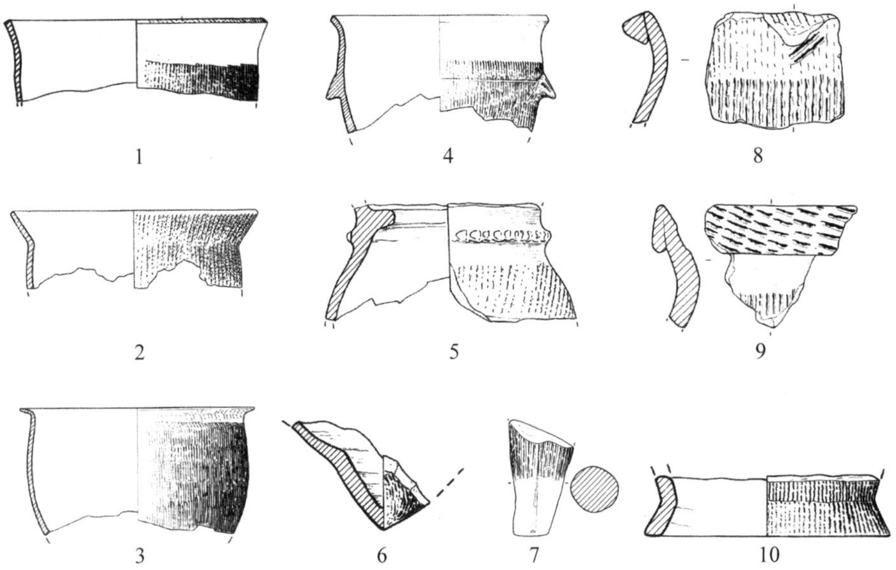

图 4－42　州川河流域调查所获二里头文化时期陶器标本

1. 鬲 JB28①：8　2. 盆 JQ2H15：30　3. 盆 JS4①：1　4. 双鋬盆 JSS1①：16　5. 甗 JX2R①：2
6. 蛋形瓮足 JSS1②：49　7. 鬲足 JSS1R①：17　8. 双鋬鬲或罐口沿 JSS1R①：33
9. 花边或单耳罐口沿 JSS1R①：29　10. 蛋形瓮圈足 JSS1R①：44

南流黄河东岸北端的石楼县,同时期的遗址明显没有州川河密集。虽然未见更多图像资料,但按曹大志的描述来看,文化面貌可能与吉县为代表的东岸南端有所不同。若参考黄河西岸陕北地区以寨峁①、石摞摞山②、石峁、新华③等遗址的资料,甚至河套北部大口④、白敖包⑤等遗址的情况观察,南流黄河东岸北部的石楼、柳林一带的二里头文化早期阶段的文化面貌很可能更接近黄河西岸地区,而与晋西南地区的运城盆地不同。但是由于目前黄河东岸地区资料匮乏,大部分调查资料未得到公布,本书无法深入讨论具体情况,待材料系统公布后再找机会分析。本节仅对材料公布情况相对较好的商时期遗存进行梳理。

一、商时期的遗存分期

2000 年以前,南流黄河两岸地区仅 1983 年在离石后赵家沟调查中曾发现有一件折沿鼓腹鬲(图 4－43),可能对探讨早商时期遗存提供线索。该鬲折沿,斜方唇较宽,形态较接近杏花村 H303：1 鬲。由于杏花村 H303 为较典型的二里冈上层文化时期遗存。因此,后赵家沟调查所获的这件折沿鬲有可能属于二里冈文化时期。但由于本地区此类遗

① 陕西省考古研究院、榆林市文物考古研究所:《陕西神木寨峁新石器时代遗址发掘报告》,《考古学报》2021 年第 3 期。

② 陕西省考古研究院:《陕西佳县石摞摞山遗址龙山遗存发掘简报》,《考古与文物》2016 年第 4 期。

③ 陕西省考古研究所等:《神木新华》,科学出版社(北京),2005 年。

④ 吉发习、马耀圻:《内蒙古准格尔旗大口遗址的调查与试掘》,《考古》1979 年第 4 期。

⑤ 内蒙古自治区文物考古研究所、内蒙古博物馆、浙江大学文化遗产研究院:《内蒙古伊金霍洛旗白敖包遗址发掘报告》,《考古学报》2021 年第 2 期。

存材料过少,难以深入讨论。

后赵家沟	杏花村
后赵家沟采集 035	H303：1

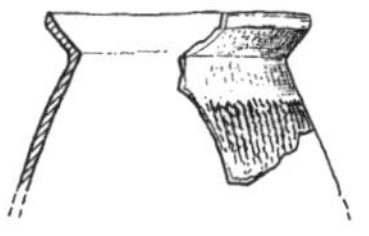

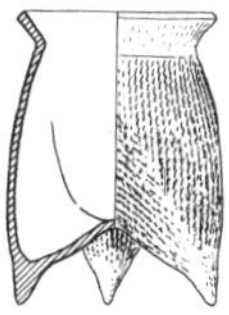

图4-43　后赵家沟、杏花村遗址折沿鼓腹鬲对比图

　　2000 年以后,随着工作的推进,除了后赵家沟采集陶鬲的遗存之外,在南流黄河东岸还有一些遗存,也应属于早商时期(图4-44),这些遗存除了州川河流域的调查资料外,比较重要的是离石后石墓葬中出土的陶器。

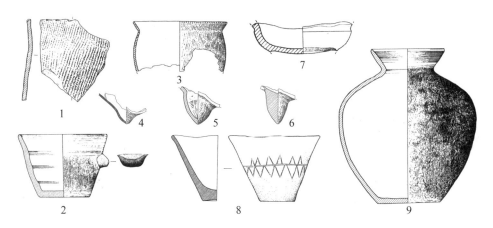

图4-44　州川河流域所获早商时期陶器标本

1. 鬲 JB6R①：1　2. 后石 M32：50　3. 盆 JQ2H15：28　4. 带錾盆离石后石 M32：51　5. 蛋形瓮足 JQ2H15：45
6. 蛋形瓮足 JQ2H15：23　7. 豆 JB28R②：28　8. 盆离石后石 M21：1　9. 小口瓮离石后石 M32：49

　　这些陶器里,离石后石墓葬的一瓮两盆目前尚无法确定渊源,且陶盆器型简单,难以判断文化属性。吉县调查发现的陶豆属商文化系统,三件蛋形瓮足则是本地二里头文化时期考古学文化的延续,长颈花边鬲绳纹浅细满饰周身,既与晋中同时期的白燕遗址的高领鬲相似,又与黄河西岸的李家崖文化有一定共性,显示出二里冈文化时期当地似乎是多种不同文化的交汇之处。

　　2000 年以前,晚商时期南流黄河东岸地区既往发现的考古学文化遗存,多为零散发现后经征集或清理所得的青铜器,经科学发掘清理的墓葬也不多,仅有吉县上东村、保德林遮峪等几处,未系统发掘过居址。晋中考古队曾在柳林高红清理过部分残破的灰坑,但

也缺乏大规模的系统发掘。2000 年以后，州川河流域的调查与试掘，工作中吉县挂甲山
与柳林高红相继发掘，获得了一些有地层关系的考古遗存。结合黄河西岸的考古发现，对
南流黄河地区晚商时期考古学文化的研究具备了一定的基础。

（一）地层关系

晚商时期南流黄河两岸晚商时期遗存较为丰富的遗址甚少，这其中可资分析的仅有
柳林高红、吉县挂甲山及绥德薛家渠、清涧李家崖、辛庄遗址五处。其中辛庄遗址的资料
未刊，但在贾文涛的硕士论文中①，公布了大部分的材料，结合我参观所见，可以对其做一
定程度的分析。

柳林高红遗址于 1983 年调查时仅发现 H1 晚商时期遗存。2004 年该遗址经大规模
钻探发掘，发现有较大面积的夯土基址。2007 年该夯土基址发掘。但几次考古活动所公
布材料皆属灰坑所获，无可资利用的有效地层关系。

薛家渠遗址 1984 年试掘，晚商时期遗存可以如下地层关系作为代表：

T1、2①→②→H1a→H1b→H1c

李家崖遗址 1983 年试掘，但发掘简报中未提供有分期价值的地层关系。在专刊报告
中，公布了如下几组地层关系：

（1）A1T25G1④→⑤→F1→⑥a→⑥b

（2）C2T1②→③→④a→④b→⑤

（3）A1F1→H1

（4）A1T18④→⑤→F1→⑥a→⑥b

（5）A1T46②→F1→⑥a→⑥b→⑥c

上述地层关系中，A1 区 F1 及以下的地层单位皆为晚商时期遗存，A1T18，T25④、⑤
两层及 T46 的②层也属于晚商时期单位。

挂甲山遗址 2007 年发掘，刊布的资料中有如下几组有效地层关系：

（1）T02②→H3→H13、H17

（2）T02②→H9→H8、H10

（3）T01②→H15、H3→H11→H12

（4）T02②→H6→H8、H9→H10

（5）T02②→H7

上述地层关系中，②层下的灰坑 H15、H8、H12 等皆为晚商时期单位。

在贾文涛硕士学位论文中，给出 4 组辛庄遗址有效地层关系：

（1）15H33→15H34→15H38

（2）15H51→15H38→15H52→15H33→15H54→15H56

①　贾文涛：《晋陕高原李家崖文化时期相关遗存研究》，山西大学硕士学位论文，2018 年，未发表。

（3）15H57→15H58

（4）13H12、13H13→前老爷盖F1→15G2H3

除上述遗址外，另外在离石马茂庄、后赵家沟、双务都遗址调查中也获有零星晚商时期遗存。

（二）陶器形制分析

南流黄河两岸地区晚商时期遗物不甚丰富，鬲、盆、豆、瓮、罐等几类器物形制演变轨迹较为清晰，是分期断代的重要依据。

鬲：是本地区最主要的炊器，形制很多，大体可分为夹砂空锥足、夹砂实锥足、夹砂实柱足三类。每类陶鬲都可分为若干型。

夹砂空锥足鬲：数量较多，但肩腹形态差别较大。此类鬲的共性是，从器表观察看不出明显的实足根，绳纹一般从口沿滚压至足尖。时代偏晚阶段，有的足尖底部变平近柱足底。根据整体形态差异分四型。

A型：侈领斜腹鬲。数量较多。绳纹自腹部滚压至口沿，沿下亦有绳纹。一般口沿都为压印式花边。根据腹部与口沿形态差异可分为两式。

Ⅰ式：侈领近折，袋足略瘦长。标本后赵家庄采04、石楼崖底采集（图4-45：1、2）。

Ⅱ式：侈领转圜较缓，袋足微鼓。标本挂甲山ⅡH15：15、19（图4-45：3、4）。

B型：侈领颈花边鬲。数量较多。与A型鬲的差别在于此型鬲的颈部加贴附加堆纹泥条形成花边。根据口、腹形态差异亦可分两式。

Ⅰ式：侈领近折，袋足略瘦长。标本双务都采集016（图4-45：5）。

Ⅱ式：侈领变宽，袋足上部微鼓，袋足变矮肥。标本李家崖A1T46⑥C：14、挂甲山ⅡH15：27（图4-45：6、7）。

C型：高领鼓腹鬲。此类鬲数量多，一般袋足近足尖处鼓出，口沿也多有压印花边。有的在袋足底部加有小泥突，作实足根示意。根据领部形态差异可分三式。

Ⅰ式：高领较直，与袋足交接处几无折转。标本辛庄15H53：8、石楼寺山采集（图4-45：8、9）。

Ⅱ式：领部略短，与袋足交接处仍较缓转。标本李家崖A1T46⑥A：5（图4-45：10）。

Ⅲ式：领部更短，个别在颈部加贴附加堆纹装饰。标本辛庄12T1H2④：100、李家崖C2W1：2（图4-45：11、12）。

D型：高领筒腹鬲。与C型的差别在于腹部更直，袋足鼓出不明显。标本李家崖A1T35⑥A：11、A1T36⑥B：14、A1T22②：2（图4-45：13、14、15）。

夹砂实锥足鬲：数量较多，但在本地区不占主导。根据整体形态差异可分为三型。

A型：矮领鼓腹鬲。数量不多，袋足肥大，实足根尖小。一般在颈上加贴一道附加堆纹花边。根据颈部和袋足差异可分两式。

Ⅰ式：附加堆纹在颈肩相接处。标本双务都采017（图4-46：1）。

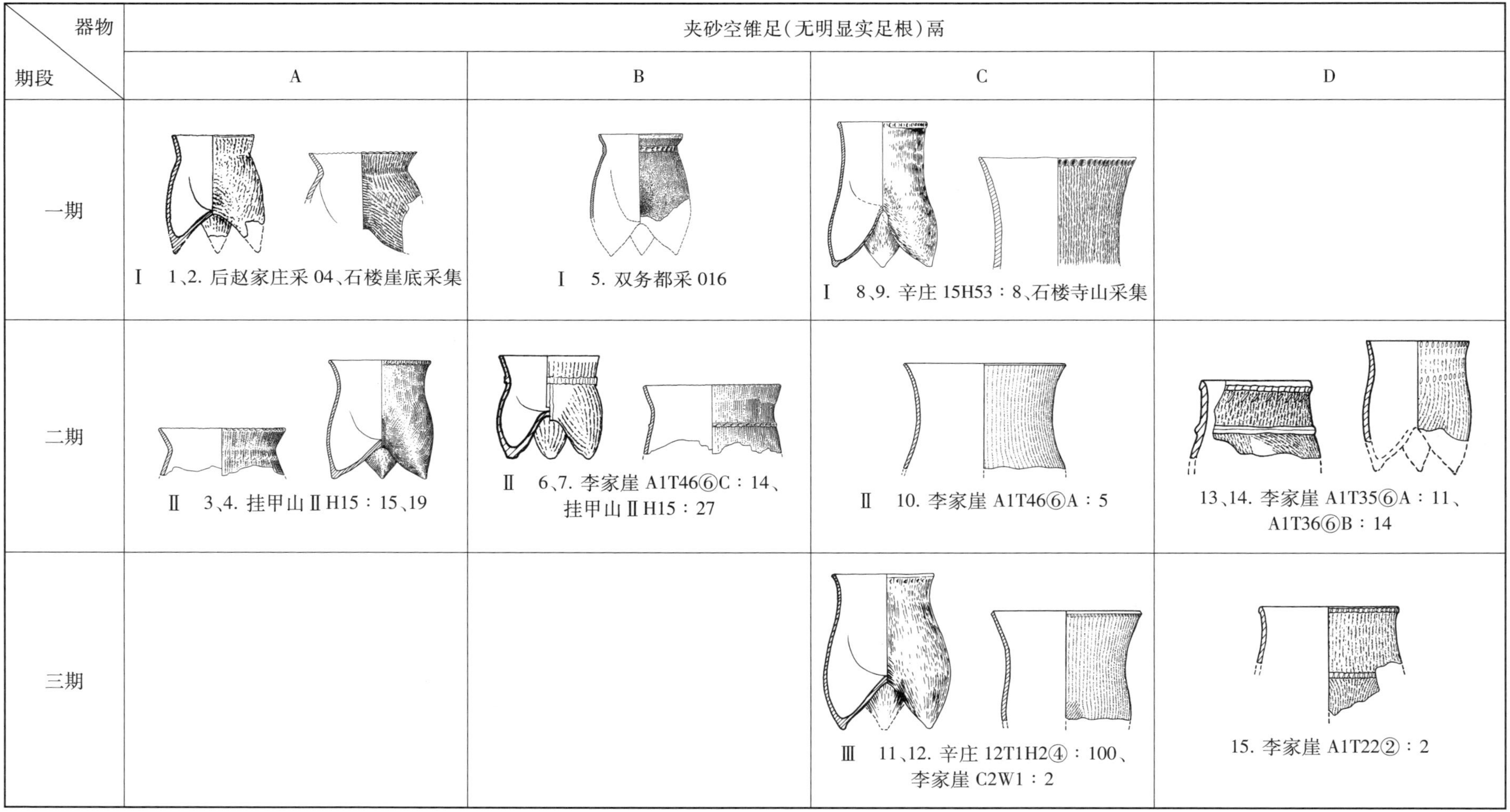

夹砂空锥足（无明显实足根）鬲

器物 \ 期段	A	B	C	D
一期	I 1、2. 后赵家庄采 04，石楼崖底采集	I 5. 双务都采 016	I 8、9. 辛庄 15H53：8，石楼辛山采集	
二期	II 3、4. 挂甲山 II H15：15、19	II 6、7. 李家崖 A1T46⑥C：14，挂甲山 II H15：27	II 10. 李家崖 A1T46⑥A：5	13、14. 李家崖 A1T35⑥A：11，A1T36⑥B：14
三期			III 11、12. 辛庄 12T1H2④：100，李家崖 C2W1：2	15. 李家崖 A1T22②：2

图 4－45　南流黄河两岸晚商时期陶鬲分期图（一）

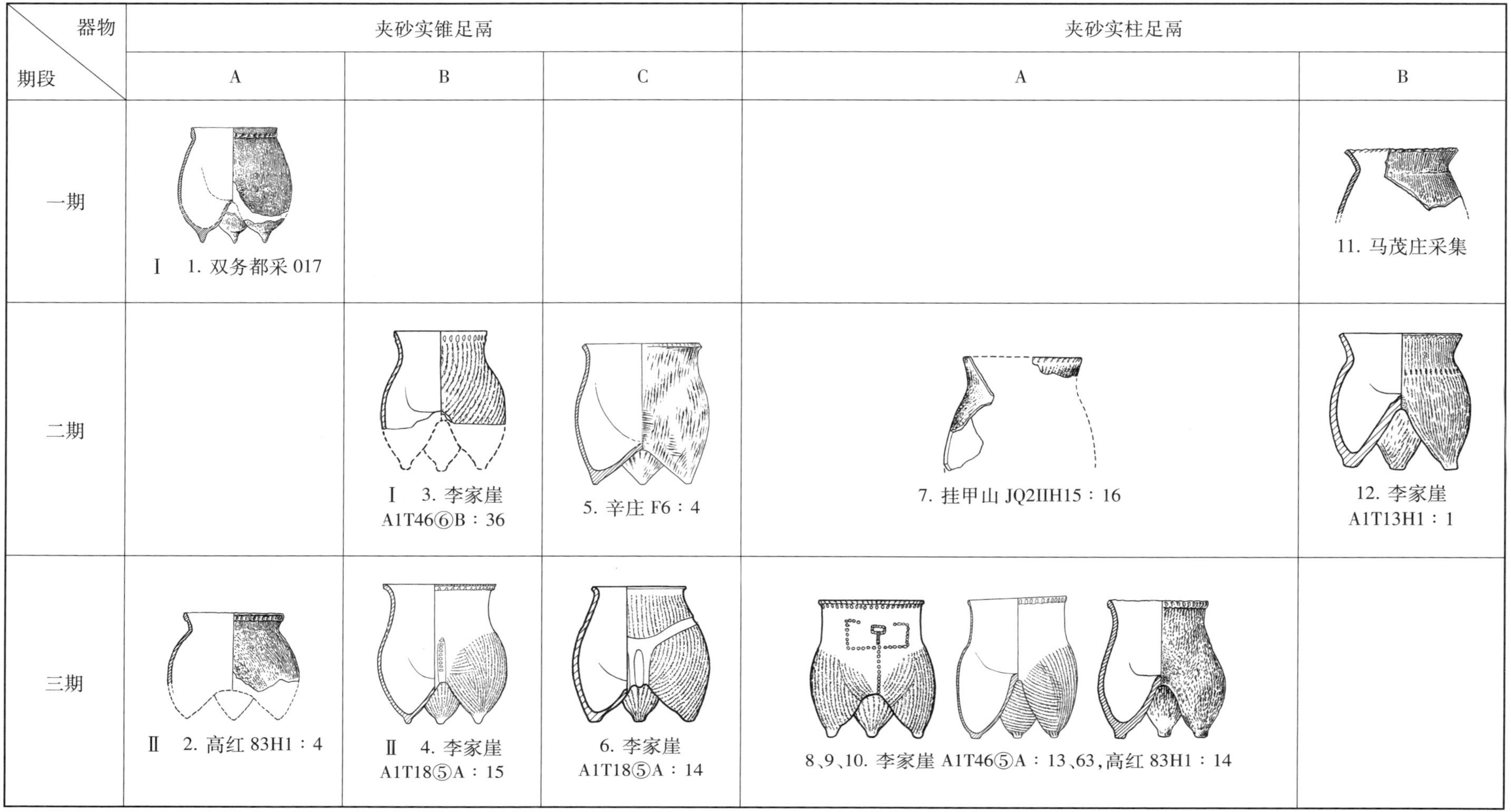

期段 \ 器物	夹砂实锥足鬲 A	B	C	夹砂实柱足鬲 A	B
一期	I 1. 双务都采017				11. 马茂庄采集
二期		I 3. 李家崖 A1T46⑥B：36	5. 辛庄 F6：4	7. 挂甲山 JQ2IIH15：16	12. 李家崖 A1T13H1：1
三期	II 2. 高红 83H1：4	II 4. 李家崖 A1T18⑤A：15	6. 李家崖 A1T18⑤A：14	8、9、10. 李家崖 A1T46⑤A：13、63，高红 83H1：14	

图 4-46　南流黄河两岸晚商时期陶鬲分期图（二）

Ⅱ式:附加堆纹上移,接近口沿,袋足更肥大。标本高红 83H1:4(图 4-46:2)。

B 型:侈领斜腹。数量不多。口部多有花边。袋足微下垂。锥状实足根低矮。根据颈腹形态差异可分两式。

Ⅰ式:颈部较长,一般在颈部近口沿处有戳印或加贴花边。最大径在腹中。标本李家崖 A1T46⑥B:36(图 4-46:3)

Ⅱ式:颈部外侈,近口沿处多加贴花边。最大径下移。标本李家崖 A1T18⑤A:15(图 4-46:4)

C 型:卷沿无领鬲,数量较少。实足根不明显,年代偏晚者足根近平。标本辛庄 F6:4、李家崖 A1T18⑤A:14(图 4-46:5、6)

夹砂实柱足鬲:是本地陶鬲中的大宗,也是代表本地地方文化特色的陶鬲种类。根据肩腹形态差异可分为五型。

A 型:侈领鼓腹。此类鬲为最常见的种类,绝大多数有花边。装饰方式极多,有的在裆、颈之间加贴泥条或附加堆纹形成近蛇纹的形态,有的在颈部加贴花边。一般绳纹皆滚压至底。但形态演变规律不明显。标本挂甲山 JQ2IIH15:16、李家崖 A1T46⑤A:13、李家崖 A1T46⑤A:63、高红 83H1:14(图 4-46:7、8、9、10)。

B 型:侈领斜腹。数量较多,与 A 型鬲形态接近,但袋足略瘦。标本马茂庄采集 08、李家崖 AT13H1:1(图 4-46:11、12)。

C 型:高领凸肩鬲,实足根为圆柱足,较高。有一定数量,根据柱足高度与领部差异可分为三式。

Ⅰ式:高领较直,肩部圆鼓较平。一般口沿无花边。标本辛庄 14F16:6、31(图 4-47:1、2)。

Ⅱ式:高领微侈,肩部较平,口沿开始出现压印花边。标本李家崖东城墙 G3③:1(图 4-47:3)。

Ⅲ式:领部变矮,裆亦变低,肩部鼓、耸。标本李家崖 A1T6④:1(图 4-47:4)。

D 型:矮领扁方体鬲,数量很少。标本辛庄 13T1019②:1(图 4-47:5)。

E 型:錾手鬲。发现数量不多。高领卷沿,裆部有横向錾耳,所发现者皆"正装",器体较大,实足根为圆柱足,较矮。标本高红 83H1:5(图 4-47:6)。

除上述大类之外,还有一部分陶鬲数量较少,但极有特点。

联裆鬲:数量不多,绳纹一般通体滚压。标本李家崖 A1F5:8、7(图 4-47:7、8)。

分裆折肩鬲:整体形态接近高领凸肩的柱足鬲。但此类鬲的裆分叉较大,有的个体在裆心部位平折,袋足较瘦。由于目前无复原器,尚不知其足部情况。标本辛庄 15T9 北 T7 西:1、辛庄 14T0102④:1(图 4-48:1、2)。

双耳鬲:数量甚少。有的在裆部加有附加堆纹装饰,形近蛇纹。标本李家崖 A1T6⑥C:1(图 4-48:3)。

罐形鬲:数量很少,直领硬折肩,三袋足分裆较高。标本辛庄 13F2:3(图 4-48:4)。

器物\期段	夹砂实柱足鬲				联档鬲
	C	D	E		
一期					
二期					
三期	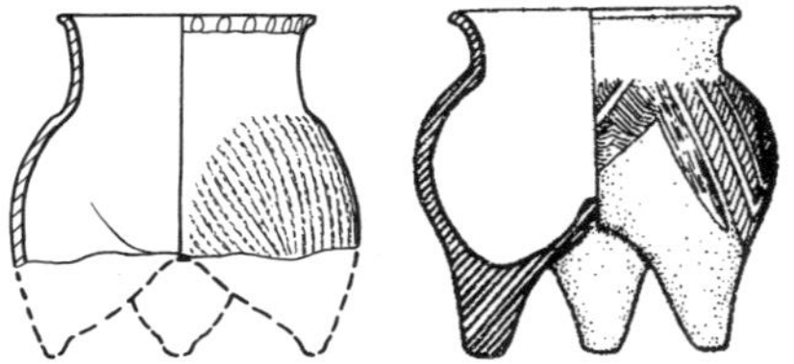 II 3. 李家崖东城墙 G3③：1，III 4. 李家崖 A1T6④：1 I 1,2. 辛庄 14F16：6,31	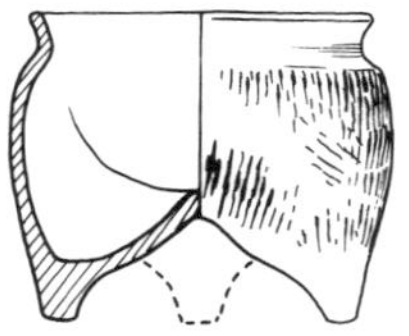 5. 辛庄 13T1019②：1	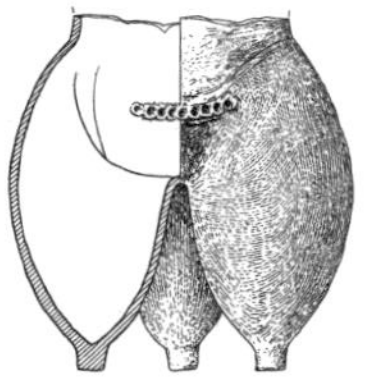 6. 高红 83H1：5		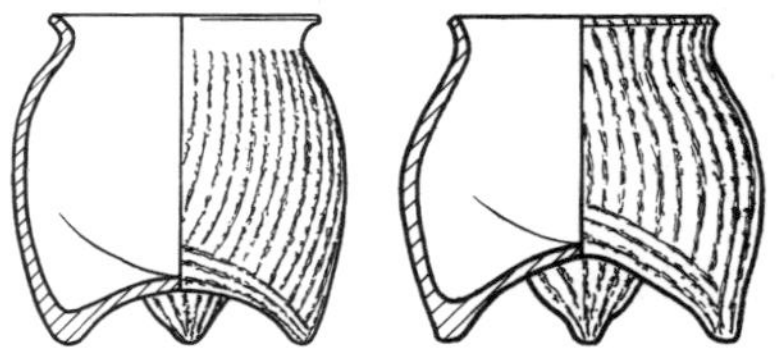 7,8. 李家崖 A1F5：8,7

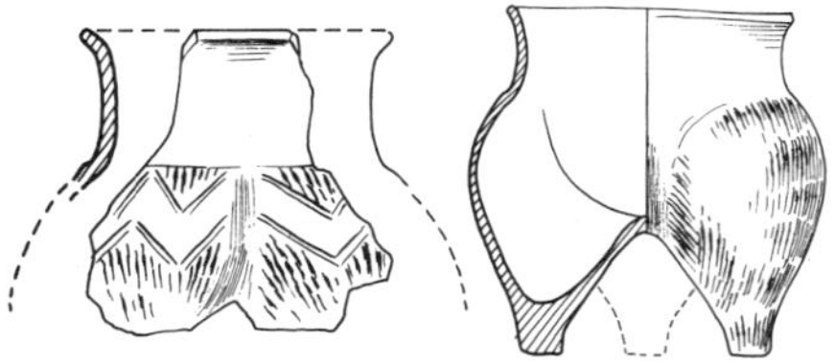

图 4 – 47 南流黄河两岸晚商时期陶鬲分期图（三）

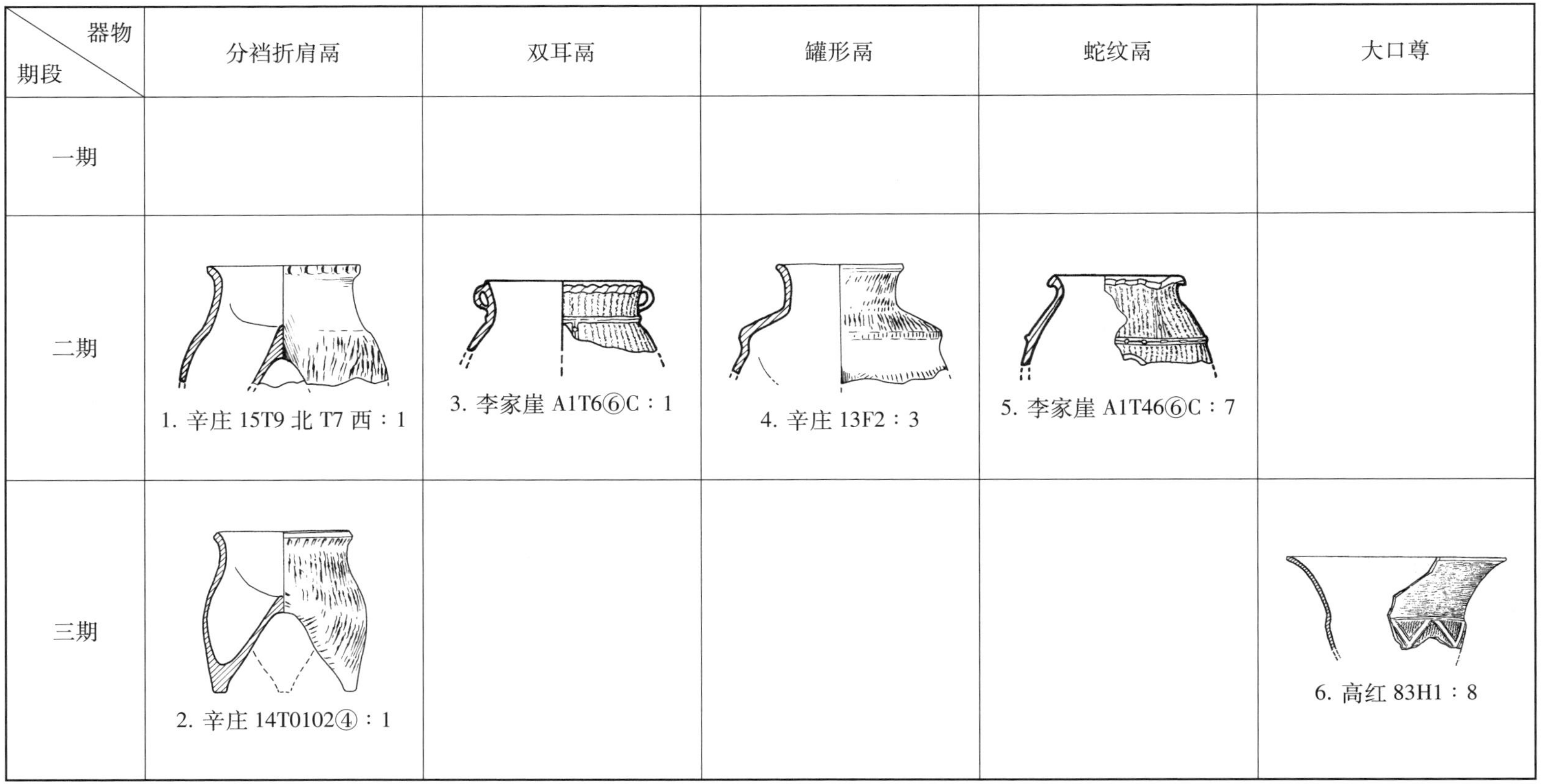

器物 期段	分裆折肩鬲	双耳鬲	罐形鬲	蛇纹鬲	大口尊
一期					
二期	1. 辛庄 15T9 北 T7 西：1	3. 李家崖 A1T6⑥C：1	4. 辛庄 13F2：3	5. 李家崖 A1T46⑥C：7	
三期	2. 辛庄 14T0102④：1				6. 高红 83H1：8

图 4－48　南流黄河两岸晚商时期陶鬲、大口尊分期图

蛇纹鬲：数量极少。怀疑为本地更早阶段同类器的孑遗。标本李家崖 A1T46⑥C：7（图 4－48：5）。

甗：所见者皆有箅托,根据口部差异可分两型。

A 型：侈口甗。根据口沿差别可分两式。

Ⅰ式：甑部沿面较宽,侈口较甚,微束颈。唇缘多作花边状。标本挂甲山 JQ2ⅡH9：14(图 4－49：1)。

Ⅱ式：甑部沿面变短,侈口较直。标本李家崖 A1T8W1：1、挂甲山 JQ2ⅡT02①：19（图 4－49：2、3）。

B 型：束颈甗。根据沿腹形态差异可分为两式。

Ⅰ式：卷沿,沿斜侈较立而短,腹瘦而深,器表腹中多有双錾。标本马茂庄采集 042（图 4－49：4）。

Ⅱ式：卷沿,沿斜侈较平而宽,腹更瘦直,器表腹中少见双錾,器表腰间有附加堆纹,实足根极矮,多圆柱状。标本李家崖 AT13W1：1(图 4－49：5)。

大口尊：喇叭口,腹较深。标本高红 83H1：8(图 4－48：6)。

簋：根据口腹形态差异可分为两型。

A 型：曲腹簋。下腹鼓出,近三段式。根据腹部差异可分两式。

Ⅰ式：敞口,沿微折,腹较直,折腹处位置较高。标本后赵家庄采集 08(图 4－49：6)。

Ⅱ式：大敞口,卷沿,腹弧鼓,上腹较深,折腹处近腹下部,圈足较高。标本辛庄 12H1：300、薛家渠 H1：45、辛庄 2015QXF31①：5(图 4－49：7、8、9)。

B 型：弧腹簋。腹部不折曲。由于复原器较少,目前似乎能观察的演变规律为圈足逐步增高。标本吉县 JB6①：7、吉县 JB28①：64、李家崖 A1T18⑤A：52、A1T18⑤B：24（图 4－49：10、11、12、13)

盆：根据腹部形态差异可分为八型。

A 型：深腹盆。根据形态差异可分两式。

Ⅰ式：腹深弧而鼓。标本马茂庄采集 052(图 4－50：1)。

Ⅱ式：腹深弧。标本高红 83H1：22(图 4－50：2)。

B 型：折肩盆。个体较小,下腹饰绳纹。根据腹部形态差异可分两式。

Ⅰ式：侈口近敞,肩部折转不明显。标本后赵家庄采集 015(图 4－50：3)。

Ⅱ式：侈口,折肩明显。标本李家崖 AT17③：5(图 4－50：4)。

C 型：束颈鼓腹盆。根据沿腹形态差异可分为两式。

Ⅰ式：卷沿较侈,沿较立,束颈,腹较鼓。标本乔家沟采集 06、高红 83H1：7（图 4－50：5、6)。

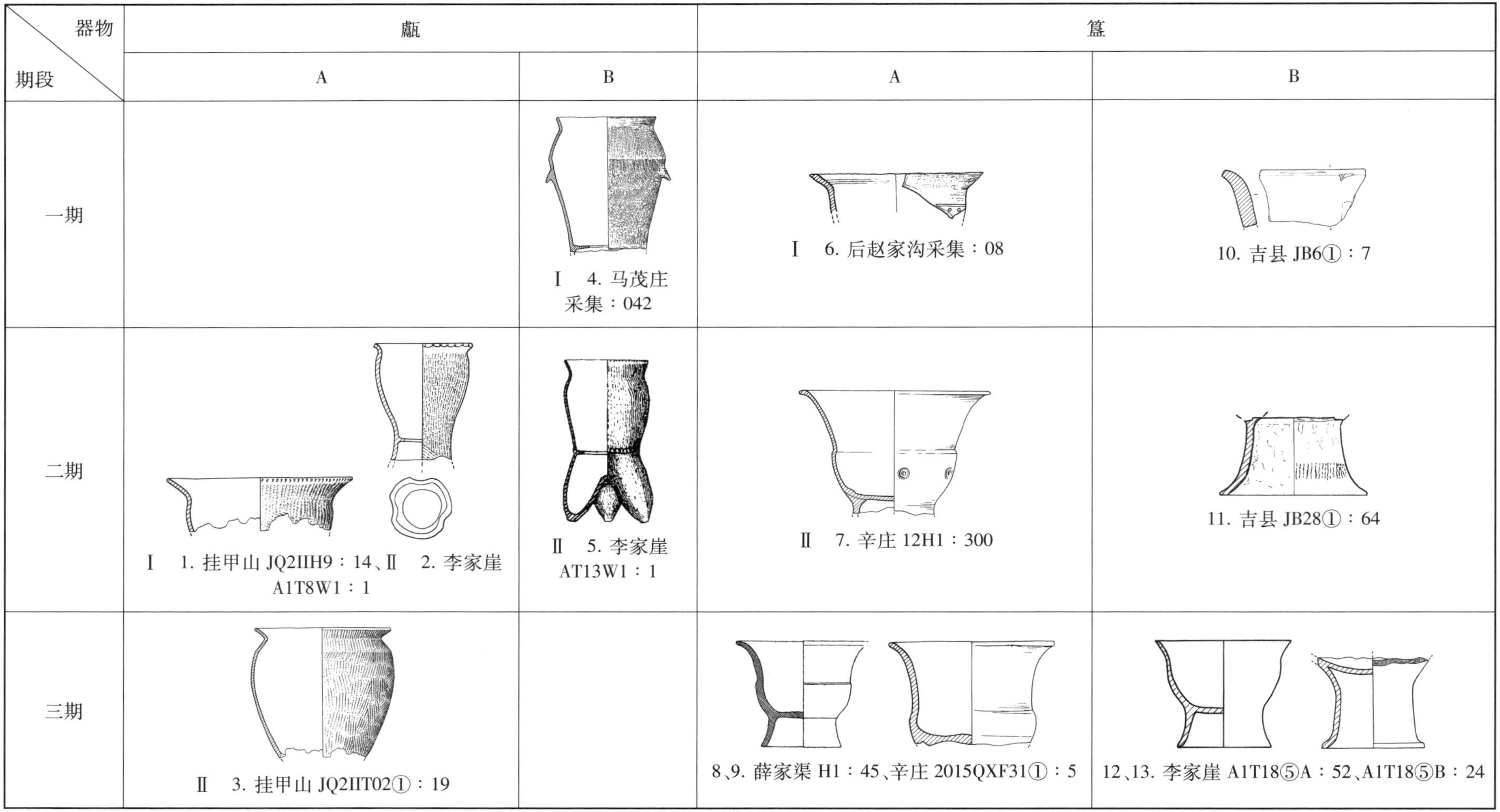

图 4-49 南流黄河两岸晚商时期陶甗、簋分期图

器物	甗				簋		
期段	A		B		A		B
一期					I 6. 后赵家沟采集: 08		10. 吉县 JB6①: 7
二期	I 1. 挂甲山 JQ2IIIH9: 14, II 2. 李家崖 A1T8W1: 1 II 3. 挂甲山 JQ2IIT02①: 19		I 4. 马茂庄采集: 042 II 5. 李家崖 AT13W1: 1		II 7. 辛庄 12H1: 300		11. 吉县 JB28①: 64
三期					8.9. 薛家渠 H1: 45、辛庄 2015QXF31①: 5		12.13. 李家崖 A1T18⑤A: 52、A1T18⑤B: 24

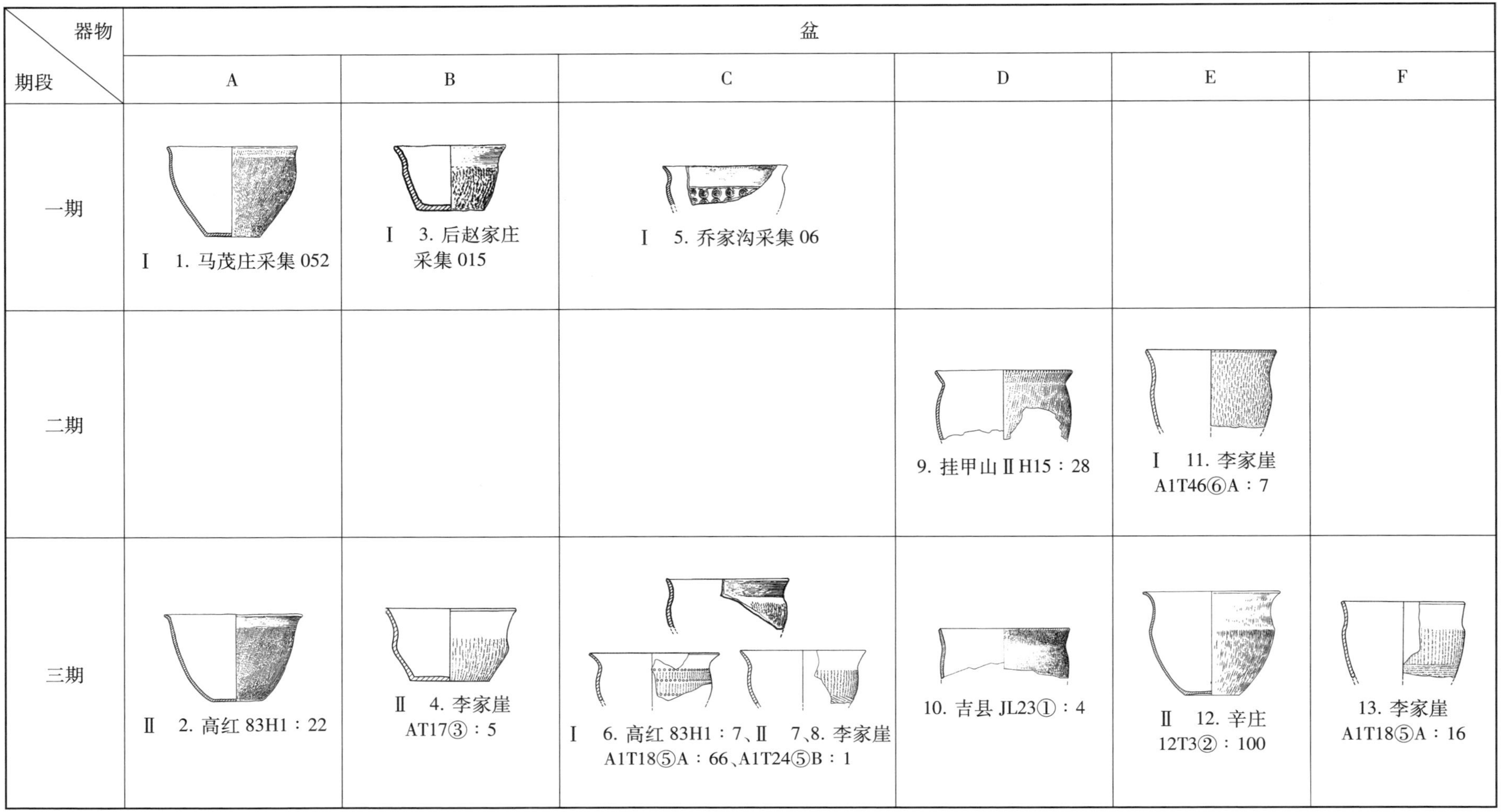

期段＼器物	A	B	C	D	E	F
一期	I 1. 马茂庄采集052	I 3. 后赵家庄采集015	I 5. 乔家沟采集06			
二期		II 4. 李家崖 AT17③:5		9. 挂甲山 II H15:28	I 11. 李家崖 A1T46⑥A:7	
三期	II 2. 高红83H1:22		I 6. 高红83H1:7、II 7、8. 李家崖 A1T18⑤A:66、A1T24⑤B:1	10. 吉县 JL23①:4	II 12. 辛庄 12T3②:100	13. 李家崖 A1T18⑤A:16

盆

图 4－50　南流黄河两岸晚商时期陶盆分期图

Ⅱ式:卷沿较宽,沿面较平,腹甚鼓。标本李家崖 A1T18⑤A:66、李家崖 A1T24⑤B:1(图 4-50:7、8)。

D 型:鼓腹盆。数量甚多,但形态变化不明显。此类盆沿、颈转折较缓,器表通体滚压绳纹。标本挂甲山ⅡH15:28、吉县 JL23①:4(图 4-50:9、10)

E 型:曲腹盆。数量不多。根据颈腹形态差异可分为两式。

Ⅰ式:颈较直,腹部折曲不明显,下腹急收。标本李家崖 A1T46⑥A:7(图 4-50:11)。

Ⅱ式:领微侈,腹颈折曲明显,下腹斜直。标本辛庄 12T3②:100(图 4-50:12)。

F 型:直腹盆。数量不多。标本李家崖 A1T18⑤A:16(图 4-50:13)。

G 型:直口鼓腹盆。有一定数量。一般通体滚压绳纹。标本李家崖 A1T47⑥A:3(图 4-51:1)。

H 型:厚胎盆。形近鼓腹盆,但胎体甚厚。多卷沿厚胎,肩部多附加堆纹。数量较少,但很特殊。标本辛庄 2014QXT0205①:3(图 4-51:2)。

钵:数量很多,形态简单。有侈口、直口和卷沿各类。制作较粗疏。有的形似小盆。标本李家崖 A1T15⑤B:3(图 4-51:3)。

豆:总体数量不多。形态差异较多,但皆为粗柄者,未见细柄。由于复原器不多,有的粗豆柄与簋圈足较难区分。目前可根据豆盘形态差异分为三型。

A 型:直口。标本李家崖东城墙 G3③:3(图 4-51:8)。

B 型:侈口折沿,有的器表滚压绳纹。标本李家崖 A1T46⑥C:18、李家崖 C1T3②:5(图 4-51:9、10)。

C 型:敛口。标本李家崖 C2T1③:15、AT18③:3(图 4-51:11、12)

罐:数量较多,但复原器少,根据口腹形态差异暂分为两式。

Ⅰ式:领较侈,肩斜侈微折。标本后赵家庄采集 025、辛庄 14F11:3(图 4-51:4、5)。

Ⅱ式:领较直,肩较圆溜。最大径略下移。标本高红 83H1:25、李家崖 A1T7④:9(图 4-51:6、7)。

瓮:本地区各类瓮十分发达。形态多样。但最主要的有三种。

大口瓮:数量不多。标本高红 04H3:6(图 4-52:1)。

小口瓮:是本地最具代表性的器类。根据肩部形态可分两型。

A 型:圆溜肩。领较矮。标本吉县 JB6R-1:35、挂甲山ⅡH9:11、高红瓮 04H2:3、辛庄 14 枣湾畔 H3:5(图 4-52:2、3、4、5)。

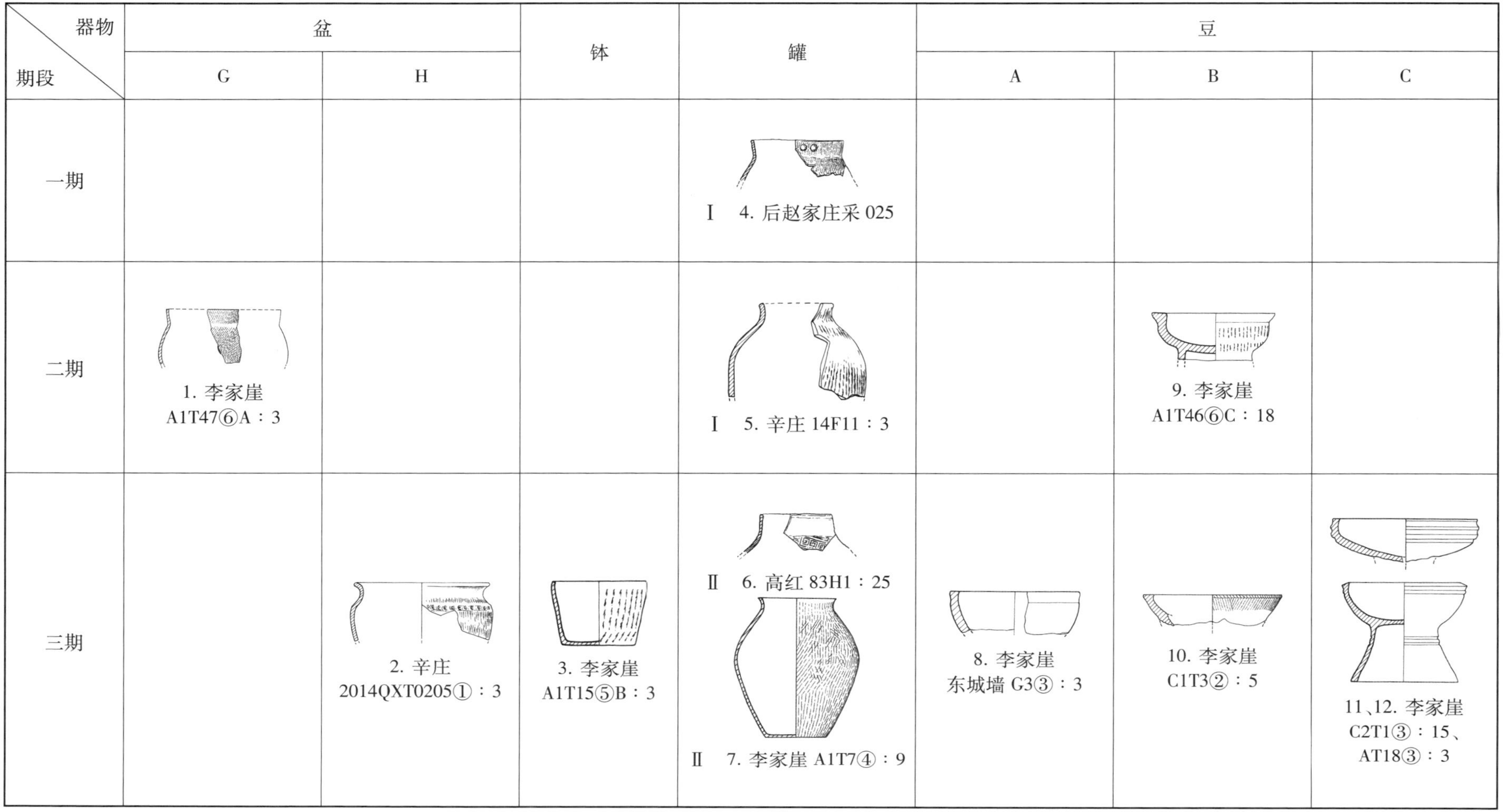

器物 期段	盆		钵	罐	豆		
	G	H			A	B	C
一期				 Ⅰ 4. 后赵家庄采025			
二期		 2. 辛庄 2014QXT0205①：3	 3. 李家崖 A1T15⑤B：3	 Ⅰ 5. 辛庄14F11：3			
三期	 1. 李家崖 A1T47⑥A：3			 Ⅱ 6. 高红83H1：25 Ⅱ 7. 李家崖 A1T7④：9	 8. 李家崖 东城墙 G3③：3	 9. 李家崖 A1T46⑥C：18 10. 李家崖 C1T3②：5	 11,12. 李家崖 C2T1③：15， AT18③：3

图4-51 南流黄河两岸晚商时期陶盆、钵、罐、豆分期图

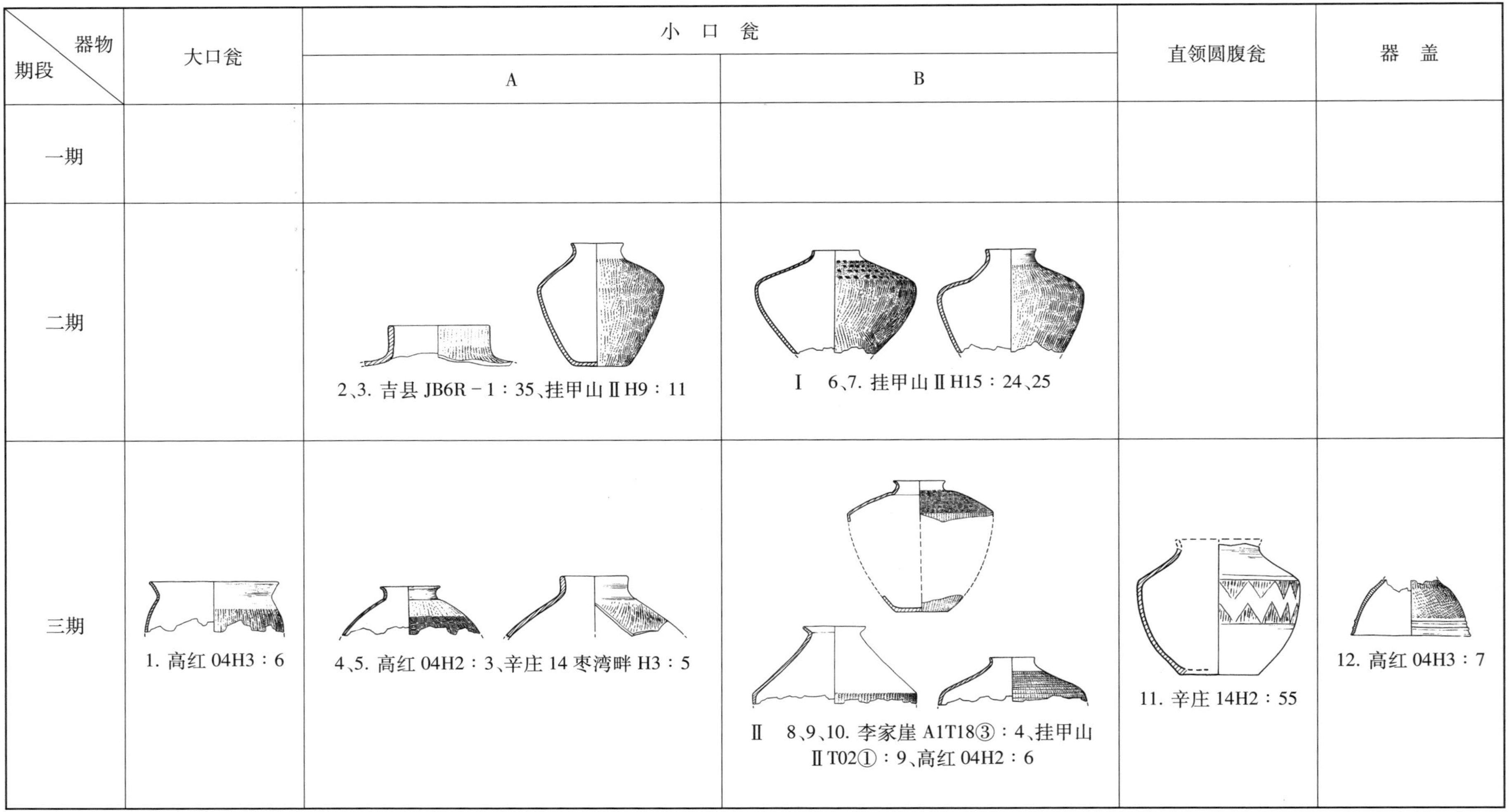

期段＼器物	大口瓮	小口瓮 A	小口瓮 B	直领圆腹瓮	器盖
一期					
二期		2、3. 莒县 JB6R-1：35、挂甲山ⅡH9：11	Ⅰ 6、7. 挂甲山ⅡH15：24、25		
三期	1. 高红 04H3：6	4、5. 高红 04H2：3、辛庄 14 枣湾畔 H3：5	Ⅰ 8、9、10. 李家崖 A1T18③：4、挂甲山 ⅡT02①：9、高红 04H2：6	11. 辛庄 14H2：55	12. 高红 04H3：7

图 4-52　南流黄河两岸晚商时期陶瓮、器盖分期图

B 型：折肩,直口。根据肩部差异可分两式。

Ⅰ式：宽肩,折转不太生硬。标本挂甲山ⅡH15：24、挂甲山ⅡH15：25(图 4 - 52：6、7)

Ⅱ式：宽折肩,折转十分生硬。标本李家崖 A1T18③：4、挂甲山ⅡT02①：9、高红04H2：6(图 4 - 52：8、9、10)。

直领圆腹瓮：数量不多,整体形态介于大口瓮和小口瓮之间,多折肩。标本辛庄14H2：55(图 4 - 52：11)。

器盖：数量不多。标本高红 04H3：7(图 4 - 52：12)。

蛋形瓮：根据口部形态差异可分为两型,但无法总结形态演变差异分式。总体来看本地蛋形瓮主要为空三足,黄河西岸未见其他足型,黄河东岸偶见实三足。空三足与下腹折转处较生硬。

A 型：敛口无沿。标本双务都采集 010、李家崖 AT18③：3(图 4 - 53：1、2)。

B 型：折沿,敛口,沿面向外折出。标本吉县 JQ2T02H9：12、薛家渠 M1 盗洞：11、辛庄 12T3①：1、辛庄 15M13：1、辛庄 16 后石塝 M13：1(图 4 - 53：3、4、5、6、7)。

（三）分期与年代推定

对于南流黄河两岸的晚商时期遗存,自高红遗址 83H1 公布之后,研究者多赞同简报中对于其年代的大体划定,但是未对其相对年代做出更为细致的判断。薛家渠遗址与李家崖遗址的发掘者,虽然指出其文化面貌与高红 83H1 相同,但也未对上述二遗址的相对年代有进一步的判定。

伴随着材料的积累,尤其是周邻地区考古学文化谱系的完善,可以尝试对南流黄河两岸地区晚商时期遗存的年代序列进行更进一步的探索。

柳林高红遗址 83 年调查 H1 与 2004 年发掘所获的 H2、H3、H4、H5、H6 等诸单位晚商时期文化面貌接近,遗存年代可划归为同一期。2007 年的发掘更显示出,遗址堆积非常单调,难以分段。

吉县挂甲山遗址的试掘发现了相对较好的地层关系,从有效地层关系观察的器物形态变化,可将该遗址分为前后衔接的两期,早期以 H9、H15 为代表,晚期则以叠压于 H9、H15 之上的地层为代表,晚期与高红遗址的遗存年代相当。

离石双务都遗址晚商时期遗存皆为调查所获,从器物形态看,同类器较高红遗址形态差别较大,但两者间有较明确的渊源传承关系,当属同一文化中的先后阶段。由于这类遗存与当地龙山和西周时期遗存完全不同,所以,双务都遗址晚商时期遗存不会晚至西周或早至龙山时期。而且,将本地晚商时期遗存与燕山南麓及冀中北部地区晚商时期遗存相较可知,加贴花边的陶鬲演变规律为花边位置由颈部逐渐靠近口沿(图 2 - 43)。参照这

分期＼类型	A	B
一期	 1. 双务都采集：010	
二期		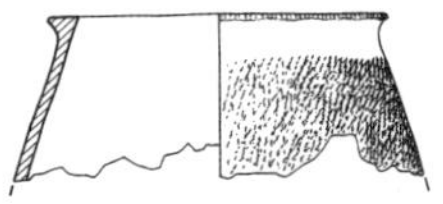 3. 吉县 JQ2T02H9：12
三期	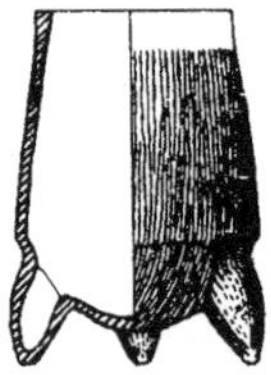 2. 李家崖 T18③：3	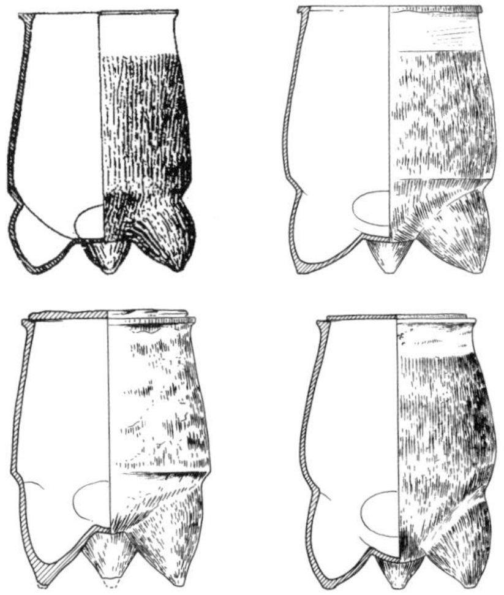 4－7. 薛家渠 M1 盗洞：11、辛庄 12T3①：1、辛庄 15M13：1、辛庄 16 后石塌 M13：1

图 4－53　南流黄河两岸晚商时期陶蛋形瓮分期图

一规律,可知双务都遗存当早于高红和挂甲山遗址为代表的晚商时期遗存,当是晋西北地区晚商时期年代最早的一组遗存。

　　离石后赵家沟遗址调查所获遗存既有与双务都遗址相同者,亦有与高红遗址相同者,因此,可将其调查材料分为前后两期。

　　离石乔家沟遗址遗存与双务都遗址相同,年代亦当与之相当。

　　离石马茂庄遗址调查所获遗存与后赵家沟相同,可将其调查材料分为前后两期,既有与双务都遗址相同者,亦有与挂甲山遗址年代偏早遗存相同者。

　　州川河流域区域系统调查过程中,晚商时期的遗存序列基本完整,其他遗址所发现的遗存基本都可在其调查材料中可见。

　　曹大志在石楼县的调查过程中,与州川河流域的调查情况相似,年代序列相对完整。

　　绥德薛家渠遗址晚商时期遗存以遗址 H1 及 M1 盗洞中的材料为代表,文化面貌与高红相同,年代亦应相当。

　　清涧李家崖遗址晚商时期遗存以遗址各探方第③层及 H1、W1 等为代表,文化面貌与高红、薛家渠相同,年代亦与之相当。对李家崖文化的分期,目前有不同的几种意见,发掘者吕智荣分作三期,一期相当于殷墟一期至二期;二期相当于殷墟三期;三期则相当于殷墟四期至西周中晚期之际。① 孟琦、杨建华将李家崖遗址为代表的李家崖文化分为三期五段,早期相当于殷墟二期,中期相当于殷墟三、四期,晚期相当于西周早中期。② 蒋刚的意见实际与孟、杨接近。③ 孙文浩也将李家崖文化分作三期,早期相当于殷墟一期至二期早段,中期相当于殷墟二期至四期中段,晚期相当于四期中段至西周早期。④ 对于李家崖文化的年代下限能否进入西周早中期,甚至晚期的意见,曹大志以极具逻辑的分析说明,即便李家崖文化的下限进入西周初年,时间也不会太长。⑤ 从晋陕高原的居址特征来看,具有丰富序列关系的遗迹单位是很缺乏的,这与生活方式和居址地理环境密切相关。在这种情况下,对当地遗存的分期更加"宜粗不宜细",观其遗存演变关系即可。有鉴于此,我将李家崖遗址分作前后两期,早期以 A1 区建筑、城墙修建前及修建时期为代表,典型单位如 T18⑤层以下的⑥层、叠压于房址之下的瓮棺;晚期则以建筑废弃后的堆积为代表,典型单位如各探方的⑤层及以上各单位。

　　辛庄的结构、布局与堆积特征与李家崖遗址极为相近,所出器物也基本相同,整体年代范围相当,个别单位可能略早于李家崖遗址。贾文涛将其分为三期四段(组),似失之于过细,从地层关系串联来看,阶段性并不明显。参考周邻地区的器物演变规律,可将辛庄遗址大略分为前后三期,第一期目前可能仅 15H53 一个单位;第二期以遗址内的房址为代表;第三期则以叠压于房址上的①、②层为代表。第二、三期与李家崖遗址的早、晚两期分别相当。

　　由上述遗址分期串联,可大致将南流黄河两岸晚商时期遗存分为前后三期(表4-6)。

　　第一期:遗存较少,除石楼县、州川河流域的调查材料之外,黄河东岸无发掘资料。黄河西岸辛庄 15H53 可为本阶段代表。本阶段的高领鬲领部较高,似乎可上承晋中地区早商时期的高领鬲。由于本地第二期遗存可与殷墟发现的遗物相比较,因此本期年代当早于殷墟一期,很可能相当于二里冈上层二期以后到殷墟一期之前,大体相当于邹衡先生商文化分期体系的早商期第Ⅶ和Ⅷ组阶段。

① 陕西省文物考古研究院:《李家崖》,文物出版社(北京),2013 年。
② 孟琦、杨建华:《李家崖文化分期及相关问题研究》,《考古与文物》2016 年第 1 期。
③ 蒋刚:《文化演进与互动:太行山两翼夏商西周时期青铜文化研究》,科学出版社(北京),2017 年。
④ 孙文浩:《试析李家崖文化》,重庆师范大学硕士学位论文,2016 年,未发表。
⑤ 曹大志:《李家崖文化遗址的调查及相关问题》,《中国国家博物馆馆刊》2019 年第 7 期。

表 4 - 6　晚商时期南流黄河两岸居址分期对照表

期段 遗址	一期	二期	三期	资料来源
绥德薛家渠			√	①
清涧李家崖		1	2	②
清涧辛庄	1	2	3	③
柳林高红			√	④
吉县挂甲山		1	2	⑤
州川河调查		√		
石楼调查		√		⑥
离石双务都	√			
离石后赵家沟	1	2		⑦
离石乔家沟	√			
离石马茂庄	1	2		

第二期:本期发掘材料渐多,另有不少调查资料可供使用。本期炊器有鬲、甗两类,李家崖遗址零星发现有鼎残片,其余各种器类皆有发现。从器物形态观察,本地区矮领花边鬲袋足肥鼓,但有较明显的实锥足;各类高领鬲花边位置近颈;高领鬲领部较直。本地区的器物已有可以和殷墟时期相比较者(图 4 - 54)。由于大司空 04ASH431②:8 和孝民屯 M776 都是比较明确的殷墟遗址殷墟一期晚段单位,故而以挂甲山 H15、H9 为代表的南流黄河二期遗存,年代当不会晚于殷墟一期晚段,下限可能在殷墟二、三期之际。本阶段当为李家崖文化最为繁盛的阶段。

———————

　　① 北京大学考古系商周考古实习组、陕西省考古研究所商周考古研究室:《陕西绥德薛家渠遗址的试掘》,《文物》1988 年第 6 期。
　　② 张映文、吕智荣:《陕西清涧县李家崖古城址发掘简报》,《考古与文物》1988 年第 1 期。
　　③ 《陕西清涧商代遗址》,《2013 中国重要考古发现》,文物出版社(北京),2014 年;贾文涛:《晋陕高原李家崖文化时期相关遗存研究》,山西大学硕士学位论文,2018 年,未发表。
　　④ 国家文物局等:《晋中考古》,文物出版社(北京),1998 年;山西省考古所:《2004 柳林高红商代夯土基址试掘简报》,《三晋考古》第三辑,山西人民出版社(太原),2006 年;山西省考古研究所、吕梁市文物局、柳林县文物管理局:《山西柳林高红遗址 2007 年发掘简报》,《中原文物》2019 年第 6 期。
　　⑤ 山西省考古研究所、吉县文物管理所:《吉县州川河流域区域考古调查发掘报告》,科学出版社(北京),2017 年。
　　⑥ 曹大志:《李家崖文化遗址的调查及相关问题》,《中国国家博物馆馆刊》2019 年第 7 期。
　　⑦ 国家文物局等:《晋中考古》,文物出版社(北京),1998 年。

鬲	小口瓮	蛋形瓮
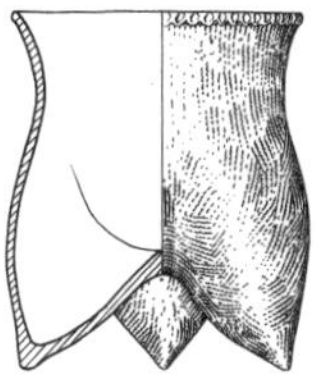 **南流黄河地区** 1. 挂甲山Ⅱ H15∶15	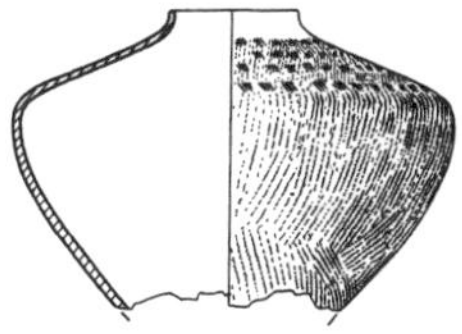 3. 挂甲山Ⅱ H15∶24	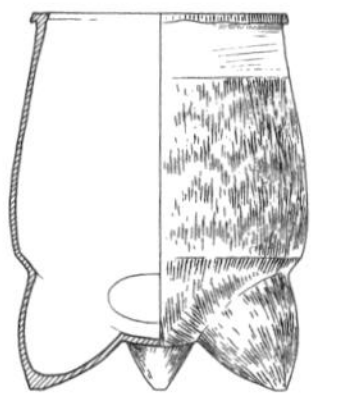 5. 辛庄 12T3①∶1
 **殷墟遗址群** 2. 03AXSM776∶3	 4. 04ASH431②∶8	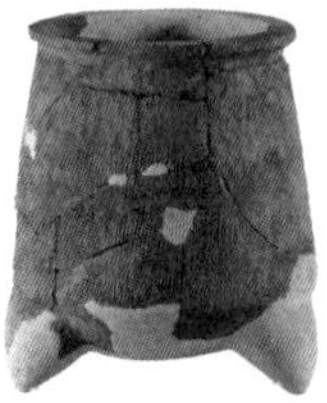 6. 2004ASF38 垫土∶1

图4-54　晚商时期南流黄河两岸各遗址与殷墟遗址群代表性陶器对比图

三期：本地各遗址的遗存十分丰富,在与殷墟出土的同类器比较中,辛庄、李家崖遗址年代偏晚单位的蛋形瓮,与殷墟四期阶段出土的同类器基本一致,年代当在殷墟四期,上限或能早至殷墟三期。本阶段器类较全。

二、晚商时期各期陶器的特征

从整体文化面貌变迁来看,除器形变化外,南流黄河两岸晚商时期两期间变迁并不明显。下面我们从陶系、炊器组合变化以及其他标志性器物的变化等方面简要总结之。

（一）陶系

本地区挂甲山、李家崖遗址公布了部分单位的简单统计数据,贾文涛公布了辛庄遗址部分单位的统计数据,但贾文涛的统计中无纹饰数据。三者相比,可大致了解本地区晚商时期的陶系情况(表4-7)。

可以看出,各遗址以泥质灰陶为绝大多数,各期间的变化不大。个别单位的统计稍有偏差,但总体趋势基本相同。夹砂灰陶次之,有少量的红褐陶,黑陶极少。纹饰以绳纹为绝大多数,素面及磨光陶比例较高,各种不同样式的云雷纹、回字形纹、方格纹、指甲纹等较为常见,本地区篮纹比例较高是一大特色,三角划纹、附加堆纹比例也较高。

本地绳纹特点与晋中和忻定盆地商时期接近,滚压较散乱,浅细,但有一部分绳纹颗

表 4-7　晚商时期南流黄河地区居址典型单位陶系统计表

项目 时段	单　位	陶质(%)		陶色(%)			纹饰(%)						
		泥质	夹砂	灰	红褐	黑	素面	磨光	绳纹(含旋断)	篮纹	旋纹	附加堆纹	戳压印
一期	辛庄 15H53	65.2	34.8	100				√	绝大多数	√	√	√	√
二期	挂甲山 H9	73.6	24.4	64.2	34.7	1.1	25.1		47.7	28.6	√	7.5	0.7
	挂甲山 H15	71.4	28.6	71.6	18	0.4	14.5		63.2	15.6	√	6.5	0.2
	辛庄 14F6	62.2	37.8	90.8	9.2		√		绝大多数		√	√	√
	辛庄 14F16	40.3	59.7	94.2	5.8		√		绝大多数		√	√	√
	李家崖 T18⑥	62	38	100					100				
三期	李家崖 T18⑤A	66.1	33.4	92.2	√			1.6	57.2				
	李家崖 T18⑤B	85.8	14.7	100	√			0.5	82.7			0.5	16.7
	辛庄 14T02③	61.5	38.5	96.1	3.9		√		绝大多数		√	√	√
	辛庄 T0101④B	50.5	49.5	94.5	5.5		√		绝大多数		√	√	√

粒较大近麦粒状。本地绳纹中丝痕较少。蛇纹往往被统计入绳纹或附加堆纹中。除绳纹、篮纹外,大部分纹饰的施加部位和器物是较为固定的。压印的方格纹、云雷纹、S 形纹多在簋、盆上腹或小口瓮的肩部。附加堆纹多见于鬲的裆部、口颈部。蛇纹仅见于陶鬲之上。磨光陶多出现在制作精致的簋、盆上,但数量很少。

本地陶鬲、陶甗和盆的口沿、颈部多有花边,花边的变化似有一定的规律。时代偏早的遗物上,口沿压印的花边较浅,时代越晚压印颗粒越大,印痕越深。附加堆纹时代偏早的,多在颈部与肩腹相接之处,而年代愈晚,附加堆纹越靠近口部。本地三期时,部分器物花边或附加堆纹加贴在口沿之上。这一演变规律是与华北平原北缘地区、冀中北部地区相同的(图 4-55)。

(二)器物群中的炊器特征与组合变化

本区各遗址炊器主要为鬲、甗两类,零星有鼎的残片。陶鬲种类形态较多。大致而言,可分为三类。一类为深袋足鬲,无实足根或足根不明显;有实足根者,一类为实锥足,另一类则为实柱足。三类鬲皆流行花边或附加堆纹装饰。三类陶鬲可能各有来源。从形态讲,各类花边鬲少见于同时期周邻地区各遗址,这是晚商时期南流黄河两岸与周邻地区最明显的差异。

燕山南麓	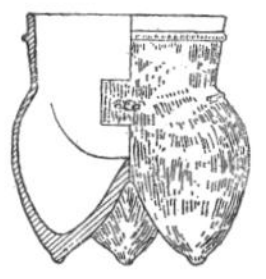 1. 北福地 85H25：2	→	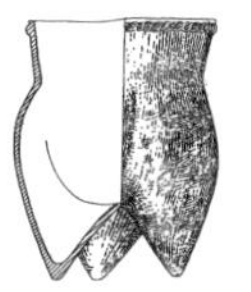 2. 渐村 H7 上：16
冀中北部	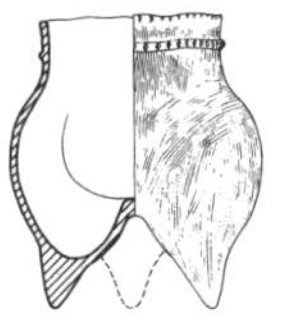 3. 七里庄 H501：1	→	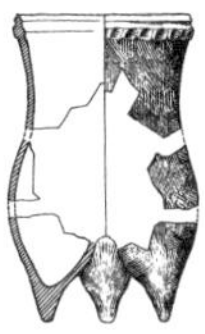 4. 塔照 FTT3011④：1
南流黄河两岸	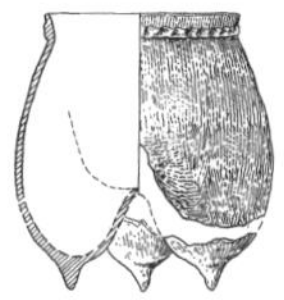 5. 双务都采 017	→	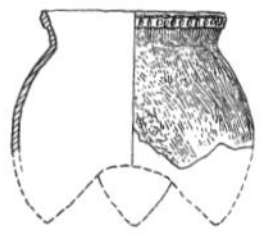 6. 高红 83H1：4

图 4 - 55　华北平原北缘地区、冀中北部与南流黄河两岸晚商时期花边鬲演变图

本地区陶甗皆有箅托,上部瘦直,下部陶鬲部分亦较瘦直,鬲部分的实足多与本地区常见的实柱足相同,呈低矮的圆柱状。

需要特别说明的是李家崖遗址发现的凸肩鬲,有的为泥质,柱足较高,肩部凸出,肩部器表往往饰以三角划纹,三角纹内滚压绳纹,此种装饰风格的渊源待考。

比较有趣的是,本地区的陶鬲,在不少方面都与华北平原北缘地区的同时期陶鬲有不少共性(图 4 - 56)。无论是花边的装饰风格与位置变化规律,还是高领鬲的形态,还是双耳鬲及附加堆纹的加贴位置,两地的陶鬲都有一定的共性。或许说明两地在晚商时期存在一定的交流。

（三）器物群其他主要器物特征与组合变化

除炊器外,本地区其他器物与周邻地区较为接近,较有特点的器物还有折肩小口瓮、大口尊、弧肩器盖和空三足蛋形瓮四种器类。

折肩小口瓮:小口瓮有一定数量,且折肩者数量甚多,这是本地区的地方特色之一。

大口尊:在周邻地区十分罕见,甚至在殷墟地区晚商偏晚阶段亦不太常见。但在西周时期周文化系统遗存中大口尊较为常见。南流黄河两岸大口尊较为常见,不排除关中考古学文化受到了来自南流黄河流域考古学文化影响的可能。

弧肩器盖:周邻地区晚商时期器盖十分罕见,但在南流黄河两岸却常见此类器盖。

器类 地区	矮领颈花边鬲	高领颈花边鬲	侈领鬲	高领鬲	双耳鬲
华北平原 北缘晚商 二期	 1. 雪山 H59：1	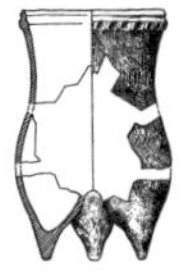 3. 塔照 FTT3011④：1	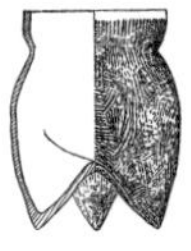 5. 围坊 T8②：5	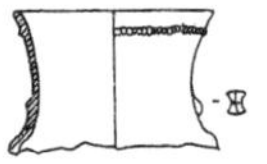 7. 辛庄克鬲 AX0：1	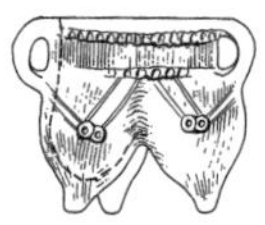 9. 北福地 H73：1
南流黄河 两岸晚商 早期	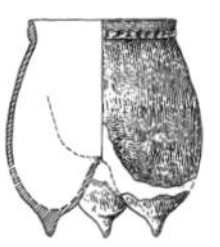 2. 双务都采 017	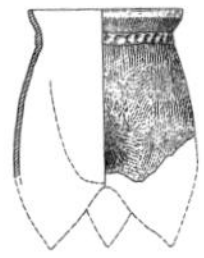 4. 双务都采 016	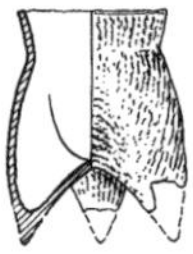 6. 后赵家庄采 04	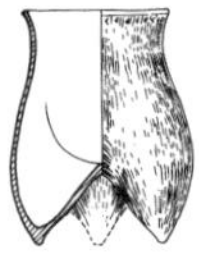 8. 辛庄 12T1H2④：100	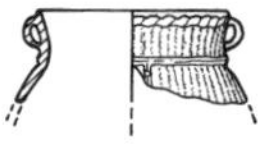 10. 李家崖 A1T6⑥C：1

图 4 - 56　华北平原北缘晚商二期与南流黄河两岸晚商早期花边鬲对比图

空三足蛋形瓮：蛋形瓮在古冀州地区十分常见，但本地区蛋形瓮绝大多数皆为空三足者，且上腹瘦直，少见敛口，下腹与三足间折转十分明显，是本地区的特点。

第四节　小　　结

古冀州西北部地区由三个不同的地理单元组成。晋中盆地虽不如晋西南地区富庶，但由于汾河河谷的作用，有相对宽平的地理空间。自二里头文化开始，河谷两侧山前台地遗址的分布较为密集。滹沱河谷发育虽不及晋中盆地，但河谷及其支流两侧的台地上，能够形成面积不大但相对平坦的定襄盆地，亦能有较为密集的遗址分布。相较而言，南流黄河两岸，尤其是本书所讨论范围中的东岸地区自然条件最差。

吕梁千仞古所嗟，由于吕梁、黄河天险的阻隔，南流黄河东岸地势狭仄，既没有较高的台塬，也没有相对平坦的盆地。"吕梁太岳，底柱析城"，在相对破碎的地理单元中，本地区形成了天然相对封闭的空间。与晋中、晋西南的沟通，则需借助多个山间的隘口、关岭。历史时期著名的金锁关、楼烦关、宁乡关、黑龙关、马头关是沟通晋西山地与临汾、太原盆地的著名咽喉。在山地西侧的黄河东岸，也有若干类似军铺渡、黑峪口渡、坪上渡、孟门渡等沟通黄河两岸的渡口。

就古冀州西北部内部而言，由于汾河河谷的存在，晋中盆地与其西南方向的临汾、运城盆地交流十分便利，所以文化交流亦较充分。晋中盆地与东北方的定襄盆地间通过石岭关相连，经天门关则可出朔州，再向北则可直通雁门、云中。因此晋中盆地可以说是古冀州西部地区东西与南北沟通的枢纽。《读史方舆纪要》说太原为"河东之根本",诚斯言也。

忻定盆地以滹沱河谷为孔道,东出太行可达冀中,北逾平型关可达灵丘,再向北可到达壶流河、桑干河河谷,到达燕山两翼。由忻州西向经静乐盆地、代县经神池,向西即可到达吕梁山西麓。这条道路自古也是东西交通的孔道。

至于本区不同地理单元间的文化及本区与冀州其他区域的交流问题,将在本书第五章讨论。

一、二里头文化时期晋中、忻定盆地与南流黄河两岸的相互比较

三者均相当于二里头文化时期,除南流黄河两岸目前由于材料匮乏无法详细讨论分期外,其余两盆地大部分遗存的年代相当于二里头文化一至四期,可从以下几个方面进行比较。

1. 期别对应与分布特征

在冀州西北区中的三个小地理单元中,皆有自身的分期体系,以层层递进,区区排比之法,借由晋南地区和冀中北部地区的分期框架,以二里头文化的分期为标尺,可以对三个小区域的期别进行对应串联如下,这一年代关系也可以周邻的晋南、冀中南地区相比较(表4-8)。

表4-8　二里头文化时期冀州西北区不同地理单元分期体系对应表

二里头文化		南流黄河两岸	运城盆地	临汾盆地	晋中盆地	忻定盆地	冀中北部地区		上党盆地
期		期	期	期	期	期	期	段	期
四期	偏晚		四期	三期	四期	四期	三期	5	三期
	偏早							4	
三期	偏晚	√	三期	二期	三期	三期	二期	3	二期
	偏早							2	
二期	偏晚		二期	一期	二期	二期	一期	1	一期
	偏早								
一期	偏晚		一期		一期	一期			
	偏早								

在三个小地理单元中晋中盆地和忻定盆地二里头文化时期的考古学文化序列较全,基

本上可视之与二里头文化共始终。但需要明确指出的是,这里所称的"相当于二里头文化一期",与二里头文化一期遗存是否完全能够共时,目前尚无证据,甚至在逻辑上也有需要补充之处。这里所说的相当于二里头文化一期,仅是指当地的考古学文化从龙山时代进入了新时代,与晋南的考古学文化相互系联,大体上属于本地二里头文化时期的最早阶段,与东下冯遗址一期遗存有可比性,发展阶段相同,大体相当于二里头文化一期。与周邻地区相比,晋中盆地与忻定盆地这一阶段的遗存相对丰富,且年代较早。南流黄河两岸二里头文化时期的遗存虽有分布,但十分零星,且黄河东岸的刊布情况极差,因此无法深入讨论。

(1)晋中盆地

从分布区域看,晋中盆地二里头文化时期遗存较多,以汾河河谷为中心,遗址大都分布在河谷两岸的山前台地上,河谷腹地未发现同时期的遗址。大体而言,本时期遗址主要分布在如下几个区域:

其一,晋中盆地北端汾河东岸与系舟山西南麓的山前台地。这一地区的遗址较多,东太堡、许坦等遗址皆分布于此。这一地区的二里头文化时期遗存面貌特殊,有石棺墓和较精致的陶器,是文化面貌较特殊的一个区域。但也许是工作原因,本地尚未发现有面积较大的区域中心。

其二,盆地中部汾河东岸与太岳山西麓的山前台地。这一地区遗址年代序列较完整,分布密集,但等级普遍不高。

其三,盆地中南部汾河西岸与吕梁山东麓之间的山前台地。这一地区遗址明显较少,更未见高等级遗址,但这种现象与工作的疏密程度有关。

(2)忻定盆地

从分布情况看,忻定盆地的遗址分布与晋中盆地相近,也多是在滹沱河谷两岸的山前台地,临河的河谷未见密集的遗址分布。具体而言,大体分布在如下几个区域:

其一,滹沱河上游的繁峙、代县的滹沱河西北岸与恒山山脉南麓的台地上,遗址分布不太密集,未发现高等级遗址。

其二,滹沱河河谷C形拐弯的西岸与云中山东麓之间的冲积台地上。遗址分布较密集,但未发现高等级遗址。

其三,牧马河与滹沱河交汇处附近的冲积台塬上。这一区域是滹沱河流域二里头文化时期遗址分布最密集的区域,面积稍大的遗址也最多,但若以同时期晋南的标准衡量仍尚未发现区域聚落中心。

其四,清水河与滹沱河交汇处的五台山南麓冲积台塬,有一些遗址分布,但不密集。

在牧马河、云中河上游与静乐连通的山间隘口,以及与晋中盆地连通的关键区域阳曲、古交的考古工作较少,目前尚未发现同时期的聚落线索,未来必当有重要突破。

(3)南流黄河东岸

晋中、忻定盆地夏商时期遗址的分布多集中在盆地近山的台地上,而南流黄河两岸则明显不同。

如曹大志所观察到的,南流黄河沟梁峁壑之间,晚商时期的遗址分布大体有三种情况,一种是面积很小的聚落,可能坐落在某一小山的任何高度;一种是面积稍大在4万平方米以内的遗址,可能在某一小河流交汇处的小山顶部;第三类则是在黄河岸边稍平坦的山顶,遗址的密集度稍高。[1]　这一总结同样适用于二里头文化时期。虽然遗址聚落分布支离破碎,也罕见密集的聚落群,黄河东岸至今未见二里头文化时期的聚落中心,类似龙山晚期兴县碧村一类的聚落在进入二里头文化时期之后似乎普遍衰落,未再形成新的区域中心。但南流黄河两岸的考古学文化却具有相对高的一致性,内部的差异很小。

2. 陶系与纹饰

本地区不同小区的陶器特征情况有所不同,但由于基础工作问题,各小区普遍缺乏细致的陶系与纹饰统计,南流黄河两岸本时期的情况不明。

首先看陶系情况。

相当于二里头文化一期阶段,晋中盆地两遗址器物组合情况差异较大,但都以夹砂陶为主,陶色以不纯正的褐陶为多,灰陶次之,有一定比例的红陶。这一时期的陶器火候普遍不高。忻定盆地以尹村遗址 H8、H13 的统计可知夹砂陶占66%;陶色以灰色为大宗,但深浅不一,有少量的褐色陶与磨光黑陶。

相当于二里头文化二期阶段,晋中盆地夹砂陶占有绝对优势,且砂粒较为粗大。陶色以褐色为主,灰陶次之,有少量黑色、红褐与黄褐色陶。由于烧制火候原因,本阶段陶色色泽不纯,纯正的灰陶在本阶段十分少见。忻定盆地夹砂陶比例增加,部分单位甚至达到86%,但夹砂陶所夹砂粒较细。陶色仍以灰陶为主,此外还有灰黑陶、灰皮褐陶与褐色陶,还有极少量的磨光黑陶。

相当于二里头文化三期阶段,晋中盆地陶器陶胎变薄,夹砂陶数量较多,仍占多数,但夹砂陶砂粒变细。本阶段泥质陶数量增长。陶色以灰色为主,褐色陶开始减少,黑陶与黄褐陶减少较明显。忻定盆地夹砂陶仍占绝对优势,陶色开始以较规整的灰陶居多,褐陶比例明显下降,仍有一定数量的黑皮陶。

相当于二里头文化四期时,晋中盆地泥质陶数量超过夹砂陶,陶器群胎质普遍较薄,夹砂陶所夹砂粒甚细,陶色灰色为主,其他色泽的陶器甚为少见。忻定盆地与晋中盆地不同,夹砂陶仍占绝对主导,黑陶和黑褐陶仍然不少,红褐陶也有一定的数量。

其次看纹饰。

相当于二里头文化一期时,晋中盆地以绳纹为多,有较高比例的篮纹,戳印、锥刺、压印在这一时期比较常见。绳纹滚压不规律,有的器物滚压规整且印痕很深,但更常见的是滚压较浅且散乱的绳纹。忻定盆地以绳纹为主,多为浅细凌乱的绳纹、麻点式、旋断绳纹之分。本阶段仍有一定数量的篮纹,但相比龙山时期已明显减少,有一定数量的附加堆纹、戳印纹、方格纹、镂孔等纹饰种类,新出现零星蛇纹和楔形点纹。

---

[1]　曹大志:《李家崖文化遗址的调查及相关问题》,《中国国家博物馆馆刊》2019年第7期。

相当于二里头文化二期时,晋中盆地仍以绳纹为最多,篮纹在本期有较高的比例,另有少量刻划、戳印、附加堆纹和旋纹。素面陶在本阶段比例不高,磨光陶尤少,不少素面陶是滚压绳纹后再经抹光的,因此多有绳纹痕迹。本期绳纹粗且散乱,篮纹与戳印纹中楔形点纹比例较高的特点,可以看出本期仍有较浓厚的龙山时期遗韵。忻定盆地以麻点式绳纹最为多见,中粗绳纹、旋断绳纹比例较高,还有极少量的细绳纹。附加堆纹、楔形点纹和蛇纹比例上升明显。新出现有压印的回纹、圆圈纹等纹饰。

相当于二里头文化三期时,晋中盆地篮纹数量下降,绳纹与上期相比,整体较细,但滚压仍不甚规整。本阶段有一定数量的旋纹、附加堆纹。戳印纹,尤其是楔形点纹在本阶段下降明显。旋纹比例在这一时期明显增加。篮纹一般浅细稀疏。磨光陶与素面陶的比例在这一时期增长明显。忻定盆地以滚压规整的细绳纹最为常见,素面陶仍较多。附加堆纹、镂孔等纹饰在本阶段数量锐减。篮纹、蛇纹下降明显,但仍有一定的比例。

相当于二里头文化四期时,晋中盆地以规整的细绳纹为绝大多数,篮纹在本阶段基本不见。旋纹、附加堆纹、戳印纹的比例不高。素面陶与磨光陶在本阶段比例较上期为高。忻定盆地绳纹占纹饰的绝大多数,粗绳纹基本不见,滚压规则的细绳纹、中绳纹居主流。素面陶比例减少。

可以看出,本地区晋中与忻定盆地二里头文化时期自始至终有一定比例的篮纹,镂空多见,有一定的比例的蛇纹,这是在太行山以东基本没有看到过的现象。这一现象与晋南地区各地理单元相比,也有所不同。

3. 炊器组合

冀州西北部二里头文化时期的炊器组合与冀州其他区域有所不同。

相当于二里头文化一期阶段,晋中盆地炊器组合较完整,有鬲、鼎、甗、斝,其中最常见的是各类高直领的陶鬲,其中袋足肥鼓的鬲数量最多,有零星的单把鬲。陶鼎数量比较高,但形态不固定。陶斝有直口与敛口两类,龙山时代的风格十分突出。忻定盆地陶鬲为主,种类较单一,绝大多数为高领鬲,也有一定数量的单把鬲,但未发现矮领的卷沿鬲。忻定盆地的陶斝种类繁多,数量也极多,泥质单把斝或敞口尊形斝较有特色。陶斝在炊器组合中占有较大的比例,这一现象特色十分突出,可能是本地区重要的地方特色。在本阶段有零星的瓮形或罐形陶鼎在炊器组合中作为补充。

相当于二里头文化二期阶段,晋中盆地组合有陶鬲、鼎、甗等,本期有一定数量的陶斝,但数量不多。炊器中以陶鬲最为常见,陶鬲以高领肥袋足者最为多见,另有一定数量的单把鬲;陶鼎本阶段有盆形鼎,也有零星罐形鼎,鼎足形态种类较多,这与其他地区相比差别较大。忻定盆地陶鬲种类大为增加,本期蛇纹鬲、矮领侈沿鬲和晋西南地区常见的双鋬鬲等新器类纷纷在本地区出现,使炊器组合中鬲、斝的比例趋近相当,前一阶段常见的高领鋬手鬲明显减少。陶斝形制依旧保持了纷杂的特点,但总体数量有所下降。本阶段仍有零星的陶鼎存在。

相当于二里头文化三期阶段,晋中盆地以各类高领鬲最为常见,陶鼎在本阶段有罐形与盆形两种,总体风格接近,腹部皆较深,但数量减少明显。陶斝在本阶段较为常见,敛口、直口两种皆有。忻定盆地本时期高领鬲、斝数量明显锐减,矮领与高领侈沿鬲明显增加。在炊器组合中陶鬲的数量已经占据绝对优势。陶鬲的形态与太行山以东地区的卷沿鬲非常相似。斝的比例减少明显。本期陶鼎已经甚为罕见。

到了二里头文化四期阶段,晋中盆地陶鼎、陶斝数量锐减,高领鬲领部变矮,实足根仍然较高,本期陶鼎数量也已减少,器腹变浅,已不见罐形鼎。忻定盆地卷沿矮领鬲占据绝对优势,形态逐步规范。斝、鼎数量锐减,陶甗作为鬲的补充,有一定的数量。

总体来看,晋中与忻定盆地二里头文化时期以各式鬲、斝、甗为主要炊器,鼎在晋中盆地多于忻定盆地,两盆地都罕见分体的甗。夹砂罐在两盆地的炊器组合中属于从属甚至于零星补充的地位。

4. 其他器物组合与特征

盆:晋中盆地二里头文化时期陶盆较太行山以东各区不发达。忻定盆地二里头文化时期陶盆数量种类众多,接近太行山东麓地区而与晋中地区差异较大。

豆:晋中地区年代较早的遗存,既有细柄者,也有少量豆柄呈竹节者,较少见于周邻地区。粗柄镂孔豆在忻定盆地数量较多,而周邻地区十分罕见。原平唐昌遗址所见的带双耳的粗柄豆更是不见于其他地区。

壶:陶壶数量较多,是两盆地的一大地方特色。

二、商时期晋中、忻定盆地与南流黄河两岸的相互比较

三区域在商时期文化面貌区域差异性较大,遗存年代相当于二里冈下层至殷墟时期皆有发现。但由于遗存发现在时间、空间范围都不均衡,很难有完全一致的划分尺度。总体来说,晋中盆地早晚商时期序列比较清晰;忻定盆地早商时期遗存有零星发现,但序列相对完整,晚商时期遗存分布零星;南流黄河地区早商时期最晚阶段仅有零星线索,只有晚商时期遗存较明确。早商时期晋中盆地序列可分段,忻定盆地商时期遗存仅能判断有无,无法分期;南流黄河两岸晚商时期遗存可以分期,但无法分段。大体可以从如下几个方面对三区域进行粗疏的比较。

1. 期别对应与分布特征

在冀州西北区中的三个小地理单元中,皆有自身的分期体系。由于各地的遗存时代分布并不平衡,因此将其与早商遗存一并共同讨论。依邹衡先生商时期商文化分期体系为标尺,可以对三者的期别进行对应串联如下(表4-9)。

晋中盆地商时期遗存序列较为完整,虽无法与郑州、安阳地区一一对应细密编年,但以较粗的年代框架比对,大体无缺环。忻定盆地在商王朝时期除未有明确相当于殷墟四期的遗存外,其他时段皆有零星线索,但现有材料太过零星,暂不分段。南流黄河两岸早商时期有零星线索或个别单位,但并不丰富,由于工作的细致程度不同,晚商时期该地遗存较多,晚商各期的遗存基本都有发现。

表4-9　商时期冀州西北区不同地理单元分期体系对应表

商时期		南流黄河两岸	运城盆地		临汾盆地		晋中盆地		忻定盆地	上党盆地	
段	组	期	期	段	期	段	期	段	期	期	段
七段	XIV	四期	六期		五期		六期		?	六期	
七段	XIII	四期	六期		五期		六期		?	六期	
六段	XII	三期	五期				五期		√	五期	
六段	XI	三期	五期				五期		√	五期	
五段	X	二期	四期		四期		四期		√	四期	
五段	IX	二期	四期		四期		四期		√	四期	
四段	VIII	一期	三期	5	三期		三期	4	√	三期	5
四段	VII	一期	三期	5	三期		三期	4	√	三期	5
三段	VI	?	二期	4	二期		二期	3	√	二期	4
三段	V	?	二期	3	二期		二期	2	√	二期	3
二段	IV	?	一期	2	一期		一期	1	√	一期	2
二段	III	?	一期	1	一期		一期	1	√	一期	1

从遗址的分布情况看，三个小区的商时期遗址与当地二里头文化时期遗址分布基本重合，但明显变稀疏。但从目前的材料观察，各区始终都没有区域中心。南流黄河两岸在西岸地区或许有数个类似李家崖遗址一样的小型城址，可以作为某一小流域的区域中心。但黄河东岸地区尚未有发现。柳林高红遗址虽有较大面积的夯土基址，但若以中原地区甚至是辛庄夯土基址的标准衡量，规模不大，很难说一定是区域中心。

2. 陶系与纹饰

晋中盆地在二里冈下层阶段材料较少，所见陶器中泥质陶数量多于夹砂陶，陶器群胎质普遍较薄，夹砂陶所夹砂粒甚细，陶色以灰色为主，其他色泽的陶器甚为少见。忻定盆地发现较少，但文化面貌暗示当地可能存在两种不同的文化因素，一种与郑州地区相同，属较典型的商文化；另一种则以唐昌遗址为代表，存在一种以深腹袋足褐陶鬲为代表的文化遗存。

二里冈上层阶段，晋中盆地以灰陶为主，有较高比例的褐陶，灰褐、红褐陶数量比例较高。陶质仍以泥质陶为高，夹砂陶次之。本段有少量羼杂陶渣与较粗砂粒的夹砂陶。忻定盆地材料稀少,能被辨识出的基本与郑州地区相同。南流黄河两岸目前仅有离石后石墓葬的资料,陶器以夹砂的褐陶为多见,火候不高。

相当于洹北至殷墟一期阶段开始至商末时期,晋中盆地遗存减少且较零星,陶系与早商时期十分接近,但基本不见羼杂较粗砂粒的夹砂陶。但夹砂陶数量多于泥质陶的总体趋势是确定的。晋中盆地晚商时期陶器群胎质普遍较厚,夹砂陶所夹砂粒较细。陶色以各色褐陶为主,色泽并不规范、一致。纹饰中以各类中、细绳纹为绝大多数,但滚压散乱,不规整。忻定盆地晚商时期遗存十分零星,以刘沟为代表的遗存很有地方特色,以色泽纯正的夹砂灰陶为代表。南流黄河两岸在晚商时期陶系特征较为固定,延续性也较强,始终以泥质灰陶为绝大多数,各期间的变化不大。个别单位的统计少有偏差,但总体趋势基本相同。夹砂灰陶次之,有极少的红褐陶,黑陶极少。

从纹饰方面看。

相当于二里冈下层阶段,晋中盆地以规整的细绳纹为绝大多数,未见旋纹、附加堆纹与戳印纹等其他纹饰。素面陶与磨光陶在本阶段较高。忻定盆地典型商文化遗存的纹饰特征与郑州地区相同,原平唐昌遗址则以较散乱浅细的绳纹为代表。

二里冈上层时期,晋中盆地以绳纹最为常见,中绳纹与粗绳纹比例上升明显。素面陶比例在本阶段仍有较高比例,镂孔、旋纹等纹饰作风较为常见。新出现刻划的兽面纹、戳压印的云雷纹、圆圈纹等纹饰在本阶段较为常见。忻定盆地材料零散,特征不明确。南流黄河两岸在本阶段有滚压散乱的绳纹,与晋中地区较为接近。

晚商时期晋中盆地纹饰中以各类中、细绳纹为绝大多数,但滚压散乱,不规整。由于材料较少,少见旋纹、附加堆纹等其他纹饰。忻定盆地以粗绳纹为主,滚压较深,较晋中盆地规整,器物口部多装饰花边,附加堆纹也较常见。南流黄河两岸纹饰除素面外,以绳纹为绝大多数,各种不同样式的云雷纹、回字形纹、方格纹、指甲纹等较为常见,本地区篮纹比例较高是一大特色,三角划纹、附加堆纹比例也较高,纹饰的施加对象和部位较有规律。

3. 炊器组合

晋中盆地商时期的炊器组合阶段性明显;忻定盆地因资料不多无法总结;南流黄河两岸始终较一致。

二里冈下层阶段,晋中盆地高领鬲与浅腹卷沿鬲并存,新出现敞口斝,炊器组合中不见陶鼎、甗与甑,与本地区二里头文化时期末期特征相同。忻定盆地的炊器则只有陶鬲。

二里冈上层阶段,晋中盆地商式深腹侈沿鬲在本阶段大量出现,并与浅腹鬲一起成为最主要的炊器种类。陶鬲的种类形态较多,但大体可分为侈沿深腹鬲与浅(筒)腹鬲两大系统。同时新出现的炊器中还有斝式鬲。南流黄河两岸与忻定盆地线索不明。

晚商时期,晋中盆地除单把鬲、联裆空锥足外,其余种类的陶鬲都有并存,显示出文化在传承的同时也有十分复杂的交流。忻定盆地晚商时期的炊器也以鬲为主,最主要的种类为各类带花边的肥袋足鬲,个别甚至有环耳或錾,其大小有别,但整体形态接近。除有典型的商文化陶鬲外,也有一类肥袋足的陶鬲。南流黄河两岸各遗址炊器主要为鬲、甗两类,零星有鼎的残片。陶鬲种类形态较多。大致而言,可分为三类。一类为深袋足鬲,实足根不明显;有实足根者,一类为实锥足,另一类则为实柱足。

4. 其他器物组合与特征

相当于商时期,三地其他陶器群差异较大。

晋中盆地晚商时期器类较少,除炊器之外,其他主要器类的地区特点目前不甚明朗,陶豆、盆、罐、小口瓮与太行山东麓冀南与冀中南部同时期材料面貌接近。实足蛋形瓮在本地延续时间很长,晚商时期仍有发现。忻定盆地晚商时期遗存公布较少,器类似较简单,与太行山东麓地区情况相近。南流黄河两岸,器类较晋中、忻定盆地丰富许多,折肩小口瓮、大口尊、弧肩器盖和空三足蛋形瓮四种器类十分具有地方特色。

第五章 古冀州之域考古学 文化的格局与互动

经过略显枯燥的基础梳理之后,需要回头将前四章的分析排比结论进行一番整合梳理,寻找分散独立的遗址中陶器所传达出的相互联系信息,或编串组合,或区分划界,追寻由陶器形态差异所形成的考古学文化区系类型。借用人类学的名词通俗地讲,就是从我自己的研究视角出发,以"主位研究"方式按时间线索去区分一个个不同的"陶器圈"。之所以将考古学文化的区系类型简化为"陶器圈",是因为,陶器是考古学物质文化中最常见、最大宗的器物种类。前人曾讨论过陶器作为易损耗品,更迭速率快,因此可以作为标识考古学文化差异与变迁最为敏感的器物。

当然,这种理论带有先验性,在某些半农半牧人群中陶器被反复锔补持续使用,在有些移动性较强的牧业人群中某类陶器的形态在相对长的时间内变化不大,这对于将陶器群等同于考古学文化,进而与人群相联系,再拟合古代族群的理论带来了很大的挑战。但在以农业为基础经济的定居社会中,前述陶器更迭速率快,器型变化时代性强的特性是十分突出的,也得到了实证。在原史阶段也能与一定人群共同体有对应变化关系,有着其他遗迹与遗物所不能比拟的优势。本书无意对"陶器群""陶器圈"与考古学文化间的对应关系进行理论化的凝练,但以古冀州之域内夏商时期的实际情况看,其他遗存无论从研究资料的丰富、均衡度还是可比性方面,都无法与陶容器相比。当然,在夏商时期的古冀州之域,以石、骨、角、蚌、陶生产工具及铜器为代表的其他可移动物质文化因素,虽也存在地区差异,但相互间的共性与互动关系更为复杂,我将在另一本书中予以讨论。

第一节 夏商时期古冀州之域 考古学文化的性质

考察任何一个地区考古学文化的面貌、源流及其与其他文化间的关系,首先需要由较为明确的年代标尺判定,否则所有的比较与总结将失去意义。在本书前四章中,各地区的时空划分标准皆以中原腹心地带的二里头文化与商文化的分期体系作为标尺逐区对比,逐区递进构建标尺。在下文的比较中,仍以这一标尺进行讨论。在本节中,将对各地区的二里头文化至晚商时期的考古学遗存的性质与内涵进行初步的整合判断。需要说明的是,夏商时期古冀州之域内的遗址普遍缺乏^{14}C测年,更没有系列样本的支撑,我们无法以测年数据检验各文化编年序列的绝对年代。未来随着测年数据的积累,或许能校订匡正今日的类型学工作结论。

一、豫北地区

1. 二里头文化时期

对于豫北地区二里头文化时期的考古学文化遗存性质,学术界的认识是不断进步的。1950 年代,发掘者将辉县琉璃阁 H1 和琉璃阁下层为代表的遗存归入商文化,认为与二里冈上层年代相当,这种观点一直延续了很长时间。1980 年前后,邹衡先生基于对夏商文化的通盘考量,将其归属为"先商文化辉卫类型"[1]。刘绪将其划归入李固—潞王坟类型,以沁水作为二里头文化与先商文化的分界,提出先商文化与二里头文化"沁西类型"的区别[2]。李伯谦将其置于"下七垣文化"中,称为"辉卫类型"[3]。郑杰祥认为其属于东下冯文化东扩的分支,定名为"辉卫型文化"[4]。四位学者都把这类遗存归属为商系统文化,亦即夏时期以商人为主体遗留的物质文化遗存。与上述学者不同,有学者将其置于二里头文化体系之中,称"二里头文化下七垣类型"[5];有的则命名为"辉卫文化",认为是夏时期韦族为主体的物质文化遗存[6];也有学者泛泛称为夏商两族共同创造的"先商文化"[7]。

近年来,随着新材料的积累,学术界对豫北二里头文化时期考古学文化的年代和性质有了一些新的思考。有学者认为李大召遗址二里头文化时期遗存属"辉卫文化的一个地方类型"[8];有学者认为豫北中心地区二里头四期以前陶器以伊洛系为主,受二里头文化影响较大,二里头四期开始,漳河系逐渐占据主导地位,并由此促成"二里岗文化的形成"[9],还有学者将孟庄二里头城址定性为商人先公"八迁之地中的某一地,应该是商某先公所建之都"[10]。有学者认为二里头文化晚期前后刘庄[11]、孟庄[12]墓葬属于先商文化。

各种意见中,先商文化说代表了当前的主流观点。这实际"当然源自邹衡先生的'辉卫型'先商文化"。但在学术界广泛采纳邹衡先生说法的同时,实际与其原意产生了一定

---

① 邹衡:《试论夏文化》,《夏商周考古学论文集》,科学出版社,2001 年第二版;《先商文化之研究》,《宿白先生八秩华诞纪念文集》,文物出版社,2002 年。

② 刘绪:《论豫怀地区的夏商文化》,《纪念北京大学考古专业三十周年论文集》,文物出版社,1990 年。

③ 李伯谦:《先商文化探索》,《庆祝苏秉琦考古五十五年论文集》,文物出版社,1989 年。

④ 郑杰祥:《夏史初探》,第 254 - 265 页,中州古籍出版社,1988 年。

⑤ 赵芝荃:《关于二里头文化类型与分期的问题》,《中国考古学研究(二)》,科学出版社,1986 年。

⑥ 张立东:《论辉卫文化》,《考古学集刊》(10),地质出版社,1996 年。

⑦ 沈长云:《夏族兴起于古河济之间的考古学考察》,《历史研究》2007 年第 6 期;《夏后氏居于古河济之间考》,《中国史研究》1994 年第 3 期;《禹都阳城即濮阳说》,《中国史研究》1997 年第 2 期。

⑧ 郑州大学历史文化学院考古系:《新乡李大召——仰韶文化至汉代遗址发掘报告》,第 357 页,科学出版社,2006 年。

⑨ 秦小丽:《豫北地区二里头时代的地域间关系——以陶器资料分析为中心》,《华夏考古》2008 年第 1 期。

⑩ 张应桥、徐昭峰:《试论辉县孟庄二里头文化时期城址的性质》,《中国历史文物》2008 年第 1 期。

⑪ 赵新平、韩朝会:《河南省鹤壁市刘庄遗址 2005 年度发掘主要收获》,《东方考古》(第 3 辑),科学出版社,2006 年;李维明:《河南鹤壁刘庄先商文化墓地初析》,《纪念世界文化遗产殷墟科学发掘 80 周年——考古与文化遗产论坛会议论文》,打印本,2008 年 10 月。

⑫ 赵新平、范永禄:《河南辉县孟庄遗址夏代墓葬及其相关问题》,《东方考古》(第 4 辑),科学出版社,2008 年。

的差异。在邹先生的分析中,辉卫型年代仅相当于二里头文化四期早段,对于四期之前的遗存性质,邹先生并未给出明确判断。但在当前的研究中,辉卫型的年代上限被不断提前,甚至已经提早到二里头文化二期晚段①。有学者清醒地指出,依照文献描述,豫北夏时期应存在多个部族,不能简单以"韦文化"或"先商文化"笼统概括②。这些新意见表明,对于豫北二里头文化晚期前后的考古学文化遗存的性质有重新梳理的必要。而所有问题的核心,是豫北地区二里头文化时期遗存的年代上限究竟在何时,性质又如何。

按照本书第一章第一节的梳理,可知二里头文化时期豫北地区已知考古学遗存集中在相当于二里头文化三期、四期时,并无确定属二里头文化二期的遗存。在二里头三、四期之际,考古学文化发生了较大的转折。

从陶系看,相当于二里头文化三期时,豫北地区以泥质陶略多(见本书第一章第一节),而夹砂陶较少;从陶色看,以灰陶居多,占六成以上,黑陶次之,褐陶再次之。从纹饰看,细绳纹比例明显较高,而附加堆纹则较低。这一特点与豫西二里头文化(二里头宫城区情况有不同)更接近,与冀南地区同时期的遗址有所差异(表5-1)。二里头文化三期时,无论在二里头遗址还是大师姑遗址,皆以泥质陶居多,夹砂陶次之;陶色中亦以灰陶数量最多,一般接近七成,纹饰中也以绳纹最为常见。这些特点都与豫北地区相同。但二里头文化中褐陶略多于黑陶,而豫北相反,则是两地的差异。

表5-1　二里头文化晚期、下七垣文化居址典型单位陶系统计表

项目 单位 期别		陶质(%)		陶色(%)			纹饰(%)					
		泥质	夹砂	灰	红褐	黑	素面	绳纹(含旋断)	篮纹	附加堆纹	旋纹	戳压印
二里头文化三期	二里头											
	二里头 Ⅲ H20③	54.1	45.9	88.4	1.9	9.9						
	二里头 VH440	30.4	69.6	94.1	1.4	4.4						
	大师姑④ H76	68	32	69.5	30.2	0.2	15.8	61.8		13	12.8	0.1
	新峡 H35	24.9	75.1	87.9	3	9.1	9.4	78.6		5.2	6.7	0.2
	新峡 H33	25.8	74.2	90.5	0.4	9	9.4	75.8		6.8	8.2	

---

① 胡保华、王立新:《试论下七垣文化的类型与分期》,《早期夏文化与先商文化研究论文集》,科学出版社(北京),2012年。

② 刘绪:《对先商文化的思考——在"先商文化学术研讨会"上的总结发言》,《古代文明研究通讯》2009年第四十二期。

③ 中国社会科学院考古研究所:《二里头(1999~2006)》,文物出版社,2014年。1999年出版的综合报告(中国社会科学院考古研究所编著:《偃师二里头(1959年~1978年考古发掘报告)》,中国大百科全书出版社,1999年)中缺乏相对完善的陶系、器类统计数据,所列数据为挑选陶器口沿标本的统计数据,仅供参考。

④ 郑州市文物考古研究所:《郑州大师姑(2002~2003)》,科学出版社,2004年。

续表

项目 期别	单位		陶质(%)		陶色(%)			纹饰(%)					
			泥质	夹砂	灰	红褐	黑	素面	绳纹(含旋断)	篮纹	附加堆纹	旋纹	戳压印
二里头文化三期	下七垣	下七垣④层	少	多				35.8	45.7				
		北羊井 H21	37.9	62.1	38.9	14.8	42.7	22.8	68.5	1.3	0.3	5	0.8
		葛家庄 G104	23.5	76.5	49.9	10.2	40	18.8	69.3	0.06	0.6	3.4	0.4
二里头文化四期	二里头	二里头遗址	73	27	73.6	19.6	6.1	20.8	46.8		5.6	12.1	0.9
		二里头Ⅲ H24	43.7	56.3	95.3	0.3	4.5						
		大师姑 H43	45.4	54.6	55.2	41.2	2.8	8.4	72		7.69		0.4
		新峡 H1	22.6	77.4	92.5	1	6.5	12.1	79.5		4.1	4.2	
	下七垣	北羊井 H1	22.2	77.8	40.7	49.9	9.4	23.6	68.9	0.2	8.2		0.8
		永年何庄 H6	2.9	97.1	83.8	16.2		11.4	86.7				
		永年何庄 T9②	35.4	64.6	62.4	25.2	12.4	32.9	52.4				2.1

同时期的冀南地区各遗址中，夹砂陶明显多于泥质陶，陶色黑、灰两色比例接近，褐陶较少，这些特点与豫北地区差别较大。从纹饰来看，冀南地区陶器细绳纹较多，但素面陶的比例高于豫北，说明二者有相近之处。

从炊器组合角度观察，二里头文化三期时，豫北地区以夹砂罐为最主要的炊器，鼎、甗占有一定的比例，但并不高，鬲的比例更少。在孟庄和宋窑遗址，陶鬲仅有分裆矮领鬲一种。这一情势与二里头文化相近。二里头文化三期时，同样以夹砂深腹罐为最主要的炊器，鼎次之，陶鬲在遗址中的总量甚小，形态不固定。这些特点与豫北地区完全相同。

但同时期的下七垣文化则不相同，陶鬲的数量已经居第二，且形态固定，而鼎的数量则十分有限，与豫北地区差异明显。

从其他器物来看，在二里头文化三期时，豫北地区也有很多特点与二里头文化相同。平口瓮，在二里头三期时有矮领者极少，大部分皆无领，与豫西和豫中相同；陶斝在本期极罕见，而豫西二里头文化在这一时期陶斝也很少见，五花大绑式的斝更罕见；夹砂深腹罐在本期形体接近豫西二里头文化，典型的橄榄罐在本期豫北地区并未出现；盘形豆翻缘、粗柄豆镂孔的作风与二里头文化如出一辙。陶爵杯未见带管流者，与豫西二里头文化相同。上述器形、组合特点都与二里头文化二里头类型更相近。

同时期的下七垣文化中，有矮领的平口瓮有一定数量，较豫北为多；陶斝，尤其是五花大绑式的陶斝在冀南并不罕见;夹砂深腹罐在冀南已经以较典型的橄榄形罐为主;盘形豆敞口,多见有折棱者,而不见或罕见翻缘者;粗柄豆罕见镂孔作风;深腹盆中以较精细的素面旋纹盆较为多见,而豫北罕见;陶爵在下七垣文化中以带管状流者居多,无管状流者较少。这些特点都说明两地间有明显区别。

相当于二里头文化四期时,豫北地区文化面貌发生了较大转折。豫北地区普遍转以夹砂陶为主,泥质陶较少;陶色仍以灰陶为主,但褐陶的数量有所升高,从纹饰看,绳纹特别是细绳纹上升明显(见本书第一章第一节)。这一特点开始与二里头文化二里头类型拉开距离而逐渐趋近冀南的下七垣文化。在二里头文化四期时,下七垣文化夹砂陶多,泥质陶少(葛庄遗址 H30 较特殊);豫西二里头文化仍以泥质陶占绝大多数(大师姑遗址二者相近,夹砂陶略多)。陶色方面下七垣文化褐陶普遍增加,黑陶减少,而豫西二里头文化未见明显变化。纹饰中下七垣文化绳纹减少,素面增加,豫西二里头文化绳纹增加,素面减少。与之相比,豫北地区的情况更接近下七垣文化。

从炊器组合来看,在二里头文化四期时,豫北地区鬲的数量明显增加。但本期仍以夹砂罐作为主要炊器,鼎、甗比例在这一时期有明显下降。从形态讲,陶鬲形态虽多,但基本趋于稳定,与冀南地区差别变小。同一时期,二里头遗址鬲、甗比例仍甚低,与豫北迥异,甚至到这一时期,陶鬲"仍不占主流,形式仍不固定,有大有小,大小悬殊,体型有肥有瘦,足根有高有低,有粗有细,裆有高有低,绳纹有粗有细"[1]。

除炊器以外,蛋形瓮在二里头文化四期豫北地区、下七垣文化较常见,却罕见于二里头文化。平口瓮有矮领者增多,与下七垣文化接近。细柄豆出现敞口不翻缘者;橄榄形罐数量激增。与二里头文化关系密切的捏口罐、刻槽盆、花边罐在豫北数量锐减。这些特点显示出豫北地区在二里头文化四期时与二里头文化差别逐渐拉大,而与下七垣文化趋同。

由此,本书认为,二里头文化四期以前,豫北地区的考古学文化性质属于二里头文化的一个地区类型,可称其为"二里头文化豫北类型"。该类型受到下七垣文化的影响有限。过去刘绪曾提出在辉卫型形成后,沁水以西的地区的考古学文化属于"二里头文化沁西类型",据现有材料看,辉卫型形成以前,沁水东西都应是二里头文化豫北类型的分布区域。将其再称为"沁西类型",命名不甚妥当,盖沁西不足以涵盖整个豫北地区。二里头文化四期时,豫北沁水以东地区的考古学文化与下七垣文化趋同,但有一定的地区特色,可承袭前人研究成果,称其为"下七垣文化辉卫类型",在沁水以西则仍为二里头文化豫北类型的分布区域。

二里头文化豫北类型的基本器物组合主要有卷沿矮领鬲、盆形鼎、罐形鼎、夹砂深腹罐、高领罐、卷沿深腹盆、敞口有肩盆、浅腹平底盆、细柄豆、无领平口瓮等(图 5 - 1)。下七垣文化辉卫型的基本器物组合主要有卷沿矮领鬲、高领鬲、筒腹鬲、有算托甗、敛口斝、橄榄罐、圜底罐、深腹盆、浅腹盆、大平底盆、敞口细柄豆、镂孔粗柄豆、侧视锥足罐形鼎、束

① 郑光:《二里头陶器文化论略》(代前言),《二里头陶器集粹》,第 12 页,中国社会科学出版社(北京),1995 年。

颈盆形鼎、蛋形瓮、平口瓮、圜底爵等(图 5 - 2)。

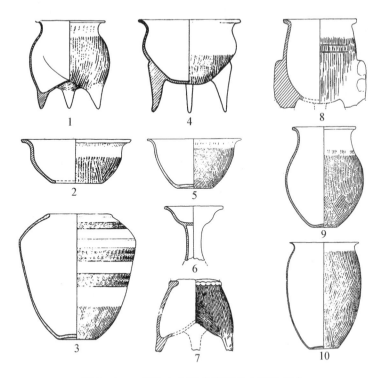

图 5 - 1　二里头文化豫北类型基本器物组合

　　行文至此,有必要对第一章未加讨论的鹤壁刘庄墓地的年代上限问题略做补述。刘庄墓地人骨保存尚可,但测年结果始终未见公布,无法得到参证。发掘者以李伯谦下七垣文化的分期结论为标尺,认为刘庄墓地以 M94:1 陶鬲为代表的遗存相当于李氏分期体系中"下七垣文化的第一期,约与二里头文化二期的偏早阶段相当。而刘庄 M103 的相对年代有可能还会略早于 M94,这两座墓葬反映了墓地相对年代的上限"[①]。

　　细究刘庄墓地发掘者的研究思路,其所依据和比较的对象,是李伯谦所认定的下七垣文化保北型相关遗存。回溯李之分期,主要是以沈勇在保北地区的调查资料为基础。因此,刘庄墓地的发掘者在无地层依据,也无[14]C 数据参证的背景下,对墓地年代上限的判断[②],选择豫北地区十分罕见的高领鬲,进行器物形态比较。发掘者所对比的标尺器物,也恰是沈勇在徐水巩固庄采集的那件陶鬲(图 5 - 3)。但是,冷静下来看刘庄墓地发掘者的分期方案,只有器物的形态近似程度。相似器物之间却并非邻近地区的器物对比,反而仅是形似器物的跨区域比较。从地理空间角度看,已可发现,保定北部与豫北辉卫地区相隔较远,中隔唐河、滹沱河、漳河、卫河数条大水,如此跨区域的器物相似性比较显然并不妥当。

──────────

　　① 　河南省文物考古研究所、鹤壁市文物工作队:《鹤壁刘庄──下七垣文化墓地发掘报告》,科学出版社(北京),2012 年。
　　② 　刘庄墓地的分期和年代总体认识,研究者意见比较一致。偏晚阶段的墓葬,文化面貌已经与本地辉卫型遗存趋同。所以,随葬高领鬲的墓葬,就很可能是该墓地中年代相对偏早的。

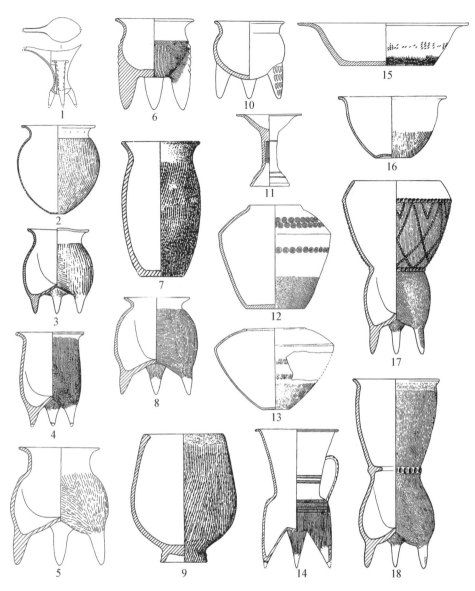

图 5-2 下七垣文化辉卫类型基本器物组合

刘庄墓地		下七垣文化保北型
1. M103：1	2. M94：1	3. 徐水巩固庄：01

图 5-3 刘庄墓地鬲与下七垣文化保北型高领鬲的比较

除刘庄墓地外，豫北地区的高领鬲十分罕见，目前发表的材料中，仅在孟庄和宋窑居址有一些残片或零星发现（图5-4）。本书第一章、第二章的梳理已经显示，高领鬲在下七垣文化豫北的漳河型与冀南地区的漳河型中都比较罕见。因此，如果依发掘者的做法，跳过太行山东麓的邻近地区，与滹沱河以北的保北地区对比高领鬲的形态，从文化传播的角度上显然是说不通的。

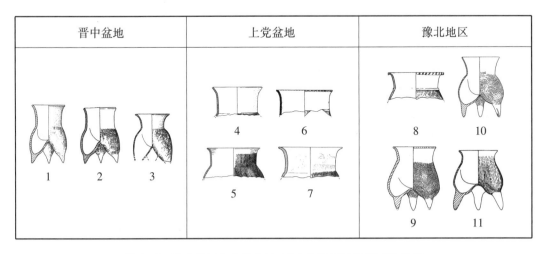

图5-4 豫北地区与上党盆地、晋中盆地所见高领鬲的比较

1. 东太堡59B276 2. 光社出土陶鬲 3. 孝义二十九亩地采集鬲 4. 东垆 TLDN1204∶8 5. 南涅水 H21∶42
6. 南涅水 H32∶67 7. 西李高 H18∶31 8. 宋窑 T12④∶2 9. 刘庄 M89∶2 10. 刘庄 M94∶1 11. 孟庄 H144∶1

但是，在本书第三章第一节的梳理中显示，与刘庄墓地所出类似的高领鬲在太行山西麓的上党盆地却有不少发现（图5-4），形态与豫北地区发现的高领鬲更为接近。若依上党盆地的分期结论，与刘庄、孟庄等遗址相似的高领鬲，年代上限至多可达相当于二里头文化二期偏晚阶段。

现有已知的豫北地区二里头文化时期遗存，无论性质归属如何，年代多集中在相当于二里头文化三期、四期阶段，这一结论并无太大分歧。以刘庄为代表的高领鬲遗存及与之相似的宋窑、孟庄的相关发现，或许可以将当地二里头文化时期的遗存年代上限提前半期。但由于刘庄墓地没有测年数据衡量，因此就目前的材料看，豫北地区仍然普遍缺乏相当于二里头文化三期以前的遗存。个别遗物形态偏早，仍然不能填补豫北地区相当于二里头文化早期阶段的年代缺环。

刘庄墓地年代上限和高领鬲引发的另一个问题是，这类以高领鬲为代表的遗存，文化属性如何。

按照发掘报告的明确意见，墓地属于下七垣文化，但是否可以因地理临近关系，将墓地归属于"辉卫型"，报告的执笔者是回避的。按报告结语和标题的思路推测，刘庄墓地的发掘者虽然没有类型的明确说明，但从其所在地域看，是倾向于将之归于辉卫型的。

但是，如果回溯学术史，则会发现，无论是否将刘庄墓地归属于先商文化辉卫型，只要将墓地的年代上限判断在相当于二里头文化二期甚至更早,就会产生比较大的问题。

在邹衡先生先商文化的分期体系中,先商文化的三种类型,不仅仅有地域的文化差别,更重要的是,三种不同的类型代表了商人南下的不同时段。地处豫北的辉卫型,在邹衡先生的研究体系中,其实只相当于二里头文化四期这一阶段。对豫北地区年代相当于二里头文化第一~三期的文化遗存属不属于先商文化,属何种文化,邹衡先生没有给出任何意见。① 李伯谦下七垣文化的分期方式中,辉卫型的年代也不超过二里头文化三期。② 张立东将辉卫文化独立,但他的年代判断中,辉卫文化的年代上限也并没有超过二里头文化三期。③ 可以说,在豫北地区的辉卫型遗存年代认定问题上,学术界普遍认为此类遗存年代不超过二里头文化三期,这是当前豫北地区二里头文化时期遗存研究的共识与前提。

在这个基础上,需要特别说明的是,高领鬲并非辉卫型或辉卫文化该类型或文化的代表性器物。同时,高领鬲也不是二里头文化二里头类型或豫北类型的代表器物。以豫北地区既不能代表二里头文化,也不能代表下七垣文化辉卫型或者辉卫文化的高领鬲,判断当地的文化属性属于下七垣文化,在方法上,无疑有很大的问题。

更进一步说,如果依原报告作者的意见,则刘庄墓地以高领鬲为代表的墓葬年代上限可达相当于二里头文化二期甚至更早,换言之,甚至会早于下七垣遗址第④层,成为下七垣文化年代最早的遗存。这无疑是从遗存特征和遗存年代两方面颠覆了先商文化或下七垣文化分期体系、分布格局和文化面貌。更进一步讲,这一结论也必然关涉商人起源及南下的路线问题。这样的重大认识调整,实在是需要慎重处理的。

从地理角度而言,刘庄、孟庄、宋窑毗邻淇河、卫河间。淇、卫二水皆出于太行山,自上党盆地发源,出太行山流经豫北入古黄河。淇河有三源,浙水、赤叶、沙窑三水皆在上党盆地南部的陵川县。卫河在晋代以前未形成,但其前身白沟、宿胥古渎及与之相关的清水也源自陵川,出太行山后,丹水亦有部分分流注入清水。从流域地理和各水的山间通道来看,地处豫北太行山东麓山前冲积平原的辉卫地区,与太行山西麓的上党盆地交通往来更为直接,文化的交流也自然该更加密切。

更重要的是,虽然目前下七垣文化墓葬的发现不多,但刘庄墓地石板墓的葬俗,也不曾见于下七垣文化漳河类型的南城墓地;随葬品的组合方式,也与后者迥异。如果放大视野,刘庄墓地年代偏早的墓葬,随葬高领鬲、单把罐,多有简化石板墓的特征,反而与晋中地区的许坦、东太堡遗址更为接近。简言之,刘庄墓地的随葬器物和葬俗,并非下七垣文化或辉卫文化的习俗,也不是二里头文化某一地方类型的特点,而应是晋中地区同样使用高领鬲、石板墓的某一人群沿沁水、丹水南下,再穿越太行山抵达豫北的外来迁徙人员所遗留的习俗。在后续的发展中,这支人群逐步融入当地土著文化之中。所以,在刘庄墓地年代稍晚的墓葬中,高领鬲、单把罐和石板墓迅速减少甚至消失,随葬品组合、器型所反映

①　邹衡:《试论夏文化》,《夏商周考古学论文集》,文物出版社(北京),1980年。
②　李伯谦:《先商文化探索》,《庆祝苏秉琦考古五十五年论文集》,文物出版社(北京),1989年。
③　张立东:《论辉卫文化》,《考古学集刊》(10),地质出版社(北京),1996年。

的文化属性也逐渐发生了明显变化,与本地的土著文化基本趋同。由于涉及墓葬和人群分布问题,我将在下一本书中再予以详细论述,①这里不再赘言。

2. 商时期

豫北地区商时期属于典型的商文化,这一点学术界并无异义,因此本书不另行讨论。需要单独讨论的是,豫北地区的商文化系统是否可以独立划分为一个考古学文化类型。大部分学者认为,豫北地区早商时期考古学文化与二里冈文化并无本质差别,应属于同一考古学文化,无需细分,类似观点可以王立新为代表②。

但近年来,有少数学者认为,早商时期豫北地区的商文化可细分为前后相继的琉璃阁类型与曹演庄类型③。但是从文化面貌上看,这两个类型的提出理由却较为勉强。张忠培曾指出,对于考古学文化的划分与归属,"既不能以其源为标准,又不能以其流为标准,只能视其当时的状况,即看它们自身陶器的基本组合的变异程度。变异程度未超出一支考古学文化陶器的基本组合范畴,则是这一考古学文化的一种类型;超出了,当另行划分一考古学文化"④。这一叙述,对于考古学文化与类型的划分标准,大有裨益,以此标准判断,将早商时期划分为琉璃阁、曹演庄类型的理由略显薄弱。

先说所谓"琉璃阁类型"。按照支持划出该类型的学者意见,琉璃阁类型的分布范围大体在"洹河以南、沁河东北的太行山东麓",这一类型可以单独列出的理由有三,其一是因为"分布于潞王坟—宋窑类遗存的旧地";其二是"由早商文化的二里冈类型与当地原有的潞王坟—宋窑类遗存延续下来的时间较长";其三是"一些器物局部造型上具有原'潞王坟—宋窑类遗存'的作风"。即便如此,这些学者自己也承认琉璃阁类型"商文化始终占据主导地位,而潞王坟—宋窑类遗存则一直处于从属地位,并有逐渐减少的趋势",而且"就器类组合讲,同二里冈类型并无明显差别;就器形讲,除偶见少数豆、浅腹盆等仍保持原'潞王坟—宋窑类遗存'特征外,主要表现在一些器物局部造型上具有原'潞王坟—宋窑类遗存'的作风,如鬲呈鼓腹,深腹罐最大径靠上,圜底微凹,深腹盆出肩等"。可以说,就是按上述描述来看,似乎将琉璃阁类型单独划出的理由不太充足。无论从陶系、器物组合、炊器组合类别、遗迹与小件器物组合五个指标中的任何一项看待,所谓"琉璃阁类型"与二里冈文化并无差别,仅是有部分器物的作风依稀有"潞王坟—宋窑类遗存"在陶器制作局部细节方面的遗韵而已。

其次看所谓"曹演庄类型"。该类型的分布区域,"豫北冀南是其中心分布区",而且是在"早商文化琉璃阁类型的基础上发展起来的"。该意见的提出者总结的该类型异于其他考古学文化、类型的理由仅有一点,即"遗物表现出早于殷墟晚商文化而又晚于前述白家庄阶段中商文化的特征"。这一总结非但没有说明该类型与其所划分的白家庄类

① 常怀颖:《夏商时期古冀州的考古学研究·经济社会与人群篇》,待刊。
② 王立新:《早商文化研究》,第149页,高等教育出版社(北京),1998年。
③ 中国社会科学院考古研究所:《中国考古学·夏商卷》,第191-192、255-262页,中国社会科学出版社(北京),2003年。
④ 张忠培:《研究考古学文化需要探索的几个问题》,《文物与考古论集》,第181页,文物出版社(北京),1987年。

型在考古学物质文化意义上的差别何在,更与"琉璃阁类型"的划分相矛盾。从分布区域看,坚持琉璃阁类型可以单列的学者,将同时期的冀南地区划归"台西类型",说明他们认为冀南地区的二里冈时期考古学文化面貌与南部的"琉璃阁类型"有明显差别,而与北部的台西类型相近。但在划分"曹演庄类型"时,又认为源自"琉璃阁类型",言下之意是说冀南地区的考古学文化在二里冈时期与琉璃阁类型相同,因此发展出了"曹演庄类型"。

事实上,强行划分"琉璃阁"与"曹演庄"类型的原因,不过是要区分二里冈时期与白家庄、洹北阶段遗存的年代差别,从而确立并丰满"中商文化"。简言之,所谓"琉璃阁类型"与"曹演庄"类型,并非考古学物质文化面貌差别意义上的"类型",而仅是要区别年代早晚的"期"或"组"。我认为,中商阶段的考古学遗存单独细化,可自圆其说,本无可厚非,而且也可以在狭义历史学意义下,帮助我们理解该阶段的物质文化面貌所反映的历史阶段,我也支持这一实践。但对各地区考古学年代的区别,本是以期段组为基础,若考古学文化未发生明显的文化意义变更,最好不要单独划定类型以区别早晚。但若本末倒置,强行给某文化赋予年代早晚意义的各种类型,似乎应待材料再丰富些、差别更明显时再予进行。

因此,本文认为,早商时期豫北地区考古学文化属于二里冈文化,无需单独划定类型(图5-5)。

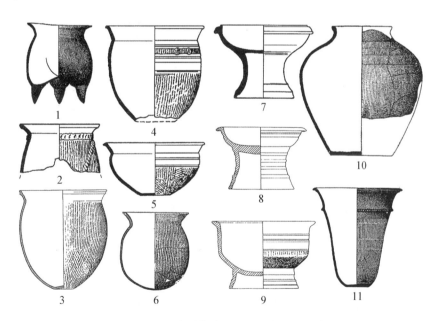

图5-5　早商时期豫北地区基本器物组合

晚商时期,豫北地区属殷墟文化,已为学界公认,兹不赘述。

二、冀南与冀中南部地区

对冀南与冀中南部地区的夏商时期考古学文化性质与年代,学术界的研究起步较晚,有明确结论是在近 30 年的事。

1. 二里头文化时期

对于本地区二里头文化时期的遗存,1950 年代最先发现于邯郸涧沟与龟台寺遗址。

1957 年邹衡先生与宿白先生一起带领 1953 级学生发掘了涧沟和龟台寺遗址,随后两年的整理过程中他发现这些材料与二里冈颇多相似之处。但是,在当时他并未将这类遗存定性为先商文化遗存,而是将其定为"早商时期遗存"。因为"当时之所以未明确提出先商文化,主要原因是中原地区自仰韶文化以来的考古学文化编年还不够完善,可资比较的材料很少;二里头遗址还未发掘,二里头文化还未得到较全面的认识;二里冈文化被推断为中商文化等。认识当然不会超越这些客观条件的局限。所以,在 1960 年修订《商周考古》(未发表)讲义时,一度认为二里头文化是先商文化"①。

1961 年后,随着二里头遗址材料的公布和邹衡先生理解深入,他的看法发生了根本性的变化。这一改变直接引发了他认为邯郸发现的遗存有别于二里头文化,郑州商城应该是早商时期而非中商时期的遗存,由此形成了他对夏商两代考古学遗存通盘考虑的"郑亳说"与夏商考古学年代框架体系。1980 年《试论夏文化》②正式出版后,他对冀南与冀中南部二里头文化时期的认识首次做出完整表述——该类遗存属于先商文化漳河型。

1990 年,李伯谦对邹衡先生的意见进行修订,以考古学文化的命名方式将其命名为下七垣文化漳河型③。次年他又对先商文化和夏文化的关系进行了探讨与梳理④。再稍后,王立新与朱永刚基于李伯谦的结论对下七垣文化的渊源进行了讨论,认为其来源较为复杂,大致接受了本地龙山文化、二里头文化、夏家店下层文化和太行山西麓同时期考古学文化的影响才得以形成⑤。

此后的十多年中,对于冀南、冀中地区下七垣文化的名称及性质虽有不同意见,但对于下七垣文化作为一支独立而有别于二里头文化的考古学文化皆无异议。近年来,部分学者逐渐将漳河型与李伯谦下七垣文化命名相等同,将下七垣文化的命名狭义化,以狭义的下七垣文化指代漳河型⑥,甚至将其改称为"葛家庄文化"⑦。

无论称呼如何,下七垣文化漳河型主要分布于冀南地区是学术界所公认的,其南界在淇河以北,西界在太行山东麓,东不逾古黄河,是较为确定的。但对于下七垣文化漳河型遗存的北界何在,由于材料缺乏,少有学者提及。滹沱河以北,是所谓"先商文化保北型"或"下岳各庄文化"的分布区域,但滹沱河以南至漳河流域之间的考古学文化究竟如何却

① 刘绪:《邹衡先生商文化研究述略》,《北京平谷与华夏文明国际学术研讨会论文集(2005)》,社会科学文献出版社(北京),2006 年。
② 邹衡:《试论夏文化》,《夏商周考古学论文集》,文物出版社(北京),1980 年。
③ 李伯谦:《先商文化探索》,《庆祝苏秉琦考古五十五周年论文集》,文物出版社(北京),1990 年。
④ 李伯谦:《夏文化与先商文化关系探讨》,《中原文物》1991 年第 1 期。
⑤ 王立新、朱永刚:《下七垣文化探源》,《华夏考古》1995 年第 4 期。
⑥ 徐海峰:《邯郸市峰峰矿区北羊台、义西遗址夏时期文化遗存浅析》,《河北考古文集(二)》,燕山出版社(北京),2001 年。
⑦ 贾金标、朱永刚、任亚珊、李伊萍:《关于葛家庄遗址北区遗存的几点认识》,《考古》2005 年第 2 期。

长期不清楚。刘绪曾敏锐地指出："'下岳各庄类型'与'漳河型'之间还有很大的空白地带，其间是否还有不同类型？"①

随着南水北调文物保护工程的进行，太行山东麓发现了一大批二里头文化时期的遗存。基于这些新材料，王迅等人根据补要村遗址的发掘材料提出，在漳河型以北，应该存留有一个地方类型，可命名为"补要类型"，认为"补要村遗址所发现的先商时期遗存与先商文化漳河类型十分接近，但又存在自己的特点，陶器组合与已经发表的材料略有差异，这或许为探索文献所记载的'砥石'的地望与冀南西部太行山东麓地区的先商时期考古学文化提供了新的线索"②。在十二年前的博士学位论文中，我亦曾持此观点。

但过去了十二年，我改变了看法。二里头文化时期以邯郸南部磁县下七垣遗址与邢台葛庄遗址为代表的漳河型遗存与泜水以北以补要村为代表的遗存间虽有区别，但共性更大。从年代看，这些遗址在相当于二里头文化三、四期时是并行的，这为我们比较他们的异同提供了一致的平台。

二里头文化三期时，从陶系看，漳河型遗存以泥质陶为多，夹砂陶略少；补要村则以夹砂陶占据绝对优势，泥质陶不足一成。从陶色看，漳河型遗存以灰陶最多，有较高比例的褐陶，黑陶较少；补要村遗址以灰陶为主，但黑陶与褐陶比例接近。从纹饰看，漳河型和补要村遗址皆以绳纹最多，素面陶次之，磨光陶比例较高，素面陶比例与之十分接近，且都有一定比例的篮纹，旋纹比例特高。可以说，除了陶系，其他方面，两者基本一致。

二里头文化四期时，补要村遗址与漳河型的共性更大。从陶系看，漳河型遗存以夹砂陶为多，泥质陶变少；补要村遗址仍旧以夹砂陶为多，但泥质陶数量略有上升，已近两成。从陶色看，漳河型遗存灰陶比例减少，但仍最多，褐陶在这一时期上升明显，比例已近3成；补要村遗址灰陶比例进一步下降，褐陶与黑陶比例仍旧相当，但总体数量皆有所上升。从纹饰看，漳河型以细绳纹占绝大多数，素面陶占二至三成，磨光陶比例不足一成，旋纹则占半成左右；补要村遗址绳纹数量略有上升，且绝大多数为细绳纹或线纹，素面陶、旋纹数量有所下降，磨光陶与上期持平，篮纹锐减。

从主要器类看，下七垣文化漳河型的主要器类包括侧装扁足罐形鼎、侧视锥足罐形鼎、盆形鼎、卷沿矮领鬲、高领鬲、筒腹鬲、有箅托甗、橄榄罐、旋纹深腹盆、有肩盆、细柄豆、平底蛋形瓮、器盖等（图 5-6）。而以补要村为代表的泜河流域及以南的临城、内丘、邢台市区的各遗址主要器类有矮领鬲、高领鬲、单把鬲、罐形鼎、无沿鼎、甗、圆腹罐、折肩罐、大平底盆、鼓腹盆、碗形豆、圈足蛋形瓮、大口瓮、管流爵等（图 5-7），与漳河型基本相同。

①　刘绪：《对先商文化的思考——在"先商文化学术研讨会"上的总结发言》，《古代文明研究通讯》2009 年第四十二期。
②　王迅、常怀颖、朱博雅：《河北省临城县补要村遗址发掘取得重大收获》，《中国文物报》2007 年 2 月 28 日第二版。

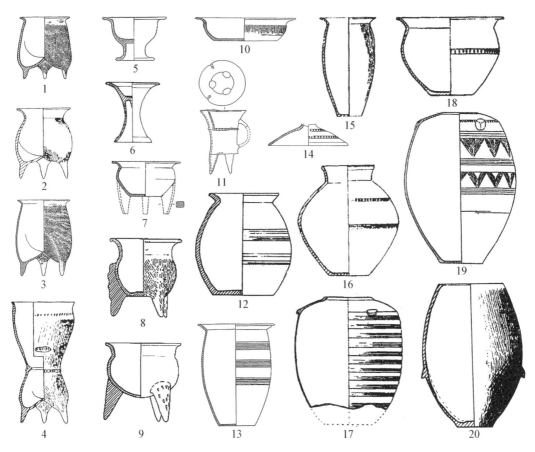

图 5-6　下七垣文化漳河类型基本器物组合

　　从炊器组合看,补要村有一些五花大绑式斝,而漳河型基本不见;补要村有一定比例的单耳鬲,漳河型亦不见。漳河型的侧视若锥足的盆形鼎、筒腹无沿鬲不见于补要村。漳河型有少量无箅托的陶甗,补要村的陶甗皆有箅托。漳河型蛋形瓮皆为平底或假圈足,而补要村圈足者更多。

　　由此可见,漳河型与补要村遗址虽有差别,但将两者划分开的理由并不充分。补要村为代表的泜河、沙河流域遗址的特征更像是漳河型与更北方的下岳各庄类型相互影响的产物。补要村表现出的异于漳河型的部分特征,恰是下岳各庄类型的特点。所以,补要村为代表的遗存差异,应是漳河型在北部与下岳各庄类型交接处表现出了两者的特征。补要村为代表的遗存与漳河型间的共性更强,器物组合特征明显,属于下七垣文化是毋庸置疑的。

　　2. 商时期

　　商时期冀南与冀中南部的考古学文化皆属于商文化系统,学术界并无不同意见,但对于类型的划分与年代的上下限略有差异。二十世纪六十年代前后,冀南与冀中南部以邢台地区为中心连续进行了数次较大规模的调查与试掘,在此基础上,以唐云明为代表的河

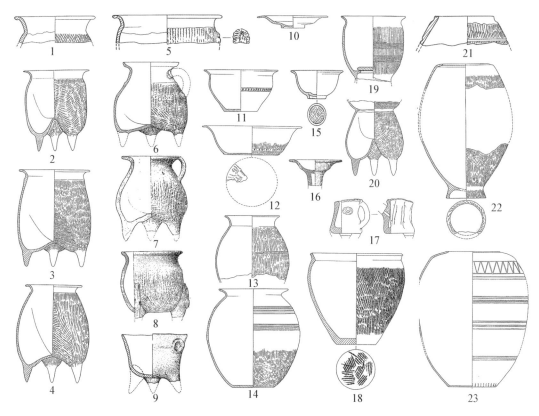

图 5-7　泜河、沙河流域二里头文化时期基本器物组合

北考古学家对这些材料进行了较为详细的研究,完善了河北商文化的编年体系和文化性质的识别①。在他们的分期体系中认为冀南与冀中南部的商文化年代学序列与郑州商城基本同步,且文化面貌也并无区别。这一认识在相当长的时间内并未被质疑。

　　进入新世纪后,由于配合基建在邢台连续发掘了葛家庄与东先贤(粮库)遗址,这两处遗址为商文化在冀南与冀中南地区编年体系的完善提供了重要的材料。何元洪、贾金标、段宏振等学者纷纷对冀中南部地区中晚商时期的遗存提出自己的异议。何元洪系统梳理了太行山东麓的商文化,将二里冈时期的太行山东麓商文化划分为南、北两个区域,至殷墟早期南北两区文化面貌趋同②,其中冀南地区为南区,滹沱河以北则为北区。在二里冈文化时期,南区属于二里冈文化二里冈类型的分布范围,而滏阳河中游面貌尚不明朗。贾金标等根据葛家庄遗址的发现,认为葛家庄遗址中商遗存与祖乙迁邢有关③。段宏振从王畿地区特点出发,讨论了殷墟与邢台地区中商时期的商文化特征,与商

　　① 唐云明:《试论河北商代文化及相关的问题》,《唐云明考古论文集》,河北教育出版社(石家庄),1990 年;《河北商文化综述》,《华夏考古》1988 年第 3 期。
　　② 何元洪:《太行山东麓商文化分期、分区研究》,北京大学硕士学位论文,2000 年,未发表。
　　③ 贾金标、朱永刚、任亚珊、李伊萍:《关于葛家庄遗址北区遗存的几点认识》,《考古》2005 年第 2 期。

文化编年间的关系①,认为从早商至晚商时期邢台地区商文化是一脉相承的,但有自身的特色。

近年来,有学者提出冀南冀中地区早商时期遗存可分为早商与中商两个阶段,早商时期属"台西类型",中商时期属"曹演庄类型"②。

对于晚商时期,大部分学者认为冀南与冀中南部地区属于殷墟文化的分布区域。何元洪认为晚商时期冀南与冀中南部地区则属于"商文化东先贤类型"的分布范围,段宏振也较为倾向于这种认识。

本书认为,冀南与冀中南部地区的在早商时期的文化面貌较为接近郑州地区,但文化面貌较郑州更单调,器类组合远没有郑州地区复杂,应该与郑州及豫北地区皆属于同一考古学文化,无需单独划为一个考古学类型,其基本器类组合主要有矮领鬲、筒腹鬲、素面鬲、甗、大口尊、平口瓮、深腹盆、鼓腹盆、真腹豆、假腹豆、圆腹罐、小口瓮等(图5-8)。至于所谓"曹演庄类型"的问题,前文已有专论,此处不赘。这一地区的早商时期遗存与漳

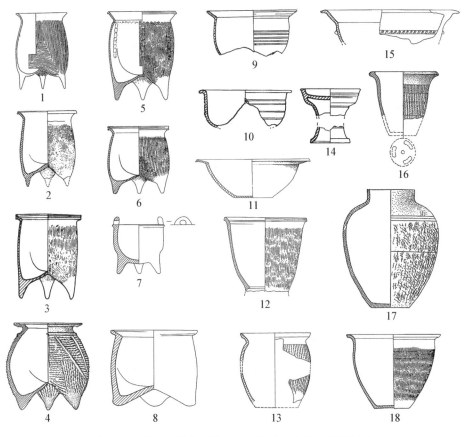

图5-8　冀南与冀中南部地区二里冈文化基本器物组合

① 邢台东先贤考古队:《邢台东先贤商代遗址发掘报告》,《古代文明》(第1卷),文物出版社,2002年。
② 中国社会科学院考古研究所:《中国考古学·夏商卷》,第191-192、255-262页,中国社会科学出版社(北京),2003年。

沱河以北的台西类型相比,差别甚大,从文化面貌与逻辑关系两方面考虑,不应将其合并为同一考古学类型。

晚商时期,冀南与冀中南部地区考古学文化面貌目前看与殷墟地区相比差别不大,但是仍较为简单,且与本地区早商文化的传承关系十分清楚,中间并无中断,其基本器类组合主要有矮领鬲、筒腹鬲、甑、深腹盆、敛口钵、小口瓮、簋、豆、圜底瓮、壶(图 5-9)。

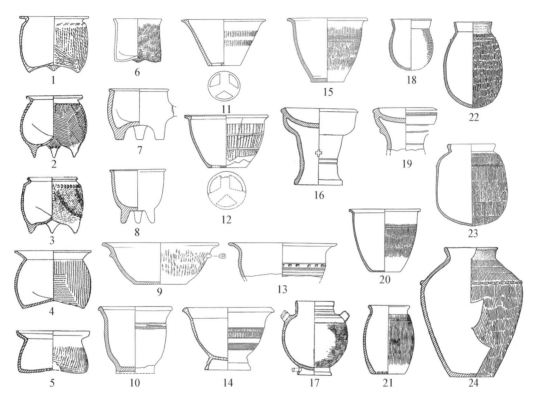

图 5-9　冀南地区殷墟文化基本器物组合

三、冀中北部地区

冀中地区夏商时期的考古学文化颇为复杂,复杂的文化面貌与较为缺乏的田野资料使研究者的意见分歧迭出,分歧远大于冀南与冀中南部地区。

1. 二里头文化时期

二里头文化时期本地区考古学文化遗存的性质研究起步较晚。大致在上世纪 80 年代中后期,伴随着先商文化的研究逐步为学术界所重视,才逐渐开展起来。沈勇基于对保北地区的发掘材料,最先提出这一区域属于先商文化的分布范围,他将这类遗存命名为"先商文化保北型"[①]。1990 年代中期,张翠莲借助下岳各庄遗址的材料,认为被命名为

① 沈勇:《论保北地区的先商文化》,北京大学考古系硕士学位论文,1988 年,未发表;《保北地区夏代两种青铜文化之探讨》,《华夏考古》1991 年第 3 期。

"保北型"的遗存与先商文化的面貌差异很大,是一支独立的遗存,她将其命名为"下岳各庄文化"①,认为这支考古学文化与文献记载的"有易氏"有关。这一认识进一步将先商文化的北界限定在滹沱河以南。

随后的近三十年中,对于冀中北部地区二里头文化时期遗存的归属有两种截然相反的意见,一种认为其属于下七垣文化,亦即先商文化,可以张立东②、胡保华③、蒋刚④等学者为代表。但对其命名有差异,如张立东、蒋刚主张按考古学文化命名原则称为"下七垣文化下岳各庄类型"。另一种认识即所谓"下岳各庄文化",以张翠莲为代表⑤,这种意见被河北省内的学者广泛接受⑥。

冀中北部地区的二里头文化时期考古学文化单独视为一种考古学文化遗存,是科学且必要的。但对于归属,本文认为,虽然下岳各庄类型有自身特色,但与滹沱河以南的漳河类型间共性更大,应属于同一考古学文化的不同类型。

首先,从陶系看,二里头文化三期时,下岳各庄类型夹砂陶为多,泥质陶次之;二里头文化四期时,夹砂陶略少于泥质陶,但二者比例并不悬殊,与漳河型接近。该类型分布区最北部,由于受大坨头文化影响,个别遗址夹砂陶比例偏高。陶色方面,二里头文化三期时,下岳各庄类型以灰陶最多,黑陶次之,褐陶再次,但黑陶与褐陶的比例十分接近,补要村遗址的统计数据与之十分接近。二里头文化四期时,下岳各庄遗址仍以灰陶最多,褐陶次之,黑陶位居第三。从纹饰看,下岳各庄始终以绳纹最多,素面陶与磨光陶次之,旋纹比例较高。而且,下岳各庄类型在二里头文化三期时有一定比例的篮纹,补要村遗址也与之相同。

其次,从炊器组合看,下岳各庄类型始终以鬲、甗为最主要的炊器,有一定数量的夹砂深腹罐和鼎,这一组合与下七垣文化的漳河型、辉卫型是一致的。从器形看,陶鬲在下岳各庄类型中有较多的高领鬲,但在其他下七垣文化的类型中却不多,这是其自身特色。矮领鼓腹鬲形态与漳河类型并无差别。陶鼎、甗形态与冀南、冀中南部地区相比,也基本相同。

其三,从其他器物组合看,下岳各庄类型所见的陶器大多可见于冀南与冀中南部地区,且比例较为接近,较有地区特色的器物仅有折腹盆、圜底盆及旋断绳纹深腹盆

① 张翠莲:《先商文化、岳石文化与夏家店下层文化关系考辨》,《文物季刊》1997年第2期。
② 张立东:《中国考古学·夏商卷》,第三章"先商文化的探索及其相关问题",中国社会科学出版社(北京),2004年。
③ 胡保华、王立新:《试论下七垣文化的类型与分期》,《早期夏文化与先商文化研究论文集》,科学出版社(北京),2012年。
④ 蒋刚:《文化演进与互动:太行山两翼夏商西周时期青铜文化研究》,科学出版社(北京),2017年。
⑤ 张翠莲:《太行山东麓地区夏时期考古学文化浅析》,《三代文明研究(一)——1998年河北邢台中国商周文明国际学术研讨会论文集》,科学出版社(北京),1999年;张渭莲:《商文明的形成》,科学出版社(北京),2008年。
⑥ 段宏振:《七里庄遗址青铜文化遗存的演进——兼论燕山以南地区青铜时代考古学文化的相关问题》,《中国文物报》2007年6月15日第7版;徐海峰:《北放水遗址夏时期文化遗存发现的意义》,《中国文物报》2007年10月19日第7版;徐海峰:《太行山东麓北部地区夏时期考古学文化述论》,《早期夏文化与先商文化研讨会论文集》,科学出版社(北京),2010年。

几类。

由此可见,下岳各庄类型与漳河型的差别小,共性大,应属于同一考古学文化。因之本文将其划分为下七垣文化下岳各庄类型,其基本器类组合主要有:高领鬲、鼓腹鬲、垂腹鬲、折肩鬲、筒腹鬲、鼓肩鬲、甗、粗柄豆、鼓腹盆、浅腹盆、折腹盆、圜底盆、细柄豆、筒形罐、蛋形瓮、平口瓮、管流爵、器盖等(图5-10)。

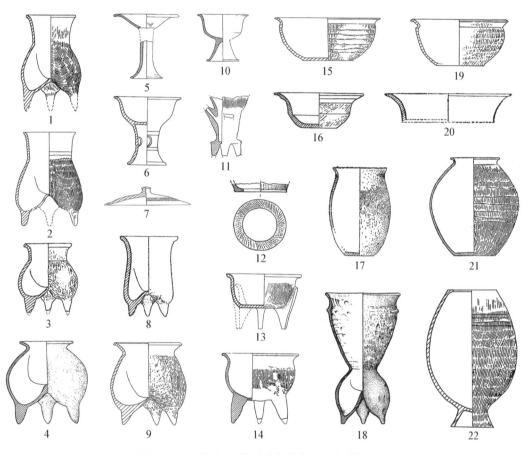

图5-10　下七垣文化下岳各庄类型基本器物组合

除下七垣文化下岳各庄类型以外,二里头文化四期前后,在冀中北部地区部分遗址内也发现有零星大坨头文化的堆积单位,这应当是大坨头文化向南发展的结果。

2. 商时期

对冀中北部地区的商时期遗存,在藁城台西遗址发掘以前没有较深入的研究。《藁城台西商代遗址》报告出版后,以杨锡璋为代表,对报告的编年体系进行了修订。较为普遍的认识是,报告所划分的四期中的后三期总体上仍然处于同一个发展阶段[1]。杨将台西

---

① 杨锡璋:《关于藁城台西商代遗址的分期问题》,《中国考古学论丛——中国社会科学院考古研究所建所40周年纪念》,科学出版社(北京),1993年。

遗址商文化分为前后三期:第一期,早期居址期;第二期,早期墓葬期;第三期,晚期墓葬、晚期居址期。何元洪在基本赞同杨锡璋意见之外,对于台西遗址部分单位的期别归属进行了修订①。

这一年代框架,在冀中北部地区是较为稳妥的,结合王立新的研究②,本文认为,早商时期本地属于商文化系统的台西类型(图5-11)。

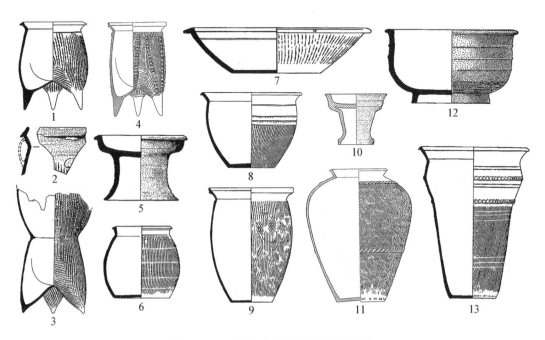

图5-11　商文化台西类型基本器物组合

晚商时期本地属殷墟文化的范畴,但仍有一些地方特色,与滹沱河以南略有差别,由于目前缺乏较好的代表性遗址③,因此暂称其为晚商文化台西类型。

四、华北平原北缘地区

华北平原北缘地区夏商时期考古学文化甚为复杂,研究成果亦较多,以下依时段简要述之。

1. 二里头文化时期至早商时期

该地区二里头文化时期的考古学文化,首先被确认的是夏家店下层文化。1961年北京大学历史系考古学专业在昌平雪山遗址进行教学实习,发现了当地龙山文化与夏家店上下层的叠压关系,不但确定了夏家店文化与龙山文化的上下限,同时确定了夏家店下层

　①　何元洪:《太行山东麓商文化分期、分区研究》,第17-18页,北京大学硕士学位论文,2000年,未发表。
　②　王立新:《早商文化研究》,第174-180页,高等教育出版社(北京),1998年。
　③　由于冀中北部地区晚商时期遗存不多,北庄子墓地虽然材料丰富,但陶器稀少;曹村、北宅遗址年代偏早,所以目前没有较有代表性且年代序列较为完整的遗址。

文化存在地方差异。

　　1980年,邹衡先生基于雪山遗址的发掘材料,对夏家店文化进行了初步梳理①。由于材料的限制,邹衡先生的部分结论在后来的研究中虽被证明有所偏差,但其对于夏家店下层文化首创之功却也长期为学术界所忽视。同年,李经汉也对这支考古学文化进行了探讨②,他将夏家店下层文化以燕山为界,分为燕南类型和燕北类型。在1980年代中期,刘观民③、徐光冀④、刘晋祥⑤相继撰文,对夏家店下层文化的各方面进行了讨论。

　　1981年,韩嘉谷利用天津多处遗址的发掘材料,认为燕山南麓夏商时期的遗存与典型的夏家店下层文化有所区别,应该命名为"土著文化大坨头类型"⑥,认为"大坨头类型、围坊上层类型、张家园上层类型"是本地区连续发展的三个阶段。但是这一说法随后为张忠培、孔哲生、张文军、陈雍⑦等人明确反对,他们认为海河地区的夏时期遗存应该仍属于夏家店下层文化而否认大坨头文化的划分。1989年,韩嘉谷修订自己的意见,正式将"土著文化大坨头类型"改称为"大坨头文化",并将其划分为"大坨头、庄寨、东庄店"三个地方类型⑧。李伯谦系统梳理夏家店下层文化,认为夏家店下层文化有"药王庙(燕北)、大坨头(燕南)、壶流河(壶流河流域)"三个类型,将京津唐地区的夏时期考古学文化总归于夏家店文化系统内⑨。

　　1990年代后,卜工接受其他学者的意见,通过梳理陶鬲的形态,认为燕山南北各有独立的陶鬲系统,区别明显,不能简单归入一个考古学文化⑩。在随后的研究中,对于京津地区夏商时期的考古学文化遗存,认识分歧仍然存在。

　　新世纪后,大部分学者开始接受大坨头文化与夏家店文化有所区别,不能简单划归在一起,前者的年代下限已经进入早商时期。杨建华⑪、张锟⑫、纪烈敏⑬、盛立双⑭、张文

　　①　邹衡:《关于夏商时期北方地区诸邻境文化的初步探讨》,《夏商周考古学论文集》,文物出版社(北京),1980年。
　　②　李经汉:《试论夏家店下层文化的分期和类型》,《中国考古学会第一次年会论文集》,文物出版社(北京),1980年。
　　③　刘观民:《试析夏家店下层文化的陶鬲》,《中国考古学研究——夏鼐先生考古五十年纪念论文集》,文物出版社(北京),1986年。
　　④　刘观民、徐光冀:《内蒙古东部地区青铜时代的两种文化》,《内蒙古文物考古》1981年第1期。
　　⑤　刘晋祥:《大甸子墓地乙群陶器分析》,《中国考古学研究——夏鼐先生考古五十年纪念论文集》,文物出版社(北京),1986年。
　　⑥　韩嘉谷:《京津地区商周时期古文化发展的一点线索》,《中国考古学会第三次年会论文集》,文物出版社(北京),1984年。
　　⑦　张忠培、孔哲生、张文军、陈雍:《夏家店下层文化研究》,《考古学文化论集》(1),文物出版社(北京),1987年。
　　⑧　韩嘉谷:《大坨头文化陶器浅析》,《中国考古学会第七次年会论文集》,文物出版社(北京),1992年。
　　⑨　李伯谦:《论夏家店下层文化》,《纪念北京大学考古专业三十周年论文集》,文物出版社(北京),1990年。
　　⑩　卜工:《燕山地区夏商时期的陶鬲谱系》,《北方文物》1989年第2期。
　　⑪　杨建华:《试论夏商时期燕山以南地区的文化格局》,《北方文物》1999年第3期;《燕山南北商周之际青铜器遗存的分期研究》,《考古学报》2002年第2期。
　　⑫　张锟:《京津唐地区的夏商时期遗存》,吉林大学硕士学位论文,2001年,未发表。
　　⑬　纪烈敏:《燕山南麓青铜文化的类型谱系及其演变》,《边疆考古研究》(第1辑),科学出版社(北京),2002年。
　　⑭　盛立双:《燕山南麓夏商时期考古遗存研究》,《边疆考古研究》(第6辑),科学出版社(北京),2008年。

瑞①等学者相继撰文对其进行论证,并进一步进行了地区类型划分,对冀东北秦唐地区的大坨头文化提出了"大城山类型""古冶类型""后迁义类型"等划分方案。

易县七里庄与昌平张营遗址的发掘资料对于燕山南麓夏时期至早商时期的考古学文化研究起到了非常关键的作用。七里庄遗址发掘者段宏振认为,燕山南麓东端、燕山南麓西端与太行山东麓北端相接处有两支平行发展的考古学文化序列,属两个不同的文化区。燕山南麓东端的发展序列为:大坨头文化(二里头文化晚期至早商)——围坊三期文化(晚商至商周之际)——张家园上层文化(商周之际至西周中期);燕山南麓西端的发展序列则为:七里庄二期(下岳各庄类型一期)——七里庄三期(塔照二期)——七里庄四期(镇江营七期)②。

蒋刚反对段宏振的论断,认为燕山南麓东西两端考古学文化并非不同两支,而是同一考古学文化的不同类型。他将大坨头文化分为三个类型,西部为塔照类型,东部则为大坨头类型,唐山地区为古冶类型;早商时期大坨头文化塔照类型消亡后发展成为围坊三期文化,在原大坨头文化的分布区演化为东西两个类型:西区的塔照类型和东区的围坊类型,且前者早于并直接影响产生了后者。在殷墟三四期前后,永定河以西的围坊三期文化塔照类型演变为张家园上层文化镇江营类型,以东的围坊类型则继续延续至西周时期。③

蒋刚将大坨头文化分为不同类型的意见是正确的,但其意见需商榷处有四:其一,在燕山南麓西区的南端,与太行山东北北端相接处,其所谓大坨头文化塔照类型是否直接演化为围坊三期文化的塔照类型?其二,以涞水富位遗址早商时期遗存为代表的遗存是否可归属于围坊三期文化?如是,则围坊三期文化的年代上限如何?其三,大坨头文化有地区差异,但不同考古学类型分布界限是否在潮白河一线?其四,张家园上层文化的年代上限是否可以早至殷墟三四期之际?

综合本文第二章的梳理及前贤研究,本书认为,二里头文化时期,永定河以南的燕山南麓西南端与太行山东麓北端相接区域,为下七垣文化下岳各庄类型的分布区域。永定河以北的燕山南麓地区考古学文化为大坨头文化的分布区域。进入早商时期,下岳各庄类型消亡,燕南至太行山东麓北端一线完全成为大坨头文化的分布区域。但其南界在何处,目前尚无法确定,现有材料显示,至少在易水两岸,已皆是大坨头文化的分布区,但以永定河为界,文化面貌有南北之别,以下详述之。

首先谈永定河以北的大坨头文化。此地大坨头文化延续时间较长,二里头文化时期,目前材料较少,以雪山遗址遗存最为丰富;早商时期以张营、雪山、大坨头遗址遗存较丰富。

---

　　① 张文瑞:《冀东地区龙山及青铜时代考古学文化研究》,吉林大学硕士学位论文,2003 年,未发表。
　　② 段宏振:《七里庄遗址青铜文化遗存的演进——兼论燕山以南地区青铜时代考古学文化的相关问题》,《中国文物报》2007 年 6 月 15 日第 7 版。
　　③ 蒋刚:《再谈燕山南麓地区夏商西周时期的文化格局》,《中国文物报》2007 年 9 月 14 日第 7 版;《对围坊三期文化和张家园上层文化的再认识》,《考古》2010 年第 5 期。

　　从陶系看,自相当于二里头文化三期开始,该地区夹砂陶略多于泥质陶,个别单位泥质陶为多,但泥质陶与夹砂陶比例比较接近。陶色以灰陶占绝大多数,有一定比例的黑陶,具体而言,有夹砂褐陶、泥质褐陶、夹砂灰陶、泥质灰陶、泥质黑陶和夹云母陶六种,有少量蛋壳灰陶。褐陶分黄褐与红褐两种,共占一半以上,灰陶占三分之一,黑陶约占六分之一。纹饰中素面陶数量最多,其他纹饰中以绳纹最为常见,有极少量的附加堆纹和划纹。到二里头文化四期时,夹砂陶数量明显多于泥质陶,褐陶最为常见,红褐陶有一定比例,灰陶和黑陶分列三、四位。纹饰中绳纹增多,超越素面陶成为最多的种类,划纹在本期有所增加,附加堆纹下降明显。早商时期,夹砂陶占绝对优势,泥质陶在一成以下,褐陶占绝对优势,灰陶在两成以下,有一定数量的红陶,黑陶数量甚少。从纹饰看,早商时期以各类绳纹最为常见,素面陶比例较高,一般有近三成,划纹和附加堆纹较之前有所增加。

　　二里头文化时,陶器器类尚不丰富,炊器以各类无实足根的深袋足鬲最为常见,有少量实足根鬲,有一定数量的甗、圆孔甑。早商时期,器物种类丰富,炊器以鬲、甗为基本组合,陶鬲形态组合多样(图5-12)。

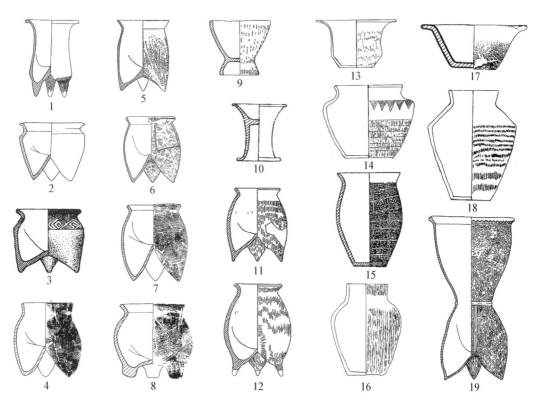

图5-12　大坨头文化雪山类型基本器物组合

　　永定河以南、以东的大坨头文化以塔照、庞家河遗址遗存较为丰富。从陶系看,以夹砂陶为多,泥质陶在陶器群中所占比例略高于永定河以北诸遗址,各类陶器中多见羼云母屑的现象。陶色以斑驳的黑褐陶为主,灰陶次之,不见红陶。纹饰装饰以绳纹为多,素面陶次之,划纹比例远高于永定河以北诸遗址。器类组合中少见无实足根深袋足鬲,以各类实足根鬲数量最多,另有少量陶甗、甑(图5-13)。

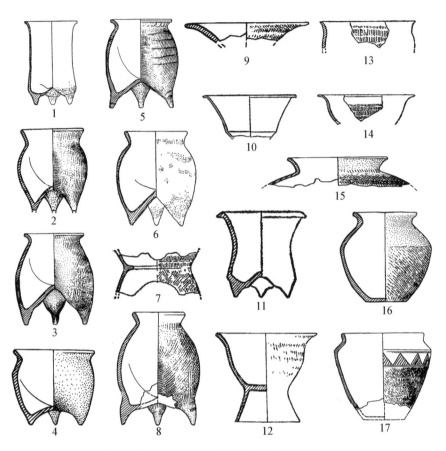

图5-13　大坨头文化塔照类型基本器物组合

从永定河南北的两个器物群观察,二者有如下共性:1. 褐陶数量多,灰陶较少;2. 夹砂陶数量多于泥质陶;3. 两地基本器物组合相同,皆有一定数量的甗、深腹盆、鼓腹盆、豆、折腹盆、折肩罐、大口罐,实足根鬲两地形态近似;4. 皆有一定数量的彩绘陶。

两地的差别也十分明显:1. 永定河以南黑陶比例高,少见红陶,陶器多羼云母,而永定河以北则有一定数量的红陶,陶器不羼或少羼云母;2. 永定河以南无实足根鬲数量较少,而永定河以北数量较多;3. 早商时期永定河以北有一定数量的蛇纹器,而永定河以南少见。

由上述异同可知,永定河南北二里头文化晚期至早商时期,文化面貌总体相近,但有地区差异,应属于大坨头文化的不同地区类型,大体可以永定河为界分为南北两区,依照考古学文化命名的发现早晚原则,南区可称为塔照类型,北区则可称为雪山类型。

早商时期二里冈期以后,大坨头文化逐渐在燕山南麓地区消亡,在永定河以南太行山东麓北端短暂出现了以富位三期遗存为代表的考古学文化遗存(图5-14)。这一文化类型唐际根将其归入中商文化台西类型①,而王立新认为是大坨头文化消亡时,本地文化受商文化影响形成的一支较为独立的考古学文化遗存②,何元洪赞同此说③。从富位三期遗存的特点看,王立新的说法更为合理。富位三期遗存,陶器夹云母多,褐色常见,虽然器形有部分商文化因素,但更多地体现的是本地因素与大坨头文化塔照类型的遗韵,不宜归入台西类型之中。二里冈时期商文化进入燕山南麓地区并中断了大坨头文化的发展,富位遗存的出现当与商文化退出华北平原北缘地区后土著因素的再度兴起有关。

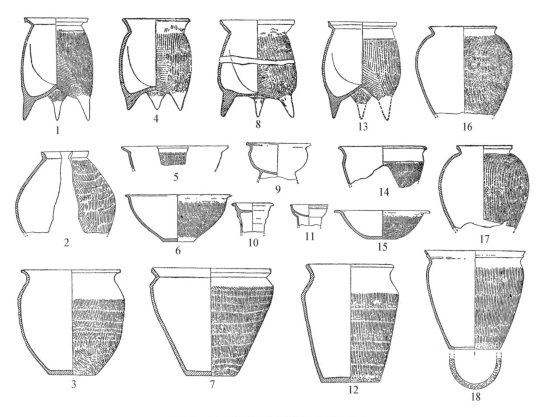

图5-14　富位三期遗存基本器物组合

2. 晚商时期

　　到晚商时期,本地区的考古学文化性质认识的分歧更大。李伯谦与张立东、沈勇等人认为这一地区的考古学文化仅有一支,但他们命名方式略有差异。李伯谦称其为"张家园上层类型"④,张立东称其为"张家园文化"⑤,沈勇称其为"围坊三期文化"⑥。韩嘉谷认

　　① 唐际根:《中商文化研究》,《考古学报》1999年第4期。
　　② 王立新:《早商文化研究》,第217-219页,高等教育出版社(北京),1998年。
　　③ 何元洪:《太行山东麓商文化分期、分区研究》,北京大学硕士学位论文,2000年,未发表。
　　④ 李伯谦:《张家园上层类型若干问题研究》,《考古学研究(二)》,北京大学出版社(北京),1994年。
　　⑤ 张立东:《试论张家园文化》,《北京建城3040年暨燕文明国际学术研讨会会议专辑》,北京燕山出版社(北京),1995年。
　　⑥ 沈勇:《围坊三期文化初论》,《北方文物》1993年第4期。

为晚商时期本地存在两种考古学文化,一种是"围坊三期文化",另一种是"张家园上层文化",两种文化前后相继①。这两种主要的分歧意见基本上贯穿了上世纪的八十年代与九十年代初。

刘绪、赵福生②、梁宝玲③、陈雍④等人根据不同的新材料,先后认识到围坊三期文化与张家园上层文化是两支考古学文化而非同一支考古学文化前后相继的不同阶段。但是,对于两支考古学文化的年代上下限与衔接关系却仍存在较大的分歧。

除韩嘉谷、刘绪、赵福生以及段宏振⑤外,几乎所有学者皆认为围坊三期文化下限已进入西周早期,张家园上层文化属于西周时期。唯蒋刚将张家园上层文化的上限提至殷墟三期左右,与围坊三期文化较晚的遗存有很长的一段并行期⑥。蒋刚将张家园上层文化年代提前的理由实际只有一条,即他认为镇江营遗址 FZH1025：5 簋(图 5 - 15：8)相当于殷墟文化三期,因此,他将该单位为代表的遗存提早到殷墟三期文化。这一结论,源自《镇江营与塔照》报告对镇江营"商周遗存第三期遗存第一段"诸遗存的年代判定意见。

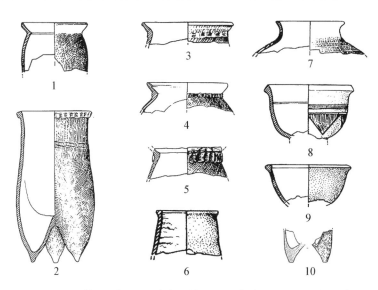

图 5 - 15 　《镇江营与塔照》商周第三期遗存第一段发表器物组合

要讨论本地晚商时期遗存年代的上、下限和性质,关键在于判断镇江营遗址"商周遗存第三期遗存第一段"的年代。

---

① 韩嘉谷:《京津唐地区商周时期古文化发展的一点线索》,《中国考古学会第三次年会论文集》,文物出版社(北京),1984 年。

② 赵福生、刘绪:《西周燕文化与张家园上层类型》,《跋涉集》,北京图书馆出版社(北京),1998 年。

③ 梁宝玲:《论张家园墓地的年代与文化属性》,《北方文物》2001 年第 2 期。

④ 陈雍:《考古的天津》,《庆祝张忠培先生七十岁论文集》,科学出版社(北京),2004 年。

⑤ 段宏振:《七里庄遗址青铜文化遗存的演进——兼论燕山以南地区青铜时代考古学文化的相关问题》,《中国文物报》2007 年 6 月 15 日第 7 版。

⑥ 蒋刚:《文化演进与互动:太行山两翼夏商西周时期青铜文化研究》,科学出版社(北京),2017 年;《再谈燕山南麓地区夏商西周时期的文化格局》,《中国文物报》2007 年 9 月 14 日第 7 版。

检索原报告所划分的"第一段"相当于"晚商时期遗存",能与中原商文化进行比较的器物,仅有 FZH1025：5 簋这一件器物,将该报告所定的"第一段"的十余个遗迹单位所发表的所有器物全部列出,一共也仅有 10 个器物个体,除 H1036 的一件唇花边筒腹鬲外,别无可复原器(图 5 - 15)。如果依原报告和蒋刚研究结论这些器物的口沿或残片都断为殷墟三期阶段的遗存,证据实在不足。其中可与中原商文化比较的 H1025 也仅有这一件陶簋口沿。

将 H1025 的陶簋与殷墟四期的陶簋相比,很难说其年代能早至殷墟三期。类似形态的器物在琉璃河遗址曾多次出土。这类陶簋的口沿下翻,与原报告所定的西周中期的商式簋口沿十分接近,而与殷墟典型的三角口,口沿前端不下翻的特征并不相同(图 5 - 16)。唯一的一件复原器,H1036 的唇花边筒腹鬲在琉璃河遗址往往与典型周式鬲共存,属于琉璃河西周早期的遗存①。在易县七里庄遗址也有同样的例证②。

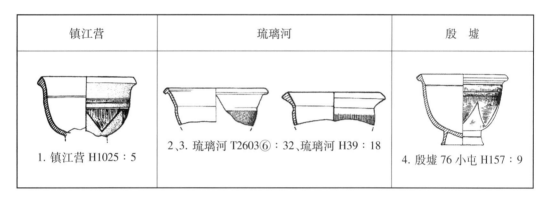

镇江营	琉璃河	殷　墟
1. 镇江营 H1025：5	2、3. 琉璃河 T2603⑥：32、琉璃河 H39：18	4. 殷墟 76 小屯 H157：9

图 5 - 16　镇江营遗址"商周三期一段"与琉璃河、殷墟陶簋对比图

更为重要的证据是,在琉璃河 96LG11H39 中,不但有镇江营 H1036 一样的唇花边筒腹鬲,也同样出土镇江营 H1025 同样的商式簋。然而,琉璃河遗址同时期单位中往往又伴出有周式鬲(图 5 - 17)。类似的堆积单位,在琉璃河遗址并非孤例,甚至于在95LG11T2603⑥层中,还伴出有可晚至西周早中期之际的周式鬲(图 5 - 18)。可见类似的商式簋、唇花边筒腹鬲,并非是殷墟三期的遗物,而是西周早期甚至要晚至西周早中期之际的器物。在近年的研究中,吉林大学李晓健在其硕士学位论文中,也明确论证,以镇江营 H1036 为代表的唇花边筒腹鬲是西周早期的代表性器物,而不会早至殷墟三期。③ 因此,镇江营遗址商周三期一段年代上限,不会早至殷墟三期。张家园上层文化的年代上限当在西周早期。

　　① 杨勇：《论琉璃河遗址西周铜器编年及相关问题》,北京大学硕士学位论文,2004 年;冉宏林：《琉璃河遗址西周时期的文化、聚落与社会》,北京大学硕士学位论文,2013 年。
　　② 段宏振：《七里庄遗址青铜文化遗存的演进——兼论燕山以南地区青铜时代考古学文化的相关问题》,《中国文物报》2007 年 6 月 15 日第 7 版。
　　③ 李晓健：《太行山东麓地区周代陶鬲谱系研究》,吉林大学硕士学位论文,2017 年。

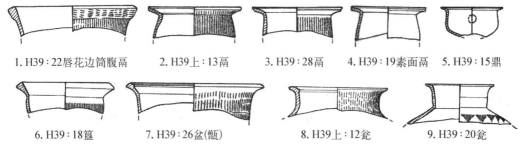

1. H39：22唇花边筒腹鬲　　2. H39上：13鬲　　3. H39：28鬲　　4. H39：19素面鬲　　5. H39：15鼎

6. H39：18簋　　　　7. H39：26盆(瓿)　　　　8. H39上：12瓮　　　　9. H39：20瓮

图 5-17　琉璃河遗址 96LG11H39

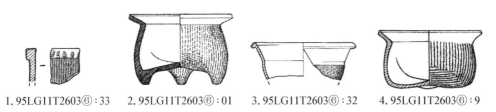

1. 95LG11T2603⑥：33　　2. 95LG11T2603⑥：01　　3. 95LG11T2603⑥：32　　4. 95LG11T2603⑥：9

图 5-18　琉璃河遗址 96LG11T2603⑥层出土的部分典型器物

同样的现象不仅见于拒马河流域，在潮白河以东的蓟县邦均等数处遗址也有发现。发现有类似殷墟四期商式鬲、厚唇簋的遗存，皆与西周早期的周式鬲共存。刘绪早已指出，在非商文化区域的西周遗址，无论沣镐、曲村、琉璃河中见到商式器物（最常见的器物即鬲与簋），皆在西周早期突然出现，这一现象应当与西周早期分封时的商遗民分授迁移有关①。对于镇江营遗址而言，这一结论也是适用的。

结合七里庄遗址的发掘新材料，本书认为，晚商时期燕山南麓考古学文化为围坊三期文化，进入西周纪年后的考古学文化为张家园上层类型。

但也需要明确指出，在本书第二章第二节中，在晚商时期，有零星商文化的据点沿古黄河西岸间断分布，北端已至古白洋淀区西北角容城一带，个别遗址沿易水西进，所以在易县、涞水有零星殷墟三、四期的据点。

需要强调的是，本地商周之际的遗迹和遗物年代判断较难。如果某遗址存在相当于殷墟三期阶段的遗物，则有可能属于上述商文化的间断式分布据点；如不存在殷墟三期的遗存，而突然发现殷墟四期偏晚风格的遗物，则应考虑其为殷遗民的遗存。

综上所述，晚商时期的围坊三期文化，以潮白河为界，有东西差异。

潮白河以西，以塔照、渐村遗址材料最为丰富。陶器以夹砂陶为绝大多数，泥质陶不足一成，夹砂陶中夹云母的作风十分普遍。陶色以褐陶为多，黑陶次之，约占三成，灰、红陶分列三、四位。装饰风格中，以各类绳纹最多，附加堆纹比例一般在一成左右，素面陶多

①　刘绪：《西周早期考古学文化与周初分封》，《文化的馈赠·考古卷》，北京大学出版社(北京)，2000 年。

不足一成,位居第三。器物组合中以各类直领的颈花边鬲为多见,罕见折沿无实足根鬲,有一定数量的双耳鬲。其他器物则以大口瓮、圆腹罐、独孔甑、深腹盆等较多见(图5-19)。

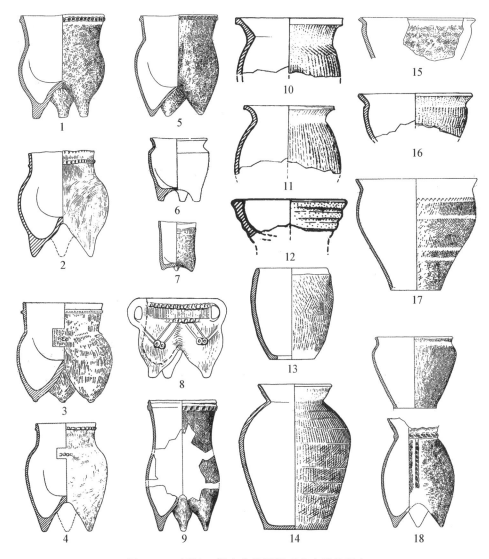

图5-19　围坊三期文化塔照类型基本器物组合

潮白河以东,以围坊、张家园遗址材料最为丰富。陶器以夹砂陶为多,但泥质陶数量在三成左右,夹砂陶中罕见夹云母者。陶色以褐陶为多,灰陶次之,红陶与黑陶相加也不足一成。装饰风格中,绳纹最多,素面陶数量超过陶器总量的两成以上。器物组合中陶鬲以折沿高领无实足根鬲数量最多,而直领颈花边鬲数量甚少,不见或罕见双耳鬲。其他器物则大体与潮白河以西一致(图5-20)。

潮白河东西两岸的考古学文化总体面貌是相近的,但存在一定的差异,应属于同一文

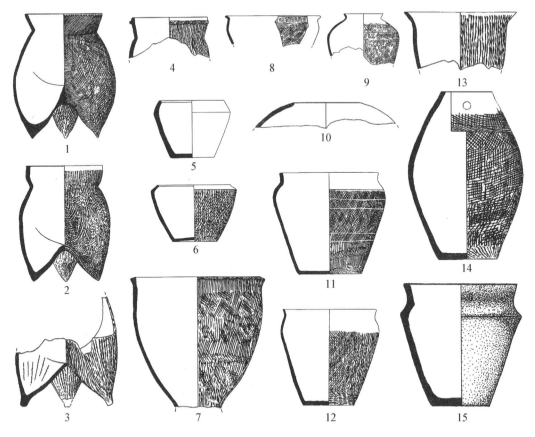

图 5-20　围坊三期文化围坊类型基本器物组合

化的不同地区类型。本书将两种类型一并归属于围坊三期文化,将潮白河以西的遗存称
为围坊三期文化塔照类型;河东则称为围坊三期文化围坊类型。

五、冀西北地区

1. 二里头文化时期至二里冈时期

在壶流河、桑干河流域,在 1970 年代末张家口考古队对张家口地区的一系列考古工
作之后,基本上建立了当地的考古学文化编年序列。但是由于材料仍然较为缺乏,本地的
考古学文化性质一直没有得到确认。发掘队对于蔚县的发掘材料定性一直有些犹豫不
决。1989 年张忠培曾提出蔚县夏商时期遗存年代的较早,应属“夏家店下层文化范畴”,
稍晚的遗存则是由较早遗存发展出来的另一种考古学文化,但是与后者属于“同一谱系的
遗存”①。张说较为模糊,对于这些遗存中哪些属于夏家店下层文化遗存,哪些是由夏家
店下层文化产生,如何定性并未明言。1990 年,李伯谦最先将其明确定性为夏家店下层

---

①　张忠培:《论蔚县周以前的古代遗存》,《中国原始文化论集——纪年尹达八十诞辰》,文物出版社(北京),
1989 年。

文化的一个地方类型,称为"壶流河类型"①。

此后相当长的一段时间内,对于蔚县夏商时期的考古学文化研究较为冷寂。近年来,林沄认为桑干河流域的夏商时期遗存"也自有特点,可考虑另立一个类型"②。蒋刚认为壶流河流域的夏商时期遗存不属于夏家店下层文化,而应属于大坨头文化,可称为"大坨头文化壶流河类型遗存"③。

在1982年的发掘纪要中,发掘者将蔚县地区的夏商时期遗存分为前后三个阶段,其中第三阶段为早商时期遗存。在1984年的发掘简报中,将属于二里头文化时期的原一、二期遗存分为前后三段。笔者认为,后一认识是较为符合冀西北地区考古学文化发展态势的。但对于具体单位的年代认定,则有讨论的必要。

蔚县四十里坡遗址H28,原简报认为相当于二里冈下层阶段。李伯谦在后来的研究中也赞同此说,这一说法几乎沿用至今。蒋刚在2006年提出,H28中包含有较高实足根的折沿鬲出现是因为受到了商文化的影响,年代当属早商,但在其分期表中,却未见对H28的年代有所判定④。盛立双也,将H28断在早商时期,同样未说明具体理由⑤。将H28年代划归早商时期,是因为他们认为该单位出土的宽沿高实足根鬲,是由宽沿的无实足根鬲演变而来的。上述学者的论证,实际上有一隐含的认识,即本地区土著的高实足根鬲,是深袋足无实足根鬲受商文化的影响后形成的。依此论述逻辑,进入商纪年后,深袋足无实足根鬲也就随之消失了。

但昌平张营遗址的发掘,确证夏商时期在燕山南北的考古学文化中,有实足根鬲与无实足根深袋足鬲是同时共存,并行发展的。二里冈下层阶段,中原地区商文化势力尚未达到壶流河流域⑥。将宽沿高锥足实足根鬲的出现与商文化相联系,论据并不充分。而且,H28中出土的筒形鬲(H28∶36)形态与庞家河遗址H1中的同类器(H1∶1)形态几乎完全相同。后者在华北平原北缘地区是相当于二里冈下层文化偏晚的单位之一。从筒腹鬲的形态看,该单位年代晚于凤凰山墓葬,与房山刘李店M1年代相当。因此,庞家河H1与四十里坡遗址H28年代,都应属于二里冈下层文化时期偏晚阶段的遗存。当然,前文也已提及,由于材料缺乏,本地区夏商之际遗存的准确断代还较困难,因此也不排除H28的绝对年代有可能略早。除H28以外,四十里坡遗址以T12②层为代表的遗存年代,略晚于庄窠遗址早商时期遗存,与李大人庄第一段遗存年代相当。

由此可将四十里坡早商时期遗存分为前后两段。

本书第二章已经对壶流河流域的二里头文化时期遗存年代做出了分析。由此年代体

① 李伯谦:《论夏家店下层文化》,《纪念北京大学考古专业三十周年论文集》,文物出版社(北京),1990年。
② 林沄:《中国北方长城地带游牧文化带的形成过程》,《燕京学报》(新十四辑),北京大学出版社(北京),2003年。
③ 蒋刚:《文化演进与互动:太行山两翼夏商西周时期青铜文化研究》,科学出版社(北京),2017年。
④ 蒋刚:《文化演进与互动:太行山两翼夏商西周时期青铜文化研究》,科学出版社(北京),2017年。
⑤ 盛立双:《燕山南麓夏商时期考古遗存研究》,《边疆考古研究》(第6辑),科学出版社(北京),2008年。
⑥ 刘绪:《商文化在北方的进退》,《"周边"与"中心":殷墟时期安阳及安阳以外地区的考古发现与研究》,历史语言研究所,2015年。

系,冀西北壶流河流域二里头至早商二里冈上层一期时期,冀西北地区的考古学文化应属夏家店下层文化壶流河类型(图5-21),不应将其归属于大坨头文化,其理由有如下几点:

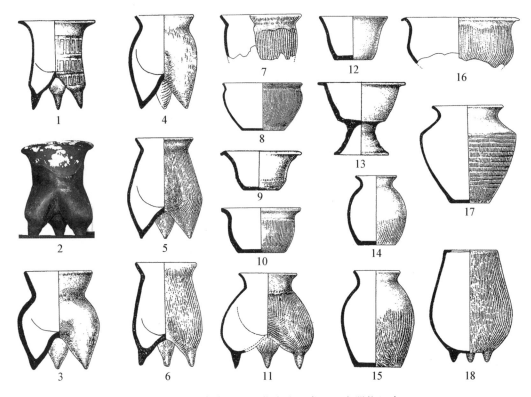

图5-21　夏家店下层文化壶流河类型基本器物组合

第一,本地区以夹砂红褐陶数量最多,灰陶、黑陶数量略少,而邻近的大坨头文化雪山类型二里头文化时期以灰陶为主,早商时期以褐陶为主的特点差别明显;

第二,本地区绳纹极为发达,除器表以外,平底器的器底也多被滚压绳纹,甚至磨光陶在磨光以前也曾滚压绳纹,这种做法在大坨头文化中较为少见;

第三,本地区器物组合中少见大坨头文化最为典型矮领无实足根肥袋足鬲,而壶流河常见的磨光或彩绘筒腹鬲与高领深袋足无实足根鬲在大坨头文化中数量却较少。

因此,壶流河类型的特点与燕山以北的夏家店文化更为接近,应该是属于该文化的一个地方类型。

2. 二里冈时期以后的冀西北地区

二里冈上层以后,冀西北地区夏家店文化壶流河类型的发展被商文化中断,但对于这一时期的考古学文化属性,学术界却歧见迭出。

对于晚于四十里坡H28的本地区早商时期考古学遗存的年代序列和性质,学术界的分歧主要集中于对李大人庄遗存的认识上。

一种认识认为商文化中断了夏家店文化壶流河类型的发展,待商文化退出冀西北地区后,壶流河类型再次从北方进入壶流河流域,因此产生了李大人庄类遗存。这种认识由李伯谦率先提出①,近年来,蒋刚亦赞同这种意见②。

另一种认识自原简报开始,认为李大人庄遗存墓葬年代早于灰坑,年代皆属于夏代。嗣后学者多从其说,赵菊梅更推定墓葬年代下限不晚于夏中期③。近年来,盛立双④、段天璟⑤等学者仍然坚持此说。他们认为李大人庄类遗存的文化深受朱开沟二里头时期文化的影响。依照这种说法,则李大人庄类遗存当与蔚县二里头文化时期遗存同时。但是这一认识最为奇特之处在于,李大人庄所在之洋河流域与蔚县诸遗址所在的壶流河流域相邻,倘若二者同时,虽"鸡犬之声相闻"却老死不相往来,相互间没有丝毫的影响交流,未免难以理解。

其实,将李大人庄年代上提至二里头文化时期,证据不足。李大人庄类遗存的无实足根深袋足鬲袋足肥大,二里头文化时期同样形态的深袋足鬲,非但未见于壶流河流域,也未见于燕山南麓及冀中北部地区。直到二里冈上层文化时期才出现于燕山以南的张营遗址。同时,李大人庄遗址最具代表性、发表器物最多的 H2 中出土有不滚压绳纹的高尖锥状实鬲足根残片,这种鬲足是十分典型的商式鬲足。商式鬲亦见于同时期壶流河流域的庄窠、四十里坡等数个遗址。无论是从与周邻壶流河流域遗存的相互关系,还是遗存本身的考古学文化面貌,都可以说明李大人庄遗址为代表的遗存年代应在早商时期。而李大人庄与张营遗址的无实足根鬲与商式鬲、直领罐、加饰三角纹的大口瓮形态近乎一致,更说明二者年代相近,文化属性亦有关联。

由此,我将李大人庄遗址早商时期遗存分为前后两段,一段以 H2、H4、H5 等单位为代表,第二段以 M1、M4 为代表。墓葬晚于灰坑,是因为从张营遗址陶鬲形态观察,无实足根深袋足鬲口沿演变规律为由较直立到较平缓,有花边的早于无花边的。由此规律可知,李大人庄墓葬年代当晚于灰坑。

我认为,李大人庄类遗存是夏家店下层文化壶流河类型消亡后,在冀西北地区新出现的一支考古学文化遗存。此类遗存的陶器基本组合有无实足根肥袋足鬲、深鼓腹盆、折腹盆、高圈足簋、圆腹罐、大口瓮、蛋形瓮等(图 5-22)。虽然目前发现较少,但相信将来在冀西北一定会发现更多的该类遗存。

冀西北地区目前未见晚商时期遗存,所以仅能讨论本地区早商时期考古学文化。

六、晋南地区

1. 二里头文化时期

晋南地区二里头文化以自然地理区域不同,分为晋东南的长治盆地与晋西南的运城、

① 李伯谦:《张家园上层类型若干问题研究》,《考古学研究(二)》,科学出版社(北京),1995 年。
② 蒋刚:《文化演进与互动:太行山两翼夏商西周时期青铜文化研究》,科学出版社(北京),2017 年。
③ 赵菊梅:《晋陕高原夏商时期考古学文化格局》,吉林大学硕士学位论文,2004 年,未发表。
④ 盛立双:《燕山南麓夏商时期考古遗存研究》,《边疆考古研究》(第 6 辑),科学出版社(北京),2008 年。
⑤ 段天璟:《从塔照遗址看夏时期的燕山南部地区——夏时期燕山以南地区文化结构的形成》,《边疆考古研究》(第 5 辑),科学出版社(北京),2007 年。

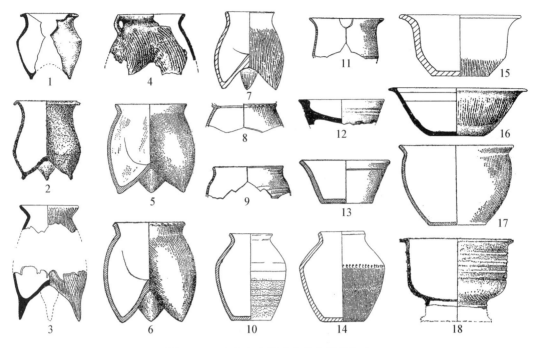

图 5 - 22　李大人庄类遗存基本器物组合

临汾盆地,两盆地二里头文化时期的考古学文化面貌略有差异。

晋西南地区二里头文化时期的考古学文化,为东下冯类型,对于其内涵与文化面貌,学术界并无太大分歧(图 5 - 23)。但对于其归属于二里头文化作为一个地方类型,还是独立为一支考古学文化,长期以来颇有些"名相之辩"的意味。

对于东下冯类型是否属于夏文化或者二里头文化,目前至少还存在两种意见。一种意见认为,东下冯类型是二里头文化的一个地方类型。对东下冯类型当属于二里头文化,最早由邹衡提出并予以论证①。此后发掘者②、李伯谦③、刘绪④、李维明⑤等先后有进一步的论证。持这种意见的学者,强调二里头与东下冯两类型的共性,更看重从考古学文化和传世文献记载的夏人活动范围两个方面,在夏代地方统辖关系和夏商分界中,晋西南与豫西的共性。

另一种意见则认为,东下冯类型是一支相对独立的考古学文化,应该称为东下冯文化。对于东下冯类型应当从二里头文化的地方类型中分出,另作一支考古学文化,最早由郑杰祥提出⑥。此后,张立东在论证"辉卫文化"时赞同郑杰祥的观点,并首次将垣曲丰

①　邹衡:《试论夏文化》,《夏商周考古学论文集》,文物出版社,1980 年。

②　东下冯考古队:《山西夏县东下冯遗址东区、中区发掘简报》,《考古》1980 年第 2 期;中国社会科学院考古研究所山西工作队:《晋南二里头文化遗址的调查和试掘》,《考古》1980 年第 3 期。

③　李伯谦:《东下冯类型的初步分析》,《中原文物》1981 年第 1 期。

④　刘绪:《东下冯类型及其相关问题》,《中原文物》1992 年第 2 期。

⑤　李维明:《再议东下冯类型》,《中原文物》1997 年 2 期。

⑥　郑杰祥:《夏史初探》,中州古籍出版社,1988 年。

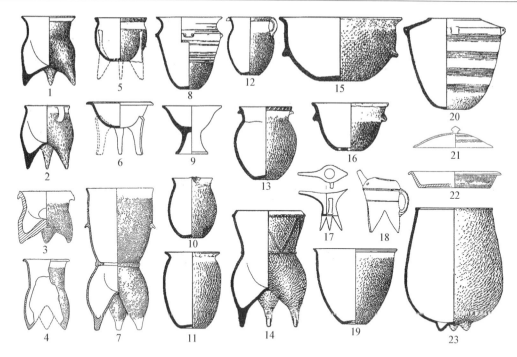

图 5 - 23　二里头文化东下冯类型基本器物组合

村 H301 从东下冯类型中分离中来,归之于二里头类型。这一变动看似很小,但暗含的影响极大。张立东的做法,实际上是将垣曲盆地从东下冯类型的分布区域中划分出来,缩小了东下冯类型的分布范围,将其分布区限于运城盆地以内。① 这样处理东下冯类型的学术目的,实际上是想表明,夏代豫北“辉卫文化”分布区和晋西南地区都分布有不同的与夏关系密切的国族,可一一通过考古学文化得以识别,而并非是要强调二里头类型与东下冯类型的差异。与张立东的出发点相似,宋豫秦、李亚东也有类似的观点,认为东下冯类型的族属未必是否为夏人可再考虑,因此二里头文化的划分范围中就可以不包括东下冯类型②。

　　进入新世纪后,于孟洲进一步发展了张、宋二人的设想。他在多篇论文中基于遗迹和遗物的比较,十分系统地论证了“东下冯文化”,也是目前对东下冯类型最深入最全面的研究成果。他认为该文化的形成受二里头文化的强烈影响,但炊器自始至终有特点,与二里头文化属于联盟关系,发展程度不如后者。③ 2002 年,张忠培与杨晶在讨论客省庄、三里桥文化的流变时,涉及东下冯类型的产生问题。张忠培基于单把鬲的分析,认为“与其将东下冯类型归入外来的二里头文化的地方变体,即二里头文化的地方类型,还不如将其视为源于三里桥文化发展出来而受到二里头文化巨大影响的一支考古学文化”④,这一认识与于孟洲

　　① 张立东:《论辉卫文化》,《考古学集刊》(10),地质出版社(北京),1996 年。
　　② 宋豫秦、李亚东:《“夷夏东西说”的考古学观察》,《夏文化研究论集》,中华书局,1994 年。
　　③ 于孟洲:《东下冯文化与二里头文化比较及相关问题研究》,《文物春秋》2004 年第 1 期;《东下冯文化的源流及相关问题》,《文物世界》2010 年第 1 期。
　　④ 张忠培、杨晶:《客省庄与三里桥文化的单把鬲及其相关问题》,《宿白先生八秩华诞纪念文集》,文物出版社,2002 年。

十分接近。新世纪以来,蒋刚、井中伟亦同于说,但在概念的使用和定性问题上,似乎较于孟洲略退一步,更留有余地。蒋刚提出"和商文化的关系作类比,认为二里头文化和东下冯类型文化很可能也是一种类似于'分封联盟'的关系";①井中伟在其与王立新联名的教材中依然强调遗迹和随葬品的差别,并提出"东下冯文化中确实含有大量二里头文化的因素,所以将晋西南理解为夏人的重要活动地区甚至是殖民地性质也是可以的"。② 比较张立东、宋豫秦的出发点,于、蒋、井三位的出发点更多是基于计量统计和遗迹形态的对比讨论物质文化遗存,而并非讨论夏商文化格局和历史问题。因此,本书仍然以东下冯类型为二里头文化的一个地方类型的意见,在一篇小文中我曾详述己见,这里不赘述。③

二里头文化时期晋东南目前材料不多。严志斌④与蒋刚⑤认为此类遗存与晋中的二里头文化时期遗存相同,属于晋中地区二里头文化至晚商时期的考古学文化"白燕文化"。我认为,以西李高、小神遗址为代表的考古学文化遗存,兼有晋中二里头文化时期遗存与太行山东麓下七垣文化的特点,又有自身的地方特色在内,可能是两个文化共同作用的结果⑥,目前将其划归任何一种文化,证据都显不足。因此,本文暂称其为"小神类遗存"(图5-24)。

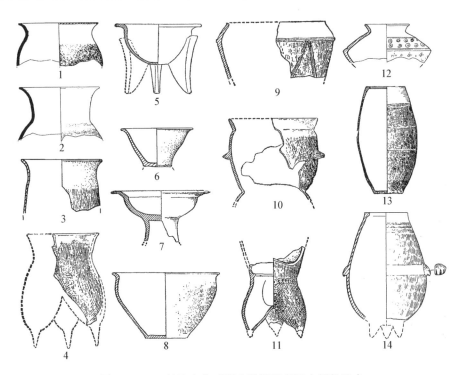

图5-24　二里头文化时期小神类遗存基本器物组合

① 蒋刚:《文化演进与互动:太行山两翼夏商西周时期青铜文化研究》,科学出版社,2017年。
② 井中伟、王立新:《夏商周考古学》(第二版),科学出版社,2020年。
③ 常怀颖:《从新峡发现再论二里头与东下冯之关系》,《文物季刊》2022年第1期。
④ 严志斌:《试析长治小神遗址的二里头时期遗存》,《北方文物》1999年第1期。
⑤ 蒋刚:《文化演进与互动:太行山两翼夏商西周时期青铜文化研究》,科学出版社(北京),2017年。
⑥ 常怀颖:《也论夏商时期晋中地区的诸遗存》,《三代考古》(四),科学出版社(北京),2011年。

2. 商时期

对于以东下冯遗址为代表晋西南地区早商时期遗存,学术界认识没有太大的分歧,基本依王立新意见,称其为早商文化东下冯类型①(图5-25)。

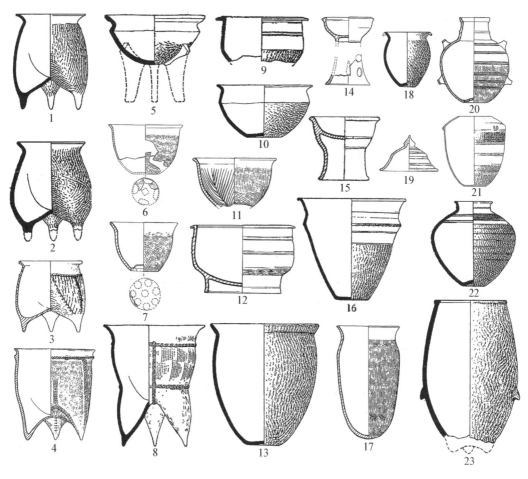

图5-25　早商文化东下冯类型基本器物组合

晚商时期晋西南地区材料较为缺乏,目前仅有部分墓葬与调查材料,从文化面貌看与豫北地区差别较大,而可能与晋中地区杏花墓地晚商时期遗存较为接近,可暂时将其划归在一起,称为"晚商时期杏花类型",待材料丰富后再加讨论(图5-26)。

晋东南地区商时期遗存较丰富,但发表者较少,以小神遗址为代表。唐际根将小神遗址为代表的早商时期遗存划归中商文化的一个地方类型,称其为"小神类型"②(图5-27)。但看其理由只有一条,即小神遗址商时期遗物的最大径接近腹中、鬲足多内勾。对于这一划分方式,理由并不充足。小神遗址隔太行山与豫北相望,文化面貌与豫北

① 王立新:《早商文化研究》,第170-174页,高等教育出版社(北京),1998年。
② 唐际根:《中商文化研究》,《考古学报》1999年第4期。

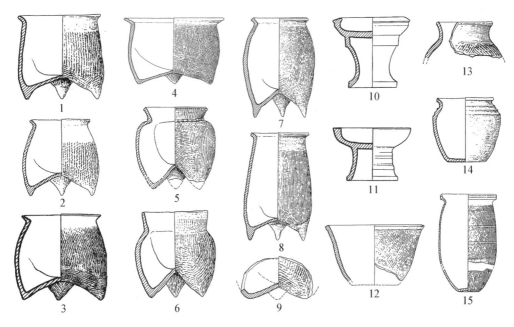

图5-26　晚商时期杏花类型基本器物组合

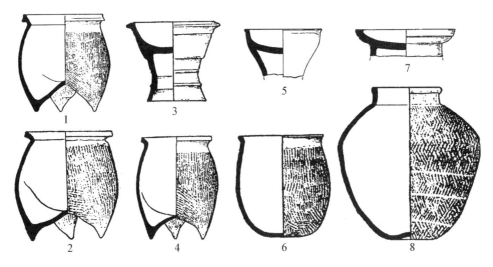

图5-27　所谓"小神类型"遗存基本器物组合

地区的商文化并无差异,应属晚商时期王畿区。因此,本书认为早商至晚商时期晋东南地区的考古学文化与豫北相同,没有划分地方类型的必要。

七、晋中与忻定盆地

1. 二里头文化时期

对于太原盆地为中心的夏商时期考古学文化,长期以来研究者间在文化性质、具体遗址年代、文化命名三个方面皆未能达成共识。

对于二里头文化时期的晋中地区，邹衡先生最先根据当时少量的遗存命名为"光社文化"，认为该文化与先周文化有关①。进入1980年代后，许伟根据吉林大学在晋中的考古工作，将以太原和忻定盆地为中心的区域统称为晋中地区，将其考古学文化编年分为四个时期二十段②，但并未对其文化性质给出明确的判断与命名。随后的十多年中，学术界较为普遍的看法是，晋中地区二里头文化时期的考古学文化自成体系。侯毅③、宋建忠④将其命名为"东太堡类型"或"东太堡文化"；宋新潮将其命名为"白燕文化"⑤。但也有少数学者认为，晋中地区的考古学文化是二里头文化的一个地方类型，有的将其划归入二里头文化东下冯类型⑥，有的命名其为"二里头文化晋中类型"⑦。

到上世纪90年代末期，在晋中地区的一系列调查与试掘活动取得了较大的成果，也因之有了全新的认识。阎向东⑧、严志斌⑨、张忠培⑩、段天璟⑪、杨建华⑫、赵菊梅⑬、田广金、韩建业⑭、张翠莲⑮、张光辉⑯、陈小三⑰等陆续对晋中的夏商时期考古学文化提出了种种分期与定名方案，对其属性的认识也不尽相同。

阎向东根据北京大学在忻州尹村发掘的材料，率先认为太原与忻定盆地的夏时期遗存是不同的考古学文化，可以各分为两期，忻定盆地可命名为"尹村类遗存"，太原盆地则称为白燕四期遗存。严志斌提出白燕文化的命名，但他认为白燕文化的分布范围已经包括晋东南及晋中，下限已经包括二里冈时期，蒋刚赞同这一说法。段天璟主张二里头时期太原盆地为杏花文化，忻定盆地则属于游邀晚期文化的分布范围。杨建华、赵菊梅提出晋中地区这一时期的考古学是以南部的晋中类型和北部的内蒙古河套类型组成的，且晋中地区的考古学文化遗存性质并不单纯，太原北部以许坦、东太堡遗址为代表的遗存与白燕遗址为代表的遗存间有较大的差异，但具体此类遗存属于何种考古学文化，她们却并未指

① 邹衡：《关于夏商时期北方地区诸邻境文化的初步探讨》，《夏商周考古学论文集》，文物出版社（北京），1980年。
② 许伟：《晋中地区西周以前古遗存的编年与谱系》，《文物》1989年第4期。
③ 侯毅：《试论太原东太堡类型》，《山西省考古学会论文集》（二），山西人民出版社（太原），1994年。
④ 宋建忠：《晋中地区夏时期考古遗存研究》，《山西省考古学会论文集》（二），山西人民出版社（太原），1994年。
⑤ 宋新潮：《殷商文化区域研究》，陕西人民出版社（西安），1991年。
⑥ 王克林：《略论夏文化的源流及其有关问题》，《夏史论丛》，齐鲁书社（济南），1985年。
⑦ 王克林：《晋国建立前晋地文化的发展》，《中国考古学会第三次年会论文集》，文物出版社（北京），1984年。
⑧ 阎向东：《论忻定及太原盆地夏时期考古学文化》，北京大学硕士学位论文，1998年，未发表。
⑨ 严志斌：《试析长治小神遗址的二里头时期遗存》，《北方文物》1999年第1期。
⑩ 张忠培：《客省庄与三里桥文化的单把鬲及其相关问题》，《宿白先生八秩华诞纪念文集》，文物出版社（北京），2002年；《杏花文化的侧装双鋬手陶鬲》，《故宫博物院院刊》2004年第4期；《滹沱河上游和桑干河流域的正装双鋬鬲》，《新世纪的考古学——文化、区位、生态的多元互动》，紫禁城出版社（北京），2006年。
⑪ 段天璟：《二里头时期文化格局》，吉林大学博士学位论文，2005年，未发表。
⑫ 杨建华、赵菊梅：《晋中地区与晋陕高原及中原文化的关系》，《公元前2千纪的晋陕高原与燕山南北》，科学出版社（北京），2008年。
⑬ 赵菊梅：《晋陕高原夏商时期考古学文化格局》，吉林大学硕士学位论文，2004年，未发表。
⑭ 田广金、韩建业：《朱开沟文化研究》，《考古学研究（五）》，科学出版社（北京），2003年。
⑮ 张渭莲：《商文明的形成》，文物出版社（北京），2008年。
⑯ 张光辉：《晋中二里头时期文化遗存的分期与谱系》，中央民族大学硕士学位论文，2009年，未发表。
⑰ 陈小三：《晋陕高原含双鋬手鬲遗存研究》，吉林大学硕士学位论文，2009年，未发表。

出。田广金、韩建业认为这一时期的晋中考古学文化属于朱开沟文化的范畴。张翠莲认为晋中以白燕遗址遗存为代表的遗存属于下七垣文化的杏花村类型。张光辉认为以白燕文化命名晋中二里头文化时期遗存,分尹村类型和白燕类型两类,可分为前后三期。

在本书第三章梳理材料的基础上,我认为晋中与忻定盆地的考古学文化遗存是有所区别的。忻定盆地二里头文化时期遗存以尹村遗址为代表,可称为"尹村类型";晋中盆地二里头文化时期遗存可称为"白燕文化";而二里头文化时期太原北部的遗存依发现先后关系,可称为"许坦类型",以下详述之。

尹村类型:以尹村与游邀、青石遗址二里头文化时期的遗存为代表。该类型的夹砂陶占绝对多数,泥质陶数量甚少。陶色以灰陶为多,有较高比例的褐陶和少量磨光黑陶。尹村类型以绳纹为绝大多数,始终有一定比例的篮纹,戳印纹与附加堆纹在本类型中较为常见,尤以蛇纹与楔形点纹为特色。尹村类型器物种类较多,以高领鬲、单把鬲、敛口罃、双鋬甗、单把斝、深腹盆、鼓腹盆、细柄豆、镂孔豆和折肩罐、三足蛋形瓮等器物为基本器物组合(图5-28)。

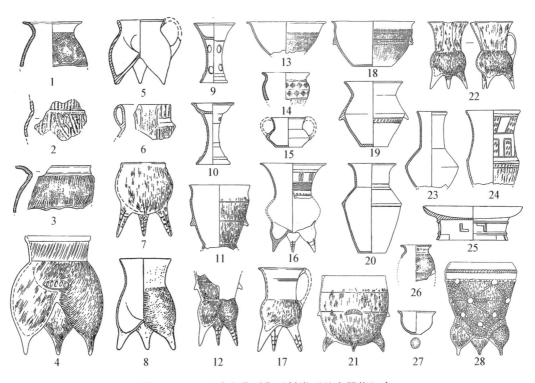

图5-28 二里头文化时期尹村类型基本器物组合

白燕文化:二里头文化时期的晋中地区考古学文化与早商时期差异明显,将其归入同一考古学文化不妥。二里冈时期,晋中地区受到商文化的强烈影响,文化面貌与二里头时期相比,差别明显。二里头文化时期晋中地区许多较为常见的器类,在二里冈时期也已经消失。白燕文化应仅包括二里头文化时期晋中地区的遗存,可以白燕、北垣底、薛家会

等遗址为代表。该文化夹砂陶占优势,砂粒甚细。陶色以灰陶为主,褐陶较少,黑陶和黄
褐陶数量较少。纹饰以绳纹为最多,早期有极少量的篮纹,有一定数量的旋纹、附加堆纹。
戳印纹在该文化中并不流行。该文化的基本器物组合以各式高领鬲、矮领鬲、甗与敛口斝
为最主要的炊器,其他器类以深腹盆、细柄豆、粗柄豆、高领壶、三足蛋形瓮等较为常见
(图5－29)。

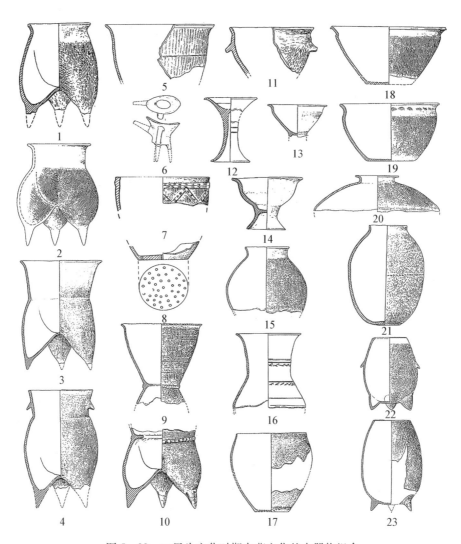

图5－29　二里头文化时期白燕文化基本器物组合

许坦类型:目前仅有太原北郊的东太堡、狄村与许坦三处遗址的发现,虽然数量不
多,但文化面貌十分有特点。此类型夹砂陶占绝对优势,陶色以褐陶最多,灰陶次之,有较
高比例的红褐与黄褐陶,因烧制火候问题,陶色并不纯正。纹饰方面,许坦类型以绳纹最
多,但滚压较散乱,篮纹在本类型中始终占有一定的数量。楔形点纹在本类型中也有较高
的比例。许坦类型以高领鬲、单把鬲、鼎为最主要的炊器,其中鼎足剖面呈T字或十字形

的盆形鼎最具特色,其他器类中,以高领扁腹壶、大平底浅腹盆、竹节柄豆、高领壶、单耳罐等较为常见(图5-30)。

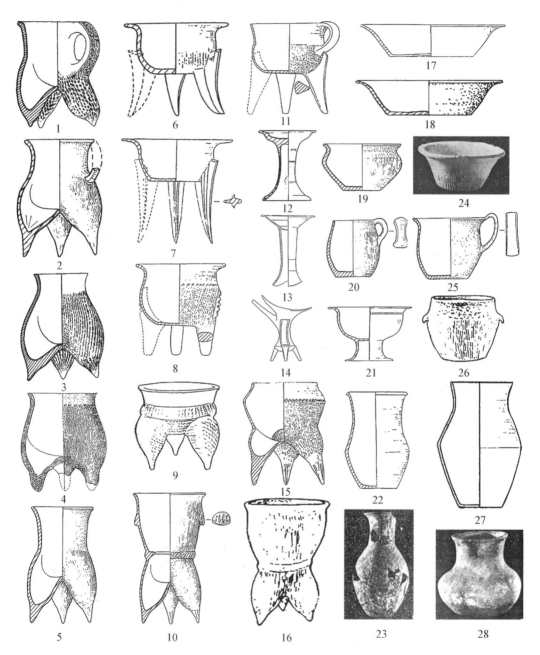

图5-30　二里头文化时期许坦类型基本器物组合

2. 早商时期

　　早商时期忻定盆地遗存甚少,二里冈下层阶段,本地属于二里冈下层文化的分布范围。二里冈上层时期,虽有零星商式鬲和簋、豆残片,但忻定盆地是否可作为二里冈文化的控制区或分布区,目前证据不足。原平唐昌发现的深袋足鬲与二里冈下层时期冀西北、华北平原北缘地区大坨头文化雪山类型的同类器相近,不排除后者已西越太行山影响到忻定盆地。当然,也不排除唐昌所出陶鬲代表了一支新考古学文化类型的可能。

在晋中地区,早商时期的遗存以白燕遗址为代表。白燕遗址的早商时期遗存,依照许伟的研究,是"本地区夏代遗存的继续,但又增加了新的因素……显示了浓厚的商文化特征,但同夏县东下冯商代遗存、郑州二里冈早商文化相比,又有明显的区别……显然是一种新的考古学文化遗存"[1]。这一结论是十分准确的,但许伟先生并未对其命名。前文已梳理说明,自二里冈下层时期开始,商文化已进入了晋中地区,至二里冈上层阶段已将当地纳入商文化的控制范围内。本书将其命名为"早商文化白燕类型"(图5-31)。

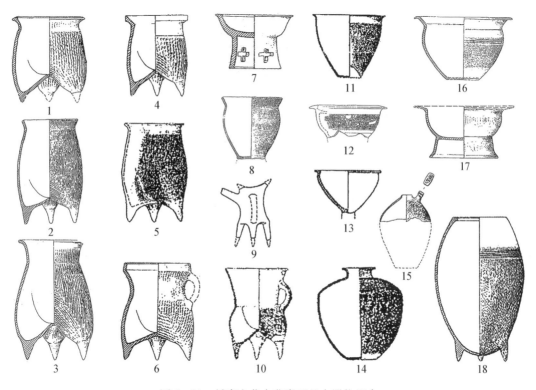

图5-31　早商文化白燕类型基本器物组合

对于早商时期的晋中地区考古学文化的性质,蒋刚有不同的意见。在他看来,晋中地区的商时期考古学文化是二里头文化时期白燕文化的自然延续。因此,他所定义的白燕文化自二里头文化时期至晚商,并无中断。对于这种看法,本文认为需要商榷。从文化面貌看,蒋刚也承认许伟的意见,同意"晋中地区的商代遗存与商文化既有密切的联系,又有较明显的区别,显然是一种新的考古学文化遗存",那么将二里头文化时期的白燕文化与早商时期晋中地区考古学划归一支考古学文化,就已自生矛盾。从蒋刚所列举的证据看,

----

①　许伟:《晋中地区西周以前古遗存的编年与谱系》,《文物》1989年第4期。

他认为白燕文化能延续到晚商时期的依据主要有二：其一是本地的地方特色延续时间较久；其二是本地的考古学文化的特色具体就是指高领鬲与三足蛋形瓮。实际上，在早商时期，三足蛋形瓮的数量已远远不能与二里头文化时期相比；而高领鬲，在早商时期无论形态、数量，皆与二里头文化时期差异巨大。更不要说，在早商时期由于商文化的强力介入，高领鬲、商式鬲与介于二者之间的"中间型"鬲，实际上，在早商时期，高领鬲除了"高领"之名以外，与二里头文化时期的同名之器，形态差异巨大。至晚商时期，晋中地区考古学文化的面貌差异变化更大，连蒋刚自己也认为"进入商代（至迟是晚商）以后，白燕文化不仅仅在物质文化面貌上逐渐向中原文化系统的商文化靠拢，而且在精神层面的礼制信仰上也逐渐向中原靠拢，白燕文化对商文化的依赖性与日俱增，商人对于白燕文化的渗透是白燕文化稳定发展的一个强大动力"[①]。倘以三足蛋形瓮与"土著式"的高领鬲为凭，因而将白燕文化的年代下限不断延伸，似没有考虑一支考古学文化得以确立的数量比例关系。张忠培曾对于考古学文化划分的理论依据——"既不能以其源为标准，又不能以其流为标准，只能视它们当时的状况，即看它们自身陶器的基本组合的变异程度。变异程度未超过一考古学文化陶器基本组合的范畴，则是这一文化的一种类型；超出了，当另划分一考古学文化"[②]，这一意见无疑对确认一支考古学文化性质的标准如何是有高度的指导意义的。

白燕类型泥质陶数量多于夹砂陶，陶器群胎质普遍较薄，夹砂陶所夹砂粒甚细，陶色以灰色为主，其他色泽的陶器甚为少见。纹饰中以规整的绳纹为绝大多数。旋纹、附加堆纹与戳、压印纹等其他纹饰皆有一定比例。素面陶与磨光陶比例较高，以全绳纹侈口深沿深腹鬲、商式鬲、斝式鬲、甗、真腹豆、假腹豆、深腹盆、蛋形瓮等为基本器类组合。

3. 晚商时期

晚商时期晋中地区遗存甚少，目前仅有灵石旌介、汾阳杏花等数处遗址的材料。前文已经提及，晚商时期晋中地区与晋南同时期遗存文化面貌相同，但由于遗存仍然过少，难以确定归属，可暂时称为"晚商时期杏花类型"。这种考古学文化类型究竟是商文化的地方类型还是土著文化，现在难下定论。但此类型与商文化关系密切，也十分明显。这一类型夹砂陶数量多于泥质陶，陶器群胎质普遍较厚，夹砂陶所夹砂粒较细。陶色以灰色为主，其他色泽甚为少见。纹饰中以规整的绳纹为绝大多数。由于材料较少，少见旋纹、附加堆纹等其他纹饰。这一类型器类组合甚为简单，以凸肩鬲、筒腹鬲、假腹豆、圆腹罐、大口罐、深腹盆等器物较为常见（图 5 - 26）。

八、晋西北与南流黄河两岸

晋西北与南流黄河两岸晚商时期遗存较丰富，所见者可以吉县挂甲山、柳林高红、绥

① 蒋刚：《文化演进与互动：太行山两翼夏商西周时期青铜文化研究》，科学出版社（北京），2017 年。
② 张忠培：《研究考古学文化需要探索的几个问题》，第 171 页，《中国考古学——走近历史真实之道》，科学出版社（北京），1999 年。

德薛家渠、清涧李家崖、辛庄遗址为代表。对于这一类遗存,吕智荣[1]、戴应新[2]等先生将其定性为"李家崖文化"。这一结论得到了较多的认同。蔡亚红[3]、刘建宇[4]、孙文浩[5]、魏泽华[6]、贾文涛[7]等人在近年专门梳理了李家崖文化,在文化的性质判定方面,结论与吕智荣等学者并无太大差别。曹大志最新的成果是在李家崖文化以西辨识出了"西岔渠文化",但西岔渠文化的分布区似未跨黄河分布至晋西山地[8]。本书同意曹大志的意见。对冀西北和南流黄河两岸的讨论也就仅限于李家崖文化。

该文化以泥质灰陶为主,夹砂灰陶次之,还有极少的泥质红褐陶,基本不见黑陶。纹饰除素面外,以绳纹为主,各种不同样式的云雷纹、回字形纹、方格纹、指甲纹等较为常见,三角划纹、附加堆纹比例较高。炊器仅有鬲、甗两类。陶鬲种类形态较多,可分为三大类。一类为深袋足鬲,实足根不明显,一类为实锥足,还有一类则为实柱足,陶鬲多有花边装饰。该类型有一定数量的甗与凸肩鬲。除炊器外,李家崖文化较有特点的器物还有折肩小口瓮、大口尊、弧肩器盖和空三足蛋形瓮等器类(图5-32)。

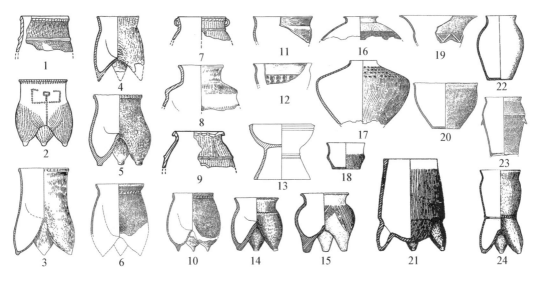

图5-32 李家崖文化基本器物组合

① 吕智荣:《试论晋陕北部黄河两岸地区出土的商代青铜器及有关问题》,《中国考古学研究论集——纪念夏鼐先生考古五十周年》,三秦出版社(西安),1987年;《试论李家崖文化的几个问题》,《考古与文物》1989年第4期;《朱开沟文化遗存与李家崖文化》,《考古与文物》1991年第6期;《李家崖文化的社会经济形态及发展》,《考古学研究》,三秦出版社(西安),1993年。
② 戴应新:《陕北和晋西北黄河两岸出土的殷商铜器及其有关问题的探索》,《考古学研究》,三秦出版社(西安),1993年。
③ 蔡亚红:《李家崖文化研究》,西北大学硕士学位论文,2008年,未发表。
④ 刘建宇:《陕北地区出土商周时期青铜器的科学分析——兼论商代晚期晋陕高原与安阳殷墟的文化联系》,北京科技大学博士学位论文,2015年。
⑤ 孙文浩:《试析李家崖文化》,重庆师范大学硕士学位论文,2016年。
⑥ 魏泽华:《晚商时期晋陕黄土高原地区的聚落与社会——以铜器为中心》,山东大学博士学位论文,2017年。
⑦ 贾文涛:《晋陕高原李家崖文化时期相关遗存研究》,山西大学硕士学位论文,2018年。
⑧ 曹大志:《李家崖文化遗址的调查及相关问题》,《中国国家博物馆馆刊》2019年第7期;《贸易网络中的黄土丘陵(BC1300～1050)》,北京大学出版社(北京),2021年。

第二节　古冀州之域各考古学文化的
分布、变迁与互动

　　前文分析可以看出,在夏商时期,冀州之域内各地考古学文化并非一成不变,不同的考古学文化在不同的时期分布范围也并非铁板一块,往往此消彼长,相互影响(表5-2)。

一、二里头文化时期各考古学文化

　　二里头文化时期考古学文化类型较多,依前文分析,大体可以二里头文化三、四期之间为界,在前后两个时期发生了格局变动。二里头文化四期以前,冀州之域内有二里头文化豫北类型、东下冯类型;下七垣文化漳河型、下岳各庄型;大坨头文化;夏家店下层文化壶流河类型;小神类遗存;白燕文化;许坦类型和尹村类型等数支考古学文化(图5-33)。

图5-33　二里头文化四期以前考古学文化分布示意图

(A区:二里头文化豫北类型　B区:下七垣文化漳河型　C区:下七垣文化下岳各庄类型
D区:大坨头文化　E区:夏家店下层文化壶流河类型　F区:二里头文化东下冯类型
G区:二里头文化时期小神类遗存　H区:白燕文化　I区:许坦类型　J区:尹村类型)

表 5－2　夏商时期冀州之域内各考古学文化类型年代对应表

地区＼时代	黄河南流两岸	晋中地区 忻定盆地	晋中地区 太原盆地	晋中地区 晋中盆地	晋南 晋西南	晋南 晋东南	豫北	冀南	冀中南部 洈水以南	冀中南部 洈水以北	冀中北部 北易水以南滹沱以北	冀中北部 北易水以北	华北平原北缘地区 拒马河以北永定河以南	华北平原北缘地区 永定河以北潮白河以西	华北平原北缘地区 潮白河以东	冀西北
二里头文化一期	?	游邀 H129 类遗存	?	峪道河 H1 类遗存		?	?	槐树屯 H1 类遗存	?	?	哪巴庄 H34 类遗存	?	雪山 H66 类遗存	雪山 H66 类遗存		
二里头文化二期		尹村类型	许坦类型	白燕文化	二里头文化东下冯类型		?	?	?	?	?	?			?	?
二里头文化三期						小神类遗存	二里头文化豫北类型		漳河型	漳河型	下岳各庄类型	下岳各庄类型				
二里头文化四期							辉卫型						大坨头文化塔照类型	大坨头文化雪山类型	大坨头文化雪山类型	夏家店下层文化壶流河类型
二里冈下层时期		早商文化尹村类型	?	早商文化白燕类型	早商文化东下冯类型	?	二里冈下层文化	二里冈下层文化			?					
二里冈上层一期	?	?		杏花类遗存			二里冈上层文化	二里冈上层文化			早商文化台西类型			富位三期遗存		李大庄类遗存
二里冈上层二期至殷墟一期					?						晚商文化台西类型		围坊三期文化塔照类型	围坊三期文化塔照类型		?
殷墟二期	李家崖文化	刘沟类遗存					殷墟文化	殷墟文化							围坊三期文化围坊类型	
殷墟三期																
殷墟四期																

二里头文化四期时,二里头文化豫北类型在沁河以东为下七垣文化辉卫型逐渐取代,沁河以西至垣曲盆地的空间内仍然为二里头文化豫北类型。其他地区考古学文化未见明显分布区域变化(图5-34)。

图5-34　二里头文化四期考古学文化分布示意图

(A区:下七垣文化辉卫型;B区:下七垣文化漳河类型;C区:下七垣文化下岳各庄类型;D区:大坨头文化;
E区:夏家店下层文化壶流河类型;F区:二里头文化豫北类型;G区:二里头文化东下冯类型;
H区:二里头文化时期小神类遗存;I区:白燕文化;J区:许坦类型;K区:尹村类型)

以下我们对这一时期的各考古学文化分布情况分述之。

1. 二里头文化豫北类型

这一支考古学文化目前发现材料较多,分布地区明确,主要分布在黄河以北漳河以南的区域,西部边界大体在垣曲盆地中条山以东。目前发现材料年代集中在二里头文化三期,垣曲盆地的遗存早可至二里头文化二期阶段,个别单位甚至有可能早至相当于二里头文化一期阶段,与东下冯遗址一期同时,但豫北地区尚无确定的二里头文化三期以前的遗存。该类型文化面貌与二里头文化甚为接近,如何理解二里头文化早期阶段遗存的缺失,可能需要从田野工作遗存辨识和对文化格局审视两方面入手。未来,随着考古工作的进一步进行,应当会发现年代更早的遗存。

早在上世纪八十年代,刘绪已经论证,豫北沁河以西二里头文化时期的遗存属于二里头文化,而沁河以东二里头文化四期的遗存为先商文化辉卫型①。张立东在分析宋窑遗址遗存时已经发现,宋窑遗址年代偏早的遗存,文化面貌与下七垣文化差异较大,而与其他考古学文化相比,二里头文化对其的影响相对是最多的②。在张立东的研究中,他认为宋窑遗址为代表的"辉卫文化"中含有七种不同来源的遗存。但是,本书认为,豫北地区二里头文化时期的遗存,三期与四期间的差异较大,三期时更接近二里头文化,四期时则更接近下七垣文化漳河型。若将二者分开,则可看出文化面貌发生了变化,因此本书将其分为二里头文化豫北类型与下七垣文化辉卫型。

二里头文化三期时,二里头文化豫北类型遗物大致可包括如下四组:

甲组:包括夹砂深腹罐、捏口罐、双鸡冠鋬盆(甑)、盆形鼎、圆腹罐、大口尊、刻槽盆、翻缘细柄豆。这一组合与二里头文化二里头类型相同,个别器物的具体形态却与伊洛地区的二里头文化二里头类型有细微的区别。豫北类型深腹罐腹部较鼓,而二里头类型则略瘦。盆形鼎二里头类型无肩而豫北类型则多有肩。四系罐、大口尊、刻槽盆、圆腹罐、饰鸡冠鋬的盆及甑,两地形态较少差异。

乙组:包括矮领卷沿鬲、大平底盆、有矮领平口瓮、圈足蛋形瓮、有算托甗、肩部饰楔形点纹的深腹盆等器物。这一组合与下七垣文化漳河型较为接近,器形亦与后者差别较小。

丙组:包括三足、多足蛋形瓮、敛口五花大绑式夹砂斝、泥质敞口带鋬斝等器物。这些器物在东下冯类遗存及小神类遗存多共见,但多足蛋形瓮目前仅见于小神类遗存。豫北类型中所见的这些器物当与二里头文化东下冯类型及小神类遗存有关。

丁组:包括有折棱的碗形豆等器物,当是来自岳石文化。

这四组遗存中,无疑以第一类遗存最多,而其他三组比例较低。

2. 下七垣文化辉卫型

这类遗存即邹衡先生所划分之先商文化辉卫型,本文所论及的此类遗存,年代仅相当于二里头文化四期,分布区大体在二里头文化豫北类型的沁河以东地区。在空间上与后者东西对峙分布。从现有资料看辉卫型以南为二里头文化二里头类型,以东为岳石文化的分布区。在古黄河以南不存在所谓"鹿台岗类型"③。从文化面貌讲,邹衡④、李伯谦⑤及刘绪、秦小丽⑥亦有较好的梳理,本文不再进行详细分析。

① 刘绪:《论卫怀地区的商文化》,《纪念北京大学考古专业三十周年论文集》,文物出版社(北京),1990年。
② 张立东:《论辉卫文化》,《考古学集刊》(10),地质出版社(北京),1996年。
③ 段宏振:《鹿台岗遗址考辨》,《江汉考古》2022年第2期。
④ 邹衡:《试论夏文化》,《夏商周考古学论文集》,文物出版社(北京),1980年。
⑤ 李伯谦:《先商文化探索》,《庆祝苏秉琦考古五十五周年论文集》,文物出版社(北京),1990年。
⑥ 秦小丽:《豫北地区二里头时代的地域间关系——以陶器资料分析为中心》,《华夏考古》2008年第1期。

但依据新发现材料,对二里头文化四期时豫北地区的考古学文化,本文有几点补充:

第一,豫北地区受来自太行山以北的晋东南地区影响较二里头文化三期以前更大,以焦作为中心的沁东地区受晋东南的影响甚为明显;

第二,辉卫型中仍保留相当比例的二里头文化因素;

第三,下七垣文化对古黄河以北地区的影响,北部甚于南部,对南部的影响时代愈晚影响愈大。

第四,本地区漳邓等遗址中发现极少数侧视若锥足的盆形鼎(图5-2:10),以往很罕见,当来源于岳石文化。

3. 下七垣文化漳河型

此类遗存即邹衡先生所划分之先商文化漳河型,其文化因素李伯谦、郑彤①、魏峻②等人先后已有较好的研究。分布范围主要集中在冀南地区以漳河流域为中心的磁县、邯郸一带,根据葛家庄、补要村等遗址的新材料,该类型的北界可扩展至临城县泜河流域至滹沱河以南的区域。该类型的文化因素分析前人已有较好的论述③,这里不再赘言。

需要补充之处有六:

其一,本类型中少见辉卫型器物,可见后者对本类型的影响较少;

其二,本类型中磨光的矮领鬲、圈足蛋形瓮、上腹磨光兼施成组旋纹的圆腹罐、器表饰绳纹的深腹盆、大口瓮、唇沿下端加厚的小口瓮等器物,以往在冀南地区少见,但在冀中南部的沙河、泜河流域有一定数量。从补要村遗址的发掘情况可知,此几类器物当是漳河型与下岳各庄类型交接地带较常见的器物。

其三,岳石文化对本类型的影响,以往学者仅提及有旋纹溜肩器盖、旋纹盆等少数几类,但从新材料可知另有饰戳印纹侧视若锥形足的盆形鼎、碗形豆、盘内有折棱的浅盘豆、素面折沿垂腹罐等器物。

其四,以高领鬲为代表的遗存,应该与下七垣文化下岳各庄类型有密切的关系。本组器物数量不多。

其五,单把鬲、三足蛋形瓮、平底蛋形瓮、敛口五花大绑式罍等器物,这组器物应与太行山西麓的各类遗存有较密切的关系。本组器物有一定数量。

其六,二里头文化二里头类型对本类型的影响,在以往研究的器物之外,从新发现的材料另有管流爵、泥质敞口罍等器物。

---

① 郑彤:《下七垣文化来源探索》,《青年考古学家》(第九期)。
② 魏峻:《下七垣文化新探》,《青年考古学家》(第九期);《下七垣文化的再认识》,《文物季刊》1999年第2期。
③ 郭瑞海、任亚珊、贾金标:《葛家庄先商遗存的几个问题》,《中国考古学跨世纪的回顾与前瞻——1999年西陵国际学术研讨会文集》,科学出版社,2000年;胡保华:《下七垣文化分期研究》,吉林大学硕士学位论文,2007年,未发表;胡保华、王立新:《试论下七垣文化的类型与分期》,《早期夏文化与先商文化研讨会论文集》,科学出版社(北京),2010年。

4. 下七垣文化下岳各庄类型

这一类型即沈勇所论之先商文化"保北型"①。此类遗存在沈勇之后有两种明显的分歧意见。一种认识其属于下七垣文化,亦即先商文化。这种意见可以张立东②、胡保华③、蒋刚④等学者为代表。但对其命名有差异,张立东、蒋刚主张按考古学文化命名原则称为"下七垣文化岳各庄类型"或"下七垣文化下岳各庄类型",胡保华延续旧有命名称为"保北型"。另一种认识是认为其文化面貌与下七垣文化漳河类型差别过大,应该独立成为一种文化。张翠莲将其命名为"下岳各庄文化"⑤,这种意见被河北省内的学者广泛接受⑥。

下岳各庄类型的确有较清晰的自身特色,但总体来看,还是应属于下七垣文化体系之中,故本书所称其为类型。本类型分布于太行山东麓的滹沱河以北、拒马河以南的区域。从延续时间看,本类型自二里头文化二期出现,至二里冈下层时期消失。文化因素可分为如下几组:

甲组:以垂腹鬲、粗柄豆、肥腹有算托甗、旋断绳纹盆、筒形深腹罐等器物为基本组合,部分高领鬲口缘作花边状。此类器物为本类型中最为常见的器物,亦是本类型器物群中最具地方特色的器物。

乙组:以矮领鬲、有算托甗、橄榄形罐、素面旋纹深腹罐、浅盘豆、矮领平口瓮、小口瓮、口沿磨光的矮领鬲等器物为代表。这组遗存应来自下七垣文化漳河型。

丙组:以筒腹鬲、无实足根的深袋足鬲、无算托甗、折腹盆等器物为代表,此类器物在本类型器物中数量较多。此类器物来自大坨头文化。

丁组:以高领鬲、粗柄镂孔豆三足蛋形瓮等为代表,此类器物在本类型中比较常见。此类器物当来自太行山西麓。

戊组:以盂形豆、锥形足的盆形鼎、素面深腹罐等器物为代表,此类器物当与岳石文化有关,但数量较少。

己组:有管流爵等器物,数量极少,本组器物当来自二里头文化二里头类型。

5. 大坨头文化雪山类型

此类型大致出现于二里头文化三期,至二里冈上层文化进入燕山南麓地区而逐渐消失。本类型在二里头文化时期南界大约在拒马河流域,南与下岳各庄文化相邻;北界大抵

①　沈勇:《论保北地区的先商文化》,北京大学硕士学位论文,1988年,未发表。
②　张立东:《中国考古学·夏商卷》"第三章·先商文化的探索及其相关问题",中国社会科学出版社,2004年。
③　胡保华、王立新:《试论下七垣文化的类型与分期》,《早期夏文化与先商文化研究论文集》,科学出版社(北京),2012年。
④　蒋刚:《文化演进与互动:太行山两翼夏商西周时期青铜文化研究》,科学出版社(北京),2017年。
⑤　张翠莲:《太行山东麓地区夏时期考古学文化浅析》,《三代文明研究(一)——1998年河北邢台中国商周文明国际学术研讨会论文集》,科学出版社,1999年;张渭莲:《商文明的形成》,科学出版社,2008年。
⑥　段宏振:《七里庄遗址青铜文化遗存的演进——兼论燕山以南地区青铜时代考古学文化的相关问题》,《中国文物报》2007年6月15日第7版;徐海峰:《北放水遗址夏时期文化遗存发现的意义》,《中国文物报》2007年10月19日第7版;张渭莲、段宏振:《中原与北方之间的文化走廊——太行山东麓地区先秦文化的演进格局》,文物出版社(北京),2015年。

在燕山南麓地区;其西界可能已逾太行山至忻定盆地。二里冈下层文化时期随着下岳各庄文化的消亡,雪山类型似分化为两支,原雪山类型分布在永定河以北地区,在永定河以南则形成大坨头文化塔照类型。后者南界不详,但当在唐河以北地区。在二里冈上层时期,雪山类型与塔照类型皆有二里冈上层商文化因素。二里冈上层文化中断了大坨头文化的继续发展。

本类型器物群依文化因素可分为如下几组:

甲组:以折肩鬲、实足瓮形鼎、平底柱足鬲、无实足根的深袋足鬲、无箅托甑、独孔与圆形多孔甑、折腹盆、折肩器盖、折肩罐、折肩瓮、三足罐等器物为代表,这是本类型数量最多,也最具代表性的器物群,当是本类型的主体组成部分。

乙组:以筒腹鬲、高领肥袋足鬲、折腹深盂形粗柄豆等器物为主,这组器物有一定的数量,从已知考古学文化遗存观察,本组器物当来自燕山以北的夏家店下层文化。

丙组:以蛇纹鬲、双耳罐等器物为基本组合,这组器物数量不多,大体出现于二里冈上层文化前后,这类器物当于太行山以西传来,源头来自朱开沟还是夏家店下层文化目前无法确定。但从文化区邻近的角度看,当与夏家店下层文化关系更密切。

丁组:以高领实足根鬲、有箅托甑、粗柄豆、蛋形瓮等器物为基本器类,这组器物在本类型中数量较多,出现在二里头文化三期,消失于相当于中原地区二里冈下层文化时期阶段。本组器物可能来自下七垣文化下岳各庄类型,二里头文化时期以后,由于下岳各庄类型的消亡,这组器物的数量锐减。

戊组:以碗形细柄豆为代表,数量极少,此类器物当来自岳石文化。

己组:以方唇翻缘鬲、镂孔豆、假腹豆、簋等器物为代表,此组器物出现在二里冈上层文化时期,有一定数量,是二里冈上层商文化的代表。

6. 大坨头文化塔照类型

本类型出现年代甚晚,大体出现在二里冈下层文化时期,因二里冈上层文化的进入而逐渐消失。该类型分布区域北界在永定河,与大坨头文化雪山类型相邻,南界从目前材料看大体在易水至唐河一带。

甲组:本组器物中有较多器物与雪山类型互见,以各类有实足根的陶鬲最为多见。本组另外的常见器物有罐形鬲、瓮形鬲、有箅托甑、深腹折肩盆、大平底盆、圆腹罐、大口瓮、敞口浅盘细柄豆等器物。

乙组:折肩鬲、无实足根深袋足鬲,数量极少,本组器物是雪山类型中最为常见的器物,但在塔照类型中却极为少见。

丙组:筒腹鬲,数量极少,本组器物是夏家店下层文化壶流河类型中最为常见的器物。

丁组:以方唇翻缘鬲、镂孔豆、假腹豆、簋等器物为代表,此组器物出现在二里冈上层文化时期,有一定数量,是二里冈上层商文化的代表。

7. 夏家店下层文化壶流河类型

本类型出现及流行年代大体在二里头文化三期至二里冈上层阶段。对于其分布地域及器物群组合,李伯谦已经有较好的梳理①。近30年内,并无新材料进一步丰富该类型的文化面貌,因此本文不多赘述。唯需补充者,在二里冈上层文化时期,壶流河类型中曾出现二里冈上层商文化因素,后者中断了壶流河类型的继续发展。

8. 二里头文化时期小神类遗存

本类型目前材料尚不甚丰富,分布区域主要在太行山西麓的长治盆地,年代大体在二里头文化二期至四期时。从考古学文化因素角度而言,大致可将其陶器群分为五组:

甲组:以高领筒腹鬲、通体滚压绳纹的高领鬲、双带耳敛口罨、鼓腹双鋬斝、深直腹旋纹盆、敞口斜直腹篓、喇叭口束颈小口瓮、折肩小口罐、双鋬圆腹罐、花边口高领罐、四足蛋形瓮等器物为主。本组器物是该类型的主体遗存。

乙组:高领鼓腹鬲、有箅托甗、三足蛋形瓮等器物,数量较多。本组器物与晋中地区的白燕文化关系密切。

丙组:以腹有折棱的细柄豆、大平底盆等器物为主,有一定数量。本组器物当与太行山东麓的下七垣文化漳河型有关。

丁组:以盆形鼎、平口瓮、大口罐等器物为基本组合,数量较多。本组器物与晋西南地区的二里头文化东下冯类型关系密切。

戊组:以管流爵、篓为代表,数量甚少,当与二里头文化二里头类型有关。

9. 二里头文化东下冯类型

本类型即邹衡先生所论述的二里头文化东下冯类型,本文对这一类型的年代、分布区域与基本器物群的分析并无新的看法。这里仅补充如下几点:

第一,在既往研究中,认为运城盆地的东下冯类型较少发现刻槽盆、泥质敛口带鋬耳罨、封口盉,但垣曲盆地中有一定数量的分布,这进一步说明张立东将垣曲盆地从东下冯类型分布区中划分出去的意见是正确的。垣曲盆地是二里头文化豫北类型的分布区,中条山以北的运城盆地则为东下冯类型的分布区。

第二,汾河以北地区以襄汾大柴遗址为代表的口沿饰双鋬的鬲、无实足根鬲、三足平口瓮等器物,丰富了原东下冯类型的文化内涵,但也存在以上述三类器物为代表的大柴遗址是一支新的考古学文化类型的可能。于孟洲曾据此提出了"东下冯文化大柴类型"的看法,有一定道理。但目前材料不足,尚无法做出确定的判断,而仅是一种可能。

---

① 李伯谦:《论夏家店下层文化》,《纪念北京大学考古专业三十周年论文集》,文物出版社(北京),1990年。

10. 白燕文化

主要分布在晋中地区。二里头文化时期与早商时期晋中地区的考古学文化并非同一考古学文化。许伟虽曾对晋中地区从新石器至东周时期的考古学文化进行过统一的分期,建立了较为严密的编年体系。但是,完整的地区考古学文化编年序列,并不能等同于同一地区的考古学文化性质一成不变。苏秉琦先生曾对考古学文化、区系类型间的关系有过详细论述,他曾经高度敏锐地指出"区是块块,系是条条,类型则是分支"①。白燕文化与早商时期早商文化白燕类型实际上是同一系统的不同考古学文化关系,二者间有衔接与继承关系,但并不属于同一支考古学文化。

白燕文化依文化因素分析法区分,可将该文化的陶器群分为以下五组:

甲组:高领鼓腹鬲、高领双鋬鬲、有箅托甑、三足蛋形瓮、鼓腹盆、深盘细柄豆等器物,是本文化中最为常见的核心器类。

乙组:以单把鬲、高领壶、盆形鼎、单耳罐、高领折肩罐、多圆形孔甑等器类为基本组合,虽数量不多,但形制却极有特点。这一组器物与白燕文化北部同时期的许坦类型关系密切。

丙组:以矮领卷沿鬲、盂形豆、折盘豆、大口瓮为基本组合,这一组器物与太行山东麓下七垣文化诸类型关系较为密切。其中部分器物或源自岳石文化,如盂形豆、碗形豆等,经下七垣文化中转传入白燕文化。

丁组:以双鸡冠耳盆、深腹盆、圆腹罐、小口瓮为基本组合。这一组器物与白燕文化南部的二里头文化东下冯类型关系密切。

戊组:以管流爵为代表,此类器物在东下冯类型中数量甚少,应与二里头文化二里头类型关系密切。

11. 二里头文化时期许坦类型

这一类遗存较为复杂,在材料不甚丰富时,邹衡先生曾将其定为河北龙山文化许坦型②,随着新材料积累,可以看出这支考古遗存特点鲜明但十分复杂。本书将之命名为"许坦类型",其分布区域大体在太原盆地的北部。年代大体相当于二里头文化二至四期。

本类型考古学文化大体包括如下几组陶器群:

甲组:以各类盆形鼎、鼓腹侈领鬲、单把鬲、敛口高足根鬹、双鋬盆、旋纹柄豆、单把罐、小口广肩瓮、大平底盆等器物为代表。这组器物罕见于周邻地区,当是本类型的核心。

乙组:以多圆形孔甑、深腹盆等器物为代表,本组器物数量较少,与白燕文化关系甚为密切。

① 苏秉琦、殷玮璋:《关于考古学文化的区系类型问题》,《文物》1981 年第 5 期。
② 邹衡:《关于夏商时期北方地区诸邻境文化的初步探讨》,《夏商周考古学论文集》,文物出版社(北京),1980 年版。

丙组：以敛口斝、高领壶、高领折肩罐、方足鬲（鼎）等器物为基本组合。本组器物较常见，与同时期忻定盆地的考古学文化关系密切。

丁组：以管流爵、素面大平底盆等器物为代表，本组器物数量极少，当与二里头文化二里头类型关系密切。

戊组：以盂形豆为代表，此类器物与太行山东麓的下七垣文化诸类型关系密切。

另外，本类型较为特殊之处在于，陶鼎的数量较多，形态多样，与周邻差异明显。

12. 二里头文化时期尹村类型

本类型目前仅见于滹沱河上游的忻定盆地，年代约相当于二里头文化二期至四期，陶器群大体可分为如下几组：

甲组：以高领正装双錾鬲、敛口罐形鼎、方足鼎、联裆鬲、敞口高领斝、单把敞口斝、高领壶、镂孔豆、篮纹浅腹盆、高领折肩罐等器物为基本组合。此组器物为本地数量最多，最具特点的器物，当是尹村类型最主要的器物群。

乙组：以单把鬲为代表，有一定数量，应与许坦类型关系密切。

丙组：以蛇纹鬲、双耳罐等器物为代表，此组器物当与朱开沟文化或夏家店下层文化有关系。

丁组：以高领鬲、敛口五花大绑式斝、三足蛋形瓮为代表，数量较多，此类器物出现时间较早，晚期数量锐减。此组器物与白燕文化关系密切。

戊组：以旋断绳纹盆、大平底盆、肩部拍印雷纹的鼓腹盆、折棱细柄豆、碗形豆、圈足蛋形瓮、平口瓮等器物为基本组合。此组器物数量众多，应与太行山东麓的下七垣文化各类型有密切的关系。

己组：以鸭形壶、管流爵、圈足盘等器物为代表，数量极少，但器形极有特点，当与二里头文化二里头类型有较为密切的关系。

二、早商时期

早商时期大体可分为二里冈下层文化与二里冈上层文化两个阶段。

二里冈下层文化时期，考古学文化类型较二里头时期明显减少，大体而言有二里冈下层文化；早商文化东下冯类型、白燕类型；早商时期尹村遗存；大坨头文化塔照类型、雪山类型以及夏家店下层文化壶流河类型（图5-35）。

二里冈上层文化时期，考古学文化的分布格局与二里冈下层文化大体接近，大体包括二里冈上层文化；早商文化东下冯类型、白燕类型；大坨头文化塔照类型、雪山类型以及夏家店文化壶流河类型（图5-37）。

1. 二里冈下层文化

1980年代，邹衡先生曾论及二里冈文化的分布区域"大体包括了河南全省、山东省大部、安徽省的西部、河北省的邢台地区和邯郸地区、山西省的西南部和东南部以及陕西省

图 5 - 35　二里冈下层文化时期考古学文化分布示意图

(A 区:二里冈下层文化;B 区:大坨头文化塔照类型;C 区:大坨头文化雪山类型;D 区:夏家店下层文化壶流河类型;
E 区:早商文化东下冯类型;F 区:早商文化白燕类型;G 区:早商时期尹村遗存)

的东部和南部"①,但邹先生并未对二里冈下层文化的分布范围单独进行讨论。刘绪曾对二里冈下层的分布范围进行过研究,他认为在太行山东麓,二里冈下层文化在河北省中南部。② 从目前的情况看,二里冈下层文化在冀州之域内的分布北界大致在今邢台市一带(图 5 - 36),邢台以北至易水流域大坨头文化塔照类型的分布区域之间目前未见二里冈下层文化的迹象,也未见同时期的其他考古学文化。近来,虽有学者提出二里冈文化琉璃阁或曹演庄类型的提法,但前文已经对其进行了讨论,这种划分方式意义并不大,理由也不充分。

　　对于二里冈下层文化,前人研究甚为充分,其中的文化因素分析,可以王立新的研究为代表③,本文并无反对意见。王立新将二里冈下层文化的陶器器物群分为五组。

①　邹衡:《试论夏文化》,第 114 页,《夏商周考古学论文集》,科学出版社,2001 年。
②　刘绪:《商文化的纵横考察》,《中国考古学六讲系列·夏商周考古》,山西人民出版社(太原),2021 年。
③　王立新:《早商文化研究》,高等教育出版社(北京),1998 年。以下王立新观点如不另行注出,皆出于此书。

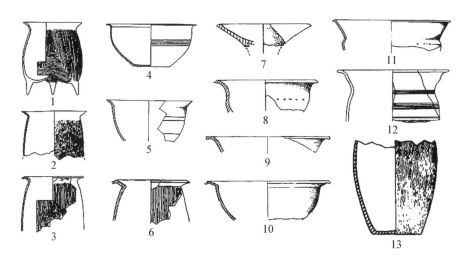

图 5-36 冀南地区二里冈下层文化时期的部分器物

甲组：来源于下七垣文化漳河与辉卫型。

乙组：来源于二里头文化二里头类型。

丙组：属于下七垣文化与二里头文化二里头类型共同的地域性因素。

丁组：属于新创新的器类。

戊组：受周边岳石文化与二里头文化东下冯类型影响而来的因素。

就冀州之域内的二里冈文化而言，这一态势并未有差异。就各组考古学文化的比例而言，以甲组数量最多，丙组次之，其他各组数量皆较少。

2. 早商文化东下冯类型

邹衡先生曾将二里冈时期的晋西南地区划归入二里冈类型，但从考古学文化面貌来看，将其从二里冈文化二里冈类型中划出更为妥当[①]。从现有材料看，早商文化东下冯类型主要分布于原二里头文化东下冯类型所在区域，东南方空间拓展，包含了原二里头文化豫北类型的垣曲盆地，西南以黄河为界，北不逾霍山。对于东下冯类型的文化因素，王立新已有较完善的研究，本文不再重复。

3. 早商文化白燕类型

晋中地区早商时期的考古学文化与二里头文化时期的文化并非同一支考古学文化，而是在商文化的强烈影响下形成的一支商文化的地方类型。这一类型大约自二里冈下层时期延续至二里冈上层文化二期前后，其分布区域大体在晋中盆地南部，但太原盆地尚未发现同时期的遗存。

---

① 岳连建：《商代边远地区二里冈期文化分析》，《考古与文物》1993 年第 4 期。

图 5-37　二里冈上层时期考古学文化分布示意图

(A 区:二里冈上层文化;B 区:早商文化台西类型;C 区:大坨头文化塔照类型;D 区:大坨头文化雪山类型;
E 区:早商文化东下冯类型;F 区:早商文化白燕类型;G 区:夏家店下层文化壶流河类型)

从文化因素角度分析,该类型的陶器群大体可以分为三组:

甲组:受二里冈文化与白燕文化共同影响,新产生的器类,此类器物包括通体滚压绳纹的高领鬲、中间型筒腹鬲、通体滚压绳纹的有箅托甗、翻缘鼓腹盆、喇口壶、小口细颈瓮、折肩小口瓮、深腹细柄豆。此组器物数量极多,当是本类型的主体。

乙组:直接沿袭自二里头文化时期的白燕文化。该组器物数量种类较少,以三足蛋形瓮、管流爵为代表。

丙组:来自二里冈文化的遗存。该组器物数量较多,以镂孔粗柄豆、直腹簋、商式翻缘矮领鬲、斝式鬲、假腹豆、翻缘深腹盆等器物为主。

4. 早商文化尹村类型

忻定盆地中二里冈时期遗存较为零散。在二里冈下层时期可暂称为尹村类型,但到二里冈上层时期却不太明确。从文化面貌看,尹村墓葬中的陶器与二里冈文化并无二致;而唐昌遗址早商时期遗存面貌则较复杂,可能与大坨头文化有一定亲缘关系,但该文化如何传入忻定盆地尚不清楚。从现有材料推测,忻定盆地在早商时期的考古学文化当与早商文化白燕类型有相通之处,也与太行山以东地区的大坨头文化有交流,可能为商文化与土著遗存及其他传入因素共同影响形成的。但由于材料稀少,且忻定盆地同时期缺乏系统工作,总体面貌目前尚不清晰,是否可以独立为一支考古学文化或类型,还是属于其他考古学文化的分布范围,有待于材料的进一步丰富。

5. 二里冈上层文化

二里冈上层文化面貌清晰,伴随着它的极度扩张,在二里冈上层时期对冀州之域产生了极为重要的影响[1]。从分布地域讲,较二里冈下层文化扩大较多,在二里冈下层阶段资料稀少或文化面貌尚不清楚的晋东南及邢台以北至滹沱河以南地区,已经是二里冈上层文化较为清晰的分布区域。

对于二里冈上层文化的文化因素,王立新已经有较好的分析,本书从之。

6. 早商文化台西类型

台西类型出现于二里冈上层文化时期,延续到殷墟一期时。分布区域南界大体为滹沱河,北界大体在易水一线。王立新认为这一类型的北界已经达到张家口一带,但本文认为,易水以北至张北地区不是台西类型的分布区域。不可否认,在这一时期商文化曾经进入张北与燕山南麓地区,但当地文化面貌与晋中地区不同,张北及燕山南麓地区虽有商文化的因素,但并未因此而改变了当地文化的主体面貌,华北平原北缘与张北地区的土著文化虽可能被中断,但上述地区并不能因为二里冈上层文化的存在而被视为属于二里冈上层文化的分布区。因此,本文以为,台西类型的北界不会越过永定河。

对于台西类型的文化面貌,王立新已有较好的分析,本文从之。

三、富位三期与李大人庄类遗存

在二里冈上层文化时期以后,二里冈上层文化从易水以北地区全面退出。但是由于该文化扩张至张家口地区与华北平原北缘地区,导致了夏家店下层文化壶流河类型与大坨头文化发展中断。

在二里冈上层文化退出后,原大坨头文化塔照类型与壶流河类型的分布区域中分别形成了以富位三期与李大人庄类型为代表的考古学文化遗存(图5-38)。这一时期,在忻定盆地和南流黄河两岸可能也出现了新的考古学文化类型。

---

① 刘绪:《商文化在北方的进退》,《周边与中心:殷墟时期安阳及安阳以外地区的考古发现与研究学术研讨会论文集》,第201-210页,南港(台北),2006年。

图 5 - 38　殷墟一期以前部分考古学文化遗存分布示意图

(A 区：富位三期类遗存;B 区：李大人庄类遗存)

1. 富位三期类遗存

富位三期类遗存是大坨头文化消亡后,本地土著文化受商文化影响形成的一支独立的考古学文化遗存。虽然器形反映出部分商文化因素,但更多体现的是本地因素与大坨头文化塔照类型的遗韵。该类型的主要分布地区位于唐河以北拒马河以南的地区,存续时间大约是在二里冈上层二期至殷墟一期阶段。

从考古学文化因素角度观察,该遗存的陶器群大体可分为如下两组:

甲组:以高领宽沿鬲、罐形鬲、独孔甑、敞口深腹盆、折肩罐、大口罐、大口瓮、鼓肩瓮等为基本组合。本组器物数量最多,明显可以看出与大坨头文化塔照类型的渊源关系,但又有较为明确的商文化影响痕迹。当是受商文化影响形成的新组合。

乙组:以方唇翻缘鬲、假腹豆等为基本组合,本组器物是商文化的基本器物,但数量有限。

2. 李大人庄类遗存

李大人庄类遗存是夏家店下层文化壶流河类型消亡后,在冀西北地区新出现的一支考古学文化遗存。该类型存留时间较短,大体出现在二里冈上层二期(即白家庄阶段),在殷墟一期前,该类型就已经消失,其分布区域主要在桑干河以北的洋河流域。

从文化因素角度观察,该类型的陶器群大体可分为如下四组:

甲组:以无实足根的深袋足鬲、矮领直口圆腹罐、大口瓮、直口蛋形瓮等为基本组合。本组数量最多,也最具地方特色,应是本类型的主体组成部分。

乙组:以方唇翻缘鬲、假腹豆、直腹簋等为基本组合,本组器物是商文化的基本器物,但数量有限。

丙组:以折腹盆为代表,数量甚少,当是夏家店下层文化壶流河类型的遗留器物。

丁组:以绳纹浅腹盆、甗等器物为代表,数量不多,应是来自大坨头文化。

除富位三期遗存和李大人庄类型之外,在这一时期,其他一些地区可能也出现了一些新的考古学文化类型。

在滹沱河中游地区,类似刘沟一类的遗存在这一时期有可能已经开始形成,其南界很可能已经到达太原盆地的北缘静乐、阳曲一带。

在南流黄河两岸,因为离石后石墓葬的发现,说明这一时期有可能也有新的地方考古学文化出现,很可能就是李家崖文化最早阶段的遗存。

四、晚商时期

晚商时期,考古学文化种类明显少于早商时期,依前文分析,大体而言冀州之域内有殷墟文化;晚商文化台西类型;围坊三期文化塔照类型、围坊类型;晋中与晋南地区的杏花类型以及李家崖文化(图5-39)。

以下对其中的部分考古学文化简要述之。

1. 殷墟文化

殷墟文化的分布区域南界大体在黄河以北,北界约在唐河以南,东部很可能到古黄河东岸的沧州一带,西界应达运城、临汾盆地东缘。晚商时期晋东南长治盆地内的考古学文化面貌与殷墟实际并无太大差异,应属于殷墟文化的分布范围区域内。对于殷墟文化的文化研究,前人论述已经十分充分,本文不再赘述。

需要特别说明的是,殷墟文化在北方的分布,在唐河以北与围坊三期文化塔照类型有犬牙交错的态势。商人的实际控制线当在唐河一线,其聚落在滹沱河流域分布密集[①]。但在古黄河西岸,有部分商人的聚落沿河岸线向北分布至白洋淀以北,甚至溯易水西进至涞水、易县一带,都有零星的聚落出现。

---

① 常怀颖:《略论晚商殷墟北部邻境地区的铜容器墓》,《考古》2021年第10期。

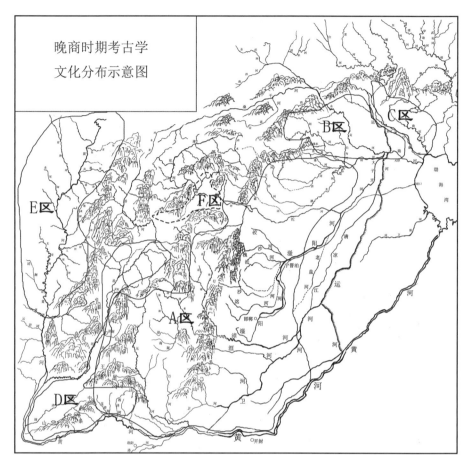

图 5 - 39　晚商时期冀州之域内各考古学文化分布示意图

A 区：殷墟文化　B 区：围坊三期文化塔照类型　C 区：围坊三期文化围坊类型
D 区：杏花类型　E 区：李家崖文化　F 区：刘沟类遗存(?)

　　在太行山以南至关中地区的交通线上,晚商时期也仍为商人控制,甚至于洛阳以西的灵宝、潼关一线也存在多个据点,可能类似甲骨文和金文记载的"师""奠""行"等为名的地方管理机构或军事据点、驿所。① 但这些地区是否晚商殷墟文化的分布范围尚无法确定。

2. 晚商文化台西类型

　　晚商文化台西类型的分布区域大体与早商文化台西类型相当,但其东界已经到达孟村一带,似较早商时期有所扩大。该类型延续年代基本贯穿了整个晚商时期,但殷墟四期的遗存明显较二、三期为少。从文化因素来看,可将该类型的陶器群分为三组。

　　甲组：以翻缘商式鬲、敞口簋、瓿、深腹盆、假腹豆、真腹豆等为基本组合,这一组合与殷墟文化器形相近,应是来自晚商殷墟文化。

---

　　①　常怀颖：《略谈晚商太行山南麓及临近地区的铜器墓》,《中原文物》2019 年第 4 期。

乙组：以无明显实足根的颈花边鬲、双耳鬲、单耳鬲、鼓腹簋、多孔甑等为基本组合，这一组合与围坊三期文化塔照类型有密切关系，应来源于后者。

3. 围坊三期文化塔照类型

本类型分布于北易水以北，潮白河以西地区，年代大体与殷墟文化相同，自殷墟二期至四期。从文化因素角度分析，可将该类型分为如下五组。

甲组：以无明显实足根颈花边鬲、敛口深腹瓮等为基本组合。本组器物在本类型中最为常见，应是本类型区别于其他文化类型的特质因素。

乙组：以罐形鬲、瓮形鬲、折肩鬲、独孔甑、无箅托甗、深腹盆、大口折肩瓮等为基本器物组合，本组器物数量较多，当来源于大坨头文化。

丙组：以假腹豆、折沿鼓腹鬲等为基本组合，数量极少，本组器物当与殷墟商文化有一定关系。

丁组：以高领深袋足无实足根鬲等为基本组合，数量较少，此组器物应来自围坊三期文化围坊类型。

4. 围坊三期文化围坊类型

围坊三期文化围坊类型出现年代略晚于塔照类型，年代约相当于殷墟三、四期，分布区域集中在潮白河以东。从文化因素角度而言，大体可将其陶器群分为如下三组。

甲组：以高领深袋足无实足根鬲、敛口深腹瓮、无箅托甗、折沿瓮为代表，数量最多，应是本类型区别于其他考古学文化的特质性遗存。

乙组：以罐形鬲、瓮形鬲、折肩鬲、独孔甑、无箅托甗、深腹盆、大口折肩瓮等为基本器物组合，本组器物数量极少，当来源于大坨头文化。

丙组：以单耳、双耳鬲、无明显实足根颈花边鬲、敛口深腹瓮等为基本组合。本组器物有一定数量，应来源于围坊三期文化塔照类型。

5. 杏花类型

此类型目前发现甚少，但若将发现的零星地点串联，最北部可以杏花墓地为代表，中部可以灵石旌介墓地、浮山桥北墓地为代表，东南为闻喜酒务头墓地，南端可以垣曲商城及古城东关等遗址的晚商时期遗存为代表似乎包括了晋中盆地南部、晋西南地区。该类型年代贯穿整个晚商时期，年代上限是否可早至殷墟一期目前尚无坚实证据。

以考古学文化因素分析可将该类型的考古学文化分为三组。

甲组：以高领浅腹鬲、单把鬲、筒腹鬲、折肩鬲、直口圆腹罐、红陶盂形簋、蛋形瓮等器物为基本组合。本组器物数量不见或罕见于其他类型。当是本类型区别于其他考古学文化的特质性遗存。

乙组：以高领深腹鬲、斜直腹深腹盆、大口罐等器物为基本组合，当是源自早商文化白燕类型的器物。本组器物在本类型中有一定数量。

丙组:以折沿鼓腹鬲、假腹豆、真腹粗柄豆、小口瓮、陶爵等器物为基本组合,这些器物明显与殷墟文化有密切关系。

6. 李家崖文化

李家崖文化分布于南流黄河中部两岸,北界似乎在今保德、府谷—神木一线,能否北达偏关、河曲一带尚不得而知。曹大志发现,李家崖文化的东南分界可达晋中盆地南端的洪洞一带,最南端可能在吕梁山南端的昕水河流域。从年代看,李家崖文化出现于殷墟一期,上限可能早至二里冈上层退出晋中盆地前后,下限可能在商周之际。从文化因素角度看,可将其陶器群分为如下几组。

甲组:以高领颈花边锥足鬲、唇花边平底实足根鬲、肩部饰三角划纹的高领凸肩鬲、双鋬无实足根深袋足甗、空三足蛋形瓮、小口折肩瓮、弧形器盖等为基本组合,此类器物不见或少见于其他类型,当是该文化区别于其他考古学文化的特质性遗存。

乙组:以侈口折沿高领鬲、瘪裆鬲、小口瓮、盂形簋等器物为代表,但数量甚少,此组器物与晋中晋南晚商时期的杏花类遗存有一定关系。

丙组:以三角划纹圈足簋为代表,本组器物应与商文化有一定的关系。

7. 刘沟类遗存(?)

晚商时期在忻定盆地可能还存在一支考古学文化,以忻州刘沟、阳曲东青善[①]为代表。此类遗存以带花边的肥袋足鬲为代表,与李家崖文化、围坊三期文化塔照类型都有一些相似,也可能与后二者存在较密切的交流关系,甚至不排除属于围坊三期文化的可能。由于材料尚未公布,所以暂无法确认。

五、各考古学文化的格局变迁与互动关系

由前文的梳理与研究,可以对夏商时期冀州之域内的各考古学文化相互串联,将其放在夏商编年的时空坐标网络之上(表5-2)。在这一编年谱系坐标网内,通过各考古学文化中的文化因素差异及出现时间,可以考察各考古学文化的格局变迁与互动关系。

1. 二里头文化时期

在二里头文化一期,冀州之域内性质确定的考古学文化仅有二里头文化东下冯类型一支。在冀南地区的槐树屯类遗存、冀中北部的哑叭庄 H54 类遗存,永定河以北的雪山 H66 类遗存以及晋中的峪道河 H1 类遗存,应当属于冀州之域内龙山时期向二里头文化时期的过渡类遗存,我将在下一节对其进行讨论。

二里头文化二期至四期以前,冀州之域内各考古学文化间大体存在四个较大的文化

---

① 张崇宁:《东青善遗址》,《2009 年山西基本建设考古新发现》,山西省考古研究所内部资料,2009 年。

系统——二里头文化系统的两支考古学文化(豫北类型与东下冯类型),分布于黄河以北的豫北和晋西南运城盆地;在拒马河—永定河以北,是大坨头文化的分布区域;下七垣文化体系的两支考古学文化(漳河类型、下岳各庄类型)分布于漳河以北,拒马河以南的太行山东麓;太行山西麓的晋中盆地为中心是白燕文化系统。许坦类型、尹村类型以及小神类遗存在自身地方特色之外,表现出与太行山以东下七垣文化有较强烈的亲缘关系。在壶流河的山间小盆地间,夏家店下层文化壶流河类型偏安一隅。

在漳河以南,二里头文化豫北类型受到来自南方的二里头文化二里头类型与北方的漳河型影响,但整体文化面貌更接近二里头文化。在漳河以北,漳河型与下岳各庄类型相互影响,总体趋势是邻近的区域两类型相互间的影响更大,而漳河型接受下岳各庄型的影响较小,漳河型对下岳各庄类型的影响较大。下岳各庄类型中最具代表性的高领鬲,在相当于二里头三期偏晚阶段方出现在冀中南与冀南地区,也从侧面说明下岳各庄类型对其南方的考古学文化影响较小。

在易水以北,二里头一、二期时的考古学文化面貌尚不清楚,到二里头文化三期时,在拒马河以北出现了大坨头文化雪山类型遗存,此类遗存中有零星下岳各庄类型影响的迹象。在唐河北岸至易水之间零星出现的折肩鬲与筒腹鬲,说明大坨头文化雪山类型分布区的南界当不会超出这个范围。与此同时,雪山类型也在影响着下岳各庄类型。雪山类型中较有代表性的鼓腹素面鬲在相当于二里头文化三期阶段也见于古白洋淀周边地区的遗址。说明该类型在下岳各庄类型分布区的边缘地带也有分布,暗示该类型分布区的东南端可能沿古黄河与白洋淀周边有零星据点。在壶流河流域,二里头文化三期时新出现了夏家店文化壶流河类型。现有材料看,壶流河类型对其他考古学文化影响不大。

在太行山西麓,晋东南长治盆地出现了小神类遗存。晋西南地区的运城盆地是东下冯类型的分布范围。在晋中盆地、太原盆地及忻定盆地分别出现了白燕文化、许坦类型与尹村类型三支文化面貌有较大共性的考古学文化类型,其中的文化中心应当是白燕文化。这一时期的南流黄河两岸文化面貌如何目前却并不清楚。从文化间的相互关系来看,东下冯类型深受二里头文化的影响,白燕文化与东下冯类型相互间有影响,但影响的施于方与授予方以目前的材料尚难确定。许坦类型、尹村类型与白燕文化间相互皆有影响。但明显白燕文化的影响力更大,许坦类型对其他类型的影响较小。尹村类型、白燕文化与下七垣文化各类型间的相互联系十分明显,不少器类与陶器风格互见于太行山两麓。但许坦类型中的典型器物却少见于太行山以东。小神类遗存既有较为清晰的下七垣文化下岳各庄与漳河类型的面貌,又有很强烈的晋中与晋西南地区的特点风格,体现出文化交流中介的形态。同时也提示研究者,忻定盆地和上党盆地是各方文化的交流互动通道。而豫北零星的高领鬲暗示晋中、晋东南的文化已影响至太行山以东。

二里头文化四期时,其他地区的总体文化格局差别与四期以前并不大。唯独在豫北,下七垣文化向南强烈扩张,二里头文化豫北类型收缩至沁河以西,沁河以东区域转变成了下七垣文化辉卫型。二里头文化与下七垣文化此消彼长,显示出二里头文化末期文化格局的大转折。

2. 二里冈下层时期

这一时期，考古学文化格局版图发生了很大变化。豫北到冀中南部邯郸与邢台泜河以南地区一线，已是二里冈下层文化的分布范围。在泜河以北至易水之间的冀中地区，却似乎没有任何考古学文化的迹象，这一地区或是现有考古材料尚不充分，或是本地在这一时期随着下七垣文化的南下而成为文化真空，或是本地下七垣文化延续至此时。孰是孰非，尚待材料验证。但本地考古学文化遗存的缺失本身即是值得重视的事情。

在北易水以北，大坨头文化雪山类型以永定河为界，分化成为了塔照与雪山两个近似，但又有分别的文化类型。两类型相互间皆有影响，又同时开始受到来自夏家店下层文化壶流河类型的影响，且似乎靠北部的雪山类型受到的壶流河类型影响较清晰。壶流河类型中似乎未看到雪山类型的痕迹，二者的关系并不对等。

在太行山以西，晋东南地区材料缺乏，与冀中地区一样，仅零星发现了二里冈下层文化的痕迹，因此很难判断当地的文化属性。在晋西南，二里头文化东下冯类型在二里冈下层文化影响下转变成为早商文化东下冯类型。早商文化东下冯类型的分布范围相较于二里头文化时期向东扩张，分布区已涵盖了垣曲盆地。在东下冯类型中，可以看到与二里头文化东下冯类型十分明显的传承关系。晋中地区已有比较明确的二里冈下层文化遗存，白燕文化在二里冈下层文化的影响下演变成为了早商文化白燕类型。与同时期东下冯类型一样，也能看到本地文化的明确传承关系。

还需说明的是，在二里冈上层文化进入晋中以前，以光社、唐昌为代表的遗存，皆显示了华北平原北缘地区各考古学文化与太行山以西是有往来的。

在忻定盆地中，二里冈下层时期材料零星，但可以确定的是，二里冈下层文化已经进入了该地区。同时期的太原盆地没有确切材料，但从其南部的晋西南与北部的忻定盆地皆有二里冈下层文化的影响来看，商文化在二里冈下层阶段进入太原盆地当是情理之中之事。同时，忻定盆地发现二里冈下层文化遗存，暗示通过滹沱河谷，商文化当可在冀中地区出现，未来的考古工作可能证实这一推论。

南流黄河两岸这一时期的考古学文化仍然不明。

3. 二里冈上层时期

二里冈上层文化时期，是一个极为特殊的阶段。二里冈上层文化向北方以迅猛的势头扩张，使得冀州之域内的考古学文化版图产生巨变。

在豫北、冀南、冀中南部滹沱河以南地区与晋东南，已成为二里冈上层文化的直接控制范围。在二里冈下层文化时期还是文化空白地区的冀中北部地区，在二里冈上层文化的强烈影响下产生了早商文化台西类型。二里冈上层文化闯入燕山南麓与壶流河盆地，与大坨头文化、壶流河类型共存一时，随即也中断了大坨头文化与壶流河类型。

在太行山以西，二里冈上层文化使晋西南的东下冯类型中旧有的本地文化因素显得更加式微。晋中地区在二里冈上层文化的影响下,早商文化白燕类型进一步向商文化靠拢,文化面貌的"商味儿"愈发浓厚。

在忻定盆地,这一时期目前没有确定的材料证明二里冈上层文化占领该地,但零星发现的二里冈上层文化遗存说明该文化至少在这一时期已进入当地,但由于也未发现其他强势且有影响力的遗存,因此也不能说明本地有强大或面貌突出的其他考古学文化存在。

在南流黄河两岸,目前尚无系统材料。但在吕梁山西麓的离石地区,有零星材料显示,似乎早商文化白燕类型对该地有影响。离石后石墓葬的发现说明,在二里冈上层文化和北方更远区域其他青铜文化的交流激荡中,晋西山地和黄河西岸的陕北东部地区,有不同的人群存在,可能开始孕育着新的考古学文化。

二里冈上层文化的强势还表现在,冀州之域内的北方各地都能见到二里冈上层文化的身影,但其他各考古学文化却几乎未能将日常使用的陶器向南传播,影响商文化的腹地。在郑州商城、小双桥、偃师商城及洹北商城等核心都邑中少见或罕见同时期环太行山的各考古学文化因素。

此外还要说明的一点是,从零星的线索显示,虽然二里冈上层文化强势影响着各地,但各种土著文化因素也在默默沉潜发展并在一定程度上展开交流,相互影响,甚至有可能以目前还不知道的方式或程度在早商王朝的控制之下仍能保持传承。

4. 二里冈上层文化二期至殷墟一期

二里冈上层文化来势汹汹,但它"去也匆匆",急速扩张,也快速收缩。在很短的时间内,这支强势的考古学文化在冀州之域内迅速地收缩,似乎颇有"强不可久持"的味道。

在豫北与冀南地区,商文化全面收缩到易水以南地区。在易水以南滹沱河以北,台西类型仍然存在。在滹沱河以南至黄河以北地区,仍然是早商文化的分布范围,甚至相继在邢台与安阳形成了商文化的地区性中心。

在易水以北,大坨头文化与夏家店下层文化壶流河类型均因二里冈上层文化而被中断。二里冈上层文化退出冀北燕南地区后,大坨头文化遗留在当地的土著文化因素,与商文化遗风结合形成了富位三期类遗存。壶流河类型则被商文化挤出了壶流河盆地,转而北退至桑干河北岸,在其支流洋河流域,与其他北方考古学文化相结合,形成了李大人庄类遗存。富位三期遗存和李大人庄类遗存,似乎只是新生的地方土著遗存,不但二者之间看不出有交流的痕迹,也未发现这两支考古学遗存与商文化或晋中地区白燕类型有交往。

在太行山以西,二里冈上层文化的退出,使得晋西南的东下冯类型中断,该地与二里冈下层文化时期的冀中地区一样,在二里冈上层文化时期以后也未发现有面貌鲜明、分布区域较广的考古学文化,晋西南地区甚至成为了文化空白地带。新近发现的东吴村墓葬暗示,在早商文化东下冯类型消亡后,晋西南地区仍有一些商王朝或商文化的据点,但已开始有自身的地方特色。这种格局影响到了晚商时期的地方经略格局。

在晋中地区,商文化白燕类型商味骤减,土著文化因素再次抬头,开始走向一个新的阶段。

零星的线索显示,这一时期,李家崖文化在南流黄河两岸开始形成,其文化来源,很可能被二里冈上层文化扩张后，被挤出晋中盆地的白燕类型结合晋西土著文化，再受到二里冈和北方其他青铜文化影响。它的形成过程很可能是与富位三期遗存、李大人庄遗存相近。同时期，忻定、太原盆地的考古学文化格局目前还不明朗。

虽然二里冈上层文化在不断退缩，但似乎在这一时期，各地的土著文化也并未借机大举扩张，尾随二里冈上层文化南下。

5. 殷墟文化时期

在殷墟时期，冀州之域的南端，出现了一个庞大的处于当时远东地区考古学文化经济、政治与文化金字塔顶端的"天邑商"——殷墟。但是，这一庞大的集权与经济中心，对冀州之域内的影响力却相当有限。

在冀南与冀中南部，殷墟文化的直接控制范围跨越滹沱河。滹沱河两岸地区，同时期的遗址分布密集，但陶器群器类较少，有些微地方特色，但"商味"浓厚，应该属于殷墟文化的次生地域形态。在易水以北，新生出了围坊三期文化，这支考古学文化以潮白河为界，潮白河以西为塔照类型，以东则为围坊类型。从出现的时间早晚来看，西早东晚。这一出现时间体现出的考古学格局与态势变迁暗示，这支考古学文化当与因二里冈上层文化进入退出的大坨头文化的人群回归有一定关系。既往这支考古学文化的遗存的特征不明，也缺少墓葬材料验证。2021 年在涞水张家洼遗址发现该文化殷墟二期前后的墓葬说明①，这支考古学文化仍是农业人群，墓葬随葬陶器与居址发现的陶器有相同肩部剔刻装饰风格（图 5－40）。围坊三期文化在太行山东麓地区对晚商文化台西类型影响较小，甚至于在冀中与冀南地区看不到它的踪迹。在白洋淀西侧的遗址中仅能看到零星线索。而在太行山西麓，围坊三期文化的影响力似乎更大。刘沟、东青善遗址的文化面貌与围坊三期文化有甚多相似性，甚至不排除同属一支考古学文化，而仅存在地区差别。而杏花类遗存中的单把鬲，不排除亦与围坊三期有亲缘关系。

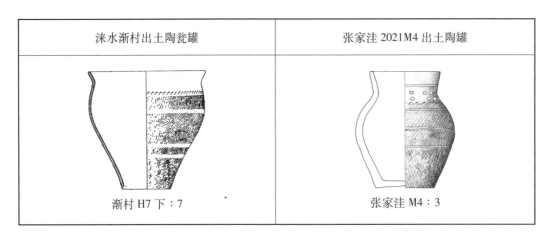

涞水渐村出土陶瓮罐	张家洼 2021M4 出土陶罐
渐村 H7 下：7	张家洼 M4：3

图 5－40　围坊三期塔照类型居址与墓葬陶器肩部装饰

---

① 资料现存中国社会科学院考古研究所。

在太行山以西,殷墟文化所能直接控制的,仅有晋东南的长治盆地。在晋西南与晋中地区,考古学文化的地区土著性甚为突出,但也能明显看出殷墟文化对本地虽然有限但十分清晰的影响。新发现的刘沟遗址以装饰花边的肥袋足鬲最具特色,这样的文化特征与同时期晋陕高原的李家崖文化、太行山以东的围坊三期文化塔照类型有较强的共性,很可能与这两支考古学文化都有密切的联系。

在南流黄河两岸,新形成了一支新的考古学文化——李家崖文化。这支文化相当强势,虽然陶器群对南方影响力有限,但其发达的铜器群所反映出的文化水平高度是相当惊人的。

新发现的东青善遗址,甚至暗示了李家崖文化沿芦芽山、云中山经静乐、阳曲进入忻定盆地的可能,也暗示晚商时期晋陕高原与太行山两麓可能有东西向交流。

十分有趣的是,殷墟文化对其他地区的影响,不但在铜器、玉石器、丧葬制度、经济交往等方式中得以体现,更在最为普通常见的陶器群中有所反映。而其他地区则没有这样反向影响力。殷墟遗址作为都城,有强大的吸引力,古冀州之域各考古学文化大部分都能在殷墟找到它们的踪影[1],但在殷墟以外,各考古学的影响则多在其分布区的邻境地带,而很少能跨区域传播。

既往我曾经依传统认识,认为围坊三期文化尤其是围坊三期文化塔照类型的西界,止于太行山东麓山前。但太行山以西零星基建考古的新发现暗示,似乎问题并非这样简单。围坊三期文化塔照类型最具特色的代表性器物,是各类装饰有花边或附加堆纹的肥袋足鬲和高领花边堆纹鬲。刘绪先生曾指出"高领花边堆纹鬲是北方长城沿线此时颇流行的器物"[2],如果说高领花边堆纹鬲是广大区域的文化共性,新近在太行山西麓的忻定盆地忻州刘沟[3]、太原盆地边缘的阳曲东青善、静乐丰润遗址[4],都不约而同地发现了与塔照类型相似的装饰有花边的肥袋足鬲和高领花边堆纹鬲,则明确显示了太行山北段东西麓晚商时期的文化共性,较之既往预估要更强。从器型看,太行山西麓忻州、阳曲、静乐地区发现的花边肥袋足鬲与高领鬲,形态与南流黄河两岸的李家崖文化的肥袋足鬲、高领鬲形态有别,更接近太行山东麓地区的塔照类型同类器物(图5-41)。

从地理空间角度来说,太行山东麓的阜平至涞水一线,有若干山间通道可达太行山西麓的五台到灵丘之间,华北平原北缘地区与滹沱河上游的忻定盆地交通并不困难。而在太行山以西,自古以来,阳曲就为忻州通往太原的必经之路,静乐盆地则是忻州通往吕梁山的交通要冲。通过这些交通孔道,围坊三期文化人群穿行太行东西,直至吕梁山东麓,并非不可能。

这一路线,也应是自二里头文化至二里冈上层文化间,大坨头文化雪山类型进入太行山以西晋中、忻定盆地的路线。从这个角度讲,夏至早商时期土著文化的交往为晚商时期的人群互动奠定了坚实的基础。

---

①　常怀颖:《殷墟出土晚商陶器所见之晋陕冀地区诸考古学文化因素》,《文物》2021年第7期。

②　刘绪:《商文化的纵横考察》,《中国考古学六讲系列·夏商周考古》,山西人民出版社(太原),2021年。

③　刘沟遗址采集的资料为2014年参观所见。近年来国家博物馆王力之团队在刘沟遗址的发掘证实,此类遗存当为当地晚商时期的代表性遗存。

④　山西省考古研究所:《2009年山西基本建设考古新发现》,山西省考古研究所内部资料,2009年。

由此观之，二里冈文化退出后，商时期土著文化兴起，太行山北段东麓使用花边肥袋足鬲与高领鬲的塔照类型人群，经山间通道进入忻定盆地，再向南扩展至阳曲甚至晋中地区，向西分布至静乐盆地，与李家崖文化的人群为邻，当非想象。

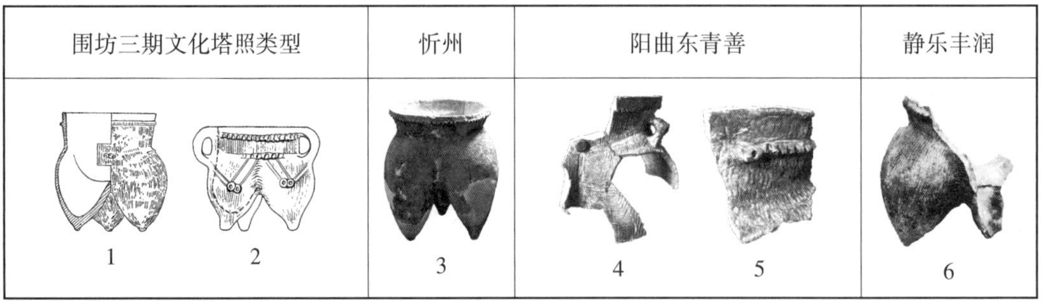

围坊三期文化塔照类型	忻州	阳曲东青善	静乐丰润
1　　2	3	4　　5	6

图 5-41　围坊三期文化塔照类型与太行山以西发现的高领堆纹鬲、花边肥袋足鬲

若我们将晚商时期突然出现的黄金或青铜质的卷云状耳饰分布区放在地图上，会发现其卷云状耳饰的分布区域与花边肥袋足鬲、高领花边堆纹鬲的分布区高度重合。现有材料显示，晚商时期昌平雪山、忻州刘沟皆曾发现金质或青铜质的卷云形耳饰，有的还加装有绿松石珠。这类耳饰，向西可见于晋中盆地腹地的太谷白燕、洪洞上村，吕梁山西麓的石楼桃花者是该器物已知最西的分布点。从分布区的重合看，甚至不排除卷云形耳饰、花边肥袋足鬲、高领花边堆纹鬲这几种器物共为同一人群使用的。由于这些问题涉及晚商时期人群的分布，本书不再展开讨论，留至墓葬和人群问题的讨论时再予详述。①

第三节　冀州之域龙山至夏时期的"过渡期"遗存蠡探

一、"过渡期"界说

以今河南郑洛地区为中心的中原腹地，是中国早期王朝诞生之地，亦是夏商两代王朝建都和统治的核心区域。龙山时代②向二里头时期的过渡阶段是早期中国文明进程中的重要阶段。从这一阶段开始，中国社会由古国林立，逐步转入早期国家阶段。从物质文化的外在表现角度来看，这一阶段各地的考古学文化先后转变。在最具标志意义的中原腹地，首先被关注为龙山向二里头时期过渡阶段的，无疑是中原腹心地区的王湾三期文化与二里头文化之间的"新砦类"遗存③。

"新砦类"遗存一经提出，若考虑期段，分析差异大体有九种之多。学术界的分歧之

---

① 常怀颖：《夏商时期古冀州的考古学研究·经济社会与人群篇》，待刊。
② 严文明：《龙山文化和龙山时代》，《文物》1981年第6期。
③ 张海：《中原核心区文明起源研究》，上海古籍出版社（上海），2021年。

大,研究者之众,足见学术界对于这种遗存的关注①。

对"新砦类"遗存,学术界有三种不同的取向:

一种观点,是将这类过渡遗存上归,统属于龙山晚期王湾三期文化,是王湾三期文化的发展后续形态,并没有独立特性;

一种观点则将过渡类遗存下归,统属于二里头文化的一部分。但持这类观点的学者,对于此类遗存应与二里头文化一期合并成为二里头文化一期的较早阶段,还是单独设立一个早于二里头文化一期的期段有分歧。

第三种观点则倾向于将新砦类遗存独立于王湾三期文化与二里头文化之外,单独成一考古学文化或阶段,以强调其过渡特性。但是学者间具体的"独立"认识有不同,有的将新砦类遗存进行分期,仅独立其中的某一部分;有的则全部独立;有的则将二里头文化一期一并归入新砦类遗存,再统一将其独立划分为一考古学文化;有的则以"新砦现象"称之,强调其特性。无论如何划分或称呼,都是将新砦类遗存独立于龙山文化与二里头文化之外,作为过渡阶段的一种考古学文化或现象加以处理。

从上述归纳可以明显看出,无论上归还是下并,亦或独立,学者们对于中原腹地考古学文化的过渡特征却是一致认可的,分歧只在于如何判定这种带有过渡特征遗存的性质。

在这里需要特别说明的是,近年来有个别学者有对"新砦类遗存"泛化或扩大化的倾向,将众多王湾三期文化、造律台文化偏晚的遗存都被划归入所谓"新砦文化"中②。但这样的扩大化,却无法解释二里头与新砦直接的衔接,以及二里头遗址与洛阳盆地东部二里头文化一期测年结果不符的现象。概念的混乱甚至引起考古学文化空间分布认知的混乱。在2019年召开的二里头遗址发现60周年学术研讨会上,对于巩义以西是否有所谓"新砦文化",由于对相同概念的内涵认识不同,学者间的分歧是尖锐而直接的。这在会议上表现十分突出。

龙山时代,不同地区的考古学文化有着相当程度的"共同特征和相互联系",这些特征和联系,实际上是早期国家形成过程中的大时代背景与社会样态的共性反映。在不同区域早期国家的形成阶段,各地考古学文化都在或多或少或早或晚地发生着过渡与变化。时代洪流中,由龙山时代向早期国家迈进的过程中,各地考古学文化的"过渡"特征,在一定程度上,都会有所体现。

由于中原腹地以外的各地区材料积累、研究深度无法与中原相比,对当地的过渡类遗存或未辨识,或未命名,但在未来的研究中,必然会在各地发现并命名出类似"新砦类遗存"的新考古学文化或类型。

---

① 对于"新砦类"遗存的学术史和基本结论,可参见许宏:《"新砦文化"研究历程述评》,《三代考古(二)》,科学出版社,2006年;常怀颖:《二里头文化一期研究初步》,《早期夏文化与先商文化研究论文集》,科学出版社(北京),2012年。
② 魏继印:《论新砦文化的源流及性质》,《考古学报》2018年第1期;《论新砦文化与王湾三期文化的关系》,《考古学报》2019年第3期。

虽然不同地区的"过渡"现象出现可能并不同时,但大体都处在当地龙山时代末期向相当于中原地区二里头文化时期的阶段。若宽泛些去讲,似乎可以将这种时期统称为各地考古学文化的"过渡期",把处在这个阶段的遗存统称为"过渡期"遗存。

在大时代转折背景下,地处中原腹地以北的今河北、山西乃至陕北地区,也没有超然世外。从已经公布的材料观察,在这一区域也存在龙山向新时代的过渡阶段遗存。以下,我将尝试对位于太行山东麓冀南地区的槐树屯 H1 类遗存;冀中地区哑叭庄 H34 类遗存;燕山南麓雪山 H66 类遗存;太行山西麓忻定盆地游邀 H129 类遗存;晋中盆地峪道河 H1类遗存;南流黄河西北部地区寨峁二期类遗存等六类过渡期遗存略做讨论。

由于这是对中原腹地以外地区过渡时期遗存的宏观探索,加之学力未逮,错漏必存。需要说明的是,对以陶寺和绛县周家庄等遗址为代表的陶寺文化向东下冯类型的过渡过程,我将另文叙之。

二、槐树屯 H1 类遗存

槐树屯 H1 类遗存是指以磁县槐树屯遗址 2006 年所发掘的 H1 为代表的遗存,材料仅披露了一部分[1]。从发掘者的简介可知,除 H1 外,H2、H3 两座灰坑面貌相同。与其面貌相同的遗存,还有磁县白村和永年洺关遗址的 T1、T2、T3②层[2]。洺关遗址发掘者认为遗址各探方②层相同,属于龙山时期,与槐树屯新发现相较,可能也当与后者年代相当。

此类遗存晚于以涧沟遗址[3]为代表冀南地区龙山时期遗存,而早于下七垣遗址[4]第④层下七垣文化漳河型遗存,可以作为冀南地区的过渡类遗存(图 5 - 42)。

此类遗存目前可见的器物有鼎、甗、甑、斝、豆、深腹罐、平口瓮、双腹瓮、尊等器物。

鼎:从鼎腹部观察,有盆形、罐形两种,以后者为绝大多数,足的种类较多。在槐树屯遗址发现陶鼎足部残片五种,一种为素面长条形;第二种为所谓"鬼脸式"扁足,侧视三角状,正中有纵向波浪状泥条,左右两侧各有横向泥条;第三种为带槽长条状;第四种为扁三角状,外侧有手捏半圆形小窝;第五种为凿形,器表滚压细绳纹。五种鼎足中,以扁三角状和凿形亦即长条形为多见。永年洺关仅发现第一种。本地区龙山时期,陶鼎较为常见,但复原器较少。从鼎足残片观察,槐树屯所见者皆可见于该地区龙山时期各遗存。冀南地区二里头文化时期遗存中,陶鼎也较常见,早期以罐形者为主,其足部以侧装扁三角状和"鬼脸式"足最为多见,边缘亦多捏压的小窝或压印的花边。槐树屯 H1 类遗存发现的陶鼎形态较为接近龙山时期(图 5 - 42:5、7)。

甗:数量甚多,皆有箅托,器表腰部多饰有附加堆纹。盆甑部分卷沿,颈部或有附加堆纹,

① 乔登云:《河北磁县几处先商遗址的考古发现与探索》,《早期夏文化与先商文化研究论文集》,科学出版社(北京),2012 年。
② 河北省文物研究所:《河北永年县洺关遗址试掘简报》,《文物春秋》1990 年第 4 期。
③ 北京大学、河北省文物局邯郸考古发掘队:《1957 年邯郸发掘简报》,《考古》1959 年第 10 期;河北省文化局文物工作队:《河北邯郸涧沟村古遗址发掘简报》,《考古》1961 年第 4 期。
④ 河北省文物管理处:《磁县下七垣遗址发掘报告》,《考古学报》1979 年第 2 期。

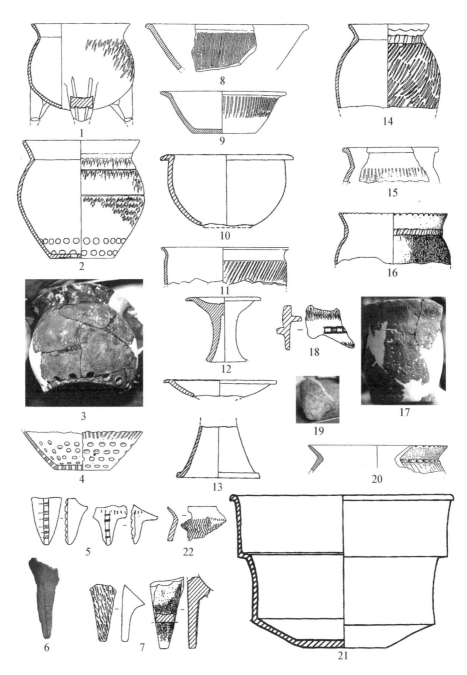

图 5－42 槐树屯 H1 类遗存基本器物组合

1. 鼎 槐树屯 H1：? 2、3. 甑 槐树屯 H1：? 4. 甑 洛关 T1②：19 5、7. 鼎足 槐树屯 H1：?
6、19. 鬲(甗)足 槐树屯 H1：? 8、9. 浅腹盆 洛关 T3②：1、T1②：23 10. 深腹盆 槐树屯 H1：?
11. 大口罐 洛关 T1②：24 12、13. 豆 洛关 T2②：3、槐树屯 H1：? 14、16、17. 罐 槐树屯 H1：?
15、20. 深腹罐 洛关 T3②：18、T3②：16 18. 甗腰 槐树屯 H1：? 21. 双腹瓮 槐树屯 H1：?

器表滚压细密却不甚规整的绳纹。所见甗足有较高的实足根,足根上有纵向捆扎凹槽(图5-42：6、18、19)。本地龙山时期罕见陶甗,二里头文化时期的陶甗与槐树屯陶甗形态相同。

甑：甚为常见,皆罐形,卷沿鼓腹,形体不大,器表多饰篮纹,甑底有分布不规则的圆形孔,在甑腹底相接处,另有一周或数周甑孔(图5-42：2、3、4)。本地龙山时期的陶甑,器物形态与之相同。而在二里头文化时期,这种器物已经不见。

鬶：有一定数量,皆为空袋足,有较矮但不明显的实足根。该类遗存,形态接近本地区龙山时期同类器。而二里头文化时期,此类器物极少。

豆：有一定数量,折沿浅盘,形态与本地二里头文化时期的同类器相近(图5-42：12、13)。冀南地区龙山时期陶豆数量不多,多为敞口卷沿,未见折沿者。从形态看,槐树屯H1类遗存的陶豆与二里头文化时期者更为接近。

罐：种类、数量较多,有的颈部饰有附加堆纹,大部分器表饰绳纹或篮纹。本地区二里头文化时期较早的遗存中,有的有附加堆纹、花边,槐树屯H1类遗存的本器类更接近二里头文化时期。

	鼎　足	甑	豆	甗/鬲足
龙山时期遗存	 1. 下潘汪出土鼎足 T47③：203、 T19②：48、 T38③：228、 T37③：178	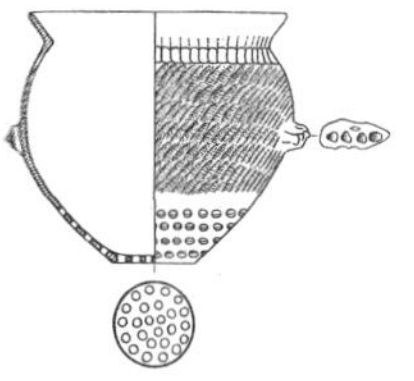 4. 下潘汪 T16r：1	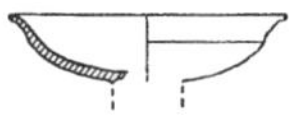 6. 下潘汪 F1：80	
槐树屯H1类遗存	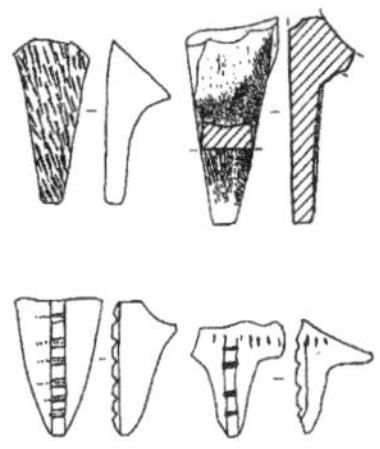 2. 槐树屯 H1 出土者	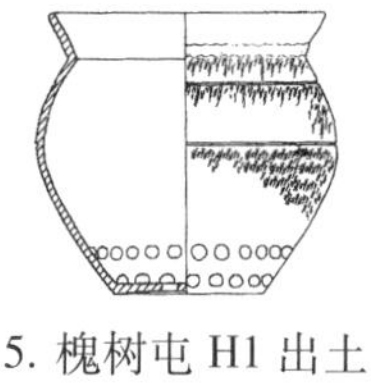 5. 槐树屯 H1 出土	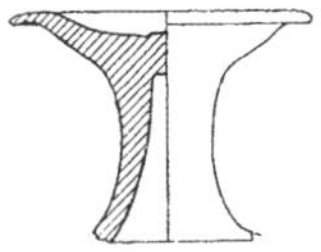 7. 洺关 T1②：19	 9. 槐树屯 H1 出土
二里头文化时期遗存	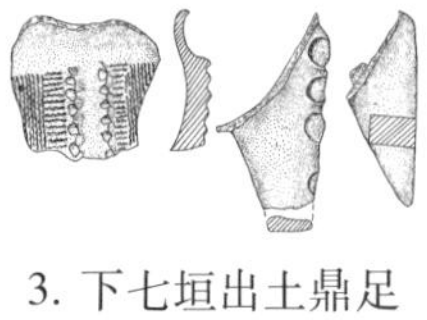 3. 下七垣出土鼎足 T7④：1430、 T25④：1415、 T2④：1416		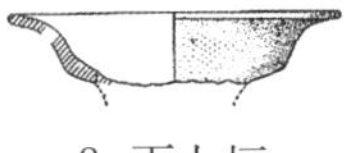 8. 下七垣 T25④：1412	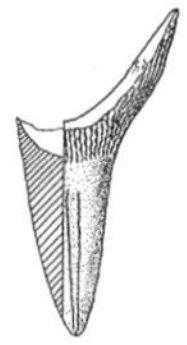 10. 下七垣 T16④：1414

图 5-43　槐树屯 H1 类遗存与本地龙山及二里头文化时期遗存对比

双腹瓮：形似龙山时期的双腹盆，但形体甚大，口径超过 50 厘米，制作甚精，器表磨光处理（图 5-42：21）。

平口瓮：有零星发现，有的肩部拍印雷纹，腹部饰成组旋纹，制作甚精。本地龙山时期未见此类器物，而在二里头文化时期却较为多见。从器形相比，槐树屯类遗存中的平口瓮与二里头文化时期同类器相近。

槐树屯遗址 H1 类遗存目前可以确定的材料较少，除磁县槐树屯、洺关、白村三处遗址外，下潘汪遗址①个别单位可能属于这一阶段。

这一类遗存目前未公布准确的陶系统计数据，但就发掘者所披露、笔者参观所见及洺关遗址零星材料分析可知，过渡期阶段泥质陶比例较大，占 6 成左右，陶器火候不高，陶色不纯，以褐陶为多，红褐色陶和灰褐色陶数量最多，另有一定比例的黑皮红褐陶，但纯灰色陶较少（参表 5-3）。陶器中素面陶和磨光陶的比例高，纹饰中以篮纹为大宗，绳纹为次，另有戳印纹、附加堆纹、旋纹等纹饰。依槐树屯遗址发掘者的统计数据，素面陶和磨光陶在本时期占 54%，篮纹占 26%，绳纹占 14%，附加堆纹占 5%。纹饰的使用与装饰有一定的规律。绳纹与篮纹多装饰在各类炊器与陶盆上。夹砂罐与陶鼎上多见附加堆纹，戳印纹多施加于陶鼎足部及陶盆肩腹部。旋纹多施加在陶盆、陶豆与陶尊之上。陶器磨光则多施于高领罐、折腹盆、长颈壶、豆一类的泥质器物上。戳印纹多施加在泥质盆的腹部或平口瓮的肩腹部。

表 5-3　过渡期前后冀南地区居址典型单位陶系统计表

项目 时段	单位	陶质(%)		陶色(%)			纹饰(%)					
		泥质	夹砂	灰	褐	黑	素面	磨光	绳纹(含旋断)	篮纹	旋纹	附加堆纹	戳压印
龙山末期	下潘汪龙山②	68.4	31.6	87.7	5.6	6.6	66.8		13.8	18	0.1	0.2	
过渡期	槐树屯 H1	60	40	较少	最多	少量	54		14	26	√	5	√
二里头文化时期	下七垣④层	少	多	较少	最多	次之	35.8	45.7	√	√	√		√

槐树屯遗址 H1 类遗存以三足炊器配合大量平底盛器构成器物群的主体。从槐树屯遗址出土遗物观察，本段可能存有陶鬲，但数量少，炊器主要组合为陶鼎和夹砂罐、甗、斝。

从陶系方面观察（表 5-3），槐树屯 H1 类遗存与本地龙山时期更为接近，都以泥质陶为多。从陶色观察，槐树屯 H1 类遗存与本地二里头文化时期最早的遗存下七垣遗址④层更为

---

① 河北省文物管理处：《磁县下潘汪遗址发掘报告》，《考古学报》1975 年第 1 期。
② 冀南地区尚无精确的龙山末期遗存统计数据，暂以下潘汪遗址龙山时期遗存统计数据代表。但需要注意的是，该遗址的龙山时期遗存中不仅仅包括龙山末期遗存，且褐陶没有严格区分红褐、灰褐，故本表将红陶数据暂归入褐陶中。

接近,以灰褐、红褐色陶占绝大多数,纯灰色陶数量极少,而本地龙山时期遗存中纯灰陶的数量较多。从装饰风格看,本地陶器从龙山时期到二里头文化时期素面与磨光陶、篮纹陶逐渐减少,绳纹比例逐渐增加。但槐树屯遗址中篮纹比例较高,可能有一定的偶然。

再从器类组合对比,槐树屯 H1 类遗存与本地下七垣遗存相比较为接近,但又有浓厚的龙山时期风格。从炊器看,本地龙山时期鬲并不发达,但从槐树屯 H1 阶段开始,鬲、甗器物逐渐增多,至二里头文化时期逐渐成为最主要的炊器;而龙山时期发达的分体罐形甗、罐、鼎则逐渐减少。本地龙山时期常见的瘦长鼓腹罐,通过槐树屯 H1 阶段的发展,逐渐发展为二里头文化时期常见的瘦长橄榄形罐,而槐树屯 H1 阶段常见的双腹瓮等则逐渐消失。这些特征都反映出了冀南地区龙山时代向二里头文化过渡的趋势,可以作为当地过渡阶段的遗存代表。但也必须承认,与二里头遗址同类器物相比,槐树屯 H1 类遗存与本地下七垣遗址第④层遗存间仍有缺环。以中原腹地分期阶段为年代标尺,槐树屯 H1 类遗存可能约相当于二里头文化第一期或更早。

三、哑叭庄 H34 类遗存

此类遗存是指以任丘哑叭庄遗址[①] H34 为代表的一组遗存,与之相同的还有同一遗址的 H7、H50 两单位和肃宁后白寺的个别单位。[②] 这类遗存所代表的,是冀中平原东部的同时期遗存。由于以沧州地区为中心的冀中地区东部平原区域,缺乏更多龙山时期考古材料进行对比,因此只能依其他地区过渡期的相关遗存进行讨论。

该类遗存器类较丰富,有鬲、甗、深腹罐、贯耳子母口瓮、大口瓮、圈足盘、簋、贯耳壶等(图 5-44),其中以鬲、甗、深腹罐、子母口瓮及圈足盘、簋六类器物可与其他已知遗存比较。

鬲:复原完整器数量不多,但特征十分突出——其一为鬲腹部折突,袋足甚深;其二则是有明显的实足根(图 5-44:1)。沧州以东为古黄河冲积平原,遗址发现较少,由于田野基础工作原因,龙山时期遗存发现稀少。目前仅可以拒马河流域同一时期遗存做比较。后者陶鬲皆无实足根。沧州东南,古黄河以南豫东鲁西北地区龙山晚期遗存,如夏邑清凉山遗址[③]等出土的鬲、甗下部袋足较深,且多有突出,但共同的特点是皆无实足根。在二里头文化时期,哑叭庄遗址及沧州周边各遗址的同类陶鬲皆有较高的实足根。以此相比,哑叭庄类遗存既有龙山时期的风格,又有二里头文化时期的趋势(图 5-45)。

甗:数量较多,皆无箅托,但皆有不高的实足根,器表饰细绳纹(图 5-44:2、3)。龙山时期,豫东鲁西北地区陶甗器表皆饰方格纹或篮纹,但皆无箅托,且亦有较矮实足根。而二里头文化时期,太行山东、西两麓的陶甗无论有无箅托,皆饰以细绳纹,但绝无饰方格纹与篮纹者,且皆有较高的实足根(图 5-45)。

---

① 河北省文物研究所、沧州地区文物管理所:《河北任丘市哑叭庄遗址发掘报告》,《文物春秋》1992 年增刊。

② 河北省文物考古研究院、河北大学历史学院、肃宁县文物保管所:《河北肃宁县后白寺遗址发掘简报》,《考古》2020 年第 4 期。

③ 北京大学考古学系、商丘地区文管会:《河南夏邑清凉山遗址发掘报告》,《考古学研究》(四),科学出版社(北京),2000 年。

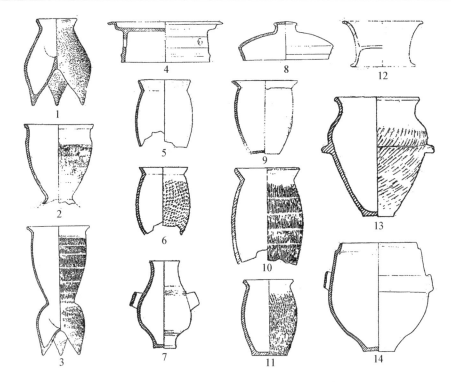

图 5-44　哑叭庄 H34 类遗存基本器物组合

1. 鬲 H50：1　2、3. 甗 H34：104、H34：95　4. 圈足盘 H34：94　5、6、9、10、11. 深腹罐 H34：102、
H34：106、H34：92、H34：102、H34：108　7. 贯耳壶 H34：91　8. 器盖 H34：93　12. 簋 H50：25
13. 大口瓮 H50：2　14. 子母口瓮 H34：101

深腹罐：数量较多，折沿，器表饰以较细的绳纹或旋断绳纹（图 5-44：5、6、9、10、11）。器物形态与二里头文化时期同类器物形态几乎没有差别。龙山时期豫北、鲁西北地区同类罐所饰少有绳纹，而多饰以方格纹及篮纹（图 5-45）。

贯耳子母口瓮：有一定数量（图 5-44：14）。此类器物不见于本地区二里头文化时期的各遗址。在龙山及岳石文化及王湾三期文化造律台类型中十分常见，在中原腹心地带的各过渡期遗存中，也较为常见。哑叭庄 H54 所见者与中原腹心地区新砦类遗存花地嘴遗址 H144 出土的同类器[1]器形几无二致（图 5-45）。

哑叭庄遗址 H34 没有陶系统计数据，但原简报中公布的包括 H34 在内的龙山时期遗存陶系可观其大略。哑叭庄遗址龙山时期遗存以泥质陶数量最多，约占 68%，夹砂陶占25%，另有 7% 的夹蚌陶。陶色中以灰陶为主，此为红褐陶和磨光黑陶，另有极少的白陶。施加纹饰的器物约占 90%，纹饰以绳纹为主，篮纹和方格纹次之，磨光陶数量也不少。此外还有一定数量的旋纹、弦纹、附加堆纹和乳钉纹。

① 郑州市文物考古研究所、北京大学考古文博学院：《河南巩义市花地嘴遗址"新砦期"遗存》，《考古》2005 年第 6 期；顾万发、张松林：《巩县花地嘴遗址发现"新砦期"遗存》，《古代文明研究通讯》2003 年第 18 期；张莉：《从龙山到二里头——以嵩山南北为中心》，北京大学博士学位论文，2012 年。

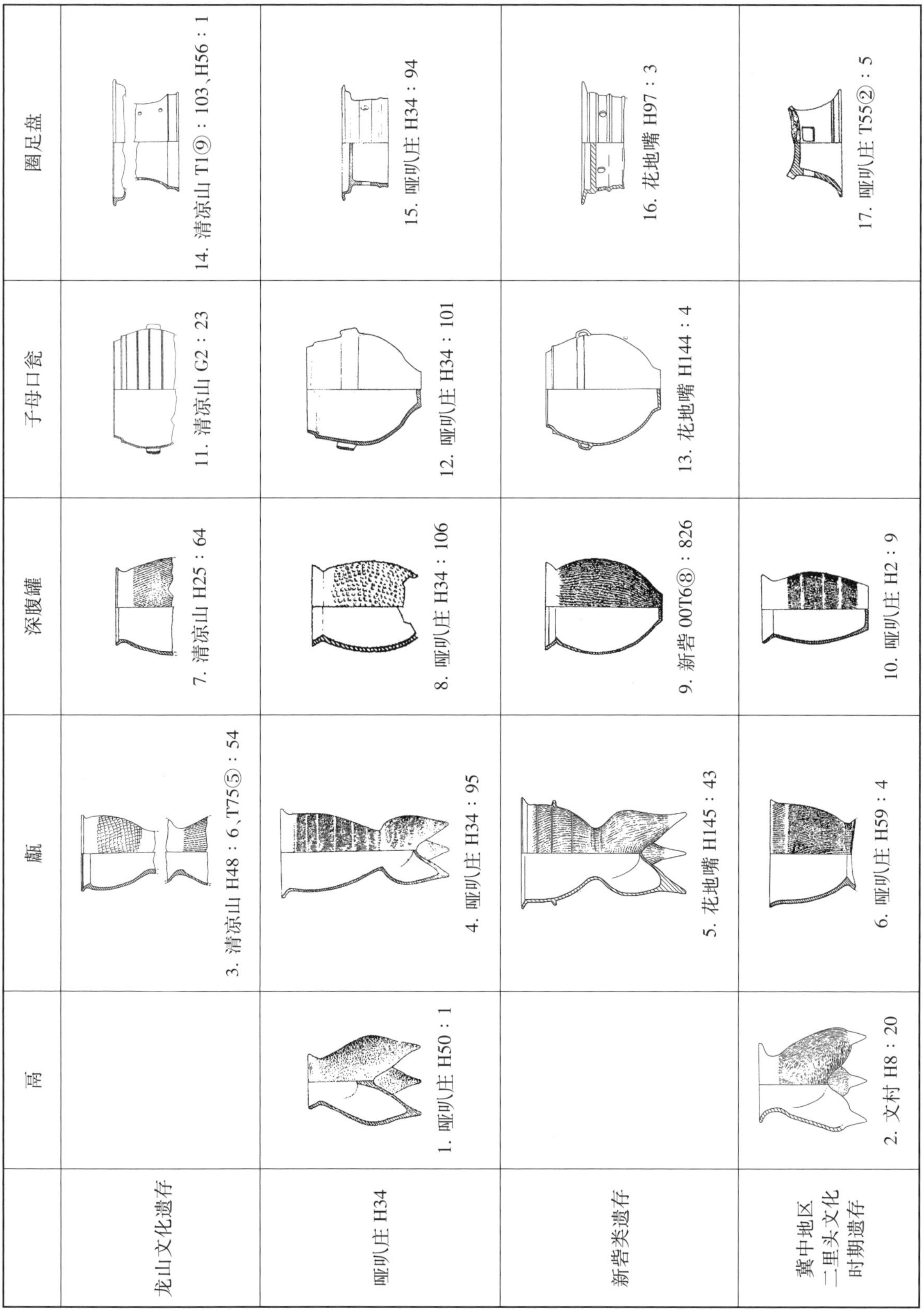

	鬲	甗	深腹罐	子母口瓮	圈足盘
龙山文化遗存		3. 清凉山 H48：6，T75⑤：54	7. 清凉山 H25：64	11. 清凉山 G2：23	14. 清凉山 T1⑨：103，H56：1
哑叭庄 H34	1. 哑叭庄 H50：1	4. 哑叭庄 H34：95	8. 哑叭庄 H34：106	12. 哑叭庄 H34：101	15. 哑叭庄 H34：94
新砦类遗存		5. 花地嘴 H145：43	9. 新砦 00T68⑧：826	13. 花地嘴 H144：4	16. 花地嘴 H97：3
冀中地区二里头文化时期遗存	2. 文村 H8：20	6. 哑叭庄 H59：4	10. 哑叭庄 H2：9		17. 哑叭庄 T55②：5

图 5-45 哑叭庄 H34 类遗存与豫东北鲁西龙山文化及本地二里头文化时期遗存对比

哑叭庄遗址 H34 发表的器物以泥质陶盛器、存储器为多,夹砂陶炊器、存储器次之。器物以素面陶或磨光陶比例最高,旋纹、弦纹的比例不小,绳纹、篮纹、方格纹则多装饰在夹砂陶表面。虽然 H34 一定还有不少陶片未计入统计,但从器物组合反映的陶系情况看,与哑叭庄龙山时期的总体情况略有差异的,尤其值得注意的是其中素面陶和磨光陶的比例似乎略高。

冀中平原东部为古黄河流经区域,河汊纵横、湖泊较多,早期聚落分布可能较为分散,这种环境中,出现较大的地区性中心都邑的可能性也不大。由于黄河改道等原因,目前已发现的遗址多保存不好,加之系统田野考古工作较少,所以本地尚没有可以直接与哑叭庄进行比较的遗址,后白寺所见遗存更为零散。有鉴于此,我们暂以龙山时期古黄河东南岸的夏邑清凉山和冀南地区龙山时期遗存,与哑叭庄遗址进行较宽泛的对比(表5-4)。

表5-4　过渡期前后冀中东部与冀南、豫东地区居址典型遗址陶系统计表

时段	单位	陶质(%)		陶色(%)			纹饰(%)					
		泥质	夹砂	灰	褐	黑	素面	磨光	绳纹(含旋断)	篮纹	旋纹	附加堆纹	戳压印·方格
龙山末期	下潘汪龙山①	68.4	31.6	87.7	5.6	6.6	66.8		13.8	18	0.1	0.2	
	哑叭庄	68	32	为主	次之	少量	10		为主	次之	√	√	√
	清凉山龙山二期	93	7	61	15	24	45		14	29	√	√	14
过渡期	槐树屯H1	60	40	较少	最多	少量	54		14	26	√	5	√
	哑叭庄H34	多数	次之	为主	次之	少量	最多		次之	√	√	√	√

可以看出,哑叭庄遗址与冀南地区龙山时期遗存共性更强,而遗址中夹蚌陶占一定比例的现象则与豫东清凉山遗址较为接近,这可能与古黄河两岸同时期的地方共性传统有关。从陶器的装饰风格看,哑叭庄遗址绳纹、方格纹比例高恐是地方特色。H34 类遗存与槐树屯 H1 类遗存有相近之处,但陶色差别较大。H34 类遗存似乎与哑叭庄遗址龙山时期的遗存存在一定的差别,但因为缺乏详细具体的陶系统计材料,无法深入讨论。

综合器形变化与陶系特征两个方面考虑,哑叭庄 H34 类遗存应是冀中东部地区的过渡期遗存,但是由于沧州地区及冀中北部皆缺乏龙山时期的遗存,因此对于该类遗存的过渡期性质,暂为一说,待材料丰富后再行分析。

① 冀南地区尚无精确的龙山末期遗存统计数据,暂以下潘汪遗址龙山时期遗存统计数据代表。但需要注意的是,该遗址龙山时期遗存统计数据是包括所有龙山时期遗存在内的,并非是单纯的龙山末期统计数据,且统计中褐陶没有严格区分红褐、灰褐,因此在本表中以红陶数据暂归于褐陶中。

四、雪山 H66 类遗存

在冀州之域各地的过渡类遗存中,雪山遗址 H66 无疑是在既往研究中最受关注的一个单位。该单位之所以重要,是因为它不但可以确定大坨头文化的上限如何,并且可为大坨头文化的渊源探索提供线索。

但是昌平雪山遗址 1962 年发掘后,在材料整理刚刚开始,就因为种种政治运动的原因而屡次被迫中断,随后未曾间断的政治运动使得该遗址的整理工作无法进行。

由于 H66 材料丰富,又极具代表性,曾被多位参加发掘的研究者引用其中部分材料予以讨论①,不过引用材料始终是有限的。虽然雪山遗址是配合教学实习进行的发掘,但对于这一较重要的单位,H66 的地层关系在田野发掘阶段还是比较清楚的②。

H66 所在探方的地层关系如下(图 5 - 46):

①→②a→M41→②→③、H81、H79→H80→M42→H66①→①a→②→③→④a→④→⑤→⑤a

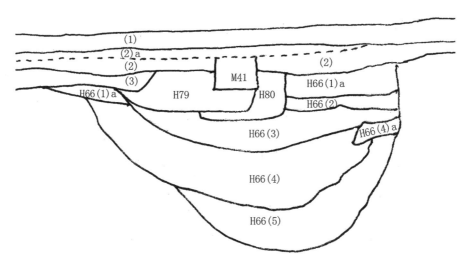

图 5 - 46　雪山 H66 地层堆积剖面

从原始发掘记录与发掘日记可知,H66 椭圆形,坑壁不齐整,坑底不规则,南北长径约 6.4 米,东西短径约 4.9 米,北浅南深,形成一由西北向东南逐渐向下倾斜的斜坡。北面由坑边缘向内约 1.1 米的地方,突然直伸下去,形成一台阶,紧靠阶缘有二圆洞,一号直径 0.15 米,深 0.4 米,2 号直径 0.2 米,深 0.2 米,填土灰白,可能为二柱洞。二者间距 1.8 米。因此,该灰坑极有可能在被废弃为灰坑前是一房址或有木柱支撑屋顶的窖穴。坑内堆积以土质土色差异可分为如下数层:

---

① 曾引用 H66 材料进行研究讨论的学者包括邹衡、李伯谦、韩嘉谷等学者。较系统介绍 H66 材料的为韩嘉谷:《昌平雪山 H66 的年代、文化性质及其他——纪念昌平雪山遗址发掘 50 周年》,《北京文博论丛》2011 年第 3 辑。

② 承李伯谦、彭金章及杨宝成先生相告,H66 的发掘已经在当年实习的最后阶段,灰坑所在探方的发掘,由邹衡与李伯谦先生亲自负责,具体清理则由韩嘉谷、彭金章、杨宝成、段鹏琦等同学负责,清理过程是较为准确可靠的。

第①层,浅灰色,出土敛口深腹平底罐、鼓腹袋足鬲、夹砂灰陶瓮、浅腹盆、卜骨、蚌器、牙器和相当数量的兽骨、蛤蜊,也出有少数蛋壳陶。

第①a层,灰白色,包含物有黑陶带耳杯、浅腹盆、敛口深腹平底罐和鬲残片。

第②层,黑灰色,夹有红烧土块,包含物大体与第一层相同,有斝、假圈足碗、小口平底罐、篮纹瓮、高足杯、陶纺轮、石斧、蚌刀、角锥、燧石和白玛瑙打制的细石器、残陶环和少数蛋壳陶以及其他自然遗物。

第③层,红烧土夹黑灰、白灰,质疏松。出土器物的残片比①、②层大。有瓮、双腹盆、鬲、罐、甗、浅盘粗柄豆、细柄豆、细把杯、碗、石斧、石刀、蚌刀、细石器、陶环、兽骨河蚌等。

第④a层,沙砾层,质较硬。出土遗物极少,发掘者推测应该是坑壁倒塌下来的堆积。

第④层,黑灰夹红烧土块,出鬲、罐最为多,小口平底罐、深腹平底罐、碗、双腹盆、敞口盆、骨笄、细石器等。全坑仅有的两件厚壁小口平底罐、敞口折肩罐也出在该层。

第⑤层,灰白色,出土物大体与第四层相同,有鬲、罐、直腹盆、双腹盆、浅腹盆、粗柄豆、石斧、角锥、陶环、兽骨、蚌、螺等。

以上各层所出兽骨中,多为牛羊、猪狗、鹿等。

该坑所出陶器,以陶鬲最多,有极少的陶甗,另有夹砂深腹罐、夹砂大口罐、泥质鼓腹盆、折腹盆、浅腹盆、直腹盆、豆、器盖、圈足盘等器物(图5-47)。陶容器外另有纺轮、陶石环等遗物,由于与本文此处讨论主旨稍远,因此本文暂不一一介绍。

鬲:数量甚多。H66中陶鬲有两类,一类有明显的实足根,多为筒形腹,腹部素面,不滚压绳纹;另一类则没有太明显的实足根,但有的陶鬲在收束之处略捏成尖,器表皆滚压有绳纹。无论何种陶鬲,最为明显的共性特征有二——腹部较鼓;其次,沿面较窄,绝无宽沿(图5-47:1-6)。

甗:未见复原器,上部盆甑束颈,下腹急收,器表饰旋断绳纹。上部盆甑部分从现有残器看,不见箅托,是否有实足根不详(图5-47:9-11)。

夹砂深腹罐:数量甚多,种类也有一定的差别,整体特点中有两点共性,其一是腹中均有鼓出,下腹收束较急;其二是沿面甚窄。器表装饰有散乱细绳纹、篮纹、粗绳纹、方格纹等多种(图5-47:32、37、41-43),部分夹砂深腹罐上有横向或斜向的小鸡冠鋬耳。

大口夹砂罐:大口凸肩,器表饰篮纹(图5-47:29、31、36),有的在上腹有鸡冠鋬。

曲腹罐:假圈足,上腹较直,下腹弧曲,口残(图5-47:28)。

鼓腹盆:腹中鼓出,上腹饰成组旋纹(图5-47:19、38)。

浅腹盆:敞口浅腹,大平底(图5-47:12-14)。

直腹盆:直口直腹,腹中有弦纹(图5-47:17)。

贯耳折腹盆:下腹折曲,上腹多饰有双贯耳(图5-47:15-16)。

上述各类盆中,无论何种盆皆无宽沿。

豆:浅弧盘,圈足多有折棱(图5-47:24、25)。

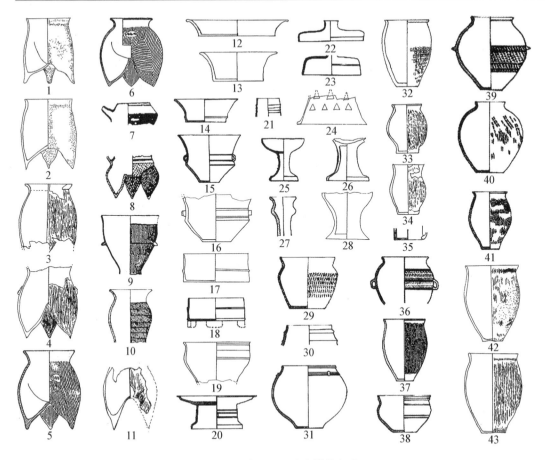

图 5－47　雪山 H66 基本器物组合

1－6. 鬲　H66④：233、H66⑤：231、H66④：228、H66④：232、H66：32、H66：7　7. 盉　H66：8　8. 斝　H66：9
9－11. 甗　H66：10、H66：233、H66④：230　12－14. 浅腹盆　H66：94、H66：91、H66：88　15－16. 贯耳折腹盆
H66：95、H66⑤：455　17. 直腹盆　H66④：528　18. 瓦足皿　H66：31　19、38. 深鼓腹盆　H66④：357、H66：82
20、24. 圈足盘　H66：21、H66：431　21、35. 杯　H66：115、H66：103　22－23. 器盖　H66：28、H66：25
24－25. 豆　H66：23、H66③：538　27. 曲腹杯　H66：107　28. 曲腹罐　H66③：532　29、31、36. 大口罐　H66：74、
H66：67、H66：42　30. 敛口瓮　H66：80　32、37、41－43. 深腹罐　H66：73、H66：39、H66：33、H66⑤：251、
H66⑤：234　33－34. 曲腹小罐　H66③：238、H66③：239　39－40. 小口瓮　H66：74、H66：65

器盖：折肩,平顶,纽直柄(图 5－47：22、23)。

圈足盘：圈足上有三角形或圆形镂孔(图 5－47：20、24)。

若将 H66 类出土遗物与燕山南麓的大坨头文化雪山类型器物相比,则可发现二者间明显的嬗变关系(图 5－48)。这一点,前贤意见大体相同。但问题在于 H66 与围坊遗址第③层出土器物为代表的遗存间是否存在缺环。

前人的研究中,对于上述两组遗存间是否有缺环,是有分歧的。以张忠培为代表的学者认为,雪山 H66 属于夏家店下层文化,与雪山三期所代表的大坨头文化间年代有缺环①;另

① 张忠培、孔哲生、张文军、陈雍:《夏家店下层文化研究》,《考古学文化论集》(1),文物出版社(北京),1987 年。

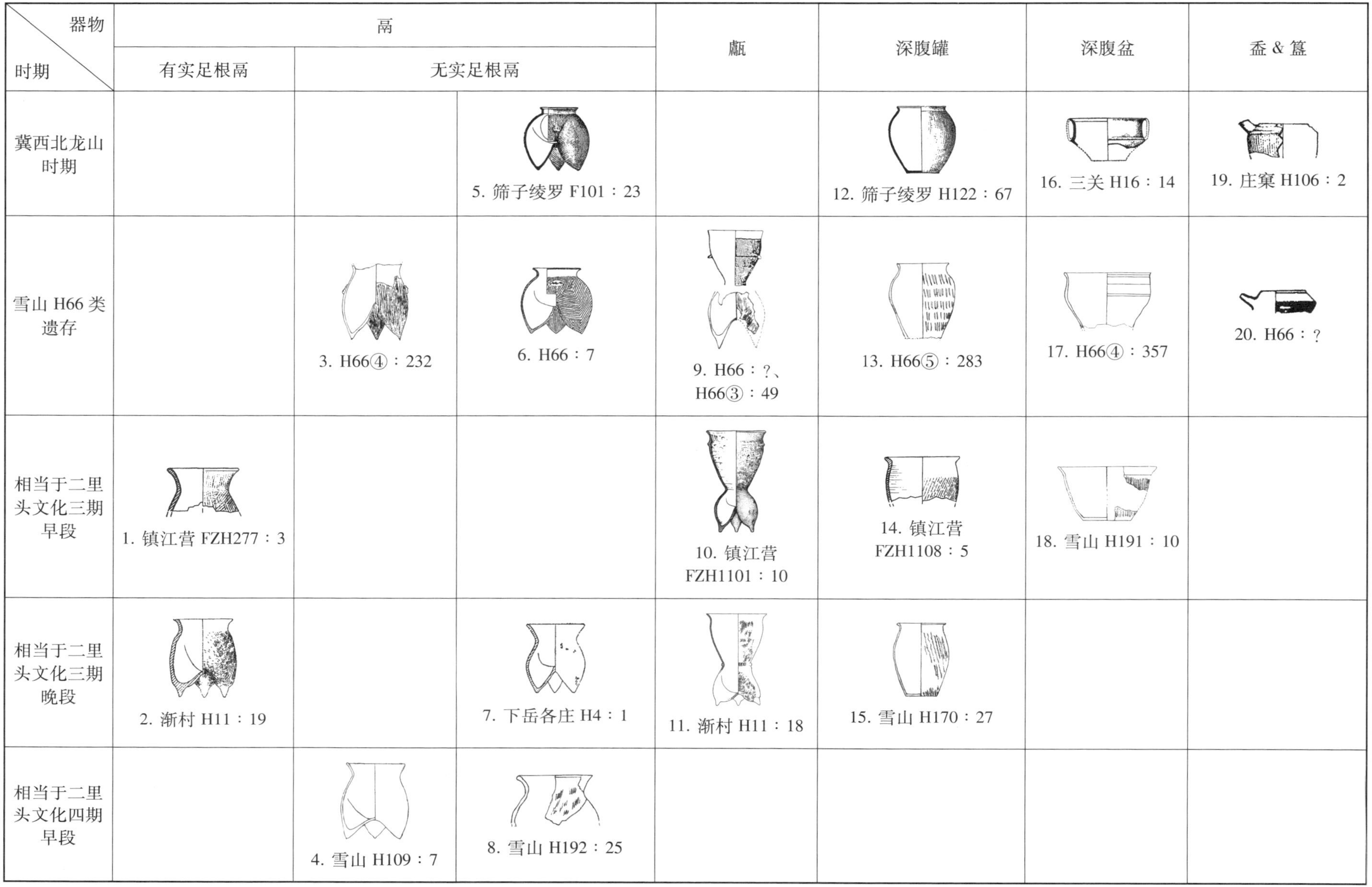

器物 / 时期	高		甗	深腹罐	深腹盆	盉 & 簋
	有实足根鬶	无实足根鬶				
冀西北龙山时期		5. 筛子绫罗 F101：23		12. 筛子绫罗 H122：67	16. 三关 H16：14	19. 庄窠 H106：2
雪山 H66 类遗存		3. H66④：232　　6. H66：7	9. H66：?、H66③：49	13. H66⑤：283	17. H66④：357	20. H66：?
相当于二里头文化三期早段	1. 镇江营 FZH277：3		10. 镇江营 FZH1101：10	14. 镇江营 FZH1108：5	18. 雪山 H191：10	
相当于二里头文化三期晚段	2. 渐村 H11：19	7. 下岳各庄 H4：1	11. 渐村 H11：18	15. 雪山 H170：27		
相当于二里头文化四期早段		4. 雪山 H109：7　　8. 雪山 H192：25				

图 5－48　雪山 H66 与燕山南麓周边龙山、二里头时期器物对比图

一种意见以李伯谦为代表，认为以围坊遗址第③层为代表的，是龙山时代向夏家店下层文化的过渡阶段遗存，所处时代是夏家店下层文化的形成时期，与中原地区的历史纪年相比，年代约在夏代早期①，因此 H66 类遗存则不属于夏家店下层文化，而属于龙山时期遗存。韩嘉谷率先提出围坊遗址第③层为代表的遗存应该属于大坨头文化而不属于夏家店下层文化，年代相当于夏代②。对 H66，韩先生的分析最为透彻，他认为"（H66）器物中明显出现了一些和大坨头文化相同的因素，绝对年代可能已进入了夏纪年，但陶器群主要部分应属龙山文化，将之从龙山文化中划出归入大坨头文化不合适，和大坨头文化等相同的因素，是这支文化在发展演变过程中孕育的新文化因素，但尚未达到改变文化性质的程度……雪山三期代替雪山二期的变化性质，与雪山二期替代雪山一期不同，是同一支文化的延续蜕变，雪山三期的基本因素大多已在二期文化中孕育形成"③。由此基本形成了对于围坊遗址第③层为代表遗存的两种基本意见：其一是该类遗存属于夏家店下层文化，年代属于夏代早期；其二是不属于夏家店下层文化，而属于大坨头文化，年代相当于夏代，但不会早至夏代早期。

两类意见形成后，学术界的讨论基本都在这两类意见之内。坚持燕山南麓的考古学文化属于夏家店下层文化者较少，仅有卜工④与段天璟⑤两位。

绝大多数学者已经认为，燕南地区夏商时期考古学文化应该属于大坨头文化，其中以杨建华⑥、张锟⑦、蒋刚⑧、盛立双⑨和纪烈敏⑩的意见较有代表性。但四位学者对于围坊遗址第③层与雪山 H66 的年代关系上却有明显的分歧。杨建华认为雪山 H66 与围坊第③层年代相当，皆相当于夏代第一阶段，亦即夏代早期。张锟则认为围坊第③层遗存属于夏代第一阶段，而晚于雪山 H66，二者前后相接，没有缺环。盛立双认为，围坊第③层遗存属于他所划分的夏代二期，晚于雪山 H66 属于的夏代第一阶段，后者则与围坊遗址第④层年代同时。但夏代一、二期间没有缺环。纪烈敏认为，雪山 H66 应是本地龙山时期的代表，年代早于围坊第③层。蒋刚的分期意见与纪烈敏、张锟较为相近，但他未论及 H66 的年代问题。

H66 目前已公布的器物与围坊遗址第③层为代表的遗存差别较大（图 5-48）：

有实足根鬲：腹部较鼓，绝无宽沿；而以围坊第③层为代表的有实足根鬲，腹部瘦削，

①　李伯谦：《论夏家店下层文化》，《纪念北京大学考古专业三十周年论文集》，文物出版社（北京），1990 年。
②　韩嘉谷：《大坨头文化陶器群浅析》，《中国考古学会第七次年会论文集》，文物出版社（北京），1992 年。
③　韩嘉谷：《昌平雪山 H66 的年代、文化性质及其他》，《北京文博论丛》2011 年第 3 辑。
④　卜工：《燕山地区夏商时期的陶鬲谱系》，《北方文物》1989 年第 2 期。
⑤　段天璟：《从塔照遗址看夏时期的燕山南部地区——夏时期燕山以南地区文化结构的形成》，《边疆考古研究》（第 5 辑），科学出版社（北京），2007 年。
⑥　杨建华：《试论夏商时期燕山以南地区的文化格局》，《北方文物》1999 年第 3 期。
⑦　张锟：《京津唐地区的夏商时期遗存》，吉林大学硕士学位论文，2001 年，未发表。
⑧　蒋刚：《文化演进与互动：太行山两翼夏商周时期青铜文化研究》，科学出版社（北京），2017 年。
⑨　盛立双：《燕山南麓夏商时期考古遗存研究》，《边疆考古研究》（第 6 辑），科学出版社（北京），2008 年。
⑩　纪烈敏：《燕山南麓青铜文化的类型谱系及其演变》，《边疆考古研究》（第 1 辑），科学出版社（北京），2002 年。

高领卷沿甚宽。

无实足根鬲：腹部外鼓肥大，而围坊遗址第③层的同类器则折沿甚宽，腹瘦削。若将雪山遗址 H109、H192 的同类器纳入观察，则可见后二者是雪山 H66 与围坊第③层的中间形态——鼓腹，但已有宽沿。

甗：无箅托，腰部较粗，器表绝无附加堆纹。而围坊遗址第③层同类器瘦腰，腰际附加堆纹或戳印纹发达，二者差别明显。整体形态与哑叭庄 H34 类陶甗较为接近。若将周邻地区扩大来看，在二里头文化偏早阶段的冀中北部与燕山南麓地区无论有无箅托的甗腰部皆无附加堆纹，出现附加堆纹最早者为属于商时期遗存的涞水渐村遗址 H11：18① 甗。

深腹盆：下腹急收，折曲明显，无宽沿，而围坊遗址第③层深腹盆缓收且有明显的宽沿。若将雪山 H191 同类器纳入观察，则可看出 H191 的同类器实为雪山 H66 与围坊第③层的中间形态——宽沿，但腹急收。

从上述的比较可以明确，H66 与围坊遗址第③层为代表的遗存间缺环是明显的，借助本书第二章第二节的讨论，以雪山遗址 H109、H192 为代表的遗存，当是二者共有器物演变序列中的逻辑阶段。雪山 H109、H192 两单位年代晚于镇江营遗址② H277、H1101 两单位。换言之，在雪山 H66 与围坊遗址③层间是尚有至少两到三个期段的年代缺环。可以说，若将这两组单位视为年代紧密相接的遗存并不妥当。

事实上，随着张营遗址材料的公布，燕山南麓地区早商时期考古学文化的年代学标尺已经获得，以商式鬲的发现为标志，可以对张营遗址年代较早的遗存有较为准确的上限判断。因此，若将围坊遗址以第③层为代表的器物群与张营遗址相比，则可发现围坊遗址③层与本地早商时期的遗存年代更为接近。

由此，我认为，围坊遗址第③层、张家园 65F4③ 及牛道口④、大坨头⑤ 等遗址的大坨头文化的遗存，年代并不可能早至龙山与夏的过渡时期。

由于 H66 尚未公布陶系统计数据，所以仅能以陶器形态的对比进行讨论。从器物形态角度观察可以发现，H66 与本地龙山时期遗存关系十分紧密。首先，本地龙山时期陶鬲、斝、甗等三足器皆无实足根，深袋足较肥大，鬲则多有正装双鋬。H66 中有同类无实足根的正装双鋬鬲（H66：32、7），二者渊源关系明显。其次，本地区龙山时期的深腹盆皆为带双耳的折腹盆，相当于夏时期的深腹盆则为无耳深弧腹。H66 不但有双耳折腹盆，也有无耳折腹深腹盆，是由双耳深腹盆向无耳深腹盆转折的中间形态。其三，本地区龙山时期常见陶盉，二里头文化时期却不见，H66 中却有两件陶盉，

① 河北省文物研究所：《河北涞水渐村遗址发掘报告》，《文物春秋》1992 年增刊。
② 北京市文物研究所：《镇江营与塔照——拒马河流域先秦考古文化的类型与谱系》，中国大百科全书出版社（北京），1999 年。
③ 天津市文物管理处：《天津蓟县张家园遗址试掘简报》，《文物资料丛刊》(1)，文物出版社（北京），1977 年。
④ 天津市历史博物馆考古队、宝坻县文化馆：《天津宝坻县牛道口遗址调查发掘简报》，《考古》1991 年第 7 期。
⑤ 天津市文化局考古发掘队：《河北大厂回族自治县大坨头遗址试掘简报》，《考古》1966 年第 1 期。

与龙山时期接近。

由陶器形态比较可以看出,雪山 H66 类遗存既有与龙山时期相近的特征,也有与二里头文化时期相近的器类。因此,雪山 H66 为代表的一类遗存是本地区龙山时期向二里头文化时期的过渡阶段代表,与镇江营遗址 H1101 间应当还有年代缺环需要补充。另外,需要进一步强调,雪山 H66 与围坊第③层间缺环较大,并不能紧密相连。2021—2022年在涞水张家洼遗址发掘到一批雪山二期文化的遗存①,其中 2021H2、H7 与 2022H17 等单位,遗物器类丰富,与雪山 H66 年代相当,当能补充 H66 之不足。

五、峪道河 H1 类遗存

峪道河遗址 H1 类遗存是指以汾阳峪道河 H1② 为代表的晋中盆地过渡期遗存。此外在吕梁山地区中南部的黄河东岸也有相似遗存发现,比如在吉县州川河流域的区域系统调查过程中,就曾于围疙瘩一号遗址第一采集点(JD1①)、下社堤前坪第一采集点(JSS1R①)等遗址发现过类似遗存③。

峪道河遗址 1982 年经晋中考古队调查,调查中清理 H1。清理所获该单位中器物组合有鬲、斝、甗三类(图 5 - 49)。

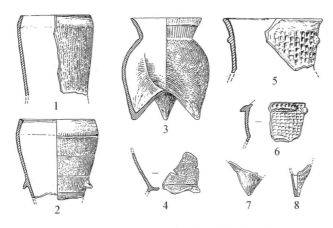

图 5 - 49　峪道河 H1 类遗存基本器物组合

1、2、4. 甗　H1：3、4、2　3. 鬲　H1：1　5、6. 斝　H1：7 - 1、6
7. 蛋形瓮足　H1：5　8. 斝足　H1：7 - 2

从其器物来看,陶鬲(H1：1)敞口,尖圆唇,高领斜侈,束颈,三袋足较鼓,袋足下有较短但尖锐明显的实足根。口沿与腹部分别饰以绳纹,颈部多拍印篮纹。

陶斝有两件:一件敞口(H1：7 - 1),高领拍印方格纹,另有一对鋬耳。另一件似敛口(H1：6),高领弧曲,沿下置鸡冠耳及圆形小泥饼,通体拍印方格纹。

---

① 资料现存中国社会科学院考古研究所。
② 国家文物局等:《晋中考古》,文物出版社(北京),1998 年。
③ 山西省考古研究所、吉县文物管理所:《吉县州川河流域区域考古调查发掘报告》,科学出版社(北京),2017 年。

陶甗三件：一件敛口斜腹（H1∶3），上腹下端置双鋬耳，上腹饰旋断绳纹。一件敛口直腹（H1∶4），下腹不见双鋬耳，上腹饰绳纹。另一件为甗之腰部（H1∶2），有箅托。

另外还有三足蛋形瓮瓮足一件，空袋足，器表饰篮纹（H1∶5）；斝足一件（H1∶7-2），足根平底，有较矮的实足根，器表拍印方格纹。

从峪道河 H1 各类器物的形态看，既不同于晋中地区龙山时期的遗存，也不同于晋中地区二里头文化时期的遗存。

晋中地区龙山时期陶鬲可以临水墓葬陶鬲为代表，陶鬲袋足上双鋬在某两袋足表面，张忠培谓之以"侧装双鋬鬲"[1]。但以临水墓葬为代表的陶鬲与峪道河陶鬲最大的差别在于无实足根。峪道河陶鬲实足根虽短，但已与临水陶鬲的无实足根深袋足鬲有本质差别。在二里头文化时期，本地区的陶鬲皆有细高且尖的实足根。另一方面，晋中地区龙山时期陶鬲大多数装有双鋬，而二里头文化时期双鋬鬲比例锐减。峪道河 H1 陶鬲不见双鋬。由这两方面的特征可以看出，峪道河陶鬲是本地区龙山时期无实足根陶鬲向有实足根鬲的过渡阶段形态（图 5-50）。

龙山时期晋中地区陶斝皆无实足根，三袋足肥大；而二里头文化时期陶斝已有细高而尖的实足根。峪道河斝足，是两者的过渡形态（图 5-50）。

晋中地区二里头文化时期陶甗，未见敛口者，这是与峪道河陶甗差别最大之处；与龙山时期陶甗相比，峪道河陶甗与其口部形态接近，但晋中龙山时期陶甗口沿内勾处多压印为花边，这又与峪道河有细微的差别（图 5-50）。

三足蛋形瓮在晋中二里头文化时期绝大多数为实足根，而龙山时期则绝大多数为空足，从峪道河蛋形瓮三足看，更接近于龙山时期的形态（图 5-50）。

晋中地区二里头文化时期的陶器装饰少有篮纹与方格纹，而龙山时期却多见篮纹与方格纹，峪道河 H1 鬲、斝器表饰有篮纹、方格纹，有浓厚的龙山遗风。龙山时期晋中地区的绳纹较粗，滚压较散乱，尤以陶鬲裆部滚压更乱。二里头文化时期，晋中地区绳纹滚压甚规整，且较细。峪道河 H1 陶鬲器表绳纹较规整，裆部绳纹更为规整，似更接近二里头文化时期（图 5-50）。

从上述器物的形态特征来看，峪道河 H1 既有龙山时期遗风，但又有转变势头，因此可以视峪道河 H1 为晋中地区的过渡阶段遗存。

《晋中考古》报告结语部分，张忠培先生认为与峪道河 H1 年代接近的遗存，还有杏花村 H158，但是该单位仅发表有一三足蛋形瓮足，一陶鬲下半部分，从器物特征观察，与峪道河 H1 有相似之处，但信息尚显太少，本文暂不论及。

依本文前文分析可知，与晋中地区较明确的二里头文化时期最早的遗存相比，峪道河 H1 类遗存与之十分接近，二者间似乎没有缺环。

---

① 张忠培：《杏花文化的侧装双鋬手陶鬲》，《故宫博物院院刊》2004 年第 4 期。

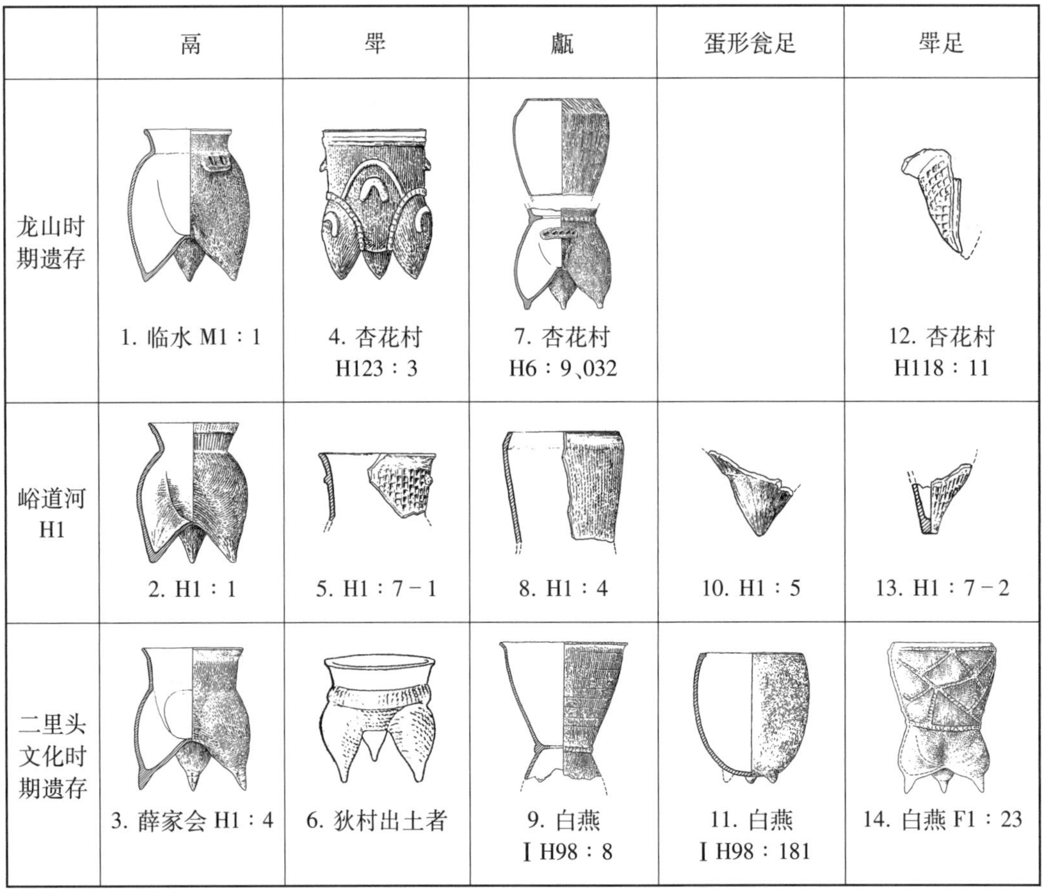

	鬲	斝	甗	蛋形瓮足	斝足
龙山时期遗存	1. 临水 M1：1	4. 杏花村 H123：3	7. 杏花村 H6：9、032		12. 杏花村 H118：11
峪道河 H1	2. H1：1	5. H1：7－1	8. H1：4	10. H1：5	13. H1：7－2
二里头文化时期遗存	3. 薛家会 H1：4	6. 狄村出土者	9. 白燕 Ⅰ H98：8	11. 白燕 Ⅰ H98：181	14. 白燕 F1：23

图 5－50　峪道河 H1 类遗存与晋中龙山及二里头文化时期同类遗存对比

六、游邀 H129 类遗存

游邀 H129 类遗存,是指以忻州游邀遗址① H129 为代表的忻定盆地过渡期遗存(图 5－51)。该单位于 1987 年发掘,该单位所发表的器物组合有双鋬鬲、双耳罐、单耳罐、篮纹双鋬盆、无鋬盆五种。

双鋬鬲,皆"正装"②,有高领、矮领两种。高领双鋬鬲一件(H129：6),高领较直,袋足肥大,实足根较高,且多有捆扎凹槽痕迹,器表绳纹散乱。矮领双鋬鬲两件(H129：2、H129：4),矮领微侈,袋足肥大外鼓,下端略垂,实足根十分明显,但不及高领者高,器表饰较散乱的绳纹。

双耳罐(H129：5),高领折腹,下腹肥鼓较高,饰以篮纹。

单耳罐(H129：17),折腹。

---

① 吉林大学边疆考古研究中心等:《忻州游邀考古》,科学出版社(北京),2004 年。
② 张忠培:《滹沱河上游和桑干河流域的正装双鋬鬲》,《新世纪的考古学——文化、区位、生态的多元互动》,紫禁城出版社(北京),2006 年。

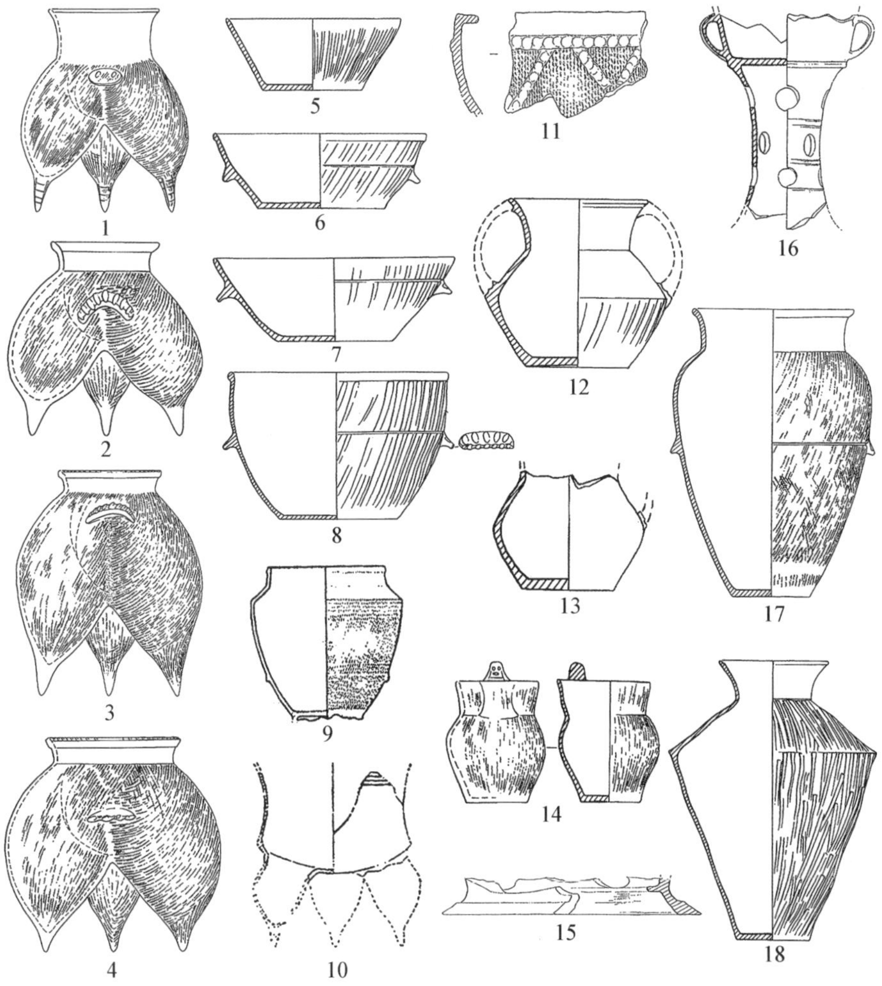

图 5－51　游邀 H129 类遗存基本器物组合

1－4. 鬲 游邀 H129：6、H129：4、H3：1、H129：2　5－8. 盆 游邀 H129：14、H1：2、H129：13、H1：6　9. 甗 唐昌 H1：2　10、11. 斝 游邀 H1：7、唐昌 H1：37　12. 双耳罐 游邀 H129：5　13. 单耳罐 游邀 H129：17　14. 游邀 H1：1　15. 圈足盘 唐昌 H1：41　16. 镂孔豆 唐昌 H1：1　17. 小口瓮 H1：3　18. 高领折肩罐 游邀 H3：2

双鋬盆(H129：13),敞口浅腹,腹饰篮纹。

无鋬盆(H129：14),整体形态与双鋬盆相同,唯不加装双鋬,但器表拍印篮纹。

与 H129 遗存性质面貌相近的遗存还有游邀遗址 H1、H3 及唐昌遗址① H1 等单位。若一并考察,本阶段的遗存还包括甗、斝、深腹盆、镂孔碗形豆、带流单把罐、高领折肩瓮、圈足盘、小口瓮等器类。

甗:直口,折肩,腹部较圆鼓,下腹多有双鋬手。标本唐昌 H1：2。

① 侯毅:《原平县唐昌遗址试掘简报》,《文物季刊》1989 年第 2 期。

　　斝：平折沿，腹较深而肥，上腹有五花大绑式的附加堆纹。标本唐昌 H1：37。

　　深腹盆：圆唇，腹深直，腹部多有双錾，器表饰以篮纹。标本游邀 H1：6。

　　镂孔碗形豆：深腹直折，有的腹部有双耳。标本唐昌 H1：1。

　　带流单把罐：侈领较宽，领部有流有錾，腹较深，通体饰有较散乱的绳纹。标本游邀 H1：1。

　　高领折肩罐：宽侈领，沿面外卷较甚，硬折肩较宽，口径小于肩径，下腹深瘦，颈部以下饰篮纹。标本游邀 H3：2。

　　圈足盘：数量较多，圈足上多有圆形或"L"形镂孔。圈足外撇，较矮。标本唐昌 H1：41。

　　小口瓮：颈部较粗大，腹较深，弧腹较深，腹有双錾。标本游邀 H1：3。

　　从器形看，以 H129 为代表的遗存与本地龙山及二里头文化时期的遗存间的源流关系比较清晰，大部分器物在龙山时期与二里头文化时期皆有同类器可资比较。

　　本地龙山时期双錾手鬲有两种，一类与晋中地区相近，为"侧装"双錾手，一类则为"正装"者，但龙山时期忻定盆地陶鬲的共同特征却是皆无实足根，以 H129 类遗存为代表的双錾鬲，錾手为"正装"。二里头文化早期阶段有一定数量的双錾鬲，仍为"正装"，但数量随时代演进逐渐减少。进入二里头时期以后，无论忻定盆地还是晋中地区，陶鬲的共同特征是皆有高而尖的实足根，且出现了无錾手的高领鬲。从器表装饰而言，龙山时期陶鬲器表滚压有粗而散乱的绳纹，而在二里头文化时期，器表绳纹装饰却细而规整（图5－52）。

　　本地龙山时期陶甗种类较多，有敛口、直口与侈口三类，而二里头文化时期却不见敛口者。游邀 H129 类遗存中，陶甗数量少，仅见一件直口，形态介于龙山晚期直口与二里头文化时期侈口甗之间。

　　龙山至二里头文化时期本地陶斝形态复杂，种类较多，有夹砂与泥质两种。龙山时期夹砂者皆敛口，有肥大袋足，皆无实足根，少见五花大绑式附加堆纹，而二里头时期同类器则皆有较高的实足根，多见五花大绑式附加堆纹。以此标准衡量，H129 类遗存的敛口斝虽下部形态不明，但器表有五花大绑式的附加堆纹，形态似更接近二里头文化时期。

　　龙山至二里头文化时期总体形态较为接近，但器表装饰变化较明显。龙山时期，本期陶盆器表多饰以篮纹，而二里头文化时期则多素面、磨光，有纹饰的多加饰旋纹、旋断绳纹或楔形点纹。以此标准衡量，游邀 H129 类遗存器表装饰与龙山时期更为接近（图5－52）。

　　折肩高领罐龙山时期肩腹相接处下端多加饰双錾，而器表拍印篮纹。二里头文化时期同类器器表皆素面或加饰旋纹。H129 类遗存的同类器无錾手却拍印篮纹，形态明显介于龙山与二里头文化之间（图5－52）。

　　镂孔碗形豆龙山时期数量较多，二里头文化时期逐渐消失。从器形演变规律看，此类器物盘腹由浅而深。以此标准衡量 H129 类遗存中的同类器物,盘腹较深,折转较硬,形态更接近二里头文化早期同类器(图 5-52)。

圈足盘龙山时期甚多,而二里头文化时期仅在年代较早的单位中有所发现,且数量甚少。该器的演变规律为盘腹由深而浅,圈足由曲而直。以此规律衡量,H129 类遗存圈足较直,形态接近二里头文化时期同类器物。

小口罐龙山时期器表皆饰篮纹,而二里头文化时期则饰绳纹。H129 类遗存中同类器饰以绳纹,形态也更接近二里头文化时期(图 5-52)。

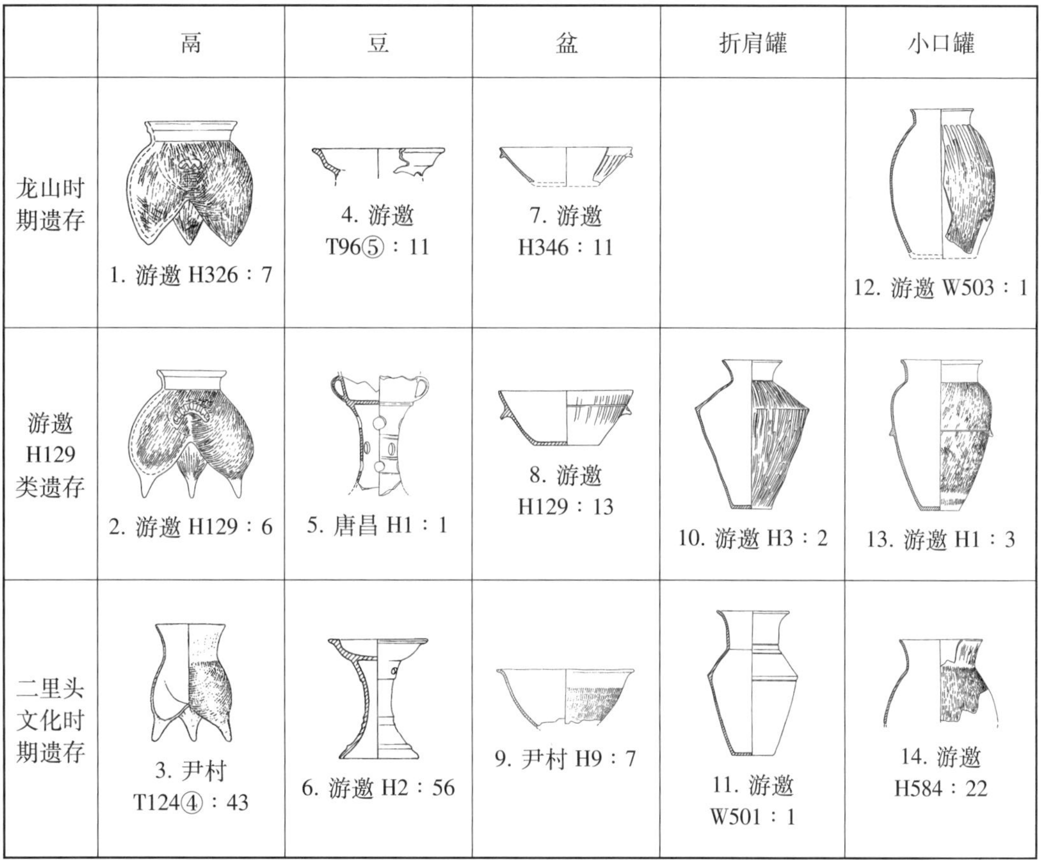

	鬲	豆	盆	折肩罐	小口罐
龙山时期遗存	1. 游邀 H326:7	4. 游邀 T96⑤:11	7. 游邀 H346:11		12. 游邀 W503:1
游邀 H129 类遗存	2. 游邀 H129:6	5. 唐昌 H1:1	8. 游邀 H129:13	10. 游邀 H3:2	13. 游邀 H1:3
二里头文化时期遗存	3. 尹村 T124④:43	6. 游邀 H2:56	9. 尹村 H9:7	11. 游邀 W501:1	14. 游邀 H584:22

图 5-52　游邀 H129 类遗存与本地龙山及二里头文化时期遗存对比

游邀遗址未公布具体的陶系统计数据,但结合定襄青石遗址[1]龙山时期遗存和忻州尹村遗址[2]二里头文化时期最早阶段遗存的陶系统计数据,仍可看出游邀 H129 类遗存的演进趋势(表 5-5)。

————————

① 山西省考古研究所、忻州市文物管理处:《忻阜高速公路考古发掘报告》,上海古籍出版社(上海),2012 年。

② 原始资料现藏北京大学考古文博学院,本文所引见阎向东:《论忻定及太原盆地夏时期考古学文化》,北京大学硕士学位论文,1998 年,未发表。

表5-5　过渡期前后忻定盆地居址典型遗址陶系统计表

项目 时段	单　位	陶质(%)		陶色(%)			纹饰(%)					
		泥质	夹砂	灰	褐	黑	素面	磨光	绳纹(含旋断)	篮纹	旋纹	附加堆纹	戳压印·方格
龙山末期	定襄青石	29.1	70.9	57	12	31	15.8		44.9	35.5	0.2	2.3	√
过渡期	游邀H129类	次之	居多	居多	次之	少量	第三		次之	高	√	√	√
二里头文化时期	尹村H8、H13	34	66	最多	少量	少量	一定数量		最多	√	√	√	√

　　从陶系角度观察,H129类遗存中以夹砂陶居多,泥质陶为少。砂质陶胎壁较厚。陶色以灰陶居多,但色泽斑驳不均,因此褐陶比例不小。这一特点与二里头文化时期的尹村遗址接近而与龙山时期的青石遗址差别较大。纹饰以篮纹比例高,在泥质陶器表尤甚,绳纹总体风格粗浅散乱,这与龙山时期的情况更接近。陶罕和陶甂器表多有附加堆纹和鋬手。

　　从整体文化面貌观察,H129类遗存与本地二里头文化时期最早的遗存(如游邀H2,尹村H8、H13等遗存)间的演变关系极为明显,二者间似无缺环。

　　从器物组合与陶器器形、陶系特征观察,游邀H129类遗存既有龙山时期的遗风,又与二里头文化时期十分接近,具有明显的过渡时期风格。

七、寨峁二期类遗存

　　对于晋陕高原北部至河套地区龙山时代晚期遗存的命名,学术界的分歧较大,先后有诸如"大口二期文化"①、"前套龙山文化"②、"石峁一类龙山文化"③、"客省庄文化石峁类型"④、"游邀文化"⑤、"老虎山文化"⑥、"永兴店文化"⑦、"寨峁文化"⑧、"新华文化"⑨、

　　① 吉发习、马耀圻:《内蒙古准格尔旗大口遗址的调查与试掘》,《考古》1973年第4期;王连荬:《河套和岱海地区夏商时期文化初探》,《内蒙古中南部原始文化研究文集》,海洋出版社(北京),1991年;陈小三:《晋陕高原含双鋬手鬲遗存研究》,吉林大学硕士学位论文,2009年,未发表。
　　② 高天麟:《黄河前套及其以南部分龙山文化遗存试析》,《史前研究》1986年第3、4期。
　　③ 吕智荣:《无定河流域考古调查简报》,《史前研究》1988年特刊。
　　④ 巩启明:《陕西新石器时代考古工作与研究》,《考古与文物》1988年第5、6期;魏世刚:《试论石峁等遗存与客省庄二期文化的关系》,《文博》1990年第4期。
　　⑤ 许永杰、卜工:《三北地区龙山文化研究》,《辽海文物学刊》1992年第1期。
　　⑥ 田广金:《论内蒙古中南部史前考古》,《考古学报》1997年第2期。
　　⑦ 魏坚、崔璇:《内蒙古中南部原始文化的发现与研究》,《内蒙古文物考古文集·第一辑》,中国大百科全书出版社(北京),1994年;魏坚:《试论永兴店文化》,《文物》2000年第9期;张忠培:《杏花文化的侧装双鋬手鬲》,《故宫博物院院刊》2004年第4期。
　　⑧ 吕智荣:《陕北、内蒙古中南部及晋北地区寨峁文化》,《史前研究》,三秦出版社(西安),2000年。
　　⑨ 孙周勇:《关于河套地区龙山时代考古学文化研究的几个问题》,《考古与文物·先秦考古增刊》,2002年;王炜林:《新华遗存及其相关问题探讨》,《庆祝张忠培先生七十岁论文集》,科学出版社(北京),2004年;孙周勇:《新华文化述论》,《考古与文物》2005年第3期。

"石峁遗存"①、"老虎山文化白草塔类型"②、"朱开沟文化石峁类型"③、"朱开沟甲类遗存"④等命名或归属方式。这些划分和命名内涵与外延不尽相同,涵盖时空亦有差别。但相同之处在于都强调文化的一致性,甚至还有学者持虽不命名,却也将长城地带东部的晋陕冀北部地区与河套地区"视为一个文化圈"的倾向⑤。

最近有学者强调本地的考古学文化是"与游邀遗址的文化特征和演化同步的陕北地区龙山时代至夏时期双鋬鬲遗存,也当属于游邀早中晚期遗存一样,属于杏花文化及其后继者同一谱系的文化遗存"⑥,前后分属杏花文化、永兴店文化石峁类型,进入夏纪年后可能有新华和石峁两种类型⑦,或者单独称为"新华类型"⑧。

在各典型遗址中,石峁遗址面积最大,等级最高,延续时间也最久,未来必会出现"石峁文化"的命名方式。就本书而言,是对晋陕高原及河套南部地区龙山时代结束之际的考古学遗存进行分析,暂以发现较早,材料相对集中的寨峁遗址为主线,暂命名以"寨峁二期类"遗存。

寨峁二期类遗存,是指以神木寨峁遗址⑨第二期遗存为代表的晋陕高原北部地区的过渡期遗存。该遗存已发表材料中缺乏组合较全的典型单位,寨峁遗址 F2、H9、H18、H19、H21 等单位与大部分探方第②层属于该类遗存,主要器类有单把鬲、双鋬鬲、甗、盉、尊、圈足盘、蛋形瓮、折肩罐、平口瓮等(图 5-53)。此外,类似神木石峁后阳湾 2012W1,呼家洼 2013F3⑩,外城东门址早期遗存⑪和韩家圪旦地点晚期居址⑫,神木神疙瘩梁 H22、M7⑬,神木新华遗址龙山早期如 99H108 等单位⑭,兴县碧村遗址 H5、H12⑮ 等也属于这一类过渡期遗存。这一阶段,接近邵晶所分的石峁 B 组遗存⑯。从分布范围看,此类遗存大

①　张宏彦、孙周勇:《石峁遗存试析》,《考古与文物》2002 年第 1 期。
②　韩建业:《中国北方地区新石器时代文化研究》,文物出版社(北京),2003 年。
③　田广金、韩建业:《朱开沟文化研究》,《考古学研究(五)》,科学出版社(北京),2003 年。
④　王乐文:《朱开沟遗址出土遗存分析》,《北方文物》2004 年第 3 期;《论朱开沟遗址出土的两类遗存》,《边疆考古研究·第三辑》,科学出版社(北京),2005 年。赵菊梅:《晋陕高原夏商时期考古学文化格局研究》,《公元前 2 千纪的晋陕高原与燕山南北》,科学出版社(北京),2008 年。
⑤　杨杰:《晋陕冀北部及内蒙古中南部龙山时代考古学文化初探》,《内蒙古中南部原始文化研究文集》,海洋出版社(北京),1991 年。
⑥　段天璟:《陕北地区龙山时代至夏时期的陶鬲》,《中国陶鬲谱系研究》,故宫出版社(北京),2014 年。
⑦　段天璟、董霄雷:《陕北地区石峁遗址相关遗存的性质及其形成的鬲谱观察》,《边疆考古研究·第24 辑》,科学出版社(北京),2018 年。
⑧　苗畅:《陕北地区龙山时代晚期双鋬鬲遗存研究》,吉林大学硕士学位论文,2015 年,未发表。
⑨　陕西省考古研究所:《陕西神木县寨峁遗址发掘简报》,《考古与文物》2002 年第 3 期;陕西省考古研究院、榆林市文物考古研究所:《陕西神木寨峁新时期时代遗址发掘报告》,《考古学报》2021 年第 3 期。
⑩　陕西省考古研究院、榆林市文物考古勘探工作队、神木县文体局:《陕西神木县石峁遗址后阳湾、呼家洼地点试掘简报》,《考古》2015 年第 5 期。
⑪　陕西省考古研究院、榆林市文物考古勘探工作队、神木县文体局:《陕西神木县石峁遗址》,《考古》2013 年第 7 期。
⑫　陕西省考古研究院、榆林市文物考古勘探工作队、神木县文体广电局:《陕西神木县石峁遗址韩家圪旦地点发掘简报》,《考古与文物》2016 年第 4 期。
⑬　陕西省考古研究院、榆林市文物考古勘探工作队、神木县文管办:《陕西神木县神疙瘩梁遗址发掘简报》,《考古与文物》2016 年第 4 期。
⑭　陕西省考古研究所等:《神木新华》,科学出版社(北京),2005 年。
⑮　山西省考古研究所、兴县文物旅游局:《2015 年山西兴县碧村遗址发掘简报》,《考古与文物》2016 年第 4 期。
⑯　邵晶:《试论石峁城址的年代及修建过程》,《考古与文物》2016 年第 4 期。

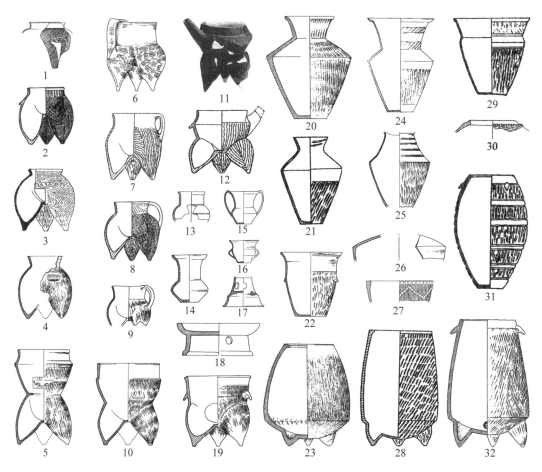

图 5 - 53　寨峁二期类遗存基本器物组合

1-4. 鬲　寨峁 CH21：4、寨峁 H9：4、寨峁 F2：3、石峁后阳湾 W1：1　5. 甗　石峁呼家注 F3：3　6-9. 单把鬲　石峁呼家注 F3：1、寨峁 CT1704②：2、寨峁 AT3010②：3、石峁韩家圪旦 H3：11　10、19、27. 罜　石峁呼家注 F3：2、神疙瘩梁 M7：1、寨峁 AT5012③：9　11、12. 盉　石峁皇城台獾子畔 2016④：2、寨峁 AT2011②：2　13、14. 壶　寨峁 AT2010②：6、神疙瘩梁 M7：3　15. 双耳壶　神疙瘩梁 M7：4　16. 双耳盆　神疙瘩梁 M7：6　17. 豆　石峁呼家注 F3：4　18. 圈足盘　碧村 H12：9　20、21、24、25、26. 折肩罐　碧村 H12：4、寨峁 AT3011②：5、神疙瘩梁 M7：2、石峁呼家注 F3：5、石峁韩家圪旦 H3：5　22、29. 大口尊　石峁呼家注 F3：6、寨峁 AH18：14　23、28、32. 蛋形瓮　碧村 H12：2、寨峁 AH60：18、碧村 H12：1　30、31. 平口瓮　寨峁 AH60：9、寨峁 CH21：9

体分布在南流黄河北部两岸,范围较广,文化面貌一致性较强。

此类遗存的器类组合较丰富,比较常见的器类主要有单把鬲、双錾鬲、甗、罜、盉、蛋形瓮、圈足盘、折肩罐、尊、平口瓮等。

单把鬲:单把上端接至口沿,下端则在袋足上部。裆底弧尖角,个别器物尚有极窄的平裆底,形态介于平裆、瘤裆与尖裆之间。领部较高,大部分素面,个别有绳纹被抹去的痕迹,袋足底有实足根,绳纹滚压至足底,部分实足根已经出现捆扎槽。

双錾鬲:绝大多数为"正装双錾鬲",侧装双錾者仅占极小的比例。有高领、矮领两种。个别陶鬲裆底尚存极窄的平裆或不甚明显的瘤底。袋足底有实足根,绳纹滚压至足底,部分实足根已经出现捆扎槽。高领者颈部尚存绳纹。有的口部压印成花边。

鬲:有箅托,腰外无附加堆纹或纵向泥条。袋足下端有实足根,部分实足根已经出现捆扎槽。

斝:数量不多,亦未见完整器,有敛口、直口两类(图5-51)。直口者有的有"五花大绑式"附加堆纹装饰。

盉:数量较多,有三足与罐形两种,以前者最为常见。三足盉有的有双鋬。

尊:皆为大敞口,有较平缓的折肩,斜深腹,有的有双鋬。

蛋形瓮:有平底与三足两种,以后者多见,皆敛口平折沿。有的平底蛋形瓮形态与平口瓮接近,上腹部或饰以圆饼状纽。

圈足盘:数量较多,圈足上多有圆形或"L"形镂孔。圈足外撇,较矮。

折肩罐:宽侈领,沿面外卷较甚,硬折肩较宽,口径小于肩径,下腹深瘦,折肩以下饰篮纹。

平口瓮:数量不多,直口或敛口,有的唇部留有一道较深的凹槽,似可加盖。

在既往研究中,有学者注意到寨峁二期类遗存与游邀H129类遗存有一定相似性,前揭孙周勇、苗畅、段天璟等亦已从不同角度论及此事。而王炜林、郭小宁[1]、邵晶[2]和王晓毅、张光辉[3]、董霄雷[4]亦从不同角度论证了陕北、晋北地区龙山晚期各遗址的宏观年代与社会变革态势。孙周勇十分敏锐地发现并明确指出,以石峁遗址81H1[5]为代表的一类遗存的出现,是河套地区一个新时代开启的标志。[6] 但是,寨峁二期遗存究竟是否应当与石峁H1类遗存同时呢? 本文对于这一观点有不同的认识。

从器形看,寨峁二期遗存与本地龙山及相当于中原地区夏时期的遗存间的源流关系比较清晰,大部分器物在本地龙山时期与稍晚的时期皆有同类器可比较。从器形演变的规律看,石峁81H1类遗存应晚于寨峁二期遗存。

首先说陶鬲。晋陕地区的陶鬲自龙山时期出现以来,总体上有如下共同的发展规律:裆部经历了宽弧裆——平裆——瘤裆——尖角裆的发展过程;领部高领者出现晚于矮领;双鋬手鬲逐渐从裆、袋足上端上移至颈部,最终消失;足根由肥大袋足无实足根——出现实足根——高实足根有捆扎凹槽——高尖实足根无凹槽(图5-54)。[7]

寨峁二期以前,本地的单把鬲为斝式单把鬲,弧裆分距较大,且有明显的裆心凸,袋足

① 王炜林、郭小宁:《陕北地区龙山至夏时期的聚落与社会初论》,《考古与文物》2016年第4期。
② 邵晶:《试论石峁城址的年代及修建过程》,《考古与文物》2016年第4期。
③ 王晓毅、张光辉:《兴县碧村龙山时代遗存初探》,《考古与文物》2016年第4期。
④ 董霄雷:《龙山时代的黄土高原》,吉林大学博士学位论文,2019年。
⑤ 西安半坡博物馆:《陕西神木石峁遗址调查试掘简报》,《史前研究》1983年第2期。
⑥ 孙周勇:《关于河套地区龙山时代考古学文化研究的几个问题》,《考古与文物·先秦考古增刊》,2002年;《公元前第三千纪北方地区社会复杂化过程考察——以榆林地区考古资料为中心》,《考古与文物》2016年第4期。
⑦ 对晋陕两地陶鬲发展序列的总结,可参:张忠培:《杏花文化的侧装双鋬手陶鬲》,《故宫博物院院刊》2004年第4期;张忠培:《滹沱河上游和桑干河流域的正装双鋬鬲》,《新世纪的考古学——文化、区位、生态的多元互动》,紫禁城出版社(北京),2006年;许伟:《晋中地区西周以前古遗存的编年与谱系》,《文物》1989年第4期;国家文物局等:《晋中考古》,文物出版社(北京),1998年。

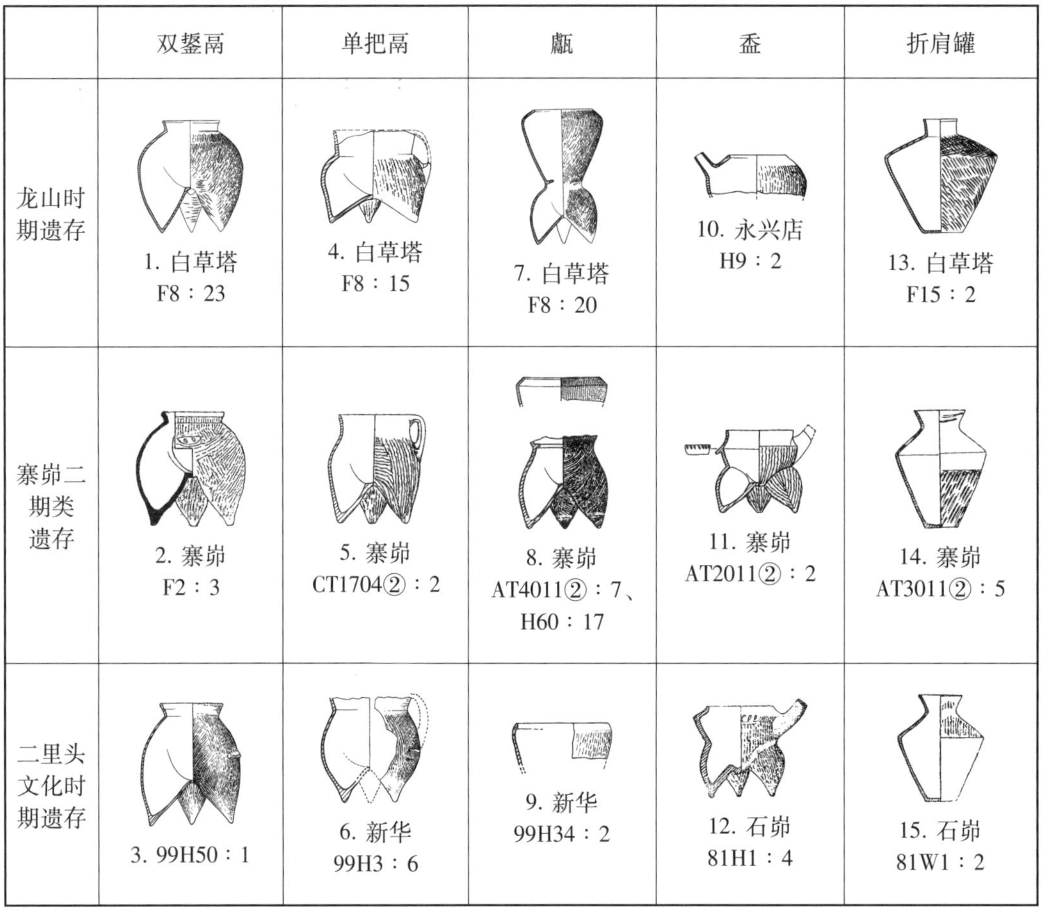

	双鋬鬲	单把鬲	甗	盉	折肩罐
龙山时期遗存	1. 白草塔 F8：23	4. 白草塔 F8：15	7. 白草塔 F8：20	10. 永兴店 H9：2	13. 白草塔 F15：2
寨峁二期类遗存	2. 寨峁 F2：3	5. 寨峁 CT1704②：2	8. 寨峁 AT4011②：7、H60：17	11. 寨峁 AT2011②：2	14. 寨峁 AT3011②：5
二里头文化时期遗存	3. 99H50：1	6. 新华 99H3：6	9. 新华 99H34：2	12. 石峁 81H1：4	15. 石峁 81W1：2

图5-54 寨峁二期类遗存与本地龙山及二里头文化时期遗存对比

十分肥大,皆无实足根(图5-54)。寨峁二期的单把鬲在比其略晚的石峁遗址中也有所见。但石峁遗址所出者实足根更高,但器形较寨峁遗址的为小;石峁遗址的单把鬲裆间夹角更小,不见平裆者,而寨峁遗址则尚有平裆的遗风。

寨峁二期以前,本地未见有实足根的尖角裆陶鬲。尖角裆双鋬鬲是寨峁二期的新事物。本地双鋬鬲双鋬绝少侧装,但在寨峁遗址中发现的侧装双鋬鬲,也已有实足根出现,总体风格与正装双鋬鬲完全相同。所见正装双鋬鬲仅有极少数留有窄平裆,大部分陶鬲裆部皆已是尖角裆。与石峁遗址的同类器物相比,石峁遗址双鋬鬲裆部尖角更高,实足根更明显,整体形态更瘦长,近长方形,裆心的实心凸比例越来越少(图5-54)。

已发表的陶甗数量较少,整体形态皆如呼家洼F3出土者不甚明了。从新华遗址的陶甗看,寨峁与呼家洼发现的陶甗实足根明显较新华遗址甗足矮,算托较新华遗址甗宽(图5-54)。

寨峁二期以前,盉的数量较少,形态一般敞口折腹,少见五花大绑式附加堆纹的陶盉。自寨峁二期开始,本地陶盉的绝对数量大为增多,而敞口陶盉也在逐渐消失,开始出现直口或敛口陶斝。直口陶斝上装饰附加堆纹的风气也已经开始出现。稍晚的石峁 H1 类遗存与新华遗址①出土的陶斝,敛口者更为常见,实足根细高的作风也指向其年代当略晚于寨峁二期遗存。

折肩罐的演变规律也十分清晰,在寨峁二期以后器形逐渐趋于瘦高,作为全器最大径的肩部折转位置逐渐下移,折肩也逐渐舒缓。在寨峁二期之前的折肩罐形体更加扁宽,肩部折转位置也更靠上(图 5－54)。

圈足盘在寨峁二期以后变化有二:其一是圈足由外撇逐渐转变为内收;其二是圈足上"L"形镂孔逐渐全部变为圆形。在寨峁二期之前的圈足盘则不见"L"形镂孔。

从上述几类器物的总体演变规律看,寨峁二期应当早于石峁 81H1 类遗存,更早于新华遗址偏晚的遗存;而明显晚于本地龙山时期的遗存。

由于本地区普遍缺乏精确的陶系统计,各遗址的陶系统计描述亦不相同,从现有的统计结果来看,只能显示出本地考古学文化的延续性,而较难反映其变化(表 5－6)。唯值得注意者,以石峁 81H1、新华晚期 99W2 等遗迹为代表的阶段开始,本地考古学文化遗存素面与磨光陶的比例开始有所增加,而篮纹比例开始有明显减少。

表 5－6　过渡期前后陕北北部地区部分居址典型遗址陶系统计表②

项目　　　　　单位　　　　时段		陶质(%)		陶色(%)			纹饰(%)						
		泥质	夹砂	灰	褐	黑	素面	磨光	绳纹(含旋断)	篮纹	旋纹	附加堆纹	截压印·方格
龙山中晚期	永兴店③	略多	略少	为主	少量	少量	√		最多		√	√	√
	白草塔三期④	不详		为主	√	√	√		为主	次之	√	√	√
过渡期	寨峁二期	为主	次之	98	极少	少量	7		17	70		√	√
二里头文化时期	石峁 H1	58.1	41.2	95.3	3.7	1	24.2		22.3	31.6	8.4	5.6	7.5
	新华	58.6	41.4	92		8	20		58		√	√	√

内蒙古中南部、河套地区与晋陕高原的陕北北部、晋西北地区自庙底沟二期以降,文化交流频繁,性质复杂,遗物面貌亦有近似之处。对于龙山至夏商时期这一大区域中的考古学文化的性质认识,学术界的认识分歧较大,总体说来有用一种考古学文化涵盖和用不

①　陕西省考古研究所等:《神木新华》,科学出版社(北京),2005 年。
②　该地区相关遗址皆未发表准确陶系统计数据,更缺乏典型单位统计,因此陶系统计对比仅能以粗略的描述性统计或采用邻近的河套地区遗址统计进行对比。
③　内蒙古文物考古研究所:《准格尔旗永兴店遗址》,《内蒙古文物考古文集·第一辑》,中国大百科全书出版社,1994 年。
④　内蒙古文物考古研究所:《准格尔旗白草塔遗址》,《内蒙古文物考古文集·第一辑》,中国大百科全书出版社,1994 年。

同考古学文化进行总结两种倾向。① 针对从龙山晚期考古学文化的转变问题而言，以寨峁二期遗存为代表的遗存，在内蒙古中南部、河套地区的大口遗址、永兴店、白草店甚至朱开沟等遗址中也有些许端倪体现，或许与寨峁二期遗存一起或者先后步入了新的历史阶段，但由于其表现尚不如寨峁遗址明显，因此暂不做深入讨论。

陶寺遗址 1978－1985 年田野工作报告公布后②，部分关键材料可以说明陕北北部地区遗存与晋南地区的相对年代关系。陶寺遗址年代较晚的 Ⅲ H303 中发现的圈足罐、折肩罐形态与新华 99W2 十分相似，而新华 99W2 打破 99H108③，说明寨峁二期类遗存与陶寺遗址最晚阶段的遗存年代相近或略早一段。从折肩罐、双鋬罐等器物的形态看，新华 99W2 可能与游邀 H129、H3 年代接近或相当，而早于游邀遗址 H2。

八、北方区"过渡期"遗存特征及其与"新砦类"遗存的对比

总结上述六个不同地区的"过渡期"遗存，我们可以看到在中原北部邻境地区的过渡阶段如下几点共同的特征：

第一，北部邻境地区炊器组合中最为常见的器类是鬲、甗、斝三类空三足器。在龙山时代，北方地区内的鬲、斝皆为空袋足成尖直接着地而不见实足根。自过渡期开始，这三类器物，各类型无一例外地都开始出现实足根。不少属于过渡期遗存的单位中甚至还可以见到无实足根袋足器与有实足根袋足器共存的现象。虽然在有些过渡期阶段的遗存中，鬲、斝类器物的实足根不高亦或不明显，但实足根从无到有的历史变化强烈趋势却十分明显。

第二，各地过渡期遗存中往往既有龙山时期的常见器物，又有进入新历史阶段的创新器物。在北方地区，有些器物是当地龙山时期常见也较具标志性的器物，如冀南地区的下腹周孔甗；冀北地区的子母口瓮；忻定盆地的折肩罐；燕山南麓的贯耳折腹盆、盉；晋南地区的直口斝等器类。但在相当于二里头文化时期的历史阶段，这些器物却逐步消失或极为罕见。有些器物，在二里头文化时期在北方地区俯仰皆是，如高领鬲、平口瓮等，在龙山时期却是凤毛麟角的罕见器物。可是，恰是在过渡期阶段，不但上述龙山时期常见器物数量不少，就连二里头文化时期的常见器形，也已生机勃勃，体现出过渡期遗存在龙山与二里头两个时代之间的过渡、串联特性。

第三，从装饰风格讲，龙山时代盛行的篮纹、方格纹，在各地过渡期遗存中比例之高，是二里头文化时期任何一个阶段都不可比拟的。但篮纹和方格纹在过渡期阶段又似乎呈

---

① 对于该地考古学文化性质的学术史综述，可参孙周勇：《河套地区龙山时代考古学文化初步研究》，西北大学硕士学位论文，2002 年，未发表；吕智荣：《陕北、内蒙古中南部及晋北地区寨峁文化》，《史前研究（2000）》，三秦出版社，2000 年。

② 中国社会科学院考古研究所、山西省临汾市文物局：《襄汾陶寺——1978～1985 年考古发掘报告》，文物出版社，2015 年。

③ 关于这一组打破关系所显示的相对年代关系，田建文也已注意到。但他的意见并未公开发表于刊物，仅见于考古汇网站刊布的网文——田建文：《周族起源山西考——兼论陶寺与石峁、新华、朱开沟》。类似对石峁遗址年代的讨论亦见于氏著：《石峁遗址出土口簧的年代问题——兼谈石峁遗址的分期》，《文博》2020 年第 4 期。

现出较所在地龙山时期减少的大趋势。同时,在过渡期遗存中,各类绳纹比例上升,几乎可以与篮纹、方格纹分庭抗礼甚至后来居上,显示出时代转换的讯息。

第四,各地过渡阶段遗存出现的绝对年代有先有后,但时代大体相当。虽然普遍缺乏测年数据,各地过渡期的绝对年代也有一定差别并不共时。比如寨卯二期类遗存、哑叭庄H54类遗存和雪山H66类遗存的出现绝对年代可能早于游邀H129类遗存,而较寨卯二期遗存稍晚的石卯81H1、新华99W2等遗迹则可能与游邀H129类遗存年代相当。从宏观时代转折的角度观察,所有过渡期遗存的出现年代,都是在当地龙山时代最末,走向下一个新的历史阶段的转折当口。这些转折有的与中原腹心地带二里头文化的出现时间相近,有的与新砦类遗存的出现相当,有的可能早于新砦类遗存的出现。这一现象,实际是龙山时代的结束时间并不同步所致,但古冀州之域不同考古学文化时代变换的总体走向却较一致,大体都在公元前1900至前1800年前后完成了转折,有内在的统一。

第五,随着材料的丰富,未来在同一类遗存之中,不同遗址的具体遗迹单位年代有进一步细化、分期的可能。比如,寨卯二期遗存中,石卯后阳湾W2、寨卯AH9等单位就有可能较石卯呼家洼F3略早。游邀H129类遗存中,原平辛章①、原平唐昌遗址与游邀遗址的各单位间亦可进行进一步的年代学分析。寨卯二期与稍晚的石卯81H1、新华99W2时间紧密衔接,内部应当能进行更细致的分期。

第六,目前可以辨识的几个过渡期遗存的分布区域,基本上与二里头文化时期该地的文化类型分布区域相合——槐树屯H1类遗存的出现区域大体与下七垣文化漳河类型的分布区域相当;哑叭庄H54类遗存大体与下七垣文化下岳各庄类型分布区域相当;雪山H66类遗存与大坨头文化雪山类型的分布区域相当;峪道河H1类遗存的分布区在白燕文化的分布区内;游邀H129类遗存分布区域与二里头文化时期尹村类型相当;寨卯二期类遗存的分布区域大体与稍晚出现的新华文化或石卯文化分布区大体重合。可见,二里头文化时期新出现的这些考古学文化,是从当地龙山时期转变过程中,经历了不同的过渡阶段而出现的。

第七,各过渡期遗存,虽然出现的绝对时间并不同步,转折的结果也不尽相同,但历史前进的大方向却趋向一致。在两河之间的古冀州之域的今河北、山西、豫北地区,各过渡期或继承延续当地龙山文化,或接受新的文化因素影响,无不例外地选择了陶鬲,形成了一个以陶鬲为中心的物质文化区域,以此区别于中原地区以夹砂罐、鼎作为主要炊器的物质文化区。

而对于尚未发现明确过渡期遗存的豫北、冀中、桑干河、壶流河、南流黄河两岸地区南部地区,相信随着考古学工作的开展,必然可以陆续找到或者辨识出当地相当于过渡期的遗存。可以大胆推测,上述地区将来发现的过渡期遗存,其演变规律与文化演变走向,可能会和本文所分析的六类过渡期遗存一样,有相对一致的发展态势。

---

① 山西大学历史文化学院考古系:《山西原平市辛章遗址2012年发掘简报》,《考古》2014年第5期。

若将北方地区内的过渡期遗存总体特征与中原腹心地带的过渡期遗存——新砦类遗存相对比,则可发现,二者有共同的时代一致性,但又有明确的地域差异。

首先谈相同之处。

第一,各地从龙山向新的历史时期的转变几乎大体都是在公元前1900至前1800年前后得以完成的,从总体的转变态势来看,都是从龙山时代转向新的时期;从物质文化角度总括,都是从以篮纹、方格纹为主的折沿陶器为主,转向以饰绳纹的卷沿器为主。

第二,从文化面貌来看,无论是中原地区的新砦类遗存,还是北方地区的各类过渡期遗存,器物组合与器形特点都有着明显的"过渡"特性。无论是装饰风格,还是器类组合,亦或器物细部特征,既有龙山遗韵又有较强的新时代风格,过渡阶段的中间环节特征明显。

第三,从发现来说,都与某一新考古学文化的主要分布地区相合,但在开始阶段分布范围普遍不大。新砦类遗存三类主要类型①(新砦、花地嘴、二里头)的出现地域与二里头文化二里头类型早期阶段的分布区域几乎密合。张海认为新砦类遗存在豫西与豫中地区较为密集,而其他地区则相对稀疏②。可知新砦类遗存核心地区在新密—荥阳—偃师一线,转变为二里头文化之后,再行扩展。北方地区的过渡期遗存也是如此。无论中原、北方,已知的过渡期遗存分布范围都不大,在形成新的考古学文化类型后,分布范围才逐渐扩展。

其次说相异之处。中原与其邻境的北方区域过渡阶段,在具体的演进历程中,差异何止万千,但从宏观的文化变迁角度看,却可总结出这样几个大的差别。

首先,过渡阶段标志性转变器物有明显差异。在北方地区,过渡期的标志性器物是有实足根三足器的普遍出现;而在新砦类遗存中,却缺少明确的标志性器类。在新砦类遗存中,出现转折变化的器物有许多种,但要从中选出一种最有代表性器物的出现与否,即可作为是否转折期的标志,是较为困难的。许宏曾经将河南龙山文化晚期至二里头早期的所有器类列出对比③,见其更替,却难以某一种器物的有无,定出新砦类遗存的过渡性质。由此可见南北两区域在演变的具体方式迥异。中原地区选择了不同器类共同组合的"集团式"渐变;而北方地区却以三实足炊器作为共同生活甚或心理认同标识物,以其形态变迁,标识时代更迭。

其次,从转变的地域整合看。新砦类遗存新砦、二里头和花地嘴三处遗址,展现出略具差异的文化面貌,但最后百川归海地结合成为高度一致的二里头文化二里头类型。而在北方地区,过渡期遗存多点开花,虽有一致的方向,但最终的转变样态却似月映万川。自二里头文化时期开始,北方地区新出现的各类考古学文化间虽然有着一定的共性(比如

① 常怀颖:《二里头文化一期研究初步》,《早期夏文化与先商文化研讨会论文集》,科学出版社(北京),2012年。
② 张海:《中原核心区文明起源研究》,上海古籍出版社(上海),2021年。
③ 许宏:《嵩山南北龙山文化至二里头文化演进过程管窥》,《二里头遗址与二里头文化研究——中国·二里头遗址与二里头文化国际学术研讨会论文集》,科学出版社,2006年。

逐渐都选择陶鬲、甗作为炊器中心），区别于其北邻的夏家店下层文化，东邻的岳石文化，南邻的二里头文化，西邻的关中东部地区夏时期考古学文化，但在其内部，却从来没有形成如二里头文化二里头类型那样的高度统一体，文化的发达高度也显然落后于中原腹地。

这一差别，反映出新砦类遗存走出了一条"条条道路通罗马"的演进方式，其整合归属的动因，无论是通过军事力量强力扭转，还是自然而然民心所向，终归整合走向了一体化。而在北方地区，则好似不同考古学间有密切的交流，互有亲缘往来相通，却又体现出"嫡庶有别"的相对独立性。背后的动因，或许在于中原腹心地区的北邻，在龙山向新时期的演进过程中，并未形成强有力的聚合国家，而仍是有近似的物质认同纽带维系，不同方国或族际间松散结合但密切互动。

"事不孤起，其必有邻"。公元前 2000 纪前后西起晋陕高原东至燕山南麓的广袤区域内，过渡期遗存的出现，是大时代变革中物质文化的不同演进缩影。无论折转的新时代是否可谓之以"夏"或者"相当于夏时期"，它都代表了一个新时代的来临。如此时代洪流中，北方各地相继而起的转折与继而出现的新考古学文化，在面对中原腹心区的整合、统一体时，做出了大同小异的因应，或许这才是最早王朝时代的缩影。

第四节　夏商时期冀州之域与周邻
考古学文化的互动

行文至此，让我们在冀州之域内的考察略做休整，将视野投射于冀州以外，看看在同一时期，冀州之域之外的考古学文化与我们所讨论的冀州之间是何关系。

既然是跳出冀州看冀州，假若跳太远，则会满眼尽是异域风情，必然是乱花迷眼而不见冀州。要想有效分析问题，最好是将目光锁定在冀州的诸位"邻居"身上。简言之，就是考察冀州的诸邻境考古学文化在冀州所产生的作用及与冀州诸考古学遗存的互动。

由于二里冈上层时期，二里冈上层文化在北方地区几乎"一统天下"，冀州与冀州之外，皆是受其辐射。晚商时期在冀州以东以南也尽是商文化的天下，讨论余地不大。二里冈下层文化阶段，各地的编年序列尚不完善，比照工作难以展开。因此，本文的重点放在二里头文化时期和晚商时期西、北方对于冀州的作用。

二里头及晚商时期对冀州之域产生作用的诸邻境考古学文化，主要有如下五支——二里头文化二里头类型、岳石文化、夏家店下层文化、朱开沟文化以及关中地区的夏商时期遗存。

一、二里头类型

二里头文化时期，没有任何一支考古学文化达到了二里头类型的发展高度，高度发达的铜器铸造工业和强势的文化传播力，深深地影响着它的邻居们。对于冀州地区而言，在整个二里头文化时期，二里头文化一致持续不断地向北辐射。然而，假若分析影响力与输出品,不难发现二里头类型的影响力实际上是有选择且有规律的。

首先看影响力时间变化。在不同地区,二里头文化影响的时间并不相同。在太行山东麓,二里头文化二里头类型随着时间的推移影响力逐渐减弱。随着下七垣文化逐步向南扩张,在二里头文化四期前后,二里头类型的控制区已经退至黄河以南沁水以西。至二里冈时期,二里头类型的消亡使得二里头对于冀州之域的影响逐渐消失。可以说,二里头类型对冀州之域太行山以东地区的影响,集中在二里头文化四期以前。而在太行山西麓,影响时间似比东麓略久。在垣曲和运城盆地则自二里头文化一期开始就持续影响当地。

其次看影响空间范围。二里头文化二里头类型对于各地的影响力是不同的。在太行山东麓,二里头文化四期以前,豫北地区是其直接控制范围,四期后,这一地区二里头类型影响力逐渐减弱,而成为下七垣文化辉卫型的分布范围。在晋西南地区,是二里头类型影响力最强的地区。在晋东南,以小神类型为代表的地方文化,展现出介于下七垣文化漳河型与二里头文化东下冯类型之间的中介样态,而与二里头类型差别较大。若从文化面貌角度考虑,这一地区可能是处在下七垣与二里头的争夺之下地区。豫北和晋南地区再向北,二里头文化的影响力越来越弱。在滹沱河以北和晋中以北,除个别器类外,几乎不见二里头文化因素的痕迹。可见二里头文化二里头类型的力量越向北,影响力越弱。

其三看输出影响的器物类型。由于影响力和影响范围的差异,二里头类型对不同地区的输出品是有所差异的。

对于豫北地区,自在二里头文化四期以前,二里头的影响遍及豫北类型的各个方面,无论炊器组合中陶鼎、夹砂深腹罐、圆腹罐的高比例,还是盛器中的大平底盆、深腹盆、大口尊、捏口罐、刻槽盆等器物,以及最具代表性的酒水器——爵,豫北地区与二里头类型几无二致。

在晋南,二里头类型对于该地的影响输出器类主要有炊器类的深腹罐、鼎、圆腹罐、桂叶孔甑;盛器类的浅腹平底盆、大口尊、刻槽盆、捏口罐,以及酒水器的爵。但二里头类型中的几类特征性器物如三足盘、折肩器盖、浅盘折沿豆等器物始终在晋南未曾流行开来。随时代的推移,二里头文化二里头类型对晋南的影响力逐渐减弱,而东下冯类型的自身特色越强。

在冀南,下七垣漳河型对二里头文化的输出品是有选择的。按照王立新、朱永刚的梳理[1],漳河型接受的二里头类型的器物主要有炊器中的夹砂中口罐、圆腹罐、侧装扁足罐形鼎;盛器类捏口罐、大口尊、刻槽盆以及酒水器的爵、仿铜斝等,数量比例皆不高。

再向北,下七垣文化的下岳各庄类型与大坨头文化甚至于夏家店文化壶流河类型,接受的二里头文化输出品就更加有选择,共有者仅有爵一种,其他器物基本上不见。

在太行山西麓,白燕文化与尹村类型中,能见到的二里头文化输出品更单调,可确认者仅爵一种,且有可能是经过其他文化中转输入。

---

① 王立新、朱永刚:《下七垣文化探源》,《华夏考古》1995年第4期。

若同时对比二里头文化的输出品(表5-7),可以看出,二里头类型的爵、封口盉、刻槽盆可为各考古学文化皆能接受的,其中爵在冀州之域内传播最广(图5-55)。

表5-7　二里头类型输出器物分类分域对比表

	豫北	晋南	冀南	冀中	燕山南麓	晋中	忻定
炊器	深腹罐、鼎、圆腹罐、桂叶孔甗		夹砂中口罐、圆腹罐、侧装扁足罐形鼎				
盛器	大平底盆、深腹盆、大口尊、捏口罐、刻槽盆	浅腹平底盆、大口尊、捏口罐	捏口罐、大口尊、刻槽盆				
酒水器	封口盉、刻槽盆、管流爵		爵、仿铜斝		管流爵		

假若统一考量二里头文化时期的爵杯分布范围,可以发现二里头似乎是其分布南界,北界似乎在夏家店下层文化核心分布区燕山以北的辽西地区,冀州之域则处于陶爵分布区的中心。从数量讲,二里头遗址与二里头类型的遗址所出陶爵总量大体与冀州之域内各遗址持平。但冀州之域内目前未有二里头遗址这样等级的聚落,倘若有,则爵杯数量恐怕会更多。由于中原腹心地带龙山时期遗存中的小型酒器主要是觚或筒形杯,而少见爵,二里头文化时期偏晚阶段,爵突然大增。由此现象,是否甚至可以考虑,爵杯或是冀州区域内的原生产品,流向二里头文化二里头类型?由于目前材料较少,这一问题暂做一猜想耳。

除直接输出成品器类之外,魏峻已经明确指出二里头类型还向北输出它的装饰风格,其中以鸡冠鋬双耳和花边装饰风格为主。[1] 但从各地过渡期遗存甚至龙山时期的遗存看,鸡冠双鋬和花边并不罕见,未见得一定是二里头类型的输出。

既是交往,有来无往就不正常,在二里头类型向外输出的时候,东下冯、豫北类型也向二里头类型输入了不少冀州之域的特征器物。但似乎二里头类型所接受的这些器物并非输入,而是通过了晋西南和豫北二里头文化地方类型中转而来的。

冀州之域内对二里头类型产生影响并输入陶器的,主要是东下冯类型与下七垣文化漳河型。晋南地区东下冯对于二里头类型的最大影响,莫过于鬲、单耳罐、敛口瓮三类。这一点,于孟洲在其研究中也曾论及[2],因此本文不展开论述。下七垣文化漳河型对二里头类型的输出器物主要有鬲、橄榄形罐、旋纹磨光盆三类,朱君孝已有论述[3]。上述器类虽少,但意义重大,且随时代的演进,数量愈多。这种递增趋势,显示出二里头文化时期,下七垣文化逐步壮大与向南的扩张历程。

---

① 魏峻:《下七垣文化的再认识》,《文物季刊》1999年第2期。
② 于孟洲:《东下冯文化与二里头文化比较及相关问题研究》,《文物春秋》2004年第1期。
③ 朱君孝、李清临:《二里头晚期外来陶器因素试析》,《考古学报》2007年第3期。

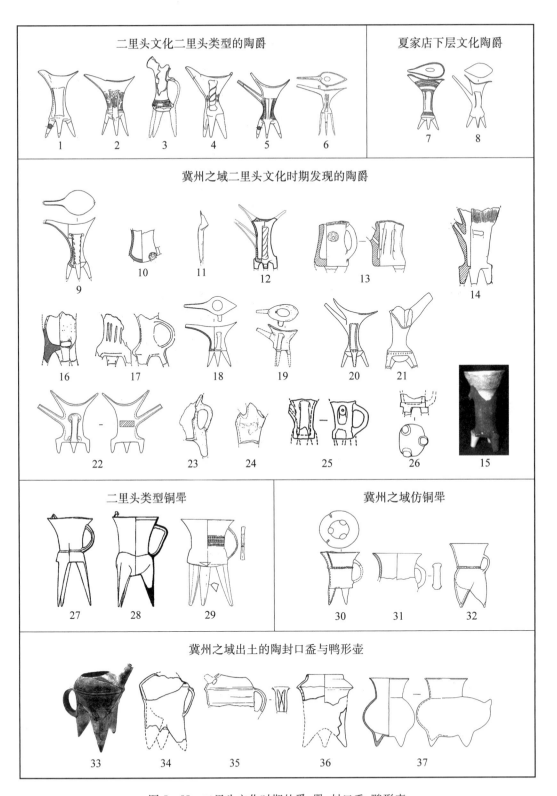

图 5-55 二里头文化时期的爵、斝、封口盉、鸭形壶

1-5. 二里头 Ⅳ M11：1、Ⅵ T3②下：13、Ⅴ M15：9、Ⅵ KM6 上：3、Ⅴ M15：3 6. Ⅶ KM7：1 7-8. 大甸子 M853：9、M905：10 9-26. 刘庄 M262：2、宋窑 T12③：56、涧沟 57H4：53、薛庄出土者、补要村 H237：08、小客 H1：2、大赤鲁出土者、小神家：63、大柴 H4：1、东下冯 M401：1、罗家曲 LL01、狄村出土者、东太堡 80 年出土者、南涅 水 H21：40、崔炉 H2：11、尹村 H11：2、东段景 DX090403C005-H：1、赵家庄 FS061108I017：1 27-29. 二里头 84YLVIM9：1、87YLVM1：2、Ⅴ采 M：66 30-32. 葛家庄 93H09：6、补要村 H237：66、垣曲商城 H250：42 33-37. 东下 冯 M401：3、小赵 H6：10、垣曲商城 H199：3、垣曲商城 H826②：23、游邀 H584：7

二、岳石文化

岳石文化确定较晚①,时至今日,也缺少全面整理。既往研究中赵朝洪②、王迅③、宋豫秦④、栾丰实⑤、方辉⑥等学者的研究较为完善,本文依据他们的基本结论展开讨论。

岳石文化的主要分布区在古黄河以东,与冀州之域太行山东麓的二里头文化时期各考古学文化隔河相对。岳石文化对冀州之域的影响主要是对下七垣文化的影响。岳石文化向下七垣文化的输出器物主要有旋纹磨光鼓腹盆、盘内有折棱的细柄豆、素面甗及锥形足的罐形鼎(图5-56、57)。前两种器物,张翠莲⑦、沈勇⑧等已经有详细的讨论。

器　类	旋纹鼓腹盆	大平底浅腹盆
岳石文化	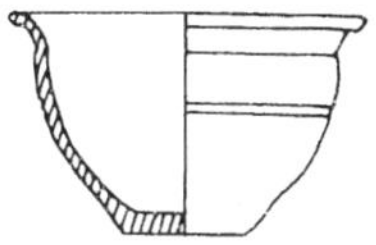 1. 郝家庄 T5②B:19	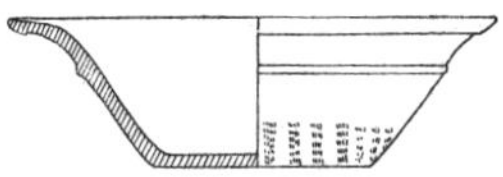 3. 尹家城 H8:9
下七垣文化	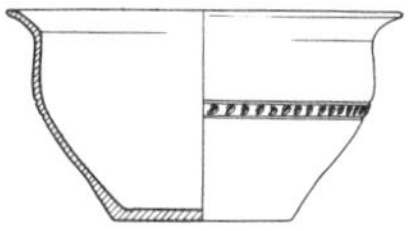 2. 补要村 H81:04	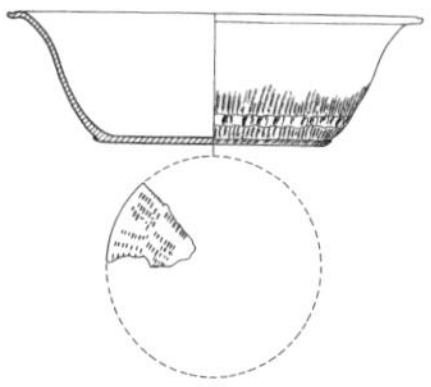 4. 补要村 F3:27

图5-56　岳石文化与下七垣文化相似陶盆对比图

侧视如锥形足的罐形鼎在冀州之域内以往没有发现。近年来,在漳邓、南城等遗址中多次发现此类器物的踪迹,可知岳石文化的明确影响(图5-58)。

在这四类器物之外,下七垣文化各类型皆有一定比例的大平底浅腹盆、盂形豆、碗形豆,当与岳石文化有一定关系(图5-56、57)。

---

① 严文明:《龙山文化和龙山时代》,《文物》1981年第6期。

② 赵朝洪:《有关岳石文化的几个问题》,《考古与文物》1984年第1期。

③ 王迅:《东夷文化与淮夷文化研究》,北京大学出版社(北京),1994年。

④ 宋豫秦:《夷夏商三种考古学文化交汇地域浅谈》,《中原文物》1992年第1期;《论豫东夏邑清凉山遗址的岳石文化地层——与孙明同志共探讨》,《中原文物》1995年第1期。

⑤ 栾丰实:《岳石文化的分期和类型》,《海岱地区考古研究》,山东大学出版社(济南),1997年;《试论岳石文化与郑州地区早期商文化的关系——兼论商族的起源问题》,《华夏考古》1994年第4期。

⑥ 方辉:《岳石文化的分期、类型及其与周围同时代文化的关系》,山东大学硕士学位论文,1987年,未出版;《岳石文化的分期与年代》,《考古》1998年第4期;《二里头文化与岳石文化》,《中原文物》1987年第1期。

⑦ 张翠莲:《先商文化、岳石文化与夏家店下层文化关系考辨》,《文物季刊》1997年第2期。

⑧ 沈勇:《论保北地区的先商文化》,北京大学硕士学位论文,1988年,未发表。

器　类	折棱细柄豆	碗形豆	盂形豆
岳石文化	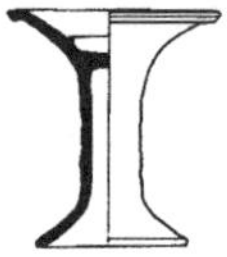 1. 尹家城 T224⑦：11	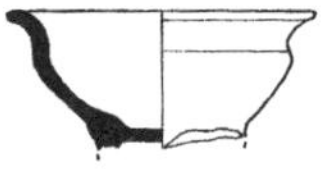 3. 安邱堌堆 T12XK：53	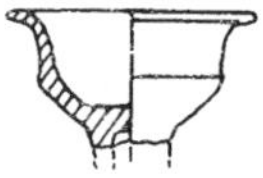 5. 郝家庄 H6：78
下七垣文化	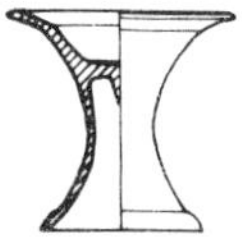 2. 何庄 T12②：2	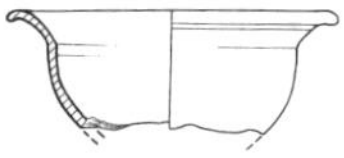 4. 补要村 H75：04	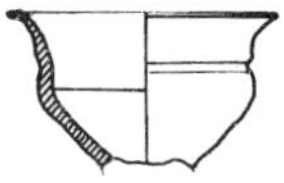 6. 辛庄克 H1：29

图 5-57　岳石文化与下七垣文化相似陶豆对比图

除了有直接的器形交流外,岳石文化对下七垣文化的作用就是对陶器的装饰风格有所影响。岳石文化夹砂红褐陶及素面或绳纹散乱滚压的特点,自过渡期遗存起,就开始持续地影响下七垣文化,一直持续到二里冈时期在冀州之域仍有一定影响。

从影响的空间范围来看,岳石文化对黄河以西的下七垣文化皆有影响,其北界从目前观察,可能要达到易水以北。

下七垣文化各类型对岳石文化也同样有影响,在岳石文化中所见的高锥足卷沿细绳纹鬲、圆腹罐、深腹罐等器物有可能自下七垣文化而来。下七垣文化中器物肩部拍印 S 形或云雷纹、平底器下腹及器底以绳纹棍压印成组绳纹凸棱的作风也深深影响到了岳石文化。

器　类	罐　形　鼎		
岳石文化	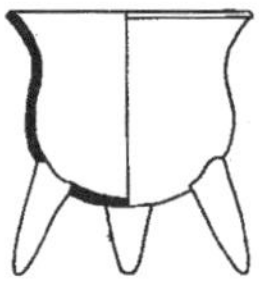 1. 尹家城 H750：1	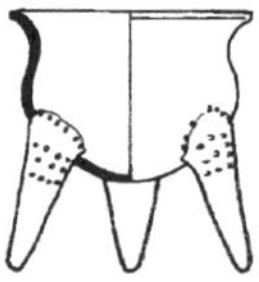 2. 马彭北 012	
下七垣文化	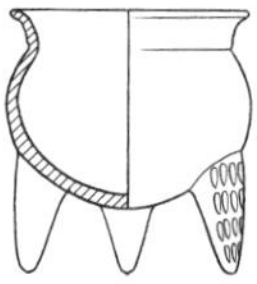 3. 漳邓 H32：39	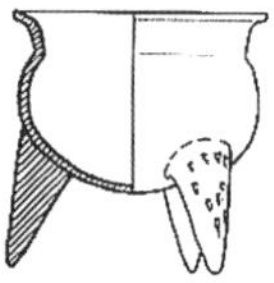 4. 南城 M45：1	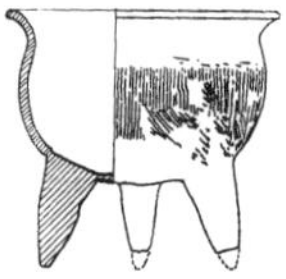 5. 西方头：?

图 5-58　岳石文化与下七垣文化陶锥足鼎对比图

三、夏家店下层文化

夏家店下层文化的主体分布范围在冀州之域以外的东北方,但该文化的壶流河类型分布在冀州之域内。从影响力来看,夏家店下层文化对于冀州之域内的考古学文化影响相较二里头文化二里头类型与岳石文化而言要小不少,仅影响到大坨头文化与下七垣文化下岳各庄类型。忻定盆地二里头文化时期的遗存中,可能也有夏家店下层文化的零星影响。

从可以明辨的器物看,夏家店下层文化对冀州之域内的影响仅有素面筒腹鬲、垂腹鬲及折腹盆三类器物(图5-59)。素面筒腹鬲在下七垣文化下岳各庄类型中有发现,数量比例较少,大致在二里头文化四期时期出现在燕山以南,一直持续到二里冈上层时期商文化越过易水之后才逐渐消失。垂腹鬲较筒腹鬲似乎更早翻越燕山,大体在二里头文化三期时已经出现在易水以北,但消失也很早,大体在二里头四期左右,就已经消失。折腹盆大体二里头文化二期时就已经出现在易水流域,一直到二里冈上层文化以后,此类器物仍然顽强地存留(图5-59)。

	素面筒腹鬲	垂腹鬲	折腹盆
夏家店下层文化	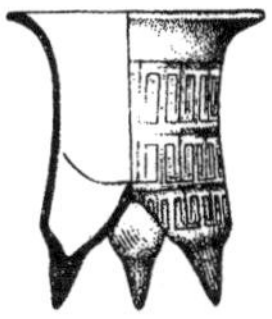 1. 三关 M2008：1	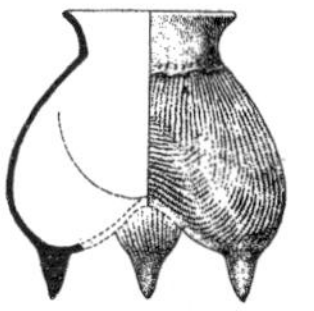 4. 三关 H2022：26	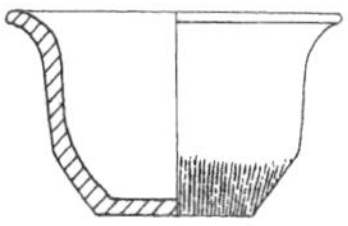 7. 官庄 M7：1
大坨头文化	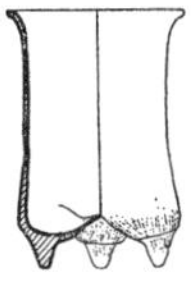 2. 刘李店 M1：1	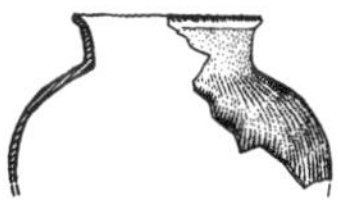 5. 镇江营 H277：1	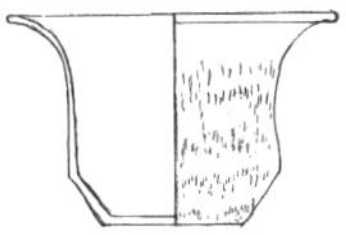 8. 雪山 M42：2
下七垣文化下岳各庄类型	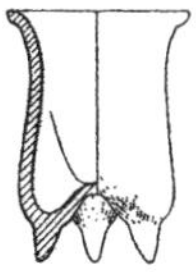 3. 渐村 H1：23	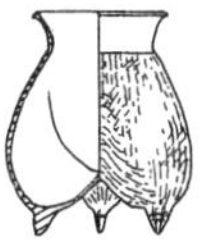 6. 老姆台 YL：01	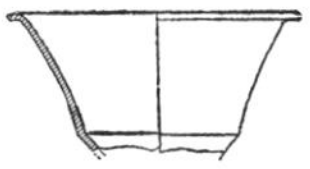 9. 庞家河 H1：2

图5-59　夏家店下层文化与大坨头、下七垣文化相似陶器对比图

除了器物之外,夏家店下层文化对于冀州之域的影响中较大的,是夏家店下层文化的陶器装饰风格。一方面夏家店下层文化筒腹鬲上常见的彩绘装饰风格,也影响到了大坨头文

化(图5-60)。除此以外,夏家店下层文化中常见的蛇纹装饰,也深刻影响到了燕山以南和忻定盆地。

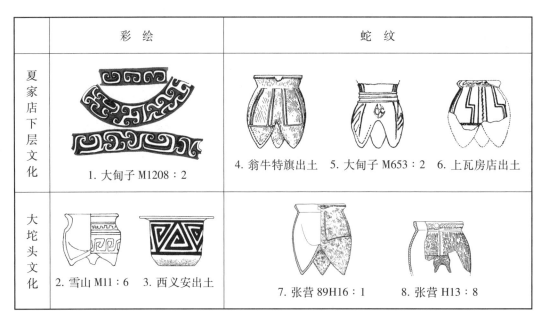

图5-60 夏家店下层文化与大坨头文化彩绘、蛇纹陶器对比图

对于蛇纹器,韩嘉谷①、李水城②和乌恩岳斯图③等人先后进行过讨论。在他们的研究中,有的认为蛇纹器就源于鄂尔多斯地区④;有的认为这类器物最早产生于陕北与晋西北黄河沿岸⑤;也有学者认为此类器物渐次产生于自西北至鄂尔多斯一线地区,然后扩至冀北、辽西⑥;也有人认为,蛇纹鬲最早产生于西伯利亚地区,然后南传入中国长城一线⑦。本文认为,无论蛇纹器最早起源于何地,但冀州之域内的蛇纹鬲的出现应该与长城沿线中东部地区直接相关,但是具体地点就目前材料而言尚不宜做出定论。

但可以肯定的是,夏家店下层文化的蛇纹鬲(图5-60)年代至少不晚于朱开沟文化中的同类器,部分蛇纹鬲年代可能甚至会早于朱开沟文化。从地域角度看,燕山南麓所出现的蛇纹器,应当是源自邻近的夏家店下层文化之中的。在既往研究中,一些学者认为,燕山南麓考古学文化中所见的蛇纹器源自朱开沟文化。退一步讲,即便蛇纹器发源自鄂

① 韩嘉谷:《花边鬲寻踪——谈我国北方长城文化带的形成》,《内蒙古东部区考古学文化研究文集》,海洋出版社(北京),1991年。
② 李水城:《中国北方地带的蛇纹器研究》,《文物》1992年第1期。
③ 乌恩岳斯图:《北方草原——考古学文化比较研究》,科学出版社(北京),2008年。
④ 田广金、郭素新:《鄂尔多斯式青铜器的渊源》,《考古学报》1988年第3期。
⑤ 崔璇:《新石器时代至商周之际河套地区与燕山南北的文化联系》,《内蒙古东部区考古学文化研究文集》,海洋出版社(北京),1991年。
⑥ 李水城:《中国北方地带的蛇纹器研究》,《文物》1992年第1期。
⑦ 俞伟超:《内蒙古西部地区原始文化座谈会发言辑录》,《内蒙古文物考古》1986年总第4期。

尔多斯高原,在滹沱河上游和燕南地区大坨头文化中所见的蛇纹器,也是经过燕山以北的夏家店下层文化或其他文化作为中介,而不大可能跨地域传播。

夏家店下层文化向南传播的影响力似乎在易水、唐河一带,但未越过唐河到达滹沱河北岸地区。

冀州之域内对夏家店下层文化产生影响的考古学文化,主要是大坨头文化及下七垣文化,器类最常见的是旋断绳纹深腹盆(图5-61)。

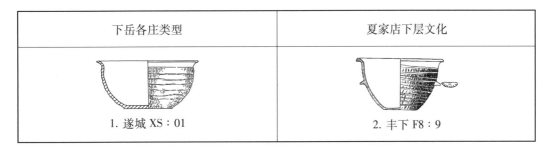

下岳各庄类型	夏家店下层文化
1. 遂城 XS：01	2. 丰下 F8：9

图5-61　夏家店下层文化与下七垣文化下岳各庄类型旋断绳纹深腹盆对比图

四、朱开沟甲类遗存与朱开沟文化

对于朱开沟文化发掘之后,该遗址所有遗存在报告及简报中被统称为"朱开沟文化",有不少学者赞成这一意见[1]。孙华首先敏锐地意识到,"朱开沟遗址的发掘报告将不同时期、不同文化的遗存混在了一起"[2]。

新世纪之后,王乐文利用正式出版的报告对这一问题进行了系统梳理[3]。他认为朱开沟遗址相当于二里头文化三期以前的遗存,与三期以后的遗存是两支不同的考古学文化。前者以正装鋬手鬲、单耳鬲、盉、空袋足三足蛋形瓮、单耳罐、双耳罐、折肩罐、高领罐为基本组合;后者则以蛇纹肥袋足鬲、深腹盆、带鋬罐为基本组合。前者王乐文命名为"朱开沟甲类遗存",年代上限当在龙山时期;后者则被他命名为"朱开沟文化"。这一意见无疑是正确的,本书从之。

朱开沟甲类遗存对晋中与忻定盆地二里头文化早期及过渡期遗存影响甚大。折肩瓮、双耳罐、单耳罐、正装双鋬鬲、高领壶等器物,皆可在朱开沟甲类遗存中找到同类器(图5-62)。从目前情况看,黄河"几"字形转弯处及其以北地区此类遗存分布较广,年代可能也略早于忻定盆地,可能是忻定盆地过渡期与二里头文化时期尹村类型的文化来源之一。

　　① 王连葵:《河套、岱海地区夏商时期文化初探》,北京大学硕士学位论文,1989年,未发表;田广金、韩建业:《朱开沟文化研究》,《考古学研究》(五),科学出版社(北京),2003年。
　　② 孙华:《夏商周考古》,《中国考古学年鉴(1992)》,文物出版社(北京),1994年。
　　③ 王乐文:《朱开沟遗址出土遗存分析》,《北方文物》2004年第3期;《论朱开沟遗址出土的两类遗存》,《边疆考古研究》第三辑,科学出版社(北京),2004年。

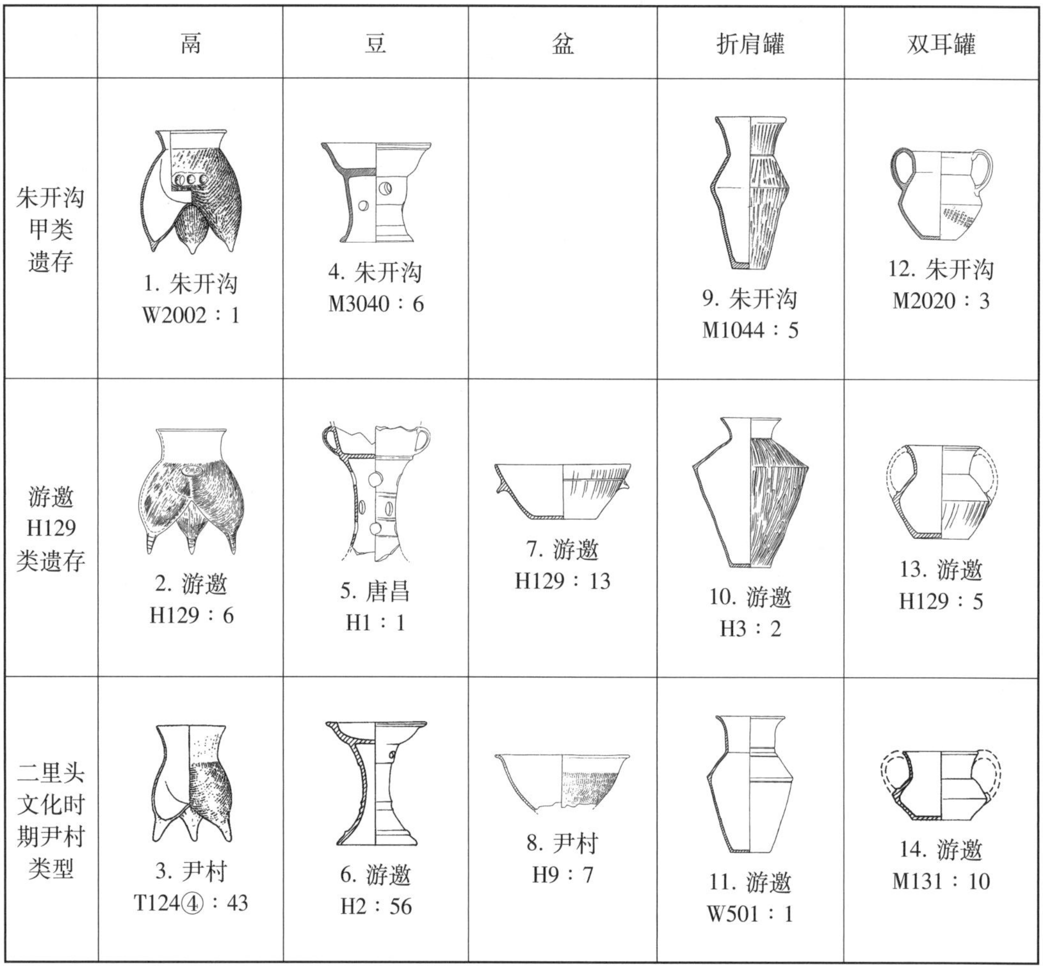

鬲
豆
盆
折肩罐
双耳罐
朱开沟甲类遗存
1. 朱开沟 W2002:1
4. 朱开沟 M3040:6
9. 朱开沟 M1044:5
12. 朱开沟 M2020:3
游邀 H129 类遗存
2. 游邀 H129:6
5. 唐昌 H1:1
7. 游邀 H129:13
10. 游邀 H3:2
13. 游邀 H129:5
二里头文化时期尹村类型
3. 尹村 T124④:43
6. 游邀 H2:56
8. 尹村 H9:7
11. 游邀 W501:1
14. 游邀 M131:10

图 5-62　朱开沟甲类遗存与游邀 H129 类遗存、尹村类型相似陶器对比图

在二里头文化时期,忻定盆地的尹村类型中看不到朱开沟文化的其他遗物,因此似乎不能体现朱开沟文化的直接影响。尹村遗址中发现的蛇纹高领鬲与蛇纹单耳鬲(图 5-63),是冀州之域内发现最早的蛇纹器物(按前文的分析,年代约相当于二里头文化三期)。所以此类器物究竟是来自夏家店下层文化还是来自朱开沟文化,目前难以确定。

朱开沟文化
1、2. 朱开沟 M2004:2　M1084:2
尹村类型
3、4. 尹村 T121③:12　H12:1

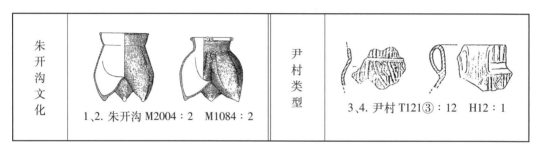

图 5-63　朱开沟文化与尹村类型蛇纹陶鬲对比图

在尹村遗址中,有部分器物如碗形细柄豆、盂形豆、旋断绳纹深腹盆、圈足蛋形瓮、盘内有折棱的浅盘豆应是来自太行山以东的下七垣文化下岳各庄类型中。是否有可能在下七垣文化传入忻定盆地的同时,也作为文化的中介,带来了夏家店文化中的蛇纹器?

从地域看,朱开沟甲类遗存与朱开沟文化对于冀州之域内的考古学文化影响,东南不出忻定盆地,太行山东麓材料不足,大同盆地几无材料,尚未发现它们的踪迹。在南流黄河两岸,似乎尚未能影响到柳林、离石一线。

五、关中地区夏商时期遗存

关中地区夏商时期的遗存,类型多样,面貌复杂,我自己并未对其中的任何一支考古学文化进行过专门研究。但是,对于这一地区的考古学文化,张天恩[①]、雷兴山[②]先后做出过精彩的系统梳理,本书以二位学者的结论作为基石展开。

关中地区与冀州之域邻近地区二里头文化时期的遗存,地理空间位置最为接近的,是渭河下游西安老牛坡遗址[③]所谓"老牛坡类型远古文化"和华县南沙村[④]遗址所代表的二里头文化时期遗存。

华县南沙村遗址所代表的二里头文化早期遗存文化面貌较为特殊,董琦将其命名为二里头文化南沙村类型[⑤]。此类遗存与所谓"老牛坡类型远古文化"当属于同一考古学文化,以圜底罐、单耳罐、花边罐、三耳杯、双耳杯为基本组合,另有极少量的高领鬲。张天恩博士最早建议将其命名为"老牛坡类型"[⑥],本书赞同这一意见。这一类型单耳、双耳及花边的器物作风十分突出,应是源自本地客省庄二期文化而来的地域传统。

该类遗存单耳、花边作风可能影响到了黄河以东的晋南、豫西地区。由于豫西龙山晚期缺乏单、双耳、花边作风的传统,因此二里头文化尤其是晋南地区单耳、双耳及花边器物可能是受关中东部自客省庄二期文化以来,持续到二里头文化早期的老牛坡类型影响而产生的(图5-64)。

关中西部以汧阳望鲁台遗址为代表的夏代晚期遗存[⑦],一来与冀州之域距离遥远;二来文化面貌与冀州之域各考古学文化类型迥异,本书不讨论。

二里头文化三期以后,关中东部基本上是受二里头强烈影响,在黄河以东的冀州之域内亦少见来自河西的影响。

---

① 张天恩:《关中商代文化研究》,科学出版社(北京),2004年。以下张天恩先生意见多出于此书,如无差异,兹不再另行说明。
② 雷兴山:《先周文化探索》,科学出版社(北京),2010年。
③ 刘士莪:《老牛坡》,陕西人民出版社(西安),2002年。
④ 北京大学历史系考古教研室:《华县、渭南古代遗址调查与试掘》,《考古学报》1980年第3期。
⑤ 董琦:《虞夏时期的中原》,科学出版社(北京),1999年。
⑥ 张天恩:《试论关中东部夏代文化遗存》,《文博》2000年第3期。
⑦ 张天恩:《关中西部夏代文化遗存的探索》,《考古与文物》2000年第3期。

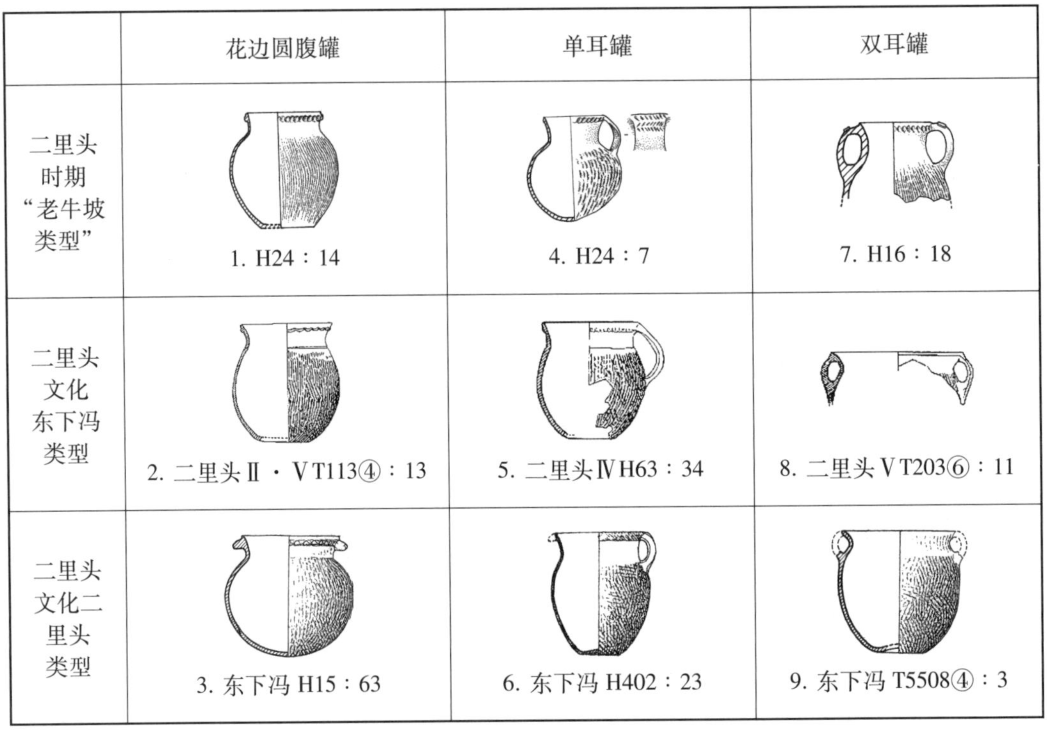

	花边圆腹罐	单耳罐	双耳罐
二里头时期"老牛坡类型"	1. H24∶14	4. H24∶7	7. H16∶18
二里头文化东下冯类型	2. 二里头Ⅱ·ⅤT113④∶13	5. 二里头ⅣH63∶34	8. 二里头ⅤT203⑥∶11
二里头文化二里头类型	3. 东下冯H15∶63	6. 东下冯H402∶23	9. 东下冯T5508④∶3

图5-64　二里头文化时期老牛坡类型与二里头文化陶罐对比图

　　二里冈上层时期以前，关中东部考古学文化面貌不清楚。至晚从二里冈上层文化二期（白家庄阶段），本地受来自东方的商文化影响，形成了早商文化北村类型①。这种与商文化保持高度一致性的"地方—中央"互动形势一直持续到殷墟二期左右，但需要指出的是，以北村类型为代表的商文化地方类型，对于商时期中原腹心地区及冀州之域内，几乎看不出任何影响。

　　在殷墟时期，在关中东部地区出现了两支不同的考古学文化地方类型。一类是以老牛坡遗址为代表的晚商时期"老牛坡类型"；而另一支则是分布在渭北铜川—耀县一带的晚商遗存。前者已有学者指出应与殷墟为代表的晚商文化有较明显的差别②。张天恩从文化因素角度从中析出折肩罐、小口瓮一类的地方因素③，但他并未明指其来源。对比冀州之域的晚商时期考古学文化，这类遗存可能与关中东部以北的李家崖文化有一定关系（图5-65），但二者间的具体影响互动情况如何材料不足无法深入讨论。

　　对于分布在铜川—耀县一带的晚商时期遗存，陶器少而铜器多，铜器与晋西北有一定的共同性。从现有材料观察，当地零星发现的陶器以鬲最为常见，形体与典型商式鬲有一

　　① 徐天进：《试论关中地区的商文化》，《纪年北京大学考古专业三十周年论文集》，文物出版社（北京），1990年版；王立新：《早商文化研究》，高等教育出版社（北京），1998年。
　　② 刘士莪：《西安老牛坡商代文化的发现与研究》，《周秦汉唐考古与文化国际学术会议论文集》（西北大学学报哲社科学版增刊），西北大学学报编辑部，1988年。
　　③ 张天恩：《关中商代文化研究》，第154页，科学出版社（北京），2004年。

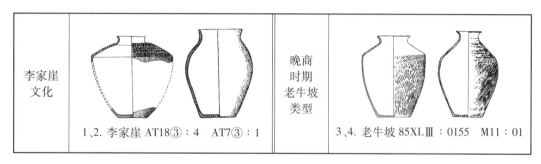

图 5 - 65　晚商时期老牛坡类型与李家崖文化陶罐对比图

定的差别,但与黄河以东的晚商时期晋中晋南的陶鬲似有些许共通之处:如筒腹、折沿较短等特征(图 5 - 66),但二者间是否存在文化交流,现在不敢妄下结论。

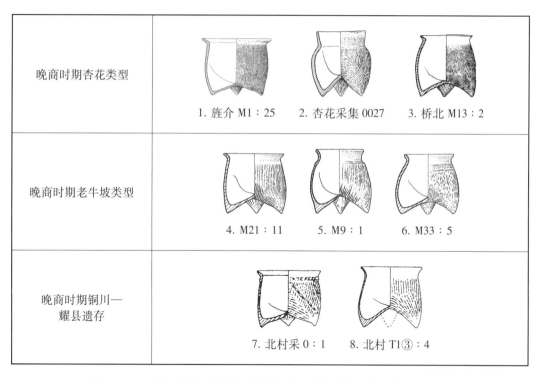

图 5 - 66　晚商时期老牛坡类型及耀县晚商遗存与杏花类型陶鬲对比图

另外,对于李家崖文化中的柱足平足根鬲及唇花边作风是否有可能与关中西部晚商时期的先周文化有一定关系(图 5 - 67),现在还无法予以证实。

曹大志新提出的西坬渠文化分布于李家崖文化以西,目前看似乎尚未影响到黄河以东。

曾有学者提出,以关中地区张家坡出土的侈口分裆鬲(M161:47)为代表的陶鬲,与大坨头文化同类器(张家园 79T1③:3)有一定渊源关系(图 5 - 68),且前者来自后者①。

① 滕铭予:《沣镐地区西周墓葬的若干问题》,《考古学文化论集》(3),文物出版社(北京),1993 年。

李家崖文化	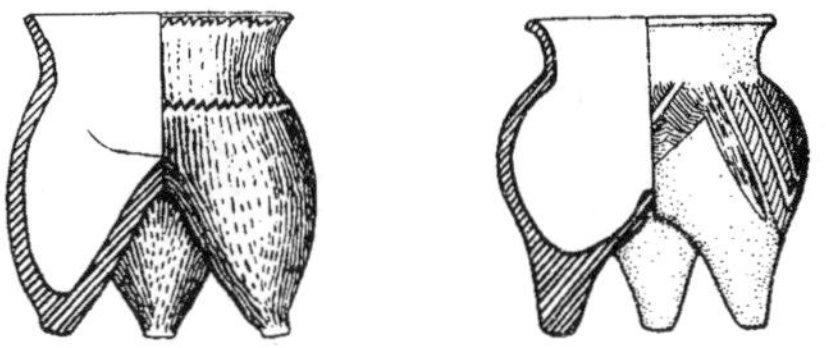 1、2. 李家崖 AT13H1：1　　AT③：1
	↓? or↑?
先周文化	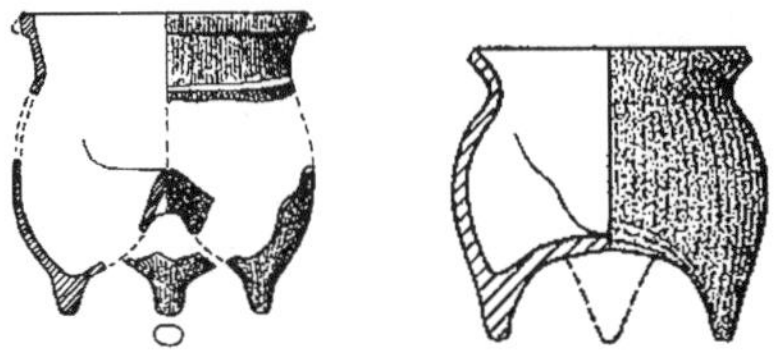 3、4. 园子坪 H1：1　　郑家坡 G1③：2

图 5－67　晚商时期先周文化与李家崖文化陶鬲对比图

M161：47			张家园 T1③：3
滕铭予论文线图	报告线图	报告图版	
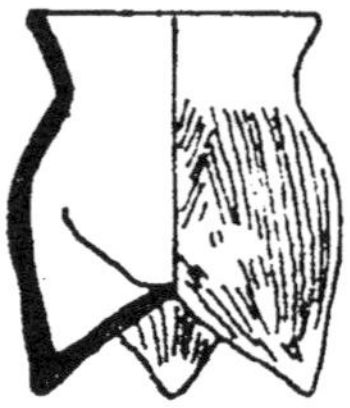	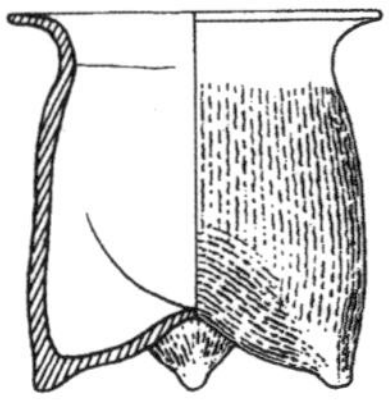	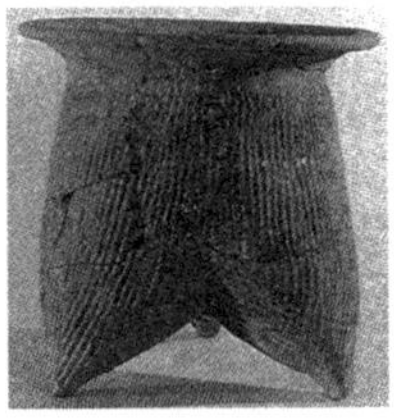	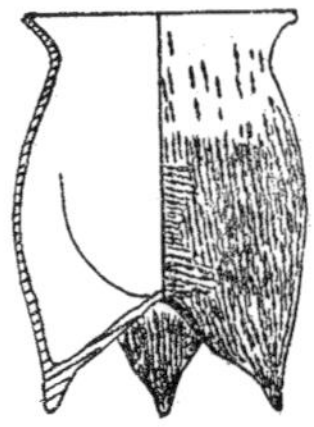

图 5－68　张家坡西周墓地 M161：47 鬲与张家园 79T1③：3 鬲对比图

查张家坡墓地报告①,报告所公布的 M161：47 器物与滕铭予所绘的线图差别大,非同一件器物。张家坡墓地材料未全部公布,因此本文对此器存疑。对于滕说,雷兴山有很好的讨论②,本文从之,二者间关山阻隔,仅以器物的些许相似性就加以联系,又缺乏明确的传播路线与沿途的传播中间过程,很难确定二者间具有渊源关系。张家坡侈口分裆鬲应是本地区西周时期新创的器物。

整体来看,从龙山时期到二里头文化时期,黄河以西的关中、东部曾向冀州之域的晋

① 中国社会科学院考古研究所:《张家坡西周墓地》,中国大百科全书出版社(北京),1999 年。
② 雷兴山:《先周文化探索》,第 234－235 页,科学出版社(北京),2010 年。

西南各考古学文化输出了花边与单把、双耳作风,但是冀州之域的其他考古学文化并没有接受其基本器物组合。在二里头文化之后,河西的地方文化再也未曾有力量影响河东。

至于钱穆所提出的周之先世源自晋南的说法①,目前无法得到考古学上的印证。晋南二里头文化时期发现唇饰双錾的鬲,与麟游蔡家河、园子坪的陶鬲虽然形似(图5-69),但时代相去较远,空间上亦未有中间传播的证据,可能并非一回事。所以钱说目前亦只能作为文献考证,略备一说。

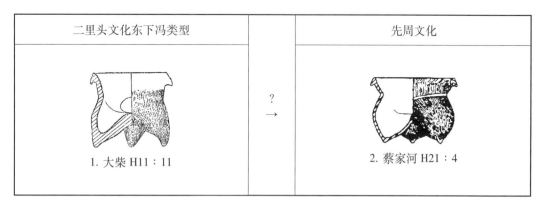

二里头文化东下冯类型		先周文化
1. 大柴 H11:11	？ →	2. 蔡家河 H21:4

图 5-69　二里头文化东下冯类型錾耳鬲与先周文化錾耳鬲对比图

---

① 钱穆:《周初地理考》,《古史地理论丛》,三联书店(北京),2004 年。

结语:"陶器群视野"中的
夏商冀州变革

行文至此,是时候对一个由种种陶器所体现出的冀州之域的总体面貌略做盘点了。在繁杂的物质遗存与琐碎的梳理后,笔者力图向读者描绘这样一个古冀州——在两河之间的地区,陶器群所体现出的社会,或者说,陶器群为核心的考古学文化所表现出活动在夏商时期冀州之域的人群,比文献中的古冀州更为复杂。对于这样的古冀州,我们无法单独从文献,或是古文字,或是美术史,或是单纯的陶罐排队,就能勾勒其详,而应是将那些逝者留下来的星星点点编织连缀,或可得其一羽。但悲哀的是,逝者如斯,所留多是日用生活之锅碗瓢盆以及男耕女织的工具,通过它们所重塑或重构的古冀州,必是残缺的。悲观固是如是,但倘若乐观面对,抱残守缺之余,我们仍可借助陶器群在一定的程度上对于夏商时期的冀州略做梳理,看看这个"古帝王之居"在夏商之际究竟如何,而它有没有变革,其间有没有一以贯之的物质样态可供我们去辨识。

一、夏时期:相对独立的冀州

二里头文化时期,东亚地区已知地区最大的聚落就是二里头遗址,以它为代表的二里头文化,分布在冀州南部,并且对冀州产生了深刻影响。在冀州东南部的豫北地区,二里头文化与它的冀州北邻展开过激烈争夺。在晋南,二里头文化以建立地方性据点的形式牢牢掌控该地。当然,也可能是蒋刚、井中伟认为的军事联盟。不管是何种方式,晋西南形成了和二里头类型文化与传统都十分接近的地方类型——东下冯类型。在豫北,最初直接与下七垣文化面对的是二里头文化的地方变种豫北类型。东下冯类型与豫北类型所控制的范围,是太行山—中条山一线的南缘,从地理上成为了二里头文化与冀州间的过渡缓冲地带。在晋南—豫北一线以北,冀州之域内存在相对独立的两个集群。在太行山两麓,西至晋中,东抵古黄河西岸的冀州中部地区,以陶鬲为核心的陶器群作为纽带,将太行山两麓的考古学物质文化遗存密切联系在一起,下七垣文化与白燕文化体现出了相对的统一。在陶器群的分析中,可以看出二里头文化时期的太行山两麓也绝非是不同的文化版图,所谓的东西差别,相较于与南方的二里头文化而言,更多地能体现出冀州之域的相对一致性。

在拒马河以北的华北平原北缘地区,作为与夏家店下层文化相接的冀州北界,考古学文化不可避免地带有夏家店下层文化的影响,其中既有冀州中南部地区的文化痕迹,却又有着与北方邻居日常交往所产生的烙印。从宏观角度而言,该地区的文化面貌与冀州中部的下七垣文化更接近。

从陶器群来看,冀州之域区别于南方二里头文化的标志,就是以各类鬲配合有算托的甗、斝、制作精细的各类鼓腹盆、蛋形瓮、平底平口瓮等器物为辅的器物群。陶器群组合与二里头文化盆形鼎、夹砂深腹罐、大口尊、三足盘、刻槽盆为基础的器物群有着本质的区别。这一陶器群的主要分布区,面积远大于二里头文化的分布区,在二里头时期,不断发展壮大,面貌也逐渐固定,分布的范围亦不断扩展,到二里头文化四期时,已经成功地将豫北地区纳入其分布范围之内,并开始直接影响黄河以南的二里头文化腹地。

总体来看,二里头文化时期的冀州之域,文化面貌独立于周边地区的二里头文化区域、岳石文化区域和夏家店下层文化区域,虽然与后三者皆有交往,可能也不乏互动甚至于冲突,但却和它们有明显与本质的区别。在冀州内部,下七垣、白燕、大坨头三支考古学文化在相对独立的基础上保有一定程度的一致。可以说,在二里头文化时期,冀州之域就已经开始彰显其独立性,表现出整体格局统一,各地保留一定地方特色的文化态势。

二、早商时期:冀州的整合

早商时期,伴随着二里冈上层文化的极度扩张,冀州之域内迎来了巨大变革,冀州的相对独立被二里冈商文化整合。冀州逐渐成为商王朝控制版图中面积最大的组成部分,也同时奠定了商周两代王朝的北方政治格局与地缘经略的基础。

由于材料所限,我们目前无法得知二里冈下层时期,易水以南的文化格局变化细节。但是,至迟在二里冈上层文化一期,冀州之域内的文化格局发生了巨变。

在太行山以东,主要承袭自下七垣文化的二里冈文化在下七垣文化的故地自然接管,使其成为商王朝直接控制的北部地区。在华北平原北缘和冀西北二里冈上层商文化中断了大坨头文化与夏家店下层文化壶流河类型的发展,使上述地区以某种方式为商王朝控制。

在太行山以西,商文化同样中断了晋中白燕文化的发展,使之成为商文化的一个地方类型。在晋南,商文化接管了二里头文化的直接控制区域。

早商后期,以翻缘方唇鼓腹鬲、假腹豆为代表的商文化陶器群,几乎出现在冀州之域的各个角落。陶器群显示商文化与商王朝以强大的力量在尝试整合冀州之域。冀州的自身相对独立性,在这一时期为商文化的统一而整合。但是,即便如此,冀州之域内的各小区域间,仍然保持着相对的地方特征,地方因素或是土著因素,并没有因为商文化的扩张而完全销声匿迹,而是在不同层面以不同形式得以保留。

在早商时期前段,冀州之域内没有如郑州商城这样庞大的超级聚落,甚至于,类似焦作府城、辉县孟庄、垣曲商城等地方性城邑或地区中心,也多是分布在商王朝王都的近畿地区,目前看尚未在冀州腹地修建。但商文化的控制力与影响力却又如此惊人,这种现象似乎暗示,这一时期的中原地区,不可能是一个个孤立或是采用联盟制的小"城邦",而是商王朝以超等级中心,而非有序的金字塔方式,对地方进行管控,早商王朝地方统治模式显示出政治实体的至高无上和排他特征。实际上，商文化可以整合古冀州之域，有其历史和文化基础。夏时期的下七垣文化是商文化的主要来源之一，所以商文化在太行山东麓的整合，也可视为对故土的再建。太行山西麓的白燕文化与下七垣文化是有亲缘关系或相似性较大的文化体。因此，早商时期商文化能在晋中地区扩张，也当有其历史积淀。以光社遗址早商遗存与华北平原北缘地区同时期遗存的相似性亦可得到验证。

商文化在太行山两侧的整合，重塑了地方物质文化，但这一重塑过程却因夏时期各考古学文化与二里冈文化渊源关系的远近而有不同。下七垣文化漳河型、辉卫型与二里冈文化关系最为密切，所以，在进入早商时期后，他们的分布区很快为二里冈文化承袭，所在区域的自身地方特色与郑洛地区差别不大。而与漳河型、辉卫型关系相对疏远的考古学文化或类型，在二里冈文化的整合过程中则更容易形成具有较强地方特色的二里冈文化地方类型。早商文化台西类型基本上分布于下七垣文化下岳各庄类型故地，白燕类型基本与夏时期白燕文化的分布区重合，便是例证。

在白家庄阶段以后，商文化在其北境收缩到易水以南地区。在滹沱河流域，台西类型仍然存在，商王朝的直接控制区一度局限在唐河以南至黄河以北地区。其中可能一度在邢台形成了商文化的地区中心。

二里冈上层文化急速扩张，也快速收缩，未能持久，各地土著因素复兴或人群复归，造成了晚商时期冀州之域内地方文化圈的重组。

在华北平原北缘地区，二里冈上层文化退出冀北燕南地区后，土著因素保留吸收了部分商文化的因素，重新抬头形成了富位三期类遗存。桑干河北岸的洋河流域，李大人庄类遗存就是在土著因素重燃希望的背景下形成的。

在太行山以西，二里冈上层文化退出，东下冯类型中断，似乎成为文化空白地带。在晋中地区，土著文化因素也再次抬头，开始走向一个新的阶段。商文化退出晋中与晋西南地区，似乎意味着商王朝放弃了对上述地区的直辖管控，其中的历史原因似与商代中期的政局不稳有关。

早商的冀州，是商王朝的主要控制区域，文化保持着向商文化高度统一的趋势，虽然地方抑或土著因素仍然存在，但相较于商文化的倾向性而言，皆已不是文化面貌的主流。二里冈文化的消退，造成了地方土著势力的复兴，由此带来了晚商时期王朝北境的分离状态。这种消长关系的变化，是早期王朝的地缘政治与经略方式的变革体现。与夏时期相对独立状态中的交流模式并不相同。

三、晚商时期：冀州的分解

晚商时期，王朝定都冀州之域南端，建设出庞大的远东地区考古学文化经济、政治与文化金字塔顶端的"天邑商"——殷墟。王朝管控和经略进入了相对稳定的阶段。但是，这一庞大的集权与经济中心，对冀州之域内的影响力相较于二里冈上层文化却相当有限。冀州的北部在这一时期走向解体。

冀南与冀中,商王朝尚能直接控制。而华北平原的北缘地区,尤其是易水以北,是新生的围坊三期文化的核心分布区。这支考古学文化的产生与二里冈上层文化退出,土著人群回归有一定关系。新兴起的围坊三期文化人群可能有更北方的文化基因和人群支持,势力很强大。相当于殷墟二期前后的平谷刘家河墓①,是已知该文化的最高等级墓葬。该墓不用腰坑、不见殉人殉牲,随葬铜器中似乎既有安阳产品,也有仿制品。铜器组合不见规律的瓠、爵组合,反映出器用礼制与安阳晚商贵族完全不同(图5-70)。墓主的金臂钏、喇叭形金耳饰,更为安阳不见。再向东北,滦河流域使用兽首短剑的人群墓葬偶尔随葬商式铜容器。滦县后迁义发现的高等级墓葬②,葬俗与围坊三期文化刘家河墓葬接近,而不同于安阳,亦随葬不见于安阳的武器和金饰。喇叭形金耳饰,应当是自夏家店下层文化以降本地土著人群的传统。同时伴出的臂钏或臂钏形耳饰,广泛见于长城沿线,可以确定属于非商文化的物质遗存。

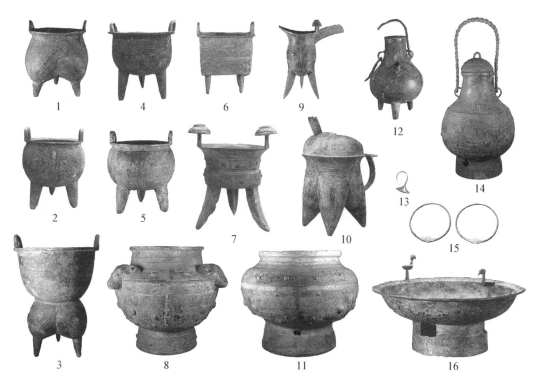

结语·图1 平谷刘家河商墓随葬部分铜容器与金饰

在太行山以西,殷墟文化所能直接控制的,仅有晋东南的长治盆地。晋中地区,虽然资料不多,但考古学文化的地方特点已经比较突出,也能明显看出殷墟文化对本地虽有限但十分清晰的影响。太原盆地和桑干河流域的大同盆地缺乏考古工作,文化归属不明。

① 北京市文物管理处:《北京市平谷县发现商代墓葬》,《文物》1977年第11期;北京市文物研究所:《北京平谷刘家河遗址调查》,《北京文物与考古》(第3辑),北京燕山出版社(北京),1992年。
② 张文瑞、翟富良:《后迁义遗址考古发掘报告及冀东地区考古文化研究》,文物出版社(北京),2016年。

晋中盆地以西的吕梁山及南流黄河两岸则是李家崖文化的分布范围。忻定盆地在殷墟二期以后，未见典型的商文化遗存，但曾零星出土过金饰品，结合新发现的刘沟类遗存，说明当地很可能也有新产生了有一定实力的非商系考古学文化。

在上党盆地以西、以北地区，商文化或商王朝直接控制的聚邑空间分布稀疏，时代越晚，孤岛式据点的贵族首领等级明显偏高。各部族整体上虽接受商系礼制，但有变化。这种情势，体现出当地贵族首领的自主管理权较大。酒务头、旌介等墓地多族徽铜器的出现，暗示墓地最高阶层甚至可能拥有较大的军事或外交、婚姻自主权。[①]

在南流黄河两岸，新形成了一支新的考古学文化——李家崖文化。这支文化相当强势，文化程度可能也较高。太行山以西晚商时期的各类遗存中，卷云形的耳饰较普遍。晋西北的李家崖文化，晋中地区太谷、洪洞、忻定盆地都曾发现此类器物，说明上述地区的人群之间亲缘关系较近。前文亦曾提及忻定盆地与围坊三期文化、李家崖文化间的相互交流，在陶器群中有所体现。可以明显看出，在古冀州之域北部与西北部商王朝管控不及的控制区，非商势力群体或政治实体，独立性较强。这些政治实体或族群团体的上层人群在一定程度上部分地接受了商系的礼制信仰，甚至有部分贵族是由商王朝以某种形式任命为当地的地方管理官员。但这些地方贵族，多以族而治，与商王朝的关系亲密度时近时远，并不稳定。

十分有趣的是，晚商王朝对其他地区的文化影响，不但在铜器、玉石器、丧葬制度、经济交往等方式中得以体现，更在最为普通常见的陶器群中有所反映，而其他地区的地方文化对晚商王朝则没有同样大的影响力。

陶器群所反映的考古学文化，展现出的文化格局，似乎在这一时期的冀州之域大一统格局破碎，王朝实际控制区减小，新兴起的土著族群在王朝北境新形成了一些小的文化版块和实际控制区，相较于早商时期，文化一体性的冀州在这一时期分裂了。

四、冀州陶器群互动的自然地理基础

群山莽莽，谷岭绵延，虽有大河、山峦的分割，但山脉却并非是文化的天然隔绝屏障，更不是文化的分水岭。雨水冲刷与河流的冲积作用，将山间的碎屑冲刷搬运并沉积在相对平缓的河谷，形成了太行山东麓山前的大平原和太行山西麓的山间盆地。自龙山时期以后，古冀州之域的人群的生存范围不断扩大，遗址数量增多，客观上也便于地方土著文化的孕育生息。同时，东西或者南北流向河流不但切割了山脉，形成诸多便于人群、文化交流的"切口"，沟通着太行山、吕梁山的东西，也连通着不同盆地的南北，方便了人群与文化的流动。

既往太行山曾经被认为是东西两个独立发展的文化区域。有学者也从陶器群的考察出发，以太行山为界，将冀州之域分为东西两个版图，认为两者间有明显的差异，应属东西两区，两者间的关系是互动，而非同一文化版块[②]。但从前文的陶器群分析中处处显示

---

① 常怀颖：《略论晚商殷墟北部邻境地区的铜容器墓》，《考古》2021年第10期。
② 蒋刚：《文化演进与互动：太行山两翼夏商西周时期青铜文化研究》，科学出版社（北京），2017年。

出,千里太行,绝非文化屏障。太行山间的水流,皆自太行以西穿山而出进入华北平原,山间河谷所形成的"太行八陉"(轵关陉、太行陉、白陉、滏口陉、井陉、飞狐陉、蒲阴陉、军都陉),都是历史上文化传播的孔道隘口代表①。

按照文献记载,至迟在晋朝就有所谓"太行八陉"之谓。《读史方舆纪要》引《述征记》云"太行首始河内,北至幽州,凡百岭,连亘十三州之界,有八陉"。这八陉实际上也是利用太行山东西之间水流河谷的道路通道代表。

轵关陉在最南,是利用沁水河谷自济源进入山西的隘口,其西北为山西垣曲;太行陉在沁阳,是利用丹河河谷入山西的隘口,所以又叫丹陉,其西北为山西晋城;白陉在辉县、淇县间,具体地点有争议,当是利用卫河支流河谷穿越太行的隘口,其西为山西陵川;滏口陉在武安,是利用漳水河谷通过太行山的隘口,其西为山西长治;井陉在井陉县,是利用滹沱河支流绵河河谷通过太行的隘口,其西为山西平定;飞狐陉在易县,是利用易水河谷翻越太行的隘口,其西则是山西代县;蒲阴陉在蔚县,是利用壶流河河谷形成的隘口,隘口西则为山西广灵;军都陉在昌平,则是利用桑干河穿过太行的隘口,其西为河北怀来。

二里头文化时期,在太行南端东麓,先后为二里头文化豫北类型与下七垣文化辉卫类型、漳河类型,分别利用沁水、丹水、淇河及卫河支流以及漳河与山西东南部的长治盆地相互交流,在长治盆地以西的二里头文化东下冯类型与白燕文化的共同作用下,就形成了二里头文化时期的小神类型,也正因如此,小神类型也就出现了文化的中介样态。

向北,滹沱河作为晋冀两省间最大的一条河流,使得太行山两麓的考古学文化相似性极其明显。太行山以西的尹村类型与晋中白燕文化最具代表性的高领鬲通过滹沱河水系的井陉、飞狐为代表的通道,强烈地影响着太行山以东的下七垣文化漳河类型与下岳各庄类型。再向北,太行山以西的考古学文化面貌虽然暂时不详,但从尹村遗址所见的蛇纹器来看,太行山以东的夏家店下层文化通过壶流河进入晋北再向南影响忻定盆地并非不可能。

在太行山最北端,桑干河使得夏家店下层文化壶流河类型与大坨头文化相互间关系紧密,甚至影响可西至忻定盆地至静乐盆地一线。

实际上,二里头文化时期,太行山两麓的考古学文化面貌强烈的一致性早就得到了考古学家的关注。张渭莲就曾因为滹沱河上下游文化面貌的一致性,认为晋中的白燕文化实际上是下七垣文化的一支,可称为"下七垣文化杏花村类型",而晋中也就是文献记载的先商故地"蕃"②。刘绪曾针对商文化的传播,专门指出,太行山两麓间最主要的交通道路应有两条——其一"是由蔚县一带溯桑干河而上经雁北",西进可至河,南下则入汾;其二"是由石家庄一带溯滹沱河而上,经忻州",北上可至河,南下可入汾③;其三则是在太行山南的羊肠道④。

---

① 王尚义:《刍议太行八陉及其历史变迁》,《地理研究》1997年第16卷第1期。
② 张渭莲:《商文明的形成》,科学出版社(北京),2008年。
③ 刘绪:《北方考古二题:2008年内蒙考察收获笔谈》,《三代考古(三)》,科学出版社(北京),2009年。
④ 刘绪:《论卫怀地区的商文化》,《纪念北京大学考古专业三十周年论文集》,文物出版社(北京),1990年。

上文的分析中,已经提及夏时期各小地理单元文化面貌相对独立的样态为二里冈文化逐步整合、重塑,因此在商代早期冀州的整体较强,晚商时期虽然有分裂,但绝非是相互间没有往来的文化孤岛。在陶器群的观察视角中,古冀州之域文化的整合、统一再到相对分裂,自然地理环境并不是屏障,而是地方文化形成和地域文化交流的背景。

在本书前述的分析中可见,从二里头文化时期北起忻定盆地,经晋中盆地到上党盆地以高领鬲为代表的遗存,多经太行山间的水道传播至太行山东麓。二里冈文化时期,二里冈下层文化出现在忻州,二里冈上层文化广泛分布于太行山两麓,更显示出商王朝在太行山东西两麓文化传播的共性。晚商时期高领堆纹鬲、装饰花边的肥袋足鬲在西起静乐盆地,东到燕山南麓西段地区的地域内皆有所见,与商王朝所直接控制的上党盆地、豫北到冀中地区直接相邻,显示出晚商王朝的北部邻境地区,存在着文化认同相似的人群共同体,或许就是甲骨文记载的某个"方"。

五、文献的冀州:想象的共同体

在中国传统地理学体系中①,冀州一直占据一种特殊的高位。在先秦地理知识体系中,冀州地位之高就令人瞩目②。《禹贡》开篇即讲冀州,其位列天下"九州"之首,且在九州中,只有冀州不言明其疆界,伪《孔传》解释称"此州帝都,不说境界,以余州所至则可知",足见其地位之特殊。先秦以后,冀州在王朝地理学体系中的地位还在被不断被提升,对冀州地位的说法也在历代蹈常袭故。同时冀州的范围,随历史发展也被不断扩大,已经涵盖了整个中原,到宋代甚至可以是中土、中原甚至于四海之内、天下的代称。《淮南子·坠形训》云"正中冀州曰中土",又云"少室太室在冀州",高诱注云"冀,大也。四方之主,故曰中土",又云"冀为天下之号"。《山海经·大荒北经》郭璞注云:"冀州,中土也。"到唐代,杨士勋《谷梁传》桓公五年"郑,同姓之国也,在乎冀州"条疏云:"冀州者,天下之中州,自唐虞及夏殷皆都焉,则冀州是天子之常居……故邹衍著书云:'九州之内,名曰赤县。赤县之畿,从冀州而起。'故后王虽不都冀州,亦得以冀州言之。"还在强调冀州是天下之首。到宋代,蔡沈《书集传》承前人之说,称:"冀州,帝都之地。"罗泌在《路史》中则称"中国总谓之冀州"。一直到清代,顾炎武在《日知录》踵武前贤,对冀州地位进行了历史性总结说"古之天子常居冀州,后人因以冀州为中国之号"。冀州的显赫地位在整个历史时期的认识中始终得到承认。

然而,除了对于冀州政治地位的描述,文献中对于冀州实体空间的叙述却仅有《禹

---

① 先秦的地理划分体系大致有"域分"和"国分"两类,前者以《尚书·禹贡》《周礼·职方氏》《逸周书·职方》等"九州"的划分方式为代表;后者则以《诗经》"十五国风"等按照民间文艺和风俗等地域差别进行划分。前一种划分方式侧重于各地的经济地理差异,而后者则侧重于民俗文化。前者的划分方式似乎略早于后者。

② 前贤对于冀州地位之高,有着不同的解释。一种说法认为《禹贡》各州的排序与大禹治水的先后有关,孔颖达《尚书正义》、苏东坡《东坡书传》等主此;一种说法则将其与五行次序相关联,托名郑樵的《六经奥论》、洪迈《容斋随笔》等主此说;刘起釪在《〈禹贡〉冀州地理丛考》中则认为将这是由于冀州为尧舜禹等古帝王之居的原因。本文认为最后一种说法较符合逻辑。

贡》中的聊聊数十字,其后《周礼·职方》《尔雅》各自"九州"系统中对"冀州"的描述,也基本是《禹贡》内容的变体。《禹贡》"冀州"条,文字非常简短,主要内容是讲山川与土壤,并无一句涉及其间的人与社会:

> 冀州,既载壶口,治梁及岐。既修太原,至于岳阳。覃怀厎绩,至于衡漳。厥土惟白壤。厥赋惟上上错。厥田惟中中。恒卫既从,大陆既作。鸟(一作岛)夷皮服。夹右碣石入于河。

据前引伪《孔传》已知,《禹贡》对于冀州的划定,非但没有说明原因,甚至连其他州一般的地理四界范围描述都没有。倘依此观之,除了将冀州认为是古帝王之居外,就是"天子无疆",所以没有疆界,但这无法说明冀州独立性的内在理由。

显然《禹贡》文本中的自然界线是不明确的。我们再看人文方面。看上面的记载,除了"厥土惟白壤;厥赋惟上上,错。厥田惟中中"。涉及赋役问题与当地的人和社会看似有些关系外,《禹贡》文本中对划定区域所需条件的基本情况都没有涉及。虽然后来《史记·货殖列传》和《汉书·地理志》九州风俗中记载了一些该地区的人文特征,但明显都已经是战国时期的情况了。显然,为何一块土壤并不肥沃但贡赋却十分繁重的地区就一定要被单独划成一个共同体?这种划分究竟是战国时人单纯的历史想象,还是有"史影"可据加以发挥?还是说在它们所划定的区域中真的存在某种可以被明确辨识且得到认可的差异?这些问题通过文献难以解决。不夸张地讲,文献记载对于冀州的认识,可能更多是一个对西周与西周以前地缘空间既往历史发展过程的想象中的"共同体"而已,对于夏商时期真实的冀州地区,文献记载实不足征。

按照逻辑,无论是在文化意义还是政治地缘意义上,划定一个区域并得到大多数人的认可,至少需要满足两个条件:其一是该地区的确形成了相对独立的"区域特征",并明确可以辨识它周邻的区分;其二,这种区分在人群中已经有了一定的共识认同基础。

若依此标准衡量,战国以前,冀州之域主要是三晋与燕国、中山国的控制范围,再向上追溯至西周时期,文献中可以举出的与冀州有关的封国有十数个。按照于薇的统计,各种文献中无论是否可信,在冀州之域内被分封的计有:吴(初封运城平陆,后徙丹徒)、虞(初封运城平陆)、茅(初封运城平陆,后徙济宁金乡)、郜(初封运城平陆,后徙曹、成武之间)、芮(初封芮城)、韩(初封芮城,后徙廊坊固安)、魏(初封平陆芮城间)、荀(初封新绛临狄间)、耿(初封河津)、晋(初封唐,春秋穆侯迁翼,景公迁新田)、霍(初封霍州)、杨(初封洪洞)、沈(初封汾水流域,后徙汝南平舆)、贾(初封蒲城)、凡(初封辉县)、柞(初封延津)、原(初封济源)、雍(初封修武)、邘(初封沁阳)、邢(初封荥阳,后徙邢台)、卫(殷墟)、齐(初封霍太山吕乡,后徙营丘)、吕(初封霍太山,后徙河南南阳)、申(初封霍太山,后徙河南南阳)、噩(初封晋南,后徙河南南阳)、北燕(初封房山琉璃河,后北迁入蓟)、南燕(初封延津)、鼓(初封石家庄晋州)、陈(初封新乡卫辉,后徙周口淮阳)[1],但是能够得到考古材

---

① 于薇:《西周徙封与宗盟问题研究》,北京师范大学博士学位论文,2008 年,未发表。

料证实的仅有晋、北燕、芮、邢、卫五国，加上文献不见的元氏軝国①、翼城霸国②、绛县倗国③、黎城黎国④，以及疑似属杨国的洪洞永凝堡⑤。

由西周上溯至晚商，按照陈梦家⑥、李学勤⑦及钟柏生⑧的梳理，至迟在武丁时期，在今西至晋南，北至邢台的太行山两麓，商王朝北境存在多个与商人时战时和的"方"与"国"。虽然现在无法将之一一与不同地方考古学文化相对应，但这些族群或方国应该就位于冀中以北、晋中、晋北及南流黄河两岸区城内。在甲骨文中，太行山南麓的交通线上往往还有一些以"师""奠""行"等为名的地方管理机构或军事据点、驿所。宋振豪等人曾提出晚商时期的疆城之内的基层聚落组织是"小邑"，若干小邑之上组成更高一级的行政组织，但这些组织也无法得到文献的证实，更无法与考古遗存直接对应。晚商时期的冀州之域内，地缘组织复杂，甚至存在非商系统的方国与族群，若照此看，将这一时期划定为一个统一的政治共同体或者文化共同体并不适合。

再向上追溯，至早商时期，有关冀州之域内记载就很缥缈无影。而至于夏时期，对于冀州之域的记载就更多的是与商先公先王之"八迁"相关，可是，这些被提及的地点除"亳"以外却都无考古线索可循。

所以，在文献材料中，我们无法得到一个在政治区划与文化面貌意义上的冀州共同体，要想了解什么才是"冀州"得以被确认的特质，只能依赖于考古学文化的研究。

六、"物质冀州"与早期中原政治地理格局的确立

通过对于冀州之域的陶器群梳理，冀州从二里头时期开始形成的相对独立的共同体

① 河北省文物管理处：《河北元氏县西张村的西周遗址和墓葬》，《考古》1979 年第 1 期。

② 山西省考古研究院、临汾市文物局、翼城县文物旅游局联合考古队、山西大学北方考古研究中心：《山西翼城大河口西周墓地 1017 号墓发掘》，《考古学报》2018 年第 1 期；山西省考古研究所、临汾市文物局、翼城县文物旅游局联合考古队、山西大学北方考古研究中心、中国人民大学出土文献与中国古代文明研究协同创新中心：《山西翼城大河口西周墓地 2002 号墓发掘》，《考古学报》2018 年第 2 期；山西省考古研究所、临汾市文物局、翼城县文物旅游局、山西大学北方考古研究中心：《山西翼城大河口西周墓地 M1034 发掘简报》，《中原文物》2020 年第 1 期；山西省考古研究所、临汾市文物局、翼城县文物旅游局、山西大学北方考古研究中心：《山西翼城大河口西周墓地 M6096 发掘简报》，《文物》2020 年第 1 期；山西省考古研究院、临汾市文物局、翼城县文物旅游局联合考古队、山西大学北方考古研究中心：《山西翼城大河口西周墓地一号墓发掘》，《考古学报》2020 年第 2 期；山西省考古研究院、山西大学北方考古研究中心、临汾市文物局、翼城县文物旅游局：《霸金集萃——山西翼城大河口墓地出土青铜器》，上海古籍出版社（上海），2021 年。

③ 山西省考古研究所等：《山西绛县横水西周墓地发掘简报》，《文物》2006 年第 7 期；山西省考古研究所、运城市文物工作站联合考古队、山西大学北方考古研究中心、绛县文物局、中国人民大学出土文献与中国古代文明研究协同创新中心：《山西绛县横水西周墓地 M2158 发掘简报》，《考古》2019 年第 1 期；山西省考古研究所、运城市文物工作站、绛县文物局联合考古队、山西大学北方考古研究中心：《山西绛县横水西周墓地 M2531 发掘报告》，《考古学报》2020 年第 1 期；山西省考古研究所、运城市文物工作站、绛县文物局联合考古队、山西大学北方考古研究中心：《山西绛县横水西周墓地 M1011 发掘报告》，《考古学报》2022 年第 1 期；山西省考古研究院、山西大学北方考古研究中心、运城市文物工作站、绛县文物局：《倗金集萃——山西绛县横水西周墓地出土青铜器》，上海古籍出版社（上海），2021 年。

④ 山西省考古研究院、长治市文物旅游局、黎城县文博馆：《黎城楷侯墓地》，文物出版社（北京），2022 年。

⑤ 山西省文物管理委员会、洪洞县文化馆：《山西洪洞永凝堡西周墓葬》，《文物》1987 年第 2 期。

⑥ 陈梦家：《殷墟卜辞综述》，中华书局（北京），1988 年。

⑦ 李学勤：《殷代地理简论》，科学出版社（北京），1959 年。

⑧ 钟柏生：《殷商卜辞地理论丛》，艺文印书馆（台北），1989 年。

面貌到晚商时期被分解的格局,可以理解为早期中原地区政治地理格局的确立过程。

二里头文化时期,二里头文化似乎并不具有支配整合华北的力量,从陶器群审视也的确如此。冀州地域内考古学文化相对独立,二里头文化直接统治范围北不逾晋南豫北,说明二里头文化所代表的政治势力,控制地域不广,可能并非是一个"领域国家"①。

进入二里冈上层文化时期之后,二里冈商文化扩张假若没有强力的军事力量为基础是无法实现的。从经济与聚落角度来看,在郑州商城这样超级庞大的都邑支持下,商人的扩张有强力的后盾,以二里冈风格为代表的青铜冶铸技术与产品风格在各地的生根发芽,代表着商文化的文化输出,彰显着商政权控制力和礼制认同在冀州及冀州以外的强力表现。按照黄铭崇的解释,这种"透过不断征服地域性的城邦,杀害城邦原有的首领,压制旧有贵族,以商贵族的统治取代,并且重新分配聚落人口,形成地域性的聚落反差以利控制,商王朝对于城邦系统的压抑,其实就是典型的'帝国'特征"②。

冀州之域被二里冈上层文化整合,正是商王朝政治地缘版图的扩张确立的时期,从这一时期开始,冀州东南部就与商王朝的兴衰同步了。在二里冈上层文化衰败之后,冀州之域内的商文化也同样衰弱,但冀州东南部却始终未被商王朝与商文化所遗弃,即便是在"比九世乱,于是诸侯莫朝"的环境中,商文化始终能保有影响力,着实不易。一直到晚商时期,冀州之域地方土著文化的兴起与物质文化尤其是青铜器技术的发展、演进,也始终与殷墟为代表的商王朝息息相关。即便晚商王朝的控制区变小了,但是商文化在冀州之域的影响力却并未减小,冀州之域内也始终未出现"移动的武装化游牧人群"。可以说,陶器圈所体现的冀州之域的文化谱系与格局的演变,实际上就是早期中原政治格局形成的缩影。

从这一缩影可以看出,夏王朝也许并非一个控制力强大的"万邦来朝"的强大政治实体,它对于冀州的掌控能力远不及商王朝。相较而言,夏王朝更像是一个城邦制的社会,而商王朝则更像集权制统治下的国家,那个编户齐民、宗子维城,封建亲戚、以蕃屏周的国家形态,则要等到殷墟覆灭周武革命之后才能出现。到那时,冀州将迎来新的一轮整合与变迁。

七、冀州之域文化谱系研究的局限

在冗长的研究之后,我们十分遗憾地发现,庞杂的梳理工作只带给我们夏商时期冀州空间内的若干碎片,要想复原一个完整的冀州文化谱系或文化圈,缺环仍然很多。夏商时期冀州之域内的谱系研究工作,至少还存在如下几点局限。

首先,考古工作的不平衡与材料公布的细致程度,使得冀州之域最基本的编年序列尚

---

① 刘莉、陈星灿:《中国早期国家的形成——从二里头和二里冈时期的中心和边缘之间的关系谈起》,《古代文明》(第一卷),文物出版社(北京),2002 年。
② 黄铭崇:《晚商王朝的政治地景》,《庆祝史语所八十周年学术研讨会论文集》,2008 年,台北南港打印本,未出版。

不完善。冀州之域内各地龙山文化遗存的工作普遍不足,导致本地二里头文化时期偏早阶段的遗存较普遍地缺乏,甚至未能被辨识,也造成能够与中原地区比较的遗存年代往往集中在二里头文化二期以后。南流黄河两岸、大同盆地与朔州、太行山西麓的基础考古工作尤其存在较大空白。龙山文化与二里头文化的序列,黄河中下游地区比较清楚,龙山时代结束之后,在很大范围内各地的考古学文化都发生了比较明确的变化,这是一个新时代的开始。在中原地区乃至冀中、冀南和晋中、晋东南地区相当于二里头一、二期阶段遗存的缺失,不会是部分地区龙山文化年代下延的结果。换言之,中原与冀州中南部地区不存在"滞后"情况。即便存在,也必然达不到考古学家分辨不出、不能把握的情况。对二里头文化偏早阶段的空白,仍应是田野工作的不足所致。

其次,早商时期,二里冈下层文化时期的遗存仅在豫北与晋南、冀南地区有零星发现,广大的冀州之域内如何区分考察夏商分界的问题,以及由此产生的各考古学文化类型的发展节奏如何,亦是目前我们较难回答的问题。侯卫东曾经提出大胆的假设——下七垣文化作为一种土著遗存,在豫北冀南延续时间可以越过白家庄阶段直接与洹北商城时期的商文化衔接[1],所论虽无实证,且逻辑上亦有漏洞,但提供给我们一种思路,是否在下七垣文化的故地,下七垣文化的结束时间有可能不与郑洛地区的夏商分界同步?

晚商时期,原先考古学遗存丰富的区域中,有不少出现了文化空白,是考古界早已注意的问题,但是文献中这些地区往往又并非是人迹罕至的地区。那么究竟是这里的考古遗存,是没有找到,还是目前的认识存在年代判断错误?

第三,冀州之域内夏商时期各考古学文化普遍缺乏测年数据,更没有精细的系列样本。这对于陶器为基础的考古学文化谱系的年代判断,失去了绝对年代的参照,也在很大程度上造成学者间的分歧难以有参照判断。

其四,目前的研究纵向梳理多,横向比较少;小区域间的个案多,大区域的整合少。考古学文化谱系的研究,延续性观察固然重要,但是宏观区看待文化格局更重要。固守于某地,强调延续性,而不去比较相邻地区的材料,所得结论即便新奇夺目,但难免偏颇狭隘。

这些问题的解决,不依靠扎实系统和基础工作是无法解决的。对不同考古学文化遗存的"分期与编年始终是研究的第一步,是一切研究的基础。离开它,所有研究都是空中楼阁,充其量是粗线条的。有了编年才好进行较准确的比较研究"[2]。未来对于夏商王朝的北方、北境研究,必须是在加强空白区域基础工作的基础上,对既往材料较少的考古学文化或类型补充工作,重视寻找中小型聚落的墓地,选择典型单位补充测年样本,构建长时段大范围文化谱系,力图构建一套接近于中原腹心地带的细密考古学编年框架,才能上升到聚落与社会的观察,推动夏商考古研究的前进。

---

① 侯卫东:《洹河流域下七垣文化与商文化关系研究》,中国社会科学院研究生院硕士学位论文,2008 年,未发表。

② 刘绪:《对先商文化的思考——在"先商文化学术研讨会"上的总结发言》,《古代文明研究通讯》2009 年总第42 期。

参 考 文 献

一、田野资料

1. 专题报告

安阳市文物考古研究所:《安阳殷墟——戚家庄东商代墓地发掘报告》,中州古籍出版社(郑州),
　　2015 年。

安阳市文物考古研究所:《安阳殷墟徐家桥郭家庄商代墓葬——2004～2008 年殷墟考古报告》,科学出
　　版社(北京),2011 年。

北京大学考古学系:《昌平雪山发掘报告》(稿本),现存北京大学考古文博学院标本室。

北京大学、河北省文化局:《1957 年峰峰矿区调查发掘报告》(稿本),原稿现存北京大学考古文博学院
　　资料室。

北京大学、河北省文化局:《邯郸龟台发掘报告》(稿本),原稿现存北京大学考古文博学院资料室。

北京大学、河北省文化局:《邯郸涧沟发掘报告》(稿本),原稿现存北京大学考古文博学院资料室。

北京市文物研究所:《北京考古四十年》,燕山出版社(北京),1990 年。

北京市文物研究所:《镇江营与塔照——拒马河流域先秦考古文化的类型与谱系》,中国大百科全书出
　　版社(北京),1999 年。

北京市文物研究所、北京市昌平区文化委员会:《昌平张营——燕山南麓地区早期青铜文化遗址发掘报
　　告》,文物出版社(北京),2007 年。

曹玮主编:《陕北青铜器》,巴蜀书社(成都),2009 年。

国家文物局等:《晋中考古》,文物出版社(文物),1998 年。

河北省博物馆文物管理处:《河北出土文物选集》,文物出版社(北京),1980 年。

河北省文物研究所:《北福地——易水流域史前遗址》,文物出版社(北京),2007 年。

河北省文物研究所:《藁城台西商代遗址》,文物出版社(北京),1985 年。

河北省文物研究所:《考古年报》,内部刊物。

河北省文物研究所:《邢台商周遗址》,文物出版社(北京),2011 年。

河北省邢台市文物管理处:《邢台粮库遗址》,科学出版社(北京),2005 年。

河南省文化局文物工作队:《郑州二里冈》,科学出版社(北京),1959 年。

河南省文物考古研究所:《安阳彰邓》,科学出版社(北京),2012 年。

河南省文物考古研究所、鹤壁市文物工作队:《鹤壁刘庄——下七垣文化墓地发掘报告》,科学出版社
　　(北京),2012 年。

河南省文物考古研究所:《辉县孟庄》,中州古籍出版社(郑州),2003 年。

河南省文物考古研究所(院):《考古年报》,内部刊物。

河南省文物考古研究所：《郑州商城——一九五三年至一九八五年考古发掘报告》，文物出版社（北京），
　　2001 年。

河南省文物考古研究所：《郑州商城考古新发现与研究（1985～1992）》，中州古籍出版社（郑州），
　　1993 年。

河南省文物考古研究所：《郑州小双桥——1990～2000 年考古发掘报告》，科学出版社（北京），2012 年。

河南省文物考古研究院等：《黄淮七省考古新发现（2011～2017）》，大象出版社（郑州），2019 年。

河南省文物考古研究院：《郑州商城陶器集萃》，大象出版社（郑州），2015 年。

南水北调中线干线工程建设管理局等：《邯郸薛庄遗址考古发掘报告》，科学出版社（北京），2019 年。

吉林大学边疆考古研究中心等：《忻州游邀考古》，科学出版社（北京），2004 年。

江西省文物考古研究所等：《新干商代大墓》，文物出版社（北京），1997 年。

江西省文物考古研究所等：《吴城——1973～2002 年考古发掘报告》，科学出版社（北京），2005 年。

李永迪编：《殷墟出土器物选粹》，历史语言研究所（台北），2009 年。

梁思永、高去寻：《中国考古报告集之三·侯家庄第二本·1001 号大墓》，历史语言研究所（台北），
　　1962 年。

梁思永、高去寻：《中国考古报告集之三·侯家庄第四本·1003 号大墓》，历史语言研究所（台北），
　　1967 年。

梁思永、高去寻：《中国考古报告集之三·侯家庄第五本·1004 号大墓》，历史语言研究所（台北），
　　1970 年。

梁思永、高去寻：《中国考古报告集之三·侯家庄第六本·1217 号大墓》，历史语言研究所（台北），
　　1968 年。

临汾市文物局：《临汾文物集萃》，三晋出版社（太原），2012 年。

刘士莪：《老牛坡》，陕西人民出版社（西安），2002 年。

湖北省文物考古研究所：《盘龙城——1963～1994 年考古发掘报告》，文物出版社（北京），2001 年。

内蒙古自治区文物考古研究所：《朱开沟——青铜时代早期遗址发掘报告》，文物出版社（北京），
　　2000 年。

牛世山等主编：《殷墟出土陶器》，社会科学文献出版社（北京），2018 年。

山西省考古研究所：《灵石旌介商墓》，科学出版社（北京），2006 年。

山西省考古研究所、吉县文物管理所：《吉县州川河流域区域考古调查发掘报告》，科学出版社（北京），
　　2017 年。

山西省考古研究所、山西省博物院、韩炳华：《晋西商代青铜器》，科学出版社（北京），2017 年。

山西省考古研究所、忻州市文物管理处：《忻阜高速公路考古发掘报告》，上海古籍出版社（上海），
　　2012 年。

山西省考古研究院、山西博物院、运城市文物工作站等编：《山右吉金——闻喜酒务头商代墓地出土青
　　铜器精粹》，山西人民出版社（太原），2020 年。

山西省考古研究院、山西大学北方考古研究中心、临汾市文物局、翼城县文物旅游局：《霸金集萃——山
　　西翼城大河口墓地出土青铜器》，上海古籍出版社（上海），2021 年。

山西省考古研究院、山西大学北方考古研究中心、运城市文物工作站、绛县文物局：《倗金集萃——山西
　　绛县横水西周墓地出土青铜器》，上海古籍出版社（上海），2021 年。

山西省考古研究院、长治市文物旅游局、黎城县文博馆：《黎城楷侯墓地》，文物出版社（北京），2022 年。

陕西省文物考古研究院：《李家崖》，文物出版社（北京），2013 年。

陕西省考古研究所等：《神木新华》，科学出版社（北京），2005 年。

石璋如：《中国考古报告集之二·小屯第一本·遗址的发现与发掘丙编·殷墟墓葬之五·丙区墓葬上》，历史语言研究所（台北），1980 年。

石璋如：《中国考古报告集之二·小屯第一本·遗址的发现与发掘丙编·殷墟墓葬之三·南组墓葬附北组墓补遗》，历史语言研究所（台北），1973 年。

石璋如：《中国考古报告集之二·小屯第一本·遗址的发现与发掘：丙编·殷墟墓葬之二·中组墓葬》，历史语言研究所（台北），1972 年。

石璋如：《中国考古报告集之二·小屯第一本·遗址的发现与发掘：乙编·建筑遗存》，历史语言研究所（台北），1959 年。

王春法主编：《河东之光——山西酒务头考古成果展》，山东美术出版社（济南），2020 年。

张希舜：《山西文物馆藏珍品·青铜器》，山西人民出版社（太原），1994 年。

张文瑞、翟良富：《后迁义遗址考古发掘报告及冀东地区考古学文化研究》，文物出版社（北京），2016 年。

郑州大学历史文化学院考古系：《新乡李大召——仰韶文化至汉代遗址发掘报告》，科学出版社（北京），2006 年。

郑州大学文博学院、开封市文物工作队：《豫东杞县发掘报告》，科学出版社（北京），2000 年。

中国国家博物馆考古部：《垣曲盆地聚落考古研究》，科学出版社（北京），2007 年。

中国国家博物馆、山西省考古研究所、长治市文物旅游局：《浊漳河上游早期文化考古调查与研究》，科学出版社（北京），2015 年。

中国国家博物馆田野考古研究中心、山西省考古研究所、忻州市文物管理处：《滹沱河上游先秦遗存调查报告》，科学出版社（北京），2012 年。

中国国家博物馆田野考古研究中心、山西省考古研究所、运城市文物保护研究所：《运城盆地东部聚落考古调查与研究》，文物出版社（北京），2011 年。

中国国家博物馆田野考古研究中心、山西省考古研究所、垣曲县博物馆：《垣曲商城（二）——1988~2003 年度考古发掘报告》，科学出版社（北京），2014 年。

中国科学院考古研究所：《辉县发掘报告》，科学出版社（北京），1956 年。

中国历史博物馆考古部、山西省考古研究所、垣曲县博物馆：《垣曲古城东关》，科学出版社（北京），2001 年。

中国历史博物馆考古部、山西省考古研究所、垣曲县博物馆：《垣曲商城——1985~1986 年度勘察报告》，科学出版社（北京），1996 年。

中国社会科学院考古研究所：《安阳大司空——2004 年发掘报告》，文物出版社（北京），2014 年。

中国社会科学院考古研究所：《安阳小屯》，世界图书出版公司（北京），2004 年。

中国社会科学院考古研究所：《安阳殷墟小屯建筑遗存》，文物出版社（北京），2010 年。

中国社会科学院考古研究所：《安阳孝民屯（四）殷商遗存·墓葬》，文物出版社（北京），2018 年。

中国社会科学院考古研究所：《安阳殷墟郭家庄商代墓葬——1982 年~1992 年考古发掘报告》，中国大百科全书出版社（北京），1998 年。

中国社会科学院考古研究所：《安阳殷墟花园庄东地商代墓葬》，科学出版社（北京），2007年。

中国社会科学院考古研究所：《二里头（1999~2006）》，文物出版社（北京），2014年。

中国社会科学院考古研究所：《二里头考古六十年》，科学出版社（北京），2019年。

中国社会科学院考古研究所：《二里头陶器集粹》，中国社会科学出版社（北京），1995年。

中国社会科学院考古研究所：《偃师二里头——1959年~1978年考古发掘报告》，中国大百科全书出版社（北京），1999年。

中国社会科学院考古研究所：《偃师商城（第一卷）》，科学出版社（北京），2013年。

中国社会科学院考古学研究所：《殷墟的发现与研究》，科学出版社（北京），1994年。

中国社会科学院考古研究所：《殷墟发掘报告（1958~1961）》，文物出版社（北京），1987年。

中国社会科学院考古研究所：《殷墟妇好墓》，文物出版社（北京），1981年。

中国社会科学院考古研究所：《殷墟青铜器》，文物出版社（北京），1987年。

中国社会科学院考古研究所：《张家坡西周墓地》，中国大百科全书出版社（北京），1999年。

中国社会科学院考古研究所、安阳市文物考古研究所：《殷墟新出土青铜器》，云南人民出版社（昆明），2008年。

中国社会科学院考古研究所、美国哈佛大学皮保德博物馆：《豫东考古报告——"中国商丘地区早商文明探索"野外勘察与发掘》，科学出版社，2017年。

中国社会科学院考古研究所、山西省临汾市文物局：《襄汾陶寺——1978~1985年考古发掘报告》，文物出版社（北京），2015年。

中国社会科学院考古研究所、中国历史博物馆、山西省考古研究所：《夏县东下冯》，文物出版社（北京），1988年。

郑州大学历史学院考古系：《辉县孙村遗址》，科学出版社（北京），2012年。

郑州大学历史学院考古系：《民权牛牧岗与豫东考古》，科学出版社（北京），2013年。

郑州大学文博学院、开封市文物工作队：《豫东杞县发掘报告》，科学出版社（北京），2000年。

郑州市文物考古研究所：《郑州大师姑（2002~2003）》，科学出版社（北京），2004年。

郑州市文物考古研究院：《新郑望京楼——2010~2012年田野考古发掘报告》，科学出版社（北京），2016年。

2. 田野调查与发掘简报

郑洛地区：

安金槐：《郑州新出土的商代前期大铜鼎》，《文物》1975年第6期。

安志敏：《郑州市人民公园附近的殷代遗存》，《文物参考资料》1954年第6期。

北京大学考古文博学院：《河南新密曲梁遗址1988年春发掘报告》，《考古学报》2003年第1期。

北京大学考古系：《郑州市岔河遗址1988年试掘简报》，《考古》2005年第6期。

陈焕玉：《郑州市石佛乡发现商代青铜戈、刀》，《华夏考古》1988年第1期。

河南省博物馆：《郑州南关外商代遗址的发掘》，《考古学报》1973年第1期。

河南省博物馆、灵宝县文化馆：《河南灵宝出土一批商代青铜器》，《考古》1979年第1期。

河南省博物馆、郑州市博物馆：《郑州商代城遗址发掘报告》，《文物资料丛刊》（1），文物出版社（北京），1977年。

河南省文化局文物工作队第一队：《郑州旮旯王村遗址发掘报告》，《考古学报》1958 年第 3 期。

河南省文化局文物工作队第一队：《郑州商代遗址的发掘》，《考古学报》1957 年第 1 期。

河南省文化局文物工作队：《河南郑州上街商代遗址发掘报告》，《考古》1966 年第 1 期。

河南省文化局文物工作队：《郑州上街商代遗址的发掘》，《考古》1960 年第 6 期。

河南省文物考古研究所：《河南郑州商城宫殿区夯土墙 1998 年的发掘》，《考古》2000 年第 2 期。

河南省文物考古研究所：《郑州商城北大街商代宫殿遗址的发掘与研究》，《文物》2002 年第 3 期。

河南省文物考古研究所：《郑州商城外郭城的调查与试掘》，《考古》2004 年第 3 期。

河南省文物考古研究所：《郑州商城新发现的几座商墓》，《文物》2003 年第 4 期。

河南省文物考古研究所郑州工作站：《郑州化工三厂考古发掘简报》，《中原文物》1994 年第 2 期。

河南省文物考古研究所、郑州大学文博学院考古系、南开大学历史系博物馆学专业：《1995 年郑州小双桥遗址的发掘》，《华夏考古》1996 年第 3 期。

河南省文物考古研究所、郑州市文物考古研究所：《郑州南顺城街青铜器窖藏坑发掘简报》，《华夏考古》1998 年第 3 期。

河南省文物研究所：《许昌县大路陈村发现商代墓》，《华夏考古》1988 年第 1 期。

河南省文物研究所：《郑州北二七路新发现三座商墓》，《文物》1983 年第 3 期。

河南省文物研究所：《郑州商代二里岗期铸铜基址》，《考古学集刊》(6)，中国社会科学出版社(北京)，1989 年。

河南省文物研究所：《郑州商城外夯土墙基的调查与试掘》，《中原文物》1991 年第 1 期。

河南省文物研究所：《郑州市商代制陶遗址发掘简报》，《华夏考古》1991 年第 4 期。

考古研究所洛阳发掘队：《1958 年洛阳东干沟遗址发掘简报》，《考古》1959 年第 10 期。

洛阳博物馆、张剑：《洛阳博物馆藏的几件青铜器》，《文物资料丛刊》(3)，文物出版社(北京)，1980 年版。

洛阳博物馆：《洛阳北窑村西周遗址 1974 年度发掘简报》，《考古》1981 年第 7 期。

洛阳市文物工作队：《1975—1979 年洛阳北窑西周铸铜遗址的发掘》，《考古》1983 年第 5 期。

宋国定：《郑州小双桥遗址出土陶器上的朱书》，《文物》2003 年第 5 期。

张松林：《郑州市西北郊区考古调查简报》，《中原文物》1986 年第 4 期。

赵炳焕、白秉乾：《河南省新郑县新发现的商代铜器和玉器》，《中原文物》1992 年第 1 期。

赵新来：《中牟县黄店、大庄发现商代铜器》，《文物》1980 年第 12 期。

赵新来：《中牟出土商代铜器》，《中原文物》1980 年第 4 期。

郑州市大河村遗址保管所：《郑州市木材公司商代遗址发掘简报》，《华夏考古》1990 年第 4 期。

赵霞光：《郑州南关外商代遗址发掘简报》，《考古通讯》1958 年第 2 期。

郑州市博物馆：《郑州商代遗址发掘简报》，《考古》1986 年第 4 期。

郑州市博物馆：《郑州市陈庄遗址发掘简报》，《中原文物》1986 年第 2 期。

郑州市博物馆：《郑州市铭公路西侧的两座商代墓》，《考古》1965 年第 10 期。

郑州市博物馆：《河南荥阳西史村遗址试掘简报》，《文物资料丛刊》5，文物出版社(北京)，1987 年。

郑州市文物工作队：《河南荥阳县阎河遗址的调查与试掘》，《中原文物》1992 年第 1 期。

郑州市文物工作队：《郑州岔河商代遗址调查简报》，《考古》1988 年第 5 期。

郑州市文物工作队：《河医二附院等处商代遗址发掘简报》，《中原文物》1986 年第 4 期。

郑州市文物考古研究所：《郑州南关附近商代灰坑发掘简报》，《中原文物》1998 年第 2 期。

郑州市文物考古研究所：《郑州市铭功路东商代遗址》，《考古》2002 年第 9 期。

郑州市文物考古研究所：《郑州市洼刘村西周早期墓葬（ZGW99M1）发掘简报》，《文物》2001 年第 6 期。

郑州文物考古研究院：《郑州市老坟岗商代遗址发掘简报》，《中原文物》2009 年第 4 期。

豫北与豫东地区：

北京大学考古系商周组：《河南淇县宋窑遗址发掘报告》，《考古学集刊》（10），地质出版社（北京），
　　1996 年。

北京大学考古学系、濮阳市文物保管所：《豫东北考古调查与试掘》，《考古》1995 年第 12 期。

北京大学考古学系、商丘地区文管会：《河南夏邑清凉山遗址发掘报告》，《考古学研究》（四），科学出版
　　社（北京），2000 年。

北京大学考古专业商周组，山西省考古研究所，河南省安阳、新乡地区文化局，湖北省孝感地区博物馆：
　　《晋豫鄂三省考古调查简报》，《文物》1982 年第 7 期。

崔墨林：《辉县孟庄乡发现古遗址》，《文物参考资料》1956 年第 6 期。

傅山泉：《新乡市博物馆藏"妇琼聂"组器》，《中原文物》2008 年第 3 期。

郭宝钧：《浚县辛村古残墓之清理》，《田野考古报告》（第一期），中研院历史语言研究所，1936 年。

河南省安阳地区文物管理委员会：《汤阴白营河南龙山文化村落遗址发掘报告》，《考古学集刊》（3），中
　　国社会科学出版社（北京），1983 年。

河南省文化局文物工作队：《河南孟县涧溪遗址发掘》，《考古》1961 年第 1 期。

河南省文化局文物工作队：《河南渑池鹿寺商代遗址试掘简报》，《考古》1964 年第 9 期。

河南省文化局文物工作队：《河南新乡潞王坟商代遗址发掘报告》，《考古学报》1960 年第 1 期。

河南省文物考古研究所：《安阳市西高平遗址商周遗存发掘报告》，《华夏考古》2006 年第 4 期。

河南省文物考古研究所：《河南鹤壁市刘庄遗址下七垣文化墓地发掘简报》，《华夏考古》2007 年第 3 期。

河南省文物考古研究所：《河南荥阳市关帝庙遗址商代晚期遗存发掘简报》，《考古》2008 年第 7 期。

河南省文物考古研究所：《河南荥阳市薛村遗址 2005 年度发掘简报》，《华夏考古》2007 年第 3 期。

河南省文物考古研究所、首都师范大学历史文化学院、濮阳市文物保护管理所：《河南濮阳县高城遗址
　　发掘简报》，《考古》2008 年第 3 期。

河南省文物研究所：《河南荥阳竖河遗址发掘报告》，《考古学集刊》（10），地质出版社（北京），1996 年。

河南省文物研究所：《河南鹿邑栾台遗址发掘简报》，《华夏考古》1989 年第 1 期。

河南省文物研究所：《武陟县保安庄遗址调查简报》，《中原文物》1988 年第 3 期。

河南省文物研究所、新乡地区文管会、孟县文化馆：《河南孟县西后津遗址发掘简报》，《中原文物》1984
　　年第 4 期。

河南省文物考古研究院、济源市文物工作队：《河南济源新峡遗址二里头与二里岗文化遗存发掘简报》，
　　《华夏考古》2021 年第 3 期。

河南省文物考古研究院、梁法伟、王豪：《河南济源柴庄遗址发现商代晚期至西周前期大型聚落》，《中国
　　文物报》2020 年 4 月 3 日。

河南省文物考古研究院：《河南淇县大李庄商代晚期墓葬发掘简报》，《考古》2018 年第 5 期。

黄河水库考古工作队河南分队：《河南陕县七里铺商代遗址的发掘》，《考古学报》1960 年第 1 期。

黄河水库考古工作队：《黄河三门峡水库考古调查简报》,《考古通讯》1956 年第 5 期。

河南省新乡市博物馆、孔德新：《河南新乡市博物馆藏几件商代早期青铜器》,《文物资料丛刊》(3),文
　　物出版社(北京),1980 年。

贾连敏、曾晓敏、梁法伟、于宏伟：《河南荥阳胡村发现晚商贵族墓地》,《中国文物报》2007 年 1 月 5 日
　　5 版。

焦作市文物工作队：《焦作市府城古城遗址调查报告》,《华夏考古》1994 年第 1 期。

焦作市文物考古研究所、韩长松、冯春燕等：《河南焦作聂村发现商代晚期墓地》,《中国文物报》2014 年
　　8 月 29 日第 8 版。

荆志淳、George(Rip) Rapp,Jr、高天麟：《河南商丘全新世地貌演变及其对史前和早期历史考古遗址的
　　影响》,《考古》1997 年第 5 期。

孔德明、张晓芹：《安阳市博物馆藏殷墟青铜生产工具选介及浅析》,《中原文物》1995 年第 4 期。

李德保、赵霞光：《焦作市发现一座古城》,《文物参考资料》1958 年第 4 期。

李景聃：《豫东商丘永城调查及造律台黑孤堆曹桥三处小发掘》,《中国考古学报》第二册,1947 年。

马连成、廖永民：《濮阳市郊区考古调查简报》,《中原文物》1986 年第 4 期。

马全：《焦作南朱村发现商代墓》,《华夏考古》1988 年第 1 期。

宁景通：《河南伊川县发现商墓》,《文物》1993 年第 6 期。

齐泰定：《河南辉县褚丘出土的商代铜器》,《考古》1965 年第 5 期。

淇县文物保管所：《河南淇县鲍屯发现一件晚商青铜觯》,《考古》1984 年第 9 期。

戚城文物景区管理处：《濮阳戚城遗址龙山文化灰坑清理简报》,《中原文物》2007 年第 5 期。

千平喜：《武陟县龙睡村北出土两件商代铜器》,《中原文物》1984 年第 4 期。

商丘地区文物管理委员会、中国社会科学院考古研究所河南二队：《河南商丘县坞墙遗址试掘简报》,
　　《考古》1983 年第 2 期。

商丘地区文物管理委员会、中国社会科学院考古研究所洛阳工作队：《1977 年河南永城王油坊遗址发掘
　　概况》,《考古》1978 年第 1 期。

石志廉：《商妇嫣铜瓿》,《文物》1980 年第 12 期。

唐爱华：《新乡馆藏殷周铜器铭文选》,《中原文物》1985 年第 1 期。

武陟县博物馆：《武陟县出土三件商代青铜器》,《文物》1989 年第 12 期。(附在山西洪洞商代后)

武陟县文化馆：《武陟县早商墓葬清理简报》,《河南文博通讯》1980 年第 3 期。

夏商周断代工程朝歌遗址调查组：《1998 年鹤壁市、淇县晚商遗址考古调查报告》,《华夏考古》2006 年
　　第 1 期。

新乡市博物馆：《介绍七件商代晚期青铜器》,《文物》1978 年第 5 期。

新乡地区文管会、武陟县博物馆：《河南武陟东石寺遗址调查简报》,《考古》1990 年第 3 期。

新乡市文物工作队、卫辉市博物馆：《河南卫辉市倪湾遗址发掘简报》,《华夏考古》2005 年第 3 期。

新乡市文管会、辉县百泉文管所：《河南辉县丰城遗址调查简报》,《考古》1989 年第 3 期。

新乡市文物考古研究所、新乡县文物管理所：《河南新乡县后高庄遗址发掘报告》,《中原文物》2007 年
　　第 3 期。

杨宝顺：《温县出土的商代铜器》,《文物》1975 年第 2 期。

杨贵金、张立东：《焦作市府城古城遗址调查报告》,《华夏考古》1994 年第 1 期。

杨贵金、张立东、毋建庄：《河南武陟大司马遗址调查简报》，《考古》1994 年第 4 期。

袁广阔、秦小丽：《河南焦作府城遗址发掘报告》，《考古学报》2000 年第 4 期。

袁广阔、秦小丽、杨贵金：《河南焦作市府城遗址发掘简报》，《华夏考古》2000 年第 2 期。

张长寿、张光直：《河南商丘地区殷商文明调查发掘初步报告》，《考古》1997 年第 4 期。

赵新平、韩朝会：《河南省鹤壁市刘庄遗址 2005 年度发掘主要收获》，《东方考古》（第 3 辑），科学出版社（北京），2006 年。

赵新平、韩朝会、靳松安、王青：《河南鹤壁刘庄遗址发现商文化遗址》，《中国文物报》2006 年 1 月 27 日。

郑州大学考古专业、开封市博物馆、杞县文物保管所：《河南杞县朱岗遗址试掘报告》，《华夏考古》1992 年第 1 期。

郑州大学历史文化学院考古系：《豫东商丘地区考古调查简报》，《华夏考古》2005 年第 2 期。

郑州大学历史文化学院考古系、河南省文物管理局"南水北调"办公室、新乡市文物局、辉县市文物局：《河南辉县孙村遗址发掘简报》，《中原文物》2008 年第 1 期。

郑州大学历史与考古系、新乡市文化局、长垣县文物管理所：《河南长垣宜丘遗址发掘简报》，《中原文物》2005 年第 2 期。

郑州大学历史系考古专业、开封市博物馆考古部、杞县文物保管所：《河南杞县牛角岗遗址试掘报告》，《华夏考古》1994 年第 2 期。

中国社会科学院考古研究所、美国哈佛大学皮保德博物馆中美联合考古队：《河南商丘县东周城址勘察简报》，《考古》1998 年第 12 期。

中国社会科学院考古研究所河南二队、河南商邱地区文物管理委员会：《河南永城王油坊遗址发掘报告》，《考古学集刊》(5)，文物出版社（北京），1987 年。

中国社会科学院考古研究所河南二队、商丘地区文物管理委员会：《1977 年豫东考古纪要》，《考古》1981 年第 5 期。

中国社会科学院考古研究所河南一队、焦作市文物工作队：《河南焦作地区的考古调查》，《考古》1996 年第 11 期。

中国社会科学院考古研究所河南一队、商丘地区文物管理委员会：《河南柘城孟庄商代遗址》，《考古学报》1982 年第 1 期。

周到、赵新来：《河南鹤壁庞村出土的青铜器》，《文物资料丛刊》(3)，文物出版社（北京），1980 年。

殷墟遗址群：

安阳市博物馆：《安阳大司空村殷代杀殉坑》，《考古》1978 年第 1 期。

安阳市博物馆：《安阳郭家庄的一座殷墓》，《考古》1986 年第 8 期。

安阳市博物馆：《安阳铁西刘家庄南殷代墓葬发掘简报》，《中原文物》1986 年第 3 期。

安阳市博物馆：《殷墟梅园庄几座殉人墓葬的发掘》，《中原文物》1986 年第 3 期。

安阳市博物馆：《殷墟戚家庄 269 号墓发掘简报》，《中原文物》1986 年第 3 期。

安阳市博物馆：《豫北洹水两岸古代遗址调查简报》，《中原文物》1986 年第 3 期。

安阳市文物工作队：《1983—1986 年安阳刘家庄殷代墓葬发掘报告》，《华夏考古》1997 年第 2 期。

安阳市文物工作队：《1995—1996 年安阳刘家庄殷代遗址发掘报告》，《华夏考古》1997 年第 2 期。

安阳市文物工作队：《安阳梅园庄殷代车马坑发掘简报》，《华夏考古》1997 年第 2 期。

安阳市文物工作队：《安阳市殷代墓葬发掘简报》，《华夏考古》1995 年第 1 期。

安阳市文物工作队：《安阳徐家桥村殷代遗址发掘报告》，《华夏考古》1997 年第 2 期。

安阳市文物工作队：《河南安阳郭庄村北发现一座殷墓》，《考古》1991 年第 10 期。

安阳市文物工作队：《殷墟戚家庄东 269 号墓》，《考古学报》1991 年第 3 期。

安阳市文物工作队、安阳市博物馆：《安阳市梯家口村殷墓的发掘》，《华夏考古》1992 年第 1 期。

安阳市文物考古研究所：《河南安阳刘家庄北地商代遗址墓葬 2009～2010 年发掘简报》，《文物》2017 年第 6 期。

安阳市文物考古研究所：《河南安阳市任家庄南地商代晚期铸铜遗址 2016～2017 年发掘简报》，《中原文物》2018 年第 5 期。

安阳市文物考古研究所：《河南安阳市榕树湾一号商墓》，《考古》2009 年第 5 期。

安阳市文物考古研究所：《河南安阳市殷墟郭家庄东南五号商代墓葬》，《考古》2008 年第 8 期。

安阳亦工亦农文物考古短训班、中国科学院考古研究所安阳发掘队：《安阳殷墟奴隶祭祀坑的发掘》与附录：《武官大墓南墓道的发掘》，《考古》1977 年第 1 期。

郭宝钧：《B 区发掘记之一》，《安阳发掘报告》（第四期），中研院历史语言研究所，1933 年。

郭宝钧：《一九五〇年春殷墟发掘报告》，《中国考古学报》第五册，1951 年。

河南省文化局文物工作队：《1958 年春河南安阳市大司空村殷代墓葬发掘简报》，《考古通讯》1958 年第 10 期。

河南省文化局文物工作队：《河南安阳薛家庄殷代遗址、墓葬和唐墓发掘简报》，《考古》1958 年第 8 期。

河南省文化局文物工作队第一队：《一九五五年秋安阳小屯殷墟的发掘》，《考古学报》1958 年第 3 期。

河南省文物考古研究所：《安阳市西高平遗址商周遗存发掘报告》，《华夏考古》2006 年第 4 期。

何毓灵：《河南安阳洹北商城发现铸铜制骨手工业作坊遗址》，《中国文物报》2016 年 12 月 16 日第 8 版。

何毓灵：《河南安阳洹北商城铸铜、制骨作坊遗址》，《大众考古》2017 年第 1 期。

何毓灵：《洹北商城作坊区内发现铸铜工匠墓》，《中国文物报》2019 年 6 月 21 日第 5 版。

何毓灵：《无心插柳柳成荫——洹北商城铸铜、制骨手工业作坊的发现》，《大众考古》2017 年第 2 期。

孔德铭：《安阳辛店商代晚期铸铜遗址的发现与发掘》，《大众考古》2017 年第 3 期。

孔德铭：《河南安阳发现迄今范围最大的商代晚期铸铜遗址》，《中国文物报》2020 年 1 月 3 日第 5 版。

孔德铭：《河南安阳辛店发现商代晚期聚落和大型铸铜遗址》，《中国文物报》2017 年 8 月 11 日第 8 版。

孔德铭等：《河南安阳市辛店商代铸铜遗址发掘及学术意义》，《三代考古·七》，科学出版社（北京），2017 年。

李永迪：《一九三六年史语所大司空村第二次发掘的殷代遗存与东周时期墓葬》，《中研院历史语言研究所集刊》第七十九本第四分，1998 年 12 月。

林县文化馆：《林县发现商代青铜觥》，《考古》1978 年第 1 期。

马得志、周永珍、张云鹏：《一九五三年安阳大司空村发掘报告》第 30 页，《考古学报》第九册，1955 年。

孟宪武：《安阳三家庄发现商代窖藏青铜器》，《考古》1985 年第 12 期。

孟宪武：《安阳殷墟边缘区域考古概述》，《安阳殷墟考古研究》第 4 页，中州古籍出版社（郑州），2003 年。

石璋如：《第七次殷墟发掘：E 区工作报告》，《安阳发掘报告》（第四期），中研院历史语言研究所，1933 年。

石璋如:《河南安阳后冈的殷墓》,《历史语言研究所集刊》第十三本,1948 年。

石璋如:《殷墟最近之重要发现,附论小屯地层》,《中国考古学报》第二册,1947 年。

唐际根、岳洪彬、何毓灵、牛世山、岳占伟、荆志淳:《洹北商城与殷墟的路网水网》,《考古学报》2016 年第 3 期。

魏树勋:《安阳出土的人头范》,《考古》1959 年第 5 期。

杨锡璋:《七十年来殷墟发掘年表》,《考古学集刊》(15),文物出版社(北京),2004 年。

殷墟孝民屯考古队:《河南安阳市孝民屯商代房址 2003~2004 年发掘简报》,《考古》2007 年第 1 期。

殷墟孝民屯考古队:《河南安阳市孝民屯商代环状沟》,《考古》2007 年第 1 期。

殷墟孝民屯考古队:《河南安阳市孝民屯商代墓葬 2003~2004 年发掘简报》,《考古》2007 年第 1 期。

殷墟孝民屯考古队:《河南安阳市孝民屯商代铸铜遗址 2003~2004 年的发掘》,《考古》2007 年第 1 期。

袁靖、唐际根:《河南安阳市洹北花园庄遗址出土动物骨骼研究报告》,《考古》2000 年第 11 期。

岳占伟、岳洪彬:《殷墟首次发现一处重要的制陶作坊区》,《中国文物报》2008 年 10 月 15 日。

赵霞光:《1958 年春河南安阳市大司空村殷代墓葬发掘简报》,《考古通讯》1958 年第 2 期。

赵霞光:《安阳市西郊的殷代文化遗址》,《文物参考资料》1958 年第 12 期。

中国科学院考古研究所安阳发掘队:《1958—1959 年殷墟发掘简报》,《考古》1961 年第 2 期。

中国科学院考古研究所安阳发掘队:《1962 年安阳大司空村发掘简报》,《考古》1964 年第 8 期。

中国科学院考古研究所安阳发掘队:《1971 年安阳后冈发掘简报》,《考古》1972 年第 3 期。

中国科学院考古研究所安阳发掘队:《1975 年安阳殷墟的新发现》,《考古》1976 年第 4 期。

中国科学院考古研究所安阳发掘队:《安阳殷墟孝民屯的两座车马坑》,《考古》1977 年第 1 期。

中国科学院考古研究所安阳工作队:《1972 年春安阳后冈发掘简报》,《考古》1972 年第 5 期。

中国科学院考古研究所安阳工作队:《1973 年安阳小屯南地发掘简报》,《考古》1975 年第 1 期。

中国科学院考古研究所安阳工作队:《安阳新发现的殷代车马坑》,《考古》1972 年第 4 期。

中国社会科学院考古研究所安阳队:《1984 年秋安阳苗圃北地殷墓发掘简报》,《考古》1989 年第 2 期。

中国社会科学院考古研究所安阳队:《1991 年安阳后冈殷墓的发掘》,《考古》1993 年第 10 期。

中国社会科学院考古研究所安阳队:《河南安阳洹河流域的考古调查》,《考古学集刊》(3),中国社会科学出版社(北京),1983 年。

中国社会科学院考古研究所安阳队:《殷墟 259、260 号墓发掘报告》,《考古学报》1987 年第 1 期。

中国社会科学院考古研究所安阳队:《殷墟西区发现一座车马坑》,《考古》1984 年第 6 期。

中国社会科学院考古研究所安阳工作队:《1969—1977 年殷墟西区墓葬发掘报告》,《考古学报》1979 年第 1 期。

中国社会科学院考古研究所安阳工作队:《1973 年小屯南地发掘报告》,《考古学集刊》(9),科学出版社(北京),1995 年。

中国社会科学院考古研究所安阳工作队:《1976 年安阳小屯西北地发掘简报》,《考古》1987 年第 4 期。

中国社会科学院考古研究所安阳工作队:《1979 年安阳后冈遗址发掘报告》,《考古学报》1985 年第 1 期。

中国社会科学院考古研究所安阳工作队:《1980 年河南安阳大司空村 M539 发掘简报》,《考古》1992 年第 6 期。

中国社会科学院考古研究所安阳工作队:《1980—1982 年安阳苗圃北地遗址发掘简报》,《考古》1986 年第 2 期。

中国社会科学院考古研究所安阳工作队：《1984—1988 年安阳大司空村北地殷代墓葬发掘报告》,《考古学报》1994 年第 4 期。

中国社会科学院考古研究所安阳工作队：《1986—1987 年安阳花园庄南地发掘报告》,《考古学报》1992 年第 1 期。

中国社会科学院考古研究所安阳工作队：《1986 年安阳大司空村南地的两座殷墓》,《考古》1989 年第 7 期。

中国社会科学院考古研究所安阳工作队：《1987 年安阳小屯村东北地的发掘》,《考古》1989 年第 10 期。

中国社会科学院考古研究所安阳工作队：《1987 年秋安阳梅园庄南地殷墓的发掘》,《考古》1991 年第 2 期。

中国社会科学院考古研究所安阳工作队：《1987 年夏安阳郭家庄东南殷墓的发掘》,《考古》1988 年第 10 期。

中国社会科学院考古研究所安阳工作队：《1991 年安阳花园庄东地、南地发掘简报》,《考古》1993 年第 6 期。

中国社会科学院考古研究所安阳工作队：《1998 年~1999 年安阳洹北商城花园庄东地发掘报告》,《考古学集刊》(15),文物出版社(北京),2004 年。

中国社会科学院考古研究所安阳工作队：《2000~2001 年安阳孝民屯东南地殷代铸铜遗址发掘报告》,《考古学报》2006 年第 3 期。

中国社会科学院考古研究所安阳工作队：《2004—2005 年殷墟小屯宫殿宗庙区的勘探和发掘》,《考古学报》2009 年第 2 期。

中国社会科学院考古研究所安阳工作队：《安阳大寒村南岗遗址》,《考古学报》1990 年第 1 期。

中国社会科学院考古研究所安阳工作队：《安阳大司空村东南的一座殷墓》,《考古》1988 年第 10 期。

中国社会科学院考古研究所安阳工作队：《安阳郭家庄 160 号墓》,《考古》1991 年第 5 期。

中国社会科学院考古研究所安阳工作队：《安阳郭家庄西南的殷代车马坑》,《考古》1988 年第 10 期。

中国社会科学院考古研究所安阳工作队：《安阳侯家庄北地一号墓发掘简报》,《考古学集刊》(2),中国社会科学出版社(北京),1982 年。

中国社会科学院考古研究所安阳工作队：《安阳武官村北地商代祭祀坑的发掘》,《考古》1987 年第 12 期。

中国社会科学院考古研究所安阳工作队：《安阳武官村北的一座殷墓》,《考古》1979 年第 3 期。

中国社会科学院考古研究所安阳工作队：《安阳小屯村北的两座殷代墓》,《考古学报》1981 年第 4 期。

中国社会科学院考古研究所安阳工作队：《安阳薛家庄东南殷墓发掘简报》,《考古》1986 年第 12 期。

中国社会科学院考古研究所安阳工作队：《安阳殷墟大司空东南地 2015~2016 年发掘报告》,《考古学报》2019 年第 4 期。

中国社会科学院考古研究所安阳工作队：《安阳殷墟刘家庄北 1046 号墓》,《考古学集刊》(15),文物出版社(北京),2004 年。

中国社会科学院考古研究所安阳工作队：《安阳殷墟三家庄东的发掘》,《考古》1983 年第 2 期。

中国社会科学院考古研究所安阳工作队：《安阳殷墟西区一七一三号墓的发掘》,《考古》1986 年第 8 期。

中国社会科学院考古研究所安阳工作队：《河南安阳高楼庄南发现一座殷墓》,《考古》1994 年第 5 期。

中国社会科学院考古研究所安阳工作队：《河南安阳梅园庄西的一座殷墓》，《考古》1992 年第 2 期。

中国社会科学院考古研究所安阳工作队：《河南安阳市大司空东地商代遗存 2012～2015 年发掘简报》，《考古》2015 年第 12 期。

中国社会科学院考古研究所安阳工作队：《河南安阳市郭家庄东南 26 号墓》，《考古》1998 年第 10 期。

中国社会科学院考古研究所安阳工作队：《河南安阳市花园庄 54 号商代墓葬》，《考古》2004 年第 1 期。

中国社会科学院考古研究所安阳工作队：《河南安阳市洹北花园庄遗址 1997 年发掘简报》，《考古》1998 年第 10 期。

中国社会科学院考古研究所安阳工作队：《河南安阳市洹北商城宫殿区二号基址发掘简报》，《考古》2010 年第 1 期。

中国社会科学院考古研究所安阳工作队：《河南安阳市洹北商城遗址 2005～2007 年勘察简报》，《考古》2010 年第 1 期。

中国社会科学院考古研究所安阳工作队：《河南安阳市梅园庄东南的殷代车马坑》，《考古》1998 年第 10 期。

中国社会科学院考古研究所安阳工作队：《河南安阳市王裕口南地殷代遗址的发掘》，《考古》2004 年第 5 期。

中国社会科学院考古研究所安阳工作队：《河南安阳市殷墟范家庄东北地的两座商墓》，《考古》2009 年第 9 期。

中国社会科学院考古研究所安阳工作队：《河南安阳市殷墟刘家庄北地 2008 年发掘简报》，《考古》2009 年第 7 期。

中国社会科学院考古研究所安阳工作队：《河南安阳市殷墟刘家庄北地 2010～2011 年发掘简报》，《考古》2012 年第 12 期。

中国社会科学院考古研究所安阳工作队：《河南安阳市殷墟刘家庄北地 44 号墓的发掘》，《考古》2018 年第 10 期。

中国社会科学院考古研究所安阳工作队：《河南安阳市殷墟刘家庄北地铅锭贮藏坑发掘简报》，《考古》2018 年第 10 期。

中国社会科学院考古研究所安阳工作队：《河南安阳市殷墟刘家庄北地制陶作坊遗址的发掘》，《考古》2012 年第 12 期。

中国社会科学院考古研究所安阳工作队：《河南安阳市殷墟铁三路 89 号墓的发掘》，《考古》2017 年第 3 期。

中国社会科学院考古研究所安阳工作队：《河南安阳市铁三路殷墟文化时期制骨作坊遗址》，《考古》2015 年第 8 期。

中国社会科学院考古研究所安阳工作队：《河南安阳市殷墟王裕口村南地 2009 年发掘简报》，《考古》2012 年第 12 期。

中国社会科学院考古研究所安阳工作队：《河南安阳市殷墟小屯西地商代大墓发掘简报》，《考古》2009 年第 9 期。

中国社会科学院考古研究所安阳工作队：《河南安阳市殷墟孝民屯东南地商代墓葬 1989～1990 年的发掘》，《考古》2009 年第 9 期。

中国社会科学院考古研究所安阳工作队：《河南安阳市殷墟新安庄西地 2007 年商代遗存发掘简报》，

《考古》2016 年第 2 期。

中国社会科学院考古研究所安阳工作队：《河南安阳市殷墟豫北纱厂地点 2011~2014 年发掘简报》,《考古》2019 年第 3 期。

中国社会科学院考古研究所安阳工作队：《河南安阳殷墟大型建筑基址的发掘》,《考古》2001 年第 5 期。

中国社会科学院考古研究所安阳工作队：《河南安阳殷墟花园庄东地 60 号墓》,《考古》2006 年第 1 期。

中国社会科学院考古研究所安阳工作队：《河南安阳殷墟刘家庄北地殷墓与西周墓》,《考古》2005 年第 1 期。

中国社会科学院考古研究所安阳工作队：《殷墟大司空 M303 发掘报告》,《考古学报》2008 年第 3 期。

中国社会科学院考古研究所安阳工作队：《殷墟西区发现一座车马坑》,《考古》1984 年第 6 期。

中国社会科学院考古研究所安阳工作队、安阳市文物考古研究所：《河南省安阳县西蒋村遗址的调查与试掘》,《考古》2011 年第 11 期。

中国社会科学院考古研究所安阳工作队、安阳师范学院历史与文博学院考古系：《河南安阳市洹北商城铸铜作坊遗址 2015—2019 年发掘简报》,《考古》2020 年第 10 期。

中国社会科学院考古研究所、美国明尼苏达大学科技考古实验室中美洹河流域考古队：《洹河流域区域考古研究初步报告》,《考古》1998 年第 10 期。

周到、刘东亚：《1957 年秋安阳高楼庄殷代遗址发掘》,《考古》1963 年第 4 期。

河北考古综述类：

刘连强：《建国以来冀北北方青铜文化发现与研究》,《文物春秋》2000 年第 6 期。

唐云明：《河北境内几处商代文化遗存记略》,《考古学集刊》(2),中国社会科学出版社(北京),1982 年。

唐云明：《河北商文化综述》,《华夏考古》1988 年第 3 期。

徐海峰：《河北商周考古历程》,《文物春秋》2000 年第 6 期。

邯郸地区：

北京大学、河北省文物局邯郸考古发掘队：《1957 年邯郸发掘简报》,《考古》1959 年第 10 期。

段宏振：《邯郸北羊井遗址调查记》,《三代考古·九》,科学出版社(北京),2021 年。

邯郸市文物管理处：《邯郸县商周遗址的调查》,《文物春秋》1992 年第 2 期。

邯郸市文物管理处：《邯郸市东门里遗址试掘简报》,《文物春秋》1996 年第 2 期。

邯郸地区文物保管所：《河北磁县境内牤牛河两岸考古调查》,《华夏考古》1993 年第 4 期。

邯郸地区文物保管所：《河北省永年县何庄遗址发掘报告》,《华夏考古》1992 年第 4 期。

郝良真、赵建朝：《邯钢出土青铜器及赵国贵族墓葬区域》,《文物春秋》2003 年第 4 期。

河北省文化局文物工作队：《河北邯郸涧沟村古遗址发掘简报》,《考古》1961 年第 4 期。

河北省文化局文物工作队：《河北永年县台口村遗址发掘简报》,《考古》1962 年第 12 期。

河北省文物管理处：《磁县界段营发掘简报》,《考古》1974 年第 6 期。

河北省文物管理处：《磁县下潘汪遗址发掘报告》,《考古学报》1975 年第 1 期。

河北省文物管理处：《磁县下七垣遗址发掘报告》,《考古学报》1979 年第 2 期。

河北省文物研究所：《河北磁县南城遗址发掘获重要发现》,《中国文物报》2009 年 2 月 25 日第 2 版。

河北省文物研究所：《河北永年县洺关遗址试掘简报》,《文物春秋》1990 年第 4 期。

河北省文物研究所等：《河北涉县台村遗址发掘简报》，《河北省考古文集（三）》，科学出版社（北京），
　　2007年。

河北省文物研究所、邯郸市文物研究所、峰峰矿区文物保管所：《邯郸市峰峰电厂义西遗址发掘报告》，
　　《文物春秋》2001年第1期。

河北省文物研究所、邯郸市文物管理处、峰峰矿区文物管理所：《河北邯郸市峰峰矿区北羊台遗址发掘
　　简报》，《考古》2001年第2期。

河北省文物研究所、邯郸市文物研究所、涉县文物保护管理所：《河北涉县台村遗址发掘简报》，《河北省
　　考古文集（三）》，科学出版社（北京），2007年。

河北省文物研究所、邯郸市文物研究所、武安市文物保管所：《武安市崔炉遗址考古发掘报告》，《河北省
　　考古文集（四）》，科学出版社（北京），2011年。

河北省文物研究所、河北文化学院：《武安赵窑遗址发掘报告》，《考古学报》1992年第3期。

黄铭崇、林农尧、黄一凡、刘彦彬、柯维盈：《从邯郸地区汉代以前遗址的跨时分布看环境、社会变迁与聚
　　落发展》，《金玉交辉——商周考古、艺术与文化论文集》，历史语言研究所（台北），2013年。

井中伟、霍东峰：《河北邯郸薛庄遗址考古发掘取得重要收获》，《中国文物报》2008年5月2日。

罗平：《河北磁县下七垣出土殷代青铜器》，《文物》1974年第11期。

乔登云：《河北磁县几处先商遗址的考古发现与探索》，《早期夏文化与先商文化研究论文集》，科学出版
　　社（北京），2012年。

石磊、王会民、梁亮：《磁县南城遗址浅析》，《早期夏文化与先商文化研究论文集》，科学出版社（北京），
　　2012年。

张晓铮：《河北邯郸白村遗址》，《中国考古新发现年度记录（2010）》，《中国文化遗产》2011年增刊。

邹衡：《河北省邯郸市峰峰矿区考古调查》，《夏商周考古论文集·再续集》，科学出版社（北京），
　　2011年。

邢台地区：

北京大学考古文博学院、河北省文物局、邢台市文物管理处、临城县文化旅游局：《河北临城县补要村遗
　　址北区发掘简报》，《考古》2011年第3期。

北京大学考古文博学院、河北省文物局、邢台市文物管理处、临城县文化旅游局：《河北临城县补要村遗
　　址南区发掘简报》，《考古》2011年第3期。

东先贤考古队：《河北邢台市东先贤遗址1998年的发掘》，《考古》2003年第11期。

高建强等：《泜河流域考古调查简报》，《文物春秋》1992年第1期。

河北省文化局文物工作队：《1958年邢台地区古遗址古墓葬的发现和清理》，《文物》1959年第9期。

河北省文化局文物工作队：《邢台尹郭村商代遗址及战国墓葬试掘简报》，《文物》1960年第4期。

河北省文物复查队邢台分队：《河北邢台县考古调查简报》，《文物春秋》1995年第1期。

河北省文物管理委员会：《邢台曹演庄遗址发掘报告》，《考古学报》1958年第4期。

河北省文物管理委员会：《邢台贾村商代遗址试掘简报》，《文物参考资料》1958年第10期。

河北省文物局第一期考古发掘领队培训班、河北省文物研究所、邢台市文物管理处：《河北邢台葛家庄
　　遗址1996年发掘简报》，《河北省考古文集（二）》，燕山出版社（北京），2001年。

河北省文物研究所：《泜河流域考古调查简报》，《文物春秋》1992年第1期。

河北省文物研究所：《河北邢台县东先贤遗址发掘简报》，《考古》2002 年第 3 期。

河北省文物研究所：《河北邢台市葛家庄遗址北区 1998 年发掘简报》，《考古》2000 年第 11 期。

河北省文物研究所：《内丘小驿头遗址发掘报告》，《河北省考古文集》，东方出版社（北京），1998 年。

河北省文物考古研究所、吉林大学边疆考古研究中心、邢台市文物管理处：《河北邢台市葛家庄遗址 1999 年发掘简报》，《考古》2005 年第 2 期。

河北省文物研究所、隆尧县文物保管所：《隆尧双碑遗址发掘报告》，《河北省考古文集》，东方出版社（北京），1998 年。

河北省文物研究所、任县文物保管所：《河北任县卧龙岗遗址调查简报》，《文物春秋》1990 年第 4 期。

河北省文物研究所、邢台市文物管理处：《邢台南小汪周代遗址西周遗存的发掘》，《文物春秋》1992 年增刊。

河北省文物研究所、邢台市文物管理处：《邢台南小汪周代遗址西周遗存的发掘》，《文物春秋》1992 年增刊。

霍东峰、邵会秋、侯菲菲、高兴超：《河北临城解村东遗址抢救性发掘》，《中国文物报》2009 年 11 月 13 日第 3 版。

任亚珊、郭瑞海、贾金标：《1993—1997 邢台葛家庄先商遗址、两周贵族墓地考古工作的主要收获》，《三代文明研究（一）——1998 年河北邢台中国商周文明国际学术研讨会论文集》，科学出版社（北京），1999 年。

孙德海：《内丘县三岐村商代遗址的调查》，《文物》1960 年第 5 期。

唐云明：《邢台南大郭村商代遗址试掘简报》，《文物参考资料》1957 年第 3 期。

唐云明：《河北邢台东先贤村商代遗址调查》，《考古》1959 年第 2 期。

唐云明：《邢台西关外遗址试掘》，《文物》1960 年第 7 期。

王迅、常怀颖、朱博雅：《河北省临城县补要村遗址发掘取得重大收获》，《中国文物报》2007 年 2 月 29 日第 2 版。

邢台东先贤考古队：《邢台东先贤商代遗址发掘报告》，《古代文明》（第 1 卷），文物出版社（北京），2002 年。

赵战护、贾金标、杨景峰：《河北沙河马庄商代聚落遗址》，《中国考古新发现年度记录（2010）》，《中国文化遗产》2011 年增刊。

石家庄地区：

滹沱河考古队：《河北滹沱河流域考古调查与试掘》，《考古》1993 年第 4 期。

河北省文化局文物工作队：《河北灵寿县北宅村商代遗址调查》，《考古》1966 年第 2 期。

河北省文物研究所：《藁城北龙宫商代遗址的调查》，《文物》1985 年第 10 期。

河北省文物研究所：《河北平山县考古调查简报》，《文物春秋》1990 年第 3 期。

河北省文物研究所：《灵寿县文物普查简报》，《文物春秋》1992 年第 1 期。

河北省文物研究所、石家庄市文物研究所、元氏县文物保护管理所：《南程遗址发掘简报》，《文物春秋》2010 年第 2 期。

河北省文物研究所、石家庄市文物研究所、正定县文物保护管理所：《河北正定县曹村商周遗址发掘简报》，《考古》2007 年第 11 期。

刘友恒、樊子林:《河北正定出土商周青铜器》,《文物》1982 年第 2 期。

石家庄地区文化局文物普查组:《河北省石家庄地区的考古新发现》,《文物资料丛刊》(1),文物出版社
　　(北京),1977 年。

文启明:《河北新乐、无极发现晚商青铜器》,《文物》1987 年第 1 期。

徐海峰:《河北赞皇南马遗址》,《中国考古新发现年度记录(2010)》,《中国文化遗产》2011 年增刊。

许永杰、刘长:《河北新乐何家庄遗址发掘取得重要收获》,《中国文物报》2007 年 5 月 18 日第 2 版。

张晓铮:《河北新乐何家庄遗址》,《黄淮七省考古新发现》,大象出版社(郑州),2019 年。

正定县文物保管所:《河北灵寿县西木佛村出土一批商代文物》,《文物资料丛刊》(5),文物出版社(北
　　京),1981 年。

正定县文物保管所刘友恒、樊子林:《河北正定县新城铺出土商代青铜器》,《文物》1984 年第 12 期。

保定、衡水、沧州地区:

保北考古队:《河北安新县考古调查报告》,《文物春秋》1990 年第 1 期。

保北考古队:《河北省容城县白龙遗址试掘简报》,《文物春秋》1989 年第 3 期。

保定地区文管所:《河北唐县洪城遗址的调查》,《考古》1996 年第 5 期。

保定市文管所:《涿州市松林店遗址调查简报》,《文物春秋》1996 年第 2 期。

沧州地区文管所:《孟村回族自治县高窑庄遗址调查简报》,《文物春秋》1993 年第 3 期。

沧州市文物保护管理所、沧县文化馆:《河北沧县倪杨屯商代遗址调查简报》,《考古》1993 年第 2 期。

段宏振　任涛:《河北易县七里庄遗址发现大量夏商周时期文化遗存》,《中国文物报》2006 年 12 月
　　8 日。

国家文物局主编:《河北唐县北放水遗址》,《2005 中国重要考古发现》,文物出版社(北京),2006 年。

河北省文物研究所:《定州北庄子商墓发掘简报》,《文物春秋》1992 年增刊。

河北省文物研究所:《河北涞水渐村遗址发掘报告》,《文物春秋》1992 年增刊。

河北省文物研究所:《河北满城要庄发掘简报》,《文物春秋》1992 年增刊。

河北省文物研究所:《河北容城县午方新石器时代遗址试掘》,《考古学集刊》(5),中国社会科学出版社
　　(北京),1987 年。

河北省文物研究所、保定市文物管理处:《河北定州市尧方头遗址发掘简报》,《考古》2004 年第 9 期。

河北省文物研究所、保定地区文管所、涞水县文保所:《河北涞水北封村遗址试掘简报》,《考古》1992 年
　　第 10 期。

河北省文物研究所、保定市文物管理处、容城县文管所:《河北容城县上坡遗址发掘简报》,《考古》1999
　　年第 7 期。

河北省文物研究所、沧州地区文物管理所:《河北任丘市哑叭庄遗址发掘报告》,《文物春秋》1992 年
　　增刊。

河北省文物研究所 魏曙光:《河北肃宁后白寺遗址发现二里头及晚商遗存》,《中国文物报》2018 年 3 月
　　9 日第 8 版。

吉林大学边疆考古研究中心、河北省文物局、唐县文物保护管理所:《河北唐县南放水遗址 2006 年发掘
　　简报》,《考古》2011 年第 4 期。

贾金标、胡金华:《河北保定市发现先商时期遗址》,《中国文物报》2005 年 9 月 9 日第 1 版。

拒马河考古队:《河北易县涞水古遗址试掘报告》,《考古学报》1988 年第 4 期。

刘连强:《河北唐县淑闾遗址考古发掘获重要收获》,《中国文物报》2006 年 12 月 15 日第 5 版。

盛定国:《河北徐水北北里遗址发掘取得重要收获》,《中国文物报》2008 年 4 月 18 日第 2 版。

史云征、李兰珂:《河北曲阳县考古调查简报》,《考古》1994 年第 4 期。

王敏之:《河北唐县出土西周归父敦》,《文物》1985 年第 6 期。

魏曙光:《河北肃宁县后白寺遗址》,《黄淮七省考古新发现》,大象出版社(郑州),2019 年。

徐海峰、高建强:《河北唐县北放水遗址考古发掘取得重要成果》,《中国文物报》2006 年 11 月 10 日第 2 版。

郑绍宗:《唐县南伏城及北城子出土周代青铜器》,《文物春秋》1992 年第 2 期。

张家口地区:

范秀英:《河北怀安王虎屯、小高崖遗址调查》,《文物春秋》1994 年第 2 期。

河北省文物研究所、张家口市文物管理处、怀来县博物馆:《河北省怀来县官庄遗址发掘报告》,《河北省考古文集》(二),北京燕山出版社(北京),2001 年。

怀安县文保所:《河北省怀安县新石器时代遗址调查简报》,《文物春秋》1993 年第 3 期。

怀安县文保所:《宋家房遗址调查简报》,《文物春秋》1997 年第 2 期。

陶宗治:《河北张家口市考古调查简报》,《考古与文物》1985 年第 6 期。

张家口考古队:《一九七九年蔚县新石器时代考古的主要收获》,《考古》1981 年第 2 期。

张家口考古队:《蔚县考古记略》,《考古与文物》1982 年第 4 期。

张家口考古队:《蔚县夏商时期考古的主要收获》,《考古与文物》1984 年第 1 期。

张家口市文管所、宣化县文管所:《河北宣化关子口、白庙遗址复查》,《文物春秋》1991 年第 3 期。

张家口市文物事业管理局、宣化县文化馆:《河北宣化县小白阳墓地发掘报告》,《文物》1987 年第 5 期。

张家口市文物事业管理所、宣化县文化馆:《河北宣化李大人庄遗址试掘报告》,《考古》1990 年第 5 期。

张家口市文物事业管理所:《张家口市白庙遗址清理简报》,《文物》1985 年第 10 期。

张家口地区文管所:《河北崇礼石嘴子发现新石器时代遗址》,《考古》1992 年第 2 期。

张家口地区文管所:《河北崇礼石嘴子发现新石器时代遗址》,《文物春秋》1989 年第 1、2 期合刊。

京津唐与承德地区:

北京市文物管理处:《北京市新征集的商周青铜器》,《文物资料丛刊》(2),文物出版社(北京),1978 年。

北京市文物管理处:《北京市平谷县发现商代墓葬》,《文物》1977 年第 11 期。

北京市文物管理处:《北京市延庆县西拨子村窖藏铜器》,《考古》1979 年第 3 期。

北京市文物管理处、中国科学院考古研究所、房山县文教局琉璃河考古工作队:《北京琉璃河夏家店下层文化墓葬》,《考古》1976 年第 1 期。

北京市文物研究所:《北京考古四十年》,北京燕山出版社(北京),1990 年。

北京市文物研究所:《北京房山县琉璃河遗址发现的商代遗迹》,《文物》1997 年第 4 期。

北京市文物研究所:《北京平谷刘家河遗址调查》,《北京文物与考古》(第 3 辑),北京燕山出版社(北京),1992 年。

北京市文物研究所:《北京市拒马河流域考古调查》,《北京文物与考古》(第 3 辑),北京燕山出版社(北京),1992年。

北京市文物研究所:《北京市拒马河流域考古调查》,《考古》1989年第3期。

北京市文物研究所:《平谷县龙坡遗址发掘简报》,《北京文物与考古》(第6辑),民族出版社(北京),
    2004年。

北京市文物研究所、北京大学考古文博院、中国社会科学院考古研究所:《1997年琉璃河遗址墓葬发掘
    简报》,《文物》2000年第11期。

陈卓然:《三河市新集东大屯出土陶器》,《文物春秋》2000年第2期。

承德地区文物保管所、滦平县博物馆:《河北滦平县后台子遗址发掘简报》,《文物》1994年第3期。

国家文物局主编:《北京昌平张营夏商时期遗址》,《2004中国重要考古发现》,文物出版社(北京),
    2005年。

河北省文化局文物工作队:《河北承德地区的古文化遗址调查》,《考古》1962年第12期。

河北省文化局文物工作队:《河北青龙县抄道沟发现一批青铜器》,《考古》1962年第12期。

河北省文物管理委员会:《河北唐山市大城山遗址发掘报告》,《考古学报》1959年第3期。

河北省文物研究所:《河北承德县考古调查》,《文物春秋》1996年第1期。

河北省文物研究所:《河北卢龙县东阚各庄遗址》,《考古》1985年第11期。

河北省文物研究所:《河北滦南县东庄店遗址调查》,《考古》1983年第9期。

河北省文物研究所:《迁安县古遗址调查》,《文物春秋》1991年第3期。

河北省文物研究所:《唐山市古冶商代遗址》,《考古》1984年第9期。

廊坊市文物管理所、香河县文物保管所:《河北香河县庆功台村夏家店下层文化墓葬》,《文物春秋》1999
    年第6期。

李捷民、孟昭林:《河北卢龙县双望乡发现细石器与陶器》,《考古通讯》1958年第6期。

李宗山、尹晓燕:《河北省迁安县出土两件商代铜器》,《文物》1995年第6期。

刘建忠:《河北怀安狮子口发现商代鹿首刀》,《考古》1988年第10期。

刘朴:《承德县狼崽沟古遗址调查》,《文物春秋》1997年第2期。

刘朴:《承德县内的夏家店下层文化遗址》,《文物春秋》1998年第4期。

刘震:《河北遵化县发现一座商代墓葬》,《考古》1995年第5期。

马洪路:《河北玉田县发现新石器和青铜时代遗址》,《考古》1983年第5期。

孟昭永、赵立国:《河北滦县出土晚商青铜器》,《考古》1994年第4期。

彭立平:《围场县博物馆收集一件青铜兽首弯刀》,《文物春秋》1993年第3期。

唐山市文物管理处、迁安县文物管理所:《河北迁安县小山东西周时期墓葬》,《考古》1997年第4期。

唐山市文物管理处、滦南县文物管理所:《唐山滦南县东八户遗址发掘简报》,《文物春秋》1996年第
    2期。

天津博物馆、天津市文化遗产保护中心:《天津蓟县青池遗址发掘报告》,《考古学报》2014年第2期。

天津市历史博物馆考古队:《天津蓟县张家园遗址第二次发掘》,《考古》1984年第8期。

天津市历史博物馆考古队:《天津蓟县张家园遗址第三次发掘》,《考古》1993年第4期。

天津市历史博物馆考古队、宝坻县文化馆:《天津宝坻县牛道口遗址发掘简报》,《考古》1991年第7期。

天津市文化局考古发掘队:《河北大厂回族自治县大坨头遗址试掘简报》,《考古》1966年第1期。

天津市文物管理处:《天津蓟县张家园遗址试掘简报》,《文物资料丛刊》(1),文物出版社(北京),

1977 年。

天津市文物管理处考古队：《天津蓟县围坊遗址发掘报告》，《考古》1983 年第 10 期。

兴隆县文物管理所、王峰：《河北兴隆县发现商周青铜器窖藏》，《文物》1990 年第 11 期。

尹小燕：《迁安县发现商代器物》，《文物春秋》1996 年第 1 期。

张守义：《青龙县青龙河流域考古调查简报》，《文物春秋》1997 年第 2 期。

张守义、赵小光：《承德市平泉县佟杖子遗址调查报告》，《文物春秋》1995 年第 3 期。

中国社会科学院考古研究所、北京市文物研究所、北京大学考古系琉璃河考古队：《琉璃河遗址 1996 年
　　度发掘简报》，《文物》1997 年第 6 期。

晋东南：

长治市博物馆：《山西屯留县上村出土商代青铜器》，《考古》1991 年第 2 期。

长治市博物馆、王进光：《山西长治市拣选、征集的商代青铜器》，《文物》1982 年第 9 期。

郭勇：《山西长子县北郊发现商代铜器》，《文物资料丛刊》(3)，文物出版社(北京)，1980 年。

山西省考古研究所：《山西屯留西李高遗址发掘》，《文物春秋》2009 年第 3 期。

山西省考古研究所、晋城市文物研究所、晋城博物馆：《山西泽州和村遗址发掘简报》，《中国国家博物馆
　　馆刊》2014 年第 5 期。

山西省考古研究所晋东南工作站：《山西长治小神村遗址》，《考古》1988 年第 7 期。

山西省考古研究所晋东南工作站：《山西黎城古文化遗址调查报告》，《文物季刊》1998 年第 4 期。

山西省考古研究所晋东南工作站：《长治小常乡小神遗址》，《考古学报》1996 年第 1 期。

山西省考古研究院：《山西高平西李门遗址调查简报》，《华夏考古》2021 年第 5 期。

山西省文管会、郭勇：《山西长子县北郊发现商代铜器》，《文物资料丛刊》(3)，文物出版社(北京)，
　　1980 年。

山西省文物管理委员会：《山西长子的殷周文化遗存》，《文物参考资料》1959 年第 2 期。

山西省文物管理委员会：《山西洪赵县坊堆村古遗址墓群清理简报》，《文物参考资料》1955 年第 4 期。

王进先、杨晓宏：《山西武乡县上城村出土一批晚商铜器》，《文物》1992 年第 4 期。

中国国家博物馆、山西大学历史文化学院、山西省考古研究所：《山西沁县南涅水遗址考古发掘报告》，
　　《华夏考古》2016 年第 3 期。

晋西南：

白曙璋：《山西闻喜酒务头商代晚期墓地》，《大众考古》2019 年第 2 期。

白曙璋、高振华：《山西闻喜酒务头商代墓地》，《2018 中国重要考古发现》，文物出版社(北京)，2019 年。

北京大学历史系考古专业山西实习组、山西省文物工作委员会：《翼城曲沃考古勘察记》，《考古学研究》
　　(一)，文物出版社(北京)，1992 年。

国家博物馆考古部、山西省考古研究所、运城市文物局：《山西绛县柳庄夏商遗址发掘简报》，《华夏考
　　古》2010 年第 2 期。

侯马市博物馆：《山西侯马市古文化遗址调查报告》，《文物季刊》1992 年第 1 期。

侯马市博物馆：《山西省侯马市上北平望遗址调查简报》，《华夏考古》1991 年第 3 期。

黄河水库考古工作队河南分队：《山西平陆新石器时代遗址复查试掘简报》，《考古》1960 年第 8 期。

李百勤：《山西平陆前庄商代遗址清理简报》，《文物季刊》1994 年第 4 期。

马昇、高振华、白曙璋：《山西闻喜酒务头发现商代晚期大型高等级贵族墓地》，《中国文物报》2018 年 12
　　月 28 日第 8 版。

桥北考古队：《山西浮山桥北商周墓》，《古代文明》（第 5 卷），文物出版社（北京），2006 年。

山西省考古研究所：《塔儿山南麓古遗址调查简报》，《文物季刊》1992 年第 3 期。

山西省考古研究所：《襄汾、曲沃、闻喜、侯马三县一市考古调查报告》，《文物季刊》1993 年第 3 期。

山西省考古研究所侯马工作站：《侯马西阳呈陶寺文化遗址调查》，《文物季刊》1996 年第 2 期。

山西省考古研究所侯马工作站：《山西侯马乔山底遗址 1989 年 II 区发掘报告》，《文物季刊》1996 年第
　　2 期。

山西省考古研究所、夏县博物馆：《山西夏县东阴遗址调查试掘报告》，《考古与文物》2001 年第 6 期。

山西省考古研究所、朱华：《山西洪洞县发现商代遗物》，《文物》1989 年第 12 期。

山西省考古研究所、临汾市文物局、襄汾县博物馆：《襄汾南小张遗址发掘报告》，《三晋考古》（四），上
　　海古籍出版社（上海），2012 年。

山西省考古研究院、临汾市文物局、翼城县文物旅游局联合考古队、山西大学北方考古研究中心：《山西
　　翼城大河口西周墓地 1017 号墓发掘》，《考古学报》2018 年第 1 期。

山西省考古研究所、临汾市文物局、翼城县文物旅游局联合考古队、山西大学北方考古研究中心、中国人
　　民大学出土文献与中国古代文明研究协同创新中心：《山西翼城大河口西周墓地 2002 号墓发掘》，
　　《考古学报》2018 年第 2 期。

山西省考古研究所、临汾市文物局、翼城县文物旅游局、山西大学北方考古研究中心：《山西翼城大河口
　　西周墓地 M1034 发掘简报》，《中原文物》2020 年第 1 期。

山西省考古研究所、临汾市文物局、翼城县文物旅游局、山西大学北方考古研究中心：《山西翼城大河口
　　西周墓地 M6096 发掘简报》，《文物》2020 年第 1 期。

山西省考古研究所等：《山西绛县横水西周墓地发掘简报》，《文物》2006 年第 7 期。

山西省考古研究所、运城市文物工作站联合考古队、山西大学北方考古研究中心、绛县文物局、中国人民
　　大学出土文献与中国古代文明研究协同创新中心：《山西绛县横水西周墓地 M2158 发掘简报》，《考
　　古》2019 年第 1 期。

山西省考古研究所、运城市文物工作站、绛县文物局联合考古队、山西大学北方考古研究中心：《山西绛
　　县横水西周墓地 M2531 发掘报告》，《考古学报》2020 年第 1 期。

山西省考古研究所、运城市文物工作站、绛县文物局联合考古队、山西大学北方考古研究中心：《山西绛
　　县横水西周墓地 M1011 发掘报告》，《考古学报》2022 年第 1 期。

山西省考古研究院、临汾市文物局、翼城县文物旅游局联合考古队、山西大学北方考古研究中心：《山西
　　翼城大河口西周墓地一号墓发掘》，《考古学报》2020 年第 2 期。

山西省考古研究院、洪洞县文物旅游管理服务中心、洪洞县博物馆：《山西洪洞坊堆—永凝堡商至西周
　　遗存调查简报》，《中国国家博物馆馆刊》2020 年第 10 期。

山西省文物管理委员会：《山西省文管会侯马工作站工作的总收获（1956 年冬至 1959 年初）》，《考古》
　　1959 年第 5 期。

卫斯：《平陆县前庄商代遗址出土文物》，《文物季刊》1992 年第 1 期。

襄汾县博物馆、夏宏茹、梁泽峰：《山西襄汾县张槐遗址出土大型石磬》，《考古》2007 年第 12 期。

解希恭：《山西洪赵县永凝东堡出土的铜器》，《文物参考资料》1957 年第 8 期。

许文胜、张红娟、李林：《乡宁县内阳垣清理一批夏、春秋时期的墓葬》，《文物世界》2004 年第 1 期。

薛新民、宋建忠：《山西垣曲县宁家坡遗址发掘纪要》，《华夏考古》2004 年第 2 期。

张德光：《临水和吉家庄遗址的调查》，《文物季刊》1989 年第 2 期。

张辛：《山西翼城县故城遗址调查报告》，《考古学研究》（四），科学出版社（北京），2000 年。

中国国家博物馆考古院、山西省考古研究院、运城市文物保护研究所：《山西绛县西吴壁遗址 2018～2019
    年发掘简报》，《考古》2020 年第 7 期。

中国国家博物馆田野考古研究中心、山西省考古研究所、运城市文物保护研究所：《山西绛县周家庄遗
    址 2007～2012 年勘探与发掘简报》，《考古》2015 年第 5 期。

中国国家博物馆田野考古研究中心、山西省考古研究所、运城市文物保护研究所：《山西绛县周家庄遗
    址 2013 年发掘简报》，《考古》2018 年第 1 期。

中国国家博物馆田野考古研究中心、山西省考古研究所、运城市文物保护研究所：《山西绛县周家庄遗
    址第一次发掘报告》，《中国国家博物馆馆刊》2012 年第 12 期。

中国国家博物馆田野考古研究中心、山西省考古研究所、运城市文物保护研究所：《山西绛县周家庄遗
    址居址与墓地 20007～2012 年的发掘》，《考古》2015 年第 5 期。

中国国家博物馆田野考古研究中心、山西省考古研究院、运城市文物保护研究所：《山西绛县周家庄遗
    址 2017 年秋季东区发掘简报》，《中国国家博物馆馆刊》2020 年第 10 期。

中国国家博物馆田野考古研究中心、山西省考古研究院、运城市文物保护研究所：《山西绛县周家庄遗
    址 2015 年春季发掘简报》，《中国国家博物馆馆刊》2021 年第 8 期。

中国国家博物馆田野考古研究中心、山西省考古研究所、运城市文物保护研究所：《山西夏县辕村遗址
    发掘简报》，《考古》2009 年第 11 期。

中国科学院考古研究所山西工作队：《晋西南地区新石器时代和商代遗址的调查与发掘》，《考古》1962
    年第 9 期。

中国社会科学院考古研究所山西工作队：《山西垣曲丰村新石器时代遗址试掘》，《考古学集刊》（第 5
    集），中国社会科学出版社（北京），1987 年。

中国社会科学院考古研究所山西工作队：《晋南考古调查报告》，《考古学集刊》（6），中国社会科学出版
    社（北京），1989 年。

中国社会科学院考古研究所山西工作队：《晋南二里头文化遗址的调查与试掘》，《考古》1980 年第 3 期。

中国社会科学院考古研究所山西工作队：《山西襄汾县大柴遗址发掘简报》，《考古》1987 年第 7 期。

中国社会科学院考古研究所山西工作队：《山西垣曲小赵遗址 1996 年发掘报告》，《考古学报》2001 年第
    2 期。

钟龙刚、贾高强、张会祥：《山西绛县东吴村商墓发掘简报》，《中国国家博物馆馆刊》2021 年第 12 期。

晋中与忻定盆地：

戴遵德：《山西灵石县旌介村商代墓和青铜器》，《文物资料丛刊》（3），文物出版社（北京），1980 年。

戴遵德：《原平峙峪出土的东周青铜器》，《文物》1972 年第 4 期。

高礼双：《太原市南郊许坦村发现石棺墓葬群》，《考古》1962 年第 9 期。

郭淑英：《太原东太堡出土的陶器和石器》，《文物季刊》1994 年第 1 期。

国家文物局、吉林大学田野考古进修班:《白燕遗址陶器选编》,油印本,1980 年。

侯毅:《山西滹沱河流域考古调查报告》,《山西省考古学会论文集》(三),山西人民出版社(太原),
　　2000 年。

侯毅:《原平县唐昌遗址试掘简报》,《文物季刊》1989 年第 2 期。

晋中考古队:《山西太谷白燕遗址第一地点发掘简报》,《文物》1989 年第 3 期。

晋中考古队:《山西太谷白燕遗址第二、三、四地点发掘简报》,《文物》1989 年第 3 期。

晋中考古队:《山西汾阳孝义两县考古调查和杏花村遗址的发掘》,《文物》1989 年第 4 期。

晋中考古队:《山西娄烦、孝义、柳林三县考古调查》,《文物》1989 年第 4 期。

马升、段沛庭:《山西汾阳县宏寺遗址调查》,《文物季刊》1996 年第 2 期。

山西大学历史文化学院考古系:《山西原平市辛章遗址 2012 年发掘简报》,《考古》2014 年第 5 期。

山西大学历史系考古专业、忻州地区文物管理处、五台县博物馆:《山西五台县阳白遗址发掘简报》,《考
　　古》1997 年第 4 期。

山西省考古研究所:《灵石旌介发现商周及汉代遗迹》,《文物》2004 年第 8 期。

山西省考古研究所:《太原、垣曲两处史前瓮棺葬》,《文物季刊》1992 年第 1 期。

山西省考古研究所:《太原狄村、东太堡出土的陶器》,《考古与文物》1989 年第 3 期。

山西省考古研究所:《山西汾阳县峪道河遗址调查》,《考古》1983 年第 11 期。

山西省考古研究所:《山西榆社台曲遗址发掘》,《三晋考古》(一),山西人民出版社(太原),1994 年。

山西省考古研究所:《孝义柳湾煤矿二十九亩地采集的夏时期遗存》,《文物季刊》1994 年第 1 期。

山西省考古研究所、山西大学历史文化学院:《山西灵石逍遥遗址发掘简报》,《考古》2019 年第 1 期。

沈振中:《忻县连寺沟出土的青铜器》,《文物》1972 年第 4 期。

寿田:《太原光社新石器时代遗址的发现与遭遇》,《文物参考资料》1957 年第 1 期。

解希恭:《光社遗址调查试掘简报》,《文物》1962 年第 4、5 期。

张崇宁:《东青善遗址》,《2009 年山西基本建设考古新发现》,山西省考古研究所内部资料,2009 年。

晋西北与南流黄河东岸:

曹大志:《李家崖文化遗址的调查及相关问题》,《中国国家博物馆馆刊》2019 年第 7 期。

郭勇:《石楼兰家沟发现商代青铜器简报》,《文物》1962 年第 4、5 期合刊。

吉县文物工作站:《山西吉县出土商代青铜器》,《考古》1985 年第 9 期。

吕梁地区文物工作室、杨绍舜:《吕梁地区文物工作概述》,《山西省考古学会论文集》(1),山西人民出
　　版社(太原),1992 年。

吕梁地区文化馆文博组、杨绍舜:《山西石楼义牒又发现商代铜器》,《文物资料丛刊》(3),文物出版社
　　(北京),1980 年。

山西吕梁地区文物工作室、杨绍舜:《山西石楼褚家峪、曹家垣发现商代铜器》,《文物》1981 年第 8 期。

山西省考古研究所:《2004 柳林高红商代夯土基址试掘简报》,《三晋考古》(第三辑),陕西人民出版社
　　(太原),2006 年。

山西省考古研究所、吕梁市文物局、柳林县文物管理局:《山西柳林高红遗址 2007 年发掘简报》,《中原
　　文物》2019 年第 6 期。

山西省考古研究所、山西大学历史文化学院考古系、兴县文物旅游局:《2016 年山西兴县碧村遗址发掘

简报》,《中原文物》2017 年第 6 期。

山西省考古研究所、兴县文物旅游局:《2015 年山西兴县碧村遗址发掘简报》,《考古与文物》2016 年第 4 期。

山西省考古研究院、吕梁市文物考古研究所:《山西离石后石商代墓葬》,《中国国家博物馆馆刊》2021 年第 12 期。

山西省文物管理委员会保管组:《山西石楼县二郎坡出土商周铜器》,《文物参考资料》1958 年第 1 期。

石楼县人民文化馆:《山西石楼义牒发现的商代铜器》,《考古》1972 年第 4 期。

石楼县文化馆:《山西永和发现殷代铜器》,《考古》1977 年第 5 期。

石楼县文化馆、杨绍舜:《山西石楼新征集到的几件商代青铜器》,《文物》1976 年第 2 期。

石楼县文化馆、杨绍舜:《山西石楼义牒会坪发现商代兵器》,《文物》1974 年第 2 期。

吴振录:《保德县新发现的殷代青铜器》,《文物》1972 年第 4 期。

谢青山、杨绍舜:《山西吕梁县石楼镇又发现铜器》,《文物》1960 年第 7 期。

杨绍禹:《石楼县发现古代铜器》,《文物》1959 年第 3 期。

杨绍舜:《山西柳林县高红发现商代铜器》,《考古》1981 年第 3 期。

陕北地区:

北京大学历史系考古教研室:《华县、渭南古代遗址调查与试掘》,《考古学报》1980 年第 3 期。

北京大学考古系商周考古实习组、陕西省考古研究所商周考古研究室:《陕西绥德薛家渠遗址的试掘》,《文物》1988 年第 6 期。

戴应新:《陕北清涧、米脂、佳县出土的古代铜器》,《考古》1980 年第 1 期。

戴应新:《陕西神木县石峁龙山文化遗址调查》,《考古》1977 年第 3 期。

樊俊成:《延川县出土的几件青铜器》,《考古与文物》1995 年第 5 期。

高雪:《陕西清涧县又发现商代青铜器》,《考古》1984 年第 8 期。

姬乃军:《陕西延川出土一批商代青铜器》,《考古与文物》1992 年第 4 期。

蓝田县文化馆、樊维岳,陕西省考古研究所、吴振烽:《陕西蓝田县出土商代青铜器》,《文物资料丛刊》(3),文物出版社(北京),1980 年。

吕智荣:《陕西靖边县安子梁、榆林县白兴庄等遗址调查简报》,《考古》1994 年第 2 期。

齐天谷:《陕西子长县出土的商代青铜器》,《考古与文物》1989 年第 5 期。

清涧县文化馆高雪、王纪武:《清涧县又出土商代青铜器》,《考古与文物》1983 年第 3 期。

秋维道、孙东位:《陕西礼泉县发现两批商代铜器》,《文物资料丛刊》(3),文物出版社(北京),1980 年。

陕西省博物馆、黑光、朱捷元:《陕西绥德墕头村发现一批窖藏商代铜器》,《文物》1975 年第 2 期。

陕西省考古研究院:《陕西佳县石摞摞山遗址龙山遗存发掘简报》,《考古与文物》2016 年第 4 期。

陕西省考古研究院:《陕西神木县木柱柱梁遗址发掘简报》,《考古与文物》2015 年第 5 期。

陕西省考古研究院、榆林市文物考古勘探工作队、神木县文管办:《陕西神木县神圪瘩梁遗址发掘简报》,《考古与文物》2016 年第 4 期。

陕西省考古研究院、榆林市文物考古勘探工作队、神木县文体局:《陕西神木县石峁遗址》,《考古》2013 年第 7 期。

陕西省考古研究院、榆林市文物考古勘探工作队、神木县石峁遗址管理处:《陕西神木县石峁城址皇城台地点》,《考古》2017 年第 7 期。

陕西省考古研究院、榆林市文物考古勘探工作队、神木县文体广电局：《陕西神木县石峁遗址韩家圪旦地点发掘简报》,《考古与文物》2016 年第 4 期。

陕西省考古研究院、榆林市文物考古勘探工作队、神木县文体局：《陕西神木县石峁遗址后阳湾、呼家洼地点试掘简报》,《考古》2015 年第 5 期。

陕西省考古研究院、榆林市文物考古研究所：《陕西神木寨峁新石器时代遗址发掘报告》,《考古学报》2021 年第 3 期。

尚志儒、吴振烽、朱捷元：《陕西省近年征集的部分商周青铜器》,《文物资料丛刊》(2),文物出版社（北京）,1978 年。

绥德县博物馆：《陕西绥德发现和收藏的商代青铜器》,《考古学集刊》（第二辑）,中国社会科学出版社,1982 年。

绥德县博物馆、马润臻：《绥德发现两件青铜器》,《考古与文物》1984 年第 2 期。

孙战伟：《陕西清涧县辛庄遗址》,《黄淮七省考古新发现》,大象出版社（郑州）,2019 年。

孙周勇等：《陕西神木石峁遗址皇城台发掘去的重要收获》,《中国文物报》2020 年 2 月 7 日第 5 版。

铜川县文化馆：《陕西铜川发现商周青铜器》,《考古》1982 年第 1 期。

吴兰、宗宇：《陕北发现商周青铜器》,《考古》1988 年第 10 期。

西安半坡博物馆：《陕西神木石峁遗址调查试掘简报》,《史前研究》1983 年第 2 期。

阎晨飞、吕智荣：《陕西延川文化馆收藏的几件商代青铜器》,《考古与文物》1988 年第 4 期。

榆林市文物保护研究所：《陕西子洲出土商代铜器》,《文物》2015 年第 1 期。

张映文、吕智荣：《陕西清涧县李家崖古城址发掘简报》,《考古与文物》1988 年第 1 期。

种建荣、孙战伟：《陕北发现大规模重楼环屋式建筑群》,《中国文物报》2014 年 12 月 19 日第 8 版。

内蒙古自治区中南部与辽西地区：

吉发习、马耀圻：《内蒙古准格尔旗大口遗址的调查与试掘》,《考古》1979 年第 4 期。

吉林大学边疆考古研究中心、内蒙古自治区文物考古研究所：《内蒙古赤峰市上机房营子遗址发掘简报》,《考古》2008 年第 1 期。

吉林大学边疆考古研究中心、内蒙古文物考古研究所：《内蒙古赤峰市康家湾遗址 2006 年发掘简报》,《考古》2008 年第 11 期。

喀左县文化馆：《记辽宁喀左县后坟村发现的一组陶器》,《考古》1982 年第 1 期。

喀左县文化馆、朝阳地区博物馆、辽宁省博物馆北洞文物发掘小组：《辽宁喀左县北洞村出土的殷周青铜器》,《考古》1974 年第 6 期。

喀左县文化馆、朝阳地区博物馆、辽宁省博物馆：《辽宁省喀左县山湾子出土殷周青铜器》,《文物》1977 年第 12 期。

克什克腾旗文化馆：《辽宁克什克腾旗天宝同发现商代铜瓿》,《考古》1977 年第 5 期。

辽宁省博物馆、朝阳市博物馆：《建平水泉遗址发掘简报》,《辽海文物学刊》1986 年第 2 期。

辽宁省博物馆、朝阳地区博物馆：《辽宁喀左县北洞村发现殷代青铜器》,《考古》1973 年第 4 期。

辽宁省博物馆、昭乌达盟文物工作站、赤峰县文化馆：《内蒙古赤峰县四分地东山咀遗址试掘简报》,《考古》1983 年第 5 期。

辽宁省文物考古研究所:《辽宁义县向阳岭青铜时代遗址发掘报告》,《考古学集刊》(第 13 集),中国大百科全书出版社(北京),2000 年。

辽宁省文物考古研究所、喀左县博物馆:《喀左和尚沟墓地》,《辽海文物学刊》1989 年第 2 期。

辽宁省文物考古研究所、吉林大学考古学系:《辽宁阜新平顶山石城址发掘报告》,《考古》1992 年第 5 期。

辽宁义县文管所孙思贤、邵福玉:《辽宁义县发现商周铜器窖藏》,《文物》1982 年第 2 期。

内蒙古文物考古研究所:《内蒙古赤峰市三座店夏家店下层文化石城遗址》,《考古》2007 年第 7 期。

内蒙古文物考古研究所、北京大学考古学系:《内蒙古凉城县三道沟遗址的试掘》,《北方文物》2004 年第 4 期。

内蒙古文物考古研究所:《内蒙古朱开沟遗址》,《考古学报》1988 年第 3 期。

内蒙古文物考古研究所:《内蒙古准格尔旗二里半遗址第二次发掘报告》,《考古学集刊》(第 11 集),中国大百科全书出版社(北京),1997 年。

内蒙古文物考古研究所:《清水河县九辅岩遗址调查简报》,《内蒙古文物考古》2003 年第 1 期。

内蒙古自治区文物考古研究所、内蒙古博物馆、浙江大学文化遗产研究院:《内蒙古伊金霍洛旗白敖包遗址发掘报告》,《考古学报》2021 年第 2 期。

邵国田:《内蒙古昭乌达盟敖汉旗李家营子出土的石范》,《考古》1983 年 11 期。

裴跃军:《西丰和隆的两座石棺墓》,《辽海文物学刊》1986 年第 1 期。

齐亚珍、刘素华:《锦县水手营子早期青铜时代墓葬及铜柄戈》,《辽海文物学刊》1991 年第 1 期。

王云刚、王国荣、李飞龙:《绥中冯家发现商代窖藏铜器》,《辽海文物学刊》1996 年第 1 期。

乌盟文物站凉城文物普查队:《内蒙古凉城县岱海周围古遗址调查》,《考古》1989 年第 2 期。

中国科学院考古研究所内蒙古发掘队:《内蒙古赤峰药王庙、夏家店遗址试掘简报》,《考古》1961 年第 2 期。

中国社会科学院考古研究所、内蒙古文物考古研究所、吉林大学考古系:《内蒙古喀喇沁旗大山前遗址 1996 年发掘简报》,《考古》1998 年第 9 期。

二、研究论著

1. 研究专著与论文集

北京大学历史系考古专业商周组:《商周考古》,文物出版社(北京),1979 年。

北京大学震旦古代文明中心等:《早期夏文化与先商文化研究论文集》,科学出版社(北京),2012 年。

曹大志:《贸易网络中的黄土丘陵(BC1300~1050)》,北京大学出版社(北京),2021 年。

陈邦怀:《殷代社会史料征存》,天津人民出版社(天津),1959 年。

陈存恭、陈仲玉、任育德:《石璋如先生访问记录》,近代史研究所(台北),2002 年。

陈洪波:《中国科学考古学的兴起:1928—1949 年历史语言研究所考古史》,广西师范大学出版社(桂林),2011 年。

陈梦家:《殷墟卜辞综述》,中华书局(北京),1956 年。

陈星灿:《中国史前考古学史研究(1895~1949)》,三联书店(北京),1997 年。

程平山:《夏商周历史与考古》,人民出版社(北京),2005 年。

范文澜:《中国通史简编(修订本)》,第一编,人民出版社(北京),1955 年。

[德]卡尔·马克思、弗·恩格斯:《德意志意识形态·第一卷》,《马克思恩格斯全集·第三卷》,人民出版社(北京),1960 年。

丁山:《甲骨文所见氏族及其制度·殷商氏族方国志》,科学出版社(北京),1956 年。

段天璟:《二里头文化时期的中国》,社会科学文献出版社(北京),2014 年。

董琦:《虞夏时期的中原》,科学出版社(北京),1999 年。

杜金鹏:《殷墟宫殿区建筑基址研究》,科学出版社(北京),2010 年。

杜金鹏:《夏商周考古学研究》,科学出版社(北京),2007 年。

[法]马克·布洛赫:《法国农村史》,商务印书馆(北京),1991 年。

[法]费尔南·布罗代尔:《菲力浦二世的地中海与地中海世界》,商务印书馆(北京),1996 年。

[法]费尔南·布罗代尔:《15—18 世纪的物质文明、经济和资本主义·第一卷·日常生活的结构:可能和不可能》,三联书店(北京),1992 年。

[法]费尔南·布罗代尔:《15 至 18 世纪的物质文明、经济和资本主义·第二卷·形形色色的交换》,三联书店(北京),2002 年。

傅斯年:《傅斯年全集》,湖南教育出版社(长沙),2003 年

邰向平:《商系墓葬研究》,科学出版社(北京),2011 年。

故宫博物院编:《中国陶鬲谱系研究》,故宫出版社(北京),2014 年。

郭宝钧:《商周铜器群综合研究》,文物出版社,1981 年。

郭宝钧:《中国青铜器时代》,三联书店(北京),1963 年。

郭沫若:《奴隶制时代》,科学出版社(北京),1954 年。

郭妍利:《商代青铜兵器研究》,社会科学文献出版社(北京),2014 年。

韩建业:《北京先秦考古》,文物出版社(北京),2011 年。

韩建业:《五帝时代——以华夏为核心的古史体系的考古学观察》,文物出版社(北京),2006 年。

韩建业:《先秦考古研究——文化谱系与文化交流》,文物出版社(北京),2013 年。

韩建业:《先秦考古研究——聚落形态、人地关系与早期中国》,文物出版社(北京),2013 年。

韩建业:《早期中国——中国文化圈的形成和发展》,文物出版社(北京),2015 年。

韩金秋:《夏商西周中原的北方系青铜器》,上海古籍出版社(上海),2015 年。

何景成:《商周青铜器族氏铭文研究》,齐鲁书社(济南),2009 年。

胡厚宣:《甲骨学商史论丛初集》,齐鲁大学国学研究所石印本,1944 年。

胡厚宣:《殷墟发掘》,学习生活出版社(上海),1955 年。

胡进驻:《殷墟晚商墓葬研究》,北京师范大学出版社(北京),2010 年。

蒋刚:《文化演进与互动:太行山两翼夏商西周时期青铜文化研究》,科学出版社(北京),2017 年。

井中伟:《早期中国青铜戈·戟研究》,科学出版社(北京),2011 年。

井中伟、王立新:《夏商周考古学》,科学出版社(北京),2013 年。

井中伟、王立新:《夏商周考古学》(第二版),科学出版社(北京),2020 年。

荆志淳、唐际根、高嶋谦一:《多维视域——商王朝与中国早期文明研究》,科学出版社(北京),2009 年。

雷兴山:《先周文化探索》,科学出版社(北京),2010 年。

李伯谦:《文明探源与三代考古论集》,文物出版社(北京),2011 年。

李伯谦:《中国青铜文化结构体系研究》,科学出版社(北京),1998年。

李光谟编:《李济与清华》,清华大学出版社(北京),1994年。

李海荣:《北方地区出土夏商周时期青铜器研究》,文物出版社(北京),2003年。

李济:《安阳》,河北教育出版社(石家庄),2002年。

李济:《李济文集》,上海人民出版社(上海),2006年。

李济、潘悫:《殷墟陶器图录》,1947年。

李济、万家保:《殷墟出土伍拾叁件青铜器之研究》,《中研院历史语言研究所专刊》,1972年。

李卉、陈星灿编:《传薪有斯人——李济、凌纯声、高去寻、夏鼐与张光直通信集》,三联书店(北京),
    2005年。

李民、张国硕:《夏商周三族探源探索》,河南人民出版社(郑州),1998年。

李维明:《郑州青铜文化研究》,科学出版社(北京),2013年。

李文杰:《中国古代制陶工艺研究》,科学出版社(北京),1996年。

李学勤:《殷代地理简论》,科学出版社(北京),1959年。

李亚农:《殷代的社会生活》,上海人民出版社(上海),1955年。

历史语言研究所:《纪念殷墟发掘80周年学术研讨会论文集》,历史语言研究所(台北),2015年。

历史语言研究所:《金玉交辉——商周考古、艺术与文化论文集》,历史语言研究所(台北),2013年。

历史语言研究所:《庆祝蔡元培先生六十五岁论文集》,历史语言研究所,1935年。

历史语言研究所:《新学术之路:中研院历史语言研究所七十周年纪念文集》,第16页,历史语言研究所
    (台北),1998年。

历史语言研究所:《中国考古学与历史学之整合研究》,历史语言研究所(台北),1997年。

历史语言研究所:《周边与中心:殷墟时期安阳及安阳以外地区的考古发现与研究》,历史语言研究所
    (台北),2015年。

林沄:《林沄文集》,上海古籍出版社(上海),2019年。

刘绪:《田野考古学概论》,未刊稿,1999年打印本。

刘绪:《夏商周考古探研》,科学出版社(北京),2014年。

刘绪:《中国考古学六讲系列·夏商周考古》,山西人民出版社(太原),2021年。

刘一曼:《殷墟考古与甲骨学研究》,云南人民出版社(昆明),2019年。

罗宏才:《陕西考古会史》,陕西师范大学出版总社有限公司(西安),2014年。

罗琨:《商代的战争与军制》,中国社会科学出版社(北京),2010年。

罗泰:《宗子维城——从考古材料看公元前1000至前250年的中国社会》,上海古籍出版社,2017年。

罗振常:《洹洛访古游记》,河南人民出版社(郑州),1987年。

罗振玉:《罗雪堂先生全集》,台北文华出版公司(台北),1970年。

吕振羽:《殷周时代的中国社会》,三联书店(北京),1962年。

吕学明:《中国北方地区出土的先秦时期铜刀研究》,科学出版社(北京),2010年。

朴载福:《先秦卜法研究》,上海古籍出版社(上海),2011年。

钱穆:《古史地理论丛》,三联书店(北京),2004年。

秦小丽:《中国初期国家形成の考古学の研究——土器からのアプローチ》,六一书房,2017年;中文版:
    《中国初期国家形成的考古学研究——陶器研究的新视角》,复旦大学出版社,2019年。

任美锷主编:《中国自然地理纲要》(修订第三版),商务印书馆(北京),1999 年。

[日] 白川静:《甲骨文の世界——古代殷王朝の构造》,平凡社(东京),1972 年。

[日] 贝冢茂树:《古代殷帝国》,みすず书房(东京),1957 年。

[日] 贝冢茂树:《中国古代の国家》,弘文堂(东京),1952 年。

[日] 林巳奈夫:《殷周时代青铜器の研究·殷周青铜器综览一》,吉川弘文馆(东京),1984 年。

[日] 林巳奈夫:《殷周时代青铜器纹样の研究·殷周青铜器综览二》,吉川弘文馆(东京),1986 年。

[日] 桑原骘藏:《河南山东游记》,《考史游记》,中华书局(北京),2007 年。

[日] 水野清一:《东亚考古学的发达》,大八洲出版株式会社,1948 年。

[日] 伊藤道治:《古代殷王朝の存亡》,角川书店(东京),1967 年。

容庚:《商周彝器通考》,上海人民出版社(上海),2008 年。

三代文明编辑委员会:《三代文明研究(一)——1998 年河北邢台中国商周文明国际学术研讨会论文
　　集》,科学出版社(北京),1999 年。

桑兵:《晚清民国的国学研究》,上海古籍出版社(上海),2001 年。

山西考古研究所编:《汾河湾——丁村文化与晋文化考古学术研讨会文集》,山西高校联合出版社(太
　　原),1996 年。

石岩:《中国北方先秦时期青铜镞研究》,黑龙江大学出版社(哈尔滨),2008 年。

石璋如:《晋绥纪行》,独立出版社(上海),1943 年。

石璋如:《安阳发掘简史》,历史语言研究所(台北),2019 年。

石璋如:《考古年表》,历史语言研究所(台北),1952 年。

石璋如:《殷墟发掘员工传》,历史语言研究所(台北),2017 年。

苏秉琦:《苏秉琦文集》,文物出版社(北京),2009 年。

宋新潮:《殷商文化区域研究》,陕西人民出版社(西安),1991 年。

孙庆伟:《追迹三代》,上海古籍出版社(上海),2015 年。

孙庆伟:《鼏宅禹迹——夏代信史的考古学重建》,三联书店(北京),2018 年。

孙亚冰、林欢:《商代地理与方国》,中国社会科学出版社(北京),2010 年。

唐际根:《考古与文化遗产论集》,科学出版社(北京),2009 年。

唐际根主编:《九十年殷墟人和事(1928~2018)》,社会科学文献出版社(北京),2018 年。

王长丰:《殷周金文族徽研究》,上海古籍出版社(上海),2015 年。

王东杰:《国家与学术的地方互动:四川大学国立化进程(1925~1939)》,三联书店(北京),2005 年。

王东杰:《国中的异乡:近代四川的文化、社会和地方认同》,北京师范大学出版社(北京),2016 年。

王东杰:《声入心通:国语运动与现代中国》,北京师范大学出版社(北京),2019 年。

王国维:《古史新证》,清华大学出版社(北京),1997 年。

王立新:《先秦考古探微》,科学出版社(北京),2016 年。

王立新:《早商文化研究》,高等教育出版社(北京),1998 年。

王明珂:《华夏边缘——历史记忆与族群认同》,社会科学文献出版社(北京),2006 年。

韦心滢:《殷代商王国政治地理结构研究》,上海古籍出版社(上海),2013 年。

乌恩岳斯图:《北方草原——考古学文化研究》,科学出版社(北京),2007 年。

乌恩岳斯图:《北方草原——考古学文化比较研究》,科学出版社(北京),2008 年。

夏鼐：《夏鼐日记》，华东师范大学出版社（上海），2011年。

谢肃：《商代祭祀遗存研究》，社会科学文献出版社（北京），2019年。

许顺湛：《商代社会经济基础初探》，河南人民出版社（郑州），1958年。

徐旭生：《中国古史的传说时代》，科学出版社（北京），1959年。

严志斌：《商代青铜器铭文研究》，上海古籍出版社（上海），2013年。

严文明：《走向21世纪的中国考古学》，三秦出版社（西安），1997年。

杨宝成：《殷墟文化研究》，武汉大学出版社（武汉），2002年。

杨建华：《北方先秦考古研究》，科学出版社（北京），2015年。

杨宽：《古史新探》，中华书局（北京），1965年。

［英］希安·琼斯：《族属的考古——构建古今的身份》，上海古籍出版社（上海），2017年。

俞伟超：《考古学是什么》，中国社会科学出版社（北京），1996年。

岳洪彬：《殷墟青铜礼器研究》，中国社会科学出版社（北京），2006年。

张光直：《中国青铜时代》，三联书店（北京），1983年。

张光直：《中国青铜时代二集》，三联书店（北京），1990年。

张光直：《商文明》，中国工艺美术出版社（北京），1999年。

张光直：《美术、神话与祭祀》，辽宁教育出版社（沈阳），1988年。

张海：《中原核心区文明起源研究》，上海古籍出版社（上海），2021年。

张立东、任飞：《手铲释天书》，大象出版社（郑州），2001年。

张明东：《商周墓葬比较研究》，中国社会科学出版社（北京），2016年。

张天恩：《关中商代文化研究》，科学出版社（北京），2004年。

张渭莲：《商文明的形成》，科学出版社（北京），2008年。

张渭莲、段宏振：《中原与北方之间的文化走廊——太行山东麓地区先秦文化的演进格局》，文物出版社（北京），2015年。

张忠培：《中国考古学——走向与推进文明的历程》，紫禁城出版社（北京），2004年。

张忠培：《中国考古学——九十年代的思考》，文物出版社（北京），2005年。

赵芝荃：《赵芝荃考古文集》，科学出版社（北京），2008年。

郑杰祥：《商代地理概论》，中州古籍出版社（郑州），1994年。

郑杰祥：《夏史初探》，中州古籍出版社（郑州），1988年。

钟柏生：《殷商卜辞地理论丛》，艺文印书馆（台北），1989年。

中国社会科学院考古学研究所：《夏商都邑与文化（一）——"夏商都邑考古暨纪念偃师商城发现30周年国际学术研讨会"论文集》，中国社会科学出版社（北京），2014年。

中国社会科学院考古学研究所：《夏商都邑与文化（二）——"纪念二里头遗址发现55周年学术研讨会"论文集》，中国社会科学出版社（北京），2014年。

中国社会科学院考古学研究所：《殷墟与商文化——殷墟科学发掘80周年纪念文集》，科学出版社（北京），2011年。

中国社会科学院考古学研究所：《中国考古学·夏商卷》，中国社会科学出版社（北京），2004年。

中国社会科学院考古学研究所：《中国商文化国际学术讨论会论文集》，中国大百科全书出版社（北京），1998年。

中国社会科学院考古学研究所:《中国早期青铜文化——二里头文化专题研究》,科学出版社(北京),
　2008年。

朱凤瀚:《古代中国青铜器》,南开大学出版社(天津),1999年。

朱凤瀚:《中国青铜器纵论》,上海古籍出版社(上海),2009年。

朱凤瀚:《商周家族形态研究》,天津古籍出版社(天津),1990年。

朱凤瀚:《商周家族形态研究》(增订本),天津古籍出版社(天津),2004年。

朱彦民:《商族的起源、迁徙和发展》,商务印书馆(北京),2007年。

邹衡:《夏商周考古学论文集》,文物出版社(北京),1980年。

邹衡:《夏商周考古学论文集(续集)》,科学出版社(北京),1998年。

邹衡:《夏商周考古学论文集(再续集)》,科学出版社(北京),2011年。

2. 学位论文:

Dazhi Cao, *The Loess Highland in a Trading Network* (*1300 - 1050 BC*), Princeton University, 2014.

Yung-ti Li, *The Anyang Bronze Foundries: Archaeological Remains, Casting Technology, and Production Organization*, Department of Anthropology, Harvard University, 2003.

卜箕大:《辽西地区青铜时代文化》,吉林大学博士学位论文,1998年。

蔡亚红:《李家崖文化研究》,西北大学硕士学位论文,2008年。

曹建恩:《西岔文化初论》,吉林大学硕士学位论文,2003年。

常兆福:《黄土高原东北部龙山时代晚期考古学文化研究——以游邀中期遗存为中心》,吉林大学硕士
　学位论文,2012年。

陈富林:《唐山地区夏至西周时期考古遗存调查研究》,辽宁大学硕士学位论文,2019年。

陈小三:《晋陕高原含双鋬手鬲遗存研究》,吉林大学硕士学位论文,2009年。

丁大涛:《论早商文化对山西地区的文化传播与影响》,郑州大学硕士学位论文,2011年。

董霄雷:《龙山时代的黄土高原》,吉林大学博士学位论文,2019年。

方辉:《岳石文化的分期、类型及其与周围同时代文化的关系》,山东大学硕士学位论文,1987年。

耿扬:《二里头遗址第四期遗存研究》吉林大学硕士学位论文,2016年。

韩巍:《西周金文世族研究》,北京大学博士学位论文,2007年。

何元洪:《太行山东麓商文化分期、分区研究》,北京大学硕士学位论文,2000年。

侯菲菲:《晋中地区龙山时代遗存分析》,吉林大学硕士学位论文,2011年。

侯卫东:《洹河流域下七垣文化与商文化关系研究》,中国社会科学院研究生院硕士学位论文,2008年。

侯卫东:《郑州商代都邑地位的形成与发展》,北京大学博士学位论文,2014年。

侯仰军:《考古发现与夏商起源研究——以鲁西南考古为中心》,山东大学博士学位论文,2006年。

胡保华:《下七垣文化分期研究》,吉林大学硕士学位论文,2007年。

霍耀:《花边鬲研究》,吉林大学硕士学位论文,2018年。

贾文涛:《晋陕高原李家崖文化时期相关遗存研究》,山西大学硕士学位论文,2018年。

近藤晴香:《日本学者对中国殷周青铜器的研究》,北京大学硕士学位论文,2007年。

李鹏辉:《下七垣文化研究》,吉林大学博士学位论文,2021年。

李宏飞:《王朝更替与文化异同——商末周初文化流变的考古学观察》,北京大学博士学位论文,2016年。

李晶：《先商文化类型研究》，郑州大学硕士学位论文，2010年。

李小龙：《夏县东下冯遗存在研究》，山西大学硕士学位论文，2013年。

李晓健：《太行山东麓地区周代陶鬲谱系研究》，吉林大学硕士学位论文，2017年。

李晓健：《中心与周邻：陶器视角中的晚商文化研究》，吉林大学博士学位论文，2020年

刘建宇：《陕北地区出土商周时期青铜器的科学分析——兼论商代晚期晋陕高原与安阳殷墟的文化联系》，北京科技大学博士学位论文，2015年。

马明志：《中国北方地带史前至夏商时期陶鬲的谱系源流》，西北大学硕士学位论文，2013年。

马赛：《聚落与社会——商周时期周原遗址的考古学研究》，北京大学博士学位论文，2009年。

马晟：《燕山南北地区夏至早商时期陶鬲谱系新探》，吉林大学硕士学位论文，2019年。

苗畅：《陕北地区龙山时代晚期双錾鬲遗存研究》，吉林大学硕士学位论文，2015年。

庞小霞：《商周时期邢都邢国邢地综合研究》，郑州大学博士学位论文，2007年。

庞小霞：《试论新砦文化》，郑州大学历史与考古系硕士论文，2004年。

祁冰：《长城地带中段夏商时期遗存研究》，吉林大学博士学位论文，2020年

钱燕：《二里头文化第四期性质研究》，郑州大学硕士学位论文，2011年。

冉宏林：《琉璃河遗址西周时期的文化、聚落与社会》，北京大学硕士学位论文，2013年。

任晓波：《北京昌平张营遗址青铜时代遗存相关问题研究》，吉林大学硕士学位论文，2011年。

［日］近藤晴香：《日本学者对中国殷周青铜器的研究》，北京大学硕士学位论文，2007年。

沈勇：《论保北地区的先商文化》，北京大学硕士学位论文，1988年。

盛立双：《燕山南麓夏商时期考古学遗存研究》，吉林大学硕士学位论文，2007年。

史炎炎：《夏商时期豫北地区考古学文化研究》，河北师范大学硕士学位论文，2019年。

孙文浩：《试析李家崖文化》，重庆师范大学硕士学位论文，2016年。

孙晓鹏：《商代北方青铜文化向中原传播路径研究——以京津冀考古发现为例》，河北师范大学硕士学位论文，2011年。

孙战伟：《夏商时期陶大口尊研究》，陕西师范大学硕士学位论文，2011年。

唐际根：《殷墟墓葬视角下的商代晚期社会组织》，英国伦敦大学（UCL）博士学位论文，2004年。

王丹：《北京平谷刘家河商代墓葬研究》，首都师范大学硕士学位论文，2008年。

王连葵：《河套、岱海地区夏商时期文化初探》，北京大学硕士学位论文，1989年。

王敏：《晋南商文化遗存研究》，山西大学硕士学位论文，2016年。

王旭光：《豫北地区先商文化墓地初探》，辽宁师范大学硕士学位论文，2015年。

王朝晖：《陕北神木石峁遗址陶器初步研究》，天津师范大学硕士学位论文，2016年。

王振祥：《冀西北地区龙山时代遗存分析》，河北师范大学硕士学位论文，2016年。

魏曙光：《河北肃宁后白寺遗址夏商时期遗存研究》，西北大学硕士学位论文，2019年。

魏泽华：《晚商时期晋陕黄土高原地区的聚落与社会——以铜器为中心》，山东大学博士学位论文，2017年。

武俊华：《论东太堡文化》，山西大学硕士学位论文，2007年。

谢肃：《先商文化纵论》，郑州大学硕士学位论文，2000年。

阎向东：《论忻定及太原盆地夏时期考古学文化》，北京大学硕士学位论文，1998年。

杨勇：《论琉璃河遗址西周铜器编年及相关问题》，北京大学硕士学位论文，2004年。

于孟洲:《试析东下冯文化》,吉林大学硕士学位论文,2001 年。

于薇:《西周徙封与宗盟问题研究》,北京师范大学博士学位论文,2008 年。

查晓英:《从地质学到史学的现代考古学》,四川大学硕士学位论文,2003 年。

张海:《公元前 4000 年至前 1500 年中原腹地的文化演进与社会复杂化》,北京大学博士学位论文,
　　2007 年。

张光辉:《晋中二里头时期文化遗存的分期与谱系》,中央民族大学硕士学位论文,2009 年。

张锟:《京津唐地区的夏商时期遗存》,吉林大学硕士学位论文,2001 年。

张莉:《从龙山到二里头——以嵩山南北为中心》,北京大学博士学位论文,2012 年。

张敏:《夏商周考古学术史(1928~1949)》,北京大学博士学位论文,2014 年。

张雪霏:《晋东南地区二里头时期考古遗存研究》,辽宁师范大学硕士学位论文,2018 年。

张旸:《晋西商代青铜器的科学研究》,山西大学硕士学位论文,2016 年。

赵辉:《晋中地区商代遗存分析》,山东大学硕士学位论文,2012 年。

周娟妮:《试论内蒙辽冀相邻地区商周时期的石构墓葬》,中央民族大学硕士学位论文,2006 年。

赵亚锋:《夏、商、周三族种系构成——兼论华夏族系的起源》,吉林大学硕士学位论文,2007 年。

朱光华:《早商青铜器分期与区域类型研究》,郑州大学博士学位论文,2005 年。

3. 研究论文:

A

艾春明、傅亚庶:《再说商先起源于幽燕》,《社会科学辑刊》2005 年第 3 期。

安金槐:《对河套地区夏商时期文化遗存的浅见》,《中国考古学会第八次年会论文集》,文物出版社(北
　　京),1996 年。

安金槐:《对郑州商代二里冈期青铜容器分期问题的初步探讨》,《中原文物》1992 年第 3 期。

安金槐:《对郑州商代青铜器窖藏坑性质的探讨》,《华夏考古》1989 年第 2 期。

安金槐:《对郑州商城"外夯土墙基"的看法》,《郑州商城考古新发现与研究》,中州古籍出版社(郑州),
　　1993 年。

安金槐:《关于郑州商代二里冈期陶器分期问题的再研究》,《华夏考古》1988 年第 4 期。

安金槐:《试论郑州商代城址——隞都》,《文物》1961 年第 4、5 期合刊。

安金槐:《郑州商代铸铜遗址的年代及相关问题》,《中原文物》1992 年第 3 期。

安金槐:《郑州杜岭和回民食品厂出土青铜器的分析》,《中原文物》1986 年第 4 期。

安金槐:《再论郑州商代青铜器窖藏坑的性质与年代》,《华夏考古》1997 年第 1 期。

安特生著,袁复礼译:《奉天锦西砂锅屯洞穴层》,第 1 页,《古生物学丁种第一号》,1923 年。

安志敏:《东北史迹概说》,《益世报·史地周刊》(天津),1949 年 12 月 9 日第 71 期。

安志敏:《日人在华之考古事业》,《益世报·史地周刊》(天津),1946 年 8 月 3 日第 5 期。

B

Baglet, Robert, *Shang Archaeology*, In: Michal Loewe and Edward L. Shaughnessy (eds.) *The Cambridge
　　Histery of ancient China*, *From the Origins of the Civilization to 221 B. C.*, Cambridge University
　　Press, 1999.

卜工:《夏家店下层文化渊源刍论》,《北方文物》1993 年第 2 期。

卜工:《燕山地区夏商时期的陶鬲谱系》,《北方文物》1989 年第 2 期。

C

曹兵武:《河南辉县及其附近地区环境考古研究》,《华夏考古》1994 年第 3 期。

曹兵武:《"新中国河南考古第一人"——安金槐先生访谈录》,《中国文物报》2001 年 7 月 22 日第 5 版。

曹大志:《关于晚商时期晋陕高原文化的思考》,《戎狄之旅——内蒙、陕北、宁夏、陇东考古考察笔谈》,《考古与文物》2012 年第 1 期。

曹大志:《"族徽"内涵与商代国家结构》,《古代文明(第 12 卷)》,上海古籍出版社(上海),2018 年。

曹定云:《北京乃商族发祥之地——兼论北京"燕"称之始》,《北京社会科学》1998 年第 1 期。

曹定云:《殷墟武官村大墓墓主试探》,《中原文物》1988 年第 3 期。

曹玮:《晋陕高原商代铜器的属国研究》,《古文字与古代史》(第二辑),历史语言研究所(台北),2009 年。

常怀颖:《从新峡发现再论二里头与东下冯之关系》,《文物季刊》2022 年第 1 期。

常怀颖:《从随葬陶器看殷墟以外的晚商"族墓地"》,《江汉考古》2020 年第 6 期。

常怀颖:《二里头文化一期研究初步》,《早期夏文化与先商文化研讨会论文集》,科学出版社(北京),2012 年。

常怀颖:《关于夏文化研究——对刘绪先生的访谈》,《江汉考古》2022 年第 1 期。

常怀颖:《略论晚商殷墟北部邻境地区的铜容器墓》,《考古》2021 年第 10 期。

常怀颖:《略谈晚商太行山南麓及临近地区的铜器墓》,《中原文物》2019 年第 4 期。

常怀颖:《山西保德林遮峪铜器墓年代及相关问题》,《考古》2014 年第 9 期。

常怀颖:《也论夏商时期晋中地区的诸遗存》,《三代考古》(四),科学出版社(北京),2011 年。

常怀颖:《晚商殷墟小型墓随葬陶鬲的若干问题》,《三代考古·九》,科学出版社,2021 年。

常怀颖:《夏商之际豫北地区考古学遗存的年代与性质》,《中国历史文物》2009 年第 6 期。

常怀颖:《夏商之际中原腹地北邻地区的文化演进》,《夏商都邑与文化(一)——"夏商都邑考古暨纪念偃师商城发现 30 周年国际学术研讨会"论文集》,中国社会科学出版社,2014 年。

常怀颖:《夏时期太行山西麓考古学文化谱系研究》,《夏商都邑与文化(二)——"纪念二里头遗址发现 55 周年学术研讨会"论文集》,中国社会科学出版社,2014 年。

常怀颖:《殷墟出土晚商陶器所见之晋陕冀地区诸考古学文化因素》,《文物》2021 年第 7 期。

常怀颖:《"早期夏文化研讨会"纪要》,《古代文明研究通讯》第 38 期,2008 年。

常怀颖:《中原腹地以北地区的"过渡期"遗存蠡探》,《三代考古·八》,科学出版社(北京),2019 年。

常怀颖:《追溯华夏文明的考古初衷》,《光明日报》2018 年 7 月 4 日第 16 版。

陈昌远、陈隆文:《论先商文化渊源及其殷先公迁徙之历史地理考察》,《河南大学学报》(社会科学版),2002 年第 1、2 期。

陈国梁:《都与邑:偃师商城性质讨论的学术史观察》,《中原文物》2017 年第 6 期。

陈国梁:《二里头文化铜器研究》,《中国早期青铜文化——二里头文化专题研究》,科学出版社(北京),2008 年。

陈国梁:《合与分:聚落考古视角下二里头都邑的兴衰解析》,《中原文物》2019 年第 4 期。

陈国梁：《期与型：考古学概念的纠结——以南关外遗存的探讨为例》，《中原文物》2018 年第 3 期。

陈佩芬：《商代殷墟早期以前青铜器的研究》，《上海博物馆馆刊》（六），上海古籍出版社（上海），
　　1992 年。

陈淑卿：《山东地区商文化编年与类型研究》，《华夏考古》2003 年第 1 期。

陈旭：《北京平谷刘家河商代铜器墓的年代》，《北京平谷与华夏文明：国际学术研讨会论文集》，社会科
　　学文献出版社（北京），2006 年。

陈旭：《二里头一期文化是早期夏文化》，《中国历史文物》2009 年第 1 期。

陈旭：《关于殷墟为何王始都的讨论》，《中原文物》2002 年第 4 期。

陈旭：《郑州小双桥商代遗址的年代和性质》，《中原文物》1995 年第 1 期。

陈旭：《郑州商文化的发现与研究》，《中原文物》1983 年第 3 期。

陈雍：《考古的天津》，《庆祝张忠培先生七十岁论文集》，科学出版社（北京），2004 年。

程峰：《夏商文化冲突的产物——东下冯、垣曲、府城商城比较研究》，《华夏考古》2005 年第 4 期。

程平山：《二里岗文化渊源刍议》，《华夏考古》2001 年第 4 期。

程平山：《对殷墟文化一期的思考》，《古代文明（第 10 卷）》，上海古籍出版社（上海），2016 年。

崔璇：《白泥窑子考古纪要》，《内蒙古文物考古》1986 年第 4 期。

崔璇：《新石器时代至商周之际河套地区与燕山南北的文化联系》，《内蒙古东部区考古学文化研究文
　　集》，海洋出版社（北京），1991 年。

崔璇、斯琴：《内蒙古中南部新石器至青铜时代文化初探》，《中国考古学会第四次年会论文集》，文物出
　　版社（北京），1985 年。

崔璿：《河套地区东周以前含袋足器诸器群及相关问题》，《中国考古学会第七次年会论文集》，文物出版
　　社（北京），1992 年。

D

戴应新：《陕北和晋西北黄河两岸出土的殷商铜器及其有关问题的探索》，《考古学研究》，三秦出版社
　　（西安），1993 年。

董琦：《关于文献中的汤亳》，《中国文物报》2002 年 4 月 5 日第 7 版。

董琦：《三析〈偃师商城与夏商文化分界〉》，《古史考》第九卷，海南出版社（海口），2003 年。

董琦：《析〈偃师商城与夏商文化分界〉的研究脉络》，《中国历史博物馆馆刊》1999 年第 1 期。

董琦：《垣曲商城遗址始建年代研究》，《中原文物》1997 年第 2 期。

董琦：《再析〈偃师商城与夏商文化分界〉的研究脉络》，《中国历史博物馆馆刊》1999 年第 2 期。

董作宾：《甲骨文研究之扩大》，《安阳发掘报告》第二册，历史语言研究所，1930 年。

董作宾：《大龟四版考释》，《安阳发掘报告》（第三期），历史语言研究所，1931 年。

董作宾：《甲骨文断代研究例》，《庆祝蔡元培先生六十五岁论文集》，《历史语言研究所集刊》外编第一
　　种，1933 年。

董作宾：《卜辞中所见之殷历》，《安阳发掘报告》（第三期），历史语言研究所，1931 年。

董作宾：《骨臼刻辞再考》，《中研院院刊》第 1 辑，1954 年 6 月。

杜正胜：《关于考古解释与历史重建的一些反省》，《中国考古学与历史学之整合研究》（上），历史语言
　　研究所（台北），1997 年。

杜正胜：《无中生有的志业》，《新学术之路：中研院历史语言研究所七十周年纪念文集》，历史语言研究所（台北），1998 年。

杜正胜：《夏代考古与早期国家》，《考古》1991 年第 1 期。

杜正胜：《中国上古史研究的一些关键问题》，《中国上古史论文选集·导论》，华世出版社（台北），1979 年。

段宏振：《关于早商文化的起始年代及形成问题》，《三代文明研究（一）——1998 年河北邢台中国商周文明国际学术研讨会论文集》，科学出版社（北京），1999 年。

段宏振：《鹿台岗遗址考辨》，《江汉考古》2022 年第 2 期。

段宏振：《七里庄遗址青铜文化遗存的演进——兼论燕山以南地区青铜时代考古学文化的相关问题》，《中国文物报》2007 年 6 月 15 日第 7 版。

段宏振：《清凉山龙山遗存的分期及相关问题》，《文物春秋》1997 年第 1 期。

段宏振：《先商文化考古学探索的一些思考》，《早期夏文化与先商文化研究论文集》，科学出版社（北京），2012 年。

段宏振：《邢墟考古简论》，《中国考古学跨世纪的回顾与前瞻——1999 年西陵国际学术研讨会文集》，科学出版社，2000 年。

段天璟：《北京昌平张营遗址青铜时代遗存相关问题研究——文化因素分析方法的再实践》，《边疆考古研究》（第 11 辑），科学出版社（北京），2012 年。

段天璟：《从塔照遗址看夏时期的燕山南部地区——夏时期燕山以南地区文化结构的形成》，《边疆考古研究》（第 5 辑），科学出版社（北京），2007 年。

段天璟、董霄雷：《运城盆地"龙山时代"遗存再认识》，《考古》2019 年第 6 期。

段天璟、唐淼、祝立业：《京、津、保地区夏时期考古学文化研究的讨论与思考》，《文物春秋》2008 年第 6 期

F

Falkenhausen, von Lothar, *On the historiographical orientation of Chinese archaeology*, Antiquity 67,（257），839. Retrieved April 26, 2008, from Academic, 1993.

Falkenhausen, von Lothar, *The Regionalist Paradigm in Chinese Archaeology*, In: P. Kohl and Fawetts（eds.）*Nationalism Politics*, and the Pratices of Archaeology, Cambridge University Press, pp. 198 - 217, 1995.

方辉：《二里头文化与岳石文化》，《中原文物》1987 年第 1 期。

方辉：《"南关外期"先商文化的来龙去脉及其对夏商文化断限的启示》，《华夏文明》第三集，北京大学出版社（北京），1992 年。

方辉：《岳石文化的分期与年代》，《考古》1998 年第 4 期；《二里头文化与岳石文化》，《中原文物》1987 年第 1 期。

方孝廉、李德方、隋裕仁：《试析煤山锉李两遗址的河南龙山文化和二里头文化》，《中原文物》1983 年特刊。

方燕明：《二里头文化早期遗存分析》，《二里头遗址与二里头文化研究——中国二里头遗址与二里头文化国际学术研讨会论文集》，科学出版社（北京），2006 年。

方酉生：《论"汤始居亳，从先王居"之亳都即偃师商城——兼与〈论"郑亳"之失名与"西亳"之得名〉一

文商榷》,《殷都学刊》2000 年第 4 期。

方酉生:《论商汤亳都不在郑州商城》,《孝感学院学报》2005 年第 1 期。

方酉生:《商汤都亳(或西亳)在偃师商城》,《武汉大学学报》(人文科学版)2001 年第 2 期。

方酉生:《偃师商城是商都亳(或西亳)并非"别都"》,《江汉考古》1999 年第 2 期。

方酉生:《偃师商城为夏商分界界标完全符合历史实际》,《东南文化》2002 年第 2 期。

方酉生:《也谈古代文献中的汤亳》,《殷都学刊》2004 年第 1 期。

方酉生:《也谈古代文献中的汤亳》,《考古与文物》2007 年增刊。

方酉生:《再论偃师商城是夏商断代的界标》,《武汉大学学报》(人文科学版)2004 年第 4 期。

付淑敏:《我对二里头文化的看法》,《山西大学学报》1987 年第 2 期。

傅仁杰、张国维:《河东与夏文化的关系》,《山西省考古学会论文集》(三),山西人民出版社(太原),2000 年。

傅斯年:《本所发掘殷墟之经过》,《安阳发掘报告》(第二期),第 388 页,历史语言研究所,1930 年。

傅斯年:《历史语言研究所工作之旨趣》,《傅斯年全集》(第三卷),湖南教育出版社(长沙),2003 年。

傅斯年:《历史语言研究所傅斯年来函》,《史学杂志》1931 年第 2 卷第 4 期。

傅振伦:《北大研究所考古学会在学术上之贡献》,《北大学生周刊》,第一卷第二期,1930 年。

傅振伦:《记北京大学考古学会》,《傅振伦文录类选》,第 825 页,学苑出版社(北京),1994 年。

G

高江涛、谢肃:《从卜辞看洹北商城一号宫殿的性质》,《中原文物》2004 年第 5 期。

高去寻:《安阳殷代皇室墓地》,《台湾大学考古人类学刊》第 12、13 期合刊,1958 年。

高去寻:《殷代大墓的木室及其涵义之推测》,《中研院历史语言研究所集刊》第 39 本,1969 年。

高炜:《〈析《偃师商城与夏商文化分界》的研究脉络〉一文方法之商榷》,《中国历史博物馆馆刊》1999 年第 2 期。

高炜、杨锡璋、王巍、杜金鹏:《偃师商城与夏商文化分界》,《考古》1998 年第 10 期;该文又见于《三代文明研究(一)——1998 年河北邢台中国商周文明国际学术研讨会论文集》,科学出版社,1999 年。

高煦:《略论二里岗期商文化的分期和商城年代——兼谈其与二里头文化的关系》,《中原文物》1985 年第 2 期。

郜向平:《略论商周青铜弓形器的形制演变》,《华夏考古》2007 年第 1 期。

郜向平:《试论夏商周考古中"文化"概念的阶段性差异》,《南方文物》2017 年第 3 期。

葛英会:《读郑州出土商代牛肋刻辞的几种原始资料与释文》,《中原文物》2007 年第 4 期。

葛英会:《殷墟墓地的区与组》,《考古学文化论集》(2),文物出版社(北京),1989 年。

谷飞:《关于商代文化分期的几点思考》,《华夏考古》2016 年第 4 期。

谷飞:《试论殷墟文化的分期与殷墟青铜器分期的关系问题》,《中原文物》2002 年第 3 期。

谷飞:《偃师商城遗址再考察——答刘绪先生疑惑八问》,《华夏考古》2014 年第 3 期。

顾问:《"新砦期"研究》,《殷都学刊》2002 年第 4 期。

郭大顺:《西辽河流域青铜文化研究的新进展》,《中国考古学会第四次年会论文集》,文物出版社(北京),1985 年。

郭瑞海、任亚珊、贾金标:《葛家庄先商遗存的几个问题》,《中国考古学跨世纪的回顾与前瞻——1999 年西陵国际学术研讨会文集》,科学出版社,2000 年。

国立中研院文书处编:《国立中研院历史语言研究所十八年度报告》,《国立中研院十八年度总报告》,1929 年。

H

韩炳华:《再论晋陕高原青铜器与商代方国关系》,《北方民族考古·第 3 辑》,科学出版社(北京),2016 年。

韩嘉谷:《大坨头文化陶器群浅析》,《中国考古学会第七次年会论文集》,文物出版社(北京),1992 年。

韩嘉谷:《花边鬲寻踪——谈我国北方长城文化带的形成》,《内蒙古东部区考古学文化研究文集》,海洋出版社(北京),1991 年。

韩嘉谷:《天津成陆过程试探》,《中国考古学会第一次年会论文集》,文物出版社(北京),1980 年。

韩建业:《论二里头青铜文明的兴起》,《中国历史文物》2009 年第 1 期。

韩建业:《内蒙古朱开沟遗址有关问题的分析》,《考古》2005 年第 3 期。

韩建业:《先商文化探源》,《中原文物》1998 年第 2 期。

韩建业:《殷墟西区墓地分析》,《考古》1997 年第 1 期。

韩建业、杨新改:《王湾三期文化研究》,《考古学报》1997 年 1 期。

韩金秋:《试论殷墟二期中型墓中的北方文化因素》,《中原文物》2008 年第 6 期。

何介钧:《中国古代陶鬲研究》,《中国考古学会第七次年会论文集》,文物出版社(北京),1992 年。

何景成:《商末周初的举族研究》,《考古》2008 年第 11 期。

何艳杰:《商代城邑废物处理方式试析》,《中原文物》2003 年第 4 期。

何毓灵:《试论安阳殷墟孝民屯遗址半地穴式建筑群的性质及其相关问题》,《华夏考古》2009 年第 2 期。

何毓灵:《殷墟"外来文化因素"研究》,《中原文物》2020 年第 2 期。

何毓灵、岳洪彬:《殷墟文化一期再认识》,《三代考古》(三),科学出版社(北京),2009 年。

洪涛:《论先商的迁徙》,《史学研究》2002 年第 9 期。

侯仰军:《商族起源考》,《殷都学刊》2006 年第 1 期。

侯毅:《试论太原东太堡类型》,《山西省考古学会论文集》(二),山西人民出版社(太原),1994 年。

胡保华、王立新:《试论下七垣文化的类型与分期》,《早期夏文化与先商文化研究论文集》,科学出版社(北京),2012 年。

胡建、郎保利、赵曙光:《山西商代考古学文化的若干问题》,《山西省考古学会论文集》(三),山西人民出版社(太原),2000 年。

胡金华:《河北中南部地区新石器时代遗址的环境考古学研究》,《文物春秋》2003 年第 6 期。

胡进驻:《略论殷墟王陵制度的形成》,《华夏考古》2008 年第 3 期。

胡进驻:《石楼—绥德类型管窥》,《考古与文物》2008 年第 2 期。

黄可佳:《试论郑州小双桥商代祭祀遗存的有关问题》,《中原文物》2005 年第 5 期。

黄铭崇:《商王朝晚期的政治地景》、《"殷周革命"——迈向"人文的"国家》,收录于《中国史新论:古代文明的形成分册》,联经出版社(台北),2016 年。

J

吉琨璋:《晋南龙山期文化同东下冯类型的关系》,《中原文物》1995 年第 2 期。

纪烈敏：《燕山南麓青铜文化的类型谱系及其演变》，《边疆考古研究》（第 1 辑），科学出版社（北京），2002 年。

贾洪波：《殷墟乙十一建筑基址的年代与相关遗迹的讨论》，《华夏考古》2004 年第 4 期。

贾金标、朱永刚、任亚珊、李伊萍：《关于葛家庄遗址北区遗存的几点认识》，《考古》2005 年第 2 期。

蒋刚：《冀西北、京津唐地区夏商西周北方青铜文化的演进》，《考古学报》2010 年第 4 期。

蒋刚：《论白燕文化及其相关问题》，《考古与文物》2009 年第 5 期。

蒋刚：《山西、陕北及内蒙古中南部夏商西周时期青铜文化的演进》，《中国历史文物》2008 年 5 期。

蒋刚：《夏商西周文化对其西方和北方地区文化渗透的方向性与层级性》，《考古》2008 年第 12 期。

蒋刚：《再论白燕文化及其相关问题》，《西部考古》（第 10 辑），科学出版社（北京），2016 年。

蒋刚：《再论陕北、晋西北南流黄河两岸出土商周青铜器》，《边疆考古研究·第 21 辑》，科学出版社（北京），2017 年。

蒋刚：《再谈燕山南麓地区夏商西周时期的文化格局》，《中国文物报》2007 年 9 月 14 日第 7 版。

蒋刚、王志刚：《关于围坊三期文化和张家园上层类型的再认识》，《考古》2010 年第 5 期。

蒋刚、赵明星、李媛：《京津唐地区晚商西周时期墓葬遗存的再认识》，《华夏考古》2012 年第 3 期。

金岳：《滹沱河商族方国考——论燕初并灭商族方国》，《文物春秋》1995 年第 2 期。

金岳：《论东北商代青铜器分期、性质和特点》，《辽海文物学刊》1990 年第 2 期。

金岳：《商代孤竹族探源》，《东北亚研究——北方民族方国历史研究》，中州古籍出版社（郑州），1994 年.

井中伟：《蛋形瓮研究》，《考古学报》2006 年第 4 期。

L

李锋：《略论商汤灭夏前所居之亳》，《郑州大学学报》（哲社版）2005 年第 6 期。

李锋：《"郑亳说"不合理性刍议》，《华夏考古》2005 年第 3 期。

李锋：《郑州大师姑城址商汤灭夏前所居亳说新论——读李伯谦先生〈对郑州商城的再认识〉》，《华夏考古》2006 年第 2 期。

李锋：《郑州商城始建年代研究新进展及研究方法刍议》，《中国文物报》2004 年 5 月 7 日第 7 版。

李锋：《郑州商城隞都说与郑亳说合理性比较研究》，《中原文物》2005 年第 5 期。

李健武：《浅谈契"封于商"和"契居蕃"》，《中原文物》1986 年第 3 期。

李经汉：《郑州二里冈期商文化的来源及相关问题的讨论》，《中原文物》1983 年第 3 期。

李经汉：《试论夏家店下层文化的分期和类型》，《中国考古学会第一次年会论文集》，文物出版社（北京），1980 年。

李宏飞：《小议两种商系绳纹》，《考古与文物》2018 年第 1 期。

李宏飞：《殷墟大司空村"商末周初"遗存浅析》，《三代考古·六》，科学出版社（北京），2015 年。

李宏飞：《藁城台西商代遗址再分析——兼论商文化"居藏合一"的特质因素》，《中国国家博物馆馆刊》2019 年第 7 期。

李宏飞：《二里头文化第四期晚段遗存年代下限的探讨》，《考古》2018 年第 11 期。

李久昌：《论偃师商城的都城性质及其变化》，《河南师范大学学报》（哲社版）2007 年第 3 期。

李丽娜：《关于郑州洛达庙期与南关外期文化性质的讨论》，《华夏考古》2008 年第 4 期。

李民：《安阳洹北商城性质探索》，《中原文物》2007 年第 1 期。

李民：《追溯商代邢都地望》，《中原文物》1999 年第 2 期。

李水城：《华夏边缘与文化互动——以长城沿线西段的陶鬲为例》，《新世纪的考古学——文化、区位、生态的多元互动》，紫禁城出版社(北京)，2006 年。

李水城、水涛：《公元前 1 千纪的河西走廊西部》，《宿白先生八秩华诞纪年文集》，文物出版社(北京)，2002 年。

李水城：《中国北方地带的蛇纹器研究》，《文物》1992 年第 1 期。

李维明：《安阳商文化陶器编年连缀》，《中原文物》1992 年第 1 期。

李维明：《北京昌平白浮墓地分析》，《北京文博》2000 年第 3 期。

李维明：《亳辨》，《2004 年安阳殷商文明国际学术研讨会论文集》，社会科学文献出版社(北京)，2004 年版。

李志鹏：《偃师商城——是否准确的界标》，《中国文物报》2001 年 10 月 19 日第 7 版。

梁宝玲：《论张家园墓地的年代与文化属性》，《北方文物》2001 年第 2 期。

梁思永：《山西西阴村史前遗址的新石器时代的陶器》，《梁思永考古论文集》，科学出版社(北京)，1959 年。

梁思永：《小屯、龙山与仰韶》，《庆祝蔡元培先生六十五岁论文集》，历史语言研究所，1935 年。

林欢：《夏商时期晋南地区考古学文化与汾洮间古駘族》，《商承祚教授百年诞辰纪年文集》，文物出版社(北京)，2003 年。

刘观民：《试析夏家店下层文化的陶鬲》，《中国考古学研究——夏鼐先生考古五十年纪念论文集》，文物出版社(北京)，1986 年。

刘观民、徐光冀：《内蒙古东部地区青铜时代的两种文化》，《内蒙古文物考古》1981 年第 1 期。

刘晋祥：《大甸子墓地乙群陶器分析》，《中国考古学研究——夏鼐先生考古五十年纪念论文集》，文物出版社(北京)，1986 年。

刘军社：《陕晋蒙邻境地区商代文化青铜器的分期、分区及相关问题的探讨》，《中国考古学会第八次年会论文集》，文物出版社(北京)，1996 年。

刘莉、陈星灿：《城：夏商时期对自然资源的控制性问题》，《东南文化》2000 年第 3 期。

刘莉、陈星灿：《中国早期国家的形成——从二里头和二里冈时期的中心和边缘之间的关系谈起》，《古代文明》(第一卷)，文物出版社(北京)，2002 年。

刘起釪：《〈禹贡〉冀州地理丛考》，《文史》第二十五辑，中华书局(北京)，1985 年。

刘士莪：《西安老牛坡商代文化的发现与研究》，《周秦汉唐考古与文化国际学术会议论文集》(西北大学学报哲社科学版增刊)，西北大学学报编辑部，1988 年。

刘习祥、张新斌：《新乡地区先商文化浅说》，《中原文物》1983 年特刊。

刘绪：《对先商文化的思考——在"先商文化学术研讨会"上的总结发言》，《古代文明研究通讯》第四十二期，2009 年。

刘绪：《琉璃河遗址西周燕文化的新认识》，《文化的馈赠——汉学研究国际会议论文集·考古卷》，北京大学出版社(北京)，2000 年。

刘绪：《商文化在北方的进退》，《"周边"与"中心"：殷墟时期安阳及安阳以外地区的考古发现与研究》，历史语言研究所，2015 年。

刘绪:《邹衡先生商文化研究述略》,《北京平谷与华夏文明国际学术研讨会论文集(2005)》,社会科学文献出版社(北京),2006 年。

刘绪、赵福生:《围坊三期文化的年代与刘家河 M1 的属性》,《苏秉琦与当代中国考古学论文集》,科学出版社(北京),2001 年。

刘一曼:《安阳小屯西地的先商文化遗存——简论"梅园庄一期"文化的时代》,《三代文明研究(一)——1998 年河北邢台中国商周文明国际学术研讨会论文集》,科学出版社(北京),1999 年。

栾丰实:《试论岳石文化与郑州地区早期商文化的关系——兼论商族的起源问题》,《华夏考古》1994 年 4 期。

栾丰实:《岳石文化的分期和类型》,《海岱地区考古研究》,山东大学出版社(济南),1997 年。

罗彬柯:《小议郑州南关外期商文化——兼评"南关外型"先商文化说》,《中原文物》1982 年第 2 期。

罗琨:《"有虞氏"谱系探析》,《中原文物》2006 年第 1 期。

罗振玉:《五十日梦痕录》,《罗雪堂先生全集》三编第二十册,文华出版公司(台北),1970 年。

吕琪昌:《从夏文化的礼器探讨夏族的起源》,《中原文物》1998 年第 3 期。

吕智荣:《李家崖文化的社会经济形态及发展》,《考古学研究》,三秦出版社(西安),1993 年。

吕智荣:《陕西榆林地区夏代文化遗存考察》,《中原文物》2002 年第 1 期。

吕智荣:《试论晋陕北部黄河两岸地区出土的商代青铜器及有关问题》,《中国考古学研究论集——纪念夏鼐先生考古五十周年》,三秦出版社(西安),1987 年。

吕智荣:《试论李家崖文化的几个问题》,《考古与文物》1989 年第 4 期。

吕智荣:《朱开沟文化遗存与李家崖文化》,《考古与文物》1991 年第 6 期。

M

马赛:《"先周文化"研究的反思》,《古代文明研究通讯》,第三十六期,2008 年;又见《文博》2008 年第 6 期。

马明志:《"西岔文化"初步研究》,《考古与文物》2009 年第 5 期。

孟宪武:《平谷商代青铜器与中原青铜器对比研究》,《北京平谷与华夏文明:国际学术研讨会论文集》,社会科学文献出版社(北京),2006 年。

孟宪武:《试析殷墟墓地"异穴并葬"墓的性质——附论殷商社会的婚姻形态》,《华夏考古》1993 年第 1 期。

孟宪武:《殷墟南区墓葬发掘综述——兼谈几个相关的问题》,《中原文物》1986 年第 3 期。

孟宪武、李贵昌:《殷墟四合院式建筑基址考察》,《中原文物》2004 年第 5 期。

N

牛克成:《二里头文化一、二期遗存的性质问题》,《中原文物》1985 年第 2 期。

牛世山:《殷墟文化的多样性——以陶质类容器为视角》,《李下蹊华——庆祝李伯谦先生八十华诞论文集》,科学出版社(北京),2017 年。

牛世山、岳洪彬、岳占伟:《殷墟文化的多元因素再分析》,《南方文物》2019 年第 5 期。

P

裴明相:《郑州商代青铜器铸造述略》,《中原文物》1989 年第 3 期。

裴明相：《郑州商代二里岗期青铜容器概述》，《中国考古学会第四次年会论文集》，文物出版社（北京），1985 年。

Q

祁冰：《南流黄河两岸晚商铜容器群的年代、分布及其与中原文化圈的互动》，《边疆考古研究·第 22 辑》，科学出版社（北京），2017 年。

祁冰：《李家崖文化再议》，《江汉考古》2020 年第 1 期。

裘锡圭：《甲骨卜辞中所见的"田"、"牧"、"衞"等职官的研究——兼论"侯"、"甸"、"男"、"衞"等几种诸侯的起源》，《文史》1983 年第 19 辑

秦文生：《郑州商城于偃师商城之比较研究》，《黄河科技大学学报》2006 年第 1 期。

秦小丽：《二里头文化的地域间交流——以山西省西南部的陶器动态为中心》，《考古与文物》2000 年第 4 期。

秦小丽：《豫北地区二里头时代的地域间关系——以陶器资料分析为中心》，《华夏考古》2008 年第 1 期。

R

任相宏：《郑州小双桥出土的岳石文化石器与仲丁征蓝夷》，《中原文物》1997 年第 3 期。

［日］大给尹：《河南安阳郊外后岗高楼庄两遗迹发掘调查预报》，《史学》17 卷第 4 期，1939 年。

［日］德留大辅：《从礼器看二里头文化各地区之间的关系》，《三代考古（六）》，科学出版社（北京），2015 年。

［日］饭岛武次：《关于二里头文化——二里头类型第一期不属于二里头文化》，《夏商文明研究》，中州古籍出版社，1995 年。

［日］宫本一夫：《华夏与夷狄——中国先秦考古学的新课题》，《21 世纪中国考古学与世界考古学》，中国社会科学出版社（北京），2002 年。

［日］和岛诚一：《山西省河东平原和太原盆地北部史前考古调查概要》，《人类学杂志》1943 年第 58 卷 4 号。

［日］和田清：《东亚民族发展史序说》，《改造》第 24 期第三号，1942 年。

［日］黄川田修：《殷墟陶鬲制法考——以历史语言研究所典藏陶鬲为中心》，《三代考古（六）》，科学出版社（北京），2015 年。

［日］吉开将人：《近代日本学者与殷墟考古》，《纪念殷墟发掘 80 周年学术研讨会论文集》，历史语言研究所（台北），2015 年。

［日］久保田慎二：《陶寺文化の成立とその背景——土器分析を中心に》，《中国考古学》（第八号），2008 年。

［日］铃木舞：《殷墟小屯东北地工房に关るす再检讨》，《中国考古学》（第八号），2008 年。

［日］林泰辅：《殷墟の遗物研究に就て》，转引自［日］吉开将人：《近代日本学者与殷墟考古》，《纪念殷墟发掘 80 周年学术研讨会论文集》，南港（台北）2008 年打印本，未出版。

［日］难波纯子：《初现期の青铜彝器》，《史林》72 卷 2 号，1989 年。

［日］难波纯子：《殷墟前半期の青铜彝器の编年と流派の认识》，《史林》73 卷 6 号。

S

尚友萍:《偃师商城一期一段的相对年代疑议》,《文物春秋》2009 年第 1 期。

邵晶:《试论石峁城址的年代及修建过程》,《考古与文物》2016 年第 4 期。

邵望平:《〈禹贡〉"九州"的考古学研究》,《考古学文化论集》(2),文物出版社(北京),1989 年。

沈长云:《夏后氏居于古河济之间考》,《中国史研究》1994 年第 3 期。

沈长云:《夏族兴起于古河济之间的考古学考察》,《历史研究》2007 年第 6 期。

沈长云:《禹都阳城即濮阳说》,《中国史研究》1997 年第 2 期。

沈勇:《保北地区夏时代两种青铜文化之探讨》,《华夏考古》1991 年第 3 期。

沈勇:《商源浅析》,《文物春秋》1990 年第 3 期。

沈勇:《围坊三期文化初论》,《北方文物》1993 年第 4 期。

盛立双:《燕山南麓夏商时期考古遗存研究》,《边疆考古研究》(第 6 辑),科学出版社(北京),2008 年。

石兴邦:《走向辉县——新中国考古的开篇之作》,《中华文化遗产》2004 年第 1 期。

石艳艳、吴倩:《也论二里头类型二期遗存的变化——兼与王克林先生商榷》,《中原文物》2007 年第
　　3 期。

石璋如:《河南安阳小屯殷代的三组基址》,《大陆杂志》21 卷 1、2 期合刊,1960 年。

石璋如:《考古年表》,历史语言研究所,1952 年。

石璋如:《小屯第四十墓的整理与殷代第一类车的初步复原》,《中研院历史语言研究所集刊》第 40 本,
　　1969 年。

石璋如:《小屯殷代的建筑遗迹》,《中研院历史语言研究所集刊》第 26 本,1955 年。

石璋如:《小屯殷代的跪葬》,《中研院历史语言研究所集刊》第 36 本,1965 年。

石璋如:《殷代第一类车的舆盘之演变》,《华冈学报》,1975 年第 8 期。

石璋如:《殷代车的研究》,《东吴大学中国艺术史集刊》1979 年第 9 卷。

史广峰、边质洁:《蓟县张家园商周遗存的族属问题》,《文物春秋》2002 年第 4 期。

史念海:《论济水和鸿沟》,《河山集》(三集),人民出版社(北京),1988 年。

史念海:《论两周时期黄河流域的地理特征》,《河山集》(二集),三联书店(北京),1981 年。

史念海:《论〈禹贡〉的导河和春秋战国时期的黄河》,《陕西师范大学学报》(哲学社会科学版)1978 年第
　　1 期。

宋建忠:《晋中地区夏时期考古遗存研究》,《山西省考古学会论文集》(二),山西人民出版社(太原),
　　1994 年。

宋玲平:《关于文化因素分析方法在青铜文化研究实践中的思考》,《中原文物》2006 年第 6 期。

宋豫秦:《夷夏商三种考古学文化交汇地域浅谈》,《中原文物》1992 年第 1 期。

宋豫秦:《论豫东夏邑清凉山遗址的岳石文化地层——与孙明同志共探讨》,《中原文物》1995 年第 1 期。

宋豫秦、李亚东:《"夷夏东西说"的考古学观察》,《夏文化研究论集》,中华书局(北京),1994 年。

[苏] 瓦廖诺夫:《商代至西周中国北方诸小族的考古遗存——年代、分布及其文化关系问题》,《中国古
　　代北方民族考古文化国际学术研讨会》,内蒙古文物考古研究所编,1992 年。

隋裕仁:《关于夏县东下冯"龙山文化晚期"遗存的讨论》,《中原文物》1985 年第 4 期。

隋裕仁:《二里头类型早期遗存的文化性质及其来源》,《中原文物》1987 年第 1 期。

孙华:《关于二里头文化》,《考古》1980 年第 6 期。

孙华:《夏商周考古》,《中国考古年鉴(1992)》,文物出版社(北京),1994 年。

孙华:《商文化研究的若干问题——在纪念殷墟发掘 70 周年之际的反思》,《三代文明研究(一)——1998 年河北邢台中国商周文明国际学术研讨会论文集》,科学出版社(北京),1999 年。

孙华、赵清:《盘庚迁都地望辨——盘庚迁都于偃师商城说质疑》,《中原文物》1986 年第 3 期。

孙机:《商周的"弓形器"》,《中国古舆服论丛(增订本)》,文物出版社(北京),2001 年。

孙庆伟:《偃师商城西亳说的两点瑕疵》,《夏商都邑与文化(二)——"纪念二里头遗址发现 55 周年学术研讨会"论文集》,中国社会科学出版社(北京),2014 年。

孙周勇:《公元前第三千纪北方地区社会复杂化过程考察——以榆林地区考古资料为中心》,《考古与文物》2016 年第 4 期。

孙周勇:《石峁遗存试析》,《考古与文物》2002 年第 1 期。

孙周勇:《新华文化述论》,《考古与文物》2005 年第 3 期。

T

谭其骧:《西汉以前的黄河下游河道》,《历史地理》创刊号,上海人民出版社(上海),1981 年。

唐兰:《关于商代社会性质的讨论——对于省吾先生〈从甲骨文含商代社会性质〉一文的意见》,《历史研究》1958 年第 1 期。

唐云明:《河北商文化综述》,《华夏考古》1988 年第 3 期。

唐云明:《试论河北商代文化及相关的问题》,《唐云明考古论文集》,河北教育出版社(石家庄),1990 年。

唐云明、罗平:《泒石与有易氏地望及相关问题初探》,《文物春秋》2003 年第 1 期。

陶正刚:《从气候变迁谈山西"石楼类型"商代方国文化的形成》,《山西省考古学会论文集》(三),山西人民出版社(太原),2000 年。

陶正刚:《山西出土的商代铜器》,《中国考古学会第七次年会论文集》,文物出版社(北京),1992 年。

滕铭予:《沣镐地区西周墓葬的若干问题》,《考古学文化论集》(3),文物出版社(北京),1993 年。

田广金、韩建业:《朱开沟文化研究》,《考古学研究(五)》,科学出版社(北京),2003 年。

田建文:《灵石旌介商墓与山西商代晚期考古学文化》,《中原文物》2009 年第 1 期。

田建文:《"启以夏政,疆以戎索"的考古学考察》,《庆祝张忠培先生七十岁论文集》,科学出版社(北京),2004 年。

田建文:《三足瓮研究》,《新世纪的考古学——文化、区位、生态的多元互动》,紫禁城出版社(北京),2006 年。

田建文:《石峁遗址出土口簧的年代问题——兼谈石峁遗址的分期》,《文博》2020 年第 4 期。

田建文:《陶寺 2002 Ⅱ M22 的年代问题》,《文博》2019 年第 5 期。

田建文:《天上掉下个晋文化》(上、下),《文物世界》2004 年第 2、3 期。

田伟:《商代晚期的东西对峙》,《中国国家博物馆馆刊》2021 年第 2 期。

W

王汎森:《什么可以成为历史证据》,《中国近代思想和学术的系谱》,河北教育出版社(石家庄),2001 年。

王国维：《最近二三十年中中国新发现之学问》，《论衡》第 45 期，1925 年。

王晖：《汤都偃师新考——兼说"景亳"、"郼亳"（郑亳）及"西亳"之别》，《偃师商城遗址研究》，科学出版社（北京），2004 年。

王建华：《东下冯遗址与夏商文化分界》，《殷都学刊》2006 年第 4 期。

王克林：《晋国建立前晋地文化的发展》，《中国考古学会第三次年会论文集》，文物出版社（北京），1984 年。

王克林：《略论夏文化的源流及其有关问题》，《夏史论丛》，齐鲁书社（济南），1985 年。

王克林：《戎狄族源的考古学研究》，《文物世界》2004 年第 2 期。

王克林：《再论商族源于山西漳河流域说》，《山西省考古学会论文集》（三），山西人民出版社（太原），2000 年。

王乐文：《论朱开沟遗址出土的两类遗存》，《边疆考古研究》第三辑，科学出版社（北京），2004 年。

王乐文：《内蒙古朱开沟遗址甲类遗存墓葬研究》，《华夏考古》2013 年第 2 期。

王乐文：《试论朱开沟文化的起源、发展与消亡》，《北方文物》2006 年第 3 期。

王乐文：《朱开沟遗址出土遗存分析》，《北方文物》2004 年第 3 期。

王力之：《商人屡迁中的汤亳》，《考古与文物》2003 年第 4 期。

王立新、卜箕大：《对夏家店下层文化源流及与其他文化关系的再认识》，《青果集》，知识出版社（北京），1993 年。

王连葵：《河套和岱海地区夏商时期文化初探》，《内蒙古中南部原始文化研究文集》，海洋出版社（北京），1991 年。

王青：《试论任邱哑叭庄遗址的龙山文化遗存》，《中原文物》1995 年第 4 期。

王尚义：《刍议太行八陉及其历史变迁》，《地理研究》1997 年第 16 卷第 1 期。

王炜林：《新华遗存及其相关问题初探》，《庆祝张忠培先生七十岁论文集》，科学出版社（北京），2004 年。

王炜林、郭小宁：《陕北地区龙山至夏时期的聚落与社会初论》，《考古与文物》2016 年第 4 期。

王晓毅、张光辉：《兴县碧村龙山时代遗存初探》，《考古与文物》2016 年第 4 期。

王学荣：《偃师商城第一期文化研究》，《三代考古（二）》，科学出版社（北京），2006 年。

王学荣：《偃师商城废弃研究——兼论与偃师二里头、郑州商城和郑州小双桥遗址的关系》，《三代考古（二）》，科学出版社（北京），2006 年。

王学荣、何毓灵：《安阳殷墟孝民屯遗址的考古新发现及相关认识》，《考古》2007 年第 1 期。

王迅：《论先商文化补要类型》，《早期夏文化与先商文化研究论文集》，科学出版社（北京），2012 年。

王一凡：《甲骨卜辞、金文所见商王朝的北界》，《古代文明研究通讯》2017 年第 72 期。

王宇信：《谈上甲至汤灭夏前商族早期国家的形成》，《殷都学刊》2007 年第 1 期。

王玉哲：《卜辞工方即猃狁说》，《殷都学刊》1995 年第 1 期。

王玉哲：《鬼方考》，《华中大学国学研究论文专刊》第 1 辑，1945 年。

王玉哲：《鬼方考补正》，《考古》1986 年第 10 期。

王玉哲：《论先秦的"戎狄"及其与华夏的关系》，《南开大学学报》（人文版）1955 年第 1 期。

王玉哲：《商族的来源地望试探》，《历史研究》1984 年第 1 期。

王玉哲：《先周族最早来源于山西》，《中华文史论丛》1982 年第 3 辑。

王震中:《甲骨文亳邑新探》,《历史研究》2004 年第 5 期。

王震中:《先商的文化与年代》,《中原文物》2005 年第 1、2 期。

王震中:《先商社会形态的演进》,《中国史研究》2005 年第 2 期。

卫斯:《山西平陆前庄方鼎的历史归属与年代问题》,《中国历史文物》2007 年第 2 期。

魏继印:《论新砦文化的源流及性质》,《考古学报》2018 年第 1 期。

魏继印:《论新砦文化与王湾三期文化的关系》,《考古学报》2019 年第 3 期。

魏坚:《试论永兴店文化》,《文物》2000 年第 9 期。

魏坚、崔璇:《内蒙古中南部原始文化的发现与研究》,《内蒙古文物考古论集》第一辑,中国大百科全书
　　出版社(北京),1997 年。

魏峻:《下七垣文化的再认识》,《文物季刊》1999 年第 2 期。

魏兴涛:《试论下七垣文化鹿台岗类型》,《考古》1999 年第 5 期。

文启明:《冀东地区商时期古文化遗址综述》,《考古与文物》1984 年第 6 期。

沃浩伟:《晋陕高原商周时期青铜器分群研究》,《公元前 2 千纪的晋陕高原与燕山南北》,科学出版社
　　(北京),2008 年。

乌恩岳斯图:《论朱开沟文化》,《考古学集刊》(第 16 集),科学出版社(北京),2006 年。

吴晓筠:《商至春秋时期中原地区车马器形式研究》,《古代文明(第 1 卷)》,文物出版社(北京),
　　2002 年。

X

夏鼐:《谈谈夏文化的几个问题——在登封告城遗址发掘现场会闭幕式上的讲话》,《河南文博通讯》
　　1978 年第 1 期。

肖冰、王学荣:《关于郑州商城的始建年代问题》,《安金槐先生纪念文集》,大象出版社(郑州),2004 年。

谢肃:《对夏商三都年代与性质的看法》,《南方文物》2017 年第 3 期。

谢肃:《对夏商分界的一点看法》,《考古与文物》2012 年第 4 期。

谢肃:《关于辉卫地区二里头文化时期遗存性质的讨论》,《2004 年安阳殷商文明国际学术研讨会论文
　　集》,中国社会科学出版社(北京),2006 年。

谢肃:《再论郑州商城的始建年代》,《考古与文物》2007 年《先秦考古》增刊。

谢肃、张翔宇:《试论南关外型商文化的年代分组》,《中原文物》2003 年 2 期。

徐海峰:《北放水遗址夏时期文化遗存发现的意义》,《中国文物报》2007 年 10 月 19 日第 7 版。

徐海峰:《邯郸市峰峰矿区北羊台、义西遗址夏时期文化遗存浅析》,《追溯与探索——纪念邯郸市文物
　　保护研究所成立四十五周年学术研讨会文集》,科学出版社(北京),2007 年。

徐海峰:《太行山东麓北部地区夏时期考古学文化述论》,《早期夏文化与先商文化研讨会论文集》,科学
　　出版社(北京),2012 年。

徐峰:《石峁与陶寺考古发现的初步比较》,《文博》2014 年第 1 期。

徐昭峰、杨远:《郑州大师姑发现的早商文化与商汤灭夏》,《考古与文物》2008 年第 5 期。

徐中舒:《再论小屯与仰韶》,《安阳发掘报告》(第三期),历史语言研究所,1931 年。

许宏:《从二里头遗址看华夏早期国家的特质》,《中原文物》2006 年第 3 期。

许宏:《都邑变迁与商代考古学的阶段划分》,《二十一世纪的中国考古学——庆祝佟柱臣先生八十五华

诞学术文集》，科学出版社（北京），2006 年。

许宏：《关于石峁遗存年代等问题的学术史观察》，《中原文物》2019 年第 1 期。

许宏：《嵩山南北龙山文化至二里头文化演进过程管窥》，《二里头遗址与二里头文化研究——中国·二里头遗址与二里头文化国际学术研讨会论文集》，科学出版社，2006 年。

许宏：《"新砦文化"研究历程述评》，《三代考古（二）》，科学出版社（北京），2006 年。

许宏、刘莉：《关于二里头遗址的省思》，《文物》2008 年第 1 期。

许俊平、李锋：《小双桥商代遗址性质探索》，《中原文物》1997 年第 3 期。

许伟：《晋中地区西周以前古遗存的编年与谱系》，《文物》1989 年第 4 期。

许伟：《先商文化商式鬲探源》，《纪念张忠培先生文集·学术卷》，故宫出版社（北京），2018 年。

许永杰、卜工：《三北地区龙山文化研究》，《辽海文物学刊》1992 年第 1 期。

Y

严文明：《龙山文化和龙山时代》，《文物》1981 年第 6 期。

严文明：《夏代的东方》，《夏史论丛》，齐鲁书社（济南），1985 年。

严志斌：《试析长治小神遗址的二里头时期遗存》，《北方文物》1999 年第 1 期。

闫宏东：《神木石峁遗址陶器分析》，《文博》2010 年第 6 期。

杨宝成、程平山：《试论漳河型文化》，《武汉大学学报》（哲社版），1998 年 1 期。

杨宝成、杨锡璋：《从殷墟小型墓葬看殷代社会的平民》，《中原文物》1983 年第 1 期。

杨贵金：《沁水下游的夏文化与先商文化》，《中原文物》1997 年第 2 期。

杨廉武：《郑州商城与偃师商城皆为商汤亳都》，《湖南科技学院学报》2006 年第 4 期。

杨锡璋：《安阳殷墟西北冈大墓的分期及有关问题》，《中原文物》1981 年第 3 期。

杨锡璋：《关于藁城台西商代遗址的分期问题》，《中国考古学论丛——中国社会科学院考古研究所建所 40 周年纪念》，科学出版社（北京），1993 年。

杨锡璋：《关于殷墟初期王陵问题》，《华夏考古》1988 年第 1 期。

杨锡璋：《殷墟青铜容器的分期》，《中原文物》1983 年第 3 期。

杨育彬：《偃师商城——夏商分界的唯一界标》，《偃师商城遗址研究》，科学出版社（北京），2004 年。

杨育彬：《再论郑州商城的年代、性质及相关问题》，《华夏考古》2004 年 3 期。

杨育彬：《郑州二里冈期青铜器的分期与铸造》，《中原文物》1981 年特刊。

殷玮璋、曹淑琴：《灵石商墓与丙国铜器》，《考古》1990 年第 7 期。

于孟洲：《东下冯文化与二里头文化比较及相关问题研究》，《文物春秋》2004 年第 1 期。

于孟洲：《东下冯文化的源流及相关问题》，《文物世界》2010 年第 1 期。

于省吾：《从甲骨文看商代社会性质》，《东北人民大学人文科学学报》1957 年 2、3 期合刊；于省吾：《驳唐兰先生〈关于商代社会性质的讨论〉》，《历史研究》1958 年第 8 期。

俞伟超：《关于"考古类型学"的问题》，《考古学是什么》，中国社会科学出版社（北京），1996 年。

俞伟超：《含山凌家滩玉器和考古学中研究精神领域的问题》，《考古学是什么?》，中国社会科学出版社（北京），1996 年。

俞伟超：《中国考古学的现实与理想》，《考古学是什么》，中国社会科学出版社（北京），1996 年。

俞伟超：《关于当前楚文化的考古学研究问题》，《湖南考古辑刊》，第 1 辑，岳麓书社（长沙），1982 年。

袁广阔：《关于"南关外期"文化的几个问题》，《中原文物》2004 年第 6 期。

袁广阔：《关于郑州商城夯土基址的年代问题》，《中原文物考古研究》，大象出版社（郑州），2003 年。

袁广阔：《关于商代亳都的思考》，《2004 年安阳殷墟殷商文明国际学术会议研讨会论文集》，社会科学文献出版社（北京），2004 年。

袁广阔：《关于先商文化洛达庙类型形成与发展的几点认识》，《二里头遗址与二里头文化研究》，科学出版社（北京），2007 年。

袁广阔：《试论夏商文化的分界》，《考古》1998 年第 10 期。

袁广阔：《试论夏文化的起始年代》，《华夏文明的形成与发展——河南省文物考古研究所建所五十周年庆祝会暨华夏文明的形成与发展学术研讨会论文集》，大象出版社（郑州），2003 年。

袁广阔：《先商文化新探》，《中原文物》2002 年第 2 期。

袁广阔：《郑州商城始建年代研究》，《中原文物》2003 年第 5 期。

袁广阔、曾晓敏：《论郑州商城内城和外郭城的关系》，《考古》2004 年第 3 期。

袁靖、唐际根：《河南安阳市洹北花园庄遗址出土动物骨骼研究报告》，《考古》2000 年第 11 期。

Z

张斌宏、杨巧灵：《蛋形三足瓮初探》，《文物季刊》1997 年第 3 期。

张崇宁：《山西平陆前庄商代遗址分析》，《三代文明研究（一）》，科学出版社（北京），1999 年。

张翠莲：《太行山东麓地区夏时期考古学文化之探讨》，《三代文明研究（一）》，科学出版社（北京），1999 年。

张翠莲：《尧方头遗址与下岳各庄文化》，《文物春秋》2000 年第 3 期。

张翠莲：《商文化的北界》，《考古》2016 年第 4 期。

张翠莲：《先商文化、岳石文化与夏家店下层文化关系考辨》，《文物季刊》1997 年第 2 期。

张长寿：《殷商时代的青铜容器》，《考古学报》1979 年第 3 期。

张德光：《岔沟陶鬲与峪道河三足瓮的时代问题》，《文物季刊》1994 年第 1 期。

张国硕：《商汤"还亳"考辨》，《殷都学刊》1997 年第 3 期。

张国硕：《晋南"夏墟"考》，《中原文物》2006 年第 6 期。

张国硕：《盘庚自何地迁殷探索》，《中原文物》2003 年第 4 期。

张国硕：《夏国家军事防御体系研究》，《中原文物》2008 年第 4 期。

张海：《中国考古学的殷墟传统》，《古代文明》（四），文物出版社（北京），2006 年。

张锟：《"唐地"考辨》，《中原文物》2003 年第 1 期。

张锟：《试析大城山遗址》，《文物春秋》2002 年第 5 期。

张立东：《论辉卫文化》，《考古学集刊》（10），地质出版社（北京），1996 年。

张立东：《论夏商文化的年代分界》，《三代考古（七）》，科学出版社（北京），2017 年。

张立东：《试论张家园文化》，《北京建城 3040 年暨燕文明国际研讨会专辑》，北京燕山出版社（北京），1995 年。

张立东：《先商文化的探索历程》，《三代文明研究（一）——1998 年河北邢台中国商周文明国际学术研讨会论文集》，科学出版社（北京），1999 年。

张立东、任飞：《邹衡》，《手铲释天书》，大象出版社（郑州），2001 年。

张明东：《黄河流域先秦陶窑研究》，《古代文明》（第三卷），文物出版社（北京），2004 年。

张天恩：《关中西部夏代文化遗存的探索》，《考古与文物》2000 年第 3 期。

张天恩：《陕北高原商代考古学文化简论》，《中国国家博物馆馆刊》2016 年第 9 期。

张天恩：《论关中东部的夏代早期文化遗存》，《中国历史文物》2009 年第 1 期。

张天恩：《试论关中东部夏代文化遗存》，《文博》2000 年第 3 期。

张渭莲：《气候变迁与商人南下》，《中原文物》2006 年第 1 期。

张渭莲：《晚商时期商民族文化特性分析》，《中原文物》2008 年第 6 期。

张渭莲：《再论下岳各庄文化》，《早期夏文化与先商文化研究论文集》，科学出版社（北京），2012 年。

张新斌：《周初"三监"与邶、鄘卫地望研究》，《中原文物》1998 年第 2 期。

张应桥、徐昭峰：《试论辉县孟庄二里头文化时期城址的性质》，《中国历史文物》2008 年 1 期。

张忠培、孔哲生、张文军、陈雍：《夏家店下层文化研究》，《考古学文化论集》（1），文物出版社（北京），
　　1987 年。

张忠培、杨晶：《客省庄与三里桥文化的单把鬲及其相关问题》，《宿白先生八秩华诞纪念文集》，文物出
　　版社（北京），2002 年。

赵宾福：《辽西山地夏至战国时期考古学文化时空框架研究的再检讨》，《边疆考古研究》（第 5 辑），科学
　　出版社（北京），2007 年。

赵朝洪：《有关岳石文化的几个问题》，《考古与文物》1984 年第 1 期。

赵春青：《关于新砦期与二里头一期的若干问题》，《二里头遗址与二里头文化研究——中国二里头遗址
　　与二里头文化国际学术研讨会论文集》，科学出版社（北京），2006 年。

赵春青：《新砦期的确认及其意义》，《中原文物》2002 年 1 期。

赵春青：《〈禹贡〉五服的考古学观察》，《中原文物》2006 年第 5 期。

赵福生、刘绪：《西周燕文化与张家园上层类型》，《跋涉集》，北京图书馆出版社（北京），1998 年。

赵海涛：《二里头遗址二里头文化四期晚段遗存探析》，《南方文物》2016 年第 4 期。

赵新平、范永禄：《河南辉县孟庄遗址夏代墓葬及其相关问题》，《东方考古》（第 4 辑），科学出版社，
　　2008 年。

郑光：《二里头陶器文化论略》（代前言），《二里头陶器集粹》，第 12 页，中国社会科学出版社（北京），
　　1995 年。

郑杰祥：《二里岗甲骨卜辞的发现及其意义》，《中原文物》2008 年第 3 期。

郑杰祥：《论禹、戎禹和九州的关系》，《中原文物》1997 年第 3 期。

郑杰祥：《商汤伐桀路线新探》，《中原文物》2007 年第 2 期。

郑杰祥：《试论郑州小双桥遗址的性质问题》，《古代文明（第 10 卷）》，上海古籍出版社（上海），2016 年。

郑若葵：《论安阳苗圃北地殷墟一期墓葬文化》，《华夏考古》1992 年第 1 期。

郑若葵：《殷墟"大邑商"族邑布局初探》，《中原文物》1995 年第 3 期。

郑绍宗：《河北平泉一带发现的石城聚落遗址——兼论夏家店下层文化的城堡带问题》，《文物春秋》
　　2003 年第 4 期。

郑彤：《下七垣文化来源探索》，《青年考古学家》（第九期）。

郑振香：《安阳殷墟布局及其相关问题》，《21 世纪中国考古学与世界考古学》，中国社会科学出版社（北
　　京），2002 年。

郑振香：《论殷墟文化分期及其相关问题》，《中国考古学研究——夏鼐先生考古五十年纪念论文集》，文物出版社（北京），1986 年。

郑振香、陈志达：《殷墟青铜期的分期与年代》，《殷墟青铜器》，文物出版社（北京），1985 年。

周彦卿：《从夏遗民的迁徙看夏商决战之鸣条地望》，《中原文物》2008 年第 5 期。

朱凤瀚：《论中国考古学与历史学的关系》，《历史研究》2003 年第 1 期。

朱凤瀚：《由殷墟出土北方式青铜器看商人与北方族群的联系》，《考古学报》2013 年第 1 期。

朱光化：《关于偃师商城界标说》，《中国文物报》2002 年 5 月 3 日第 7 版。

朱光华、潘付生、魏继印：《试论郑州人民公园期商代遗存与盘庚复亳问题》，《中原文物》2005 年第 2 期。

朱君孝：《二里头文化与夏商分界再探》，《中原文物》2006 年第 3 期。

朱君孝、李清临：《二里头晚期外来陶器因素试析》，《考古学报》2007 年第 3 期。

朱彦民：《论商族早期社会形态的演进历程》，《南开学报》（哲社版）2008 年第 4 期。

朱彦民：《殷卜辞所见先公配偶考》，《历史研究》2003 年第 6 期。

朱永刚：《中国北方的管銎斧》，《中原文物》2003 年第 2 期。

后　记

　　小书的基本内容，源自博士学位论文《夏商时期古冀州之域的考古学研究》绪论与前五章部分的增订，主体内容是以陶器构建古冀州及邻境区域的考古学文化年代谱系，学位论文涉及生业技术、墓葬、聚落、人群关系的章节，后续匡谬增删，再俟求教。

　　"老去光阴速可惊"，答辩至今，似乎是一眨眼，掐指却已十二年。人文社会科学研究者，说到底，也是一种以阅读写作为志业的生涯。若没有留下合格的作品，是最难接受的。前辈在相同年龄早有经典，很多同辈、后辈也已著作丰厚。反观自己，懒散肆意，训练不足，知识结构有明显欠缺，研究面相当狭窄，习作也少。意识到应该拓宽弥补，却已逐渐进入人生后半程，体力精力比不得学生时，念书、做事难免左支右绌，很容易心浮气躁。

　　学问有无长进，能否写出有生命的文字，自己最清楚不过。身处价值多元纷乱的时代，生出些怀疑打磨论文意义的念头可能也不稀奇。二十年前，景蜀慧老师曾严肃地告诫"铅字会掩饰很多问题"。也正在如此心态下，一直鼓励自己说，博士论文当年耗了许多心力，一定要慎重对待写作和发表，横竖不能在碎片化时代把自己也撕成碎片。

　　晃晃悠悠，如是十二年。

　　这本小书的前后姻缘，至今依旧历历。前辈心思构想未见于文字，有必要留下说明。小书题目的雏形，源自刘绪老师。四十年前，邹衡先生给刘老师设计硕士论文选题，曾想让他梳理先商到夏家店下层文化分布区之间的北方地区谱系编年，核心问题就是先商文化。从前没有朋友圈，消息往往不对称。邹先生听说考古所佟柱臣先生指导研究生靳枫毅先生写北方青铜时代，他担心选题撞车，才让刘老师转以豫北为中心。那时节，夏商分界、二亳论战正酣，虽然卫怀地区的一手资料不多，有的甚至只是半个挂壁的灰坑，但老师的论文却也是学术界关注的焦点。孰料想，兜兜转转，新世纪后其他课题渐成显学，反倒衬得先商研究冷萧寂寥，甚至会有先生认为"先"不"先"的，根本就是"伪问题"。

　　2006年终于考上北大，六月份还没报到，老师就安排我去曲村晋侯墓地学习车马坑发掘。每日跟着各位师傅们学清剔，在现场对着念郭宝钧先生的《殷周车制》，默记晓笃师姐的车马器演变研究成果。七月份，老师忙完了学校的答辩、毕业工作，从北京赶到曲村看我，"就写先商吧，没人系统弄过。牵涉面广，系统弄弄，容易打好基础。弄好了，将来也好上下左右整体看问题，往别的方面扩展也容易些"。

　　那时候见识浅，在成都贪玩，念书更少，三代核心问题一团混沌，不知道先商深浅，哪懂得老师深意，还不自量力一心想着写铸铜遗址和铸造技术。一夏天，只觉得突然要做一个未知区域的基础研究，多少还曾有些不开心。秋天到北京报到听课，才知道自己恰如雷老师批评同学的常用断语，"差得码子大着呢"。各位同学自有所长，但共性是阅读量宏富惊人"乃至恐怖"。讨论课上只觉得浅陋和愚蠢。在四川时多少还有点自信，但刚到北京之后的一段时间里，对自己能不能毕业都没什么信心。

刚到北大时，听课有困难，论文没头绪。但刘绪老师并没放弃，循循善诱，也冷面训示，从基础入手促我念书，补习三代基本框架，再细细引导思考。带我出去听会，他自己认真记笔记，晚上也是在房间看会议资料和论文汇编。一开始，老师布置让我记会议发言和新材料，不但查点记录，还会查问当天听到的某个报告，关键在哪。那是一门没学分的功课。到后来听会写纪要，每年梳理当年的发现和研究成果，也渐成了自己的习惯。那些年，老师带我短期整理花地嘴、滹沱河上游调查资料，参观州川河调查实物，看侯马南山大库，辨识实物。一两年后，慢慢能在讨论课上听明白各位同学说什么，看出新发掘资料的意义在哪，心下也有了些许勇气。少年时，总是很需要鼓励，有了星点进益，老师是看在眼里的。有时看似不经意夸奖一句，心里能暖上很久。

恰逢南水北调机遇，王迅老师听说有先商遗存，主动申请发掘。老师便央王老师携我同去。从 2007 年到 2008 年，在临城补要村补发掘、学整理、认先商。2008 年到 2009 年夏，李伯谦先生又先后倡导组织召开早期夏文化研讨会和先商文化研讨会，河南冀北，发掘整理，摸陶片，看库房，听汇报，三年两会，表里都于论文有益。如刘老师所说"补要村发掘和夏文化、先商会，小常的收获是最大的"。

博士论文之外，老师又随时警醒，夏商周三代须有整体性认识，切不可做铁路警察；要有贯通的认识，前后时段课程必须选习。那时外系旁听，清华蹭课，可听可学太多，如今只后悔当年浅尝辄止没多下苦功。博士毕业需有发文，老师也刻意训练。他说发论文不但要有和博士论文相关的，也要设计有绝然不相干的，才能让研究视野不偏颇。老师思量再三，指点教习那些不太和大家撞车的领域，虽有习作，但肯定没能达到老师所想，徒废了好题。老师教我十五年，耗费心血，多有设计。若未来有缘课徒，必当效法老师，好好教书，把他教我的方法，再教给别人。

先商文化材料零散，涉及问题纷繁套叠，前贤成果纷纭，分歧也不少。定题不到半年，蒋刚先生同领域的博士论文即已答辩，一时间只觉压力倍增。到了新时期，先商文化研究的些许结论调整，对夏商两代虽算不上牵一发而动全身，但局部的研究，总要有整体的关照；每行一步，也总要首尾环顾才好妥帖。偏是原始资料害人，琐屑凌乱，散碎如珠，稍一惊动，就遍地抛滚，有的甚至咬牙切齿地针锋相对。倘若换邹先生式的天才来，必然能重新搭起一个完全不同的世界。但愚钝如我却难梳理得清爽，描摹宏大叙事的轮廓，只能勉力把所有微小的碎片收集起来，试图片段地拼接，框出一个尽可能妥帖的叙事。

认真念书，总有回报。初尝到爬梳材料的刺激与兴奋，只觉满目烂漫山花，好像处处都可拈花而笑。商周考古材料繁杂，若没有前辈们留下的路标，孤身探索怕是转不出来。可博士论文写作又必然孤独，在较大的篇幅中仓皇寻路，哪里有步步为营，驾轻就熟的本事。现在回头翻检老师在初稿上的铅笔小字批校，才能明白，没有当日老师逐章逐节勘察检点，早不知道跌落哪座崖下。

先商谱系研究是三代的结构性问题，更是基础研究。结构的构建，不会在遗存中自发呈现，必须先有经营思虑；基础研究，三两年内好似看不出长进，但时候长了，才能越来越感激老师的深意。对于陶器编年这样的基础问题的"再认识"，本质上必然要基于反思和批判，既需要对材料的熟稔沉潜，更需要对视而不见有随时的敏锐，在足够充分的材料基础上，体现出逻辑的指向。倘若小书还有一二可用，也不过是仰望老师春风拂面，有柳线杨花化作想法罢了。

通过答辩之后，十年来没勇气再去打理。好在新刊布材料似也无反证，当年的结论还算无大谬。小书自博士论文而来，但写易改难，在见识思考没有太多提升的境况下，虽经两遍全面修订，时有新材料的增补，即便改动较大，大部分章节甚至重写一过，终究也只是将重点放在资料增补和逻辑关照上。时隔十年，没有结构性的提升，更没有气定神闲地清通语句，修订更像是对镜自揽，审美疲劳令人生厌，花了不小的气力却有点徒劳无功的感觉，不该是一个史学研究者第一本书应有的样子。文责有本，内中错误，必因我之浅陋，与他人无关。

人事丛脞。入京十六载，得到的关爱、帮助不止老师一人。需要感谢的师长还有很多，拉杂之间，难以尽谢，但有些话还是要认真讲来。

对李伯谦先生的尊敬感谢发自于心。川中只闻大名，成都年会、金沙发掘，都只是远远望见。到了北京，开始还不敢和先生说话，见面机会多了，才认识到生活中他的谦和与慈祥。后来给先生做点庶务工作，挨过先生批评，才知道先生为学做事的严谨。2009年秋从侯马陪他回京，第一次说起毕业去向，也正是先生首议，可以考虑去考古所。后来真去王府井27号工作，先生依然不断提供学习机会、推荐做事，让我有机会看到更远的世界。

不知道该如何表达对马克垚先生、耿引曾先生和马慨先生的厚意，庇我于西二旗。六年平静，帮我熬过了最困难的"京居不易"，无有年年颠沛流离之危。慷慨古风，可能今生都难以找到报答的方式。若不能更加努力念书，又怎能对得起这份恩德。

感谢罗二虎老师。在川大坚定念考古的信心，带我略窥门径，了解研究方法，接受基本训练，放手锻炼管理工地，家中小灶上课，无不是罗老师的悉心调教。如今面谒虽少，但他在远方始终关注着我的学习与生活。

感谢王巍、陈星灿二位老师。毕业后来考古所做博后，两位老师同为合作导师。机缘巧合，主要工作是做探源工程的学术秘书，因之二位既是老师又是领导。十二年探源秘书，能第一时间接触到最新的发现与研究，在二位老师指导下，补充专业知识短板也锻炼了些许工作庶务的能力。更要感谢他们二位不断给我工作的新任务和机会，促我成长。

感谢赵辉老师、张弛老师。那时候川中闭塞，自己又不努力，新石器时代考古是绝对短板。探源课题期间，跟随二位老师工作，丝缕串珠，六七年功夫，好像多少明白了星星点点新石器晚期以来的景象框架。更重要的是,见识了一套不同于商周考古的思维方式。赵老师讲究细节,不但对学术文本的用词、结论推敲斟酌,甚至于如做幻灯这般碎屑微末小事,字体字号、排版配色,都无不精益求精;汇报讲座,更是要雕琢语句,讲求吐字节奏。张老师不轻易讲话,一旦说问题,开口却必在要害。凡此点滴,见得精致,见得功底,更见得品格。

感谢王迅老师。补要半年,他放手锻炼,慷慨地让我使用资料。能在学习阶段发掘到自己博士论文的直接资料,从感性到理性得以直观体察,真好像回到了八十年代他们那一代做论文的模式。迅公天资聪颖,豁达却童心真挚,或许今后也再难见到这般性格的学者。

感谢徐天进老师。无论是平时闲谈,还是对论文的意见,他总能以特有的气度给出举重若轻的指点。正式答辩前,先后拿到他细心的批校贴条的初、二稿,感动发自肺腑。毕业后,他带我在闽北跑调查、开车在周原看东西,就好像还在学校时一样。

感谢孙华老师。课堂上,他从宏观层面授我以青铜时代的整体发展格局,亦从微观上让我明白,研究深入时所需要具有的精细态度和对"不放心"处的捕捉。答辩前一周,他在图书馆北侧长凳上对我讲批论文细节的回忆,如若昨日。

读书期间,选听高崇文、赵化成老师的课较多,很多关于礼制、东周国别至汉初地域文化异同问题的思考都来源于二位老师的启发。在课下,在毕业后的很多年里,两位老师也从没因我非及门而冷淡,反而为各类习作提出过各种意见,还曾赐赠过多本绝版的老报告,令人感念不尽。

感谢杭侃老师。他给予我足够的信任,让我能自北大口述史的工作中得到锻炼。九个月奔波于大江南北,求访书本上的耆旧名宿,虽然累,但极为值得。这段机缘,是我终生的财富,从此养出的学术史兴趣和积累相关素材,也的确源于杭老师的远见。

感谢雷兴山老师。2004 年夏参观周公庙,他热情鼓励,才有投考北大的尝试。四年求学,蒙他言传身教,惠我实多。论文写作时,他多方帮助联系搜集材料、联系参观调研。毕业后,他仍随时帮忙,联系各地师长友朋,为我看库房、跑工地大开方便之门。

感谢孙庆伟老师。北大念书时,他在美利坚;他回燕园,我已到了东厂胡同。擦肩而过并没有影响孙老师对我的帮助。在考古所工作后,他不断以各种方式和机会我促我成长。

感谢袁靖、赵志军、莫多闻、吴小红老师。川中求学时未经任何科技考古的训练,读博时虽然蹭听了北大本科的几门科技考古课程,但仍十分欠缺。恰是也自探源,跟着他们学习、做事,听到最前沿的新成果,见到多学科分析的优势,虽非系统学习,但偷学也长学问。

感谢胡东波、陈建立、张昌平、刘煜四位师长。他们的帮助,让我在铸造学习中少走弯路,还给予我多次的千载难逢实践机会,让我的求学经历更加完整。要特别表达,愧对胡、陈二师,拖欠着两位老师交办的竹简发掘报告和陶范图录,以至于回学校都老躲着他们。

感谢燕园中各位老师在求学最后一站期间所给予的种种指点与帮助,他们拓展了我的眼界，带我看到了盆地以外的新天地。

感谢考古所的各位师长、同事。从东厂胡同到鸟巢，已逾十年。考古所是有着悠久历史的大集体，田野遗址、图书资料，天下罕有。师长、同事们各有所长，日常工作，身教良多，发自内心感激他们的包容、帮助与提携。

感谢北大文研院和文研院的各位师长。有幸在那里有半年的访问休整，树影蔽窗，鸟鸣自在。假如治学环境有梦，那二院已然践行。其间有不同学科的先生打出最新的火花，好似又回到了本科时那样在林间空地中的多样触动，这种影响虽不直接于对坛坛罐罐的了解，但自有其妙处。

少不入川。曾以为可以安耽天府，春樱秋桂，吃抻要展，过过吃吃茶教教书，喝喝冷啖杯，摆摆龙门阵的自在小日子。但造化就是这样，想安逸的，却偏生需走些难路。蜀中师友，总默默予我以关心。锦江八载，受王东杰师影响大，而今论文较当年期许或许更加具象，却也更为范式所囿，但可能恰似他警醒的那样，"条块分明未必就是古代社会的真相"。倘我在写作与思考有些许进步，必有他的影响。周志清、何元洪亦师亦友，王林、于桂兰、朱寒冰、何锟宇、余玥、朱姝更是从十八岁开始便一起长大的，我无法想象在成都的日子没有他们。

感谢单月英、吴晓筠、曹大志、冯峰、张敏、代丽鹃，时有诤友，何其幸甚。更不用说代购图书、慷慨赠予资料、开放信息，从无犹豫。这是信任，更是自信与大度。在论文最后的修订阶段，同时应付五六件杂事，焦头烂额，汤超帮助补充扫描图片，杨清越帮助修订地图，小书才有可能按时交稿。

感谢燕园、九眼桥与海内的同窗、友朋，施赠资料、切磋学问、点醒疏失，多年来都是在他们的帮助下前行的。赛克勒209是个温暖的所在，推门进去，任何老师都是解决困惑的钥匙，每位同学都是可以学习的对象。

感谢晋、冀、鲁、豫、陕、甘、川、滇、鄂、湘、赣、皖、苏、浙、粤、台等各省、市的考古院、所和各高校的诸位先生。罗列姓名，只会挂一漏万。在各省求学调查与野外工作中，他们给予种种便利，还慷慨提供未发表资料供我完成学习。论文答辩前乔登云、赵新平、李素婷、王力之先生分别赐示槐树屯、刘庄、彰邓遗址发掘资料、滹沱河上游地区调查资料；小书修订期间种建荣、孙战伟、陈小三、白曙璋先生惠赐辛庄、东青善遗址和酒务头墓地陶器图片，这些未刊资料使小书能更加完善。蒋刚先生学位论文答辩、专著出版皆先于我，他都第一时间惠示成果，虽然讨论对象高度重合，但认识分歧并未影响我们的友谊。

十余年间，数位师长驾鹤，甚至已有同辈先行，感念他们曾经的指导、帮助，愿他们安息。

与田野工作坊诸友结缘京中，是天赐和恩赏。毕业各自天涯，但工作坊在于薇张罗下六度集结，几乎走遍了大中原。白天钻库房看工地，车途之上打盹抬杠，臧否八卦，晚上在宾馆，放幻灯吃西瓜，无休止地争论看法，都是最美好的回忆。人生路上，谢肃、郜向平二位师兄可时时搅扰，王辉、张鹏程、马赛、林永昌、余雯晶能步步扶持。这些年的练笔习作，他们始终是第一读者。

兰州、成都的家人,从蹒跚学步到不惑之年,始终护翼着我。对文史的爱好,与先祖父渐染熏陶的"不言之教"有关。在家族生活最安定的时代,没有动荡和恐惧,从小可以从容地学习,是父祖两代都不曾有过的。虽然两家人一定不太明白小书的内容,但他们一定知道,我之今日,是他们昨日的关怀和期望。与内子京沪相隔,她坚守着我们的信念。而今小书总算有了个中程歇脚,未知她是否也会如我同样的释然。

作为北大博士学位论文的修订成果,能够厕列北京大学震旦古代文明中心的系列成果,是李伯谦先生、孙庆伟主任对我的鼓励,李先生更亲自为小书题签。要特别感谢两位老师和中心的出版资助。近藤晴香、林永昌二位协助翻译日、英文提要,为小书增色良多。

小书最终进入出版流程后,恰逢沪上疫虐。华亭鹤唳之际,各位编辑封闭府中,生活有诸般困苦。但即便是在这种情况下,吴长青先生、顾莉丹女士仍费心上下协调,尽可能地帮助我简化流程。张亚莉编辑非但没有因为小书内容枯燥、图多似田野发掘报告,工作量大而嫌弃鄙夷,反而耐心细致,从编辑角度纠错校勘,才保证了这本小书印成。个中辛苦,一定曾令编辑、校对们愤怒烦躁过,于此真诚向他们致歉、致谢。

下定决心修订出版小书,并非是我在文献阅读、思考与研究上臻于成熟,更不是小书已达完善,而是深感所处的环境与现实。基础研究即便到了新时代,要想有实质性突破,从材料的搜讨与梳理,从逐个问题的蠡清起步,仍不为过。将讨论集中在陶器谱系这样土气、"不时髦"的基础问题可能更少观众青眼。如果满足于用概念、模式、"换个角度看",甚至仅仅是类似"某某性"这样的词汇来包装旧说,却于核心问题周匝兜兜转转,不肯进门,恐非持久之道。整理基础材料分析基础问题,注意材料变化的过程与相互间结构的勾连,固然源于我自信不足,没有太多的学术"野心",但或许这样的工作对太行山的既往,描摹反而更为有效。不同地点的材料丰沛程度、质量匹配程度,决定了研究阶段。超越研究阶段的大跃进,以某一遗址的检测分析数据而生发花巧的全称判断,结论往往也难长久,更罕有整体框架下的分寸感。具体问题具体讨论,不用包装,也未见得就低人一等,更不会没有意义(虽然于薇一定仍如工作坊调查时车上争论那样,会批评小书的问题意识不清晰,没有良好的问题预设而过多纠缠于材料,文字不够精巧)。纷乱的评判体系中,有没有足够的精神强度与时代、与学术研究相匹配,从根源上建立判断标准,是需要自我的成长与觉悟的。

资料不断增加,我也在长大。行路缓生,如老校长所说,"进一寸有一寸的欢喜",如有一二星点能达之广袤,照亮一隅,已经足够。我资质有限,无论再如何增益,准备也永远达不到充分。在学术范式转换的时代洪流中,陶器谱系研究并非热点问题,小书出版,会有怎样的评价,无法预料。能力有限,但我态度诚恳,衷心希望读者能给予本书坦率的评价。

小书断续修订,时逢大疫。诸行无常,悲欣交集,越发明白人之为人,困苦总是要多过欢愉的,但这些经历也必促人成长。去岁老师和王迅老师先后弃教。心绪丧乱,久难平复。由于我的拖沓,未能得到两位老师对小书的批评,尤其是没能请刘绪老师终审赐序,更是永远的遗憾,只能找出老师答辩前的导师评语代序。老师仙去,未来不会再有他的鞭策督责,但随侍有年,训诲无时敢忘,日后茕茕孑立,需要独自面对未知的材料和学界的评判;踽踽独行,更需要独立寻路,甚至为后辈凿空。这是传承,更是无可回避的责任。虽然驽钝惶恐,却也只能加倍努力勇敢面对。小书贡献不大,终也是心血凝结。即便只是一夕水露,只要供于繁花,又怎怕经不得时间。

壬寅春月疫中记于房山长阳

中 文 摘 要

作为夏商王朝统治区域的北境,今日山西、河北中西部与豫北地区在夏商两代的战略地位十分重要。这一范围大致与《尔雅·释地》所说的"两河间曰冀州"相近。在先秦地理认知体系中,冀州是《禹贡》九州之首,地位之高令人瞩目。对于这一地区所展开的考古研究个案,具有重要的代表意义。

本书以陶器为主要研究对象,由陶器谱系构建冀州夏商时期各考古学文化的编年框架,并讨论不同时期各考古学文化的变迁与交流关系。冀州之域空间范围较广,在近1 000年的时间内陶器变化复杂,区域差异也十分明显。本书以自然地理为标准,以太行山为界分东西两部分,东部以滹沱河为界分南北两区;西部大致以霍太山为界分南北两区,四个大区内再划分为不同的地理单元,各自建立独立的年代学框架,通过临境地区考古学文化面貌的串联排比,获得不同考古学文化的相对编年关系。

二里头文化时期的太行山以东,考古学文化的区域特征比较明显。二里头文化时期至早商时期,在豫北地区有前后相继的两个考古学文化类型——二里头文化豫北类型与下七垣文化辉卫类型,这与以往将豫北单纯划归一支考古学文化的认识不同。在太行山东麓地区,下七垣文化漳河型的北界可扩展至滹沱河流域。下七垣文化漳河型在下岳各庄类型相邻地区的文化遗存有一些地方特色,但尚不足以划分独立的文化类型。在商文化北扩至华北平原北缘地区以前,燕山南麓地区存在有大坨头文化雪山类型与塔照类型两种考古学文化遗存。在燕山以北的壶流河流域,是夏家店文化壶流河类型的分布区。

二里头文化时期,太行山以西的不同盆地考古学文化区域特性较强。晋东南上党盆地受到了下七垣文化和二里头文化的共同作用,形成了"小神类遗存",有一定地方特色,但暂时无法明确划定文化归属。忻定盆地是尹村类型的分布区。晋中盆地分布有许坦类型与白燕文化两支不同的考古学文化遗存。晋西南地区的垣曲盆地属于二里头文化豫北类型的控制区域,运城盆地和临汾盆地的东下冯类型属于二里头文化的地方文化类型。

在二里头文化时期,太行山东西两麓绝非不同区域版块,不同地理单元存在的考古学文化多有互动,分布格局犬牙交错。

商王朝建立后的扩张和地方管控方式造成了冀州之域的考古学文化格局的变迁。二里冈下层文化在豫北、冀南和忻定盆地中有零星发现,在运城、垣曲盆地实现了完全控制。下七垣文化等其他各考古学文化在进入商纪年后是否发生了同时的变化,现在尚缺乏实证。

　　二里冈上层文化的扩张，冀州之域的所有区域考古学文化格局发生了巨大变化。太行山东麓滹沱河以南直接受商王朝控制，文化面貌与郑州地区差别不大，在滹沱河以北形成了商文化台西类型。二里冈上层文化北扩中断了大坨头文化、夏家店下层文化在太行山以东的发展。白燕文化也在商文化的影响下中断，演变为商文化白燕类型。商文化的影响和扩张在二里冈上层阶段已经达到南流黄河两岸和燕山以北的壶流河流域。

　　白家庄阶段以后，商王朝的势力在北方各地的全面收缩，实际的控制区域在太行山以东退缩到滹沱河、唐河流域。在太行山以西的实际控制区收缩到了上党盆地。

　　在太行山东麓，商王朝管控区的退缩，使易水流域与冀西北相继出现了富位三期遗存与李大人庄类遗存这样的地方土著遗存。随后，华北平原北缘地区逐步形成了围坊三期文化塔照类型与围坊类型。在晋中与晋南地区，土著文化也重新兴起，形成了晚商文化杏花类型。南流黄河流域发展出由当地土著文化控制的李家崖文化。在黄河西岸的李家崖文化以西是新识别的西岔渠文化的分布范围。

　　在晚商安阳时期，商文化的收缩，使不少地区目前出现考古遗存减少甚至空白的现象，但是商王朝仍然以各种方式直接或间接控制交通孔道。在太行山东麓，商王朝沿古黄河西岸，在古白洋淀沿岸跳跃式分布，并在易水流域留有若干据点，但实际控制区可能并未扩张到唐河以北。在上党盆地以西的临汾、运城、垣曲盆地东部边缘甚至临汾盆地与太原盆地之间的隘口，商王朝仍占有一些据点实行管控。在太行山南麓，至殷墟四期阶段，商王朝可能仍然控制着安阳与关中地区之间的交通。

　　本书发现古冀州之域二里头文化时期各类考古学文化的形成，是龙山时代各地考古学文化解体、演变的结果，时间可能略有先后，但转型的整体态势却高度一致。以历史学话语描述这个时代，很可能是各地古国解体，独立性消减，转向王朝时代的联盟过程。这个转型阶段，可称之为"过渡期"。

　　二里头文化时期的冀州之域以南隔黄河是二里头文化的分布区域，以东是岳石文化的分布区域，以北是夏家店下层文化分布区域，以西则有关中地区的土著文化。冀州之域的考古学文化与后者皆有交往，也不乏互动甚至于冲突，但是与它们有明显区别。至少从二里头文化时期开始，冀州之域的考古学文化彰显出一定的独立性。在有整体独立发展的格局下，不同地理单元同时保留一定地方性特征。

　　早商时期，商王朝极度扩张，冀州之域内迎来了巨变时期。冀州区域内的相对独立被二里冈商文化整合或中断。冀州逐渐成为商文化的组成部分，融入了王朝文化格局之中，从而也基本上奠定了冀州在商代地缘政治版图中的地位。虽然地方抑或土著因素仍然存在于冀州之域内，但相较于对商王朝整合熔融而言，已不是文化面貌的主流。

　　晚商时期，冀州之域的南端，出现了处于当时远东地区考古学文化、经济、政治文化金字塔顶端的"天邑商"——殷墟。但是，冀州之域内同时期主要的考古学群体在殷墟都留有痕迹，殷墟成为汇集不同考古学文化的中心。

　　从方法论角度，本书认为，以陶器群的差异和群体分布区域，在很大程度上可以对应不同的人的共同体。以考古学文化区分人群和主要族群共同体,在农业经济为基础的夏商王朝仍有合理性。

　　冀州之域的陶器所反映的考古学文化谱系变迁过程,实际上也是早期中原地区政治地理格局扩张与确立过程。从冀州的缩影可以看出,夏王朝也许并非一个控制力强大的"万邦来朝"的强大政治实体,它对于冀州的掌控能力远不及商。相较而言,夏王朝更像是一个城邦制社会,而商更像集权制统治下的地缘国家。

英 文 摘 要

As being the northern territories of the Xia and Shang dynasties, the broad region covering present-day Shanxi, central and western Hebei, and northern Henan held strategic significance for these two early dynasties. This region is more or less overlapping with the space described by the record "*the region between the two Rivers was known as Jizhou*" in the Sidi chapter of *Erya*. In the knowledge system of geography during the pre-Qin periods, Jizhou ranks as the first one in Jiuzhou (Nine Provinces) mentioned in the Yugong Chapter and thus has unmatched supremacy. Therefore, the archaeological research of this region bears significance to a great deal and provides a representative case study.

Using ceramic as study subjects, this book first marshals and reestablishes the chronological framework for various archaeological cultures during the Xia-Shang periods in the Jizhou region. The exchange and interaction between different archaeological cultures will then be explored. Covering such a wide and extensive region, the ceramic assemblages in Jizhou present complicated chronological changes within the 1000-year time frame as well as regional variations. Based on the natural geography in the region, this book uses the Tiahang Mountain range to divide Jizhou into two parts. The eastern part can be sub-divided into the southern and northern zones based on the Hutuo River; the western part can similarly be sub-divided into the southern and northern zones based on the Huotai Mountains. Geographical units on a small scale will then be further divided within these four major zones, providing the spatial settings for the study of chronology. Through the comparison with other archaeological cultures in adjacent regions, this book offers an updated discussion of the chronological framework and relative dates for various archaeological cultures in Jizhou.

The region to the east of the Taihang Mountains shows a strong regional characteristic during the Erlitou period. There were two consecutive archaeological cultures in northern Henan; namely, the Yubei type of the Erlitou Culture and the Huiwei type of the Xiaqiyuan Culture. This study also refreshes the conventional understanding that usually categorized all material in the region under the same archaeological culture. In the area of the eastern foothills of Taihang was the Zhanghe type of the Xiaqiyuan Culture, which could reach as far as the Hutuo River valley. Remains associated with the Zhanghe type in areas adjacent to the

Xiayuegezhuang type also show some regional variations, but it remains unclear whether those remains can be subdivided as an independent type. Before the northern expansion of the Shang Culture to the northern rim of the Huabei Plain, the southern foothills of Yanshan was dwelled by the Xueshan type and Tazhao type of the Datuotou Culture, respectively. To the north of Yanshan, the Huliuhe River valley belonged to the distributional area of the Huliuhe type of the Xiajiadian Culture.

During the Erlitou period, various archaeological cultures demonstrated strong regional characteristics in basins to the west of the Taihang Mountains. Under the influence from the Xiaqiyuan and Erlitou Cultures, there was the "Xiaoshenlei" type of remains in the Shangdang Basin in southeastern Shanxi. It is hard to identify the cultural affiliation of this assemblage of remains given its regional characteristic. Inside the Xinding Basin was the distribution area of the Yincun type. Furthermore, there are two groups of archaeological cultures: namely, the Xutan type and Baiyan type, located inside the Jinzhong Basin. The Yuanqu Basin in southwestern Shanxi was controlled by the Yubei regional type of the Erlitou Culture. In addition, the Dongxiafeng type in the Yuncheng and Linfen Basins belonged to a local type of the Erlitou Culture.

In other words, the western and eastern foothills of the Taiheng Mountains were not dwelled by a unified archaeological culture during the Erlitou period. Archaeological cultures occupying various geographical unites interacted together and often demonstrated crisscrossing distribution patterns.

After the establishment of the Shang dynasty, the transformation of management led to changes in the patterns of archaeological cultures in Jizhou. While the upper Erligang Culture has rarely been found in northern Henan, southern Hebi, and Xinding basin, the early dynasty achieved the full control of the Yuncheng and Yuanqu Basins judging from the assemblage of material culture identified. Nonetheless, it remains unclear whether other archaeological cultures, such as the Xiaqiyuan culture, represent synchronic changes alongside the entering of the Shang dynasty into the region, given the lack of convincing evidence in archaeological records.

The expansion of the upper Erligang period led to a remarkable change in the distributional patterns of archaeological cultures in Jizhou. To the south of the Hutuo River valley lying in the eastern foothills of the Taihang Mountains, the early Shang dynasty showed a strong present with undistinguishable difference compared to the material culture in Zhengzhou. The Taixi type of the Shang Culture formed to the north of the Hutou River valley. The northern expansion of the Erligang Culture interrupted the Datuotou Culture and Lower Xiajiadian Culture that were originally existed to the east of Taihang Mountains. The Baiyan Culture was also interrupted due to the Shang influence and became the Baiyan type of the Shang Culture. During the Upper Erligang period, the influence and expansion of the Shang Culture arrived at the both sides of the south-turning section of the Yellow River and the Huliu River valley to the north of Yanshan.

After the Baijiazhuang phase of the Shang era, the controlled areas of the Shang state retreated from various directions in its northern territories. Originally controlling the eastern Taihang area, the Shang state pull its boundary back to the Hutou and Tang River valleys. Meanwhile, the controlled area to the west of Taihang was withdrawn to the Shangdang Basin.

Arguably, the retreat of the Shang power in the eastern foothills of Taihang might have led to the emergence of new archaeological cultures, probably belonged to indigenous communities, in the Yi River valley and northwestern Hebei, such as the Third Phase of Fuwei remains and Lidarenzhuang type. Later, the Tazhao type and Weifang type, the two sub-types of the Third Phase of Weifang Culture, gradually emerged in the northern rim of the Huabei Plain. The Jinzhong and Jinnan regions also witnessed the re-rise of indigenous cultures; namely the Xinhua type of the Late Shang Culture. By then, both sides of the south-turning section of Yellow River was occupied by the indigenous Lijiaya Culture, and the region to the west of the former's territory was controlled by the Xiguaqu Culture, which has just been identified recently.

While the retreat of the Shang state during the Anyang period left various empty zones where archaeological remains have rarely been found, current evidence proves that the Shang state employed various strategies, both directly and indirectly, to control strategic nodes on the traffic networks. In the eastern foothills of Taihang, the Shang state controlled the western bank of the ancient Yellow River valley through various insular archaeological sites surrounding the ancient Baiyangding Lake and left several posts in archaeological records in the Yi River valley. Nonetheless, the area controlled by the state might not have expanded beyond the Tang River. To the west of the Shandang Basin, the Shang state also set up centers in the passes controlling the traffic in the eastern rim of the Linfen Basin, Yuncheng Basin, and Yuanqu Basin as well as the area between the Linfen basin and Taiyuan basin. In the southern foothills of Taihang, the communication between Anyang and Guanzhong was still in the hand of the Shang state until Yinxu Forth Phase.

The analysis proves that the formation of various archaeological culture during the Erlitou period in Jizhou was attributed to the disintegration and evolution of various archaeological cultures preexisted in the Longshan period. While the processes did not take place at the same pace across various archaeological cultures, the general trend shows a high degree of uniformity. Drawing the insight from transmitted texts, this period might have witnessed the disintegration of various ancient primitive states and disappearance of local independence on the one hand and, on the other hand, the re-integration into the political allies led by the Central-Plains dynasties. This time range can also be coined as the "transitional" period.

To the south of Jizhou across the Yellow River was the territories of the Erlitou culture. To the East of Jizhou was the distributional area of the Yueshi Culture. To the North of Jizhou was the distributional area of the Lower Xiajiadian Culture. To the West of Jizhou was the indigenous archaeological culture in Guanzhong. Started from at least the Erlitou period, the archaeological cultures in Jiazhou presented a strong regional independency. Within framework of regional independent development, various archaeological cultures located in different geographical units maintained their own local characteristics.

The rapid expansion of the Shang state during the Early Shang period triggered dramatic changes in Jizhou. The relative independence in Jizhou was interrupted or re-integrated into the Erligang Shang Culture, therefore rendering Jizhou as part of the territories of the Shang Culture and Central-Plains dynasties. Such transformation also laid down the foundation for Jizhou as becoming one important puzzle in the geo-political landscape of the Shang dynasty. While regional or indigenous influences in material culture remained present, the regional characteristic was no longer the mainstream in the overall assemblage of material culture in comparison with the pattern of high integration into the Shang dynasty.

The southern end of Jizhou witnessed the rise of Yinxu, also known as Tianyishang, during the Late Shang period, which was the pyramid tip of the overall power illustrated by archaeological cultures, economies, and political culture in the entire Far East regions. Meanwhile, various contemporary archaeological cultures in Jizhou also made their present in Yinxu, resonating with the point that Yinxu was the concentrated center of different archaeological cultures and communities.

Methodologically, this book argues that variations of ceramic assemblages and their distributional areas might have correspondingly indicated the location of various ancient communities. In other words, it remains reasonable to use archaeological culture as a tool to identify and differentiate different ethnic groups during the agriculture-based Xia-Shang period.

The transformation in the genealogy of archaeological cultures represented by ceramic assemblages in Jizhou also indicates the expansion and consolidation process of the geo-politics originated from the early Central Plains. Viewing Jizhou as an epitome, the Xia dynasty might not have yet become a powerful and dominant political entity as "the pivot point of all states". Its controlling power might be far-less dominant in comparison with the Shang dynasty. Comparatively, it is more reasonable to view the Xia dynasty as one of city-states among various matching rivals, whereas the Shang dynasty was a territorial state under an autocratic rulership.

日 文 摘 要

　夏商王朝統治地域の北端である現在の山西省、河北省中西部および河南省北部地域は夏商二代にわたり非常に重要な戦略的地位を占めてきた。この地域は『爾雅・釈地』に「両河間曰冀州」とされる範囲と近く、先秦時代の地理認識では『禹貢』九州の一に序列され、その地位の高さが注目される。この地域に対する考古学研究もまた、代表的意味をもち、きわめて重要なことは明らかである。

　本書は土器を主な研究対象とし、土器の系譜によって夏商期冀州地域各考古学文化の編年の枠組みを明らかにし、異なる時期における各考古学文化の変遷と交流関係を考察する。冀州地域の空間的範囲は非常に広く、1000年近い時間の中で起こった土器の変化は複雑であり、地域差も顕著である。本書は自然地理区画を基準に太行山脈を境とし、当地域を東西二地域に分け、さらに東部は滹沱河を境として、西部はおよそ霍太山を境として、それぞれ南北に分ける。さらに、この四大地域をいくつかの地理単位に分けて各自独立した年代学の枠組みを打ち立てるが、その境界地域の考古学文化様相の関連づけと比較をすることによって、異なる考古学文化の相対的編年関係を明らかにするものである。

　二里頭文化期の太行山脈以東の考古学文化には、比較的明らかな地域性が現れている。二里頭文化期から早商期までの間、河南省北部地域には2つの考古学文化類型―二里頭豫北類型と下七垣文化輝衛類型―が相次いで出現するが、これは河南省北部地域を単純に一つの考古学文化に区分していた従来の認識と異なるものである。太行山脈東麓では、下七垣文化漳河型の北端が滹沱河流域まで達している。下七垣文化漳河型は下岳各荘類型と隣接する地域で、その文化遺存に地域的特徴が表れているが、一つの文化類型とするには、まだ不十分である。商文化が華北平原の北端まで拡大する以前、燕山南麓地域には大坨頭文化雪山類型と塔照類型の2種の考古学文化遺存が存在していた。燕山以北の壺流河流域には、夏家店文化壺流河類型が分布している。

　二里頭文化期、太行山脈以西の各盆地に分布する考古学文化には地域色が比較的強く表れている。山西省東南部の上党盆地には、下七垣文化と二里頭文化の2つの文化の影響を受け、地域色のある「小神類遺存」が成立するが、現在のところ、その文化的帰属を明確に区分するのは難しい。また、忻定盆地には尹村類型、晋中盆地には許坦類型と白燕文化の2つの考古学文化遺存が分布している。山西省西南部の垣曲盆地は二里頭文化豫北類型の支配地域に属し、運城盆地と臨汾盆地の東下馮類型は二里頭文化の地方類型である。

　二里頭文化期、太行山脈の東西山麓は、決して異なる文化地域として区分されるものではない。異なる地理単位に属する考古学文化間にも多くの交流が存在し、その分布も互いに入り組んでいる。

　商王朝成立後、その拡張と地方統治は冀州地域の考古学文化の構造にも変遷をもたらした。二里岡下層文化が河南省の北部と南部および忻定盆地に散在し、運城、垣曲盆地では完全に支配的地位を占めた。下七垣文化等その他各考古学文化が商の紀年に入った後、同時に変化したのかどうかについては、現在のところ、まだ十分な実証は得られていない。

　二里岡上層文化の拡張は、冀州全域の考古学文化構造に大きな変化をもたらした。太行山脈東麓の滹沱河以南は直接商王朝の支配を受けるようになり、その文化様相は鄭州地域と大きく変わらない。滹沱河以北には、商文化台西類型が成立する。二里岡上層文化の北上によって、大坨頭文化や夏家店下層文化の太行山脈以東における発展が中断され、白燕文化も商文化の影響下で発展が中断、商文化白燕類型へと変わっていく。二里岡上層時期には、商文化の影響と拡張はすでに南流黄河両岸および燕山以北の壺流河流域に達していた。

　白家荘期以降、商王朝は北方各地において勢力を全面的に縮小し、実質支配のおよぶ地域は、太行山脈以東では滹沱河、唐河流域まで後退する。太行山脈以西では上党盆地まで縮小している。

　太行山脈東麓での商王朝の支配地域の後退により、易水流域と河北省西北部には富位三期遺存と李大人荘類遺存といった土着の文化遺存が相次いで出現する。その後、華北平原の北端には、囲坊三期文化塔照類型と囲坊類型がしだいに形成されていく。山西省中部および山西省南部でも、土着文化が起こり、晩商文化杏花類型が形成される。南流黄河流域には土着文化が支配する李家崖文化が生まれる。黄河西岸の李家崖文化以西には、新たに認識された西岻渠文化が分布する。

　晩商安陽期になると、商文化は縮小し、多くの地域で、その考古遺存が減少、さらには空白をつくるようになるが、商王朝は依然として、さまざまな方法で直接或いは間接的に交通要路を抑えていた。太行山脈東麓では、商王朝が古黄河西岸に沿って、古白洋淀の沿岸に点在し、易水流域にも若干の拠点を残している。だが、実際の支配地域は唐河以北に至っていないようである。一方、上党盆地以西の臨汾、運城、垣曲盆地東端、さらには臨汾盆地と太原盆地の山間では、商王朝が依然いくつかの拠点をもち、支配を行っていた。また、太行山脈南麓では、殷墟四期になっても、商王朝が依然として安陽と関中地区間の交通を握っていたとみられる。

　本書では、古冀州地域の二里頭文化期各考古学文化の形成は龍山期各地に存在していた考古学文化が解体し、変化した結果であることを明らかにした。時期に多少のずれはあるものの、その転換の大勢には高度な一致が見られる。歴史学の言葉で表現すれば、この時期、各地の古国は解体して、独立性が低下し、王朝時代へと向かって連盟を形成する過程だったといえるだろう。この転換期は「過渡期」と呼ぶことができる。

　二里頭文化期、冀州地域の南には黄河を隔て二里頭文化が分布し、東には岳石文化、北には夏家店下層文化、西には関中地域の土着文化が存在していた。冀州地域の考古学文化とこれらの文化とは皆行き来があり、相互交流だけでなく、衝突もあったが、明らかな差異も存在している。少なくとも、二里頭文化期以降、冀州地域の考古学文化には一定の独立性があったといえる。全体が独立性をもって発展していく中、異なる地理単位では、それぞれある程度の地域的特色が保たれていたのである。

　早商期、商王朝は極端な拡張を遂げ、冀州地域も大きな変換期を迎える。冀州地域の相対的独立は、二里岡文化によって統合されるか、或いは失われていく。冀州は徐々に商文化の構成部分となって、王朝文化の中に融合されていき、また、これによって商代地政学的版図の中での冀州の地位が築かれていく。地域的要素、或いは土着要素と呼べるものは、依然として冀州地域に存在していたが、商王朝との統融合と比較した時、それらはすでにこの文化様相の主流ではなくなっていた。

　晩商期、冀州地域の南端に当時の極東地域の考古学文化、経済、政治文化のピラミッドの頂点たる「天邑商」──殷墟が出現した。だが、同時期の冀州地域内の主要な考古学的集団は皆、殷墟にその痕跡を残しており、殷墟は異なる考古学文化が集まる中心地だったことが分かる。

　方法論においては、本書は土器群の差異と集団の地域分布は、かなりの程度で異なる人の共同体の存在と対応すると考える。考古学文化によって人の集団や主要な族群を区分することは、農業経済を基礎とする夏商王朝には依然として理にかなった方法である。

　冀州地域の土器が反映する考古学文化系譜の変遷過程は、事実上早期中原地域の政治の地理的拡張と確立の過程といえる。その縮図たる冀州の状況から分かるように、夏王朝は強い支配力を持つ「万邦来朝」のような強大な政治組織などではなく、冀州に対する支配も商のそれには遠く及ばないようだ。両者を比較すると、夏王朝はむしろ城邦制社会のようであり、商は集権制統治下の地縁国家のような存在だったと思われる。

图书在版编目(CIP)数据

夏商时期古冀州的考古学研究. 文化谱系篇 ／ 常怀
颖著. —上海：上海古籍出版社，2022.5
（北京大学震旦古代文明研究中心学术丛书）
ISBN 978-7-5732-0358-8

Ⅰ. ①夏… Ⅱ. ①常… Ⅲ. ①考古学—研究—中国—
夏代②考古学—研究—中国—商代 Ⅳ. ①K871.34

中国版本图书馆 CIP 数据核字(2022)第 107875 号

北京大学震旦古代文明研究中心学术丛书
夏商时期古冀州的考古学研究(文化谱系篇)
(全二册)
常怀颖 著
上海古籍出版社出版发行
（上海市闵行区号景路 159 弄 1－5 号 A 座 5F 邮政编码 201101）
（1）网址：www.guji.com.cn
（2）E-mail：guji1@guji.com.cn
（3）易文网网址：www.ewen.co
上海展强印刷有限公司印刷
开本 787×1092 1/16 印张 51.75 字数 1,096,000
2022 年 5 月第 1 版 2022 年 5 月第 1 次印刷
印数：1—1,300
ISBN 978-7-5732-0358-8
K·3206 定价：236.00 元
如有质量问题，请与承印公司联系
电话：021-66366565